# 测量、设计和分析：
# 研究方法的综合之道

［波兰］ 埃拉扎尔·J. 佩达泽（Elazar J.Pedhazur）
丽奥拉·佩达泽·施梅尔金（Liora Pedhazur Schmelkin） 著

沈崇麟 赵 锋 夏传玲 译

沈崇麟 审校

重庆大学出版社

Measurement, Design, and Analysis: An Integrated Approach

By: Elazar J.Pedhazur, Liora Pedhazur Schmelkin

ISBN: 0805810633.

Copyright ©1991 by Routledge.

版贸核渝字(2022)第 91 号。

图书在版编目(CIP)数据

测量、设计和分析: 研究方法的综合之道 /(波兰)埃拉扎尔·J. 佩达泽 (Elazar J. Pedhazur), (波兰)丽奥拉·佩达泽·施梅尔金 (Liora Pedhazur Schmelkin)著; 沈崇麟, 赵锋, 夏传玲译 . -- 重庆 : 重庆大学出版社, 2023.9

(万卷方法)

书名原文: Measurement, Design, and Analysis: An Integrated Approach

ISBN 978-7-5689-4016-0

Ⅰ.①测… Ⅱ.①埃… ②丽… ③沈… ④赵… ⑤夏… Ⅲ.①社会行为学—研究 Ⅳ.①C912.68

中国国家版本馆 CIP 数据核字(2023)第 133456 号

# 测量、设计和分析:研究方法的综合之道

CELIANG SHEJI HE FENXI:YANJIU FANGFA DE ZONGHE ZHI DAO

[波兰] 埃拉扎尔·J. 佩达泽(Elazar J. Pedhazur) 著
丽奥拉·佩达泽·施梅尔金(Liora Pedhazur Schmelkin)

沈崇麟 赵 锋 夏传玲 译

沈崇麟 审校

策划编辑:林佳木

责任编辑:姜 凤 版式设计:林佳木
责任校对:王 倩 责任印制:张 策

*

重庆大学出版社出版发行
出版人:陈晓阳
社址:重庆市沙坪坝区大学城西路 21 号
邮编:401331
电话:(023)88617190 88617185(中小学)
传真:(023)88617186 88617166
网址:http://www.cqup.com.cn
邮箱:fxk@ cqup.com.cn(营销中心)
全国新华书店经销
重庆升光电力印务有限公司印刷

开本:787mm × 1092mm 1/16 印张:45 字数:1041 千
2023 年 9 月第 1 版 2023 年 9 月第 1 次印刷
ISBN 978-7-5689-4016-0 定价:198.00 元

# 研究方法的综合之道：
## 理论至上，立足全局，融会贯通，学用并重

——代译者序

　　本书是一本综合路数(Integrated Approach)的社会和行为科学研究指导教科书，涵盖研究方法的三个最基本方面——测量、设计和分析。全书共三篇，24章。

　　第一篇测量篇。作者首先谈到了测量的重要性，指出无论理论表述如何精深，设计如何复杂，分析技术如何精致，都不能弥补粗劣的度量。进而以测量的各个专题在研究探索中的作用以及它们的共性或普遍性选择了该篇各章的主题。第1章是对整本书做概述性的介绍。第2章讨论了测量在科学研究中的作用，内容包含测量的定义、测量量表，以及测量和统计学之间的关系。接下来的两章，第3章和第4章讨论效度问题，涉及的主题包括相关的效度、建构效度、内容效度、准则的定义、性质和类型、预测、建构的含义以及建构和指标之间关系，同时对探索性因子分析和验证性因子分析进行了直观的介绍。第5章讨论信度问题，包括信度在测量和研究中的地位、信度的概念、经典测试理论及其变化和扩展，强调内在一致的信度估计方法、效度和信度之间的关系。第6章是关于社会行为研究测量方法的概述，涉及的主题有评分量表、语义微分、访谈和观察，每一个主题的阐述都包括建构、应用、分析、阐释和偏差四个方面。

　　第二篇设计篇。开篇第7章是对科学和科学研究的一般介绍，涉及的主题包括基础研究和应用研究的差别、自然科学和社会行为科学的异同、社会行为科学的内容和方法等。第8章讨论定义和变量。内容涉及定义在科学研究中的作用、批判定义优劣的标准、理论定义、经验定义，以及从测量和设计的角度探讨了变量。第9章讨论理论、问题和假设这三个彼此相关的主

题。关注的主要问题是理论在科学研究中的作用,涉及的主题包括理论和事实、作为参照系的理论、理论的偏见效应、科学研究中的证实和证伪,可研究和不可研究的问题,以往的研究在问题表述中的作用、假设的形式、假设的指导和误导作用,检验从不同理论观点所推导的备择假设的作用,还有假设的统计检验(包括 $P$ 值的阐释和误释,统计显著性和理论重要性之间的区分、基于决策的假设统计检验方法)。第10章专门讨论了研究设计的基本原理和观念,重点是两个相关的主题:控制和效度,内容涉及控制在科学研究中的作用、控制的形式,以及它们和所考察的研究设计类型之间的关系、内在和外在效度。第11章是对第10章的补充,主要讨论社会行为研究中的常见的人为假象和陷阱,以及它们对研究结论效度的威胁。第二篇的最后一章,即第15章是对抽样的概述,主要讨论了概率抽样的一些基本问题:估值的属性、抽样分布、抽样策略的选择、效应量和统计力和样本量等。

　　第三篇分析篇。分析篇是本书的重头戏,在各种分析方法的讲解中最重要的是计算机分析,因此,第三篇一开始,即第16章,就提纲挈领地对计算机分析问题做了比较全面的介绍——介绍了计算机数据分析的各种优点,指出了这方面存在的错误概念,还特别指出迷信计算机程序分析给研究带来的负面影响。本章也对几个常用的分析软件做了简要的介绍。第17章讨论简单回归分析。第18章的主题是探索性研究中的多元回归分析。作者认为对方差分解的错误理解和错误应用很普遍,特别是在多层次回归分析这种形式中。有鉴于此,在这一章作者用整整一节讨论方差分解的问题。这一章涉及的其他问题还有效应衰减及其和样本量之间的关系、多重共线性和曲线回归分析。第19章的主题是定类自变量设计。主要内容有回归分析中使用的三种编码方案,用相同的数据示例演示了它们的应用,涉及的论题有均值多重比较、事前对比和事后对比、回归分析和简单的方差分析的异同。第20章是第19章的扩展——从单个定类自变量扩展到多个定类自变量或因子设计。内容涉及因子设计的优势,特别是在探测自变量和因变量的交互效应上的优势,以及如何用"比较"的概念来寻找交互效应。第21章的主题是定类自变量和连续自变量的设计,是第17—20章中分别讨论的方法的综合,主要内容是属性—处理—交互效应和协方差分析。第22章的主题是探索性因子分析。讨论的中心自始至终都是如何在建构验证的过程中应用因子分析,比较了成分分析和因子分析的区别,涉及的其他问题有公因子方差和独特性，正交转置和斜交转置，因子矩阵、因子的阐释和命名，抽样问题、因子量表构建，因子分析结果的报告等。第23章讨论作为因子分析结构方程模型的子模型验证性因子分析，而结构方程模型是第24章的主题。LISREL 和 EQS 是这两章使用的计算机程序。

以往统计学的教科书和教学常常忽略理论和测量问题，仿佛它们不会影响数据分析和结果阐释。而在另一边，讨论测量的书籍则很少或几乎不涉及研究设计和数据分析问题，或是一带而过，或是完全不予讨论。这种割裂的、只见树木不见森林的著述方式很不科学，往往把读者对方法本身的学习引入寻找"好方法"的歧途上——君不见我们的研究报告充斥着诸如"质性研究好还是定量研究好""本研究采用的方法是定量定性研究相结合的方法""结构方程比回归分析高级"这样不知所云的话语。而面前这本书旗帜鲜明地告诉我们，不存在什么单独的好方法、高级方法，只存在通盘考虑了研究的目的和研究的全过程各个方面的、综合的、适合研究目的方法。方法只有适合与否之分，没有好坏之分，更没有高级低级之分。从这个角度讲，本书是一本非常"质性"的定量方法教科书。

综合方法的学习和使用必须立足于批判性的思考。本书作者指出，若想有意义，任何活动（包括阅读研究报告）必须先从稳健的、批判的思考开始。对方法和量化数字及计算机技术的过度依赖，会使我们丧失批判性思维的自觉和能力。学习方法就必须掌握各种方法和分析思路，找到综合的、合适的方法是由理论和研究目的驱动的，所以是非常质性的。这一主导思想贯穿了全书，也是我们这些读者真正领悟方法的要旨。

综合体现在不同的层次上。从不同的角度对所涉主题反复进行论述，是本书组织结构方面最为突出的一点。举一反三固然很好，但综合的方法更强调举三反一——在不同的水平上，从不同的视角反复来考察同一主题。大多数情形下，对每一个具体的研究主题，本书都首先在一个直觉的层次上描述，然后再用更形式化、更严谨的方式加以讨论，并从本书所涉的测量、设计和分析三个视角中选择至少两个来考察相同的主题。例如，本书首先在直觉层次上，从测量的视角来引入"指标"概念，集中讨论建构效度（第4章），然后，又从设计视角讨论了指标（第12章和第13章）。有时，为了在内容组织中体现这种综合路数，同时使论述能够尽可能地简单明了，作者常常会在学习某一专题的时候，要求大家跨章节地参阅有关内容。本书对重要主题的反复阐述，并非简单地重复、叠床架屋，这种跨章节的阅读更非繁复往返、多此一举，作者的目的是帮助大家举三反一，融会贯通真正领悟当前阐述的问题。

在综合路数看来，分析方法的选择并非一种机械的过程，不是根据事先定好标准的好方法或高级的方法按图索骥，而是一个要考虑研究的所有方面的综合性过程，包括理论表述、设计特征、测量工具的属性……目的只在于找到最适合自己研究目的的方法。作者始终坚持：因为尽管综合路数的分析方法是理论和目的驱动的，但最终的目的是应用，所以综合路数的分析方法关注的是分析和研究的各个方面之间的融合，是如何将最适合的方法，在目标已经明确的情况下，用之于研究的各个阶段、各个方面。为了贯彻这一思想，本书对分析方法的介绍集中在第一篇和第二篇讨论的那些主题上。例如，从概念验证（第4章）的角度解释因子分析；联系第12—14章讨论的各种设计来讨论连续自变量和定类自变量回归分析的各种不同应用（第17—21章）。全书介绍的主线都是应用，即分析和其他研究之间的契合。

实例是应用类教学的最好方法。实例是理论统计和计算机技术的综合体现，它使方法变得生动，特别是对那些数学基础不太扎实，且主要的关注点是应用和阐释的人们。往往只有在应用一种方法的过程中，他们才能更好地理解这种方法。本书每一种方法的讨论都围绕一个或几个实例展开，这样的讲述方式使枯燥和令人望而生畏的统计学变得具象生动且易于领会。但是，请读者们注意，实例不是依样画葫芦的葫芦，而是一种指南，一种指导大家掌握一种方法的综合路数的应用的具体示范。因此对本书分析方法的学习，固然要学书中介绍的每一种方法，更要学习本书选择方法和应用的**路数**——融合测量、设计和分析为一体的**综合路数**，只有方法学习的举三反一，才能达到应用的举一反三！

不言而喻，在今天，就技术层面而言，最主要的分析方法是计算机分析方法。本书以相当大的篇幅来介绍这个方面。对作者成书时代应用最广的几个软件 SPSS，SAS，MINITAB，LISERAL 和 EQS，本书除一般性的介绍之外，其余的介绍都采用了实例结合正在阐述的方法来展开的形式，既有很强的针对性，又有很强的综合性、实用性。同样，在这里使用的实例，也不是依样画葫芦的葫芦，而是对计算机分析技术的逻辑、步骤和操作要领和结果解释的综合路数。前三者反映在每一个程序的输入部分，而结果解释则依托计算机程序的输出部分。输入是我们给计算机发出的指令，我们指示计算机做什么，怎么做。

某次我参加国家课题的结题会，有位知名学者和他的学生，唾沫横飞地解释着一个 $R$ 平方值不足 0.01 的线性回归的结果。显然他们不知道 $R$ 平方的含义是什么，更以为只要是计算机分析的结果就一定是有意义的。注意，计算机是根据我们的指示运行的，计算机输出的是根据我们输入的指令运行得到的结果，输入的是垃圾，出来的也只能是垃圾，不要以为计算机是魔术师，能变废为宝，点石成金！输出结果可能是垃圾也可能是金子，这完全取决于我们输入的指令。

另外，我们必须学习和学会解读计算机的输出结果。我参加过多次研究生答辩，很多研究生在自己的论文里列出了计算机输出的全部结果。我问他们，为什么要列出这些统计量，他们的回答说是，因为这是计算机输出的！他们这样做的原因固然很多，但最主要的是，很多介绍计算机方法的书或课程，都只是在操作层面上介绍计算机分析，使得学生们忽视了对输出结果的取舍。

本书关于计算机分析最为出彩的部分，就是对每个程序的输入和输出部分都附加了对它们的评议。这些评议，结合了具体分析方法，结合了研究的具体问题实例，区分了不同的计算机软件，因此是十分理想的学习综合路数计算及分析方法的指南。

计算软件不同，同一软件的版本不同，必定会使操作指令、步骤和界面有所不同，甚至有很大的不同。但其背后的原理和逻辑是不变的。牛顿、莱布尼茨发明微积分已经数百年，几百年来计算工具不断变化，从计算尺、计算器到计算机，但微积分的基本公式和原理是不变的。

综合的研究方法，特别是计算机分析方法，既是学出来的，更是练出来的，只学不练纸上谈兵是学不会分析方法的，只能使我们自认为自己已经学会了学过的方法，但一旦要实际使用就会陷入不知所措的窘境——试图操作一种自认为熟悉的分析方法，却发现自己从哪里下手都还不知道。避免身陷这种窘境的不二法门就是动手操作。所以本书作者强烈推荐大家重复他做过的分析。

因此，读者们最好将作者在各部分内容中建议的练习都去操作一下。在学习的初始阶段，最好既用手工计算，也用计算机计算。这样大家才会真正领悟所涉分析方法背后的思路，也就是综合分析的路数。勤能补拙、熟能生巧的古训，对我们学习分析方法同样合适。

约翰·李维·马丁说：

做研究是一种工作。没有人做工作会没有目的。做研究的目的是什么？即便有人认为做研究就是为了给自己寻求好处（取得好成绩、发表文章、找到好工作、评上教授等），可是为什么在一个社会系统中需要有人做这些工作？答案是：为了获得真正的社会科学知识，就必须有人以正确的方式、通过艰巨而长期的努力、通过集体协作进行工作。研究方法就是做这类工作的门道。研究者不关心研究方法，就好比小提琴家不关心演奏方法。这就是你每天该干的事情，除非你在滥竽充数。要想有效地使用这些方法，我们就要有较真的精神而不是走过场，我们要对它们有透彻的理解。"（见《领悟方法：社会科学研究中的方法误用及解决之道》。重庆大学出版社，2021年）

愿与读者诸君以此话共勉，真正学好方法。

沈崇麟

2022年6月

# 前　言

当我们开始写这篇前言时,我们不由得想起理查德(Richards)在他的《文艺评论的原理》(*The Principles of Literary Criticism*)一书中的观察:"分开来看,本书没有几条是原创的。在玩如此传统的游戏时,人们不应当期待出现一张新牌,真正重要的是出牌的手法。"(Richards, 1926:1)在我们所涉及的主题中,要么在这一方面,要么在另一个方面,都已经存在很多文献。我们希望自己打出一副与众不同的牌,更重要的是,我们希望自己打出的这副牌能对你有所帮助。

正如书名所表明的,我们尝试提出一个社会行为科学的综合研究方法。在第1章,我们将综述本书的内容、组织和取向,这里,我们将简要说明写作本书所要达到的目标。

总的来说,我们所涉及的主题,其他课本和课堂已经零零散散有所涉及。例如,在讨论统计学的教科书和课堂上,人们常常忽略理论问题和测量问题,在不知不觉中,造成了一种印象:仿佛它们不影响数据分析和结果阐释。在讨论测量的书籍和课程上,人们又很少或几乎不涉及设计和分析问题。而在讨论研究设计的书籍和课程上,分析和测量问题常常是一带而过,或者完全不予讨论。

这种支离破碎的方法不可避免地带来一种结果:对研究探索的各个方面之间的相互关联和相互依赖,人们缺乏鉴识能力。它所造成的后果是,要求学生们熟悉"方法论"的各种期望,即使不被看作一种虐待,也会被看作毫无意义的事情(除了不得不写的博士论文或期末考试论文,有些学生并不想进入研究领域。对于他们而言,尤其如此)。

我们并不是说,无论专业和理论兴趣何在,所有专业人员一定要成为测量、设计和分析上的"专家"。但我们的确主张,这些研究领域以及它们之间的相互影响,对它们的一个基本理解,是成为一个聪明的使用者(面对各种研究结果的)的必要条件。如果我们想要成为一个胜任工作的研究者,更应如此。因此,这本书的目标是帮助大家精通研究方法的各个方面,而且帮助大家培养一种视角，能够关照测量、设计和分析之间的相互关联和相互依赖。同时，我们希望帮助读者了解理论在研究工作中至关重要的指导作用。

尽管我们假定大家具有初级水平的统计学知识背景（例如，了解"方差""协方差""简单方差分析""相关系数"等概念），但我们还是会复习这些主题，然后再讨论更复杂的主题。如果大家细读本书的目录和第1章就会发现，我们也讨论了一些高级主题。到目前为止，只有少数精通数学语言（这是表述这些主题的必要工具）的人才能掌握它们。不过，随着计算机和软件的普及，即使是缺乏数学背景的人也有可能应用最复杂的分析方法。不幸的是，应用上的简便也使得对分析技术的误用和对结果的错误阐释大量增加。为了帮助你学会有意义地应用我们所提出的分析方法，在讨论主题时，我们对计算机的输入和输出进行了大量的注释。

涉及了这么多主题，我们怀疑能否在两个学期的课程中讲解完，更不用说掌握了。因此，我们希望这本书不是学期一结束就被匆忙抛售的课本当中的一员。我们希望这本书成为大家的同伴，让大家时常回来，拓宽和深化大家对研究的理解。正是怀着这一目的，我们提供了大量的参考文献，我们相信，当大家在社会行为研究的广阔领域中追求知识时，这个参考书目将显现出它的价值。

最后，正如第1章所讨论的，本书的组织和表述方式具有很多灵活性，无论是主题的选择，还是主题之间的次序，又或者是各个主题的复杂程度。我们希望这样的安排能够让教师按照自己的重点和学生的水平，因材施教。

# 致　谢

我们感谢纽约市卫生署流行病研究室的吉姆·吉鹏斯(Jim Gibbons)、伊利诺伊大学的艾伦·科尼格伯格(Ellen Koenigsberg)博士和罗伯特·L. 林(Robert L.Linn)教授、纽约市教育委员会的伊丽莎白·塔勒普若斯(Elizabeth Taleporos),感谢他们对手稿的评论和改进所提出的建设性意见。

我们十分自豪、高兴地感谢海达尔·佩达泽(Hadar Pedhazur)(外号"马文电脑"),只要有必要"降服"我们的电脑、升级程序,或根据我们的需要定制软件,他都会来援助我们。

最深的谢意要献给拉里·厄尔堡姆(Larry Erlbaum),在结稿的日子不断延后的情形下,他对我们表现出的理解和耐心,他和作者的共鸣是图书出版中最好的传统。我们感谢阿特·利扎(Art Lizza)以他娴熟的技巧、敏锐和有求必应,指导了本书的写作过程。第二作者感谢霍夫斯特拉大学对她写作本书的过程中提供的支持。

埃拉扎尔·J.佩达泽(Elazar J. Pedhazur)

丽奥拉·佩达泽·施梅尔金(Liora Pedhazur Schmelkin)

于纽约

# 目　录

# 第1章

## 概　述

在社会行为科学中,许多学生和专业人员都缺乏必要的背景知识,在所感兴趣或所在的专业领域中,他们因此而无法让自己变成研究文献的聪明使用者,这是一件令人遗憾的事。而且,在一个专业化的时代,学生和专业人员从事研究的时候常常求助于"方法论顾问"的"服务"。在大多数情形下,这些"顾问"的意见是必要且有益的,但是,这些意见常常和专家处方混淆在一起。许多研究人员和博士生认为,分析数据、阐释结果、从中得出结论的"任务",可以委托给这些"顾问"来做,而且,这也没有什么不合适的地方。但盲目服从"顾问"的处方或者委托他们对数据进行分析和对结果进行阐释,无异于让他们代替自己思考。

这种做法带来的危害是,出现了一种完全放弃自己的批判能力的趋势。许多专业人员相信,他们的角色不是评估研究报告,而是了解其发现、结论和含义。这样,接受或拒绝一个研究发现及其含义,就不是基于周详的判断,而是基于其他方面(例如,常识、研究者的地位)。对于社会行为科学广阔领域中的实践和政策决策而言,我们希望大家能考虑这种状况所带来的潜在有害效应。

### 思至上

一个众人皆知但值得重复甚至要求重复的事情是:若想有意义,任何活动(包括阅读研究报告)必须先从健全的、批判的思考开始。如果有一个信息需要我们在一开始就传达给大家,那么它一定是:**运用大家的常识,不要让胡言乱语和技术俚语打败你**。对方法和量化的过度依赖会带来一个负效应,即研究人员和研究使用者都在丧失批判性思维。特别是经过计算机的"打磨抛光"后,专业术语、公式和精致的分析都会散发出一种诱惑,一种几乎魔幻般的品质,它们很有可能让人们对它们的真实含义丧失注意、丧失思考。

毋庸置疑,如果我们想批判地评估一份研究报告,我们就必须掌握其所使用的各种方法和分析思路。不过,为了强调应用常识的重要性,在开篇的这个阶段,我们想列举一些示例,对它们运用常识就足以怀疑作者的论述。想一下,朗(Long,1986)说明她在研究中使用一个测量工具的下列"理由":

> "尽管BSRI(贝姆性别角色量表)已经受到批评……但它仍然得到广泛的应用。"(p.324)。在另一篇论文中,她使用了同样的"理由",参见(Long,1989:85)。再试想一下,芬哈默(Furnham,1984)说明她在研究中如何挑选量表:"挑选的依据是它们的稳健性和心理测量学上的满意度。"(p.283)就其中的一个量表,芬哈默写道:

"我们认为,它被认定是一个可靠、有效且经济的量表,且应用于许多研究当中。"(p.284)她把其他量表刻画为具有"令人满意的心理测量的结构"(p.284)和(或)"得到广泛应用"(p.284)。

上述引文就是我们所能了解的,她所采用的各种度量的全部属性。我们希望大家能看清这类陈述的空洞性,即便大家对测量所知甚少。

下面是另一个不同类型的例子。在讨论"图式参照对社会行为的后果"这份实验报告中,桑德兰兹和考尔德(Sandelands & Calder,1984:755)写道:

> 我们首先检验的是,在自参照条件下,这些词汇更难出现或更不常见的可能性。采用桑代克和洛尔格(Thorndike & Lorge,1941)的词频常模,所有呈现给被试的词汇,依据它们在日常语言中的出现频率,我们都进行了编码。(Sandelands & Calder, 1984:761)

将一个1930年代末建立的词频常模用于1980年代实施的一项研究,是否恰当? 即使不是断然拒绝,但只要稍加思考就足以让我们产生怀疑。显然,这两位作者也感觉到,无论多么不相干,他们也需要一个准则,以免人们批评他们提出了没有理论基础的命题。实际上,遵循科学协议的规范是如此根深蒂固,以至于只要引用一篇论文,无论多么不相干,也都似乎给这个论述涂上了科学的严谨和客观的脂粉,就算在审稿人和编辑的眼中,也是如此。

重申一次:为了成为一个研究结果的聪明使用者,更不用说为了成为一个胜任的研究人员,在研究探索的各个方面,积累知识和技能都是必不可少的。但是,如果大家不思考,再娴熟的技术也于事无补。

下面我们简要介绍一下本书的内容、组织和取向。

# 内 容

测量、设计和分析是本书所讨论的主要领域,讨论它们的书籍和文章可谓汗牛充栋。因此,不言而喻,我们的论述绝不可能巨细无遗。在这一节中,我们将概述本书所选择的主题,对选择的理由也会作一些概括性的评述。

## 测 量

测量是社会行为研究的阿喀琉斯脚踵。在社会行为科学中的大多数项目(特别是博士培养项目)中,尽管我们要求学生学习少量的统计学和研究设计,但是这种要求极少能达到测量所关注的程度。这样,许多学生得到一个印象,开发和使用测量并不需要特殊的技能。因此,在很多研究中,他们几乎不关注测量的属性也就不足为奇了。令人遗憾的是,许多读者和研究人员没有认识到,无论理论表述如何精深、设计如何复杂、分析技术如何精致,都不能弥补粗劣的测量。

有许多书籍和众多文章讨论测量的各个领域,但它们讨论的范围、深度和复杂性各不相同,有些讨论的是一般的导论性质的综述,有些讨论的是宽窄不等的特殊主题。例如,有许多书籍和文章讨论成就、智力、态度和人格的测量,这些只是沧海一粟。也有一些书籍和论文讨论测量理论、测量模型、心理测量理论或诸如此类的特征。某些主题可能是特定领域所独有的,其他主题则或多或少需要推敲,取决于具体的语境。例如,诸如多选题与论文考试、猜题、评分实践、参照准则与参照常模的测试、测试的等价性等主题,主要(如果不是唯一)出现在致力于成绩测试的讨论中。投射技术、应答方式、应答集等,很可能是在讨论人格、态度等测量的文章中得到广泛讨论。测量理论也或多或少有些差异,差异的大小取决于所研究的特定主题领域(例如,成绩、能力、态度、人格)。

上述评论应当足以说明我们的主题选择、范围覆盖、陈述层次等方面的理由。我们选择主题的主要依据是它们在研究探索中的角色以及它们的共性或普遍性。

第2章专注于测量在科学研究中角色的一般性介绍,包含的主题有测量的定义、测量量表,以及测量和统计学之间的关系。

效度是社会行为测量最重要的主题之一,因此,我们用两章来讨论它:第3章集中讨论准则相关的效度验证,第4章集中于建构效度验证。

第3章讨论的主题包括准则的定义、准则的性质和类型、预测、预测效率和区别预测。第4章以探讨建构的含义以及建构和指标之间的关系开篇。然后,我们在三个标题下探讨建构效度验证的各种流派:①逻辑分析,其中,我们讨论了建构定义、题项内容、测量和计分程序;②内结构分析,其中,我们对探索性因子分析和验证性因子分析进行了直观的介绍;③跨结构分析,其中,我们讨论了趋同验证和判别验证的概念,如何用多特质、多方法的矩阵方法来评估它们。本章以我们对内容效度的评注结尾。

第5章讨论估计信度中的理论和实践考量。包括的主题有信度在测量和研究中的地位、信度概念、经典测试理论及其变更和扩展,强调内在一致的信度估计方法、效度和信度之间的关系、低信度所带来的逆效应。

第6章是对社会行为研究的一些选定测量方法的导论,分为下列主题:①评分量表;②语义微分;③访谈;④观察。与它们当中的每一个有关的问题,包括建构、应用、分析、阐释和偏差来源。

## 设 计

第二篇的开篇是对科学和科学研究的一般介绍(第7章)。涉及的主题包括基础研究和应用研究,自然科学和社会行为科学之间的异同,社会行为研究结论和政策建议,社会行为科学的内容和方法等。

第8章讨论定义和变量。就定义而言,我们讨论了定义在科学研究中的作用、定义优劣的标准、理论定义(一般而言,特别是社会行为研究)和经验定义。随后,我们讨论了变量的定义,并从测量和设计的角度探讨了变量。

理论、问题和假设这三个相关的话题是第9章讨论的主题。在对有关理论的定义进行一些评述后，我们就开始关注理论在科学研究中的主要角色。讨论的问题包括理论和事实、理论作为参照系、理论的偏见效应。然后，我们又讨论了科学研究中的证实和证伪，以及科学的进步。最后，我们考察了社会行为科学中的理论状况，本节以对社会行为研究的短暂性的观察结束。

讨论问题的章节以"构成科学研究中的问题是什么"的讨论开始，续之以问题表述的不同形式。问题形式和理论表述之间的关系，以及它们对设计类型和所应用的分析的含义，我们也进行了讨论，并举例予以说明。然后，我们讨论了问题的理论意义这一复杂问题，讨论了可研究和不可研究的问题，讨论了以前的研究在问题表述中的角色等。

讨论假设的章节以讲解和讨论假设开始，假设的形式和前面所讨论的问题表述形式是平行的，续之以讨论假设的指导和误导（即无法证实）作用，以及检验从不同理论观点所推导出的备择假设的作用。我们还另辟一节专门讨论假设的统计检验，讨论的主题有围绕统计检验的争论，$p$ 值的阐释和误释，统计显著性和理论重要性之间的区分。本章的结尾将讨论基于决策的假设统计检验方法。

第 10 章专门讨论研究设计的基本原理和观念，讨论了两个相关的主题：控制和效度。继讨论控制在科学研究中的关键角色之后，我们描述了各种控制形式，以及它们和所考察的研究设计类型之间的关系。

然后我们再讨论更宽泛的主题，即效度。在简要的概述之后，本章的剩余章节就致力于讨论内在效度和外在效度。按照复杂程度的不同，我们将有详有略地讨论威胁内在效度和外在效度的不同因素。

第 11 章是第 10 章的补充，集中讨论社会行为研究中的常见的人为假象和陷阱，以及它们对研究结论效度的威胁。本章的组织围绕着两个主要的人为假象和陷阱来源，即被试和研究者。同第 10 章一样，主题讨论的深浅程度不同，这取决于主题的普遍性和（或）复杂性。

接下来的三章分别讨论不同的设计：第 12 章讨论实验设计，第 13 章讨论准实验设计，第 14 章讨论非实验设计。总的来说，这些章节包括所考察的设计要素的定义和细节，它的特质、优势、弱势，特别是对效度的含义，以及研究示例。

然后，我们将讨论一些初级设计，并在入门的级别上建议一些分析方法。对于所推荐的每一种方法，我们给出了本书第三篇的相应章节作为参考，在这些章节中，我们将详细讨论这些方法（参见下面的"谋篇"一节）。

第二篇的最后一章是对抽样的导论（第 15 章）。这一章的开篇讨论样本和抽样策略的定义，然后再讨论抽样的目的和优势。在区分非概率抽样和概率抽样之后，我们的讨论限于后者，讨论的主题包括估值的属性、抽样分布、所选择的抽样策略、效应规模，以及统计力分析和决定样本量大小之间的关系。

## 分　析

在讨论第三篇内容之前，我们将首先就分析作一些粗浅的说明；然后表明我们对读者在此领域的背景假定；最后我们就本书对分析技术的讨论范围和讲述方法进行一些说明。

开场白

高尔顿（Galton，1889）在《统计学的魅力》（*The Charms of Statistics*）一章中曾经说过：

> 有些人憎恨"统计学"这个名字，我却发现它充满美丽和趣味。只要我们不粗暴对待它们，而是施以更高级的方法谨慎处理、小心阐释，它们就会展现其处理纷繁现象的非凡能力。（p.62）

正如前言所提到的，统计学的讲解常常不关注理论背景、应用的设计特征或所用测量的属性。如此肢解之后，出现不当阐释、反感和粗暴对待统计学的现象，也就不足为奇了。

前面我们已经提到盲目听从专家（"方法论顾问"）在数据分析和结果阐释方面的建议、没有应用常识的一些逆效应。如果提供建议的"专家"不熟悉或者不理解理论问题及其过程，问题将会变得更严重。有些专家的所作所为仿佛是说，理论问题、设计问题和测量问题互不相干，人们唯一所要了解的就是哪些是 $X$，哪些是 $Y$。面对这种潜在的误用，作为现代"研究设计和分析"概念的主要奠基人之一，费舍尔（Fisher，1966）爵士曾经这样说：

> 统计学家不能推卸一种责任：他应当理解应用或建议领域的过程。我的观点就是，我们可以分离（应用领域中）所牵涉的问题和统计学家技艺中、严格意义上的技术问题，一旦作出这样的分离之后，各种问题就只是正确应用人类的推理力的问题，这是所有智者都同样关切的，而统计学家对此并无特殊的权威。在科学推理的原则上，统计学家不能免除保持清醒头脑的责任，正如其他思考的常人同样不能免责一样。（pp.1-2）

通过上述引文，我们希望大家明白一个道理，选择一种分析方法绝不是一种机械的程序。在选择分析方法时，应用研究的所有方面（例如，理论表述、设计特征、测量工具的属性）都应纳入考虑的范围。因此，当专家们对"正确"分析的意见不一致时，特别是在相对复杂的研究中，我们不应该感到丝毫的惊奇。米拉夫斯基等人（Milavksy et al.，1984）选择"正确"的分析方法的艰辛过程，就是一个很好的示例。在一个研究电视和攻击性之间关系的大型研究中，为了选择一个分析方法，在大约三年的时间内，他们就"最佳"的分析方法咨询了一些学者。被咨询的学者在有一点上是一致的，即米拉夫斯基等人的分析方法是不恰当的，但在什么是恰当的分析方法上，他们之间没有达成一致，而且是很大的分歧。米拉夫斯基等人说，事情总算得到解决，当

> 我们最后认定结构方程模型是最佳方法。然后，就是购买 LISREL 软件，让它在计算机上运行，学习如何使用和阐释结果。当数据分析真正开始时，我们还是重新做了所有前期的交互表分析。[①]（p.183）

一个研究的不同方面和所采用的分析方法之间的相互关系，我们将分别在不同的章节中加以讨论，同时，我们也将说明，对相同的数据应用不同的分析方法时，我们将得到不同的结论。在这里，我们只请大家关注邓肯（Duncan，1978）关于不同分析方法的效应一个注释。他

---

①围绕 LISREL 软件的结构方程模型的介绍，参见第23章和第24章。

和学生们用更"严格"(恰当?)的技术,重新分析了已经发表的研究数据,结果发现:

> 几乎不变的事实是:①当使用严格的检验时,原作者所主张的关系并没有得到数据的恰当支持;或者②原作者忽略了相同数据中的重要关系;或者更可能是③两者兼而有之。(p.404)

### 对读者背景的假定

我们假定读者有初级统计学知识,即对基本概念和方法(例如,平方和、标准差、标准误、$t$ 和 $F$ 比值、简单方差分析、相关分析)有一些了解。当然,我们急于加上一句,我们并不严格坚持这个假定。讲授研究设计课程的结果显示,两个学期的统计学课程是一个必需的条件,我们相信,那些没有学过"传统"统计学课程的读者,将获益更大。或许正是因为这类课程是在理论和设计的真空中教学的,学生们根本就没有抓住"要点"。而且,我们有一个强烈印象,很多学生的反应像听天书似的,仿佛他们一点也不熟悉讲授的主题。姑且不论其技术含义,我们的另一个印象是,当我们用均值、方差、变量或相关系数来讨论分数的变异度时,许多学生的反映是:这些术语在英语中毫无意义。

有鉴于此,我们认为有必要重温一下基本的统计学概念。如果大家恰恰需要这样的复习机会,我们希望大家给统计学第二次机会,以不同的眼光重新审视统计学,我们甚至奢望大家能喜欢统计学! 如果大家没有这样的需求,我们希望大家能理解我们复习的动机,跳过下面大家已经完全熟悉的章节即可。

### 讨论的范围和方式

我们所讨论的概念和分析方法的范围比较广,从最基础的(例如,方差、协方差)到最高级的(例如,结构方程模型)。有的人可能会批评这种一袋装的方式,有的人则可能会质疑说,有一些方法还是被忽略了(例如,列联表分析、时间序列分析)。下面,我们就方法的选择和方法的讲述方式作一个说明。

我们把注意力集中在第一篇和第二篇所讨论的主要论题和主要设计相对应的分析方法上。例如,我们将从概念验证(第4章)的角度解释因子分析,并给出示例(第22章和第23章)。同理,和第12—14章所讨论的各种设计一致,我们讨论了连续自变量和定类自变量回归分析的各种不同应用(第17—21章)。

贯穿始终的一个关注点是应用,即分析和其他研究方面之间的契合。我们认为,实例是应用类教学的最好方法。在实例中,方法变得生动,特别是对那些没有数学倾向且主要(假如不是唯一的话)的关注点是应用和阐释的人。在应用一种方法的过程中,人们才能更好地理解这种方法和既定问题、情境的相关性,并因此学会如何阐释结果。实际上,"和情爱一样,学习方法,示范总会强于讨论"(Leamer,1983:40)。

因此,所有主题和方法都是在一个简单数据实例的背景下讲述的,我们会详细分析实例,详细阐释结果。下面,我们就数据实例作几点说明。

尽管我们希望把数据实例放在一些实体性的研究背景下,但形式必然是简略的,也就是说,给变量添一点味道、给假设的模型一个粗略描述。显然,像这样的一本教材,不可能进入详细的理论考量。如果有必要的话,我们会提供研究主题的一些参考文献。无论何种情形,我们都会不断地提醒大家,我们所采用的具体实例,仅仅是演示,我们从没有主张或暗含它们的理据或效度。

不可避免的是,实例的选择受到我们研究兴趣的影响,我们或多或少熟悉的实体性研究领域包括一般心理学研究(特别是社会心理学)和教育研究(特别是关于最广泛意义上的学校效应的大型研究)。如果大家不中意我们的实例,就请大家用自己感兴趣的领域中的实例替换吧。

我们采用的较小,因此也不太符合现实的数据实例,以避免计算技巧的牵制。即使是采用计算机时,我们也采用这类实例。这样,我们就能通过手工计算把它们和当前主题讨论中的公式和方法联系起来,演示如何得到结果。我们相信这种教学方法有助于运用具体且易处理的实例,来阐释一个计算机程序输出结果的各种特征。

被动跟随一种方法或技术的讲座,常常会把人诱导到一种信念中,自认为自己已经了解这种方法,但一旦要用的话,自己还是不知道该如何操作。如果一个人试图操作一种自认为熟悉的分析方法,却发现自己从哪里下手都还不知道,或许没有什么事情比这更令人清醒的了。为了避免出现这种窘境,我们强烈推荐大家重复我们的分析,再做一些自己的实例。正是这个原因,我们也包括了学习建议,给大家练习已经学到的既定分析方法的机会。我们建议,在学习的初始阶段,大家既用手工计算,也用计算机技术。当然,一旦大家比较熟悉一个既定分析技术背后的思路后,大家就可以把计算的苦差事交给计算机了。

## 内 容

在各种分析方法的讨论中,计算机分析是一个主角。因此,在第三篇的第1章(第16章),我们着力于介绍计算机及其程序。这一章的开篇是关于计算机的一些基本观察,我们讨论了计算机分析数据的优势,有关计算机的一些错误概念,以及迷信计算机和程序绝对不会出错所带来的负面效应。随后,我们讨论了统计软件的基本构成,对如何评估统计软件给出了一些建议。紧跟着,我们列出了本书所用程序的选择标准,以及所用统计程序包的目录。然后,我们讨论了使用统计软件时所应该注意的一些问题。随后涉及的主题有手册的使用,程序默认值、输入文件的生成和编辑、出错提示。在下一节,我们简述了本书对输入和输出文件所采纳的惯例,同时也说明了我们对输入和输出文件进行注解的性质和目的。在最后一节,我们介绍了本书中所用的每一个统计程序包,也描述了使用它们时所采纳的惯例。

在第17章中,我们将讨论简单回归分析。一开始,我们回顾了基本的统计概念(例如,方差、协方差)。然后,我们讨论了简单回归分析的元素(例如,回归方程、平方和的分解)。随后,我们讨论了在回归分析中作图的优势,也列举了计算机程序所生成的图形。在下一节中,我们着重讨论回归分析的显著性统计检验。随后,我们又详细讨论了回归模型背后的假定,回顾了违背这些假定所带来的效应。在下一节中,我们着重讨论模型诊断,这一节又分成残差分析和影响力分析两个小节。在这两个小节中,我们用数据示例讨论和演示了某些主要方法。本章以我们对相关系数模型的注解结尾。

探索性研究中的多元回归分析是第18章的主题。①实际上，在两个自变量的情形下，我们很容易理解输出结果的分析和阐释等方面，而且，在这种特殊情形下，手算也比较简单，因此，我们用了相当大的篇幅来讨论手算。随后，我们讨论了两个自变量以上的情形，给出了计算机分析的示例，以及我们的注解。

鉴于对方差分解的错误理解和错误应用很普遍，特别是在多层次回归分析的形式中，我们花了整整一节的篇幅来讨论方差分解。然后，我们讨论了效应衰减以及它和样本量之间的关系。紧接着，我们讨论了多重共线性和它的逆效应，并给出了一些补救措施。第18章以讨论曲线回归分析的一节结尾。

第19章着力于讨论如何分析含一个定类自变量（例如，不同的处理、婚姻状况、种族）的设计。我们首先讨论了包含在定类变量中的编码信息的概念，然后，说明了如何在回归分析中使用这些编码信息。我们列举了3种编码方案，讨论了每一种编码方案的独特特征，并用相同的数据示例，演示了它们的应用。

然后我们讨论了均值之间多重比较的主题，并用事前对比和事后对比作了演示。我们介绍如何使用相关的编码方案，直接从回归分析中获得这类比较的方法。

在第19章的最后一节，我们讨论了在含一个定类自变量的设计中，回归分析和简单的方差分析之间的相似性。以此来说明，尽管存在分析术语和技巧上的差异，这两种分析方法实际上殊途同归。

在第20章中，我们把第19章中讨论的概念和方法，扩展到多个定类自变量或因子设计的情形，并说明如何把第19章所讨论的编码方案应用到多个定类自变量的情形。我们用含两个定类自变量或两因素的设计来回顾并演示因子设计的优势，特别是这种设计在侦测自变量对因变量效应的交互效应上的优势。除了这些方面之外，我们还说明了"集中比较"的概念，用来寻找一个交互效应。我们演示了如何利用回归分析的输出结果，用手工进行计算或者通过相关的子命令用计算机进行计算。

随后我们讨论了在因子设计的背景下如何表述假设，并用预期出现交互效应的情形和预期没有交互效应的情形作了说明。之后，我们回顾了如何分析两个以上因素的设计。我们用三因素的一个设计作为研究示例来阐述一些基本思路。

之后我们将转而讨论非正交设计（即组频次不相等的设计）。在讨论组频次不相等的实验设计和非实验设计之间的关键差异的同时，我们还分别讨论了这两者各自有关分析和阐释的问题。本章最后一节专门讨论多元回归分析和方差分析之间的异同。

在第21章中，我们讨论如何分析含定类自变量和连续自变量的设计。因此，我们把第17—20章分别讨论的方法融合到这一章中。我们讨论了两种基本设计，并用示例讲解了对它们的分析，即属性—处理—交互效应和协方差分析。我们将说明这两种设计之间的差别，不在于分析的方法，而在于研究的关注点。当我们研究的关注点是探讨个体属性和实验处理之间在对因变量的效应上是否具有交互效应时，我们就会把这种设计看作属性—处理—交互效

---

①我们将在不同章节讨论解释性研究和预测性研究之间的区分（即第3章、第8章、第10章）。

应。相比之下,如果研究的关注点是控制个体属性、探讨实验处理的效应时,我们就把这种设计看作协方差分析。但是,在这两个示例中,这些分析只适用于实验设计所获得的数据(参见第12章)。

然后我们讨论了如何在准实验设计(第13章)中应用协方差分析,来校正非等价组之间的差异。除了讨论这种应用所引发的、严重的设计和逻辑问题之外,我们还讨论和演示了协变量测量误差所带来的偏差效应。我们回顾了准实验设计中替代协方差分析的其他方法。然后,我们简述了把这些分析方法推广和扩展到其他设计(例如,间断回归、因子设计)的问题。

探索性因子分析是第22章的主题。我们一开始就讨论了因子分析以及其和理论的关系,然后,我们对因子分析中所用的矩阵属性作了一些注解。我们用了两个数据示例,一个示例中,因子是相关的;另一个示例中,因子是不相关的。我们分析了这两个示例,并作了注解。讨论的中心自始至终都是如何在建构验证的过程中应用因子分析。我们讨论的主题包括主成分分析和因子分析之间的区别,公因子方差和独特性,正交转置和斜交转置,因子矩阵、再生的相关系数,因子的阐释和命名,抽样和样本量、因子分、基于因子的量表构建,因子分析结果的报告等。

在第23章中,我们讨论验证性因子分析(CFA)。简短的讨论之后,我们把验证性因子分析看作结构方程模型的一个子模型,而结构方程模型是第24章的主题。然后,我们介绍了LISREL,这是我们将在第23章和第24章要用到的计算机程序。在介绍中,我们涉及的主要话题包括在LISREL子模型中的矩阵,用来进行验证性因子分析,LISREL的控制语句、默认值和模型设定。用于探索性因子分析的相同的数据示例(第22章),也同样用于验证性因子分析中。在对输出结果的注解中,我们涉及的主题包括拟合指数和模型检验有关的逻辑、方法和假定。

在下一节,我们介绍了EQS,这是用于第23章和第24章中的另一个计算机程序。我们回顾了EQS所用的术语、输入和控制语句。以前用LISREL分析的数据示例之一,再用EQS进行了分析。在对输出结果的注解中,我们讨论了EQS的特色,以及它和LISREL之间的异同。然后,我们讨论了验证性因子分析背景下,如何分析多特质多方法的矩阵。我们分析了一个由三特质三方法构成的矩阵示例。在分析过程中,我们讨论的主题包括嵌套模型的检验和模型的修正,为了修正模型而使用程序输出结果中的一些指标,把方差分解为源自特质、方法和误差的各种成分。

在本章的结尾,我们讨论了第5章中所讨论的测量模型,我们分别考察了平行模型、真值等价模型、同属模型。我们用一个小数示例来演示这些模型的检验。在第24章中,我们讨论了结构模型的表达、估计和阐释。结合概念、定义和理论的关系、设计类型等,我们讨论了因果律这一广受争议的主题。

然后,我们介绍了如何用LISREL来分析结构方程模型。介绍的方式和第23章一样,我们说明了结构模型所用的矩阵,并作了演示。然后,我们说明了输入和控制语句。同样,我们也介绍了EQS,也演示了其应用。

　　我们分析了几个数据示例，既用了演示数据的第一部分，也用了整个数据集。使用数据第一部分是为了讨论和演示不同模型的分析和阐释。结合对各种模型的分析，我们也讨论了一些主题，包括使用单个指标与多个指标、直接效应和间接效应、标准化解和非标准化解。我们用对所选择主题的简要注解来结束这一章。

# 框　架

　　有关本书章节组织的决策是一项挑战。我们寻找一种结构，它既能承载如此宽泛的主题的有序表述，又不能忽略它们之间的相互联系和相互依赖，在这一过程中，我们考虑了几种不同的方案。尽管我们知道，大家可能认为我们所选定的结构不是最佳的，但我们希望大家会发现这种结构是有用的。为了增加后一种可能性，我们将简述本书组织的主要方面，也为大家如何使用本书提供一些建议。不过，归根结底，将本书材料按照最适合大家的需求和目标的方式来加以组织的人，正是大家自己。

　　我们相信，从上一章节关于本书内容的描述中，本书的总体结构已经显露无遗。在下面章节中，我们将就本书组织的特定方面作一些说明。

## 重复主题

　　在不同的水平上，从不同的视角来考察重复的主题，这可能是刻画本书结构的最佳方式之一。大多数情况下，我们首先在一个直觉的层次上描述每一个主题，然后再用更形式化、更严谨的方式加以讨论。在很多情形下，我们将从本书的主要视角（即测量、设计和分析）中的一个以上的视角来考察相同的主题。

　　我们相信，一个示例将说明我们的意图。我们首先在直觉层次上，从测量的视角来引入"指标"概念，聚焦于建构效度（第 4 章），然后又从设计视角讨论指标（第 12 章和第 13 章）。在上述章节中，有关分析的问题仅在一般的意义上有所涉猎，但参考文献留给了第三篇（即第 23 章和第 24 章），在那里，我们将讲述有关的分析流派。

　　由此可见，为了保持整体性同时简化表述，我们频繁地让各章节交互参考，并建议大家在学习一个既定主题时，精读本书的各个章节。例如，讲述相关分析流派的参考文献出现在测量和（或）设计语境下，相似地，在讲述不同分析思路时，也会给出讨论测量和（或）设计问题的有关文献。

　　为了达到相同的目的，我们也通过在不同语境下重复使用相同的示例性实例。这样，在讨论测量问题（如题项内容）时所采用的一个实例，会在讨论设计问题（如内在效度）和（或）特定分析方法（因子分析）时，再次采用。

　　在学习一个主题时，大家是否以及何时精读本书的不同篇，这一决策取决于大家的背景、需求、目标和学习习惯等。因此，如果大家的目标是得到一个主题的一般概念（例如，因子分析),而且大家能容忍由此而来的不可避免的模糊性,那么,大家只需阅读第4章我们有关这一主题的一般评注就够了。如果大家的目标是更好地掌握因子分析,或许是因为大家想更好地理解一篇应用因子分析的论文,那么,大家至少应该阅读第22章的一些内容。不过,如果大家想完全理解因子分析、培养应用因子分析的能力,那么,或许大家会发现,学习第22章和第23章,研读讨论细节和扩展的参考文献,都变成了基本要求。

### 参考文献

大家很快将会发现,大量的参考文献伴随着每一个主题。提供参考文献,是考虑到大家在需要它们的时候,能够很方便地找到它们。当从一种视角来阅读一个主题时(例如,获得一个主题的大体印象),大家很可能会忽略一些或全部参考文献;但从另一个视角来阅读相同的主题(例如,想要深化或扩展理解)时,精读大多数参考文献就变成了一种必需。

### 学习建议

和分析方法一起,我们给一些章节提供了学习建议。在前面,我们已经说明了动手进行分析的重要性,不能停留在只读不练的阶段。正是考虑到这一点,我们才提出了学习建议。我们给出了答案,以便让大家检查自己的作业(见书末的"练习题及答案"部分)。

在一些学习建议中,我们建议大家阅读引用的研究报告,再分析报告中的数据。这样做有几个理由:①我们认为,这样做可以让大家能够更好地欣赏报告作者的工作,更好地评估报告的发现、结论和意义;②看起来,不同的分析方法显得更"恰当",或者进行另一种分析方法的做法会强化文中所表述的观点;③我们相信,这将提高大家敏锐地阅读和评估研究的能力。

## 取 向

我们认识到,我们取向的一些方面会让一些人(或许也包括大家)感到吃惊,他们认为,这种取向过于粗糙、过度悲观。因此,我们要解释一下那些可能会留下这种印象的方面。人们可以形成一个相反的印象:我们的目标不是散布绝望,而是知会大家在进行社会行为研究中可能遭遇的严重问题和困难。我们认识到,即使在认同我们的总体观点和意图的人中,也有一些人会质疑我们在一个导论中讨论它们是否明智,因为这有可能让幻想破灭,让学生感到灰心。我们的意见是,学生不必受到保护,避免接触研究界的艰苦现实。相反,我们相信学生们会反感这种保护,特别是当他们发现"真实世界"的研究和教科书、课堂对它们的描述之间毫无相似的时候。

这浓缩成两个问题:什么时候,由谁来告诉学生研究过程中所伴随的复杂性? 即使在学生准备不足的时候,也鼓励他们进行研究,这种倾向的背后是边做边学的信念。我们认定,在这种情形下,学生们最有可能学到的东西是,做科学研究几乎不需要准备什么,甚至不需知识。

## 研究和测量的批判

和前面的立场一致，原草稿中的一个主要方面是对一些研究的批判性评估，这些研究采用了有关的分析和(或)测量方法。我们认为，这是集中讨论特定的错误应用和错误阐释的有用手段，因而会带来对有关方法以及总体研究过程的更好理解。因此，在大幅压缩手稿，让它具有合适的厚度时，我们十分犹豫地删除了大多数研究示例。即便是保留下来的极少数示例，也不过是原手稿中的影子。我们告诉大家这一点，是希望能够解释为什么我们只举了一些例子，而在讨论示例时，又倾向于一带而过。

需要注意的是，我们的本意不是总结或综述我们所评注的研究。相反，我们评述一个研究或测量的特定方面，目的是突出有关主题的要点，或者是一种错误的示例，我们希望大家能从中学习经验。正如我们在不同地方(如第11章)不断地提醒大家，没有什么可以替代阅读一个研究的原始报告。

我们相信，反对批判研究同行的规范十分强大。为了避免离题万里，我们将简述一下这种规范(在我们看来)的来源。

有人认为，批评同行会降低专业在公众眼中的公信力，更不必说资助机构。在我们看来，社会行为科学家不愿采取更批判的立场来对待已发表的研究，特别是对待基于高度可疑的"发现"而提出的失控主张，而恰恰是这种普遍趋势，才是造成社会行为科学公信力消失的原因。

这样，才出现"建设性"的概念，批判必须伴随替代方案(当然是"更好"的)的建议。在我们看来，这种观念的根源可以追溯到一种态度(其他因素除外)，即不愿承认在目前的知识和方法现状下，有些事情是不可为的。实际上，"只要观察和测量是可能的，'不可为'的概念就不存在"(Lieberson, 1985：7)。

弗里德曼(Freedman, 1987b)告诫我们应"启动一个新趋势"(p.213)，承认我们不知道如何进行一些研究。作为对这样的告诫的回应，我们相信，还有必要承认：①一些问题还无法得到答案；②缺乏恰当的条件和工具(例如，背景、测量、分析方法)时，有些事情是不可为的；③尽管是文化神话，付出的努力未必有所回报。总之，重要的是认识到，"有聊胜于无"这句话并不总是正确的。

我们急于补充说，我们并不是在布道完美。"至纯乃上善之敌"，这句格言也适用于科学研究的情形。我们并不否认，痴迷于完美可能会让研究陷于瘫痪的状态。但是，认识到完美不可及，并没有许可任意胡为。在围绕着客观性的争论中，格尔茨(Geertz, 1973)也提出了一个类似的论点：

> 在这些方面，因为完全的客观性是不可能的(当然，的确如此)，所以，人们可以让自己的情感信马由缰，这种论断从不会给我留下印象。诚如索罗(Solow)所言，一个相似的说法是，由于完全无菌的环境是不可能出现的，因此，人们也就可以在下水道里做手术。(p.30)

如果我们所暗指的这种错误概念和错误应用相对比较罕见的话,我们也就没有理由在我们类似的书籍中这样做。正是因为它们的流行及其负面效应,我们才不得不去直面它们。邓肯以最有力、最直观的方式表达了相似的关注:

> 如果存在一个清晰可见的社会科学领域,它清楚地认识到这些谬误,并树立一个禁止入内的告示,那么,我们也就没有必要遗憾这些有关研究阵营的漫画。但在我的专业内,恰恰不是这样。杰出的单篇论文和统计占卜的透明练习肩并肩地发表在一起。如果垃圾仅淹没脚面,那么我们还可以趟过去。但如果垃圾淹没髋部,那么最机灵、最讲究的工人也难以避免让其产品沾上垃圾。引用记录这种判断的各种示例,将是令人生厌、冗长乏味的事情。(pp.226-227)

当"最机灵、最讲究"的研究者都受到拙劣的研究实践的负面影响时,我们可以想象,它削弱了新手和学生能力的巨大效应。

## 评审过程

在本章的前面章节,我们不止一次地暗指专业杂志接纳或拒绝论文的评审过程。我们的评述不应当看作加入围绕评审过程的争论之中的努力[奥尔特曼关于"未曾召开的评审过程的会议"的新闻报道,参见(Altman,1989)],我们也不想提出其他的战略和政策。我们的目标比较温和,只是提醒大家,在同行评审的王国中,并不是一切都运作良好,因此,培养大家对阅读的论文保持健康的怀疑态度。更不必说,如果不是扎根于知识,借助阅读时的清晰思考,这样的一种取向便是毫无意义的,甚至是有害的。

我们应当强调,现存体制困扰我们的是,一个具有基本知识的人粗粗一读,就能甄别出来的重大错误和严重误解似乎躲开了"专家"评审者和编辑的目光。令人遗憾的是,在我们看来,这种事情发生的频率足以让人警觉。

总之,我们坚信,如果我们给大家呈现一幅社会行为科学过分乐观的景象,那么我们就在做一件对大家有害的事情。更重要的是,我们衷心地希望,这样的取向将有助于大家成长为一个有洞察力的研究使用者,成长为一个干练的研究者。

# 第一篇

## 测量篇

# 第2章
## 测量和科学探索

　　测量几乎遍及我们生活和日常活动的每一个方面。我们测量各种事物（例如，重量、温度、烹调成分、时间、距离）。时不时地，我们也被其他人（例如，医生、教师、上级、招生官员、心理学家）从不同的方面（例如，血压、成绩、产量、能力、态度、焦虑）进行测量。简而言之，我们所做的大部分事情、我们所做的决策以及与我们有关的决策，都包含着一种或另一种测量。

　　测量在我们的生活以及我们所生存的社会中所起的作用，在很大程度上，预测了各种活动和决策的有序性和可预见性，也就是预测了社会的秩序和运行；而我们几乎是机械地介入这些活动和决策之中的（测量的历史回顾，参见 DuBois，1970；Wainer，1987）。

　　其他除外，单单是监管机构和部门（例如，美国标准局）的存在，就足以证明测量在现代社会中所起的重要作用。它们的任务是设立各种计量的标准并监测这些计量。实际上，"针对几乎每一种物理的、化学的或生物的现象，都存在一个联邦政府强制的测量方法"（Hunter，1980：869）。

　　尽管（或者正由于）测量很常见，但在不同的情境下、针对不同的人而言，测量的含义完全不同。除了意义的多样性之外，测量也不是目的，而是描述、区别、解释、预测、诊断、决策等过程中的手段。科学家和外行人似乎都赞同，无论如何界定科学（参见第7章），如果没有某种测量的话，科学是不可想象的（参阅 Brodbeck，1968：第7部分；Campbell，1952：第6章；Churchman & Ratoosh，1959；Feigl & Brodbeck，1953；Kaplan，1964：第5部分；Nagel，1931）。而且，在很大程度上，所使用的测量程序可以预测科学的发展进程。玛吉诺（Margenau，1950：369）曾深刻剖析这个观点，他认为，测量是"科学家对自然的最终诉求"，它矗立在"理论与经验的关键节点上……是理性与自然的接触"（Margenau，1959：163-164）。

　　下面，我们将首先考察测量的定义及优点，然后再讲解两个主要问题：测量尺度和测量与统计学的关系。

## 测量的定义及优点

　　与任何概念出现的情形一样，如果不加以界定，或者仅仅提供参考文献而没有指明一个特定定义时，测量的含义就一定会被模棱两可、混淆不清以及意见不一所包围。在行为科学关于测量的各种定义中，史蒂文斯（Stevens，1951，1959，1968）提出并细化的定义较为突出，尽管它没有得到广泛的接纳。他改进并拓展了坎贝尔（Campbell，1928）的表述，将测量定义为"依据规则或习惯把数字分配给对象或事件的不同方面"（Stevens，1968：850）。

请注意，数字[1]是赋值给对象的不同方面，而不是对象本身。举例来说，我们可以测量一个盒子的长度、宽度、重量、体积、颜色等，而不是盒子本身。同理，我们可以测量一个小孩的身高、体重、智力、焦虑、动机等，而不是孩子本身。

测量是针对人或物的不同方面，这种认识让一些常见的论证变得不相干，它们认为，在社会行为科学中，由于人类的独特性和巨大复杂性，测量要么是不可能的，要么是无意义的（最佳的情形下）。当测量各种对象的一个既定方面时，我们就会忽略它们在其他各方面的差异。这样，当我们测量对象的重量时，就会忽略其他各方面（例如，大小、颜色、形状）的差异，因为我们假定它们与当前的任务无关。出于某种目的，可能只有对象的重量是相干的；对其他目的而言，我们可能必须关注并测量其他方面。尝试解释人类行为的研究具有一个特征，即复杂性，其他部分来自我们必须关注并测量大量的潜在属性。

与测量相干的事物，只能在一种关于待研究现象的、隐含或明晰的理论中加以决定。因此，测量暗含一种理论，它涉及与待研究现象有关的一组变量的操作或关系。也就是说，如果不存在一种至少能阐述智力与其他建构和变量之间的关系的智力理论，那么测量智力的尝试就毫无意义。例如，在智力的多维结构论的语境下，吉尔福德（Guilford，1967）拒绝了"单一智力的教条"（p.27）。而且，正是在自己的理论语境下，他才开发了智力运行的各种测量。理论不仅决定了测量哪些属性或方面，并且决定了如何测量它们。换句话说，理论界定了不同方面，随后才出现测量操作（参见第8章、第9章）。

## 同　构

就所测量的方面而言，赋值给对象的数字反映了对象之间的关系，这是测量的精要。这个观念（称作"同构"）意味着：两个组的元素之间存在——对应的关系[2]。

同构的一个原型是一幅地图与它所描绘的地理区域之间的关系。比如说，小镇和地图上用来表示它们的点之间——对应，这样，地图上各点之间的关系（例如，距离）也就反映了它们所表示的地理位置之间的关系。地图的有用性和方便性由此而来。测量就是将一组对象映射到一组数字上，这样，被测量的对象与赋值给它们的数字之间，就形成了同构关系。一个很明显的例子就是测量重量，就是给一组对象中的每一个赋值一个数字，让数字之间的关系反映对象之间的重量关系（例如，一个对象是另一个对象的两倍重）。

## 测量的优点

就一个既定方面，对一组对象进行表述或区分的方法有很多。与其他方法相比，或许我

---

① 史蒂文斯指出，有些学者对"numerals（数词）"与"numbers（数字）"作了区分，并讨论了与这个区分有关的一些歧义（Stevens，1959：19）。不过，他承认，在这方面，他自己也没有做到首尾一致（Stevens，1951：22）。

② 有关同构的更精确定义及讨论参见布罗德贝克（Brodbeck，1959）、科恩和内格尔（Cohen & Nagel，1934：137-141）以及史蒂文斯（Stevens，1951：23）。

们就可以看出测量的各种优点。我们可以尝试用文字来描述一组对象的重量(例如,重、很重、极重、不重、轻、较轻、很轻),也可以用一组数值来描述相同对象的重量,对照这两者,我们就可以看出前者的局限、歧义和潜在的不一致。

使用测量的一个巨大优势在于,我们可以应用数学这个强大的工具来研究现象。一个数字集和一个对象集的各方面同构,对数字集的运算就可以让我们形成有关现象的规则性或规律的简明且精确的命题,如果没有测量所带来的优势,我们就无法达到这样的程度。例如,假如我们想研究和描述智力与成就之间的关系。如果仅依靠观察和文字描述的话,那么我们可能只停留在比较笨拙且模糊的命题上(例如,和低智力的人相比,高智力的人一般会表现出更高的成就)。与之相对照的是,测量一个样本人群的智力和成就,我们可以计算出两个变量之间关系的一个指数(例如,相关系数),从而清晰、简洁地指明这种关系的方向和强度,这是文字描述所无法完成的。更何况,此后,这个关系指数还可以用于各种目的(例如,判定智力与成就之间的关系在不同种族间是否存在差异以及存在多大差异),或者与其他统计指标一起,形成一个方程,用智力来预测成就。

测量建立了数字与对象各方面的一种匹配,因此,我们必须了解"什么与什么匹配"(Stevens,1968:854),然后,我们才能有意义地阐释数字,决定哪些数学运算可以有意义地应用到它们身上。归根结底,这是尺度类型的问题,是接下来我们所探讨的主题。

## 测量尺度

史蒂文斯(Stevens,1951)提出了下面四种测量类型(也称为"测量层次"),从最粗糙到最精细按升序排列,依次是定类、定序、定距和定比。这个分类后来有过扩展和精练(例如,Coombs,1953;Stevens,1959),不过,它足以满足当前的研究目的。史蒂文斯根据保持守恒的转换类型来界定尺度类型,守恒意味着没有方差、没有变化。贝尔(Bell,1945)调整了凯瑟(Keyser)的一个命题,以令人折服的方式传达了守恒的观念:

守恒是变化中的不变性、一个流动世界中的稳定、各种构型的坚固,在无数不同寻常的转换旋涡和压力面前,这些构型依然故我。(p.420)

在尺度类型的语境下,守恒是指可以应用于数字的各种转换,它们不会改变数字所指征的经验关系的意义或阐释。在下面对四种尺度类型的分别讲解中,我们将讨论并举例说明这些转换。

### 定类尺度

定类尺度就是把数字赋值看作对象或对象类别的标签。换句话说,我们用数字来代替名称或其他任何符号,来鉴别对象或对象类别。[1]定类尺度的最基本的例子,是将身份号码赋值给一组对象。身份号码这个惯例出现在各种不同的情境和背景下,如此显而易见,以至于无须再费笔墨,或者再寻找理据。不过,在测量的参照系下,定类尺度的重要性不在于它把数字赋值给单个对象,而在于赋值给对象的类别。[2]

在日常生活与活动中,分类和分类表起着重要的作用。如果不是经常(几乎是不由自主地)借助于分类,我们面对和处置冲击我们的大量刺激的能力,我们弄清楚原本是对象或事件的混沌旋涡的能力,都是无法想象的。我们使用各种规则和标准,将人、物、工作、科学专业、植物、事件或我们所拥有的东西进行分类。有些分类显得简单、明显甚至自然;有些分类十分繁杂、极端复杂、完全不明显,因而造成意见分歧甚至引发激烈争论。

例如,当我们依据性别对人进行分类时,规则就很简单、自然、明显。相比之下,上帝让基甸把自己的部下分成两类,即他想送回家的人和他带着去攻打米甸人的人。上帝让基甸把众人带到水边,然后根据他们的喝水方式,对他们进行分类:

> 凡用舌头舔水,像狗舔的,要使他单站在一处。凡跪下喝水的,也要使他单站在一处。……洛德对基甸说,我要用这舔水的三百人拯救你们,将米甸人交在你手中。其余的人都可以各归各处去。(旧约·士师记,7:5-8)

这是一个简单有余,但"明显"不足的规则。可以推定,自觉跪下的动作意味着起着偶像膜拜的一个指标的作用,当然,也可能存在其他的阐释。事实上,各种指标都可能从属于不同的阐释,这是指标的属性。我们将在后面的章节中介绍有关指标与潜变量之间关系的概念。

不论是简单还是复杂、是广泛接纳还是激烈争议,其分类都反映概念、变量(例如,社会经济地位、种族、党籍、宗教取向),并因此而成为隐含或外显参照系的一个组成部分。应用于科学研究时,分类是理论命题的组成部分。

有些研究者认为,分类不具有测量的地位。谈到测量的定类层次时,库姆斯(Coombs,1953)写道:"测量的这个层次过于原始,以至于人们并不总是把它看作一种测量,但是,它是测量的所有较高层次的必要条件。"(p.473)

为了满足定类尺度的要求,我们必须把对象分成一组互斥且穷尽的类别。也就是说,每一个对象只能被分到唯一的一个类别中,所有对象都能分类到所用的类别中。例如,将人们按照党籍进行分类,每个人只能是一个政党的党员,每个人都可以被分到所采用的类别之一。如果出现一些人不能契合当前类别中的任何一类的情形,那么我们就必须增加新类别,以满足穷尽性的要求。有时我们可以方便地采用诸如"其他"这样的一个类别,把那些不能契合前面类别的人归入其中。

不管分类的规则是什么,分到各个类别中的对象,不同的只是种类,而不是程度,我们只能这么处置它们。也就是说,定类尺度的类别没有次序。例如,在党籍上,民主党员不大于共

---

[1] 史蒂文斯更喜欢将它们称为"numerals(数词)",因为"numbers(数字)"被用作标签。
[2] 一些研究者对二者进行了区别。史蒂文斯称前者为A型,后者为B型(Stevens,1951:25);纽纳利(Nunnally,1978:13—14)称前者为标签,后者为分类。

和党员,反之亦然。他们之间彼此不同。分类的另一个属性是,分配到同组的对象,我们把它们看作是彼此相等的,除了界定类别所采用的差异之外,它们在其他方面的所有差异都不在考虑之列。例如,如果党籍的定义是基于一个既定政党的注册成员,那么所有已注册过的民主党员都应一视同仁,尽管他们可能在下列方面有所不同:对民主党目标的承诺、投票记录、交纳党费和为党服务、性别、种族,以及其他任何可以想到的变量。

一个既定分类是否有意义或是否有用,如果我们不考虑最初使用这个分类的原因,不考虑是什么达成对这个变量的特定界定,那么我们是无法回答这样的问题。分类是测量的一种形式。如前所述,测量是一种手段,而不是目的。只有在一个既定的理论或实践语境下,我们才能评估一个既定测量的意义和有用性。

不言而喻,不同的定义导致不同的分类规则,也可能导致对相同人、物等的不同分类。例如,依据种族对人进行分类,广义上依赖于种族的定义,狭义上依赖于所采用的类别。我们将在第8章中讨论变量的定义问题,这里将不再详述。

不论二分或定类变量的定义如何,所采用的组别或类别就构成了一个定类尺度。对每个类别,我们可以赋值任何数字,只要不同的数字赋值给不同的类别即可。赋值给各个类别的数字,只不过是一个身份符号,因此,只要是一对一的替代,尺度守恒都能得到维持。也就是说,只要我们用不同的数字来标识不同的类别,那么我们就可以用其他数字替代任一数字。虽然我们可以自由选择任意一组数字来标识一个定类尺度的不同类别,但是,对特定目的来说,有些选择被证明比其他选择更方便。例如,虽然任意两个数字(例如,1 和 22;0.06 和 23.73)都可以表示一个定类变量(例如,男性、女性;黑人、白人)的两个类别,但使用 1 和 0 来表示更方便。在后面的章节(特别是在第19章)中,我们将说明,对编码二分或定类变量而言,有些数字更有用,因为它们有利于采用变量所进行的分析,也方便对分析结果进行更直接的阐释。

## 定序尺度

定序尺度是将数字赋值到人或物上,让数字来反映他们在一个我们感兴趣的属性上的排序。例如,如果我们认为人物甲比人物乙更友好(或更聪明、更好看),那么我们就可以将"2"赋值给人物甲,而将"1"赋值给人物乙。所赋值的数字并不反映在该属性上甲超过乙多少,而只反映两者之间"大于"或"多于"的关系,以">"符号来表示。

在定序尺度中,对任意一对对象(如甲和乙)而言,如果甲大于乙,那么乙就不会大于甲,这种关系一定成立。这也称为"不对称"或"非对称"关系。当然,甲也有可能等于乙,形成对称关系。在这种情况下,我们可以赋值给甲和乙相同的数字,并称为"并列排序"。

在定序尺度上,对于任意三个对象(如甲、乙和丙)而言,如果甲>乙且乙>丙,那么甲>丙,这个关系一定成立。这也称为"传递性"。非对称关系并不一定是传递关系,如在国际象棋中,人物甲胜人物乙,人物乙胜人物丙,但是从这些条件中,我们并不能推论:人物甲能胜人物丙。

在定序尺度中,赋值给对象的数字只能反映"大于"关系,因此,对量表取值的任何单调转换,都可以保持守恒。单调转换就是数字之间的排序不发生改变的运算。下面都是单调转换的例子:给所有数字加一个常数,对数字进行乘方运算,取数字的平方根,对数字乘以一个常数。

定序尺度所传递的信息比较粗略,也比较有限,因此,在各种转换所带来的反复无常面前,它可以经得起考验。下面的两个示例,可以说明定序尺度的各种局限,也可以说明对尺度数值的潜在误解。

假定有两组,每一组由8个人组成,这8个人按身高排列,结果如图2.1所示。线段上面的字母表示人,线段下面的数字表示按身高排列的顺序;(a)和(b)代表两个组。注意,在身高范围内,人们并非均匀分布。例如,在(a)组中,A和C在身高上很接近,而C和D的差距相对较大;或者,D和B的身高比(a)组中其他任何两个人的身高都接近。但是,当我们把身高的这些测量值(它们属于定比尺度,参见后面的讨论)转换成定序尺度时,这类信息便会丢失。例如,即使排序已知,在身高上,我们也不可能辨别A(排序第1)是和(a)组中排序第2的人(在这个示例中是C)更接近,还是和(b)组中的人差距更大。

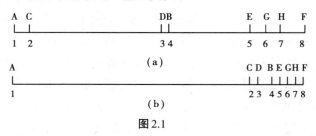

图2.1

现在来看两组的排列次序。很明显,赋值给不同组的次序,对它们进行比较将毫无意义。在不同组中,两个人具有相同的次序,这并不意味着他们具有相同的身高。例如,(a)组中身高最矮的人,也有可能比(b)组中身高最高的人还要高。

现在,利用图2.1来说明定序尺度适用的各种情形。这次,令A到H是8个对象(事件、人物等),(a)和(b)这两个排序是两个被访者对同一个对象的排序赋值。例如,A到H是不同种类的食物,两个人给它们排序,来表明他们的偏好;或者A到H是不同的电视广告,两个人根据它们的效果来排序。就目前讨论的目的而言,假定字母A到H代表竞选职位的政客,两个人根据坦诚来给他们排序。假如我们要求这两个人在"坦诚量表"上给这些政客评分,而不是给他们排序,那么这些字母就不会是均匀分布的,反映出两个人给政客的评分不同。很明显,被访者给政客排序所得到的数字,并不能传递这类信息。

首先来看(a)组的排序。假定给政客排序的人觉得,A稍微比C更坦诚一些,而他们两人比其他人坦诚很多;D稍微比B更坦诚一些,他们又比剩下的人坦诚很多,这个排序如图2.1(a)所示。由于排序的限制,被访者并不能传递这些信息。由于自身的性质,排序只能传递相对意义上的强度,也就是说,被访者认为,A比C更坦诚些,C比D更坦诚些,等等。排序并不能告诉我们,在进行排序的人眼中,每个政客的坦诚程度有多大。因此,作为另一个例子,在图2.1(b)中所显示的一个人的排序中,他可能觉得,政客A相对坦诚,而其余的人整体上都处在不坦诚的位置上。排序也没有提供这些信息。

注意,在(a)和(b)中,政客的次序相同。但是,在上述假定的基础上,很明显,得出"这两个排序反映相同的主观知觉的坦诚度"这个结论,就是一个错误。在某种"绝对"但未知的意义上,排序显示在(b)中的人甚至有可能认为,政客A的坦诚度低于政客F,后者是排序显示在(a)中的人给予最低排序的政客。

上述讨论的要旨是,要求被访者进行排序的测量,只能用于研究个体之内的等级、偏好等。然而,它们不能用于个体之间的比较。卡特尔(Cattell,1944)提出一个术语"自比",用来表示那些只能作个体之内阐释的测量,它不同于"规范"测量,即可以作个体之间阐释的测量。

## 定距尺度

当我们将数字赋值给对象时,除了满足定序层次的要求外,如果我们可以依据所测量的属性,对数字之间的差异进行有意义的阐释的话,那么我们就达到了定距层次的测量。换句话说,在定距尺度上,我们使用恒定的测量单位,这样,我们就能够有意义地表述对象之间的差异、比较这些差异,并将差异转换成比率。

定距尺度最常见的一个例子是温度的测量。例如,在摄氏尺度上,60 ℃不仅比50 ℃高,而且是高10 ℃。由于尺度的单位是恒定的,所以,下列说法也是正确的。60 ℃和50 ℃之差等于90 ℃和80 ℃之差,或者说,60 ℃和50 ℃之差是37 ℃和32 ℃之差的两倍。

经下列线性转换,定距尺度保持守恒:

$$X' = a + bX$$

其中,$X'$是转换后的值,$a$和$b$是常数,$X$是待转换的原值。用语言来表述就是:在定距尺度上,原值乘以一个常数$b$,再加上一个常数$a$,并不影响我们对该尺度上的差值或差值比率的阐释性质。众所周知,摄氏尺度上测量的温度,可以用下列公式转换为华氏温度:

$$F = 32 + 1.8C$$

其中,$F$和$C$分别表示华氏度和摄氏度。

特别需要注意的是,定距尺度上的分值之差,表示为比率是有意义的,但这样来表示分值本身却是没有意义的。原因是,定距尺度上的零点是任意的,因此,这种尺度上的分值允许加上一个常数。把定距尺度上的分值表示为比率,这样的谬误可以用下面的示例加以说明:80 ℃是40 ℃的两倍。这个命题是谬误,因为摄氏尺度中的零点是任意设定为水结冰的温度。零点的定义不同,这个比率也会跟着变化。当我们把前面提到的温度转换到华氏温度上时,这就变得很明显,如下所示:

$$\frac{80\,℃}{40\,℃} \neq \frac{176\,°F}{104\,°F}$$

如果我们牢记定距尺度的这一特性,就相当于有了一个保险,让我们不会犯下面例子中的错误,这是爱丽丝和红后的一段对话(转引自Carroll,1960):

> "五个夜晚比一个夜晚更暖和些吗?"爱丽丝壮着胆子问道。
> "当然,五倍的暖和。"
> "按同样的推理,那也会五倍的寒冷呀。"

　　"正是呀!"红后喊了起来,"五倍的暖和,五倍的寒冷——就像我有五倍于你的财富,五倍于你的聪明一样!"(pp.222-223)

　　我们来看一个社会行为测量的例子,设想:(a)在智力的定距量表上,个体甲的得分是120,个体乙的得分是60。智力量表的零点肯定是任意的(我们如何定义智力为零? 是绝对的意义? 还是以死亡为准?),因此,由此得出结论说:个体甲是个体乙智力的两倍,就出错了。(b)在社会研究的成就定距量表中,个体甲答对了60道多选题,个体乙答对了15道。虽然甲答对的题数是乙的四倍,但这并不意味着在社会研究中,甲的知识是乙的四倍。如果我们想让这个结论正确,那么我们就必须证明,在社会研究中,测量中的零分(即没有一题答对)表示知识为零。正如社会行为科学中的大多数测量一样,当一个测量中的题项意味着表示一个几乎是无穷大的领域时,毋庸置疑,这样的证明是不可能的。

## 定比尺度

　　在满足定距尺度的前提下,如果我们能决定一个真正的(或绝对的)零点,那么我们就达到测量的定比层次。即零意味着所测量的属性没有量。"比率"这个术语是指这样一个事实:在定比尺度中,任意两个分值的比率独立于尺度的单位。换句话说,当任意两个分值都乘以一个常数,即改变尺度的单位,它们的比率保持不变。定比尺度的最好示例是重量和高度的测量。例如,测量重量时,说重30磅的物体是重10磅物体的3倍,这样的说法是有意义的,并且,改用其他单位(例如,盎司、千克)来表示时,这个比率也不会发生变化。再例如,一个身高6英尺的人是身高5英尺的人的1.2倍,改变长度单位(例如,英寸、码、米),这个比率依然保持不变。由前面的讨论可知,在以下转换下,定比尺度保持守恒:

$$X' = aX$$

其中,$X'$是转换后的分值,$a$是一个正常数,$X$是转换前的分值。注意,只有这种转换才不会改变零点,才会消除负值。例如,加上一个常数,就会让零点产生位移,从而改变转换后的分值的比率。因此,重180磅的人的体重是重90磅的人的两倍,当这两个分值都乘以一个常数时,转换后重量的比率不会发生变化。但是,如果两个分值都加上一个常数,如40,那么它们的比率就会发生变化,即

$$\frac{180}{90} \neq \frac{180 + 40}{90 + 40}$$

　　尽管我们听说过定比尺度,但在社会行为科学中,我们并不会经常遇到它们。对反应时间(即对知觉—运动任务的反应)的测量是心理研究中所使用的定比尺度的一个例子。

## 测量的指标和层次

　　大多数测量是间接的。也就是说,我们无法直接测量自己所感兴趣的现象,而只能从假定它所影响的或与它相关的一个指标中推导出来。用水银柱的膨胀作为温度的一个指标,就是前者的一个示例。在社会行为研究中,各种指标广泛地应用于各种建构(例如,动机、攻击性、工作满意度)的测量中。正是考虑到这样的应用,我们必须等到讲解建构效度(第4章)

时,才能对指标进行详细讨论。

在当前的语境下,我们将只演示一个概念的测量层次的决定因素,不是我们作其指标的事物的单位,而是这个指标与这个建构之间关系的性质。例如,一个指标的单位可能构成一个定距(甚至是定比)尺度,但是,当我们把这个指标当作一个特定概念的测量时,它的单位可能只是一个定序尺度。卡特(Carter,1971)对这个问题的讨论非常有见地,他把收入与受教育程度作为测量社会地位的一个例子:

> 收入和受教育程度,每一个都肯定是对某物的保守测量(实际上是定比测量)。收入就是所报告的收入的一个测量,受教育程度就是所报告的在校读书年限的一个测量。但是,这两者如何与社会地位联系在一起?(p.14)

在把收入和受教育程度作为社会地位指标的大多数应用中,卡特详细阐述了其背后难以成立的一个假定,即社会地位与前者中的每一个都是线性关系。这个假定就相当于说,等量的收入之差反映了等量的社会地位之差。不过,以卡特的例子为例,收入分别为1万美元和1 000美元的两个人,他们之间的社会地位之差,与另外收入分别为21万美元和20.1万美元的两个人之间的社会地位之差相比,根本不具可比性。如果我们考虑受教育年限在下列点上的一年之差:(a)10年与11年之间;(b)11年与12年之间(后者意味着从高中毕业);(c)15年与16年之间(后者意味着从大学毕业),它们所造成的结果潜在地具有相当的差异(例如,就业概率、工作类型、收入水平),那么,就受教育年限而言,不具可比性也同样成立。

总之,我们对测量层次的讨论仅局限在和分值阐释的相关性上。这里,我们并不讨论如何决定一个既定流派的测量层次所涉及的一些重要问题和步骤,因为这需要我们详细讨论测量理论和量表模型。这个领域内的文献,数量上汗牛充栋,数学上比较复杂。此外,一些模型和程序也被开发出来,它们试图把定序反应转换为定距尺度,或将定距尺度转换为定比尺度。导论性质的文献,参见:Allen & Yen,1979:第8章;Anderson et al.,1983;Nunnally,1978:第2章。下面是一些书籍,专门一般性地介绍量表模型和技术,或者是它们在某个特定领域(例如,态度测量)中的应用:Andrich,1988;Bock & Jones,1968;Coombs,1964;Dunn-Rankin,1983;Dawes,1972;Edwards,1957b;Kruskal & Wish,1978;Maranell,1974b;Torgerson,1958;以及van der Ven,1980。(同时参见本书第6章及其参考文献)

## 测量与统计学

不了解测量和统计学的人容易混淆二者或将二者等而视之,那些讨厌公式、方程式、数字的人尤其如此。熬完一门统计学课程之后,他们既不会认识到上测量课的必要,也不会坚持上完一门测量课,他们把测量课看作苦差事。这种态度一定程度上解释了许多社会和行为科学的学生、专业人士对测量在科学探索中的作用,缺乏理解甚至完全无视的情况。

下面,我们将探讨测量与统计学之间关系的两个方面:(a)测量作为统计分析中所用数字的一个来源;(b)测量层次与统计分析方法。

## 作为数字来源的测量

简而言之,测量提供统计分析中所使用的数字。一个研究者测量一个或多个变量(例如,智力、社会经济地位、种族、性别),然后,在简单或复杂的统计分析中,使用所得的数字来描述或总结现象、估计参数、检验有关所研究现象的假设。因此,测量的性质和质量会影响统计分析的各个方面(例如,参数的估计是否有偏差以及偏差的程度),这应当不出所料。总之,一个统计分析所得到的各种结果,其阐释和意义离不开测量的属性,正是这些测量在第一场合生成了数字。

虽然是老生常谈,但似乎仍有必要提醒研究者和研究结果的使用者,当用于统计分析的一组数据没有意义时,所得结果也没有意义。忽视这个老生常谈所带来的危险越来越大,这是越来越多使用复杂分析技术(例如,因子分析、判别分析、多元方差分析)的后果,因为只要具有使用各种计算机程序、进行数据分析的必要基本技能,人们都很容易使用这些分析技术。面对充满各种指数和统计显著性检验输出的一大堆结果,人们很容易忘记输入计算机的数字的意义。[1]

令人遗憾的是,在大多数社会行为研究的基础上,我们可能会形成这样的印象:不管数字如何获得,不管数字意味着什么,它们都是送往统计学磨坊中的原料。而且,它们甚至还可能让我们相信:只有使用统计学,我们才可以不知不觉地将无意义的数字转换为有意义的数字,分析越复杂、越老练,事情就注定变得越有意义。这种取向所带来的危害不计其数。研究者可以通过使用各种复杂的统计分析,隐瞒(甚至不留痕迹地掩盖)数据中的各种缺陷。如此取得的"结果"可能与一个研究者所声称的研究问题,几乎(或完全)没有任何关系,尽管对研究者本人和研究报告的读者来说,这一点可能并不明显。

我们相信,大多数研究者并不会有意欺骗读者,但是,他们会深陷统计学的杂要中,甚至达到自欺的程度。之所以会这样,是因为他们对测量在研究中的角色缺乏理解,或者是因为他们对统计分析的"魔力"近乎于迷信。尽管如此,由于进行最复杂统计分析的计算机程序变得很普及,对统计分析的误用也就随之急速增加,这常常形成多个层面,其下面是质量可疑(甚至是无意义)的数据。研究者和读者们游荡在一个虚幻的世界,其中住着因子、成分、负荷、模式、方程、函数等,给人留下这样的印象常常是不可避免的。

以总和指数为基础的数据分析,其研究报告的问题尤其严重,因为进入这个指数的每一个元素的信息,我们几乎或完全得不到,因而就无法评估这个总和指数的质量。一个常见的情形是,我们对多题项测量进行加总分,然后用在复杂分析(例如,因子分析、结构方程模型,参见第22—24章)中,但却没有在第一场合提供必要的信息,以评价总分的价值或意义。不检查自己是否正在把苹果和橘子相加,就把各个题项的分数加总,令人遗憾的

①我们将在第16章讨论这个问题及相关问题。

是,这个倾向相当普遍,并且,这是我们先前所提到的对测量问题缺乏注意和关注所带来的一个后果。

上述讨论的目的是要引起大家注意,在研究中,仔细审查所使用的测量十分重要。若有必要,我们还将在本书的各个部分讨论测量的特定方面(例如,效度、信度)对统计分析的效应。

## 测量的层次和分析方法

现在,我们将从另一个角度来考察测量和统计学,在社会行为科学中,这个角度在心理测量学家、统计学家和关注研究设计与分析的研究者中,引发很多争论,而且常常带着情绪。这个争论可以追溯到史蒂文斯(Stevens,1951)的著作,在这本书中,他依据测量所采用的测量层次(参见前文),提出了一个"许可的统计量"(p.25)分类。举例来说,史蒂文斯主张,对定序层次的测量,我们不应当计算均值和标准差。

关于统计学与测量层次之间关系的文献非常多,有些学者强烈支持并阐述史蒂文斯的立场,有些学者则反对其立场,只是冷嘲热讽的程度不同。伯克(Burke,1963)对这两大阵营(即"测量导向"和"测量独立")的立场作了很好的概括和讨论,下面所举的例子,不过是在这个问题上的几次交锋而已,我们的目的在于传递它在一些论辩者身上所唤起的情绪反应(最近一次反驳史蒂文斯批评者的尝试,参见Stine,1989)。

在讨论关于"依赖尺度的错误"之前,沃林斯(Wolins,1982)写道:"著名的心理学家史蒂文斯(Stevens,1951),把'测量'这个概念从物理学中连根拔出,然后扔到了心理学中。没有根,它就腐烂了,恶臭满天。直到现在我们还在扫清这个垃圾呢。"(p.29)有一本论述测量和统计学的书,按照史蒂文斯的尺度分类和统计学的结构编排。在评述这本书时,凯泽(Kaiser,1960b)的结论是:"这是一本错误连篇、粗制滥造的书……混杂着对史蒂文斯测量尺度的幼稚盲从,对现代统计学理论,则明显表现出几乎是完全的无知。"(p.413)

洛德(Lord,1953)用讽刺故事的形式嘲笑了这种"以测量为导向"的观点。他讲述了一个简短的故事:一位教授因为自己对定序层次的分数计算了平均值和标准差的做法深感内疚(定序分数是不能进行四则运算的,译者注)以致精神崩溃而被迫退休。为了酬谢他以前的工作,学校特许这位教授卖"橄榄球号码",并提供给他一批球衣号和一部自动售货机。一切都很顺利,直到有人明显改动了这部自动售货机,导致新生队的号码售价太低,并遭到新生们的抗议。为了调查出事原因,这位教授求助于一位统计学家,这位统计学家不费吹灰之力,就对号码进行了各种计算,包括均值和标准差。这位教授感到吃惊,抗议道:这些橄榄球号码甚至都不能构成定序尺度。这位统计学家答道:"号码自己并不知道啊。"(p.751),他继续解释道:"因为号码不记得自己从哪里来,所以,无论如何,它们总是以相同的方式行事。"(p.751)或许大家已经猜到,这位统计学家的一席话,让这位教授完全康复,他又开始了自己的教学生涯,对学生分数的计算均值和标准差也不再有丝毫的迟疑,更不用提内疚感了。

我们复述这个故事,是因为上述引文中的这位统计学家的做法几乎已成为"测量独立"立场的战斗口号,其形式一般为"数字本身并不知道它们来自哪里"(参见Gaito,1980:564)。当然,这句话的真实性是不可否认的。但是,这并不意味着阐释数字的人就没有了解数字来自何处的责任。下面的这个相关的轶事,是斯坦普(Stamp,1929)所举的一个示例：

> 考克斯(Cox)讲了他自己年轻时在印度的一个故事。他向一个法官,一个英国人,同时也是他的好友,引用了一些统计值。他的朋友说："考克斯,当你岁数大一些的时候,你就不会如此肯定地引用印度的统计值。印度政府非常热衷于搜罗统计值。他们收集统计值、汇总、取n次方、求立方根,然后,拼凑成精美的图表。但是,你永远不要忘记,这些数字中的每一个,最初都来自乡村巡夜人(chowty dar),他想填什么,就会记什么。"(pp.258-259)

有趣的是,"测量独立"的研究者们在各种场合总会引用洛德的话来支持自己的立场,但是,洛德对其原始命题的批评所作的回应,他们经常只字不提。究其原始命题,洛德(Lord,1954)写道："如果这些文字让大家忽视了实际存在的严重错误,那将是可悲的。"(p.265)他列举了各种需要和不需要等距假定的命题示例之后,写道：

> 我们的结论是：在阐释定类和定序数字的算术运算的结果时,我们必须付出十二分的小心。因此,在一些情形下,至少就检验零假设的目的而言,我们能够严谨、实用地阐释这些结果。(p.265)

我们可以随心所欲地运算数字,但是,对于数字运算所得的结果,我们的实质性阐释却取决于把数字赋值给对象时所附加的意义,即测量模型。我们非常赞同海斯(Hays,1988)的观点,他说："只有统计结果的使用者们(研究者们和读者们)才能够判断：数字结果是否被重新阐释为有关事物属性的一个有效命题……作为一门学科,统计学在这个问题上相当中立。"(pp.71-72)

如先前所指出的,我们只能在一个既定的实质情境下,决定一个尺度的层次。一个尺度"不是一个计量局专员所能决定的事物,不是他能凭自己的感觉,正确决定一个尺度可以称作这件事物而不是另一个事物"(Cliff,1982:12)。就这方面而言,统计分析的恰当性也不是由统计局专员决定的。

对我们正在讨论的问题,大多数研究者和读者很可能并不关注。我们相信,这将带来一个后果：对测量问题的不幸忽视,这是我们先前讨论过的。不过,也有相当一部分学者仔细、认真地思考了上述两种立场,得出一个结论：在社会行为科学中,严格固守任何一个立场,都得不到测量现状的支持,如果我们考虑违反特定统计方法背后的各种假定所带来的各种后果时,这种固守也没有任何用处。我们相信,这种实用主义取向最为合理,并用关于这种取向的一些评注来结束这个章节。

首先,我们注意到,在史蒂文斯(Stevens,1968)的晚期著作中,他在一定程度上也是支持实用主义取向的。在"调和及新问题"的标题下,史蒂文斯探讨了这两种立场,并提到了"评估违规工资的实用主义难题"(p.851),他的结论是：

> 因此,问题应该转向：不恰当的统计量如何导致有偏结论以及有偏的程度；而不应当转向：测量尺度是否决定一种统计程序的选择……通过详细说明成本,我们可

以将看似禁区的问题转变成可计算风险的问题。(p.852)

在社会行为研究中,所采用的大多数测量,究竟是在定序层次上还是在定距层次上?这是有关测量和统计量争论的主要来源。实用主义者(例如,Borgatta, 1968; Borgatta & Bohmstedt, 1981; Gardner, 1975; Labovitz, 1967, 1972; Nunnally, 1978)强有力地论证说,在社会行为研究中,所采用的大多数测量明显不在定距层次上,但严格来说,它们也不在定序层次上。换句话说,我们所用的大部分测量,并不局限于表示"大于"或"小于",像一个定序尺度一样,而且还表示差异的程度,尽管这些程度可能不能用等距单位表示。基本的一些实例是成就、智力、态度等的累加测量,这些测量处于定距层次与定序层次之间,即所谓的"灰色"区(Gardner, 1975:53),如果把它们当作定序层次上的测量进行处理,那么就有可能导致严重的信息丢失。

违反统计背后的假设会带来一系列后果,从这个角度,一些学者探讨了测量与统计学之间的关系问题。例如,农纳利(Nunnally, 1978)论证并试图证明"在行为科学的大多数研究中,采用重视定距层次的数学和统计分析方法,并没有坏处"(p.17)。拉博维茨(Labovitz, 1967, 1970, 1972)是这种取向的最直白的倡导者之一,他认为:

> 处理定序变量时,仿佛它们服从定距尺度,这便得到经验证据的支持……把定序变量当作定距变量来处理,虽然会伴随一些小错误,但是通过使用更强大、更敏感、更发达、阐释更为清晰的统计量,加上已知的抽样误差,就可以抵消这些错误。(Labovitz, 1970:515)

值得注意的是,拉博维茨和农纳利所代表的立场并不意味着"不管测量质量如何,一切都行"。因此,他们也有批评者(参阅 Wilson, 1971)。在这个问题上,不论我们的立场如何,高质量的测量无可替代,这是毋庸置疑的。提高测量质量,应成为社会行为科学优先考虑的问题之一。

# 结束语

我们希望,这一章能够让大家清醒地认识到测量在科学探索中担任的关键角色。这尤其重要,因为在阅读社会行为科学的研究报告时,我们所得到的印象与我们试图去建立的事物之间可能会形成强烈的反差。正如第1章所指出的,在研究报告中,我们经常忽视、傲慢地(甚至不加思考地)处置测量问题。因为一些测量是"现成"的,因为别人用过这些测量,因为不存在"更好的"测量,所以,我们就采用这些测量。有些研究者对研究的其他方面(例如,理论表述、设计、分析)展现出较强的怀疑、细心和熟练,但对粗糙的测量,却轻易地相信,这令我们不得不十分惊讶。

在各种领域研究中,许多学者都关注到测量的糟糕状态。在态度研究的广阔领域中,就有很多社会行为科学家对测量问题的冷漠问题进行分析。马拉内尔（Maranell，1974a）写道：

> 如果我们忽视测量问题，那么我们将遭遇的效应和结果，就像天文学家被迫使用破裂且没有校准的棱镜、测绘员被迫使用橡皮尺或干脆不用尺子、物理学家被迫使用忽快忽慢的手表一样。（p.xii）

在回顾了市场研究的"现状"之后，雅各比（Jacoby，1978）提出：

> 鉴别好的测量、清除差的测量，这样的尝试几乎看不见……大多数测量之所以是测量，仅仅是因为有人说它们是测量，而不是因为已经证明，它们符合标准的测量准则（效度、信度和灵敏度）。（p.91）

在不同研究领域中，尽管所使用的测量质量各不相同，但上述观察一般适用于许多（即使不是大多数）社会行为科学的研究领域。

# 第3章
## 准则关联的效度

在广阔的测量理论和实践背景下,本章和下一章将探讨效度问题。我们首先将简要回顾效度的含义和定义,然后将用剩余的篇幅讨论准则关联的效度。在这部分,我们将首先讨论准则的含义和准则的不同类型,然后讲述预测,我们将特别强调预测效率、分组预测和选择偏差。

## 效度:含义和定义

即使只是泛泛阅读关于测量、研究设计的书籍,或者是专业杂志的研究报告,也足以让我们明白,在不同的语境下,不同的作者以不同的含义使用"效度"这个术语。例如,在测量语境中的"效度"含义不同于它在研究设计语境中的含义(参见第10章)。而且,在每个不同的语境中,我们会碰到效度的不同定义和不同类型、种类的效度之间的区别。

有趣的是,负责为教育和心理测量提供标准的数个专业协会的联合委员会,却没有达成对"效度"的定义;而只是提供了或许可以称为"效度的特征描述"的东西,即效度"是指从测验分数中所作出的特定推论的适当性、意义和实用性,测验验证(validation)是不断积累证据来支持这些推论的过程"(American Psychological Association,1985:9)。

上面的表述所面临的一大难题是确定什么才能构成"适当的""有意义的"和"有用的"推论——这几乎是一个不可能完成的任务,别的除外,这就要求界定这些意味深长的术语,描述实现它们的条件和途径。或许表达这项任务复杂性的最佳方法是指明,尽管"测验分数"和"测验验证"是较狭义的术语,但联合委员会的这个表述仍可以应用到科学研究的广泛领域之上。事实上,正如本章和下一章所详述的那样,测量验证是科学研究的一个实例,包含着科学研究的全部。因此,在第二篇讨论科学和科学研究的大部分内容时,对测量验证过程中所包含的因素具有直接的影响。

联合委员会的表述清楚地表明了,效度(或准确地说,验证)不是指测量本身,而是指在测量所得分值的基础之上的推论。简言之,"我们不是验证一个测验,而是验证对来自特定程序的数据的一种阐释"(Cronbach,1971:447)。(关于验证过程的各个方面的专题讨论会,参见Wainer & Braun,1988)

因此,随着研究目的、被访者和进行推论的情境不同,推论的效度(恰当性、意义、实用性)

也会有所不同。例如,用一个既定的词汇测验的分数,来推论一个人的学习成绩,与预测他们在大学或工作中的表现相比,这个推论更有效度。预测的效度会随大学课程的种类或所考察的工作类型的不同而变化。很明显,相同的词汇测验的效度也随着被访者的年龄、民族、种族、教育背景等因素而有所不同,这仅仅只是列举了一些因素。为了把模糊性降低到最低程度,至少有必要明确说明,从一组分数中得出的推论是出于什么目的、对象是谁、在什么情境下。

虽然我们使用测量的目的千差万别,但是,把各种目的归类为几种类别,不仅有可能,而且有实用性。与测量的效度有关的,一个普遍使用的三分法是:(a)内容;(b)准则;(c)建构。本章和下一章所讲述的大部分都与这些术语在验证过程的情境下的含义有关。因此,这里我们仅指明它们的定义。"内容"是指内容的某些领域(例如,社会学习、词汇、工作表现);"准则"是指某些结果(例如,高中毕业、旷课、青少年犯罪);"建构"是指某些特质或属性(例如,智力、态度、动机)。

无论采纳哪一种分类,重要的是要牢记:效度是"单一概念"(American Psychological Association,1985:9)。因此,就编排和讨论目的而言,依据推论类型进行分类,虽然便捷,但这并不暗含着一组排他、穷尽的类别,更不暗含着不同类型的效度。

需要强调的最后一点和我们所看到的下列事实有关:直到最近,有关效度的讨论和报告都是依据类型而进行表达的,而且,上述三分法(内容、准则和建构)在一段时间内成为一个主导性分类。(参见 American Psychological Association,1966,1974)有些学者并不赞同不同的"效度类型"概念,但他们还是在十分勉强地使用它们,因为这是"这个领域中人们的传统习惯"(Ghiselli et al.,1981:267)。

邓尼特和博尔曼(Dunnette & Borman,1979)强烈反对"效度类型"的概念,他们认为:"效度具有不同的类型,其含义会导致混淆和混淆之上的过度简化。"(p.483)在一次关于效度的感性讨论中,盖恩(Guion,1980)宣称,我们把三种"类型"的效度看作"类似三位一体(指圣父、圣子和圣灵)的事物,它代表着通向心理测量救赎的三条不同道路。如果我们无法证明一个类型的效度,我们还有另外两次机会!"(p.386)

"准则"和"建构"这两个术语,其用法常常和"推论验证"和"证据验证"两个过程相联系,而不是用来表示"效度类型",因此,我们就冒着滑向后者(效度类型)的风险。[①]尽管我们可以尝试预防这种风险,但我们认识到,我们也可能会失败。在我们的表述暗含着效度类型的情形下,我们希望大家明白:这并不是我们的本意。总之,我们相信,假定对验证过程的一个分类没有变成拜物教,假定我们还能够清楚地意识到,不同的目的只是一个相同过程的相互关联的方面,那么依据主要目的而对验证过程进行分类,就是便捷的。

我们并不情愿把效度分成两章来讲解,有了前面的铺垫,大家听到这句话,就不会感到惊讶了。归根结底,便捷性的考量胜出。我们奉劝大家将本章和下一章看作同一单元的两个方面。

---

①参见第4章,有关内容与"内容效度"的评述。

# 准 则

广义地说,一个准则是我们希望借助其他变量的信息来解释和预测的任何一个变量(例如,学习成绩、投票、敌意、生产力、吸毒、旷课、青少年犯罪)。科学哲学家曾涉猎过解释和预测的研究。有些人(例如,Hempel,1965)主张,在结构上和逻辑上,解释和预测相同;有些人(例如,Scriven,1959)则反驳道,它们是不同的运算。不论我们在这一问题上的立场如何,下列命题依然成立:总会存在一些情形,其中,我们能够预测一个既定现象,却不能解释它,反之亦然(较好的探讨参见 Doby,1967:第4章;Kaplan,1964:第Ⅸ章)。

在准则关联的效度中,预测是焦点,压倒一切的关注是一个准则的预测成功率,"是什么过程导致所预测现象的出现?"这个问题能否得到解释,则不在关注之列。为了强调这个论点,农纳利(Nunnally,1978)指出:"这样,如果掷蹄铁的精度与大学里的成功高度相关的话,掷蹄铁就是预测大学里成功的一个有效测量。"(p.88;同时参见 Cook & Campbell,1979:296)

上述内容并不一定暗示:对预测感兴趣的一个研究者和实践者,必然对解释不感兴趣。正如卡普兰(Kaplan,1964)所指出的:"如果我们能够在一种解释的基础上成功进行预测,那么我们就有了很好的(或许是最好的)理由来接纳这种解释。"(p.350)不过,预测现象是可能的,也具有实用性,但解释要么是不存在的,要么是模糊不清的;在欠发展的学科和应用情境中,这种情况经常发生。

为了预测目的而应用心理测量,我们可以把它们刻画为"心理学技术"(Loevinger,1957:636),它们和心理学理论形成对照。这样的应用示例不胜枚举。例如,在工作场合,如果能够在一群职业申请者当中,预测出谁具有成功的能力、谁具有出事故的倾向、谁会对工作更满意等,那么无论对雇员来说,还是对雇主来说,这件事都是有益、有用的,只是程度各异、理由不同。即使缺少对现象的解释或解释不清,这些预测也是有用的。在学术场合,如果在申请者中预测出谁有更大的概率在大学中表现良好,那么尽管我们还无法透彻地理解之所以这样做,或者我们对原因还存在着争议,但这件事还是有用、有益的。用耳道绒毛和耳垂来预测冠状动脉疾病还是有价值的(参阅,Elliott,1983;Wagner et al.,1984),尽管对前者和后者之间的关系存在多种相互矛盾的解释。

我们应牢记解释和预测的区分,以避免错误地阐释研究结果。对一个为预测而设计的研究,如果我们把它的结果阐释为对所预测现象的解释,那就大错特错了。我们将在许多章节(例如,第14章和第18章)中讨论并举例说明这个论题。(参见 Pedhazur,1982:第6—8章)

总之,当我们的关注点是利用预测因子来实现预测准则的目的时,准则关联的效度之问题和流派就变得十分重要。在讨论它们之前,我们有必要讨论这个准则的一些方面。

## 准则的性质和种类

一个特定准则的选择,在很大程度上取决于作出选择的个体的价值观和目标。不管这个准则是制造车间的生产力、学习成绩、婚姻满意度、健康，还是对少数民族的态度，在一个既定情境下针对特定人群，能够决定这个准则是什么的人认为重要的事物才是关键。

在我们的生活中，准则随处可见。当我们想到自己和他人是成功还是失败时，我们就是在公开或隐含地使用一个或一组准则。当我们想到成功完成一个既定任务，擅长一个既定工作时，这是最明显的示例。即使人们看起来是在共用一个准则，但他们经常会在其定义上出现意见分歧。因此，大多数人可能都会赞同：教师、律师、医生、法官、护士、售货员、卡车司机等，应当能够娴熟、成功、高效地胜任自己的工作；但对这些形容词的定义，他们可能会存在很大的分歧。

一方面，存在赞同准则的表象；另一方面，界定准则又存在困难。很可能正是因为如此，在试图预测准则时，有些个人或机构几乎没有给予它们应得的关注。芬彻（Fincher, 1975）把有关准则恰当性的不加批判的假定，恰如其分地称为"无知无畏"（p.495）。詹金斯（Jenkins, 1946）也注意到"心理学家通常倾向于接纳这个默认假定：准则要么是上帝的赐予，要么是躺在那里等待被人发现的事物"（p.93）。

令人遗憾的是，自从詹金斯提出"对什么有效"这个问题以来，情况并没有多大改观。研究者依旧倾向于使用模糊和总体的术语来设定一个准则，然后寻找一些预测因子，能够对这个准则进行最优的预测。这样，当我们认为研究没有达到预期时（这种情况会经常发生），一般来说，受到指责的是预测因子。不过，能够确定的是，预测程序"只能和准则一样好"（Thorndike, 1949：119）。而且，"准则关联的效度的致命弱点当然是准则本身"（Linn, 1984：38）。

对一个准则的界定，试图达成一致意见，其中所遭遇的困难，可以用下面的事件作很好的说明。不久前，时任美国大法官的伯格（Burger, 1997）声明，在美国，大约半数的诉讼律师不称职，没有资格代表当事人；在律师界，这句话激起公愤（参见《纽约时报》（The New York Times），1997 年 12 月 4 日）。在一篇题为《测量能力：论辩一个无法界定之物》的文章中，戈尔茨坦（Goldstein, 1978）描述了一场辩论，它发生在美国律师公会的大会上，是对伯格指责的回应。在大会上出现过一项动议，要求这位大法官要么拿出数据来支持自己的指责，要么收回成见。但这项动议并没有通过。可能的原因是，大多数的与会代表意识到，在对"能力"的量化界定无法达成共识的前提下，绝不可能收集到这样的数据。

律师们（或是任何工作任务复杂多样的专业成员）对"能力"的一个定义，无法达成共识，这并不出乎意料。例如，一个姓里夫金德（Rifkind）的律师曾经做过尝试，他想刻画一个伟大的诉讼律师。按照里夫金德的说法，一个伟大的诉讼律师必须"热爱工作、坚韧不拔、记忆超群、才思敏捷、洞察入微、口才雄辩、仪表堂堂和嗓音悦耳"（Goldstein, 1978：E7）。

里夫金德的这些刻画，抓住了一个伟大诉讼律师的精髓。即使我们能够对此达成一致，但毫无疑问的是，关于这些要素之间的相对重要性一定存在相当程度的不同意见，至于每个要素的定义，意见分歧的程度甚至会更大。例如，"坚韧不拔""洞察入微"和"口才雄辩"是否同样重要？进一步说，它们各自的定义是什么？虽然里夫金德的表述带着美丽的光环，但其模糊性却排除了一个量化定义的可能。

其他专业中界定"能力""成功""绩效"的各种尝试，可以无数次地重复上述示例。这足以说明，罗兹布姆（Rozeboom，1966）为什么会把准则的定义看作"一个乱人心智的谜团"（p.194）。

由于界定和量化准则中的各种困难，一些研究者和机构常常诉诸"可预测的准则，而不是诉诸恰当的准则"（Wallace，1965：411）。例如，怎样才算是一个"好"学校？教育家、政策制定者和一般公众都表现出极大的兴趣。在"学校绩效"的标题下，相同的问题有时也会被提出来。不管用什么词汇，虽然所有人似乎都同意：学校应该是好的或有效的，但是，对这些术语的定义，却无法达成一致；如何测量好的或有效的学校教育，就更无从谈起了。

关于学校，有些事物相对容易观察和量化，这样，常常是一种默认，它们就变成了"好"学校的一项或一组准则。例如，我们可以相对容易地观察到下面的事物：一个学校中，科学实验室的数量、学校图书馆中的藏书量、班级规模、每个学生的开支、教师工资、学校管理人员的数量和标准化成绩测验（SAT）的平均分数。

需要注意的是，前面只参考了变量的计数和量化的一些形式。在这些变量中，有些变量比其他变量更容易量化，因为它们能够接纳的界定范围潜在比较窄。例如，对照图书馆的藏书量和教师的工资，很明显，后者比前者的界定范围更广。

假定我们并不满足于只是进行计数，也想就上述变量中的一些或全部提出一些问题，如质量或使用。这将带来相当的复杂性。例如，是什么成就了一个"好"科学实验室？如果分配到这里的教师没有资格正当地使用它，那么它的好又是什么？如果没有人使用它或没有充分使用它，那么一个实验室的好又是什么？还有，怎样才算是充分使用呢？

在识别好的或有效的学校的多年探索中，准则的变异和变迁，完全不亚于在其他社会领域中所发生的时尚和潮流。因此，在一些地方或一个时期，好学校的准则是学生们在一些认知变量（例如，学习成绩）上的表现；在另一些地方或另一个时期，这个准则可能就是一些情感变量（例如，动机、态度）所构成的指数。

很难就准则达成一致的另一个领域是治疗的效果。例如，马斯特斯（Masters）和约翰逊（Johnson）因为没有说清楚性治疗的成功准则，所以备受批评。为了回应批评者，据报道，马斯特斯博士曾说："我必须利用七周的时间来写完这本书，忘记把最终准则加上。"（Wolinsky，1983：2）另外，据报道，在记者招待会上，马斯特斯又声明：

> 在《人类性机能失调》（*Human Sexual Inadequacy*）中所呈现的个案，所采用的准则实际上是：在所有性交机会中，一个女性至少需要有50%及以上的机会达到性高潮，才算作是一次"成功"。
>
> 在性无能的治疗中，在所有性交机会中，75%以上的机会能够达到并保持勃起状态的能力，就被界定为"成功的治疗"。（Brody，1983b：A13）

不难想象，在总体上，专业人士和门外汉都会质疑这样的准则，也会质疑其特定方面（例如，对性高潮的定义和测量）。

## 作为准则的评级量表

界定和测量准则面临很多困难，因此，雇主和研究者经常使用评级量表。建构几个评级量表，让管理者评估工人、学生评估教授、治疗师评估病人、病人评估治疗师等，还有比这更简单的方法吗？当我们把评级量表作为准则时，在非常严重的问题中，我们经常会碰到的是：(a)没有定义或定义模糊；(b)对评级背后的知觉过程，没有给予充分的注意，或完全忽视；(c)把各种评级组合成一个总体指数或几个子指数的方式。我们将在第6章(参见评级量表部分)中，对这些问题及相关问题予以讨论。

## 终极准则和中间准则

综上所述，应当比较清楚的是，准则的定义和测量都是非常困难的，并且我们常常躲避不了这些困难。称为"终极准则"的事物，尤其如此。

桑代克(Thorndike,1949)曾经对准则问题有过精彩的讨论，就**终极准则**，他这样表达："终极准则之'终极'，是指在判断结果时，我们不可能越过它，采用更高、更远的标准。"(p.121)一个终极准则就是一个终极目标，被我们看重的事物就是这个目标自身，因此，预测它所必需的成本也是值得的。例如，预测谁会成为好(有效的、敏感的)医生(律师、飞行员、教师、秘书、管理者)，社会认为这很重要。

即使当我们对终极准则达成极少的一致意见时，我们也应当认识到，准则是多面的、动态的。这样，就一个既定层面而言、一个既定情境下、一个既定时点上，有可能被认为是表现良好(或令人满意)的事物，就另一个层面而言、另一个情境下、另一个时点上，则有可能被看作差强人意的事物。[1]可想而知，好医生的准则会有所变化，除其他因素之外，它会随着从医学院毕业时间的长短、专业类型和背景的不同而不同。在大多数场合，一个终极准则是一个建构、一个抽象。因此，在下一章，我们对建构和建构验证的讨论，也同样适用于作为建构的准则。

因为准则一般是动态的建构，在一个既定时点、一个既定背景下，一个人可能被评为"身材高"，是"成功的"等；在另一个时点、另一个背景下，这个人又可能被评为"身材矮"，是"较不成功的"或"失败的"；这种情形并不会让我们感到奇怪。实际上，如果有可能的话，在一个终极准则上，对一个人地位的盖棺定论，可能是对其一生表现总和的一次评估。正如诗人奥维德(Ovid)所言：

> 死前无人配称幸福；
> 总要等到临终的那一天，
> 在他身后留下终审。
> (引自 Montaigne,1965:54)

面对定义和测量终极准则所遭遇的各种困难，人们常常求助于所谓的"**中间准则**"(Cureton,1951:634-635;Thorndike,1949:第5章)。中间准则比较出名的例子有：(a)大学的分级成绩均值(GPA)；(b)是否从大学、培训班等毕业；(c)证书考试成绩。

---

[1]有关"工作绩效准则"的动态性质的讨论，参见吉塞利和海尔(Ghiselli & Haire,1960)。

与终极准则相比,中间准则:(a)更易于界定;(b)更易于测量;(c)获取它们所需要的成本更低;(d)评估它们所需要的时间更短。这些特点使中间准则更具吸引力,但是,如果没有深谋远虑和小心谨慎,我们还是应当避免使用中间准则。选择中间准则时,最重要的考量是它们和所研究的终极准则的相干性。因此,在中间准则上的表现看起来(或应当)和在终极准则上的表现有联系,这常常变成使用中间准则的理据。一般来说,这些主张的基础是逻辑分析,甚或只是预期,而不是经验证据。十分重要的是,我们必须记住:一个既定的中间准则可能和所研究的终极准则没有很大关系或根本没有关系。例如,专科学校(例如,法律、医药)的分级成绩均值和作为专业人员(无论其具体定义是什么)的最终表现之间,很可能没有关系。只要有可能并可行的话,我们就应当收集数据,以便揭示特定中间准则和终极准则之间的关系。

不过,也会出现一些情境,其中,即使我们并不了解中间准则和终极准则之间的关系,中间准则也担当着一个实用的目的。例如,中间准则可以作为有资格或被允许参与某些领域的一个先决条件,这些领域则构成终极准则的各个方面。这样,由于公证和证书的制约,没有从医学院毕业的人,不论他成为"伟大"医生的潜力有多大,社会也会禁止他行医。类似的例子举不胜举。在当前讨论的语境下,是否从专科学校毕业,就是我们希望预测的中间准则。当申请者竞争有限数量的空岗时,当培训在设备、人员、时间等因素上(仅举几个重要因素)投入很大时,这种做法就变得特别重要,甚至是必需的。

很明显,中间准则的重要性可能会有所变化,如它们的成本、它们与终极准则的关系、它们是不是进入一个既定职业或领域的入场券,都会影响其重要性。因此,我们必须时刻牢记:中间准则的特定角色,仅意味着在特定情境中起作用。这样,我们就可以避免出现下列情形:一个中间准则的"尾巴"摇着一条最终准则的"狗"。

我们已经集中精力,分析了界定和测量准则过程中的内在困难,我们希望借此来强调:准则关联的验证,首先取决于对一个准则的明智选择,然后取决于它的有意义界定和测量。不幸的是,"在准则关联的效度研究报告中,讨论如何评估准则测量本身的报告,几乎凤毛麟角"(Guion,1980:395)。只要这种状况仍然存在,我们就不要指望准则关联的验证研究,能够在应用背景中作出有意义的贡献,更不用说有益于社会行为科学中的理论发展了。

我们在前面曾经指出,准则可能是一个建构,同理,预测因子也可能是。当预测因子、准则或两者都是建构时,在准则关联的验证过程中,有关建构和建构验证(参见第4章)的问题和程序就是关键。这应当是本章开篇所讨论内容的一个提醒,也就是说,分别探讨验证过程的各个方面,虽然比较方便,但我们不能忽视它们之间的相互关系。

## 预 测

在前一部分,我们已经讨论了与准则的定义和测量有关的一些重要的和棘手的问题,这里就不再赘述。相反,我们假定已经合理地解决了准则问题,而希望利用一个或多个预测因子来预测这个准则。

在这样的情境下,基本的方法是研究预测因子和准则之间的关系。在只有一个预测因子的情形下,预测因子和准则之间关系最常用的指数是"皮尔逊积矩相关系数"。因为我们的讲解仅限于皮尔逊相关系数的使用,因此,把它称为"相关系数"或简称为"相关",就比较方便。在下面的章节中,我们假定大家对相关系数和简单回归分析的基本元素有所了解。我们将在第17章中讨论这些主题,当大家对下面的讲解感到困惑不解或者需要详细推敲时,请参考第17章。

一个预测因子和一个准则之间的相关系数可称为"效度系数"。这样,已知一个预测因子 $X$(例如,智力、焦虑)和一个准则 $Y$(例如,学习成绩、解题能力)的取值,$r_{xy}$ 就是其效度系数。效度系数越大越"好",这句话虽然正确,但我们还是需要记住相关系数的几个要点,下面我们将作简要讨论。

正如第17章所讨论的那样,相关系数背后的一个主要假定是,所研究的变量之间的关系是线性的。这意味着,表示个体在两个变量上取值的各个点服从一个趋势,它的特征可以用一条直线来刻画。图3.1的(a)便是线性趋势的一个例子,相对照的是,(b)是曲线趋势。举例来说,假定 $X$=焦虑,$Y$=解题能力。观察图3.1中的两个散点图,我们就会注意到,如果(a)反映情境的话,那么结论就应该是焦虑的增加伴随着解题能力的增加。另一方面,如果(b)反映情境的话,那么结论就应该是,在达到最优点(大约在中等焦虑水平附近)之前,焦虑增加伴随着解题能力的增加;之后,焦虑增加伴随着解题能力的降低。因此,中等焦虑水平似乎最有利解题能力的发挥,而相对高水平的焦虑则会削弱解题能力。

如果数据如图3.1中的(b)所示,使用皮尔逊相关系数,就会得到很低的相关系数,由此也会得出一个错误的结论:焦虑和解题能力不相关。很明显,这两个变量是相关的,只不过这种关系不是线性的。底线应当很清楚:在最低限度上,我们也应当用数据作图,看看两个变量之间的关系否有严重偏离线性关系(参见第17章)。我们将在第18章中"曲线回归分析"的标题下讲解非线性关系的分析方法。

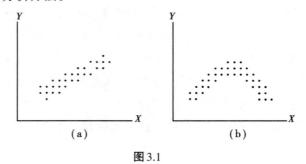

图3.1

关于相关系数,我们需要牢记的第二个要点是,相关系数随总体而异。在其他条件相同的情况下,研究样本来自的总体越同质,相关系数越低。相反,样本来自的总体越异质,相关系数越高。[1]我们将在后面的章节再探讨这个问题。

①我们将用概率抽样来预测这些命题的效度(参见第15章)。

最后,我们只能在比较一般的意义上来阐释一个相关系数。例如,假定两个变量之间存在正相关,我们有可能就该效应作出一般性的表述:在一个变量上得分较高的人,有很大的概率在另一个变量上得分也较高;在一个变量上得分较低的人,有很大的概率在另一个变量上得分也较低,等等。然而,就实用性而言(例如,就选择而言),一个预测系统应当让我们能够在预测因子既定的情况下,对准则的预期状况作出更具针对性的预测。实现此目的最有用的方法之一是,使用从回归分析中得到的一个预测方程。

## 预测方程

我们将在第17章讨论回归和相关模型之间的区别。就本章的目的而言,我们仅需要指明一点就可以了:只有在回归模型中,我们才区分准则和预测因子(或者,因变量与自变量)[①],从而得到一个回归方程(其他暂不考虑),让我们可以用一个人在预测因子上的得分,来预测他(或她)在一个准则上的分值。在最简单的情形(例如,只有一个预测因子的线性回归方程)下,这个方程的形式是:

$$Y' = a + bX \tag{3.1}$$

其中,$Y'$是预测分数;$a$是截距,即这条回归线和$Y$轴的交叉点;$b$是回归系数或回归线的斜率,$X$是预测因子。

我们将在第17章讲解程序,可以计算这条预测方程的常数(例如,$a$和$b$),并依据它们,从个体在这个预测因子上的分值来预测他们在这个准则上的得分。此外,我们还有可能计算围绕这些预测分值的置信区间。

在这里,我们的主要关注点是把这条回归方程应用于预测的目的。例如,假定$Y$是生产力的一个指数,$X$是一次能力测验中的分数,进行遴选的官员可能会在申请者$X$分数的基础上,使用预测方程来预测他们在$Y$上的分数。而且,一旦他决定了准则($Y$)上的最低限,他也就决定了预测因子($X$)的录取分数线,这样,被录入的人员(即在预测因子上分数高于录取分数线的人)具有令人满意的表现,使该事件的概率得到最大化。

这并不暗示:决定预测因子和准则的分数线,是简单、直截了当的事情。这样的决策包含各种考量,我们将在下一节讨论其中的一些考量。这里,我们只想指出:在某些决策中,我们或许可以使用回归方程来进行遴选。

在准则验证的研究中,使用回归方程而不是相关系数,具有一些优势。在讨论它们之前,我们将在"分数线的选择如何影响效度系数的实用性"的背景下,对"预测效率"的概念进行一些评注。

## 预测效率

假定$Y$是我们所研究的一个准则(例如,学习成绩、生产力、康复程度),$X$是一个相关的预测因子(例如,能力、人格特质、疾病史)。再假定,不管申请者在$X$上的状况如何,我们都会录

---

①变量的定义和分类,参见第8章。

取或雇佣(例如,上大学或进诊所)他们中的每一个人。一段时间(例如,一年)之后,我们获得了他们在$Y$上的分数。这样,我们就可以计算相关系数和回归统计量。而且,把回归方程应用到$X$分数上,我们就可以获得$Y$的预测分数。

大家可能会问,既然我们已经有了$Y$的实际分数,为什么还要费力劳神,用一条回归方程来预测$Y$的分数? 我们这样做,是为了比较实际表现和预测表现,从而确定预测效率。正如第17章、第18章所示,回归分析的各种结果对这种比较都有影响。这里的讲解仅限于介绍一些基本概念,它们和预测效率相关。讲解所借助的图示是图3.2,其中,点表示$X$和$Y$的分数组合,我们并没有用这些点作图(例如,散点图,参见第17章),而是使用了几个椭圆。换句话说,我们假定所有点都包含在这些椭圆中。

请看图3.2(a),注意纵坐标轴上的点$Y_c$。我们用它来表示一个点,高于这个点,我们就认为,在这个准则上的表现是"令人满意的"(例如,成功、康复、毕业)。再看横坐标轴,注意点$X_c$,它表示在预测因子上的分数线。也就是,如果我们不是录取(雇用)所有申请者,而是利用一条回归方程,那么只有得分高于$X_c$的申请者,才会被录取(雇用)。注意,如果我们从这两个点画两条直线,那么我们就把这个椭圆分成四个区域,分别表示预测因子和准则状况的四种可能组合。

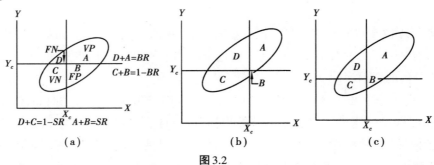

图3.2

处在$A$区的人,根据他们在$X$上的得分,我们预测他们能够在$Y$上获得成功(即得分大于$Y_c$),并且,他们实际上也是成功的;这种状况,我们称之为"真阳性"($VP$)。处在$C$区的人,我们预测他们不能获得成功,实际上也是不成功的;这种状况,我们称之为"真阴性"($VN$)。当我们依据一条回归方程进行选择时,这两种情况都可以称为"命中"。

当我们依据一条回归方程进行选择时,其余两个区域都构成"未中"。具体来说,处在$B$区的人,预测的结果是成功,但实际上却是不成功的;这种状况,我们称之为"假阳性"($FP$)。处在$D$区的人,预测的结果是不成功,但实际上却是成功的;这种状况,我们称之为"假阴性"($FN$)。

在下面的讲解中,为了方便,我们将采用既定区域或区域组合上的人数比例。例如,当我们表示$D$区和$A$区中的人时,我们将讨论这两个区域中的人数比例,即$(D+A)/N$,其中,$N$表示总人数(其他区域或区域组合,同理)。

这样,当我们录取所有申请者时,$D+A$就表示那些表现"令人满意"(即超出$Y_c$以上)的人的比例。这一比例被称作"基率"($BR$),是指"成功的"人的比例,不管他们在预测因子上的状况如何。换言之,既定的申请者当中,当我们不进行选择,或进行随机选择时,预期可以成功的人的比例就是 BR。由于我们使用比例,C+B(预期不会成功的人的比例)就等于 1−BR。

假定我们只选择分数大于 $X_c$ 的人,那么 A+B 就是入选者的比例,我们可以称之为"入选率"(SR)。当然,没有入选者的比例就等于 1−SR。

参照 BR 和 SR 来探讨预测效率,其始作俑者是泰勒和罗素(Taylor & Russell,1939),他们把"成功率"定义为 A 与 A+B 之比[即 A/(A+B)],也就是 VP 与入选的申请者(即 VP+FP)之比。使用上述概念,泰勒和罗素证明,相同的相关系数可以导致较高或较低的预测效率,这取决于 BR、SR 或两者;而且,"采用较低的相关系数……我们也有可能显著改善选择效率"(Taylor & Russell,1939:571)。

图 3.2 是泰勒和罗素所提出的基本观点的图示,其中,三个椭圆描述的是相同的散点图。椭圆的宽度表示预测因子和准则之间的相关系数(例如,效度系数)相对较低。(粗略地说,椭圆越窄,相关系数越高。当所有的点都落到一条直线上时,相关系数当然就是 1,最完美的情形。参见第 17 章。)

让我们首先考察:在其他条件保持不变的情况下,降低入选率(SR)所产生的效应,对比图 3.2 的(a)和(b),我们便可以看到这种效应的一个示例。其中,图 3.2(b)中的 A+B 小于图 3.2(a)的 A+B。注意,在图 3.2(b)中,我们采用了较高的预测因子分数线,才得到这种效应。这样,和图 3.2(a)相比,图 3.2(b)中的假阳性(FP、B 区)的比例较低。按照泰勒和罗素对"成功率"的定义(参见前文),很明显,(b)中的成功率大于(a)。

沿着 X 轴向右移动分数线,即采用更小的 SR,我们有可能完全消除假阳性,达到 100% 的成功率(即成功率等于 1.00)。这样,相对于一个既定情形下的申请者总数而言,能够入选的申请者数量会变得很少。而且,SR 的降低也会影响 FN 和 VN 的比例。特别需要注意的是,SR 的降低会导致 FN 比例的上升——我们将在下面讨论这个问题。

现在让我们比较图 3.2(a)和(c)。注意,在这两张图中,SR 相同,但图 3.2(c)中的 BR 较大。$Y(Y_c)$ 是界定成功的相对次要的因素,降低 $Y(Y_c)$ 的分数线,我们就可以得到较大的 BR。如前所述,BR 是成功者的比例,不过,他们在预测因子上的状况并没有用来进行选择。请注意,BR 越大(即合格的申请者比例越大或 Y 上的分数线越低),FP(B 区)的比例就越小;不过,FN 的比例也会有一定的增加。

同时还应注意,BR 越大,预测因子的效应就变得越小。在极端的情形下,当 BR=1.00(即所有申请者都合格,或者,无论多低,任何表现都被认为是令人满意的)时,预测因子毫无用处。在这类情况下,如果还有必要进行选择的话(例如,当职位空缺数小于申请者数时),那么随机选择很可能是最公正的办法。

假定 X 分数和 Y 分数是双变量正态分布,泰勒和罗素研发了一些交互表,其中,成功率(参见前文)是变化的效度系数($r_{xy}$)、BR 和 SR 的函数。表 3.1 是几个例子,摘自泰勒和罗素(Taylor & Russell,1939)的表格,其中,在(a)列中,SR 和 BR 保持不变,$r_{xy}$ 发生变化;在(b)列中,SR 和 $r_{xy}$ 保持不变,BR 发生变化;在(c)列中,BR 和 $r_{xy}$ 保持不变,SR 发生变化。

测量、设计和分析：研究方法的综合之道

表3.1　泰勒和罗素表格的摘录

| | (a) | | | (b) | | | (c) | |
|---|---|---|---|---|---|---|---|---|
| | SR = .50 BR = .50 | | | SR = .50 $r_{xy}$ = .40 | | | BR = .50 $r_{xy}$ = .40 | |
| $r_{xy}$ | | | BR | | | SR | | |
| 0.20 | 0.56 | | 0.10 | 0.16 | | 0.10 | 0.78 | |
| 0.30 | 0.60 | | 0.30 | 0.41 | | 0.30 | 0.69 | |
| 0.60 | 0.70 | | 0.70 | 0.81 | | 0.70 | 0.58 | |

注：SR=入选率；BR=基率；$r_{xy}$=效度系数。表格中的数字
是成功率。具体解释参见正文。

　　表格中的数字是成功率。例如，当SR=BR=0.50，且$r_{xy}$=0.20时，查看表格(a)列的第一行，我们就可以得到成功率是0.56。这就意味着：使用预测因子时，成功率的预期增幅是0.06或6%（在当前这个例子中，如果不使用预测因子的话，那么预期的成功率应等于BR，即0.50）。可见，即使是一个相对较低的效度系数，也能使成功率上升，在各种情境中，这个上升幅度也会被大家认为是有意义的。

　　现在，让我们来比较(a)列和(b)列的第一行。在这两种情形下，成功率的增幅都是0.06（如果不使用预测因子的话，那么对BR=0.10来说，预期的成功率是0.10）。不过，在(a)列中，效度系数是0.20；而在(b)列，效度系数却是0.40。这演示了上文所说的内容，即一个既定效度系数的预期绩效依赖于其他因素（即BR和SR）。在其他条件相同的情况下，当BR=SR=0.50时，成功率的增幅达到最大。

　　当SR=0.50，$r_{xy}$=0.40，BR=0.30［参见(b)列］时，成功率是0.41，与不是基于这个预测因子的选择过程相比，其增幅是0.11或11%。请注意，当BR和$r_{xy}$保持不变时［参见(c)列］，SR越低，成功率越高。例如，当SR=0.70时，成功率的估值是0.58；当SR=0.10时，成功率的估值是0.78。[1]

　　所谓"成功"，是指在这个选择过程中，由于使用预测因子而带来的VP比例的增加。这是泰勒和罗素从预测效率的视角所定义的成功，它也应用于前面的各种示例中。一些雇主或机构对VP最大化感兴趣，在他们的眼中，这种定义或许是最有用的，但是，它的应用也需要付出成本。

　　例如，伯克森（Berkson，1947）将"成本"定义为一种比例，有些申请者应当是成功者，但由于他们在预测因子上的得分低于分数线，因而被预测为不成功者（也即假阴性；参见图3.2的D区），这些人占申请者的比例就是"成本"（Berkson，1947）。先前我们曾指出，降低SR（入选率）会导致成功率的增加，同时，FN（假阴性）的比例也会随之升高。依据申请者在预测因子上的得分，有些人会被拒绝；但如果雇用或录取他们的话，这些人将可能成为成功者；对他们

①吉塞利等人沿用了泰勒和罗素的表格（Ghiselli et al.，1981），对这里所讲解的概念，他们进行了很好的讨论。关于这些概念的其他讨论，参见艾伦和耶尼（Allen & Yen，1979：101-107）、威金斯（Wiggins，1973：240-250）。内勒和希恩（Naylor & Shine，1965）拓展了这里所讨论的概念，并提供了一些表格，供我们利用预测因子来查找准则的均值（取代泰勒和罗素表格中的成功率）增幅。

而言,不必说,*FN*尤其受到关注。他们肯定会挑战泰勒和罗素对成功的定义,同理,有些人也会关注:如果不能人尽其才,社会就会付出成本。如前所述,在其他条件保持不变的前提下,降低*SR*将导致*VN*(真阴性)的增加,伯克森(Berkson,1947)将*VN*称为"效用"。

随着一个既定研究的特定目的的不同,有时候,我们可能会直接投入精力,最大限度地减少某些类型的错误。例如,洛伯和迪肖恩(Loeber & Dishion,1983)采用上述方法,综述了预测青少年犯罪的各种研究。他们指出,就有罪的司法裁定而言,我们应当将假阴性降到最低:"也就是说,预测因子不应当放过那些实际上犯罪的青少年。"(p.70)另一方面,如果我们关注校正或预防,那么我们就应当把假阳性(即那些"看似具有犯罪风险,但尚未犯罪的青少年")降到最低。(p.70)

上述讲解旨在对预测和预测后果的定义等复杂问题作一个介绍。我们的主要目的是举例说明,完全依赖效度系数是不明智的;有关预测效率和成功的各种判断依赖于这些概念的特定定义。更多的讨论和扩展,参见克隆巴赫(Cronbach,1971)、米尔和罗森(Meehl & Rosen,1955)和西克里斯特(Sechrest,1963)。克隆巴赫和格莱泽(Cronbach & Gleser,1965)对测验在选择中所起的作用,进行了广泛和细致的讨论。

## 范围限制

为了详述一个选择过程的各种可能后果,在前面的章节中,我们假定,所有申请者都将得到录取或雇用。由于一些很明显的原因,这样的研究几乎无法进行。在大多数情形下,总会出现一些选择,并且,效度系数是利用选择组的分数计算得出的。一般而言,由于选择组比全体申请者更同质,利用从前者所获得的数据、计算出的效度系数,比利用从后者所获得的数据、计算出效度系数,会要小一些。(具体示例,参见 Linn & Dunbar,1982)图3.3是这种情形的一个图示说明,其中,*X*代表预测因子,*Y*表示准则。当我们能够得到所有申请者的数据时,整个散点图就是对预测因子和准则之间关系的描述。但是,当我们只能得到预测因子的分数线($X_c$)之上的申请者的数据时,那么这个散点图就类似于图3.3中竖线右边的区域。基于这个区域内数据所得到的相关系数,会小于基于整个散点图的数据所得到的相关系数。由于选择而造成一个相关系数缩小其幅度,一般被称作"范围限制"对这个相关系数的效应。

总的来讲,存在三种范围限制:直接、间接和模糊。当我们在预测因子的分数线基础之上进行选择时,就会出现"直接限制"。例如,一所大学只招收那些在"学术能力测验"的语文部分(SAT-V)得分超过分数线的学生。这是最简单的一种范围限制形式(参见图3.3的图示)。现在,设想一种情形:一所大学招收了一批学生,他们在高中时的分级成绩均值(GPA)高于分数线;后来,校方想要利用SAT-V成绩来预测这批入学的学生在大学的分级成绩均值(GPA)。因为高中的分级成绩均值和学术能力测验成绩倾向于正相关,所以,对前者的范围限制也倾向于限制后者的范围,这就是"间接限制"所表示的过程。

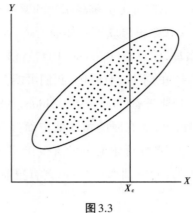

**图**3.3

　　不过,范围限制的最常见情形是前文所说的"模糊限制"。这意味着,尽管我们可能对运作在一个选择过程中的变量有怀疑或一些了解,但是,对这些变量以及它们如何组合起来产生选择组的过程,我们却不拥有充足、有效的信息。例如,一所大学可能会采用SAT-V的分数线作为入学条件,但却没有严格执行这条分数线,出现了很多例外,例如说,考虑少数民族身份、课外活动、与大学校友的关系等。

　　一种更为棘手,且经常出现的情形是"自选择"过程出现的时候。例如,一所大学可能会严格执行SAT-V分数线,但在得到通知、告之他们的入学申请已经得到批准的申请者当中,只有一部分人会选择入学。

　　尽管存在用于校正范围限制的公式(例如,参见 Ghiselli et al.,1981:296-306;Lord & Novick,1968:140-148;Thorndike,1982:208-215),但是,它们只适用于非常简单、有限的情境。例如,林(Linn,1968,1983a,1983b)曾就"范围限制"这个主题作过广泛的讨论,他指出,在前文称作"模糊限制"的条件下,校正相关系数的尝试可能会带来严重的偏差。

　　最后,关注回归方程比关注效度系数更有意义。我们将在下一章详细讨论这个问题。现在,我们仅指出,在某些条件下(即直接限制),由于范围限制,效度系数将发生变化,而回归方程却会保持相对稳定。让我们回过头来看一下图3.3,目测或动手画一条 $Y$ 对 $X$ 的回归线,请注意,无论是在整个散点图上,还是在分数线之上的区域,这条回归线大体相同。实际上,对于范围的直接限制而言,校正其相关系数的公式的基础是一个假定:当预测因子的取值范围受到限制时,回归系数( $b_{yx}$ )保持不变(具体示例,参见 Ghiselli et al.,1981:296)。

## 分组预测

　　在前面的章节中,我们对预测效率的讨论仅限于一种情形,即所有申请者都被当作隶属于同一个组别。不过,有时因为要求,有时出于兴趣,我们也会依据申请者在不同既定组别中的成员隶属,区分不同的申请者。对于准则关联的验证而言,我们有时需要确定:对不同的组别(例如,男性和女性,或者白人、黑人和西班牙裔),一个预测因子是否具有相同的预测力。在选择过程中,针对一定既定组别的成员,是否存在偏见(参见下文)? 如果这是我们的目的,那么,区分申请者就变得至关重要。可见,当我们把申请者看作隶属于多个组别时,我们所关注的就是分组预测所关注的。

有大量的文献探讨了所谓的"单组效度"和"多组效度"。因为前一个概念存在不当表达（Cronbach，1980），我们就不做讨论了。"多组效度"是指我们从不同组别得到的效度系数之间的差异。在这里，我们并不引用有关多组效度的文献，因为多组效度仅仅是不同组别之间的可能差异的一个方面，这些差异都可能导致分组预测。在下列由 $X$ 预测 $Y$ 的回归方程的表达式中，我们可以看出这一点：

$$Y' = \left[ \overline{Y} - r_{xy}\frac{S_y}{S_x}\overline{X} \right] + \left[ r_{xy}\frac{S_y}{S_x} \right]X = a + bX \tag{3.2}$$

其中，$Y'$ 是 $Y$ 的预测值，$\overline{Y}$ 和 $\overline{X}$ 分别是 $Y$ 和 $X$ 的均值，$r_{xy}$ 是效度系数，$S_y$ 和 $S_x$ 分别是 $Y$ 和 $X$ 的标准差。如式（3.2）所示，第一项（中括号中）表示截距（$a$），第二项（中括号中）表示回归系数（$b$）。[1] 由式（3.2）可知，在预测因子（$X$）的基础上预测准则（$Y$）的分值，效度系数（$r_{xy}$）只是这个回归方程中的元素之一。因此，单纯依赖 $r_{xy}$，虽然在多组效度的研究中常见，却不是明智之举。

分组预测是指不同组别的回归方程之间的差异。不同组别可能具有不同的回归系数（$b$）和（或）截距（$a$）。由式（3.2）可知，对两个或两个以上的组别来说，效度系数相同，但回归系数可能有所不同，差异的大小取决于标准差。反之，不同组别的（$b$）相同，但效度系数可能有所不同。因为截距（$a$）是系数（$b$）和均值的函数，由此推论，在回归方程中具有相同截距的不同组别，可能具有不同的回归系数和（或）效度系数。

为了厘清上述观点，我们将在图 3.4 中举一个相对简单的示例。假定这个图表示女性和男性在预测因子（$X$）和准则（$Y$）上的分数。仔细看看这两个点团，目测两条拟合它们的回归线（大家可能发现，动手画出这两条线也十分有用）。显然，两组的回归系数（$b$）非常相似，截距（$a$）相差很大。而且，女性的效度系数比男性的要小一些（女性比男性的点团要宽一些）。

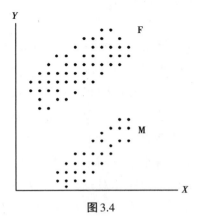

图 3.4

注：F=女性；M=男性。

---

[1] 对回归方程的计算和阐释的详细讨论，参见第 17 章。

现在，只看效度系数的话，我们得出的结论是：对于男性来说，$X$是更有效的预测因子；但如果用各自的回归方程的话，预测的结果是女性的表现要高于其男性对手。假定结论是两者的($b$)相同，那么对任意既定的$X$而言，女性的$Y$预测值将高于男性的$Y$预测值，差异的幅度等于这两个截距间的差异（参见下一节"比较回归方程"）。

图3.4中的示例也说明，当被研究的对象属于不同的组别，以某些相关的方式，他们在所研究的变量上存在差异时，采用单个相关系数或者采用一个回归方程，都会带来潜在的风险（参见下面的"研究分组的性质"和"选择偏差"）。

## 比较回归方程

在前一节中，我们用目测的方式比较了两个组别的数据。我们将在第21章讲解回归方程间的差异检验。就当前的目的而言，我们仅就如何进行检验作一个简短的说明。[①]我们的起点是检验$b$间的差异是否具有统计显著性。请注意，$b$表示回归线的斜率，由此推知，得出"$b$间差异统计上不显著"的结论，相当于得出"两条回归线平行"的结论。在这种情形下，继续进行第二阶段的分析（即截距间的差异检验）才是有意义的。如果我们发现截距间的差异具有统计显著性，那么我们就要分别拟合不同的回归方程，对于所有组别而言，$b$相同（即一个共同的或组间合并的$b$；参见第21章），$a$却彼此不同。另一方面，如果第二阶段分析所得出的结论是"$a$间差异统计上不显著"，那么，对所研究组别的所有成员，拟合和采纳一个回归方程即可。

正如第21章所探讨的，当结论是"$b$间差异具有统计显著性"时，截距间的差异检验也就没有意义了。取而代之的是，我们应给涉及的每个组别分别拟合一个回归方程。当我们需要预测一个既定个体的准则分数时，我们就使用他（或她）所隶属的那个组别的回归方程。

我们将采用图3.5来进一步说明这些观点。为了避免画面散乱，我们并没有在图中显示表示个体分数的点，而只画了回归线。为了便于讲解，我们只使用了两个组别和一个预测因子。正如在第21章中所讨论的，这里所描述的方法也适用于任意数量的组别和（或）任意数量的预测因子。

图3.5显示了回归方程间可能存在的各种差异。A和B两个标签表示任意两个组别（例如，男性和女性、黑人和白人、律师和警官）。在每种情形下，这些回归线分别反映了两个组别各自的回归方程。为了便于讨论，我们在图中标明了在预测因子($X$)上具有相同分数个体的预测分数($Y_A'$和$Y_B'$)。采用各自的回归线来表示既定$X$值的预测分数，相当于从$X$值处画一条垂直线，与A、B两条回归线相交，然后得到$Y_A'$和$Y_B'$。

首先，让我们看一下图3.5(a)，请注意，两条回归线平行，这表明：两个回归方程具有相同的回归系数($b$)。但两个截距($a$)间的差距相对较大。在这种情况下，A组成员的预测分数总会比B组成员的预测分数大一些。对任意既定的$X$值，预测分数间的差异就等于这两个截距间的差异。图3.4所表示的，也是这个类型的例子，它也表明，两个组别的效度系数有差异。

---

① 依据个人的知识背景，大家可能会发现，对第21章相关部分的阅读有助于更好地理解这一部分。

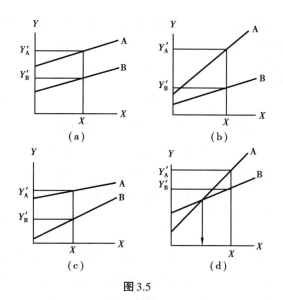

图3.5

现在转到图3.5(b)和(c),请注意,在这两种情形下,A的回归线高于B的回归线。当然,这意味着,对于任意既定的X值,A组成员的预测分数比B组成员的预测分数要大一些。但预测分数间的差异幅度,取决于X的特定取值。在图3.5(b)中,预测分数间的差异会随着X值的增加而逐步增大。在图3.5(c)中,情形恰恰相反。再强调一次,A的$r_{xy}$与B的$r_{xy}$可能相同,也可能不同。

用“属性–处理–交互”(Attibutes-Treatment-Interaction,ATI)设计的术语(参见第12章和第21章)来说,图3.5(b)和(c)所表示的情形,可称为预测因子和组别隶属间的“同序交互”。简言之,这意味着,尽管一个组别成员的预测分数总是大于另一个组别成员的预测分数,但差异幅度取决于预测因子($X$)的特定取值。对比图3.5(b)、(c)和(a):在图3.5(a)中,预测因子和组别隶属之间并不存在交互,因此,在图3.5(a)中,预测分数间的差异是一个常数;而在图3.5(b)和(c)中,它们会随着X取值的变化而不断变化。

最后,让我们转到图3.5(d),请注意,两条回归线交叉——这种情况被称为预测因子和组别隶属间的“异序交互”(参见第21章)。它所说明的是,一个组别的预测分数并不总是大于另一个组别的预测分数,这和我们所描述过的各种情形都不同。例如,在图3.5(d)中,对应于两条回归线交点(箭头所示)的X值,当人们在预测因子上的取值低于这个值时,B的预测分数高于A;当人们在预测因子上的取值高于这个交叉点时,则相反的情形成立。

在讨论图3.5中所示的情形时,我们把注意力放在回归方程上。如前所述,就回归方程间的特定比较而言,效度系数($r_{xy}$)可能相等,也可能不相等。这并不是说,相关系数的大小无关紧要。首先,如前所述,$r_{xy}$是决定b的幅度的因素之一。其次,在决定估值的标准误($s_{y.x}$,参见第17章)时,因而在决定预测分数的置信区间时,相关系数也起到一定的作用(有关讨论、示例和参考文献,参见Pedhazur,1982:143-147)。

就当前的目的而言,我们只需要指明,在其他条件相同的前提下,相关系数越小,$s_{y.x}$就越大,预测分数的置信区间因而就越宽。大致来说,一个预测分数的置信区间越宽,人们对基于预测分数所作出的决策的信心就越小。(关于这个论点的较好讨论,参见 Einhorn & Bass, 1971;同时参阅 Barrett, 1974)

## 研究分组的性质

我们可以把人们分为各种各样的组别,这样,一个问题便出现了:为了比较回归方程,我们如何决定采用什么样的分组或分类变量? 对这个问题,简单的答案并不存在,我们只能说,这取决于理论命题和(或)特定兴趣。例如,对基于一个预测因子的一个选择程序,如果我们怀疑它对女性有偏差,那么我们就需要比较男性和女性的回归方程。

## 选择偏差

在预测因子分数的基础上遴选申请者时,如果有人提出异议,认为这种选择偏爱或歧视一个组别的成员(例如,女性、黑人),那么,我们就要对"选择是否有偏"进行论辩。由于立法、司法和大众的关注(有关综述,参见 Bersoff, 1981),"选择偏差"的问题已经得到了社会行为学家,特别是测量专家的不断增长的注意。正如其他研究领域一样,关于"选择偏差",也不存在一个共同的、广泛接纳的术语(更不用说术语的定义了)。例如,一些研究者交替使用诸如"选择偏差""测试偏差""测试公正"等术语,其他研究者则对它们进行了清晰的区分。(参见 Petersen, 1980)

我们的目的并不是回顾有关选择偏差的大量文献和相关问题,我们也不想探讨与这个主题有关的各种定义、测量和统计问题。(例如,参见 Arvey & Faley, 1988; Berk, 1982; Cole, 1981; Cole & Moss, 1989; Equal Employment Opportunity Commission, Civil Service Commission, Department of Labor, and Department of Justice, 1978; Green, 1981a, 1981b; *Journal of Educational Measurement*, 1976, 13:春季卷; Pezzullo & Brittingham, 1979; Reynolds, 1982; Reynolds & Brown, 1984)在这里,我们仅指明,选择偏差的一些处理不仅在技术上很复杂,而且都是建立在外显或内隐的价值判断(即"歧视""公正"的意义)之上的(可参阅 Flaugher, 1978; Hunter & Schmidt, 1976; Petersen & Novick, 1976)。除了提醒大家,选择偏差是一个复杂的论题之外,我们的目的仅限于说明,研究选择偏差的最常见方法之一,它的基础是我们在"分组预测"这一节中所讲解的观点。

克利里(Cleary, 1968)提出了下列定义:

> 为了预测一个准则,我们设计了一个测试。对于总体中的一个子群体的成员而言,如果预测这个准则时,该组成员出现一致的非零误差,那么,对他们来说,这个测试就是有偏的。换言之,从一个公共的回归线所预测的准则值,对这个子群体的成员来说,如果总是一致性地过高或过低的话,那么,这个测试就是有偏的。(p.115)

克利里的定义被称为"回归模型"[①],这并不会让我们感到惊奇,因为这个定义建立在比较

---

①克利里所说的"测试偏差",许多学者也称作"选择偏差"。在前面,我们已经提到缺乏通用术语的问题。

上述回归方程的基础之上。为了清楚说明这一点，我们再来看图3.5。首先，让我们看图3.5（a），请注意，公共的回归线就是和A、B两条回归线等距、平行的一条直线（大家会发现，动手画出这条线，会非常有用）。使用这条公共的回归线（而不是分别使用两条回归线）来进行选择时，A组成员被一致低估，B组成员被一致高估，这样就出现了克利里所定义的"偏差"。

在图3.5所表示的其他情形中，使用一条公共的回归线，也会导致选择偏差的出现，但情况会更加复杂。在图3.5（b）和（c）中，一条公共回归线会导致对A值的低估，对B值的高估，但偏差的程度取决于 $X$ 的取值。在图3.5（b）中，$X$ 越大，偏差越大。在图3.5（c）中，情况恰恰相反。最后，在类似图3.5（d）所显示的情形中，当 $X$ 的取值低于两条回归线的交点时，使用一个公共回归线，可能导致一种有利于B组成员、不利于A组成员的偏差。对于在 $X$ 上的分数高于交点的人来说，相反的情形成立。

### 多个预测因子

本章的讲解局限于单个预测因子的情形。许多情况下，我们用到一个以上的预测因子。此时，多元回归分析（参见第18章）是最常用的分析方法。而且，选择预测因子的各种方法（即逐步回归分析）也有了长足发展。（有关综述和参考文献，参见Pedhazur，1982：第6章）

## 结束语

我们相信，重述本章开篇时所说的话是非常重要的，即为了方便起见，我们在不同的章节中讲解了准则关联的验证和建构验证，但它们构成了一个验证过程的不同维度。而且，可以确定的是，在本章简要提及的各种问题，特别是那些涉及分析方法的问题，都会在随后的章节中得到详细讨论。因此，我们简要提到的一些主题，如果有些模糊的话，也不必太在意。如果此时你想厘清我们所提到的某个特定主题的话，建议你阅读第三篇（特别是第17章、第18章和第21章）的相关论述。

# 第4章

## 建构验证

在第3章我们集中探讨了利用一个或多个预测因子的信息来预测一个准则的各种问题。如前所述,在这些探讨中,尽管理论考量绝不是毫不相干的,但它们也没有扮演一个中心角色。当我们转到建构验证时,就要彻底改变一下这种观点,因为一个建构的定义和意义都来源于它所根植的理论网络。

首先,让我们从考察利用指标来对建构进行推论开始。其次,在逻辑分析、内结构和跨结构分析、收敛性和判别性验证的标题下,介绍建构验证的方法。本章以对内容效度的评论结束。

## 建构和指标

建构是"概念"的同义词,是理论建构和抽象,旨在组织和解释我们的环境。换句话说,建构"既不是一种视觉形象,也不在大脑之外;它像是思想所把玩的一种游戏中的一个道具"(Caws,1959:16)。焦虑、动机、智力、态度、自尊、兴趣、挫折和利他等都是建构的示例。

"建构验证"是指在可观察变量(假定是建构的指标)的基础上对不可观察变量(建构)进行推论的效度检验。康德这样表述建构和指标之间的互惠关系:"没有事实内容的概念是空洞的,没有概念的感觉资料是盲目的。"(转引自Mackay,1977:84)建构验证隐含着各种困难、模棱两可,甚至是循环论证。人们很可能会问:一个既定的可观察变量是一个本身不可观察的变量的指标,我们如何才能确定这一点? 而且,一个既定的可观察变量可能反映不同的建构(即相同的行为可能反映不同的动机),相同的建构可能显现在不同的可观察变量之上(即相同动机可能由不同的行为所反映);考虑到这个事实,我们如何才能区分它们?

下面这则新闻,说明了从一个指标向一个建构进行推论的过程中所面临的内在模糊性:

> 我们听说,某个东部城市的博物馆以其惊人的参观人数引以为豪。近来在这个博物馆的附近建造了一个石头小建筑。次年,到这个博物馆的参观人数,令人奇怪地下降了10万人次。这个石头小建筑是什么呢? 一个舒适的车站而已。(*This Week*,1948年4月17日,转引自Wallis & Roberts,1956:133)

下列事实让事物变得更复杂:在某些既定的情境下,一个可观察变量本身是研究兴趣所在;在另一些情境下,它又被看作某些建构的一个指标。因此,举例来说,我们可以研究投票行为自身,也可以把它看作一些建构(例如,政治参与)的一个指标。或者,在一个既定的研究中,研究兴趣可能是受教育程度对收入的效应;而在另一项研究中,这两个变量都可能被看作社会经济地位的指标。

当我们把可观察变量作为一个建构的指标时,我们一定要十分谨慎,不能把归属于这个建构的意义充塞到这些变量之上,否则的话,我们就会得出错误的甚至荒谬的结论。例如,《教育机会的公平性》(Coleman et al.,1966,通常也被称为《科尔曼报告》)是一个有影响力的研究,在对它的数据进行再分析之后,阿莫尔(Armor,1972)发现,由9件家庭物品(即电视机、真空吸尘器、电话、辞典、冰箱等)的拥有率所构成的一个指数,和学生的语文成绩之间存在大约0.7的相关系数(Armor,1972)。现在,将上面提到的物品拥有率看作一个建构(例如,"家庭生活方式""一个家庭的经济福祉",参见 Armor,1972:206)的指标,并对这个相关系数作相应的阐释,这是有意义的。我们假定这些指标表达了这个建构,但如果我们把这个建构的意义带到这些指标的身上,很明显,这是完全不同的两码事,因为这可能导致这样一个结论,即拥有电话、冰箱、真空吸尘器等会影响学生的语文成绩。

这个例子过于明显,好像不值一提。但类似这样的错误概念却普遍存在。例如,在报告"教育成就的国际研究"(有关 IEA 研究,可参阅 Peaker,1975)的发现时,赫钦格(Hechinger,1973)认为:"与学生的家庭收入和受教育程度相比,学生家中的书籍和杂志数量对文学成就的影响要大得多。"依此来看,不用细推,我们就会注意到,家中的书籍和杂志的数量也公认是家长的受教育程度或收入的指标;更不用说,前面提到的所有物品,也可能是社会经济地位的指标。

## 时间、地点和情境的考量

由于本身的特性,随着地点、文化、亚文化等的不同,一个指标可能具有不同的意义。此外,在一个既定地点,由于历史事件,规范、经济条件(仅举数例)等变迁,指标的意义也可能在时间进程中发生变化。当指标是对诸如态度或人格问卷中的题项所作的应答时,尤其如此。作为一个示例,让我们转向社会心理学中最有影响力的一项研究,即《权威人格》(*The Authoritarian Personality*,Adorno et al.,1950),它的一个主要方面是开发 F(Fascism)量表,这是后来广为人知的"权威主义量表"。在这里,讨论和研究《权威人格》的作者所使用的"权威主义"这个建构,既不可能,也无必要。(相关的综述及批评,参见 Christie & Jahoda,1954;Kirscht & Dillehay,1967;Sanford,1973)

就本章的目的而言,F 量表中的题项具有意义上的差异,我们只要注意到它们的一些来源即可。在 F 量表的早期研究中,克里斯蒂和加西亚(Christie & Garcia,1951)发现,对不同地区的美国大学生而言,F 量表的题项具有不同的意义,有些差异可以归因于亚文化差异(Christie & Garcia,1951)。最近,米勒(Miller et al.,1981)等人指出,在美国和波兰,F 量表的一些题项似乎触及相同的维度,其余题项则更加文化有别。

F 量表的题项意义的最明显变化,源自美国社会中的重大事件(例如,水门事件、伊朗军售案、妇女解放运动、同性恋解放运动）。由于这些事件、意义发生明确变化的 $F$ 量表题项如下：

> 同性恋者同犯人一样，应受到严惩。
>
> 大多数人并没有意识到我们的生活在很大程度上受控于暗处密谋的阴谋。
>
> 和发生在这个国家、发生在人们根本想不到的地方的事情相比，古希腊人和罗马人的放荡性生活也是平淡的。（Adorno et al., 1950:255-257）

不用说，在这个国家的不同地区，在社会的不同部门，对这些题项的阐释会有所不同。但主要的论点是：即使我们假定，在 $F$ 量表建立之时，在 $F$ 量表应答的基础上，我们有关权威主义的推论是有效的（我们不会探讨这个问题），我们也有把握地说，今天以 $F$ 量表的原始形式来使用它，就等于测量一些事物，它们的性质和"权威主义"的最初概念毫无关系。因此，即使当代的研究者有意接纳阿多诺等人（Adorno et al.）关于权威主义的表述和定义，我们也建议他（或她）使用修订的 $F$ 量表或设计一个新的量表。

## 反映指标和构成指标

有学者区分了"反映指标"和"构成指标"（例如，Bagozzi & Fornell, 1982）。反映指标也称为"反射因子"（Costner, 1969）或"结果指标"（Blalock, 1971），它们是一类指标，我们把它们看作所讨论的建构的效应。构成指标也称为"生产因子"（Costner, 1969）或"原因指标"（Blalock, 1971），它们是另一类指标，我们把它们看作所讨论的建构的原因。①

在有关建构验证的大多数研究中，指标都被看作反映指标。有些学者，比较著名的有布莱洛克（Blalock, 1971）、科斯特纳（Costner, 1969, 1971）、豪泽（Hauser, 1972）、豪泽和戈尔德贝格（Hauser & Goldberger, 1971）、海斯（Heise, 1974）、雅各布森（Jacobson, 1973）、乔雷斯考格和戈尔德贝格（Jöreskog & Goldberger, 1975），也注意到在一些情境中，把指标看作反映指标而不是构成指标，会更有意义。当然，这种选择并不是随意的；它依赖于有关建构的理论表述。以"社会经济地位"（SES）为例，豪泽（Hauser, 1972）指出，虽然我们常常把受教育程度、收入等看作SES的反映指标，但是我们把它们看作SES的构成指标，会更有意义。当指标构成控制变量，并假定会影响不可观察的变量（例如，我们说，控制会影响焦虑、动机、挫折，参见后面的章节）时，很清楚，它们就是构成指标。

## 模型图

模型图刻画了建构及其指标之间的关系，也刻画了各个建构之间的关系，它们的用途在于让我们一看就可以看出它们所推演的理论表述。卸掉词汇的包袱之后，一个模型图常常会揭示出理论表述中的缺陷、歧义和前后矛盾，它们原本是不易察觉的或者是不太明显的。因此，只要是探讨理论表述的时候，无论是自己的理论表述，还是他人提出的理论表述，我们都建议大家培养使用这类模型图的习惯。在这里，我们仅介绍一些惯例，在绘制模型图时，大多

---

①本章我们不会探讨有关因果律的争论。在检验因果模型的语境下，我们将考察这些争论（参见第24章）。

数学者会遵循它们。在后面的章节中,我们将介绍和讨论其他的方面。

不可观察的变量(潜变量)用圆来表示,可观察的变量(显变量)以长方形来表示。单向箭头表示因果关系的方向,从我们看作因的变量(或自变量)指向我们看作果的变量(或因变量)。变量间的相关关系则用双箭头曲线表示。

图4.1显示了上述观点以及与两类指标有关的观点。先来看一下图4.1(a),可见,$X$和$Y$是潜变量,$Z$和$W$是显变量。$X$也设定为$Z$的一个因,$Y$是$W$的一个因。在建构验证的语境下,$X$和$Y$是两个建构(例如,智力和动机、焦虑和攻击),智力和动机由$Z$来反映,焦虑和攻击则由$W$来反映。最后,我们认为,$X$和$Y$相关。

转到图4.1(b)可知,像图4.1(a)一样,$X$和$Y$是不可观察的相关变量,$W$是$Y$的一个反映指标。但与图4.1(a)不同的是,在图4.1(b)中,我们把$Z$看作$X$的一个构成指标。

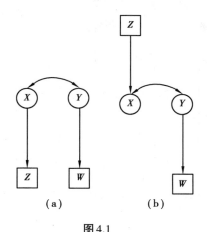

图4.1

## 单指标和复指标

如图4.1所示,利用单指标来测量一个建构,总会遭遇各种难以克服的问题,因为我们不可能识别和分离该指标的变化度的不同来源。一般而言,一个指标的变化度由两个主要成分构成:系统性方差和非系统性方差。非系统性方差估计的有关问题也称为"随机误差方差",将在"信度"这个标题下加以讨论(参见第5章)。系统性方差可能有多种来源,包括该指标所反映的潜变量、其他潜变量、所使用的测量方法(例如,访谈、多选题项)和系统性误差(例如,选项集、社会赞许性)。

我们将采用一个简单的例子来说明使用单指标时所面临的、几乎绝望的情境;我们也会揭示在这个问题的求解过程中所作的(隐含或外显的)不切实际的假定。假如我们想研究两个建构$X$和$Y$(比如焦虑和成就、自尊和工作满意度、挫折和攻击)之间的关系。依据$X$和$Y$是什么,以及我们的理论表述,一个假设可能是:这两者之间正相关或负相关。另一个假设可能是:$X$影响$Y$,或$Y$影响$X$,或两者相互影响。就当前的目的而言,让我们专注于"$X$和$Y$相关"这个假设。在社会行为研究中,最普遍的做法是,每一个建构都使用一个单指标(或测量),然后计算它们之间的相关系数(参见第17章)。例如,就上述建构而言,我们可以计算自尊的自我评估和工作满意度的自我评估之间的相关系数。这种类型的设计如图4.2(a)所示：$X'$和$Y'$分别是$X$和$Y$的反映指标，$e_{X'}$和$e_{Y'}$分别是$X'$和$Y'$的测量误差。

由于$X$和$Y$是不可观察的，因此，我们需要在它们推定指标之间的关系的基础上，来推论它们两者之间的关系。换句话说，$X'$和$Y'$之间的相关系数，被视为代表了$X$和$Y$之间的相关系数。注意，这个推论的基础是一个隐含或外显的假定：每个指标与它所推定反映的建构之间相等。在图4.2(a)中，这个假定表现在两个方面：一是从建构指向各自指标的箭头上的系数等于1.00；二是由$e$出发的箭头上的系数等于0.00，表示这些测量不存在误差。

如果我们不作出这个假定（或其他有关建构及其指标间关系的假定），那么我们就要面对所谓的"欠判定模型"。它的基本含义是，我们没有充足的信息来求解模型中的未知系数（参见第24章）。就当前的目的而言，我们应注意到，如果我们删除图4.2(a)中箭头上的系数，那么我们会面临使用单一信息（$X$和$Y$之间的相关系数）来求解三个未知的系数（$X$和$Y$之间的相关系数、$X$和$X'$之间的系数、$Y$和$Y'$之间的系数），这是一项不可能完成的任务。

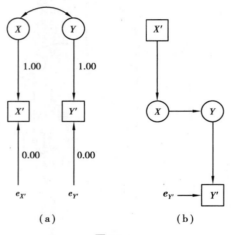

图4.2

如第5章所示，有很多方法可以估计测量误差。使用这些估值，我们就可以在校正测量误差之后（第5章的"衰减校正"一节也将讨论这一点），求解$X$和$Y$之间的相关系数。但是请注意，当我们采用这种方法时，我们所参照的是图4.2(a)所示的一种设计，除了建构所解释的变化度之外，我们还必须假定：余项完全是由随机测量误差造成的。在许多情形下，这个假定都会受到高度质疑。

在前面的例子中，我们使用的是反映指标。为有利于教学，我们在这里也讲解一个使用构成指标的设计例子。这个例子如图4.2(b)所示，我们把$X'$看作$X$的一个构成指标，$Y'$是$Y$的一个反映指标。而且，为了更好地举例说明，我们假设不可观察变量$X$是不可观察变量$Y$的一个原因。

这个研究设计的示例是：假定$X'$是一个影响心理建构（$X$）的控制变量，[①]假设这个心理建

①$X'$并不一定是一个控制变量。参考前面的一个例子，$X'$可以是受教育程度，$X$则是SES。

构影响不可观察的变量 $Y$。这样，如果 $X$ 是焦虑，$Y$ 是学习，则 $X'$ 代表了一种引发焦虑或不同焦虑水平的控制。或者，如果 $X$ 是挫折，$Y$ 是攻击，则 $X'$ 是旨在引发挫折的一种控制。主要的论点是，研究兴趣不是控制（$X'$）对 $Y$ 的影响（由 $Y'$ 来测量），而是建构（$X$）对 $Y$ 的影响。[①]

　　和图 4.2（a）所示的一样，模型（b）也是欠判定的。这里也只有单一的信息，即 $X'$ 和 $Y'$ 之间的关系，在此基础上，我们无法估计出未知的系数。

　　我们希望上述讨论可以让大家相信，在社会行为研究的大多数领域里，当我们诉诸使用单指标，它就会把我们带入一种无法自圆其说的境地，以及随之而来的不切实际的假定。现在，我们转向探讨复指标的使用，这是旨在解决与使用单指标所伴生的一部分问题的行动的一个进程。

　　近年来，复指标设计的分析与概念有了重大进展。在起步阶段，我们的目标不是讨论这些发展，而只是在直觉的水平上，介绍和使用复指标有关的一些基本观念。在随后章节（例如，第5章、第13章、第23章和第24章）的多个语境下，对这里所介绍的观念会有详细讲解；处理复指标设计的、相关的方法论和实质性研究，有关它们的参考文献也会出现在这些章节中。

　　这里所使用的"复指标"一词，是指几个不同的可观察变量（或测量），我们相信它们都是同一个不可观察变量（或建构）的构成指标或反映指标。在当前的语境下，我们将基于多个题项的应答所形成的一个总分，看作单指标。下面用一个例子来说明我们的意思。父亲的受教育程度、母亲的受教育程度、家庭收入、父亲的职业等，都可用作社会经济地位（SES）的复指标。但是，如果我们把这些指标合并成 SES 的一个指数，那么，在这种情况下，它毫无疑问就是一个单指标。

　　带着上述评注，让我们转到一个有关复指标设计的非常简单的例子，如图4.3所示。请注意，这个模型由两个建构组成：$X$ 和 $Y$，每个建构都由两个反映指标来测量。因此，$X$ 或许是创造力（$X_1$ 和 $X_2$ 是创造力的两个测量），$Y$ 则或许是智力（$Y_1$ 和 $Y_2$ 是智力的两个测量）。

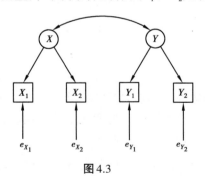

图4.3

　　图4.3与图4.2（a）相似，在这两张图中，研究兴趣都是两个建构 $X$ 和 $Y$ 之间的关系。但在图4.2（a）中，每个建构使用的是单指标，在图4.3中，每个建构则使用了两个指标。如前所述，使用单指标来估计 $X$ 和 $Y$ 之间的关系，会碰到严重的困难，因为在大多数情形下，它的基础是

站不住脚的假定。在图4.3中，X和Y之间关系的估计，也是基于一组假定；我们在这里不会展开讨论，但要注意，举例来说，我们假定可观察变量的误差（例如，图4.3中的$e$）之间不存在相关关系（它们之间没有连线）。

现在，我们要做的是比较图4.2(a)与图4.3，看看它们用于估计未知系数的信息的数量。在图4.2(a)的设计中，可见，只有一个信息（例如，两个指标X′和Y′之间的相关系数），需要估计3个未知的系数；在图4.3的设计中，共有6个信息（当4个指标存在相关关系时，一共有6个相关系数，每两个指标计算一个相关系数），可以用来估计5个未知的系数。这样，我们可以说，如图4.3所示的模型是"超判定"的（参见第24章）。假如图4.3中的每个潜变量都使用了3个指标的话，和每个潜变量只有两个指标的情形相比，估计未知系数时，假定的限制更会少一些。

## 建构验证的方法

建构验证是一项永无止境的工作。在一个建构的各种指标的应答（或状态）的基础上，所作出的推论的可信度的得与失，取决于所累积的证据（包括所研究的建构）的性质和质量。因为检验包括建构的假设，会对建构的验证产生影响，很明显，验证的方法只受研究者的想象力和敏锐性的限制，只受所研究的建构有关的理论表述和期望的限制。

为了方便起见，我们将在3个标题下讨论建构验证：(a)逻辑分析；(b)内结构分析；(c)跨结构分析。

## 逻辑分析

很明显，逻辑分析应该是研究活动的任何方面的一部分。在建构验证的语境下，逻辑分析的主要目的是形成各种竞争性假设，作为将要测量的建构、建构之间的关系等的备择解释。建构的定义、题项内容、测量方法以及使用测量的特定条件、给被访者的指导语和计分程序都是竞争性假设的来源。这些方面（以及尚未提及的其他方面）相互关联。而且，一个既定方面的相干性可能程度不同，这取决于使用这个测量的既定研究的特定条件。

"内容的逻辑分析无法反驳一个效度诉求"（Cronbach, 1971:475），尽管这句话成立，但是，有时批判思维也足以让大家怀疑一个测量的效度，甚至让大家拒绝这个测量。正如克隆巴赫（Cronbach, 1971）所说："当有人指出，对于听力障碍的儿童而言，听力问题会让我们对拼写测验的平常阐释变得不恰当时，不会有人还会如此迂腐、坚持索要'证明'。"（p.475）

克隆巴赫的例子十分明显,引起了大家的共鸣。因此,我们想讲解一个研究例子,我们相信,这个例子也十分明显达到不需要经验"证明"的地步,但很多研究者似乎会有别样的想法。"贝姆性别角色量表"(BSRI,Bem,1974)可能是当前测量男性气质和女性气质的最常用工具。就当前的目的而言,我们应注意到,BSRI由一组形容词(例如,决断、上进、热情)构成,我们要求被访者在这些方面给自己评分。我们把"男性"特质和"女性"特质的评分分别加总,就得到男性气质分数和女性气质分数。贝姆认为,BSRI中的男性特质和女性特质都是正面的或受人欢迎的。因此,为了检查被访者的应答是否存在社会赞许性,贝姆(Bem,1974)认为"在性别方面完全中立的(量表)",其中,一半题项"在价值上是正面的,另一半则是负面的"(p.156)。

现在,贝姆声称是男性特质的一些特质看起来像是正面的,但有些女性特质,不管怎么想象,都不能认为是正面的。"轻信"和"阿谀奉承"就是这些特质中两个明显的例子。我们认为,在承认"这些特质不是正面的"之前,如果还坚持要求证明,那我们一定是迂腐的(在前面克隆巴赫所说的意义上)。不过,事情似乎是:只有证明这些特质是负面的、有些特质,甚至比贝姆的"中性"负面特质还负面之后(例如,Pedhazur & Tetenbaum,1979),一些研究者才会质疑它们的使用,然后,贝姆才把它们从 BSRI 短表中删除。(有关这个论点,参见 Beere,1983:122-123)

附带说一下,对贝姆选择特质的方法进行一次逻辑分析,就足够揭示这种方法如何导致选出负面的特质(参见 Pedhazur & Tetenbaum,1979)。除了构建验证的逻辑分析之外,我们这里想强调的是,在我们综述的、使用BSRI进行研究的学者中,有相当数量的人似乎接受了贝姆的主张,即BSRI的男性气质和女性气质特质都是正面的、社会赞许的。一些女性特质可能是负面的、社会厌恶的,这种可能性,即使是一个暗示,我们也未曾碰到他们提及过。甚至相反,我们碰到了一些学者,他们毫不犹豫地宣称BSRI只包含社会赞许的特质。例如,凯利等人(Kelly et al.,1977)认为:"贝姆……在她的表述中只评估了男性气质和女性气质中正面的、社会赞许的成分。"(p.1185)正因为如此,这些学者进行研究的唯一目的就是确定使用社会厌恶的特质(除了使用BSRI之外)的效应! 尤其令人不安的是下列事实:甚至在同一个期刊中,这是大多数围绕BSRI的研究和争论发表的地方,主张"BSRI仅由正面的特质构成"的论文仍旧得到发表。(一些例子,参见 Larsen & Seidman,1986;Paulhus & Martin,1988)

现在,让我们就上述建构验证的逻辑分析的一些方面进行简短的讨论,并举例加以说明。

## 建构的定义

逻辑分析最重要(肯定是首要的)的方面,或许是考察建构的定义。对定义在科学研究中的性质和作用,科学哲学家花费了大量的精力(参见第8章及其参考文献)。本章的目的是想强调考察建构的定义,对确定它是否有歧义、是否同义反复、是否逻辑一致、是否和建构所嵌入的理论结构一致等,十分重要。

众所周知,在一定程度上,社会行为科学家会使用相同的建构来表示不同的事物。最好的一个例子是使用"态度"这个建构。字面上,存在各种各样的态度定义,它们外显或隐含地源自各种理论取向。例如,有些态度的一般定义仅涉及评估成分,另一些定义也涉及认知成分和意志成分。一些研究者区分了一些建构,诸如"态度""信念""意见"和"价值",另一些人则不加区分地使用它们。(有关著作,参见 Fishbein, 1967;Greenwald et al., 1968:1980)

下面我们将举一个例子来说明,考察一般态度的定义,以及所研究的特定态度的定义,十分重要。假定一个人正在描述如何构建一个"自由主义—保守主义"的测量。自不必说,他首先必须界定这些建构。例如,他所关注的是政治自由主义,还是经济自由主义,还是两者皆有? 另一个问题可能是,我们是在意识形态的层次上,还是在实用主义的层次上来评估自由主义—保守主义? 例如,就政治信念而言,弗里和坎特里尔(Free & Cantril, 1967)发现,大多数美国人在意识形态上是保守主义的,在实用主义上则是自由主义的。

不过,我们或许还需要考察这个定义的另一个方面,即自由主义和保守主义之间的关系。有些研究者把自由主义—保守主义看作一个两极谱系。它的基本含义是,高自由主义暗含着低保守主义,反之亦然。其他研究者则认为,自由主义和保守主义彼此独立。这样看来,一个人可能在自由主义和保守主义上都高,或者在两者上都低。(有关这个问题的详尽论述,参见 Kerlinger, 1984)

更不用说,对建构定义的批判性评估有一个先决条件:了解和所研究的建构有关的理论和研究发现。对建构定义(以及建构验证的其他方面)采取批判性立场的一个好途径是,对特定领域内的建构测量的综述进行研究。致力于测量综述的出版物中,比较有名的有《心理测量年鉴》,目前由内布拉斯加州大学出版社出版。有些期刊也会定期刊载一些综述,例如,《教育与心理测量》(*Educational and Psychological Measurement*)、《咨询与临床心理学杂志》(*Journal of Consulting and Clinical Psychology*)。

## 题项内容

研究者和测验设计者发现,我们可以方便地把一组题项称作一个"样本",它来自作为一个既定建构的各种指标的题项库。在大多数情形下,这个题项库并不是在一个总体的意义上存在的,即我们不可能列举它的元素,并进行抽样。这样的话,我们如何设计作为一个建构指标的题项呢? 不论是在题项的设计阶段,还是从可用题项或其他指标中选择题项,建构的定义就是最重要的指南。同理,评估一个现存量表的题项恰当性时,我们首先要考察它们是否与建构的定义一致。[1]

## 测量程序

所谓"测量程序"是指测量的一般方法(例如,访谈、总和评分量表、语义差异、投射技术),这些方法的特征(例如,给被访者的指导语、题项顺序、题项措辞),以及实施条件(例如,被访者的匿名性保证,该测量与推定是其他建构的测量一起实施)。

---

[1]请注意,这里的讲解仅限于建构验证的逻辑分析方面。评估题项恰当性的其他方法,将在后面的章节(特别是"内结构分析"一节)加以讲解。

所得分数受所使用的特定测量程序影响越大,对测量效度的负面效应就越大。测量程序的一些方面,或多或少会影响被访者的应答,影响的幅度取决于使用该测量的研究本身的特征。例如,在关于"敏感"问题的态度研究中,是否保证被访者的匿名性,就变得非常重要。同样,当研究关注废除种族歧视的政策时,访谈者的种族就变得非常关键。

这里,我们想强调的论点是:我们必须在研究的总体目标和设计的背景下,依据所研究的测量的特定属性来审视测量程序。我们将在第6章讲解社会行为研究中所采用的一些主要测量方法。在本章的后面章节,我们将介绍如何使用多个方法来测量相同的建构,以便把源自特定方法的方差和源自建构的方差分离开来。眼下,我们只举几个例子,考察测量程序以及随之而来的竞争性假设。

在本章的前面,我们曾简要介绍和讨论过 $F$ 量表(或后来众所周知的"权威量表")。$F$ 量表是总和评分量表(常常也称为"李克特量表")的一个例子(参见第6章)。就当前的目的而言,我们应指出,在总和评分量表上,一般要求被访者指明自己同意或不同意一组陈述的程度;然后,我们把答案加总得到一个总分。为了消除或降低选项集效应,一般建议,量表应同时包含正面和负面措辞的陈述。

$F$ 量表发表后不久,有些研究者指出,它的所有陈述都以相同的方向措辞;他们争辩说,高分并不能反映高权威主义,而是反映部分被访者的赞同或"答是"倾向。("答是"或"答否"是一个人格变量,有关讨论,参见 Couch & Keniston,1960)这样,对测量方法的一个特点的逻辑分析,引起了对 $F$ 量表的建构效度的质疑。(参阅 Bass,1955;Christie et al.,1958;Gage et al.,1957)

我们来看"威尔逊-帕特森态度量表"(WPAI,Wilson,1975),作为对测量程序进行逻辑分析的另一个例子。它假定是保守主义的一个测量,尽管据称它也能在自由主义和其他一些建构(参见"计分"一节)上产生一个分数。下面是给被访者的指导语:

你喜爱或相信下列哪一个?
圈"是"或"否"。如果您实在不清楚,圈"?"。答案没有对与错之分;请勿讨论,
给出您的第一反应即可。请回答每一道题。

这些指导语之后,跟着50个参照物(例如,绞死小偷、太空旅行、比基尼)。

请注意,被访者无论是喜爱,还是相信一个既定参照物,都会给出"是"的答案;反之,则给出"否"的答案。对于一些参照物而言,虽然信念和评估相互关联,但将两者等同,则可能是歧义的一个来源。更多的歧义来源是题项格式和应答模式。在对 WPAI 的综述中,佩达泽(Pedhazur,1978)对这些问题进行了评论。他认为:

例如,考量一下"抽大麻"这个题项,"是"的答案可能是指:支持抽大麻的合法化,但不支持抽大麻;同时支持合法化和抽大麻;支持抽大麻,尽管(或由于)法律禁止。其他的含义,也还是可以想象的。同理,对同一个题项的"否"的答案也可能具有多个含义。(p.1151)

## 计分程序

计分程序也会影响基于它们之上所作的推论的效度。[①]因此，对计分程序的评判性评估，是逻辑分析的一个重要方面。特别是当我们采用一个测量来探测一个多维建构，或是所引起的应答需要我们进行分类和编码（例如，投射技术）时，有关计分的问题可能会变得十分复杂。

甚至当计分看起来似乎是直截了当时，复杂的情形也会出现。例如，就计分而言，成就的多项选择测验似乎并不存在什么问题。多数人将每个正确答案赋值为1，每个错误答案赋值为0，然后，将正确答案的个数加起来得到总分。然而，可能还需要作出各种决策。例如，可能有必要决定是否对猜测进行校正，以何种方式校正（参见 Nunnally, 1978: 642-65）；或者，是否对不同的题项赋值不同的权重（例如，Nunnally, 1978: 296-297；Stanley & Wang, 1970）。

我们的目的不是在技术层面上论述计分程序，而是要说明，在这方面常识也大有裨益。下面，我们首先介绍一个题项的应答计分，然后再探讨在两个或多个题项的基础上形成一个复合分的问题。

一个题项不过是一个建构的一个指标，如果我们不考量这个建构，那么我们就无法作出有关这个题项计分的决策。我们再拿 WAPI 来做一个例子（参见前面），这次我们考察的是题项计分的一些问题。如前所述，WAPI 被推定是一个由50个参照物（例如，校服、主日学校、向国旗敬礼、比基尼、留胡须的男人、漫画）组成的测量，它测量保守主义，要求被访者用圈"是""否"或"？"的方式作答。对一个"保守主义"参照物，一个"是"的答案赋值为2，一个"否"的答案赋值为0；相反，对一个"自由主义"参照物，一个"是"的答案赋值为0，"否"的答案则赋值为2。对这两种参照物而言，一个"？"的答案赋值为1。[②]我们把50个题项的得分加起来，就得到一个"保守主义—自由主义"谱系上的分数，高分表示倾向于保守主义，低分表示倾向于自由主义。

请注意，威尔逊把自由主义—保守主义看作一个两极谱系，这是他的计分程序的概念基础。[③]在这里，我们暂不关注这个概念的优点或缺点，而是关注它所带来的令人质疑（甚至是奇怪）的计分程序，依据的是测量所使用的参照物和应答方式。例如，看一看下列参照物：春宫图、吸大麻、嬉皮士、脱衣舞和裸体游泳。对这些参照物中的每一个，一个"否"的答案赋值为2，一个"是"的答案赋值为0。为了方便讨论，我们假定对这些参照物的"否"的答案反映了保守主义的态度。但是，为了让答案能够在通向"自由主义"一极的方向上得到计分，为什么一定要在这些参照物中的每一个上面回答"是"呢？正如佩达泽（Pedhazur, 1978）所言："期望自由主义者对这些参照物展现宽容，是一回事；期望他们说喜爱或相信它们，则完全是另一回事。"（p.1151）

---

[①]计分程序也会影响一个测量的信度。信度及其与效度的关系将在第5章中加以讨论。

[②]下面是威尔逊关于该类别的意义和计分的表述："我们用'？'这个类别表示'不理解''中立'或'不关心'；对这些应答中的任何一个，赋值一个中间分，看起来是合理的。"（Wilson, 1975: 18）我们想让大家判断威尔逊这个假定的"合理性"。而且，请思考，他在给出参照物的类型和对应答方式提出要求时，使用的是"实在不清楚"（参见前面的指导语）一词。

[③]有关这个论点的讨论和参考文献，参见"建构的定义"一节。

现在,我们转而探讨有关复合分的问题。如前所述,有关建构的大多数测量都是由多个题项组成的,因为单个题项涵盖一个建构之领域的情形,即使可能的话,也极其罕见。把对一组既定题项的应答合并成一个复合分,这种做法是否有意义,我们将在下一节("内结构分析")探讨一些方法来加以确定。但目前我们只想强调,合并一组题项上的得分,判断这种做法是否有意义,大可不必诉诸各种复杂的分析。经常发生的情形是,在求得复合分的过程中,人们完全无视基本的测量原则,甚至是常识。正如邓肯(Duncan,1984)所言:

> 在化学实验室中,我们知道,应谨慎对待物质的"组合"。但据我所知,某种相似的、信息的"组合"也具有一个类似于实验员所面对的属性,这还没有得到广泛的认可。(p.227)

下面举例说明这种现象。先前,我们提到了阿莫尔(Armor,1972)曾对来自《科尔曼报告》的数据进行了二次分析。作为二次分析的一个方面,阿莫尔的兴趣是研究教师对一些选定问题的应答和学生成绩之间的关系。对于前者而言,阿莫尔选择了 6 个问题来问教师,他用这些答案,计算一个复合指数。阿莫尔的表述是:

> 如果一个教师:①在重新选择前面仍会坚持选择教书;②不想换学校;③对(学校的)民族构成表示没有偏好;④对(学校的)种族构成表示没有偏好;⑤希望一直教书,直到退休;⑥喜欢看到一个黑人学生上以白人为主的大学,那么,上述每一种情形,他都将得 1 分,由此我们推导出一个指数。(p.228)

这段引文是对题项及其选项的复述。例如,阿莫尔所用的第一个题项如下:

> 假定你能回到过去,重新上大学。以你目前的阅历来说,你还会进入教书这一行吗?
> (A)肯定会
> (B)可能会
> (C)不确定
> (D)可能不会
> (E)肯定不会
> (Coleman et al.,1966:679;完整的"教师问卷"以及研究中所采用的其他测量,都刊载在《科尔曼报告》中。)

这里,我们所关注的是复合分,不是阿莫尔的题项计分策略,尽管我们对后者持保留意见。例如,和上面这个题项的计分有联系,阿莫尔把"肯定会"当成一个类别,把其余的选项答案勉强凑成另一个类别,我们不明白这样做的道理何在。有关阿莫尔的题项计分的这方面以及其他一些方面的问题,我们请大家进行思考(Armor,1972)。

下面是阿莫尔有关他的"指数"概念的全部内容:"我们预设的概念是,对教书和学校的强承诺、对民族构成的一种宽容态度(不反对任何的种族或民族合校)应是一个好老师的态度组成部分。"(pp.179-180)即使忽视这段话的歧义性,也不讨论"教书态度甚至没有暗含到主要的方面"这个问题,我们也不得不质疑:将上述 3 个方面看作一个建构的各个部分,是否有道理、有意义。例如，对少数民族群体的宽容，可能与教书态度有关。当然，这并不意味着，对少数民族群体的宽容是"教书态度"这个建构的一部分。

即使我们不会质疑阿莫尔对教书和学校承诺的测量（这是后面的质疑）诉求，我们也不得不质疑：它们为什么有必然联系，更不用说，它们是同一个建构的两个部分。对于一个教师而言，他对教书具有高度承诺，但由于各种原因（例如，交通便利、声望），他希望调动到另一所学校，这难道是不可能的吗？实际上，相对比较容易碰到的典型情境是，一个教师因为对教书的承诺而寻求一次调动。

利用一个或两个指标来探测一个复杂的建构，在不深究这种令人怀疑的实践前提下，让我们对它们进行简短的考察。以假定反映教书承诺的两个指标（例如，在重新选择前面仍会坚持选择教书；希望一直教书，直到退休）为例，对这两个问题的肯定回答可能反映了教书承诺的缺失，支持这种观点的论证，还是相对比较容易得出的。在最低限度上，我们也必须接纳这样的观点：它们可能反映了其他事物（例如，评估录取、顺利完成学业、在其他更喜爱的行业中接受培训等机会；与自己孩子的假期同步的几个长假期的吸引力；工作保障；拒绝墨守成规）。阿莫尔对其他题项应答的阐释，我们也可以提出类似的质疑。

当阿莫尔使用这个指数来考察他所感兴趣的关系时，究竟会发生什么？在上述讨论的背景下，我们有兴趣来考察这个问题。阿莫尔（Armor, 1972）的报告称：

> 我们发现……好教师的态度指数与学生平均成绩之间呈反向的关系。事实上，就全美总体而言，教师态度和学生成绩之间的积矩相关系数是-0.42。学生成绩越高，教师的宽容和承诺越低（以我们的指数所测量）。一种可能是，我们关于好教书态度的观点是错误的，但我们更愿意相信，由于某些原因(!)，该指数不适于评估这些态度。(p.180)

在对《科尔曼报告》数据的后续分析中，阿莫尔明智地决定不再使用该指数。我们的讲解旨在表明，他为什么从一开始就注定无法形成这样一个指数。

在一个建构的验证过程中，批判性思维、理论、测量、设计和分析的知识之间相互影响。我们希望，对逻辑分析的这些讨论能够说明这种相互影响的重要性。现在，我们转向建构验证过程的另一个方面，即"内结构分析"。

## 内结构分析

在逻辑分析的层次上，我们已经在上一节探讨了涉及指标的选择、计分方式、分数的组合方式等问题。在这一节，我们将致力于描述各种分析方法，它们的目标是评估反映同一个建构的一组指标的效度。从建构验证的视野来看，这些讲解的主要篇幅构成了对因子分析方法的直观描述。第22章和第23章的主要内容是因子分析。根据大家的背景、特定目的和需要，把这两章和下面的内容合起来一起学习，可能是有益的，甚至是必要的。

请看图4.4,其中,$C$表示一个建构(例如,智力、攻击、态度),$X$表示指标(例如,智力的测量、打人或摔物、骂脏话、测量态度的题项),$e$表示误差或一个既定指标的特有方面。如图4.4所示,每个指标都有两个构成成分:(a)一个源自该建构;(b)一个源自误差或该指标所独有的其他因子,其证据是$e$之间缺乏连线。[①]

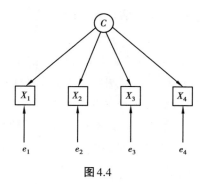

图4.4

由此可知,在图4.4中,各指标之间的相关关系,可以归因于它们所反映的这个建构。因此,为了接纳这个模型的效度,因而也接纳这个建构的指标的效度,我们有必要(尽管并不充分)证明:该模型和数据一致。本质上,这意味着各指标之间的关系能够被该模型合理地解释。[②]

在最低限度上,我们必须证明,一个建构的反映指标(例如,题项、子测验)"粘在一起",它们是同质的。自不必说,各种异质的指标不可能测量同一个事物,因此,将它们组合成一个复合指数,这种做法是荒诞的。

## 因子分析和内部结构

研究一组指标的内部结构,存在很多方法。最有效的方法或许是因子分析的一些衍生方法(这是第22章和第23章所关注的主题)。就当前的目的而言,我们只对这个方法作一个一般讲解,并说明它在建构验证过程中的潜在用途。

"因子分析"是指一系列旨在识别因子(或维度)的分析技术,这些因子隐藏在一组观察变量之间的关系背后。在当前的语境下,这些可观察的变量是各种指标(度量、题项),我们假定它们反映这个建构(如因子)。

在大多数情形下,我们把因子分析应用于指标之间的相关系数。我们可以求得每个指标与一个因子之间关系的估值(称为"因子负荷")。宽泛地说,一个因子负荷是一个指标在因子上的权重,就像回归分析(参见第17章和第18章)中的标准化回归系数($\beta$)一样。对于某些因子分析的解来说,因子负荷是指标和因子之间的相关系数。在这种情况下,一个因子负荷可以在0(指标和因子间不相关)和正负1(指标和因子间完全相关)之间变化。

一般来说,因子负荷越大,因子对指标的影响越大。和相关系数的阐释一致(参见第17

---

[①]我们有可能设定各种误差项之间相关的模型(参见第23章)。

[②]各种备择模型也可能与该数据一致。这个事实,我们将在其他章节(特别是第22—24章)中加以讨论。

章），因子负荷的平方也是指一个既定指标的方差被这个因子所解释的比例。例如，0.4的因子负荷意味着这个因子能够解释0.16（$0.4^2$）或16%（0.16×100）的指标方差。

我们把探索性因子分析和验证性因子分析作了一个区分。宽泛地说，探索性因子分析所处理的问题是，我们需要多少个因子，才能解释一组指标间的关系，才能估计出因子负荷。顾名思义，验证性因子分析所关心的是参数估计和假设检验，如关于一组指标间关系背后的因子数的假设。

下面，我们将对这两种方法进行一般的讲解，并说明它们在建构验证中的用途，尝试厘清这两者的含义。在这之前，我们要做两点说明：第一，正如我们将在第22章和第23章所说的那样，关于这两种方法的内容还有很多，甚至多于我们在这里所暗示的；第二，我们十分清楚，大家很可能会觉得我们的概述令人费解，甚至令人沮丧。更糟糕的是，我们也知道，当我们对极端复杂的分析方法进行松松散散的描述时，我们冒着极大的风险：这可能会误导大家，让大家形成错误的概念。因此，在对因子分析形成一种意见之前，更不用说，在尝试阐释因子分析的结果之前，大家至少应先学习第22章和第23章。

**探索性因子分析**

举例来说，假定一个研究者有兴趣构建一个"自我概念"的度量，他（或她）设计（或从文献中选择）了20个题项，并要求被访者在这些题项上对自己进行评级。再假定这个研究者想把这20个题项的评分相加，得到一个"自我概念"的总分。顺理成章的是，如果这个总分具有意义的话，基本的要求是这些题项"粘在一起"，指向相同的维度。

当然，他可以研究一个题项与其他每一个题项之间的相关系数。不过，即使题项的数量相对较少时，他一般也难形成一个总印象。他需要考察和总结的相关系数的数量等于：

$$\frac{k(k-1)}{2}$$

其中，$k$表示题项的数量。这样的话，就这里所考察的20个题项而言，他就必须考察：[（20）×（19）]/2=190个相关系数。但如果他对相关系数矩阵进行因子分析，并且只保留一个因子（参见下面的讨论）的话，他就只需考察20个因子负荷。

考察因子负荷的目的是确定，它们中的哪一些与这个因子存在有意义的相关关系。正如我们在后面几个章节（例如，第9章和第15章）中所讨论的一样，统计量（在当前的情形下，是相关系数）的"意义"取决于各种考量，其中，首要的考虑是研究的实质方面。在因子分析的应用中，研究者通常将大于0.4或0.5的负荷看作有意义的。采用类似这样的准则，这个研究者就能够决定，只把那些负荷有意义的题项包括在量表中。

当他认为负荷满足"有意义"这个准则的题项数量不足时，他会加入新的题项，或修改那些负荷未达标的题项。一套新题项由负荷达标的题项和新加或修改的题项所组成，他对它再进行因子分析。这个过程或许会一直重复下去，直到这个研究者对这套题项感到满意为止，它构成"自我概念"的一个度量。

为了避免重复尝试，经常采用的做法是，从一个较大的题项库起步，量表中所用的题项可以从这个库中加以选择。对这个较大题项库的因子分析，可以帮助我们决定：保留哪些题项、删除哪些题项、修改哪些题项、拥有什么。参阅戈萨奇（Gorsuch，1983：第17章）、马拉迪（Marradi，1981）、泽勒和卡迈恩斯（Zeller & Carmines，1980：第4章）有关量表建构过程中运用因子分析的讨论，这对大家可能有所帮助。

上述讨论必然建立在若干暗含的假定之上，现在，对其中的一个最重要假定，让我们作一点说明，并作简要讨论。正如前面多次提到的那样，我们必须首先定义一个建构，然后才可能去寻找相干的指标、设计或选择题项等。在前面的讨论中，我们曾假定"自我概念"是一个单维建构。现在，我们反过来假设它是一个多维度、多剖面的建构（例如，夏文森和布勒斯提出"学术自我概念""社会自我概念"等，参阅Shavelson & Bolus，1982），在这些情形下，我们会设计或选择一些题项，假定它们可以代表每一个剖面。当我们将所有题项的相关系数矩阵用于一个因子分析时，我们的期待是，旨在表示"自我概念"的不同剖面的题项，应在不同的因子上具有"有意义"的负荷。但是，如果我们把不同的剖面看作一个普遍的"自我概念"的各个维度时，那么我们的期待是，反映这些维度的因子之间会存在相关关系。

前面的讨论中所暗含的另一个假定是，在因子分析中只会"浮现"一个有意义的因子。[1] 现在，假定一个研究者将"自我概念"定义为单维建构，有一个相关系数矩阵，它属于旨在测量这个建构的题项，当我们对它进行因子分析时，出现一个强烈的征兆，说明在这些题项的相关系数背后，存在两个相对独立的因子。面对这样的结果，这个研究者可能会坚持原来的概念，即"自我概念"是单维的，并得出结论说，开发量表的尝试失败了或只取得了部分成功。在这样的结论下，这个研究者可能会决定：只保留一些题项，它们只在其中的一个因子上具有"有意义"的负荷；他（或她）认为，这个因子与"自我概念"的定义一致。

如果有必要的话，他可以修改某些题项、设计或选择新的题项，这样，上述过程就会重复进行下去。假定他的确进行了重复，但多个有意义的因子再次"浮现"出来。原则上讲，没有什么可以阻止一个研究者不断努力去创建一个度量，他（或她）认为测量的是一个单维建构。顺理成章的是，如果不能创建一个和建构一致的度量，在不断的失败面前，这个研究者可能不得不诉诸其他行动方案。其他因素之外，这取决于这个研究者的信念、理论表述和意志，他（或她）可能放弃创建这种度量的努力，转向不同的测量方法，找出不纯的变量，修改建构的定义，这里仅举出几种选项而已。

不论采取何种行动方案，研究者和公众都应当小心"物化陷阱"，它的典型表现是追问：一个特定是否真的测量了所研究的建构？（例如，韦克斯勒智力量表真的测量到智力了吗？）这是一个错误的问题，因为它忽略了一个事实，即我们所处置的是抽象的，而不是一个对象，我们无法使用这个度量，看看它是否为这个对象"量身定做"。

关于一个度量的一个有意义的、基本的问题是：它是否与它所想要测量的建构的定义一致？例如，在考量智力的一个度量时，我们有必要考察它是否与智力的定义一致，这是它想要勘察和反映的建构。就这个目的而言，因子分析可能是我们可以使用的、最强大的分析方法之一。事实上，智力测量的历史、围绕这些尝试的争论，是因子分析发展历史、它的推广应用

[1]应该保留多少个因子的准则是什么？这个问题非常复杂，争议不断。有关讨论，参见第22章。

历史、围绕它的争论历史的重要组成部分。

斯皮尔曼(Spearman,1904)奠定了因子分析的基础,他坚定不移地使用这种方法,为自己的两因子智力论提供支持。根据这个理论,一个公共(或一般)因子($g$)是智力的各种度量的基础;一个独特(或特殊)因子($s$)是每一个度量的基础。同样,瑟斯通(Thurstone,1947)认为,智力是由相对分化的心理能力所构成的,他采用因子分析来开发一种基本智力的度量。因子分析在智力的理论发展及其测量的建构验证中的作用,一个典型的示例是吉尔福德有关"智力结构"的广博研究。(心理测试发展的一个总结以及历史背景,参见Guilford,1967)

在阅读上述讨论的过程中,大家可能会问:在建构定义和测量方法之间的差异面前,我们怎样才能决定哪一个是"正确"的呢? 请注意,如前所述,一个建构本身是没有意义的。一个建构的意义和相干性源自它所嵌入的理论背景、语义网络——我们将在"跨结构分析"一节中返回这个主题。

总之,在建构一个度量的阶段,探索性因子分析可能很有价值。例如,一个研究者相信他(或她)已经建构了一个单维度量,但经过因子分析,他可能会发现,这是多维度量,在该量表上,一个单一的总分难以成立。反之,假定已经建构的是一个多维度量,一个研究者可能发现,它是单维的。

对一个想应用一个现有度量的人来说,因子分析也可能很有价值。对一个现有量表进行因子分析,可能是非常基本的或极其有用的,下面就是证明这一点的几个例子:

1. **当关于度量的内部结构的信息不存在时(在社会行为研究中,这是十分平常的现象)**。在因子负荷的基础上,如果我们可能得出结论:一些题项不相干(即它们的负荷非常低),或者它们与量表所假定测量的建构定义甚至相矛盾(即它们的负荷符号是"错误"的,它们在"错误"的因子或多个因子上具有"有意义"的负荷)。

2. **因子结构不同于这个度量的设计者所报告的结构,当情形看似这样,或被期待是这样时**。其他原因除外,出现这种情形的原因可能是,我们采访的被访者类型不同(例如,男性与女性,青年与老年)、源于历史的变迁(例如,战前与战后的条件)。

3. **当潜在的使用者对量表的因子分析的恰当性持保留意见时**(例如,抽样和(或)样本规模、保留的因子数、因子的析取或转置方法)。我们将在第22章讨论和说明诸如此类的一些问题。

### 验证性因子分析

如前所述,验证性因子分析涉及参数估计和假设检验。在这一节中,我们的目的是有限的。我们想做的一切,就是要用非常宽泛的语言,描述验证性因子分析的用途是什么,它会带来什么。为了达到这样的目的,我们将会采用相同的实质示例,即"自我概念"的测量;在探索性因子分析中,我们已经列举过它。探索性因子分析和验证性因子分析之间的对照,我们留在第22章、第23章中进行详述,那时,我们将采用这里所举的实质性示例,把两种分析方法运用到同一套示例数据上。

这样的话,假定我们想对"自我概念"的各种指标(即题项)进行验证性因子分析。和探索性因子分析不同,很明显,在验证性因子分析中,有待检验的假设必须先行一步。举例来说,假定我们的假设是,"自我概念"由两个相关的维度(学术和社会)构成,每一个维度由3个指标所勘测,如图4.5所示。

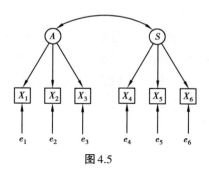

**图**4.5

按照本章前面所描述的惯例,建构(因子、潜变量)用圆表示,指标(显变量)用方框表示。在图4.5中,A="学术自我概念",S="社会自我概念",X表示指标。弯曲的双向箭头表示我们认为"自我概念"的两个维度之间存在相关关系。请注意,依据这个模型,每个指标仅反映(具有负荷)一个因子,误差(即e)之间也不存在相关关系。使用指标之间相关系数(或协方差),我们就可以采用验证性因子分析,估计出指标在因子上的权重、因子之间以及误差之间的相关系数(或协方差)。①

宽泛地讲,模型检验就是确定:利用参数估值,我们是否能够复制出或近似逼近所观察到的关系(相关系数或协方差)? 请看图4.5,如果模型拟合数据的话,如利用(相乘)$X_1$和$X_2$在A上的权重,那么我们就有可能复制或近似逼近它们之间的相关系数,由这个模型可知,因为这是它们之间唯一的共同点。相比之下,如$X_1$和$X_4$之间唯一的共同点是,它们各自所反映的因子(A和S)是相关的。相应地,当我们试图复制这两个指标之间的相关系数时,我们就必须利用(相乘)因子之间的相关系数和指标在因子上的权重。

我们非常担心会带给大家一种错误的印象,即验证性因子分析的过程直截了当、不容争辩。但我们相信,在这里讨论让这个过程变得复杂、模糊的各种问题,也是不智之举,因为这些问题本身就很复杂,因此,我们把它们放到后面的章节中加以详细阐述。

在验证性因子分析的过程中起主要作用,并在后面的章节中将要加以详述的问题包括:

(1)模型设定。当我们检验一个模型(例如,这里所考察的模型)时,我们必须假定:它的设定正确。

(2)假设检验的逻辑。严格来讲,我们不可能证实一个假设。我们所能做的一切,就是拒绝或无法拒绝假设。我们无法拒绝一个模型,这让我们得出一个结论:我们证实了这个模型。当我们认识到,可以证明有很多其他模型也可能拟合这个数据时,十分明显:这是用词不当。

(3)统计显著性与实质重要性之间的差别,以及样本规模、效应规模、显著性检验的统计力等相关问题。

---

①具体的算法和步骤,将在第23章中加以解释和说明。

测量、设计和分析：研究方法的综合之道

　　虽然上述内容可能会使大家感到困惑或害怕，但我们保证，这并不是我们的本意。我们所面对的是一个两难困境：要么掩藏这种复杂性，冒着把大家引向错误使用和错误阐释的道路之上的风险；要么暗示这种复杂性，冒着让大家感到困惑和害怕的风险。我们强烈地感到，冒后一种风险更好。

　　无论大家对上面罗列的各种问题作何反应，我们的建议是，在这个阶段，大家不必担心它们。正如我们所言，在后面的章节中，我们会详加讨论。我们所想做的一切，就是让大家注意：为了能够成为使用验证性因子分析的明白人，大家就必须熟悉它们。


## 跨结构分析


　　在前一节，我们讨论并举例说明，为了确定一组指标的结构和它们所反映的建构之间是否一致，内结构分析是必要的。但是，就支持一个度量或一组指标的建构效度而言，来自内结构分析的证据是必要而非充分的证据。认识到这一点十分重要。原因在于，一个既定的内部结构可能与不同的建构定义一致。例如，当一个建构被界定为单维时，那么，就有必要证明：旨在反映这个建构的一个度量或一组指标的结构也是单维的。然而，这个证据并不能排除这种可能性：这是一个不同于研究者脑中所想勘测的单维建构。而且，这种结构也可能是源自我们所使用的测量方法所特有的方面（参见后面"收敛效度"和"判别效度"标题下有关"方法因子"的讨论）。

　　如前所述，一个建构的含义在于它与语义网络中其他建构的关系上。因此，归根结底，建构验证的基础是研究当前建构与理论框架中的其他建构（或变量）之间的关系。我们用"语义效度"这个标签来表示这种方法（Campbell，1960；Cronbach & Meehl，1955）。

　　跨结构分析相当于假设检验，其中，当前的建构是诸多变量之一。例如，假定我们关注两个建构（$X$ 和 $Y$），并采用复指标来测量每一个建构。按照上一节所讨论的程序，我们可以研究每个建构的一组指标的内部结构。不过，除此之外，我们还有必要进行跨结构分析。请注意，我们研究的是两个或多个建构的指标之间的关系，正是在这个普遍意义上，我们才使用"跨结构分析"这一术语。例如，我们可以采用一个理论框架，假设 $X$ 和 $Y$ 正相关，或者，$X$ 影响 $Y$，或者，$Y$ 影响 $X$。无论假设是哪一个，$X$ 和 $Y$ 都是不可观察的（潜）变量。因此，假定一些指标是当前建构的外显特征，我们通过研究这些指标之间的关系，就可以进行假设检验。

　　假设得到支持，表示 $X$，$Y$ 或两者的指标（度量）效度得到支持。如果假设得不到支持（参见第9章对"假设检验"的讨论），并不一定表示 $X$ 的指标没有效度。假设得不到支持的其他阐释包括：（a）理论框架值得怀疑；（b）$Y$ 的指标效度值得怀疑；（c）研究设计或分析中存在缺陷。（有关负面证据的含义，参见 Cronbach & Meehl，1955：295-296）

　　对建构验证而言，跨结构分析是非常重要的；我们必须时刻牢记，即使待检验的模型能很好地拟合数据，还可能存在其他的解释和模型。例如，假定我们发现，一个模型由两个建构的复指标所构成,它拟合数据;我们认为是两个建构的事物,有可能是一个建构的两个不同剖面（正如和图4.5关联的那个例子所表明的）。

一组备择模型,它们同样很好地拟合了一个数据,我们如何从中进行选择？这个问题并没有简单的答案。（对这类问题的探讨、所推荐的解答的讨论,参见Tesser & Krauss,1976）检验一个模型拟合与否,只是理论和可观察现象之间相互作用的一个方面。总的来说,一个理论,以及由此推导的模型越精细,当我们发现这个模型拟合数据时,我们对结论的信心就越大。不过,一个既定模型拟合一组既定的数据,这个发现并不构成一个确凿的证据:它就是"真正"的模型。从不同的理论框架推导出来的另一个模型也会拟合这组数据,这种可能性总是存在的。对假设检验的逻辑和含义的考量,与这里所提及的问题,是直接有关的。

到目前为止,建构之间的关系是我们的讨论所涉及的主题。在一些情形下,一项研究也可能会关注一个建构和一个可观察变量之间的关系。例如,我们可能想研究保守主义和年龄,或自尊与性别之间的关系。这种情形的一个特例是,在建构验证的语境下,我们研究一个建构和一个可观察变量之间的关系;我们把它称为"已知组别"法。克隆巴赫和米尔（Cronbach & Meehl,1955）将这种方法称为"组别差异",并描述道:"如果我们对一个建构的理解让我们期待:两个组别在测验上存在差异,那么,我们应对这个期待进行直接检验。"（p.287）对该假设（即该期待）的支持,表示对各种推论的效度的支持,这些推论的基础是对该建构的测量的应答。

在建构验证的过程中使用已知组别法,特别容易让我们犯一种错误,一种逻辑学家称为"肯定后项"的谬误（参见第9章）。在建构验证的背景下,当我们把已知组别在一个既定度量上的差异,看作一个勘测当前建构的度量效度的证据时,我们就犯了"肯定后项"的谬误。为一个量表选择题项,或许是犯这种谬误的最臭名昭著的例子,因为在已知组别中,它们有所区别,然后,在这个量表的组别差异,又被当成是建构效度的证据。不幸的是,在社会行为研究中,我们经常会遇到这样的做法。例如,在许多性别角色量表中,选择题项的基础都是它们对男性和女性的鉴别能力。（有关综述,参见Constantinople,1973）现在,认为一个既定量表测量男性气质,并假设,举例来说,在这个量表上,男性得分高于女性,这是一回事;认为一个量表测量男性气质,是因为男性得分高于女性,这完全是另一回事,而且是一种谬误。正如康斯坦丁诺普（Constantinople,1973）所指出的:

> 从概率上讲,大脚趾的长度可以分辨男性和女性;不过,一个女性比大多数女性的大脚趾长一点,这是否让她变得不够"女性气质"呢？并且,在一组具有类似的关键内容的题项上,由于她的得分偏差较大,所以她就变得不够"女性气质"。我们是否对这个结论具有更大的信心？（p.405）

## 趋同及判别验证

一个研究者计划测量一个建构时,他面临的任务是,从大量令人眼花缭乱的不同测量方法和流派中作出选择。例如,当他准备测量一种态度时,他可能会诉诸自我报告、投射技术、可观察行为基础之上的推论、生理反应、社会计量等，从中选择一种来完成任务。[1]

在选定一种流派之后，他仍然要面对各种方法的选择问题。假定他决定使用自我报告法来测量态度，他究竟应该使用累加评分量表、等间距量表、古特曼量表、Q-分类问卷、清单表还是开放问卷？（对一些主要测量流派的描述，参见第6章）

与被访者、研究者以及研究背景有关的一系列因素，都可能对任何测量方法（或数据收集技术）的效度带来潜在的威胁。当他采用单一的方法来测量一个建构时，选项集、对研究者期望的反应、特定的研究背景等，是否（或在多大程度上）影响被访者的应答？就是一个无法确定的问题。[2]

研究者经常会使用单一的方法（例如，累加评分量表，参见第6章）来测量几个建构（例如，对黑人的态度、自我概念、保守主义），然后，计算这些分数之间的相关关系，以便研究这些建构之间的关系。在这些情形下，可观察的相关系数在很大程度上（甚至完全）取决于用于测量这些建构的特定方法。

依赖单一的测量方法会给我们带来风险，我们可以在群际刻板印象的领域举一个例子。在这个领域存在相对较多的研究文献，其中，不同的研究者宣称，针对各种群体（例如，土耳其人、犹太人、黑人）的刻板印象，在不同被访者之间、不同的时点之间，他们发现了较高的一致性和稳定性。在对这个研究领域的一个评论中，埃利希和莱恩哈特（Ehrlich & Rinehart, 1965）认为，许多研究的结论一致性，在很大程度上源自这些研究都依赖"刻板印象清单表"。为了支持自己的命题，埃利希和莱恩哈特证明，是我们给被访者一张刻板印象清单表，还是给他们一份开放问卷而定，被访者的应答存在重要的差异（Ehrlich & Rinehart, 1965）。例如，与使用开放问卷的被访者相比，使用清单表的被访者会将更多的特质分配给目标群体。而且，使用开放题格式的被访者所产生的特质清单和使用清单表格式的被访者所产生的特质清单之间存在显著差异。

为了克服使用单一方法所带来的困难和偏差，许多研究者提倡采用多种方法来测量一个建构。一些研究者将这种流派称为"多重操作化"（例如，Garner et al., 1956）；另一些研究者称为"三角测量法"（例如，Denzin, 1978: 第10章）；还有一些研究者将它称为"多方法流派"（Campbell & Fiske, 1959）。不管称谓如何，只有这样一种流派才能许下一个诺言：甄别出各种源自一个特定方法或一个方法与其他因素间相互作用而产生的偏差。

在一篇会议论文中，坎贝尔和菲斯克（Campbell & Fiske, 1959）提出"趋同效度"和"判别效度"两个概念。趋同效度是指，旨在测量同一个建构的不同方法（倾向于采用差异最大的方法）之间的一种趋同。例如，一个纸笔度量和一种投射技术，它们都设计为测量焦虑，如果它们之间存在高的相关关系，那么，这就构成趋同效度的证据。换句话说，趋同效度是指采用多个方法来证实一个建构的测量。

判别效度是指建构的独特性，由旨在测量不同建构的各种方法之间的趋异性来说明。例

---

[1]对态度测量的不同流派，对使用多种流派的重要性的较好讨论，参见Cook和Selltiz（1964）。

[2]这些问题及相关的问题，将在第10章和第11章中予以讨论。

如,旨在测量两个不同建构(例如,焦虑和内倾)的两个量表之间的相关系数不能太高,否则,我们就会怀疑:它们是否测量了不同的建构?

人们常常在"同名和异名谬误"的标签下讨论与建构的独特性或缺乏独特性有关的谬误。因为不同的事物被冠以相同的名称,然后就误以为它们是同一个事物,这样的信念被称为"同名谬误";反之,因为事物被冠以不同的名称,然后就误以为它们是不同的事物,这样的信念被称为"异名谬误"。在社会行为研究文献中,同名和(或)异名谬误的例子不胜枚举(饶有兴趣的讨论和例子,请参阅Kelley,1927:62-64;Hartley,1967)。

在测量建构的语境下,我们经常碰到的同名谬误的形式是,据称是测量同一个建构的各种量表之间,存在较低的相关系数;反之,我们经常碰到的异名谬误的形式是,据称是测量不同建构的各种量表之间,存在较高的相关系数。一个切题的个案是各种用于测量一个"知觉方式"的度量,称为"场依赖—独立"(Field Dependence-Independence,FDI)。据称是测量FDI的各种度量之间的相关系数,变化的范围是中等负相关到中等正相关,中位数约为0.4(参见Arbuthnot,1972;Witkin et al.,1962:44-45),这种情形让克隆巴赫评论道:"当假定是测量相同事物的测验之间,在一些群体中的相关系数是零,甚至是负值时,很明显,我们就不能依赖它们来从事任何研究。"(Cronbach,1970:628;同时参见Arbuthnot,1972)

简言之,请注意,我们把FDI看作一种人格建构,不同于能力建构。这样的话,FDI的度量和能力度量之间的相关系数应该不高;这才能为判别效度提供证据。前面曾提到过,由于缺乏趋同效度,我们不可能对FDI的度量和能力度量之间的相关系数,作出一个明明白白的表述。但已经证明,有些FDI度量和能力度量之间存在高度相关关系,弗农(Vernon,1972)对此评论道:"和大范围的空间测验之间存在高度正相关关系,几乎是一件令人难堪的事情。"(p.368)

让我们来看另一个例子。关于自尊的各种度量的趋同效度,存在93项研究,怀利(Wylie,1974)对它们进行了综述。在引用这项综述时,布里格斯和奇克(Briggs & Cheek,1986)说道:"设计来评估总自尊的各种量表之间的相关系数,变化范围为0~0.8,相关系数的均值只有0.4。"(p.131)毫不奇怪,他们的结论是:"在人格心理学领域,自尊测量的研究状况已经变成一处伤疼。"(Briggs & Cheek,1986:131)

在讨论趋同效度和判别效度时,"高"相关系数和"低"相关系数常常是参照系,但是,这些术语的含义是什么,却没有明确说明(前面我们曾这么做过)。自不必说,怎样才算是高相关系数,怎样才算是低相关系数?缺失这样的准则,就会打开了一扇门,它通向歧义,通向研究者之间的互不赞同,甚至通向单个研究者的著作之间的前后不一。后者的一个示例来自一项研究,它考察上级、同事和自己对岗位绩效的评估。据报告,对岗位绩效的3个方面,上级评估和同事评估之间的相关系数分别是0.52、0.53和0.65,劳勒(Lawler,1967)认为,它们表明该研究具有"较好的趋同效度"(p.374)。然而,在报告看似是同一个研究的另一个方面时,劳勒指出,对岗位绩效的两个方面,上级的评估之间的相关系数是0.56,这次,一番阐释之后,他写道:"这个相关系数不太高,这表明,经理们无法辨别绩效因子和能力因子。"(p.158)

## 多特质多方法矩阵

为了研究度量的趋同效度和判别效度，坎贝尔和菲斯克（Campbell & Fiske，1959）提出应分析"多特质多方法"（MTMM）矩阵。MTMM矩阵是通过两个或多个不同方法进行测量、两个或两个以上特质之间的相关系数矩阵。图4.6显示的是3种特质、3种方法的矩阵。

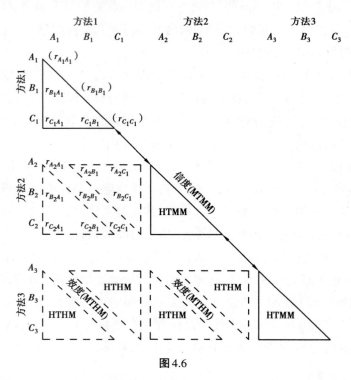

图4.6

我们只在该图的一部分指明了相关系数，空出的部分用来标识MTMM矩阵的不同单元。举例来说，令 $A$ 表示焦虑，$B$ 表示羞怯，$C$ 表示快乐；令方法1表示纸笔问卷，方法2表示一种投射技术，方法3表示一个临床心理学家的评估。这样，$A_1$ 表示用纸笔问卷来测量的焦虑，$B_1$ 表示用纸笔问卷来测量的羞怯，以此类推，$C_3$ 表示用临床心理学家的评估来测量的快乐。[1]

沿着主对角线（从左上方到右下方）的相关系数是每一个度量的信度系数（例如，$r_{A_1A_1}$ 是利用纸笔问卷所测量的焦虑的信度系数；参见第5章有关信度的讨论）。

围在实线三角形里的相关系数，是同一方法测量的不同特质之间的相关系数，因而是"异特质—同方法（HTMM）"三角。例如，$r_{B_1A_1}$ 是用纸笔问卷测量的羞怯与焦虑之间的相关系数。

围在虚线三角形里的相关系数，是不同方法测量的不同特质之间的相关系数，因而是"异特质—异方法（HTHM）"三角。例如，$r_{C_2A_1}$ 是由投射技术测量的快乐与用纸笔问卷测量的焦虑之间的相关系数。

两个HTHM三角形之间的对角线上的相关系数，是由不同方法测量的相同特质之间的相

---

①什么才构成不同的方法？这个问题将在下面予以讨论。

关系数,因而是"同特质—异方法(MTHM)"三角。例如,$r_{C_2C_1}$是由投射技术测量的快乐与由纸笔问卷测量的快乐之间的相关系数。MTHM对角线被称为"效度对角线"。

我们可以从MTMM矩阵中收集一些信息,现在,我们将指明它们的一些方面。例如,对照$r_{B_1A_1}$和$r_{B_2A_1}$。在这两个情形下,我们都在处置羞怯和焦虑之间的相关系数。但$r_{B_1A_1}$表示由同一方法(例如,方法1)测量的不同特质之间的相关系数,而$r_{B_2A_1}$表示由两种不同方法(例如,$B$由方法2测量,$A$由方法1测量)测量的羞怯和焦虑之间的相关系数。如果$r_{B_1A_1}$大于$r_{B_2A_1}$,可得出结论:这是源自一个共同方法(方法1)的效应,它同时测量$B$和$A$,并计算出相关系数。

现在让我们看一下MTHM对角线(即效度对角线)。因为它们表示用不同方法测量的同一个建构之间的相关系数,这些相关系数应当比较高,这样才能表示存在趋同效度。现在,让我们把MTHM对角线上的一个相关系数和HTHM三角形中对应行或列上的另一个相关系数进行比较,如对比$r_{B_2A_1}$和$r_{A_2B_2}$,或者对比$r_{B_2A_1}$和$r_{A_2A_1}$。请注意,在所有例子中,我们使用的是相同的两种方法(即方法1和方法2)。但是,$r_{B_2A_1}$表示用两种方法测量同一个特质的相关系数,其他相关系数则是用相同的两种方法来测量不同的特质时所得的相关系数。这样,我们将期待$r_{A_2A_1}$大于对应行或列上的其他相关系数(例如,$r_{B_2A_1}$),否则的话,所涉及的度量的效度就值得怀疑。

沿着上一个段落中所指明的路线进行推理,坎贝尔和菲斯克(Campbell & Fiske,1959)获得了一组指南和准则,用于研究MTMM矩阵中的趋同效度和判别效度。但是,有批评认为,他们的指南和准则有局限、很含糊,而且是建立在有疑问的假定之上。(参见 Althauser & Heberlein,1970;Jackson,1969;对 Althauser & Heberlein 的评注,参见 Alwin,1974;回应,参见 Althauser,1974)有人还提出了分析MTMM矩阵的其他方法。(综述,参见 Alwin,1974;Schmitt et al.,1977;Schmitt & Stults,1986)目前的共识似乎是,验证性因子分析(CFA)是信息量最大的分析方法。将CFA应用于MTMM矩阵,其他除外,我们还可以研究特质、方法以及它们之间的相关系数的效应。在第23章中,我们会举例说明把CFA应用到MTMM矩阵之上,并提供应用这种方法进行研究的参考文献。

### 什么是不同的方法?

如前所述,坎贝尔和菲斯克把趋同效度界定为测量同一个特质的、最大不同的方法之间的高相关系数。但是,什么才是不同的方法?这个问题并不存在明晰的准则,更不用说最大不同的方法了。这个问题的一部分在于,在一个既定研究中,由于特定的特质、背景、被访者等原因,看似不同的方法可能是相互相关的。例如,在一个特定背景中测量特定的特质的不同方法,可能会受到光环效应、社会赞许性等效应的影响,因而,和表面上看起来的差异相比,它们之间的相互差异可能要小一些。(关于这个论点的讨论,参见Jackson,1969)

在认定什么才是MTMM矩阵中的不同方法时,不同的研究者似乎采用了不同的准则。对于MTMM矩阵的分析和阐释而言,这具有深远的意义,因此,我们将举几个内容相当不同的例子,说明什么是不同的方法。下面是对阿维森(Avison,1978)所分析的MTMM矩阵的一个描述：

　　这3个特质分别是被访者在家庭（作为孩子）、学校（作为学生）和工作（作为员工）中对决策过程的参与感。每个特质由3种方法来测量：自认的参与自由、自认的参与影响和参与的实际频次。(p.441)

　　请注意，阿维森自己承认"在一定程度上，该数据不同于MTMM情境下的更标准的范例"。不过，有关参与决策的知觉问题，有关自认参与的自认影响问题，我们把它们看作不同方法，最低限度来说，也是值得怀疑的。

　　关于"什么是不同的方法"的令人质疑的概念，来自瓦诺斯和劳勒（Wanous & Lawler，1972）的一项研究，他们采用MTMM矩阵，研究工作满意度的测量和意义；这是另一个例子。扼要地说，它们要求被访者在23个题项上、分5次来评估自己的工作，每一次评估采用不同的参照系（例如，"每一个品质或特征多大程度上体现在您的工作中？""您认为，每一个品质或特征应在多大程度上和您的工作相关联？"（参阅 Wanous & Lawler，1972：98）使用这些评分，他们推导出若干指数（例如，对工作的现状评估与规范评估之间的差距），并在一个MTMM矩阵中使用下列4个"方法"：(a)满意度；(b)现状；(c)理想减现状；(d)规范减现状。①

　　应当注意到的是，瓦诺斯和劳勒将操作性定义等同于方法。（具体例子，参见 Wanous & Lawler，1972：98，102）②卡勒伯格和克鲁格（Kalleberg & Kluegel，1975）对瓦诺斯和劳勒的数据重新进行分析，他们也重复了这种做法，有下面的表述为证："我们用这4种方法或操作性定义来测量工作满意度的4个特质或剖面。"(p.6)尽管如此，卡勒伯格和克鲁格还认为，瓦诺斯和劳勒从他们的数据中得出"错误的推论"(p.1)。

　　使用CFA，卡勒伯格和克鲁格发现，瓦诺斯和劳勒所使用的4个"方法"之间存在"高相关关系；事实上，第三个和第四个测量方法之间的相关系数高达0.96，我们最好把它们看作一种测量方法"(p.7)。如果大家还记得瓦诺斯和劳勒究竟把什么看作不同的测量方法的话，这样的高相关系数，也就不足为奇了。例如，上述0.96是两个指数之间的相关系数，其中一个指数是建立在工作"理想"和"现状"之间的差距上，另一个指数是建立在"规范"和"现状"的差距上。

　　在态度研究中，我们经常用到MTMM矩阵。例如，奥斯特姆（Ostrom，1969）使用4种方法（例如，累加评分量表、等间距量表）来测量人们对教会态度的情感、行为和认知成分。巴戈兹（Bagozzi，1980a：136-146）采用CFA，重新分析了奥斯特姆的数据；其他除外，他发现有两个度量之间的相关系数"几乎为1"(p.142)，并且，"我们可能不会拒绝这个假设：这两种方法等价"(p.144)。

　　如果不深入实质问题和测量问题，我们就不可能解释这样的研究结果。但请注意，在这里，我们的目的仅限于讨论不同的研究者如何回答这个问题：什么才是不同的方法？因此，指

---

①应用分数差的有关问题，将在第13章和第21章中加以讨论。
②操作性定义将在第8章中加以讨论。

出一点就足以说明一切。尽管奥斯特姆(Ostrom,1969)采用4种不同方法来测量对教会的态度,但是它们拥有共同的成分(例如,自我报告、纸笔度量、对态度表述指出赞同—不赞同的形式)。

在MTMM矩阵中,我们经常把不同来源的评估(例如,自我评估、同事评估、上级评估)看作不同的方法(Fiske,1949;Schneider,1970)。卡瓦纳等人(Kavanagh et al.,1971:36)"质疑把自我评估用在多特质—多方法分析中的价值",理由是"一个特定的行为可能具有不同的意义,对当事人而言是动作意义,对观察者而言是行动意义"。我们从上面得到的结论是什么?涉及被评估事物的不同方面的自我评估,高于上级评估吗?因而我们不应当把它们看作不同的方法吗?另一方面,例如,自我评估和同事评估是相同的测量方法吗?这些问题并不存在简单的答案。实际上,在什么是不同的测量方法,在为解决这个问题寻找准则的过程中,我们已经兜了一个圈。沃林斯(Wolins,1982:63)一直致力于解决"什么是不同的方法"这个问题,他评论道:"各种特质之间相关,这个观点说得通,但说各种方法之间相关,对这个观点,我就无法从认知上加以领会了。"

总之,在MTMM矩阵的使用、分析和阐释中,存在内在的复杂性。我们希望上述讨论有助于凸显这种复杂性。应用MTMM矩阵来评估测量,在对这种做法进行评注时,坎贝尔(Campbell,1960)观察到,这是一个"让人丢脸的经历,带给人谦卑和谨慎"(p.552)。如前所述,对MTMM矩阵的分析将在第23章中加以说明。

## 内容效度的一点注释

在第3章介绍效度概念时,我们曾经指出,分别讨论验证过程的不同方面,虽然比较方便,但是有可能带来过度简化和相互混淆的危险。特别是,它可能让我们形成一个根深蒂固的错误观念,以为存在不同"类型"的效度。在讨论内容效度,并把它和建构效度作区分时,这种混淆变得尤其明显。造成混淆的原因在于,内容效度根本不是一种效度。

为了澄清当前的状况,我们必须指出,到目前为止,对关注成就测量的教育心理学家和教育家而言,内容效度几乎成了他们的唯一领地。当他们关注成就的一个度量时,他们事实上期待内容效度的证明;当他们关注特质、属性等的度量时,他们期待建构效度的证明。论述测量的教材,在很大程度上强化了这种观念。例如,桑代克和哈根(Thorndike & Hagen,1977)认为:"我们应当清楚,主要对成就的度量而言,合理效度或内容效度才是重要的。"(p.58)

近年来,有些机构和专业工作者专注于遴选员工和平等就业机会,在他们的工作中,有关内容效度的概念开始扮演重要的角色。有关在招工、认证等工作中使用考试的法令,以及由美国联邦机构颁布的、遴选员工的指南,都极大地刺激了人们对内容效度的兴趣。例如,美国有关部门所采用的《遴选员工统一指南》,就对内容效度的证明作了规定。除其他外,它指出:

为了证明一个遴选程序的内容效度，一个用户应当说明：出现在该遴选程序中的行为是当前岗位行为的一个代表性样本；或者，该遴选程序提供了该岗位工作产品的一个代表性样本。（p.38302）

诸如上面的各种表述，无论是出现在成就测验，还是出现在遴选程序的情境下，最重要的是要注意到，它们与效度的定义不一致。正如我们在第3章的开篇所讨论的，效度是指就有关分数所作出的推论，而不是只对一个测量工具的内容进行评估。这并不是说，一个测量工具的内容不相干。很清楚，它是至关重要的，但它并不构成这个测量工具的效度证据。

有些人公开关注标为"内容效度"的事物，除他们之外，大多数社会行为学家对他们想要测量的内容领域，流露出一种满不在乎的态度，这种情况仍然存在（参见 Bohrnstedt，1983：98）。

在阅读有关内容效度的材料时，我们会形成一个印象。和这种印象相反，内容的相关并不局限于测量成就。在缺乏内容领域时，我们如何考量一个建构？如何进而开发这个建构的一个度量？一个建构的定义本身就暗含一个内容领域。例如，想一下"保守主义"这个建构。我们关注的是"气质保守主义""情境保守主义""政治保守主义"，还是"作为一个哲学家的保守主义"（参见 Rossiter，1968）？自不用说，保守主义的一个特定度量的内容，取决于我们想测量的保守主义究竟是前面的哪一个概念，或者是其他概念。在本章的前面章节（特别是"逻辑分析"一节），我们详细讨论了一个要求：一个度量的内容须与该建构的定义一致。这里不再赘述。

正是上述考量，促使许多研究者反对"内容效度"的概念。（参见 Fitzpatrick，1983；Guion，1977，1978；Messick，1975，1980，1981；Tenopyr，1977）而且，这些研究者和其他一些研究者强调，我们必须从自己想要测量的那个建构的视角来评估所有度量。因此，梅西克（Messick，1975）主张"所有测量都应以建构为参照"（p.957）。泰诺佩尔（Tenopyr，1977）则争辩说："与预测关联的任何推论和测验分数关联的所有推论，都必须建立在它们背后的建构之上。"（p.48）盖恩（Guion，1978）宣称："有关分数的备择阐释，我们形成了建构效度的一个原则。在评估分数时……我们必须按照这个原则来评估赋值给绩效的分数。"（p.209）

作为对上面所引用的这些论证的回应，近来修订的《教育与心理测验标准》（*American Psychological Association*，1985）写道：

因此，分类在"内容相关"类别下的各种方法，应当经常参考该测验背后的心理建构，参考该测验的内容特征。测验内容与测验建构之间，常常并没有分明的界限。（p.11）

## 结束语

在本章和第3章中，我们对验证过程说了很多，指出只见木不见林的危险是明显可见的。

因此,我们觉得应该再次强调一下,验证过程是科学研究不可或缺的一部分,这一点十分重要。随之而来的是下列问题。

理论、研究设计和分析对验证过程具有直接的影响,正如验证过程对它们也具有直接影响一样。因此,如果不参考或不了解研究项目的其他方面,那么各种度量的设计注定会失败。正是由于这个原因,我们才不断推荐大家参考本书的其他章节,同时,我们也十分清醒地意识到一种危险:这种老调重弹可能会引起大家的厌烦。

验证是一种复杂、持续不断的探索,它要求我们严肃和坚持。有一本书关注当前社会测量中所存在的各种问题,在它的前言中,主编们指出"可用于评估度量的各种模型的质量,远远超出这些度量本身的质量"(p.14)。博加塔和博恩斯泰特(Bohrnstedt & Borgatta,1981)的意思并不是说测量模型不重要,而是说,考虑到测量在社会行为科学中的现状,对研究者来说,更重要的事情可能是"以更多的谨慎和深思熟虑,来推进度量的开发。开发好的度量,可能要花费数年的时间,而不是数日或数月"(p.14)。

在社会行为研究中,鉴于我们使用和建构度量的随便方式,我们认为,恰当的做法是以克兰德尔(Crandall,1973:52)的申诉作为结语:"随意生成新的量表,就是不负专业责任。"

# 第5章

# 信　度

我们将在本章讨论"测量精度"这个涉及面很广的话题。首先,我们将对信度在测量和研究中的状况作一个概括性的扫描,然后,我们将转向考察测量误差的不同类型和来源,看看它们如何与"信度"的概念和定义联系在一起。之后,我们将把古典测量理论作为一个示例来讲解,它是飞速发展的信度理论的一个例子,也是介绍信度基本概念的一个工具。紧跟其后,我们将综述信度估计最常见的一些方法,并结合手算或计算机程序来分析一些数据示例;在上述背景下,我们将强调内部一致的估值。随后,我们将综述在选择一个信度估值时所需要考量的各种因素。最后,我们将选择一些相关话题作为本章的结尾,包括信度标准、信度和效度之间的关系,统计、估计缺乏信度所带来的效应等。

## 信度在测量和研究中的状况

在社会行为科学中,和效度相比,我们把更多的注意力投在信度上。看起来是,很多人都把信度看作首要的测量问题。这是一个错误的观念,它带来的有害后果可能会造成很大的影响。

和效度相比,信度更易于用数学公式进行表达,并且,我们比较容易取得较高的信度系数,因此,许多研究者和公众都会忽略一个事实,即信度是效度的一个必要、而非充分条件。也就是说,如果一个度量没有信度,它就一定没有效度;如果它具有信度,就作者或公众的使用目的而言,它不一定具有效度。较高的信度系数非常具有诱惑力,但也是一种危险,它会让我们错误地以为这是效度的证据。这可能是罗兹布姆(Rozeboom,1966:375)把信度称为"贫者的效度系数"或"快餐效度"的原因。

这段话并不表示信度不重要,或者我们不必关注各种度量的信度。它们或者是我们自己正在使用的,或者是别人已经使用过的。恰恰相反,正如本章反复强调的那样,各种度量的信度极其重要,而且在任何研究题项中,它们都是不可分割的一部分。前面这些评述的目的是,我们要把信度放在一个恰当的视野下。

## 系统误差和非系统误差

最一般地来说,"信度是指测试分数远离测量误差的程度"(American Psychology Association,1985:19)。广而言之,在测量过程中会出现两种误差:系统误差和非系统误差。正如这些标签所暗示的,系统误差就是在重复测量中反复出现的误差,非系统误差(或随机误差)是指重复测量中不断变化、无法预测的误差。

例如,假定我们用一把尺子测量一个桌子的长度,为了评估精度,我们进行重复测量,看看不同测量之间的一致性。在这样的重复测量中,一致性会出现,这是我们的预期,但一定的变异度还是不可避免的。一个可能的情形是,我们没有把尺子每次都放在完全相同的位置上,或者,各次测量的读数会有所不同。这些误差越随机,它们对重复测量的影响就越不一致,越不可预测,它们和信度具有反向的关系。

在测量桌子的长度时,也有可能出现恒定误差或系统性误差。例如,我们可能无意中用了一把尺子,它的刻度起点是 1 英寸而不是 0 英寸。很明显,不管测量重复多少次,这样的误差也不会发生变化。因此,就系统误差而言,重复测量的结果是一致的,这有助于测量信度的提高。但是,我们必须认识到,系统误差对效度有负面效应,这一点很重要。对社会行为测量的系统误差来源和非系统误差来源的详细讲解,可以参阅下列文献:Ghiselli,1981:242-247;Nunnally,1978:225-229;Stanley,1971;Thorndike,1951。

## 信度概念

三十多年前,如果有一个研究者想估计一个度量的信度,他会求教于一本学术著作或寻找如何做的指南;在特赖恩(Tryon,1957)看来,这位研究者将"面对一大批不同的公式,不知道如何进行下去。一个客观的行为度量在多大程度上能够稳定地区分不同的个体?我们发现,在心理测试发展了 50 年之后,这个问题仍然是扑朔迷离的"(p.229)。

就众多的新公式(包括特赖恩的公式)而言,信度估计的当前状况变得更混乱、更复杂。这种复杂性源自信度的不同理论表述,它的背后是有关真值和误差等问题的不同假定。正如下文将提到的,不同的信度估计关注不同的误差来源。因此,在一种流派的视野下,我们可以把它们看作随机误差;在另一种流派的视野下,我们则把它们看作系统误差,甚至忽略不计。所以,认为"一个度量只有唯一信度"的说法,并不恰当,潜在地会误导他人。相反,我们必须把信度和信度系数看作广义的术语(American Psychological Association,1985:19)。

## "重复测量"概念的问题

对一个对象进行重复测量,这让物理学家能够评估一个度量的精度。在社会行为科学中,情形就不是这么简单了。在这里,我们所感兴趣的大多数变量,并不适用于进行重复测量,这样做没有意义,更不用提进行重复测量时所遭遇的各种实际问题。

测量这个动作本身就已经改变了待测的被访者,只是程度不等而已。比如说,一个人回答一个成绩测试中的问题,这已经构成一种学习和练习,并有可能带来其他变化,然后再影响他对一个度量所试图测量的内容的应答。再举一例子,一个态度调查在两个时点上实施,有一个人两次答案都一样,这可能不是(至少部分)因为他前后态度一致,而是因为他记得第一次调查时所给的答案。简言之,"再测量"(remeasurement)几乎就是一个错误的命名,更不用说"重复测量"(repeated measurements)了。

由于各种各样的难题,在社会行为科学中,我们通常考察不同个体在一个群体中保持相对位置的程度来估计测量信度。一般来说,这是一个合理的方法,因为我们的兴趣常常是个体之间的差异（例如，个体之间在特殊特质或特征上的差异），而不是个体内部的差异（例如，在几个不同时间点或不同情境下，一个个体在一个特殊特质上的差异）。

当我们需要就个体之间的差异形成比较性命题或者依据它们在一些度量上的分数进行决策时，我们就必须了解到：对这些分数，我们能够报以多大的信心，这是一个基本要求。一般来说，一个度量的信度越高，我们对这个度量所得的分数的信心就越大（参见本章后面的"测量标准误"一节）。

## 古典测量理论

各种各样的信度理论都曾经有人表述过。我们的关注点是信度在研究背景下的作用，因此，我们不必综述这些理论，只关注信度估计的程序；另外，我们也关注信度对效度和统计分析的含义。不过，我们相信，举例说明一个信度理论如何得到表述，将有助于大家理解信度的理论概念，以及由此推导出的估计程序。由于历史的原因，并且对大多数其他理论而言，古典测量理论都是出发点，因此，我们将把它作为我们的示例。

自从斯皮尔曼提出"真值模型"（后来被大家称为"古典测量理论"）以来，它一直是占主导地位的理论，并指导着信度的估计。(Spearman，1904)这个模型经历了变迁和扩展，今天几乎已经没有人接纳它最初的形式了。为了介绍一些基本概念，介绍由它们如何导出信度的定义，我们会讲解古典测量理论的基本要素和假定。（古典测量理论的更详细讲解，参见Gulliksen，1950；Lord & Novick，1968）若有需要的话，我们也会参考一些推广和另类概念，它们是用来处理古典测量模型的内在难题或问题的。

根据真值模型，我们认为，一个观测值由两个成分组成——真值成分和误差成分。用符号表示如下：

$$X = T + E \tag{5.1}$$

其中，$X$是带有误差的观测值，$T$是真值，$E$是随机误差。

从概念上讲，我们可以把真值看作在理想的（或完美的）测量条件下得到的分数。由于这样的条件从不存在，因此观测值总是包含着一定量的误差。

虽然式(5.1)具有理论意义，但是我们不能用它来估计一个观测值中的误差量，反过来，我们也不能用它来估值这种分数的精度。原因在于：式(5.1)包含两个未知数（即$T$和$E$），如果不作进一步的假定，我们就不可能求解。在古典测量理论中，我们假定所测量的特质恒定，且测量误差是随机的。这样的话，如果我们把一个人测量几次，假定他（或她）暂时没有发生变化，那么我们就可以得到一组类似式(5.1)的方程，每个方程都由一个相同的真值（因为我们已经假定它恒定）构成，但观测到的分数变化则是由于误差变化而造成的。由于是随机的，多次重复测量的测量误差的均值期望值为0，即

$$E(E) = 0 \tag{5.2}$$

其中，$E(\ )$ 是期望值的运算符号，是指随机变量 $E$ 的期望值。一个随机变量的期望值是它在一个无穷大的重复随机样本上的长程均值（有关期望值以及它在统计学和概率论中位置的讨论，参见 Edwards，1964；Hays，1988：164-166，866-872）。可见，真值等于观测变量的期望值，即无穷多的重复测量所得到的观测值的均值。

$$T = E(X) \tag{5.3}$$

这个概念的基础是一个站不住脚的假定：当我们重复测量一个个体时，他的真值保持不变。因此，如前所述，我们采用了另一种不同的方法来估计信度。我们不是重复测量同一个个体，而是采用相同的量表（或平行格式）一次（或两次）测量很多个体，然后用所获得的信息来估计该量表的信度。

在不失普遍性的前提下，在下面的讲解中，我们将采用离差值而不是原始分。这样，式（5.1）可以改写成：

$$x = t + e \tag{5.1'}$$

其中，$x = X - \overline{X}$，$t = T - \overline{T}$，$e = E - \overline{E}$，即原始分减去各自的均值。

一般来说，观测值上的个体差异可能来自他们之间在所测量的特质上的真实差异，也可能来自各种误差（例如，猜题、疏忽、粗心等）。这样看的话，我们的目标就变成：把观测值的方差分解成真实方差和误差两个部分。在讲解如何做到这一点之前，我们有必要先考察真值与误差之间的关系。请注意，我们假定误差是随机的，由此推知，真值和误差之间的相关系数的期望值为 0。还可以推知的是，当我们对多个个体的分数求均值后，误差相互抵消（误差的均值为 0）。可见，观测值的均值等于真值的均值，即

$$E(X) = E(T) \tag{5.4}$$

请注意，一个观测值是真值和误差的复合分，因此，我们可以把观测值的方差表示为真值和误差和的方差[1]，即

$$\sigma_x^2 = \sigma_{(t+e)}^2 = \sigma_t^2 + 2\sigma_{te} + \sigma_e^2 \tag{5.5}$$

其中，$\sigma_t^2$ 是真值方差；$\sigma_e^2$ 是误差方差；$\sigma_{te}$ 是真值与误差的协方差。由于真值与误差之间的相关系数（因而，协方差）[2]为 0（参见前面章节），所以观测值方差等于真值方差与误差方差之和，即

$$\sigma_x^2 = \sigma_t^2 + \sigma_e^2 \tag{5.6}$$

现在，来看观测值（即 $t+e$）与真值（$t$）之间相关系数的一些属性[3]：

$$r_{xt} = \frac{\sum(t+e)t}{N\sigma_x\sigma_t} = \frac{\sum t^2 + \sum te}{N\sigma_x\sigma_t} = \frac{\sigma_t^2 + \sigma_{te}}{\sigma_t\sigma_x} \ (因为 \sigma_{te} = 0)$$
$$= \frac{\sigma_t^2}{\sigma_t\sigma_x} = \frac{\sigma_t}{\sigma_x} \tag{5.7}$$

---

[1]我们将在本章后面的"$\alpha$ 系数"一节讨论一个复合分的方差。

[2]有关方差、协方差和相关系数的讨论，参见第 17 章。

[3]在信度理论的框架下，在讲解和推导各种相关系数方程时，有些学者（例如，Ghiselli et al.，1981；Gulliksen，1950）使用 $r$（样本统计量），有些学者（例如，Allen & Yen，1979；Lord & Novick，1968；Zeller & Cannines，1980）使用 $\rho$（参数）。为了和后面章节衔接，我们使用 $r$。

以语言表述就是：观测值与真值之间的相关系数等于真值的标准差和观测值的标准差之比。

现在，相关系数($r$)的平方是指和它相关的另一个变量所共享的方差的比例，或者说，一个变量的方差中可以由另一个变量解释掉的比例（参见第17章）。在当前的语境下，相关系数的平方是指观测值的方差由被测量的被访者的真值差异所解释的比例，即

$$r_{xt}^2 = r_{xx} = \frac{\sigma_t^2}{\sigma_x^2} \tag{5.8}$$

其中，$r_{xx}$是度量$X$的信度。那么，下面就是一个度量的信度定义：它是真值方差与观测值方差之比。

由信度系数式(5.8)的定义可推知，它的平方根等于观测值与真值的相关系数［式(5.7)］，也称为"信度指数"。由于信度指数是指一个观测值与一个潜变量（建构）的取值之间的关系，它也称为一个测量的"理论效度"（Lord & Novick，1968：261），或者"认知相关系数"（Northrop，1947：第7章）。

使用式(5.6)，真值方差可以表示为：$\sigma_t^2 = \sigma_x^2 - \sigma_e^2$。代入式(5.8)的分子中，就可以得到信度的另一个表达式：

$$r_{xt}^2 = r_{xx} = \frac{\sigma_x^2 - \sigma_e^2}{\sigma_x^2} = 1 - \frac{\sigma_e^2}{\sigma_x^2} \tag{5.9}$$

由此可见，信度的取值范围是0到1。当所有观测到的方差均来自真值时，信度为1，即测量不存在随机误差。另一个极端是，当所有观测到的方差均来自随机误差时，信度为0。

请注意，这个模型并不区分真值方差与系统误差方差（例如，应答方式源自所用的特定测量方法的方差）（对后者，参见第4章"趋同效度和判别效度"一节）。换句话说，信度（按上述定义）实际上是系统性方差占观测到的方差的比例。还需要注意的是，信度($r_{xx}$)的定义是一个相关系数的平方（即观测值与真值的相关系数的平方）。因此，我们把信度系数（而不是它的平方）阐释为系统性方差占观测值方差的比例。例如，$r_{xx}=0.8$意味着观测值方差中0.8（或80%）是系统性方差；1−0.8=0.2是源自随机误差的方差比例。

如前所述，在估计信度时，由于我们可能关注不同的误差来源，使用广义的"信度"术语，应该更合适一些。现在，我们已经证明，信度估值本质上是相关系数的平方，如果我们不指明用来进行信度估计的样本所对应的总体的话，那么，我们就应当避免说：一个量表具有唯一信度。

正如我们在第3章中所指出的一样，相关系数是总体有别的。由此推知，随着研究总体的变异度的高低不同，相同测量量表的信度也会发生变化。有些学者完全讨厌报告他们所经常（或不经常）使用的量表的信度估值，他们只报告量表手册中的（或其他学者的）信度估值。相比较而言，那些信息或许是有用的，但我们必须认识到，相关的信度估值只能是来自当前研究所用样本的估值。只有这个信度系数，才能用于计算其他统计量（例如，测量的标准误，参见下文）；只有这个信度系数，才能用于解释一些结果（例如，所研究的变量之间低于预期的相关系数，参见下文衰减"校正"一节）。

## "平行度量"的概念

尽管上述方程具有令人感兴趣的属性,但我们仍不能用它们来估计信度,因为它们包含一个无法观测的元素——真值方差。一个可行的解是,利用所研究的同一个属性的两个度量之间的相关系数,作为它们当中任何一个度量的信度估值。很明显,这两个度量应当相似,在古典测量理论的语境下,这意味着它们应当平行。

**平行度量**。两个度量($X_1$和$X_2$)平行,当

$$X_1 = T + E_1$$
$$X_2 = T + E_2$$
$$\sigma_{e_1}^2 = \sigma_{e_2}^2 \tag{5.10}$$

这就是说,当两个度量具有相同的真值且具有相等的误差方差时,它们就是平行的。(Novick, 1966)因此,这两个度量的均值与方差也相等。请注意,我们已经假定误差是随机的,可推知,和平行度量关联的误差之间不相关,它们与真值也不相关,无论是相同度量的真值还是一个平行度量的均值,即

$$r_{e_1 e_2} = 0 \tag{5.11}$$

$$r_{e_1 t_1} = r_{e_1 t_2} = r_{e_2 t_2} = r_{e_2 t_1} = 0 \tag{5.12}$$

由上面的等式可知,两个平行度量之间的相关系数,就是它们当中任一个度量的信度估值。在每一个形式中,我们把观测值表示为真值和误差的复合分,两个平行形式之间的相关系数是:

$$
\begin{aligned}
r_{x_1 x_2} &= \frac{\sum (t + e_1)(t + e_2)}{N \sigma_{x_1} \sigma_{x_2}} \\
&= \frac{\sum t^2 + \sum t e_1 + \sum t e_2 + \sum e_1 e_2}{N \sigma_{x_1} \sigma_{x_2}} \\
&= \frac{\sigma_t^2 + \sigma_{te_1} + \sigma_{te_2} + \sigma_{e_1 e_2}}{\sigma_{x_1} \sigma_{x_2}}
\end{aligned}
\tag{5.13}
$$

(因分子的后三项为0,且$\sigma_{x_1} = \sigma_{x_2}$)

$$r_{x_1 x_2} = \frac{\sigma_t^2}{\sigma_x^2}$$

它与前面给出的信度定义一致。

如果采用平行度量模型的话,针对所研究的属性,那么我们需要管理两个平行度量,并用它们之间的相关系数来估计其中任一个的信度。然而,这意味着,有关平行度量的各种严格假定需要得到满足,这种情形十分罕见。出于种种原因,我们发现,原初表述的真值模型十分罕见且有很大的局限性。

## 真值模型的变种

已经出现的各种不同的表述,我们可以把它们看作真值模型的变种。它们共享一个基本目标,即建构各种旨在"测量相同现象"的度量。这些模型的不同之处在于,它们所放宽的平

行度量模型的假定不同。在这一阶段,我们只能就这类模型的一些作一个简要的刻画。在第23章(测量模型)中,我们将应用验证性因子分析,说明如何才能确定这些模型是否与数据拟合。

**真值等价度量**。当两个度量具有相同的真值时,我们把它们称为"真值等价"。尽管这是和平行度量模型共享的一个假定,但真值等价度量没有假定误差方差相等(Novick & Lewis,1967)。

**准真值等价度量**。进一步放宽假定,除了误差方差不相等之外,来自"准真值等价度量"的真值可能相差一个额外的常数(Novick & Lewis,1967),从而得到不相等的真值均值。

**同属度量**。在古典测量理论的框架下,这是限定最少的模型,它仅要求:旨在测量同一个现象的两个度量上的真值,完全相关即可(Jöreskog,1971b)。因此,在同属度量上,误差方差、真值均值、真值方差都可以不相等。

# 信度估计的方法

我们可以把信度刻画为一种误差的一种理论,或者更恰当地说,各种误差的各种理论。如前所述,测量误差具有各种来源,在一种参照系下被看作误差的事物,在另一种参照系下则有可能不被看作误差。毫不奇怪,误差的不同定义和概念会导致不同的信度估计方法。如前所述,"一个度量的唯一信度"这种说法是误导大家的原因。随着所涉及的误差来源不同,一定程度上,信度估值也会有所不同。因此,我们有必要在报告信度时,提供有关估计程序的充分信息,以便让大家能够了解所涉及的误差来源有哪些。下面,我们将在三大类别下讲解最常用的信度估计方法。

## 测试—再测

从概念上和直觉上来说,"测试—再测"法是最简单的方式;如果我们把信度看作测量的一致性或重复性,那么这是最接近这种观点的方法。按照这种方法,我们采用相同的度量,把一群人测量两次,这样所取得的两组分数相关。所求得的相关系数,可看作这个度量的信度估值。有些学者将这样求得的相关系数称为"稳定性系数"。

这种方法背后的假定是,两组观测值之间的相关关系,源自其背后不可观测的真值,这些真值是恒定的,而且,由于测量会出现随机误差,这两组分数之间也不会完全相关。很明显,对社会行为研究所感兴趣的大多数变量(例如,态度、动机、兴趣、成就)来说,这个假定并不现实。我们在前面已经论证过,就大多数(即使不是全部)这类属性而言,"再测"这个提法是一个错误命名。因此,我们仅需要指出一点即可:采用相同的度量依次测量被访者两次,这种做法也容易导致因"传导效应"而带来的偏差;所谓"传导效应",是指第一次应答一组题项的动作本身就已经会影响第二轮给出的答案。一般来说,传导效应会倾向于高估从一个时期到另一个时期的稳定性,因而让信度估值产生通胀。

延长同一个度量的两次实施的间隔时间,这是尽可能减少传导效应的途径之一。尽管这能解决一部分问题,但它也会带来其他问题。的确,两次实施的时间间隔越长,传导效应发生的概率就越小。但同样正确的是,时间间隔越长,在所研究的特质或特征上,个体发生真正变化的概率也越高。试举一例,一个较低的测试—再测相关系数,既可能说明一个具有较低信度的度量,也可能说明被测量的个体发生了真正的变化,或者两者兼而有之。我们的论点是,在测试—再测模型中,我们不可能区分一个度量的信度和稳定性。[①]一般建议两次实施的间隔短一些(例如,一星期或两个星期),希望只触及随机误差而不触及真正的变化,这也是原因所在。因为测试—再测法具有严重的缺陷,我们的建议是,不予采用或者小心翼翼地加以采用。

## 等价形式

为了避免测试—再测法的一些内在问题,有人提出,我们可以采用旨在测量同一个现象的一个度量的两种不同形式,然后计算这两种形式所得分数的相关系数,作为信度的估值。在理想的情形下,这两个形式应当是平行的。但由于平行度量背后的各种限定性假定几乎无法满足(参见前文),我们经常也使用一些等价形式(或另类形式),它们或多或少有些偏离平行性。我们把这两个形式之间的相关系数看作它们当中任一个的信度估值,并称为"等价形式信度"或"另类形式信度"。

等价系数不仅反映了信度,也反映了这两个形式测量相同属性的程度。而且,随着实施这两个形式的时间间隔不同,等价系数也可能反映了个体所经历的临时或持久变化。前者的一个例子是,个体的情绪在两次实施之间可能发生变化;后者的一个例子是,个体在这期间获得了和被测量现象相干的信息。一般的建议是,等价形式间隔几天实施。这样的话,我们就有机会捕捉到两种误差:一种源自所用的特定形式,一种源自被访者所经历的临时变化。很明显,这样得到的系数可称为"等价系数"或"稳定性系数"。

使用等价形式来估计信度,尽管它背后的理据具有直觉冲击力,但这个方法的用途有限,主要是因为在建构等价形式,以及在决定它们是否真的等价这两个方面所面临的困难。

---

[①]分离信度估值和度量的稳定性估值的各种程序已经得到开发(参见 Heise,1969a;Werts et al.,1980;Werts et al.,1971;Wheaton et al.,1977;Wiley & Wiley,1970),它们的最低要求是相同的度量实施3次。

# 内在一致性

在尝试两次接触相同的被访者时，更不用说，在确保他们能够给予合作，以便再次填答相同的度量（在测试—再测的情形下）或填答一个类似于前面填答过的度量（在使用另类形式的情形下）时，我们会遭遇各种实际困难。虽然这看起来并没有必要细述，但我们必须认识到，在这些情形下，被访者流失和自选择几乎是不可避免的，如果两次实施的间隔较长，情况更是如此。在本书第二篇的很多地方，我们将讨论被访者流失和自选择给一个研究的信度所带来的威胁。

一方面是由于上面提到的问题，一方面是由于对前面章节所提出的各种关注的回应，这些关注与测试—再测以及另类形式的方法有联系；有人提出了另一个信度概念，称为"内在一致性信度"，它的基础是一个度量的一次性实施。

在讲解这个方法之前，我们有必要区分由单题项组成的度量和由多题项组成的度量，然后对这个区分作一个简短的点评。在本章的前面段落中，我们并没有提及这个区分，其原因在于，撇开效度问题不谈，测试—再测或另类形式的信度，它们都适用于这两种类型的度量。例如，我们既可以使用社会经济地位（SES）的单个指标（例如，收入），也可以在多个指标（例如，收入、教育、职业）的基础上形成一个复合SES指数。不管在哪一种情形下，只要我们能够获得两个时点上的应答，我们就可以估计出测试—再测信度；同理，我们也可获得另类形式的信度估值，只要它们的基础是单个题项或者是由多个题项组成的形式（更普遍的情形）。

为了具有实质性意义，一个复合分的基础必须是测量"相同现象"的各种题项。也就是说，对于一个属性、一个建构的一个度量的各种构成题项，我们期待它们的应答是内在一致的。这个概念正是"内在一致性信度"估值的基础。

## 裂半信度估值

采用内在一致性方法来估计信度的最早例子，就是后来众所周知的裂半信度估值。正如下面的讨论所表明的，这个方法具有很大的局限性，因而我们应当尽量避免使用它；我们对它进行讲解，不但因为历史的缘故，而且因为它简单明了，在讲解其他内在一致性方法之前，我们可以把它作为一篇有用的导论。最重要的是，由于它应用广泛，我们相信，我们也应当关注它的各种局限。

我们可以把裂半法看作另类形式的信度估值的一个变种。构成一个既定度量的所有题项，我们把它们分成两半，并把每一半看作另一半的另类形式，这样，就没有必要去建构同一个度量的两种形式。就像另类形式的信度估值一样，这个度量的两半所得分数是相关的。但这个相关系数的基础是只有原来题项一半的一个度量。例如，如果原来的度量由10个题项组成，每一半由5个题项组成，那么，这两半之间的相关系数，就是一个长度为5个题项的度量的信度估值。为了估计出比每一半长一倍（即原度量的长度）的度量的信度，传统上，计算裂半相关系数的公式是"Spearman-Brown公式"（1910年，两人独立推导出该公式，由此得名）：

$$r_{xx} = \frac{2r_{1/2\ 1/2}}{1 + r_{1/2\ 1/2}} \qquad (5.14)$$

其中，$r_{xx}$是一个度量的信度，$r_{1/2\ 1/2}$是两半之间的相关系数。在上面的例子中，如果一个量表的两半（各自有5个题项）的相关系数是0.62的话，那么该量表的信度估值是：

$$\frac{2 \times (0.62)}{1 + 0.62} = 0.765$$

式（5.14）是一个特例，Spearman-Brown的通用公式：

$$r_{kk} = \frac{kr_{xx}}{1 + (k - 1)r_{xx}} \qquad (5.15)$$

其中，$k$是该度量的长度扩大（或缩小）的倍数；$r_{kk}$是长度$k$倍于该度量的一个度量的信度估值；$r_{xx}$是当前度量（即未改变长度之前的度量）的信度。请注意，Spearman-Brown公式的基础是一个具有直观理据的预期：增加一个度量的长度会提高它的信度，减少它的长度会降低它的信度。

但是，Spearman-Brown公式的效度建立在一个假定之上，即添加到一个度量或从它减去的部分，必须完全平行；即我们假定，它们具有相同的真值和相等的误差方差（参见前面对平行度量的讨论）。例如，如果我们将一个测试的长度翻倍，那么，我们就已经假定，增加的那部分完全平行于原度量。如果这个假定不成立，Spearman-Brown公式就会导致有偏估值。在本章的下面，我们将会说明，其他一些方法建立在更为宽松的假定之上，因而就很多（即使不是大多数）社会行为度量的信度而言，它们更接近现实一些。

在回到裂半法之前，我们将举例说明如何运用Spearman-Brown公式。假定我们建构了一个度量，它包含5个题项，它的信度估值是0.40，那么，一个两倍于它的度量（即由10个题项构成的度量）的信度估值是多少？ 在本例中，$k$是2，$r_{xx}$是0.40，代入式（5.15）：

$$r_{kk} = \frac{2 \times (0.40)}{1 + (2 - 1) \times (0.40)} = 0.57$$

再举一个例子，现在假定一个度量包含5个题项，信度为0.40，有一个研究者希望估计一个长度3倍于它（即15个题项）的度量的信度。此时，$k$是3，$r_{xx}$是0.40。代入式（5.15）得到信度估值为0.67。

我们需要注意两点：①一个度量的长度翻倍，它的信度并不会翻倍；②该度量的长度递增导致递减的信度收益。也就是说，随着我们不断增加该度量的长度，信度估值的增值将变得越来越小。在其他条件保持不变的情形下，这个增值的具体幅度将取决于原度量的信度。虽然我们将在本章的后面讨论"期望达到的信度水平"这个话题，但在这里，我们应注意到，我们可以用式（5.15）来求$k$值，这样，为了达到一个信度水平，我们就可以估计出一个度量应当增加或减少多大长度。具体来说，

$$k = \frac{r_{kk}(1 - r_{xx})}{r_{xx}(1 - r_{kk})} \qquad (5.16)$$

其中，$k$是该度量在长度上应扩大或减少的倍数，$r_{kk}$是期望达到的信度值，$r_{xx}$是当前度量的信度。

现在让我们回到估计信度的裂半法，请注意，便利是它的唯一优势。我们把现存的一个度量分成两半，就好像自己已经得到了这个度量的另类形式，而不必再去建构它的各种另类形式。因为这两半所得的分数是相关的，所以我们可以应用Spearman-Brown公式，估计出两倍于裂半的一个度量的信度。

众所周知，把一个度量分成两半的方法有很多。例如，对一个由10个题项组成的度量，存在126种不同的分法，可以把该度量分成两半。[1]很明显，各种裂半产生相等的裂半相关系数的概率十分低（在本章的后面，我们会举例说明，一个度量的不同裂半，如何会得出不同的相关系数）。这样的话，我们怎样才能判断一个裂半是"正确"的呢？答案是，这两个裂半应当平行，这与Spearman-Brown公式背后的假定一致。但说起来容易，做起来难，在把一个度量分成两半时，研究者一般采用就事论事的分法，最流行的两种分法是：①把所有奇数题项放在一半，所有偶数题项放在另一半（即奇偶法）；②把题项的前一半作为一部分，后一半作为另一部分（即前后法）。这两种分法的潜在问题是显而易见的。仅举一例，假定我们采用一种成就度量，其中，所有题项按照难度升序排列。在这种情形下，按照前后法，所得的两半明显不是平行的。

## α系数

如前所述，估计信度的内在一致法的基础是一个概念，即量表的题项（或部分）测量相同的现象。一般而言，这意味着这些题项是同质性的。我们说"一般"，是因为就"这个概念的含义以及应如何测量同质性"而言的，并没有达成一致意见。（Lord & Novick, 1968:95。同时参见 Coombs, 1950; Green et al., 1977; Loevinger, 1948; Scott, 1960; Terwilliger & Lele, 1979; Weiss & Davison, 1981）在本章的后面，我们将再讨论这个问题。现在，我们仅指出，尽管对这个术语的含义还没有一致意见，但是在讨论有关各种现象的不同度量时，"题项的同质性"仍然是一个具有直觉含义、十分诱人的术语。这些度量既可能推导自一个理论参照系，也可能因为各种实质基础（例如，各种特质、特征、属性）而引起我们的兴趣。

有关信度的内在一致估计法，人们提出过各种理论表述。在一定程度上，它们都涉及前面所提及的、广义的同质性；也就是说，它们均聚焦于一点：构成一个量表的各个部分或题项之间公有的东西是什么。解决这个问题的一般做法是，把度量中的每一个题项当作度量的一个部分，然后再考察它们之间的关系。请注意，我们不仅可以把这种做法看作裂半法的逻辑延伸，而且我们还规避了把一个度量分成两半时所具有的任意性（参见前面有关裂半信度的讨论）。

在研究每个题项之间的关系时，不同的理论取向起步于不同的假定，并采用了不同的分析方法，尽管如此，它们还是得到了基本上相同的信度估值。事实上，有些分析方法从表面上看起来差异很大，但可以证明，它们所采用的公式在代数上是相等的。综上所述，我们将集中讨论一个公式，称为"α系数"，经常也称为"克隆巴赫阿尔法"，这是因为克隆巴赫对这个方法的经典讲解和细化（Cronbach, 1951），在估计致信度时，或许它是最常用的一个公式。在下一节，我们将点评其他方法，它们要么从属于α系数，要么和它相似。

---

[1]可能的分法=$(2n!)/2(n!)^2$，其中，$2n$表示题项数，! 表示阶乘。

α 系数具有很多种表达式,在代数上,它们都是相等的。最常用的一个表达式是:

$$\alpha = \frac{k}{k-1}\left[1 - \frac{\sum \sigma_i^2}{\sigma_x^2}\right] \tag{5.17}$$

其中,$k$ 是题项的数量;$\sum \sigma_i^2$ 是题项方差的总和;$\sigma_x^2$ 是总分(即复合分)的方差。

在本章的前面部分,我们把一个观测值看作由一个真值和一个误差项所组成的。由此可见 [参见式(5.5)及相关讨论],复合分的方差等于各成分的方差,加上各成分的协方差的两倍。对任何一个复合分,无论其成分有多少个,均成立。也就是说,一个复合分的方差等于其各成分的方差和,加上所有可能的一对成分间的协方差之和的两倍:

$$\sigma_x^2 = \sum \sigma_i^2 + 2\sum \sigma_{ij} \tag{5.18}$$

其中,$\sigma_{ij}$ 是题项 $i$ 和 $j$ 的协方差($i \neq j$)。

我们将在第 17 章中讨论协方差和相关系数。就当前的目的而言,我们只想表明,两个变量($X$ 和 $Y$)之间的协方差,可以表示为它们的标准差和它们之间的相关系数之积。$X$ 和 $Y$ 之间的相关系数可表示为:

$$r_{xy} = \frac{\sum xy}{N\sigma_x \sigma_y} \tag{5.19}$$

其中,$\sum xy$ 是 $X$ 距离 $X$ 的均值的离差和 $Y$ 距离 $Y$ 的均值的离差,两者的乘积之和;$N$ 是个案数,$\sigma_x$ 和 $\sigma_y$ 分别是 $X$ 和 $Y$ 的标准差。现在,两个变量 $X$ 和 $Y$ 之间的协方差可以表示为:

$$\sigma_{xy} = \frac{\sum xy}{N} \tag{5.20}$$

其中,$\sigma_{xy}$ 是 $X$ 和 $Y$ 之间的协方差,其他项已经在式(5.19)中给出定义。代入式(5.19),则协方差可表示为:

$$\sigma_{xy} = r_{xy}\sigma_x \sigma_y \tag{5.21}$$

关于式(5.21)我们想作几点说明。当我们把 $X$ 和 $Y$ 的分数标准化之后(即 $z$ 分,参见第 17 章),它们的标准差等于 1.00,式(5.21)简化为 $r_{xy}$,即相关系数是标准分之间的协方差。由前文和式(5.21)可知,当两个变量的相关系数为 0 时,它们之间的协方差也为 0。同理,若其他条件保持不变的话,两个变量之间相关系数越大,它们之间的协方差就越大。

有了上述考察之后,现在让我们回头讨论一下 $\alpha$ 的计算式(5.17)。请注意,$k$ 是题项数。在式(5.17)中,当题项数很大时,第一项(即 $\frac{k}{k-1}$)接近于 1,因此可以忽略不计。反过来,我们将注意力集中到式(5.17)中的关键项,即各题项的方差和与总方差之比。请注意,是 1 减去这个比值,因此,该比值越小,所得的信度估值越高。反之,该比值越大,信度估值就越小。如前所述,总方差等于各题项的方差和加上所有可能成对题项之间的协方差的两倍。利用这一概念,我们给出式(5.17)的另一个表达式,它将有助于大家对信度的理解:

$$\alpha = \frac{k}{k-1}\left[1 - \frac{\sum \sigma_i^2}{\sum \sigma_i^2 + 2\left(\sum \sigma_{ij}\right)}\right] \tag{5.17'}$$

其中，$\sigma_i^2$ 是题项 $i$ 的方差，$\sigma_{ij}$ 是题项 $i$ 和 $j$ 的协方差。

由式（5.17′）可知，构成一个总分的所有题项，只有当它们之间具有相关关系时，我们现在所讨论的这个比值，它在公式中所涉及的两项才会有所不同。在极端的情形下，当所有可能的成对题项之间的相关系数均为 0 时，总方差就会等于各题项的方差和。此时，各题项的方差和与总方差之比为 1.00，信度系数为 0。这个结果也是合情合理的，因为题项之间缺乏相关性，就意味着它们之间没有共同之处，这和"内在一致性"的信度概念（即所有题项测量同一个现象）相矛盾。

上面讨论的是各题项之间的相关系数在估计 $\alpha$ 中的作用，现在我们将讨论协方差和方差各自在复合分（即总分）方差中的作用，并将它们进行比较，这样的话，我们就有可能更容易理解这个问题。如前所述，一组 $k$ 个题项两两配对，总共有 $\frac{k(k-1)}{2}$ 对。例如，当 $k$ 为 10 时，共有 45 个成对题项。这样，使用 10 个题项时，总分的方差基础就是 10 个方差（即各题项的方差和）和来自题项间的协方差（即每一对题项之间协方差之和的倍数）的 90 个元素。尽管这些协方差的具体幅度取决于题项之间的标准差和相关系数，但是，十分明显的是，和方差相比而言，随着题项数的增加，在决定总分的方差大小时，题项间的协方差所起的作用会越来越大。

上面这个示例的总分基础是 10 个题项，作为对照，我们现在来考察另一个示例，它的基础是一个由 40 个题项构成的量表。在此示例中，总方差等于 40 个题项的方差加上 780 对题项的协方差的两倍（即 1 560 个元素）之和。在 10 个题项的例子中，方差和协方差之比是 10:90。在 40 个题项的例子中，这个比值是 40:1 560。归根结底，即使每对题项之间的相关系数都比较小，只要增加题项数，与各题项的方差和相比，量表的总方差也会大大增加。这样的话，$\alpha$ 值也会变得更大。一个结果是，在其他条件保持不变的前提下，题项之间的相关系数越大，它们之间的协方差就越大，由复合分所构成的一个量表，它的信度也就越大。我们还将在后面讨论到这些问题中的一些问题。

## 一个数据实例

现在，我们将用表 5.1 中的数据实例，来讲解 $\alpha$ 的计算过程。正如我们用其他数据实例来进行练习时所作的一样，在这里，我们也是采用小型的数据集，以便我们采用手算或使用计算器，就可以完成所有的计算任务。我们认为，对读者来说，亲自动手来进行运算是十分重要的，因为在讲解示例时，我们只呈现了一部分带有综述性质的结果。例如，我们没有给出具体的计算过程，就报告了题项的方差（或者，它们之间的相关系数）。我们建议大家自己完成所有的计算。如果您遇到任何困难，请参考第 17 章。我们在这里所遇到的各种统计量，在那里都有讲解。一旦大家掌握了基本的方法，我们就可以让计算机来完成运算任务。下面，我们将讨论和演示如何用计算机程序来估计信度。

表5.1中所报告的数据实例,是20名被访者对一个量表的应答,该量表是由4个题项构成的。表5.1还列出了总分,即每个被访者在4个题项上的得分之和。我们可以把这个量表看作个人对堕胎或核裁军(仅举两例)的态度。我们要求被访者在7级量表上指明他们对每一个题项的赞同(或不赞同)程度,其中,1表示"很不赞同",7表示"十分赞同"。另一种表述方法是,我们可以把表5.1中的题项看作一个自填问卷的题项,我们要求被访者在7级量表上指明他们从事特定行为的频次(1表示"从不",7表示"经常")(在社会行为科学中,有关如何选择测量方法的讲解,包括对累加评分量表和自填量表的讨论,参见第6章)。如果大家能够从自己感兴趣的研究领域来挑选例子的话,这也会有助于大家理解。

表5.1中倒数第二行中的数据是题项均值和总分均值。请注意,一个复合分的均值等于它的各部分均值之和。在本例中,总分均值等于4个题项均值之和(11.10=2.35+2.65+3.45+2.65)。

**表5.1　4个题项的得分和总分**($N$=20)

| $X1$ | $X2$ | $X3$ | $X4$ | 总分 |
|---|---|---|---|---|
| 3 | 2 | 6 | 3 | 14 |
| 3 | 5 | 6 | 2 | 16 |
| 1 | 2 | 1 | 3 | 7 |
| 5 | 2 | 3 | 2 | 12 |
| 1 | 2 | 2 | 5 | 10 |
| 6 | 5 | 7 | 5 | 23 |
| 5 | 3 | 5 | 6 | 19 |
| 1 | 1 | 3 | 1 | 6 |
| 1 | 1 | 3 | 1 | 6 |
| 5 | 6 | 6 | 3 | 20 |
| 2 | 1 | 3 | 2 | 8 |
| 3 | 2 | 5 | 1 | 11 |
| 2 | 5 | 5 | 5 | 17 |
| 1 | 1 | 1 | 1 | 4 |
| 2 | 2 | 1 | 2 | 7 |
| 2 | 5 | 3 | 3 | 13 |
| 1 | 2 | 5 | 2 | 10 |
| 1 | 2 | 1 | 1 | 5 |
| 1 | 1 | 1 | 4 | 7 |
| 1 | 3 | 2 | 1 | 7 |
| $\Sigma$: 47 | 53 | 69 | 53 | 222 |
| $\bar{X}$: 2.35 | 2.65 | 3.45 | 2.65 | 11.10 |
| $\sigma^2$: 2.628 | 2.527 | 3.847 | 2.428 | 28.690 |

这里,我们仅关注表5.1中的最后一行,它报告的是题项方差和总分方差。正如我们前面所讨论过的一样,只有当各个题项间的协方差为0时(即当题项之间没有相关关系时),总方差才等于各题项方差的总和。在本例中,题项方差的总和为11.43,而总方差是28.69。由式(5.18)可知,17.26(28.69-11.43=17.26)等于题项间协方差之和的两倍。现在,我们用式(5.18)来计算总方差。我们很快就会发现,即使题项数很少,这也包含了相当多的计算量。更不必说,我们通常不会采用式(5.18)来计算复合分的方差。现在我们之所以这样计算,是为了清楚地说明,构成一个复合分方差的各种成分究竟是什么。

在应用式(5.18)时,我们首先需要计算每个题项的方差,然后再计算每对题项之间的协方差。在本例中,我们需要计算4个方差和6个协方差,它们都呈现在表5.2中(我们建议大家自己完成计算任务）[①]。

每个题项的方差列在表5.2的对角线上（请对照表5.1的最后一行）。每对题项间的协方差列在表格的对角线之上。例如，题项1与题项2之间的协方差是1.423。协方差是对称的指数，也就是说，题项1与题项2之间的协方差等同于题项2与题项1之间的协方差。因此，一般来说，我们也可以在对角线之下列出协方差。在表5.2中我们没有这样做，是为了腾出空间报告每对题项之间的相关系数，它们正是对角线之下的元素。下面，我们将用相关系数来说明前面讨论过的论点。

表5.2　协方差(对角线上)、方差(对角线)和
相关系数(对角线下)4个题项，原始数据见表5.1

|  | X1 | X2 | X3 | X4 |
|---|---|---|---|---|
| X1 | 2.628 | 1.423 | 2.194 | 1.074 |
| X2 | 0.552 | 2.527 | 1.908 | 1.028 |
| X3 | 0.690 | 0.612 | 3.847 | 1.009 |
| X4 | 0.425 | 0.415 | 0.330 | 2.428 |

注：对角线的各项之和等于11.43，对角线之上各项之和等于8.636。

与表5.2不同的是，如果我们在一个表的对角线之上和之下均报告协方差，那么，我们就会把它称为"协方差矩阵"（或"方差—协方差矩阵"，请注意，我们可以把题项方差看作它和自己的协方差）。采用一个协方差矩阵，我们就可以在构成这个矩阵的题项或成分的基础上，把所有元素加总，从而得到一个复合分的方差。把所有元素加总，就相当于把方差（即对角线的元素）和协方差之和的两倍（在一个协方差矩阵中，对角线下的三角是对角线上的三角的镜像）相加。不过，在表5.2的情形下，总方差（即28.70）等于对角线元素之和（2.628+2.527+3.847+2.428=11.43）加上对角线之上元素之和的两倍[2×(1.423+2.194+1.074+1.908+1.028+1.009)=17.272]。考虑到四舍五入所带来的误差，它与表5.1所报告的值相同。

在我们使用表5.2中所报告的结果来计算$\alpha$值之前，让我们对该表对角线之下所列的4个题项之间的相关系数，作一个简短的讨论。请注意，所有相关系数都是正值，幅度中等，这表明这些题项具有共同的元素。具体来说，例如，题项3和题项4共享大约0.11（即$0.33^2$）的方差，题项1和题项3共享大约0.48（即$0.69^2$）的方差。因为所用度量的尺度单位会影响协方差的大小，所以一般我们很难阐释它们。如果采用每对题项的标准差，以及两者的相关系数，我们就可以计算题项间的协方差[参见式(5.21)]。例如，题项2和题项3的协方差为：

$$(0.612) \times \sqrt{2.527} \times \sqrt{3.847} = 1.908$$

同理，我们可以计算其他协方差。这个例子说明了我们前面的结论：在其他条件保持不变的前提下，题项间的相关系数越高，它们之间的协方差就越大，因而，由它们所构成的复合分的方差就越大。

现在，让我们回到本节的主要任务——给表5.1中的4个题项计算$\alpha$值。我们可以利用式

---

[①]在本章中，我们用$N$（而不是$N-1$）计算方差和协方差。

(5.17)或式(5.17′)来完成这个任务。这里选择后者,因为它十分清楚地表明了构成量表的题项间的相关系数(以及协方差)所起的作用。将表5.2中的结果代入公式中,表5.1中的数据的α值等于:

$$\alpha = \frac{4}{4-1} \times \left(1 - \frac{11.43}{11.43 + 17.27}\right) = 0.80$$

因此,采用α值,在4个题项的基础上,这个度量的信度估值是0.80。我们可以说,总分方差中的0.80(或80%)是稳定的(或系统性的)方差。请注意,如果所有题项间的相关系数均为0,题项的方差和与总方差之比为1.00(在括号中,分子和分母都是11.43),这样,信度就是0.00。在讨论α值背后的属性和假定之前,让我们先举例说明,如何把它应用到题项01编码的量表上。

## 编码题项的α值

对于表5.1所列的示例数据而言,每个题项的赋值范围是1~7。在测量态度、兴趣等时,我们经常使用这样的赋值方式。但有些类型的度量是由01编码的题项(也称为"二项题项")构成的,即一个题项的赋值只能在两个值之中取一。测量成绩时的多选题是二项题项的最好例子。无论选项有多少,我们一般把多选题的答案赋值为正确(一般赋值为1)或不正确(一般赋值为0)。二项题项的其他例子包括只能在两个选项中挑选一个结果的题项(例如,同意/不同意,真/假)。我们将在第6章讨论有关这两种赋值的优缺点问题。

首先,我们应注意,式(5.17)是计算α值的一个通用公式,因此,它也应当适用于由二项题项所构成的度量。然后,我们将推导出式(5.17)的一个特例,以便让我们有机会来:①讨论二项题项的一些特性;②说明实际上这是相当简单的计算,当我们用手工进行计算时,这一点十分有用;③更重要的是说明它和Kuder-Richardson 20相同,这是一个十分流行的公式(参见下文)。

尽管我们可以采用任意两个数来赋值一个二项题项(或变量)的答案,但最常用的还是01编码。在考试或能力测验中,答对一道题赋值为1,答错一道题赋值为0,这也是一种十分自然的做法。在多选题上,如果我们把答对的题数相加,就会得到一个总分,这种做法就是一个例子。

二项题项的均值。当我们把二项题项的得分赋值为0和1时,该二项题项的均值就是得1分的人占总体的百分比。这是因为在计算均值时,我们将所有的1相加,然后除以总人数,由此得到得1分的人数百分比。因此,$p$通常用来表示二项题项的均值。顺便说一句,在进行成绩和能力测试时,$p$也被称为"题项难度指数",因为它表明了有能够通过一个题项的人占总数的百分比。请注意,$p$值越大,对被访者总体来说,则意味着题项越容易。

二项题项的方差。计算方差的通用公式(参见第17章)可以用来计算二项题项的方差。显然,我们可以看到,对二项题项来说,方差等于$pq$,其中,$p$是得1分的人数百分比(即题项均值,参见上文);$q=1-p$,即得0分的人数百分比。二项题项的标准差为方差的平方根,即$\sqrt{pq}$。

请注意，当$p=0.5$时，二项题项的方差以及标准差达到最大值（分别是$0.25$和$0.50$）。

有了上述介绍，我们现在来考察二分计数测试的$\alpha$值计算公式：

$$\alpha = \frac{k}{k-1}\left[1 - \frac{\sum p_i q_i}{\sigma_x^2}\right] \tag{5.22}$$

其中，$p$和$q$在前面均有定义，而$i$指题项$i$。对照式(5.22)和式(5.17)，我们注意到它们是相同的，除了在前面一个公式中，题项的方差和（括号中的符号$\sum \sigma_x^2$）在这里由题项的$pq$之和来表达，因为此处涉及的是二分计数的测量。简单地说，式(5.22)是式(5.17)的一个特例。

例如，我们可以将表5.1中4个题项的分数重新进行二分编码。具体来说，我们把$1,2,3$的分数再编码为$0,4\sim7$的分数编码为$1$。需要强调的是，我们并不推荐这种做法；恰恰相反，在本书中，我们处处反对这种做法，因为它会导致信息流失等。例如，我们假定，表5.1中分数是对态度题的赞同程度。如果把得分如上所述编码为01的话，那么我们就无法了解得分$1\sim3$的被访者之间的差异。同理，我们也无法区分得分$4\sim7$的被访者。实际上，我们是用这个例子来说明，对于4个题项而言，和前面所得的信度估值相比较，信息流失会造成信度估值的降低。这个结果并没有出乎我们的意料，因为信度反映了被访者之间的系统性区分，而再编码把一些系统性区分抹掉了。总之，当题项或变量是以连续变量计分时，千万不要把它们再编码为01变量。只有当题项确实是二项题项时，式(5.22)才适用。

表5.3记录了表5.1数据的再编码得分。请注意：①对于每个题项而言，编码为1的个数等于得分的总和；②每个题项的均值等于在该题项上得分为1的被访者的比例（即$p$）；③每个题项的方差等于$pq$；④总分的均值等于各题项的均值之和（即$\sum p_i$，参见本章的前面有关部分）。

表5.3　4个二项题项的得分和总分($N=20$)

| X1 | X2 | X3 | X4 | 总分 |
|---|---|---|---|---|
| 0 | 0 | 1 | 0 | 1 |
| 0 | 1 | 1 | 0 | 2 |
| 0 | 0 | 0 | 0 | 0 |
| 1 | 0 | 0 | 0 | 1 |
| 0 | 0 | 0 | 1 | 1 |
| 1 | 1 | 1 | 1 | 4 |
| 1 | 0 | 1 | 1 | 3 |
| 0 | 0 | 0 | 0 | 0 |
| 0 | 0 | 0 | 0 | 0 |
| 1 | 1 | 1 | 0 | 3 |
| 0 | 0 | 0 | 0 | 0 |
| 0 | 0 | 1 | 0 | 1 |
| 0 | 1 | 1 | 1 | 3 |
| 0 | 0 | 0 | 0 | 0 |
| 0 | 1 | 0 | 0 | 1 |
| 0 | 0 | 1 | 0 | 1 |
| 0 | 0 | 0 | 0 | 0 |
| 0 | 0 | 0 | 1 | 1 |
| 0 | 0 | 0 | 0 | 0 |
| $\Sigma$: 4 | 5 | 8 | 5 | 22 |
| $\bar{X}$: 0.20 | 0.25 | 0.40 | 0.25 | 1.10 |
| $\sigma^2$: 0.160 | 0.188 | 0.240 | 0.188 | 1.490 |

注：对于每项$\overline{X} = p$；$\sigma^2 = pq$。详细解释请参见正文。

与表5.2一样,我们在表5.4中报告了题项方差、题项间的相关系数和协方差,其中,题项方差的总和(即对角线的元素)是0.776,对角线之上的元素之和的两倍为0.716。因此,总分的方差为1.492。

对照表5.2与表5.4可知,后面一张表中的数值明显小于前面的一张表。这是01编码的直接后果,它再次支持了我们反对这种做法的劝告。

**表5.4  协方差(对角线上)、方差(对角线)和
相关系数(对角线下)4个题项,原始数据见表5.3**

|  | X1 | X2 | X3 | X4 |
|---|---|---|---|---|
| X1 | 0.160 | 0.050 | 0.070 | 0.050 |
| X2 | 0.289 | 0.188 | 0.100 | 0.038 |
| X3 | 0.357 | 0.471 | 0.240 | 0.050 |
| X4 | 0.289 | 0.200 | 0.236 | 0.188 |

注:对角线的各项之和等于0.776,对角线之上的各项之和等于0.358。

利用前面所得的数据,表5.3中,由4个题项所构成的一个度量的信度估值等于:

$$\alpha = \frac{4}{4-1} \times \left[ 1 - \frac{0.776}{1.492} \right] = 0.64$$

不出所料,如果将一个度量的题项进行01编码,与不编码之前相比,该度量的信度将下降,即从0.80下降到0.64。

## 内在一致性:理论取向和假定

诺维克(Novick)和刘易斯(Lewis)曾指出,如果我们想让 $\alpha$ 值等于一个度量的信度,那么,构成这个度量的题项至少是准真值等价的。(Novick & Lewis, 1967)也就是说,我们假定,每个题项的真值之间只有一个常数的差异。当此假定不成立时, $\alpha$ 值就是信度的低端临界估值。换言之,当题项至少不是准真值等价时, $\alpha$ 系数会低估一个度量的信度。

在前一节,我们介绍了一个 $\alpha$ 系数的形式,它对二项题项的计算特别有用,详见式(5.22)。这个公式还有另一个名称"Kuder-Richardson 20",简称"KR-20",它是以首创该公式的两个作者的姓氏命名的[20不过是库德(Kuder)和理查德森(Richardson)在一篇论文中所使用的公式编号,参见 Kuder & Richardson, 1937]。请注意,尽管 $\alpha$ 系数与KR-20相同,但是后者的假定比前者更严格。具体来说,KR-20的假定是,构成一个度量的所有题项都是平行的。如前所述,这意味着所有题项的真值都是相同的,而且误差也相同。毋庸赘言,相对于 $\alpha$ 系数所作的假定而言,这个假定离现实更远。但需要唠叨一下的是,采用 $\alpha$ 系数和KR-20,对信度的估计是相同的,因为它们两个的公式相同。

当题项方差相等时, $\alpha$ 可以用下式来表达:

$$\alpha = \frac{k \bar{r}_{ij}}{1 + (k-1) \bar{r}_{ij}} \tag{5.23}$$

其中，$\bar{r}_{ij}$ 等于 $k$ 题项间平均的相关系数。

众所周知，式（5.23）被称为"信度的平均 $r$ 估值"。请回想一下，标准分（$z$ 分）的均值为0、标准差为1，由此可推知，当我们把题项的分数标准化后，式（5.23）的结果就是 $\alpha$ 值，有时，它被称为"标准化题项的 $\alpha$ 值"（参见下面有关计算机的信度估计）。

我们引入式（5.23），并不是因为我们相信，"题项方差相等"是一个比较现实的假定，更不是因为我们建议把题项分数标准化，而是为了把估计信度的 $\alpha$ 系数法与 Spearman-Brown 法联系起来。在本章的前面段落中，我们已指出，估计信度的 Spearman-Brown 法具有更严格的假定，即构成一个度量的题项或成分是平行的，参见式（5.15）。可以证明，式（5.23）是更广义的 Spearman-Brown 式（5.15）的一个表达式。但因为我们已经证明式（5.23）是 $\alpha$ 系数的一个特例，由此可推出，它的假定比式（5.15）更严格。我们再次碰到两个相同的公式，但假定却不相同的情形。

如前所述，我们已经证明，估计信度的裂半法是 Spearman-Brown 法的一个特例。同时，我们也注意到，裂半法具有严重的缺陷，因为一个度量可以用不同的方式分成两半，从而有可能造成众多不同的信度估值。因为 $\alpha$ 系数的概念基础是，把一个度量分裂成和它的题项数量一样多的部分，所以，它避免了这个问题。而且，克隆巴赫（Cronbach，1951）证明，对于一个既定度量而言，$\alpha$ 系数是它的所有裂半信度系数的均值。

特赖恩（Tryon，1957）曾批判过古典测试理论及其变种，认为它们是建立在高度严格、不切实际的假定之上的，并提出另一种理论取向——域抽样（除了特赖恩的论文之外，下列文献对域抽样也有很好的探讨，参见 Ghiselli et al.，1981：第8章；Nunnally，1978：第6章）。我们也可以从它推导出一个和 $\alpha$ 系数相同的式（5.17），但和古典测试理论及其各种变种所推演的各种公式相比，这个公式对社会科学中所采用的测量类型具有更切实际的概念，因而也具有更宽松的假定。

当不同的理论取向均可以推导出相同的公式时，我们肯定会产生疑问，对于估计信度而言，它们具有什么（如果有的话）实践含义？只有当我们依次考察度量的长度和同质性与内在一致的信度之间的关系时，我们才能更好地回答这个问题。

## 测试长度和内在一致的信度

当我们把一个既定测量工具的题项分数看作由真值和随机误差两个部分构成时，那么，有理由推断，当增加测量相同现象的题项时，这个工具的信度就会提高。例如，Spearman-Brown 法背后的理据就是如此。

但我们应当认识到，内在一致的信度估值是构成一个测量工具的题项数以及题项之间的相关关系的互动结果，参见式（5.17）、式（5.17′）和式（5.18），以及和公式相关的详细讨论。一个度量的不同题项之间的相关系数比较低，这在一定程度上表明，这些题项看起来是在测量不同的事物。即使在这种情形下，当题项数增加时，相对于题项的方差之和而言，总方差增加得更快。换言之，当题项数足够大时，可以证明，即使当构成一个度量的各种题项之间几乎没有共性，这个度量仍可以具有较高的内在一致的信度。我们还可以证明，若题项间的相关系数保持不变,当题项数趋于无穷大时,$\alpha$趋于1。

然后,也有可能出现另一种情形,题项数虽然较少,但只要题项间的相关系数较高,我们仍能得到较高的信度。例如,由3个题项构成的一个度量,如果平均的相关系数等于0.50的话,那么它的$\alpha$系数仍有可能达到0.75。当题项间的平均相关系数等于0.25时,若想得到同样的$\alpha$系数,题项数就必须达到9个;若平均相关系数等于0.10时,题项数就需要27个。

## 同质性及内在一致的信度

前面我们已经指出,大家对"同质性"意义并没有形成一个共识。罗兹布姆(Rozeboom,1966:321)曾对这一问题有过深入探讨,并提出了估计同质性的公式,他主张,同质性"本质上就是一种相关系数的均值"。同时,洛德和诺维克也认为:"可见,一个同质的测试就是它的所有成分都在真值的意义上'测量同一个事物'。"(Lord & Novick,1968:95)不过,洛德和诺维克并没有给出一个标准,界定什么是"测量同一个事物"。很多研究者(参阅 Green et al.,1977)认为,这就是指"单维性"或"单因子"。这些术语都来自因子分析的领域——这是第22章和第23章将要讨论的主题(有关因子分析的直观介绍,参见第4章)。

当我们把同质性理解为单维性时,这就意味着,如果我们想把一个测量工具看作由各种同质的题项所组成的,那么我们就必须证明,一个公因子就足以解释题项间的相关关系。由此可推,一个测量工具也是内在一致的。但反过来不一定成立。一个内在一致的测量工具并非必然是同质的。

克隆巴赫(Cronbach,1951:320)并没有把$\alpha$系数局限在一种单维的测量工具上:"$\alpha$系数估计了题项间的所有公因子所带来的方差占一个测试的总方差的比例。"也就是说,它报告的是,测试分数在多大程度上取决于公因子和组因子,而不是取决于随题项不同而异的因子。

我们需要注意两点:①克隆巴赫使用"公因子"这一术语,也用来指第一个因子,而且,就目前的关注点而言,最重要的是②即使题项间的关系背后不存在一个公因子,$\alpha$系数仍可以很高。当题项间的关系背后存在两个或多个公因子或组因子时,就会出现这种情形。在前面,我们讨论过题项间的平均相关系数和题项数之间的互动对决定$\alpha$系数的影响,至少在一定程度上,它们应当让我们明白出现上述情形的缘由。最明显不过的地方是式(5.23),由此可见,$\alpha$系数的基础是题项间的平均相关系数。当一个测量工具是由不同组的题项组成时,若题项数既定,为了达到一个较高的$\alpha$系数,题项间的平均相关系数可能仍需要较大的水平(这取决于一组题项内部的各题项间的关系强度以及题项组数)。进一步说,即便题项间的平均相关系数很小,如果题项数足够大的话,$\alpha$系数也会很高(参见前面对这个论点的讨论和举例说明)。

上述讨论给我们带来的最重要的经验是,我们不应把$\alpha$系数看作一个测量工具的同质性指数。即使是粗略浏览一下测量方面的文献和实质性的研究报告,十分明显的是,很多人都把内在一致的信度估值作为一个测量工具的同质性或单维性指数(有关示例和一篇精彩的讨论，参见 Green et al.，1977）。

## 同质性、内在一致性和效度

我们可以采用构成一个度量的各个题项测量同一个事物的程度，来预测一个总分的效度。不过，正如前面所讲解的一样，即使不存在一个公因子，或者是一个因子不能解释一个测试的总方差中的大部分时，我们仍可以得到很高的 $\alpha$ 系数。因此，具有高信度的总分却有可能具有可疑的效度。

有意思的是，我们还会碰到一些情形，其中，研究者会有意设计由异质的题项所构成的度量。而且，他们不仅会指出，他们对自己的度量具有低内在一致信度估计的期望，而且把低信度估值（例如，低 $\alpha$ 系数）作为自己成功建构这个度量的证据。对效度以及它和信度的关系来说，这个话题极其重要，因此，让我们考察一个例子。

在为自己的内外控制的度量选择题项时，米舍尔（Mischel）等人指出，因为他们有意"试图在尽可能多样的情境和结果中进行抽样……不可避免的是，我们预期这个度量的内在一致信度会比较低（Mischel et al.，1974：267）"。简言之，米舍尔等人建构了一个 14 题项的量表，得到了 3 个分数：一个总分，一个正子量表分，一个负子量表分。把裂半相关系数代入 Spearman-Brown 公式后，得到下列信度估值：正子量表为 0.14，负子量表为 0.20，而总量表为 0.04。[①]

有些题项是服务于单纯的预测，有些题项则是服务于测量一个建构，这两者应当区别开来。在没有理论的语境下，对于预测目的而言，把异质的题项得分加总，或许是有用的，但或许分别使用它们（例如，在回归分析中）会更有机会提高预测力。即便如此，像米舍尔等人一样，把异质的题项相加，并主张这个总分反映了一个建构，从术语上来看，这就是自相矛盾。[②]

当然我们还可以把"控制点"（一个米舍尔等人想要测量的建构）看作一个多维概念。相应地，我们就有必要建构多个子量表来测量这个建构。不过，为了让子量表的分数有意义，构成子量表的题项必须是同质的（我们已经在第 4 章讨论过这个话题）。

最后，当我们的关注点是在测量一个建构时，相对较低的内在一致的信度会起反面证据的作用。也就是说，正如我们反复强调的一样，虽然内在一致的信度较高，这并不是一个度量具有同质性的证据，但是内在一致的信度较低，却可能是这个度量不具有同质性的证据。

## 选择信度估计时需要考虑的因素

考虑到有不同的方法可以估计信度，同时考虑到信度的不同界定却推导出相同的公式这一事实（参见前面有关 $\alpha$ 系数及其变种的讨论），我们有必要考察一下选择一个特定方法的标

---

[①] 在这里，裂半和其他内在一致的信度估值都是无效的。

[②] 参阅本章后面有关不可靠度对相关系数的逆效应，在那里，我们会进一步评述这一研究。

准问题。它具有两个相关联的问题:①待测量的属性的性质;②就被测量的属性而言,十分重要而需要加以考量的误差来源。

如前所述,估计信度的不同方法的主要差异在于,考察哪些误差来源,或者把变异度中的哪些成分看作随机误差。例如,在测试—再测法中,从一个测试周期到另一个测试周期之间的所有变化,我们都把它们看作随机误差。对于相对稳定的属性(例如,智力)而言,这是站得住脚的,但对相对不稳定的属性(例如,情绪)而言,却是站不住脚的。

另一方面,信度的内在一致估值主要是针对因内容的抽样而带来的误差,即一个度量的题项对被测建构的概念域的代表程度。可见,从测量的域抽样概念出发,显而易见,这种方法是最有意义的。除了内容抽样所带来的误差之外,内在一致的信度还涉及单一情境下的临时波动(例如,疲劳、情绪、注意力和猜题)所带来的误差。

毋庸赘言,我们并不是说上述评述穷尽了各种因素,而只是指出,在选择估计信度的不同方法时,我们所要考察的各种因素中的某几个因素(更详细的讨论参见 Nunnally,1978:第7章)。在测量建构时,通常 $\alpha$ 系数是被选中的估值,在特定情境、特定建构下,我们也可能会认为其他估值更切合一些测试结构的信度估算方法,而其他信度估算方法则与给定情境下的给定结构更为相关。大多数情形下,在决定采用何种信度估值时,研究过程中的理论和实践考量才是关键。


## 计算信度的计算机程序


第16章将对统计分析的计算机软件包进行一个总体介绍,同时,也将说明我们选择特定程序包的标准。十分有趣的是,只要是我们能够想象得到的统计分析,几乎总会有相对应的综合性软件包,尽管如此,有些软件包(例如,BMDP 和 MINITAB)却还是没有一个估计信度的程序。直到最近,SAS 才在自己的 PC 版本中,把 $\alpha$ 系数的计算作为 PROC CORR 命令中的一个选项,它的主机版本仍没有包括这个选项。这种遗漏看起来令人迷惑不解,特别是当我们认识到,和那些包含在主机版本中的极端复杂程序相比,信度程序是很简单的编程任务。难道这种遗漏植根于这个软件包的使用者们对信度估值缺乏兴趣(知觉到的或表达出来的)?

在下面的演示中,我们将采用 SPSS 的 RELIABILITY 命令。

我们假定你对 SPSS 的控制语言有所了解,因此,我们仅对输入语句作简要的评注。如果你不熟悉这个软件包,或者不熟悉一般的计算机程序,你也可以阅读第16章的相关章节。

### 数 据

本次分析所使用的示例数据来自表5.5,它的布局和表5.1相同;不同之处在于,表5.5是20个被访者在10个题项上的应答数据,表5.1则是20个被访者在4个题项上的应答数据。而且，正如表5.5的注释所指明的一样，该表中的前4个题项和表5.1中的前4个题项相同。随着分析的进行，我们选择这样做的理由就会逐渐清晰起来。为了方便和计算机输出的比较，在表5.5中，我们还报告了均值和方差。

表5.5　10个题项的得分和总分(N=20)

| X1 | X2 | X3 | X4 | X5 | X6 | X7 | X8 | X9 | X10 | 总分 |
|---|---|---|---|---|---|---|---|---|---|---|
| 3 | 2 | 6 | 3 | 3 | 3 | 3 | 5 | 2 | 5 | 35 |
| 3 | 5 | 6 | 2 | 1 | 2 | 5 | 6 | 2 | 3 | 35 |
| 1 | 2 | 1 | 3 | 2 | 3 | 1 | 2 | 2 | 1 | 18 |
| 5 | 2 | 3 | 2 | 1 | 5 | 1 | 2 | 2 | 2 | 25 |
| 1 | 2 | 2 | 5 | 1 | 1 | 1 | 3 | 3 | 1 | 20 |
| 6 | 5 | 7 | 5 | 3 | 3 | 2 | 2 | 1 | 5 | 39 |
| 5 | 3 | 5 | 6 | 5 | 5 | 7 | 5 | 6 | 6 | 53 |
| 1 | 1 | 3 | 1 | 4 | 5 | 7 | 2 | 2 | 2 | 28 |
| 1 | 1 | 3 | 1 | 2 | 1 | 2 | 1 | 3 | 5 | 20 |
| 5 | 6 | 6 | 3 | 5 | 5 | 3 | 5 | 3 | 1 | 42 |
| 2 | 1 | 3 | 2 | 1 | 2 | 1 | 1 | 2 | 3 | 18 |
| 3 | 2 | 5 | 1 | 1 | 3 | 3 | 1 | 3 | 3 | 25 |
| 2 | 5 | 5 | 5 | 3 | 1 | 3 | 1 | 5 | 1 | 31 |
| 1 | 1 | 1 | 1 | 1 | 2 | 1 | 3 | 2 | 1 | 14 |
| 2 | 2 | 1 | 2 | 2 | 3 | 2 | 2 | 1 | 3 | 20 |
| 2 | 5 | 3 | 3 | 2 | 3 | 3 | 5 | 3 | 7 | 36 |
| 1 | 2 | 5 | 2 | 3 | 1 | 2 | 3 | 2 | 3 | 24 |
| 1 | 2 | 1 | 1 | 1 | 1 | 2 | 5 | 1 | 2 | 17 |
| 1 | 1 | 1 | 4 | 1 | 5 | 3 | 3 | 5 | 2 | 24 |
| 1 | 3 | 2 | 1 | 7 | 5 | 3 | 1 | 2 | 5 | 30 |
| Σ: 47 | 53 | 69 | 53 | 49 | 59 | 53 | 58 | 52 | 61 | 554 |
| X̄: 2.35 | 2.65 | 3.45 | 2.65 | 2.45 | 2.95 | 2.65 | 2.90 | 2.60 | 3.05 | 27.70 |
| σ²: 2.628 | 2.527 | 3.847 | 2.428 | 2.747 | 2.348 | 3.127 | 2.690 | 1.740 | 3.247 | 93.710 |

注：前4个题项和表5.1相同。

### Input

```
SET LISTING='T55SPS.LIS'.
TITLE RELIABILITY ESTIMATES. DATA OF TABLE 5.5.
DATA LIST FREE/X1 TO X10.
BEGIN DATA.
3 2 6 3 3 3 3 5 2 5   [data for the first subject]
· · · · · · · · · ·
1 3 2 1 7 5 3 1 2 5   [data for the last subject]
END DATA.
LIST.
RELIABILITY VARIABLES=ALL/
   SCALE(ATTIT)=ALL/
   SCALE(ATTIT)=ALL/MODEL=SPLIT/
   STATISTICS ALL/SUMMARY ALL.
```

### 注解

这个命令运行在PC版的SPSS上。参阅第16章，我们将解释SPSS的主机版本和PC版本的异同之处。

我们使用的是小数据集，遵循惯例，我们把数据直接作为命令文件的一部分。由此可知，输入格式是Free，这种输入格式仅需要用至少一个空格或逗号把数据值分隔。X1 TO X10这个设定是为10个变量命名的(在这里就是10个题项)。正如第16章所解释的一样，在这个示例中，我们加入了LIST命令，以便让原始数据成为输出的一部分。

RELIABILITY程序要求，分析中所用到的变量，必须在VARIABLES子命令后加以指明，它也接纳关键词ALL。之后，我们就有可能使用所有题项及其组合来进行分析。构成一个量表或子量表的每组题项,都可以在SCALE子命令下加以指明。在本例中,所有题项都用于一个量表中,它的名字ATTIT(在括号中)表示态度。

RELIABILITY提供了估计信度的几种模型。当MODEL子命令并没有指定一个模型时,如本例中的第一个SCALE子命令后,默认模型是ALPHA。出于比较和演示的目的,我们也用MODEL=SPLIT(即裂半信度估值)来分析数据。请注意,SPSS采用的前后裂半法,它将前$\frac{k}{2}$个题项作为前半部分,剩余题项作为后半部分。

我们可以在STATISTICS和SUMMARY子命令下设定各种题项和量表的统计量(例如,均值、标准差、题项之间的方差—协方差矩阵、题项之间的相关系数矩阵、题项—总分的相关系数)。ALL也是一个可接纳的关键词。

### Output

```
RELIABILITY COEFFICIENTS      10 ITEMS
ALPHA = .7871   STANDARDIZED ITEM ALPHA = .7846
```

### 注解

$\alpha$系数等于0.79,表明这个量表的方差中,79%是系统性的。我们可以代入式(5.17)求得这个值。采用题项的标准分,可以估计标准化的题项$\alpha$系数;或者,以等价的方式,采用平均题项间的相关系数,代入式(5.23)求得。作为一个练习,我们建议你使用表5.6的对角线下的数据,来计算标准化题项的$\alpha$系数。本例中,题项方差彼此相近,$\alpha$系数的两种估值几乎相等[参见与式(5.23)有关的讨论]。

### Output

```
CORRELATION BETWEEN FORMS = .5437
EQUAL LENGTH SPEARMAN–BROWN = .7044
```

### 注解

上面的输出节选自MODEL=SPLIT命令(参见输入命令)所得的输出结果。量表的两半之间的相关系数为0.543 7。代入Spearman-Brown的裂半公式[参见式(5.14)以及相关讨论],求得这个量表的信度估值为0.704 4。如前所述,当我们设定MODEL=SPLIT时,SPSS会把一个测试分成前-后两半。作为练习,我们建议你进行奇偶裂半,并计算裂半相关系数,计算的结果是0.723。把它代入Spearman-Brown式(5.14),求得信度估值是0.839。请注意,这两个裂半信度估值之间存在相当大的差异,这进一步强化了我们的建议:不要采用裂半法来估计信度。

## 二项题项的$\alpha$系数

我们在前面提到,当题项为01编码时,$\alpha$系数也适用[参见式(5.22)以及相关讨论],而且,在这种情形下,$\alpha$系数公式和KR-20得到相同的结果。作为练习,你可以将表5.5中的数据进行01编码。这项转换工作没有必要用手工来做,RECODE命令就可以完成,它出现在DATA LIST命令之后。

```
RECODE X1 TO X10 (1 THRU 3=0) (4 THRU 7=1)
```

前面所列的所有输入语句都不会受影响。如果你用这种形式计算表5.5的数据，求得的 $\alpha$ 系数是 0.718。我们反复强调，不要把连续题项分进行 01 编码。这里仅仅是演示，为了说明，当题项分被 01 编码时（在成绩或能力度量中，常常这样做），SPSS 的 RELIABILITY 程序求得的结果与 KR-20 相同。

### 对表5.5数据的详细考察

如前所述，表5.5 中的前 4 个题项与表 5.1 中的题项相同。对于这 4 个题项而言，前面的 $\alpha$ 系数估计为 0.86。增加 6 个题项后，较长量表的信度却稍微降低了一点（0.79，参见前面）。因此，增加的 6 个题项与前面的 4 个题项，不是准真值等价的；它们没有测量相同的事物（参见本章前面的详细讨论）。

如果被访者的数量足够大的话，做一个因子分析是有用的，它可以让我们了解到对题项应答背后的结构。但对于当前的目的而言，一个不太严谨的方法就足够了。实际上，我们将要做的工作是，对 10 个题项的相关系数矩阵进行"目测"因子分析。

表 5.6 对角线下是 10 个题项的相关系数矩阵，它是从 SPSS 的输出中复制的。为了便于观察，我们把表中的变量排成两组。第一组由题项 $X1 \sim X4$ 组成，第二组由题项 $X5 \sim X7$ 组成。请注意，第一组的题项间相关系数是从 0.33 到 0.69，第二组的题项间相关系数是从 0.36 到 0.51。跨组的题项间相关系数一般低于同一组内的题项间相关系数，有一些例外（例如，$X1$ 与 $X6$ 之间的相关系数）。同时，$X8$ 到 $X10$ 和前面提到的两组题项间的相关系数一般也比较低，也有少数例外（例如，$X4$ 与 $X9$ 之间的相关系数）。简言之，两组题项看起来是在测量不同的事物。

需要提醒大家的是，我们的目的是对因子分析进行一个最粗略的逼近。我们所作的工作也表明，即使是在较小的相关系数矩阵中，尝试发现题项或变量之间的一种模式，也是相当困难的。因此，它也表明了诸如因子分析方法的优点，在第 22 章、第 23 章中，我们将讨论它们。

从前面的分析中，我们了解到题项 $X1 \sim X4$ 的 $\alpha$ 系数等于 0.80，题项 $X5 \sim X7$ 的 $\alpha$ 系数等于 0.72。利用表 5.6 中对角线和对角线之上的数据，代入式（5.17）中，我们就相对容易地计算出这两个 $\alpha$ 系数。如果大家希望通过 SPSS 的 RELIABILITY 来计算这两个 $\alpha$ 系数，那么我们所要做的事情，就是在前面的输入语句中，增加下列两个子命令。

```
SCALE(ATTIT1)=X1 TO X4/
SCALE(ATTIT2)=X5 TO X7/
```

为了便于识别，我们把第一组命名为 ATTIT1，把第二组命名为 ATTIT2。在实际研究中，我们可以采用其他标签，它们能反映出每组题项所期望测量的事物。在实际研究中，我们还需要进行其他决策。例如，我们需要决定是否舍弃题项 X8~X10，是否给第二组增加题项，等等。我们此时的目的仅仅是想说明，完全依赖 $\alpha$ 系数，让我们并不拥有充分的信息，甚至会误导我们。很多研究者认为，10 个题项的 $\alpha$ 系数等于 0.79，这是同质性或单维度的指标。但我们非常粗略地考察已经表明，这是一个错误的结论。

表5.6 协方差(对角线上)、方差(对角线)、相关系数(对角线下)
10个题项,原始数据在表5.5中

|  | X1 | X2 | X3 | X4 | X5 | X6 | X7 | X8 | X9 | X10 |
|---|---|---|---|---|---|---|---|---|---|---|
| X1 | 2.628 | 1.423 | 2.194 | 1.074 | 0.543 | 1.018 | 0.673 | 0.635 | 0.190 | 0.733 |
| X2 | 0.552 | 2.527 | 1.908 | 1.028 | 0.908 | 0.182 | 0.728 | 1.015 | 0.260 | 0.517 |
| X3 | 0.690 | 0.612 | 3.847 | 1.009 | 0.948 | 0.072 | 1.457 | 0.795 | 0.330 | 1.077 |
| X4 | 0.425 | 0.415 | 0.330 | 2.428 | 0.357 | 0.182 | 0.277 | 0.515 | 1.210 | 0.268 |
| X5 | 0.202 | 0.344 | 0.291 | 0.138 | 2.747 | 1.273 | 1.507 | -0.005 | 0.380 | 0.977 |
| X6 | 0.410 | 0.075 | 0.024 | 0.076 | 0.501 | 2.348 | 0.982 | 0.145 | 0.430 | 0.403 |
| X7 | 0.235 | 0.259 | 0.420 | 0.101 | 0.514 | 0.363 | 3.127 | 0.965 | 0.710 | 1.068 |
| X8 | 0.239 | 0.389 | 0.247 | 0.202 | -0.002 | 0.058 | 0.333 | 2.690 | 0.160 | 0.505 |
| X9 | 0.089 | 0.124 | 0.128 | 0.589 | 0.174 | 0.213 | 0.304 | 0.074 | 1.740 | 0.170 |
| X10 | 0.251 | 0.181 | 0.305 | 0.095 | 0.327 | 0.146 | 0.335 | 0.171 | 0.072 | 3.247 |

注:本表是SPSS的RELIABILITY程序输出的两个部分(COVARIANCE MATRIX 和 CORRELATION MATRIX)的拼接。对角线元素之和是27.239,对角线之上元素之和是93.710。对两组题项的讨论参见正文。

# 几个话题

我们将选择与信度关联的几个话题进行讲解,并结束本章的讨论。对它们的涉猎深浅不同:有的讲解比较细致,有的讲解只是一笔带过,目的只是让你熟悉它们,然后指出详细讨论的文献出处。请记住,我们使用广义的"信度"术语(例如,在各种公式中),"是哪一种信度估值?"对这个问题的回答取决于情境的特殊性。

## 信度的"标准"

一个度量的信度应有多大? 显而易见,其他条件保持不变时,信度越大越好。由此推知,对一个幅度既定的信度系数,在一些情形下我们认为它是可接纳的;在另一些情形下我们则可以认为它是不可接纳的。在判断一个信度系数是否可接纳的各种考量中,最重要的一个考量是和分数基础上的决策类型以及决策的可能后果有关联。有鉴于此,很多学者提出了关于可接纳的信度系数的标准或最低水平的经验规则。(例如,Nunnally,1967:226,1978:245-246;Thorndike & Hagen,1977:92-94)例如,有一种观点认为,在研究的早期阶段,我们应当容忍相对较低的信度系数;当这个度量开始用于决定不同群体之间的差异时,我们就需要较高的信度,当分数是用于对个体进行重要决策(例如,选择和任用决策)时,高信度就是基本的要求。

尽管这些"把特定值作为信度的标准"的建议都建立在坚实的推理之上,但是我们仍然质疑这是不是一种明智之举。因为这些标准会逐渐获得自己的生命,它们经常得到应用,形成它们的观念源头却没有得到重视。一个典型的情形是,创始者显然已经改变了自己的观点,但是他们所提出的标准却继续得到应用。一个切题的案例是遵循农纳利所提出的经验规则,农纳利(Nunnally,1967:226)认为:"在对预测测试或一个建构的假设度量进行研究的早期阶段，我们可以采用只有中等信度的测量工具，以节省时间和精力；就此目的而言，0.60或0.50的信度就足够了。"农纳利在1978年(Nunnally,1978:245)重复了上述观点，但有一点修正："0.7或以上的信度就足够了。"在使用信度系数相对较低的度量时，研究者似乎有一种需求，即引用一个权威来"佐证"自己的做法；这时，他们就可能倾向于引用那些最适合自己目的的"标准"。例如，卡普兰等人(Caplan et al.,1984:306)写道："就本研究目的而言，$\alpha$值等于或大于0.50，我们判断它就是恰当的。"此时，他们引用的是农纳利(Nunnally,1967)的研究。更有趣的是，埃利斯(Ellis,1988)引用农纳利(Nunnally,1978)的研究并得出结论：他的所有度量达到了"可接纳"的信度水平(Ellis,1988:685)，尽管事实是它们当中的几个低于引文中农纳利所设定的标准0.7。

有时，同事或学生会来问我们，在使用自己的信度估值时，他们应当引用什么文献来佐证；我们开玩笑地说，如果他们的信度估值在0.7左右，那么就引用1978年的农纳利的研究，但如果信度估值只有0.5左右，那么就引用1967年的农纳利。在更正式的场合，我们就会向提问者指出，这不是一个权威宣布一个特定信度系数是不是清真食品的问题。为了加强效果，我们还讲了一个故事，一名妇女请教一个拉比[①]，鸡肉是不是清真食品。拉比看了看，然后开始闻。这个举动让这名妇女感到吃惊，她觉得在这种情形下，拉比的举动有点特别。她禁不住再问道："拉比，这是清真食品吗？"拉比回答道："是的，只不过臭了。"使用一个信度系数为0.5或其他什么值的度量，是清真食品吗？当然是！一个0.5的信度系数臭了吗？没有任何一个权威来源可以回答这个问题。相反，在特定的研究情形(例如，分数的用途、研究的成本)下，我们需要决定自己能够容忍的误差量究竟有多大。

## 预测真值

在本章的前面我们曾指出，我们把观测值看作由真值和误差两个成分组成的[参见式(5.1)及其相关讨论]。应用线性回归分析(参见第17章)的概念和假定，以观测值预测真值的方程是：

$$T' = a + bX = (1 - r_{xx})\overline{X} + r_{xx}X \tag{5.24}$$

其中，$T'$是预测的真值，$a$是截距，$b$是回归系数，$X$是观测值，$r_{xx}$是信度系数，$\overline{X}$是一组观测值的均值。

根据你的背景知识，或许你想和第17章的相关章节一起来学习本段落。就当前的目的而言，请大家注意真值对观测值的回归方程的这一特殊表达式，即式(5.24)的第二个表达式。由此可见，第一项是截距($a$)，信度系数为回归系数($b$)。

在预测真值时，这两项如何相互作用值得我们进行仔细的考察。例如，请注意，当信度完美(等于1.00)时，预测的真值等于观测值。这并不奇怪，因为完美的信度意味着没有测量误差。反过来说，当信度为0.00(即所有方差都来自测量误差)时，预测的真值等于组均值，无论观测值的大小如何。这也不奇怪，因为在这种情形下，以最小二乘法的视角来看，最佳的预测

---

①犹太教祭司。

就是组均值。最后,当信度不完美时(大多数情形下的样子),预测的真值比观测值更接近于组均值。这是因为测量误差向均值回归的现象,是第10章要探讨的一个话题。

在下列情形下,真值会引起大家的兴趣:

1.当我们想要匹配被试,他们来自不同的组,在组均值和所用度量的信度上存在差异。(参见Stanley,1971:376)

2.当我们根据不同的分数门槛,把被试分成不同的类别。(参见 Crocker & Algina,1986:147-148)

3.当我们在应用统计分析前,想要校正测量误差时。例如,正如第21章所讨论的一样,当我们把协方差分析应用于不等值的组别时,测量误差可能带来严重的偏差,甚至错误的结论。避免这种错误的方法之一是,采用预测的真值来进行分析,而不是采用观测值。(有关的讨论和实例,参见 Huitema,1980:311-321)

4.当我们想用一个标准误来设定预测的真值的信度区间时,这个论点正是下一节关于标准误的讨论时,我们所要关注的。

## 标准误和信度区间

一般来说,标准误是一个统计量的抽样分布的一个标准差。例如,一个均值的标准误是从一个既定总体随机抽样所得的很多均值的分布的标准差(参阅第15章有关抽样分布的讨论)。在一个既定概率下,我们可以使用标准误来设定均值的一个置信区间。(有关置信区间的讨论,参见Hays,1988:第6章)

在信度的语境下,标准误存在3种不同的界定。正如斯坦利(Stanley,1971:381)所指出的,有关它们的用法,"在文献中存在一定的混淆"(Dudek,1979;Lord & Novick,1968:66-69;McHugh,1957)。我们将在这里阐述其中的两种标准误。

在当前的语境下,估值 $s_e$ 的标准误是一个既定观测值的预测真值的标准差:

$$s_e = s_x \sqrt{r_{xx}(1 - r_{xx})} \qquad (5.25)$$

其中,$s_x$ 是一个既定组的度量的标准差,$r_{xx}$ 是信度系数。

对一组被试来说,假定相关的数据如下:

$$\overline{X} = 80 \quad s_x = 10 \quad r_{xx} = 0.84$$

代入式(5.25):

$$s_e = 10\sqrt{(0.84) \times (1 - 0.84)} = 3.67$$

例如,如果有两个观测值75和85,把它们代入式(5.24),它们的预测真值为:

$$(1 - 0.84) \times (80) + (0.84) \times (75) = 75.80$$

和

$$(1 - 0.84) \times (80) + (0.84) \times (85) = 84.20$$

正如前面已经指出的一样,预测的真值比它们各自的观测值更接近于均值。

假定我们想设定这两个预测的真值的90%置信区间。在正态分布下,覆盖中间90%的部

分(两侧都留下5%)所对应的z分为1.65。因此,它们的置信区间为:

$$75.80 \pm (1.65) \times (3.67)$$
$$84.20 \pm (1.65) \times (3.67)$$

可见,对观测值为75的被试来说,最佳的预测值是75.80;约90%的真值会落在69.74(即75.80-6.06=69.74)和81.86(即75.80+6.06=81.86)的区间。对得分85的人来说,最佳的预测值是84.20;约90%的真值会落在78.14~90.26的区间。我们需要作几点说明:

1. 对任何一个被试而言,真值是未知的,因此,我们无法知道它是否落在这个置信区间内。

2. 这个置信区间在预测的真值两侧对称,而不是在观测值的两侧。

3. 有些学者采用t值(而不是z值)来设定置信区间。当组内人数大于30时,采用z值和t值,实际上并没有差异。

4. 误差是正态分布的,而且对所有的观测值来说,它们的变异度是恒定的。这是两个假定。后一个假定也称为“方差齐性”,这是第17章的讨论主题。

在设定预测的真值的置信区间时,更常见的做法是采用测量的标准误$s_m$(参阅Nunnally,1978:239-241):

$$s_m = s_x \sqrt{(1 - r_{xx})} \tag{5.26}$$

其中,$s_m$是“当真值不变时,观测值所预期的”(Dudek,1979:335)标准差的一个估值。由式(5.25)和式(5.26)可知,前者在根号下多了一项(即$r_{xx}$),这是两者的差异所在。我们需要注意两点:①$r_{xx}$总是一个分数,因此,估值的标准误小于测量的标准误;②当信度很高时,这两个标准误十分相似。总之,采用测量的标准误,而不是估值的标准误,将产生更大的置信区间。重要的是牢记,不管采用哪一个标准误,我们应当设定预测的真值的置信区间,而不是观测值。

为了与上面的计算进行对比,我们将采用相同的数据来计算测量的标准误,然后再用它来设定前面用过的、相同观测值的置信区间。

$$s_m = 10 \sqrt{(1 - 0.84)} = 4.00$$

如前所述,测量的标准误大于估值的标准误(3.67)。

对前面所使用过的观测值(75和85),它们的预测真值当然和前面的结果一样,分别是75.80和84.20。使用$s_m$,它们的90%置信区间是:

$$75.80 \pm (1.65) \times (4.00)$$
$$84.20 \pm (1.65) \times (4.00)$$

对于当前的数据来说,采用$s_m$时,置信区间的规模是13.20(即2×1.65×4.00=13.20);相对照的是,采用$s_e$时,置信区间的规模是12.11(即2×1.65×3.67=12.11)。

我们把信度系数用作一个度量的精度的一个总指数,但是,当我们的目标是评估既定分数的精度时,估值(或测量)的标准误和置信区间才会引起我们的兴趣。置信区间就像一个小贴士,它提醒我们,观测值不是没有误差的,我们应当小心谨慎地处理观测值之间的差异。

最后,如前所述,其他条件保持不变时,组间的变异度越大,信度系数越高。不过,考察标准误的公式将表明,标准误的增大将引发信度的相应增大(作为变异度增加的结果)。这等于说,信度系数可能具有较大的组间差异,但一般来说,标准误在各组间却是相似的,因此,它们是比较变异度不同的群体(组)的一个切合实际的工具。

## 低信度的逆效应

人们花费了很多精力来确定随机测量误差所带来的各种效应的方式和程度,包括特定方面(例如,参数估计、显著性检验)、设计(例如,实验、准实验)和分析流派(例如,回归分析、协方差分析)。关于测量误差对统计分析的各种效应,一个较好的综述是科克伦(Cochran,1968)。

当我们有可能采取校正措施,或者当我们在得出结论、阐释分析结果时把低信度的效应考虑在内时,了解低信度的效应就是十分重要的。这里我们只讨论低信度对相关系数的效应。在更复杂的情形下,低信度的逆效应不仅更复杂,而且可能"变得更致命"(Fleiss & Shrout,1977:1190)。有些复杂情形,我们将在后面的章节中加以讨论(例如,第15章、第17章和第21章),并提供相干的参考文献。

## 相关系数

众所周知,皮尔逊相关系数是测量两个变量之间的关联强度的最常用的度量之一。在前面的章节中,我们在效度的语境下讨论了它的应用。在本章,我们将在信度的语境下讨论它的应用。

假定我们对两个变量($X$和$Y$)的相关系数感兴趣,而且我们拥有这两个变量的度量的信度估值,记为$r_{xx}$和$r_{yy}$。可以证明:

$$r_{xy} = r_{xy}^* \sqrt{r_{xx} r_{yy}} \tag{5.27}$$

其中,$r_{xy}$是$X$和$Y$之间观测到的相关系数;$r_{xy}^*$是$X$和$Y$的真值之间的相关系数。

考察式(5.27)可知,只有当两个度量的信度完美时(即1.00),$r_{xy}$才等于$r_{xy}^*$。由此可见,一个或两个变量的度量的低信度将导致相关系数的一个向下的偏差或衰减。很明显,信度越低,变量间的真相关系数的估值也就越低。

在第4章,我们注意到,旨在测量相同建构的测量工具之间的低相关系数,会让我们陷入困局,甚至让我们感到尴尬。除了效度问题之外,式(5.27)表明,旨在测量相同建构的测量工具之间的低相关系数,至少部分来自低信度。同理,当两个建构间的相关系数显著低于理论预期时,也是如此(参见第4章"跨结构分析")。

举一个例子,让我们再次回到本章前面所评述过的米舍尔等人的研究(Mischel et al.,1974)。他们建构了一个控制点的度量,包括两个子量表,但得到的信度估值极低(0.14和0.20)。不出所料,所报告的两个子量表间的相关系数接近0["男性、女性和总样本的相关系数分别是0.03、-0.06和-0.02"(Mischel et al.,1974:270)]。同样不出所料的是,他们发现,子量表和其他变量间的相关系数一般都极低。

## 衰减"校正"

应用式(5.27)，我们建议对衰减进行下列"校正"：

$$r_{xy}^* = \frac{r_{xy}}{\sqrt{r_{xx}r_{yy}}} \tag{5.28}$$

其中，各项的定义和式(5.27)相同。我们与其说它是衰减校正的一个公式，还不如说它是当两个变量的度量都完全可信时，相关系数的一个估值。

例如，假定$r_{xy}=0.6$，$r_{xx}=r_{yy}=0.75$，代入式(5.28)：

$$r_{xy}^* = \frac{r_{xy}}{\sqrt{r_{xx}r_{yy}}} = \frac{0.6}{\sqrt{(0.75) \times (0.75)}} = 0.8$$

可见，已知$X$和$Y$相关系数为0.6，在完全可信的度量下，它们之间的相关系数估计为0.8。

我们可以在式(5.28)的分母中，只采用一个变量(例如，$Y$)的信度估值，然后，它就演变成一个变量的低信度校正公式。例如，这种校正可以运用于准则关联的效度研究，但却不适宜于校正预测变量的低信度(参见 Ghiselli et al., 1981: 290-291；Nunnally, 1978: 238)，因为我们必须在可用的、容易出错的预测变量的分数上进行决策(例如，录取)。

正如农纳利所指出的一样，与其相信完美信度的神话，不如估计当一个变量或两个变量的度量的信度都增加一定量时，两个变量间的相关系数有多大，这种做法常常更有意义。式(5.28)也适用于这类情形(参见 Nunnally, 1978: 238-239)。

式(5.28)虽然比较灵活，应用也是直截了当的，但其效度受到质疑。(例如，Johnson, 1950；Winne & Belfry, 1982)当我们应用信度的较低估值时，我们却高估了剔除衰减后的相关系数，它甚至可能大于1.00！不加节制地依赖剔除衰减后的相关系数，不仅可能把我们引向一个虚幻的世界，而且可能把我们的视线引向提高所用度量的信度的紧迫要求之外。

### 观察者间相合和信度

在各种学科和专业(例如，心理学、人类学、教育学和市场营销学)中，把观察者作为一种测量方法都很普遍。我们将在第6章中讨论观察，并对信度作评述，给出相关的文献。这里我们仅指出，区分"观察者间相合"和"观察者间信度"(有些研究者称为"评估者相合"和"评估者信度")十分重要，而且，我们有很多种方法来测量它们中的每一个。

## 概括度理论

估计信度的传统方法所面临的困难之一是，尽管我们知道，测量误差可能具有不同的来源，但在估计过程中它们纠缠在一起。在完全的重新表述之后，克隆巴赫等人(参阅 Cronbach et al., 1972)发展了概括度理论。和真值的古典测量理论不同，在概括度理论中，"研究者把观测值或者它的一种函数当作是总体值，即他从样本概括到总体。'信度'问题因此转换成概括的精度(或概括度)问题"(Cronbach et al.,1972:15)。

采用复杂的方差分析设计,概括度理论让我们能够同时鉴别和区分不同的误差源(例如,被试、场合、评估者、题项和时间)。运用概括度理论的必要前提是洞悉方差分析。而且,大家必须明白,我们想探讨的误差源越多,设计就越复杂,执行就越艰难。这可能是概括度理论较少得到应用的原因所在。

如果大家有兴趣学习概括度理论,我们建议大家不要从克隆巴赫等人的著作开始,那很复杂,而要从一些导论开始。或许布伦南(Brennan,1983)的导论是最好的,它还有伴随的计算机程序,分析按照概括度理论所进行的设计。(同时参见 Crocker & Algina,1986:第8章;Feldt & Brennan,1989;Shavelson et al.,1986;Webb et al.,1988)

# 第6章
## 社会行为研究中的几种测量方法

许多书籍和众多论文都致力于考察社会行为研究中的测量方法(例如,多项选择题测试、评分量表、投射技术、访谈、观察方法),甚至考察一个方法中的具体方面(例如,题项特征、测试等值、常模、应答类型)。有些方法已经得到发展,并主要应用在特定的研究领域中(例如,态度、绩效、心理能力、人格、爱好)。有一些方法(一般称为"测量模型")关注于区分人与人,而另一些方法(一般称为"量表模型")关注于区分刺激与刺激。下列书籍是探讨测量或量表(或两者)问题的浩瀚文献中的极少一部分:库姆斯(Coombs,1964)、考克森(Coxon,1982)、爱德华(Edwards,1957b)、吉尔福德(Guilford,1954)、克鲁斯卡尔和威什(Kruskal & Wish,1978)、马拉内尔(Maranell,1974b)、麦基弗和卡迈恩斯(McIver & Carmines,1981)、农纳利(Nunnally,1978)、托格森(Torgerson,1958)以及范德维(van der Ven,1980)。

在一章的篇幅内,我们显然不可能对如此广阔的领域作出一个极为粗略的综述。我们的目的仅局限于介绍一些方法,探讨一些和方法关联的问题。入选本章的各种方法的唯一理由是,它们是最流行的方法之一,同时也是因为它们可以服务于各种各样的目的。

首先,我们将讲解一般意义上的评分量表,然后是累加评分量表和语义微分量表。随后,我们将讲解访谈、强调结构效应和访问员效应、任务效应和被访者效应的一些问题,则分章节进行了讨论,因为它们的效应并不局限于访谈。讨论观察的一节是本章的结尾。[1]

## 评分量表

"无处不在"(Dawes,1972:93)和充满诱惑的评分量表已经有很长历史了,它们的应用至少可以追溯到"公元前150年,希巴克斯(Hipparchus)用6点量表来判断星星的亮度"(Lodge,1981:5)。

你不仅见到过不同形式的评分量表,而且你还有可能偶然回答过评分量表。我们相信,这样的假定并不会太离谱。也许你还使用过评分量表来取得别人的意见。无论如何,你肯定

---

[1]在阅读本章时,特别是阅读讨论访问员效应、任务效应和被访者效应的章节时,浏览第11章的相关章节,可能会有所帮助,因为它们在很多方面是对本章的补充。

知道,我们使用评分量表来量化对自己、他人、事物和场景的评价、印象、判断和知觉(列举一个常见的领域)等。

评分量表如此流行的原因,很可能是它们的编制和管理都相对比较容易,而且它们似乎可以应用于测量所有能想象得到的事物。尽管评分量表具有很多种形式,但它们具有一个共同点:它们都要求被访者参照一个评级(例如,对一个态度陈述的赞同程度,一个行为的出现频率,一个产品的质量)来指明自己的立场(最宽泛的意义上)。

## 量表格式

不同格式的评分量表都有应用。下面我们给出一些流行格式的例子,并作简要的评述。(详细讨论,参见 Aaker & Day, 1983; Dawes, 1972; Dawes & Smith, 1985; Gable, 1986; Guilford, 1954; Lemon, 1973; Lin, 1976; Nunnally, 1978; Saal et al., 1980)

最流行的评分量表可能是图式评分量表,它和被访者所熟悉的测量策略(例如,用尺量长度,用温度计测温度)有相似之处。一个图式评分量表由一条直线构成,两个端点标记为准星(例如,懒—勤、热—冷、完全赞同—很不赞同、从不—总是)。我们要求被访者在这条直线上标出一个点,对应或反映他们的立场。这条直线常常是虚线或分割成不同的线段,如下所示:

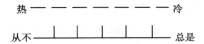

被访者虽然可以把标记画在一个线段的任何位置上,但通常我们等同处理一个线段内的标记。因此,我们把上面的量表看作7点或7级(在后面的章节我们将讨论最优点数或级数的问题)量表。相应地,我们将一个量表上的答案编码为1~7分,1表示一个端点(例如,从不),7表示另一个端点(例如,总是)。

在上面的例子中,数字是隐含的。在下面的例子中,数字则显示在量表上:

我们不仅可以描述和界定量表的两个端点,也可以描述和界定量表的一些或全部中间点,标上数字或不标上数字,例如:

在很多情形下,为了方便被访者,我们会给他们提供一组事先界定的选项,让他们就各种陈述、行为、特质等,指明自己的立场。例如,一组态度题项中的每一个题项前面,可能会有一条短线,要求被访者在上面记录自己赞同或不赞同的程度。下面是这种应答选项的3种不同格式的示例,包括应答选项的定义:

| （a） | （b） | （c） |
|---|---|---|
| +3：十分赞同 | 6：十分赞同 | AVS：十分赞同 |
| +2：比较赞同 | 5：比较赞同 | AS：比较赞同 |
| +1：赞同 | 4：赞同 | A：赞同 |
| -1：不赞同 | 3：不赞同 | D：不赞同 |
| -2：较不赞同 | 2：较不赞同 | DS：较不赞同 |
| -3：很不赞同 | 1：很不赞同 | DVS：很不赞同 |

在这些格式中作选择，取决于很多因素。例如，当被访者比较练达时，我们一般倾向于使用格式（a）。把赞同与正号相联系、不赞同和负号相联系，这种倾向有助于保持使用这些事先界定的类别时的连贯性。但是，对有些被访者（如文盲、儿童），格式（a）就显得不恰当。

## 评分量表的一些共同特征

评分量表除了具有独有的特征和格式，还具有一个主要特征，即从事评分的个人担当测量工具的角色。由此可推出，评分的效度和信度的基础是"一个假定，即人类观察者是定量观察的一个良好的工具……拥有一定程度的精度和一定程度的客观性"（Guilford, 1954：278）。这样的话，毫无疑问，评分的效度和信度会有很大的变化，它取决于谁来评分、在何种参照系下、为了什么目的、在何种情境下等。这让一些研究者（如 Oppenheim, 1966）担心，甚至怀疑评分量表的有用性。

下面，我们将简要评述一下使用评分量表时所遭遇的一些主要问题。

### 评分与知觉

评分量表容易遭到误用和误解，其主要原因很可能是它们源自一个事实：它们反映了一个知觉过程。研究广义知觉和人类知觉的文献中（参见 Markus & Zajonc, 1985；Schneider et al., 1979；Warr & Knapper, 1968）充斥着知觉者的态度、价值观、动机等影响知觉的例子。因此，毫不奇怪的是，评分常常透露的是评分者本人，而不是反映他所评估的对象。

在各种来源的评分者偏差和选项集面前，评分十分脆弱。这一现象已经有很多的文献记录（Guilford, 1954；Landy & Farr, 1980；Saal et al., 1980）。最常见的偏差之一是晕轮效应，即评分者对被评估对象的整体印象会扭曲他们对其各个方面的评分，产生恒定的误差。另一种偏差是有些评分者总是倾向于打高分或打低分（宽严误差）。有些评分者倾向于避免选择极端的类别，而集中于选择量表中点附近的类别（趋中误差）。为了让评分者偏差最小化，我们可以采用各种策略，包括在应用具体量表时进行培训，对所采用的参照物和量表进行清晰的界定。我们仅就后者作一点评述。

# 定 义

我们在其他章节(例如,第3章、第4章、第8章)讨论了有关定义的一般问题。这里我们强调对有待评估的参照物和所用评分量表的清晰界定是绝对必要的。必要的详略程度则随特定的参照物、量表类型、被访者、情境等的变化而变化。

令人遗憾的是,我们提供给评分者的评分量表常常没有任何界定。极端的情形是,我们要求他们给各方面一个总评(例如,一个员工多么"好",一个教授如何"多产",一个领导多么"民主"),却没有对相关的术语进行定义。在缺乏界定时,评分者显然只能诉诸自己的定义或概念。毫无悬念,在这种情形下,评分的效度和信度倾向于很低。

甚至当我们要求评估者就具体的属性或方面给予评分时,也常常没有定义或定义模糊,典型的示例是卡特总统的白宫主管汉密尔顿·乔丹(Hamilton Jordan)所制订的《员工评估表》,它由30个题项构成,是让内阁官员和白宫员工用来评估自己的下属。下面是一些例子:(a)受评者的自信程度如何(从"自疑"到"自大","自信"位于中间)?(b)他/她的稳定程度如何(从"摇摆不定"到"坚定不移")?(c)他/她的消息面如何(从"窄"到"宽")? 这个评估表的拷贝,参见《纽约时报》(*The New York Times*),1979年7月19日A16版。

乔丹的方法与广泛应用于私营产业和学术界的方法并没有不同。下列题项是从学生评价教授的各种量表中随机抽取的:(a)原创—传统,(b)创造—常规,(c)善于接纳新思想,(d)对教学感兴趣,(e)关心学生,(f)讲解能力和(g)评价学生时一视同仁。(这些摘录题项的量表和其他量表,参见 Elmore & LaPointe,1975;Marsh,1982;Sockloff,年份不详)

类别定义。已经证明(参见 Goocher,1965,1969;Hakel,1968;Simpson,1944),评分量表所采用的类别(例如,时常、经常、偶尔、有时),虽然从表面上看起来并没有歧义,但不同的评分者会给予不同的阐释;对不同的情境下的同一个评分者,它们的意义也不相同。

界定的一个更具体的关切(常常称为"定准")和两个问题有关:我们是否应当界定所有或部分类别? 什么是界定的最佳模式(即端点、中点)。涉及这些问题的研究所得到的结论并不一致。到目前为止,我们还不清楚何种程度的类别界定(例如,全类别界定、部分类别界定、端点类别界定)是最优的。(有关综述,参见 Dixon et al.,1984)正如兰迪和法尔(Landy & Farr,1980:88)所指出的:

> 准星的类型和数量的重要性,很可能和维度界定的恰当性关联在一起。当有待评估的维度缺乏恰当的界定时,评分者就必须依靠准星来决定这个量表的意义。

## 评分的复合

我们常常把几个评分量表上的分数合并成一个复合分,以方便作出有关受评者的决策(例如,提升谁、解雇谁、奖励谁终身教职)。毋庸赘述,每个评分应当诉诸相同的准则或相同准则的几个方面,否则的话,这个复合分注定是没有意义的或误导人的。不过,即使每个评分都诉诸相同的准则,我们仍然会面对一个极端艰难的问题:在取得总分的过程中,如何给每个评分赋予权重?

　　把所有评分相加或求均值，也就是给每个评分相同的权重，这很可能是最经常采用的方法，但常常也是不恰当的做法。在评价员工时，一个雇主赋予按时上班、听从指挥、保持工作间整洁、精准、有效率等相同的权重，我们可以有把握地说，这种情形十分罕见。每个方面的相对重要性将取决于这个准则的具体定义（假定我们已经做过尝试），而这个定义又取决于具体的岗位和具体的场景。

　　没有给出理据或给出极少的理据就合并评分，甚至稍加审视就可以看出它是不恰当的，不幸的是，这样的例子不胜枚举。表6.1是评分制的一幅漫画，作者设计它的目的，是想让它成为过分滥用评分的一剂解药。但遗憾的是，我们并不知道这个作者的身份。

**表6.1　员工绩效评估表**

| 绩效领域 | 绩效程度 | | | | |
|---|---|---|---|---|---|
| | 远超岗位要求 | 超过岗位要求 | 符合岗位要求 | 有待提高 | 不及最低要求 |
| 工作质量 | 单跳过高楼 | 助跑过高楼 | 撑竿过矮楼 | 撞上大楼 | 不识大楼 |
| 快捷性 | 比出膛的子弹还快 | 和出膛的子弹一样快 | 你会相信一颗慢速子弹吗? | 经常哑火 | 开枪自伤 |
| 适应性 | 水上行走 | 顶住压力把头伸出水面 | 以水洗面 | 呛水 | 遇事就溺尿 |
| 沟通 | 与上帝交流 | 与天使交流 | 与自己交流 | 与自己论证 | 败下阵来 |

## 累加评分量表

　　在前面的章节我们已指出，就效度和信度而言，单题项的度量常常存在不足。因此，我们才经常诉诸多题项量表，有关成绩、才能、人格和态度的度量都是例子。

　　一般来说，一个累加评分量表是指一个包含多个题项的量表，我们把这些题项上的得分加总后，求得一个分数。这种量表的最流行的形式之一，当前仍在使用的，可能是李克特量表，它取名于李克特(Likert, 1932)，是他首创了这种建构量表的方法。

　　建构李克特量表的第一阶段是建设一个题项库。我们可以自己设计题项，同时（或者）从各种来源（例如，文献、大众媒体、日常话语）中收集有关参照物的各种表述来完成这项任务。为了让选项集最小化（例如，不论题项内容如何，一律表示赞同[1]），我们应收集有关参照物的（大约相同数量的）正面和负面表述。

　　我们首先应把褒义（正面）题项或贬义（负面）题项的计分倒过来，让赞同正面题项和不赞同负面题项的得分相同。例如，如果"十分赞同"一个正面题项得6分，那么"很不赞同"一个

---

[1]参阅本章后面的"应答风格"。

负面题项也应该得6分。然后,我们才能把各种题项的得分加起来得到一个总分。

### 题项分析

我们把题项库应用到一个甄别样本上,它的被试构成和该量表想要测量的人群相似。这些被试回答量表上的每一个题项,并指出自己赞同/不赞同的程度。最初,李克特使用5点量表(即"很赞同""较赞同""说不清""较不赞同""很不赞同"),后来在这种量表中,人们使用过不同数量的选项(包含"说不清"或删除"说不清"选项)(参阅本章稍后的"任务效应")。

我们对甄别样本的答案进行题项分析,以便决定每个题项的恰当性,并选择"最佳"题项进入量表中。李克特提出了两种选择题项的方法:(a)选择能够成功区分"高分组"和"低分组"的题项①(有关题项鉴别力的检验,详见Edwards,1957b:第6章)或者(b)选择那些和总分相关系数高的题项。一个题项是总分的一部分,因此,题项和总分间的相关在一定程度上是通胀的。有观点认为,我们需要校正这样的相关系数。在过去,我们通过采用一个估计公式来进行校正(Nunaally,1978:281)。现在,计算机程序(例如,SPSS的RELIABILITY程序)可以在计算题项和总分的相关系数时,把特定题项排除在总分的计算之外。当题项数相对较少时,这种校正尤其重要。

### 维　度

当我们认为一个总分反映一个建构时,所有和建构验证有关的问题(参见第4章)都是直接相干的。维度问题就是一个很切题的问题。正如我们在第4章所指出的,题项总分的效度是由它们触及相同维度所预测的。而且,就确定一个量表的维度而言,前一节所描述的题项分析,作用就十分有限了。

因子分析是研究一组题项间的关系背后的维度的一种方法(直观介绍参见第4章,详细讨论和示例分析参见第22章和第23章)。在当前的语境下,在对甄别样本进行测量的题项库中(参见前一节),选择题项的最佳方法很可能就是对它们的相关矩阵进行因子分析。在同一个因子上具有高负荷、在其他因子上具有低负荷的题项,我们可以认为它是测量当前维度的一个量表的较佳候选者。采用这个方法,我们可以生成和验证一个量表,它旨在测量单维建构或多维建构。在前一种情形下,我们选择在单个因子上高负荷的题项进入这个量表。在后一种情形下,我们选择在不同因子上高负荷的题项进入子量表,每个子量表形成当前维度的总分。

### 题项计分

最初,在正态离差的基础上,李克特提出了一种相对比较复杂的题项计分方式。不过,已经证明,给每一个类别赋值一个整数(即1="很不赞同",2="较不赞同"等)是更简单的方法,但却可以产生和前一种费力的方法十分相似的结果。

---

①以他们的总分数为基础,选上下25%作为每一组的数据。

## 总分及其阐释

尽管我们可以给每个题项赋予不同的权重（例如，在计算因子分时，采用从因子分析所取得的权重），但就大多数目的而言，已经证明，权重为1（即只把每个答案加总，让每个题项具有相同的权重）就可以带来令人满意的结果。

我们可以把总分看作单个题项之和，但更有用处的表述是把它看作一个均值，即总分除以题项数。例如，假定一个度量由20个题项构成，选项从1="很不赞同"到6="十分赞同"。再假定一个人的总分是96。若想了解这样一个总分的意义是很困难的。但如果把它除以20（题项数）得到一个4.8的分数，那么在上述量程上，我们就比较容易阐释它。

但我们应当注意到，无论表达为总分还是均值，累加评分量表上的分数，本质上都是相对的。因此，我们可以把一个人的位置和他（或她）的群体或其他常模相比，我们也可以对不同群体进行相互比较。

## 语义微分

概念、物体或个人等刺激会引起多种反应。我们可以采用"语义微分（SD）"技术来评估这些反应。它最初由奥斯古德（Osgood，1952）所提出，随后由奥斯古德等人（Osgood et al.，1957）所发展。SD[1]旨在评估各种概念的内涵或寓意。它的功能基础是两个基本概念：（a）概念的差别在于它们所传达或所引发的意义不同（因而我们才可能将它们加以"区分"），（b）用相对很少的维度，我们就可以把握大多数概念的意义（我们将在后面加以讨论）。

我们在一组两极形容词量表上来给概念评分。有时量表结构是事先决定的；除此之外，我们使用SD一般带有双重目的：（a）通过考察量表间的关系来研究各种量表的意义，（b）评估概念的意义或概念之间的差异。

表6.2列出了SD中最常用的格式，我们将在9个两极量表上对"计算机"概念进行评分。[2]我们设计这些7点量表，既用来评估方向（例如，是好还是坏？），也用来评估强度（例如，多好或多坏？）。很明显，SD是一种特殊类型的评分量表。因此，先前讨论过的有关评分量表的一般问题或关切（例如，定义、复合分）也适用于SD。

考察表6.2中的量表，请注意，尽管每一个量表都具有细微的差别，但是它们并不表示意义的9个不同维度。我们并不需要花费多少力气就可以把它们分成子集，每个子集反映意义的一个共同维度。例如，"好—坏"和"美—丑"看起来拥有共同的意义，"快—慢"和"主动—被动"也一样。

---

[1]为了方便，我们采用SD一说，但这并不意味着我们暗示它是一种度量。相反，它是一种具有广泛应用的技术。
[2]作为示例，我们在这里只给出了一个概念。我们将在后面讨论与选择概念和量表相关的问题。

表6.2　语义微分的概念和量表示例

| | | | | | | | |
|---|---|---|---|---|---|---|---|
| 计算机 | | | | | | | |

| 好 | —— | —— | —— | —— | —— | —— | —— | 坏 |
|---|---|---|---|---|---|---|---|---|
| 慢 | —— | —— | —— | —— | —— | —— | —— | 快 |
| 丑 | —— | —— | —— | —— | —— | —— | —— | 美 |
| 主动 | —— | —— | —— | —— | —— | —— | —— | 被动 |
| 大 | —— | —— | —— | —— | —— | —— | —— | 小 |
| 弱 | —— | —— | —— | —— | —— | —— | —— | 强 |
| 贵重 | —— | —— | —— | —— | —— | —— | —— | 廉价 |
| 无力 | —— | —— | —— | —— | —— | —— | —— | 有力 |
| 锋利 | —— | —— | —— | —— | —— | —— | —— | 迟钝 |

事实上，对上述量表之间关系的因子分析（Osgood et al.，1957），总是重复形成三个主维度：（a）评价（E），它通常是最主要的一个维度，是指对反应的舒服程度，即"人类思维中的态度变量"；（b）性能（P），它是"指能量及其相关的事情，大小、重量、韧性等"；以及（c）活动（A），它包括"迅速、兴奋、温暖、激动等"（Osgood et al.，1957：72-73）。

参照表6.2中的各个量表：好—坏、美—丑、贵重—廉价反映的是评价维度；大—小、弱—强、无力—有力反映的是性能维度；快—慢、主动—被动、锋利—迟钝反映的是活动维度。暂时假定这3个维度具有效度，把构成特定维度的每个量表的答案加起来，我们就会求得每一个维度上的得分。

为了让选项集最小化，我们常常以两极平衡的方式排列量表，让一极的形容词（例如，正面）和另一极相平衡（参见表6.2，其中"好"和"丑"都在左边）。因此，正如我们在累加评分量表所解释的一样，在相加之前，相关量表的计分必须倒过来。然后，我们就可以使用各种单变量或多变量分析来评估两个或多个概念（以及两组或多组概念）之间的差异。

在使用SD时，我们会碰到一些问题和关切（参见下文），但它还是得以延续下来，部分原因在于，针对不同的总体，各种研究所获得的EPA维度具有相对的一致性，它们解释掉评分中的大部分协方差。[1]

SD具有较大的普及率，因为它容易管理，对被试应答的要求也比较简单，而且它适用于范围广泛的话题。但正是这些方面带来了SD应用中的大部分混淆和误解，它们围绕着对数据的分析以及对结果的阐释。

和累加评分量表的情形一样，很多研究者似乎认为，如果把各种两极评分量表和一组概念连起来，他们事实上就在应用SD。同时，我们还应当注意到，有些量表本质上并不是真正

[1]在跨文化的研究中，这3个维度也得到重复（例如，Osgood et al.，1975；Snider & Osgood，1969：第五部分）。斯奈德尔和奥斯古德编辑的集子里，有SD在不同背景和研究领域中（例如，社会心理、人格、美学和广告）应用研究的很好示例（Snider & Osgood，1969）。

的两极量表,但却被使用在所谓的SD应用中。

最初,SD的设计目的是弄清一组概念的意义。因此,人们有意使用了各种各样的概念。后来,很多(如果不是大多数)应用聚焦于特定概念域(例如,族群、自我的某些方面)的意义,或者(以及)人们对它们的态度。

对SD的更深入讲解超出了本书的范围。对SD的一般阐述,对它的假定、在应用过程中常常碰到的问题的讨论,请参阅:Bynner & Coxhead, 1979;Heise, 1969b, 1970;Maguire, 1973;Mann et al., 1979;Mayerberg & Bean, 1978;Miron, 1972;Miron & Osgood, 1966;Osgood et al., 1957;Snider & Osgood, 1969。

在本章余下的篇幅中,我们将探讨一些与选择量表和概念、概念—量表的互动、分析方法有关的问题。

## 选择量表

最初,奥斯古德及其同事构建了50个7点评分量表,他们采用常用的一对两极形容词(例如,好—坏、大—小、硬—软、甜—酸、强—弱、干净—肮脏、高—低、冷静—冲动)定准量表的端点。他们要求被试用这50个量表去评估20个不同概念(参见下文)。研究的中心任务是发现量表背后的维度;因此,他们把每个被试和概念上的分数加总,形成了一个所有量表间的50×50的相关系数矩阵(我们将在后面讨论这种和其他建构相关系数矩阵的方法,并讨论各种分析方法)。

对50×50相关系数矩阵的因子分析,得到了前面所提到的3个主要因子(即EPA),有些量表在一定程度上是一个特定维度的单纯度量(例如,E为好—坏;P为有力—无力;A为快—慢)。奥斯古德等人(Osgood et al., 1957)报告了这50个量表的因子负荷,同时他们还对其他研究作了小结;在所采用的量表、概念和被试上,这些研究存在一定的差异。

在后来的研究中,在每个维度上,我们经常使用3~4个代表性的量表,一般来说,我们可以取得具有恰当信度的因子分。奥斯古德等人的主要目的是研究量表的维度,因此,相比选择概念而言,选择量表必然更结构化、更严谨。

选择量表的准则包括因子构成和概念的相干度以及语义稳定性。为了取得EPA的各个子量表的分数,我们可以从奥斯古德等人最初的50个量表中(或者是从其他列表中)选取一个子集,但这需要一个假定,即这些量表的确能够反映这3个维度。尽管这3个维度具有相对的持久性和稳定性,但是我们仍然有必要考察一个既定研究所采用的量表和概念组合的因子结构。如果我们不能确信EPA结构是适用的,不能确信假定测量一个维度的量表实际上的确如此,那么我们就会面临很多困难(我们将在后面讨论一些困难)。在概念域狭义界定的研究中,"通常的相关系数结构已经遭到破坏"(Kahneman, 1963:554),情形尤其如此。

这并不是暗示,在选择量表时,我们不必参考以前利用SD所进行的研究。但我们想要强调的是,大家最好能够遵守梅尔伯格和比恩的两个"不要"(Mayerberg & Bean, 1978:479):

　　①不要在以前研究的基础上假定量表的意义;②假定反映相同意义维度的量表,如果没有证据表明它们的确如此,那么不要把它们的分数加总。

## 选择概念

如前所述,在SD的原初概念中,我们把重点放在了量表的意义上。因此,选择概念并不像选择量表那样显得结构分明。选择概念的准则也不过是概念的尽可能多样化和被试对概念的熟悉而已。奥斯古德等人(Osgood et al.,1957:34)写道:"在此基础上,实验员简单选择了下列20个概念:女士、巨石、原罪、父亲、湖泊、交响乐、俄罗斯、羽毛、我、火、婴儿、骗子、上帝、爱国者、龙卷风、剑、母亲、雕像、警察、美国。"

我们已经指出,在大多数SD的应用中,人们感兴趣的是特定的实际问题。很显然,在这样的应用中,概念应对问题域具有"代表性",而且为被试所熟悉,但它们不必局限于让所有被试在所有量表上产生相同(或接近相同的)反应的概念。[1]因为有限的变异度将严重制约相关系数(参见第3章"范围限制"一节)。在这种情形下,如果对相关系数进行因子分析,我们很有可能发现不了任何结构。

选择概念(和量表)的其他相关问题,我们将在下面讲解(即"概念—量表交互"一节)。这里,我们继续引用梅尔伯格和比恩(Mayerberg & Bean,1978:479)余下的"不要":

①除非有证据表明对不同概念的反应高度相似,否则不要在一个概念域中把各种概念的得分相加;②不要把反映不同概念域的概念得分相加。

## 概念—量表交互

两个量表可能拥有意义的一个共同成分,独立于被评估的概念本身之外,因而让它们具有相互联系。另外,概念(刺激本身)可能在一定程度上决定量表间的关系(Bynner & Coxhead,1979)。换言之,量表可能会有区别地关联到概念上,并且(或者),概念也可能会"引发形容词的语义漂移"(Heise,1969b:416),并导致相同量表间的关系差异,视这些量表所应用的概念而定。这个现象所造成的一个结果(称为"概念—量表交互")是,随着所研究的概念不同,我们可能会得到不同的因子集(性质、数量不同)。当我们只使用一个或几个概念时,这种结果更容易发生,而在这些情形下,因子分析"便和风险结缘"(Heise,1969b:421)。

概念—量表交互绝不是一个新鲜概念。事实上,在开发SD的早期阶段的研究基础上,奥斯古德等人(Osgood et al.,1957:187)得出总结:"很明显,存在很高程度的概念—量表交互;随着被评估的概念不同,量表的意义以及它们和其他量表的关系都会发生相当大的变化。"他们(Osgood et al.,1957:188)接着说道:"显然,在建构广义的语义测量工具时,这些结果提出了严重的实践问题……归根结底,我们已经证明,有必要对评估的每一类概念,分别建构测量工具。"

不幸的是,后人并没有重视奥斯古德等人的忠告。概念—量表交互的大量证据对它们所带来的各种问题的详述,也没有遭遇更好的命运。(参见 Bynner & Coxhead,1979;Heise,1969b,1970;Kubiniec & Farr,1971;Maguire,1973;Mann et al.,1979;Mayerberg & Bean,

---

①有些被评估的概念接近于EPA维度的端点,有关例子(正面评价:家庭、教堂、真理;负面评价:蜗牛、石头、睡觉),参见Heise(1970)。

1978；Miron，1972）

有些概念—量表交互可能是方法上的瑕疵，可以设想，我们可以减少甚至完全消除它们（例如，选择恰当的量表、使用恰当的分析单位，参见 Heise，1969b），但真正的例子还是不胜枚举。随着被评估的概念不同，量表间的相关系数也可能不同，考虑这个事实，可以推论，因子结构也可能在一定程度上有所不同。因此，如果我们依赖一个公认的因子结构来推算 SD 维度的分数，那么最好的结果是得到一个（概念间的）不相干的比较，最坏的结果是得到一个错误的比较。

在大多数 SD 应用中，评估一下潜在的概念—量表交互，这种可能性甚至都没有得到考虑。人们事先就接纳了 EPA 结构，并据此给所有概念计分。甚至在进行因子分析时，由于生成量表间相关系数矩阵的方式，甄别概念—量表交互的可能性也常常被排除在外（有关解释，参见下文）。

总而言之，我们应当利用适合于侦测概念—量表交互出现的方法，考察每一个新概念域的结构，这是基本的要求。

## 分析 SD 数据

分析 SD 数据是一项比较复杂的任务。我们首先讨论造成这种复杂性的主要因素，然后再提纲挈领地讲解和评述一些分析方法。

如前所述，设计 SD 的基本目的有两个：(a)考察量表的意义结构，(b)利用这种结构来评估概念的微分意义。[①]与更常规的数据类型不同的是，SD 数据包含 3 个维度或模态：概念、量表和个人。[②]我们通常采用因子分析对量表结构进行探索。目前，大多数因子分析方法仅适用于两模态的数据（即被试和变量，参见第 22 章、第 23 章）。为了把传统的因子分析法应用到 SD 数据上，从某种意义上，我们需要把三模态的结构分拆成两模态的结构。[③]依据伯恩纳和考克斯黑德的研究（Bynner & Coxhead，1979），我们将讲解完成这种分拆的 5 种方法。[④]如下所述，它们的差别在于关注不同的变异源。因此，采用不同策略分拆的数据，应用因子分析所得到的结果可能会显著不同。

(1)个体×量表。马圭尔、迈诺尔和奥斯古德将这种方法称为"总和法"，它是计算每一个人在每一个量表的所有概念上的平均分，然后得到两模态的数据。然后，它从"个体—量表"数据矩阵，计算量表间的相关系数矩阵。实际上，它忽略了概念间的差异，把概念模态看作最不重要的一个。"在奥斯古德的原初语境下，即通过大量概念来寻求和概念无涉的意义成分，这个方法看起来是恰当的。"（Bynner & Coxhead，1979：376）因为它沿着概念分拆数据，因此，研究概念—量表交互的尝试就被排除在外了。

---

①考察概念差异必然取决于量表结构，因此，我们把讲解限定在考察后者的分析方法上。

②我们可以把 SD 数据中的变化归因于 3 种模态及其交互。对 SD 数据背后的线性模型的全面讲解，参见马圭尔（Maguire，1973）、伯恩纳和考克斯黑德（Bynner & Coxhead，1979）。卡恩曼提出了一个更加限定的模型（Kahnemann，1963）。

③Tucker（1966）开发的三模态因子分析可以直接处理 SD 数据，但这类分析的应用十分罕见。

④Bynner 和 Coxhead 在 375 页上所制作的图示，可能有助于厘清这 5 种方法。

　　(2)概念×量表。与前一种方法相似,这也是一种加总方法,它计算每一个概念—量表组合下的所有个体得分的均值。它计算"概念—量表"矩阵,求得量表间的相关系数,然后再对它进行因子分析。显然,它把个体看作最不重要的模态,因而忽略了个体间的差异。当我们的主要关注点是群体知觉时,这一方法可能是恰当的。

　　请注意,在简化的数据矩阵中,概念构成矩阵的行,这和大多数因子分析中的被试(个案)一样。因此,为了得到稳健的解,我们就需要相对数量较多的概念。伯恩纳和考克斯黑德(Bynner & Coxhead, 1979)建议,30个概念是最低限;但海斯(Heise, 1969b:419)却主张"40个概念是一个较合理的底线"。

　　(3)每个概念的个体×量表。它分别处理每一个概念,先计算每一个"个体—量表"矩阵,再求得量表间的相关系数。也就是说,概念有多少,"个体—量表"矩阵就有多少。马圭尔、迈诺尔和奥斯古德建议,对从单个矩阵求得的相关系数,先求均值,再对求得的"个体—量表"矩阵进行因子分析。但这样做就等于忽略了概念—量表交互问题。因此,我们建议,首先考察每一个相关矩阵,如果量表间的相关系数在不同概念之间存在显著差异,则表明存在概念—量表交互。如果不存在概念—量表交互的话,我们可以求相关系数的均值,并对所得的矩阵进行因子分析;如果存在概念—量表交互的话,其他分析方法可能更恰当(例如,对每个概念分别进行因子分析)。

　　(4)每个个体的概念×量表。在前一个方法中,我们分别处理每个概念,这里我们分别处理每个个体。也就是说,对每一个个体,我们计算"概念—量表"数据矩阵,然后再求得量表间的相关系数。如果量表间的相关系数随个体不同而异,这表明存在个体—量表交互,这样我们就可见侦测这种交互效应是否存在。然后(如果不存在个体—量表交互的话),我们再求得这些矩阵在个体上的均值,但这个方法和第二个方法具有相同的局限,即只有相对较多的概念才能得到稳健的解。

　　(5)"外延法"。在这个方法中,将3个模态中的任何两个进行组合,分别形成一个个案,然后再把它们"外延"成单个数据矩阵。最常见的外延法是,把每个个体—概念答案看作一个独立个案。然后利用个体—概念(外延模态)×量表的数据矩阵,计算量表间的相关系数。马圭尔的结论是,这是计算量表间相关系数的最佳、最方便的方法。不过,库宾里克和法尔(Kubiniec & Farr, 1971:533)曾指出,因为"我们只研究了被试—概念个案上的共变,因而就不可能考察概念间的结构差异",我们忽略了概念—量表交互。而且,迈尔伯格和比恩(Mayerberg & Bean, 1978)采用两种不同的外延方法(一种方法如上所述,另一种方法是把每一概念—量表组合作为一个个案),并证明,我们可以从相同的数据中求得不同类型的因子。

　　对各种SD数据的简化方法的上述综述,清楚地表明,随着我们使用的方法不同,我们就会排除特定的变异源。而且,方法不同,分析单位(如被试、概念)也可能会不同。毫不奇怪的是,不同方法可能而且的确生成显著不同的相关系数,甚至到了改变符号的地步。(Bynner & Coxhead, 1979)这样,在SD中所使用的量表的意义结构,有关它们的结论在很大程度上取决于所采用的方法。例如,马圭尔、伯恩纳和考克斯黑德、考克斯黑德和伯恩纳以及迈尔伯格和比恩的示例,为我们提供了有关这种状况的、令人惊讶的证据。

## 总结性评述

上述相当有限的综述应足以提醒大家，真实、有意义的SD应用伴随着非常复杂的情形。这是我们的希望。这样的情形也有力地表明，任何技术的有意义应用，远不止于了解它们的建构和实施原理。在原理上，比SD简单的技术并不多。这也可能是我们经常误用它的原因。

其他任务除外，一个基本的任务是决定所用量表的维度，以及最适合回答所研究问题的分析类型；这是复杂性出现的原因。由综述可见，十分明显的是，对于评估应用SD的报告而言，对因子分析的初步理解是一个基本要求。而且，尽管我们对分析方法的述评是简要的，但是它们传达出一个信息：如果我们想在各种简化数据的程序中作出明智的选择，就必须彻底理解SD所试图解剖的实际问题、掌握测量原理的相关知识、熟悉相关的分析技术。

# 访　谈

在我们日常生活中，访谈无所不在。研究语境下，在收集信息的过程中，诉诸一问一答是再自然不过的事情。我们通常使用访谈来收集关于"事实"、意见、态度、行为等方面的信息。在访谈过程中，问答顺序需要遵守很多特殊规则，外行很难看出来它们的结构和可能的效应；访谈的高度流行一部分也取决于它和有问有答的日常活动的、众所周知的相似性。宾厄姆（Bingham）和摩尔（Moore）把访谈刻画为一种"带着一个目的的交谈"（Bingham & Moore, 1941：1）。

大多数关于访谈定义的内核，可以以卡恩和坎内尔（Kahn & Cannell, 1957：16）的定义为示例，即访谈是：

> 一个专业化的言语互动模式——因一个特殊目的而起，关注一些特定的内容，并随时排除外来的干扰。而且，访谈是一个访问员与被访者的角色关系高度专业化的互动模式，它的具体特征在一定程度上取决于访谈的目的和特征。

访谈可能服务于各种各样的目的，它的进程或形态也因此会发生相应的变化。举例来说，下列方面是访谈的主要应用领域，它说明一种访谈可能采取不同的形态：人事（例如，遴选、评价）、卫生（例如，病史、诊断）、新闻（例如，新闻采访、民意调查）、法律（例如，证词）、营销（例如，购物习惯、产品偏好）、社会行为研究（例如，调查态度、志向、性行为）。

我们对访谈和访问的讨论将集中于它在研究中的应用，这里"研究"一词是在最宽泛意义上使用的（例如，理论检验、民意测验、项目评估、市场营销）。正如本章所涉及的其他方法一样，我们的讲解是介绍性质的，也没有穷尽所有方面。有关访谈和其他专门方法的一般讨论，请参阅布拉德伯恩等人（Bradburn et al., 1979）、布伦纳（Brenner, 1978, 1981b）、坎内尔和卡恩（Cannell & Kahn, 1968）、坎内尔等人（Cannell et al., 1981）、戈登（Gorden, 1975）、卡恩和坎内尔

（Kahn & Cannell，1957），以及米勒和坎内尔（Miller & Cannell，1988）。

访问可以采用面对面或通过电话两种方式进行。近年来，使用电话有了显著的增加，而且毫无疑问，这种增加还将继续。这一方面是由于技术进步，另一方面是因为一个事实：电话访问更经济、更快捷，因而让我们能够以更及时的方式来抓住各种"热点"问题（例如，对投票行为的预期民意调查）。

由于电话沟通常常容易受到各种限制，没有神韵，特别是缺乏各种非语言的线索，因此，在研究复杂、私密、需要深度追问的问题时，我们更倾向于采用面对面访问。而且，一般来说，面对面访谈的应答率也比电话访谈高出几个百分点。因此，我们主要集中讨论面对面访问。有关电话访谈的特殊性、它和面对面访问的比较等方面的信息，参见坎内尔（Cannell，1985b）、弗雷（Frey，1989）、格罗乌斯和卡恩（Groves & Kahn，1979）、拉夫拉卡斯（Lavrakas，1987）、舒曼和凯尔顿（Schuman & Kalton，1985），以及温伯格（Weinberg，1983）。

## 访谈与问卷

对比访谈与问卷（一种替代访谈的最常见的选项）是一项值得做的工作。所谓"问卷"是指采用纸笔收集信息的工具，常常是被访者自填的。

让我们先看看问卷对访谈的优势。众所周知，一般来说，问卷的成本低，耗时少，在遴选、培训和监管工作人员等方面的要求也较松。而且，与访谈相比，可邮递问卷一般对研究总体具有更宽的覆盖面。有时，邮递问卷是接触偏远地方或特殊总体的被访者的唯一手段。

和访谈相比，问卷更统一和标准化，受各种偏差的影响也较小。这些偏差可能源自偏离指示，也可能源自实施方法（在有些类型的访谈中比较常见），更不用提和访问员效应相联系的潜在偏差（参见下文）。最后，使用问卷、保密和匿名能更有效地得到保证。

让我们来看看访谈比问卷具有的优势。首先应注意的是，有些研究领域、有些类型的信息，使用访谈更自然一些。书面问题、陈述和应答都是有限的，而且具有限定效应，访谈则可以探讨更复杂的问题，也可以进行更全面的探讨，为追问参与者的应答提供了机会，在探讨全新的问题上它也更具有灵活性和主动性。在有些情形下，访谈是获得所求信息的唯一可行方式（例如，关于儿童或文盲的信息）。

其次，发生在访问员与被访者之间的互动，让我们拥有可以更多的机会来激励被访者提供更准确的答案、处置各种误差源（例如，误解导语、题项措辞、术语定义等）；使用问卷时，我们常常无法检测它们。同时，访谈情境也会让被访者难以拒绝回答某些提问或拒访。

而且，在展示题项、题项顺序、排除不相干的题项等方面，访问员可以拥有更多控制。最后，在访谈情境中，对被访者的观察能够提供有价值的信息和洞见，一般来说，它们是使用问卷所无法获取的。

总之，每一种方法都有自己的优势和劣势，我们需要根据所研究的具体现象、特定目的、既定情境、特定来源、被访者等方面，选择它们中较合适的一个。

## 访谈结构

与其他类型的面对面沟通不同，访谈的启动、执行和中止，受一些规则的制约；在大多数情形下，访问员直白或隐含地制订这些规则。研究性访谈尤其如此，它是陌生人之间的交谈，为的是访问员所设定的一个特殊目的。访问员不仅要保证被访者的合作，而且要激励他们竭尽所能地、诚实地回答向他们提出的问题。我们还要求访问员控制访谈，如果情境需要的话，进行追问、转移和再转移话题、鼓励"恰当"的应答、阻拦"不相干"的应答。

不过，在结构上，不同访谈之间可能有很大的不同。提问既可以是毫无结构的、松散的、没有导语的，也可以是高度指导性的、封闭的。同理，应答也可以是开放式的、没有格式的，还可以是高度结构化的、强迫选择的。访谈的结构性越强，产生清晰、专注的沟通的可能性就越大。我们的讲解主要关注的是相对结构化的访谈，也称为"标准化"或"指导性"访谈。[1]

## 测量误差与应答效应

与其他测量工具一样，评估访谈的信度和效度的基础是识别各种不同的系统和非系统误差源（详细讨论参见第5章）。非系统误差除外，我们可以把访谈中的潜在系统误差分为3个主要类别：访问员（例如，背景变量、期望、追问误差）；任务（例如，措辞、格式）；被访者（例如，背景、态度、应答风格）。当然，在对应答的影响上，这三类因素有可能存在交互效应。

我们将在下一节讨论访问员效应。在一定程度上，很多被访者效应、任务效应和数据采集的其他方式（例如，问卷）相干，因此，在下一节，我们将更全面地讨论它们的潜在效应。

# 访问员效应

访问员效应是不可避免的，正如卡恩和坎内尔（Kahn & Cannell, 1957: 195）所指出的：

> 我们只能把访谈看作一个互动过程，除此之外，别无他法。从字面上来说，互动是指一个人正在影响他人，并以各种不同的方式对他人作出反应。因此，说我们想要一个没有访问员效应的访谈，这句话本身就是一个矛盾。

因此，问题不是"是否存在访问员效应"，而是"什么是访问员效应"。而且，我们是否可以识别不同类型的访问员效应？是否存在可以让一些（或全部）访问员效应最小化的方法？[2]

一般来说，我们可以区分"角色有关的效应"与"角色无关的效应"。如名称所示，前者是指因访问员角色的特定方面以及扮演角色的方式所带来的效应。另一方面，角色无关的

---

[1] 非结构访谈的例子，参见洛夫兰德（Lofland, 1971）和米什勒（Mishler, 1986）。
[2] 我们建议大家在阅读本章时同时阅读第11章的相关部分和访谈者效应相关的章节，请参阅第11章"研究者"一节。

效应是指主要因访问员的属性(最宽泛的意义上)所带来的效应。我们将分别讨论这两个效应。

## 角色有关的效应

看起来恰恰相反,一般来说,访问员的角色得到很好的规定和界定(有关访问员和被访者角色的详细讨论,参见 Brenner 1978,1981a,1982)。大多数时候,我们要求访问员遵守访谈的标准化结构[1],他(或她)的主要角色是创造各种最佳条件,刺激和激励被访者提供相干的、准确的答案。

因此,坎内尔等人(Cannell et al.,1981:389)指出:"访问员具有操纵或扭曲答案的潜能,这引发了各种方法的产生,旨在控制访问员对答案的影响。"这些方法包括行为规范、反馈类型、反馈的适用条件、追问策略、导语的恰当使用。(有关文献,参见 Brenner,1982;Cannell,1985a;Cannell et al.,1981;Fowler & Mangione,1990;O' Muircheartaigh,1977;Sudman & Bradburn,1974)

因访问员的角色行为而起的应答效应,是指访问员的角色需求与介入的实际行为之间的差距。在一定程度上,它和访问员的能力,以及(/或)扮演规定角色的倾向有关(Brenner,1981a;Sudman & Bradburn,1974)。其他问题除外,研究发现:(a)访问员经常改变题项,并不按照书面题项提问(参见 Bradburn et al.,1979;Brenner,1982;Martin,1983;Schuman & Kalton,1985);(b)访问员可能对答案作出不同的追问和反应(Cannell & Kahn,1968;Martin,1983);(c)访问员经常无效地给出反馈,特别是不加区分地给予正反馈(Martin,1983)。其他偏差效应的示例,参见 Kahn & Cannell,1957;Hyman et al.,1954。

综合正反两个方面,萨德曼和布拉德伯恩(Sudman & Bradburn,1974)认为,访问员和应答效应没有任务效应重要。但布伦纳(Brenner,1982:135)在综述了有关角色受限的访问员特征的证据之后,得到的结论是,出现偏差的可能性很大,"在任何具体的调查中,我们都有必要来评估访问员扭曲应答过程的可能程度"。

## 角色无关的效应

角色无关的效应是指源自访问员背景属性和心理属性的效应。

### 背景属性

我们经常研究访问员背景属性所带来的效应,包括种族、性别、年龄和社会经济地位(socioeconomic status,SES)。总的来说,性别和SES看起来并不影响应答,但后者的效应有时是模糊的,特别是因为它倾向于和种族的效应相混杂(Hagenaars & Heinen,1982)。

另一方面,我们已经发现,当问题与种族和性别特征具有密切关系时(例如,种族态度、性别刻板印象),它们就会影响应答。(有关综述,参见 Cannell & Kahn,1968;Hagenaars &

---

[1]当然,这不是一种"全或无"的情境,而随着访谈的结构化程度不同,它也会发生变化。在极端的情形下,一个高度结构化的访谈可能类似于一个刺激—反应情境。(Brenner,1982)

Heinen，1982；Schuman & Kalton，1985；Sudman & Bradburn，1974）

**心理属性**

我们把访问员的人格特质、态度、价值观、意见、期望等归类到"心理属性"下。经常有人主张，访问员的态度、价值观和意见会直接影响应答；或具有间接效应，体现在记录和转录中的错误之上。至少有一部分证据表明，对于特定问题，访问员的意见与被访者的应答之间存在关联（参见 Bingham & Moore，1941；Cannell & Kahn，1968；Cantril，1944；Erdos，1970）。但是，舒曼和凯尔顿（Schuman & Kalton，1985）认为，几乎没有直接的证据表明，访问员的意识形态会带来偏差。

在讨论访问员遴选问题的文献中，充斥着很多有关受欢迎的人格特质的建议，比如诚实、适应性、和气（参见 Gorden，1975；Lin，1976；Sheatsley，1951；Weingerg，1983）。但大多数建议的基础是常识，更像是逸闻趣事，几乎没有系统性研究的支持。

在广泛的综述之后，哈根纳斯和海嫩（Hagenaars & Heinen，1982：126）的结论是："一般而言，访问员和角色无关的属性并不具有应答效应；只是在特定的情形下，我们才能期待它们出现。"

# 任务效应

以下方面可归入"任务"类别：题项或刺激（例如，如何呈现、如何措辞）、应答（例如，开放—封闭、选项数量）、执行程序（例如，反馈、如何处理不太情愿的被访者）。

关于这些主题以及相关话题已经有了很多讨论（参见第11章）。为了避免大幅度地跳跃，我们决定只关注一些有关题项及其应答模态的话题。一个事实蛰伏在我们所讨论的、范围广泛的主题之下：即使我们作了如此严格的限定，我们也只能抓住它的表面现象。对这里所涉及的各种问题的更详细的讨论，参见：Cannell & Kahn，1968；Cantril，1944；Converse & Presser，1986；Gable，1986；Kahn & Cannell，1957；Molenaar，1982；Nunnally，1978；Schuman & Kalton，1985；Schuman & Presser，1981；Sudman & Bradburn，1974。

## 题项和应答模态

由于题项的措辞这一问题至关重要，所以我们将从对这个问题的一般性观察来开始对这一专题的讨论。随后，我们再来介绍问题和/或应答模式的某些特定的方面。

## 题项措辞

不言而喻,题项的措辞将在很大程度上决定给出的答案的种类。萨德曼和布拉德伯恩(Sudman & Bradburn,1982:1)用一个众所周知的轶事对这个问题作了形象的阐述:

> 有两个分别来自多明我会和耶稣会(新教的两个不同教派——译者注)的教士,在讨论吸烟和祷告同时进行是不是罪孽这一问题时,争论不休得不出结论。于是他们回去请教各自的上司。过了一个礼拜,他们又见面了。多明我会的教士问对方:"你的上司怎么说的?"耶稣会教士回答道:"他说这没有罪。"多明我会的教士回应道:"有意思,我的上司却说这是有罪的。"耶稣会教士又问道:"你是怎么问你上司的?"对方答道:"我问他,祷告时吸烟可以吗?"耶稣会教士说:"哦,我问的是,吸烟时可以祷告吗?"(不同的问题措辞,往往会导致不同的答案——译者注)

讨论如何编写题项、良好的题项措辞具有哪些要素的文献已经汗牛充栋(参见 Cantril,1944;Converse & Presser, 1986;Converse & Schuman, 1984;Hogarth, 1982;Miller, 1983;Oppenheim, 1966;Payne, 1951;Sheatsley, 1983;Sudman & Bradburn, 1982;Turner & Martin,1984:第一卷,第九章)。正如佩恩(Payne,1951)的经典著作《提问的艺术》的书名所传达的一样,题项编写或题项措辞具有相当的艺术成分。如果没有创造性的要素,没有跳跃思维的能力,没有简明扼要的沟通,我们很难想象能够出现遣词优美的题项或选项。

影响应答的主导因素是,对于被访者而言,词汇、短语及其组合是含义有别的。对研究者来说,有些词汇或题项的意义是"非常清晰的",但被访者可能不理解,或者理解成不同的意义。

这种情形的一个有趣示例,来自舒曼和凯尔顿(Schuman & Kalton,1985,引自舒曼的一个研究)。在一个访谈过程中,很多题项呈现给被访者,要求他们表明自己是赞同还是不赞同,其中包括:"尽管人们有各种说法,但很多普通人过得越来越差,而不是越来越好。"(Schuman & Kalton,1985:642)在这之前,很多人曾经多次使用过这个题项[1],因此,他们假设它应当不成问题,没有经过前测,他们就把它放在访谈提纲的终稿之中。(Schuman & Kalton,1985:642)结果是,访问员指出:

> 在整个持续一个多小时的访谈中,"很多普通人"这个问题肯定是问题最多的一个,主要因为许多美国人并不熟悉 lot 一词的用法。对这个题项存在各种各样的理解,如"很多普通男人""宅地的面积",甚至有一个人把它理解成"墓地"!(Schuman & Kalton,1985:642-643)

前一个例子关注的是同一个题项的意义或阐释。毋庸赘述,当题项使用不同的措辞时,一般来说,情形会变得更复杂。因为措辞效应的作用方式是细微难料的,"认为一个'相同'的题项可以具有别样的措辞,这种认识是错误的。措辞上的任何变化都将改变题项的意义"(DeLamater,1982:23)。甚至当我们使用相同的选项,但改变选项的顺序时,意义都有可能受影响。下面我们将针对每一种情形举一个例子,它们均来自舒曼和普雷瑟(Schuman &

---

[1]顺便提一下,这个题项来自斯罗尔(Srole,1956)流行的"失范量表"。

Presser,1981)的一部优秀著作,在这本书中,大家可以找到大量信息,讨论有关题项的格式、措辞和语境的各种实验。

"同一"问题的两种形式(Schuman & Presser,1981:281)：

<table>
<tr><td align="center">"禁止"形式</td><td align="center">"允许"形式</td></tr>
<tr><td>您认为美国应该禁止宣扬共产主义的公共演讲吗?</td><td>您认为美国应该允许宣扬共产主义的公共演讲吗?</td></tr>
</table>

选项的次序(Schuman & Presser,1981:60)：

<table>
<tr><td align="center">"石油充裕"说在前</td><td align="center">"石油充裕"说在后</td></tr>
<tr><td>有人说,我们还有大量石油,足以让我们再用25年。也有人说,按照我们现在的用油速度,只要15年左右我们就会把石油用光。您认为哪种观点更正确?</td><td>有人说,按照我们现在的用油速度,只要15年左右我们就会把石油用光。也有人说,我们还有大量石油,足以让我们再用25年。您认为哪种观点更正确?</td></tr>
</table>

撇开细节不谈,需要指明的是,前两个例子中的每一个都会得到不同的应答模式(即赞同/不赞同的百分比)。

在探讨题项措辞的方向性时,赖泽等人(Reiser et al.,1986)指出,面对表达相同观点的陈述时,人们更倾向于赞同负面措辞的陈述,而不是不赞同正面措辞的陈述(即赞同"大多数人不可信",而不是不赞同"大多数人可信")。

信息呈现的格式也会影响偏好和决策,麦克尼尔等人(McNeil et al.,1982)的研究就是一个示例。研究人员让患者、医生和研究生(具有统计学和决策论的坚实背景)想象自己患了肺癌,然后依据提供给他们的信息,让他们在两种疗法中进行选择。这些信息的一个方面是基于死亡率或存活率进行描述的(例如,10%的死亡率或90%的存活率)。无论背景如何,很多被访者都偏好"以生存概率而不是以死亡概率"描述疗效的治疗方案(McNeil et al.,1982:1259)。

## 开放—封闭之分

题项结构的一个主要方面是指我们想要的应答模态。它的一端是开放题(也称"自由形式"或"无结构"),要求开放回答;另一端是封闭题(也称"必选"),要求被访者在所提供的一组答案中进行选择。有各种不同的格式可以引发必选应答,包括是/否、多项选择、表单、评分量表以及各式各样的赞同—不赞同格式。当然,题项结构可以在这两端之间进行变动。

开放题还是封闭题? 这是一个备受争议的主题。部分原因是,有些学者和研究者倾向于把这两种题型和研究的不同取向联系起来。他们认为,开放题适合于定性研究,封闭题更适合定量研究。一种格式是否比另一种格式更适合,在何种情形下更适合,对它们的研究尝试,参阅舒曼和普雷瑟(Schuman & Presser,1981),以及康弗斯和普雷瑟(Converse & Presser,1986)。

## 选项数量

探讨这个问题的大多数研究都集中在评分量表上,尽管有些结论也可能适合于其他题型。在评分量表中所采用的备择选项的数量,变化幅度很大,既有建议2个或3个(参见Jacoby & Matell,1971),也有建议在有些条件下为25个(参见Guilford,1954)。碰到100个潜在备择选项的量表(例如,以百分数为基础的量表)或者对备择选项没有数量限制的量表,甚至也不算什么不同寻常。

许多研究者都考察了量表点的数量对信度、效度、复原性和被访者偏好的效应(参见Comrey & Montag,1982;Garner,1960;Green & Rao,1970;Komorita & Graham,1965;Lissitz & Green,1975;Matell & Jacoby,1971,1972;McKelvie,1978;Ramsay,1973),但结论并不一致,甚至还有一些争议;看起来,最常见的建议是:一个量表应由5~9个点构成(参见Cox,1980;Gable,1986;Molenaar,1982;Nunnally,1978)。

## 中间类别

是否应包含一个中间类别,作为备择选项中的一个?对这个问题的回答莫衷一是。首先,对不同的人、不同的题项类型、不同的研究领域而言,中间类别的含义完全不同。下面是中间类别所采用的术语或类似术语:不知道、中立、犹豫不决、没有意见、没有差异、没有评论、不承诺、中立位置。很明显,它们并不是同义词。下面我们将简要小结有关使用这些术语的一些发现。

### 逻辑上的中立位置

对于有些题型而言,设一个中立位置显得合乎逻辑。诸如"适量""和现在差不多""路中间""不轻也不重"等答案,很显然就是一些题项的逻辑上的中立位置。有人发现(参见Gable,1986;Molenaar,1982;Schuman & Presser,1981),当有一个中立位置作为备择选项时,选择它的被访者的百分比会高于没有这个中立位置,而主动给出这个选项的被访者的比例。

我们必须认识到,当我们提供一个中立位置时,人们选择它的理由是各种各样的。有些人选择它,可能是因为它是一个容易或快捷的出路;有些人选择它,可能是因为它是应对焦虑的一种手段,这种焦虑来自要求他们回答一个提问,但他们碰巧几乎或完全不了解,或者他们完全没有考虑过;有些人选择它,可能是因为他们根本没有理解提问。这种状况给分析和阐释研究结果带来了困难(对中立位置的详尽的讨论,参见Schuman & Presser,1981:第6章)。

### 不知道或没意见

当我们试图处置"无态度"(Converse,1970)或"假意见"(Bishop et al.,1980)时,我们就会包括一个"不知道(DK)"或"没意见(NO)"的选项。所谓"无态度"或"假意见"是指,当人们面对完全不熟悉的评估对象和话题时,他们发表意见或表达态度的意向性。它的一个生动展示是人们对根本不存在的评估对象或话题而发表意见或表达态度的一种倾向。例如,有研究表明,有相当比例的被访者会对虚假的(a)种族群体、(b)国会法案、(c)宪法修正案表达自己的态度(最近一项研究,参见Bishop et al.,1986。有关无态度的研究和争论的综述和评估,参见Smith,1984)。

研究表明,当DK不是一个可能的选项时,大约10%的被访者会选择说"不知道"。但是,当DK是一个相同题项或提问的一个可能选项时,大约30%的被访者倾向于选择它。类似地,一个评分量表的中间类别(例如,7点量表中的4)也会吸引较多的被访者(Aldrich et al.,

1982）。

    研究表明，选择DK与很多被访者变量（如受教育水平，参见Converse，1976）、题项歧义（参见 Coombs & Coombs，1976）和特定主题有关联（对这些问题和更宽泛的题项措辞论题的详尽探讨，参见Schuman & Presser，1981）。

    必须记住，对于不同的被访者和不同的研究者而言，DK具有不同的意义。赋予DK的意义包括：不了解、忽视、无差别、歧义。大多数研究者把DK和NO当作同义词使用，有些研究者则严格进行区分，考虑到这个事实，事情就变得更复杂了。

    毫不奇怪，很多研究者（参见 Andrich，1978；Bock & Jones，1968；Converse & Presser，1986）建议，一般来说，尽量不用中间类别或慎重使用它。

## 题项顺序

    另一个引起争议的论题是题项顺序的潜在效应，也称"顺序效应"。一方面，简单改变一下一个题项在问卷或访谈提纲上的总位置，似乎并不产生任何大一点的效应（Molenaar，1982）。另一方面，当我们考虑题项所处的语境时，诸如重点、连贯和对比等顺序效应变得十分明显（Cantril，1944；Kahn & Cannell，1957；Molenaar，1982；Schuman & Presser，1981）。

    正如舒曼和普雷瑟（Schuman & Presser，1981）所指出的，当所包含的题项是针对一组紧密关联的话题时，顺序效应（更具体地说，是情境顺序效应）就更有可能发生。一个问卷中的题项常常是按照话题编排的，这一事实让问题变得更复杂。而且，一般性题项似乎比具体性题项对顺序效应更敏感。有些调查研究者的行事方式好像不存在题项顺序效应或效应很小似的，为了引起他们的注意，舒曼和普雷瑟（1981:74）曾警告说："考虑到过去的研究和我们自己的实验，我们必须挑战这些便于行事的假定。"

# 被访者效应

    如前所述，我们可以在"被试效应"的更宽泛语境下来讨论被访者效应。前者我们将在第11章中作深入探讨，这里我们仅对被访者效应做一点一般性的观察，特别是它们在应答题项（无论是在访谈中，还是在问卷中）时的情形。

    首先，我们请大家注意前面所作的评述，即我们并不能清晰地把访谈过程中的有些方面归类到3个类别（即访问员、任务和被访者）之一，而这三者是我们现在所关注的。而且，在它们对应答的效应上，不同类别之间还可能存在交互。这里，我们并不想详细讲解交互的含义[1]，就当前的目的而言，我们仅仅指明，它是指两个或多个变量的联合效应。交互的一个例子是，当面对复杂的题项时，超常比例的小学水平的被访者选择"不知道"这个选项，大学水平

---

[1]直观的介绍参见第10章，详细的讨论参见第20章、第21章。

的被访者就不是这样。

在被访者角色扮演的各个方面中,最重要和最普遍的方面可能就是"自我呈现",它是指被访者一方希望在特殊的光照下向研究者展示自己,以造成一个特别的印象。虽然"在其他条件保持不变的前提下,一般假定,人们会以降低人际不适或社会不适的方式行事,或者尽可能地给别人留下好印象"(Sudman & Bradburn,1974:9),但自我呈现并不必总是正面的(有关示例,参见第11章关于叛逆被试的讨论)。

由此可以推论,情境的特性会影响人们对自我呈现的关注。因此,在面对面访谈的情境下,被访者可能会关注他们所投射的形象,而在匿名填答一份邮递问卷时则不会。不过,相应地,这也取决于任务因素。例如,面对面访谈的应答与匿名自填问卷的应答之间的差异,将取决于题项的性质。在这两种情境下,比较平淡的题项很可能引发相似的应答;"令人为难的"题项则可能造成不同的应答。在面对面的访谈中,令人为难的题项更可能带来社会赞许的应答,但具体效应还取决于访问员的地位(例如,教师、精神科医生、大学助教)。

前面所论及的问题似乎还不够复杂;被访者可以承担多种角色,这些角色甚至可能相互冲突,这个事实才让问题变得更复杂。这种情形如何会出现?它会带来什么后果?针对这些问题的讨论请参见第11章。

在前一节我们已经讨论过,被访者对题项的理解将影响应答的性质(也可参见第11章,理解假象)。同时,被访者是否可以接近我们想要收集的信息,也会影响应答(Cannell et al.,1981;Cannell & Kahn,1968;Converse & Presser,1986;DeLamater,1982;Kahn & Cannell,1957;Sudman & Bradburn,1974)。当然,由于各种各样的原因,包括健忘、压抑、不能或不愿言表,信息的可接近度是不同的,有些信息甚至完全无法接近。它的潜在后果包括低估(假阴性)、高报(假阳性)和应答的扭曲。

## 应答风格

应答风格(也称为"应答定势")是无视题项内容而给出答案的倾向。研究最多的两种应答风格是随声附和和社会赞许性。

**随声附和**。"随声附和"或"唯唯诺诺"最早由克隆巴赫提出,它是指被访者答"是"多于答"否"的倾向(Cronbach,1946)。库奇和凯尼斯顿(Couch & Keniston,1960:169)认为:"这带来的一个后果是,问卷题项似乎被一种倾向所'霸占',无论它们的内容是什么,它们彼此之间都正相关。"第4章,在讨论权威主义的一个度量($F$量表)时,我们曾经给出了有关这种应答风格的研究的参考文献。

一般来说,随声附和可作为混杂误差的一个来源,特别是当题项或刺激存在歧义时(参见Brenner,1981a;Cannell et al.,1981;Converse & Presser,1986;DeLamater,1982;Jackson,1967;Messick,1967;Schuman & Presser,1981;Wiggins,1973)。[1]另外,有些初步证据表明,

---

[1]但是,农纳利(Nunnally,1978)认为:"无论是作为人格的一种度量,还是作为人格和情绪度量中系统性误差的一个来源,附和倾向都无足轻重。"

受教育程度较低、对任务投入较少的被访者，随声附和的现象发生的频率会更高一些（Schuman & Presser, 1981）。

**社会赞许性**。爱德华首创"社会赞许性"这种应答风格，它是指被访者将自己较好的一面呈现给研究者或访问员的倾向（Edwards, 1957a），因此，也称为"自我赞许性"（Nunnally, 1978）。虽然社会赞许性的效应规模及其一致性还是一个备受争论的主题，但是有研究发现，社会赞许性会影响对问卷和访谈的应答（参见 Brenner, 1981a; Cannell & Kahn, 1968; Cannell et al., 1981; DeLamater, 1982; Edwards, 1967a, 1967b; Sudman & Bradburn, 1974; Wiggins, 1973）。

# 观　察

众所周知，通过观察，我们了解自己所处的物理环境和社会环境。但无论是日常习惯的、看似漫不经心的观察，还是科学研究精心的、系统性的观测，重要的是要认识到，观察是一个主动的过程。这暗含一个特定的参照系，它带来对观察对象（"什么"）和过程（"怎样"）的选择。为了说明这一点，波普尔（Popper, 1972:259）让读者们参与一个实验，即告诉他们"此时此地，观察"。然后他说道：

> 我希望你们大家互相合作，进行观察！但是，我担心你们当中至少有一些人，不是观察，而是急匆匆地问："您要我们观察什么？"如果这是您的反应，那么我的实验就成功了。我想举例说明的是，为了能够观察，我们必须在心中有一个明确的问题，一个或许可以通过观察就可以决定的问题。达尔文很清楚这一点，他写道："所有观察都必须支持或反对某些观点，看不到这一点，是多么奇怪的事情。"（Popper, 1972:259）

子曰：饱食终日，无所用心（转引自 Armstrong, 1985:xi）。孔子的这句话，可以作为结语[1]。

有些人认为，观察是"一切科学的基础"（Brandt, 1972:22），但有些人仅把它看作某些研究策略的基石（参见 Bogdan & Taylor, 1975; Erickson, 1986）。实际上，我们经常把"观察研究"这个术语和"自然研究""实地研究""民族志""人类学研究""非实验研究"和"准实验研究"等术语混用。[2]这已经造成各种错误的观念，主要的一个谬误是区分观察研究和实验研究（参见 Weick, 1968）。

我们认为，"观察研究"这个术语是个不当的命名，因为它错误地把一种收集数据的方法（即观察）和研究方法或研究设计并列起来，包括实验（参见第 12 章）、准实验（第 13 章）和非实验（参见第 14 章）。总之，观察只不过是众多收集数据和测量程序中的一种，正因为如此，它

---

[1] 阿姆斯特朗没有给出引文出处，译者浏览《论语》全文，这是较接近的一句。
[2] 参见第 13 章、第 14 章。

"与使用尺子、测量电流或称化学品等科学活动属于一个类别"(Fassnacht,1982:39)。

在社会行为研究中,作为典型的用法,观察关注的是口语或语言行为,这很可能是因为语言更容易编码,而其他行为则较难,包括语言之外的元素(例如,音调、音长)、面部表情、身体动作和人际空间。虽然我们常常把观察应用于"自然生境"①,但是观察自身内部并不存在将自己局限于这类场景的因素。似乎并没有必要重复说,我们也可以在实验室、在实验条件下、在模拟情境中等进行观察。但考虑到前面所提及的有关观察研究的错误观念,这样说一次还是有必要的。

不出所料,观察程序也有自己的问题。首先,它们一般都比较昂贵。其次,它们对"观察者效应"(例如,期望、晕轮、记录错误)和被观察者一方的反应比较敏感。最后,被观察者的隐私也常常会受到连累(论证的正反两方面的小结,参见Fassnacht,1982)。

为了理顺观察的目的、情境和目标的多样性,人们提出了一些分类系统(参见Brandt,1972;Evertson & Green,1986;Medley,1982;Weick,1985;Wiggins,1973)。其中,法斯纳赫特(Fassnacht,1982)提出的分类可能是最细致的。由赫伯特和阿特里奇(Herbert & Attridge,1975)提出来的标准(例如,目的、内容、定义、信度、效度和可操作性)对分类系统的使用者和开发者,或许都会有所帮助。

与前面章节所讨论的其他方法一样,我们对观察法的讲解必然是挂一漏万的。事实上,我们只讲解了一些有关系统性观察的问题。②为了说明系统性观察是什么,如何区分它与其他形式的观察,我们采用韦克(Weick,1985:568)的定义,或许会有助于大家的理解:

> 系统性观察是指持续、详尽、有条不紊地观察和转述各种社会情境,这些社会情境和自己自然发生的背景有联系。

我们需要指明这个定义的几个要点。走马观花、无意识、无计划和无组织的观察,都被排除在考量之外。所谓"转述"是指观察者选择性地、主动地阐释所观察到的事物。"社会情境"暗含观察的对象包含3个要素——行动者、场景和所介入的活动。如果大家想深入了解,请阅读韦克(Weick,1968)对这个定义所含的7个要素的详细讲解。在上述讨论的基础上,下面我们转向对观察数据的讨论。

## 观察数据③

我们能够采集的数据类型,记录数据所采用的工具是多种多样的,就如同观察中包含不同的行动者、场景、对象、内容和实质一样。勃兰特(Brandt,1972)曾对这个主题进行过最全面的讲解,他提出一个分类,包括下列类别:

①事实上,"现场"也是对"观察"、对定义的一部分(参见Weick,1968)。
②对照系统性观察,对其他形式的观察(例如,生态学观察、民族志观察)的讲解,参见埃弗森和格林(Evertson & Green,1986)和梅德利(Medley,1982)。
③里默尔(Leamer,1988:493)曾说过:"我确实不喜欢把观察数据组成一个词组,这不等于是观察吗?"我们同意他的观点,但由于这个术语广为流行,我们还必须使用它。

1. 叙述：它包含"只复制行为事件，保持它们原初发生时的方式和顺序"的数据（1972:80）。例如，轶事、样本记录、实地笔记、生态描述、信件、日记。
2. 评分：例如，数字、图式。
3. 清单："把范围限定到行为和情境的特定方面，观察者对它们也容易形成共识"（1972:81），包括的事物有：静态描述（例如，年龄、性别）、行为清单（例如，互动分析、类别系统、符号系统）、活动日志、离散事件记录、特质指标清单。

我们的讲解局限于系统性观察的一些方面，因此，我们只讨论评分和清单。

## 评 分

在社会行为研究中，评分量表十分流行（参见本章的开篇部分）；顺理成章的是，它们也大量应用于观察提纲之中（Brandt, 1972；Fassnacht, 1982）。在观察提纲中，评分量表的典型应用是：对行为评分（例如，它们的强度、频率）、依据不同标准对互动进行评估、评估环境或场景（例如，工作场所、操场、教室）。

我们在前面的章节已经讨论过使用评分量表中的一些问题，这里不再重复，但提醒大家注意，评分者在其中起着关键作用（例如，背景特征、参照系、偏见、晕轮效应）。在平常的应用中，我们是在观察快结束时，而不是在观察进程中进行评分，这样会加重和应用评分量表相联系的各种问题。而且，在少量行为样本的基础上，频繁使用总评分，也是值得商榷的（Foster & Cone, 1986）。

## 清 单

为了确保能够在一个特定情境中注意和记录特定的事物，我们会使用清单，这种做法已经具有上百年的历史（Brandt, 1972:94）。作为一种观察程序，我们使用它们来记录事先规定的行为和互动的发生和频次（有时记录）。清单具有很多种类和格式，最常用的清单类型，要么是由符号系统构成的，要么是由类别系统构成的（Medley & Mitzel, 1963）。

### 符号系统

一个符号系统，也称为"特征系统"（参见 Fassnacht, 1982），包含一个我们感兴趣的行为、事故或事件的列表。在一个既定的观察期内，只要符合列表中的一项，观察者就需要记录行为的发生，有时还包括它们的频次。其背后的假定是，观察到的行为或"事件被看作研究者感兴趣的一些特征是否存在的指标"（Medley, 1982:1842）。这样，"符号的作用就和客观测验中的'及格/不及格'题项一样"（同上）。

观察者的任务是记录对应于清单所列的行为；清单上没有的行为，就不记录。符号系统可以包含一组较广范围的行为，实际上，它可以同时容纳几个行为域。这样的话，观察者就需要随时识别并注意到全部行为。不过，一份横跨很多领域的行为清单，并不必然会给观察者带来过重的负担，因为一般来说，符号的定义足够狭窄和明晰，可以让观察者快速、简便地进行识别。而且，相对不常出现的行为，也常常包含在清单上。因此，往往会出现一个时段，观察到的行为都是不相干的。此时，有些观察者会有困扰，他们更容易分神，出现"观察者漂移"

的现象[1]（Foster & Cone，1986；Medley & Mitzel，1963）。

**类别系统**

　　一个类别系统是由一组互斥、穷尽的类别所构成的，我们用它来对一个领域中所观察到的每一个行为进行分类。观察者的基本任务是把相干行为分配到提纲所提供的类别中去。我们假定：在观察期内，这些行为的每一次出现都会被观察到，而且归类到唯一的类别中。

　　类别的数量必须要少（例如，少于10个，参见 Medley & Mitzel，1963）；它们的范围有限、足够明晰，以便观察者能够比较快捷、容易地识别相干行为并归类。无须赘述，一定会发生选择，但请注意，类别已经提供给了观察者，这样，我们就局限在可以归类到这些类别的行为中。

　　与符号系统相比，一般来说，类别系统更高级一些，具有更好的理论基础，但也更难以建构。类别的穷尽假定和明晰要求，必然要求该类别系统的作者对研究领域具有一个十分清晰的理解。

# 信　度

　　与任何度量一样，我们也需要评估观察度量的信度。我们在第5章讲解了信度的综述，对古典测量理论给予了强调。观察数据的信度是很多讨论和争论的主题（参见 Berk，1979；Fleiss，1986：第1章；Frick & Semmel，1978；McGaw et al.，1972；Medley & Mitzel，1963；Mitchell，1979；Robinson，1957；Rowley，1976；Sackett，1978；Tinsley & Weiss，1975；Towstopiat，1984；Weick，1968）。我们并不想对这些争论的细节进行综述，我们的目的只是介绍其中可能涉及的难点和问题。更多的信息，参见上述所列的参考文献。

　　评估观察数据信度的最常用方法，是计算"观察者间相合度"（也称"评分者间相合度"）[2]。大家都明白，观察者间相合度可以涉及一个特定的误差源，其本身就可能是十分重要的，但它根本不是信度的一个指数，这是一个问题。虽然不断提醒研究者关注这个问题（参见上面所列的参考文献）[3]，观察者间相合度仍然是最经常取得估值的指数。在很多情形下，它甚至是唯一报告的指数。

　　一般来说，观察者间相合度是指两个（或多个）观察者在编码、评分、分类等方面的一致程度。人们提出过很多"观察者间相合指数"，基本上，他们都以估计观察者之间相合的百分比为目标。在其他条件保持不变的前提下，特定指数的不同之处在于（a）对相合程度的敏感性、（b）是否校正"偶然相合"。

　　如前所述，在古典测量理论中，我们把信度定义为真值方差与观察值方差之比（参见第5章）。由于通过观察所采集数据的数量和类型，信度估值比较复杂。一方面是因为在任何一段观察期内，一个行为常常被多次抽中采样；一方面是因为在任一时点上，我们可以使用多个观察者；一方面是因为我们可以安排多个观察期。因此，观察中的测量误差可能来自很多源

---

[1]观察者漂移是指随着时间的推移，观察者倾向于改变他们应用行为定义的方式（Kazdin，1977：143）。

[2]有关准则相合度、观察者内相合度、观察者间相合度的区分，参见 Frick 和 Semmel，1978。

[3]参见法斯纳赫特（Fassnacht，1982），他认为古典测量理论的信度应用于观察数据是不恰当的，观察者间一致就足够了。

头。例如,所研究的行为、行为样本可能不恰当,行为本身可能发生随机变化,被观察者可能会随着场景的变化而改变,观察的环境发生变化等,都会造成观察者们达不成一致。

观察者间相合度指数只涉及观察者之间的潜在误差。而且,这些误差反映的是观察者在使用观察工具上、在打分上的差异,而不是行为本身的差异。观察者间相合度肯定十分重要,我们应加以评估,但它并没有涉及更广泛的关切。已经证明,观察者间相合度可能很高,但信度却很低。在这些条件下,低信度的潜在因素包括:总分相同,但单个题项之间的存在不一致;随着场合不同、行为发生变异;就所研究的现象而言,被观察的群体相对同质;观察者漂移。

人们已经提出几种方法(相关系数法和依赖方差分析程序的方法)来评估观察者间的信度(参见 Berk,1979;Tinsley & Weiss,1975)。它们有一个相同的缺陷:它们只得出单一指数,因而忽略了观察数据中多种潜在的误差来源(参见上文)。有人认为,能够区分变异的不同来源(例如,场合、观察者、被试、行为)的概括度理论(参见第 5 章的简短介绍和参考文献),非常适合评估观察者之间的信度。

## 总结性评述

在本章中,我们对社会行为研究中的各种测量方法进行了综述。选择这些方法进行讲解的原因,一是它们的应用流行程度,一是它们可能暗示有多样性存在。请大家注意,我们的讲解必然有限,既没有穷尽所综述的各种方法,也没有穷尽所提出的问题。

本章是本书第一篇的结尾。我们不断提醒大家,请参考在其他篇中出现的设计和分析考量,这部分的主题主要还是测量问题。从第 7 章开始,我们转向设计问题。但是,由于研究的各个方面具有内在联系,我们还将回到第一篇所提出的一些问题,在讲解相关分析技术时,我们也会继续参考第三篇。

# 第二篇

## 设计篇

# 第7章
## 科学与科学探究

科学（science）这个词的来源是拉丁语"scientia"，意指知识。然而，就不同时代以及不同背景的人而言，科学又指不同的事物。比如说，科学常指同直觉和信仰相对的知识；同虚构相对的事实；同虚假相对的真实；同神话和传奇相对的，关于自然和物理世界的可累积的知识；以及不同的知识部门，特别是那些以实验室工作和实验为基础的学科；还有用以获致知识的方法。

于是，当我们听到下列言辞时，也不必诧异了。如皮尔斯（Peirce，1958）曾言，人们不可能"超过我们界定货币、政府、石头、生命时所具有的精确性"，来界定科学，"科学的观念，就像上述诸观念一样，不仅过于多样，而且有过之。它体现了人类智识发展之典型历程"（p.37）。宰曼（Ziman，1968）也有相似的观点。他认为，试图"回答'科学是什么？'的问题（p.1），就如同试图确定生命自身的意义一样，胆大妄为"。

下面我们随意选取了若干陈述，从这些陈述中，我们就可以了解科学概念的多样性。科学是（a）"对神话的批判"（Yeats引自 Ellmann，1964：234）；（b）《分解的技艺》（*The Art of the Soluble*，Medawar，1967）；（c）"我们可以献身的某个信念体系"（Polanyi，1964：171）；（d）"不过就是在繁杂多变的自然中——或更确切地说，在我们多变的经验中，努力去发现统一性"（Bronowski，1965：16）；（e）"只不过是经过修正和组织的常识"（Huxley，1895：45）；最后（f）"科学家之所为"（Bridgman，1959：128）。[①]

试图说清楚科学的目标，无疑谋多而功少，因为科学是没有目标的［套用一下杜威（Dewey，1916：125）关于教育目标的陈述］。科学家、哲学家、政策制定者，以及此类人等，他们所有的目标都是具体的，而不是像科学这样的抽象观念。不过，尽管波普尔（Popper，1972）认为，谈论科学的目标"可能听起来让人觉得多少有些天真"（p.191），"我建议，科学的目标在于发现对某些对象的满意的说明（satisfactory explanations），只要这些对象能够打动我们，并需要有说明的话"。

读者可能需要谨记在心的是，在试图说明自然，以及人类在自然中的位置的诸多努力中，有着各种视角，而科学仅居其一。宗教、神话、哲学、艺术、文学都有自己的方式，为那些从远古以来就纠缠着人类的诸多问题，给出各自的答案。那么，是什么东西，使得科学与其他视角有所区别呢？保守地说，大多数人可能会同意，这个有所别的东西就是方法，即科学家用以获

---

[①]如果最后一条陈述作为一个操作定义让读者感到震惊，读者可能有兴趣知道，正是这位布里奇曼（Bridgman，1927：第8章），提出了操作定义的观念。

得答案的办法。

显然，在本章的有限空间中，我们不可能对这样一个复杂的论题予以充分的展开。我们的努力不过是以宽泛的笔触，就某些主要议题，做一概要。当然，我们关于科学探究的观念，全都是根据我们对科学家和哲学家就此议题的言论的理解。尽管，我们不会时刻就此来提醒读者，我们还是希望，当读者读到我们的评论和解释时，能把它谨记在心，尤其在诸位对其有不同意见时。我们的目标并不是诱导读者改变想法，而是给出一个介绍，其本质所依据的观念是，解释的多样性和潜在的意见分歧。

我们先讨论一下，有关科学方法的错误概念，以及事实在科学探究中的角色。接着，我们会就所谓的"科学导向"（scientific orientation）的特征作出说明。本章的末尾会讨论两个有争论的议题：基础研究与应用研究；自然科学与社会行为科学。

## 科学探究

通过科学方法走上通往真理的坦途，以及发现自然规律的观念，直至最近仍然是科学探究观的组成部分。如皮尔逊（Pearson，1911）在其书中宣称的："不存在达至真理的捷径，除了经由科学方法的路径外，否则就不可能获得宇宙的知识。"（p.17）从此类宣称中，人们得到的是这样一幅科学家的画像：他是一个客观的观察者，不带偏见地接近现象，检验事实，以超然的（detached）、冷静（dispassionate）的态度和科学的方式累积证据，然后只求助于理性和逻辑，顺其自然地达至结论（真理？）。当然，没有比这离真相更远的了。

科学探究并非为了寻求真理，那种永恒和绝对的东西。它也不是为了寻求等待发现的自然规律。"科学规律不是自然的部分。它只是把握自然的一种方式。"（Thurstone，1947:51）真理就是还保持有效的工作假设，终将被其他假设取代。在给定条件下，为某一给定目的，自某一概念框架而被视为真的东西，换到不同的环境中，在另一目的下，用另外的概念框架来审视，它可能就被认为是非真的。因此，博尔（Bohr）说过："有两类真理，由事实所确认的深刻的真理，其反面也是同样深刻的真理；相对的是，平庸的真，其反面是显而易见的荒谬。"（引自Bohr，1967:328）

科学方法的系统陈述首先是哲学家们努力的结果，而不是科学家们的作为。有许多物理学家，如果不是全部的话，可能会同意贝弗里奇（Beveridge，1980）对科学方法的刻画，即"哲学的神话"（p.54）。朝好的方向说，物理科学家似乎将科学哲学家的断言看作同他们的科学活动"无关的"。朝坏的方向说，他们则显示出"对哲学家的活动的轻蔑的态度"（Gale，1984:491）。按照梅达沃（Medawar，1982）的描绘，自然科学家对科学方法的态度：

> 如果问一位科学家，他认为科学方法是什么。他可能表现出一种既严肃又遮掩的神情。严肃，是因为他觉得他应当表明一种意见；遮掩，则因为他在考虑，怎样才能藏住他没有意见可表明这一事实。（p. 80）

　　社会行为科学家们的情形则完全不同,对于科学哲学家关于做科学的"正确"途径,他们简直着了魔。社会行为科学家们把他们没有取得同物理学家相匹配的成就,在很大程度上,归咎于自己没能遵循科学哲学家们所提出的种种训诫。这种导向已经给社会行为科学带来了相当程度的"破坏的(destructive)"(Polanyi,1964:xiii)和"灾害的(disastrous)"(Cook & Campbell,1979:92)影响。

## 事实的角色

　　关于科学的错误概念,或者那种被刻画作天真的科学主义的,最显著的表现莫过于它给事实的角色。下面,我们先就事实的角色做一般的观察。在第9章我们将再次回答这一话题,届时我们将考察它同理论的关系。

　　在《科学规范》(*The Grammar of Science*)一书的导言部分,皮尔逊(Pearson,1911)断言,基于事实的论断"应当独立于检验他们的个体心灵"。(p. 6)由此,"事实的归类,对它们的顺序和重要性的认可,都是科学的功能"。(p. 6)类似地,在阐述《社会学方法的准则》(*The Rules of Sociological Method*)时,涂尔干(Durkheim,1938)坚称:在观察"社会事实"上,"所有偏见都必须剔除"(p.31)。涂尔干甚至断言,"这一规则的具体论证实非必要",因为它是"所有科学方法的基础"(p. 31)。

　　上述说法可能在某种程度上被当作是"怪异的""天真的"观念,反映出一个过往时代的特征。然而,我们确信,其中的某些导向仍旧体现在当代研究者经常重复的言论中:"让事实陈述自身!"这是一条没有实质的口号。"事实只是腹语师的傀儡。坐在智者的腿上,它们也许能开口道出有智慧的词句;换了人,它们就可能讲不出什么,或者仅仅是胡言乱语,甚至会妖言惑众。"(Huxley,1944:301)

　　"Data"一词的拉丁原意虽然是"给予",但是数据肯定不是给予的;而是"构建得来的(constructed)"(Bateson,1984)。这样一种观念,即认为事实"在那里",等着人去收集、去研究、去积累、去使用,从而形成理论的系统陈述,它的根是关于"纯粹的",无中介的知觉概念——尼采轻蔑地把这一概念称作"无知觉的教条(the dogma of immaculate perception)"。"形成于我们意识中的所有事物,都经过了安排、简化、图式化,也都经过了解释……我们从没有遇到过'(纯粹的)事实'。"(1968:263-264)

　　卡尔(Carr,1967)就历史写作中的事实提出过一个有洞察力的讨论,他写道:

> 　　事实其实不像鱼贩案板上的鱼。它们更像在汪洋大海中游动的、难以捕获的鱼;那些被历史学家抓到的,部分地依赖于机会,更多地则依赖于他选择海的那一部分去捕,以及他用来捕鱼的渔具——这两个要素在相当程度上决定了他想捕的鱼的种类。一般而言,历史学家会得到那些他们想要获得的那类事实。(p.26)

　　我们看到的事实,在很大程度上取决于我们想要寻找的事物,取决于我们的信念、期待和取向,还取决于我们的理论。布罗涅夫斯基(Bronowski,1965)取笑了"受某些机械过程制约而固着于自然事实的,科学家的愚蠢图像"(p.11),并指出,物理科学的目标之一,"曾经是给出这个物质世界的精确图像。然而，21世纪的物理学的一大成就已证明那个目标是无法达到的"（1973：353）。

## 科学导向

如果像前面所主张的一样，并不存在所谓的科学方法，那么将科学同其他的对事物的说明模式区别开的东西是什么？不过，如果承认了下列意见，就可能有一回答。

> 科学事业是合作的……每位科学家既通过自己的眼来看，同时也通过前辈和同事的眼去看。从来没有某个个人可以经历所有的步骤……这里是许多个体组成的一群人，他们之间虽然有分工，但是相互间依旧能连续且谨慎地核实各自的贡献。（Ziman，1968：9）

这种科学导向的要点在于以一种批判的态度对待科学家的发现和断言，包括积极地寻找某人工作中的缺陷，寻找某人推理中的薄弱环节和不一致之处；还有把任何说明都视作在一个永无终点的连续逼近过程中的探索阶段。

至此，我们都已经意识到，你可能感到十分讶异前面对科学家的描述，因为那好似由想象的人构成的一个幻想的世界的肖像画。不过，科学家也是人。他们追求地位，为科学拨款而竞争，狂热地守护自己的地盘，甚至会根据同行科学家是否同意他们的观点，而形成联盟或对峙。我们中的人，谁没有遇到过以下情形呢？科学家之间的鸡毛蒜皮，他们之间既尖刻又没有逻辑的争执，相互间的敌意，顽固的心灵，智力上的不诚实，甚至在个人的贡献，抑或珍爱的观念或信念上公然造假。实际上，人们无须讶异于古尔德纳（Gouldner，1970）给社会学家的恳切忠告，"请放弃那种精英论的假定，即认为普通人出于需要而相信，科学家们根据逻辑和理性的指示而相信；请代之以人的假定。"

像所有社区一样，科学社区也不是铁板一块。科学家大多数都是诚实的，富有智识上的好奇心，也能认识到他们的工作只是不断变化的科学图景的组成部分。不过，这绝不是说，他们能够轻易地修订自己的理论陈述，尤其需要思维模式或概念上的根本转变时，因为这些对研究者如何看待其所研究的现象起着关键作用。据此，有一点就特别值得注意，有些科学家，虽然可能是很小的一部分，期待着甚或希望着，他们的工作随着进一步研究的展开和新理论的发展，变得陈旧过时。弗兰克（Frank，1981）指出："法拉第（Faraday）曾经表达过这样的希望，即在他去世的50年后，他所写下的任何东西都不再被视作真实有效的。"（p.190）

科学事业的公共性质使其必须接受那些对其关注的人的审查，因此，这就使得其中不合规范的实践有被发现和暴露的更大可能。当然，这不是说，这一过程是简单易行的，也不是说，科学中不合规范的实践不可能长久不被暴露。[1] 希伯来人虽有谚语说："没有腿的骗子站

---

[1]关于医学研究中的欺诈、错误解释及瑕疵的一项非常有趣的研究，参见斯图尔特和弗德尔（Stewart & Feder，1987）。还可参见同一期的编者按，其中描述了针对论文发表的诸多妨碍，包括威胁控告论文或刊有诽谤文字，或刊有恶意的指责，或其中有对恶意指责的相反指责，还包括论文评审之间的争论，以及作者和编者之间的意见向左，而上述种种不仅会延误论文的发表，还可能极大地改变论文本身的面貌。还可参见布朗沃尔德（Braunwald，1987）的反证。

不起来。"有人则补充道："不过,他仍可能爬行很远。"

对科学中那些明显的欺诈的侦测,在很大程度上依赖于该学科所处的发展阶段。一般来说,学科越处于较低的发展阶段,欺诈被发现的可能性也越低。这点,对于那些研究者自身没能意识到的,又对研究结论有决定性影响的某些人为过程(artifactual process)同样适用。在许多高度发展的科学中,对于某一研究而言,其结果无法进行复制,无疑构成了其有效性的严峻挑战,许多时候甚至成为其无效性的判定依据。① 然而,就社会行为科学中的大多数研究而言,则并不如此,因为,研究者能够较为容易地说明何以他人对其研究发现的重复会失败,例如,将失败归于使用了不同的测量方法,研究的背景不同,样本的差别,实验方式的差别,研究程序的差别等。②

然而,千万也不要以为,更高级的科学就能免于人为过程的干扰。有这样一个值得注意的奇妙例证。1962年有一位苏联科学家宣称,使用普通的水,他造出了一种新形态的水,其特征有异于普通的水。最初,这一新液体被取名为反常水,后来又被称为聚合水。据弗兰克(Frank,1981)的报告,在随后的11年间,大约有400位科学家投入聚合水的研究中,有500多篇相关研究发表,其中许多还发表在有影响力的科学期刊上。"最终,人们认定聚合水实际是:一项虚假发现(nondiscovery),一项人为产物。"(Franks,1981:3)其特性源于被人们忽略的杂质。

科学导向的另一个特征在于,它在多大程度上能够容许研究结果或理论的两可或多义性,这也就等于承认,不存在产生发现的"规则"和"处方";还有,当没有满意的答案时,在多大程度上宁愿保持沉默;最后,赞许如下态度,"心存怀疑虽是一种不愉快的体验,但至少不像深信不疑那般荒唐。"(Voltaire引自Mahoney,1976:168)

科学导向还意味着,愿意且有能力对"表面的"答案提出质疑。科学进步的一大障碍,是不问根据地接受那些"表面的"答案,即以"传统的智慧"的名义保持其本来的状态,更有甚者积极干涉,企图将它置于科学研究的主题之外。

科学史充满了各种这样的例证,它们试图限制人们质疑表面答案的努力。其中最著名的一例是伽利略(Galileo)的。如下面将要讨论的,对社会行为科学而言,其存在的必要性或对它的需要,人们是有疑义的。其中部分的原因在于,人们确信,我们不需要社会行为科学家告诉我们那些我们从自身的(日常)经验和观察中已经知道的东西。当记者批评桑代克(Thorndike)的研究是一种浪费,只是"证实了大多数律师已知的东西"时,据报道,他作出了以下回应:"这无疑是教育研究的命运。如果它出自人们对其想当然的认定,他们就会问,'你到底想说什么'。如果有意外的结论出现,人们会说:'我可不相信。'"[《纽约时报》(The New York Times),May 25,1973:11]。

科学导向的另一个重要方面是其有能力采纳一个问题的多个竞争性答案,并对它们予以

①参见第9章关于伪证(falsification)和理论地位的讨论。
②关于研究的可复制性以及解释不成功的复制研究中的困难的讨论,参见 Aronson,Brewer,& Smith(1985:480-481)。

测量、设计和分析：研究方法的综合之道

检验。显然，如果缺乏一定程度的对两可的容纳，这就是不可想象的。那些不能容纳两可的人，不仅不愿意去，甚至也没有能力去采纳多个竞争性的答案。

总之，我相信，无论何时试图推进科学方法的观念，都无可避免地导向混淆和误解，因此，最好只谈科学导向，而不是科学方法。科学导向的特征，在上文中，我们已经罗列了一些[相似的观点，参见卡普兰（Kaplan，1964）关于"心的科学习惯"]。例如布里奇曼（Bridgman，1980）所观察的："科学方法，只要它是一种方法，就只不过是尽全力开放自己的心，而不是闭塞它。"（p.535）

## 基础科学与应用研究

试图在基础和应用研究之间划出界限，不仅曾经而且还将在科学家、政策制定者，以及公众之间引起争论。这是因为其中包含了巨大的利益，至少涉及科学家的声望和地位，请求公共支持，特别是金融资助等方面。这一争论所具有的价值特征，其生动的表现是认为"纯粹"与基础同义。

基础与应用之别，不仅随时代而变化，还耗费了无数的笔墨（Klopsteg，1959）。在一份基础研究的讨论会的总结中，沃尔弗利（Wolfle，1959）指出，与会者在试图界定基础的和应用的研究时，有两种对立的观点："一组人认为，虽然努力找出研究者都能同意的精确界定是困难的，但其努力是值得的。另一组则不认为这种努力有多少价值。后一种观点更普遍。"（p.257）

（美国）国家科学基金（参见 Klopsteg, 1959）为了判定研究项目是否属于基础研究，给出了下述"工作"定义：

> 基础研究是一种能够直接增加科学中的知识的研究类型。在基础研究中，研究者的首要目标是对研究的主题有更充分的知识或理解，而不是考虑它的实践应用。（p.186）

当国会下属委员会质疑基础和应用研究之别是否有意义时，里根（Reagan，1967）在听证会上引述了几位杰出的科学家对基础研究的界定或对其特征的陈述。其中，特勒（Teller）认为，纯研究"是一种游戏，一种玩乐，出于好奇心，出于那些难以察觉的品位、风格，以及鉴赏力"（p.1383）。对于霍沃思（Haworth）而言，基础研究"寻求对自然规律的理解，而不论其结果的最终应用性"（p.1383）。而西博格（Seaborg）认为，基础研究的基石是"智识上的好奇心。其驱动力不是功利的目标，而是为了寻求对宇宙以及其中的种种现象有更深的理解"（p.1383）。

在提及基础研究和应用研究的差别时，多数科学家关注的都是科学工作者的动机。[1] 简

---

[1]科学家们也提出了其他一些准则来区别基础研究和应用研究。例如，斯托勒（Storer，1966）支持下述观点，即"两者区别的核心是这样的问题：对于研究而言，哪种听众更重要？"（p.110）。对于从事基础研究的科学家而言，更重要的听众由科学家群体或其同行构成；对于从事应用研究的科学家而言，其雇主或非专业的公众则更重要。

单地说,那些追求知识和理解的研究被视作基础的,而以解决实际问题为目的而实施的研究,就被看作应用的。

科学家的动机是怎样的且由谁来决定呢? 不同的人对此都有过各自的回答。从大体上说,就我们的观点看,给出的答案太轻巧、太简单了;有些甚至可以说是轻率的。这里,给出两个后者的例子。瓦特曼(Waterman,1959)写道:"最简单的答案是,如果一个人觉得他必须对某个人实施一项精神医学的检测,以决定他为何想要做一项研究,那么这无疑是基础的。"(p.20)布里奇曼(Bridgman,1980)将科学家从事基础研究的动机同登山者的动机联系在一起,"因为它就在那儿"。下面的事例可以作为此种轻率概念的解毒剂。人们也许还记得,当臭名昭著的银行劫匪被问到,为何要抢劫银行时,他很自然地回应说:"因为钱就在那里!"坚持查找动机,所能得到的结果可能就如下述解毒剂所昭示的。当得知俄国沙皇的死讯的那一刻时,据称,梅特涅(Metternich)曾说道:"我怀疑他的动机何在。"

值得注意的是,一份由几个组织和委员会发起并由中国科学院赞助的报告中,宣称"基础研究可以最简便地被定义为新知识的发现"(Adams,Smelser,& Treiman,1982a:2)。然而,正是基础研究之应用潜力,重复地被用于论证它的合理性,如下所示:

> 简言之,在所有领域中,基础研究之合理性论证既有赖于科学发现的知识生成效用( knowledge-generating utility),也有赖于它有充分的根据,可以预期(虽然并不能保证)其中的某些发现在一段时期后会有非常大的实际益处。(p.3)

关于基础研究的争论令人想起一些更普遍的口号,诸如,为知识而求知识,为艺术而求艺术,以及为真理而求真理。我们同意德·乌纳穆诺(de Unamuno,1954)的说法:"所有知识都有某一最终对象。为知识而求知识,无论你怎么说,都不过是对问题本身的消极规避。"(p.15)甚至可以说:"这是冷酷无情的。"(p.29)例如,布罗涅夫斯基(Bronowski,1965)曾指出的:"一名科学家在其研究活动中,混有两种动机:他所处时代的兴趣和他自身的兴趣。就此一点而言,他的行为同其他人没有区别。时代的需要塑造了作为整体的科学进步的轮廓。"(p.8)

有些作者(例如,Bridgman,1980:441-451)把社会行为科学领域中进步的缓慢主要归之于研究者在研究中排除了实践问题。还有一些作者(例如,Proshansky,1981;Reagan,1967)极力主张,社会行为科学的根本在于应用。在自然科学中以前隐含着一种(在我们看来是错误的)看法,即可以预言哪种研究将导致实际应用,哪种研究不会。科学史上有着大量的研究事例,表明有许多最基础的研究改变了应用和实践的世界。这里,我想提一下核物理或晶体管的基础研究已经产生了什么。就动机而言,科学家并不一定处于更好的位置来预测基础研究的实际成果。这一点可以用卢瑟福(Rutherford)的话作为例证。据报道,他在1933年曾说道:"任何希望从这些原子的转变中获得能量的人都是在痴人说梦。"(引自 Weisskopf,1972:139)

一群研究者发现"青蛙的舌头在捕食昆虫时像一张弩"(《纽约时报》1983年9月18日,p.49)的观点是错误的,而在报告这项研究发现的过程中,他们被问及他们研究有何实践意义。"研究者之一,甘斯(Gans)博士回应道,'首先,我的母亲,她现在已经83岁了,在读到我们的发现时，很高兴'。"(p.49)尽管，随后甘斯博士"以更严肃的方式"讨论了某些可能的实际应用，我们还是更欣赏他最初的反应，因为就基础研究之实践效果的预言而言，它展现出一种轻描淡写的意识，即便有些夸张。

有许多论述，假定了基础研究与应用研究之间的区别，我们认为，其中最有见地的论述是梅达沃(Medawar, 1982:29-41)的，他曾指出，在研究者评估一项研究发现时，他们既不会涉及纯粹也不会涉及效用。"一个科学家在谈及另一个科学家的工作时，会说'多漂亮呀！'，或者'太巧妙了！'，抑或'非常启发人！'，但是，我从来没听说过，'多纯粹呀！'。"(p.38)

正如我们所做的一样，相信基础与应用研究之间的区别没有意义，甚至可能产生不利影响（见下文），这并不意味着实际的研究没有质量上的区别，也不意味着不能区别它们之间的潜在影响或益处，当然也不意味着不可能识别，哪些研究旨在解决具体的实践问题，哪些明显不涉及实践问题。我们所反对的是基础对应用的两分法；更主要的是反对用这种两分法去估计某项研究的价值，或者它的潜在应用前景；尤其反对的是用它来评定开展此项研究的科学工作者的价值。

任何熟悉学术圈的人都可能曾经遭遇到这样的层级区别，即"精英型纯粹研究者"与"受压迫的应用研究者"之间的区别。斯托勒(Storer, 1966)曾经指出基础与应用研究之间的区别是"招人怨"(p.106)，并以添油加醋的方式，展示了两个阵营成员的争论：

> 基础研究工作者觉得应用研究工作者没有创造性，所以应用研究工作只能吸引二流人物，因为应用研究就像照着食谱做菜一样。应用研究者那一方，则会回以相似的咒骂：基础科学家不过是一群自命不凡的家伙，待在象牙塔中，害怕把自己的发现拿到现实中检验；他就像培根笔下的蜘蛛，用他自己的材料来结网，与此同时，我们正在应用研究中取得真正的进步。(p.108)

尽管必须承认上面的言论"有夸张之嫌"(Storer, 1966:108)，不过这两种态度都无可避免地会对卷入其中的人造成伤害，进而会对更广阔的社会群体造成不利影响。因此，无论是学术机构，还是政府部门和私人的基金会，都需对之密切关注。

在结束本节的讨论前，我们还想提一下，就科学家对其研究之后果所应负的责任而言，基础与应用的区别具有的重要意涵。这里无须讨论科学与价值，或科学家的各种伦理责任，这一非常复杂的论辩的各种细节（相关的讨论参见 Glass, 1965），仅需指出的是，就一般而言，那些坚持基础与应用之间有区别的人，倾向于进一步认为，科学工作者不应当对他或她的研究工作的后果负责。（以社会行为研究为背景的各种相关讨论，见 Beauchamp, Faden, Wallace, & Walters, 1982; Brodbeck, 1968:第2部分; Frankel, 1976; Kaplan, 1964:第X章; Lindblom & Cohen, 1979; Reynolds, 1979）

无须多言，这种态度会带来深远的后果，特别地，当人们认识到，公众和决策者正日益地依赖于科学家的解释、分析和建议时。处于"星球大战"的年代，当人类已具备毁灭星球的手段时，我们所有的人都应当考虑事态的严峻。令人欣慰的是，上述不负责任的态度正在发生改变，其中明显的证据是，在军备竞赛、核能电厂的建立和控制、核废料的处置、环境污染、人口膨胀、酸雨、有毒废气排放等重大问题上,公众展现出的尖锐关切,以及政府部门的责任意识。

## 自然科学与社会行为科学

在科学家、哲学家、艺术家和广大公众中,自然科学与社会行为科学的区分是另一争论的来源。他们对那些被称为社会的或行为的科学的态度,包含了态度变化的整个范围,从否认其科学地位,经由怀疑、惧怕、不信任、漠不关心到完全接受。争论主要围绕两个问题:(a)社会行为研究发现的性质,以及社会行为科学家将这些发现用作政策指南时的角色;(b)社会行为科学研究的实体和方法。下面,我们依次论述这两个问题。

### 社会行为研究的发现和政策建议

在相当大的程度上,对社会行为科学的反对,甚至公开的拒斥,缘于社会行为科学家们对自身发现和其强烈建议所作的声明,即认为他们的发现和建议可被用作政策决策的指南。斯托夫(Stouffer,1950)将社会行为科学的困扰归之于"我们自己不良的工作习气",以及"不言明的假定,认为任何人只要有点常识,辅之以少许事实,就立刻能上手对任一主题给出正确答案"(p.355)。斯托夫坚持认为,社会行为科学家常常用快速且肯定的答案,以求取得社会的奖励,而不顾这些答案是如何得到的。其结果只能是"多数社会科学就像是内容枯燥,含义不确的新闻报道"(p.355),其中,既缺少充当"解释"的证据,而且所谓的建议也充斥着"学术术语。如果不是内容让人难以读懂,那么它是很有可能会被宣称为深刻的"(p.356)。

二十多年前,弗兰克尔(Frankel,1973)写道,社会行为科学家"就他们所有的稳妥的和可应用的知识的量而言,有所夸大……同时,为社会问题提出了许多自信的解决方案。然而,这些被应用于实际的解决方案,就其结果而言,只是一些虔诚的希望和偏狭的道德判断之混合物"。社会科学家面对社会问题时,轻率地,甚至欠考虑地提出了许多便捷的修复计划,而这些计划的反复失败无可避免地引起社会中大部分人对社会行为科学本身的负面态度。

(社会)科学家应当限制他们自己推广自己的发现吗,或者应当限制自己作为倡议者推动自己可能支持的政策吗,这个问题总是"无尽争论"(Hammond & Adelman,1976:389)的源泉。在此,我们不准备就这一复杂的问题,回顾各种已有的讨论和建议。相关的讨论,可参见弗兰克尔(Frankel,1976)编的讨论会文集,还可参见阿德尔曼(Adelman,1976)的著作,以及前一部分讨论的科学家关于他们研究成果的责任和义务的相关文献。相应地,我们愿意请读者对这样一种危险的做法引起注意。这种做法,在我们看来是由一种对自己所应当承担的责任满不在乎,甚至是毫不负责的态度引起的,即一部分社会行为科学家尽管已经意识到自身研究的缺陷,但是还以一种确信无疑的方式匆忙地散布自己的研究发现,甚而宣称他们能够提供证据来支持他们所偏爱的政策之执行。于是,有些人将社会行为科学视作罪孽,就不足以令人诧异了。奥登(Auden, 1950)以一首诙谐的小诗, 表达出人们对社会行为科学的这种严厉看法。

> 你既无须回答问卷, 也无须接受家长里短的盘问,
> 更无须循规蹈矩地去完成所谓的测试。
> 你无须同统计专家坐在一处,
> 更无须受制于任何所谓的社会科学。(pp.69-70)

当然, 我们无意造成一种虚假的印象, 即其他学科的科学家从不参与有问题的, 甚至是应当受谴责的事。不过; 由于本书是关于社会行为科学的, 因此, 我们就只讨论社会行为科学家。有些引人注目的且善于发表意见的科学家曾就他们的研究做过夸大其词的宣传, 尽管他们也意识到自己贫乏的发现可能会被用于政治党派的目的。科尔曼(Coleman)就是一个突出的例子。有报道称(引自 Fiske, 1980), 他曾说过: "在对待社会科学的成果时, 你千万不要太当真, 认为据此可以作出决策。相反, 你必须把它们当作政治讨论中的武器。作为武器, 它们可能会被那些对之偏好的任何一方所利用。"(p.C1)正是科尔曼本人领导了关于《教育机会均等》(Equality of Educational Opportunity, Coleman et al., 1966)的研究。在此, 我们无意回顾这一研究, 以及它对司法和立法工作的影响, 尤其是它对学校取消种族隔离政策和方案的影响(关于此项研究的批评, 以及它引发的讨论的有关文献, 请参见 Pedhazur, 1982: 189-193, 263-267)。然而, 值得注意的是, 科尔曼本人曾积极地根据自身的研究发现, 来推出某些政策, 事后, 他又宣称对这些发现他不仅不负有责任, 甚至还对其发现有所保留。科尔曼(参见 Fiske, 1980)收回了其中主要的研究结论, 并承认"从现在看来, 1966年写作报告时使用的某些方法是不合适的"。据报道, 他还说道: "我们当时知道的还不够多。"(p.C4)

尽管并不清楚, 前述言语中的"我们"指的是科尔曼, 还是他的助手, 抑或一般意义上的社会行为科学家, 不过, 应当指出的是, 科尔曼及其助手用的方法, 并不是新东西。在科尔曼及其助手使用那些方法时, 对这些方法的性质, 已经有了相当的认识。在此, 作者虽然不准备就此断言提供相应的证据材料, 但是作者认为指出下列事实就足以支持上面的论断了, 即随着报告的出版, 有许多作者都对报告中使用的方法, 甚或方法的误用进行了批评。

更值得反思的是, 上述经历显然没有对科尔曼随后的行为产生任何影响, 但是科尔曼及其助手(Coleman, Hoffer & Kilgore, 1982)随后发表了另一份引发争论的报告。在报告中, 他们宣称, 私立学校比公立学校更有成效, 而后再次收回了他们的论断。下面引述了一些大众媒体对科尔曼出尔反尔的报道(对于该报告各方面的专业反映, 相关文献见第13章)。以"学校研究声明没能强调主要观点"为标题, 有媒体报道称, 科尔曼说: "两周前发布的报告并没有突出他研究中最具意义的结论, 此外, 报告所用的数据是有瑕疵的。"(Fiske, 1981)。在评论"科尔曼教授的麻烦"一文时, 黑欣格(Hechinger, 1981)指出:

> 在回应对其方法和发现的批评时, 这次科尔曼先生比以先前更迅速了。他已经重新表述了他的某些结论……但是在对自己的报告再次斟酌后, 科尔曼先生仍然认为, 他想要质疑如下政策问题, 即公共基金是否应当用于鼓励私人教育。(p.A18)

　　另一个有着广泛传播的政策建议同所谓的"纽带"理论有关,而人们对于作为这一政策基础的研究发现是有所质疑的。"纽带"理论指出,就父母同婴儿的关系而言,恰好是婴儿出生后的一刹那,对于他们之间的情绪联系的建立具有关键作用,同时,在这一刹那期间建立起的父母同子女间的纽带,会对他们之间的关系,以及儿童的发展有着持久的效应。在此,我们不准备讨论引出这些结论的研究之优缺点。[①] 仅仅想指出的是,这一理论是如何反映在新闻媒体上的,特别是作者关于他们的"理论"的宣称所发生的改变。

　　在评论《纽约时报》上以"有广泛影响的出生'纽带'理论现在被质疑了"为标题的文章时,布罗迪(Brody,1983a)写道:"该理论曾经促使许多医院容许,甚至鼓励母亲和父亲同新生婴儿有直接且长时间的接触。"(p.C1)布罗迪还引述了题为《父母-婴儿纽带的建立》(*Parent-infant Bonding*)一书,其中作者们写道:"令人难过的是,有些错过同子女建立最初纽带的父母认为,错过对他们同子女的未来关系是一种损失。这种想法是完全不正确的。"(p.C8)可是,正是这同一群作者,在关于纽带理论的一本早前编辑的书中说:"新生儿降生的最初几分钟和几小时是一段敏感期。在此期间,母亲和父亲同新生儿的接触,对于他们之间以后更好的关系发展,是必要的。"(p.C8)再看看后来的陈述。在一次新闻访谈中,其中的一位作者说:"我真希望我们从没有写过那些。"(p.C8)

　　在此,我们极力想避免对我们应用上述研究的理由可能产生的误解。我们不希望造成一种印象,即一个理论的作者必须终身坚持该理论,也不想让读者误认为我们是因为纽带理论的作者们改变了他们的想法而批评他们。正相反,基于上述的长篇描述,读者应当已经明白,任何科学理论,以及它所包含的隐含意义,都只能暂时地被接受,在随后的表述和研究中,都会有所修正,甚或被抛弃。不过,我们怀疑这样一种认识似乎不适用于纽带理论。在表述最初的论断时,这些作者既没有新的证据,也没有可用的对"旧"证据的新解释。至此,我们认为,作者在散布其研究发现时,应当十分谨慎,因为这一行为可能会引起政策上的变动,如上述例子所显示的,而政策上的变动具有潜在的反转效应。如布罗迪(1983a:C1)指出的:"批评者认为,草率的热情和公众的知晓……对那些没能同他们的新生子女共享生命的头几分钟或几小时的父母而言,引发了愧疚感和失败的恐惧感。"

　　正是那些有问题的研究发现的广泛散布,以上所述仅是其中的若干例证,促使大众媒体去质疑依赖于社会行为科学研究成果的合理性,特别是当研究成果变成政策决策时,甚而去质疑为社会行为科学研究提供经济支持的合理性(相关例证,参见Britell,1980)。

　　前述讨论的目的不在于去估计社会行为科学的已有成就及其承诺[②],而是意在提请人们注意,任何基于社会行为科学的研究发现作出的宣称之散布,无论是对社会还是对专业的实践而言,都可能造成无可估量的损失。我们非常赞同基切尔(Kitcher,1985)的观点:"当科学

---

①关于母亲-婴儿,以及父亲-婴儿纽带构建的研究文献的批评性综述,见戈尔德贝格(Goldberg,1983)和帕尔科维奇(Palkovitz,1985)的文章。两位作者都做出结论认为,纽带建立的概念并没有得到适当的检验。

②美国国家科学院的一个委员会关于社会行为科学在各个领域,例如,种族态度、抽样调查研究、投票,以及行为和健康等,扮演的角色和取得的成就,有一深入的报告,请参见Adams,Smelser和Treiman(1982a,1982b)。

论断要为社会政策背书时,其证据的标准,及自我批评的标准都必须是极高的。"(p.3)

在此,我们无意作进一步讨论,某些社会行为科学家夸大其词或无根无据地断言给社会行为科学在社会中的可信度和地位带来的反转效应。现在,让我们转到自然科学与社会行为科学之争的另一个方面,即科学的实质(内容)和方法。

## 社会行为科学的实质和方法

用于研究无生命对象的路径和方法可用于研究生命有机体,特别是人吗? 简言之,这就是自然科学同社会行为科学之间长久且反复争论的根本。对上述问题的回答,既涉及自然科学同社会行为科学之间的区别,又影响对后者是否应当享有科学地位的评判。对上述问题,不可能有一致的答案。且不论其余,仅就哲学取向的极端多样性,以及由其多样性导致的各种各样的科学概念、科学方法和科学质询路径都足以得出以上结论。甚至可以说,发表相反观点的争论者们使用的都不是同一种语言,也就是说,他们给同一术语赋予了不同的意义。

争论的一极认为,原则上自然科学同社会行为科学之间不存在差别,尽管实践上由于各自主题的差别,两个领域有所不同(例如,Bhaskar,1978;Cohen,1953:第三卷;Kaplan,1964:27-33;Kemeny,1959:第15章;Knorr,1981;Nagel,1961:第13章)。争论的另一极,或者是整个否定社会行为科学的可能性,或者在谈论具体的现象时否定其可能性(例如,Almond & Genco,1977;Gergen,1973,1982;Winch,1958)。就这一问题,相关的读物和不同观点的表达,可参见克里默曼(Krimerman,1969:第三和第四部分)的著作。来自不同学科的作者,对社会行为科学的目前地位的讨论,可以参阅菲斯克和薛尔德(Fiske & Shweder,1986b)编的论文集。

在此,我们不预备回顾相关争论,仅就在社会行为科学研究中扮演了重要角色的某些方面给出一个概要的介绍。在这里仅是略微提及的议题,在本书的其他部分会作进一步的讨论。

尽管由于具体的背景[1],争论的各方在考虑社会行为科学的地位时侧重有所不同,但是他们都是围绕着人类条件的概念展开论证的,而所谓人类条件的概念包括:(1)自由意志,以及它同控制人类行为的各种规律之形成间的关系;(2)人类行为规律的文化相对性和时间相对性;(3)个体的唯一性,以及经验的非重复性;(4)现象的复杂性,以及随之而来的控制无数相关变量的困难;(5)研究者实施控制的一项后果是导致被研究现象的扭曲;(6)对人类进行实验带来的伦理问题;(7)人类具有的反应性和反思性,且不论其他,仅就研究而言,这就会使得任意一研究假设被确证或被否证,当研究主体被告知相关的假设时(此即,自证预言;Merton,1948)或当他们努力猜测假设可能是什么时(例如,需要的人格特质,参见第11章)。

在研究人时,那些否认社会行为科学存在可能性的人,将其归之于分割何者为"是"与何

---

[1]就社会心理学而言,由格根(Gergen,1973)发表的"社会心理学作为历史"的观点引起的讨论,请参见 Gergen (1982),Manis (1975),Schlenker (1974),Thomgate (1975)。关于社会心理学和历史的讨论会,请参见《人格与社会心理学杂志》(*Personality and Social Psychology Bulletin*),1976(2):371-465。

者为"应",以及何者为"描述的"与何者为"规定的"的困难(或说不可能)。诺思罗普(Northrop,1947)着重强调了这一问题:

> 自然科学中仅存在事实的问题。一旦确证了开普勒行星运动三定律,发现行星在一椭圆轨道上做圆周运动,天文学家就无须去考虑以下规范问题,即行星是否应当在矩形的轨道上,以队列的方式右向运动。
>
> 但是,社会制度,由于其部分的人为特征,就使得科学家们不得不面对以下两个问题:(1)事实上,社会制度的特征是怎样的? 这一问题等同于天文学家关于太阳系的问题;(2)社会制度应当是怎样的?(p.255)

在此,我们对诺思罗普的论证略作评论,因为这一方面给我们以新的机会来强调这一章前面已经讨论过的某些要点,另一方面也帮助我们引出下面将要讨论的问题。我们相信,这里我们就诺思罗普的立场所作的评判,一般而言,对那些质疑社会行为科学之可能性的立场,也同样适用。

首先,诺思罗普描绘了一个两极的世界:一方面是天文学的封闭系统,另一方面是社会制度的开放系统。这类比较是"招人反感的"(Secord,1986:199),因为他们完全忽略了自然科学中存在的重大差别。如西科德(Secord)所指出的,甚至物理学这一常拿来作为社会行为科学之参照的学科,在此类比较中,也并非"公正的范例"。(p.199)

其次,诺思罗普的事实概念,及其使得理论无效的角色,不仅在社会行为科学中,而且在自然科学中,都已被视作不充分(参见,本章前面关于"事实的角色"的讨论,以及第9章"理论和事实"的讨论)。

最后,诺思罗普关于自然科学价值中立和"事实性的社会理论"的图景,不过是在过去的年代里实证主义思维特征的遗迹。斯克里文(Scriven,1983)这位对价值中立的科学概念有中肯批评的学者,明确地指出,价值中立的概念是从实证主义"继承下来的所有糟糕的债务中最有影响的一个要素"。(p.76)他指出,"科学家的任务不在于发现唯一确切的解释,而是最佳的解释;不在于使用某种确定的实验设计,而是最可行的方法——即那种足以有助于获得值得信赖的结论的方法。"(p.76)实际上,"科学之于价值中立就像商品买卖或棋类游戏中的价值中立。"(p.79)

在科学研究中,研究问题的选择,假设的形成,所要找寻的证据的类型,获取证据的方法,检验假设是否成立的方式,以及拒绝或接受假设的决策,都不是价值中立的(参见第9章,关于效应规模,假设检验中第一类和第二类错误的讨论)。

否认价值在科学质询过程中扮演的角色,就是否认我们根本具有的人性(相关讨论,参见Gouldner,1962;Hesse,1978;Homans,1978;Howard,1985;Nagel,1961:第13章;Rudner,1953)。这里也无可否认,价值在社会行为科学研究中扮演着更为显著的角色。为了明确这点,我们只要任意地提及以下一些研究领域就足够了,它们包括领导行为、习俗遵从、社会地位、权威主义、风险承受、处所的控制、社会吸引、社会归属、成就动机、自由主义、保守主义、智力、攻击,以及说服力。上述各个研究领域,不仅就其界定和意义而言,受研究者的价值的影响,而且把它们纳入研究领域本身就是价值的表达。

不仅如此,学界就研究者的价值和意识形态,他们的自然、社会和人性观对他们学科选择(例如,社会学、政治科学、心理学)的影响,以及其中蕴含的某种具体的取向(相关讨论,参见Gouldner, 1970; Lipset, 1983),都已经有许多中肯的论证。正如,奥尔波特(Allport, 1961)在写作其人格理论时,就断言:

> 所有关于人格理论的心理学著作,同时也是关于人的哲学著作。这不可能有例外。一位作者,当其决定某一学习理论或动机理论优于其他理论时,正是在为一种人性观背书,与此同时,也正是以放弃其他的人性观为代价。(p.xi)
>
> 各种学习理论(如同其他心理学中的理论)都依赖于研究者的人性的概念。换言之,每一位学习理论家都是一位哲学家,尽管他自己未必承认这一点。(p.84)

我们应当认识到,承认价值在科学质询过程中的作用,是在评估研究结论时,在考察其他可能的解释和假设时,在考量结论的隐含意义和提出对策建议时,将其纳入考量的第一个重要步骤。“免于偏误意味着头脑保持开放,而不是空空如也。”(Kaplan, 1964:375)

无疑,就社会行为科学研究者的自觉意识而言,存在着极大的变异性;就是否承认价值在他们的理论形成和研究中具有作用而言,更是如此。下面就是几项例证。

霍曼斯(Homans, 1962)在讲述自己何以成为一名社会学家的自传中,解释了他接受帕累托(Pareto)观点的理由:“作为一名共和党的波士顿人,他没有拒绝他那相当富有的家庭,因此在30年代,我觉得自己处于人身攻击之下,主要是来自马克思主义者的。于是,我准备信奉帕累托,因为他给予我抵御的武器。”(p.4)

不同于霍曼斯的例子,列万廷、罗斯和卡明(Lewontin, Rose & Kamin, 1984),分别作为进化基因学家、神经生物学家和心理学家,以声明的方式阐述了他们反对基因决定论的论文。

> 我们共同致力于创造一个更具社会公正的未来,一个社会主义社会。同时,我们认识到,一个批判的科学是为创造这样一个社会的斗争的组成部分。与此同时,我们还相信,今天大部分科学的社会功能在于,通过保存统治阶级的、男性的和种族的利益来阻止这样一个社会的创造。(pp. ix-x)

应当将列万廷等人的价值取向置于特定的背景之中而予以理解。这一背景,是围绕智力测验所产生的争论,以及就智力中的种族差异所产生的对立概念。人们可能对后者非常熟悉,即所谓的“Jensen争论”。对此感兴趣的读者,可以参见Cronbach(1976a)和Ezrahi(1976)[①]的文章,其中有更深入的讨论和更多的情况介绍。

兹维尔和沃恩(Zwier & Vaughan, 1984)在评述关于学校霸凌行为的研究中,具体表明,不同的意识形态,如保守主义、自由主义和激进的思想,是如何影响研究的整个方式和具体方面的。就前者而言,他们说:“保守主义者倾向于表明,学校霸凌行为是由越轨的个体引起的,所以应当规制那些越轨者;自由主义者则倾向于生成用以谴责学校的证据;激进论者倾向于论

---

① Jensen等人所依赖的数据来自Burt,Burt的数据则受到造假的指控,相关内容参见第11章。

证,整个社区的冷漠是错误的根由。"(p. 270)意识形态在识别社会问题,制订和执行研究计划,以及提出政策建议(例如,平权法案、失业、强奸、补偿教育)中有其作用,这方面的许多例证可以在夏特兰德和马克(Shotland & Mark, 1985)的书中找到,他们用整本书来讨论此类议题。

公正地说,就社会行为科学之可能性而言,学者的立场主要取决于他们关于价值在研究中扮演的角色,以及价值对理论概括和政策建议的隐含影响之概念。一般而言,接受社会行为科学的人,会认可价值、意识形态和哲学观念这类因素对研究的影响,但是,又认为,通过对这类因素的自觉认识,并使用合适的控制方法,社会行为科学研究有可能获得相对有效的结论。更进一步地,他们还指向了科学研究的公共面向,以及所谓的"有组织的怀疑论"(Merton, 1982:12-13)——它将社会行为科学刻画成守护者,帮助大众抵制对价值和意识形态的完全从属。不接受社会行为科学的人之所以如此,其部分原因在于,他们相信价值和意识形态具有压倒一切的力量,在社会行为科学家的工作中也不例外。

现在,我们准备考察一下对社会行为研究而言具有唯一性的各个方面,以及由此而产生的相关问题。在考察前,有必要提醒读者:我们对于相关问题的阐述是从大体上来说的,就如同把各门社会行为科学视为"一个整体"。显然,它们并非一个整体,因此,在阅读下文时,也请读者时刻谨记这点。

使得社会行为科学具有其独特性的,以及从中引发许多相关问题,并使得下面的讨论变得复杂而难解的,其最重要的方面,是研究者研究的像他们自身一样的人。在这一条件下,最重要的特征,是科学工作者同他们的研究主体之间用语言手段进行沟通。这里,我们来看卡普兰(Kaplan, 1964)是如何引入这一议题的:

> 科尔比(Colby)讲过一则关于某物的寓言故事。这个东西来自外太空,还抗拒了来自物理学家和天文学家对其研究的所有努力,无论就其组成、结构,抑或功能方面。直到有位心理学家快乐地问道,"你叫什么名字?",这物才回答,"Ralph"!这包含了对话的行为的情形,一方面容许行为科学家运用其已有技术开展研究,另一方面则否定了其他科学家开展研究的可能。由此看来,每一种科学,或者说,每一种质询,都会发现某些技术是恰当的,另一些是不合适的,还有些则是完全不适用的。(p. 31)

## 语言的角色

毫无疑问,用社会行为科学研究的绝大多数技术离开语言的使用,是不可想象的。然而,在每种技术中,语言的角色各有不同,既有其独特的优势,也有其特有的劣势。当研究者试图就人们的思想、感情、经验、知觉、态度和意图引出和解释相关的回答时,意义的问题、解释的问题,这些常见的困难就变得尤其尖锐。这不仅是由于研究者必须要去理解相关的回答,还由于回答者在作出自己的陈述时,也要理解研究者所说的内容。

无论研究者是否接受所谓的沃尔夫假设,即语言塑造了我们感知、思考和记忆的方式(参见 Whorf, 1956),语言在我们生活的各个领域中无所不在的角色,是无可置疑的。在本书的某些具体章节中，我们对语言在某些具体研究领域中的效应都有所论述（例如，在第6章，我们讨论了问卷和访谈中问题-措辞的效应；在第11章，我们讨论了研究中的理解作伪）。在此，我们仅提请读者注意，在社会行为研究中，其中最具争议性的一些议题（例如，检验偏误、态度和行为、口头的强化、跨文化比较的效度），绝大部分是由语言的使用和解释引起的。

## 发现者与行动者

卡普兰（Kaplan，1964）对这一议题已有了详细的讨论。他指出，"行为科学包含着解释的双重过程，而正是这一双重过程才使得它的技术具有独特性。"（p.32）这一双重过程涉及"行为的意义和行事的意义"（p.32）间的区别，前者指一项动作对行动者本人的意义，后者指它作为科学家试图予以说明的研究事项而具有的意义。不过，投入寻求行事的意义的科学家，也是一名行动者。从最宽泛的意义来说，这里我们所面临的是知觉过程中最核心的东西，对此在前文讨论事实的意义时已经有所论述。我们所面对的是这样的观察者，她（他）正运用某一特定的参考框架观察着其他观察者。就科学家-观察者企图观察对方或自观察而言，其中固有的困难难以用三言两语来概括。借用伯格尔和卢克曼（Berger & Luckmann，1967：13）的措辞，这就好似"试图推动一辆人们正在驾驶的汽车"一样。简言之，当前所涉及的过程不仅极为复杂，还孕育有无限回溯的种子。有意思的是，社会行为科学家的所作所为，往往好似他们自身不受同一力量的影响和限制，虽则他们宣称他们的研究对象不能免于影响和限制。

问题还不仅于此，研究者还必须认识到，在社会行为研究中，被研究对象总是在某种程度上参与到由研究者所发起的处境的定义中。由此所引发的一系列问题和议题，将在随后的各章予以讨论。这里，我们仅仅指出，有关不同的研究设计（例如，实验室实验、实地实验和准实验）的相对优势和劣势的讨论，以及与之相伴的各种问题（例如，受试者的反思性和反应力，人格的需要特质，实验者的期待效应，敏化过程）都是此过程的显现。

## 测量的角色

第2章已经讨论了科学质询中测量的角色和地位，其中论证了科学领域内的进步在很大程度上有赖于它们应用的测量程序。鉴于前面的论述，这里仅指出，在自然科学领域中，一般而言，大家不仅承认测量的重要性，而且认可测量程序的专门性。我们忍不住要说：就自然科学家而言，测量是再自然不过的事了。而这一点在社会行为科学中，则远非如此，本书的第一篇中已经清楚地论述过了。

## 样本、环境及个体

还有一些其他问题，如社会行为科学领域中已经取得的成就，如哪些研究领域最具前途或者应当努力探求的，在社会行为科学家中都较少有共识。在第9章中会讨论这些议题。在此，我们以评论的方式，就社会行为研究的实施做一点结论。我们相信这将有助于消解对其有用性和地位的怀疑。同时，关于这些议题的进一步讨论见其他章节。

先前，我们已经指明，在社会行为科学的地位的争论中，其中一个议题是它所发现的规律的时间相对性和文化相对性。因此，人们不必讶异，社会行为研究发现的理论概括，在很大程度上受文化的和时间的制约。只有那些寻求永恒真理的绝对论者才令人感到奇怪，也只有他们才会为此而惴惴不安。应当使我们惴惴不安的，反倒是根据那些被委婉地称作方便的样本而有的对所有人类，无论其过去、现在和未来都适用的一成不变的理论一般化。

基于特定的研究环境进行的抽样和理论概化所带来的问题，在后续章节会有所论述（第15章）。在此，我们提请读者注意，尽管各个具体学科中抽样的问题各有不同，但是许多社会行为科学研究者，如果不是大多数，都会忽略抽样和抽样的具体环境在其研究中的作用，甚至肆意地忽视它们，极尽可能地把他们的结论做最广泛的一般化。基于一群人所共知的二年级学生被邀请、被劝导或被胁迫，所参与的某项研究，人们能够由此而期望其发现可推及所有美国大学生吗，更不必说的是推及全美的民众，甚或所有人类呢？根据对一群临时聚合在一起的人所做的短期研究，人们能够做出关于群体过程的理论概括吗？特别是这群人甚至不满足构成一个通常认可的群体的最低标准。把某个大学中某些班级的平均回答当作"规范"来发布，其有效性在何处，有些研究者为什么会用此类规范来解释自己班级的结果呢？此类问题几乎可以无限延长。然而，上述问题应当已经充分地表明，为何这些几乎来自同一研究而得出的极为不同的结论事实，会导致对社会行为研究的有效性的批评。我们想请读者检查一下各自研究领域中的专业文献，并注意，这些文献在作出理论概化时，其中有多少严肃地考虑了样本和环境的问题。

## 本章小结

我们已经意识到，本章中的许多讨论，很可能让你感到不舒服，或是感到困惑，甚或感到恼怒。如果你在阅读本章时，期望从中学到做科学研究的"正确"的方法"准则"，就更可能产生上述种种不适。然而，在本章，我们的目标意在向你提出问题，激发你的思考，引起你的疑问。我们赞同乌纳穆诺（Unamuno, 1954）的说法："真正的科学最终教导人们的是，去怀疑，去认识到自己的无知；而鼓吹本身既不怀疑，也不认为自己是无知的。"(p.93)注意，这里的无知指的是由于知识的进步而带来的。如蒙田（Montaigne, 1965）指出的："既存在着先于知识的初学者的无知，也存在着因知识而来的博士的无知：一种由知识（的进步）所造成和酝酿的无知，而正是后一种无知动摇和荡除了前一种无知。"(p.227)这一切都可归之于苏格拉底那无与伦比的名言："我知道我不知道。"

# 第8章

## 定义与变量

毋庸置疑，当沟通者之间对措辞的意义缺乏共识时，不可能有有意义的沟通。《圣经》（*Genesis*）中巴别塔的故事，非常形象地说明了能够理解他人的语言的沟通者所具有的能力，以及不能理解他人的语言时所带来的有害后果。如《圣经》第11章"创世纪"所载，起初，地球上的人民有着同一种语言，他们说："来吧，让我们造一座城和一座高及天国的塔，让我们来显我们的名，免得我们分散在地球的各处。"当上帝看到他们准备这样做时，他说："看啊！他们成为一样的人民，他们有共同的语言……如果他们做成了这事，再无事是他们不能完成的了。来吧，让我们……混乱他们的语言，让他们彼此不能理解对方的说辞。"于是，这计划建设的城市就被毁弃了，人民也散居在世界各处。

即使对于那些讲一种语言的人群而言，字词都会有不同的意思。一般而言，它们的意思要依赖于：说的人，听的人，说的背景，说的时间，以及说的目的。言语中的字词，特别是那些对我们的生活和环境具有重要意义的，总是含有更多的意涵，微妙的差别，以及"情感意味"（Kahane，1973：187）。例如，某群特定年龄的人是"上了年纪的""老人""年长市民"，还是"灰头发的豹子"？特定的国家是"贫穷的""不发达的""发展中的"，还是"落后的"？一个人是亲生命的，还是反"堕胎"的？支持"堕胎"还是支持"选择的自由"？这张单子可以一直开列下去。其中的要点是不同的词反映了不同的观点、价值、态度，诸如此类。实际上，其感觉好似"一朵玫瑰，若它有别的名称，可能闻起来就不那么芬芳"。（Kahane，1973：187）

当社会行为科学家使用那些在生活中已经长期存在且汇集了多种意义的术语时（例如，异化、焦虑、动机、态度、权力、领导权），他们就要冒被误解的风险。反之，他们如果要发明自己的术语，人们就会责怪他们求助于专门术语，而这一行为既可能被视作意在获得科学的严肃性，也可能被视作为了把人引入企图，甚或是为了实现欺骗的目的。

然而，多数人，当他们不能清楚地辨识那些根本无意义的陈述时，尤其这些陈述又是由普遍接受的权威机构作出的或知名的出版机构出版的，他们就可能用这些东西欺骗自己。由于专业人员常常面对的是技术语言，而有些术语的基本功能在于精确地沟通，不过，这也使得他们不断地被诱导，把一些莫名其妙的话当作含义深刻的陈述。安德烈斯基（Andreski，1972）在题为"术语的烟幕"（p.59）一文中，不仅给出了相关的事例，还进行了富有见地的讨论。在批评像"*n* Ach（成就需要）"和"*n* Aff"（归属需要）这类概念时，安德烈斯基指出，为了表明他自己"也能作出此类发现"（p.67），他发明了概念"*N. Bam*"，并把它用在下列陈述中：

联系到麦克利兰(McClelland)的文章,中肯地说,把我们先前的研究结果重新用密码语言编写进沟通中,就意味着(归因于它们的多重置换)它难以断言"*n* Aff"的直接相关。另一方面,当脑电图上的"dy"除以"dx"小于"0"时,"*n* Ach"同"*n* Bam"具有显著的高度正相关,尽管两个变量间存在部分的随机关联。(p.68)

下面是安德烈斯基用平白的英语对上述陈述的翻译。他建议读者可以先自行解码原来的陈述,再读他的翻译。

由于人性的方式,很难找出人们加入特定群体的原因,但对人们说话和写作方式的观察清楚地表明,当大脑变慢时,实现的愿望往往会产生欺骗的需要。(p.68)

在此,我们不去考虑安德烈斯基对"*n* Ach"和"*n* Aff"这类概念的批评的有效性,仅仅是提请读者注意下列事实,即他的陈述不仅发表于一份社会学期刊上,而且在发表后,他"收到了许多工业研究组织提出的合作邀请"。(p.68)

通常,我们需要"门外汉"来帮助我们认识到皇帝的新装。下面的陈述摘自一份关于改善阅读计划的评论,来自健康、教育和福利部:

客观性并没有设定被建议的计划的成功与否的可量化性……就解决那些建议计划中提出的需要而言,不存在现实的承诺。(《纽约时报》,1978 年 5 月 26 日)

读了上述陈述后,维吉尼亚州议员丹尼尔(Daniel)建议,报告的作者自己应当被纳入改善阅读计划中;纽约时报评论员则质疑,在报告发行前负责审核报告的官员们是否"也需要改善性的训练,或者应当提醒他们保持工作上的清醒"?

浮夸术语的使用并不限于社会行为科学。《石油与天然气学刊》(*Oil and Gas Journal*, Ralph, 1967:61)上登载了一则事例,考察了"计算机专家"同顶层管理人员使用语言的差别。"为了沟通双方的语言障碍",该期刊重新印制了"流行语生成器",而这一生成器据说最初由"科学销售公司"提出。这里重新制订了一份流行语生成器,并给出了使用说明:

| 列1 | 列2 | 列3 |
|---|---|---|
| 0.整合的 | 0.管理的 | 0.选择 |
| 1.总的 | 1.组织的 | 1.弹性 |
| 2.系统化的 | 2.监控的 | 2.能力 |
| 3.并行的 | 3.相互的 | 3.流动性 |
| 4.功能的 | 4.数字的 | 4.程序写作 |
| 5.反应的 | 5.逻辑的 | 5.概念的 |
| 6.优选的 | 6.转变的 | 6.时间相 |
| 7.同时的 | 7.增值的 | 7.投射 |
| 8.匹配的 | 8.第三代 | 8.硬件 |
| 9.平衡的 | 9.政策 | 9.偶然 |

上面的生成器的使用很简单,首先随机地选择一个3位的数字,再根据这个3位数字中的每一个数字对应于生成器中编码的单词,把这3个单词组成一个词组。例如,如果你随机选

取的是数字 763，那么你就得到了词组"同时的、转变的、流动性"。数字 320 得到词组"并行的、监控的、选择"。同时，你很容易证明，由生成器所得到的词组甚至能够给予各领域内的专家以强烈的印象。

对于歧义的和模糊的术语而言，一项重要的保障，虽然不一定是保证，是为使用的主要术语做明确的界定。下面部分，我们将先勾勒定义的特征和类型，再分别讨论两种类型的定义：理论的和经验的，因为这两类定义无论就科学的质询而言，或就科学发现的交流而言，都特别重要。而后，我们将试图澄清"变量"的意义，以及变量的归类。

# 定　义

一般而言，一个定义是关于一个词、一个术语或一个短语的意义的陈述。接受一个给定词的定义，就是认可根据它的定义来使用该词。相应地，质疑一个定义的正确或虚假是没有意义的，更重要的是，质疑该定义是否清晰、是否有意义、是否可接受、是否有用，诸如此类。那些相对于他人更关注澄清定义的意义的哲学家、逻辑学家及语言学家，根据定义的性质和功能，不仅发展了定义的类别理论，还提出了许多好定义的准则（参见 Cohen & Nagel，1934：第 12 章；Copi，1972：第 4 章；Kahane，197：第 10 章；Kaplan，1946，1964：第 2 章）。

最普遍的定义类型是用词汇做的定义，即一种语言学定义，其主要例子是字典定义。与之不同的是规定性定义（stipulative definition），即有特定含义的定义，它的含义是由一个或多个使用这个词的人给予它的。 一般讲，规定性定义是一种具有下面这样结构的陈述："我所说的（某某词）是指（如此这般）。"Humpty Dumpty（原指英国童谣里一个遭到讽刺的从墙上掉下来摔碎了的蛋形矮胖子，在《爱丽丝镜中奇遇记》中，这一人物因与爱丽丝论辩，声称自己所使用的词的意思由自己规定而闻名，常被学者引用，译者注）声称：

"当我用一个词的时候，"Humpty Dumpty 以一种轻松的语调说，"它仅仅意味着我选择给它的意思——不多也不少。"

"问题是，"爱丽丝说，"你是否能够让词汇指向如此众多的事物呢？"

"问题是，"Humpty Dumpty 说，"其中哪一个是主要的——这才是根本。"
（Carroll，1960：186）

尽管 Humpty Dumpty 的性格变化无常，但是规定定义，对于社会的和谐运行而言，却是根本之事。盗窃、少数族裔、贫穷、失业、家政、家庭，以及摩天大楼，无数此类术语，在政府政策和项目的立法、执行和管理过程中，都需要规定性的定义。这类定义，通常又是在给定的时间和地域内，根据政治的、法律的、社会的、经济的和伦理的考量，所产生的一个综合的结果。

当我们意识到某些规定的定义已经过时的时候，我们的思想常常发生了巨大的起伏。例如，在讨论城市-农村的概念时，布拉德伯恩（Bradburn，1982）提出了一个有趣的观点，尽管我们的社会"显然"在加速地城市化，但是当他发现，（美国）国家统计局使用的"城市"定义，即

"居住有2 500名及以上居民的地域",可以回溯到1900年时,他感到非常震惊,同时他认为他的读者也会有同感。布拉德伯恩指出,对于他以及我们大多数人而言,"城市概念浮现出的是一幅相当不同的图景,而不是住有2 500名居民的景象。"(p.138)

显然,规定的定义,无论它们是新的术语,还是借自日常语言的术语,都是科学研究的一个不可或缺的部分。

## 理论定义

成为科学上有意义的概念或构念(construct),就必须成为某一隐含的或明确的概念框架的组成部分,而所谓的概念框架阐明了不同概念之间的关系,其中,既有先行的概念,也有后续的概念,还有并行的概念。一般来说,一个构念的理论定义可能包含其他术语的使用,而该术语也需要界定,由此孕育了无限回溯的种子。毫不奇怪,卢梭(引自Thomas,1976)评论道:"如果我们能够不使用词来制成定义的话,那么定义就是件好东西。"(p.209)不过,像罗素(Russell)指出的:

> 因为所有的术语都是用其他术语来界定的,所以很显然,人类的知识必须总是
> 要满足于接受某些明白的且无须定义的术语,以便为其定义设置一个起点。(Copi,
> 1972:108)

但是进一步的问题是:"哪些术语可以不加界定?"博德贝克(Brodeck,1963)曾经对概念的定义和理论意义给出了一个非常好的讨论,在讨论中建议,"当对用来做参照的术语不存在模糊性或异议时"(p.48),人们就可以不再界定一个定义中的术语了。换言之,如果使用该定义的人们知晓并且一致同意它所指向的内容,那么对一个术语的界定就是适当的。

前面的陈述回答了一个适当的定义的内容是什么,但是它们对于那些寻求指导,以期明确如何做才能获得这样的定义的人来说,并无太多帮助。哲学家和逻辑学家为此提出了各种各样好定义的标准。虽然,对某些类型的定义(如词典型)有许多一致同意的准则,但就其他类型的定义(如理论型),则缺乏共识。下面,我们会介绍一些许多作者似乎都同意的准则。(更具体的说明,见下文中的参考文献,以及本章前引文献。)

## 好定义的标准

1.一个定义既不可太宽,也不可太窄。要承认,这是一条模糊的标准。不过,一般来说,当定义可能导致包含有人们不希望定义指向的事物时,该定义就宽泛了,而当其排除了人们想要该定义指向的事物时,它就狭窄了。多数作者试图通过举例来澄清这条标准。在说明什么样的定义太宽泛的时候,柯比(Copi,1972)讲述了一则秘闻:

> 柏拉图在雅典学院的继承者们,花了许多时间来思考"人"这个词的定义问题。
> 最终,他们决定将这个词的意思确定为没有羽毛的两足动物。他们对这一定义非常
> 得意,直至第欧根尼(Diogenes)将一只拔了毛的鸡隔墙扔进了学院之后,他们才有所
> 醒悟。因为这显然是一只没有毛的两足动物,但却肯定不是人。(p.138)

2.一个定义不应当含有模糊的、歧义的、晦涩的或比喻的语言。卡亨（Kahane,1973）给出了这样一个例子,尽管"沙漠之舟"这样的表述,意味着"骆驼的主要用途是作为干旱沙漠地区的运输工具,但是,它显然不是'骆驼'一词的恰当定义"。(p.182)

3.一个定义不能是循环的。也就是说,被界定的术语或它的某一语法变体,不能成为定义的部分。

4.一个定义应当用已经得到界定的术语来"说明被命名的事物的根本属性"（Kahane,1973:182）。正如卡亨所指出的,这一标准是有争议的,尤其是它使人联想到根本的和偶然的属性之间的区别,而这种区别已被许多哲学家抛弃了。

## 社会行为研究中的理论定义

带着先前的思考,这里,我们将简要评述一下社会行为研究中理论定义的情态和若干方面。需要提醒大家注意的是,像我们已经讨论的其他议题一样,社会行为科学的各个学科,根据它们给予理论定义关照的程度,可以有相当不同的表现。

在第4章,提到了韵律谬误和噪声谬误。其中,韵律错误是指事物虽然彼此不同,但由于它们都被用同一名称来称呼,就被当作一种东西来对待的情形;噪声谬误是指相反情形,其中事物被认为彼此不同,仅仅因为它们有不同的名称。伴随着噪声谬误的一个严重问题是,它会造成相当错误的印象,即一个全新的研究领域被开拓出来了,或者一项创新的理论构建被提出来了,因此就会有许多与同类问题中的现象有关的问题,由于看似无关,而被置于研究者注意之外。有这样一个事例:

一个名字当中有什么？

心脏病学家弗里德曼和罗森曼（Friedman & Rosenman）两次向（美国）国家健康部（National Institutes of Health,NIH）申请研究经费,用以研究冠状动脉心脏病同"情绪压力"间的关系,但是两次都被拒绝了。这是因为他们使用了术语"情绪压力",一位NIH官员告诉他们,他们的申请是送到精神病学家那里评估的,而这些精神病学家很怀疑,心脏病学家是否有能力来研究情绪。于是,这位官员就建议,如果他们参考"类型A行为模式",这一新兴的、没有人可以自称为专家的研究领域,那么研究小组可能会听到好消息。弗里德曼和罗森曼作出了改变,他们后来的研究方案获得了通过,一个新术语也成为了医学的和大众的词汇。（*Psychology Today*,1987,21(2):50）

## 倾向性概念

大多数科学上使用的概念,是有倾向性的;此即,它们指向的不是状态、对象的条件,人群,或人所有的东西,而是人的内在倾向、趋势以及给定条件下可能有的行为或反应。举例来说,倾向性的概念有磁性、脆性、攻击性、智力、保守主义及适应性。这些概念的共同之处,是它们都不能直接观测到,而是由观测结果的推导所得的构念。

倾向性概念的界定问题,是复杂的和富有争议的（相关的精辟讨论见 Rosenberg,1979）。

在某种程度上,某一特定研究领域或学科中理论的状态,决定了界定倾向性概念之问题和困难的范围,以及科学家们对相关定义一致同意的程度。此外,如下节(经验概念)所要讨论的,特定学科中测量的状态会影响研究者之间达成一致同意的程度。基于上述两点,可以说明,何以社会行为科学中倾向性概念的意义所引起的争议和意见分歧要远甚于自然科学中的情况。下面给出了一组概念的例子,对它们一方面有丰富的讨论,另一方面显示出对定义的一致同意看起来是毫无指望的。

倾向性概念的一个显著的例子,是态度概念(关于态度概念的、精彩的历史回顾,参见Fleming,1967)。尽管对态度的定义,有许多是字面上的,但是这些定义共有的观念是态度的一种倾向。这些定义的不同之处在于倾向的性质(例如,态度对象的估计,对它采取的行为趋势)。(相关的评述和例子,参见Allport, 1985; Fishbein & Ajzen, 1975; Greenwald, 1968。)相似地,如第4章所示,有些人在使用术语态度、信仰、价值、利益、情感及意见时,虽然有所区别,但有时也不加区别。同时,还有些人,虽然宣称研究的是态度,可是他们并不在意他们给予这个词的意义。正如道威斯和史密斯(Dawes & Smith, 1985)观察到的:

> 对于心理学家和其他社会科学家而言,最常见的是,花费很长的时间去考察某一现象,却仍然不清晰自己在谈论什么事物。就像态度这一对象。1970—1979年的《心理学摘要》(*Pychological Abstracts*)上,在标题"态度"之下,共罗列有20 209篇论文和著作,可是,对于态度的界定,却少有共识。(p.509)

攻击性是倾向性概念的另一例证,在不同的研究背景下(例如,在实验室实验,实地研究),不同的研究者对它有各种各样的界定。在最近一篇关于利他性和攻击性的评论中,克雷布斯和米勒(Krebs & Miller, 1985)评论道:"这些术语的界定相当多样"(p.1),而且这种多样性还涉及了各种人性概念和道德概念的差别。米拉夫斯基等人(Milavsky et al., 1982)在报告他们关于电视和攻击性的研究时,谈道:

> 我们确定,对于研究电视暴力的效应而言,攻击性最恰当的定义是:在实施对他人的伤害之前,有意的或已知的身体的或口头的行为。有意伤害他人,是根本的考虑,因为这曾是并仍将是关于暴力的社会关注的关键要素。(p.47)

但是,泰代斯基(Tedeschi, 1983)评论道:"既不是行动,也不是意图……使得行动被识别为攻击行为,其关键在于相应的作为缺乏正当的理由。"(p.138)泰代斯基在评论攻击的各种定义的问题时,还指出许多作者,

> 常常不在意地耸耸肩,认为我们都知道我们想研究什么……于是就有了这个或那个适当的概念。当前的方式,是把所有关于攻击性的定义都当作不适当的,而予以拒绝,进而为形成相关行为的概念,提供另一种可选择的路径。(p.138)

我们还能够找到无数其他的概念作为例证,它们的定义都是各种各样的,有很大范围的变化,以至于所指的都不是同一现象。不过,我们相信,通过上文的说明已经充分表明了,就社会行为科学知识的可积累性而言,主要的障碍之一即理论定义的"松散"状态。在许多场合

中,研究者虽然用同一名称来沟通,但确实谈论的是不同的事物。而在同样多的另一些场合中,尽管研究者用不同的名称,可他们确实谈的是同样的事物。

现在,让我们转而考察经验定义,以及它们同理论定义的关系。

## 经验定义

前节讨论理论定义时,我们谈到,一个构念一般根据它同某个理论体系中其他构念的关系获得意义。然而,为了检验得自理论的假设,就必须把构念同所观测的现象[1]结合起来。这是通过为构念制订经验定义来实现的。注意,尽管所有的构念必须有理论上的界定,但是并非所有都要有经验上的界定。那些没有经验定义的构念可以通过它们同其他有经验定义的构念与被观测的现象联系起来。[2]

经验定义有各种名称,认知定义、对应规则及操作定义(见 Margenau,1950:第 12 章)。这并不是说,所有的作者不加区分地使用这些术语。当然,也不意味着对这些术语中的任何一个的内在意义有普遍的共识。特别值得注意的是,围绕着操作定义的意义有许多争论(见下文)。

泛言之,一个经验定义将一个构念同反应性的或构成性的指标结合起来。根据第 4 章的说明,读者也许能够记起,反应性指标是那些受考察中的构念影响的指标;构成性指标是对构念有影响或起作用的指标。反应性指标较突出的例证有如对自由主义、智力等的测量工具。而构成性指标,较显著的例证是那些设计出来以诱导某些状态(如焦虑、恐惧或动机)的操控手段。

在社会行为科学中,试图获得经验定义,常常导致研究者的猛然觉悟,即自己真的不知道自己谈论的事物是什么,至少自己对它的概念是模糊的。在强调测量对构念澄清的作用时,汤姆孙(Thomson)说道:

> 我常说,当你能够测量你谈论的事物且能够用数字来表示它时,你就知道它是什么;但是,当你不能测量它时,也不能用数字来表示它时,你对它的知识就是贫乏的,是不能令人满意的:它可能是知识的起点,但无论如何,你几乎不能凭借着这样的思想状况进入科学的阶段。(Kelvin,1981:80-81)

为了强调测量中理论的角色,波森(Pawson,1989)提出了,"开尔文格言的改良版:'如果你不能予以理论上的澄清,那么你的测量就是无效的,不能令人满意的。'"(p.73)一个构念的理论概念作为指标类型的指导的支配地位及指标对理论的反作用,在第 4 章中已有详尽的讨论。这里,我们仅用一个研究事例,再加以说明。加尔、戈夫和麦克弗森(Galle, Gove & McPherson)有益于研究群体密度和病理学特征,这一在许多动物物种中互有联系的概念对人而言是否也成立。采用了动物生态学家的做法,他们把密度定义作人数/每英亩。

由于发现定义的密度同病理学特征(如死亡率、生育率、青少年犯罪)并不相关,加尔等人(Galle et al.,1972)推论说:"就人群而言,实际情况相当复杂,尤其在城市环境中。"(p.26)除了其他要素外,他们谈到"人际压力"(每间房间人的数量或每个家庭拥有的房间数),以及"结构

---

①假设检验以及它同理论之间的关系,参见第 9 章。
②对此一议题及相关议题的较佳论述,参见 Margenau(1950:第 12 章),Northrop(1947:第 7 章),也可参见 Torgerson(1958:第 1 章),他在社会行为科学领域中推进了马吉诺的观念。

的"要素,即人们居住和空间安排的结构类型(如高层豪华公寓与公共出租屋)。将上面提到的诸要素纳入考量后,他们得到了一个相当不同的群体密度的经验定义,基于新定义,发现指标同社会病理学特征有关联。

这里,我们不想考察吉尔等人的密度指标的效度,同样也不关心他们关于病理测量的效度。用这样一个例子,旨在说明密度的经验界定根据理论的考量得到了重新制定。不过,读者需要注意的是,这一行为是事后的,即当根据最初的经验定义获得的结论并不成功,甚至令研究者感到失望后才有所改变。于是,人们不仅要疑惑,如果吉尔等人发现每英亩的人数同病理学特征相关,据此,他们的研究方向、理论形成,还有结论,会相当不同吧![1]

在前一节,我们评述了社会行为科学领域内构念的理论定义的极端多样性(如态度、攻击性)。就经验定义而言,问题更加严峻。例如,菲什拜因和阿耶兹(Fishbein & Ajzen,1972)回顾了态度和意见的相关文献,发现"约有500种不同的操作设计被用于测量'态度'"。(p.492)接着,他们指出,在回顾的总文献中,超过200篇文献使用了"不止一种的'态度'变量的测量工具,大约70%随着所用测量工具的不同,得到了不同的结果"。(p.493)

事实上,情况变得更加混乱,因为,在许多情形下,经验定义可能同其对应构念的理论定义并无关联,甚或同它们正相反。例如,尽管某位作者可能在理论上界定态度是由情感的、认知的和意欲的要素组成,而这位作者使用的经验定义可能仅强调了情感(亦即,对态度对象的偏好或反感)。相似地,一位作者可能用了很大的气力来论证特定的态度是多维度的,或多侧面的,可是却用了一个单维度的测量工具。

前文,在我们评述攻击性的理论定义时,我们参考了米拉夫斯基等人(1982)关于电视和攻击性的研究。当从对攻击性的理论思考转到经验定义时,米拉夫斯基等人说,他们决定研究日常生活背景中的攻击行为。在解释其决定时,他们说:

> 攻击性的替代测量,诸如打击皮球,敲击衬板,或者下压按钮及扭动拨号盘等假想的对有害刺激的反应行为,都被认为是不恰当的,而被抛弃了。其中主要的原因是,它们对真实的反社会攻击的测量精确到何种程度还是有疑问的。(pp.47-48)

不过,要提醒读者的是,米拉夫斯基等人用来测量攻击性的工具是一组得自于教室环境下的纯名义的问题。基本做法是,让儿童回答类似于下面的问题,"谁不服从老师?""谁做了打扰他人的事?""谁无缘无故地打架?""谁推撞其他的同学?""谁说了难听的话?"(p.52)这些作者也知道,在没有进一步研究的情况下,不可能告知其他研究者,上述用于测量反社会行为的指标在其他社会环境下是否有效。进而,他们还提请研究者注意,当考虑"此类反社会行为的长期社会后果"时,上述测量是有问题的。

如果让我们指出一个单一的观念,而这一观点最应当为社会行为科学中经验定义的泛滥以及经验定义同理论定义的分离负责的话,我们认为,这就是操作定义。在此,我们将简要地回顾一下这个问题,因为它已经对社会行为科学产生了负面的效果,特别是诱使许多研究者

---

[1] 关于事后理论化的危害的讨论,见第9章。

"对测验分无批评的自满和实物化"。（Campbell，1969a：351）

## 操作定义

操作定义的观念是同物理学家布里奇曼（Bridgman，1927）的名字紧密联系在一起的，因为正是他提出来的一个"概念就等同于相应的操作方法的集合"。（p.5）

受到布里奇曼观念的影响，"对操作定义的渴求，尤其在心理学中，唤起了一片喧嚣。"（Kaplan，1964：39）许多研究者都把它视作救治社会行为科学之流行疾病的灵丹妙药。"有些心理学家，出于他们的极端热情，甚至用操作主义的注脚来作为整个的科学哲学，如果不是用其来替代整个哲学的话。"（Bergmann，1954：48）尽管布里奇曼更正了他原来的立场——有些人（如 Margenau，1950：232）将之视作退却——他始终坚持，他所提出的观念无关于哲学的取向。在一次题为"操作主义的当前状况"的讨论会上，布里奇曼（1954）指出：

> 我觉得，我创造了一个弗兰肯斯坦，而它已经远远地离开了我。我对操作化主义或操作主义这样的词感到恐惧，因为它们似乎蕴含着某种教条，至少是一种论调。我所拟议的东西是非常简单的，根本无须给它安上如此庄重的名目。（pp.74-75）。

布里奇曼的观念——一个概念等同于一组具体的操作方法的集合——之退化，其最有说服力的例证可能是"智力就是智力测验所测的东西"，这样一个被反复声明的口号。正如多位作者已经指出的（如 Adler，1947；Allport，1940：0-21；MacIver，1942：157-158），为了发展出一套智力的测量工具，或者任何一个此类构念的测量工具，研究者都必须清楚他希望测量的"东西"到底是什么。或者，用布里奇曼（Bridgman，1945）的话来说："就智力测验而言，是支撑着它的理论论断产生要问的问题。而用作提问的问题措辞本身只是没有价值的'什么'。"（p.249）是研究者的理论对操作方法的设计起指导作用，而不是相反的关系。

对操作定义观念的歪曲和无头脑的滥用，可以由研究者对他们的批评的狡辩清楚地说明，即他们在回应批评时会说："这只是我关于（焦虑、智力或无论什么东西的）操作定义"，好像他们只要这样说就足够了。阿德勒（Adler，1947）对这样一种事态进行了讽刺，还特意制造了下面的测验（p.439）：

$C_N$ 测验

1. 昨晚，您睡了几个小时？ _____
2. 估计一下您的鼻子有几英寸，再乘以2。 _____
3. 您喜欢炒肝子吗？（1表示喜欢，–1表示不喜欢。） _____
4. 一码有几英尺？ _____
5. 估计一下本测验的发明者在发明这个测验时喝了几瓶果酒。 _____

将上面的题项得分加总。总和就是你的 $C_N$ 测验总分。

而后，阿德勒提出了一个公式，用以算出"精确的 $C_N$ 率"，其基础是，一个人在尽可能长的一段时期内每天都在同一时间做一次该测验。阿德勒还以更加严肃的语调，请他的读者想象一下,他或她通过邮递在家里进行这样的测验。那么使用前面的定义,他或她想要从中得到什么?

严格的操作主义者会把操作定义当作它所定义的概念本身。据此,有人争论说,不同的定义(如长度)指向不同的概念。此外,像布里奇曼(1954)注意到的,有些操作主义者甚至"依据操作主义的原则,拒绝进行从某个实验的一个场合到另一场合的'一般化',如果测量工具同时从房间的一角转移到另一角"。(p.49)

在早前的章节(特别是第4章),我们讨论并举例说明,如何使用一个构念的多个指标。多项指标的核心观念,是这样一个论断,即构念和它的经验定义(如测量)并不对等。这一断言认为,社会行为科学中的测量,包含了各种无关事项(如随机错误、反应集合),因此,只有求助于"无关事项的异质性"(Kiesler, Collins & Miller, 1969:71)或"多元原则"(Cook, 1985),我们才有希望将特定属性的测量中的相关内容、无关内容和偏误区分开来。读者需要明白,这种研究路径同那种以严格的操作主义为原则的路径正相反。布里奇曼(1954)注意到,在操作主义的指导下,不存在任何先验的规则可以帮助研究者把相关和无关变量区别开来,并由此总结道:"一般而言,操作主义的作风给那些不喜欢任何理论化或概念化的研究者提供了许多似是而非的借口。"(p.49)

在本节的结尾,需要指出的是,事实上,"操作化所能解决的问题越来越少,反而把越来越多的修辞技术和越来越少的科学引入研究主题中。"(Northrop, 1947:125)尽管操作主义的全盛期早已成为过去,但是对于经验定义的简单观念却始终淹留不去。

# 变 量

从较为广泛的角度来说,科学探究在于寻求变量之间的关系。正是现象的可变性,吸引了我们的注意,唤起了我们的好奇,并驱使我们去寻找相应的说明。本质上,科学家试图通过研究某个特定变量同其他变量的关系来说明或预测它的变化特征。此处,我们用术语"关系",不仅指那种对各种类型的变量(如自变量、因变量;见下文)不加区分的研究,还指那些对它们予以区别的研究。[①]

变量这一术语,是"相当模糊的"(Rozeboom, 1966:8),在不同的背景(如逻辑学或数学)下有不同的用法。即使在科学研究中,虽然变量可能是"最基本的方法论概念"(Rozeboom, 1961:340),但是它的意义既不是明确的,而且用法也不固定。部分地,这是由于变量的类型不同,以及在特定的研究中,它们可能有不同的功能。下文,我们首先给出变量的定义。然后再从不同的视角出发,讨论变量的一些基本类别。

---

[①]第9章在标题"特征和样式"下,对这个问题会有所讨论和例示说明。

## 变量的定义

一个变量，是有机体（客体、事件或人群）变化所显现的任一特质或特性。更为严格，"对于某一群体 $P$ 而言，一个'变量'就是在 $P$ 中具有互斥且完全的特性或属性的一个集合。"（Rozeboom, 1966: 9）变量的例子有高度、重量、性别、精神能力、温度、人种、宗教归属，以及攻击性等。

注意，所要考察的特质或特性，要成为一个变量就必须由两个以上的取值构成，例如，男性和女性。仅研究男性或女性就会把变量性别变成一个恒量。进而，在任何特定的时间上，都必须有可能给研究总体内的每一单元分配一个且仅有一个考察变量的值。这一点在第 2 章（类别尺度）已经有所讨论，其中对归类的问题也有所评论。此外，还要指出的是，被考察的对象不能被分入多于一个的变量类别（互斥原则），同时，被考察的所有对象都必须有一个可以分入的类别（穷尽原则）。尽管在这里，我们参照的是类别的或定类的变量，上述原则对连续变量也是成立的（见下文）。例如，在任何给定的时间上，一个人都可以被分配以一个且唯一的一个身高值、体重值、年龄值、智力值、焦虑值、动机值等。

对前面的例子有几点评论。首先，这些例子说明了我们前面关于经验定义说过的内容，即它们通常是对被定义变量的测量。其次，分配给对象或人群的具体取值以测量方法为基础。最后，也是最重要的，对照着自然科学，特别是其中科学程度较高的学科，例子中使用的变量最大限度地减轻了社会行为科学的困境。一般而言，如果自然科学中某个对象或某个个体可以同时被给予两个或两个以上的取值或得分，这就表示，研究者测量的是两个或两个以上的变量。一个人不可能同时既高 6 英尺，又高 5 英尺，但是他或她同时可能高 6 英尺，重180磅。

那么当变量为智力、焦虑或动机时，这点也成立吗？答案当然是否。至少，当对这些构念的理论定义和经验定义不存在共识时，是如此。就当下对智力的理论认识和界定而言，一个人很可能在某一时点上，有多个关于智力的得分。一方面，这由量表的数量以及它们的具体特性决定；另一方面，这个被测个体根据某些量表显得更聪明，而根据另一些量表则显得不那么聪明。

## 变量的分类

变量的分类可以有各种实用的目的，而且像其他事务一样，研究者需要认识到，各种分类体系都是可能的，此外，在特定背景和特定目的下，有些体系可能会比另一些更有意义或更有用。下面，我们会讨论一些广泛的变量分类体系，从而有助于研究设计或评估研究。这里，我们想强调一些，这里的归类方法既不穷尽，也不互斥。同时，在这一阶段，我们也会不触及问题的细节，以免引起混淆，而不是带来启发。在此介绍的变量的各个方面和类型，在随后的章节里都会根据具体的设计和分析背景，有更深入的讨论。

### 测量的视角

从测量的视角来看，许多分类样式都是可用的，这里，我们仅介绍一个两类别的分类方法,即类别变量和连续变量。

类别变量,也可称为定性变量或群组变量。它是这样一种变量,其中对象(人群、事件)可被分入一组互斥且穷尽的类别中。换言之,一个类别变量就是一个归类的变量,根据它,对象(人群或事件)被分作不同的种类,而不是被划定成等级或程度。于是,一个类别变量反映了"非此即彼"的条件。一个人(对象或事件)或者属于特定的类别,或者不属于。

类别变量的例子有性别、种族,不同的教学方法,还有不同种类的药品等。我们将用这些变量来说明,对于类别变量而言,为何不同的分类方式都是可能的。例如,从某种研究设计的视角(见下文)来看,研究者可以将性别和种族视作属性变量;此即,它们反映的是研究对象的某些性质。另一方面,不同的教学方法或不同种的毒品,则是由研究者出于特定研究目的而加以操控的或易于操控的变量。

研究中的很多变量都是类别的。例如,当一个研究者研究不同的方法(如生产方法、沟通方法或咨询方法)对某个或某些变量(如产出、态度变化、调适行为)的效应时,不同的方法就构成了一个类别变量——当兴趣在于研究已经存在的群体(例如,男性和女性;已婚的、离异的和单身的)间的差异对某个或某些变量(如对军控的态度,口头表达的流畅程度)时,情况也一样。后面的章节,我们会更具体地讨论此类变量。例如,在第19章和第20章,我们将整个地讨论由类别自变量构成的研究设计。

在一项研究中,是否要引入属性的类别变量,这不是可以轻易抉择的。尤其需要注意的是,研究者应当有自制力,避免因为方便的缘故,或者因为有其他研究者使用的缘故,就引入那些宽泛的类别变量。这类宽泛的变量有性别、种族、国裔、居住地、政党归属,以及宗教归属等。

这些宽泛的变量常常由带有无数其他变量的含有多种异质性的群体构成。如果没有明确的理由,在研究中引入此类宽泛的类别变量时,就可能将研究者的注意力从本该专注的变量转到其他变量上。于是,研究者就很容易掉入"说明"人群差异的陷阱,例如,以性别为基础来说明人群之间感兴趣的现象的差别,而实际上,研究者应当去确定由于哪个(些)变量的作用,才使得男性和女性显现出对所研究现象的影响。

连续变量,是对象(人群、事件)有程度的不同,而非类别的不同。根据连续变量,存在于对象、人群或类似事物中的不连续特征,以"多于"或"少于"为基础,做成新变量(例如,或多或少的自由倾向、男性气质,或攻击性)。有些人把此类变量称为量化变量;另一些人则称它们为数值变量。

研究者应当承认,那些用连续变量测量的对象,其中不连续性被改造的程度,有赖于测量的水平。[1] 而且,严格地说,一个连续变量,是那种无限可分的变量。这就是说,等次的选择是随意的,如果真的有必要或有用,还可以在原来的基础上进一步划分等次。例如,重量可以用整数吨、磅、盎司等测量,而选用哪种测量单位要根据测量的对象和测量的目的。有

---

[1]例如,根据定序尺度,我们只能说一个人的某个特征量高于另一个人的,但不能说高出多少。对此更详细的讨论,见第2章。

些变量还会采用离散值的形式（例如,家庭中的子女数,一户住宅中的房间数）。因此,就本章而言,一个变量无论它的单位是无限可分的,或者它的测量单位是离散的,它都被称为连续变量。

连续变量的例子有实践时长、反应时长、精神能力以及心理控制源等。像类别变量一样,连续变量也可从不同的视角加以分类。例如,从研究设计的视角（见下文）出发,实践时长、精神能力或控制源都可以归之于自变量,而反应时长就是因变量。当然,也可以有不同的命名方式,而这要视具体的研究设计而定。例如,精神能力也可以被当作控制变量。不过,从测量的视角来看,上述4个变量是相似的,都是连续的。

为了进一步说明变量可以根据不同的视角而予以分类,下面我们将考察变量药品在两个研究中的角色。其中之一研究的是,不同种类的药品对血压的效应;另一个研究的是,同一种药品的不同剂量对血压的效应。虽然两个研究中药品都是操控的自变量（见下文）,但是它们一个是类别变量,另一个是连续变量。

在转到用研究设计的视角讨论变量的分类之前,研究者要明白,除了我们讨论的分类方式外,从测量的视角出发,还有其他可能的分类方式（如潜变量和显变量,见第4章）。

## 研究设计的视角

同测量的视角一样,这里根据研究设计的视角作出的变量分类,也不是互斥且穷尽的。

本书第3章已经区别了两种研究类型,即预测研究和解释研究。因为这两种不同类型的研究的关注事项有很大不同,明智的做法是用不同的标签来表示用于其中的变量。具体而言,我们建议,在预测研究中,分别用预测项和标准项来标识它们,而在解释研究中,可以将其分别标识作自变量和因变量。我们认为,这样做不仅有助于避免混淆,还有助于避免分析方法的误用,以及研究发现的错误解释。下面的例子说明了我们对此的认识。

假定有一个研究者用精神能力、受教育年限、动机、社会经济地位、年龄和性别,这样几个变量来预测收入。在此条件下,该研究者为了从中选出一组数量更少的变量,可以自由地尝试各种分析方法,再根据不同的考量（如预测的效率、成本、可行性）来决定哪一组是最佳的选择。很重要的一点是,这样的一个研究结果不能用于解释的目的（例如,试图根据其研究结果来推论被考察的变量对收入的效应的相对重要性）。

当研究者试图用前述变量来解释收入的变化特征时,情况就完全不同了。这就是说,研究者想要研究的,是这些变量对收入的效应。这里无须做细节的讨论,需要指出的是,在预测研究中,适当的且可能有效的选择程序,在解释研究中就不再适用了。此外,在任意的解释研究中,变量和分析方案的选取都取决于研究者提出的理论框架。例如,研究者可能假设个体的社会经济地位影响教育和动机,后二者又影响收入。这样一种假设就要采用不同的研究方案,也会产生不同的结果解释,从而完全不同于假设三个变量同时起作用,并将它们置于同一水平的处理方法。

下文的内容旨在考察解释研究中最通用的变量分类方式。在此类研究中,最常见的变量分类方式是自变量和因变量。自变量是假设的原因,而因变量是假设的结果。换言之,自变量可以不受因变量的限制而变化,或者它的变化范围可以由研究者来决定,而因变量的变化范围则部分地取决于自变量的效应。

自变量还可以进一步分为操控的和非操控的。这一分类的基础是实验研究和非实验研究间的主要区别。关于这两者的区别,后面我们会用几个章节(见第12—14章)来具体论述。这里,我们请读者注意,在实验研究中,研究者可以操控一个或多个被认为会对需要解释的现象产生影响的变量(自变量),再来观测前者是否会引起后者的变化。相反,在非实验研究中,研究者先观测解释的现象(因变量)的变化,再收集各种可能对其有影响的变量的信息。

基于具体的研究设计,"同一"自变量可能是操控的,也可能不是。例如,假定有位医学研究者假设,节食是血压变化的一个主要原因。一般情况下,为了检验上述假设,可以有两种研究方案。一种方案是,可以做一个实验,其中受试者被随机地分配(见第10章)给不同程度的节食。经过一段时间后,再研究各组受试者在血压上的差异。另一方案是,在一个非实验研究中,先做血压的测量,并针对患者的饮食习惯收集相关信息,再研究两者间的关系,从而推论后者是否影响前者。

根据前文关于分类方式的讨论,值得注意的是,自变量(操控的或非操控的)可以是连续的,也可以是类别的。回到前面的例子,研究者既可以控制不同的药品(类别的自变量),也可以控制同种药品的不同量级(连续的自变量),以研究它们对血压(因变量)的效应。非操控的类别自变量和连续自变量的例子,可以是研究性别和年龄对血压的作用。

变量并无内在的特性,以使得它一定是自变量或因变量,或一定是操控变量或非操控变量。

一个变量,可以在某个研究中或该研究的某个阶段上被当作自变量,而另一研究中或同一研究的另一个阶段上,被当作因变量。为此,我们选择变量性别作为例证来说明它何以可能被用作因变量,又何以可能被用作操控变量,虽然这一变量常常被视为一个非操控的自变量。

假定,有一研究者宣称发明了一种药,如果女性在性生活前服用了它,就会增加她生育男孩或女孩的机会。如果有研究者随后设计了一项研究来检验该药的有效性,这时,新生儿的性别就是因变量。

也可以设计一个研究,其中性别是操控变量。我们假定,有研究者想要研究一下,大学是否实施了准入的政策,即有意识地歧视妇女。针对这一问题,研究者可能首先想要设计一个非实验研究:确定大学中男性和女性的入学率是否有差别。当然,无须进一步考察这种设计是否有效,可以说明的是,研究者也可以选择操控申请人的性别,例如,投寄许多除了申请人的性别有所不同,其他方面都相同的申请函给各个大学,再研究男性和女性的接受率。关于申请人的种族、性别和能力被当作操控变量的研究例证,可参见 Walster, Cleary 和 Clifford (1970)的研究。

上面给出的各个例子都有意选取得很简单,因为我们唯一的目的是请读者了解同变量有关的基本观念,以及它们同研究设计的关系。在随后几章会更加清楚的是,研究设计常常由多个自变量组成,有时还有不止一个因变量。在有些设计中,所有的自变量都是操控的;另一些设计中,有些是操控的,有些不是;还有一些设计中,所有的变量都是非操控的。

有时,根据变量在研究设计中扮演的特定角色,出于方便还给它特定的名字。例如,某个变量被用作控制的目的,就被称为控制变量,从而将它与那些同样对因变量有影响,但又是研究所关注的自变量区别开来。同样,在后面的章节,我们会看到,出于方便,有些变量依据它们在设计中的作用,或被称作调节变量,抑或是压抑变量、协变量、理变量。

在设计一项研究或评估一份研究报告时,清晰地标明各个变量的角色,对于防止不适当的分析,以及得出错误的结论和错误的推断,都是一项重要的防范措施。因此,我们建议读者养成良好的习惯,在研究中或在阅读他人的研究报告时,厘清其中每个变量的作用。通常,这样做足以提醒读者注意到自己思考或他人思考中的模糊之处,当然,这样做也无疑会让读者发现更为严重的问题,而这些问题可能引起对研究的整个效度的怀疑。

下面的例子可以说明我们所说的对变量的清楚标识指的是什么。我们要描述的是麦吉和斯奈德(McGee & Snyder, 1975)所做的一个研究的某一方面。他们想要研究"自我觉察到的行为的情境性原因相对于倾向性原因,同实际观测到的行为的情境性控制相对于倾向性控制之间的关系"。(p.185)就本章而言,我们不必深入地讨论作者们提出的理论框架。这里,我们想要读者注意的是,研究者在餐馆中观察了两类人:一类在品尝食品前先蘸了盐,另一类则在品尝后蘸了盐。随后研究者对他们进行了接触,请他们参与研究,回答一份问卷。对问卷的回答他们将指出一组特征中的哪一组描述了他们。麦吉和斯奈德(1975)有如下假设:

> 那些在知觉量表上用相对少的个性来描述自己的个体更可能尝试食物后再蘸盐。相反,那些用较多个性来描述自己的个体更可能在尝试食品之前先蘸盐。(pp.186-187)

这里,我们对假设中使用的变量名称,以及使用的分析方法做一简要的评论。首先是变量的名称。值得注意的是,变量食品蘸盐和变量个性归属都是作者们感兴趣的变量的指标;而不是所要研究的变量本身。例如,毫无疑问,作者们感兴趣的不是人们的癖好,即在尝试食品之前还是之后蘸盐,而是他们认为这类行为所代表的、反映的或意味的东西。由此,可以设想,在另外的研究中,这些作者可能会发现使用同一变量的其他指标(组)可能更有意义。因此,研究假设就应当指明研究所感兴趣的变量,而不是特定的指标,或者使用特定的经验定义。在本书的第9章,我们会讨论到假设形成的问题,这里就不展开论述了。虽然我们已经表达了保留意见,但是在评论到他们的分析方法时,我们仍不得不提到麦吉和斯奈德使用的变量名。

根据上面提到的研究假设,有一点是很清楚的,即作者们设想的自变量是个性归属,而食品蘸盐行为是因变量。这一点在作者阐述他们的结果部分变得尤其明确。麦吉和斯奈德(1975)指出:"这预示着,一个人如果有更高的可能性用人格特质来描述自己,他就越有可能在尝试食品之前蘸盐。"(p.187)可是,在分析中,变量的角色发生了逆转。特别是,他们通过显示,品尝食品前蘸盐的人的个性归属方式同品尝食品后蘸盐的人的个性归属方式之间存在着统计上显著的差异,进而宣称这支持了他们的研究假设。这样做显然违背了假设检验的逻辑(见第9章)。无须再过多地讨论其细节,只要指出作者自己已经意识到了分析方法的问题,这就足够了。证据是,他们报告称他们发现,针对下列变量,如性别、吸烟者或不吸烟者、单独就餐还是非单独就餐、年龄和体重、尝试食品前蘸盐和尝试食品后蘸盐之间没有显著差异。

## 本章小结

我们希望本章对定义和变量的讨论足以澄清两者之间的关系,并已充分表明它们同测量方法联系的紧密程度。在阅读下章之前——将讨论理论、问题和假设——我们强烈地提请读者将以下的话谨记在心里:无论你用的理论有多成熟,从中引出的假设多精巧,研究的设计多复杂,分析方法多华丽,如果研究中的变量在理论上和(或)经验上的界定不清晰的话,就不可能得到任何有意义的成果。

# 第9章
## 理论、问题与假设

理论一词原来用以指称一种心理上的看法、一种想象,后来发展出各种意思,以至于默顿(Merton,1968)声明"这词的使用常常不是促进理解,而是阻碍理解"。(p.39)在一部旨在澄清科学理论的结构的讨论会文集之导言中,祖佩(Suppe,1977b)观察到,"科学哲学家们仍在试图找到一种对理论本身的分析,而这一分析将能够提出对理论的适当理解。"(p.233)

本章中,我们先对理论的定义以及理论和事实的关系作若干观察。而后考察理论在科学研究中的角色。在评论过理论检验后,本章的后续部分主要处理问题和假设的形成,以及假设检验的逻辑。

## 理论的定义和角色

尽管有许多对理论的界定,但是这些界定有一个共同的内核:理论是一项发明,其目的在于组织和解释环境的某些具体面向。一项科学理论的一个具体特征,即使得理论同其他形式的解释相区别的特征,是从中可以引出可检验的假设。更形式化的界定如下:

> 理论意指……同现实的某一领域关联在一起,一个逻辑上相互联系、内容上无矛盾的,命题、观念和概念的体系,且可以从这一形式化的体系中抽引出可检验的假设。(de Groot,1969:40)

哥罗特(Groot)指出,他有意选择了一个不严格的定义,即不像物理科学背景下那样严密的,因为把后者的取向纳入社会行为科学中,可能会"引入一种'理想'",而该理想在大多数情况下或者暂时无法实现,或者原则上就根本无法实现。

### 理论与事实

事实的意义问题,在第7章已经有所评论。直到不久前,科学探究和科学哲学领域,主流的看法都是用独立存在的事实来检验得自于理论的或真或假的假设。赫胥黎(Huxley,n.d)(n.d代表出版时间不明)的话表达了这种看法的本质:"科学大悲剧——优美的假设被丑恶的事实谋害。"(p.247)

当前的概念则更现实得多,它将事实看作根据特定理论导向得出的,并同该理论导向有关的。正如韦默(Weimer,1977)所讲的:"陈述一项事实就是为理论的正当性,即理论的应有之义,予以辩护,而告诉他人这是一项事实,就是邀请他人去看现实,即那些理论要求研究者去看的东西。"(p.14)一句话,一个理论"既使得把现象作为某一特定类别的存在而予以观测成为可能,也使得把这一现象同其他现象联系在一起成为可能"(Hanson,1958:90)。

为更好地理解事实的地位和它们在科学探究中扮演的角色,就要区分作为感知的事实和观测的事实。来看波普尔的分析:

> 在科学中,是观测,而不是知觉起着决定作用。因为,观测是一过程,在其中我们有着非常积极的作用。一项观测也是一次知觉,但是它是有计划和有准备的知觉:我们并不"拥有"某一观测【就好像我们可以"有"某一感知】,但是我们"做成"一项观测……一项观测总是受到一定的兴趣,一定的疑问,一定的问题——简言之,就是某种理论的东西——的引导。(Popper,1972:342)

休厄尔(Whewell,1847)从科学的视角对理论与事实间的区别作出最具卓识的判断,论证指出,两者的区别是"不成立的",只会导致"无尽的困惑和争论……不存在任何特定的属性,使得理论和事实相互区别。事实是在概念和精神活动的帮助下感知到的现象,理论也同样如此"(第2版:94)。进而,休厄尔写道:"在自然之上有一层理论的面纱。"(第1版:42)总之,观测总是"以理论为基础的"(Hanson,1958:19),抑或如约翰逊(Johnson,1953)所说:"相信即看见。"(p.79)

## 理论作为参考框架

理论给予研究者一个"有选择的视角",否则研究就可能是"愚人的杂货袋,装满了各种石子、稻草、羽毛和其他零碎的东西"(Lynd,1939:183)。理论通过给予一个所要找寻事物的方向,帮助研究者确定哪些变量是相关的,哪些是无关的。而且,如下面和本章的后一部分将要讨论的,通过从理论中推引出的问题和假设,理论在很大程度上决定了研究设计的类型、分析的方法以及结果的解释。

无疑,试图根据不同的理论取向解释"同一"现象,可能导致选取不同的变量,引起相同变量在概念化、定义和测量上的差别(见第4—8章),进而引起相同结果解释上的差别。当对同一现象的研究根据的是不同学科的理论视角时,这尤其显著。亚当斯等人(Adams et al.,1982a)利用不同学科的社会行为科学研究者之企图,来解释为何有些妇女选择外出工作,以及这类妇女的人数还在不断增加。经济学家可能将这种现象看作劳动的需求、增加收入的需求。社会学家可能想在妇女可选工作的类型和家庭生活模式的变化中找到答案。心理学家会考虑妇女的角色、自我形象等。人口学家会聚焦于出生率,还有出生率对某类商品和服务的需求,及劳动供给的影响。亚当斯等人(1982a)总结道:"总之,将一个学科同另一个学科区别开的东西,不是因为它们聚焦于不同种类的事实,而是它们用不同的概念框架来解释同样的事实。"(p.9)

测量、设计和分析：研究方法的综合之道

## 理论作为偏见

理论作为一种见的方式,同时也是一种不见的方式。下面我们将处理这一论断所隐含的理论检验和假设检验。这里我们要强调的是,警惕潜在的理论偏见,甚或"目盲"效应的重要性。

例如,一个研究者可能"看"不到同他(她)的理论相反的证据,或在"看"到时,他(她)立即去寻求各种可能的解释,以说明证据不能被视作对其理论的反驳(理性化?)。通常,这里说明的都是把各种偏差结果归咎于研究设计和研究实施中可能存在的缺陷(例如,抽样的问题、测量的错误、弱的操控)。下面列举几个有关理论的偏见效应的例子。

巴伯和福克斯(Barber & Fox,1958)报告了他们同两位"杰出的"医药科学家的访谈,这两位"独立地在各自的研究中发现了同一现象:在给兔子注射木瓜蛋白酶之后,兔子的耳朵发生了可逆崩溃。其中一位是基于偶然或机会条件做出的;另一位则不是"。(p.128)在访谈中,引人注目的是,研究者的先入之见及他们的理论取向和兴趣决定了他们是如何察觉到该现象的。其中,一位研究者见证了这种"丧失意外发现能力的经验",他指出:

> 因为我首先感兴趣的研究问题同心脏肌群有关,所以我们是用肌群来思考的。这就遮蔽了我,以至于软骨的变化对于我而言不存在可能性。我在切片中寻找肌肉,而从没想到要找的东西是软骨。(p.135)

读者可能对这样的争论也有所知,即专业期刊的编辑抗拒外审关于稿件的接受、修改或拒绝的建议。这种抗拒揭示了多种多样的偏见(例如,稿子的作者包括哪些人:反对女性作者,偏好有声望的作者或流行的理论)。下面的两个例子都与此相关。

彼得斯和切奇(Peters & Ceci,1982)更改了12篇已经发表的研究论文的作者的组织归属和姓名,再将其投给原来发表它们的12份期刊。3篇论文被检查出已经发表过了,剩余9篇中的8篇被拒绝,而最常见的拒绝理由是外审认为其中有"严重的方法问题"(p.190)。读者可以在《行为和脑科学》(*The Behavioral and Brain Sciences*,1982,5:196-255)期刊中读到当下的和以前的期刊编辑对此作出的更丰富和多样的评论,以及两位研究者的回应。这一议题后来还以书的形式发表。(Hamad,1983)[①]

马奥尼(Mahoney,1977c)进行了一项研究,其目的旨在考察外审的"确证偏见"——"强调和相信支持其个人观念,同时忽略或怀疑与其不同的观念"。(p.161)75名外审被邀请来审核同一篇想要发表的论文,其论述的主题是行为调试中的流行议题。

参与研究的外审被分作5组,我们这里只考虑其中的两组,他们都看到了同样的手稿,除了结论部分不同外,其中一组审核者看到的是同他们假设有的理论取向相一致的正向结果,而另一组则看到的是同他们假设有的理论取向不一致的负向结果。研究的发现如下:

1.大体而言,接到正向结果的评审者建议论文发表,而接到负向结果的评审者

---

① 《行为和脑科学》是少量邀请某个领域的权威对已经接受发表的论文做出评论的期刊之一。我们认为,读者通过这本期刊会从这些对同一论文的不同或矛盾的评述中获益匪浅。

则建议拒绝论文发表。

　　2.尽管事实上论文在其他方面都相同,那些接到正向结果的评审者倾向于给论文更高的评分,无论是就写作水平、政策的相关性、科学的贡献、方法使用,还是其他方面,而那些接到负向结果的评审者则有相反的反应。

　　前述例子要说明的是,"不能简单地认为科学理论要受到观察者的检验——观察本身也要受到检验"(Singh,1985:157)。据说爱丁顿(Eddington)爵士曾经评说道:"永远不要相信任何一项实验结果,除非它已被理论所肯定。"(Chernoff,1978:A23)而这种态度并不像有些人所认为的那样"轻率"。这种态度可以用下面的故事很好地说明。它记载在爱因斯坦(Einstein)的学生施奈德(Schneider)所写的一篇题为"回忆同爱因斯坦的对话"的手稿上,时间是1957年7月23日,霍尔顿(Holton,1972)在其著作中引用了它:

　　　　有一次,我同爱因斯坦在一起,要给他读一部著作,其中有许多对他的理论的反对意见……他猛然打断了讨论,站起来,从窗台上拿起一封电报,递给我,并说:"给你,里面有些东西,你可能会感兴趣。"这是爱丁顿的电报,上面有日食远征队[1919]的测量结果。当我因为测量结果同他的计算相吻合而表示高兴时,他相当冷静地说:"可是我知道理论是正确的。"然后我问道:"假如结果没能证实他的预测呢?"他反驳说:"那么我不得不向亲爱的爵士表示遗憾,理论肯定是对的。"(p.361)

# 理论检验

　　直到最近,实证主义在其各种表现形式上一直是理论检验的主要取向。很少有人质疑其关于使用"客观"证据来进行理论确认的基本原则。然而,近年来,实证主义的消亡和当今后实证主义时代的降临,已成为科学哲学家和类似的社会行为科学家的著作中的主要主题(例如,Fiske 和 Shweder,1986b;Suppe,1977a)。

　　对实证主义的遗弃是如此普遍,以至于马什(Marsh,1982)动情地观察到:"事实上,实证主义好似罪恶:人人都反对它。"(p.51)更有甚者,斯腾特(Stent,1975)对于实证主义何以遭到如此强烈的反对感到不解,因为在他记忆中,它那样地"统治着各门人的科学"。(p.1054)

　　在此,我们无意回顾致使实证主义被推翻的海量文献。这里,我们也不可能就理论检验的各种复杂表述,以及就如何从"同一"现象的对立理论中作出选择,对这两个议题进行恰如其分的讨论。我们所要做的只是试图以最简要的方式勾勒这一议题的范围,并提供若干参考文献。

　　对理论和理论检验的当下概念有杰出贡献的人有费耶拉本德(Feyerabend,1978)、库恩(Kuhn,1970)、拉卡托斯(Lakatos,1978),以及波珀(Popper,1959,1968,1972)。波珀令人信服的论证指出,假设和理论不可能被确证或证实,无论作出多少证据来支持他们的断言。相反,它们会被证实为假。不同于各种错误的理解和解释,波珀(1959)并没有给予科学理论的

否证以确定无疑的地位,这点可以用下面的话来说明:

> 事实上,永远不可能造出对某一理论的否证;因为总是有可能说实验结果并不可靠,或者那些被断言存在于实验结果和理论间的差别只是表面的,而随着我们理解的深入,它们就会消失……如果你坚持严格的证明(或研究的否证),那么你就不可能从经验中获益,也不可能从你所犯的错误中学到东西。(p.50)

拉卡托斯(Lakatos,1978)区分了3种证伪的方式(教条的、方法论的和精致的),并可信地论证了,"没有任何实验结果可能杀死一个理论:任何一种理论都可能经由添加附加假设或对其中术语的适宜再释而被保存下来。"(p.32)拉卡托斯还区分了一个理论的"硬核",它由一组免受挑战的中心原理和围绕硬核的"保护带"组成。理论的保护大部分会发生许多进一步的调整,从而经受住各种各样反常事例和相反情形的攻击。

新理论不是因为旧理论被证明为虚假才替代旧理论的,而是因为前者被证明更适当,提供了对现象的更广泛、更简明的且更具有整合性质的说明。当然,这一过程也可能更像普朗克(Planck,1968)[1]所作的观察,即"一项新的科学真理并不是由于战胜了对手,看上去合理才获得成功的,而是因为对手最终倒下了"。(pp.33-34)

尽管如此,对旧理论和新理论之间关系的适当刻画可能来自爱因斯坦和英费尔德(Einstein & Infeld:1961):

> 创造一种新的理论不像推倒一座旧的谷仓,再在原地竖起一座大厦。其实,这一过程更像爬山一样,登到更高的地方,获得更新的、更广的视野,从而看到我们的起点同它周围环境之间各种未曾料到的联系。不过,我们开始的那一点仍然存在,可以看到,尽管它看起来更小,但是在我们冒险攀登的征程中,随着一个一个障碍被克服,它已变成了我们视野中一个极小部分。(p.152)

## 事后的理论化

研究者常常不是以理论为指导,先行收集数据或使用已有的数据,并试图从中发展出可以解释它们的理论,这种实践被称为事后的理论化。然而,重要的是要认识到,这时发现数据同设计出的理论之间的一致已经不再构成对理论的检验。如皮尔斯(Peirce,1932)指出的,"如果我们全面检视现象,以便从中造出相应的理论,这样做就只涉及发明的才能和勤奋,以及从中能造出多少种理论。"(p.496)

这里有一个好笑的事后解释的例子。这是对《科学》(Science)杂志上的一篇文章的评论。文章的内容是关于瑞典和丹麦两国对淋病控制的策略的不同效应。文章的结论是,控制后,在瑞典可以观测到淋病发生率的迅速下降,而在丹麦则没有。文章的评论者希利(Healey,1976)对此提出了一个"语言威慑"的说明。希利指出,在瑞典安全套被称为"*Kondoms*",而在丹麦,它们被称为"*svangerskabsforebyggende middel*"。"说出所有十个音节的气力对购买和使用

---

①著名的物理学家,量子理论的创始人,诺贝尔奖获得者。

者而言一定会被视为一种威慑。"(p.98)实际上,只要足够聪明,对任意的结果,研究者都可以找出相应的理论说明(对事后理论化的较好讨论,以及发生在更加严肃的背景下的例证,见Merton,1968:147-149)。

研究者不能将事后理论化与有意义的理论精炼、理论改写、理论再表述,或此类以研究发现为目的的种种必要的过程相混淆。两种研究路径的关键区别在于:在事后理论化的做法中,现存的数据不是被用于检验假设,而是根据数据来形成说明它的理论;与之不同的是,再精炼的研究路径,根据重新表述的理论得出假设,再用新设计的研究来检验假设。

## 社会行为科学中的理论状态

大多数涉及理论检验及在对立的理论中作选择的相关概念,都是以物理科学为背景而发展出来的。因此,无须惊讶的是,在社会行为科学中,理论表述有着更大的随意性,以及更多的争议性。请回想一下,那些否认社会行为科学的可能性的人(见第7章)。此外,如第一部分详细讨论过的,在社会科学中,测量通常只有初步的发展,而这对于精确理论的发展而言,无疑是一种阻碍。

在社会行为科学中,理论本身的概念有很大的变异范围,从那些临时性的限制到单个假设的检验,中间有那些对"微观"理论构建的呼吁,有对中层理论(Merton,1968)构建的呼吁,还有那些试图直接进行宏大理论构建的企图。它们之间的差别主要可归之于所察觉到的社会行为科学的状态同随之而来的期待(以自然科学为标杆,最有希望达至成熟的路径)之间的差异。

那些认为努力的方向应当是单个假设检验的研究者认为,基于社会行为科学的原始状态,当下投入理论建设中是不成熟的,也会是劳而无功的。这种观点认为,单个假设的检验会成为知识积累的砖块,最终会促成理论大厦的完成;而我们认为,这种想法同那种希望事实的积累将产生有意义的理论的观念,同样是不切实际的。有意义的假设不可能突显于理论的真空。诚然,推导出给定假设的理论往往是隐含的。研究者可能没有意识到,正是某种理论取向,才引导她(他)去提出和检验一个特定的假设。然而,正是理论赋予假设和变量以参照,将它们同有待说明的特定现象联系起来。此外,也正是理论赋予一组用以说明特定现象的假设的一致性和整体性。

我们认为,在此没有必要记录下社会行为科学研究的反复多变和短暂瞬时的特性,但是有必要提请读者回想一下对它的一般性评论和一些具体的例子。任意选取对某些研究领域的报道,特别是一篇综述性的文章,读者都难免会发现一些义务性的公开评论,即研究中所考察的效应是有缺陷、有问题的;还会发现,不同研究发现的不一致性可能是唯一一致的结果。

读者即便是对研究期刊的目录,对有着两次或多次编辑(如课本、手册)的书籍的目录,对年度评论的目录稍加浏览,都会使自己认识到研究主题的持续变化,研究领域的潮涨潮落。例如,在社会心理学领域,人们经历了权威主义人格研究的大潮,随着大潮的退去,这一主题被认知不协调取代,后一主题又被冒险转移(或内控点、性别角色、学习的无能、归因心理过程)等主题取代。当米尔像老将军那样宣称,在心理学的"软"领域中,理论"从不消亡,它们只是慢慢地退却"（1978：807；见 Berkowitz，1983；Travers，1973）时，对这样的宣称，有人会提出异议吗？

事态之所以会如此，当然有许多原因。其中许多困难都源自测量、设计和分析上的差异，而我们相信，本书通篇对此有充分的展示。不过，在这里，我们想要指出的是，困难的主要来源之一是不切实际的期待，以及对社会行为科学研究的能力的热望，即社会行为科学研究对社会现象的解释力和社会问题的解决力的不切实际的愿望。

很久以前，社会行为科学研究者已经抛弃了对自身能力的天真信念，不再认为自己可以为社会问题提供简单的解决方案，而无须考虑社会现实的复杂性。近年来，有些学者开始认可门肯（Mencken）的富有智慧的观察，即"对任何一项人类的问题，总是有一种简单的解决方案——整齐划一的、似是而非的和错误的"（引自 Thomas，1976：181）。此外，直到最近，有些领先的作者和研究者才提出一种对社会行为研究的潜力和承诺更符合现实的评判。（具有讽刺意味的是，其中的某些作者的早前写作却不自觉地在社会行为研究者中推动了那些不切实际的热望和期待。）

在芝加哥大学召开的、为庆祝社会科学研究五十周年的一场研讨会上，克隆巴赫（Cronbach，1982）宣读了一篇题为"对于社会探究的审慎渴望"的论文，其中宣称：

> 幸运的是，今天的职业研究者开始认识到，理性主义的、唯科学的想法不过是对全能上帝的一种幼稚的幻想。人们希望，当下的情绪预示着一个学术团体正处于成年期的边缘，正准备根据它自身的能力来宣布自己的角色，并也已经意识到等待它自己的牛顿就像等待多戈一样注定无望。(p.61)

在编辑最近的一次关于社会行为研究状态的讨论会文集时，菲斯克和薛尔德（Fiske & Shweder，1986a）以"不安的社会科学"为副标题来做他们的导言。克隆巴赫（Cronbach，1986）也参加了这次讨论会，同样捕捉到了这一主题和情绪，并将之反映在他的论文题目上："由凡人和为凡人的社会探究"。

在一场为纪念由美国总统胡佛主持的某委员会关于美国社会发展趋势的报告出版 50 年，所召开的关于社会行为科学的状态的研讨会会议论文集（斯梅尔塞和格斯坦）中，充斥着相似的论题。斯梅尔塞（Smelser，1986）在对其早前报告的主题（即在社会变迁中科学及其角色、理论和事实）的反思回顾总结中说道："在我们思考科学和社会的关系时，变化的一个结果是我们认为我们一方面在研究设计和测量方面变得更加成熟，与此同时，在相反的方向上，比起 50 年前，我们的热望更加收敛了。"(p.34)

然而，这样一种更加明智的、现实的社会行为研究的概念并没有为绝大多数社会行为研究者所共享，其证据就是不断地涌现出一批又一批方案，常常带着极端不负责任的肯定态度，试图解决最复杂的社会问题。

# 问　题

"开始之际，不是词语，而是问题。"(Kempthome，1980：17)虽然对于创世而言，这点未必正确，但是它恰当地描绘了一项科学探究是如何开始的。读者可能已经熟知这样的说法："一个好的问题已经成功地解决了一半。"下面这段话反映了爱因斯坦和英费尔德(Einstein & Infeld，1961)对问题表述在科学探究中的角色的看法：

> 一个问题的表述常常比问题的解答更根本，因为问题的解答可能只涉及数学或实验的技巧。提出新的问题，新的可能性，从一个新的角度考察旧的问题，都需要创造性的想象，标志着科学上真的进步。(p.92)

要从在多数人看来非常平凡的现象中，构建起一种新的实在，即在那些看起来混乱和无联系的事物中，看出秩序，这需要有想象力的心智。这样的事例包括将新的概念用到熟悉的环境中，以新的视角对旧现象提出新问题，为其造出一个新的背景。如海森伯(Heisenberg，1962)提醒我们注意的："我们观察到的东西不是自然本身，而是由我们提问的方法揭示出的自然。"(p.58)

## 问题的特征和样式

一般而言，一个问题通常就是一个关于两个或多个变量间关系的疑问陈述。以下两点值得注意：

> 1.在本书中，一个问题之所以会成为问题，那么问题的表述就必须指向两个或两个以上变量的某种关系。其中有些被视为"问题"的，之所以被排除在考察之外，可能是由于具体的困难(例如，构建一个测量，获取一个概率样本)。
>
> 2.如同第8章，术语"关系"一词的用法，并不限于对自变量和因变量不加区别的情形(例如，在计算两个变量间的相关关系时)，同样包括那些指向或隐含有自变量对因变量[1]的效应的陈述。

进一步澄清我们的意思，即同样一组变量可用在3种可能的问题表述的样式中。出于讨论方便，我们给这3种样式编了号。

> 样式1：智力和学业成绩间的关系是什么？
>
> 　　　性别和攻击性间的关系是什么？
>
> 　　　教学风格和学生的学业成绩间的关系是什么？
>
> 样式2：具有不同水平的智力的学生会有怎样不同的学业成绩？
>
> 　　　男性和女性在攻击性上会有怎样的表现？
>
> 　　　接受不同教学风格的学生在学业成绩上会有怎样不同的表现？

---

[1]关于变量的定义和分类，见第8章。

样式3：智力对学业成绩的效应是什么？

性别对攻击性的效应是什么？

教学风格对学生的学业成绩的效应是什么？

在样式1中，表述是"不明朗的"，也就是不存在清楚的或隐含的标识，用以区分自变量和因变量。这并不是说，构造这类问题的人，其头脑中没有这样的区别；也不是说，读者不能据此而推论其中是否存在自变量和因变量的区分，在假定区别存在的前提下，进而设想哪一个变量是因变量，哪一个是自变量。

在样式2中，因变量和自变量的区分是隐含的。现在，先不考虑关于智力的笨拙的措辞（即具有不同智力水平的学生），样式2表明，智力、性别和教学风格，在3个问题的陈述中，都意味着自变量。换言之，前两个问题表述也许指的都是非实验设计（见第14章），第三个表述则指向实验设计或准实验设计（见第12章和第13章）。即使如此，在一定程度上，3个问题都是不清晰的，它们都没有清楚地表明，因变量上显示的差异，部分地可以归因于隐含的自变量的效应。因此，举例来说，虽然男性和女性更能在攻击性上不同，但是攻击性的差异可能并不能归之于性别，可能是由其他同性别有关的变量或变量组引起的。

为了进一步澄清样式2的歧义性质，我们来考察第三个表述，即教学风格和学生的学业成绩的问题。上面，我们讲过，教学风格可能是一个操控变量。人们可以设计一个实验，首先把学生随机分到不同的教学风格组中，再记录下各自的学业成绩。

不过，也可以将该问题放置到非实验设计的背景下予以表述。这就是，假定研究者试图说明，为何某些学生组有着不同的学业成绩。进一步假定，研究者已经观察到教师在教学活动中发展了不同的风格，于是研究者希望确定，接受不同教学风格的班级是否显示出学业成绩的不同水平。即便情形真的如此，有一点是清楚的，即学业成绩上的差异可能不能归因于教学风格的不同，可能是一组其他变量的结果。

为进一步说明样式2的歧义性，我们假定有一个非实验设计，值得指出的是，把教学风格想象成因变量也是可行的。例如，有着特定能力、特定动机的学生，或者无论什么样的能够导致他们有不同的结果的东西，都可能引导出不同的教学风格，也就是最能适合他们的需要和成就水平的那种教学风格。

这里，我们的唯一目的在于清楚地显示由问题表述所带来的潜在歧义性质。在接下来的几章中，我们会更加详细地讨论，不同研究设计间的区别，以及研究者为获得合理的有效结论而可能在其研究中实施的各种控制（见第12—14章）。

不同于样式1和样式2，在样式3中，就每个问题而言，哪一个是自变量，哪一个是因变量，是很清楚的。再次说明，这里我们不考虑设计的有效性，也不考虑使用什么样的测量，亦即研究者的理论导向。非常有可能的是，考虑到上述的因素，人们可能会否定或严肃地质疑既有的发现。我们想要强调的是，问题表述本身会极大地决定分析的方法。我们用3个样式集中的第一个问题做例子来具体说明。

在样式1中，问题是智力与学业成绩间的关系。因此，这似乎要求算出一个回归系数。注意，在缺少假设陈述的情形下（见下文），不可能更具体地指定合适的分析方法。例如，如果假设智力与学业成绩的关系是曲线的(见第18章),那么去计算皮尔逊相关系数就是不恰当的,因为这一系数的基础是假定变量间的关系是线性的(见第17章)。

上文,我们已经谈到过样式2的笨拙措辞。这是因为智力是一个连续变量(见第8章)。所以表述上的笨拙,还可能导致选取不适当的分析方式。假定,研究者主观上假设有高智力的学生倾向有高的学业成绩,而那些较低智力的学生趋向取得较低的学业成绩,具有平均智力的学生趋向有平均的学业成绩等。运用样式2,研究者也很可能根据智力来构造不同的群组(如高、中、低),从而把智力当作类别变量(见第8章)来处理。像后面的章节要讨论的(第20章)这样一种方法,从好的方面来说,仅会有信息的损失,而从不好的方面来说,很有可能导致错误的结论。

转到样式3,假定关系是线性的(见第17章),那么合适的分析方法似乎是简单回归分析。注意:样式1要求的是计算和解释相关系数,而样式3要求计算和解释的是回归系数。于是,一个正的回归系数就意味着可以期望智力分数的增加伴随有学业成绩的一个给定量的增加——如果人们用样式2作为假设陈述的基础,那么这一陈述就显得更笨拙,也不甚清晰。

我们希望前面的讨论作为导论,大致已经能够说明问题表述在研究中的关键作用。下面,在论述到问题和分析方法间的关系时,我们会有更多的论述。此外,当我们讨论假设陈述(本章后面一部分的内容)和不同分析方式(其他章节的内容)时,我们会用实例来进一步说明和评述问题表述的意义。有一点是清楚的,样式仅是问题表述的一个方面。首先要考虑的,当然是问题所要阐明的实质内容——下面来讨论这一主题。

## 问题与实质内容

许多作者都强调研究者要避免"无益的"问题。例如,博克斯(Box,1976)指出:"如果外面有老虎在四处走动,这时去关注小老鼠就不合宜了。"(p.792)在谈及用不断累积的数据和精心设计的方法工具来证实无益的假设时,麦圭尔(McGuire,1973)改述了马斯洛(Maslow)的话,说道:"那些不值得做的事,不值得为之付出努力。"(p.450)还有些作者通过幽默和讥刺,来嘲弄那些导向"明显"事实或无意义的蠢话的研究(例如,为何"请把盐递过来"这样的话应当联系到盐的转递,Pencil,1976;或是,鸡有没有唇? Zaltman, Lemasters, & Heffring, 1982:157-159)。

可是,是什么东西令一个问题成为重要的和值得去解答的? 这个问题不仅困惑了许多专业人士,还在学生中引起了混乱甚至绝望。对于学生而言,一种常见的现象是,当他们向不同的教师来兜售自己的论文计划以求得许可或赞助时,就会遇到一部分教师认为他们的问题是重要的、有价值的、"能做的",而另一部分教师则可能认为问题是平淡的、无意义的、"不能做的"。如果认识到,问题总是包含有人们感到必须去解决的谜,对此就不必惊讶。对某个人是谜的事物,可能未被另一个人所注意,也不会令他不安。爱因斯坦和英费尔德(Einstein & Infeld,1961)指出,虽说侦探和科学家之间有许多相似的地方,但他们还有根本的不同。"对侦探来说,犯罪是事实,问题是给定的……科学家则必须,至少其中一部分,一边犯下自己的罪

行，一边开展调查工作。"(p.76)

　　一个科学问题的表述构成了一项创造性的活动。什么样的事物会被视作创造的、重要的、有价值的，这有赖于特定时代、特定背景下某一具体的文化或子文化的价值。这也同样适用于科学的子文化。实际上，科学的编年记中充斥着这样的例子，某些最伟大的发现和贡献最初被当作无益的、无关的、完全错误的，甚至是欺骗性的，而被放弃。(关于科学家对研究发现的抵制，一个非常有趣的评述和分析，见 Barber，1961。)

　　普朗克(Planck，1968)用下面的话说明了他自己做博士论文时的经验，而正是在那篇论文中，他重新表述了热力学第二定律。

　　　我的论文对那个时期物理学家的影响等于零。我的大学教授没人对其内容有任何的理解，这就是我从同他们的谈话中了解到的事实。他们之所以毫无迟疑地容许它作为博士学位论文通过，仅仅因为他们了解我在物理实验室中，以及数学研讨班上的其他活动。我发现即便是在那些同该主题有着密切联系的物理学家中，也没有人对之有兴趣，更不用说表示赞同了。亥姆霍兹(Helmholtz)可能根本没读过我的论文。基尔霍夫(Kirchhoff)对它的内容表示不予认可。(pp.18-19)

　　如果考虑到社会行为科学中，理论、测量、设计和分析的相对无序和原始的情态，那么相比自然科学，就一项研究的实效和价值，会有更多质疑和保留意见。于是，人们就不应当诧异林赛(Lindsey，1977)的发问："何以每年有这样多的无益的、无学识的、无见识的研究进入科学出版的大流中?"，也不应当诧异，卡坎帕斯米德(Kupfersmid，1988)的断言："许多文章关注的都是无关紧要的主题。"(p.635)

　　公众对社会行为科学的反对态度(见第7章)在很大程度上是，由哪些东西被看作处于科学范围之内而决定的。因此，那些试图对(如浪漫爱情、性吸引力)这类主题进行的研究，直至最近还会遭到怀疑、鄙薄和嘲笑，都依赖于评判者的价值和态度。一个例证是，参议员普罗克斯(Proxmire)常常给那些他认为浪费纳税人的钱而去研究在他看来不值得研究的问题的社会行为科学家，以及那些在他看来不受科学研究影响的人颁发他著名的金羊毛奖。

　　有鉴于此，研究者要做什么? 在研究开始时，他最好是遵从林德(Lynd，1939)对科学家的建议，"不断地问自己……'为何我会提出这样一个难题，以及我在考虑这一难题时，何以会有这些疑问?'。"(p.203)或者是遵从斯托夫(Stouffer，1950)的建议，研究在思索一个研究问题时，应当问："它有什么重要性?"(p.359)。当研究者用强大的计算机处理数据，进行复杂的分析，而对问题的无价值或空洞视而不见时，这类提给自己的问题，可以是很好的解毒剂。在这些情形中，最坏的是，总是存在着这样的风险，就是研究者根本不去思考自己在做些什么。联系到自己对科学专业工作者思维过程的讨论，斯坦普(Stamp，1937:17)引述了法郎士(France)的格言："科学最糟糕的是，它让你停止思考。"

　　当然，你很可能有这样的疑惑，一个人怎样才能在一开始就找到一个问题? 有些作者(如Popper，1959;Reichenbach，1938)论证认为，这样的问题术语发现的范围，有别于论证的情况，因此没有可以遵从的规则和原则。其他一些作者，清晰地或隐含地坚持认为，用以形成问题表述的系统方法是存在的,或者有可能为其勾勒出一般的原则。虽然问题表述是一个创造性的过程,但至少可以说,其性质并不被很好地理解,的确,可能系统地勾勒出一些原则,而这些原则将有利于问题的系统表述,进而有利于问题的解决(对此问题的讨论,见 McGuire,1983)。

接下来我们将勾勒出同问题的系统表述相关的一些问题,并给出一些值得考虑的方法,它们将有助于有价值和可解决的问题的系统表述。重要的是,提请读者注意,下面要讨论的议题,既没有相互独立,也没有穷尽可能。同时,更要紧的是,我们提出的建议不能被视作,只要照做,就能保证成功。从最好的方面来说,我们希望这些建议提供了一个用来思考问题组织过程的参考框架。

## 问题的范围

也许,问题的系统表述最明显的方面即它的范围。那些无所不包或太过广泛的问题,会排除有意义的解答。泛泛的问题(例如,"犯罪行为,不法行为,幸福,贫穷或攻击性的原因是什么?")很容易引出模糊的回答。而且,为考察此类问题而进行的研究设计的努力很可能遭受挫折,引起无能为力的感觉,进而导致研究停滞不前。我们相信,这也是导致一大批博士生,即所谓的准博士(除了论文都已完成的博士生),裹足不前的主要原因。

我们前面已说过,问题指的是变量之间的关系。因此,虽然一个人最初对某个特定的现象有兴趣,同时,他研究该现象的动机也可能以先前的所有问题为基础,但有必要通过专注于那些被认为是操作的特定变量之间的关系,将这类问题简化成可操作和可解答的问题。

《应用心理学杂志》(*Journal of Applied Psychology*)的前编辑(Campbell,1982)在评论问题的系统表述时说道,且不论其他:

> 我有另一种十分强烈的感受,就是有些形式的研究问题最好予以回避。这些问题会使得研究所得没什么用,或者只能产生十分少的信息回报。一类问题是倾向于提出一个一般性的问题且期望有一个一般性的答案。这样的例子可能有:一个训练方案是有效的吗?成就表现应当如何测量?什么东西令组织有效?组织中的人会被激励吗?如果研究者在这个层级上停留的时间过长,那么其所得可能是一堆乏味的混合结论,从最好的方面来说,就是还需要进一步研究。(p.697)

坎贝尔用作例证的问题不仅太过广泛,从前面的定义来说,它们也不成为问题。举例来说,那个关于某个训练方案是否有效的问题,就必须重新表述,且必须集中于某些具体的变量,因为它隐含着的研究兴趣是某些自变量对另一些因变量的效应。关于成就表现如何测量,以及组织中的人是否被激励的问题完全不同。这些问题指的是,如何测量具体的变量,而不是变量间的关系。

## 过去的研究和文献回顾

在问题的系统表述和研究的设计过程中,关于所要考察的现象的过往研究,毋庸置疑地扮演着关键的角色——也就是说,彻底评述相关文献的重要性。然而,不幸的是,在许多情况下,文献回顾只不过是装装样子,实际上不过是令人索然地开列出已有的研究和发现,根本没有显示出作者在阅读文献时有过思考,更别提对他读过的东西有批判地评估了。人们常常获得这样一种强烈的影响,也就是,随着研究的完成,"评述"就结束了。实际上,我们遇到过许多正在为其论文搜集和分析数据的学生告诉我们,他们还没有仔细地检视过文献,同时还带着即将完成要做的事的神气,向我们保证,不久他们就会做这事。

　　许多文献回顾的空洞特征可以用菲利普斯(Phillips,1978)关于对他著作的参考所做的说明为例证。菲利普斯报告说,他发表了几篇论文,在论文中他使用了一个已有的工具,而关于这一工具"对于它的效度不存在任何真正的疑问"。(p.229)不过,后来,他又发表了一些其他论文,在论文中,他对使用过的工具的恰当性和效度提出了质疑。菲利普斯指出,这些稍后的论文并没有被那些使用同一工具的社会学家所忽略,可是他们依然毫无批判地引述了早前的论文。针对那些应用他的著作的作者们,菲利普斯说:

> 他们没能认识到,我在一些文章中提出研究者应当质疑清单方法的适当性,更严肃地说,就是质疑这样一种测量工具本身的可用性。他们既没有注意到,也没有反驳我的批评,只是彻底地忽略了那些批评。换句话说,他们只是口头上遵循了科学规范,列举了相关文献,实际上没能认识到,正是这些文献的某些部分具有否定他们自己的研究目标和研究假设的后果。(p.229)[①]

　　对已有文献的回顾,至少可以防止那些试图再次发明车轮的活动。为了实现这一目的,关键要打破由训练和专业化带来的不可避免的狭隘性。心理学家、社会学家、政治科学家不仅倾向于只去阅读自己学科内的文献,甚至仅限于读某些子学科内的文献。毋庸置疑,这样做必然会培植出井蛙之见。

　　在一次由社会问题心理学研究会举办的演讲中,墨菲(Murphy,1939)以令人赞叹的率直,讲述了他偶然读到的一本一些医学研究者写的书而引起的感受,因为,这本书所涉及的话题是他多年来一直积极想要加以解决的。

> 当我思及我自己关于动机、学习过程,以及态度统合的许多讨论的空洞和愚蠢时,当我发现那些我仅仅模糊感知到的问题,长久以来就是医学工作者的精确研究的主题,而从没被我们这些社会心理学家所注意时,我立刻就脸红了起来。(p.112)

　　在讨论"专业化的两难处境"时,海克(Hayek,1956)坚持认为,尽管在某些领域中(如化学、生理学、物理学),专业分工可能是有用的,但是在社会行为科学中,这种做法会产生有害的后果。以经济学作为参照,他说:"如果一个人只是一位经济学家,那他就不可能是一位伟大的经济学家——而我愿意朝前更进一步,即如果一个人只是一位经济学家,那么他不是一个真正有害的人,也可能是一个招人厌的家伙。"(p.463)相似地,加塞特(Gasset,1932:第12章)也哀恸于专业化的"野蛮状态"。

　　社会行为科学领域中到处蔓延的专业偏狭和专业分工,对积累知识的敌意,自不待言。

---

① 在第4章中,我们讨论过利用工具而不注意工具的有效性的有害后果,还给出了相关例证,其中之一可能与菲利普斯有关。

正如卡普兰(Kaplan, 1964)观察到的:"行为科学中,大多数的理论工作并不是建立在那些已经确立的东西之上的,而是在重新奠定基础。更糟糕的情况是,新工作只不过给出了另一组蓝图。"(p.304)齐曼(Zeaman, 1959)更加直言不讳地表达了相同的想法:

> 自然科学同社会科学之间的一项区别是,在自然科学领域中,后来的每一代人都是站在前一代人的肩上,而在社会科学领域中,每一代都踏在前辈的脸上。(p.167)

在一本致力于呈现一种系统的方法,以评述过去研究的专著中,库珀(Cooper, 1984)指出:"在社会科学领域中,关于研究方法的教科书对于一个探究者如何去发现、评估和整个过去的研究,所给予的关注少得令人惊讶。"(p.9)也许,这是因为,对这样一项涉及甚广的议题的有价值的处理,需要更多的章节,而这超出了此类教科书所能容许的范围。

就算有充分的写作空间,如果考虑元分析(meta-analytic)技术(利用具有不同成熟度和复杂度的定量方法来综括研究文献)的最近发展和对它的日益信赖,那么即使对这个议题的简要讨论都会变得艰难而繁重。需要指出的是,笼统地说,元分析指"对分析结果的分析",或"以整合研究发现为目的,而对大量单个研究分析的结果进行的统计分析"。(Glass, 1976:3)关于元分析的介绍可以参见 Glass, McGaw 和 Smith(1981); Hedges 和 Olkin (1985); Hunter, Schmidt 和 Jackson (1982); Light 和 Pillemer (1984); Rosenthal (1984); Wolf (1986); Yeaton 和 Wortman (1984)。对以元分析为主题的书的评述,参见 Hedges 和 Olkin (1986)。各种做元分析的计算机程序也得到了发展(如 Mullen & Rosenthal, 1985)。当然,这种方法也不能免于争议。对教育研究中元分析应用的不同意见的交换,可参见《教育研究者》(*Educational Researcher*, 1984, 13(8):6-27)。《咨询与临床心理学学刊》(*Journal of Consulting and Clinical Psychology*, 1983(51):3-75),有专门对元分析的讨论。对元分析的一般性评论,参见 Green 和 Hall(1984)。

根据前面的论述,在此我们不再深入文献回顾的细节之中。为此,我们仅限于对这一过程做一般观察。

不可否认的是,由于出版的迅速增长,研究人员可能很难跟上自身专业领域内出版物的步伐,更遑论更加广泛的社会行为研究了。可是,正像我们前面已经说过的,熟悉——即便是粗略地——自身领域之外的其他领域的发展情况,是极其重要的。因此,我们建议,读者可以通过系统地跟踪各个学科中的年度评述和手册。例如,心理学年度评论、社会学年度评论及人类学年度评论。还有社会心理学手册、社会学手册、沟通研究手册、个性研究手册、儿童发展研究手册、学校心理研究手册、营销研究手册、消费行为研究手册等。此外,百科全书(如社会科学百科全书、教育研究百科全书)可以作为某一特定研究领域的入门读物,上面还提供有主要的参考书目。读者如果仅限于通过这些资源来了解本学科以外的知识,那么不可能是没有风险的。当研究人员试图对已有的研究提供一个概览时,例如,在年度评论上,简化甚至过度简化,乃至曲解,可能是无法避免的。因此,读者有必要读一些评论的参考文献中的原始资料。最后,为了跟上相关学科研究者的思路和做法,我们认为,跟踪你自己学科领域之外的一些主要期刊将是非常有益的。

在阅读一项研究报告时，重要的是，读者要批判地评估报告的各个方面（如理论上的各种解释、研究设计、研究使用的测量工具、分析的方法、作者的推论及其隐含的声音）。这样做可能"令人吃惊地"揭示出，作者有些还是十分著名的，有意无意地曲解他们的"发现"，动用令人怀疑的效度和信度的标准，投身于语言上的修辞技巧，诸如此类的行为。

对以往研究评论的缺乏，不论其他，一个主要的原因可能是缺少这方面的训练，同时也由于缺少设计、测量和分析的知识。随着研究使用的设计、测量和分析变得愈加复杂，对过往研究的批判式评估的畏难情绪也在不断增长。许多缺少必要训练的读者会略过表格、公式、数字等关键内容。于是，他们就必然不加怀疑地要么整个地接受作者的总结和结论，要么整个地予以拒绝。无论是哪种情况，其决定在很大程度上取决于无关的因素（例如，作者或期刊的名声，或者"研究发现"同本人期望或自觉的一致程度）。

## 问题和方法

有许多批评者坚持认为，社会行为科学中，研究的不充分状态和知识积累的匮乏的一个主要原因是过于强调具体的方法，完全被具体的方法所支配，而遗忘了实质的内容。在面向社会问题心理学研究会成员的一次发言中，墨菲（Murphy, 1939）指出："我们麻烦的一大部分'都源于'研究技术的过度发展，因为这些技术似乎可以用到所有社会响应的表面方面，并可以合情合理地保证给予所有因果问题一个可发表的数值答案。"（p.114）墨菲继续说道："令人悲哀的是这种科学，其方法的发展已经走在了它的问题之前，以至于实验工作者只能看到手边的方法容许其看到问题的那些方面。"（p.114）

大约30年后，麦圭尔（McGuire, 1973）在一篇涉及广泛的对社会心理学的进展予以批评的文章中，将这一领域内的许多研究描绘成好似舞台监督，旨在论证各种显而易见或无关紧要的事实。除了其他原因，他将上述状态的原因主要归之于社会行为科学工作者接受的训练，并大胆地猜测，"在我们的方法课程中，大约90%的时间都投入呈现检验假设的各种方式上，以致很少有时间花在首要的且更重要的过程上，即研究人员首先如何能够创造出这些假设。"（1973:450；相似的观点，见Travers, 1973）。

在一次对社会行为科学方法论的角色富有洞察力的讨论中，卡普兰（Kaplan, 1964）让读者留意到一种危险，即由研究技术来决定研究者所要考察的研究问题的选择，这种做法带来的危险。谈及他提出的"工具律（the law of the instrument）"时，他说道：

> 如果给一个小男孩一把锤子，那么他就会发现他遇到的每样东西都需要敲打一下。因此，人们不会惊讶于这样的发现，也就是，一个科学家以特定的方式提出问题，而解决该问题所需的技术正是他特别熟悉的。（p.28）

尽管我们并不想同上面的各种说法相争吵，但是也全心全意地支持图基（Tukey, 1954）的格言，"关于方法，重要的问题不是'如何'而是'为何'"（p.36），我们还是谨慎地反对如下结论：在问题—形成阶段，方法不起作用。一种方法（如分析、测量）的选择显然在很大程度上取决于研究人员对它的熟悉程度。因此,有理由认为,当研究者受到方法方面的训练越有限时,他的研究就越有可能是方法驱动的。实际上,"单方法或单工具的人……倾向于以方法为导向,而非以问题为导向。"(Platt,1964:351)因此,接受更广泛的方法训练的益处是不能低估的。

# 假 设

一个假设,就是一个关于两个或多个变量之间关系的猜想性陈述。像本章前面关于问题的界定一样,这里我们使用术语"关系",广泛地用以指称各种设计,既包括自变量和因变量不加区别的设计,也包括两者有区别的设计。为了阐明我们的意思,也为了证明问题表述和假设陈述具有对应的关系,我们将给出一些假设的样式,它们对应于本章前面问题表述的样式(见问题的特征和样式)。

我们先重复前面给过的两个不同样式的问题:

样式1:智力同学业成绩间有何关系?
样式2:智力对学业成绩有何效应?

同样式1一致,并假定假设的关系是正向的,于是,假设陈述的可能是:"在智力和学业成绩之间,存在着正向关系(或相关关系)。"另一种陈述可能是:"智力和学业成绩是正相关的。"针对这两个陈述,要做以下几点说明。

1.陈述中,对自变量和因变量没做清楚的区分。
2.陈述假定,两个变量之间的关系是线性的。
3.陈述没有提及变量的测量。此即,陈述并没有说,智力表现,如Wechsler智力量表和学业表现,如Metropolitan成就测验之间,存在正向相关关系。假设指的是变量间的关系,而非测量、指标或变量的定义之间的关系。这一点联系到我们早前关于构念的定义和测量的讨论,以及把测量、指标或构念的定义当作构念本身而产生的有害后果的讨论(见第4章和第8章)。

为进一步澄清这点,这里再给出一个例子。假想,一位研究者想要研究焦虑对失败的恐惧影响。假定,他通过给予不同群组以不同的指令来操控焦虑。再假定,失败的恐惧是根据研究者构建的量表加以测量的。很显然,这名研究者真正感兴趣的是,焦虑(而非指令)对失败的恐惧(而非失败的恐惧的量表)的效应。

4.假设陈述完全不涉及统计显著。例如,它并不会说,两个变量之间存在着统计上显著的相关关系。本章后面的部分会论及假设检验的逻辑。因此,在此只提及一点,由于显著性的统计检验之目的在于确定在给定的概率水平上拒绝还是接受零假设(如两个变量之间不相关),因此检验本身不属于假设陈述的内容。

5.上面给出的假设陈述是非常初级的,也就是说,其中的猜想仅仅涉及变量之间关系的方向(即正向)，而没有考虑它的量的大小。(更初级的假设甚至没有指明相关关系的方向。在此类陈述中，假设的只是被考察的变量之间有相关关系。)关于统计显著对实质意义的议题，本章后续部分，以及其他章节(特别是第15章)，会有所讨论。就目前而言，需要指出的是，无论就实质的内容而言，变量之间的关系多么微小，或多么无价值，只要零假设被拒绝了，就可以说假设得到了支持。

现在，转到问题表述的样式3，它对应的假设陈述可以是："智力对学业成绩有一个正的效应。"当然，此陈述可以有多种措辞方式。

与前面的论述相对照，针对此假设陈述，也有以下几点需要指出的。

1. 同问题表述相一致，在假设陈述中，智力被当作自变量，学业成绩被当作因变量。不必说，这样的决定绝不是随意的，而只能是源自关于学业成绩的相关理论论述。

2. 与上面的变量之间的相关关系的假设相似，这一个假设是建立在另一个假定之上的，即学业成绩对智力的回归是线性的。[①] 不过，两个假设是有区别的。主要区别是，对于前一个假设而言，相关系数将用以指示智力同学业成绩之间的关系；而对于当前这个假设来说，与智力变量联系在一起的回归系数将用来表明智力变量对学业成绩的效应。

3. 这个假设谈及的也是变量，同测量、指标或变量的界定无关(见上文的讨论)。

4. 如同前面的假设，这个假设也是初级的。在不涉及回归系数的量的大小的前提下，如果零假设，即回归系数为零的设定被拒绝，那么假设就被视作得到支持。当然，更有实质意义的假设陈述，可能会设定智力对学业成绩的效应的量的大小(即回归系数的量的大小)。不过，可以断言的是，且不论其他，这种假设需要有对所用测量工具的性质有彻底的理解。

我们希望上面给出的十分简单的假设也足以表明，理论在假设形成的过程中扮演的角色，以及假设本身对于研究设计、测量、数据分析、结果的解释、推论的隐含意义，诸方面的影响。

最后，有些研究者错误地认为，在问题的数量和假设的数量之间必然存在一一对应的关系。有一个例子，可以说明事实并非如此。假定，自变量是政党归属，因变量是对待平权修正案(Equal Rights Amendment, ERA)的态度。问题表述可以是："政党归属对于大众对ERA的态度有何效应？"[②] 如果自变量由两个类别(如民主党和共和党)构成，这时，一个假设就足够了。例如，"倾向于民主党的民众比倾向于共和党的民众更愿意支持ERA。"

可是，我们可以设想一下，自变量由4个类别组成(如保守党、民主党、共和党和自由党)。在这种情况下，问题表述依然同上。不过，考虑到政党的差别，研究者会有几个假设。例如，

---

①当然，可以无须假定线性性质。有相应的统计方法用以确定回归是否背离了线性性质，也有相应的统计方法可用以处理曲线回归的问题(见第18章)。

②虽然我们这里用了一个非实验设计的例子(见第14章)，但是我们在此的评论同样适用于其他类型的设计(见第12章和第13章)。

(a)民主党和自由党,(b)保守党和共和党,(c)民主党和自由党对保守党和共和党。这类涉及均值间的多元比较将在第19章中讨论。

上面的例子再次说明了前面反复讨论过的观点,如果缺少具体方法的知识(在此例中就是均值间的多元比较),研究者就可能排除检验多个假设的可能性,或发现其中有趣的差异的可能性。这点不仅适用于更复杂的设计条件下的多元假设甚至还更为突出。

## 假设作为研究向导和研究误导

假设的引导功能,例如,在确定观测什么,变量间有何关联、如何关联等方面,是无可置疑的。事实上,正如胡滕(Hutten,1962)写过的:"我们要对我们想要寻找的东西作出假设,否则,我们将一无所获。"(p.215)不过,同样无法否认的是,假设也具有误导的力量,也就是说,会像眼罩一样遮住人的眼和心。[①]

培根(Bacon,1870)在17世纪就进行了科学哲学写作,并对科学家和科学哲学有很强的影响,他谈到过:

> 人的理解,一旦它采纳了某种意见(或是受到广泛认可的意见,或是他本人同意的),倾向于从所有的事物中找出支持它或否定它的东西。尽管存在着大量的和有力的事例可供人发现其他的方面,但是它们要么是被忽略和不予理睬的,要么是通过某种区别被放置在一边的,然后被拒绝掉;其目的无非是,通过这种巨大的和有害的预先决定论,使得前人结论的权威不受侵犯。(p.56)

许多科学家都承认,就某一研究现象,采纳多个可能的假设是非常必要的。例如,达尔文(Darwin)就保留了大量的笔记,记录了各种与他本人相对的假设和发现。开普勒(Kapler)"在建立正确的学说(即行星轨道是椭圆形的)以前,提出了19项关于火星运动轨迹的假设,并依次计算了结果"[Whewell,1847(2):42]。韦伯(Webb)夫妇报告称,他们"发现很有用的一种做法是,在一项研究的前期阶段,有意去'收集'我们在那个阶段能够想象到的所有假设,只要这些假设看起来同我们要研究的具体的社会制度有些关系"(p.61)。

张伯伦(Chamberlin,1890/1965)提出了一种多项工作假设法,并把它作为防止采纳单一假设带来的偏误效应的解毒剂。在一篇极具思想启发性的论文中,普拉特(Platt,1964)宣称,科学进步的一个主要因素是求助于他所谓的"强推理(strong inference)",其特征如下:

1)设计多个替代假设;

2)设计一个(或几个)带有几种可能结果的关键性实验,实验结果的每一项都要尽可能地排除一个或多个假设;

3)精心组织实验,以取得干净的实验结果;

1′)重复上面的程序,设计子假设或后续假设,以便精练保留下来的可能性;循环往复。(p.347)

---

①参见本章较前部分的讨论和说明,特别是有关理论的偏误效应的部分。

普拉特的提议是建立在高级科学的背景下,所以他提出的强推理在原则上是可行的。在社会行为科学领域中,部分原因是测量、抽样以及调查方法缺少系统化和标准化,其应用前景就非常不明朗。即便如此,社会行为科学的研究者至少可以采纳强推理的精神框架,即积极地寻找所研究现象的替代解释。在讨论到社会理论的构建,以及社会行为科学家的训练时,斯汀康比(Stinchcombe,1968)宣称:"如果一位学生对任意一对他真正有兴趣的关联不能设想至少三种似乎合理的解释,那么他最好选择另一种职业。"(p.13)

# 假设检验

在具体地讨论假设检验的内容之前,有必要就相关术语做一些说明。有些作者无区分地使用假设检验和显著性检验,另一些作者则有所区分(相关讨论,见 Huberty,1987)。我们用术语假设检验来指称过程中的逻辑,而这种逻辑也适用于统计检验(见下文)。

检验假设就是审查假设中隐含的证据。一般来说,当证据同假设不一致时,就拒绝该假设。参照前面讨论过的理论的否证和确证,应当明白的是,一项假设不能被确证。相应地,一项表明某个假设得到确证的陈述,只能被理解成另一种陈述的省略表示,而另一项陈述表明,现有证据不能拒绝效应的存在。当某个假设的对立假设,作为所研究现象的另一种可能解释,被拒绝后,该假设就获得很大的确实性。

## 肯定后件的谬误

假设的确证涉及逻辑学家所说的肯定后件的谬误。汉布林(Hamblin,1970)对这一谬误有如下解说:

> S 蕴含 T,且 S 为真则 T 为真,这种推理的形成,常被称作肯定前件(modus ponens);后件的谬误通常被视作这一推理形式的颠倒版本,即 S 蕴含 T,T 为真则 S 也为真。(p.35)

下面给出一个这种谬误的例子(来自 Cohen & Nagel,1934):

> 设想一下,我们知道,如果出现日全食,那么街道就会变黑,这个命题是真的。那么我们能否把命题街道变黑了,作为出现了日全食的决定性证据呢? 如果我们这么做了,推理就是错误的。因为,假设仅仅断言,如果前件为真,后件肯定也为真;但是,它没有断言,后件为真仅以前件为真作为条件。因此,街道变黑,可能是到了夜晚,或者是因为阴天,也有可能是因为日全食。所以,这就是一个通过肯定后件来推论前件为真的谬误。(p.98)

尽管在上面的例子中,这种谬误显得很明显,但是在进行假设确证的过程中,它就不那么明显了。思考如下典型的策略:(a)陈述一项假设,其中隐含某些后果;(b)进行观测(收集数据),以确定后果;(c)如果数据同后果一致,就认为假设得到了确认。在假设确证的过程中使用的这一归纳推理方式,已经遭到了约翰逊(Johnson,1954)的有力批评。他还给出了许多与之有关的可笑例证,下面就是其中的一个:

> 希布叔叔看腻了介绍Byrd(伯德)南极探险准备工作的文章,对于其中那些预防寒冷的措施的文字更是不屑一顾。在他看来,他们是他听说过的最愚蠢的人。他本人几乎没有接受过正规学校教育,因为他在维克斯堡被围困期间成为孤儿。不过他一直在通过观察自己身边发生的一些事情,来充分利用自己手头拥有的那些东西。作为牛的买家,他向北到过加拿大萨斯喀彻温省中部,向南则到过旧墨西哥州。他一路行来,越往北走,天气就越冷;他越往南走,天气就越热。人人都知道北极是地球上最冷的地方;因此南极一定是最热的地方。(p.726)

## 统计检验

大致来说,统计检验是一种工具,主要用于评估数据的证据效力,从而判断被考察的假设的可接受性(tenability)。不过,极少方法论议题,像统计检验的使用一样,在社会行为科学家中引起了这样大的争论(见 Morrison & Henkel,1970,就这一议题编辑的论文集)。这主要是由于对统计检验的性质的广泛误用和误解,这种误用和误解有时甚至到了认为它本身具有魔法力量的地步。因此,人们读到下面的话,就大可不必惊讶了,如巴坎(Bakan,1966)断言,普遍存在的显著性检验之误用"也许是研究中根本不用心的一类典型表现"(p.436),或者卡弗(Carver,1978)宣称,此类检验的使用造成了一种"科学方法的腐败形式"(p.378)。在描绘那种对统计学的误用时,有报告称朗格曾说:"他使用统计学,就像醉汉使用路灯,不是为了照亮,而是为了让自己站稳。"(引自 Machay,1977:91)[1]

这里无意就统计检验做细致且正式的讨论。这类讨论可参见统计学课本(如 Hays,1988:第7章;Moore,1979:第8章)。(对统计检验众多相关议题的评述,以及与之有关的各种争论,见 Oaks,1986。可读性很强的概论,见 Henkel,1976;Huberty,1987。)我们在此要做的是,概览此类检验背后的推理,关于它们的错误概念,与其使用相关的各种争论,以期对它们在假设检验过程中的作用给出一个现实的特征描绘。

当人们谈及统计检验时,值得注意的是,在他们的心里,统计检验意味着不同的路径。下文将讨论两种最常见的路径:(a)显著性检验;(b)以决策为基础的策略。另一种路径,即Bayes统计推论(Edwards, Lindman & Savage, 1963; Iverson, 1970; Morgan, 1968; Novick &

---

[1]虽然麦凯就大多数引文给出了出处,但是他没给朗格的引文相应的出处。像通常一样,这就很难确定这段文字的著作权。在近期的《纽约时报》的社评上出现的叙述,就出现了这样的情况。社评的题目是"学识的砖块"[1988(1):21],其中有:"豪斯曼(Housman),一位诗人和古典学者,曾经猛烈地攻击一位德国对手,对手稿的依赖'就好像醉汉靠在路灯上,为了找个支撑,而不是为了光亮'。"(p.A20)

测量、设计和分析：研究方法的综合之道

Jackson，1974；Phillips，1974；Winkler，1972），虽然已经得到发展和提倡，但是由于一些在此不能展开讨论的原因，实际上被社会行为研究者忽略了。

虽然统计学可被用于描述的目的，但是它们的长处却是针对一个总体，从中抽取一个样本，再根据样本进行计算，做总体推论，即概化。这样的统计概化的实用性已成为公认的事实，对这种方法的信赖直接或间接地触及我们生活的众多方面。如果剥去统计检验的多余意义和围绕它们的神话，统计检验就是运用样本统计量（如样本的均值和相关系数），对总体参数（总体的相关指标）做概率推断。因此，要有效地应用它，检验就必须以得自于"代表性"样本（见第15章）的统计量为基础。这点似乎显而易见，不值得做专门的论述（但是见下文评述）。

假定，人们想知道两组（如男性和女性、黑人和白人）之间是否有区别（如智力、收入、高度、态度、攻击性）。如果目标总体①中的所有人都被测量了，那么看看目标参数（如平均收入）即可。假定总体之间真的有差别，那么也有必要运用概率来判断观察到的差异是否部分地归因于各种误差（如测量误差、记录误差或计算误差）。这里，有一类误差源会被剔除，即由抽样导致的错误，因为不涉及抽样。出于各种各样的理由（如可行性，经济的理由；见第15章），人们会去研究样本，并在样本统计量的基础上，对样本的总体做概化。正是在概化的过程中，统计检验才发挥其作用。

如同统计检验的应用和解释中的许多方面，对于代表性样本的要求，也不存在一致的意见。此外，有些坚持认为需要代表性样本的作者，坚持认为（我们认为是正确的），有一种情形，虽然其中不发生抽样，但是受试者被随机地分配到不同的处理条件下，这时统计检验也是适用的。（关于是否需要代表性样本的争论的评述性文章见 Oaks，1986。还可参见 Morrison 和 Henkel，1970。随机化及其在研究设计中的作用见第10章的讨论。）

## 显著性检验：$p$ 值

统计显著性检验作为一种辅助工具，其设计目的在于：在假定被检验的假设是正确的前提下，考虑由于抽样误差的存在而获得手头证据的概率性质，进而评估证据对假设的支持程度。被检验的假设指的是虚无假设。虽然大多数研究者习惯于将"虚无"解释成"零"（如两均值间无差别，两变量间相关系数为零），可它实际的意思是，这一假设要被废除、要被拒绝、要受到挑战。例如，许多作者已经指出的，零差异或零关系的虚无假设——"最虚无的虚无假设"（Kish，1959：337）——在许多情况下不仅没有任何意义，甚至是"完全没道理的"（Edwards，1965：402）。

---

①注意必须事先界定目标总体。例如，人们想要研究的是，无论是一个特定城市还是一个州、一个国家、一块大陆或整个世界的男性和女性？

## *p* 值的解释

*p* 值是指,假定虚无假设为真,那么考虑到抽样误差的存在时,获得手头证据的概率。这样,一个公认"很小"的 *p* 值,将导致虚无假设的拒绝。因此,显著性检验也被用作评估手头证据反对虚无假设的程度。费希尔(Fisher, 1966)对此做了强有力的说明。他的名字常同下面的方法联系在一起,即"每一个实验之所以存在,其目的仅在于给予事实以否定虚无假设的机会"(p.16)。费希尔(Fisher, 1966)还进一步指出:"联系到显著性检验,我们会说,当我们知道如何进行一项实验,而这项实验又极少有机会不能给予我们一个统计上显著的结果时,我们会说现象在实验上是可证实的。"(p.14)

根据前述,接下来人们(研究者、使用者)必须去确定,多大的给定 *p* 值才是充分小的,才能用以推定一个观测到的事件可以被当作"没有恰当理由予以相信的。对此,没有决定性的规则。*p* 值大小的确定必须以严格的个人责任为戒律。它必须依赖心智的最终力量"(Polanyi, 1968:29)。莱曼(Lehmann, 1968)建议指出,*p* 值可以被解释为惊讶程度的指标。*p* 值越小,在虚无假设的前提下,"就越会对得到这样一个极端结果感到惊讶"(p.43),进而证据对虚无假设的否定也越有力(关于 *p* 值及其适用建议的讨论,见 Gibbons & Pratt, 1975; Stallings, 1985)。

正是出于上述的考虑,人们建议将 *p* 值包含在研究报告中。也正是这一实践的倡导者指出的,作为计算机程序的结果,将统计检验所用的概率水平也随之附上,是很容易实现的。事实上,在大多数社会行为研究的文献中,这都是同行的做法。其中,用得最多的方式,是用不同数量的星号来表示不同的显著水平(如一颗星表示 0.05 的水平,两颗星表示 0.01 的水平),而这种表示法,在麦克唐纳(McDonald, 1985)看来,就好像"旅行指南上旅馆的星级"(p.20)。

在一篇极富洞察力的题为"什么不是统计学的内容(what is not what in statistics)"的讨论中,戈特曼(Guttman, 1981)问道:

> 怎样才能使科学期刊的作者和编者认识到,当他们在数据表中填上一颗星、两颗星甚至三颗星时,他们不是在检验假设,而是在否定统计推论自身?(p.26)

不过,显著性检验是如此地根深蒂固,乃至于那些对完全依赖于它的做法持反对意见或存有异议的作者,自己都要使用它。因此,马奥尼(Mahoney, 1976)指出:

> 虽然我对统计推论有强烈的批评……在我投递给心理学期刊的论文中,我还必须一贯地表示对"显著性检验"的敬意。对于这种不得不做的伪善行为,我的理由如下:除非科学游戏的规则变化了,研究者都必须坚持遵循某些至少的旧规则或者干脆远离游戏。(p.xiii)

我们发现了一件特别有意思的事,那就是马奥尼从 1977 年开始做《认知治疗与研究》(*Cognitive Therapy and Research*)的编辑有 5 年之久。非常粗略地察看了一下由他主编的 5 卷期刊,我们并没有发现任何明显地偏离通行实践(即依赖显著性检验)的迹象。

实际上,只要是涉及显著性检验,即便是那些无所不能的编者,也没有能力改变游戏的规则。下面摘录了坎佩尔(Campell, 1982)在辞去《应用心理学杂志》(*Journal of Applied*

*Psychology*）职务时说过的话：

> 几乎不可能将作者拽离他们的 $p$ 值，特别地，小数点后的零越多，他们对 $p$ 值的黏性就越强……也许，$p$ 值就像蚊子。它们在不断地进化，到处都有藏身之所，无论怎么去刮擦、去拍打或去冲洗，都无法移除它们。（p.698）

在此，有两个议题需要特别留意：一个涉及广泛流行的对 $p$ 值的错误解释；一个同统计显著和实质重要的区别有关。下文将分别讨论这两个议题，首先从第一个开始。

## $p$ 值的错误解释

有许多作者都提醒人们注意，同虚无假设的拒绝有关的 $p$ 值的含义，"可能是统计显著性检验中最重要又最少被理解的原则"（Carver，1978:384）。克伦巴赫和斯诺（Cronbach & Snow，1977）简明扼要地指出：

> 由传统方法得到的 $p$ 值，不是数据本身的一个综合统计。同样，联系着某一结果的 $p$，也不能告诉人们这一特定结果有多值得信赖或有多可靠……作者和读者常常倾向于把 0.05 读作 $p(H:E)$，即"给定证据，假设为真的概率"。然而，正如各种统计教科书徒劳且反复指出的，$p$ 表示 $p(E:H)$，即假定虚无假设为真，得到手头证据的概率。（p.52）

卡弗（Carver，1978）用下面的话说明了对 $p$ 值的错误解释：

> 如果一个人被吊起来（标记作 $H$），那么得到一个死人（标记作 $D$）的概率是多少；用符号表示，就是 $p(D:H)$ 的大小？显然，它非常大，大约有 0.97，甚至更高。显然，让我们将问题颠倒过来。如果有一个死人（$D$），那么他是被吊死（$H$）的概率有多大；亦即，$p(H:D)$ 的大小？这次，概率无疑会非常小，也许是 0.01，或更低。可能没人会犯这样的错误，用第一次的估计（0.97）来替换第 2 次的估计（0.01）；亦即，认为一个人已经死亡，而他是被吊死的概率为 0.97。即便这看起来是很不可能犯的错误，不过，这种错误恰恰是在解释统计的显著性检验时常犯的。（pp. 384-385）

一个与之相关的错误认识是，把 $1-p$ 当作在未来的研究中成功复制研究发现的概率。换句话说，$p$ 值被错误地解释成，由于机会的作用而获得此种结果的概率。卡弗（Carver，1978）称这种错误认知为"概率对机会的幻想"（p.383），并指出这种幻想有两个组成部分："（a）$p$ 值的计算，其前提假设是机会引起某项差异出现的概率为 1.00；（b）$p$ 值的作用在于帮助研究者去判定，应当接受还是应当拒斥这一想法——机会引起该项差异的概率为 1.00。"（p.383）

这类错误解释的后果之一是把更小的概率水平视作更大的显著性，即当虚无假设被拒绝时，对替代假设有更强的信心（如 $p<0.01$ 比 $p<0.05$ 更显著）。当某个研究者根据用于拒绝虚无假设的 $p$ 的水平，将检验结果标记成"显著的""很显著"或"高度显著"时，他好像就在假定，支持替代假设的概率等于 $1-p$。[1]

---

[1] 在下一部分会讨论替代假设的问题。

## 统计显著性和实质重要性

一个经常犯的共同错误,尽管文献对这种错误有许多的警示,是将统计显著性混同于实质的意义。这可能是由于"显著"一词所含有的积极的暗示。许多作者都试图提出一个更中性的术语[①],但是这些努力不仅没有效果,甚至使情况变得更糟,即已经出现的常规实践是去掉"统计"一词,用"显著差异"和"显著相关"这类表示法予以代替。同时,各种专业组织通过它们期刊的样式说明,看起来已经宽宥了这种实践。在一些场合中,作者甚至被误导,误以为这是受偏爱的报告研究结果的样式。与这点相关的一些例证可以在美国心理学协会的发表手册(1983)上找到,包括上面作为范例的论文,其中在指称显著性统计检验的结果时,没有使用"统计"一词。例如,"方差分析显示出一种显著的持久记忆……"(p.81)或"处理者的类型再次被发现具有显著性……"。(p.151)

如前文已经指出的,统计显著所意味的东西是极其有限的。因此,说一个系数为0.2的相关关系在0.01的显著性水平上(即$p<0.1$)是统计显著的,不过意指,假定总体中被考察的变量之间的相关关系为零(即虚无假设),那么获得一个相关系数为0.02或更大系数的样本的概率少于一百次里有一次。特别值得注意的是,前面的话并没有暗示相关关系的实质意义。这里,我们有意选取了一个接近零的相关系数,以避免被其他的议题引开,例如,在一个特定的实质领域内,对相关系数的解释(见第17章)。

我们在此要强调的重点是,统计显著性检验已成为一种盲目的仪轨,而正是这种仪轨导致图基(Tukey,1969)督促研究人员要力戒自己对数据的统计"神圣化"。重要的是,要区分统计显著性和实质的重要性或统计结果的实际意义。对于后面一项,很多作者以关系的量级、效应规模、效应的量级为标题进行讨论。下文和第15章我们也会对此进行讨论,并给出相关文献。就当前目的而言,可以用斯泰因(引自Shindell,1964)的妙句来说明:"一个成为差别的差别一定有所差别。"(p.30)有意思的是,赫夫(Huff,1954)也说过"有句精彩的老话说,一个差别只有当它是所有差别时,才是差别"。(p.58)

以实质的重要性和价值来检验研究发现的观念,是自明之理,而为什么许多作者都认为有必要提醒研究者注意它呢,这简直令人不得其解。更令人费解的是,多数研究者根本不在意他人的忠告,首先在研究中考虑的不是效应或关系的量级,而是一如故我地、一门心思地依赖显著性检验。明显的证据是,且不论其他,研究者的报告中充斥了$t$比值、$F$比值、概率水平等,常常排除了必要的描述性统计量。即便报告了描述性统计量,它们大多数的时候也得不到解释,虽则事实是,这些描述性统计量才是研究的结果,而研究者却毫无根据地以显著性检验作为研究的最终结果。

我们认为,一个简单的解释能够说明事态何以会如此。这就是,显著性检验的选取和应用是相对简单的,而就研究发现的实际意义做判断的过程则是复杂的。由于计算设备的普遍使用,无须多少训练,也不用太多努力,就可以得到一个$t$值,进而宣布两个均值之间的差异是

---

[①]例如,基什(Kish,1959:337)建议使用短语"否定虚无假设的检验或简写TANH"。

（或不是）统计上显著的。可是，要判断一个特定的研究发现是否具有实质的意义，就要有充分的知识以及艰难的思考。下面在谈到效应的规模时，我们还会进一步讨论这一话题，现在就此打住。

## 以决策为基础的策略

在显著性检验（见前述）中，一个确切的虚无假设（如两组均值不相等）同一个不确切的替代假设相对垒。此即，任何对虚无假设的背离都会被归之于替代假设，也就是，拒绝了前者意味着接受替代假设。遵循这一方法，研究者就会冒前面一节已经讨论过的风险，即没能时刻留意统计显著性和实质上有意义的结果之间极端重要的区别。也许，没能时刻留意这一区别，使得研究者一开始就遵循这种模式。

在这一部分，我们将描述假设检验的另一途径——以判定为基础的策略，它导源于Neyman和皮尔逊的工作。依据这一路数，研究者会设定替代假设的具体数值。例如，如果，根据虚无假设，两变量间的相关系数是零，那么替代假设可以有相关系数0.40。相似地，在检验两均值间的差异时，替代假设可以指，均值之一超过另一个的具体的大小。

### 以决策为基础的策略的各要素

这一策略中有4个要素：(a)效应规模，(b)Ⅰ类错误，(c)Ⅱ类错误，(d)样本量。为了理解这一策略的推理逻辑，这里有必要先描述前三个要素，并勾勒四个要素之间的相互关系（在第15章中，还会讨论这些话题）。

效应规模。前文在论及统计显著性和研究结果的实质重要性时，已提到过效应规模的概念。在此，我们仅根据直觉来理解效应规模的想法。在第15章，联系到样本量的确定，还会更正式地讨论到这一话题。泛泛地说，效应规模是指，研究发现的大小（如两变量间相关系数的大小，两均值间差异的大小）。

对效应规模的兴趣，隐含着对研究发现的强度、重要性，以及意义性的兴趣。无须多言，前面几个词并不是同义的，各自的内在含义也不同。不过，由于在界定效应规模时，它们常常被互换地使用，所以模糊不明之处是大量存在的。先来看一下强度和重要性。例如，就两变量关系而言，可以设想关系的强度很强，但关系本身无实质的重要性。反过来看，当然也是可能的。更进一步地说，前面提到的这几个词的意义，姑且不论其他，取决于以下一些条件：研究者的价值、研究的背景，以及从最广泛的意义上说这些词所预示的成本支出。

有一点似乎不值一提的是，某个人认为强烈的、重要的和有意义的东西，另一个人或者他本人在另一时期或另一环境下，可能会认为是弱的、不重要的和无意义的。不过，强调这点是有必要的，特别是因为存在着多种关于效益规模的流行约定。第15章对此会有更详尽的评论和讨论。就当前而言，可用比克曼（Bickman, 1988）的无心说出来的话来作充分说明："对理论工作而言,统计上显著的效应就足够了,而对于应用工作而言,就需要有强烈的效应。"(p.68)尽管我们对这话里的智慧有疑义,不过,我们还是能够想到,有许多研究者将比克曼的话作为他们在进行"理论工作"时缺少效应规模的考量的合理根据。

对显著性检验的过度强调或完全依赖的最常见的批评,可能是说,研究者极少或根本没有考虑效应规模(医疗研究领域对此的批评,参见 Pocock, Hughes & Lee, 1987)。下面,我们将用大众媒体上报告的一个研究作为例子,来说明区别统计显著性和效应规模的重要性。

以"这不会有害"为题,哈珀曼和克雷布斯(Haberman & Krebs)在《纽约时报》1979年5月19日12版的报道称,有研究支持母亲们关于鸡汤具有治疗效力的宣称,特别是鸡汤对感冒的疗效。他们引述了一篇发表在一本专业的肺部疾病期刊《胸》(Chest)上的论文,其中作者马文·谢克勒博士报告说:"新鲜的鸡汤能够以每分钟9.2毫米的速率清除来自鼻道的黏液,相比之下,热水的速率是8.4,冷水的速率是4.5。"哈珀曼和克雷布斯还进一步报道称"对谢克勒发现的同行评议宣称其发现是'统计显著的'"。

在读了上述报道后,我们一点也不明白报告中差异的意义,特别是不清楚,是否相比于喝热水,喝鸡汤会让患者感到感冒的症状有更明显的缓解。我们假定,至少我们希望,这一领域中的研究者能够并且实际地评估一下上述差异的意义。同时,我们还要指出一点,报道还说,"为了让鸡汤发挥作用,看起来病患还必须每30分钟吃一些,因为它的治疗效力衰减得很快。"我们请读者想一想,根据前面的说明,在你患感冒时,你会让自己做这样的治疗吗? 你对这种治疗方法的赞同或反对的决策,有意或无意地,以你对上述结果的效应规模、重要性或意义性的印象(评估)为依据。

在社会行为科学研究中,对效应规模的判定尤其困难,这是因为,在许多研究领域中,测量工具通常都处于很初级的状态,而这就使得根据某一实质的参考框架来解释效应(关系)变得非常困难。例如,针对某个特定环境下某个特定研究设计的利他主义(或友好表示、攻击性、控制点)量表,量表上两个点的差异到底有何意义呢?

即便使用的是由专业机构设计的测量工具(如标准化成就测验),效应规模的判定也不会变得简单。例如,可以设想一下,研究人员想要评估两种教学方法的差异,同时,使用了标准化的成就测验作为因变量的测量。为了判定差异的意义,对群组(接受不同教学法的教导)间的均值差的解释,必须考虑一系列的条件因素(如教学成本;学生、教师、学校管理部门及家长的需要;效应持续的时间;除了所研究的因变量以外,项目对其他变量的效应)。

事实是,在社会行为科学中,某项依据各方面的知识而对效应规模作出的判定,通常非常困难,甚而是不可能实现的,于是,许多著作以此为目标,提出了各种方便的效应规模。科恩(Cohen, 1988)是这些作者中很突出的一位,他就相关、均值差等统计量给出了相应的小的、中的和大的效应规模(见第15章)。我们要强调的一点是,我们并无意指责科恩,因为他本人做了很大的贡献,不仅提醒社会行为的研究者关注效应规模的议题以及统计效力分析的议题,还给出了他自己的指导原则。值得称赞的是,科恩(1988)承认,"这是一种可能带来各种危险的操作:界定是任意的,像'大'这类定性的概念,有时被理解成绝对的,有时被理解成相对的;因此,它们就有被误解的可能。"(p.12)

然而，重要的是，尽管提议者本人是无意的，效应规模的建议却倾向于模糊效应的大小和其实质重要性之间的区别。那些被认为"强的"或"大的"效应，也倾向于被解释成"重要的"和"有意义的"。此外，像任何一项经验规则一样，效应规模的方便指示又无意间转移了研究者注意力的效应，因为研究者本应努力去把握，在特定背景下，就特定研究而言，什么才是有意义的效应规模。[1] 这至少是，在阅读各个专业领域的文献时，我们得到的印象。许多提及效应规模的研究者（大多数并不感到困扰）似乎相信，只要根据某项方便指标，对效应规模作出了"平均""较大"等相应的判定，他们在此方面就尽到"责任"了。

前文已经说过，在第15章，我们还会进一步讨论效应规模，还会给出一些常常被建议的效应规模的指标。在此，我们想再次强调，对于所研究主题的知识，所使用的测量工具的性质，以及深思熟虑，是对效应规模作出合理判定的最重要的要素。

Ⅰ类错误，指本不应当拒绝虚无假设时，拒绝虚无假设的错误。这就是说，对于样本所得自的总体而言，虚无假设为真，但它被错误地推断为假。Ⅰ类错误的大小，由拒绝域决定。所谓拒绝域，是 $\alpha$ 水平的函数，而 $\alpha$ 水平正是研究者作判定的依据。为了对这点作清楚的说明，许多作者都使用了陪审团裁断被告有罪的推理过程作类比。这里，假定被告无罪，相似虚无假设。为了宣告被告是有罪的，就必须"毫无疑义地（beyond a shadow of doubt）"拒绝无罪的假定。在假设检验中，$\alpha$ 水平的设定相当于设定"作出一项错误的推断的确切概率——而此概率【界定了】'疑云'有多大"。(Schroeder et al., 1986:39)[2]

拒绝虚无假设会推出结论，替代假设是可以接受的；于是，这就意味着，犯Ⅰ类错误会导致一个虚假的肯定判断。

Ⅱ类错误，记作 $\beta$（beta），指本应拒绝虚无假设，却没能拒绝虚无假设，虽然就样本的总体而言，虚无假设不真。$1-\beta$ 被称为统计检验的验力，也就是说，当拒绝虚无假设时，检验拒绝虚无假设的能力。犯Ⅱ类错误会推出结论，替代假设不可接受；于是，这就导致一项虚假的否定判断。

## 四个要素间的关系

四个要素是相互关联的。其中任意三个要素的组合都决定了第四个要素。例如，选取了 $\alpha$，效应规模和 $N$，$\beta$ 就确定了，即检验的效力（$1-\beta$）就确定了。根据前述，同样有，保持其中两个要素不变，第三个要素的变化会决定第四个要素的变化。就 $\alpha$ 和 $\beta$ 的关系来说，情形尤其如此。保持效应规模和 $N$ 不变，$\alpha$ 和 $\beta$ 之间有反向变化的关系。这就是，减小 $\alpha$ 会随之增加 $\beta$，进而降低检验的效力。相反，增加 $\alpha$，会随之减少 $\beta$，进而增加检验的效力。当然，$\beta$ 的变化对 $\alpha$ 水平的影响也相似。上面的陈述意味着，减少虚假肯定判断的概率，会增加虚假否定判断的

---

[1] 第15章，我们会讨论相似的困难，即信度标准的问题。

[2] 顺便提一个有趣的事，新泽西高等法院以7对0的票数规定，"那些判定一个被判决有罪的杀人犯是否应当被判处死刑或终身监禁的陪审员们，在它们做裁定时可以考虑相关的统计量——这些统计量显示出相似背景下的被告在受到长期监禁之后，是否可能再被判处死刑。"[《纽约时报》(*The New York Times*, 1984年7月27日, A24版)]。

概率,反过来命题同样成立。

当保持 $\alpha$ 和样本量不变时,效应规模的变化会影响 $\beta$,即检验效力。特别值得一提的是,如果特定研究中所考量的有意的关系,其效应规模越大,检验的效力也会越高,反之亦然。这点在直觉上也成立,因为大的效应更容易被查出来,像那些用裸眼就能容易发现的东西一样。

如果保持 $\alpha$ 和效应规模不变,那么变动样本量就会影响 $\beta$(检验效力)。特别地,样本量越大,检验效力越高。[①]

## 决策过程

根据前面的说明,如果读者的疑问是,研究者应该如何来判定四个要素的大小,那么我们的主要目标在于提醒读者,要做的决策已经实现了。在具体考察这些决策过程前,需要指出以下几点:(a)令人遗憾的是,多数研究者对于四个要素中的任何一个都不加抉择;(b)有些研究者依靠 $\alpha$ 的大小来做决策,尽管他们中的许多人研究并没有始终坚持这一点;(c)无论做出怎样的决策,他们都凭主观判断(参见 Neyman,1950:262)。这点再次说明第7章所述内容的重要意义,也再次显示了本章论及的研究者的理论参照框架,以及研究努力中的价值所具有的重要意义。

不用说,决策过程丝毫不简单,也没有唯一的路径。这样来说,企图开列一组包治百病的处方,无疑是鲁莽的。因此,下列论述应被看作一般的评论和研究者在决策过程中值得考虑的有益建议。

我们认为,最合乎逻辑的开始是去确定效应规模。根据前面论述的内容,很清楚,这一决策是最困难的决策。可是,就此,必须有所决定,即使为此而需要使用那些可能有着严重缺点的方便性的效应规模(见上文)。不过,我们希望,那些认为不得不求助于方便性效应规模的研究者,能够认识到需要缓和根据统计检验而得到的结论和其中的隐含意义。

一旦确定了效应规模,就要确定 $\alpha$ 和 $\beta$(检验效力)。随后,就需要确定样本量(见第15章)。假定研究者遵循的是这里建议的研究路径,那么存在选取 $\alpha$ 和 $\beta$ 的准则吗?下面的内容,构成了一般条件下对这一问题的回答。

大家都知道,多数社会行为研究者出于自己的方便,来选取 $\alpha$ 水平,通常选取 0.05 或 0.01(关于 0.05 水平作为准则的来源的评述,见 Cowles & Davis,1982)。一般来说,为了防止采纳虚假的肯定发现,有理由选择一个相对小的 $\alpha$ 水平,因此,盲目的固守传统做法,显然很不明智。在此,有必要指出,采纳虚假的肯定发现的后果,在很大程度上且不论其他,要视研究的领域和它的成本(最广意义上的)而定。

许多作者都发出了自己的声音,反对围绕选择传统的 $\alpha$ 水平而有的"神圣感"或"教条",并提醒研究者注意此种行为所带来的普遍滥用和错误解释(如 Labovitz,1968,1972;Rozeboom,1960)。这里我们来简要介绍其中一些声明。

---

[①]改变所论要素之外的要素,其中一项或多项,都可能降低 $\beta$,即增加检验效力,例如,通过增加所用测量工具的信度,来增加对相关变量的控制。针对这些议题,第15章会有讨论。

测量、设计和分析：研究方法的综合之道

　　最严重的滥用是，如果研究者发现研究结果在传统的 $\alpha$ 水平上统计不显著，那么对此最常见的处理是不发表相关的研究结果，而这种做法促使居雷尔（Gurel, 1968）抱怨道："0.05 的谬见好似天堂之门，通过它，我们就从绝望变为狂喜。"（p.129）

　　研究文献充斥着对那种反对虚无假设的偏见（对此的彻底论述，见 Greenwald, 1975）或反对否定性结果的偏见批评。菲雷迪（Furedy, 1978）甚至宣称，这一偏见产生的影响"完全等同于在一个政治社群生活中人种偏见带来的灾难性影响"（p.169）。这里，不再赘述相关争论的细节，仅就它的某些方面再做一些论述。

　　正如许多作者争论的（例如，见 Meehl, 1967），虚无假设几乎总是假的。这也就是说，为何许多研究者坚持认为，没能拒绝虚无假设，反映了研究设计或研究执行的弱点（如大的 II 类错误、测量的错误、研究控制上的失败等）。因此，有争论认为，在研究中，为了"支持"虚无假设而做的任何事，都是对研究本身不在意的表现。举例来说，你希望证明，男孩与女孩相比有着"显著"不同的身高吗？找出一个非常小的男孩和女孩的样本（例如，4 个男孩和 4 个女孩），用 $t$ 检验来验证他们身高的均值差是否显著。一件有着非常高的概率的事，是你不得不宣称两者之间有一个较大的差异，即便在传统的 $\alpha$ 水平上，差值统计上不显著。

　　于是，就可以理解，这已成为一种惯例，即期望那些想要支持虚无假设[1]的作者，去证明他们的设计和测量，对于他们所认为有意义的效应规模的探测，是充分灵敏的。请读者仔细体味前面陈述隐含的意思。首先，它隐含着研究者并没有试图去检验那些退化了的虚无假设，如零差值、零相关等。其次，事前已经设定了一个有意义的效应规模。再次，$\alpha$ 和 $\beta$ 已经选定。最后，依据前面的决策，样本量是确定的。

　　极少有研究者按照前面段落所勾勒的方法，私下或公开地去决定他们的目标到底是去拒绝还是去支持虚无假设。在无数的事例中，研究者唯一考虑的就是去拒绝虚无假设。有作者宣称，不仅期刊编辑不愿意发表那些统计上不显著的成果，而且，可能由此许多作者也不愿意自寻烦恼，去把这类结果写出来。哈德逊（Hudson, 1968）的一篇小说中的寓言故事，可用来恰当地说明实际的事态：

　　　　有这样一座沙漠中的监狱，看，里面有一个老囚徒，已经对自己的生活不抱期望，还有一个刚刚进来的年轻囚徒。这个年轻人不断地讨论着逃跑，过了几个月，他果真跑了。他消失了一个星期，然后就被狱卒带了回来。他几乎已经半死不活，被饥饿和饥渴折磨得发了疯。他对着老囚徒描述着，这有多可怕。无边无际的沙海，没有一点绿色，到处都没有生命的迹象。老囚徒听了一会儿，开口说道："哦，我知道。二十年前，我也曾设法逃出去过。"年轻的囚徒说："你逃过？为什么你不告诉我？那几个月中，我一直在计划着逃跑，为什么你不让我知道这是不可能的？"于是，老囚徒耸了耸肩，说道："这又如何，谁会发表否定性的结果呢？"（p.121）

　　许多研究者可能都牢固地持有这种态度，对此，下面的事例将有助于说明。在《认知治疗

---

[1]对于试图支持虚无假设的问题的讨论，见 Cook 和 Campbell（1979:44-50）；Cook, Gruder, Hennigan 和 Flay（1979）；Julnes 和 Mohr（1989）。

与研究》第一期的一篇编者按上,马奥尼(Mahoney,1977a)说:"期刊欢迎作者投寄否定性结果的文章,只要它们来自方法上适当的实验。"(p.3)尽管如此,马奥尼(1977b)报告说:"否定性结果的稿件是极少的。"(p.365)

根据前面对策略的讨论,很清楚的一点是,$\alpha$ 必须是事前选定的。就被考察的推断模型而言,下面的做法显然是不合规的,即首先分析数据,然后参看同特定实验相联系的制表概率(如 $F$ 比值),或者计算机输入的 $p$ 值来确定显著性水平。夏因(Shine,1980)曾认真地讨论过用一个后验的显著性水平代替先验的显著性水平所导致的谬误,甚至说出了这样的话,即大概一个研究者"选取了一个最终的 $\alpha$ 值后……他就同科学共同体签订了一项契约,基于此契约,他同意,当且仅当 $p<\alpha$ 时,他才会拒绝 $H_0$【虚无假设】"。(p.332)因此,用另一个 $\alpha$ 水平来代替先验的 $\alpha$ 水平,在夏因看来,无异于"不道德的程序"。(p.334)

在前面的论述中,已提到过,对虚假的肯定宣称可能有反向效应的考虑,会诱使人们犯 I 类错误。当然,此类宣称的有害后果的潜在力量,依赖于它们所耗费的成本——就这个术语最一般的意义来说的(如这一虚假宣称做出是关系到某种相对安全的处理,还是那种可能带来有害的负效应的处理呢?),还要根据选取的 $\alpha$ 水平来作出权衡。

做出虚假的否定宣称的成本(即犯 II 类错误),应当相似地予以权衡(如没能拒绝虚无假设,会导致放弃这样一个方法上似乎能够带来很大成果的研究吗?)。因此,在特定的研究领域中,虚假的否定可能会被视作同虚假的肯定(I 类错误)一样有危害,甚至更严重。考虑医学研究的情形:错误地推论一个特定的处理产生了或没有产生严重的副作用,两种结论哪个更有害呢? 或者,用刑事司法作类比,错误地把一名无罪的人关进监狱或错误地释放了一个有罪的人,哪一种错误更严重? 显然,对这些问题,不可能有简单的答案。虽则如此,这不等于说,研究者可以回避这类问题。

像选取 $\alpha$ 一样,针对 $\beta$ 的选择,人们提出了一些惯例上的标准。大多数作者建议选择 0.2 作为 $\beta$ 的值,相应地,在给定效应规模和给定 $\alpha$ 水平的前提下,检验具有 0.8 的效力拒绝虚无假设。在讨论 $\alpha$ 和 $\beta$ 大小的选取时,辰冈(Tatsuoka,1982)提议,"合理范围内的"弹性选择。面对问题"什么是合理的范围呢?"他回答说:"很可惜,除了'由常识和你自己设定的价值来裁定!',就没有其他答案了。"(p.1782)因此,在最终分析中,正是研究者自己,以自己的价值作引导去判定,就其具体的研究背景而言,多大的效应规模,$\alpha$ 和 $\beta$ 才是最有意义的。

当读者听到,本节所描绘的以决策为基础的策略,也像显著性检验一样,曾受过不同程度的批评,他们对此也不应感到奇怪。例如,罗兹布(Rozeboom,1960)就坚持认为,且不论这种研究路数本身具有的各种严重缺点,"它的最主要错误在于把一项科学考察的目标错误地设定为去做一项决策,而不是对命题做认知上的估计。"(p.428)戈特曼(Guttman,1985)对它的批评更激烈,宣称:"这种,以某个单一实验为基础,来接受或拒绝一项虚无假设的想法——这正是 Neyman-Pearson 引理的要点——是同科学正相反对的。"(pp. 4-5)。

值得一提的是,戈特曼还拒绝在科学探究过程中使用统计检验,而是强调重复的重要性,把重复看作"经验科学的一个主要考量"(p.5)。当然,重复的重要性是无可否认的。可是,众所周知,在社会行为科学中,重复是极少有的。对此种事态的一个解释是,重复的报告被接受而予以发表的概率非常低。

这里，像前面一样，值得指出的一个有趣的现象是，在马奥尼为《认知治疗与研究》写的发刊词（参看前面关于"否定性结果"的讨论）中，他（1977a）同样请作者投寄重复的研究报告，可是这类文章是极少的（见 Mahoney，1977b）。我们认为，这点可以追溯到现行的专业教育，特别是那种对博士论文具有"原创性"贡献的期待。在此，我们虽不准备对此做更多的讨论，可是我们相信，这种期待是不明智的。在许多时候，博士论文不仅远达不到原创贡献的要求，甚至难以符合一个有价值的练习的标准，任何对此曾有过认真观察的人，都可以证实上述判断的不虚。

我们相信，到目前为止，经过前面一系列令人眼花缭乱的关于统计检验的论述，读者可能已经完全被弄糊涂了，也可能开始疑惑，它们到底有什么用。前面已经指出，有些作者（如Carver，1978；Guttman，1985）实际论证认为，所有这些方法都应当被丢弃。还有些作者认为，如果使用和解释是恰当的，统计检验还是可以作为一项有用的、尽管有限的工具。因此，克伦巴赫和斯诺（Cronbach & Snow，1977：53）坚持认为，这类检验可以用来"规训"研究者，同时"促进读者专注于他们的注意力"。爱德华等人（1963）正确地夸赞了"两眼之间冲击性检验（interocular traumatic tes）"的优点——伯克森（Berkson）的发明——据此，"当统计结果呈现在你两眼之间时，你就会明白这些数据的意义何在。"（p. 217）不过，他们还补充说道："狂热者两眼之间的冲击有可能是怀疑论者的随机误差。这时，用来证实冲击度的少许算术，就可以让你不花多少成本而能获得心灵上的极大平和。"（p. 217）

我们也认为，统计检验可以被有所限制地应用。为了正确地认识到这一点，就有必要认识到，统计检验仅同一个替代假设有关，也就是说，统计结果可能要归之于抽样的波动。如果研究者对他的结论有相当充分的信心，那么许多其他的、更严苛的、以拒绝虚无假设为目的的替代假设，就会经常得到接受，也需要得到检验，这点是勿用多说的。第10章我们会讨论对研究的内在和外在效度的威胁，而后续各章还会对这些议题有更进一步的讨论。就本章来说，这里仅指出，统计检验处理的仅仅是对研究的效度的众多威胁中的一项（Winch & Campbell，1969）。

在论述统计学在心理学中的应用时，农纳利（Nunnally，1960）向心理学家提出了一个忠告，我们认为，它值得不断重复，因为它应当被所有研究者和研究的使用者牢记在心：

> 当我们看到心理学家边笑边说"在0.01水平上，相关系数是显著的"时，我们不应感到自豪。也许这是他能说的全部了，但是他没有理由去笑。（p.649）

## 本章小结

在本章结尾，我们想要告诉读者，本章提出和讨论的内容与第7章和第8章的内容，具有"明显的"相互参照关系。实际上，我们认为，在阅读这几章时，循环往复是无可避免的。提一点就够了。例如,理论和事实之间的关系,以及概念和理论的关系。谈到这些关系时,人们难免会被唠叨,好像他们谈论的是人们常说的鸡和蛋的问题似的。举例来说,理论将决定"事实"有何内容,可是,事实反过来又会被用于检验得自于理论的假设(对这一议题的有见地的讨论,见Hesse,1974:33-37。虽然他的讨论被称为循环异议)。哈雷(Harre,1972)坚持认为,"我们做不到的事情,是在缺少对世界的任何事先理解的情况下,在缺乏任何理论的前提下,描述这个世界。"(p.163)人们不禁要疑惑,怎样才能获得对这个世界的事先理解呢? 请读者设想一下,不与人们想要描述的这个世界相遭遇——正是遭遇本身,塑造了人们对这个他想要描述的东西的理解——就能获得上述所说的事先理解吗?

卡普兰(Kaplan,1964)就概念和理论的关系陈述他的意见时,请读者注意他称为"概念化的悖论"的东西,即"恰当的概念是形成一个好理论所要求的,可是,我们需要有一个好理论来获得恰当的概念"(p.53)。琼斯(Jones,1974)发现我们被囚禁在"第二十三条军规"之中,有人会对此感到怀疑吗?

在柏拉图的《美诺》(Meno)中,苏格拉底论证说,为了知道一点,人们必须知道一切。除非,我们始终生活在一个"沉思的世界",被吸引进在我们看来是一个对"真理"和"螺旋式近似的过程"(Bridgman,1959:40)中,否则,我们对宇宙的看法,我们的科学理论,可能就全都是错误的吗? 情形的确如此! 可是,这正是我们作为人——人的条件——的本质。用诗人兼数学家威利(Wylie)(引自Weave,1961)的诗句,我们可以大声地说:

> 没有真理,也没有确信。
> 这些我已经舍弃,
> 在我还是新手的时刻,
> 就像那些年轻人对着大牧师高嚷,
> 要他们必须放弃这个世界。
> "如果……那么……",这是我唯一的坚持;
> 而我的成功不过是一些细小的连环,
> 两边都连着疑问,
> 问我的假定是否合理,
> 问我的证明是否有事实为凭,
> 这都是徒劳。
> 桥梁已然跨立,
> 人们不用再逡巡于两端。
> 当然所有的胜利,
> 丝毫也不能减损这游戏的能量,
> 同万物之极度微弱阴影的嬉戏,
> 自人源起便已开始。
> 笔是这般地细,
> 字却是这样地深!(p.113)

# 第10章
## 研究设计：基本原则与概念

　　术语,如"设计""研究设计""实验设计"及"抽样设计",像前面章节我们介绍过的许多概念和术语一样,不同的作者和研究者,在不同的意义上使用它们。有些作者在狭窄的意义上用它们,几乎把它们视作术语"分析"的同义词,而另一些作者在广泛的意义上用它们来指研究的各个方面,包括测量、抽样、背景选择、数据收集、统计分析及理论陈述。因此,读者不难理解,有的著作论及研究设计时会包含广泛的议题,而另一些则会有专门的侧重。

　　像前面章节重复谈到的,研究的所有方面是相互联系的,也是互为支撑的。为了强调哲学支撑和理论视角的作用,本书的开篇,我们已讨论过科学和科学探究的议题。本章的开始,我们回到那些在研究设计范围内,被许多作者和研究者视为基本的议题。特别地,在本章中,我们将讨论两个对所有类型的研究设计而言都有核心意义的议题:(a)控制和(b)效度。下一章,将涉及研究中的人为和陷阱。随后的三章会处理不同类型的设计(如实验的、非实验的)。从这些章节可以看出,不同类型设计的强和弱,甚至它们之间区别的根据,在很大程度上都涉及控制和效度的议题。因此,本章要介绍的议题,如果需要,不仅会参考本书第二篇关于具体研究设计的部分,以及第三篇关于特定分析方法的部分讨论,还会在那些章节里做进一步的阐述。

## 控　　制

　　本书第8章花了很大的篇幅讨论了变量的界定,以及从不同视角(如测量、研究)出发对它们的分类。在那里,区分了两种研究:预测研究和解释研究。同预测研究相关的议题,在第3章中已有所讨论。当前的和后面的四章,我们将集中讨论以解释研究为目的的设计。

　　自最宽泛的意义说,解释研究可以被设想成一种企图,即试图通过将感兴趣的现象的变化(因变量)归之于假设的原因(自变量),从而对其作出说明的努力。[①]可是,研究者不得不承认,有无数的变量,除了研究者所研究的那些外,都可能在某种程度上影响被考察的现象,并由此威胁到研究发现的效度和依据发现所做推论的成立与否。于是,研究者对此类威胁的预见,构成了研究的设计和执行过程的一个主要方面。换言之,科学家设计和执行研究的目的在于消除那些对研究发现而言其他似乎合理的说明。正是为了达到这一目标,控制的概念

---

①为了防止歧义,第8章提议,术语自变量和因变量专门用于解释研究,而术语预测项和标准用来指预测研究中的对应变量。

才扮演了核心的角色。

控制这一术语在科学研究中最重要的意思，可能与其本义相连（见Boring，1954）：核对或比较。其理由是，为了估计一项研究发现或据发现做出的推论的效度，至少必须有一个比较。这也是为什么在许多当下的研究者和读者的心中控制有使用"控制组"——不接受相应的处理，因为研究者相信这些处理能够影响因变量——的隐含意思。

在这部分，我们仅限于概览研究设计中几种主要类型的控制和它们的作用。为此，这里，我们要求有助于另一组广为接受的变量分类法，它们由基什（1959，1975）提出：(a)解释的，(b)控制的，(c)混杂的和(d)随机的。解释变量，是那些研究所关注的自变量和因变量。剩下的三个变量，被统称为"外在的"（Kish，1959：329）或干扰变量，相互的区别在于它们是否被控制，以及怎样被控制。这节的余下部分，我们会讨论各种控制，因此，这里，我们仅提请读者注意，"混杂的"指那些没有被控制且同解释变量混在一起，从而让人对推论（关于解释变量的）的效度产生怀疑的外在变量。很显然，研究者希望从设计中剔除此类变量。下文会讨论怎样才能实现这一目的。

研究一个特定现象时，同一变量，自某个理论视角看，可能是有解释力的，而自其他视角看，可以是外在的。这是由理论取向间的根本差别引起的，在前面几章，我们已经讨论过这些差别（见第7—9章）。简言之，关于控制什么和怎么控制的决定，"并非自动实现的"（Kish，1959：333）。相反，这种决策依赖于逻辑的考量、理论的参考框架，以及同具体的设计和特定类型的控制有关的技术问题。

## 控制的形式

在此，我们评述以下几种控制形式：(a)操控，(b)剔除或纳入，(c)统计的，以及(d)随机化。

## 操　控

通过操控来实现的控制，指在研究中研究者对自变量进行的操控。这种形式的控制，相关的例子有：选择使用不同种类的药物，对同一药物的不同剂量作出选择；实施不同类型的强化刺激，或同类型强化刺激的不同程度；不同来源的媒体信息；不同的教学方法；不同的领导风格。据此，有下列几点说明。

第一，这一形式的控制，只能在实验或准实验研究中实施。事实上，正如后续几章要讨论的，操控是用以区别实验或准实验设计同非实验设计的特征之一。

第二，对特定处理，处理的强度和持续时间的选择所做的决定，我们说，取决于多种要素，其中有，对所研究现象的理论陈述，可能对之有影响的因素，对此类因素的潜在作用的期待，以及自最广意义而言的花费和成果。在后续章节，我们会论及其中一些议题。

第三，回想一下我们对构念、潜变量和观测变量（第4章），以及概念界定（第8章）做过的讨论，读者就不应当对下面的种种行为表示惊讶，例如，不同研究者对"同一"变量可能有不同的界定，或者，根据他们认为合适的概念界定，他们对一个变量可能有不同的操控方式，或者，他们可能声明，同一操控会影响不同的潜变量。

第四，在实施过程中，操控所涉及的各个组成部分应是划一的和恒定的。例如，相关器具、设备、指示、管理程序，以及改变操控的过程中用到的类似工具的刻度化和标准化。在实施一种操控的过程中，缺乏划一的风险存在于研究进程的每一个步骤上。这一点在以下情形中会变得尤其严重，若有多个人在管理处理工作，或者虽然是一个人管理处理工作，但他在相对长的时期中做这件事。能让事情出错的各种微妙情况，是如此多种多样的，即便那些头脑敏锐、小心谨慎的研究者也会有所闪失。

可是，还存在着事物的另一个方面，特别是当操控涉及给予受试者相对复杂的指示时。在这种情况下，受试者对于指示的理解会有很大的不同。有些甚至根本不能理解。其结果是，虽然研究者可能觉得处理的划一要求已经得到令人满意的管理了，而他们没有意识到，这不是可以接受的划一。第11章在人为的理解这一标题下，还会讨论到这个议题。

## 剔除或纳入

科学工作者一直以来都试图去识别和分离那些可能混淆自变量的效应的外在变量。于是，研究者就希望通过从设计中剔除这类变量，或者把它们纳入设计中，进而从所研究的自变量的效应中分离和估计出它们对因变量的影响，以便能控制它们。[1]

所谓剔除，我们指，把变量转换成常量。例如，像噪声、灯光、性别、人种、社会经济地位，以及实施研究的环境，这类变量，可以通过保持"不变"，而予以剔除。例如，去研究在一天的同一时刻内，处于同一温度和灯光条件下的黑人男性，就会把人种、性别、时间、温度和灯光变成"不变量"。这里，我们用加了引号的"不变"作为"基于各种意图和目的，相对于特定研究中的某个特定变量，保持不变"的简写。为了进一步澄清，我们可以考虑一下保持噪声不变的意义。在有些研究中，这可能意味着，有一个"安静"的环境，从而使被研究的人不受"各种大的噪声"的干扰。在另一些研究中，保持噪声不变也许要求有一间隔音的房间。简言之，"不变"的意义取决于研究的设定。为了行文方便，后面我们就不再给不变一词加引号了。

通过纳入来控制，我们指，把一个外在变量包含在研究设计中，以便它对因变量的潜在效应进行研究。如果对与之相关的不同设计方案和不同分析方法缺乏理解，没有相关的知识，就不可能理解前面陈述的内容和它的隐含意义。与之有关的部分内容在随后的章节会论及。这里，我们通过一个例子，试着给出一种直觉的说明。假定，有人想要研究一下，来源不同的媒体信息对人们态度变化的影响。再假定，根据他的理论设想，该研究者把性别视作需要控制的外在变量。通过剔除来控制性别，就意味着只去研究男性或只去研究女性。另一方面，通过纳入来控制性别，就意味着用因素设计来同时研究男性和女性。

后面的章节（特别是第12章和第19章）会讨论因素设计的具体内容——怎样去分析和去做解释。这里，我们所要说明的是，在这种设计中，研究者会研究每个变量的效应（称为主效应）和变量间的交互效应，亦即，它们对因变量的联合效应。以前面态度变化的研究为例，研

---

[1] 控制外在变量的另一种方式是随机化。在下一节会有所论述，而且在那里，我们还会用这里的控制方式和随机化的控制做对比。

究者会研究不同来源的媒体信息的影响、不同性别的影响,以及媒体信息源和性别的交互。缺少交互意味着媒体信息源的差异模式在被研究的男性人群和女性人群中是一样的。交互的存在意味着,根据被研究人群的性别,某种媒体信息源在改变人们的态度上更有效。

到底是通过剔除来控制外在变量,还是通过纳入来控制,相关决策对于研究的概化(根据研究发现做出的有效推论)而言,有着不同的含义。[①] 如果某个外在变量是被剔除的,那么仅能在所研究外在变量的特定水平或特定类别(如男性)上,做出有效的概化。另一方面,如果某个外在变量被包含在设计中,那么就该变量的各个类别(如男性和女性)而言,都可以做出有效的概化。前文已经提到过,概化的性质取决于外在变量和处理变量之间是否存在交互作用。

很清楚出,通过纳入来控制外在变量,可以使得研究发现具备更广泛的可概化性。无疑,方便性、可行性还有成本,这类问题在决定两种类型的控制的选择时,起着一定的作用。此外,研究者关于所考察的外在变量的作用方式的理论预期,对上述选择也有相应作用。例如,当一个研究者预感到某个他视作外在的变量可能同解释变量(复数)有交互时,那么更好的做法就是通过纳入来控制它。

一般来说,如果察知到了某种交互,那么把问题中的变量设为解释变量,比将其当作外在变量更有意义。这样做,就意味着需要对所研究现象的理论予以新的表述,同时,还需设计新的研究,而在新的研究中,变量的角色也会发生相应的改变。

## 统计控制

为了论述方便,这里我们用类别变量来解释和说明控制外在变量的意义。其中的逻辑也同样适用于对外在变量的控制。为了澄清统计控制的意义,将用两个例子来做说明。请读者注意,这里的目的是用例子中的分析方法做说明,而不是去解释这些分析方法。

第一个例子是对外在的连续变量的统计控制,它们作为协变量被用于协方差分析(ANCOVA)——在第21章(及第13章)会论及的一种分析方法。就当前的目的,这里仅指出,如果研究者想要估计在控制了外在连续变量(如精神能力、动机)后不同处理(如教学方法、治疗手段)间的差异,那么在分析中,这些变量应被当作协变量。这样做的目的,是减少误差项的影响,并由此而增加分析的敏感性。

另一种旨在实施统计控制的分析方法,是偏相关。在此,我们对这种方法做简要描述,以期用例子说明这种控制既不能自动地完成,当然也不能盲目地使用(对偏相关更正式的介绍,见Pedhazur,1982:第5章)。

本质上,偏相关是一个或多个变量被控制后或它们的效应被分离出来后,两个变量间的相关关系。这也是为什么偏相关常被描绘成分离控制变量后,两个主要变量间的相关。下面用一个例子来进一步澄清。

假定研究者的目标,是想要确定身高和学业成绩是否相关。同时,所用样本的年龄是从7岁到15岁。由于儿童的年龄越大,他们一般就越高,于是,他们也就倾向于有更高的学业成

①我们心中关于概化类型的想法,在本章稍后部分讨论外在效度时会论及。

绩，因此，两组变量之间的相关关系是连在一起的，都是正的，并且相对较高。就此而言，当样本中的儿童有着不同年龄时，任何两个同样受到成熟状况影响的变量，都会是高相关的。

如果两个变量间的相关在很大程度上或完全地可归之于某些共同的原因，或某个外在变量，这种相关就被称作虚假相关。如图10.1(a)所示，我们画出了 $X_1$ 和 $X_3$ 的一个虚假相关，其中两个变量都受到 $X_2$ 的影响。对照我们的例子，$X_2$ 代表年龄，$X_1$ 和 $X_3$ 分别代表身高和学业成绩。为了研究在控制年龄的情况下，身高和学业成绩的关系，研究者或者可以计算每一年龄水平上身高和学业成绩的相关，或者计算分离年龄影响后两变量间的相关。假定进行的是后一种计算，如果图10.1(a)中描绘的模型是"正确的"，那么偏相关系数应为零，或者由于抽样波动的存在，接近零。

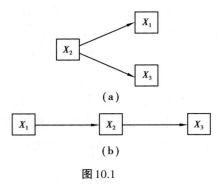

图10.1

比较一下图10.1(a)中描绘的模型和图10.1(b)中描绘的模型，注意：两个模型用了同样的变量，不过图10.1(b)中，$X_1$ 对 $X_2$ 有影响，后者又对 $X_3$ 有影响。例如，$X_1$ 可以是社会经济地位（SES），$X_2$ 代表动机，$X_3$ 代表学业成绩。依照图10.1(b)，没有变量是外在的。在第24章中，我们会讨论适于这种模型的分析方法。在这里，我们仅仅要说，如果图10.1(b)中描绘的模型是正确的，那么与图10.1(a)中描述的模型相似，在分离了 $X_2$ 的影响后，$X_1$ 和 $X_3$ 间的偏相关系数，应为零。可是，必须要清楚，两个模型是极为不同的。

## 随机化

显然，可以被直接控制（如通过纳入，见前节）的外在变量的数目，是非常少的。对其他无数的外在变量，其中的许多变量，研究者甚至意识不到它们的存在，同时，它们或者对于事物有着同自变量的效应相比不相等的影响力，或者同自变量的效应混杂在一起，该如何应对呢？可以说，正是由此而产生了精妙的随机化的想法。

在进行农业实验时，费希尔就面临着将不同的田块"变成相等的"这一难题，因为不同的田块可能在许多方面有所不同，其中，还有许多不为他所知的方面。这时，研究者就需要去考量，给那些田块施肥的决策所可能带来的有意的或无意的偏误。费希尔灵机一动，产生了让机会来做决定的想法。这就是随机化想法的本质，尽管它看上去既简单又明显，但是它确实"是现代实验设计（看上去真的很现代）的少许特征之一"(Cochran & Cox, 1950:7)。蔡塞尔(Zeisel, 1985)由于时常为随机化所完成的事业感到震惊，就称它为"奇迹般的"(p.133)。

自古以来，人们就通过抓阄的办法来分配资源或奖励，来分配各自的责任，以及其他类似的事物，以期避免偏差，获得公平（相关的事例和评论，见 Fienberg，1971）。由于缺乏更好的替代办法，人们似乎倾向于不仅让"机会"来决定谁赢得奖金，还让"机会"来决定谁会被抽中，有"同等"申请资格的穷人中谁会被雇佣，谁会被纳入研究的选取方案中，等等。

尽管随机化的想法在直觉上看起来很清楚，可是实际上很难去清晰地界定它，因为这里涉及机会的界定。按照一般大众的设想，随机似乎是指，让事物自然地发生，"无须求助于既定的目标、既定的方向、既定的规则或既定的方法"（Webster，1981）。可实际上正相反，在统计学中，随机化必须通过遵循某个精心设计的计划，并求助于随机方法或程序，才能"实现"的。

为了进一步理解前面所说的，有必要区分作为过程的随机化和作为结果的随机化。过程是指用于获得随机结果的方法（如抛一枚硬币、投一枚骰子）。于是，产品就是结果。在统计学中，去判定某一结果是否是随机的，这是不可能的。可是，如果给定了产生某一结果的方法，而去估算获得特定结果的概率，这是可能的。例如，在100次的硬币抛掷实验中，观察到了60次的正面和40次的背面，这时不可能判定这一结果是否具有随机性。不过，在假定人们以公正的方式抛掷一枚两面均匀的硬币①的前提下，就可以去计算得到上述结果的概率。

随机的概念在研究设计和统计分析中扮演着中心的角色。要证明概率数学应用的合理性，即根据样本统计量来推论总体参数，或进行相关统计显著性检验，就必须求助于随机过程。

随机过程被用来从确定的总体中获得"具有代表性"的样本，这一应用已为大众所熟知。这点可以通过大众媒体经常报称某结果使用了随机样本而得到证明。同时，电视台、报纸和杂志也经常通过报称结果得自于一个非概念的样本，从而宣布那些使用了非科学的样本而得到的效应是无效的。

较少为众人所知的是，随机过程被用于控制外在变量，而这些外在变量被视作"机会"因素，或被视作各种研究者既不可能的枚举，也不可能用其他手段（如剔除、纳入；见前节）予以控制的因素。为了有效地区分随机的两种使用方式，我们将抽样过程中的随机应用称作随机选取，将用于控制目的的随机应用称为随机分配。第15章会讨论到随机选取。这里，我们专注于随机分配或随机化。

从本质上，随机化是有意地使得被比较的事物（如受不同处理影响的各个群组）"均等的"受外在变量的影响。这点可以通过某个随机过程，把各个研究单位分配到不同的处理组或条件来实现。换一种说法，随机化的目的旨在，给予每一个单位以相等的概率，使得它们有同样的机会被分配到被考察的各处理组中的某一组。这里，我们用术语"单位"，而不是个人，因为，根据研究设计，被随机分配的单位，可以是个体的集合，也可以是有机体或其他对象（如组织、班级、车间）。

谈到随机化时，人们的脑子中立刻就能想到使用某种机械设计（如抛硬币、掷骰子、从帽子中摸出名字）。然而，当单位的数量相当时，这类设计不仅会变得十分笨拙，也很容易失败。

---

①出于说明的目的，我们假定使用的是一枚均匀的硬币（即，出现正面的概率为0.5）。当然，在其他假定（如假定硬币是不均匀的，例如，出现正面的概率为0.6）条件下，计算相应的结果也是可以的。

这是因为，想要把许多纸片，胶囊，编了号的乒乓球，或其他已有的东西，充分地混合是很困难的，同样，从一顶帽子、一个大桶、一个鱼缸中抽取号码的方式，是很容易产生偏误的。

一个戏剧性的例子，是1970年美国的征兵抽签，其结果的公平性就受到了统计学家和其他人士的挑战，而他们依据的是，用选取出生日期来决定谁应当被选出来为国家服务的机械设计，实际上导致了一种非随机的选取。以"统计学家挑战说征兵抽签是非随机的"为主标题，罗森鲍姆（Rosenbaum,1970）在描绘了选取过程的同时对它发起了挑战。先说选取过程，它使用了366个装有一年所有日期的胶囊来做这件事。首先，一月的31个日期被放入一个木盒子中。再放入二月的29个日期，并与一月的日期充分混合。接下来，放入三月的日期，并同前面月份的日期混合。依次重复上述步骤。其结果是，不同月份的胶囊会被做成不同次数的混合。例如，一月的胶囊会被混合11次，而12月的胶囊只被混合一次。再说抽取过程，罗森鲍姆报道说："抽胶囊的人……通常是从上部挑一个出来，虽然他们偶尔也会把手伸到盒子的中间或底部。"（p.66）不必讶异，一种系统的模式出现了，这就是，那些在一年中的较后月份出生的人，有更大的被抽出来的可能。

这里，要提出一个重要的问题，某个随机过程是否会导致出现那种在1970年美国征兵抽签中出现的相似结果呢。答案无疑是肯定的。回想一下，前面做出的关于随机过程和随机结果的区分。在利用随机过程时，我们求助于概率的概念，它指"在长期过程中"，事件以均匀的方式出现——而不是指某个具体的事件。这让我们想起了这样一位紧张的病患，在面对他即将经历的手术风险时，他寻求医生的保证。为了平复他的紧张，大夫告诉他，手术的致死率是2%，这时，他请大夫给予解释。于是，大夫说："每一百台手术，大约有2位病人会死。"听到这，病人接着问："已经有两个死掉了吗？"

概率本质上针对的是不太可能发生的事件。亚里士多德（Aristotle,1962），引述阿加顿（Agathon）说："我们必须预料到那些不被期望的事常会发生。"（p.43）虽然任何一种结果都是可能的，但是应用随机过程的优点在于，它为计算得到某种特定结果的概念提供了合理依据。冒着赘述的批评，有必要再次提醒读者注意，那些出现的概率非常低的事件，是可能通过随机过程产生的。可是，如果研究者怀疑，某个具体的过程可能并不是随机的，就像1970年美国征兵抽签一样，他就可以在假定使用了一个随机过程的前提下，计算一下获得特定结果的概率。当观测到的结果出现的概率非常低时，就可以怀疑产生它们的过程本身的随机性。这就是芬伯格（Fienberg,1971）针对1970年征兵抽签的过程努力要去证明的东西。

### 随机数表

由于使用机械设计进行随机化存在着潜在的问题，于是有建议提出，应避免这种机械设计的办法，同时提议，用随机号码表来代替。简单地说，这样一个表由从0~9的整数构成，其中每个数字在表中出现的频率近似相同，但是出现的方式没有系统的模式。[①]许多统计书都附有从较大的随机数码表中摘取的部分。同样，许多计算机软件包，甚至有些计算器，都有用

---

[①]关于如何创制一个百万位数的随机数字表，以及如何在使用过程中检验的扩展讨论，参见兰德公司（1955）。如果用计算机生成随机号码的说明，见格莱克（Gleick,1988）。第15章，我们将用例子来说明在抽样中怎样使用随机号码表。

来生成随机数的程序。为了用例子来具体说明，下面用MINITAB(统计软件)生成了1 000个0～9的整数。

## MINITAB

### Input

```
OH=0
OUTFILE 'RANDOM';    [Output file name. Manual, p. 273]
RANDOM 1000 C1;      [Generate 1000 random numbers, place in C1]
    INTEGER 0 9.     [Subcommand. Manual, p. 249]
PRINT C1             [Manual, p. 40]
HISTOGRAM C1         [Manual, p. 69]
```

### 评注

关于计算机的一般介绍，本书所用的统计程序描述，以及本书关于报告和评注输入和输出的一般性介绍，见第16章。像第16章中说明的一样，方括号中的斜体评注不是程序输入的组成部分。

### Output

| | 1–5 | 6–10 | 11–15 | 16–20 | 21–25 | 26–30 |
|---|---|---|---|---|---|---|
| 1 | 27454 | 50023 | 00605 | 58575 | 92104 | 99587 |
| 2 | 47602 | 83534 | 93371 | 06447 | 79289 | 33827 |
| 3 | 04084 | 18953 | 40323 | 47811 | 57679 | 43601 |
| 4 | 39953 | 80203 | 08453 | 15107 | 70244 | 09696 |
| 5 | 67348 | 94196 | 19842 | 39642 | 50094 | 47214 |
| 6 | 74524 | 49759 | 12658 | 22959 | 26791 | 83938 |
| 7 | 45683 | 39192 | 96268 | 98312 | 44852 | 30895 |
| 8 | 85500 | 64696 | 64441 | 56684 | 75640 | 68509 |
| 9 | 14136 | 63511 | 03683 | 35847 | 69161 | 89825 |
| 10 | 45814 | 26417 | 98936 | 30387 | 64399 | 74921 |

```
Histogram of C1   N = 1000
Each * represents 5 obs.

Midpoint   Count
       0     92    *******************
       1    100    ********************
       2     97    *******************
       3    101    *********************
       4    104    *********************
       5     95    *******************
       6    101    *********************
       7     98    ********************
       8    103    *********************
       9    109    **********************
```

### 评注

为了证明随机数表在随机分配中的作用，上面我们给出了MINITAB生成的前300个整数。关于上述的结果输出，有3点说明。

  1. 原报告是每列有一个数字。出于方便，我们将它们合并成5列一组，同时给行和列编了码。这就是这类表通常在统计书的附录中出现的样子。当然，任何排列的方式都是可行的，只要研究者不在其中引入某种系统的模式即可。

  2. 我们在某些数字下面画了下画线，下文我们会对它们予以解释。换句话说，下画线不是输出的组成部分。

  3. 一张随机数表，从长期来看，由相同频次的0～9的数字构成。如果我们报告

MINITAB生成的全部1 000个整数，我们可以预期在表中每个整数以无系统次序的方式出现大约100次。我们用MINITAB对1 000个整除中的前300个整数做直方图。就如同你看到的，每个整数的频次围绕100略有波动。

现在，假定要把40个人随机第分到两个群组中（例如，两个不同的处理组，或一个处理组和一个控制组）。首先，我们给予每个人唯一的身份编码（ID号），从1编到40。然后，利用随机数表（见下文），与前20个ID号对应的个体就被分到其中的一组，剩余的20个人被分进另一组。为了保证每个人都有相等的被选入一组或另一组的概率，就必须从随机数表中选出两位数的数码。假如要分配的个体的数量超过99，就必须选取三位数的数字。在这种情况下，数码002就指ID号为2的个体。

视表的大小而定，随机数表可以有几页、许多页，也可以有各种分组的样式。因此，研究者必须去确定表上开始的位置，还必须确定从开始的数字向那个方向移动（如向上、向下、斜向）。虽然有许多做出上述决策的方式，其中一种是选取一个随机数（复数）来代表开始进入的页、行和列。这里，我们不考虑这一问题。就目前的目的而言，研究者完全可以闭上眼睛，用铅笔随意地在表上指明一个位置。假定，我们已经这么做了，并且选中了第3行、第12列的数字0。现在，研究者可以读取两位数的数字，可以顺着表的任何一个方向读取（上、下、左、右、对角）。从上面给出的事例来看，我们决定把0右边的一位数作为第二位数，接着向列的下方移动，当任意两列到达表的底部后就移到右侧两列的顶部。

这样，最初的两位数字是03。于是，ID号为3的个体被选中。在所有被选中的数字下，我们都画了下画线（03右侧的23也做了下画线，因为它是20个符合当前要求的号码之一）。因此，选出来的有下画线标记的20个两位数构成群组之一，剩余的20个人组成了另一个群组。按照依次选取的顺序，这些数字是：03，26，36，05，23，06，15，39，22，35，30，10，31，38，25，24，21，02，04，40。注意：（a）大于40的数字不予选取；（b）如果一个数字再次出现，它也不予选取（例如，36再次出现在14～15列的底部）；（c）到达18～19列的底部后，移至20～21列选取相应数字。如前文已经说明的，这两列虽分属于不同的块，但这无关紧要。

在随机分配的前提下，我们期望，两个群组在各变量（如性别、人种、智力、动机）上有同等的配置。可是，正如上文讨论过的，这种期望指的是就长期来看，而不是某一具体的事件。同时，为了说明随机分配的目的，我们将作进一步论述，使得不同的群组在外在变量上等同的意义。假定，上面的40个个体中，有20名男性，20名女性。同时，男性的ID号为奇数，女性的ID号为偶数。注意，被随机选中的20个数字中，有9个奇数，11个偶数。这就是说，第一组由9名男性和11名女性组成；第二组由11名男性和9名女性组成。从当前的情况看，随机分配为每个群组生成了大致相等的男性和女性数量。当然，完全相等地将男性和女性分配到两个群组中，并不总会发生。

虽然我们用两个群组的随机化来做说明，但是同样的方法可用于更多群组的随机化。例如，随机地将40个个体分到4个群组中，与最先出现的10个ID号对应的个体被分到第一组中，其次出现的10个ID号分到第二组中，依次类推。选出来的群组还可进而被随机分给不同的处理。

## 随机组合

正如上面所证明的，使用随机数表来做随机分配，很直接，除了某些数必须被跳过，或者因为这些数字相对于手边的目的而言过高了，或者因为它们在前面已经出现过了。为了避免出现这种情况，一种替代的方法就是用随机组合。就一组对象的有序排列而言，组合总是可用的方法。例如，数字1，2，3可以排列成6种不同的顺序，即6种组合，如下：

(1 2 3)　(1 3 2)　(2 1 3)　(2 3 1)　(3 1 2)　(3 2 1)

一般而言，组合的数量等于$N!$，读作"$N$的阶乘。"以前面3个数字为例，$3!=3×2×1=6$。数量为4，就有 $4!=4×3×2×1=24$组合方式。一个无偏的选取就是，组合中的每一项都有相等的和独立的被选中的概率。就上面的3个数字来说，这意味着每种组合都有1/6被选中的概率，而且每一组合的选取都独立于任何其他组合的选取。

有些书中给出了现成的随机组合表（Fisher & Yates，1963；Moses & Oakford，1963）。同时，也有能够生成任何数量随机组合的计算机程序。我们这里用MINITAB来做说明。[1]

**MINITAB**

### Input

```
OH=0
OUTFILE 'PERMUTE'
SET C1          [See Manual, p. 33]
1:40
END
SAMPLE 40 C1 C2
PRINT C2
```

### 评注

如你所见，命令SET用于把1到40之间的整数放到C（列）1中。命令SAMPLE无放回地从列1中选出40个数字，并放入C（列）2中，接着再打印出来。[2]

### Output

```
34 38  4 11 33  1 32 19  5 37 20  7 12  3 17 14 40 39 21 35
27  6 16  8 26 28 29 30 36  9 23 13 15 10 24 22 31 25 18  2
```

### 评注

ID号同前20个数字对应的个体（第一行）将被分到一个群组中，剩余的个体被分入另一个群组中。

## 给随机化一个机会

所谓"给随机化一个机会"，我们是指为了防止有较高的概率，就有必要有一个"充分"数量的重复，以便让随机化完成其在所有变量上等同各群组的任务。也许，最好用两个极端的例子来说明我们的意思。设想一下，一个研究想要研究两个个体对不同刺激的反映，同时设

---

①也可以使用 PROC PLAN of SAS（第16章对SAS有介绍）。
②如果读者使用MINITAB，读者会发现MUG新闻。

想一下，他们中一个是男性，另一个是女性。显然，随机地把这两个人分到两个刺激中，既不会平衡他们的性别，也不会平衡他们之间的其他变量。类似地，随机分配两个在能力、动机、灵敏性上不同的教师，让他们使用不同的教学方法，那么研究者在这种情况下，不可能去判定学生之间的差异是归之于教师之间的差别，还是方法之间的差别，抑或同时都有。我们再次强调："充分的"重复对随机化发生作用而言是必须的。我们给充分一词加了引号，因为具体数量要由多种因素来确定（如个体在同研究内容相关的那些重要因素上的变化性质，实质的考虑，测量和显著性检验。对这些差异的讨论，见第9章和第15章）。

然而，即便使用了"充分"数量的重复，在随机化之后，群组由于"抽取的幸运"而有所不同，尽管随着重复数量的增加，发生这种情况的概率也会越来越小。那么，如果随机化失败了，研究者该怎么做？为了回答这一问题，就必须考虑，第一，研究者如何才能确定随机化是否已经失败。毫无疑问，研究者不可能，也无须去判定群组在无数的变量上（期望随机化会使它们均衡）是否不同。研究者而是应当专注于相关的外在变量。当然，什么是相关的，要视研究的具体内容而定。例如，如果某个研究者出于无论何种原因，已经决定不直接去控制某个主要的外在变量，那么在随机化之后，检查一下群组是否在这个变量上有所不同，这样做就是恰当的。[1] 一般来说，当需要随机分配的单位的数量相当少时，就更有必要考虑随机化失败的可能性。

当研究者怀疑随机化失败了，这时，他要做些什么，还要依赖于研究的具体内容和他怀疑的程度。在某种情况下，一方面可通过"根据已知变量和统计分析的事后分层"来设法补救。（Cornfield, 1971: 1676）。另一方面，如果可行的话，就来一次新的随机化过程。然而，必须要极力避免为了平衡群组在目标变量上的差异，而将一些人从一个群组转移到另一个群组，因为这样做就不可能说清楚，在这种平衡过程中，有意地或无意地引入了那些偏误。正是因为这类潜在问题的存在，我们才先求助于随机化。

最后，应当清楚，随机化既不能剔除，也无助于识别那些可归之于外在变量的变化。其设计目的实际在于，通过把可归之于外在变量的变异均等地分到所研究的各群组中，从而消除偏误。回想一下第一篇关于系统方差和非系统方差的论述（见第2章、第4章，尤其是第5章）。因变量上的系统方差是自变量和那些被直接控制的外在变量带来的方差。非系统方差是可归属于随机误差的方差。通过随机化控制的外在变量带来的方差，事实上是被当作随机误差来处理的。这类变异越大，统计分析本身就越不灵敏。总之，虽然直接控制外在变量的方法和随机化的方法，都是旨在降低偏误，但是前一种方法可以走向更精确的分析。

## 建　议

如果外在变量被视作在研究者的研究中扮演了重要的角色，我们建议通过直接控制的方法来应对，因为这样做，能够将可归之于它们的因变量上的系统方差，识别和分离出来，进而

---

[1]几乎可以肯定，群组会在所有的变量上有所不同。于是，问题就是，差异是否有意义，接下来的问题有效应规模、统计显著性检验、显著性统计检验的效力。这些议题在第9章有所讨论，并见第15章。

减少误差项方差,增强统计分析的灵敏性。同时,根据所用控制的类型,研究者还会发现,所考察的处理同被直接控制的变量是否存在交互。

如果是通过纳入的方式来控制外在变量,就像因素设计中一样,研究者利用分层的随机化。这就是说,研究者在外在变量的某个层次内,引入随机分配的做法。例如,在一项对不同处理的效应进行的研究中,研究者可以把男性和女性分别随机地分配到不同的处理中,从而将性别变量这一外在变量纳入研究中,予以直接控制。

无论使用哪种直接控制,那些无法直接控制的神秘变量,总可以通过随机化来控制,把此类变量带来的方差当作非系统的变异来对待,亦即,随机误差,从而消除混杂变量的影响(见上文)。

现在,我们开始讨论效度,很明显,这个议题同控制有密切的关联。

# 效 度

在研究设计的背景下[1],效度分类体系的变化无常性,可以由这一主题的起领导作用的且最具影响力的阐释者的工作来予以证实。经由一系列对社会行为研究者有着深刻影响的著作,坎贝尔和他的助手(例如,Campbell,1957,1969a；Campbell & Stanley,1963；Cook & Campbell,1976,1979)详尽地阐明了不同研究设计背景下的效度,以及给效度带来威胁的东西。那些在研究设计的背景下讨论效度问题的作者,其典型的做法是,或者采纳坎贝尔和他的助手的陈述,或者把他们的陈述当作纠正的对象。我们对效度的陈述也刚好相似,因此,我们很愿意在此承认我们受惠于坎贝尔及其助手良多。

在较早的论述中(Campbell,1957；Campbell & Stanley,1963),区分和讨论了两种类型的效度：内在效度和外在效度。在随后的陈述中(Cook & Campbell,1976,1979),原有的划分被扩展成四个类型：统计结论的效度、构念效度、内在效度和外在效度。

所谓统计结论的效度,坎贝尔及其助手(Cook & Campbell,1979：39-50)指出,基于显著性统计检验,所做结论或推断的效用。据此界定,他们对这类效用的讨论,包括了效应规模,Ⅰ型和Ⅱ型错误,统计检验的效力,以及虚无假设的"接受"诸议题。读者可能还记得,我们曾在假设检验的背景下,讨论过相关议题(见第9章,第15章还会在抽样条下讨论到它们)。

构念效度,坎贝尔及其助手用来指一个测量或一个操控同假定被测量或被操控的构念之间一致的程度。因此,在对此类效度的讨论中,他们囊括了收敛效度和判别效度,多属性—多方法路数(如Cook & Campbell,1979：59-70)——第4章讨论过的议题。库克和坎贝尔在讨论构念效度时,还同时包括了一些其他议题(如实验者期待,需要的特征)。在接下来的几章中(特别是第11章),我们会讨论到相关议题。

---

[1]测量背景下对效度分类的讨论,见第3章。

我们自己对效度分类的态度,可以很容易地从我们组织讨论的方式中看出。我们认为,对构念效度的讨论,最好放在测量的背景中,尤其是我们不像通常在研究-设计背景下对它只有一般的讨论,而是更为细致地讨论了它的各个方面。相似地,我们感到,把统计结论的效度放到假设检验和抽样的背景下来讨论,会更自然。

相应地,下文将仅限于讨论内在和外在效度,同时,我们还将采纳坎贝尔及其助手用到的样式。具体的做法是,先描述所要讨论的效度类型,再简要讨论对它的种种威胁。有时为了避免将某个特定威胁同内在或外在效度联系起来,有时则为了专门处理某种特定的对内在或外在效度的威胁,我们会根据设计的类型来具体安排讨论的内容。因此,在随后各章的恰当位置上,都会有相应的讨论。

请读者明白,关于效度的威胁清单不是穷尽的。事实上,它也不可能穷尽,因为它取决于研究者所怀疑的因素是否会使得他所宣称的在具体研究中已经发生的因果关系变得无效。这份多数作者,包括我们自己,所呈现或选取的清单,是由坎贝尔及其助手辨识出的主要威胁组成的。当然,这并不意味着它是一份神圣的核查表。为此,指出一点就足以说明问题了。这就是,在较早的出版中(Campbell & Stanley,1963:175),内在效度的威胁清单由8项构成,而在后来的出版中,它就扩展到13项(Cook & Campbell,1979:51-55)。所以会涌现出增加的威胁,这是由于大尺度研究的增长,以及随之而来的思考成熟。其他效度威胁也可能成为主要的考量,从而被包含进人们的清单中,作为在某些研究方案,测量、分析或此类事物中特定发展的结果,或专门强调的结果。

## 内在效度

内在效度是指关于自变量(复)对因变量(复)的效应所做的宣称的效度。从最宽泛的意义来说,这一效度可以用下列形式的问题予以表述:发生的事物(观测到的现象)是归之于研究者声明要对其予以操作的变量(操控的变量)呢,还是可以归属为其他变量的作用? 本质上,对这一问题的回答的效度,取决于替代答案,亦即,替代解释的合情程度。因此,可以说,内在效度是一项有意义的研究的必要条件。

根据本章较早对控制的讨论,可见,控制在最大化内在效度的努力中扮演着重要角色。当其他事物都均等时,研究者实施的控制越有效力,研究就越具有内在效度。如我们将在第12章中要讨论的,有两个主要原因使得实验研究通常比非实验研究有更大的内在效度,一是,前者的自变量是受操控的;二是,研究单位会被随机地分到自变量的每个水平上。

试图估计内在效度涉及"一个演绎推理的过程,在其中研究者必须是他自己推理的最严厉的批评者"(Cook & Campbell,1976:229)。不必说,这一过程说起来容易做起难。如第9章讨论过的,在研究者中,广泛地存在着当证据同研究者的期待和假设不相符合时,忽略证据的倾向,或者对证据进行错误的解释,甚至使其具有合理性等倾向。

现在,我们就开始来逐一描述对内在效度有重大影响的各种威胁。

历史。画在这一标题下的是,在某个研究进程中发生的,并且可能影响研究结果的那些事件。例如,设想一下,有一项研究旨在考察那些影响人们对平权修正案(Equal Rights

Amendment，ERA)的态度的因素。在这项研究进程中，立法机构通过或否决了ERA。这样一来，该项研究的内在效度，就会因为研究中的人意识到立法机构的争论和行动的程度，以及这些争论和行动对他们的态度的影响程度，而受到或大或小的损害。某个特定事件是否会成为一项研究的内在效度之威胁，有赖于研究的具体内容。

*成熟*。成熟是指被研究的个体随着时间的消失而经历的各种变化，包括变得更年长，具有更多经验，变得疲惫，饥饿等。这就要考虑到，那些归属于处理的反应(如学习、动机、攻击或注意力集中)，可能部分地或全部地，要归之于这类成熟过程。也可能发生成熟同处理的交互。

*测验*。当人们在同一变量上被测多次以后，他们的表现就可能会受前期反应的实践和记忆的影响，以及他们关于研究的目的和研究者的期待的感知和(或)猜测的影响。例如，先施以一次前测，再予以某些处理，接着施以一次后测。这时观测到的变化，例如，学习、态度、同情或利他感上的变化，可能是前测，以及(或者)前测和处理的交互带来的结果。

*工具的使用*。当不同处理结果上的差异或多或少可以归之于所用工具的某些特征时，内在效度就会被减弱。例如，当那些信以为相等的测量实际不相等时(如测量涉及的是不同的能力、不同的取向或者测量有不同难度、有不同的吸引力)，就可能出现上述所说的情况。另一个例子是工具上的看上去的小修改，而实际上成为它们测量的事物变化的一个部分。一个与之有联系的例子是，在研究中，虽然研究工具没有发生改变，但是研究者本人在研究过程中使用它们时变得越来越熟练。

*向平均回归(RTM)*。不同于前述对内在效度的威胁，这个问题实际上相当复杂。弗比(Furby，1973)在发展研究的背景下讨论RTM的问题时论证指出，虽然说文献中对它有许多详尽的讨论，但是这个问题"不仅经常被忽视，而且还受到严重的误解"(p.179)。沃林斯(1982)在集中讨论社会行为科学中的研究错误时坚持认为，"向均值回归的错误……是所有错误中最顽固、最复杂和最狡猾的"(p.13；又见Campbell，1969b；Campbell & Erlebacher，1970；Wallis & Roberts，1956：258-263)。依据前述，研究者对于罗伯特(1980)的宣称应不感到惊讶，他说："也许每一个称职的应用统计学家都曾在某些时候对自己说过，'我真的理解向均值回归；而其他人只不过自认为理解'。"(p.59)

为了理解RTM，研究者就有必要对回归、测量，以及两者的关系有较好的把握，虽未必是充分的。因此，在这里的讨论中，我们不可能给予RTM以适当的论述。这里，我们的目标限于，在内在效度的背景下，给予这一议题一种直觉的关照。这里，我们还强烈推荐读者把本书关于回归分析的研究(特别是第17章和第18章)和前文中引述的参考书目连起来阅读。

弗朗西斯·高尔顿(Francis Galton)爵士在其对遗传性的范围研究中，提出了RTM，或者他称为"返转"或"回向平凡"。[1] 可以用一个例子来说明上述想法。高尔顿注意到，父母亲很高的儿童，平均而言，会比他们的父母要矮一些。相反，那些父母非常矮的儿童，会比他们的父母更高些。同种现象还发生在其他变量上。例如，那些在中期考试中取得好成绩的学生，平

---

[1]用作回归系数的符号r，源于术语"reversion(返转)"。罗伯特(1980)对于回归理论的历史有若干说明。

均而言,期末的成绩会稍差些。相反,那些在中期考得很不好的学生,平均而言,期末会考得不那么差。

一般而言,当两个变量并不完美相关时,RTM就会发生。为了说明问题,这里假定,有两个变量存在正相关,但不是完全相关,于是,在一个变量上有较高分值的个体,在另一个变量上也趋向有较高分值,但是高的相对少些。相似地,那些在一个变量上有较低分值的个体,倾向于在另一个变量上也有较低分,同时也会低得较少些。

正如上面的说明,关于RTM的错误观念和概念上的混淆是普遍存在的。例如,高尔顿的研究造成了高度遗传特征的错误印象,也就是说,高度随时间减少的印象。这就促使某些人,特别是优生学的鼓吹者,利用RTM来赞助他们要求采取行动以阻止"回向平凡"之潮的言辞。这种对RTM解释的谬误,很容易被揭露,只要人们能够认识到,如果用一个回归方程,其中颠倒了预测项和被预测项的方向(即用准则来预测预测项),按照其错误的逻辑,就会错误地宣称,会出现反向的回向平凡(即朝向不平凡)的情况。

为了进一步澄清,让我们回答上面中期考试和期末考试的例子。例子表明,期末考试中表现特别好的学生,平均而言,期中考试不是特别好;期末表现特别差的学生,平均而言,期中考试不是特别的差。因此,用期中的表现来预测期末的表现,似乎就会支持回向平凡的想法——最好的学生变得差些,最坏的学生变得好些。可是,用期末成绩来预测期中成绩,似乎倾向于支持相反的观点,即较好的学生变得更好,较差的学生变得更差。然而,问题的关键在于,这两种趋势都是同一类型的回归。

为什么会出现RTM,方便的回答是从对测量误差(见第5章)的效应的考量来入手。就当前的目的而言,要说明的是,我们要考虑随机测量误差。随机误差会稀释两变量或在两个时点上对同一变量的两次测量得分间的相关关系。于是,这就会出现,随机误差越大,RTM就越大。如果研究者思考一下那些有极值分的个体(很低或很高),情况就会变得很明了。例如,如果成绩的测量并不完全可靠(没有测验会完全可靠),这时,非常高和非常低的得分,部分地,就应归之于超级的"好"日子或"坏"日子,猜得"很准"或"很不准"之类的事物。结果是,研究者就可以看到,那些做得非常好或非常差的个体,平均而言,在第二次被测中,其成绩更接近于均值。同样的逻辑也适用于在某一特定时间上同时测量两个变量的情形。如果研究者处理的是正向的相关变量,那么个体在一个变量上的极端得分如果部分地可归之于较大的随机误差,就可以预计在另一个变量的同一方向上,也会有相同大小的随机误差。

大多数对RTM的讨论,都只是基于测量误差来解释它。可是,再重复一下,当两个变量不完全相关时,RTM就会发生。当两个无误差的变量不完全相关时,所以会如此,泛泛地说,是因为每个变量上的得分部分地由两个变量共有的要素或因素构成,部分地由每个变量独有的要素或因素构成。现在,那些在一个变量上有极端值的个体,所以会有极端得分,部分地由于许多因素的稀有组合,而在测量另一变量时,同样的组合很难再次出现。

在RTM的背景下,测量误差"正可以被视作更一般的(解释),即'决定一个得分的诸要素'的一个特殊情形"(Furby,1973:175)。总之,当两个变量间的相关是不完全的时候,就会出现RTM,而两个变量间的不完全相关,或者由于测量误差,(同时)或者由于每个变量所独有的因素或要素。

根据前面的讨论可知，当个体因为他们在某些变量(阅读或攻击)上的极端突出而被选出来作为研究对象时，就像补偿方案(如教育上有困难的人，长期的青少年犯、惯犯)中出现的情形，这时RTM对内在效度的威胁就显得尤为关键。在这种情况下，在后测上观测到的改善(如阅读上的)可能部分地或全部地归之于RTM。无疑，联系着补偿方案，关于RTM的偏误效应的争论曾经特别激烈。

特维尔斯基和卡内曼(Kahneman & Tversky, 1974；可见，Kahneman & Tversky, 1973)希望研究者注意到，"没能认识到回归的重要作用"的"有害后果"(p.1127)，而这种后果"遍及于我们的周围"(Kahneman & Tversky, 1973:249)。他们给出的一个例子是，飞行教师如何做出"口头奖励不利于学习，而口头惩罚有利于学习"(p.1127)的结论。作为证明，教师指出，赞赏一次非常漂亮的着陆通常会随之有一次较差的着陆，而对极端差的着陆的严厉批评通常会随之有一次较为平稳的着陆。Kahneman和Tversky(1973)观察到：

> 这个真实的故事说明了人类状况的一个令人悲伤的方面。我们通常在他人行为表现良好时，去强化他们的行为，而在他们的行为不好时，惩罚他们。因此，任由回归发生作用，他们最可能在被惩罚后才变好，同时也最可能在被奖励后开始堕落。(p.251)

*选择。* 选择指用来分配个体(或其他单位)到不同处理或控制组的过程。在本章的前面，已经讨论过，在概率性地平衡各群组条件中，随机化起着关键作用。由于各种原因(见第13章)，实验的执行常常是以预先存在的群组为对象，或用非随机分配的方式将单位分到各处理组中。在这类通常被称为准实验的设计中，对内在效度的威胁相当大。因为，不可能在处理实施之前，就能确定和考虑所有群组间有所不同的相关变量，所以，去判断群组间在因变量上观测到的差异，是应当归之于处理，还是应当归之于群组间处理前存在的差异，还是两者的结合，抑或处理同那些处理前就在群组间有差异的变量的交互，如果不是不可能的，也是极端困难的。在第13章中，我们会回到这个话题上，其时，我们既会讨论非均等的群组设计，也会讨论选择性偏误。

*损耗。* 损耗指在研究进程中，被研究的个体或其他被研究单位的损失。当研究要持续一个相当长的时期的情况下，损耗就非常有可能发生。被研究的个人可能会离去，实验的老鼠可能会死亡，作为研究对象的组织会萎缩，甚至不再存在。除非假定损耗可以归之于某种随机过程——在大多数情况下，这种假设是非常不可能成立的——否则，很清楚，随机化效应总会受到损耗的破坏。损耗可以被描述成一种自我-选择的过程，而对其发生的原因的探查，一般而言，即便不是不可能的，也是非常困难的。离去的人对此类情况通常也没有多少帮助，不仅因为他们可能会拒绝回答研究者关于他们离去的动机的问询，还因为他们会隐藏他们的动机，或者他们也不确定离去的动机，甚至是完全无意识的。

*处理的扩散或模仿。* 如果那些受到某一特定处理影响的人或作为控制组的人获知另外的处理并非为他们而设(如通过与那些受另外处理影响的人的沟通，或通过媒体的报道)，如

果他们认为有必要，且又是可行的，他们就会让自己去采用另外的处理(如采纳一种实验性的教学法，使用那种其效应正被研究的医疗方法和(或)节食方案)。甚至，对其他处理的知晓也会影响人们对为其而设的处理反应，或是当他们被设定成控制组时，改变自己的行为(见下文)。信息的扩散会使得以估计处理效应为目的的群组间比较变得无效(通常并不知道无效的程度)。

*补偿性竞争或愤怒的自暴自弃*。这是两种了解到研究中有不同处理方式后可能有的反应方式，即两种信息扩散效应。当被研究的人被给予的处理，同其他处理相比，不合乎他们的意愿(或他们自己觉得)时，他们就会投入补偿性竞争中。举例来说，他们可能会工作得更加努力，更守时，对下属的需要更敏感，不再旷工，学习得更勤奋，或做出各种反应，只要这些反应在他们看来能够抵消更合意的处理引起的优越性(为研究者所期待的)。对于那些出于控制组的人来说，也会发生同样的反应，特别是当他们相信，某个处理如果被证明有效，则这个处理将对他们的工作条件、生涯或任何他们在乎的东西产生相反的影响时。库克和坎贝尔(Cook & Campbell，1979)引述了萨瑞茨基(Saretsky，1972)的著作中若干表现的异常努力的控制，并把这种现象称作"'John Henry 效应'，以纪念这位钢钻机师。因为当他知道自己的产量会拿来同一个蒸汽钻头的产量对比时，他非常努力地工作，以至于胜过了蒸汽钻头，并由于过度劳累而死亡"(p.55)。

不同于补偿性竞争，接受不合意处理或仅作为控制的群组，由于变得愤怒和自暴自弃，可能比他们在正常情况下表现得更差。很清楚，当这种情况发生后，内在效度就可能严重降低。

## 内在效度：小结

在此，我们要再次重复说明，上面给出的威胁清单并不是完全的。同时，内在效度可能受到不止一种来源的威胁。根据某个研究的具体内容，几种威胁可能同时发生。一种威胁可能和其他威胁，以及(或者)处理存在着交互，从而使得对结果的解释变得几乎不可能。

最后，我们还想重复指出的是，不同类型效度间的区别不能被故意夸大。许多下文要讨论的，以外在效度为题的威胁，其实本应在内在效度的子目中予以讨论。例如，多重-处理间的干涉(见下文)其实对内在效度也有潜在威胁。为了强调夸大不同类型效度的区分所带来的风险，有必要指出，有些威胁，我们和其他作者(如 Bracht & Glass，1968)是将其放在外在效度的名目下讨论的，而库克和坎贝尔(1979)，以及另外一些作者是把它们放在构念效度的名目下讨论的。在本章小结部分，我们还会回过来考察不同类型效度间的关系。

## 外在效度

外在效度是指研究发现对于或超出目标总体、背景、时间等条件的可概化性。论及两种类型的概化之前，需要说明的是，内在效度是外在效度的必要条件，但不是充分条件。很清楚，如果一项研究的内在效度被怀疑，那么去问它的发现是否或在多大范围可概化，是没有意义的。同时，因为外在有效的推论使用的是归纳推理，所以它"相比于以更具演绎性质的内在效度，就自然有更多的问题"(Cook & Campbell，1979：86)。

术语"推论到"考虑的是，从样本到被样本假定所"代表的"总体，做出的一般性推论的有效性。因此，无论对于何种目标总体（如人群、时间、环境），此种类型的概化效度，都要基于样本-选择程序。在第15章中，我们会讨论到概率和非概率或判断、抽样，以及当下的选取概率抽样方法之间的区别。就当前的论题而言，我们只需说，因为不可能去估计判断抽样的抽样误差，所以在判断抽样的基础上进行推论，无论看起来多么精巧，都只是臆测性的，而且，这种推论实际上成为抽样的相反事物，即"总体选取（populationing）"（Ackoff，1953：121-123）。

"推论超过"考虑的是就多个总体而言概化的效度。例如，由自某个特定总体（如男性、黑人、蓝领工人）的一个样本得到的结果，被推论到其他总体（如女性、白人、白领工人），或者自某一背景条件（如教室、实验室）下得到的结果，被推论到其他背景（如操场）。

正如库克和坎贝尔（1979：72）已经指出的那样，两种类型的概化可能是"有用的"，但是不应当"被过度地强调"，因为推论超过"逻辑上预设了"（p.72）推论到的效度。不过，库克和坎贝尔一方面虽然提示说，有些研究者和作者总是先考虑其中某一类型的概化；另一方面他们自己则选择将注意力集中到同总体外概化的效度有关的威胁。实质上，他们给出的理由是，在实地研究中，概率抽样是不常见的，因此，"严格地推论到目标总体的外在效度是极少有的"（Cook & Campbell，1979：73）。他们还进一步论证说，即便研究者开始时有一个概率样本，"损耗也几乎是不可避免的"（p.73），并可能将最初的抽样变得无用，由此，他们得出结论："因此，可能会出现这样一种情况，即用偶然得到的样本进行的多个小型研究，所做结论的外在效度，可能比那些起初有着代表性的样本（如果它是可以实现的）的单一研究，要更强一些。"（p.73）不过，他们也提醒读者注意，在偶然样本中，被研究的人群或场景，应属于研究者希望对之加以概括的那类人群或那类场景。

如果前面的论述让你感到不舒服，甚至感到困惑，那么我们的目的正是在于提醒读者注意，超过目标群体的概化，事实上是不可能有可遵循的成文规则的。尽管我们在下文中讨论了若干影响的外在效度的主要威胁，但是这些讨论不能被视作一张核查清单，而只能被看作一些一般的想法。我们希望，当读者在考察那些来自自己的研究发现或来自他人的研究发现的概化时，这些讨论能促进读者自己的思考。

较早的文献中对外在效度的处理（如Campbell & Stanley，1963），其细致程度远低于对内在效度的处理。也许，这部分是由于（a）同内在效度相比，试图勾勒出各种可能导致内在效度出错的事物，具有更大的难度；（b）内在效度是外在效度的必要条件。正是在这样的情况下，其他作者才扩展了对外在效度的处理。这些作者中，布兰切特和格拉斯（Bracht & Glass，1968）是较为突出的两位，他们在两个涵盖广阔的名目——总体效度（population validity）和生态效度（ecological validity）①中，细致地讨论了外在效度。下文的内容，我们主要借鉴自布兰切特和格拉斯（1968），以及库克和坎贝尔（1979）。

---

①评估研究的背景下，关于外在效度威胁的5个类别的划分，见Bernstein，Bohrnstedt和Borgatta（1975）。

## 交互的意义：一个提示

影响外在效度的许多威胁，用交互（在本章前述的内容中，曾给出了它的一个直觉的解释）的形式来讨论，就能得到最佳的理解（关于交互的更详尽的讨论，见第20章和第21章）。因此，如果有结论认为，处理或自变量，同被研究个体的属性或背景（仅举出其中两个因素），存在着交互，概化就相应会受到限制。例如，如果媒体信息的传递方式同媒体受众的种族特征存在着交互，那么一个关于媒体信息传递模式的效应的总陈述，就是不恰当的。这时，就有必要，针对每一个特定的人种群体，指明每个媒体信息传递模式的效应。

处理—属性的交互。我们用术语属性来一般地指称，被研究的人群可能在其上有所不同的变量（如性别、教育、人格特征）。当研究的目标在于就属性变量的各个水平做一般性的推论时，就有必要把这些变量都纳入到设计中。对某一属性的各个水平的概化，只有当属性和处理之间没有交互时，才是可行的。另一方面，一旦发现了交互，相应地就要指明概化的具体范围（关于交互的解释，见第12章、第20章和第21章）。

处理—场景的交互。场景指执行一项研究所涉及的环境。场景的区分有"狭"（如在一所学校还是在一座工厂中进行的一个实验室实验）和"广"的变化（同实地中实施的实验相对照的在实验室中进行的实验）。在"狭"和"广"两词上，我们加了引号，用以表明同一场景间的区别可以有狭和广两种不同的视角，具体采用哪种区分要依赖于研究的具体现象、理论解释、处理的类别等，这里仅指出其中的几个主要因素。

第12章在讨论实验室实验和实地实验间的区别时，我们会具体讨论到场景。就目前而言，我们仅提醒读者注意的是，处理—场景的交互会限制研究发现的可概化性。

多重—处理的相互干涉。这通常是指这样一类研究，其中被试接受不止一种处理，或者研究中的人群同时参与多项实验。在第一种情况下，同时接受的各种处理相互之间可能会产生交互。此外，如果不同的处理是一次接受的，那么它们就有可能发生所谓的交叉效应（crossover effects）。此即，在研究的前一阶段接受的处理，可能影响较后阶段所受处理的表现（相关的例子，见 Cox，1958：第13章；Fieiss，1986：第10章）。在两种情况下，概化到实地场景（其中常用单一处理）都是有问题的。

第二种情况涉及质朴的和有经验的受试之间的多方面区别——前者只有很少的或没有在科学研究中当受试者的经验；后者曾经在多个研究中做过受试者。有经验的受试者倾向于变得具有"研究世故"，这不仅因为他们参与过多个研究，还因为他们很有可能在其参与的研究结束阶段曾经接受过研究质询。虽然说研究质询的性质必定会有变化，可是总是存在着这样的机会，即在某些质询的过程中，受试者被告知，甚至被邀请去讨论，研究中的某些内容，如研究中的欺骗、隐瞒，以及帮衬（托儿）的使用。很明显，当他们作为受试者参加到后续的某些研究中时，这些经验一定会影响他们的行为和反应。

前测的敏化作用。在许多情形中，特别是当研究者想要测量处理在改变某个因变量（如态度、成就、动机或焦虑）的效应时，在接受处理之前，就会对受试者进行测量（即所谓的前测）。这里，我们要考察的不是同变化的测量有关的诸多非常复杂的问题，而是一项前测对受试者的行为和反应可能有的效应。接受一项前测，可能同处理发生交互，甚至它还可能成为目标变量上观测到的变化的唯一原因。例如，在将受试者置于某种旨在改变他们对中国的态度的处理（如给他们播放一部关于中国的影片）之前，对受试者的态度进行测量，而这一事前的测量，不仅会使得他们对处理的敏感性发生变化，还会影响后续的对中国态度的测量的反应。

有一点很清楚，根据前测敏化作用的性质和大小，它可能使得相应的概化变得无效，即在没有使用前测的情况下，某种处理效应依然存在的推论。在大多数情形中，研究者感兴趣的是，无前测的某种处理的应用，因为这正是实地应用中所发生的。关于如何处理前测的敏化作用的细致讨论和研究评述，见拉纳（Lana, 1969）。在第12章中，我们会再次论及前测的敏化作用，在那里，我们将讨论几个相关设计的例子，而在这些例子中前测的敏化作用的效应可以得到估计。

后测的敏化作用。当一项使用的目的在于估计某种（几种）处理的效应时，就有必要获取那些假定被影响的现象的若干指标，从而去判定不同处理（或处理与控制）之间差值的大小，以及去判定差值是不是统计上显著的。大多数情况下，这是通过实施某种（些）处理后的测量来完成的。

当研究者以分析后测测量上的表现为基础，选出某种要被实施的处理时，通常不会求助于后测测量工具。例如，可以通过实施一项实验，去研究某一产品的不同式样的广告效应，并用后测来判定其中哪一种最有效。可是，当研究者以实验的结果为基础来选择某个特定样式时，通常就不会用到任何后测测量。布兰切特和格拉斯（Bracht & Glass, 1968）指出，当一种处理的效应是潜在的或不完全的时，那么实施一项其效应会敏化受试者的后测，就会引起受试者出现处理本身可能没有引发出的反应。当这种情况发生后，研究发现的外在效度就会受到损害。

## 外在效度：小结

开始讨论外在效度时，我们就声明，我们的目的不是要去提出一个关于它的威胁的完全清单。现在很清楚，这种清单是不能编出来的。那些有关外在效度的特定威胁的问题，既依赖于某项研究的具体内容，也有赖于研究者想要做出哪种类型的概化。而且，虽然对不同种类的外在效度的威胁分别予以讨论，这样做可能很方便，但是研究者需要记住，各种威胁可能交织在一起。

更进一步，列在外在效度名目下的那些威胁，也会构成对其他类型效度的威胁。例如，虽然方便抽样的样本会损害外在效度，它们也会损害研究的内在效度。以这点为基础，在结束本章讨论前，我们将就不同类型的效度间的关系，以及关于它们之间的层级和优先的争论，做一些论述。

## 效度类型间的关系和优先

读者应当记得，在这一章，我们涉及的效度，仅限于四种中的两种——内在的和外在的。其他两种——统计结论的和构念的——是在其他章节论及的。许多作者（如 Cook &

Campbell, 1979：80-82；Judd & Kenny, 1981：42-44)都提请读者注意过,不同效度类型之间的关系和冲突。例如,当研究者的兴趣在于去最大化统计结论的和内在的效度时,他就会接到如下建议:最大化参与者、场景、时间,以及同类事物的同质性。可是,要想或要保证统计结论和内在效度有所增加,就要以外在效度为代价,即限制研究发现的可概化性。

这引起了关于不同效度类型的优先的问题。关于优先的决策,可以被视为一个研究者在设计一项研究时要做的无数决策中的一项——在这一过程中,需要平衡各种因素,如目标、成本,以及研究的诸多后果。不过,还有些作者把效度类型间的优先放在某个哲学的平面上进行评估。

大致来说,可以辨识出两个思想派别。依照其中的一个思想派别来看,效度类型间的优先要依据所考察的研究种类而定。另一个思想派别,则拒绝效度类型间存在优先的观念。有些作者(如 Olson & Peter, 1984)甚至对效度类型的划分的好处也一起加以质疑。

那些建议效度类型间存在优先的作者,在其心中,清楚地或隐含地认为基础研究和应用研究存在区别。于是,当库克和坎贝尔(1979)讨论到效度类型间的优先问题时,他们说:"对那些有着理论兴趣的考察者而言,我们估计,效度类型依据重要程度来排列,其次序可能是内在效度、构念效度、统计结论效度和外在效度"(p.83)。相反,"对许多应用研究的研究者而言,优先的顺序可能是内在效度、外在效度、效应的构念效度、统计结论效度,以及原因的构念效度"(p.83)。

贾德和肯尼(Judd & Kenny, 1981),自另一个立场出发,他们坚持认为,虽然对实验室实验而言效度类型间的优先"已经由一定的研究传统确立起来了"(p.44),可是这并不符合应用研究的情形。他们进而论争认为,应用研究的研究者面临着比实验室研究者所要面临的更严重的冲突,因为所有效度类型都可能要求前者予以专门的注意。贾德和肯尼指出,"在思考这些要求中哪一个应当被给予最密切的关注时,不存在最终的立场。"(p.44)

## 本章小结

本章介绍了研究设计中的两个主要构成,即控制和效度。正如介绍过程中已经多次声明过的,在本章中论及的各项议题,在随后各章中,在论及具体的研究设计和(或)具体的分析技术时,我们会更细致地再次论及它们。在转到具体的研究设计之前,在第11章中,我们将论述一些在本章中没有提及的,使得研究变得无效的、各种潜在的重要源。

# 第11章
## 研究中的人为和陷阱

　　第10章的一个主要部分,集中讨论了影响内在效度和外在效度的各种潜在威胁。本章依旧讨论这一涉及广泛的话题,当然,本章的焦点将转到那些由研究的参与者(即研究者和受试者)带来的人为(artifacts)和陷阱(pitfalls)。我们明白,读者可能会想,我们花费了过多的笔墨来论述那些在社会行为研究中可能出错的事物。然而,意识到哪些事物会出错,对研究的计划和执行来说是根本的,而且对解释研究结果,无论是自己的或是别人的,也有根本的意义。

　　本章要处理的议题,直至最近都还会被社会行为科学家所忽略或敷衍地谈及,其中部分原因是关于研究者的客观性和受试者的消极性的天真看法。不过,情况已有改变。大量文献不仅专门地论述了研究的社会性质(如 Brenner, 1981b; Brenner, Marsh, & Brenner, 1978; Friedman, 1967; Wuebben, Straits, & Schulman, 1974a)、人类受试者的特征(如 Adair, 1973; Barber, 1976; Silverman, 1977)、实验者的效应(Rosenthal, 1966),还一般地讨论了人为和陷阱(Barber, 1976; Rosenthal & Rosnow, 1969a),这就证明对来自研究参与者的人为和陷阱开始有日益增多的考量。

　　阿代尔(Adair, 1973)提过这样一个问题:"自科学的目的来说,谁对实验的观点是更有效的,受试者的还是实验者的?"(p.21)。我们认为,问题不应当是哪种观点更有效,而应当是存在着两种观点:研究者的和受试者的。两种都会参与到一个持续的知觉过程中,而这一过程要受到他们不同的视角、角色、身份背景、期待,以及研究实施过程中发生的事件等诸多因素的型塑作用。

　　两类知觉过程不是相互独立的。例如,一名受试者可能察觉实验者正在欺骗他。这就会影响受试者的行为、态度,以及他对实验者的反应,也包括欺瞒。反过来,这些又会影响实验者对受试者的感知,进而导致他有意的或无意的行为上的变化。这些又再次会影响受试者的知觉,如此往复不断……

　　我们要承认,前面对知觉过程(发生在研究过程中)的复杂性的介绍是相当偏颇的。显然,我们不可能在此详细讨论这一极端复杂的知觉现象,它的前提条件及它的影响。哲学家们和社会行为科学家们,从相当不同的理论框架出发,已经就这一议题缠斗了许久(参见 Allport, 1955; Ross & Fletcher, 1985)。

　　读者应当明白,我们所要考察的知觉过程不仅限于实验本身。在任何同人类有关的研究中,不同程度上,它们都会发生作用。例如,在一项非实验研究中,如果是通过访谈收集数据,那么访谈员和被访者的知觉过程都会涉及其中，其中既包括双方对对方的知觉，也包括对研究背景的知觉，以及该说些什么和怎么说等（见第6章）。因此，如果我们用一种特定背景（如实验）下发生的事例来做说明的话，读者应当理解，相应的观点在一般情况下也适用于其他的研究背景。

下文将按照两个主要名目：(a)受试者，(b)研究者，扼要地论述一些重要的人为和陷阱。第三种，同样重要的人为和陷阱的来源，即研究场景（如实验室、工厂、教室），不准备在这里讨论，因为我们觉得在论及不同设计的类型时（尤其是在第12章），讨论它会更有意义。

## 受试者

许多年前，罗森茨维格（Rosenzweig，1933）就已经预示了当下对源自受试者的人为和陷阱的考察，说道：

> 可是当研究者处理人类材料时，他们必须把每个人都是心理学家这一事实计算在内。在一项心理学实验中，有多少受试者仅仅是接受指示的呢？在一项考察他们的动机、目标和思想的研究中，有多少人愿意全心全意地接受卑微的受试者的角色呢？更多情况下，事实是，开展一项心理学活动的训练，比起实验者有意为之的实验，更具有实验的性质。"之前，我在那里见过这个人吗？——他到底会说些什么？——我猜他是否会问我这件事？"——我不会对他讲那些的。——他曾经因为同样的测试来过这里吗？——那个实验员看起来多蠢！——多么夸张的领带！——他一定会想我怎么这么笨！——这是否会结束？(p.342)

上面的引述已经可以充分地表明，不仅受试者的身份背景（就这个词最广的意义来说，如性别、种族、教育、经验、人格、对于科学探究的态度、动机、紧张），而且同场景和研究者（如某种处理是施与个体还是群体；研究者的身份、个性和行为；研究的指示；研究任务的性质）有关的神秘因素，都会影响他对研究本身，以及他在研究中的角色感知。简言之，受试者总是处在一种持续的界定处境的过程中，而这一过程，且不论其他，又会决定他自己假定的角色。

### 角 色

关于科学研究中受试者的角色，已经有丰富的文献了。在这些文献中，不同的作者有时用不同的术语来表示同一种或相似的角色。韦伯和库克（Weber & Cook，1972）曾就这一类文献给出了一个全面的综述（相关的综述另见Adair，1973；Silverman，1977）。因此，这里我们依照他们的分类，讨论"好的受试者、忠实的受试者、消极的受试者和忧虑的受试者"(p.274)。

"好的"受试者。针对好的受试者，奥恩（Orne，1962，1969）给出了若干富有洞察力的描绘。在他的描绘中，好的受试者给予科学和实验方法以高度的重视，并且试图让自己的行为，能够去肯定他自己认定的实验者的假设想要证明的事物。好的受试者几乎愿意服从实验者的任何要求，无论这些要求看上去有多奇怪或多危险，这一方面是因为他相信，作为一项实验的组成部分，实验要求的提出一定有较好的理由；另一方面他会认为，实验者就不会请他去做对他自己或他人有害的事。

好的受试者会忍受极大的痛苦来避免毁掉实验。为了处在一个能够帮助"确证实验假设"（Orne，1962：778）的位置上，他就必须要了解实验假设。事实上，研究者虽然经常试图隐藏他们的假设，可仍然不能阻止受试者去猜测研究者假设的具体内容。其中，他们的做法有：（a）解释那些言明的和未言明的研究指示；（b）留意研究者或其同伴参与者发出的口头的或动作上的暗示；（c）细心观察研究场景中的具体方面和各种特征。奥恩（1962，1969）自造了一个术语"实验环境的需要特征"（1962：779）——所谓"需要特征"，简单地说，是指"能够将一项实验假设的内容专递给受试者的所有暗示"（p.779），以及对受试者的行为具有"重要决定因素"（p.779）的事物。

关于好的——应当说是仁慈的——受试者的一个早期的例证，来自一项对高度思考过程中各种干扰的效应研究（Hovey，1928）。研究中，受试者不仅愿意在肯定会使读者感到震惊的奇怪环境中展现自己，还做出种种努力，去支持那些似乎是研究者假设的内容。作为智力测量的一个组成部分，受试者"被告知（在他们思考的同时）会有许多干扰，而他们无论如何要尽自己最大的努力"（p.586）。下面是作者对各种干扰的描述。

> 一位教授和8名心理学系的高年级学生共同辅助实验。教授负责测试。4名学生辅助操作各种机械干扰源。其他4名学生通过表演特定的把戏，让自己成为干扰源。所用的干扰源有：7个钟和5个蜂蜜器；5 500瓦特的聚光灯；90 000伏特的旋转火花放电器；留声机；2根可调整的风琴管和3只金属哨（分别长14，24，26英寸）；架在一个木头框上的55磅的圆锯（直径36英寸）；由一位著名摄影师操作的悬挂式照相机，以及4名学生表演的把戏。（pp.586-587）

霍维（Hovey，1928）在指出"几种干扰源经常被同时使用"的同时，做出结论认为，受试者在对干扰的敏感性方面没有不同，而且他们在某个智力测验上的表现并没有受到干扰的影响。而且，他还说："真正的智力水平更接近于干扰条件下的测验，而不是标准条件下的测验"【！】（p.591）。

为了避免读者可能认为霍维的研究属于那个已经过去的时代，即在那个时代中，研究者对实验期间发生的事只有简单的概念，我们在此愿意指出，当前的研究文献中也处处有这样的事例，其中，研究者显示出，他们没有注意到或者不在乎他们给予受试者的各种有意的或无意的暗示。就此而言，一个例子是贝姆（Bem，1975）关于"性别角色的适应性"研究。简单地说，贝姆想知道，是否"兼具男女两性特征的"受试者比"男性气质的"和"女性气质的"受试者，对某种处境的特定需要有更强的适应力（根据要求要展现男性气质的或女性气质的行为）。[①]

斯坦福大学的学生被告知，他们要加入一个关于情绪的实验中。该实验中，每个学生被

①在此，我们要提请读者注意，在第4章中，我们已经就贝姆用来测量性别角色的完整清单（BSRI）提出了严肃的保留意见。还有，我们在此所以会使用性别角色研究做例子，是因为这种研究在当前非常流行。

邀请参与4种不同的活动(如用塑料盘搭建东西，"与一只很小的猫咪互动"，p.634)，每项活动结束后，再去回答一份关于情绪的问卷。在实验的一个环节中，一只小猫被放在了一个完全封闭的围栏内。这期间，学生被展示，如何打开围栏，并被引导同小猫进行互动(在实验中，这被看作"强制游戏"阶段，p.640)。在参与过另一个活动(在此期间，小猫被移出实验房间)后，小猫被再次放进围栏内，但是这时，学生可以自由地选择他想做的事(如玩房间内的任何可玩的东西，一小猫玩)。当然，贝姆的目的在于，观察谁会选择同小猫玩(这一阶段被看作"自发游戏"，p.640)。

就如同先前的实验还没有充分地给予各种暗示一样，学生们被告知，他们将被单独留在房间内⋯⋯这样他们就可以"真正地投入各种活动中"，同时，实验者将"置身于单面镜后，观察房间中的事，以确保不出任何差错。"(p.639)

我们想请读者思索一下，告知受试者他将通过单面镜被观察后的反应(且不说他的感受)，再思考一下，当一个成年人被留在一个房间中用塑料盘去搭东西或同"小猫"玩时，有什么事会"出错"。最后，我们认为，读者不难猜到，大多数受试者，如果不是全部，都是贝姆的学生，因此，他们都熟知她在性别角色领域内的工作。有些学生甚至还参与过她在这一领域中的研究。如此一来，还假定受试者的行为和反应不会受到上述的，以及其他相似因素的影响，无疑就是极为天真的了。

**"忠实的"受试者**。"忠实的"受试者(Fillenbaum，1966；Fillenbaum & Frey，1970)努力做反向的努力，务必不让自己关于研究者的假设的知识或怀疑影响他们的行为。本质上，受试者试图表现的就好像他们对于研究者所追求的事物一无所知一样。罗森茨维格(1933)对这种角色早有预见，引证了他的一名受试者在一次实验后告诉他的话："起先，我们想要理解你想要达到的目的，不过，后来我意识到这样做可能不妥。从那时起，我就努力表现得像一名受试者应当表现的那样。"(p.347)不必说，"一名受试者应怎样去做"的想法，会随着受试者、研究者以及研究场景的各种特征而发生变化。

**"消极的"受试者**。同"好的"和"忠实的"受试者的合作取向相反，"消极的"(或"任性的"，Silverman，1977)受试者可能不仅不合作，表现得对实验漠不关心，甚至会表现出十足的敌视，并积极地在暗中破坏研究的基础。这种类型的受试者的情绪、态度和行为，通过一封受试者写给实验者的虚构的信，而被很好地捕捉到了。这封虚构的信是朱拉德(Jourard，1968)根据他自己同那些在心理学实验中做过受试者的人的谈话编撰的。下面是信的节选。

在此期间，我总是欺骗您，即使在做匿名问卷时也一样。不骗您的时候，我就随便地写些什么来打发时间，然后就去做自己的事。

我感觉被利用了，而我不喜欢这点。于是，我就通过不向您展示整个的自我，或者通过欺骗来保护我自己。您是否曾经停下来思考一下您自己的文章，您写的课本，您编的那些理论——所有一切都基于您的数据(我向您揭示出的东西)——实际上可能只是一整套的谎言和半真半假的话(我的谎言和半真半假的话)，或者只是因为我不喜欢您，不信任您，而同您开的玩笑？

还有一件事。您的那些测试，就是那些埋在暗处，想看看我是否前后一致，是否

有意欺骗,是否只是随便做答的测试,根本不可能愚弄我。(pp.9-12)

马斯林(Masling,1966)将消极受试者的行为带来的后果称作"去你的效应"(p.96),而这一效应的例子可以在戈尔德贝格(Goldberg,1965)的文章中找到。在一次实验后的访谈中,一名主修艺术的二年级女生

　　　告诉实验者,她不喜欢心理学和心理学家。她说,她恨心理学家做洗脑实验,以及各种意在控制他人心智的企图。结果就是,"我选择了味道好的,因为我知道你希望我去挑重量重的。"(p.897)

**"忧虑的"受试者**。"忧虑的"受试者(Rosenberg,1965,1969)考虑的是实验者对他作为一个人的印象(Silverman,1977,所谓的"傲慢的"受试者)。[1] 当受试者感知到研究者有很高的社会地位(如专家)时,在评价人方面有专业的训练(如心理学家)时,以及(或者)当实验任务的表现可能反应一个人的能力或人格(如被告知或自己探知研究是关于人的推理能力或人的利他性的)时,受试者扮演起忧虑角色和做出相应行为的可能性就会很高。

同他种类型的角色一样,忧虑型角色不只出现在实验研究中。例如,在抽样调查或民意调查中,研究对象可能会担心,在调查中被看作无知的、不关心公共事务的、不同他人合作的、或其他诸如此类的,并据此而做出相应的回答。一个与此有关的情况就是,大量文献都论及康弗斯(Converse,1970)所谓的"无态度"。[2]

## 多重角色和冲突

如同在其他环境中一样,科学研究中的对象可能有多重角色。而且,根据研究的具体内容,某些角色会发生冲突。例如,当一名受试者要去扮演好的受试者角色时,他就会担忧自己所呈现出来的形象,于是,好的角色和忧虑的角色之间可能会冲突(参见 Weber & Cook,1972)。斐乐堡和弗雷(Fillenbaum & Frey,1970),他们曾发展了忠实受试者的观念并指出,在研究使用中度欺骗时,受试者可能倾向于担任一定的角色,不过"严重的欺骗(如那种给自己带来通过的或迫使受试者伤害其他人的)或者非法的欺骗,就会引出完全不同的角色"(p.48)。

角色承担的问题是非常复杂的,因为它受到众多处境变量、受试者属性,以及它们之间的交互的影响。当奥恩(Orne,1962)就好的受试者著书立说时,流行着一种关于科学普遍欣赏的气氛,以及认为科学探究能够帮助解决人类所面对的重大问题的乐观主义。在这种氛围中,不必奇怪,人们,特别是大学生们,很愿意担负起好的受试者角色。可是,由于同样的原因,随着大众对科学和科学探究的态度的改变,如在20世纪60年代后期(美国)出现的那样,不必惊讶,这种变化自然会导致许多人去承担消极的受试者角色。

与某些研究中希望的或认为的相反,受试者既不是完美的仆佣(参见 Lyons,1964),他们

①在第12章的操控力度子目下,结合实验中货币回报的使用,将讨论到罗森伯格对评价忧虑的系统阐述。
②见第6章,其中会讨论到这个问题,以及同回答"不知道"相关的问题。

测量、设计和分析：研究方法的综合之道

也不消极。他们界定处境,同自己对话,而这就会影响他们所承担的角色,影响他们对研究者的指示做出反应的方式。不言自明的是,由于无数变量的作用,人群对处境的界定各有不同。法伯(Farber,1963)提供了许多令人赞叹的例子,报告了不同的受试者关于他们自身感受的陈述和他们对一项口头调节的实验的反应。下面选录了其中两节。

> 第一位受试者对问题"您是如何反应的?"的回答如下:"每次我说'你',他[实验员]就说'好',很自然地,多数时候,我都说'你',但是不时地我会说些别的,只是为了有些变化。"(p.191)

> "起初,我有意避免更多地用'你'而不是其他代名词,因为我感觉我好像是被引导才那样做的。不过,在最后5章卡片上,我特意用了'你',因为我觉得如果不这样做的话,他们就觉得我错失了整个实验。"(p.192)

有人产生过这样的疑惑吗,即有作者曾经问过到底谁在控制谁之类的问题吗? 多年以前,一张卡通画出现在一份专业期刊上,画上描绘了一只小老鼠正在告诉它的同伴,他如此地善于控制研究人员,以至于它一压压杆,研究人员就给它喂食。

关于欺骗,有人提出了相似的问题。例如,布朗(Brown,1965)曾给予下述提醒:"关于欺骗,即研究的道德方面,其困难在于,人们不能确定谁是受骗的那位。"(p.580)在讨论到人类受试者时,舒尔茨(Schultz,1969)做出了这样的结论:"我们不可能依赖欺骗来持续地设计出精巧的研究,否则我们可能就是唯一被骗的人。"(p.224)实际上,有研究证据表明,受试者在欺骗研究者。例如,纽伯里(Newberry,1973)使用了一个合伙人,让他告知那些潜在的受试者去解决一些问题,因为他们将在一项实验中被要求去解决它们。其中的许多受试者不仅利用了这一信息,而且在实验后的问询中,他们中的大部分都否认事先就知道该实验。当实验设计中加入了如下需要特征时,即鼓励受试者承认他通过校园内的谣言网络听到过什么的时候,上述情形就尤其如此。读者不必感到惊讶,根据受试者被提问的条件(如匿名条件下实施的问卷,由实验人员进行的访谈)的不同,欺瞒发生率也会变动。

关于受试者界定研究处境的现象,法伯(Farber,1963)有过精彩的总结:

> 受试者不可能确切地知道一项实验中,或类似的一个治疗疗程中,到底会发生什么,但是极少有人会一无所知。他们可能会出错,或者可能会考虑无关的事,例如,实验中的参与者是否值得这许多时间和麻烦;或者,实验的辅助人员是否像他看上去的那样厌倦;或者,午餐会吃些什么。不过,有一件事,心理学家可以预计到的是,他们的受试者或顾客总会说些什么,尽管可能只是自言自语。同时,非常可能的是,无论相关或无关,人们对他们自己讲的事,会决定随后他们去做的事。(p.196)

## 属　性

暂且不谈抽样和代表性的问题①,显然,受试者的属性(如性别、智力水平、动机、经验)一

---

① 我们希望读者应该清楚的是,从我们开始论及分析和概化的效度以及它们在其中具有的关键作用时起,就永远不要把这类问题放在一边。

定会在某种程度上影响他们对自身处境的界定,对实验人员、相关指示、研究任务,以及此类事物的反应。不用说,研究者既不可能也没有必要提供关于受试者属性的详尽信息。重要的是,了解同受试者属性相关的信息。当然,何谓相关,要视研究的背景而定——最广义的研究背景(如理论框架、研究的话题、研究环境、实验人员的属性)。

　　我们承认,我们正冒着风险去没完没了地去谈论明显的事实。然而,考虑研究报告中的流行做法时,我们相信将它们拿出来讨论是值得的。值得注意的是,许多研究者根本没有就他们的受试者的属性提供相关信息。而且,即使有些报告提供了此类信息,大多数情况下,这些信息都显得很马虎。读者无可避免的印象是,报告中受试者的属性信息是那些随手可得的,根本没有考虑到它们的相关性。报告中最常出现的属性,有性别、年龄和人种。然而,受试者的性别同研究相关吗? 虽然这听上去已经是老生常谈了,可我们仍然忍不住要说:视情况而定!

　　当研究者获知受试者是众所周知的大二学生时,他能从中得到什么有益的东西吗? 无须太多智慧,研究者就能认知到,比如,来自常春藤联盟大学的大二学生,同一所州立大学(实施开放入学政策)的大二学生,在许多方面会有所不同,同时,研究者还可能认识到,来自不同大学机构的大二学生间的特定差异,可能同特定的研究内容是相关的。同样,根据大二学生来自地区的差别,来自的学校规模上的差别,等等这类的差别,研究者可以做出许多类似的判断。

　　再者,研究者也无须太大的智慧或努力就可以针对大二学生的具体态度,即那些在特定研究背景下可能具有支配性的态度,提出各种各样的问题。下面就是一些具有例示作用的问题,同时还给出了它们所出自的文献。他们是质朴的还是有经验的受试者? 如果是后者,那么在其他的研究中,他们作为受试者,获得了哪种经验(如积极的、消极的)?(参见Christensen,1977;Holmes & Appelbaum,1970)他们对待,比如说,心理学和心理学研究,有什么样的态度?(参见Adair & Fenton,1971)他们是自愿的参与者,抑或,他们的参与是某一门课程要求的部分?(参见Rosenthal & Rosnow,1969b;Rosnow & Rosenthal,1976)托尔曼(引自Hovland,1959)抓住了问题的要害,表示说"大学二年级的学生可能不是普通的人"(p.10)。

　　对受试者性质问题的思考,并非仅限于对人类的研究。一个令人回味的例子是,鼠(类)非鼠(某只),此非鼠非彼鼠,它来自琼斯和芬内尔(Jones & Fennell,1965)的工作。在论述赫尔(Hull)的追随者和托尔曼的追随者"关于学习的性质"的争论,特别是对于托尔曼的"潜在学习"(p.289)的概念的争论时,琼斯和芬内尔指出,两个阵营"在许多方面有明显的区别"(p.289;例如,他们对待理论的方式和方法论立场,他们从事实验的种类)。然而,显然被忽略的东西是,他们还"使用了两种*不同血统的鼠*[作者加斜体]"(p.289)——一种来自爱荷华,一种来自加利福尼亚。你可能已经猜到了,琼斯和芬内尔使用具有两种血统中最根本特征的鼠,从而证明每种血统的路径选择表现同两个阵营各种拥护的理论是相一致的。

　　另一个例子来自威斯康辛大学的生物学家的工作。他们发现,他们从某个培育实验室得到的小老鼠中的一部分,一方面被不正确地标识为同一品种,另一方面它们具有非标准的基因。研究者做出结论认为,这种情况的严重性"怎么强调也不为过"(Kahan, Auerbach, Alter,

& Bach，1982：81）。除了其他原因，他们提出了这样的可能，即他们的许多实验的失败可能要归于他们使用的老鼠缺乏基因完整性。

以"瞎的鼠和人"为题，《纽约时报》（1982年7月22日）的一名"话题"作者在评论上述报告时，透露说这则新闻"没能使他的一位供职于美国国家卫生研究院的生物学家朋友感到惊讶。"情况似乎是，他的这位朋友在注意到一个群落中的多数小老鼠"像蝙蝠一样看不见"后，对小老鼠的培育实践提出了质疑。他甚至对此种情况的发生提出了一个"理论"：

> 在培育期，饲养员会抓出一把小老鼠作为下一代的父母。一代又一代，这些小老鼠经历了一个视力不断恶化的过程，因为被抓出的小老鼠倾向于那些最不能看到饲养员下降的手。

虽然上述理论本身有着严重的问题，不过这则小故事却说明了忽视如下的可能性带来的后果，即研究者的受试者可能不具有哪些他们被认定有的属性。

## 理解上的人为

前面，我们已经多次提及受试者不能完全理解实验者的指示问题。在关于理解上的人为讨论中，卡朗和米萨（Crano & Messé，1985）给出了几个例子，表明在那些理解了研究指示的人和没有理解的人之间，存在着不同的处理效应（其他的例证，参见 Nicholson & Wright，1977）。

不用说，理解上的人为不仅限于处理。例如，涉及因变量的测量（见第6章的例证，任务效应）时，它们也有可能发生。而且，这类问题可能发生在所有类型的研究中（如非实验研究）。

理解上的人为，就应是否严格地遵循处理管理的标准化这样的规范提出质疑。有些作者和研究者，急切地寻求标准化处理管理，甚至不惜求助机械的装置（如用录音机来管理研究指示）。

当研究指示相对复杂时，那些顽固坚持处理管理的划一性的研究者，就会冒受试者对研究指示的接受缺乏划一性的风险。前面的内容并不意味着轻视标准化，而是要提醒读者，在这里，就像在研究中的其他方面一样，研究者不应该失去理智。如果受试者看上去似乎不理解指令，那么相比于那种佯装对此没有注意，并固执地遵循标准化的命令的做法，更好的做法难道不是去做些弥补的工作（如重新措辞）吗？

就量表发展来说，防止理解上的人为的最佳方法，是通过前导研究来发展和测试用于处理管理的研究指示和研究程序。在前导研究中，使用类似于正式研究中会用到的受试者，就既可以保证研究者做出必要的修订，也可以在坚持严格的标准化的同时，最小化理解上的人为。遵循这样一种程序，研究者就可能有相当的信心认为，正式的研究是相对不受理解上的人为的影响的。

我们希望，上文对受试者的简要勾勒能够充分地使读者注意到，一旦人们变成了受试者——可能在一项实验室实验中，在一次抽样调查中或其他研究中——他们不可能丢掉他们的人格、经验，以及其他类似的特征。他们所拥有的这些特性，特别是那些同研究有关的属性,会影响他们对处理、指示,以及此类研究活动的反应。总之,如果忘记了受试者的属性和研究处理、研究环境之间存在着交互的可能性,研究者实际上就把人看作可以相互替代,没有区别的了。

# 研究者

我们用研究者来指如下这些角色:理论家、实验者、测试管理员,以及数据分析者。巴伯(Barber,1976)强调,研究者应当认识到下列事实的重要性,即许多人为和陷阱都来自研究者可能担负的不同角色,此外,他还请研究者注意,大多数对这一话题的讨论中的不平衡性,因为它们几乎都只谈论了实验者的角色。巴伯的"主要争论点"之一,是"那些通常被归之于实际操作研究的低阶实验者的偏误,实际上有时应当要归之于那些对研究负有主要责任的高阶研究者"(p.45)。

像讨论受试者一样,在此我们不预备去穷尽式地讨论所有来自研究者的人为和陷阱。我们要做的不过是,进行一些泛泛的评论,并伴之以例示性的研究,有选择地列举可资参考的文献。虽说有些人为和陷阱之间有更多联系,甚至是某种特定角色所独有的,但是,它们中的多数都不仅限于专门角色,即使我们提及它们时会与这些角色连起来论述(如研究期待的效应就不限于实验者角色,虽然我们在提到这些效应时,首先联系到实验者角色)。

我们认为,就表明来自研究者的人为和陷阱的观念而言,马克·吐温(Mark Twain,1935)对一项他实施的实验的欢快描写可能是其中最好的,因为那项实验"证明了,在生活的更高层次上,蚂蚁是特别聪慧的"(p.284)。[①]

> 我建了四座小型的礼拜堂——一座伊斯兰寺庙,一座印度寺庙,一座犹太教堂,一座基督堂,并将它们排成一排。然后,我用红色的油漆给15只蚂蚁做了记号,再放开它们。它们四处游走,不时地撇过这几个礼拜处,但是并没有爬进去。我又放了15只,标了蓝色的蚂蚁。它们的行为就像红色蚂蚁一样。现在,我涂了15只金色的,再放开它们。结果还是一样:45只蚂蚁来来回回地四处爬,看上去很饥饿,执拗地、不断地走过每一座小寺庙,就是不进去。看到这些,我很满意,因为这些蚂蚁没有宗教偏见——就像我希望的那样;因为如果没有其他情况,我的下一个更大的实验就会非常有价值。现在,我把一小块白纸放在每个礼拜堂的门内,在伊斯兰寺庙的纸上,我放了一小撮油灰,印度寺庙的纸上放了一点点焦油,犹太教堂的纸上放了些微的松香,基督堂的纸上放了一小块方糖。首先,我放开红色蚂蚁。它们检查了一些,拒绝了油灰、焦油和松香,以很大的热情,执着而坚定地朝向方糖。我再放开蓝色蚂蚁,它们所做的就像红蚂蚁一样。金色蚂蚁紧随其后。前面的结果一丝不差地再次出现。这看起来毫无疑问地证明了,缺乏宗教偏见的蚂蚁们,更爱基督,甚于

---

[①]我们十分感谢加州伯克利大学马克·吐温项目的桑尼·格特博格(Sunny Gottberg)女士帮助我们找到了这一参考文献。

其他伟大的信条。可是，为了进一步确定，我移去了蚂蚁，把油灰放进了基督堂，方糖放进了伊斯兰寺庙。我现在放开了所有的蚂蚁，它们乱哄哄地冲向了基督堂。于是，我深受触动，并欢欣鼓舞，赶紧回到房间，写下事件；可是，当我回来后，蚂蚁全都已经变节，已经变成穆罕默德的信徒了。我说，我太着急去下结论了，自然觉得愧疚和难过。带着消失了的信心，我开始进行最后的测试。我把方糖先放进其中的一个礼拜堂，再放进另一个，直到把它们都弄得疲惫不堪。结果是：无论我把方糖放进哪一个教堂，它都是蚂蚁们直接要加入进去的。这是正确的，毫无疑问，在宗教事务上，蚂蚁同人相反：人总是只在乎一样东西，企图发现唯一真正的宗教；可是蚂蚁总是搜寻方糖在其中的那一宗。(pp.284-285)

虽然研究者已经在很大程度上认识到，有必要去描绘他们的受试者，尽管经常做得不恰当（见上文关于受试者属性的讨论），可是，在大多数研究报告中，关于研究者本身的信息却有着极明显的缺失。这就好像是，研究者们认为这类信息是无关的，甚至是冒昧的、僭越的。显然，认识到需要去描绘研究者，就等同于承认同研究者有关的某些事物，或者他们所做的事，会影响研究发现。当然，这也就同那种无偏颇且客观的研究者形象相背离了。弗里德曼（Friedman, 1967）捕捉到了这种心理学家们的认知取向，并说他们

> 信奉关于实验者的民主观念，认为所有实验者都是天生平等的；通过他们的研究生训练，他们被同样地赋予了某些可置换的特质；其中的特质包括有匿名性和非个人性，而这些特质容许他们从同一受试者引出相同的数据，而后他们又可以对之进行同样的观测和记录。(pp.3-4)

古尔德纳（Gouldner, 1970）刻画了社会学家们关于自己的概念，似乎同他们所研究的人的形象正相反，于是：

> 社会学家以这样的操作假设，宣称自外于他的学科，此即，他不受社会压力的影响，而他断言，在思考他人时，社会压力是非常重要的。事实上，社会学家把两个基本假设连在了一起，一边说，他们受制于社会；另一边说，我不受社会制约。(p.54)

聚焦于心理学家，马奥尼（Mahoney, 1976）指出了下列事实：

> 虽然他们看上去如饥似渴地详察一切事物，从蜗虫到大众的行为，心理学承认对于科学人有一种神秘的研究赦免……难道说，心理学家假定，我们已经知道科学家们如何思考、感受和行为了吗？抑或，他不愿意去揭示那些他怀疑他将发现的某些要素？他是在保护科学家或公众，以免他们关于真理寻求者的幻影被摧毁吗？(p.28)

我们强烈地推荐读者去读马奥尼的著作，因为其中不仅有对于作为科学家的心理学家的洞察和有趣的讨论，其中还有关于研究生教育的通过仪式、科学家玩的游戏，对出版的追求等有趣话题的绘声绘色地描写和讨论。

尽管近来关于源自研究者的人为和陷阱有了一些思考和证据，但是几乎所有研究报告都没有关于研究者自身的信息。仅有很小一部分报告包含了一些关于实验者的信息。然而，就

如同处理受试者的情况(见上文),这些信息通常是很马虎的(如实验员中有10位男研究生和10位女研究生)。

　　这里有一个例子,研究者没有报告他们自己的信息,而他们似乎觉得,在研究中从事同样工作的其他研究者的信息才是相关的。研究者对肺癌患者进行了访谈,以研究他们的特征,以及对于控制和调理的信心。下面就是报告给出的访谈员的所有信息:"访谈员是三位作者,加上两位其他之前有过访谈经验的40岁左右的妇女"(Taylor, Lichtman, & Wood, 1984:491)。很明显,研究者的专业知识被视作当然的事实,而予以无视了。

## 属　性

　　近年来,范围宽广的研究者的属性——我们禁不住说是每一种想得到的属性——已经根据它们对研究结果的影响,而得到了细致的审查。这些属性包括性别、人种、年龄、智力、地位、温和气质、经验、教育、对待研究的态度、宗教倾向、权威主义、敌对态度、焦虑倾向,以及支配欲。研究者属性发生效应的现象,得到了同样范围广阔的考察(如学习过程、态度改变、个人和对象的知觉,以及问题的解决)。

　　再重复一遍:我们提到的那些属性,以及其他的属性,可能与不止一种研究者的角色有关联。例如,有相当多的证据表明,考官(访谈员,测验管理员)的性别、人种,以及温和气质,会影响受试者对智力、态度、兴趣等方面的测量的反应。

　　涉及研究者属性的大部头文献评述和综述可见:Adair(1973)、Barber(1976)、Friedman(1967)、Mahoney(1976)、Rosenthal(1966),以及 Rosenthal 和 Rosnow(1969a)。鉴于我们关于社会行为研究中影响发现的各种因素所说的一切,我们希望,如果我们指出,关于各种研究者属性的效应的论述,存在着很大的不一致和意见分歧,请读者也不要惊讶。实际上,考虑各种研究在诸多方面的变异性,比如,受试者(几乎全都由方便样本构成)、实验者、测验者、所研究的现象、测量,以及分析方法,它们之间的高度一致性,如果不是令人怀疑的,也是令人惊奇的。

## 期　待

　　这一事实,即不同的实验员在那些看上去相似的研究中得到了不同的结果,已经让有些作者怀疑到,实验员无意识地将他们的期待传达给(如通过特定的语气、手势、面部表情)他们的受试者。就像对待其他人为效应一样,罗森茨维格(Rosenzweig, 1933)也预见到了研究者的期待,因为他说过:"研究者不难看到,来自实验员的一个漫不经心的词、一个点头或一瞥怎样地富有一种暗示性的意义,从而给某些实验结果带来显著的后果"(p.352)。然而,正如前面已经提到的,流行的气氛对于罗森茨维格的考量并不友好。随着气氛的改变,关于实验员的期望对研究结果的效应(也称作实验者偏误,或实验者假设效应),有了充分的意识和集中的研究。

　　最近关于实验者期待的考量和研究,在很大程度上归功于罗森塔尔(Rosenthal)的贡献(如 1963, 1966, 1969b)。虽说他关注到了各种实验者效应(如作为观测者、数据分析者、结果解释者），可是实验者期待，是他投入精力最多的，而且也是他有最大影响的。作为证明，一个事实是，有些作者将实验者期待称作"Rosenthal效应"。

罗森塔尔和他的助手，以及其他许多受他们影响的研究者，考察了实验者期待对动物，对人的效应，其中涉及了一系列相当广的现象（如鼠的迷宫学习、人的知觉和判断、学生的成绩）。在总结"第一批345个"期待效应的研究时，罗森塔尔和鲁宾（Rosenthal & Rubin, 1978）宣布："现象的真实性是无可置疑的，同时，效应的平均规模很清楚也绝不是不足道的"（p.385）。

罗森塔尔及其助手的工作也没逃过批评，甚至是否定。就罗森塔尔和鲁宾的总结性研究所做评论的一个广泛取样，以及他们对他人评论所做的回应，都可以在1978年《行为与脑科学》（The Behavioral and Brain Sciences）的第三期[ 1978（3）：386-415]上，看到各自的原文表述。

读者可能已经猜到，对罗森塔尔和鲁宾的论文的评论，其观点跨越了整个范围，从赞成和接受一直到不赞同和否定。下面是评论中的一些主要论点。

1. 实验者期望效应的真实性是无可辩驳的。那些人所以对此有所质疑，是因为他们感到受了它的威胁（如Babad, pp. 387-388）。[1]

2. 需要做的不是用另外的综合性统计研究去证明实验期待效应，而是构建关于现象的理论陈述，从而帮助解释，为何它在某些研究中可观察到，在其他研究中则观察不到（如Adair, pp. 386-387; Ellsworth, pp.392-393）。

3. 罗森塔尔和鲁宾的统计综合是有问题的，而且（或者）忽略了被综合的研究的质量（如Fiske, pp. 393-394; Kruglanski, pp. 399-400; Mayo, pp. 400-401）。

4. 期望证明研究者期望效应的研究者，就一定会发现它们。而且："对于成为人际期待效应的支持者而言，好的事情是，一个人自己的文章，即便由于他们揭示了偏误而被批评，提供了进一步对作为自身研究基础的假设的肯定"（Gadlin, p. 394）。

5. 由于迫切地想要去证明实验者的期待效应，罗森塔尔和他的助手引入了各种各样的偏误（如在数据分析中，当数据不支持假设时，就改变原来的假设）。在许多推进此类论证的批评者中，巴伯（pp.388-390）是特别突出的，因为他可能是最执拗、最尖刻的罗森塔尔的评论人（同罗森塔尔的意见交换，参见Barber & Silver, 1968a, 1968b; Rosenthal, 1968。还可参见Barber, 1976, pp. 64-83）。

从上面给出的概览中，读者也许已经有所结论，实验者期待是一种相当复杂的现象，比一个人根据某些作者的论述而对它的认识要复杂得多。关于期待效应的某些最激烈的意见交换，由于罗森塔尔和雅各布森（Rosenthal & Jacobson, 1968）出版的一部著作而被激发了。在这本名为《教室内的皮格马利翁》（Pygmalion in the Classroom）的书中，他们宣布已经证实，教师的期待效应的存在，而且该效应与实验者期待效应是相似的。简单地说，教师们可能会不自觉地认为，他们的某些学生（由他们无意选出来的）是大器晚成的，于是，这些学生被期望在学年的课程中能够表现出智力发展上的"勃发"（p.66）。据罗森塔尔和雅各布森所言，这就足

---

[1]这里的页码指《行为与脑科学》，1978年，第3期。

以使得教师们将他们的期待间接地(如通过说话的语调、问题的类型、强化)传递给这些学生。作为结果,这些学生也会在智力测验的表现上显示出突出的进步。读者请注意,我们在此涉及的期待效应,在许多领域中被称作自我实现预言(self-fulfilling prophecy)(Merton,1948)。

在一篇评论文章中,桑代克(Thorndike,1968)言辞激烈地批评了罗森塔尔和雅各布森的著作,谴责了这一出版物,因为"它在技术上是如此的不足"(p.708)。桑代克指出,"'自我实现预言'的一般合理性是没有问题的"(p.708),有问题的是用来宣称已经证实了此现象的数据和分析。

不必说,罗森塔尔(1969a)回应了桑代克的批评,而桑代克(Thorndike,1969)又回应了回应。斯诺(Snow,1969)也发现《教室内的皮格马利翁》一书存在着严重的缺陷,并由此说,根据他的"慎重意见,如果该研究以其目前的样式投寄给一家APA(美国心理学协会)期刊,它会被判定是予以拒收的"(p.197)。由于被称作皮格马利翁效应的事物所具有的重要含义,许多别的作者也加入了混战。(对Rosenthal-Jacobson数据的再分析,几位其他作者的评述文章,及一篇同Rosenthal和Rubin文章的商榷,参见Elashoff & Snow,1971。最近的一次论争,参见Rist,1987;Rosenthal,1987;Wineburg,1987a,1987b。关于教师期待的专著,参见Dusek,1985。)

在本书的多个章节(如第9章,过去的研究和文献回归)中,我们都提请读者注意,不要去完全依赖二手资料。在当前讨论的背景下,我们愿意单独指出,有这样一个醒目的属于有问题的报告的例证,它是由两位教科书的作者写的,其本身就可以被看作期待效应的事例。格尔根和格尔根(Gergen & Gergen,1981)在论及歧视问题时,引入了他们对"皮格马利翁效应"的讨论,在开始部分,他们说:"由于证明偏见期待的否定效应可能不符合伦理要求,所以研究者就给出了积极效应的一个夸张的[作者加斜体]例示"(p.128)。然后,他们描述了罗森塔尔和雅各布森(Rosenthal & Jacobson,1968)的研究,并报告了他们的发现。

在向读者讲述两位Gergen所说内容之前,有必要让读者知道,罗森塔尔和雅各布森的研究涉及了一至六年级的学生。暂且搁置对这一研究的批评(见上文),这里要指出,仅对一年级和二年级的学生而言,才存在有意义的,统计显著的"提升"。对于三至六年级的学生而言,实验组和控制组之间没有实际的差异。

现在,我们看到,在报告罗森塔尔和雅各布森的研究结论时,*Gergen和Gergen把自己限制在一年级和二年级上*。事实上,他们甚至给出一个仅有两个年级的统计表(p.129)。特别值得注意的一点是,事实上,罗森塔尔和雅各布森(1968:75)也提供了一个相似的表,而这张表上有六个年级,同时图表中清楚地显示出,在那些被Gergen和Gergen省略掉的年级中,不存在差异。以下是Gergen和Gergen(1981)关于研究结果所说的:"两组间的差异持续增加,而且到了学年结束的时候,*它就很瞩目了*[作者加斜体](见表4.1)"(p.128)。

在此,我们认为有必要告诉读者一些关于第一作者(K.J.Gergen)的信息。回忆一下第7章,那里我们讨论了围绕社会行为科学的可行性的争论(见"社会行为科学中的实质和方法")。在那里的讨论中,我们指出,Gergen的工作,由于他拒绝社会行为科学的观念,而激起了激烈的争论。在回顾"社会心理学的历史"时,Gergen(1973)说道:"我们实际上卷入了对当

代事务的系统说明中"(p.316)。相应地,他断言:

> 也许我们最佳的建议就是,对我们的偏见保持有尽可能地敏感性,同时尽可能开放地去讨论它们。价值承诺可能无可避免,但是我们可以避免把它们装扮成对真理的客观反思。(p.312)

如果把 Gergen 和 Gergen 说做的陈述和第一位 Gergen 说的话放在一起,人们可能就要停下来思考一下,在社会行为研究的文献中,有些报告实在不可捉摸。确实,正是由于这个原因,我们才不厌其烦地讲述这个例子。

近期的一篇强调了期待效应论争中的复杂性的论文,作者是赖夏特(Reichardt, 1981)。在论文中,他论证指出,由西维尔(Seaver)所做的一个"备受称赞的研究"中,所谓的教师的期待效应"可能在很大程度上要归之于回归中的人为"(p.231)。那么,为什么这一对西维尔研究发现的替代解释,"既被他的论文答辩委员会成员,也出版其论文的期刊评审们,以及被那许多曾经热情且赞许地引用西维尔的研究的作者们"(p.233)忽略了呢? 赖夏特的回答是,这"可能要归因于研究者期待的效应"[!](p. 231)。

## 设计者、观测者和解释者

各种陷阱存在于研究者的各种角色中,例如,作为研究的设计者、作为观测者、作为解释者。要去考察什么内容,怎样去做呢? 什么是"事实"? 什么样的假设要去被检验? 要去检验它们,什么样的设计看上去更恰当呢? 研究发现的内容是什么,它们的意义何在? 对于这些,以及相关问题的回答,在一定程度上,依赖于谁去问这些问题,在何种参考框架下,要去实现何种目标。我们希望,这一点通过我们在第7章和第9章的讨论,已经是很清楚的了。这些章节的大部分内容都可以被视作对前述这些问题所形成的主题的逐步阐述。因此,在这里我们就不在这些话题上做更多的推敲了。

## 数据分析者

结果的分析和解释中存在的陷阱和人为,是如此的普遍,因此我们在前面的章节中不得不多次讨论到它们。完整的理解一种特定的研究设计和分析,包括了解和预见到同设计和分析相关的潜在人为和陷阱。因此,在后面的章节中,我们论述到不同的研究设计和分析方法时,我们还会评论和用事例来说明与之相关的陷阱和人为。在这里,我们的论述仅限于对统计数据分析中存在人为和陷阱给出一些一般性的评论。

统计分析的错误应用、错误解释和滥用,是极为普遍的,所以不仅多数关于研究设计和统计学的著作会论及它们,而且还有些著作专门处理这类论题(如 Hooke, 1983; Huff, 1954; Kimble, 1978)。

可以说明对数据分析中的陷阱和人为有普遍的思考的其他指标有:(a)在对研究报告的评估和批评中,对这些议题有着醒目的讨论;(b)有许多对原报告使用的数据再分析,而这些再分析的目标,通常是去证明,如果使用了"正确的"或更加"恰当的"分析方法,会得到不同的结论。何谓正确的和恰当的,在许多条件下,取决于研究者的参考框架——就这一术语最广的意义来说的。因此,两个词上都加了引号。

在分析中,研究者犯的许多错误中,其中有些人们不可能对它们有一致的意见。而在此,我们心中的错误种类有,使用了一个错误的公式,计算 $F$ 此时用了错误的自由度或误差项,某一分析技术的不恰当的应用。这类错误不仅会导致错误的结论,而且所得结果可能与运用正确分析方法获得的结果正好相反。在后面的章节中,我们将讨论后一种错误,并用事例加以说明。

最后,还存在有计算上的错误。虽然说这类错误都发生在数据分析的环节中,但是研究者已经注意到,这类错误,连同观测和记录的错误,更经常出现在研究者期待和假设的方向上(相关的例子,参见 Rosenthal,1966:12-14,217-218)。

在一篇非常有趣的论文中,古尔德(Gould,1978)分析了莫顿(Morton)的数据,而莫顿的数据是用来支持他关于高加索人具有智力上的优越性的看法。古尔德的实践卓越地展现了细查原始资料的研究品质)——前面的章节已经强调过这一点。这里,有几件事要指出:

1. 因为 Morton 报告了原始数据,Gould 才能在寻求相同结果的过程中,确定 Morton 卷入各种各样的阴谋中(如删除那些不符合预期的个案),同时确定他还犯了计算方的错误,而这些错误恰好出现在他预期的方向上。

2.Gould 说他相信,Morton 并非有意地行骗,而是无意地骗取。

3. 进而,“一旦他[Morton]骗得‘对的’结果,他就认为他的工作已经完成”(p.200),而没有去考虑替代假设。

有一点很重要,即认识到 Gould 写作论文的目的。在论文的开篇,他指出:

最难以去除的科学上的虚伪,莫过于被重复了无数遍的课本教条,即不附带原始数据的表格式数据梗概。Morton 的表格即享有了这种不朽的声名,留在文献中,没有得到严肃的审查。(p.504)[1]

其次,Gould 表达了他的疑虑

无意地或隐约察觉的骗取、做手脚以及审改,在一个职业中(它被授予特定的地位和权力以求清洁的、无异议的发现),四处蔓延、肆虐,无可规避……关键是:无意的骗取可能已成为一条规范。(p.504)

最后,Gould 表明,他并没有提出对问题的治愈方案,而是像他写的“文章要论证的是,它不是一种疾病。我知道的唯一缓解方法就是警觉和细查”(p.509)。

“警觉和细查”的“回报”中的一个很好的说明示例是弗里兰德(Friedlander,1964)的。他首先描述了,当他的测量工具得到了非常低的信度系数时,自己有多失望,而这又导致了他重新进行计算。结果是,他不仅发现了计算工具的错误,还被“回报”以比之前得到的更高的信度系数。值得提请读者注意的重要事实是,弗里兰德承认,如果他“不是因为很低的信度系数

[1]读者应当还记得,我们已经多次提醒你们注意,防止过度地,更不要说完全地,信赖二手资料。另一个由于信赖二手资料而犯错误的例子,见下文。

而感觉受到挫折，感觉到很讶异，就很可以怀疑，他是否还会去重复他的计算了"(p.198)。

弗里兰德叙述他个人经验的目的是要引起研究者去关注两种偏差：(a)与自己的理论预期不一致的研究结果，可能被认真地核查(这名研究者本来更可能得出结论认为，也许要用到另外的"更加适当的"分析方法)；(b)与自己的理论预期一致的研究结果，很可能被信任，从而产生较低的去发现计算工具错误的可能性。弗里兰德结论认为：

> 希望之泉永不尽——很明显是通过"主观算术"和实用的格言："如果你一开始
> 不成功，那就不断地尝试"而表现出来的。现在，让我们再加上："如果你开始就成功
> 了，那么就不要再试了。"(p.199)

前面的例子涉及的都是无意中犯的错误。不幸的是，在科学报告中明目张胆的欺骗，并非闻所未闻。在许多事例中，就算不是不可能，但至少是很难将其探查出来的。而且，即使在欺骗的情形中，认真的细查也可能有所妥协，就像下面的例子要说明的一样。

读者可能已经熟悉围绕遗传和环境在智力上的作用的争论。这里，我们的目标不在于去回顾这场论战，而是要指向一位著名的英国心理学家西里尔·伯特(Cyril Burt)——遗传观点的主要倡导者之一。现在，虽然许多作者已经质疑，甚或整个地拒绝了伯特的立场，但是似乎没有人去质疑他的数据，而他的观点据说就是建立在这些数据基础上的。事实上，许多研究者把伯特的数据视作最全面、最有代表性的可用资料而引用它(如Jensen，1972)。

然而，对伯特报告的细查，使得一些作者，特别是卡明(Kamin，1974)怀疑他的数据的真实性。且不论其他，卡明注意到，那些得自于伯特宣称为不同的研究的结果，好的让人难以相信(如直至小数点第三位都相同的相关系数)。一个旨在表明伯特报告的结果极不可能的统计分析，参见多尔夫曼(Dorfman，1978)。

虽然证据，即伯特真的卷入了欺骗，已经无可辩驳(相关的例子参见Evans，1976；Wade，1976)，但是有报告称，教科书还在使用他的数据作为支持智力的遗传性的证据。在一篇对生物学教科书的揭示性分析中，保罗(Paul，1985，1987)表明，遗传学教科书的作者们，以一种"奇怪的方式"回应关于伯特欺骗的揭示："他们在引用伯特时不再把他当作权威，可是许多人还继续引用他的结果"(1987：26)。实际上，"有些作者，因为他们熟知西里尔·伯特的丑闻，最终废止了他们报告过的同一数据。"(1987：30)

## 测验员

在测验员这一标题下，我们准备论述那些由研究者关于测量过程(如测量工具的构建、选择、实施、评估等)的决策和(或)相关行动引起的陷阱和人为。因为本书第一部分整个地处理过测量问题，这里我们仅限于一般性的评论。

如欲要求研究者以最密切的注意力，去防范那些由测量而来的陷阱和人为，那么效度(第3章和第4章)显然是唯一最紧要的方面。当研究中的自变量和(或)因变量使用了效度上有问题的测量工具时，研究者关于处理具有效应的主张，就可能是完全无效的。其中，特别切重于当前考察的内容有，对准则的定义和测量的讨论(第3章)，对归属于测量方法的方差的讨

论(第4章)。

在要求对测量中的陷阱和人为有特别注意时,信度是第二个方面。例如,在第21章中,在"回归的调整"这一标题下,我们用例证说明了,一项前测中的测量错误如何导致对与之相关的回归系数的有偏估计,并由此而导致对不对等的群组间前测上最初差值的调整不足(underadjustment)。由此而得出的结果是,研究得出的结论是,处理组和不对等控制组之间存在差异,而事实上,差异并不存在(见与图21.3相关的讨论)。

还有一类同测量的陷阱和人为有关的例子,主要涉及不恰当的或有缺陷的测量工具或测量程序。在下一节中会论及(特别参见处理的效力以及控制的检查)。

## 本章小结

本章结尾,我们再次复述本章开始部分所说的内容:(a)因为在研究中许多事都会出错,所以我们感到有必要,提请读者警惕可能出现人为和陷阱的主要源头;(b)本章的说明都是一般性的。也就是,根据研究设计的具体内容,某些议题可能更相关或更不相关。

从下一章开始,我们将要论述具体的研究设计方式、它们的独特性质、优点和缺点,并概述与之有关的分析方法。在特定的背景下,我们会再次回到本章和前一章论及过的各种议题上。

实验的观念深植于科学的思考和写作之中,以至于许多人将两者看作同义的。有些人即使没有把实验方法看作"科学研究的基石"(Ingersoll, 1982: 625),也将其视为"最卓越的科学方法"(Kish, 1975: 268)。当然,这不是说,实验的价值已经被所有人承认。事实上,近年来,社会行为科学中的实验研究正经历着严厉的攻击。在各种反对甚或拒斥社会行为科学的实验研究的理由中,最主要的是伦理方面的考量,它涉及操控、欺骗、隐藏事实,以及在用人来做实验的过程中各种类似的行为。另一个主要的理由是,在被提及时大多都与实验室实验相联系,即它们是在人为的和过度控制的场景中被实施的,因此,从这类研究中得到的"发现"不能用来说明"真正的生活"处境。读者回想一下,这就是我们在第10章已经论述过的外在效度的问题,下文还将对其中的某些方面有所论述。

本章先简要地考察实验的定义,再回顾实验设计中的一些主要要素,并强调它们同内在效度和外在效度的相关性。然后,我们会讨论一些基本的实验设计方式,指出每种设计的力量和弱点,并扼要地说明用于每种设计的分析方法。

## 实验的定义

实验通常会被设想为对某些事物的"一次测验或一次尝试"(Webster, 1981),以便确定它是否能"工作"。这一定义显示在政府的或组织的"实验性的"项目(更适当的称呼是"前导"项目)中,而它们的目的在于去确定,一定的努力和花费是否能够保证项目在一个更大的范围内被执行。当一项研究被描述成"只是一个实验"时,也显出相似的想法。

在第10章中已经讨论论过,社会行为科学中一个主要的问题,是如何使"相等的"群组受到不同处理的影响。由于通过直接控制所有相关变量来解决上述问题的不现实性,所以研究者求助于随机化方法。出于这种考虑,我们提出了下面的定义:

> 一项实验是一项研究,在这项研究中,至少有一个变量被操控,同时研究的单位
> 被随机地分配到被操控变量(复)的不同水平上或不同类别中。

因为,要成为一项实验,一项研究不仅必须涉及对一个(多个)变量的操控,还必须将研究单位(如人群、家庭、小组、学校、工厂)随机分配到这一(些)被操控的变量的各个水平上或类别中。有些作者(如 Cook & Campbell, 1979: 224)称这类设计为"真正的"实验,从而与那些"准"实验(见第13章)区分开来。还有些作者(Anderson et al., 1980:第4章)则区分了随机的和非随机的研究。

# 实验研究的要素

这部分,我们将说明实验研究的一些主要要素。我们先讨论开展实验的场景,而在这一议题下,我们会通过对比实验室实验和实地实验来讨论场景的可比性问题,以及相关的争论。而后,我们转向变量操控和操控核验的问题。

## 场 景

一般而言,人们区分两种实验,在为研究目的而专设的场景中实施的(即实验室实验)和在既有场景中实施的实验(即实地实验)。关于实验室实验和实地实验之间目标、优势和劣势的争论,是很丰富的。在对它们展开具体的说明之前,我们要评述一下,在做场景对比时,经常被忽略的议题。

## 不同场景间的可比性

有些研究者建议在实验室实验和实地实验之间做出明确的区分,特别是其中有些研究者还质疑前者的价值。他们不断地指出实施于不同场景下"同一"研究所得发现之间的不一致性,甚至是矛盾性。通常,这些观点都是作为实验室实验的无效证明而被提出来的。但是,在许多情况下,这些人忽略了,那些被认为在场景(即实验室对实地)方面有区别的研究,实际上在许多细微之处和不那么细微的地方有差别。这些差别包括应答者类型的差别、应答者随机化的完全性的差别,以及研究持续期的差别。此外,自变量操控的性质,以及因变量的定义和测量,在两个场景下,常常也是不同的。

## 实验室实验与实地实验

大多数作者和研究者也许会同意,由于存在着最大限度控制的可能性,实验室实验的内在效度可能更高。不过,许多研究者还会补充到,实验室实验的高内在效度的获得,要以其低外在效度为代价,即以低的可概化性①为代价。实际上,共同的认识似乎是,就其本身的性质来说,实地研究比实验室研究,可做出更有效的外推。为了通过工业和组织心理学的研究来确定上述说法是否成立,迪波耶和弗拉纳根(Dipboye & Flanagan, 1979)分析了这些领域中的几本期刊(如《应用心理学刊》),并得出结论认为"关于实地研究固有外在效度的总括性陈述,既不正确,还可能阻碍工业和组织心理学作为一个研究领域的发展"(p.149)。(对此的评论和回应,分别见 Willems & Howard;Dipboye & Flanagan, 1980。)尽管如此,概化的问题或缺乏概化的问题,总是关于实验室实验之价值的争论双方的焦点。

---

①关于内在效度和外在效度更具体的讨论,见第10章。

## 人为性对现实性

在关于社会行为科学中实验室实验和实地实验之区分的争论，一个必须论及的主要问题涉及实验室场景的"人为性"，以及相对的实地场景的"自然性"。有些研究者论证认为，从前者那里学不到任何有用的东西，只有实地研究，即在"真实世界"中进行的研究，才能产生关于人类行为的有意义的信息。下面一些陈述可以看作上述观点的例证。

有一本题为《超越实验室》(*Beyond the Laboratory*)的社会心理学实地研究文集中，其序言中断言指出，在实验室实验中：

> 研究所关注的，通常是那些从日常生活的更大背景中被剥离出来的行为片段……因此，可以论证说，当代社会心理学大部分属于彼得·潘的虚无之岛中的隐秘行为——实验室文化中的造作的行为——这些研究产生的知识，是难以推论到实验室之外的世界的。(p.xi；又见 Secord, 1986)

遵循着相似的论证脉络，阿盖尔(Argyle, 1969)断言，社会心理学中的实验，有时候"不仅迫使人们像小老鼠一样行事，甚至让他们像*孤独的*老鼠一样"(p.18)。进而，

> 当一名受试者走进一间心理学实验室后，他就走出了文化，所有正常的规则和习俗，都暂时地被抛弃了，并代之以实验室文化的单一规则——"按照实验员的话去做，不要管他的话有多荒唐或者多不道德"。(pp.19-20)[1]

在一篇关于发展心理学研究的受邀评论中，布朗芬布伦纳(Bronfenbrenner, 1974)做出了如下的、经常被那些质疑实验室实验的价值的作者引用的陈述："实际上，可以说，美国的发展心理学大体上，是同陌生的成人待在陌生环境下的儿童的行为科学。"(p.3)可是，研究者应当注意到，这同一位作者(Bronfenbrenner, 1979)告诫读者不要武断地断言，以行为发生的自然场景为基础的研究，具有天然的优越性。他还进一步指出，根据所要考察的问题，"实验室可能是最终适合的场景……而某些真实生活环境可能是非常不适合的。"(p.34)布朗芬布伦纳举了一个例子说，如果研究者的目标是去研究母亲和儿女在陌生的且不熟悉的环境中的互动，那么实验室实验"比家庭场景更接近于这种条件"(p.34)。

在讨论实验室的和实地实验之间的区别时，阿伦森、布鲁尔和卡尔史密斯(Aronson, Brewer, & Carlsmith, 1985)提出了不同的论点，例如，无论这种区分看上去有多么的合理，它都"过于简单化"了(p.443)；"几乎可以肯定的是，我们根本不是在谈论一种非此即彼的情况。"(p.444)进而，"实地实验的价值所根据的并不是它比实验室研究更'真实'，而是由于它'更加的不同'。"(p.481)基于上面的论述，阿伦森(Aronson)等人(1985)区分了两种实在：(a)"实验实在性"，即实验的反应者被卷入其中他们要认真对待的，还会"影响到他们的"(p.482)实验场景；(b)"俗世实在性"——"就像发生在受试者生活的正常进程"，即"真实的世界"(p.482)中的研究场景。他们接着说道：

---

[1]见第11章关于"好的"受试者的讨论。

　　事实是，一个事件相似于另一些发生在真实世界中的事件，并不会赋予其重要
性。许多发生在真实世界中的事件，在行动者或观测者的生活中，既无聊又不重要。
因此，如果一个实验的事件虽具有较高的俗世实在性，但只有较低的实验实在性，这
很可能让受试者在实验中睡去。

　　俗世实在性和实验实在性不是两级概念；某种特定的技术，可能同时具有高的
俗世实在性和实验实在性，也可能两者都低，也可能一高一低。(p.482)

　　依据前述，我们要补充说，哪些东西被视作真实的或人为的，除了其他的一些事物外，主
要地取决于研究问题的具体内容，研究所面对的文化或子文化，以及具体的历史背景。如果
对比一下某个城市的技术社会与一个很少受现代技术影响的农村社会，读者就能充分地认识
到，在两种条件下，所谓的"自然"场景和"人为"场景之间，会有多大的不同。总之，在实验
室的"人为性"和实地实验的"实在性"之间，不存在清晰的界限。

## 不同的目的

　　关于实验室的和实地的实验之间的区别，以及各自的优点和缺点的多种观点，还源于对
两种场景下的研究目的不同思考。这些思考转而又联系着前面几章的广泛议题，特别是：
(a)基础研究和应用研究(第7章)，(b)效度类型间的关系和优先顺序(第10章)。读者可能还
记得，那些倡议基础研究和应用研究之别的研究者，还倾向于根据所实施的研究类型来安排
效度类型间的优先顺序。因此，如麦圭尔(McGuire,1969b)虽然对社会心理学研究中过度信
赖实验室实验的现象表示悲哀，仍然断言："操控式的实验室实验，可能是且应当是基础研究
中最常用的方法。"(p.35)

　　虽然有些作者因为实验室实验不能反映"真实世界"，而责难甚至拒绝它，其他的作者则
争论认为，实验室实验的设计目的不在于反映真实世界。因此，费斯汀格(Festinger,1953)断
言："一项实验室实验不需要，也不应当企图去复制一个真实生活的环境。"(p.139；又见
Berkowitz & Donnerstein,1982)。同样，乌本、斯特拉斯和舒尔曼(Wuebben,Straits, &
Schulman,1974b)声明说："从科学家的观点来看，实验是特别有吸引力的，因为它是被设计出
来的，因为它是人为的，更因为它由此而避免了所有存在于真实世界中的混杂变量。"(p.16)

　　亨谢尔(Henshel,1980a,1980b)高度推崇"有计划的人为性"和"不自然的实验法"的优越
性，努力用事实证明了实验室实验的可行性，同时在回应批评时，哀叹于社会行为科学中实验
室实验已经越来"越不具有实验室性质"了(1980a:476)。亨谢尔发展了"非操作律"的概念，
用来指"那些虽然真实，但是从来也不能被造出的系统之外发现的行为模式，因为所需的条件
在别处是无法遇到的"(1980b:178)。他还给出了自然科学中各种此类规律的例证，这些规律
"似乎只能用在人工条件下"(1980b:179)出现。

　　基于如下立场，即实验的目的不在于去复制外在的世界，而是外在世界"需要人为性"
(Henshel,1980b:191)，亨谢尔得出结论认为："[实验室实验]的目的——假定实验者发现了
某些事物的价值——在于重塑外在世界，以使得外在世界尽可能地复制出实验世界的环境"
(1980b:191；还可参见Mook,1983)。柏杰斯基(Bugelski,1981)进一步提出了相似的论证，

以反对用自然主义的研究来替代实验室的做法,并指出:"如果我们真这么做了,我们将看到炮弹比羽毛下落得更快,将不可能发现重力、真空、外太空,以及失重"(p.63)。胡滕(Hutten, 1962)很好地总结了上述倾向:

> 科学家是在实验室中或在某个受限环境中进行工作的。实验法允许他将他的假设推到日常事物的领域以外的环境,从而发展他的理论。这就意味着,利用相应的工具,去孤立现象,去创造那些在特定条件下才会发生的事物得以发生的人为条件。这样一来,他作为科学家的创造力才突显了出来。因为,今天实验室中的人为事物,将成为明天每个人的现实。(p.216)

## 变量操控

这一部分,我们要讨论变量操控的几个方面。首先,我们会讨论同变量的操控力度有关的问题。然后,我们会论及操控的完整性和有效性。最后,我们会审查操控核验的相关问题。

## 操控强度

依照叶顿和赛克莱斯特(Yeaton & Sechrest, 1981),我们用强度一词指,"处理可能具有其意图的后果的先验可能性。"(p.156)注意,对操控强度的估计独立于处理对因变量的实际效应。因此,一项处理,虽然事前判断它可能有较弱的效果,但实际上可能对因变量有较强的效应,反之亦然(如某个被认为有很强剂量的药物,可能只有很弱的效应,甚至探测不到其效应)。如下文还要进一步阐明的,由于社会行为科学中理论陈述方面的薄弱,特别是同变量的定义和测量相关的理论陈述上的薄弱,所以就社会行为科学中的众多变量而言,设定其操控强度,实际上是不可能的。

根据设计的具体内容,操控变量可能是类别的和(或)连续的。[①] 就类别变量而言,估计其操控强度尤为麻烦,因为这些类别趋向于综合的,即其界定是模糊的。由此,通常很难说清到底什么事物被操控了,更不必说操控的强度了。

下面用一个例子来说明我们的想法。设想一下,有两种教学风格:一种是标准的以教师为中心的教学风格;另一种是以学生为中心的教学风格。它们实际上意味着什么呢? 即便粗略地浏览一下研究文献,也会发现,有许多不同的处理方案会被置于这两个名称下。相反的情况也有——处理方案的名称虽然不同,可能指的是同一种变量。例如,以学生为中心的和以教师为中心的教学风格,分别等同于民主式的和独断式的教学风格,或是分别等同于进步主义和传统主义(保守主义?)吗? 这取决于研究者看的是谁的研究。[②] 另一些有着综合趋向的类别处理变量,包括领导风格(如民主的、权威的、放任的)及精神疗法(如认知的、行为的)。

即便有些操控表面看上去是"简单的"和受限的,对其操控力度的估计也可能很复杂。设想一下这样一个简单的情形,即在一个实验中,改变付给参与者的货币总额。还有比涉及元

---

[①]变量的类型见第8章。为了讨论的方便,我们仅讨论由一个变量构成的设计,而这个变量或是类别的,或是连续的。
[②]第4章对叮当谬误(jingle and jangle fallacies)的讨论。

和分更简单的情形吗？可是，要确定——比如说"多"和"少"——两类报酬的具体数量，则不那么简单。很清楚，除了其他一些事物，相关内容要依据，谁去支付，给谁，在什么条件下，为什么样的任务，以及在实验中的那个环节上。实际情形根本不像读者想得那样明显，那样不值一提。下面是一些相关的研究事例。

我们先从费斯汀格和卡尔史密斯（Festinger & Carlsmith, 1959）的一个经典研究开始。在这个研究中，一些大学生要从事一个小时非常枯燥的工作（即把线轴放进一个茶盘，清空茶盘，再填满茶盘，如此不断地重复），再付给他们1美元或20美元，让他们去骗一位研究的潜在参与者，告诉他或她这项任务是有趣的，是令人愉快的，而且是富有挑战性的。实际上，这些潜在的参与者都是研究者的辅助人员。研究的目的在于去确定，不同的报酬是否对骗人者关于此任务（他们从事过的）的态度有不同的效应。依据从费斯汀格（Festinger, 1957）的认知不协调理论得出的假设，它预测并证明（通过后续阶段的问卷调查，而该调查设计得好像同实验无关），那些收到1美元报酬的参与者比那些收到20美元的参与者，会给予任务更高的评价，会说任务非常令人愉快。

根据本节的目的，这里没必要深入到费斯汀格和卡尔史密斯对其发现的解释细节中，只是请读者注意，他们坚持认为，那些受到小额报酬（即1美元）的参与者经历了认知不协调，而他们的解决办法是，改变自己对任务的态度，让自己感觉不那么无聊，甚至还能感受到乐趣。相反，他们还宣称，那些受到大额报酬（即20美元）的参与者没有经历认知不协调，因此也没有发生随后的态度上的改变。

这一研究开启了后来著名的强迫遵从范式（相关评述见Kiesler et al., 1969）。就本节的目的而言，这里仅指出，在许多关于强迫遵从的研究中，给予那些被看作同类型的参与者（即大学学生）的报酬其实是不同的（如0.5美元、1美元、5美元、10美元），而一笔在某个研究者看来是大额的报酬，在别的研究者眼中可能被视作小的或平均的。特别同本节的讨论相关的是罗森伯格（Rosenberg, 1965）的论证。他认为，在有些研究中，"用一笔大的惊人的钱，来引出反向态度的辩论的做法，在受试者看来可能显得非常奇怪，这似乎暗示着研究者对待他的方式是不诚实的"（p.29）。在这种情形下，罗森伯格论证指出，"典型的受试者很可能经历评价顾虑"（p.29），此即，"一种具有焦虑色彩的担忧"（Duncan, Rosenberg, & Finkelstein, 1969: 212）将被实验者（通常是一位心理学家）予以积极的评价。罗森伯格猜测，那些被付给大额报酬去骗人的参与者对研究者的目标会做如下推断："他们也许希望看到，付这么多时我们的态度是否会受到影响，这样做是否会影响我，我是否是这样一种可以通过买通来改变观点的人。"（p.29）

循着相似的脉络，查帕尼斯和查帕尼斯（Chapanis & Chapanis, 1964）提出了竞争性的观点，认为费斯汀格和卡尔史密斯的实验"可以合适地被冠以'任务评估中合情回报和不合情回报的效应'的题目"（p.6）。他们坚持认为，

> 20美元当它代表一整天的工作时，对于一名大学生而言，算是一笔很大数目的钱了。而当这笔钱被用来换取少于30分钟的工作时，很难想象一名接受了这笔钱的学生会不变得小心谨慎，不去警惕可能的诡计。（p.6）

作为前面的对照，我们再描述一项应用小额报酬的研究。这里，我们不去猜测这样的报酬可能在参与者那里引出种种反应，而只是用这一事例来说明研究者（假定还包括哪些刊载其文章的期刊评审和编辑）是怎么看待不同的"货币回报"的。这一研究，是由贝姆和伦尼（Bem & Lenney, 1976）做的一项实验。通过该实验，他们宣称，他们证明了"跨性别的行为对典型的性别个体而言，存在着动机上的问题"，因此，这些个体会试图避免做出那些行为。典型的性别受试者被认为，"偏好性别合适的活动，抵制性别不合适的活动，*即使这类选择会需要他们付出金钱*[作者加斜体]。"（p.48）[1]

前面的叙述，来自论文的摘要，可能引导那些只读期刊摘要和论文结论的读者得出一种印象，即实验中的货币量是紧要的。实际上，这些在斯坦福大学上心理学导论的学生，被要求从一组活动中指认出那些他们愿意表演的活动，而表演的目的是满足研究者拍照的需要。这些活动成对出现，"同时，较低性别合适的活动，总是有*更高的回报*[作者加斜体]。"（p.49）现在，请读者猜一下，在研究者的心里，对于斯坦福大学的学生而言，较高回报会有多少呢？我们就让作者来说吧。

> 对所有这些活动来说，具体的报酬从2美分到6美分不等，每一组活动之间的报酬差值在1美分到3美分之间波动。因此，涵盖所有30组活动，一名受试者最多可能挣得*1.44美元*，最少可能挣90美分[作者加斜体]。（p.51）

因此，简单地说，那些只选择"性别合适的"活动的参与者总共要花*54美分*！至此，我们认为，无须再做进一步的评论了。可是，我们想要指出的是，该研究的读者即便只是想要看一看"不同的回报"有何具体内容，从而给出一个明智的判断，他所得到的认识，完全不同于一个研究者只是读了提到过该研究结果的论文或只是读了性别角色领域内的文献回顾所得到的印象。在这些文章中，读者仅被告之，典型的性别个体偏好性别合适的活动，即便这要耗费他们的金钱。不幸的是，用于评估研究发现的效度和研究断言得以成立的信息，在这些文献回顾中，通常是缺失的。这里，我们不会冒险去猜测，有多少读者会去读原来的论文。不过，我们希望这个例子有助于劝导读者这样做非常重要。

试图去估计处理强度，无疑是复杂的。虽则如此，一位研究者如果他不能就处理强度做出合理的陈述，那么他关于处理对因变量的期待效应也不会有想法。可惜，有些领域中的研究者对于他们的处理效应，好像抱有一些不现实的甚至不明智的期待。在当前的教育项目的广阔领域内，充斥着大量的此类事例。在这些事例中，研究者期望获得强的且持久的效应，而实际上，这些效应充其量只能被看作一种弱处理的结果。例如，有些研究者似乎抱有这样的期待，针对那些问题儿童，通过几个短期的阅读矫正训练，就能引起他们智力上的实质增进，额外地，还能改善他们的学习习惯，增强他们的自我想象力，或其他此类值得夸耀的目标。其他研究领域，也能发现相似的不现实的期待。例如，有研究者相信通过让参与者读一些精妙的短文，就可以控制和引发他们在其复杂且固有的信念、态度、价值等方面发生变化。当研

---

[1]关于Bem和Lenney用来测量性别角色的量表（即BSRI量表）的批评性评论，见第4章。

者由于没能通过如此普通的手段达到如此高远,而表达失望的情绪时,读者是不可能不感到困惑的。

## 处理的完整性

处理应当被有计划地施与,这点似乎是无须多说的。然而,在许多情形下,说比做难。当处理是复杂的、界定模糊的、相对长时期的、由多位实验者管理的,以及在种种类似因素的干扰下,就尤其如此。在某些研究中,研究者(通常是教授)将管理处理的任务分派给几位研究助手(通常是学生),这时,在保证处理的完整性方面遇到的困难,就特别多。罗斯(Roth, 1966)把实验者(通常是那些受雇于一位成熟的研究者,去收集数据,实施访谈,进行编码、制表,分析数据,以及从事此类任务的人)比作工厂中的"打工者"。"一位打工者,是这样的一个人,即他感到自己同所从事的研究没有切身的利益,从而仅仅期望顺利地执行被分派的任务,并出现能'通过验收'的结果。"(Roth, 1966:195)非常像工厂中的打工者,被雇的实验员倾向于"磨洋工",倾向于将其生产效力限制在正式的或非正式的"份额"内。在这个过程中,他或她可能会背离关于处理管理的指示,或是完全忽略它们,有时甚至去欺骗。

罗斯指出,在工厂生产过程中,对于既定的生产程序的背离会有一些必要的限制,于是可以期望有较高比例的产品会"'工作'得相当的好"(p.193)。与之对照,在社会行为研究中,"其产品通常是非常有歧义的,研究实践也缺乏有关研究表现的规范标准,这样就很难说它'工作了'或没有工作。"(p.193)

在受雇的研究中,试图去抓获欺骗者,是很难的,可能仅对那些"非常笨拙的,非常明显的"(p.194)欺骗方式才能取得成功。更为常见的巧妙的背离行为和越界行为,不仅难以探查,而且某些"用于捕获欺骗者的隐秘手法还会抓错了对象"(p.194)。罗斯举了一些关于诚实访谈员的奇闻轶事。这些诚实的访谈员由于没能提供同大多数访谈员所提供的相同数量或类型的答案而招致批评,而实际上,研究者并不知道,大多数访谈员才是答案的制造者。

保证处理的完整性,包括在处理的过程中测量、工具、指示、环境和训练的标准化(见第11章理解的人为)。同时,非常重要的一点是时刻监督,以保证处理是按照既定要求来实施的。不过,要做到这点,既不容易,也问题重重。例如,罗斯(1966)就报道了这样一个事例,有一位研究者试图去核验交叉评分者的信度,可他的企图却遭到了那些"变得厌恶这些核验"的评分者的挫败(p. 190)。

由于违反处理完整性的做法中有许多方面可能要归在其他研究努力的名目下(如第11章的实验者期待),这里我们就不继续深入讨论这个议题了。不过,我们非常赞同叶顿和赛克莱斯特(Yeaton & Sechrest, 1981)的告诫,即"在研究设计和统计分析中,无论有多么谨慎也弥补不了计划和执行处理过程中的漫不经心"(p.161)。

## 处理的效力

处理的效力是指处理对因变量已经产生的效应。由于这个议题可以归在效应的规模(本书的几个章节中对这个复杂的议题都有所讨论,特别参见第9章和第15章)这个一般的题目下，这里我们就不再多做评论了。

## 操控核验

去核验操控是否产生了它所意图的效应，这是非常重要的。在社会行为研究中，如果特定的操控被非常频繁地指认影响了某些构念（如焦虑、动机、热望），就尤其需要这样做。核验特定操控是否实现了其意图的效应的一个方面，是要去确定它是否实现了其意图的强度。

操控核验另外的目的是，去揭示某种操控是否有其无意的效应，即它是否影响了目标变量之外的其他变量，或是影响了其他变量，而没有影响目标变量。同时，也存在着这样的可能，即操控核验本身具有无意的效应。

在对前面指出的各要点的每一项展开进一步论述前，有必要先谈一下测量。正如上面已经指出的，在社会行为科学的许多研究中，操控旨在在某（些）构念上生成变化。如此一来，测量问题，特别是那些同构念的确认有关的问题（见第4章），就是操控核验过程的关键。如果使用效度上有问题且（或）信度上很低的测量工具，去核验操控的结果，研究者就很可能就其操控的效力得出错误的结论（如结论认为操控没有产生期望的效应，但是如果用了更有效的测量工具可能得出相反的结论）。

## 意图的效应

在开始前，有必要认识到，同一种操控可能对不同类的人、不同的环境等条件的变化而有不同的效应。因此，阿伦森等人（Aronson et al., 1985：478）提出，告知普林斯顿大学二年级的学生，他们没能通过一次关于创造性地解决问题的测验，这可能会产生降低其自我评定的意图效应。可是，相同的操控可能对工人阶级移民就没有什么效应。再举一个例子。设想一下，有位研究者希望操控具有不同水平的同一强化刺激，或者使用不同的强化刺激。大家都知道，对某些人群（如经理人员）来说构成一定强化刺激的东西，对另外的人群（如蓝领工人）可能就不构成一定的强化刺激。更为一般的情况是，文化在构成强化刺激中的作用是人所共知的（如 Havighurst, 1970）。

沙赫特的工作提供了关于"同一"操控具有不同效应的事例。在一组关于《附属关系心理学》（*The Psychology of Affiliation*）"的研究中，沙赫特（Schachter, 1959）试图通过变换给予参与者的指示，来控制他们的焦虑程度。在核验操控的效应时，发现在其中的一项研究中参与者的焦虑程度"显著地低于"（p.23）另一项研究的结果，尽管事实是在两项研究中"生成焦虑的指示是完全一样的"（p.23）。虽然沙赫特把两者的差异归之于"实验员和受试者之间不同的融洽关系"（p.23；在一项研究中，操控是在群组环境中被给予的，而在另一项研究中，操控是施与个人的），不过其他的解释也是可能的。[①]

即使特定的操控被应用到相对同质的群组（如来自同一亚文化），也可能不能让所有的参与者都产生所期待的效应。所以会发生这样的情况，是因为存在着个体差异——这个词常被

---

① 见上文处理的完整性。

用作"摸彩袋(grab bag)",可以放入一大堆研究者既无法辨识也不能标记的变量。沙赫特(Schachter, 1959)对参与者的焦虑程度的操控努力,也能说明这一点。在核验了操控的效力后,沙赫特发现,一些处在高焦虑操控组的参与者比起那些处在低焦虑组上的,有着较低的焦虑水平(pp.34-35)。

出于假设检验的目的,沙赫特根据参与者在操控核验阶段被测的焦虑水平,重新为参与者编了组。如此一来,曾经暴露于高焦虑操控的参与者中的某些人,就被归在了低焦虑组,反之亦然。这样做,无疑废止了随机化的作用。这就是,放弃了那种试图使各群组在除了被操控的变量以外的所有变量上都"对等"的努力。[①] 新组合起来的"高"焦虑组和"低"焦虑组,是由不同类的人组成的,由此给研究的内在效度带来很严重的问题。

前面的讨论不意味着对沙赫特工作的批评。首先,在核验其操控的效力方面,沙赫特做的比大多数研究者所做的都多,而在完成了核验后,他不可能忽略他所发现的东西。可是,废止随机化作用的问题,也同样不能忽视。这里我们不准备去评论用来替代沙赫特采取的行动的其他办法,因为,正如在下节我们要讨论的,有充分的理由不要用同一组人去核验操控的效力,如果这组人已经因为处理对因变量的效应而被检测过了。

## 无意的效应

操控核验的另一目的是要确定,操控是否产生了那种危及了实验的效度的无意的效应。研究者可以将无意的操控效应看作研究过程中的人为和陷阱的某些方面。由于在第11章已经广泛地论述了这些议题,这里的讨论仅限于那些在各种研究中需要特别注意的无意的操控效应。在我们的想法中,这意味着,操控直接影响因变量和(或)它的指标变量的可能性。此外,还要考虑到,操控核验可能有的无意的效应。

为了便于说明和讨论,我们使用这样一种设计,其中有一个未观测到的自变量 $X$,并假设它对另一个未观测到的因变量 $Y$ 有影响。图12.1描绘了几个用到这两个变量的模型。注意,在这些模型中,$X'$ 用来表示 $X$ 的构成性指标变量,$Y'$ 表示 $Y$ 的反映性指标变量。$X''$ 的意义下文会说明。为了避免讨论的烦琐,模型中不包含指向误差项的箭头。

模型(a)是研究中想要检测的模型,其中构念 $X$ 影响构念 $Y$。在第4章中,使用过这一模型(见图4.2),(b)——其中,作为示例,$X$ 被用来表示挫败,$Y$ 表示攻击。第4章中曾经指出,关于前者对后者的效应的推论,是以它们的指标变量($X'$ 和 $Y'$)间是否存在关系为基础的。由于模型使用的是单一的指标变量,所以,在第4章中,我们还提醒读者注意,验证这一模型的相当困难(读者可以回看第4章的相关内容)。

现在,检视一下模型(b)和模型(c),读者会观察到,这两个模型可以作为两个不同的替代性解释,用以说明 $X'$ 和 $Y'$ 间观测到的关系。于是,根据模型(b),$X'$ 和 $Y'$ 所以相关,是因为前者(即操控)影响了因变量 $Y$,而 $Y'$ 又是 $Y$ 的反映变量。根据模型(c),两个指标间有相关关系,是因为 $X'$ 直接影响 $Y'$。当然,也可能有其他的模型。请读者注意,无论是哪种情况,由于模型是

①相关讨论见第11章,理解的人为。

低判定的(underidentified,见第4章),所以不可能明确地说出,其中哪一个模型能够成为$X'$和$Y'$间观测到的关系的可验说明(tenable explanation)。[1]

在前面讨论的模型中,没有用以表示操控核验的变量。这类模型反映在图12.1的下半部。注意,在三个示例性模型(d)、(e)、(f)中,$X''$是$X$的反映性指标变量,在这里,它代表对操控效力的一个核验。用上面的例子加以说明,$X''$代表对挫败的一个测量,用来判定,变量$X'$(操控)对$X$(构念挫败)是否产生了意图的效应。

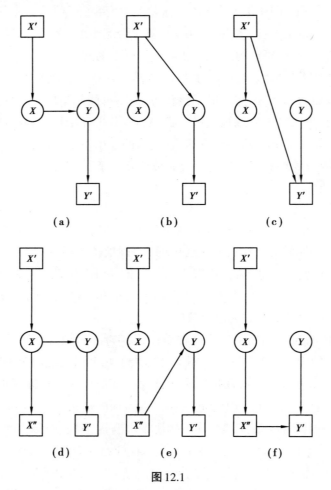

图 12.1

注意,在模型(d)中,读者可以看到三个指标之间三重观测到的关系。不过,尽管模型(d)的假设已经有所简化(如它假定,$X$不影响$Y'$),但是由于它包含了四个未知系数,该模型还是低可判定的。

从许多可替代的模型中,我们选出了两个同当前的讨论有关的模型,即(e)和(f)。根据

---

[1]同这里的议题,以及第4章相关部分的议题,有关的一个有趣的讨论,见帕斯特(Pastore,1950)对挫败和攻击研究的批评。在批评中,他论证指出,在这些研究中,不仅处理的完整性有所损害,而且攻击作为一种反应,可能针对的是"一个不合理的情境,而不是情境之下的挫败本身"(p.273)。

这两个模型,构念 $X$ 不影响因变量。两个模型(e)和(f)中,操控变量 $X'$ 和因变量的测量 $Y'$ 间所有观测到的关系,是因为引入了操控核验 $X''$。如果模型(e)是可验的,那么 $X'$ 和 $Y'$ 间观测到的关系是由于 $X''$ 影响了 $Y$,$Y'$ 又是 $Y$ 的反映性指标变量。另一方面,如果模型(f)是可验的,上述观测到的关系,就是因为操控核验 $X''$ 直接影响了 $Y'$。然而,无论是模型(e)还是模型(f),研究者都可能错误地做出结论,$X$ 确实影响了 $Y$。

因为上述模型都是低判定的,就没有可能去判定其中的哪一个,以及那些在这里没有给出的其他替代模型是可验的。尽管如此,模型(e)和模型(f)还是能用来说明,操控核验自身会引出特定的结果,而这些结果则似乎能确证研究者的假设。如果没有将操控核验包含在模型中,那么变量 $X'$(操控)和变量 $Y'$(因变量的测量)之间就没有可观测到的关系。在这类情形下,合理的结论就是,$X$ 不影响 $Y$。[①] 下面,我们还会用一些示例来简要地说明,为何一项操控核验会产生上述结果。

在相当少的一部分实施了操控核验的研究中,操控核验所针对的人群,同研究者用以考察自变量对因变量效应的人群,是同一人群。其中有部分研究,核验的实施先于行为的观测或因变量的测量,而在另一些研究中,核验在后,而观测行为或测量因变量在前。在估计操控效力时,无论是使用反应性的,还是非反应性的指标或测量,两种用于操控核验的方法,都会严重地损害研究的效度。

## 操控核验中的反应性

反应性的测量和非反应性的测量之间的重要区分,是坎贝尔(Campbell,1957)在讨论社会场景下的实验效度的诸影响因素时引入的。

> 一个反应性的测量,是那种能够调整所要研究的现象的测量,而它改变的事物正是研究者想要去测量的内容。一般而言,任何一种测量程序,只要它让受试者意识到自身或意识到实验的事实,研究者就有理由怀疑它是一种反应性的测量。只要测量过程不是正常环境的一个部分,它就可能是反应性的。只要测量对所研究的过程施加了影响,它几乎可以确定是反应性的。(pp.298-299)

据此,可以说,同一项测量或指标,或多或少是反应性的,而其反应性的程度取决于取得这些测量或指标的具体条件(关于同一测量或指标有时是反应性的,有时是非反应性的有趣事例,见 Campbell,1957:299。关于非反应性测量的详细处置,参见 Webb,Campbell,Schwartz,Sechrest,& Grove,1981)。

前面,我们提到过"指标"或"测量",其目的是表示它(或它们)可能被用于操控核验。因此,参与者的行为(如他们是否表现出紧张,向某人请求帮助,打电话给别人)或他们对某项测量的反应(如一份关于他们有何感受的问卷),就可以被用作操控核验。需要说明两点:(a)对行为的观测或对某些测量的反应,就其本身而言,既不是反应性的,也不是非反应性的;(b)就

---

[①]我们提醒读者注意的是,由于使用的是单一指标变量,实际的情况会变得很复杂。当然,在操控核验中,最好是使用多个指标变量。相关的例子,见巴戈兹(Bagozzi,1980a:第7章)和布莱洛克(Blalock,1985a)。

广义而言，作为某一构念的指标的行为，也就是测量（见第2章）。在后续的讨论中，我们是在广义上使用术语操控效力的测量。对因变量来说，也同样如此。因此，当我们说到对因变量的测量反应时，我们同样指某些行为，而这些行为被用作因变量的指标（如邀请某个少数群体的一员去参加某项活动，邮递捐赠品给某个组织，购买某个产品）。

一般来说，在测量因变量之前，用反应性的测量来核验操控，势必强化参与者努力去探知操控的具体目标，而这种探知转而又会影响他们对于因变量测量的反应。这里我们并不是要说，如果没有操控核验，参与者就不会去猜测研究的目标，同时，他们的猜测不会影响他们对因变量测量的反应。[1]同时，上面所说的也无关乎参与者是否做出了"正确的"猜测。事实的情形可能是，因为有了"错误的"猜测，大多数参与者可能会给出一些相反的反应，而如果没有对他们进行操控核验，他们可能会有其他的反应。这一切的关键在于，操控核验可能触发部分参与者的特定的猜测，而相关的猜测又会影响他们对因变量的测量的反应。

在测量过因变量之后，实施操控核验也可能引发自身的一系列问题。特别是，对操控核验的反应，可能受到参与者对因变量测量的反应方式的感染，并因此而影响操控核验的效度。例如，参与者会根据他们对操控的感知，让自己的整个行为变得理性化，从而避免出现不一致的、不合理的、自私的、笨拙的或类似的行为。举例来说，参与者假如已经改变了他们的态度，他们就会觉得有必要表示，沟通者是非常可信的或相反。简言之，取决于研究的具体内容，测量过因变量后进行的操控核验，会导致研究者错误地做出结论认为，操控实现了（或没有）它意图的效应。

## 研究事例

在就上文论及的两种偏爱的控制核验的路数提出具体建议之前，我们将简要地回顾一个研究领域内的研究，从而形象地说明在因变量测量之前实施操控核验带来的各种问题。这同一研究领域也有助于形象地说明本章前面诸节涉及的议题。这里，我们想到的研究领域，是恐惧唤起或恐惧信息应用对说服的效应。简单地说，这些研究想要考察，恐惧的唤起在改变人的态度、意见和行为上的效力。

贾妮斯和费什巴赫（Janis & Feshbach, 1953）让一些高中学生参加了一次关于口腔卫生重要性的讲座。第一组学生被给予"强的"恐惧信息，强调和展示了疼痛、蛀牙，以及其他疾病带来的危害。第二组学生被给予了"适中的"恐惧信息，即"以较为适度和实际的方式描述了相同的危险"（p.91）。第三组学生被给予了"少量的"恐惧信息，即"很少提及不卫生的口腔护理带来的各种不良后果"（p.91）。尽管"三种信息传递方式包含了相同的基本信息和相同的一组卫生建议"（p.91），研究发现，少量的恐惧信息应用是最有效的，而强的应用是效力最差的。

这一发现对我们生活的各个方面（如卫生保健、政治、教育）的潜在意义，是显而易见的。因此，这项研究很自然地激发了大量的各种相关议题的研究（如反对吸烟、安全驾驶），而这些研究则触发麦圭尔（1969a）做出如下评论："关于信息要素的作用的研究中，最有趣且最有蛊

---

[1]正如第11章讨论的，参与者总是想要去猜测研究的具体内容。

惑性研究之一的,是那些受贾妮斯和费什巴赫(1953)的工作的启发,即恐惧信息应用对说服的影响,而进行的研究。"(p.203)

这里,我们无意去回顾循着贾妮斯和费什巴赫的研究路径而做的众多研究。我们仅想请读者注意,这些研究产生了矛盾的结果,有些复制了贾妮斯和费什巴赫的研究发现,有些没能复制他们的发现,还有些则报告了与之方向相反的结果,即恐惧的唤起越强烈,信息的传递越有效(对其中许多研究的文献回顾,以及试图说明矛盾的发现文章,见 Higbee,1969。下文将讨论后一问题。)

我们首先要考虑的是,操控核验和操控的强度。先谈操控核验,值得注意的是,那些试图核验操控效力的研究者,或者先于或者同时进行了因变量的测量。就我们所知,在所有这些情形下,操控核验都是用实施一个简短的旨在测量参与者的恐惧或焦虑的量表(如 Janis & Feshbach,1953;Rogers & Mewborn,1976)来实现的。在有些研究中(如 Evans, Rozelle, Lasater,Dembroski,& Allen,1970),在几周之内,同一种工具被多次使用。

用于核验恐惧操控的测量类型,无疑会导致部分参与者的反应性,进而,在未知的程度上,影响他们对因变量测量的反应。维贝纳(Wuebben,1968)关于高威胁信息和低威胁信息(感染某种疾病的概率)对参与者行动的效应的研究,可用于说明反应性的效应的具体作用方式。具体的行动是打电话,"同一位专门教导人们如何阻止该疾病的医生约诊。"(p.91)由于理论上他没有言明的原因,维贝纳假设,身处高威胁条件下的参与者比身处低威胁条件下的参与者,更有可能打电话同医生约诊。

为了核验操控的效力,维贝纳请大约一半的参与者,"在暴露在相关信息之后,立即(回答)相关的态度量表。"(p.91)有意思的是,维贝纳的假设仅在操控核验的条件下才获得支持。在此条件下,分别有44%接受了高威胁信息和11%接受了低威胁信息的参与者,进行了电话约诊。相反,在非操控核验的条件下,分别有21%接受了高威胁信息的参与者和36%接受了低威胁信息的参与者,进行了电话约诊。

值得注意的是,在非操控核验的条件下,其结果不具有统计显著性。不过,我们再次提请读者注意,实际的意义和统计显著性之间的区别(见第9章和第15章)。无须离题太远,这里仅需指出,可以想见,在这一领域内工作的研究者需要去考量,高低两种威胁条件下反应率上15%的差异(这一差值同研究者预测的方向相反)的实际意义。而这些研究者可能会将拒绝零假设的失败,归之于相对少的参与者数量(操控核验组和非操控核验组分别有62和61人)。

尽管如此,我们的主要观点是,在维贝纳研究中观测到的效应,很可能主要归之于,如果不是唯一的话,操控核验自身像图12.1的模型(e)或模型(f)那样发挥了作用。如果维贝纳在核验操控效力时用了所有的参与者,那么很可能他会得出如下结论,即研究假设获得了支持(也就是,高威胁信息比低威胁信息更有效)。

## 试调查中的操控核验

我们希望,前面的讨论和事例展示已经足以提醒读者去警惕,在因变量的测量之前或之后做操控核验可能有的各种问题。如果在操控核验中用了反应性测量,情况就更是如此。核验操控效力的一个可行的方案，是在试调查中进行的。[1] 这样做带来的附加的优点是，能够让研究者去确定，通过操控是否实现了期望中的一定水平的强度。针对操控核验的这一经常被忽略的重要方面，我们要简单地做些评论。

在本章的较前部分，我们强调了确定操控强度的重要性。在没有进行操控核验时，研究者在遭遇到研究结果没有支持他的研究假设的情况下，很难不去把这一失败归之于操控没有实现它意图的效应（如效应或者不够强，或者过于强了）。

要使得研究结果富有意义，对操控强度的核验就要有清楚的界定，即清楚地界定"强""弱""高""低"这些词的确切内容，同时还要清楚地界定用来估计这些强度的可用办法。这就把我们带回到前面关于测量在估计操控强度中的作用的讨论（见上文）。暂且把研究中操控效力的核验问题放在一边，即便是在那些进行了操控核验的少数研究中，操控的强度也通常是由被给予了"高"威胁信息的群组在某些测量上（如恐惧、焦虑），比被给予了"低"威胁信息的群组有更高的均值来判定的。然而，因为那些通常被用在这些估计中的测量，其本身的心理计量属性并不为研究者所知，所以何谓"高"，又何谓"低"，通常并不明确。在大多数情况下，由一些评分量表构成的测量工具，是某位研究者为了他或她的研究拼凑而成的，除了他们自己以外，并不为他人所用。这样一来就难怪希格比（Higbee, 1969）在回顾关于恐惧唤起的研究时指出："不幸的是，在判定一个研究到另一个研究中恐惧水平的可比性上，没有任何准确的方法。"（p.439）在提请读者留意各种不同研究中使用的多样术语时，希格比提出了这样切实的问题，即如果假定在不同研究中测量到的恐惧类别是完全相等的，那么是否有可能在一项研究中被当作高的恐惧，而在另一项研究中就被当作低的恐惧。[2]

## 一些基本的设计

在这一节中，我们会介绍一些基本的设计，说明这些设计的某些性质，并就适合于每种设计的分析路数做出简要的评论。不过，在此之前，有必要给出一些概括性的说明。

*符号系统。总的来说，我们像大多数作者一样，遵循坎贝尔和他的助手引入的术语系统和符号系统（如 Campbell & Stanley, 1963；Cook & Campbell, 1979）。其中，O 表示一次观测，一个测量；X 表示一次处理，一项干预。用从左到右的排列来表示一个时间上的顺序。例如，O X O，就表示一次观测，随后是一次处理，再随之以另一次观测。*

*特定一行上的符号针对的都是同一群组，不同的行指向不同的群组。[3] 垂直序*

---

[1] 维贝纳还提出了若干替代的设计，并讨论了各种设计的优点。还可参见 Kidd（1976, 1977）和 Wetzel（1977）。

[2] 参见 Higbee（1969：433-435）关于"恐惧什么？"的讨论。

[3] 我们的套路集中在不同群组的比较上，因为这是实验设计中最常见的情况。不过，读者需要明白，被随机分配到不同处理的，是研究单位（如班级、工厂、家庭、学区）而不是受试者。

列上的符号,表示不同群组间同时发生的事件(即观测或处理)。为了方便讨论,有需要时,我们会使用数字下标。读者在读坎贝尔和他的助手的著作时,可能会注意到,在某些设计中,他们使用 $R$ 来表示那些被随机分配到各个群组中的受试者,并由此来将这类设计与他们在同一部分讨论的准实验设计区别开来。这里,我们不用符号 $R$,因为本章讨论的设计都是实验的。也就是说,它假定受试者都是被随机分配到不同处理中的。[①]

编号和命名。给每一种设计一个编号,完全是出于描述参考的方便,而没有任何重要性或偏好的意义。给每一种设计以一定的名称,是为了表示它们的一般特征。不过,要清楚,所用的名称并不能反映特定设计的所有细微差异和可能的各种变体。

应用和分析。针对每一种设计,我们就其应用提出了一些看法,并提出了相应的分析路数。这些评论无疑是简要的和一般的。如果提到了某一种具体的分析方法,这里先给出简要的评述,再指出它在第三篇中要参考的章节,在那些章节中既有此种方法的具体说明,也有相关的事例展示。无疑,如果读者对提到的分析方法所知甚少或者一无所知,那么我们的评论就毫无意义。更糟糕的可能是,读者还会为此感到困惑。作为这本书的组织方式带来的这些不良后果的少许补救,我们所能做的无非是,提请读者只要感到不解时,就去阅读相关的章节,即便只是浏览一下相关内容。此外,我们还建议,在读者研习本书第三篇内容时,再回过头来读第二篇中研究设计各章的相关部分。

效度。第10章已经详细地讨论了对内在效度和外在效度的种种威胁。再次提醒读者,另外两种类型的效度(构念效度和统计推论的效度)在第10章仅是一笔带过,这是因为在第一部分里,特别是在第4章中,对前者已经有详细的讨论,同时,在第9章的假设检验部分,以及第15章的抽样部分,对后者也多有论述。所以在这里要特别强调,就这类同特定设计联系在一起的、复杂且涉及面广的议题,如果要对它们做出有意义的陈述,那么就不可能缺少对研究本身的翔实描述。

鉴于综上所述,我们虽然决定就这里给出的某些研究设计的内在效度和外在效度,做出非常一般的评论,但这样做是有所疑虑的。我们所以要这样做,是希望这些评论可以作为评估一项具体的研究设计时进行相关话题讨论的提示物,并作为考虑和思考问题的线索。读者在阅读后面关于效度的评论时,或者在评估某个特定的研究而就某些特别值得考量的议题寻求相关章节的帮助时,务必要牢记前面的话。因为,在我们列出这些不同的设计时,根本没有提及测量和样本,所以,毫无疑问,我们不可能就构念效度和统计推论效度做出任何评论。

警告。用图解的方式描述相关设计会有一定的不良后果,即可能让读者产生错误的印象,认为某种设计的选择是一种遵循常理的事。实际上,坎贝尔及其助手的工作的重大影响的一个结果,包括采纳他们的符号系统,就是对许多研究者而言,他们坚持认为一项设计的选择就像去玩一种零和博弈(tick-tack-toe)的游戏。然而,我

---

① 见本章开始部分对实验的定义。

们相信我们已经充分表明了，一项设计的选择应当以对研究的整体考量为根据，也就是要考虑到，研究的理论框架，它的研究问题，它的假设，相关的处理，测量，研究实施的场景，成本，可行性，时间，以及其他各个要素。

## 1.处理–控制，及仅有后测

$$X O_1$$
$$O_2$$

在这一设计中，一组接受处理$X$，另一组没有接受处理的组是控制组。在研究结束前，两个组都接受因变量的测量，标记为$O$。$O$既可以表示一个因变量的多个测量（即多个指标变量；见第4章），也可以表示多个因变量的测量（如兴趣、动机、态度）。为了不使叙述太过烦琐，这里我们假定设计只有一个因变量，它的测量也仅有一个指标变量。当然，因变量既可以是类别的，也可以是连续的，而我们的说明仅限于后者。所以这样做，是因为在第三篇，我们仅给出了针对一个连续因变量的分析方法（针对因变量是类别变量的分析方法，相关的介绍见 Aldrich & Nelson，1984；Berry & Lewis-Beck，1986：第Ⅱ部分；Fienberg，1980；Forthofer & Lehnen，1981；Reynolds，1977；Swaford，1980）。

由于受试者是随机地被分配到处理组和控制组的，所以可以假定，两个组就概率的意义而言，在除了处理变量以外的各个变量上都相等。[1] 于是，如果$O_1$和$O_2$之间存在统计上显著的差异，这就表示，两个组之间的差值可归之于处理的有无。在进一步对分析方法做出评论前，需要讨论同控制组的使用有关的问题。

要注意，在研究中去使用一个不接受任何处理的控制组，并非总是可行的，符合伦理要求的，甚或是必要的。例如，在针对某种新药或某种新的外科技术的效力做实验时，有意地不给予某些病患相关的治疗，既不可接受，也十分的不道德。再例如，在一项关于营养的研究中，让控制组处于饥饿状态，既不可行，也不适当（Riecken & Boruch，1974：46）。当研究者试图判定某种教学方法的效果时，其研究目的通常也不是，这种教学方法相比于完全不接受教育，有多少效果。其他的例子，读者也很容易想到。

然而，同样合理地论证指出，在确立一种医疗治疗方案，或证明一种新药的疗效时，不把它的效力同没有治疗或没有用药的情况做对比，也同样不合适，甚至不道德。根本来说，这一论证的要点可归结为需要有一个可用于比较的基准。

是否要使用一个不受任何处理影响的控制组，这一两难的抉择可以用皮科克（Peacock）医生讲述的一则小故事，来形象地说明：

在我还是一名低年级的医科学生的时候，有一天，一个非常有名的波士顿外科大夫来学院参观，并做了一场关于成功接受脉管再造手术的大量病患的情况的报告。在讲座结束时，坐在教室后面的一位年轻人怯生生地问道："您有控制组吗？"听到这，这位著名的外科大夫立刻站直了身子，敲着桌子说："你在说，我不要给另一半

---

①关于随机化的详细讨论，见第10章。

病人做手术吗?"一下子,大厅安静了下来。教室后面有一个声音犹犹豫豫地回答道,"是的,我是这么想的。"听到这后,这位访客在发怒时第一次真正坐了下来,"当然不,这样做注定会让其中一半的人死去。"上帝啊,大厅再次安静下来,人们几乎听不到一个微弱的声音在问,"那一半?"(原文发表于《医学界新闻》(*Medical World News*),1972年11月1日;再刊登于Tufte,1974:4)

针对医学研究,鲁茨坦(Rutstein,1969)专门指出,仅在极少的情况下,才无须一个比较的基准。像"狂犬病这样的疾病,它几乎是百分之百致命的,这就无须作为控制的观测,因为任何能让病人康复的治疗都是有益的"(p.530)。不过,鲁茨坦也指出,"大多数疾病并不会落在这种非生即死的类别中。"(p.530)

用以代替非处理组或在非处理组之外增加的控制组,可以有安慰剂控制组,以及"当下的""保持现状的"或"标准的"处理控制组。

在此,我们无法就安慰剂的定义和使用相关的复杂议题展开论述。下面列出了与之有关的一小部分可供选择的参考文献:Grünbaum(1981),Prioleau,Murdock,& Brody(1983;对Prioleau等人工作各方面的评论,以及对评论的一篇回应文章,见《行为与脑科学》,1983(6):285-310),Shapiro(1960,1964),Shorter(1985)和White,Thrsky,& Schwartz(1985)。

在许多情况下,研究的主要兴趣在于比较一种革新的处理同当前正使用的处理,或那些被视作标准的处理之间的效力。吉尔伯特、麦克皮克和莫斯特勒(Gilbert,McPeek,& Mosteller,1977)对这样做的必要性和益处做了很好的说明,他们分析了那些比较了创新方法和标准方法的手术和麻醉的研究报告。他们发现,在近乎一半的研究中,创新产生了增益,并作出结论认为,不论其他,"在大多数实验中,实验组与控制组相比,既不会好很多,也不会差很多,而在实验之前,我们*缺少在它们之间做出选择的基本信息*[作者加斜体]"(p.689)。莫斯特勒(Mosterller,1981)对社会、医疗和技术创新的评估,也有相似的结论。最近对于医疗研究中缺少控制或使用不适当的控制的批评,见利普顿和赫谢夫特(Lipton & Hershaft,1985)的文章,其中还附有其他批评性文章的文献。[①]

当一种通用的或标准的处理被用作控制时,重要的是,要给出这种处理各特征要素的清晰描述。可惜,在许多研究领域(如教育、心理治疗),对标准处理的描述,常常让人想起商业宣传,即拿广告中的产品同某品牌*X*做比较。例如,在教育研究中,研究者会读到这类用传统的或习惯的方法进行教学的控制组,而这种控制组说白了就是其他人做的一切。用这类"处理"做比较,只会一无所获。

总之,决定用何种类型的控制组,既不简单,也无常理可循。这就要求研究者去考量研究的各个方面。

分析。研究者可以用简单回归分析,去分析得自于设计1的数据,其中可以用编码的量

---

①萧伯纳(George Bernard Shaw,1930)的论述中载有,代表医疗职业反对宣称的疗效的各种事例和有力论证。虽然萧伯纳既不是一位科学研究者,也不是一位统计学家,但他却显示出比许多实际的研究者和统计学家,有着更深刻的对于研究逻辑和统计解释的洞见。

代表类别自变量。两个组的因变量的测量 $O$，都包含在一个连续的量中，并用这个量同编码量做回归。同样，要计算 $t$。如果设计中使用了多个处理组和（或）多个控制组，分析方法如设计2（见下文）。

效度。一般而言（见前文关于效度的引介性评论），由于纳入了一个控制组，就控制了内在效度的主要威胁（如历史、成熟，见第10章）。对于外在效度而言，由于不存在前测，那么由前测的敏化或前测同处理的交互带来的威胁，就被排除了（比较设计3，见下文）。在缺少其他信息的情况下，关于外在效度，就只能说这些了。

**2.类别的或连续的自变量；只有后测**

$$X_1 \quad O$$
$$X_2 \quad O$$
$$X_3 \quad O$$

自变量 $X$ 或是类别的，或是连续的。此即，自变量既可以由多个类别组成（如不同的药物，不同的教学方法），或多个水平组成（如同一种药物的不同剂量，接受同一种教学方法的时间长短）。[1] 虽然，出于讨论的便利，这里我们使用了三种类别或水平，但是应当清楚，这种设计可用于自变量由任何数量的类别或水平构成的情况。

当研究的目标是去比较某个类别变量不同类别的效应，或某个连续变量的效应时，这种设计就很有用。注意，控制是通过将受试者随机分配到不同类别或水平而实现的，即由此而实现各组除自变量以外在其他变量都相等的目的。于是，各类别或水平在因变量上的差值，就可归之于类别或水平所代表的内容。

据前所述，可以推知，在设计2中没有必要加入一个无处理的控制组或安慰剂组。事实上，对许多研究问题来说，用此类控制组做比较，既不是研究的兴趣之所在，也是不可行的。（见设计1中的相关论述。最近关于在心理治疗效果的研究中反对用这类控制组的论证，见Basham，1986。）

然而，设计2并不排斥使用控制组。实际上，设计1以及它的扩展，都可以归在设计2中。因此，例如，$X_1$ 可以代表某种给予的处理，$X_2$ 代表一个无处理的控制组，$X_3$ 代表一个安慰剂控制组。当然，由几个处理构成的设计，或由几个处理和一个或多个控制构成的设计，也都是可能的。

分析。我们分别就自变量是类别变量和自变量是连续变量的情况，给出相应的分析建议和评论。

当自变量是类别变量时，研究者可以使用多元回归分析，其中因变量是 $O$，它同一组代表了自变量的各类别的编码量 $X$ 做回归。因为使用了多元回归，研究者的兴趣点就应当集中在各具体类别之间的效应差值或类别组合间的效应差值上。这可以通过计算那些被称作事前的或事后的多元比较值来实现。这类分析可参见第19章，在那一章中还指出，这组数据同样可用一元或简单方差分析来处理。

---

[1]对变量的更详细的讨论，见第8章。

如果自变量是连续的,研究的兴趣则在于,判定因变量对自变量回归的性质。此即,目标在于判定,回归是线性的,还是曲线的,如果是后者,那么它的形状又是怎样的。这类分析见第18章。

## 3.处理-控制;前测和后测

$$O_1 \ X \ O_2$$
$$O_3 \qquad O_4$$

这一设计同设计1的区别在于,处理组和控制组各自都有一次前测,$O_1$ 和 $O_3$。处理 $X$ 被施与其中的一组,然后两组又各自进行了后测。

虽然我们可以把这一设计当作设计4(下文)的一个特例,但是,我们在此把它按这种样式单独提出来陈述,有如下的理由:(a)我们希望将它同设计1做比较,(b)多位作者对以目前样式提出的设计进行过细致的讨论(特别参见 Campbell & Stanley,1963:183-194;Namboodiri,1970),(c)它的一个重要的扩展设计是下文的设计6。

因为前测的方式与因变量的测量方式是同样的[1],所以这种设计常常被称为"前测—后测"或"前—后"设计,以区别于被称为"唯一后测"或"后唯一"的设计1。研究者最常使用这种设计的理由是,他们想通过它去估计处理带来的变化(即从前测到后测出现的得或失)。

常识上可能会诉诸变量本身的测量,不过这种测量的性质是非常复杂的。当然,这里既不可能也无须去讨论由测量变化所带来的各种复杂的议题。使用和解释变化分(change scores)中的某些困难,见第13章中的讨论,其中还给出了相关的参考文献。就当前的目的而言,仅在此指出,有许多研究者实际上是在无须使用变化分的情况下,诉诸变化分的。例如,当研究者的研究目的在于几种处理的不同效应,或一种处理同某些控制的比较效应时,这就无须用变化分。

分析。用于这种设计的恰当的分析方法,是协方差分析(ANCOVA),其中前测被当作协变量。本书的第21章会介绍和展示 ANCOVA 技术。顺便提一下,在某些限制性假定下[2],研究者会去计算差值分(即用每一受试者的后测得分减去前测得分),然后像设计1一样进行数据分析(即用差值分对编码的量做回归)。

效度。这一设计的内在效度与设计1同等。不过,两者在外在效度上有差别。由于在当前的设计中使用了前测,就不可能去推想,如果没有接受前测,受试者在那种情形下会有何反应。假如有研究者想要去研究,一种说服沟通方法 $X$ 对态度的效果。在对受试者实施处理前,测量他们的态度的做法,可能会使受试者产生一定的敏感性,进而使他们对于沟通的反应方式,不同于他们没有此项前测的条件下可能有的反应方式。在这种情况下,将研究结论推广至未经前测干扰的真实生活场景,就有较大的问题。

前测可能以下述两种路径影响受试者的后测表现:(a)直接的,作为敏化受试者的结果,就好像一次热身一样;(b)通过与处理的交互,或者促进处理的效应,或者抑制处理的效应,取

---

[1]当然,研究者可以使用同一测量的等价样式或平行样式作为测量工具。就某些问题而言,这样似乎更好。
[2]关于差值分的评论,见第21章。

决于考察中的问题的具体性质（如态度、学习、动机）。在设计6中，我们还会再次讨论这一话题，到时，读者会看到，研究者可以怎样去估算前测效应的模式和大小。

## 4.处理和伴随变量

$$C\ X_1\ O$$
$$C\ X_2\ O$$
$$C\ X_3\ O$$

注意，这种设计，除了有附加的变量 $C$ 外，同设计2完全一样。这里的 $C$ 代表一个伴随的变量（复），即一个（组）同因变量关联的变量。一般而言，伴随变量是受试者身上同所研究现象相关的某种属性。例如，在一项关于不同教学方法对学业成就的效应的研究中，研究者可能立刻能够想到的伴随变量，可能有智力、动机或焦虑等。

在许多研究领域中，因变量方法的主要部分，可归之于那些通常被算作个体差异的事物。如果研究中没有考虑这类差异，它们就要被划归到误差项，从而导致一种相对不敏锐的统计分析结果。上述设计就是通过控制相关的伴随变量来弥补这一点的。因此，例如，在一项关于癌症咨询的效应的实验中，用兴趣和（或）态度两个（可能有许多）潜在的相关变量作为伴随变量，就是一种明智的选择。

通过使用一个或多个伴随变量，就可以把归之于伴随变量的方差同误差项带来的方差区别开来，从而产生更敏锐的统计分析。合乎情理的考虑是，如果把某种个体属性作为一个有效的伴随变量纳入设计中，而其统计结果又显示误差项方差有意义的减少，那么这一属性必定同研究的现象有关联。当然，某个特定属性是否相关，取决于研究的具体内容。

读者可能已经发现，伴随变量可以与因变量相同。比如说，在研究阅读成绩时，研究者可以把先前的阅读成绩当作伴随变量。注意，这里我们所说的，是用一次（或多次）前测来作为一个（或多个）伴随变量。因此，就像设计1可被视作设计2的一个特例，设计3也可被视作设计4的一个特例。这样一来，我们对于设计2和设计1的关系所做的评论，同样适用于设计4和设计3的关系，因而这里就不再赘述了。

设计4的有效应用，要求伴随变量不受自变量的影响，也就是不受处理的影响。保证这点最好的办法，就是在实施处理之前，测量伴随变量。不过，也存在着一些可以满足上述要求，而无须在处理之前去测量伴随变量的变量或情形。比如，年龄就显然是不受处理影响的变量，是可以在处理实施后再去取得的数据。相似地，如果处理的目的在于影响受试者的短期记忆，也就是说，它被认为不会影响受试者的智力，那么把智力当作一个伴随变量，在实施处理后去测量它，也不会发生任何问题。尽管如此，这里再强调一下，最好在实施处理之前去测量伴随变量。

伴随变量的使用，并不限于只有单个类别自变量的情况，就像设计4的情况。伴随变量同样可用在多个自变量的设计中，如下文的因子设计，即设计5中。

分析。像设计3一样，适用于这种设计的分析方法，是协方差分析，其中伴随变量被当作协变量来处理。上面已经提过，协方差分析会在第21章介绍。

## 5.因子设计

$$A_1B_1 \quad O_1$$
$$A_1B_2 \quad O_2$$
$$A_2B_1 \quad O_3$$
$$A_2B_2 \quad O_4$$

在因子设计中,不止一个因子被使用。前面,我们曾多次评论过这种设计方法(如第10章,控制的方式;剔除或包含)。为了便于描述各种规模和复杂度的此类设计,也为了便于这类设计中特定部分的引用,这里,我们换了新的符号表示法。我们用大写的字母表示每一种因子,用下标表示某个因子的具体类别。例如,$A_1B_1$指因子$A$和因子$B$的第一个类别。在后续各章中,我们还会用这种表示法来描述因子设计。同前面一样,$O$表示因变量的测量。

为了简化这里的介绍,在此,我们使用最简单的因子设计,即由两个分别只有两个类别的因子构成的设计。例如,$A$可能表示两种教学方法,或两种类型的沟通方式;$B$可能是两种不同的奖励,或两个不同的沟通渠道。或者,$A$可以是两种领导风格,$B$是受试者的性别。注意,在头两个例子中,两个因子都是受操控的,而在后一个例子中,一个变量是操控的,另一个变量则不是。

读者可能还记得,一个实验成立的条件(见本章开始对实验的界定)是,其中至少有一个变量是操控的,同时,受试者必须被随机地分配到各处理组中。除了操控变量以外,如果研究中使用了属性变量(如性别、人种、宗教归属、政党归属),那么为保证在属性的每一类别上都有同样数量的人被随机分配到不同的处理中[1],通常就要去使用分层随机化的办法。例如,以前面的例子为例,就要将男性和女性受试者分别地且等量地随机分派到不同的操控类别中。如果研究中使用了两种及以上的属性,情形也一样。如果设计中包含人种(如黑人和白人)和性别两种属性,那么就要针对这些变量的交叉类别,分别地分层随机化到各处理类别中。这就是,按照黑人男性、黑人女性、白人男性和白人女性的分类,将他们分别等量地随机分配到各个处理类别中。

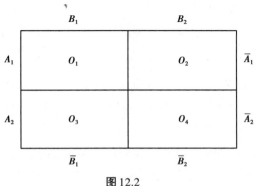

图12.2

---

[1]关于不同处理类别上有等量受试者的要求,以及因子设计中由于单元格频次不相等而带来的各种困难,见本书第20章的相关评论。

  用图12.2来表示因子设计，是很有用的。表中每个单元格中的值表示不同处理组合下因变量的均值。例如，$O_1$表示在给定处理组合$A_1$和$B_1$条件下的受试者在因变量上的均值，其他单元格也类似。

  分析。因子设计的分析技术会在第20章予以介绍和说明。因此，这里我们仅限于像前面提到这种设计时已经说过的那样，再做些一般性的评论。在一个因子设计中，研究者要去估计所谓的主效应和交互效应。用图12.2加以说明，$A$的主效应指，在忽略因子$B$的情况下，$A_1$和$A_2$之间的差值。这就是，假定列效应不存在的情况下，计算出的行均值间的差值。相似地，$B$的主效应指，假定行效应不存在的情况下，列均值之间的差值。另一方面，交互指两个因子的各类别组合的联合效应。实际上，它是独立于每个因子的各自效应（即主效应）的，因子的组合效应。我们知道，就读者当前的知识背景而言，你可能觉得前面的评述不可理解，甚或令人困惑。不过，这里我们所能做的，无非是提请读者去读一下相关分析的介绍性评述。当然，读者可以去读第20章的相关内容，那里有对主效应和交互的进一步介绍和示例说明。读者也可以暂时保持这种似懂非懂的状态，继续学习下面的内容。

  因子设计中的因子，可以由任何数量的类别构成。例如，一个4×5的因子设计，表示一个有4个类别的因子和另一有5个类别的因子构成的设计。因子设计还可以进一步扩展，在有研究需要又具有可行性的情况下，包含两个以上的因子，每个因子又可以由多个类别构成。因此，一个3×4×2的因子设计，表示由3个因子构成的因子设计，其中第一个因子有3个类别，第二个有4个，第三个有2个。

## 6.Solomon 四组设计

$$O_1 \quad X \quad O_2$$
$$O_3 \qquad O_4$$
$$X \quad O_5$$
$$O_6$$

  这一设计以该设计的提出者所罗门（Solomon，1949）的名字命名。注意，该设计由设计3（前两行）和设计1（后两行）结合而成。

  分析。这一设计所提供的大量信息，是不能用某种单一分析来提取的。该设计产生的一条重要信息是，前测是否起着敏化者的作用（见下文）。另一条重要信息基于下述事实，即

   $X$的效应以四种不同的方式被重复：$O_2 > O_1$，$O_2 > O_4$，$O_5 > O_6$，以及 $O_5 > O_3$。实验方案本身的不稳定会使得，如果上述比较是一致的，推论的强度就会有很大的增进。（Campbell & Stanley，1963：195）

  在针对这种设计的多种可能的分析中，我们仅就那种能够判定前测是否起着敏化者作用的分析进行评述。为此，就需要使用其中部分的数据，并将它们合成在一个因子设计中，如图12.3所示。注意，这个设计由两个因子组成，每个因子都有两个类别：（a）是否接受了处理$X$，（b）是否接受了一次前测。像设计5中已经简要讨论过的，研究者可以估算两个因子的主效应，以及它们的交互效应。如果前测的主效应是统计显著的，这就意味着，前测会影响受试者

对因变量的反应,而无论受试者是否接受处理。一个统计显著的交互,意味着处理的效应取决于它是否同前测结合在一起。

正如第20章要讨论的,存在交互的情形时,主效应的解释是没有意义的。这时,研究者需要做简单的主效应统计检验,从而准确地确定交互的性质。参照图12.3,在存在统计显著的交互条件下,做简单的主效应统计检验的方法是:(a)检验 $O_2$ 和 $O_5$ 的差值是否统计显著,从而判定,在都接受了处理,但其中一个没有前测的两个组之间,是否存在差异;(b)检验 $O_4$ 和 $O_6$ 的差值是否统计显著,从而判定在缺少处理的情况下,前测是否有效应。

|  | Treatment<br>$X$ | No Treatment<br>$\sim X$ |
|---|---|---|
| Pretest | $O_2$ | $O_4$ |
| No<br>Pretest | $O_5$ | $O_6$ |

图 12.3

注:Treatment=处理;No Treatment=无处理;Pretest=前测;No Pretest=无前测。

### 7.属性—处理—交互(ATI)

$$A\ X_1\ O$$
$$A\ X_2\ O$$
$$A\ X_3\ O$$

在这个设计中,$A$ 代表一种属性(复)或一种能力(复)。如前,$X$ 代表处理,$O$ 代表因变量的一个测量。

关于术语的评述。克隆巴赫和斯诺(Cronbach & Snow, 1977),这两位对于ATI研究的概念形成和推进ATI研究有着最重要作用的人,实际上用的是"能力(aptitude)"一词。不过,他们强调,这一术语的使用不限于通常设想的能力测验中的事物,而是指"一个人身上的能够预言他成功地接受某种给定处理的概率的任何特征"(p.6;参见 Corno & Snow, 1986:605)。有些作者(如 Berliner & Cahen, 1973;Hills, 1971)更愿意用特征(trait)—处理—交互(TTI),因为他们认为术语"特征"比术语能力较少受到限制。由于我们认为,大多数人倾向于在较窄的意义上理解能力,把它当作某些特殊的才能,同时把特征看作人格特点,所以我们愿意用术语属性,其意义是"所具有的一种品质、性格或特质"(Webster, 1981)。可是,我们也注意到,有些作者(如 Miller & Wilson, 1983;Theodorson & Theodorson, 1969)在更限定的意义上使用术语属性,用它来指类别的或定性的变量。总之,我们同意克隆巴赫和斯诺(1977)所说的,"这世界可以被贴上各种标签,只要研究本身向前推进。"(p.6)

在研究处理的效应时,有两项理由,需要去考虑个体的差异:

1.将可归属于个体差异的方差从误差项中分离出来,从而增进分析的敏锐性。

设计4中使用了伴随变量，就是为了实现这一目标。

    2.辨识出对特定个体最佳的处理。这是因为不是所有的个体都以相同的方式对同一处理做出反应。而且，特定处理，可能对某类人群很有效，对其他类的人群则未必有效，甚至是有害的。在可行的情况下，需要根据人群中的个体差异来安排处理。ATI设计，就是试图实现上述目标的一种重要工具。

一项ATI设计中使用的属性（复），是被认为同研究的处理和研究的现象相关的事物。相关性则有赖于理论的和实践的考量，以及该属性同处理有交互的设想；此即，沿着该属性的连续统，受试者对某种特定的处理会有不同的反应方式。

受试者被随机地分配到各处理组，或处理组和控制组中。不过，在使用了伴随变量的设计4中，其要点在于处理不会影响属性。确保这点的最佳方式，就是在施与处理之前就测量相关属性。

与设计4相似，但当前的设计并不止步于此。一般来说，两种设计有共同点，即它们都旨在把个体差异纳入研究中。二者的区别，来自研究者对个体差异在设计中扮演的角色的概念。在设计4中，用作伴随变量的个体差异，被用于控制的目的。而在当前的设计中，用作属性变量的个体差异，被用来判定它们是否同处理有交互。

很清楚，根据研究者的参考框架，同一种属性既可以在一种背景下被当作要去加以控制的伴随变量，也可以在另外的背景下被当作要去确定它同处理的交互的变量。

分析。这种设计所用的分析方法，与设计4采用的相同，除了在设计4中，用ANCOVA分析是要去证明处理同属性（即协变量）没有交互，而在当前的设计中不仅期望有交互，且它还是研究的焦点。如果在设计4中，发现协变量同处理变量有交互，这一设计实际上就变成了ATI设计。

实质上，在ATI中，分析的目的是去回答这一问题，即对于接受了不同处理的两个或多个组，或对于各处理组和控制组而言，因变量对属性的回归是否相同。相关分析方法的详细讨论，以及数字示例，见第21章。

# 本章小结

在本章开始的部分，我们曾指出，在社会行为科学中对于实验方法是有争议的，特别是，有些作者认为实验方法总体上是不恰当的，并将其拒绝于本学科之外。我们还指出，在那些支持实验方法的作者中，有些作者因为实验室实验的人为性质而拒绝使用实验室实验法，坚持认为只有实地实验有能力提供那种推论到真实生活仍然有效的知识。

上述争论既根植于各自的哲学取向和理论取向，也同样有关于实验法的一般角色，及实验室实验的特殊作用的错误概念方面的原因。可以想见，那些关于现实的性质，以及（或）人类行为的理论有不同概念认识的研究者，会在实验方法的适用性或应用范围等方面，有不同的观点。例如,鲍尔(Bower,1973)在论及情境论者(这些学者认为人的大多数行为都是同具体情境有关的)和特质论者(这些学者断言人的大多数行为都是由个性特质决定的)之间的论争时,指出前者赞同实验研究,而后者赞同非实验研究。

针对实验作用的错误认知,大约在50年前,瑟斯通(Thurstone,1937)发现有必要提请心理学家注意"一项实验并不会因为它利用了精巧的工具,而成为好的实验"(p.232)。最近,柏杰斯基(Bugelski,1981)又提醒研究者,"实验室不是一座或一间有着固定围墙和贴着请勿打扰警示的建筑或房间"(p.63)。韦克(Weick,1967)在关于"实验室实验的承诺和限制"的睿智讨论的起始,给出了他的结论,即"对于实验法而言,**不存在**任何限制。但是,限制存在于实验室的实验者身上,包括他们的决定和他们的考量"(p.52;关于实验法的错误观念,以及由此引起的反对意见的一个充分讨论,见 Boruch,1975)。

作为一种方法,在实验室条件下或在实地场景中,实验法的优点和弱点,既取决于在一组特定条件下的具体问题,也取决于所求答案的类别。简言之,实验法既不好也不坏。换句话说,这要看研究者用得好,还是用得坏。就像研究设计中的所有决策一样,研究者有义务去决定,哪一种方法最适合特定的条件。

当然,这不是说,不同的方法不会产生不同的研究发现。然而,这也正是,为什么我们要强调使用多种方法的重要性(见第4章)。只有多方法并用的研究路数,才有希望将那些可归属于方法本身的效应,从那些似乎可归属于目标自变量的效应中分离出来。

# 第13章

## 准实验设计

这一章论及的设计,就某种程度而言,有着很严重的缺点和种种陷阱。因此,有人建议,这类设计是仅在"更好的设计不可行"(Campbell & Stanley,1963:204)时才去采用的,因此,在根据这种解释研究结果,做出结论和建议时,要极为慎重。

本章所以用这一告诫来开篇,是因为准实验设计所具有的名声远超过它应有的。而它的名声在很大程度上来自坎贝尔和他的助手的声望和权威。坎贝尔和他的助手在说明这种设计方面是最有影响的。不过,说明不等于拥护。坎贝尔和他的助手始终提醒研究者去注意,这种设计中使得研究变得无效的各种来源,并强烈地认为,只要存在可能,就当去做"真正的"实验。实际上,在坎贝尔和博鲁克的一份旨在突显准实验设计的缺陷声明中,他们宣称,坎贝尔和斯坦利关于"准实验设计的介绍,也可以被理解为对只要可能就去做随机分配处理的反复论证"(p.202)。

显然,许多研究者和作者都忽视了关于准实验设计的使用的细致讨论和警告。哀叹于某些研究者得意地宣告他们的设计是准实验设计的这种趋势,坎贝尔和博鲁克(Campbell & Boruch,1975)指出:"坎贝尔和斯坦利应当后悔曾经赋予准实验设计这样一个好名字。"(p.202)也许是看到了准实验设计的不断的和广泛的误用,从而引发了坎贝尔(Campbell,1984a)的抱怨,"实验变成准实验,再变成令人反胃的实验,只有一步之差。"(p.33)同样,斯坦利(Stanley,1966)发现有必要警告研究者去警惕"准实验"滑到"假实验"(p.83)的趋势。

什么是准实验? 这是一种研究方法,它有着实验所有的各个要素,除了没有随机地将受试者分配到各群组。由于没有随机化分配,研究者就面临着将处理对因变量的效应从其他因素对因变量的作用识别出,分离开的任务。"在一定意义上,准实验要求弄清那些藏在随机分配的均同因素(ceteris paribus)中的无关因果力"(Cook & Campbell,1979:6)。不过,正是因为这样的任务是不可能完成的,所以才会在第一时间去求助随机化(见第10章)。

由于存在着对术语准实验的各种可能的错误解释,多位著作都有意回避去用它,而倾向于用较少"意味的"术语。因此,基什(Kish,1975)就不愿意"借用'实验'一词的名声"(p.270),来称呼本章介绍的这种设计,而更愿意用术语"有控制地调查(controlled investigations)"(p.270)。科克伦(Cochran,1983)则使用术语"观测研究"(p.2)。

不过,我们认为,有必要用准实验设计这个名称来指有处理而无随机化的那类研究,同时,用非实验设计这个名称来指不包含可确认的处理的那类研究(见第14章)。因此,在没有随机化分配的前提下,当研究想要去估计教育方法对学业成绩、药物对血压、节食对瘦身等这类影响的效应时,就要把这类研究设计称作准实验。另一方面,如果研究的目的是去说明两个群组在机械态度或控制点上的差异时,就可以称这类研究设计做非实验的——如果研究想要去判断父母的社会经济地位对子女成就动机或教育对收入的效应时,也一样。

因此,上面两种设计类型的主要区别特征是,是否施与了一项或多项处理。我们不得不说,不存在关于准实验的定义的一致看法。部分地,这要归因于术语处理具有的多种含义(见下文)。在《社会科学方法词典》(*A Dictionary of Social Science Methods*)一书中作者们在界定准实验一词时给了唯一一个例子,而这个例子恰能说明对准实验一词更为随意的使用(Miller & Wilson, 1983)。两位作者指出,如果研究者想要研究,破裂的家庭是否导致未成年人犯罪,这当然不可能将一对夫妇随机地分配,或让他们离婚,或不顾他们的意愿,让他们待在一起,再来研究两个群组中的儿童的犯罪率。于是,"最好的方法就是去设计一项准实验,即去选择那些适合两个群组的夫妇。"(pp.89-90)我们相信,许多著作都不会认为这是一个准实验的例子。无论如何,我们是不会这样认为的。

为了澄清我们的反对理由,我们要提请读者注意,根据前面已经说过的,一项准实验是那种可以被认为是实验的调查,假如那些以非随机的方式分配到处理组中的受试者或其他相关单位,是被随机地分配的话。前面的例子,在我们看来,不具有成为准实验的资格,其理由是,根本不存在处理,尽管表面上看存在着破裂家庭同完整家庭的对照。而且,人群好像也没有被分配到不同的处理中,即便说它是非随机的。

## 处理的意义

处理这一术语,不同的著作有不同的用法,有些用它指那些在研究者控制条件下的有意为之的干预或操控,另一些则很宽泛地用它。例如,库克和坎贝尔(Cook & Campbell, 1979)会把那些自然发生的事(如自然灾害)看作处理,只要它们是"突然的,且能清晰地标明日期的"(p.296)。进而,他们也会"容忍"这样一些"'处理',如参与一项训练项目,即便这个项目是一个持久的机构,在这个机构中研究者又不操控任何的事物"(p.296)。不过,他们确实提到了以下的重要性,即处理所关乎的是那些假定能够导致群组在目标现象上产生差异的事物。

当研究者在参与到界定处理和施与处理时,澄清的明晰性的潜力,通常是最大的。[①] 请注意,这里我们说明晰性,而非有效性。研究者虽则可以清楚地说明处理的内容是什么,但是处理的有效性可能是存疑的。在宣称某种处理会影响某一构念时,发生这种情况的概率尤其高。读者应当记得,有效性的宣称依赖于同研究现象相关的理论和实际的诸多考量。这包括同变量及其界定(如理论的和经验的定义,第8章)、人为和陷阱(研究期待的作用,第11章)、变量操控的各个方面(如操控的强度、操控的完整性,以及有意的和无意的效应,第12章)等有关的问题。

在许多时候,研究者并没有参与到处理的设计和实施中。通常,研究者是在处理施与后,

---

①注意,所谓涉及,我们不是指,研究者自己去施与处理。我们提醒读者,我们是在较为广泛的意义上用研究者一词的,既包括研究的设计者,也包括实验员,测验管理员和数据分析者)(见第11章)。

才出现在研究的现场。例如，在那些被称作评估研究的研究中，评估者经常要去估计某些处理或项目的效应，而这些处理或项目，他们既没有参与计划，也没有参与实施。在这种情况下，处理本身的明晰性（而这是要去确认的）有赖于研究的具体内容。那么处理的性质相对明确的例子包括，去研究以下这样一些效应：(a)水的氟化对蛀牙的发生率的影响；(b)每小时55英里的速度限制对交通事故发生的影响；(c)禁止香烟做电视广告的禁令对烟草消费的影响；(d)无过失离婚法对离婚率的影响。这里，我们并没有涉及这类研究的效度问题（如控制）。我们所谈论的只是，虽然在处理的界定和施与时，研究者没有涉及其中，但是他们对于他们想要去估计其效应的处理的性质，可以有清晰的概念。

可以将前面的例子同那些把某些全局性的环境当作处理的常见情况做一番比较。有些研究者认为由全局性环境构成的处理导致了"暴露"于其中的群组显示出观测到的差异。我们能够想到的例子有，试图确定补偿性教育项目（如 Head Start）的效应或机构（如私人学校对公立学校）的效应。将这类全局性环境视作处理，通常并不能提供有意义的信息。研究者必须要去做的是，要去辨识出环境中那些造成研究现象的差异的事物。例如，上私立学校的学生和上公立学校的学生，在学业成绩上的差异，是归之于教学方法的不同，还是家庭作业，以及（抑或）纪律的不同呢？

现在，我们要去简要地讨论一下实验和准实验的关系，以加强它们之间的对比。随后，还会介绍一些准实验中的主要设计方法。

### 实验与准实验

图 13.1 给出了最简单的实验与准实验设计的对比——每个设计都由一个自变量和一个因变量构成。

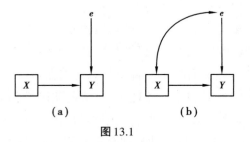

**图** 13.1

注意，图 13.1(a)中的模型是一个实验设计，其中假设处理 $X$ 对因变量 $Y$ 有影响。例如，$X$ 可以是沟通者的地位（如高或低），$Y$ 可以是受试者的态度。因为受试者是随机地被分配到 $X$ 的不同类别中的，所以可以假定在概率论的意义上，各群组在其他对 $Y$ 有影响的变量上是相等的，并可以将这些其他变量都归在误差项 $e$ 中。于是，可以期望变量 $X$ 和误差项 $e$ 之间不存在相关关系。

图 13.1(b)描绘了一个准实验设计。图中，研究者感兴趣的同样是变量 $X$ 对变量 $Y$ 的效应。然而，因为没有以随机化的方式，将受试者分配到 $X$ 的不同类别中，所以这些群组，除了受到在不同处理的影响外，还在许多已知的或未知的方面有所不同。这时，模型如果遗漏了

那些同自变量相关的变量,那么就会导致模型的设定错误(specification error),从而导致对自变量效应的有偏估计。

应当注意到,图13.1(b)是对遗漏变量问题的一个一般的模型展示。其中,连接了$e$和$X$的双箭头曲线,表明被遗漏的变量同自变量之间存在相关关系。这类相关关系可能代表了不同的甚至是相反的过程。例如,自变量同某个被遗漏的变量之间有相关关系,可能是因为:(a)前者影响后者;(b)后者影响前者;(c)两者都受其他变量的影响。显然,如果要将遗漏的变量包含到设计中,从而去免于它们的偏误效应,研究者必须要做的是,弄清模型中变量间的关系模式。缺少这样的一个理论模型,就使得研究者不可能理性地去判定,应当采用哪种分析方法。就像下文会讨论到的,这对于试图调整群组间在接受不同处理上的初始差异有着重要的意义。

在分配受试者方面,缺少或仅有不充分的研究者控制,其发生的理由是多方面的(如当研究已经结束或研究已经进行了,研究者才出现在现场、制度上的约束、政治压力、伦理的考量、经济方面的原因等)。在许多时候,一项准实验的参与者,他们所以会暴露于特定的处理下,其决策过程有如一种自我选择的过程,而这一自我选择的过程通常又根据他们先前各自在因变量上的位置。比如说,那些选择实施节食的人,可能体重过高;那些寻求心理治疗的人,可能是那些深受心理困扰的人;选择上私立学校的学生,可能比选择上公立学校的学生在因变量上有更高的得分(如学业成绩)。对于非随机分配而言,上述所说同样成立。例如,人们所以会被分配到处理组,可能是根据他们在因变量上的位置(如重量、酗酒、心理不协调、学业成绩等),而被认为最需要如此(例如,有更好的机会从处理中受益或其他的理由)。

无论什么样的理由导致了自我选择或非随机分配,都显然会导致研究的结论可能既是错误的,有时又是反直觉的,除非有可能把所有相关变量都纳入模型之中——这是一项多少有可能部分完成但又无法实现的任务。例如,蔡塞尔(Zeisel,1985:143)指出,根据一个古老的中国统计笑话,那些被医生瞧过的人的死亡率要高于没被医生瞧过的人的死亡率!以更严肃的方式,坎贝尔和博鲁克(Campbell & Boruch,1975)曾说:

> 如果一项准实验研究显示,那些曾有过心理治疗的人,比那些没有过心理治疗的匹配个案,有更高的自杀率,研究者会正确地抵制这种结论,即心理治疗导致了自杀。很清楚,匹配过程不可能完全正确地解释掉如下事实,即那些寻求心理治疗的人本身有着更高的自杀倾向。(p.203)

相似的例子比比皆是。例如,那些参与了某个补充教育项目(如Head Start)的儿童,比一个对照组的儿童,仍会表现出较低的成绩;参与到特定处理中的酗酒者比一个控制组的人,可能表现出较差的进步。然而,不能将这类结果解释成,它们意味着项目没有其积极的效应,更不能得出错误的结论认为,项目具有负效应。如果能将接受项目的群组同一个对等的没有接受项目的群组相对比,项目就可能表现出积极的效应。这里,我们再次重复,只有当受试者被随机地分配到处理组和控制组时,才最有可能实现上述目标。在缺乏随机化操作的前提下,研究者面临的是不对等的群组的比较,而对于这些不对等的群组而言,无论多少数量的调整,都不可能使它们"相等"。正如下文要讨论到的不同的准实验设计，在用以实现有效比较的各种努力中，有些努力比其他的可能会更成功。

应当注意的是，即便由自我选择或非随机分配产生的各群组，在接受处理之前，其因变量上的调查结果显示出不存在差异，这些群组，由于一组混杂变量（它们可能影响因变量，或者可能影响受试者对受益的感受性）的存在，也会对特定的处理有不同的结果。而这后面所说的内容，恰是选择—处理的交互的另一种说法。

## 三类准实验设计

下面，我们将介绍三类准实验设计。这里采用的符号系统同第12章（见一些基本设计）所用相同，除了用虚线表示群组之间是不相等的。

介绍遵循了同第12章相似的方式。针对每一类设计，一般性的评论了它的设计目的、优点和弱点。同样，还提及了基本设计的变化和扩展。像第12章那样，分析部分仅限于一般性的评论，以及需要参考的章节，因为在那些章节中有分析方法的具体介绍和示例说明。不过，由于非随机化带来的复杂性，关于数据分析的观察就不可避免地要比第12章做出的更复杂。实际上，我们认为这类需要保持慎重，不去评论某些建议使用的分析方法（如结构方程模型）。相应地，我们在第12章关于数据分析曾说过的内容，更适用于本章。此即，读者从我们对分析的评论中得益的程度，取决于读者对问题中的方法熟悉的程度。在读到所建议的分析方法时，读者可能需要去查阅一下（即便是粗略地）所涉章节的相关部分。

### 非相等控制组

$$O \ X \ O$$
$$------$$
$$O \quad O$$

在这一设计中，使用了一次前测，以便于去解释、去调整，处理组和控制组间的初始差值。正如库克和坎贝尔（Cook & Campbell, 1979:103；还可参见Mohr, 1982）已经注意到的，这种设计，当研究没有使用随机化时最为常见。不过，他们还是建议，只有当"没有更好的办法可用"（p.104）时，才去用这一设计。

当前的设计表面上类似于第12章的设计3。当然，两者的差别在于，后者使用了随机化。这里回忆一下我们对第12章的设计3的评论是有益的，因为我们在那里曾指出，由于设计3经常出于错误的理由而被使用，所以在大多数情形下，最好用没有前测的设计（即第12章设计1）。不同于实验设计的情况，前测是准实验设计的一个必要的组成部分。

在我们对实验设计（第12章）的讨论中，我们还说过，如果缺少一项研究的具体内容的信息，那么对内在效度的判断就必然是似是而非的。就准实验设计而言，由于选择的"致命威胁"(Mohr, 1982:55),情况更是如此。为了说明问题,现在让我们思考一下历史的威胁。虽然历史的威胁在这种设计中表面上似乎被控制了,但是由于缺少处理组和控制组是如何构成的信息,这样一来,即便是想要推测一下威胁的程度,实际上也是不可能的。例如,它们是从同一环境(如学校、工厂)中整个群组地选出来的吗? 它们是整个群组地从被研究者视作相似的环境(如学区、多个医院、多个工厂、多个地理区域)中选出来的吗? 或者,处理组由自愿者构成,而控制组由被认为是相似的人组成,是这样的吗? 一般而言,在整个群组都选自同一环境的情况下,假定前测可以控制历史的威胁,可能更合理。不过,再次强调,关于研究具体内容的各种相关信息,才是做出一个准确判断的根本。

效度的其他方面(如成熟、工具、回归),也同样易于受到非随机选择的威胁。由于这些问题同相关的数据分析交织在一起,所以我们谈到分析时,再一并讨论。不过,一般来说,处理组和控制组在前测时相隔越远,选择的效应或选择同其他因素(就可归之于不同因素的效应的各种结果而言,其详细讨论和示例说明,见 Cook & Campbell, 1979:104-112)的交互变得无效的概率也就越大。

## 分 析

专门讨论用于非对等控制组设计的数据分析的文献,是非常丰富的。这并不是因为就这个题目写作的作者偏爱这种设计。相反,大多数介绍都强调,这种设计存在着非常严重的偏差来源,以及在确定哪种分析方法最适合它时面对的种种困难。例如,惠特曼(Huitema, 1980)在其著作中专辟了几章来介绍用于此种设计的分析方法,并解释说,他这样做是"因为这种设计里的分析太糟糕了"(p.298)。赖夏特(Reichardt, 1979)曾对这一话题有过上佳的论述,也得出过相似的结论。

针对非对等控制组设计的数据分析,也许大家都能同意的唯一一点是,不存在单一的和受偏爱的方法。有些作者建议多种分析方法并用(如 Mark & Cook, 1984; Porter & Chibucos, 1975),从而取每种分析方法的所长,并限制每种分析方法的所短。还有一些作者(如 Anderson et al., 1980, Chapter 12; Judd & Kenny, 1981, Chapter 6; Reichardt, 1979; Weisberg, 1979)强调了正确的模型设定的重要性,并把模型设定当作分析方法选择的向导。不过,他们也承认和讨论了随之而来的困难。

托弛姆(Trochim, 1986)在一本最近编辑的关于准实验设计的导言部分,对这类设计的分析的流行趋向给出了一个在我们看来是适当的刻画:"我们实际上已经放弃了用单一正确的分析来实现目的的希望。这样一来,我们就不得不转向多种分析的并用,而这种分析的并用一方面要基于系统且明晰的假定框架,另一方面也越来越依赖于判断的作用。"(p.6)

下面,概要地介绍了两种宽泛的分析路数:(a)回归调整,(b)差值分。[1] 此外,我们还简要地评论了选择性偏误。

---

[1]就准实验设计的分析而言,一个较好的讨论,其中还包括了这里没有介绍的方法,见 Achen(1986)。

## 回归调整

在第3章中已经描述过，将回归分析用于比较从不同群组得到的回归方程，其中这些方程有着不同的预测项和选择项或检验偏误（见比较回归方程）。本质上，为了调整不对等的群组在前测上的初始差值，有作者建议，可以使用相同的方式，即所谓的协方差分析（ANCOVA）。应当注意到，在实验设计（见第12章设计4）中，是出于完全不同的目的（即把个体差异纳入考量中，从而增加分析的敏锐性），才建议使用ANCOVA的。虽然在实验设计中使用ANCOVA，通常来说是可能有效的，但是将它用于当前的设计，去调整初始的群组间差值的做法，会带来各种严重的偏误和对效度的威胁。下面，以小标题的方式，我们就其中一些主要的问题，简要地予以评论（该分析方法的详细讨论和示例说明，见第21章。还可参见前文给出的参考文献）。

## 测　量

首先，回归调整的效度以下面的假定为基础，即在比较的群组之内和比较的群组之间，前测和后测的因子结构都是相同的。泛言之，前面所说的意味着：(a)在各群组中，前测测量了相同的构念；(b)在各群组中，后测测量了相同的构念；(c)前测和后测测量了相同的构念。[1]这些假定中的一个或多个，可能是不能成立的，尤其当不对等的群组在前测上相差很大时。而且，处理自身不仅会导致平均表现上的变化（虽然这可能是研究者追求的目标），还会产生某种不同于前测结构的后测结构，以及（或者）在处理组和控制组上出现不同的后测结构。

最后，根据所测的内容，即使仅由于实施了前测，加之（或者）前测和后测间时间的消逝，这都会导致它们的因子结构出现差别（如Fleishman & Hempel，1954）。前面所说归结起来就是，如果上面提到过的各项假定条件没有得到满足，那么对初始差值的调整的有效性就会变成问题。

即便有理由假定，在所有的群组中，前测和后测都测量了同一构念，仍有必要提一下前测中的测量误差的问题。在使用了随机分配的条件下，随机的测量误差会降低统计检验的验力[2]，但是它们不会导致处理效应估计的偏倚。然而，在不对等群组条件下，情形就完全不一样了，这时随机测量误差还会导致处理效应估计的偏倚。在第21章中，会讨论和用示例来说明测量误差的有偏效应，其时，还会表明，它们甚至会导致错误的结论，即某种处理不是有益的效应，而是有害的效应。[3]

## 外　推

在回归分析中，外推法意味着延长回归线，或将回归方程用到该方程适用的前测得分（被估项，自变量）的范围之外。图示可以更好地说明外推法的含义。图13.2(a)，绘制了一条观

---

①第22章中有关于因子分析的介绍。
②第15章会讨论统计检验的验力。
③关于测量错误的有偏效应的较好介绍，见Reichardt和GoUob(1986)。

测分从 $X_1$ 到 $X_2$ 之间的，$Y$ 对 $X$ 的线性回归线（实线）。在观测分之外，两个方向上的虚线代表了多条可能的外推。这些示例虽然简单，但足以说明外推法的风险。例如，有研究者在外推时，可能以为回归线仍然像中间那条虚线所显示的一样，依旧是线性的，但事实上它可能是曲线，就像其他的虚线所例示的那样。

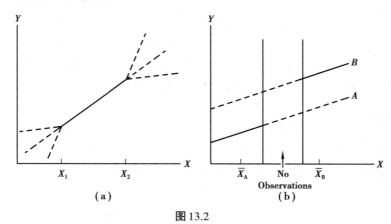

图 13.2

注：No Observations＝无观测值。

现在，如果在当前的设计中，进行一次回归调整，最常见的做法是基于处理组和控制组各自回归线的外推来实现的。在这种情况下，如果群组之间在前测上间隔很远，以致出现一段中间没有可用的观测值的区间，这时用外推法就尤其危险。图 13.2(b) 中描述了这一情形。在这种情况下，ANCOVA 的使用，根据的就是两条回归线的外推，即如图 13.2(b) 虚线所示。

## 回归中的人为

第 10 章中，当我们讨论对内在效度的威胁时，针对均值回归（RTM）的问题，我们进行了相对细致的描述。因此，在这里，我们仅仅指出，如果前测的测量存在误差（实际上，这种情况总会发生），同时，前测和后测并没有测量同一构念（见上文的测量），这时，RTM 会引起对效度的严重威胁。当代理变量（proxy variable）被用于前测时（见下文），前测和后测所测构念不一的问题，尤其严重。一般而言，两组在前测上的间隔越大，RTM 对效度的威胁也越大。

图 13.2(b) 可用于形象地说明 RTM 的威胁。为了便于说明，假定群组 $A$ 和群组 $B$ 的受试者分别来自两个不同的总体。再假定，群组 $A$ 的受试者的得分高于他们的总体均值，同时，群组 $B$ 的受试者的得分低于他们的总体均值。由于测量误差，以及（或者）前测和后测没有测量同一事物，这些群组就会向各自的总体均值回归。

首先，考虑一下没有进行处理的情形。在这种情况下，对于前测上初始差值的一个有效调整，其结果应当是两个群组有相等的后测均值。可是，由于 RTM 的作用，这种结果不会出现。依照前面的假定，对于群组 $B$ 而言，调整后的均值会高于群组 $A$ 调整后的均值。[1] 现在，

---

[1] 关于调整的均值，以及具体计算方法的示例说明，见第 21 章的 ANCOVA。

再假定群组B被施与了某种处理,而群组A作为不对等的控制组,处理对其不发生任何效应。这时,由于RTM的作用,研究者在调整了前测上的初始差值后,就可能错误地得出结论认为,处理具有积极的效应(假定高分表示明显的改善)。此外,如果群组A被施与了完全无效的处理,就可能错误地得出结论认为,处理具有负面的效应。

虽然我们为了说明问题,使用了上述极端的例子,但是应当清楚的是,即便处理是有效的,RTM仍然会是效度的一个威胁。例如,处理和RTM可能在同一方向上起作用,而这就会导致,结论所认为的效应比实际的效应要大。如果处理同RTM的作用方向相反,就会发生相反的结论。读者应当很容易想到其他的例子。要点是,处理和RTM的效应总是混在一起的。

## 设计的扩展和变化

如同第12章的设计3,当前设计可以加以扩展和变化。例如,代替当前设计中的一个处理组和一个控制组,新设计可以使用几个处理组和几个控制组。当然,上面概括的各项困难同样适用于扩展设计。

库克和坎贝尔(1979:第3章)讨论了各种扩展,其中有些构成了我曾讨论过的设计的一种改进。以下设计如下:

$$O_1 \quad O_2 \quad X \quad O_3$$
----------
$$O_1 \quad O_2 \qquad O_3$$

这个设计同我们讨论过的设计间的差别在于,这个设计在施与处理X之前,在两个时间点上,进行了两次前测。"在两个(或多个)时间点上的前测的优点是很明显的"(Cook & Campbell, 1979:117)。这主要是因为,这样一个设计使得研究两个组各自的增长率成为可能。不过,像库克和坎贝尔指出的,因为在实施的过程中,测量容易发生错误,同时也因为在测量时没有使用相等的间隔(见下文的差值分),所以研究者在使用这种设计时要特别小心。此外,由于处理的施与,关于接受处理的群组的增长所做的推论,就要以外推法为基础。这时,就要去假定,接受了处理的群组,如果没有接受处理,会有怎样的增长模式。

在转到下一个话题前,要做两点说明:其一,这部分介绍的两个设计,可以被视作带有一个不对等控制组的间断时间序列设计的特例(见下文)。其二,我们的介绍不是完全的。我们建议读者去阅读库克和坎贝尔(第3章)的相关内容,其中详细地讨论了本章中基本设计的各种扩展和变化。

## 代理变量

在计量经济学中,"作为理论上设定的变量的一个替代物而使用的变量,被称作一个代理变量(proxy variable )"(Rao & Miller, 1971:82)。为了抵消由于遗漏了回归方程中某个相关变量所引起的偏倚,研究者会去寻求用一个"被看作'近似替代品'"(Rao & Miller, 1971: 82)的代理变量来替代它。饶和米勒说,一个正在发展某种生产函数的经济学家,可能会用"降雨量"作为"气候"的代理变量,因为后者"不可能用唯一一种量来测量"(p.82)。于是,一个代理变量,就是某个被遗漏变量的代用品。

　　根据上面所说,似乎一个代理变量与以前各章所用指标一词(尤其见第4章)是同义的。然而,代理变量所代表的事物,除了是研究者心中被遗漏的变量之外,也可能代表其他被遗漏的变量(见 Rao & Miller, 1971:82-88)。贾德和肯尼(Judd & Kenny, 1981:191)根据两者可能有的误差的类型,区别了指标变量和代理变量。一个指标变量"只测量了理论中的目标构念,虽然还额外地含有随机误差"(p.191)。另一方面,一个代理变量中的误差,既有随机误差,也有系统误差。其结果是,"这样的代理变量就不仅反映了理论中的目标构念,也反映了其他构念。"(Judd & Kenny, 1981:191)。

　　然而,实际的情形并不像前面说的那样简单,那样界限分明。其间的问题来自:关于系统误差反映的内容有不同的认识。例如,系统误差可能反映的不是其他的构念,而是所用的测量方法(即一个方法因子;见第4章,多属性—多方法矩阵)。依据不同的测量模型,研究者对其他来源的系统误差也有所总结(见 Alwin & Jackson, 1979)。

　　我们所以在当前的讨论中引入代理变量的概念,是因为这种变量经常被用于代替前测,或者用于补充前测,以使得不对等的群组实现对等。当然,就像我们的介绍性评述中已经表明的,代理变量的使用不限于此类情形。因为代理变量在其他背景下也经常被使用,还因为它们在无经验的或轻率的研究者手中,很容易发生非常严重的错误解释,我们感到有必要,在论及它们在当前设计中的具体作用之前,对它们的一般应用,先做一番简要的评论。

## 代理变量的使用和解释

　　当某个被代表的变量随时可用时,使用一个代理变量毫无疑义,这点看似明显,然而却值得提出来请读者注意。想一想下面的例子。在报道纽约城市大学的女性教师发起的控告城市大学的性别歧视政策的案件时,邦德(Bonder, 1983)指出,且不论其他事实,需要注意:

　　　雇佣前的教学经验和雇佣前的出版物,这些显然都相关且重要的因素[在决定薪资水平时],都被遗漏了[从回归方程中],因为,正如那些倾向于原告的统计学家建议的,而又被法庭采纳的,它们都"可以恰当地由年龄、等级以及等级间的年限,这些变量来说明。"(p.56)

　　且将这类肤浅的决定搁置一旁,应当注意,代理变量的使用有时会导致参数估计上更大的偏倚,从而可能使本来需要解决的问题变得更严重(见 Rao & Miller, 1971:81-88)。正是考虑了这种潜在的问题,莱文(Levin, 1970)才建议:"在许多情形中,较为明智的做法是,去承认变量的遗漏,并去猜测可能有的偏倚,而不是去用一个有问题的代理变量。"(p.59)

　　更加严重的问题是对于统计结果潜在的错误解释,即把观测到的效应归之于代理变量,而不是将其归之于那些它被视作替代品而去代表的变量。借用一个得自罗宾斯和格林兰(Robins & Greenland, 1986:398)的例子。用携带火柴作为吸烟的代理变量,可能会产生如下结论,即携带火柴对患肺癌有强效应。对代理变量的错误解释,还可能引起错误的,甚至是可笑的期待,即认为对代理变量的操控所产生的效应,可能会同操控它所替代的变量产生的效应一样。

## 不对等-控制-组设计中的代理变量

由于各种可能的原因，研究者也许没能进行一次前测。明显的例子就是，研究者在研究开始后，或研究已经结束后才参与到研究中。在这种情况下，研究者可能希望找到一些代理变量，用以均衡处理组和控制组。

有时候，一些看上去像前测数据的信息很容易得到和使用。例如，在后测中使用的学业成绩的测量，学生成绩册中有同一测量的得分。用这类档案记录的前测数据来代替实施处理前真正的前测，会使得问题变得异常麻烦，还会带来许多潜在的偏倚。这些麻烦和偏倚来自所谓的"前测"实施时间到研究真正开始时间的时间段上发生的种种变化。依据被测属性的稳定性，有可能，用档案记录上的前测去平衡各群组的方法，不能做到使得各组在研究恰好发生前的位置取得相等（以因果模型为对照，对这一话题的讨论，见 Judd & Kenny，1981：125-126）。实质上，档案记录的前测数据可以被视作代理的测量，所以它所带来的问题也类似于由代理变量的应用而引起的问题。

就有些研究问题而言，前测是没有意义的。明显的情况包括，在一些研究中，研究的处理意在去教授新的内容，或者训练受试去完成某些他们不熟悉的任务。例如，一项研究想要去比较两种教授微积分导论的方法，这时，通过微积分的前测来平衡学生的做法，就没有道理可言。

由于上面提到的这些原因，以及其他一些原因，研究者经常在当前的研究设计中用代理变量来做回归调整。一般来说，这类研究都是用 ANCOVA 的寓言来表述的。研究者倾向于谈论在调节了某个（些）协变量上初始差值后，不同处理、不同制度或不同项目的效应。尽管其分析路径同前面讨论过的前测设计使用的分析路径是一致，但是，从我们对代理变量的一般评述中，读者应当很清楚，那些在使用前测时讨论过的种种问题（如测量误差、RTM），在使用代理变量时，可能变得更加严重。[1]

## 统计控制的逻辑

暂且放下使用代理变量以实现调整各群组间初始差值的做法所带来的困难不谈，在实际应用中，需要它们不受处理的影响。这是因为，只有当处理组和控制组被认为在接受处理之前是相等的时——在当前的情况下，这是对代理变量的调整的结果——不同的组在因变量上的差值，才能被有效地归因于处理。

更一般地说，当前的要求必然涉及统计控制的逻辑和有效性。正如第 10 章已讨论过的（见统计控制），关于哪些变量要被控制的有意义的决定，以及对变量被控制后所得统计结果的合理解释，都不可能在缺少相关理论（即所涉变量间的相互关系）的前提下做出（相关例子见对图 10.1 的讨论）。关于理论真空条件下控制变量的风险的重要讨论，见米尔（Meehl，1970，1910）的文章。科恩和科恩（Cohen & Cohen，1983）在讨论理论在控制的确定过程中的作用时，结论认为，

---

[1] 如下文将讨论到的（见选择模型），对当前设计最有威胁的事物，选择，既会发生在前测中，也会发生在代理变量上。

　　想一想如下事实,即喜马拉雅山和卡兹奇山(纽约州的一座山)的平均高度差,在调整过它们在大气压力上的差值后,是零! 这是值得思索的。(p.425)

　　现在,我们用图13.3中描绘的非常简单的模型来说明理论在调整不对等的群组间的初始差值中扮演的角色。为了使说明具有普遍意义,图中用 $C$ 来指那些要对之做出调整的变量(如前测、属性、协变量或代理变量);用 $T$ 表示处理(如处理组对控制组,两个或多个处理组);用 $Y$ 表示因变量。

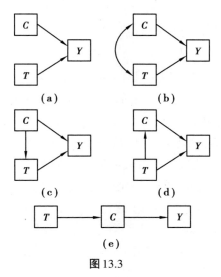

图13.3

　　在图13.3(a)中,$C$ 同 $T$ 没有相关关系。在这种情况下,对 $T$ 的估计,无论是包括 $C$ 还是不包括 $C$ 都不受影响。读者可能还记得,这正是实验设计所期望的。如第12章讨论过的(见设计4),对 $C$(常常是个体差异的某些相关方面)的控制,其目的在于增强统计分析的精确性或敏锐性。

　　在准实验设计中,$C$ 和 $T$ 倾向于有一定程度的相关关系,如图13.3(b)所示。请仔细观察,图中的相关关系被认为是给定的,此即,对于两个变量之间为何会相关,没有任何具体的表示。图13.3(c)和(d)分别描绘了 $C$ 同 $T$ 相关的两个反对的形态。[1] 很清楚,对 $C$ 的控制,其性质和意义都取决于图13.3中哪一个模型是被检验的模型。

　　当 $C$ 代表某个先于处理变量的导入而被测量的前测变量或代理变量时,(d)和(e)都可以被排除,因为 $T$ 对 $C$ 有效应是不现实的。虽然(b)和(c)之间有根本的差异,但是,在控制了 $C$ 之后,对 $T$ 对 $Y$ 的效应的估计,在两个模型中都一样。请仔细观察,这里我们并没有说,对 $T$ 的效应的估计是无偏的。实际上,很可能由于某些遗漏变量既影响 $Y$,又同 $C$ 和 $T$ 有相关关系,从而导致有偏的估计。当然,选择性问题总是准实验设计中难以克服的问题(见下文的选择性偏倚)。

　　在许多研究情形中,代理变量的测量与处理的施与的同时,甚至在处理的施与之后。在这类情况下,模型(d)和模型(e)都变得合理了。当 $C$ 受 $T$ 的影响[像模型(d)和模型(e)那样]

──────────

[1]其他的形态也是可能的,但就当前的目的来说,上述两种已经足够了。

而控制 $C$ 时,研究者就要去回答,$T$ 是像模型(d)那样,同时直接地和间接地(经由 $C$)影响 $Y$ 呢,还是像模型(e)一样,只是对 $Y$ 有间接的影响? 显然,这些问题的答案与设计提出的问题是无关的。总之,当 $C$ 受 $T$ 的影响而控制 $C$ 时,并不能就不对等-控制-组设计中 $T$ 的效应给出一个有效的估计。

当研究者缺少处理施与前的前测数据或代理变量的数据时,他们经常试图通过事后的数据收集来予以应对。例如,受试者会被问到,在处理施与前,他们有何感受;在加入大学的一个研究项目前,他们有什么计划、抱负,以及诸如此类的事物;在训练项目的效应被评估前,他们的收入如何。我们认为,这里无须去讨论使用这类数据以平衡不对等的群组,可能带来的各种额外的风险(如遗忘、扭曲)。①

在结束本部分的讨论时,我们想要指出,在社会行为研究中,很不幸的是,大量的研究都忽略了上面讨论的问题和陷阱,有时是其中的一项,有时是其中的多项。因此,读者在阅读准实验研究的报告时,要非常地警觉。

无论读者对哪一实质领域感兴趣,我们认为,通过研究围绕私立学校和公立学校的效应(Coleman et al., 1982)所形成的争论,读者就能够对我们提出的各种议题,有更深入的认识。关于围绕科尔曼等人的研究所形成的争论的评述,参见 Murnane (1984)。《教育社会学》(*Sociology of Education*)专门用几期来讨论这一争论(如 1982, 55, April/July; 1983, 56, October; 1985, 58, April)。读者会发现,围绕着该研究,我们在这部分提到的每一点(如代理变量的使用、处理对代理变量的影响、遗漏的变量、回顾性数据、测量误差)都被讨论到了。

## 差值分

就其最基本的形式而言,将差值分用于比较实验组和控制组,需遵循下列步骤:

1. 针对每一受试者,用后测得分减去前测得分。这一得分被称作原始分(简单)的差值(变化,获得),以区别于其他形式的差值得分(如标准化的差值;见下文)。

2. 分别计算实验组和控制组各自的差值分的均值。

3. 检验两组差值分均值之间的差的显著性(如 $t$ 检验)。

在第 21 章,我们把原始差值分作为回归调整(见第 21 章 ANCOVA 部分)的一个特例,展示了它的使用。因而,与回归调整联系在一起的各种议题和困难,也同样适用于差值分的应用。例如,差值分的应用要求前测和后测有同样的因子结构。显然,如果两个测验测量的是不同的事物,那么用后测减去前测,是没有意义的。为了不重复在讨论到回归调整时已经说过的东西,这里,我们针对原始差值分在不对等控制组设计中的一些专门方面,做些简要的讨论。随后,我们还会评论到原始差值分的一些受推荐的替代方法。

## 解释的和分析的困难

在一个给定测量的连续统上,比较两个不同点上的差值(获得,增进)所遇到的困难,可以

---

① 在非实验设计中,回顾性数据有着广泛的应用。整本书对这一话题的讨论,见 Moss 和 Goldstein(1979)。

由下面的例子来说明：

> 一位教师可能会根据体育课学生跑步成绩的改善，来给他们评定等次。那些在课程开始时每英里需用8分钟的学生，在课程后，可能会把他们的用时缩短1分钟以上；而每英里用时4分钟的学生，成绩的提高不可能超过几秒的时间。显然，用时8分钟的学生比用时4分钟的学生，由于节省了更多的秒数，而在用时上有较大的"改善"。可是，没有教师会给那些跑得最慢的人成绩A，给最快的成绩F，不论他多重视改善的等级状况。无论如何，这些"改善"同整个评估的目的是不可比的。不能直接去比较同一尺度（即便是定比尺度）上不同点间的变化，是衡量变化时遇到的根本问题。（O'Connor, 1972a:73）

在当前的设计中，如果实验组和控制组的受试者有着不同的增长率，这种困难就会出现。在初始测量上，两个组距离越远，解释上的困难可能越严重。注意，即便所用的测量工具是定比的或定距的尺度，差值分解释的困难依然存在。

前测和（或）后测的敏感性和难度水平，也同样起着关键的作用，因为它们可能使得差值分的统计分析是有偏的。一个测量工具（或某一测量工具中的一个题项）的敏感性和难度水平，由受试者对它的反应来确定。因此，一个给定的测量，在一组看来相对困难，可能在另一组看来就相对容易。于是，当一个测量较为困难时，就可以观察到地板效应。此即，多数受试者都只能得到很低的分数，也就是，接近或就在可能的最低分值上。另一方面，如果测量是容易的，就会观察到天花板效应。此即，大多数受试者会得到接近最高分的高分，或取得最高分。无论是哪种情形，测量工具都是不敏感的，不能有效地在目标构念（如成绩、天资）上区分受试者。当前测和（后测）中出现了天花板或（和）地板效应时，差值分是没有意义的。[1]

当设计中使用了不对等的群组时，还可能发生一组出现天花板效应，一组出现地板效应的情况。例如，在补偿教育项目中，经常会发生这样的情况，即前测对参与到项目中的受试者而言相对困难，对比较（控制）组而言相对容易；这就意味着，在前者中可能会出现地板效应，在后者中可能会出现天花板效应。在这种情况下，使用差值分会导致处理效应的估计上的严重偏倚（关于天花板和地板效应导致的偏倚的较好讨论和示例说明，见 Campbell & Boruch, 1975:268-272）。

### 初始状态的信度及初始状态同差值分的相关

关于差值分应用的实质困难和分析困难的讨论，有着极其丰富的文献（例如，见 Bohrnstedt, 1969; Cronbach & Furby, 1970; Harris, 1963; Linn, 1981; Linn & Slinde, 1977; O'Connor, 1972a, 1972b; Plewis, 1985; Rogosa, Brandt & Zimowski, 1982; Rogosa & Willett, 1983; Willett, 1988）。这些文献中得到特别关注的议题有差值分的信度问题，以及初始状态（即前测得分）同获得（差值）分（即后测减去前测）间的相关问题。因为差值分的信度问题，是

---

[1] 天花板或（和）地板效应也会扭曲经由回归调整（见前面的部分）而得出的分析结果。

测量、设计和分析：研究方法的综合之道

解释个体得分的一项具体考量，所以这里我们不去处理它。我们在此要评论一下前测($X$)和获得分($Y-X$)间的相关问题[1]，以及它对目前考察的设计可能有的含义。前测和获得分之间的相关系数可由下列公式得到：

$$\rho_{X,Y-X} = \frac{\rho_{XY}\sigma_Y - \sigma_X}{\sqrt{\sigma_X^2 + \sigma_Y^2 - 2\rho_{XY}\sigma_X\sigma_Y}} \tag{13.1}$$

其中，$X$为前测；$Y$为后测；$\rho$为相关系数；$\sigma$为标准误；$\sigma^2$为方差。

为了突出公式(13.1)的性质，我们还设计了一组数据，并报告在表13.1中。根据公式(13.1)计算表中的数据后，我们会评述公式同不对等群组设计间的关联。

数据表由5个受试者的得分构成，包括他们的前测($X$)、后测($Y$)和获得($Y-X$)。此外，我们还报告了均值、标准误和相关系数。请注意，$X$和$Y$间的相关系数为零，且$\sigma_X=\sigma_Y$。现在来看表13.1，并注意到，表中报告的$X$和$Y-X$间的相关系数，即$-\sqrt{\frac{1}{2}}=-0.707$。[2]

**表13.1　前测(X)和后测(Y)的示例数据**

|  | X | Y | Y − X |
|---|---|---|---|
|  | 1 | 5 | 4 |
|  | 2 | 2 | 0 |
|  | 3 | 4 | 1 |
|  | 4 | 6 | 2 |
|  | 5 | 3 | −2 |
| *M*: | 3.00 | 4.00 | 1.00 |
| σ: | 1.41 | 1.41 | 2.24 |

注：$\rho_{XY} = 0.00$　$\rho_{X,Y-X} = -0.707$。

要承认，上述数字示例是一种极端情形。实际上，当前测和后测间的相关关系为零时，得到上述这样的获得分，其意义就像谚语所说的用苹果去加或减橘子。不过，上述例子可用来清楚地表明这一点，即使在此类极端条件下，初始状态和获得分之间的相关关系也不为零。

让我们考虑一下不对等群组设计的更现实的情况。首先，我们可以预料，前测和后测之间有一正向的相关关系，虽然它们的相关不一定是完全的。换言之，可以预料这一相关系数是一正分数。假定，前测和后测的标准误相等，于是，由式(13.1)可知，$X$和$Y-X$的相关系数将是负值。注意，要使这一相关系数成为正值，后测的标准误就必须比前测的标准误大很多——大到足以使得$\rho_{XY}\sigma_Y > \sigma_X$。

前测和后测的相关系数越小，为了将初始状态和获得分之间的相关系数变成正值，所要求的后测的标准误就必须越大。可是没有理由期望后测的标准误会大于前测的标准误。因此，一般而言，研究者可以预期，初始状态和获得分间的相关系数是负值。其意义是，受试者在前测上得分越高，就越有可能有一个较小的获得分，而前测得分低的受试者可能有一个较大的获得分。

---

[1]我们在此使用获得或获得分，仅是为了方便。此外，关于获得分的陈述也同样适用于其他类型的差值分。
[2]作为联系，读者可自行用式(13.1)计算$X$和$Y-X$间的相关系数，还可以用皮尔逊相关系数的公式计算$X$和$Y$的相关系数——例子见第17章式(17.8)。

对于不对等群组的设计而言,前面所说的可能有更为深远的含义。假定,前测和获得分间的相关系数为负,前测得分较低的群组就倾向于比较(控制)组,有更大的获得分。当前测得分较低的群组是接受处理的群组时,归属于处理的获得分可能要部分地或全部地归之于前测和获得分之间负的相关关系。如果处理给予的是前测得分较高的群组,则会出现相反的情况。此即,当处理组的前测和后测间有负的相关关系时,处理组可能会显出很低的获得分,从而导致研究者宣称,处理是无效的。无论具体的情形是怎样的,这里的要点是,前测和获得分之间的相关关系可能导致对处理效应的严重偏估。

## 原始差值分的替代

现在,由于使用原始差值分所固有的非常严重的解释问题和分析问题,大多数作者都同意,不应当使用原始差值分。研究者们提出了几种原始差值分的替代方案。其中值得注意的有标准化的获得分和残差得分(residualized gains)。这里我们不准备对这些方法展开评述,仅就它们做简要的评论。

肯尼(Kenny, 1979:第11章)提出使用标准化的获得分,并把它作为增长模型(growht model)的一个特定类型,即所谓的扇形-展开模式。[1] 从本质上说,这种方法要把前测得分和后测得分都转换成标准分。关于这一方法的讨论,和(或)相关的示例说明,见 Huitema (1980:第15章),Judd & Kenny(1981:第6章),Linn (1981),Linn & Slinde (1977),以及 Reichardt (1979:184-185)。

为了克服初始状态和获得分之间相关关系带来的难题(见上文),研究者们提出了多种样式的残差得分(如 DuBois, 1957; Tucker, Damarin, & Messick, 1966)。从本质上,这种路数是根据前测得分的,计算一个预测的后测得分,再用实际的后测得分减去预测的后测得分,从而得到一个同前测无关的残差得分。不过,就像克隆巴赫和弗比(1970)指出的:

> 研究者不能论证的认为,残差得分就是得分的"正确的"测量,因为在大多数研究中,被舍弃的那部分数值中包含有受试者的某些真正的和重要的变化。残差得分法首先是一种把那些实际变化的比期望变化的多(或少)的个体剔除出去的一种方式。(p.74)

在上面列出的同标准化获得分相关的参考文献中,读者可以找到对残差得分的讨论。罗戈萨(Rogosa, 1980b)给出了有关标准化获得分和残差得分的一个上佳的讨论,此外,他还论证了残差得分与不对等控制组设计的回归调整之间的关系。

## 回归调整或差值分

根据上面对不对等—控制—组设计中两种分析路径所呈现出的各种困难,读者可能要疑惑,其中哪一种是更可取的呢? 我们认为,大多数作者似乎更愿意选择回归调整,并对前测得分中的错误做出某些修正,这样一条路径(见第21章,ANCOVA部分)。有些作者,特别是

---

[1]关于不对等-控制-组设计中不同增长模型的细致讨论和分析方法的建议,见 Bryk 和 Weisberg(1977)。

贾德和肯尼(1981：第6章)，有不同的意见，并论证指出，对于回归调整和某些样式的差值分的选择，要依据特定研究中看似合理的因果模型的类别来判定。他们还进一步讨论了，作为两种分析路径的各自基础的严格的假设。于是，贾德和肯尼(1981)做出下述结论就不足为奇了："估计不对等群组设计中的处理效应，是一极端困难的过程。用简单易行的解决办法来对付分析中出现的各种难题，通常是不可能的。"(p.131)

## 选择性偏倚

在本章开始处，我们就指出，实验同准实验的区别在于后者缺少随机化分配。一般来说，在准实验设计中，群组的形成几乎总是一种自我选择的结果(如受试者选择去接受某种处理)，或(和)研究者根据实践的考量或实践的限制(如受试者能够加入研究中的顺序，条件的方便，经济的限制，管理的限制)所做决定的结果。[1] 无论具体的非随机过程是怎样的，一旦各群组是如此形成的，就无可避免地会出现组员关系(如处理组同控制组)同遗漏的相关变量之间的相关关系，进而引起处理效应估计的偏倚。

我们在此考察的，被称作选择性偏倚的，参数估计上的偏倚类型，是由于模型误设所引起的有偏参数估计的一种情形。正如我们反复谈到的，分析的技术，无论其设计得有多巧妙，都不可能挽救一个误设的模型。正是由于这一原因，许多作者才论证指出，前节提出的这类统计调整，不适于准实验设计。这些作者中较为突出的是洛德(Lord, 1967, 1969)。他用了几篇相当简短(每篇不超过两页)的篇幅，激起了许多作者围绕着统计调整的问题，展开了一系列讨论(如 Bock, 1975：490-496；Holland & Rubin, 1983；Novick, 1983；Weisberg, 1979)。在其中一篇文章的总结中，洛德(1967)说道：

> 即便在这类设计中经常有可用的数据，却不存在任何简单的逻辑程序或统计程序，能够将群组间事前存在的无控制的差异纳入适当的考量之中。研究者想要知道，如果不存在事前的无控制的差异，群组之间会有怎样的不同。这是一种常见的研究类型，即试图去回答一个，不可能根据可用数据，仅通过某种严格的程式，就能解决的问题。(p.305)

关于统计控制不适用于选择性偏倚问题，利伯森(Lieberson, 1985)有过很好的论述。他论证指出，"把总体之间发现的差异纳入考量之中的原因，也正是通常用以怀疑此类努力能否成功的原因"(p.19)。因为被比较的群组，其形成的非随机过程通常不为研究者所知，因此，就不可能将其纳入统计调整的考量中。

以科尔曼等人对公立学校和私立学校的对比研究为例，利伯森指出，针对两类学校的学生在社会经济背景方面的初始差异，所做的统计调整，是以不合理的假定为基础的，即假定，在不同的社会经济阶层内部，进入一种学校还是另一种学校的过程，是随机决定的。相反的假定倒是可能更正确些，即在任何一社会经济阶层中，父母关于其子女进入哪一种学校的决

---

[1] 一个显著的例外是，研究者可以根据一个特定的研究图式来组织各实验群组，从而避免无随机化分配条件下估计处理效应的偏倚，见下文的回归不连续设计。

策,不是随机的,而是由各种因素(如向上流动的渴望,种族态度,安全性,对子女的能力和动机的判断,对学校教育政策和规划的判断等)决定的。基于这些和其他一些因素,有些父母甚至愿意为了把子女送入他们选中的学校,而做出重大的牺牲。哈里斯(Harris,1981)引述了洛杉矶的一所私立高中校长对其学校的介绍:"我们是一所黑色飞行的学校。"(p.96)这所高中有35%的黑人学生,还有20%的东方裔和西班牙裔学生。据哈里斯介绍,这所学校的许多父母"为拼凑出平均每月1 000美元的学费而奋斗;少数家长还签署福利支票来支付部分学费"(p.96)。

前面所说的一切都旨在说明,即使对一些观测变量(公立学校和私立学校对比研究中的社会经济地位)做出了统计调整,各个群组仍可能在一些相关的被遗漏的变量上存在差别。因此,利伯森(Lieberson)毫不意外地论证指出,"在这样的条件下,统计控制产生的结果,可能比不用统计控制所做的分析,更加远离真实情况。"(p.22)

近年来,方法学家们开始认识到,只有通过构建选择过程本身的模型,才有可能对群组间的初始差异做出必要的调整。林德斯科普夫(Rindskopf,1986)的文章是这方面的一个较好的非正式介绍,其中还给出了许多供进一步研究的参考文献。巴尔瑙、凯恩和戈尔德贝格(Barnow,Cain, & Goldberger,1980)的文章给出了一个较好的正式介绍。还可参见穆滕和 约雷斯科格(Muthén & Jöreskog,1983)的文章。

正如斯特罗姆斯多弗和法卡斯(Stromsdorfer & Farkas,1980)曾指出的,当前的选择模型"还在它们的婴儿期"(p.40),要依赖于非常严格的假定条件,而这些假定条件的违背则会导致参数估计的严重偏估。当前可用的选择模型在实际应用中的不稳定的性质,可用莫奈恩、纽斯蒂德和奥尔森(Murnane,Newstead, & Olsen,1985)的论文来示例性地说明。文章中他们讨论了由公立高中和私立高中的教育效果研究的矛盾性发现带来的"重大难题"(p.23),尽管他们在各自的统计分析中"基于相同的数据,并使用了不同的新技术去控制选择性偏倚"(p.23)。莫奈恩(Murnane et al.)等人表明,且不论其他因素,研究中的两种统计分析,依据了不同的假定。

## 回归不连续设计

回归不连续设计(regression-discontinuity design,RDD)可以作为这样一种研究路径的一个事例,即这种研究路径根据的不是对随机化分配的"近似",而是对某种特定选择模型的利用。虽然RDD设计有着"非常有限范围的可能应用"(Campbell & Stanley,1963:231),且在实际中"很少被用到"(Mark & Cook,1984:108)。对RDD的非常少的应用,也几乎都集中在补充教育项目的效应的研究中(Trochim,1984:68;一个用在犯罪控制项目的评估中的例子,见Berk & Rauma,1983)。

尽管它的应用很有限,然而出于两个原因,我们要来讨论这种设计。其一,RDD可用于示例性地说明这样的设计,其中选择模型不仅是非随机的,而且是由研究者清楚地予以设定的。因此,对处理效应的估计也是无偏的。其二,这种设计可能是"利用不充分的"(Judd & Kenny,1981:101)。在许多研究领域中,当随机分配群组,由于伦理的、政治的或管理等方面的考量而不能实现时，可以证明它会是相当有用的。

起初，RDD是由西斯尔思韦特和坎贝尔（Thistlethwaite & Campbell, 1960）从一个分析的视角提出来的，其目的在于把它当作准实验设计中传统的受试者匹配方法的替代方案。随后，RDD被授予了一种设计方法的地位，并由一本书专门来讨论它（Trochim, 1984）。（在这本书的序言中，坎贝尔就RDD的应用和分析，追溯了内中理念的发展。）

本质上，RDD是严格地以一个前导测量（premeasure）上的分割点为基础，来分配处理组和控制组的。分割点之上的受试者被分到其中的一组，分割点之下的受试者被分到另一组。根据研究目的，处理既可以施与在前导测量上位于分割点之上的群组（以优势为基础），也可以施与分割点之下的群组（以需要为基础）。前导测量既可以是一次前测（即对与因变量相同的变量的测量），也可以是任何一个被认为同研究有关的变量。图13.4描绘了一项RDD设计。为了便于说明，在前导测量（X）上，位于分割点（P）之上的受试者，被分到处理组，而位于P点之下的受试者被分到了控制组。一个可能的例子是，让那些在一次学术资质测验中得分超过某一分数线的学生进入教育提高项目（即处理）中。

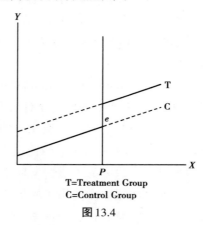

T=Treatment Group
C=Control Group

图 13.4

注：T=Treatment Group:处理组；C=Control Group:控制组。

如果处理没有效应，同时，如果可以假定，因变量（Y）对前导测量（X）的回归是线性的（这一假定会在下文讨论），那么就可以期望，有一条单一的回归线可以最佳地拟合两个群组的得分。换言之，受试者在因变量上的得分，都可以通过一个单一的回归方程，概率性地予以预测，而无论他是否参加了项目。参看图13.4，在这种情形下，可以期望，适于控制组的回归线（线C的实线部分）可以被延长，进而作为处理组的回归线（由线C的虚线部分表示）。另一方面，如果处理有效地增进了受试者在因变量上的表现，那么就可以期望，处理组的回归线应由控制组的回归线上的线取代（如线T的实线部分所示）。在这种情形下，两条线在分割点处的差值（即垂直线段e），就被视作处理的效应。

在我们对选择模型的简要介绍中（见上文），我们提到过，它们在规避处理效应的偏估中具有潜在的重要作用。凯恩（Cain, 1975）联系着准实验设计中回归分析的应用，讨论了这一话题，并区分了两种类型的受试者选择过程："选择过程为研究者所知的和选择过程不为研究者所知的。"（p.304）他还进一步指出，"能否避免统计偏估的关键，不在于分配是随机的，还是

非随机的,而在于研究者是否具有这一选择过程的知识,以及是否能够模型该过程。"(p.304)

因此,RDD设计正是这样的设计理念的一个事例,即这种设计可以规避对处理效应的偏估,但不是由于受试者的随机分配,而是由于研究者知晓选择过程。然而,这不能被理解为,RDD设计能够免于问题和困难。相反,它面临的实际困难,比通常认为的要多。不过,由于只有在对RDD进行统计分析的过程中,才能更好地理解这些问题和困难,所以我们将它们放在下节来讨论。

## 分 析

RDD分析的目的,是去比较各群组(如处理组与控制组)的回归方程。这种分析类型,也同样用于几种其他的设计(如第12章中的ATI和ANCOVA;本章的回归调整)。按照前文介绍的惯例,这里,我们同样不涉及分析方法的具体内容,而是将它留到第21章去处理和说明。

转到这一分析方法在RDD中的应用的一些具体方面,首先要指出的是,由于各组的分配依据的是他们在前导测量上的观测得分,所以测量误差不会导致处理效应的偏估。因此,就无须对前导测量上的测量误差进行修正(相关的例子,见Overall & Woodward,1977a,1977b;Rubin,1974,1977)。相反,读者应当记得,在回归调整的分析中,前导测量上的测量误差会导致对处理效应的估计的严重偏倚(见第21章,ANCOVA部分,特别是对图21.3的讨论)。

在本章的前面部分,我们讨论并用示例说明了外插回归线的种种风险(见对图13.2的讨论)。适于RDD的统计分析方法,实际上根据的就是两个群组的回归线的外插法(如图13.4的虚线所示)。由于在前导测量上,各群组没有交集,所以外插法带来的风险,实际上会非常严重。

为了便于说明,图13.5中显示了两个不同的数据模式,不过由于线性假定都被忽略了,同时,还给出了如图13.4所示的外插图形。在图13.5(a)中,我们用图形表明了,由于用线性回归(图中的实线)去拟合一个非线性回归(图中的虚线),从而错误地推论认为处理效应(即虚假效应)是存在的。

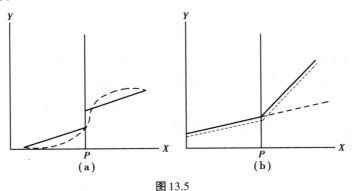

图13.5

图13.5(b)中,描绘了另一种用无效推论的例子,其缘由在于,当非线性回归更适当时,用了线性回归去做拟合。根据线性回归(实线)的结果做出的解释,会做出结论认为,处理和前导测量间存在交互效应(对图13.5(b)中两条线的差异检验,其意义见第21章)。这一结论所根据的假定是,如果没有处理(即没有干预),对于两个群组而言,回归线应是一致的(如图

13.5(b)中下部实线的延长虚线所示)。不过,也有可能,处理不具有效应,而回归线又是曲线的(如图中的点状线所示)。

图 13.5 给出的两个例子,当能充分地强调如下的重要性时,即不要把线性问题只看作一项统计分析的假定。只有确定了数据的线性趋势后,才能进行线性回归分析。不过,即使进行了曲线回归分析[1],仍有必要去判定,是用一种曲线趋势来表明没有处理效应,还是用一种线性趋势来表明处理效应的存在。换一种说法,研究者必须在图 13.5(a)中的两条实线和一条虚线之间做出选择。在缺少额外信息和理论基础的前提下,是不可能对其做出有意义的决策的。例如,有关于控制组的数据趋势的信息,也就是控制组在前导测量上的得分涵盖整个范围——同样包括分割点之上的得分,将有助于做出上述判定。

坎贝尔及其助手在推进 RDD 设计的发展和讨论方面是最有影响力的作者,不过值得注意的是,即便是他们在对数据的趋势做出有效的结论方面,也依然会出现问题。库克和坎贝尔(1976)警告说:"回归不连续设计的主要威胁"(p.271)来自在如下情形中做出处理效应的推断,即在没有施与处理的条件下,数据中存在着非线性的关系。值得注意的是,这段警告出现在他们用西维尔和夸顿(Seaver & Quarton, 1976)的研究作为 RDD 的例子的同一章节。西维尔和夸顿的研究表明,大学生进入 Dean 名单(优秀学生名单)中会对他们之后的成绩有促进效应。然而,如坎贝尔(1984b:20)自己后来指出的,在他和库克一起写他们的著作(Cook & Campbell, 1979:139-141))时, "Sween 用非线性拟合,再分析了西维尔和夸顿的数据,结果完全消除了存在效应的一切表示。"[!](Campbell, 1984b:20-21)

除了上面已经讨论过的问题,RDD 设计还面临着下述事实带来的困难,即其中的一个群组的规模通常相对较小。虽然这一问题不是设计本身固有的,但是当研究者把那些在前导测量上分数异常高或异常低的个体,分配到处理组时,它就可能出现在实践中。在这种情况下,数据就会缺乏稳定性,进而影响其他方面,如概化的问题、统计显著检验的问题和数据趋势的判定问题(如数据的趋势是线性的,还是非线性的)。在论及统计显著性检验时,戈尔德贝格(Goldberger, 1972)表明,如果 RDD 设计要同相当的随机化实验一样的统计验力,它所需要的受试者数量,就必须几乎是随机化实验所需的受试者的 3 倍。[2]

我们这里的讨论,仅限于受试者的分配,严格地遵循一个分割分数的情况。由于各种政治的、管理的,以及其他各种容易想到的类似原因,背离严格的分配规则的情形是有可能发生的(各种具体的例子,见 Trochim, 1984)。毋庸多言,当这种背离某一严格的分配规则的情形发生后,上面讨论过的各种复杂状况和分析上的困难,会变得愈加严重。对于如何应对背离严格分配规则的情形的详细讨论,见 Trochim(1984)。

在此,我们的目标是介绍 RDD 设计的基本理念;所以,我们不再论及它的各种变体和扩展(如多个分割点设计、多元变量设计)。关于这些话题的讨论,见 Judd 和 Kenny(1981:第 5 章),以及 Trochim(1984)。

---

[1]曲线回归分析的讨论见第 18 章。
[2]统计显著性检验的验力问题,见第 15 章。

总之,尽管RDD设计可能对一些特殊的问题很有用,但是它也一样伴随着各种难题,以及各种潜在的偏倚源。托弛姆(Trochim,1984)讨论了RDD的各种限制条件。他关于RDD分析问题的陈述,一方面可以作为本节的总结性陈述,另一方面也可以作为使用RDD设计时研究者在心理应当有的警示。

> 回归不连续设计的统计分析不是一件小事。在典型的情况下,完成统计模型的设定,要涉及大量的判断。这一设计本身的性质,使得它特别容易受到异常值、地板效应和天花板效应,测验的"幸运"水平和类似的,在其他设计策略中不甚显著的因素的影响。最终,研究者既要严重地依赖于所用统计模型的假定,还要依赖于统计模型的辨识力,即实际地辨识出某个项目的效应是否存在的能力。(pp.46-47)

## 间断时间序列设计

一个时间序列是指在某一给定变量上,有一系列历时性的观测值。在以下一些领域中,如贸易学、经济学、农学,还有气象学等。时间序列数据特别丰富,如股票市场收盘价的记录、国内生产总值的记录,以及气温的记录。搜集和分析时间序列数据,主要有两个目的:(a)发展相关模型,用以说明发生在时间上的变化模式(如趋势变化、周期变化、季节性变化);(b)用模型来预测。

间断时间序列,如其名称所蕴含的,是一个被某些离散的事件或干涉(如驾驶时速限制的变化,一项石油贸易的禁令,战争的爆发,一项法律的实施,一种疫苗的接种,一个教育项目)中断了的时间序列数据。研究间断时间序列的目的在于通过推断某种干涉或某一处理是否,以及通过何种方式导致了时间数据的变化来估计此一干涉或处理的效应。

时间序列设计和分析的文献十分丰富;有些还相当技术化。这里,我们无意就这一话题进行哪怕是非常基础的介绍。不过,我们希望能促使读者注意到这一前景广阔的研究路径的存在。相应地,这里我们所做的一切,无非是就这一话题的一般性介绍给出相应的参考文献,以及那些从社会行为科学的视角写作的,特别强调间断时间序列的文献。随后,还会介绍两个基本的、准实验的间断时间序列设计样式。

时间序列的设计和分析的通论性介绍,及其应用的示例性说明,可参见 Bowerman 和 O'Connell(1979),Cryer(1986),Nelson(1973),O'Donavan(1983),以及 Pankratz(1983)的著作。从社会行为研究的视角介绍时间序列设计的书籍,章节和文章有 Algina 和 Olejnik(1982);Campbell(1969b);Cook 和 Campbell(1979:第 5 章);Cook,Dintzer 和 Mark(1980);Gottman(1981);Harrop 和 Velicer(1985);Judd 和 Kenny(1981:第 7 章);Lewis-Beck(1986);McCleary 和 Hay(1980);McDowall,McCleary,Meidinger 和 Hay(1980),以及 Swaminathan 和 Algina(1977)。

## 简单的间断时间序列

下面给出了一个简单的间断时间序列设计的样式,其中 $O$ 代表观测值,$X$ 代表一个干预或一个处理。

$$O_1 \ O_2 \ O_3 \ O_4 \ X \ O_5 \ O_6 \ O_7 \ O_8$$

　　为便于说明，在干预前，给出了四个观测值；干预后，也给出了四个观测值。虽然，一般而言，时间序列数据由更大数量的观测值构成，但是，观测值的实际数量，是根据设计的具体内容，以及所研究的实际问题而变化的。例如，相对于一个群组而言，如果设计针对的是某一单一的个案，就需要更多数量的观测值。这种设计针对群组数据的应用，其丰富的实例和相关的参考文献，可见前面列举的文献。这种设计在单一个案研究中的应用，见 Barlow 和 Hersen（1984），Kazdin（1982），以及 Kratochwill（1978）。

　　无须进一步讨论这种设计的内在效度的各种威胁，我们相信，根据我们对此类威胁已有的讨论，读者能够认识到，当前设计的主要威胁是历史的问题。现在，我们转到第二种设计，其目的在于去控制历史的和其他的对内在效度的威胁。

## 含不对等控制组的间断时间序列

　　下面给出了一个含不对等控制组的间断时间序列设计样式，同样为了便于说明，其中有四个观测值($O$)先于干预($X$)，四个后于干预。

$$O_1 \quad O_2 \quad O_3 \quad O_4 \quad X \quad O_5 \quad O_6 \quad O_7 \quad O_8$$

$$\text{------------------------------------}$$

$$O_1 \quad O_2 \quad O_3 \quad O_4 \qquad O_5 \quad O_6 \quad O_7 \quad O_8$$

　　其中，第一组在四次观测后被施与了一次处理，而第二组作为控制组，没有被施与任何处理。显然，对内在效度的威胁的控制程度，依赖于两个不对等群组的可比性。

　　当前的这一设计，可以被看作本章前面已经详细讨论过的不对等控制组设计的一般形式。我们认为，这里无须在就干预前和干预后有多个观测的优点再做评论了。多个观测值的具体应用，是间断时间序列数据分析的一个有机方面，对它的讨论和相关的示例说明都可以参见上面给出的参考文献。这些参考文献中还介绍了当前设计的各种变体，以及更复杂的设计样式。

　　再次说明：在此，我们的目的只是告知读者时间序列设计对准实验而言是可用的设计类型，并给予读者相关的参考文献。毋庸置疑，时间序列设计在实验研究中也是非常有用的。

# 本章小结

　　我们相信，通过本章的介绍，读者应当已经清楚，准实验研究旨在取代实验研究。按照库克和坎贝尔（1986）的说法，"准实验研究一方面源于研究者想要逃离实验室的渴望，另一方面源于在随机分配不可行的情况下，研究者仍然想要去检验现象的因果关系的企图。"(p.149)

　　关于实验室研究同实地研究各自的优点和缺点的争论，在第 12 章已经叙述过了，所以在此不作赘述。至于因果关系(causality)，前面已多次指出，我们将在第 24 章讨论这一复杂的、充满争议的话题。尽管如此，上面库克和坎贝尔的论述，仍然可作为本章小结的一个好的开场白。

首先，一个因果陈述隐含着一个过程的理论，即该过程导致了或影响了所研究的现象。因此，就不应当把准实验设计同事后寻找合理的理论说明混淆起来。

其次，正如第9章和第10章已经详细讨论过的，即便有相关理论的指引，从研究中得出结论的有效性，也取决于排除其他可能的解释的合理程度。对于这点而言，我们希望通过本章和前面一章的介绍，读者应当已经清楚，在实验设计中，做到这点比在准实验设计中做到这点更容易，更少不确定性。实际上，"真正的实验，比准实验较少有不可靠的论断，同时……对于各种意外的结果，也不容许有什么借口。"(Campbell & Boruch，1975：208)

最后，无须多说，一项最精心筹划的实验，也会走样变形。在实际的执行过程中，许多实验最后变成了准实验，从而要按照准实验的方法去对待它。关于这点，指出下列事实即可。通过随机化分配形成的、对等的各群组，会由于非随机的受试者损耗，从而导致研究变成一个不对等群组设计，并由此带来了本章讨论的各种难题，以及各种似是而非的问题。

# 第14章
## 非实验设计

在前面几章中,已提请读者注意,作者不仅在研究设计的分类方面缺乏一致的意见,而且在关于用什么样的术语,来指称同种类型设计的根本内容方面也缺少共识。不过,读者可能记得,我们更倾向于将研究设计分成三个大类:实验的、准实验的和非实验的。第12章和第13章分别论述了实验设计和准实验设计。本章要论述非实验设计。

应当承认,"非实验的"这一名称,几乎囊括了除实验设计以外的所有内容。为了避免歧义,需要指出的是,三类设计之间的区别在于以下要素的存在与否:(a)自变量的操控;(b)随机化。在实验中,操控和随机化都必须存在;在准实验中,存在操控,当缺少随机化分配时,在非实验中,既无操控也无随机化。为避免给读者造成一种错误印象,以为上述分类是界限分明的,我们还提醒读者回忆一下第13章关于准实验中处理意义的歧义性的讨论。

那么有哪些术语被用来代替准实验一词呢? 直至最近,最流行的术语可能是"相关关系研究"。不过,正如许多作者(如 Cook & Campbell, 1979:295)已经指出的,这个名称是一错误的命名,因为它指向的是分析的特征,而非设计的特征。

另一个通常使用的术语是"调查研究"。但是,这个术语的含义十分广泛。例如,海曼(Hyman, 1973)认为,一方面,调查"显著地不同于实验室的人为环境中实施的实验"(p.324),并将其视作属于"更大类别的实地方法"(p.324)。另一方面,统计学家们倾向于在更严格的意义上使用这一术语,用它来指"从一定数量的个体,即'样本'那里收集信息——以便了解这一样本所得自的更大总体的相关内容——的一种方法"(Ferber, Sheatsley, Thmer, & Waksberg, 1980:3)。

还有一个常用的名称是"观测研究"。不过,正如第13章提到过的,有些作者,特别是统计学家,也用它来称呼准实验设计。这就是为什么库克和坎贝尔(1979)提议使用"消极的观测研究"(p.296)这一名号。在第6章中,我们已经表达过对使用术语"观测研究"的保留意见,认为它更适合于描述数据收集的程序。对于库克和坎贝尔的命名方式,我们也有相似的保留意见。

再重复一遍:就本章要介绍的设计而言,应当使用何种术语,不存在共识。所有这些术语,包括我们使用的,都不可避免地带有歧义。现在,我们转回讨论非实验研究的各主要方面,而后我们还会介绍一些简单的设计样式。

## 预测研究与解释研究

第3章不仅区分了预测研究和解释研究,同时,让读者注意到,关于预测和解释的逻辑地位,在科学哲学家中,还没有一致的认识。[1] 读者应当记得,预测研究旨在通过利用来自一个或多个预测变量的信息来开发预测感兴趣的标准的系统。解释研究旨在检验为解释感兴趣的现象提出的假设。

正如第3章曾说过的,这两种视角是互斥的。尽管,有必要在两种视角之间做出区分,但是从数据收集、分析路径的选择和应用,以及分析结果的解释等重要方面来说,仅有视角的区分是远不足以说明问题的。在一项预测研究中,我们虽不主张如此,但是可以想见,在决定该去收集什么类型的数据,以及如何分析数据方面,无须理论指导。研究者可以只根据实际的考量,去选择、保留或删除相关变量。其次,哪些变量被指定用作准则,哪些用作预测变量,也可以是断定的;因此,这些选择就可以依据具体的实际目的和实际情形来做出。最后,在解释研究中,由模型误设所带来的非常严重的对效度的威胁,也不会发生在预测研究中。

我们再次提请读者注意,两种视角之间的区别,因为混淆它们的风险在非实验研究中尤其严重。由于在第3章中,我们已经在准则相关的效度这个一般的名目下,讨论过预测研究的相关问题,随后本章仅讨论解释研究。

## 模型的设立和检验

在解释研究中,出发点和最重要的事物无疑是理论。根据前面对理论的角色讨论,读者应该很清楚,在缺乏理论框架的情况下,研究者不可能去谈论,哪些变量对特定研究而言是相关的,哪些又是无关的。当然,也不可能确定,变量在研究中的角色(如自变量、因变量、控制变量)。

以实验和准实验设计为一方,以非实验设计为另一方,两方之间的主要差别,是推论进行的方向。在实验和准实验研究中,推论是顺着从自变量[假定的原因(putative causes)]到因变量(结果或效应,待解释的现象)的方向进行的。在非实验研究中,推论通常以相反的方向进行。此即,先从某个因变量开始,试着去查明、去揭示,与之相关的自变量。

我们极其不希望给读者造成一种错误的影响,认为在前面一段中,我们所说的,是既无歧义也无争议的。就其中的歧义而言,需要提醒读者注意前章已有的讨论,在那里我们曾讨论过,有时候很难说清楚处理到底是什么(如在研究某些整体项目的效应时,见第13章)。就其中的争议而言,提一下围绕着因果关系的概念的争论(见第24章),就足够了。

放下上述的歧义性和争议性不谈,在非实验研究中,混淆自变量和因变量的倾向,以及对数据分析做事后理论说明(见第9章)的倾向,通常远大于实验研究或准实验研究中的情形。

---

[1]可参见第3章的评论和参考文献。还可参见第8章,研究设计的视角。

当研究者对变量(如施与不同的处理)实施操控时,对于他(她)而言,期待相关变量会影响因变量,就是理所当然的,同时将相关的期待表述成待检验的假设,也是很自然的。另一方面,在非实验研究中,研究者甚至可能倾向于去限制自己做出相关假设,错误地认为,他们应当保持"中立""让数据自己来说话"。

与前面所述相关的是,在不同的设计中,进行比较的逻辑的不同。在实验设计中,由于使用了随机化分配(见第10章和第12章),比较是在那些除了自变量(如接受了不同的处理、不同水平的同一处理)以外其他一切方面都对等的(概率论意义上的)群组之间进行的。为了便于讨论,如果内在效度的各种威胁都已经被合理地排除了(见第10—12章),那么群组之间观测到的差异,就可以被归之于自变量的影响。

正如第13章已经讨论过的,在准实验设计中,由于缺少随机化分配,这就会引发一系列同群组比较的效度相关的非常困难的甚至是难以克服的问题。为了便于讨论,假定可以忽略这类研究执行过程中出现的各种难题和复杂的情形,在准实验中,比较仍然需要在接受了不同处理的各个群组(或是处理组和控制组)之间进行。

在非实验设计中,群组通常是在因变量的基础上构成的。读者很容易想到的例子有:根据犯罪情况、累犯情况、攻击发生情况、动机、心理的或生理的疾病等为基础建立的群组。以此为基础,研究者想要去揭示,是什么引起(也许原因性地导致了)这些群组之间观测到的差异。就当前讨论而言,值得注意的是,当群组形成的基础是它们在某个因变量上的状态时,以及当研究者将这些群组间的差异归之于某些原因(如儿童的虐待、节食的方式、是否吸烟、酒类消费的情况)时,是不可能清除如下可能性的,即处于不同群组的人,可能接受了同样的"处理"。在这种情形下,抛开其他各种各样的问题(见下文)不谈,困难的核心在于,关于不同群组受到了不同处理的影响的论断,也许是不能成立的。

多恩(Dorn,1953)充分地讨论了医学研究中实验设计和非实验设计之间的差别,并就我们提到的这类困难给出了一些十分有趣的示例。在讨论过用实验法或准实验方法研究吸烟对肺癌影响的各种困难之后,多恩指出,研究者们想要用非实验的方法来研究这个问题,即去比较基于因变量形成的群组。这就是说,根据是否受到肺癌的困扰,把人群分做两类。这时,所做的比较就是"患肺癌的人和没患肺癌的人中吸烟的人在各群体中的比例;然而,对于问题中要去检验的假设而言,适当的比较则是吸烟的人和不吸烟的人之间患肺癌的人的比例"(p.679)。

## 抽 样

一般而言,在一项实验中,如果其受试者不是由某个限定总体的概率样本构成的,这并不会危及该实验的内在效度。如果可以清除对内在效度的各种威胁,那么,因为受试者是被随机地分配到各不同的处理组中的,就可以做出关于不同处理的效应的有效论断。不过,显然,这种研究可能不具有外在效度。[1]

——————————
[1]关于实验设计见第12章。关于内在效度和外在效度见第10章。

如果研究的论断不是仅限于去描述研究中恰好得到的一群人的情况,那么概率抽样对于非实验研究的效度来说就是一项必要条件。很可惜,在许多社会行为研究领域中,研究者习惯于去报告不同类别(如男性和女性;黑色人种、白色人种和西班牙裔人种;吸烟的人和不吸烟的人;参与投票的人和不参与投票的人)的群组在一系列变量(如动机、智力水平、收入、态度)上的比较值,与此同时,一点也不考虑抽样问题和样本的代表性问题。相似地,研究者还会去计算,检验排序变量间的相关系数、回归方程,以及因果模型等,并进而推断分析结果是支持了还是没有支持给定的解释,然而,事实是,研究者所分析的数据,得自于偶然聚集在一起的人,而这群人是由于各种各样的原因(如对研究的话题感兴趣、好奇心、被迫、酬金)才成为该研究的受试者的。无论是出于怎样的理由才参与到研究中的,读者需在心里铭记,根据非概率样本计算的统计量(如均值、标准误、相关系数、回归方程的解),同那些从目标总体的概率样本中得到的统计量,没有任何相似之处。

一个流行的错误观念是,因使用非概率样本产生的困难,可以通过提供所研究人群的统计描述来缓解,如果不能彻底克服的话。可是,这里必须要强调,即使用来描述非概率样本的变量同所研究的问题是相关的(在许多报告中,它们显然不相关),这类统计描述依然建立在不合理的、假定的基础上,即假定被描述的人群对目标总体具有代表性。可惜,在大多数情形下,这些描述甚至没涉及目标总体。

## 控  制

非实验研究效度的主要威胁来自未加控制的各种混杂变量。要想研究一组相对少量的变量之间因果关系的模式,研究者就不得不去面对这样一项不可能完成的任务,即辨识出和控制住无数潜在的混杂变量。即便已经合理地找到了需要加以控制的变量,通常要说明,是否应去控制它们,以及如何去控制它们,也是非常困难的。在非实验设计中,两种主要的控制方式,是通过受试者选择和通过统计调整。前一节,我们已经讨论了受试者选择过程中抽样的关键作用。下面,我们会论及从广泛的类别中选取受试者所带来的种种不确定性。

这里不适于着手处理统计调整的各种方法。在本书多个章节中,联系着具体的研究设计,以及适于这些设计的分析方法,我们对它们有过介绍和讨论。就当前的目的而言,需要指出的是,我们关于实施统计控制所带来的各种非常困难的逻辑问题和分析问题的评论(见第10章和第13章,关于协方差分析(ANCOVA)的评论,以及偏相关的评论),对非实验研究也同样适用。

最后,读者应记在心中的是,在非实验研究中,实施统计控制,可能会扭曲目标变量之间的关系,甚至会改变因变量的性质,从而使得情况变得更糟。一如既往,防止忽略此种情形的主要保证,就是理论和常识。

我们现在转向一些基本的非实验设计的介绍。与前几章一样,这里的目的是概述。当我们涉及分析方法时,我们在直觉层面上这样做,并参考本书中的相关章节和/或其他来源来详细处理这些话题。

## 类别的自变量

面对着人群在众多变量上的可能的或实际的类别划分，不必奇怪，研究者和外行人一样，会在每一个可以想见的变量上，去设想人群之间会有何不同，以及为何不同。于是，很自然地就会去探究变量间的关系，如性别和攻击性、婚姻状况和压力、居住地和态度、人种和气质、社会经济地位和心理健康状况，诸如此类。

在多个章节（特别是第 2 章，定类尺度），我们已经讨论过类别划分在测量和研究中的意义和作用。因为，就当前目的而言，我们只要说，所谓类别自变量的设计，我们指的是这样一种非实验设计，其中一个或多个泛化的人群类别划分被用来说明研究对象在某些目标现象上的状态（即设定的因变量）。在此，排除在这种设计考量之外的是，那种为了将人群划分到不同群组中，而把一个连续的自变量（如智力、焦虑、动机）变成类别的自变量（如高、中、低），这种十分成问题的方式。这里，排除在考量之外的还有那种根据理论的考量和（或）包含了多种具体分析技术的聚类分析的应用，从而得到精巧且复杂的类别和类型。[1]

如果研究仅限于描述不同群组在某些因变量上的差异，这是不会发生任何难题的。但是，当类别变量（复）被提出来时，用来去说明因变量上观测到的差异，这时，复杂的问题和不确定的问题就随之而来了。例如，观测到男性和女性在机械智能上存在差异，研究者就很容易成为这种"说明"的牺牲品，即把观测到的差异归之于性别。可是，在多数情况下，这样的说明实际上只是虚假的说明，或者如鲍迈斯特（Baumeister, 1988）所说："性别差异的发现是一个问题，而非一个答案。"（p.1093）当差异被归之于性别时，重要的且留下来没有回答的问题是，男性和女性（即具体的变量）使得他们在所研究的现象上有所不同，所指的内容是什么。[2] 对于其他种类的群体划分（如宗教、民族、人种）带来的差异，上面的话也同样适用。

暂且不论上面提出的种种困难，这里考虑的设计在本质上是要去比较基于一般的类别划分或群体划分而有的类别群体在目标因变量上的差异。于是，概率抽样虽不是有效推论的充分条件，而是一项必要的条件。这样的样本就得自于每一种被归组或归类的群体，与此相应的，出于比较的目的，每一个这样的群体又都被当作一个独立的总体。在这种设计中，每个群体的样本量，无须反映该群体在所谓的完全总体中的相对频次。因为出于统计分析的考量，研究者更好的做法是，就所有被比较的群体都抽取等量的样本。

---

①关于聚类分析的介绍和（或）综述，见 Aldenderfer & Blashfield（1978, 1984），Blashfield（1980），Blashfield & Aldenderfer（1978），Everitt（1980），Hartigan（1975），Hudson et al.（1982），Lorr（1983），Meehl & Golden（1982），Mezzich & Solomon（1980），Romesburg（1984），以及 Sokal（1974）。

②当问题涉及研究中的性别主义时，不必奇怪，关于性别差异是否应当被研究，以及是否应当构成常规报告的一部分的问题，已经上升到意识形态的水平，变成政治争论了，见 Baumeister（1988），Eagly（1987），McHugh, Koeske, & Frieze（1986），Rothblum（1988）。针对性别相关行为的研究，一个值得考虑的模型，见 Deaux & Major（1987）。

## 单个自变量

像前两章介绍的各种设计一样,我们假定因变量是连续的。在这种情况下,群组比较通常集中于均值差的比较。均值差的比较既包括效应大小这方面(即效应规模;见第9章和第15章)的估计和解释,也包括统计显著性的检验。

## 分　析

当自变量只有两个类别时,要检验两个均值间的差值,可以用 $t$ 检验。如果变量有两个以上的类别,可以用一元(简单)方差分析(one-way analysis of variance,ANOVA)。

我们提到的 $t$ 检验和方差分析,因为它们可能是某些学科的学生唯一接触过的分析方法。在第19章中会讲到,同样的结果可以通过多元回归分析来得到,而在多元回归分析中,类别自变量(在当前设计中,即群组成员关系)会被重新编码作一组编码向量。就当前的目的,我们在此仅指出,多元回归方法是更好的选择,因为它更为通用,即在同一分析中,既可以有类别的自变量,或连续的自变量,也可以同时包括两类自变量。

通过方差分析或带编码向量的多元回归分析,会得到一个整体的答案,即被研究群组的均值间是否存在统计上显著的差异。不过,在更多的时候,研究的兴趣是特定群体之间,或群体的组合之间在均值上的差异。比如说,在一项关于民族属性对收入影响的研究中,研究者可能既想研究特定民族的群体之间在收入上的差异,也想研究民族群体的组合(如欧洲人同亚裔)在收入上的差异。这种研究可以通过所谓的多元比较(将在第19章介绍)来完成。

## 多个自变量

通常,研究者也会有兴趣去比较在两个类别上归类的群体。例如,研究者可能想要研究各个群组在收入均值上的差异,而这些群组的划分可以同时根据人种和宗教、民族和政党归属。不必说,也可以在两个以上的类别上进行交叉分类。

由于这样的设计看起来同实验研究中的因子设计(见第12章)很相似,所以有些研究者就按同样的方式对待它们。于是,他们会谈到主效应,以及类别变量之间在交叉分类上的交互效应。以上面列举的例子为参考,他们会谈论人种和宗教属性的主效应,还会论及人种和宗教在收入上的交互效应。

然而,当下我们考察的研究设计同实验研究中的因子设计两者之间的相似性,仅仅是表面上的。这里我们不可能深入地讨论两种设计之间的具体差别。也不可能去讨论两种设计通常采用的分析路径上的种种差别(第20章会讨论)。这里,我们要做的只是提示读者其中涉及的主要困难。如果把目前讨论的设计当作实验研究中的因子设计来对待,就会忽略非实验研究中同模型设定相关的各种问题,尤其是相关变量的遗漏问题,而因子设计要假定,自觉地或不自觉地,自变量之间相互独立。显然,这不符合非实验研究的实际,因为在非实验研究中,自变量不仅可能有相关关系,而且它们之间的相关关系,还可能是其中某个"自"变量影响另一个自变量的结果。

我们的评论无疑是很简略的。不过,在第20章中(见非实验研究中的类别自变量),我们会再次回到这一议题上。

## 连续的自变量

关于这种设计，我们还是先简要评论单个自变量的情况，再转到多个自变量的情况。我们要再次强调，我们的目标仅限于给予一个直观的介绍。在介绍第12章和第13章的设计时，我们曾请读者忍受和容忍我们评论中模棱两可的地方，这些恳请对于当前要介绍的设计而言，也许更加贴切。根据读者自身的知识背景，读者甚至会认为当前的介绍令人困惑，甚或令人挫败。而我们所能做的，只是向读者保证，在本书的第3篇中，我们会详细地解释和示例性地说明这里所图示的各种模型该如何去分析和解释。在阅读下面要介绍的内容时，读者最好去浏览第17章和第18章的相关部分。

### 单个自变量

前面，我们曾几次指出，遗漏掉同模型中自变量相关的有关变量，就构成了一项模型设定的错误，从而导致对模型中自变量效应的偏估。在非实验研究中，这类错误难以避免，是显然的事实。研究者所能做的，无不是努力将主要的变量都囊括在设计中，使得犯这种错误的概率变得最小。不管怎样，十分确定的是，在非实验研究中，只有一个自变量的设计，在任何能够想到的实际情形中都可能是误设的。因此，我们希望读者能够理解，我们所以会论及这种设计，完全是出于教学的目的。还需要指出的是，假定使用了这种设计，通常可以用简单回归分析来分析它的数据，而所谓简单回归分析，就是用一个因变量对一个自变量做回归。在第17章，会介绍这种分析，其时，还会讨论到作为这一分析基础的相关假定（如线性假定）。

### 多个自变量

显然，如果对于被考察现象没有提出一定的理论，就自变量之间关系的性质没有正式的陈述，那么想要有一个正确设定的模型是不可能的。在此，我们不可能开启这一议题的讨论，以免离题太远。为此，我们将仅限于讨论一些综合性的模型，以便引入主要的术语，并说明，为何不同的理论陈述会导致对同一变量的角色有不同的认识，以及不同的认识又怎样进而导致不同的分析路径。

### 单阶段模型

单阶段模型是指因变量受到一组相互关联的自变量影响的模型。图14.1中描述了这样一种模型示例，它由三个自变量和一个因变量组成。如果使用一个实际的例子，我们将假设自变量分别是社会经济地位（$SES$）、智力水平（$MA$）和动机（$MOT$）。因变量可以是学业成绩

（*AA*）。关于这一模型，有几点需要说明。

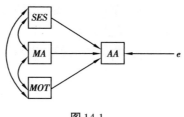

图 14.1

模型中的自变量被认为处于同一说明层次上。这就是说，它们中间没有一个变量被认为会影响某个其他自变量，或被其他自变量影响。在图上，这些被双箭头曲线连接在一起的变量，表示它们之间有相关关系。这类自变量通常被称为外生变量（exogenous variable）。

> 外生变量是一种变量，其变异性被认为是由所考虑的模型之外的原因决定的。换言之，研究者不会想要去说明某个外生变量的变化，或它同其他外生变量的关系。（Pedhazur，1982：178）

相反，"一个内生变量，是它的变化可以由因果模型中的外生变量和其他内生变量予以说明的变量"（Pedhazur，1982：178）。因此，图 14.1 所描绘的模型中，*SES*，*MA* 和 *MOT* 都被视作相关的外生变量。这就意味着，这些变量之间的相关关系被认为是给定的，无须做进一步澄清。例如，在这种模型中，不可能接受如下的可能性，即 *SES* 和 *MOT* 之间的相关关系，是由于前者对后者的影响而产生的。这可能是由于使用该模型的研究者，不愿意或没能就这些变量之间的相关关系提出一个理论上的说明。不过，无论原因是什么，应当注意的是，根据该模型，这些自变量对因变量只有直接效应，就像发自各变量的箭头所表示的一样。在单阶段模型中，排除了以下情形，即某个特定的变量可能，部分地或全部地，通过其他变量的中介作用发挥其效应。

被归在误差项 *e* 中的，其他对 *AA* 可能有影响的变量，被假定认为同模型中的自变量都没有相关关系。正如上文说过的，对此假定的背离，就构成了一项设定错误。

总之，单阶段模型，又称为单一方程模型，是这样一种模型，即它的因变量被表示成一组有相关关系的自变量和一个误差项（包含了同自变量不相关的省略变量）的函数。

## 分 析

假设模型的设定是正确的，同时假设其他统计假定也都得到了满足，那么对图 14.1 中描绘的这类单阶段设计来说，多元回归分析就是合适的分析方法。在第 18 章中，将会具体讨论这一分析方法，在这里，还会说明方差的回归系数被解释成自变量对因变量的效应。在分析过程中，除了其他选择，研究者需要考虑如何在非标准化的回归系数（即 *b*）和标准化的回归系数之间（即 *β*）做选择。

有时研究者不是去解释回归系数，而是采用另外的分析路径，即那种通常被刻画成方差分割的分析方法。本质上，这一分析路径的目标，是去分割因变量上的方差，并将方差的不同部分归之于各个不同的自变量。方差分割的例子有层级回归分析和共同性分析。在第18章，我们会讨论，为何方差分割本身较少受到推荐。就当前的论述来说，仅需要指出，根据所使用的具体分析技术，当研究者将方差分割用于单阶段模型时，要么是不适当的，要么是缺少信息量的。

## 多阶段模型

多阶段模型由一个或多个外生变量和两个或多个内生变量构成。阶段是指内生变量的数量，并且每一个内生变量都会被表示成一个因变量。为了进一步说明，图14.2中给出了两个不同的模型，其中所有的实质变量都同单阶段模型中所用的变量一样。在模型(a)中，MOT(动机)受SES(社会经济地位)和MA(智力水平)的影响，同时，AA(学业成绩)又受前面三个变量的影响。所以说，(a)是一个两阶段模型。可以看出(b)是一个三阶段模型。[1] 再重复一次：在此，我们不去考虑最具重要性的理论问题，以及正确的模型设定的问题。使用上述模型的唯一目的就是做示例性的说明。

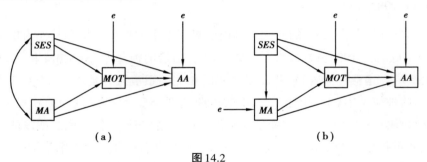

图14.2

现在，根据模型(a)，SES和MA之间具有相关关系，且它们既对AA有直接影响，还通过MOT对AA有间接效应。使用同样的变量，还可以设想出其他的模型。例如，可以假设，SES对AA只有间接效应。据此，可以删去SES对AA的箭头。

转到图14.2的模型(b)，可见：(a)SES对MA有影响；(b)SES和MA都影响MOT；(c)SES，MA和MOT都影响AA。与模型(a)相似，也可以构建其他的三阶段模型。例如，研究者可以假设，MA和MOT之间的相关关系可以完全归之于它们的共同原因，SES。这就意味着，假设MA不影响MOT。将此假设反映在图14.2(b)上，就是删去MA对MOT的箭头。

图14.2中的模型，还被称作多方差模型。在这些模型中，每一个内生(因)变量都可以被表示成某些(个)对它有影响的自变量和一个误差项(其中包含那些对因变量有影响，但没有被包含到方程中的变量)的函数。因此，模型(a)就需要两个方程：一个用来表示MOT；另一个用来表示AA。模型(b)需要三个方程，即每个内生变量要有一个方程。

---

[1]在这两个模型中，因变量也受到那些模型中没有但却包含在图中各个e中的变量的影响。

## 分 析

这里,我们介绍的两类模型,使用的相关术语,通常都被归在路径分析(path analysis)的题目下予以讨论。在第24章,我们会讨论和示例说明这类模型的统计分析。当前,我们仅就这一话题做一些一般性的评述。

给定某些假定,特别是假定变量间的关系是线性的,且假定误差项($e$)同模型中的自变量不相关的前提下(关于上述的以及其他的模型假定的讨论,见Pedhazur,1982:582),模型中变量效应的估计,如图14.2所示,可以通过使用多元回归分析来得到。尤其是,每一个内生变量都回归于一组对它有影响的变量,同时,所得的$b$(非标准化回归系数)或$\beta$(标准化回归系数)就用以表示相关自变量对此一内生变量的效应。因此,就图14.2的模型(a)而言,需要两个多元回归分析:(a)$MOT$对$SES$和$MA$的回归,(b)$AA$对$SES$,$MA$和$MOT$的回归。模型(b)需要三个回归分析。注意,如图14.1所示的单阶段模型,可以被看作一个特例。换句话说,使用单个方程模型,就相当于使用单阶段路径分析模型。

为了使读者明白上述不同模型的含义,我们将集中考察不同模型中$SES$的角色。为了便于讨论,现假定,$SES$不直接影响$AA$,但是通过其他变量的中介作用,确实间接地影响了它。给定这一假设,并使用图14.1上的模型,必然得出结论,仅考虑$AA$的情况下,$SES$是无关的。如前所说,这是因为在单阶段模型中只有直接效应才是可估的。

现在,假定给出的是图14.2的模型(a)。除了要像图14.1中的模型一样估计$SES$对$AA$的直接效应,还要去估计$SET$经由$MOT$对$AA$的间接效应。进一步,如果换做模型(b),如图14.2所示,$SES$就有如下三条间接效应:

(1)$SES \rightarrow MA \rightarrow AA$

(2)$SES \rightarrow MOT \rightarrow AA$

(3)$SES \rightarrow MA \rightarrow MOT \rightarrow AA$

总之,根据所用的模型,研究者关于$SES$对$AA$的效应,可以得到不同的结论。不过,读者需要记住的是,统计分析的目的在于去确定模型的效度,而不是生成这样一个模型。

## 类别的和连续的自变量

如实验和准实验设计(见第12章和第13章),当前的设计也可以由类别的和连续的自变量构成。在最简单的情形中,一个设计可以只有一个类别的和一个连续的自变量。相应的例子可能有,研究工作年限和性别对薪资的效应,控制点和人种对压力的效应,宗教信仰和婚姻状况对堕胎态度的效应。

## 分 析

对带有类别和连续自变量的非实验设计的分析,可以按照实验设计和准实验设计的类似情况,相似地进行。大致来说,这种分析,就是去比较类别变量的各个类别上,因变量对连续变量(复)的回归。在第21章中会介绍这种分析路径。这里,我们可以用前面给出的第一个例子,即工作年限和性别对薪资的效应来阐明我们所说的意思。如果将工作年限设想成一个控制变量,此即,研究者想要去看,在"调整"了工作年限上的差别之后,男性和女性是否被给予了不同的报酬。这时,所进行的分析,就如同对一个由某种处理加一个附属变量构成的实验设计(见第12章设计4)所做的分析一样。如果将工作年限设想成与性别有交互,共同影响薪资水平,那么所进行的分析就类似于对一属性—处理—交互设计所做的分析(ATI;见第12章设计7)。

有两点值得注意的是:其一,像第12章已经说过的,我们可以设想某一设计是由一个处理加一个附属变量构成的,但可能在分析后发现两个变量具有交互,于是,就把它当成一个ATI设计来处理。反向的分析过程也是可能的。这就是,如果在一个ATI设计中,分析得出的结论认为,处理和属性变量没有交互,这时,就要把这一设计看作处理加附属变量的设计。其二,读者应当清楚的是,虽然无论设计是实验的、准实验的还是非实验的,其所做的分析都是以同样的方式进行的,对分析结果的解释,则要完全依据具体的设计类型。

## 纵贯研究：一个评述

这里,我们带着些许的犹豫,决定评述一下纵贯研究。在此,我们不想给予读者这样的印象,即我们正在"处理"这一重要且复杂的议题;我们所希望的无非是,想让读者熟悉其中的某些理念,以及与之相关的参考文献。我们希望读者以这样的方式来看待这部分内容。

首先,把纵贯研究的评论放在本章中,并不意味着纵贯研究就必须是非实验的。原则上,在实验设计中,在准实验设计中,以及在非实验设计中,都可以开展纵贯研究,尽管它被"认为是在非实验设计中进行良好评估的必要条件"(Marco, 1974: 225)。我们倾向于说,大多数纵贯研究都是在非实验研究中进行的,当然这一论断的有效性取决于各人所采纳的纵贯研究的界定。

巴尔特和内赛尔罗德(Balter & Nesselroade, 1979)评述了纵贯研究的历史及其基本原理,不仅使大家注意到它定义的多样性,还引用了扎佐(Zazzo)的评述指出,"纵贯这一术语像一个筐,它描述的不是一种方法,而是包含很广的多种方法"(p.4)。不过,他们还说明,"纵贯研究的一项必要要件是,被考察的实体在其存在和发展的历时过程中,被反复多次地观测"(p.4)。前面所述内容的一个关键点是,这类研究考虑了研究对象随时间的持存或变化。而这正如巴尔特和内赛尔罗德(1979)对纵贯研究的工作定义所强调的:

> 纵贯方法论涉及对某个个体或许多个体进行依时间顺序的重复观测,其目的在于,辨识行为发展中个体内部变化的过程和原因,以及个体内部变化上的个体之间模式的不同过程和原因。(p.7)

读者可以将纵向研究与横向研究(cross-sectional research)进行对比,可以看出它的独有特征。横向研究由于是以时间上的某一点的观测为基础进行的,所以它就很像是对目标现象的一个快照。于是,这种研究就不可能就持续问题、变化问题、增长问题或发展过程的问题提供答案——而这类问题正是构成纵向研究的焦点。

因此,难怪麦考尔(McCall,1977)会说:"纵向方法是发展心理学的生命线。"(p.341)也难怪有些作者和研究者会强调纵向研究对于因果研究的重要性了。有些作者甚至极力主张,在缺少实验控制的条件下,只有纵向研究才能有助于研究一般的因果关系,以及互为因果的关系。利伯森(Lieberson,1985)坚持认为,"纵观数据给予某个因果命题的有效性以唯一的、完全适当的'检验'"(p.180),还可进一步说,那些用横向数据做因果分析的研究者有义务做得更多,而不仅仅是承认它的使用。在没有给出好理由的前提下,利伯森甚至争论认为,"如果问题只是一个当前时间上可做的问题,那么最好忘记它。"(p.182)

前面所说的并不意味着,横向研究不能用于去解决变化、发展、过程或因果关系这类问题。实际上恰好相反,由于纵向研究要求的条件过高、过于复杂(见下文),因此大多数想要解决上述问题的努力,都不得不依赖横向研究,例如,通过比较某个给定时点上的年龄组来研究变化或发展的问题,或是研究在某一个或多个群组中同时测得的变量之间的关系来研究因果问题(如多数因果模型的应用)。[①]

事实上,在社会行为科学中,纵向研究是个例外。例如,阿佩保穆和麦考尔(Appelbaum & McCall,1983)在《发展研究中的设计与分析》一章中说道:"不幸的是,所进行的纵向研究的数量是可悲的。"(p.418)。维瑟(Visser,1982)也同样指出:"在一本发展心理学的教科书中,一共有1 160条参考文献……只有大约2%的文献涉及纵向研究"(p.14)。然而,在谈到他关于纵向数据分析的书中有一句极有说服力的话,那就是"如果可以避免,就不要做纵向研究'[作者加斜体](p.16)。纵向研究所宣称的优越性与其不经常使用之间的巨大差距,可以追溯到许多因素,其中值得注意的有以下几个因素。

纵向研究,由于需要在相对长的时间周期内进行,这就带来一项后果,即不仅成本大,而且还伴随着种种极大的困难和难以规避的陷阱。最明显的一项困难来自较高比例的受试者损耗,而这种损耗在许多时候会使得纵向研究的许多潜在益处变得不再有益。据维瑟(1982)所说:"在较长时期的心理研究中,30%~50%的受试者离去是常态,而且更高比例的离去也并不少见。"(p.28;还可参见,Schaie & Hertzog,1982)伴随着这一几乎无法规避的困难,还会有重复测量的问题(如敏感化、练习的强化作用),测量工具的意义随时间的变化、研究人员上的变动、历史的效应、研究信息的扩散,以及种种此类的困难,而这一切都会使内在效度和外在效度的问题变得无法应对。

由于纵向研究通常需要很长的时间周期,所以它就不可能给当前紧迫的问题提供答案。而且,考虑到社会行为科学中理论和研究兴趣的易变性,很可能,到了可以从一项纵贯研究得出答案时,对问题本身的兴趣却已经减少了,如果还没有彻底消失的话,或者问题已经得到了

---

①注意,我们在广义上使用术语"关系"一词,包括变量的效应。

重新表述,以至于所得答案似乎不再相关了。

至少可以说,资助机构的普遍态度,加上对专业发展频繁出版物的迫切需求,不利于纵向研究所需的强有力和持续的承诺。

如果前面所说的问题还不够充分的话,那么请注意,纵向数据通常比横向数据要复杂的多。罗戈萨(Rogosa,1980b)讨论了由纵向数据的复杂性带来的种种问题,概括地介绍了相应的分析路径,并指出纵向数据"不是所有研究问题的万应灵丹,而且,有时它们对于横向数据的相对优势被夸大了"(p.136)。

下列文献中,有对纵向研究的一般性讨论,相关的数据分析技术及(或)相应的示例性应用,参见 Appelbaum & McCall(1983);Goldstein(1979);《经济学和贸易学学刊》(*Journal of Economics and Business*,1980(32):89-181);Kessler & Greenberg(1981);Mason & Fienberg(1985);Mednick,Harway,& Finello(1984);Nesselroade & Baltes(1979);Plewis(1985);Rogosa(1979,1980b,1980c);Schaie(1983);Schaie & Hertzog(1982);Visser(1982)。此外,同时间序列分析相关的分析方法(相关参考文献,见第13章),也常用在纵贯数据分析中。

除了前面所说的这些分析方法,需要指出的是,许多以结构方程模型(SEM;见第23章和第24章)为背景发展出来的分析方法,经证明对纵向数据分析也十分有用。下面一些文献有对 SEM 一般性的介绍,同时(或者)还介绍了 SEM 在纵向研究中的应用:Crano & Mendoza(1987),Ecob(1987),Hertzog & Nesselroade(1987),Gollob & Reichardt(1987),Huba & Bentler(l982a),Huba & Harlow(1986,1987),Jöreskog & Sörbom(1977,1985,1989),Kohn & Schooler(1983),McArdle(1986),McArdle & Epstein(1987),Mortimer,Finch,& Kurnka(1982),Newcomb & Bentler(1988),以及 Sörbom(1975)。

## 本章小结

我们希望,即使是本章中介绍的几个简单设计,也能让您了解非实验研究的复杂性。在此阶段,为了不使问题复杂化,我们没有区分变量及其指标,尽管其中涉及未观察到的变量(如智力、动机)。在第24章中,我们对单指标设计和多指标设计进行了对比分析。

# 第15章
## 抽样引论

　　在我们生活的各个方面都渗透着抽样,因为"在科学和人类事务中都一样,我们为增进自身的知识,所能研究的不过是现象的一个部分"(Cochran,1977:1)。人人都知道,判定、印象、意见、信念等,都是以部分信息为基础的。因此,我们始终是以一种非正式的,常常又是不自觉的方式,进行着某种抽样的活动。比如,我们通常不会是在吃完某种食物之后,才去判定食物的味道。如塞缪尔(Samuel)(引自Coser,1975)所说:"你不必吃掉整条牛之后,才知道它的肉是粗的"(p.698)。与此相似,有限的观察,细微和片段的信息,通常都是可以诉诸的资源,以便造成关于人群、群体、对象、事件,以及我们周围环境的其他方面的影响,并从中得出某些推断。

　　作为我们日常生活行为基础的部分信息,它可能是缺乏代表性的,这点是大家的共同经验。比如,根据一箱草莓最上层的草莓的样子购买整箱草莓,或是根据很有限的一点信息形成对某个新交的印象,而后来得到的信息可能证明自己的行为或判断是有误的。当然,其中的原因,就在于非正式抽取的那部分信息极少能够代表整体的情况。

　　在我们周围还大量存在许多直接或间接地影响我们的生活的、更加正式的抽样。在商业和制造业中,人们还常常求助抽样的办法,进行会计、审计和质量控制。政府的统计数据(如就业统计、能源消耗统计)几乎都依赖于样本。组成一项测量工具的题项(如成绩测量、兴趣测量),也可被认作是所有可能的题项的一个样本。以身体健康为目的而采集的各类样本(如血液样本、尿样),也都如此。同时,每一天的新闻里也总少不了关于某项民意测验、调查或研究的报道,而这些又都依赖于抽样。此外,还有无数的消费者研究(如电视节目的评分、新产品的评估),因此,对很多人而言,他们可能曾经出现在这种或那种抽样样式中。

　　正式的抽样是以获取某个整体的一个有代表性的部分为目的的过程,而且通过这个代表性的部分能够对总体情况进行有效的推论和概推。在本章,我们准备先介绍几种抽样样式,接着再去对样本量的决定做一些一般性的考察。这里,我们会强调抽样作为研究设计中的一个有机步骤的角色。鉴于抽样理论和技术涉及众多的议题,本章我们仅限于就它们的各方面给出一个概览。对抽样理论和设计的详细介绍,可参见 Cochran(1977);Hansen, Hurwitz, & Madow(1953);Jaeger(1984);Kalton(1983);Kish(1965);McCarthy(1951);Moser & Kalton(1972);Sudman(1976);Williams(1978),以及 Yates(1960)。

## 相关定义

在通俗语言中，人口（popublation）一词在日常的通俗语言中，泛指某一特定地区或土地上的所有居民。相较于这种通俗的用法，总体（population）作为抽样设计中的专门术语，有着相当严格的意义。具体来说，它是指"所有个案的集合，而这些个案都符合一组详细说明的具体标准"（Chein，1981：419）。个案也被称为总体的元素或基本单位，无须是个体的人。例如，它们可以是班级、学校、城镇、国家、事件、场合，诸如此类。

集合是研究者想要对之做出概推的目标总体。例如，在评估某一学前教育项目的效应时，研究者可能希望将其研究结果推论至美国国内，某个州内的、某个城市内的、某个地区内的或某个学校内的所有学龄前儿童。目标总体应当在它的内容、它的单位、它的范围以及它的时间这几个方面尽可能清晰地界定，以避免歧义，从而能明确地指出哪些元素属于它，哪些元素不属于它。

一个抽样框是一个清单，其上登记了总体的个体元素。在原则上，抽样框应当包含总体内的所有元素。不过，在实践上，遗漏元素和（或）重复登记元素的事是经常发生的[有关抽样框的问题及解决方案的建议，可参见 Cochran（1977）；Kalton（1983）；Kish（1965）；Moser & Kalton（1972）；Yates（1960）]。

一个样本是某个总体中的一个元素子集，而这个子集是根据某一抽样设计方案选出的。抽样设计方案规定了从总体中选取样本的具体规则和操作方法。通常，人们会根据样本计算一个统计量，或某些数值（如均值、比例、方差），再用它们来推论总体的对应参数或数值。

## 抽样的目的和优点

大多数人可能将抽样视作一种应尽可能避免而不得不为之的事。然而，检视一个样本，而不是总体，常常是更好的选择，因为这样做更具有可操作性，更经济也更精确。

## 可操作性和经济性

研究某个目标总体，通常是不可操作的。例如，公共舆论调查已成为估计大众在众多社会问题、想法和建议方面的态度和信念的常规工具，但是，很难用这种方法去调查所有美国人的反应。完全覆盖所有人，不仅在经济上耗费巨大，甚至是不被允许的，同时，由此产生的海量数据既不便存储,也不便分析,更不用提由此带来的人力资源的巨大浪费。即使想要去涵盖所有的美国人,很清楚的是,由此所能获得的信息的范围必然十分有限。[1]

此外,在实施总体调查期间,研究者所考察的问题的相关条件,可能已经发生了改变。在这种情况下,那些在研究早期接触的人的回答,同研究后期接触的人的回答,可能有实质的区别。由于流行事件的易变性,甚至可能出现,待到数据分析和收集时,收集到的信息已经不再有用的情况。

同样,使用样本做研究的另一个原因,对某项研究的后果缺少相应的知识。例如,在医疗研究中,在确定某种新药的药效(有益的和毒副的)之前,就给每位对应的病患服用它,这样做是极不慎重的。同样,在确定某一新的课程或教学方法是否更有效,是否能够取得更多成绩,是否只同当前正在使用的具有相同效用之前,就让每位在校儿童接受新课程或新教学法,这也是极不明智的。

最后,如果在获取相关信息的过程中,要毁掉或用掉被调查的元素,这时抽样就是唯一个可行的方法了。如果每一只新生产的灯泡都只有通过了检测,才能判定它是否符合某一最低照明时长标准,那么最后还会剩下多少用来出售呢?

## 精确性

抽样特性中最少被理解的一个优点,是它对增进精确性的潜在贡献。为了理解何以如此,读者需在心里记住,抽样误差只是一项研究的众多误差源之一。读者应当认识到,测量误差,无回答的增加,再编码和编码带来的错误,都可能比抽样误差,给一项研究的效度带来更大的危害。毫不奇怪,"数据集本身越大,非抽样误差的比率可能也越大"(Williams,1978:46)。

一般而言,将调查限于一个样本,就有助于改进调查的管理和控制,比如加强对访谈员和督导员的训练和监督,减少无回答,用更多的时间和精力去收集和分析数据等。此外,抽样方法还有助于研究者将更大比例的可用资源投入研究的某些重要环节上,比如调查工具的发展或改进。

## 概率抽样与非概率抽样

虽然研究者在心里会问"这个样本具有总体的代表性吗?"但是,这是没有答案的,因为一

---

[1] 在每10年才进行一次的国民普查中,只能向所有回答者收集非常一般的信息。要获得更加详细的信息,就必须使用一个较小的样本。

般没有可供使用的总体信息。这就是为何会首先求助于抽样。可是，即便对某个总体而言，存在着某些可用的信息（如民族、性别、人种），而且即便可以证明，某个特定的样本在某些方面同总体相似，也不能由此而说，此种相似性对于研究者所要研究的其他变量而言，也同样存在。一句话，

> 根本不存在所谓的"代表性的""无偏差的""公正的"或者"可接受的"样本：这类形容词只能严格用在产生样本的抽样过程上，同时，如果将它们用在样本身上，最好也只能用于口头的交流，最坏的情况是它表明了思维的糊涂。一个样本只能通过产生它的过程来判定它的性质［作者加斜体］。(Stuart, 1968:613)

大致来说，有两种获取一个样本的过程：概率抽样和非概率抽样。我们谈后一个。

## 非概率抽样

非概率抽样是一个无所不包的术语，既用来指某些方便的样本（也称偶遇的、易得的、随取的、权宜的、自愿的），虽然其中提到了"样本选取"，但这不过是一个委婉的说法；它也是用来指更具目的性的选取方法［如判别抽样（jugement sampling）、配额抽样（quota sampling）］，其中研究者会事先规划获取样本的标准和程序。无论使用哪一个标签，这类样本共有的是，相关决定是根据样本所代表的目标总体的特性而做出的。更具目的性的方法先从总体的某些假定开始，而这些假定会被用作寻找一个"代表性"样本的标准；而那些更随意的方法通常都是从"样本的选择"开始做起的。

那些支持非概率样本的论证，一般都出于可操作性和经济限制的考虑。无论具体的原因是什么，在社会行为研究中，非概率抽样都是很普遍的，以至于对于研究者来说，这一事实通常可以成为自己去使用此类抽样的理据。但是，无可争辩的事实是，使用非概率抽样就不可能去估计抽样误差。因此，对某个总体做推论的效度，也就失去了确定的基础。

### 概率抽样

尽管选取样本的做法可以追溯自古代（Duncan, 1984, 1988; Fienberg, 1971; Hasofer, 1967; Kruskal & Mosteller, 1980)，但是对概率抽样的正式使用只有较短的历史，始于20世纪早期。在那之前，非统计学家和统计学家对于抽样调查都不予以采信，而更倾向于信赖对问题中的总体进行或多或少的全覆盖式的调查。

不同的概率抽样方法，就其抽样设计的具体内容而言，可能有所不同，但是有一点是相同的，即目标总体中的每一个元素都有一个已知的被选入样本的非零概率，同时，在抽样过程的某个环节上总会用到随机选取的方法。

正是有赖于样本选取的随机方法，才有可能避免选取的偏倚，也才使得研究者能够去计

算总体中每一个元素被选中的概率。换句话说,有了概率抽样,各种样本结果才会以已知的概率出现。如此一来,使用样本统计量作为总体参数的估计,也才会有效。

本章的其余部分都会用来处理概率抽样。在澄清了潜在的原则后,我们会介绍一些最常用的抽样设计方法。

## 抽样分布

样本统计量作为总体参数的估值的效度,依赖于总体的性质和由总体中得到的样本的性质之间的联系。这种联系,就包含在抽样分布(sampling distribution)这一观念中,因为正是通过这一观念,才有可能把概率同从统计量到参数估计的推论结合起来。尽管从一个统计量到另一个统计量(如均值、比例、总和),从一种抽样设计到另一种抽样设计,抽样分布的具体形态,会有所不同,其根本的概念却是相同的。因此,这里我们使用简单随机抽样,通过计算均值的抽样分布来阐明相关概念。

首先,让我们假定,我们有兴趣估计某个特定总体的所有个体在某个量上的表现。这时,读者首先想到的一个综括性指标可能是均值;可用希腊字母 $\mu$(mu)作为总体均值符号。不过,作为中心趋势的一个量度,均值只能告诉我们故事的部分内容。此外,有关均值得分的变化情况的一个量度也是必需的。其中,最常用的一个变化情况的量度是方差(相关评述,见第17章),对于总体而言,其计算公式如下:

$$\sigma_x^2 = \frac{\sum(X - \bar{X})^2}{N} = \frac{\sum x^2}{N} \tag{15.1}$$

其中,$\sigma_x^2 = X$ 的总体方差($\sigma$ 是希腊字母,读作 sigma);$\sum x^2 = X$ 减 $X$ 的均值的差的平方之和。记住,通常用大写字母来表示原始分,而用小写字母来表示差值分。因此,$x = X - \bar{X}$。差值的平方和,也可以用原始分直接计算(见第17章):

$$\sum x^2 = \sum X^2 - \frac{(\sum X)^2}{N} \tag{15.2}$$

通常在介绍抽样时,总体方差还可用另外的公式计算

$$S_x^2 = \frac{\sum(X - \bar{X})^2}{N - 1} = \frac{\sum x^2}{N - 1} \tag{15.3}$$

注意,式(15.1)和式(15.3)的唯一区别是,前者的分母是 $N$,而后者的分母是 $N-1$。对数目很大的总体来说,由于 $S^2 = [N/(N - 1)]\sigma^2$,所以两个公式所得结果的差接近于零,而且,随着 $N$ 的增加,$N/(N - 1)$ 越接近于1。$S^2$ 具有简化各种抽样公式的优点。标准误是方差的平方根(分别记作 $\sigma$ 或 $S$)。

## 一个数值示例

为了便于说明，表15.1中给出了一个由8个人构成的微缩总体在变量$X$(如月龄、数学成绩、对堕胎的态度)上的得分。

**表 15.1　总体值$N=8$**

| Individual # | X | X² |
|:---:|:---:|:---:|
| 1 | 26 | 676 |
| 2 | 22 | 484 |
| 3 | 36 | 1296 |
| 4 | 28 | 784 |
| 5 | 28 | 784 |
| 6 | 20 | 400 |
| 7 | 40 | 1600 |
| 8 | 32 | 1024 |
| Σ | 232 | 7048 |

注：Individual #，个体#。

现在，总体均值($\mu$)等于29(即232/8)。使用表中15.1中最后一行的综合信息和式(15.2)，计算离差平方和等于：

$$\sum x^2 = 7\,048 - \frac{(232)^2}{8} = 320$$

以这个数值作式(15.3)的分子，方差等于：

$$S_x^2 = \frac{320}{7} = 45.71$$

### 简单随机抽样

现在，设想我们欲使用抽样的方法去估计上述总体的均值。最基本的概率抽样方式是简单随机抽样。对于一个规模为$N$的总体来说，共有$N!\ /[(N-n)!\ n!]$个不同的规模为$n$(样本量)的样本。前面我们假定总体由8个受试者构成，这里再假定$n$等于2。

$$\frac{8!}{(8-2)!2!} = \frac{8!}{6!2!} = \frac{(8)(7)}{(2)(1)} = \frac{56}{2} = 28$$

因此，从8个受试者的总体中，可以得到28个不重叠的样本量为2的样本。如果$n=3$，那么可得56个不重叠的样本，以此类推。在简单随机抽样中，从总体中抽取$n$个元素的方法，要能够保证每个被抽出的不同样本都有相同的被选机会。

在第10章(见随机化)，我们介绍过随机数表的概念和使用方法，还给出了一个计算机生成的由300个随机数组成的表。现在，可以用这个表，从表15.1列出的对象中选出2人一组的随机样本。由于考察的总体有8名受试者，所以使用单个随机数来选取。假定，我们使用第10章中给出的随机数表(第10章中MINITAB的输出)，并从第4行的第13列开始，于是，第一个被选中的个体就是#4($X=28$)。然后，顺着该列向下，下一个选中的是#8($X=32$)。

这个由2人组成的特定样本的均值等于30。统计的目标，就是以这个样本均值为基础，去推论总体的均值。其中的一个方式是,去做检验假设,即样本均值是否显著地不同于总体均值。另一种方式是,去构建一个围绕样本均值的置信区间。在具体说明后一种方式前,先介绍一些必要的概念。

## 均值的抽样分布

对于任意一个给定的总体,在原则上,可以构造出整个样本空间——也就是从该总体中抽出的,特定样本量的所有可能的不重叠样本。表15.2就是这样一个样本空间,列出了从8个元素构成的总体中抽出的28个不同的样本量n=2的样本。表15.2中它们排列的顺序是由作者选定的。每个样本的均值,列于最后一列。所有样本均值的均值,等于总体均值(即29)。同样可以期望,样本均值围绕总体均值上下波动。正是对于所有可能的样本均值而言的均值分布,才构成均值的抽样分布。

表15.2　从总体数N=8中抽出的28个不同的样本量n=2的样本

| Sample Number | Sample Elements | Sample Values | Sample Mean |
|---|---|---|---|
| 1 | 1, 2 | 26, 22 | 24 |
| 2 | 1, 3 | 26, 36 | 31 |
| 3 | 1, 4 | 26, 28 | 27 |
| 4 | 1, 5 | 26, 28 | 27 |
| 5 | 1, 6 | 26, 20 | 23 |
| 6 | 1, 7 | 26, 40 | 33 |
| 7 | 1, 8 | 26, 32 | 29 |
| 8 | 2, 3 | 22, 36 | 29 |
| 9 | 2, 4 | 22, 28 | 25 |
| 10 | 2, 5 | 22, 28 | 25 |
| 11 | 2, 6 | 22, 20 | 21 |
| 12 | 2, 7 | 22, 40 | 31 |
| 13 | 2, 8 | 22, 32 | 27 |
| 14 | 3, 4 | 36, 28 | 32 |
| 15 | 3, 5 | 36, 28 | 32 |
| 16 | 3, 6 | 36, 20 | 28 |
| 17 | 3, 7 | 36, 40 | 38 |
| 18 | 3, 8 | 36, 32 | 34 |
| 19 | 4, 5 | 28, 28 | 28 |
| 20 | 4, 6 | 28, 20 | 24 |
| 21 | 4, 7 | 28, 40 | 34 |
| 22 | 4, 8 | 28, 32 | 30 |
| 23 | 5, 6 | 28, 20 | 24 |
| 24 | 5, 7 | 28, 40 | 34 |
| 25 | 5, 8 | 28, 32 | 30 |
| 26 | 6, 7 | 20, 40 | 30 |
| 27 | 6, 8 | 20, 32 | 26 |
| 28 | 7, 8 | 40, 32 | 36 |

注:Sample Number=样本编号;Sample Elements=样本元素;Sample Values=样本值;Sample Mean=样本均值。

使用表15.2最后一列列出的28个均值,再用式(15.1)计算均值的方差,可得:

$$\sigma_{\bar{x}}^2 = \frac{480}{28} = 17.14$$

其中,$\sigma_{\bar{x}}^2$为均值的方差(480是离差平方和,可以用式(15.2)计算得出)。$\sigma_{\bar{x}}$称为均值的标准误,在本例中它等于4.14。这一关于抽样分布变异度的知识(既可以用方差表示,也可以用标准误表示),可以帮助我们以一定的精确度(依情况而定)推论总体的参数。

测量、设计和分析：研究方法的综合之道

前面，我们介绍了构造抽样分布的过程，并计算了均值的标准误，希望这些介绍能够帮助读者更好地认识这些概念。显然，如果总是要去构造一个总体的抽样分布，那么抽样的目的也就不存在了。幸运的是，均值的标准误可以根据单一样本的数据予以估计。当已知一个总体标准差时，

$$\sigma_{\bar{x}} = \frac{S_x}{\sqrt{n}} \qquad (15.4)$$

其中，$\sigma_{\bar{x}}$ 为均值的标准误；$S_x$ 为总体的标准差[式(15.3)的平方根]；$n$ 为样本量。

式(15.4)的一个扩展如下，其中包含了一个有限总体修正因子(finite population correction factor, $fpc$)，即 $1-n/N$，

$$\sigma_{\bar{x}} = \sqrt{\left(1 - \frac{n}{N}\right)\frac{S_x^2}{n}} \qquad (15.5)$$

加入 $fpc$ 是为了校正无放回抽样的限制。在无放回抽样设计(也就是所谓的简单随机抽样)中，一旦某个元素被选进了样本，那么在后续的抽取中，它就不可能被再次选中。于是，在任何一次抽取中，前面没有选中的元素就有相等的被选中的概率。在有放回抽样设计(也称为无限制抽样)中，被选中的元素被重新放回到总体中，因此，就可能被再次选中。在这种情况下，在抽取的每一阶段上，对总体的所有元素来说，选中的概率都相同。出于一些显见的理由，在社会行为科学中，最常用的是无放回抽样。

注意，式(15.5)中的 $n/N$ 称为抽样分数(也称作 $f$)，它是样本量同总体规模的比值。随着总体规模相对于样本量的增加，$n/N$ 趋近于零，亦即 $fpc$ 趋于 1，因此，就各种实际的利用而言，有放回的和无放回的抽样之间的差异可以忽略不计。一般而言，在社会行为研究中，总体规模都远大于样本量，因此在大多数情况下，可以省略 $fpc$。[1]

在上述例子中，抽样分数是 2/8 或 25%，甚至更大。因此，我们用式(15.5)来计算均值的标准误：

$$\sigma_{\bar{x}} = \sqrt{\left(1 - \frac{2}{8}\right)\frac{45.71}{2}} = 4.14$$

将这一结果平方，得到方差 17.14。注意，这一结果与根据 28 个样本均值对总体均值的离差直接计算出的标准误(和方差)是相同的。

检查式(15.4)，你会发现，它仅取决于总体标准差和样本量。因此，抽样分布的变异度正比于总体上所研究的具体特征的变异度，反比于样本量。保持样本量不变，在一个较为同质的总体中，其样本均值的标准误要小于异质性较高的总体中的标准误。例如，假定总体 $A$ 中变异度为 $S = 5$，而在总体 $B$ 中变异度为 $S = 25$，从两个总体中抽取样本量为 25 的样本，所得标准误分别为 1 和 5[用式(15.4)]。

样本量的增加会减少标准误(假定总体标准差不变)，从而提供更加精确的估计。例如，从总体 $A$ 中选取一个样本量为 100 的样本，其标准误为 0.5。

---

[1] 依据经验法则，当抽样分数小于 5% 时，可以省略 $fpc$。

　　注意,是样本量,而非总体规模,扮演着关键的角色。这就是为什么根据样本量为 500 的样本做出的推论,无论就一个由 10 万人构成的总体,还是由 1 万人构成的总体,都是同样可靠的。没能把握这一事实,就使得许多人过分地去强调抽样分数。这也导致了一种共同坚持的信念,即较大的抽样分数是更好的选择。事实上,仅当抽样分数本身很大时,才需要像式(15.5)一样,将总体规模纳入考量,同时加入 fpc。

## 中心极限定理

　　中心极限定理总结了前面介绍的一些概念的主要思想。这条重要的定理断言,随着样本量的增大,均值的抽样分布越来越趋近于正态分布,即使总体分布是非正态的。

　　如果总体分布是正态的,对于任意大小的样本量,均值的抽样分布都呈正态分布。对于非正态的总体分布,当样本量达到 30 或更多时,就可得到很好的近似了。而且,无论总体原来的分布呈何种形态,抽样分布的均值都等于总体均值($\mu$),并且抽样分布的标准差(即标准误)等于 $S/\sqrt{n}$。

## 置信区间

　　前面,从假想的 8 个受试者构成的总体中抽出的样本量为 2 的一个样本,其均值为 30。由于样本均值是总体均值的一个无偏估式[①],因此可用样本均值 30 作为总体均值的估计。不过,这必须将抽样的随机波动考虑进去。为此,一种方式就是构建一个围绕样本均值的置信区间。关于置信区间的较好评述,参见 Hays(1988);Li(1964);Snedecor 和 Cochran(1980),以及 Wallis 和 Roberts(1956)。简单地说,置信区间的目的,是构造"*一个估值范围,它以给定的较高概率涵有真实的总体值*"(Hays,1988:206)。区间的宽度,同时根据人们在推论时希望有的信心水平和始终存在的抽样误差共同确定。抽样误差的大小,可以用均值的标准误来描述,在当前的例子中为 4.14。

　　$\bar{X}$ 的置信区间,可记作:

$$\bar{X} \pm z_{\alpha/2}\sigma_{\bar{x}} \tag{15.6}$$

其中,$z_{\alpha/2}$ 是正态分布表中水平 $\alpha/2$ 处的 $z$ 值(见统计书上的正态分布表)。

　　对于 95% 的置信区间($\alpha = 0.05$),$z=1.96$。[②] 因此,置信区间的上界是:

$$30 + (1.96) \times (4.14) = 38.11$$

　　其下界是:

$$30 - (1.96) \times (4.14) = 21.89$$

　　整个可以表示为:

$$21.89 \leq \mu \leq 38.11$$

　　断定总体均值一定落在上面两个界限内,是不恰当的。隐含在置信区间的构建中的解

---

①估计量的性质见下文。

②对于 99% 的置信区间,$z=2.58$。其余的值,读者可自行查阅正态分布表。

释，毋庸置疑，如果以同样的方式来构建许多个这样的区间，那么它们中的95%的区间都包含有总体均值。显然，研究者希望，刚才构造的单个区间恰好是95%中的一个。

　　不必说，研究者通常不可能从一个规模为8的总体中，抽取样本量为2的样本，就像我们前面为了示例说明所做的一样。同时，很明显，在我们的例子中，得分在总体上的分布，是非正态分布的。因此，用标准正态曲线来构造置信区间，严格地讲，是不合适的。不过，近似的程度是非常高的。如果用抽样分布上的所有28个样本均值（见表15.1）来构造置信区间，那么其中96%的区间实际含有已知的总体均值。

## 估计总体标准差

　　前面，我们假定总体的标准差已知。显然，就上面的示例来说，它的总体规模 $N = 8$，计算其标准差是件很简单的事。如果总体的标准差（$S$）是未知的，而在实际研究中，情形又总是如此，这时，就要用样本的标准差（$s$）作为总体标准差的估计，再用它来计算均值的标准误（$s_{\bar{x}}$）。[1]

　　这里再次重复：因为我们在此的目标是介绍抽样和统计推断的基本概念，所以我们仅限于介绍同均值有关的估计公式。显然，目标参数可以不是均值。例如，它可以是相关系数或回归系数。对于任何一个目标参数，都有可用的估计公式。

## 估式的性质

　　估计公式又称为估式（estimator），而将公式用于样本数据计算得出的特定结果，则被称为估值（estimate）。在这一部分，我们准备考察估式的两个理想的性质。[2]作为想象的状态，理想的性质并不是总能实现的。而且，在某些条件下，研究者可能更倾向于选择缺少某些理想特征的估式（如有偏估式比无偏估式更有吸引力；见下文）。估式的性质受研究所用的具体的抽样样式的影响。不过，由于这里我们的目的只是介绍，所以可以忽略抽样样式的问题。

## 估式的无偏性

　　如果统计量的期望值等于总体的值，一个估式就是无偏的。在第5章介绍信度时，曾经介绍过期望的概念。它的定义是长期的、无限数量的重复随机样本的平均数。换句话说，就长期而言，如果我们去计算一个统计量（如均值、比例、总和）的所有可能取值的平均数，那么我们可以"期望"它等于总体参数。

　　一个随机样本的均值，是无偏估式的一个例子。此即，$E(\bar{X}) = \mu$。另外，样本的标准误，是总体标准误的一个有偏估式，虽然在多数情况下，其偏倚的程度很小。

　　一般来说，无偏估式比有偏估式更可取。如果在给定样本量的情况下，其所有的样本估

---

[1] 在构建置信区间时，应用合适的 $t$ 表上的数字来代替1.96（即95%的置信区间），其中 $t$ 的自由度（$df$）为 $n-1$。

[2] 其他理想的性质包括效率（就一给定的样本量，产生较小的标准误），以及充足性（估计量中包含了数据中同参数有关的所有可用信息）；参见 Hays，1988。

值的平均数不等于总体参数值,这个估式就是有偏的。偏倚的存在,可能是由于各种原因。例如,如果抽样是非随机的,那么就可能出现选择偏倚。即使抽样是随机的,偏倚也可能由于不合适的抽样框或各种各样的无回答模式而出现。系统性测量误差(见第4章和第5章),也会贡献偏倚。此外,使用的特定公式,也会导致偏倚。

虽然偏倚一词带有否定的含义,但是在某些条件下,有偏估式比无偏估式更可取。当偏倚本身相当小,且该偏倚估式的方差远远小于对应的无偏估式的方差时,情况就尤其如此。在方差很大的情况下,事实是,没有偏倚并不能给予更多的安慰。肯德尔(Kendall,1959)在一首关于"伟大猎手Hiawatha"的滑稽诗中表达了这一观念。诗歌的主人公Hiawatha虽然不断地射失目标,却试图通过引用统计原理,向他的族人们证明,他的表现统计上同其他人没有区别。可是,他的族人们得出结论认为,尽管Hiawatha是一个卓越的统计学家,但却是一个"没用的射手",最后还拿走了他的弓和箭。诗的结尾写道:

> 在森林的一角
> 我的Hiawatha一人独居
> 不停地思索着
> 误差的正常规律
> 某个闲暇时分突然想到
> 这样岂不更好
> 即便要冒偏倚之险
> 如果人们能因此,不时地,
> 命中目标。(p.24)

均值平方误(Mean Square Error, MSE),是所有估值同真实总体值的离差平方的平均数,可以被表示成以下两个组成部分的和:

$$均值平方误(MSE) = 方差 + 偏倚^2$$

在公式中,偏倚被定义为所有估值的平均数同真实的总体值的离差。方差是指估值同估值的期望值的离差平方的平均数。读者还记得,对于无偏估式来说,期望值就等于总体值。很显然,如果估式是无偏的,MSE就等于方差。

## 估式的一致性

估式的另一个可取的性质是一致性。一个一致估式,根据它计算出的样本估值,随着样本量的增加,会有更大的概率接近总体值。一个无偏估式(如均值),也是一个一致的估式。这是因为,样本量的增加会带来方差上的减少,从而生成的估值的分布将更集中在总体参数的周围。当一个有偏估式,随着样本量的增加不仅有方差上的减少,而且偏倚更接近于零时,这个有偏估式是一致的。

## 简单随机抽样：限制

尽管以简单为名，并且看起来也简单，但是简单随机抽样在研究中并不常用。从研究实践的观点看，从一份名单中抽出一个随机样本的工作，极为单调，且极为耗时。往往，准备一份很大总体的所有元素的清单，如果不是不可能的，也是有很大困难的。如果目标总体居住在地理上很广阔的地区，额外的困难就会出现。例如，一份美国所有国民的随机样本，可能是一个在地域上极为分散的样本，从而把调查变成一个经济上和执行上的噩梦。如果研究需要同受试者有人际间的互动（如访谈），那么广阔的地域中的分散样本问题，就会变得更加尖锐。

暂且放下实践的考虑，许多调查都会有多重目标，这也会减少简单随机抽样的可用性。例如，调查研究者不仅想要估计某一总体参数，而且想要研究总体内的各具体子群的情况。即便研究的目的仅限于总体参数，研究者利用一定的抽样策略，即把总体和（或）其子群的已知特征引入抽样过程，也可以有效地减少所需的最少的样本量。由于这些和其他的问题，就必须对简单随机抽样的方法进行改进和限定。

## 可选的抽样策略

这里，我们只评述三种主要的抽样策略（即系统的、分层的和整群的[1]）介绍其一般特征、使用方法、优点和缺点，并在它们之间做比较。关于上述的以及其他的抽样策略更详尽、更正式的介绍，读者可以参考本章引用的参考文献。

### 系统抽样

系统抽样是指在抽样过程中，先选出一个随机起点，再将起点后的每个 $k$ 元素依次选进样本的抽样策略。用总体规模除以样本量，即得 $k(k=N/n)$。虽然有许多办法可以用来解决商不为整数的情况，但是在给定的总体规模相当大的时候，采用四舍五入的办法，再根据原来的方式进行抽样即可。确定 $k$ 后，选出一个 1 到 K 之间的随机数，作为抽样的起点。以起点为基准，选出其后的每个 $k$ 元素作为样本，直至达到预定的样本量。[2]

选择使用系统抽样，而不是简单随机抽样的首要理由是其应用的方便性和简单性。当总体的所有元素是以某种方式排序的，或以某种方式列于清单的（如列在纸上，记录在磁带上，根据座位号，依照个人卡号），用恒定的选择间距来抽样就非常简单。设想一下，一个抽样框

---

①应当注意，在每一种策略路径下，都有不同的变体和扩展。

②这里描述的策略的变体有，使用不止一个随机起点，将总体清单当作循环的，以及从一个随机起点开始同时向前和先后抽取（见Jaeger，1984：第6章）。

是由相当多的卡片构成的。这时,采用简单随机抽样的办法,既费力又耗时,因为这样做需要选出 $n$ 个随机元素。另外,使用系统抽样,一旦确定了 $k$ 和随机起点,就很容易根据恒定的间隔 $k$,选出第 $k$ 张卡作为样本。

注意,一旦确定了 $k$ 和随机起点,整个样本就是确定的。这同简单随机抽样的情形很不一样,在那里,样本的构成直至最后一个元素被随机选出之前都是未知的。此外,在简单随机抽样的情形中,元素的任意组合都是可能的,而在系统抽样中,元素的某些组合是不可能出现的。例如,那些在清单上其邻近程度小于 $k$ 的元素不可能同时被选入样本中。

除了具有方便和简单的优点外,在某些条件下,系统抽样相较于简单随机抽样,甚或分层抽样(见下文),能产生更为精确的估值。可惜,相反的情况也会出现(见 Cochran,1977; Jaeger,1984; Kish,1965)。

## 估计方差

像许多抽样情形一样,通常只有一个系统样本被抽取。虽然在单个系统样本中,均值的估值是非常简单的,但是估计它的方差,在理论上是一个"可畏的问题"(Kish,1965:117)。事实上,就方差的有效估值而言,至少需要两个样本,也就是两个随机起点。由于在大多数系统抽样中,仅有一个随机起点,所以从技术上讲,就没有有效的方法去计算方差。

尽管如此,如果能够给出清单上总体分布的某些合理的假定,那么依据单个随机起点来估计方差,也是可行的。例如,如果可以假定,清单上总体是随机分布的,用于简单随机抽样的方差估计公式,就可以直接拿来使用。研究者们还提出了各种其他的假定和相应的解决方案;其中有些公式计算的偏倚还相当高(相关议题的评述见 Cochran,1977; Kish,1965)。

## 次序问题

系统抽样特别地依赖于所用清单的元素的排列次序和结构。对于随机排序而言,系统抽样的效果类似于简单随机抽样,因此就主要被用作方便的手段。当元素以周期的方式或以循环的方式排序时,特别是如果元素的循环对应着抽样的间距,这种情况就会带来严重的问题。在这种情况下,所得样本可能是非常同质的,从而限制了用它们去估计总体参数的有效性。在极端的情况下,如果抽样间距正好对应于元素的循环,那么就会得到一个同一种元素构成的样本。克鲁斯卡尔和莫斯特勒(Kruskal & Mosteller,1979:114)给出了一则真实生活中发生的这种情况的例子。一个士兵的系统样本得自于这样一份清单,其中清单中的所有士兵是按照兵舍的等级依次循环排列的。如果选出清单上每个32号士兵,构成一个样本,那么这个样本就由同一等级的士兵(即中士)组成。

## 分层抽样

在分层抽样中,目标总体先根据一个或多个归类的变量,被分成互不重叠的,被称作层的子部分。① 为了做样本选取和初始参与估计，每一层都被视作独立的。于是，在每一个独立的层中，元素都是被随机选取的，并由此计算各个层的估值（如层的均值、层的比例）。再把这些分离的估值加权，从而获得总体的估值。

例如，设想一下，有研究者想要用抽样的办法来估计在一所特定的大学中，拥有个人计算机的男生的百分比。他可以通过对整个学生总体的简单随机抽样来获得样本。此外，他还可以使用分层抽样的办法，把学生总体根据学院，或学位类型，或其他可行的分类方式，分成许多互斥且穷尽的层。再从各个层中，取得随机样本，将所得各层的估值加权，最后得到整个学生总体的估值。

一般来说，分层抽样的意图在于，根据目标因变量，通过构造相对同质的层来减少抽样的变异性。这可以通过选择一个同因变量相关的分层变量来实现，很像是随机化区组设计中构造区组的方式（见 Edwards，1985：第 15 章；Kirk，1982：第 6 章）。

## 分层抽样的潜在有利方面

分层抽样的第一个优点，是除了能以此得出总体的估值，还能针对总体的子群给出相应的参数估值。以上面的例子为例，研究者还可以估计各个系科内拥有个人计算机的学生的百分比。由于使用了分层抽样，就有可能确保每一个层内都有充分数量的学生，用以估计各个子群的参数。

分层抽样的第二个优点，前面曾提到过，即提高估值的统计效率的可能性。我们强调可能性是因为，通常精确性上的增加实在很小。正如基什（Kish，1965）所指出的那样，"按比例抽样得到的收益，与普遍流行的，其收益被夸大了的看法大相径庭，是十分有限的"（p.89）。这主要是因为那些被选来分层的变量一般都是一些比较容易得到的（例如性别、种族），而不是比较有参考价值的变量。虽然如此，分层抽样还是一如既往地吸引着研究者，因为，使用等比例分配（见下文）所得样本的统计效率不会比简单随机抽样的差，而且在适当的情况下还会更友好。

分层抽样的第三个优点是，同简单随机抽样相比，它使用起来极为方便，而且在抽样的程序和数据收集的方法方面都有更大的、潜在的可变性。比如，相对组织一个较大总体的样本框而言，根据某些事先得到界定的、自然发生的层，而组织起来的样本框，可能已经存在于手边了。例如，学生的清单是每个学院都有的，但是却不一定有整个大学的学生清单。

每个层都被视作独立的，因此，在不同的层中，可以使用不同的样本选取策略。比如，在某些层中，进行简单随机抽样可能更方便，而在其他层中，系统抽样也许更合适。此外，总体中，特定元素的地理位置可能要求有不同的数据收集方式；在某一层中，需用邮寄调查来获取数据，而在另一层中，就可以进行面对面的访谈。

## 分层抽样潜在的不利方面

分层抽样既有许多潜在的有利方面，也有可以抵消其优点的，潜在的不利方面。相比于

---

① 为了便于说明，这里我们只论及单个的分层变量。不过，读者要记住，可以同时使用多个分层变量。

简单随机抽样,其主要的不利方面包括更大的成本,以及样本选取阶段(如比例配置问题和层间界限的确定问题)和估计阶段要面对的复杂情况(如更复杂的估式)。

如果参数估计的目标不止一个变量,那么可能出现的情况是,给定的分层变量同被估变量中的某些相关,同另一些不相关。例如,设想一下,一项研究既想去估计成人的平均身高,也想去估计他们的平均体温。根据性别划分总体,由此得到的高度估值会比体温估值更精确。

此外,虽然一般来说,分层抽样所需的样本量等于或少于简单随机抽样所需的,但是在某些设计中,也可能需要更大的样本量。假如某些设计包括了相对大数目的分层变量,而且对分层变量的每一种组合,都需要有某个最少数量的样本量,这时整个设计所需的样本量就会迅速增加。

## 样本选取过程中的一些考量

可能作为分层变量的范围实际上是无穷尽的。有些变量(如性别、人种、社会经济地位、政党归属)看起来一目了然,几乎在强迫研究者把它们作为分层变量。其他的(如不同病症的群体、公司规模、雇员的类型)则很不明显。可是无论是哪种情形,在界定层时都会遇到困难,而且(或者)都需要努力去获取分类所必需的信息。

在选择某个分层变量时,首先考虑的是它同问题中的因变量之间的关系。显然,使用一个同因变量没有关系的分层变量,将不会产生任何收益,因为可以预计层内的变异度不会小于一个简单随机样本的变异度。例如,根据身高或体重,将投票人分层,这样做可能不会产生任何有益的结果,因为可以预计,在投票行为上,无论是层内的还是层间的变异度,都是一样的。

如果研究者考虑使用不止一个分层变量,那么变量的选择就要有额外的考虑,即它们之间应尽量没有关联,同时它们各自应当同因变量有关联。例如,同时使用社会经济地位和教育作为分层变量,而不是仅用其中之一,很可能不会像期望那样增进估值的效率。这是因为两个变量是相关的。

一旦选定了分层变量,就需要正式说明层的数量。那些通常用作分层目的的类别变量(如性别、人种、宗教信仰、政党归属),常常由数目相对有限且界限分明的类别构成,因此不会带来层数选择方面的问题。

如果分层变量是连续的,就不仅会涉及层数的问题,还会带来层间边界划分的问题。关于处理连续分层变量的可行策略,可参见 Cochran(1977);Dalenius (1957);Dalenius 和 Hodges (1959),以及 Jaeger (1984)。

确定了层的数目后,就要去确定,如何把总的样本数分配到各层中。概括地说,可以用等比配额或不等比配额。

## 等比配额

在等比配额中,各层的样本量同层的总规模是等比例的。这个选取的方法“就是那种人们一般在谈及‘有代表的抽样’时模糊地想到的,由它所得的样本是‘总体的微缩模型’,而且它根据的原则是，'总体的不同部分应当在样本中近似地被代表'"(Kish, 1965:82)。

比例配额，通过在每一层中，使用一个一致的抽样分数来完成。例如，假定有 15 000 个元素的某总体被分作 4 个层，各层分别有 6 000, 4 200, 3 300, 1 500 个元素。再假定，总的样本数为 750。总体的抽样分数($f=n/N$)等于 750/15 000 或 0.05。用每一层的数目乘以抽样分数，可得每一层的样本量。于是，从第 1 层至第 4 层，相应的样本量分别为 300, 210, 165 和 75。

当每一层上的抽样分数相同时，估计公式是相对简单的，因为它们所依据的样本都是自加权的。这就是，无须先计算各个层的估值，再把它们加权来计算一个整体的估值。这时，整个分层的样本可以直接用以计算总体的估值。此外，比例配额生成的估值，相比于数量相同的简单随机抽样的样本，至少是同样有效率的。

## 不等比配额

如术语本身所暗示的，不等比配额所产生的各层样本量同各层的总体规模是不成比例的。不是在每一层都依赖某个一致的抽样分数，而是使用不同的抽样分数。

最流行的做法是通过最佳配额，努力使得总的抽样方差最小，即努力在单个层内的变异度的差异和不同的抽样成本间取得一个平衡。为了获得一个更加精确的总抽样方差的估值，对于那些异质性更大的层，使用更大的抽样分数。此外，由于层和层之间抽取元素的成本可能不同，可以证明最节约成本的做法是，对于那些较少耗费抽样成本的层，给予其更大的抽样比率。

在一些适宜的条件下，参照于等比配额，使用最佳配额，在精确性上的增益也许相当可观。不过，最佳配额不像等比配额，因为后者的效率不会比简单随机抽样差，而前者生成的估值，可能没有样本量相同的简单随机抽样所得的估值精确。因此，最佳分配最好是用在以下场合，即当各层内的方差有很大的不同且每一层内的抽样成本也有很大差异时。

读者可能还记得，分层抽样的一个潜在好处是，可以根据需要研究和比较每个层自身的情况。如果这是研究的目的，就可以使用另一种不等比配额，即等量配额。显然，如果每层本身规模相等，那么等量配额也就是等比配额。不过，各个层通常有不相等的规模。于是，从每一层中选出相同的样本量，就意味着针对每一层使用不同的抽样分数。尽管对于估计各层之间的差异来说，等量配额可能是较好的选择，但是，如果总的总体参数也是研究目标的话，这种方式就不可能得到最好的结果，特别是当各个层在层的规模和层内的变异度上有很大不同的情况下。

## 事后分层

对照于前面的分层抽样，事后分层是指，不是在抽样阶段就使用分层，而是在参数估计阶段使用分层的做法。这样做的目的，常常在于针对某个被认为是分层变量的变量，做统计调整。如前文说过的，使用某个附属变量，在抽样前构造出若干层，这种做法类似于在随机化区组设计中构造出不同的区组。与之不同的是，事后分层相当于使用协方差分析去调整各实验群组的初始差异。像任何一种事后方法一样，事后分层很容易被妄用，也很容易被错误地解释。

然而,如果在抽样前,对于总体的所有元素而言,用于构造各个层的必要信息不能事先取得,在这种情形下,求助于事后分层也许是有效的。在这种情况下,先用简单随机抽样的办法选出样本。一旦样本元素被明确下来,就可能根据某个附属变量,将样本分作不同的层。此外,如果包含在各个层内的总体的比例是已知的,还可以通过事后分层引入合适的权重,从而潜在地增进估值的精确性。

## 整群抽样

在前面评述的抽样策略中,无须去在总体的元素和抽样单位之间做区分,因为通常它们是相同的。然而,还存在着一些抽样策略,其中抽样单位是由一个以上的元素组成的。因此,这种抽样策略,抽取的不是总体中的个体元素,而是随机地选出元素的集合或群集,即名为整群抽样的策略。[①]

### 样本选取的策略

在最简单的样式中,整群抽样仅抽取群单位一次,并用被选中的群的所有元素组成样本。于是,这种方式就被称作单一阶段抽样。与之对照,在多阶段抽样中,选取按阶段依次进行,同时,每一个阶段都需要一个不同的抽样框,并从中抽取适当的群单位。

可以设想这样一个单一阶段整群抽样的例子。调查想要选取 2 000 名学生构成的样本,来估计一个城市公立学校中 5 年级学生的科学课的平均成绩。因为学生是以各个学校为单位集中在一起的,所以很容易想到,把学校作为抽样单位。为了说明问题,假设在这个城市中,小学 5 年级的平均入学人数为 100 名,这样就可以随机地选取 20 所学校,再对这些选中学校中的所有 5 年级的学生都进行测验。与之对照,使用简单随机抽样的方式,通常就会产生更多需要对之进行测验的学校。

再考察一下多阶段整群抽样的例子。假定某研究者想要对某个特定州的居民样本做面对面的访谈。用简单随机抽样的办法抽取样本,不仅需要有该州所有居民的名单,而且还很可能得到一个对于实践目的而言过于分散的样本。换作整群抽样,为了得到最终的样本,可以采取如下步骤:(a)抽取一个郡的随机样本;(b)在每个被选中的郡内,随机抽取行政区;(c)在每个确定的行政区中,随机抽取街区;(d)在选中的街区内,随机选取住宅楼;(e)用被选中的住宅楼内所有的居民组成样本。当然,也可以在住宅楼内随机地抽取居民组成一个样本。[②]

### 整群抽样的一些优点

根据前面的描述,读者应当已经清楚,整群抽样的优点一方面主要在于实践的考量,这种方法用起来即方便又容易操作,另一方面主要它有经济上的节约的优点。首先,所需抽样框的详细程度,取决于群集本身的性质。在抽样开始的阶段上,群单位可以由已经确定的群体

---

①尽管我们这里主要论及的是群的简单随机抽样,但是也可以使用其他概率抽样方法得到群(如系统抽样)。
②如果没有可用的清单,而只有地图可用,就可以用另一种样式的整群抽样,即所谓的地区抽样,来选择群单位。

和类别构成，而且它们的清单也容易获得（如州、郡、校区）。用整群抽样，无须去构建总体的所有个体元素的清单。只是对于最后一阶段被选出的群单位，才需要列出其中所有的元素。

整群抽样的另一个重要的益处，是抽取的元素在地理上的邻近。这点既有助于减少行政上的麻烦，也有助于降低经济成本，尤其是需要面对面联络时（如访谈）。

### 整群抽样的某些缺点

在一定程度上，整群抽样依赖于某些类别框架来创建群单位，而这就很像分层抽样，因为在分层抽样中，要用一个附属变量来创建层。不过，两者的相似之处到此为止。读者应当记得，在分层抽样中，一旦层得到了划分，就可以在每个层内实施抽样。因此，最终的样本包含了所有层的元素，虽然在某种程度上要依赖于配额的使用。与之对照，在整群抽样中，选出的只是一个群单位的样本。因此，以整群抽样为基础所得估值的精度，取决于被选中的特定的群。同样，不同于分层抽样，在那里希望所分得的各个层的层内元素尽量是同质的，而在整群抽样中，希望形成的各个群内元素尽量是异质的。这点很像系统抽样的情形。

一般来说，整群抽样的效率要低于相同样本量的简单随机抽样。由于要用到相对复杂的估计公式，特别是包含有方差估计的公式，情况就变得更加复杂。因此，要明智地使用整群抽样，就要求在估计精度的损失和方便以及经济的增益之间求得平衡。

## 样本量

前面我们关心的是样本的"代表性"问题。同样重要的还有估值的精度问题。如本章前几节已经说明的（如均值的抽样分布），精度在很大程度上受样本量的影响。因此，样本量的问题，同随机选取和随机分配（即随机化，见第10章）都有密切关系。正是由于这个原因，我们曾强调过使用"充分"数量的重复，从而让随机化有机会发挥作用的重要性。威尔逊（Wilson）（引自Strauss，1968）在讽刺那些基于小样本的研究时说道："研究者报告称，三分之一的鼠获得了实验药物治疗的改善，三分之一的还保持不变，剩下的三分之一无法报告，因为那些鼠都逃掉了。"（p.569）

无论是本章还是前面各章，样本量的问题都曾被反反复复地提及过。第9章曾经指出过，样本量的决策是一个复杂的过程，涉及一系列的考量。这些考量包括，除了本章前几节讨论过的一些议题（如抽样策略、估式的类型、实践的和经济的考虑）以外[1]，还有效应规模（ES）、I类和II类错误。正是由于这一原因，我们发现，在讨论统计显著检验的逻辑时（见第9章），有必要引入上述这些概念。除此之外，我们还描述过上述各要素同样本量之间的复杂关系。

这里不再重复第9章已经做过的介绍，我们仅提醒读者记住，I类错误，记作$\alpha$，指当零假

---

[1] 为了论述的简便，这里我们仅论及简单随机抽样下的样本量问题。关于其他抽样策略下的样本量确定的讨论，可参见本章提到的各种专门的参考文献。

设不应当拒绝时,拒绝零假设的概率。Ⅱ类错误,记作$\beta$,指当零假设应当被拒绝时,没能拒绝零假设的概率。同时,$1-\beta$是统计检验的验力。

第9章曾在直观的水平上,介绍过ES的观念。在下面部分,我们会更正式地讨论这个话题。随后,我们会讨论有关样本量的决定,以及验力分析的决定的一些一般思考。

## 效应规模

一开始,我们想提醒读者注意的是,围绕ES的意义的歧义性质,因为这个词与效应的大小、效应的重要性或效应的有效性有关。由于在界定重要性或有效性时遇到的各种困难(见第9章),所以不必奇怪,那些试图在操作上界定ES的努力,都会用到大小、强度这类词。

效应大小的思考不是全新的,它根据的是Pearson和Neyman,以及Harris,Kelley和Fisher等人提出的概念(Keren & Lewis,1979;Matthews & Brewer,1977)。当前的迅速发展,包括将关联强度的测量附加于(或在某些情形下,以之替代)显著性检验,大致可以追溯到以下三种不同的趋向,尽管其界限通常是模糊的。

第一种趋向同统计验力分析有关,ES估计是其中的一个有机组成(如Brewer,1972;Cohen,1962,1965,1973a,1988;Kraemer,1985;Kraemer & Thiemann,1987;Miller & Knapp,1971;Overal & Dalal,1965;Tversky & Kahneman,1971)。

第二种趋向的起源可以追溯到海斯(Hays,1963)提出的$\omega^2$的公式,以及他关于此公式可用于帮助估计和解释研究结果的建议。随后,研究者们就各种方差设计分析,提出并比较了多种估计程序(如Carroll & Nordholm,1975;Cohen,1973b;Glass & Hakstian,1969;Halderson & Glasnapp,1972;Keren & Lewis,1979;Keselman,1975;Maxwell,Camp,& Arvey,1981;Vaughan & Corballis,1969)。还有研究者提出将其扩展到多变量分析中(如Cramer & Nicewander,1979;Huberty,1972,1982;Sachdeva,1973;Shaffer & Gillo,1974;Smith,1972;Stevens,1972;Tatsuoka,1970)。

ES估计中的第三种趋向,也就是已经得到了很大关注的,有着各种称呼,如元分析(meta-analysis)、回归整合、定量综合、定量综述、研究范围的定量估计。在第9章对这些方法也有提及(见过去的研究和文献综述),同时还给出了一些主要的参考文献。就当前的目的而言,这里仅指出,E估值的总和,是元分析中常用的两种主要路径之一(另一条路径是$p$值的总和)。

因为在此我们是从统计验力分析的视角来考虑ES的,所以合适的做法是,转向本领域中最杰出的、最有影响力的贡献者以求得一个定义。根据科恩(Cohen,1988)的观点,ES指的是"目标现象在总体中出现的程度"或"零假设是虚假的程度"(pp.9-10)。

但是,应当怎样界定程度呢?或者,一个大的ES有何标准呢?读者应当清楚,由于社会行为科学研究中所用的多数测量工具其测量单位的性质,因此对于上述问题来说,是不可能有简单的、一致认可的答案的。

例如,两个均值之间10个点的差值,是大、是中等还是小呢?在没有关于所用测量工具的单位的额外信息的情况下,暂且不论其他要素(如研究的成本),这样一个问题就会被大多数研究者视作无实际意义的问题。即便对所用测量工具的单位有了更多的了解,对一个差值的大小(一种效应的"程度")做出判断,也不是简单的事。毫不奇怪,在这种情况下,一个被提出来的解决办法,是把差值转换成某种标准分。例如,就上面提到的两个均值间10点的差值来说,可以把它除以"相关"标准差,将其转换成一个标准化的差值。

上面相关一词,被加了引号,因为通常并不清楚,该使用哪一个标准差。当然,如果两个组的标准差是相同的,标准化的办法就不会带来问题。为了说明简便,假定上面的两个组,每组的标准差是20,那么均值间一个10点的差值,就可以变换成0.5的标准化差值。如果两个组的标准差相差不多时,可以使用两组标准差的平均数。不过,当统计显示两组标准差有显著差别时,有研究建议使用两个方差的均值的平方根(见Cohen,1988:44)。

前面一段,我们的意图不是要去介绍两个均值之间差值的标准化方法,而是用以表明,要做出有效的判断,就要用到相关的标准差。为了进一步强调这点,这里可以提一下格拉斯等人(Glass,1981)的论证,他们认为,如果比较的是一个实验组的均值和一个控制组的均值,那么就要使用后者的标准差来计算标准化的差值。

标准化的均值差,只是各种用来估计ES大小的指标中的一组。还有另一组指标,同因变量的方差被自变量(复)解释掉的比例,或同被考察的变量(复)共享的方差比例有关。这类指标有$r^2$,$R^2$,$\eta^2$(eta方),$\epsilon^2$(epsilon方),以及$\omega^2$(omega方)。顺带提一下,关于使用方差分解作为ES指标的限制,以及解释上的问题,在后面几章会讨论到(尤其是第17章和第18章;还可参见Haase,Ellis,& Ladany,1989;Murray & Dosser,1987;O'Grady,1982;Sechrest & Yeaton,1981 a,1981 b,1982;Smith,1982;Strube,1988)。

前面所说的一切,无非是提一下ES估计的相关路径。较为全面的一般性介绍,见Cohen(1988)或Kraemer和Thiemann(1987)。也有根据具体设计方法进行的介绍。其中有各种单变量方差分析设计(如Barcikowski,1981;Hopkins,Coulter,& Hopkins,1981;Koele,1982;Levin,1975;Rotton & Schonemann,1978;Tiku,1967)、多变量方差分析(如Stevens,1980)、多元回归(如Milton,1986),以及卡方(如Overall,1980)。

第9章还略微具体地讨论过从一定实质意义的视角去估计ES的重要性。其时,还指出因为一般来说,这是一项既要求严苛,又复杂的任务,那些从整体上考虑ES的研究者(许多研究者并不这样考虑)就倾向于根据约定的指导标准进行判定。最常用的指导标准可能是科恩(1988)提出的一部分。科恩使用社会行为研究中的经常从事的那类研究发现作为他的参照框架,分别提出了小效应、中等效应和大效应的标准线。例如,他提出的,一个0.2个标准差的均值差值,可被看作小效应,0.5为中等效应,0.8为大效应。如果用相关系数表示,那么前面的就相当于0.1为小效应、0.3为中等效应、0.5为大效应。

冒着重复的风险,这里再次指出,前面介绍的归结起来是,如果要根据Ⅰ类和Ⅱ类错误的考量,理性地去确定样本量的多少,那么对所要探寻的效应规模,就必须有所决定。相应地,用习惯上约定的指导标准来判定ES,其主要的缺点就在于,这种做法更受一般实践的欢迎,而彻底地忽略了问题的这一方面。

在已经出版的论著中,当传统约定的判定ES的指导标准被用于估计统计检验的验力时,上述问题就十分明显。在一篇具有开拓意义的综述研究中,科恩回顾了《变态和社会心理学刊》(*Journal of Abnormal and Social Psychology*)上已发表的论文,并表明中等验力0.17,0.46和0.89分别是判定小效应、中等效应和大效应的条件(记住,0.5的验力意味着有50对50的机会正确地拒绝零假设)。从那以后,证明其他研究领域也流行着类似的条件,几乎成了一种消遣。有过相应综述的领域包括教育研究(Brewer,1972)、咨询研究(Haase,Waechter,& Solomon,1982)、市场营销(Sawyer & Ball,1981)、社会心理学(Cooper & Findley,1982)、医疗研究(Freiman,Chambers,Smith,& Kuebler,1978),以及心理康复研究(Kazdin & Bass,1989)。在上述这些及其他的综述研究中,一般的发现是,仅当研究假定大效应是研究的目标(不必说,那些被回顾的文章的作者从没提及过ES)时,才会看到研究的验力是适中的。可是,读者应当注意,在社会行为研究中,通常不会遇到大的效应规模(Feldt,1973)。

根据我们的经验,当在课上同学生们讨论起这些话题时,总会激起这样的问题:如果这一切都是如此的重要,那么在我们阅读过的研究文献中,为何我们没看到有人提到过呢? 实际上,尽管方法论专家们和课本的作者们经常做出相应的劝告,但是在社会行为研究的广阔范围内,对于样本量的确定及其样本量对统计检验验力的影响这一问题却鲜有论及。在绝大多数的研究中,样本量的确定有各种各样的方式,就是没有依照一种理性的决策过程。科恩(Cohen,1965)对于样本量一般获得方式的形象刻画,可能是任何人都会遇到的。

据我所知,在大多数心理学研究中,样本量*n*的决策通常是根据以下一些考虑因素得到的,如当地传统("在老Siwash美国,30个个案就足以写一篇论文");同一主题的既有先例("我要用一个20个个案的样本,因为Hook和Crook在研究焦虑状况下的反射作用时,用的也是这样多的个案");在手边的数据("我要研究的智障专才,不可能多于医院所有的,可能吗?");直觉或其更为专断的变体"经验";协商("如果我让他们同时做语义差异量表,那么我把样本减到40个个案,就很公平")。(p.98)

现在,我们要介绍一下验力分析。在这个题目下,首先我们会讨论样本量的确定,再讨论验力的确定。

## 验力分析

当我们谈及验力分析时,我们指的是,所有用以研究包含在统计显著性检验中的四个要素(即ES,$\alpha$,$\beta$和N)之间关系的策略。如在第9章中已经指出的,固定了四个要素中的三个,就确定了第四个。于是,实施验力分析,可以有四种类型。不过,正如本章和第9章曾指出的,最理智的一条路径是,根据预先设定的$\alpha$和$\beta$去确定用以判定某个给定ES所必需的样本量。由于这个原因,所以这里我们首先讨论这种类型的验力分析。然后,我们转到给定ES,$\alpha$和N的条件下,如何确定统计检验的验力。这里,我们不准备讨论剩下的两种验力分析的途径(相关分析的描述,见Cohen,1988)。此外,我们也不准备论及所用测量工具的信度问题(见第5章)。关于测量工具的信度对验力的影响,有许多争论(如Cleary & Linn,1969;Cleary,

Linn, & Walster, 1970；Cohen, 1988；Fleiss, 1976；Nicewander & Price, 1978, 1983；Overall & Woodward, 1975, 1976；Sutcliffe, 1958, 1980）。注意，虽然不同的作者分别从这个问题的不同方面对之有所论述，齐默尔曼和威廉姆斯（Zimmerman & Williams, 1986）总结相关论述认为，一般来说，随着信度的增加，验力也会增加。

## 样本量的确定

确定样本量的方式包括：公式法，既有一般的公式，也有针对特定研究或抽样设计的公式（如 Cochran, 1977；Hays, 1988；Jaeger, 1984；Kirk, 1982；Kish, 1965；Winer, 1971）；表格法（如 Rotton & Schonemann, 1978；Tiku, 1967）；以及验力函数表（如 Pearson & Hartley, 1951）。更全面的论述可参见科恩（1988）。[①] 这是一本广受好评的参考书（第一版发行于 1969 年），书中提供了关于验力分析诸要素的详细介绍，还给出了许多不同研究背景下的示例性应用。该书的相当一部分空间被用于刊载两种类型的表格，表格主要由各种统计量（如 $t$ 检验、相关系数、方差分析、多元回归系数）构成：(a) 作为 $\alpha$，$\beta$ 和 ES 的函数的样本量表；(b) 作为 $\alpha$，ES 和 $N$ 的验力表（见下文）。

为了确定一项研究的合适的样本量，研究者首先需要设定目标 ES，$\alpha$ 和 $\beta$（或者研究的验力）。运用科恩（1988）提供的表格，研究者找到选定的 $\alpha$ 表，锁定与所需验力相对应的行，再顺着估计的 ES 的列向下读出每个群组所需的最小样本量。

举个例子。假定，有研究者想要比较两种不同方法教授的阅读法的效果。这位研究者规定，要使两种方法的效应区别有实际意义，两组均值差值需要接近至少 0.4 个标准差（即根据科恩的标准，介于小效应 0.2 和中效应 0.5 之间）。再假定，$\alpha=0.05$，验力 =0.80。在书中表 2.4.1（p.55），即 $\alpha_2=0.05$（$\alpha=0.05$ 的双尾检验）的部分，找到验力 =0.80 的行，再读到 0.40 那一列（$d=0.40$），从而确定所需的样本量是每组最小的样本量为 99。

为了比较，依照前面的例子，保持 $\alpha$ 和验力不变（即 $\alpha=0.05$，验力 =0.80），如果 $d=0.2$，所需的样本量是每组 393；若 $d=1$（即两组均值的差值为 1 个标准差），就仅需每组 17 人。如果想要保持 II 类错误同 I 类错误一样小（即 $\beta=0.05$，也就是验力 =0.95），那么 $d=0.4$ 时，对应所需的每组样本量是 163。

虽然我们的例子仅限于最简单的两组均值的差值，但是我们认为，它已能充分说明，样本量是怎样随着其他三个要素（ES，$\alpha$ 和 $\beta$）中的一个或多个要素的变动而变动的。在更复杂的设计中，相关的决策，尤其是 ES 的决策，会变得更加复杂。例如，如果设计由两个以上的均值构成（即一个类别变量有多于两个的类别或者是 ANOVA，见第 19 章），可以预料，这时就会出现多种均值间差值的模式。为了确定样本量，就需要将预计的模式转换为 ES 的指标。再举一个例子。在因子设计（即有两个或多个类别自变量的设计，见第 20 章）中，研究者可以为设计中的不同组分，选择不同的验力水平。例如，研究者可能愿意为交互项选取更高的验力。对于更复杂设计中的这类或其他考量的讨论，可见前面列出的参考文献（尤其是科恩的，其中

---

①还可参见 Kraemer 和 Thiemann（1987）。

有彻底的讨论和相关的示例说明）。

*计算机程序*。最近几年，用于验力分析的计算机程序已经出现。关于其中一些这类程序的综述，见 Goldstein（1989）。

## 验力的确定

验力分析最重要的作用，无疑是在设计阶段用于确定样本量的大小。不过，它作为估计结果的一种手段的价值也是无可估量的。虽然没能拒绝零假设可以归之于各种不同的缘由（如零假设事实上是真的，理论是错误的，测量工具的效度存在疑问），但是，在社会行为研究的验力通常都较低的情况下（见上文的讨论），完全可能，一个合理的解释是，设计出来的研究没有足够的验力，在给定 ES 和 $\alpha$ 的情况下，拒绝零假设（通常因为样本量太小）。因此，对那些已经分析过的和（或）发表过的数据进行验力分析，可能是有启发作用的，尤其当 ES 被认为是有意义的时候。因此，给定所需判定的 ES, $\alpha$，以及所用的样本量，就可以确定验力。如果检验的验力被发现较低，那么就可以将没能拒绝零假设的判断展示搁置起来，直至研究在更加有利的条件下得到重复。

前面提到过的各种公式、表格、书籍和计算机程序，也可用于确定，在给定了 ES, $\alpha$ 和 $N$ 情况下，检验的验力。[1]

# 本章小结

本章旨在提供一个社会行为研究中抽样的概览。既介绍了一般的抽样概念，也介绍了几种典型的抽样策略。此外，还就非常重要的议题、样本量和统计验力，给予了评论。

本章结束了第二篇的内容，而第二篇主要涉及科学探究和研究设计的各个方面。在后续的几章中，即第三篇的内容中，我们将介绍第一篇和第二篇曾反复提到过的分析方法。

---

[1]验力计算可以通过 SPSS-X 中的 MANOVA 程序来执行，其命令符为 POWER。关于计算机的一般介绍及 SPSS 的专门介绍，见第 16 章。

# 第三篇

## 分析篇

# 第16章
## 计算机和计算机程序集

　　计算机几乎已经渗透到我们生活的方方面面。"计算机文盲将被切断与大多数信息来源的联系(Kemeny, 1983:216)。计算机无处不在和具有的多种多样功能证明兰德公司(RAND Corporation)40年前做的"因为计算机的体积过于庞大,价格过于昂贵,故而在美国总是需要或能够负担得起一台计算机的公司不会超过 12 家"的预言完全与事实不符(Brzezinski, 1984:7)。人们常用一种比喻来形容它的巨大进步和发展速度:倘若当年汽车工业也以这样一种方式发展的话,那么今天我们就可以用2.5美元买到一辆百万英里油耗为1加仑的劳斯莱斯汽车了(例如 Rochester & Gantz, 1983)。

　　在社会行为科学中,人们马上就会想到计算机在管理和分析中的应用。然而,众所周知,计算机在研究、学术和临床的应用也是十分广泛和没有止境的。例如,在资料检索和交换、研究设置的刺激物展示、人工智能、计算机辅助教学、计算机化考试和咨询服务中,计算机都大有用武之地。

　　正如你们已经知道的那样,本书的重点在于介绍如何用计算机进行数据分析。本章的主要目的有如下几种:第一,概括介绍一下统计软件的使用,指出它们的优点、缺点和可能的滥用等。第二,评介本书所选用的那些程序集。第三,介绍一下我们在报告输入、输出和评议时的做法。第四,与大家分享我们在工作中发现的一些有用之处,希望它们能对大家的学习过程和今后的实际应用有所帮助。

## 计算机数据分析的优点

　　除了最简单的统计(如均值、频数),大多数数据分析方法都需要很多计算。即使小数据集的计算也是十分耗费精力和乏味的。更为重要的是,手工计算非常容易受各种错误的影响,如数字反转、小数点错位、符号逆反和部分公式遗漏。将数据分析这种苦差事转交给计算机不仅会减少诸如这样的错误发生的可能性,还会使时间和人工的利用更为有效。

　　在样本很大时,计算机的巨大优势更为明显。在"以往",收集数据要比分析数据容易得多。而在今天却刚好相反。由于技术的进步,即使那些非常大的数据集的分析也已经变得很容易。计算机的普及也使那些高深的分析方法几乎变成了一种例行的程序。尽管许多现在使用十分普遍的方法问世已有相当一段时间,但是在过去,它们的使用却不多,因为它们都涉及很多复杂的计算。如果我们浏览一下在20世纪四五十年代出版的统计书籍,大家就会发现它们的大部分都被各种各样的计划和工作表所占用,这些计划和工作表的设计是为了帮助读者执行和跟踪涉及的计算,例如,多元回归分析或因子分析。

顺便提一下,在不久前,即使那些大型机有时也处理不了数目比较多的变量,例如,一个因子分析涉及的变量。全部解的近似值都是根据计算机能够处理的数据片段的分析得到的。即使如此,"周转时间(turn around time)"——这个"以往"专门用于描述我们必须用于等待出结果所需时间的术语——也至少要24小时。我们的确在很短的时间内取得了很大的进展!

## 大型机和个人电脑

在广义上对大型机和微机或个人电脑(PC)做一个区别是很有用的。之所以要在很广义上是"因为我们无法在各种类型的计算机之间做出硬性和快速的区别"。多年以来,构成大型机和小或微机的定义一直在随我们对机器的关注点(如存储量、速度和用户数)的变化而变化。尤其是在技术发展的时候,这个区别常常模糊不清。因此在某个时候被认为是一种大型机的机器,而在另一个时候却被认为是小型机。今天的有些微机比不久前功能强大的大型机更强。即使就服务的用户数而言,网络化的发展可能使各种类型的计算机之间的区别变得更加模糊不清。当我们谈及一个大型机时,指的是一个大机构,如大学、研究中心、政府部门中的中心计算机装置。这种装置为许多用户提供服务。而PC则指一个独立的桌面系统,一般一次只限一个人使用。

## 对计算机的误解和误用

使用方便的软件的普及使得几乎什么人都可以做复杂的统计分析。果不其然,与之相伴的便是对计算机的误解和误用。我们将对这样的问题做一些检讨。

## 相信计算机和计算机程序集绝对无误

计算机的内部运行是个"黑箱",其内部运作是肉眼无法看到的,正因为这样,计算机和它们的程序集在人们的心目中具有了魔术般的品性和正确性。面对整齐的打印输出,我们几乎不可能想到它会有什么错误。在越来越多地用计算机解决问题的同时也产生了一个问题,那就是它给出的答案往往都是无法人工检查的。每当这样的情况发生时,我们会就面临一种哲学窘境,打一个恰当的比喻,这就好像用一台超级计算机解决一个非常复杂的数学问题。"如果没有人能检验,那么数学证明还能算是证明吗?"(Browne,1988)。在一个有趣的有关"高深莫测的计算机"的讨论中,西克莱斯特(Sechrest,1985)注意到了同样的问题,且引用了泰莫兹克(Tymoczko)这样的一段话,"似乎数学已经接受了一种新的证明标准",这个情况"实际上是计算机告诉我的"(p.84)。

除了无法检查计算机得到的极其复杂的问题的答案这一深刻的困境之外,我们还必须认识到计算机显示的结果是无错的这一错误观念实际上存在于几个层次上。首先,缺乏对数据输入阶段可能出现的错误认识。我们对这一阶段想到的错误,实际上都是一些记录错误,如输入的数字不正确、数据遗漏等。例如,由于1950年人口普查数据打孔的错误——其中一些卡片上数据打孔打错了位置——某些类别(如年轻的寡妇)的频数被高度夸大(Coale et al.,1962:38)。因此,在进行任何分析之前必须对数据进行检查,并对任何可疑的发现进行彻底调查。我们将在下一节再次回到这个话题。

数据录入阶段还会产生一种误差,肇端于统计分析软件使用失当。尽管天真的计算机用户似乎不这么认为,但计算机的确不具备检查模型的设定是否正确和潜在的假定是否得到满足的功能。即使"如果模型是一个不正确的模型(变量遗漏或插入顺序相反)参数估计值不会退回重算,也不会亮起红灯或响起警铃"(Macdonald,1977:84)。或者如克里夫所言(Cliff,1987):在模型错设或违反假定时,"还没有人在计算机程序中植入具有检查一个变量的值,并打印出'羞愧!羞愧!羞愧!'这样一种功能。"(p.285)

计算机分析中的另一种错误——一种大多数用户觉得难以接受的错误——源于软件中的"漏洞"。[1]有些漏洞比其他漏洞更容易被发现。最容易检测到的漏洞可能是那些导致程序不按预期运行的漏洞,如中止运行并打印出错误消息,或生成显然存在错误的异常结果。

与大多数用户的认识相反,即使是那些相当成熟的程序集也有漏洞。这样的情况常见于程序集的修正或更新。因此,在较早发行的软件版本中运行得很正常的程序,常常会在以后发行的版本中运行得不正常。例如,在第19章中,我们给出的那个运行 SPSS,ONEWAY(单因)程序的样本,在那里我们同时也使用了 CONTRAST(对比)子命令。这个问题在 SPSS-X Release 2.0 版上运行时,程序的功用很正常。然而在 Release 3.0 版上运行同样的输入数据时,调用 CONTRAST 却导致了一条错误信息,其意思是请求的对比数超出了给定的问题的允许限度。有时,即使在设定的比较请求只有一个时,也会出现同样的错误信息(这一错误在 Release 3.1 版中已经改正)。我们可以想象那些试图用 Release 3.0 版复制上面提到的分析的初学者的困惑。我们想不会有很多的初学者会把它归咎于程序错误。不仅如此,也不会有很多初学者会注意到版本号。我们猜想,大多数初学者都会怪罪自己,并去寻找某些输入错误。

---

[1]计算机程序集"漏洞(bugs)"和"故障排除(debugging)"这两个术语的来源请参见 Rochester 和 Gantz(1983:83-84)。尽管计算机硬件的错误很少见,但我们也不可以完全忽略计算机硬件发生错误的可能性(例如,可参见 Ziegler 和 Lanford,1979)。

如果找不到任何错误，那么他就可能会怪罪我们。

"而最危险的错误是那种给出的结果貌似正确，似乎不存在任何错误已经发生的迹象的错误——在使用的计算公式或参照分布不恰当时，这样的错误就会发生。"（Dallal，1988：212）这类错误很少一部分源于特定的编程错误，更多的源于依据了不恰当的解法和算法。

## 软件驾驭思维

那些流行的软件中包括的程序对于正在进行的那种分析施加了过多（我们真想说几乎是全部）的影响。用户即使是那些高级用户也倾向于将自己对于分析技术选择的思考局限在软件可用的范围之内。将特定类型的分析纳入某些统计包后，其使用会突然激增，就证明了这一点。

更具体地讲，初学者往往都乐意用那些方便得到的程序默认的分析方法（参见后文），不加选择地复制输出结果。难怪在很多时候，那些输出结果虽然与正在调查的问题无关，但是却被写进了报告，而且还做了"解释"。

## 分析过度

统计软件包的随手可得和越来越容易带来的一个有害结果就是导致我们的研究分析过度。面对一大堆随手可得的分析方法，研究者似乎难以抵制如果"把它们用在自己的数据上，看看究竟会发生什么"这种想法的诱惑。用可以得到的分析方法全方位分析数据，挖掘数据/炸开数据几乎成了一种规范，不论其是否合适和/或有关。我们知道，就像我们一直强调的一样，数据分析不是在与世隔绝的环境中进行的，而是在为研究规范（如理论、定义、问题、假设）所确定和限定的环境中进行的。

## 统计学背景

鉴于本书几乎完全依赖于计算机分析，我们确信读者诸君一定不会把前面的讨论理解为我们试图阻止大家使用计算机。因为种种错误概念的流行，所以我们觉得有必要强调一下。尽管计算机是一种非常强大的工具，但它毕竟只是一种工具而已，因而必须把它当作一种工具对待。我们希望本书能使你们理智地利用计算机。显然，最好的防止不当和错误的应用是了解使用的分析方法。因此，我们将在对计算机输入和输出做评注时传授这些知识。

正如我们在前面几个地方提到过的一样,本书之所以使用个案较少的小例子,是因为我们希望只要有可能,诸位都应借助计算器的帮助重复部分或全部的计算。通过这样的计算,不仅会有助于涉及的那些概念的阐述,而且还有助于进一步提高大家对什么样的结果是错误的认识。一旦我们对概念有了透彻的理解,那么余下的分析便可以委托给计算机了。在下一章,我们便以这样的方式着手我们的讨论,只要可能,我们都会介绍一下提到的那个例子的手算法。随后,我们便会依靠计算机来阐述我们介绍的分析方法。

大家要牢记前面介绍的内容,接下来我们先一般性地讨论一下统计软件,然后再具体介绍三种软件包。大家在学习中最好能通过重复本书提供的例子,用它们进行各种变化(如改变某些数据点,试试不同的模型)和运行其他的例子(如来自其他教科书、刊物的文章和一些大家自己编写的例子),尽早开始使用统计软件。

**统计软件**

在这一部分,我们先介绍统计软件的主要组成部分。然后对诸如这样的软件的评价做一番评论,进而阐明本书选择使用的程序的标准。随后,我们会谈我们自己有关计算机程序集的使用的总体思考。最后,我们会谈我们在呈现输入、输出和对二者进行评议时所遵循的约定。

# 统计软件的组成部分

大多数统计软件程序集或多或少都会有某些同样的程序和几种主要组成部分:

1.数据描述。这一功能包括各种用于确定和命名变量,定义数据的形式,在必要时表明使用的外部数据,提供变量的扩展标签和/或表示丢失值的策略。

2.数据的转换和处理。它包括那些根据我们希望的标准对数据进行分类,对数据进行重新编码或转换,以及创建新变量和合并两个或更多个数据文件的工具。

3.通用工具。用以管理最终输出,包括输出的目标、展示方式和可选的评语和标题。

4.数据分析。程序集的核心部分是用于描述和推论统计的各种程序。

正如我们所预期的,程序集涉及的程序,不仅在一些主要方面,如精确度、范围、复杂性、默认项和选项会有所不同,而且程序集的其他性质,如编辑能力、处理手法、产生报告的工具、用户友好性、详细程度、手册和指令的质量以及对硬件的要求等也会有所不同。

# 评估统计软件

即使是随意浏览一下那些迎合大众需求的出版物(如 *PC Magazine*,*PC Week*,*Infoworld*,

*Byte*)——更不用说那些面向专门从事科学研究的专业期刊和书籍,也会发现一大堆令人眼花缭乱的统计软件。大多数潜在用户都没有能力,更不用说专业知识和精力,来深入了解和测试哪怕是一小部分可以利用的程序。与购买其他产品一样,购买的决策通常是以价格、广告、传闻、可用性等为根据的。

在没有专家(如教员、统计顾问)咨询意见的情况下,最好仔细阅读一下统计软件的评论。但是应当指出,这些评论的质量差别很大,有些只不过是产品制造商或厂商的广告和/或新闻稿的摘录。计算机杂志上的评论尤其如此,"在这些评论中,统计学家⋯⋯只是少数"(Berk,1987:227)。许多评论不仅包含错误和误导性的建议(例如,Reitzer,1985;Petzold,1985;Sandberg-Diment,1986;Stoll,1986),有些评论甚至倾向于认为,当一个程序的运行只需要很少或根本不需要统计知识时,它才是一种有用的东西。

科学文献中不乏有见地的有关统计软件的综合性能和专门用途的介绍。不同的出版物的评价往往见仁见智。这方面比较常见的出版物包括：*Educational and Psychological Measurement*；*Multivariate Behavioral Research*；*American Statistician*；*Journal of the American Statistical Association*；*American Journal of Epidemiology*；*Journal of Marketing Research*；*Behavior Research Methods, Instruments and Computers*；*Educational Statistician*。在咨询这些评论时,我们必须明白许多评议在它们出版时就已经过时了。我们经常会遇到新版本的程序集对老版本进行扩充和更正的情况。维纳和泰森在1986年做的一些评论,在今天看来更有说服力："今天想要得到一份最新的软件或硬件评论,就像在漫天大雪中铲雪。"(Wainer & Thissen,1986:12)

显然,评论统计软件包,无论是用于大型机还是PC,都超出了本书讲授的范围。相反,本书只是对我们自己选用的那些程序集做一些一般性的评论而已。大家在阅读我们选择软件的标准和描述选用的专门软件时务必牢记几件事情。

我们有关程序集评论和讲解是导论性的,不要把它们看作对程序集的专门评论。更不要用它们来替代软件本身提供的手册(参见下面的有关章节)。不仅如此,在我们强调涉及本书讲授的专题的各个方面时,我们只介绍了程序集中我们选择的性能。正因为如此,我们未曾涉及在那些全面的评论中可能会提到的重要方面(如文件转移能力、特殊的硬件要求、费用、文件编辑、售后服务)。

在我们开始撰写本书时,基于PC的统计软件尚在起步阶段,那时可以得到的为数不多的程序集都是基于大型机的,选择的余地十分有限。近几年,许多新的程序集和已有软件的更新版应运而生。我们发现我们必须多次更新我们的示例运行,因为我们讨论的程序集(大型机和PC版)已经有了新的版本,所以这种做法似乎比较妥当。在本书付印时,不仅有更多的程序集问世,而且我们书中讨论的那些程序集也已有新的版本发行。虽然我们希望我们的总路数能适应更新的版本,但是我们还是敦促大家仔细研究自己正在使用的版本的文档,并在尝试重复我们的分析时做出相应的变化和必要的修正,或将之与我们的评议与输入和/或输出联系起来。

# 软件选择的标准

与其他任何类型的软件（如 word processors, spread sheets）一样，各种统计软件，每一种都有一定的长处，但也会有不足之处。尽管只使用一种程序集会使我们的工作变得简单和容易（可能这一点对大家也一样），但由于以下原因，这种做法却是目光短浅和不明智的：

1.介绍一种以上程序集会增加我们接触一种以上程序集的可能性。

2.即使这些程序集有着同样的所谓常规，但提供的信息却未必相同。

3.比较各种程序集展示的不同的结果必定会加深我们的理解，从而促使我们更进一步地学习它们。

4.掌握几种程序集会提高我们的灵活性和适应性，在我们从一种环境挪到另一种环境（如从大型机转到 PC，从一个机构换到另一个机构）时，情况尤其如此。

我们将选择限制在那些既可用于 PC 也可用于大型机的程序集，从而最大限度地提高使用的灵活性。在必要时，除非我们注意到的某些差别，我们包含的例子，只要略作修改，便可用给出的程序集在 PC 和大型机上做同样的分析。我们选择的程序集，都是综合性能最强的、那些能提供各种各样的分析程序和选项程序集中的佼佼者。此外，不仅它们的结构功能堪称完美，而且还会定期修订和扩充。然而诚如我们前面指出的那样，即使是这样的程序集也可能存在错误。因此大家必须对其保持警觉，并对其进行一些例行的检查（参见下面的讨论）！

# 计算机术语和硬件问题

我们设想大家对计算术语已经有了一定的了解，例如，软盘和硬盘、内存、目录和子目录、兆字节（MB）、DOS、文字编辑器等。此外，我们既不打算对硬件问题，也不打算对程序集的局限性（如个案数、变量数）做深入的探讨，因为这些都会随特定的计算机和程序集版本的变化而变化。

**大型机。**这三种程序包都可用于各种大型机。它们的程序集的绝大部分内部命令都相同。但命令依靠的操作系统多少有些不同。在安装各种应用软件时，大家必须检查相关事项，如可资利用的文字编辑器、默认的运算操作、进入软件的系统命令、打印输出结果等。

**PC。**本书包括的程序集适用于 IBM PC 和兼容机。尽管对硬件的要求，无论是程序集本身还是程序集内的特定程序会略有不同，但总的来讲，以下条件则是必须，或我们高度推荐的：640 K 内存和协处理器。当然，硬盘的储存空间的大小则视特定的程序和其是否完全安装的情况而定。例如，MINITAB 要占用 1.6 MB 硬盘空间，而 SPSS Base 和 Advanced Systems 则要占 8 MB 左右的空间。[①]

## 几个通用的注意事项

以下几点在某种程度上讲适用于所有本书讨论的那些程序集。

## 手 册

谈到手册，我们是指那些与我们正在使用的程序集的版本相配的那种手册。尽管手册的深度和广度不尽相同，但是手册——特别是本书包括的那些程序集——一般都包括指令和有关(a)程序集的一般用途(如数据描述规范、数据转换、外部文件的使用)；(b)可资利用的程序；(c)各种分析方法之间的差别以及(d)默认选项等方面的内容。此外，还包括输入和输出文件作为例证的应用和解释。

有些手册的篇幅大得惊人。例如，《SAS用户指南：基础版，第5版》(*SAS user's guide: Basics, version 5 edition*)篇幅有 1 290 页之多，相应的《SAS用户指南：统计学，第5版》(*SAS user's guide: Statistics, version 5 edition*)也有 966 页。然而，请记住，手册只是一种参考性指南，它应该这样使用：好好学习一下它的基础篇，通常它都是手册的前几章，然后就转向我们感兴趣的程序，仔细阅读掌握它的具体特性。

手册再好，充其量也只是一本手册而已，既不能替代数据分析的教科书，也不能替代其他方法学文章。不参阅手册固然会导致疏漏，但也不能把手册作为正在研究的问题的唯一或主要信息源。

## 批处理和互动式处理

大多数统计软件都有两种基本运行模式：一种是批处理，它有一个命令文件(由所有的感兴趣的命令组成)，用一种文字编辑器创建(参见下文)。在文件建好后整个呈递给机器，由机器进行处理。在互动式处理模式中，一次输入和处理一条命令。两种处理的结果都会送到默认或指定的装置(如屏幕、打印机、磁盘文件)。

---

①在今天，由于计算机技术的飞速发展，硬盘空间和内存都已经不成问题，500 GB 硬盘和 4G 内存已经是 PC 和笔记本电脑的标准配置。——译者注

许多程序集,特别是那些PC程序集都强调互动模式。这种模式被认为界面对用户更为友好,它使我们能够马上观察到结果,从而可以决定接下来应该做什么。尽管早先的结果对以后做什么的决策很有用,这样的情况的确存在,但是从某种程度上讲,"如果……,那么让我们来看看会发生什么",我们认为无非是互动过程提示的一种想法而已。诚如前述,正是这种看法在一定程度上造成了数据驾驭这种分析方式的扩散。

此外,即使不是大多数情况,至少在许多情况下,交互处理也是效率低下的。命令在输入时执行,其后,它们中的大部分都会丢失。这样,在许多情形中,命令可能还必须再输入一次(例如,在一条命令可以用于几个分析,因为命令和/或数据存在错误,分析必须重做的时候)。在批处理中,一个输入文件已经建立,因此很容易找回和编辑。此外,有一种软件包准备的文件,只要略作修改,便可用于另一种软件包。故而,本书提供的所有的例子都是采取批处理方式的。批处理和互动处理之间在命令结构上存在的差异一般都被忽略了。

## 建立和编辑输入文件

除非我们完全在互动方式下工作(参见上文),否则我们需要用一种文件编辑器来建立,编辑和存储包含命令和/或数据的文件。如果我们在大型机上工作,我们还必须熟悉机器上安装的特定编辑器(如IBN系统产品的编辑器,即名为XEDIT编辑器)。在PC上工作时,我们可有几种选择:(1)使用随软件提供的文字编辑器(如SPSS的Review);(2)使用独立的编辑器,如KEDIT[1]或TED[2];(3)使用任何可以读写ASCII格式文件的文字处理软件。在后面的章节,我们将会讨论我们所采用的策略。

## 默　认

统计软件中的许多命令和设定都有预设值——默认——除非另行设定,否则计算机假定的这些默认都是有效的。默认实际上几乎遍布分析的各个方面,包括与数据格式有关的设定、丢失值处理、结果布局、输出设备和特定的分析方法等。因为默认服务于不同的功用,它们的影响随分析结果的变化而变化,有些有益无害,而有些则可能会产生相当严重的后果。

配置给某些命令,特别是那些控制数据描述命令的默认值,一般适用于基础性的分析和

---

[1]KEDIT是Mansfield Software Group的一种产品,是一种功能强大和丰富的编辑器,其界面和命令与IBM大型机上的编辑器XEDIT颇为相似。
[2]TED是一款用于行取向的、大小不超过64 K的文件的小巧的全屏编辑器。该程序集的介绍、代码清单和说明可参阅1988年11月5日的那一期PC杂志。

比较小的数据集。例如,SPSS的默认假定数据是固定式的(见下文)。其他的默认,虽然它们看起来似乎都是装饰性的,但实际上它们都是有实际目的的。因此如果没有标题设定,那么程序集就会提供自己默认的标题。同样,如果我们没有自行确定变量名,那么程序集就会给出自己默认的变量名(如 VAR 1, VAR 2, …)。设法覆盖这些缺省值通常是一种明智之举,因为它有助于将输出定义为最适合我们需要的形式。我们强烈建议大家要逐渐养成使用内容比较详细的标题、变量名、标签和评论的习惯,这样,即使时间流逝,输出结果仍会为我们保留很多信息。所以,大家在分析本书的例子时,请在标题或评论中指明它们所在的章节、页码和所做分析的类型。这一点在我们在同一个数据上做几种不同的分析时尤其重要。

接下来,我们来讨论那些有可能对给定的分析产生明显影响的默认。诸如这样一些默认必须对数据加以定义。例如,程序集如何处理丢失值(将空格读作丢失)。如果我们的数据的性质不符合程序集默认的要求(如我们将丢失数据的码编成了"0"或"9"),那么省略丢失命令的做法就会引起严重的问题。与丢失数据相关的一个问题是要求程序如何处理它们(例如,默认是按列表还是按对来删除丢失数据)。

还有一些默认都与分析方法有关。例如,在做因子分析(参见第12章)时,许多问题都必须予以确认(如抽取的因子数、旋转的类型)。有些程序集,如SPSS,如果我们未作设定,那么全部决策将都会由默认做出。在很多时候,编好的默认并非"最佳"或最好的选择(Wainer & Thissen, 1986)。显然,我们有必要对使用的程序集的默认有所了解,以便在必要的时候,可重写它们。

我们刚才处理的都是一些因使用默认而可能产生的问题,而这些问题常常会为我们所忽略。在我们对后面各章讨论的统计程序集做概括性介绍和对遍布全部第三篇的那些例子进行讲解时,我们还会提到某些命令的默认,因为它们会对正在执行的命令产生一定的影响。

## 检查程序集的重要性

考虑所有计算机程序集的创建是不尽相同的,那些已经比较成熟的程序集也会存在这样那样的错误,所以对它们进行例行检查和评估是必不可少的。检查和评估只是运行一下手册给出的例子是远远不够的,因为它们一般不会使用一个给定程序的所有功能。此外,手册的例子本身也可能会存在错误。模型的数据(例如手工编制的熟悉的数据集,教科书中的例子)应该经过广泛的测试。这样做除了能给我们其他一些帮助之外,还能使我们逐渐熟悉程序集的特点、输出格式、命名方法和检查结果的精确性,并与其他程序集的输出结果进行比较。

即使我们已经对程序集的精确性进行过检查,且对它的使用也已得心应手,检测的重要性也并未因此而减少。在一个新版本发行时,错误会悄然进入一个已建成的例行程序(参见前面给出的SPSS ONEWA Y的例子),默认的选项会发生变化,输出可能在结果产生及显示和标示方式上有所改变。即使没有颁发新的版本,定期对一个程序集进行检查也不失为一种明智之举,特别是在大型机上,因为它有可能未通知用户就被修改了。总之,在使用模型问题时,不仅要先对使用的新的或更新的程序集进行测试,而且也要对已经搁置了一段时间的程序集进行测试。

## 错误和其他信息

程序集一般会在命令和/或数据遇到不一致或问题时,发布几种类型的错误信息或警告。有些信息是完整的报告。另一些只是指出在分析之前已经做的调整(如将与设定不符的数据作为丢失处理)。

命令和/或设定中的错误一般将在输出或一份特定的日志文件中示明(参见下面有关SAS的评议)。命令是否有问题或要中止,则需取决于问题和使用的程序集的性质。一条具体命令的特定错误可能只会对那条命令有影响。有时,错误可以影响几条或其后的所有命令。

不同的软件对同样的错误的处理可能会有所不同。例如,因为键盘输入错误,我们误将一个非对称的矩阵用作因子分析的数据输入(参见第22章),SPSS便会发布如下信息:

> THE CORRELATION MATRIX IS NOT SYMMETRIC. THIS ANALYSIS WILL BETERMINATED.(相关矩阵不对称,这一分析将会终止)

而SAS则会发布一条这样的消息:

WARNING: CORRELATION MATRIX READ FROM INPUT DATA SET IS NOT SYMMETRIC.(警告:从输入数据读到的相关矩阵是不对称的)

(有些版本还包含另外的陈述:使用了下三角形的值)。无论信息是什么,程序集都会继续进行分析。如果错误在上三角形,那么用户就会得到正确的结果;反之,结果就会是错的。

我们认为SPSS在信息发布之后的做法更可取。任何人都会猜到,究竟有多少人会在得到结果之后,再去看一条像上面这样的信息。大家注意,有些版本的SAS,日志(信息在此给出,参见下面的SAS介绍)是输出文件的一部分,但在另一些版本中,日志文件是分开生成的。但据我们所知,用户在得到结果之后,再去调看日志文件的可能性是微乎其微的。我们希望这一例子能使大家认识到,在使用SAS时,总是查看一下日志文件的重要性。

读懂错误信息并非总是一件容易的事。错误信息的范围和清晰度因程序集和程序集内的程序而异。有些错误一旦遇到便可清楚确认,但有些错误信息却含混不清无法立即用于解决当前的命令遇到的问题。此外,有时实际上只有一个错误;但是因为它出现在了输入文件的前面部分,从而可能会因此而产生一连串的错误信息。如果用户力图去更正"所有"的错误,而不仅仅是这个错误,实际上就可能会引起新的错误,而这又会对再分析产生影响。

同样重要的是要注意程序集的特性,例如有的程序集,在没有给出错误信息时,也没有产生期望的输出。例如,MINITAB在我们未能正确设定子命令时,既不一定会产生一条打印的信息,也不一定会打印子命令要求的选项。

## 本书遵循的规范

　　本书对可资利用的各种命令和选项进行了详尽的讨论。此外,针对类似的目标我们通常都会有若干种命令和设定。我们之所以选择那条命令,而非另外一条,并不意味着可资利用的命令只有这一条,也不意味着它在所有的环境中都是首选的路数。有时为了提高灵活性和可比性,我们也会交替地选择各种设定。

## 输入文件

　　除非另有说明,否则输入文件都是按照各个程序使用的 PC 版本的批处理规范处理的。在 MINITAB 和 SAS 中,PC 的输入文件一般都可用于大型机,如果需要改动的话,也只是很少一点而已。而在 SPSS 中 PC 版和大型机版之间存在很大差异,尤其是矩阵数据,差异更大。我们认为,这些问题都是我们必须了解的。如果在 PC 上工作,那么我们会假定大家已经有一个硬盘,它里面的数据是按功能和程序集组织存放在不同的目录中的。程序集文件根据用途的不同,如用于文字处理器、数据库管理器、电子表或统计软件,分放在不同的目录中。一般来讲,我们都希望能从任何一个目录进入这些类型的程序集,因此我们需要发布一条设定它们的位置的 DOS PATH(磁盘操作系统的路径)命令。一条典型的 PATH 命令,可能就像下面这样:

　　PATH C:\;C:\DOS;C:\ WP;C:\SPSS;C:\UTIL;

　　工作文件(如数据、输入和输出、信件、草稿和电子表文件)按不同的功用存放在不同的目录(或子目录)中。在组织管理我们自己的工作时,也许我们可以将我们所有的输入文件存放在一个名为"\DATA"的目录中。当然,我们也可以把它们存放在几个目录中。不论选择什么方式,我们都强烈建议,工作文件都不要和程序集存放在同一目录中。出于各种原因,最好在程序集目录之外的目录中工作,这一点很重要。首先,这样做将会大大降低误操作而删除程序集文件的可能性。此外,根据某些功用来组织我们的工作目录会使工作效率更高(如同一个数据文件可用作几个不同的程序集的输入)。

　　我们工作的目录叫作当前或默认目录。我们建议大家创建并将输入文件存储在当前目录(如\DATA)中,并从这个目录执行程序集。这样,输出文件也将会写入这个目录。

　　我们在前面曾经指出,必须要有一个用于创建和编辑输入文件的文本编辑器。有几种编辑器可供我们选择。大多数软件包都自带编辑器,但这样的编辑器功能都相当有限。有时,有用户可能需要使用几种软件包,这时他们发现自己必须要学会使用几种不同的编辑器。既因为我们的确希望能掌握一种功能齐全且强大的ASCII编辑器,也因为我们不希望花很多时间和精力学习编辑专门针对使用的软件包的编辑命令,所以我们使用KEDIT来建立和编辑所有的输入文件。[①]

　　内联数据(Inline Data)。要被分析的数据以三种方式存储:(1)它可以包含在命令文件的命令中(如内联数据,也叫文件内或流内数据);(2)它可以存在于外部文件内;(3)它可以保存在为我们使用的软件专用的特定的系统文件中。我们的示例中的所有数据集都非常小;因此,为了简化输入命令,我们将它们都内连在了一起。

## 输出文件

　　我们阐述的那些程序集默认的批处理(在PC上)的运行稍有不同。虽然SPSS和SAS的输出文件都是自动生成的,但SPSS输出文件的默认名却不是很有帮助的(见下面SPSS那一节的讨论)。MINITAB的输出文件是需要加以设定的。

　　我们先为所有的分析生成输出文件,然后再对它进行编辑,删除无关或多余的资料,加上评议或其他文字以使之适合我们的需要。我们发现,在做这些事情时,最高效的是先用KEDIT来做大块的编辑,如删除大块的文本空白,去掉整块和整列。然后便可将编辑后的文件输入一个文字处理器(如 Word Perfect)根据我们的需要做进一步的加工剪裁。因为经过了编辑,所以本书呈现的输出文件的格式与程序集直接产生的略有不同。我们建议大家运行一下我们的例子,以便比较们提呈的文件和程序集实际输出的有什么不同。

## 评论的使用

　　所有这些程序集都允许我们在输入文件中插入评论或注解(如COMMENT,*,/*)。这些评论以后将打印在输出文件上,以便用户能找到它们和对输出文件进行润色。为了保持我们呈现的一致性和方便,我们没有使用各种程序集中可资利用的那些评论命令,而是使用了两种形式的评论:

　　1.简评,注解输入文件中特定的命令。这些都放在与之关联过的命令行,以斜体字打印在括弧内(如 *[This is a comment]*/这是一条评论),以把它们与命令相区别,并指出它们并非输

---

[①]如果我们正在使用一种文字处理器或文本编辑器,而非随统计软件程序集而来的编辑器,那么我们应当确认光标是否随文本的最后一行立即朝前移行。有些文字处理器和文本编辑器并不会在最后一行末自动发布回车命令或换行符序列。正因为如此,那个出现在行末的文件末字符便会在文件被处理的时候产生一个错误。

入文件的一部分。

2.对输入和输出文件的广泛评议。这些评议被置于特定的部分,标题为"Commentary",散布在分析的各章。

我们用评议的格式来介绍和讨论分析实质性问题。因此,即使你很熟悉我们使用的程序集,我们也敦促你不要轻易略过那些评论。最低限度,你们也应该浏览一下它们,并看一下那些提出和讨论了新问题的部分。

## 选择的程序集导论

在这一部分,我们先概括介绍一下本书使用的几个通用统计软件包,然后详细阐述一下我们在使用时遵循的规范。

### SPSS

SPSS系统是由命令的关键词和设定构成的。前者由运行命令(如SET,SHOW)、数据定义、操作命令(如DATA LIST,RECODE)和程序命令(如ANOYA,REGRESSION)组成。设定由子命令,其他的关键词(如STATISTICS=ALL),算法和其他类型的运算符及函数构成(如+,-,SQRT),分隔符(如/),以及用户提供的细节(如变量名)组成。子命令的设定用等号(=)或空格(如STATISTICS=ALL等同于STATISTICS ALL)与子命令关键词分开。

命令一般从第一列开始,并用一个斜杠(/)和子命令分开。尽管逻辑规定某些命令要先于其他命令,但是实际上它们的顺序还是比较灵活的。在PC版中,命令和子命令可以缩写为它们的前三个字母。除了删节会造成含混时,这种缩写法也适用于大型机版中的大多数情况,这时可以使用四个字母缩写法。

执行SPSS命令文件会产生一个输出文件,默认的文件中不仅包括分析结果,而且还包括命令、综合消息、信息、警示和错误。PC版会产生一个日志文件(LOG)来展示命令和错误信息。

### 本书遵循的规范

大型机和PC版SPSS之间的差异之一是在命令的终结和续行的用法上。在PC版上,所有的命令,无论是批处理还是互动方式,也不论它们占据了多少行,都用命令终结符结束——默认的方式是一个句号或空行。在大型机上,互动命令需要一个命令终结符,而用批处理的命令则不需要。在大型机的批处理方式中,续行必须内缩一列。[1]为一致起见,我们用一个句号来终结所有的命令和内缩续行。虽然在PC版上,内缩并不是必需的,但我们仍然要这样做的原因有两个:(1)在PC版上建立的文件不必修改续行就可以在大型机上运行;(2)偏移这些命

---

[1]注意,续行缩进要求只适用于命令,并不适用于数据。

令有助于很容易将它们与设定区别开来。

只要可能,我们都会要求STATISTICS=ALL,而非设定选择的统计量,因为这样做并不会使我们使用的小数据的输出量明显增加。而从教学的角度看,这样做受益颇多,可使我们得以考察所有可资利用的信息,并将它们与任何的手算结果进行比较。此外,在某些程序的这种子命令的设定中,PC版与大型机是有一定差异的。在PC版中,额外的统计量既可用名字也可用数目设定,具体用哪一个,则要视使用的程序而定,而在大型机上,则只可用名字。设定STATISTICS=ALL使我们可以免于指明子命令使用的特定版本。然而,我们想强调一下,如果我们使用的数据比较大,那么这种设定可能会产生大量的输出,其数量远远超出我们的所需和所想。因而我们必须慎用 *specification ALL*。

## 典型命令结构

批处理执行一个SPSS的输入文件可以用两种方式完成:

1.在DOS提示时,设定输入文件的名称。因此,如果输入文件的名称是T171(表17.1),那么在DOS提示时,便会发出如下指示:

SPSS PC T171

2.也可以选择另一种方式,即在SPSS提示时(如SPSS/PC:),用INCLUDE命令调用文件,即可发出如下指示:

INCLUDE T171.

我们采用的那些SPSS的例子一般都由以下这些部分组成[1]:

## 输出文件设定

SPSS的PC版在每次重新执行时,都会由默认产生一个输出文件(也叫清单文件),文件名为SPSS.LIS。因此,在没有重新命名先前产生的文件之前,再次进入SPSS,这个文件就会被新产生的输出文件所重写。为了防止发生这样的事情,我们建议大家在命令文件的一开始放上如下那样的SET命令[2],引导SPSS采用与输入文件名称使用的文件名相同的文件名重写这一默认:

这一行在大型机上运行时不应包含在内。根据安装的具体情况,输出文件的名字或必须在执行时设定,或将由默认设置产生。

## 标 题

我们建议大家尽早养成使用TITLE命令的习惯,尽管实际上这是可选的。标题一般都用于指明数据来源和/或执行的分析类型,如下面这样:

---

①为了在批处理文件处理结束时能自动退出,应该在命令文件的最后一行包括一个 FINISH 命令。
②可以创建一个含有一组基于惯例的 SET 命令的初始化文件(叫SPSSPROF.INI)。例如,我们的初始化文件关闭了菜单和REVIEW 的自动装载,抑制了暂停,并重设了页长和页宽。

## TITLE TABLE 17.1 REGRESSION OF Y ON X.

## 数据定义

为了提供变量名和它们的格式信息，最低限度我们需要一个 DATA LIST 命令。此外，它也可用来设定变量的位置，是数字型还是字符型（如字符串变量），每个个案的记录（行）数，以及使用的外部数据文件，如果数据不是内联的话。在识别变量和它们的格式时我们主要关注的将是以下几点。①

在 DATA LIST 命令中变量识别跟随一个斜杠（/）。指定的变量的次序决定了它们在实际文件中的次序。变量名可由 1~8 个字符组成，主要都由字母和数字的组合组成。开头必须是字母，不可包含空格。在有许多类似的变量要识别时，如个人测试题项，常可以使用 TO 约定（如 ITEM1 TO ITEM25），而不是一个一个地加以设定。②

DATA LIST 这一命令也包含涉及数据格式的信息。有两种基本格式可以使用：

1. 固定格式，默认的格式假定文件中的每一个个案的相同的变量都占据了同样的列。因此，变量的位置紧随其名字之后（如 SEX 4，MOT 15-17）。默认将空白字段作为丢失处理。不仅如此，它还假定数据中的任何小数点也将编码，即在紧随它的列位置后的括弧中设定小数点的位数［如 GPA 8-9（1）。因此，如果数字 35 出现在第 8 和第 9 列，那么它就应该被读作 3.5］③有一种可用于那些有着相同的宽度和格式，且占据着相邻列的那些变量的缩写方式。在使用这种缩写方法时，要先列出所有这些变量，随后设定第一个变量的开始列和最后一个变量的结束列（如 Y X T 1-6；三个变量中的每一个都被分配了两列）。下面是一个整合了固定格式可资利用的一些变体的例子：

DATA LIST/SEX 1 AGE 3-4  GPA 5-6 (1) Y XI TO X5 20-31.

2. 自由格式，意味着数据文件中的所有个案的变量都以相同的次序出现，但未必在相同的列。唯一的要求是变量要以至少一个空格或逗号分开。尽管每一个个案都始于新的一行，但是也许会连接进入同一行。④在 DATA LIST 命令中，全部必须要做的事情是，明确 FREE（自由）格式，给出变量名，具体做法如下所示：

DATA LIST FREE/SEX AGE GPA Y X1 TO X5.

---

①我们使用的所有例子的每个个案都只用了一条记录（默认）。每个个案有一条以上记录的数据集在 DATA LIST 命令中，视使用在大型机还是 PC 上，定义有所不同。设定外部文件的方法有若干种（如 FILE HANDLE 命令；DATA LIST 命令的 FILE='specification'），具体怎么定义，在一定程度上取决于具体的安装情况。在系统文件已经生成时，用一个 GET，而不是 DATA LIST 命令来进入前面定义的系统文件。

②TO 约定的另一种用途是在必须要涉及前面已经定义的连续变量清单时。我们来看一下下面这个例子：DATA LIST FREE/SEX AGE ACH MA SES MOT. 此后，我们在我们要涉及这一变量的清单时，它便可以是：VARIABLES=SEX TO MOT.

③显式编码的小数点优于隐式编码的小数点。

④在大型机上，也有着更为严格的自由字段数据格式，叫 LIST。它要求每一个个案的数据必须开始新的一行（记录）且只能占据一行。

在我们的例子中,我们轮流使用了自由和固定格式。然而,我们要提醒大家,自由格式有一种潜在的不足,特别是在数据集比较长和较复杂的时候。数据以指定变量的次序读取和分配,因此数据输入中的遗漏和错误(无论是不经意的还是故意的)可能导致将错误的数据分配给变量。正因为如此,我们建议,除非是小的和完整的数据集(像我们阐述的那些例子),固定格式应该是首选。

## 备选数据定义

若干可供选择的数据定义命令可用于描述变量的标签(如 VARIABLE LABELS)和设定分类变量的值(如 VALUE LABELS,见第21章)。此外,如果我们的数据与默认将空字段作为丢失处理的假定不符(仅对固定格式而言)的话,那么我们就必须包括一个 MISSING VALUES 命令,和/或借助SET命令重新把它们的编码改为空白。

## 矩阵数据

除了原始数据输入之外,SPSS还可以处理用户输入的矩阵输入或其他SPSS程序生成的矩阵输入。分析矩阵输入和它的特殊内容的能力在一定程度上取决于使用的特定程序。PC和大型机版处理矩阵输入有所不同(参见第22章,我们在该章举了一个适用于两种版本矩阵输入命令的例子)。

## 数 据

内联数据使用下面的命令结构:[1]

```
BEGIN DATA.
lines of data
END DATA.
```

无论何时使用原始数据(与矩阵数据相反),我们都会包含一个LIST命令,以在默认设定的输出文件中生成一个清单,列出所有个案的所有变量[2],使我们得以检查编码、格式化和变换等的结果。

## 程 序

SPSS 有许多分析和报告程序。本书包括的程序有:RELIABILITY(第5章)、REGRESSION(第17—21章和第24章)、ONEWAY(第19章)、MANOVA(第20章)、PLOT(第21章)和FACTOR(第22章)等。

---

①在大型机上以批处理方式处理内联数据时,第一个程序可置于 BEGIN DATA、数据集、END DATA 系列的前面。而在PC版中,第一个程序必须跟随在读数据之后。为保持一致起见,我们总是在我们的例子中,把第一个程序置于END DATA之后。
②当然,我们一般不提倡对大数据集这样做,而是使用适当的设定,在LIST命令中选择那些可能列出的变量和/或个案。

## SAS

一个 SAS 编程由一连串语句组成,其功能是提供信息和要求执行一个分析或操作。这些语句都必须以分号结尾,由关键词、名字以及特定字符和运算符组成。

SAS 的关键词(如 DATA,CARDS,FORMAT)都是特备的词,它们的运行方式与 SPSS 系统内的命令、子命令和运算符颇为相似。SAS 的名字都给予变量、数据集和文件等。名字由 8 个字符组成,包括字母、数字和下画线(如"_")。它们用字母或下画线开头,不能嵌入空白。

各种 SAS 语句可作如下分类:

1.数据步骤语句,其主要目的是创建和裁剪 SAS 数据集。在这个步骤中定义并命名变量,指定它们的格式,进行要求的处理、转换和文件的处理等。

2.PRO 步骤语句要求一些特定的程序和执行与之关联的设定。

3.选择的 SAS 语句,它们可以用于任何地方(如 TITLE,COMMENT)。

管控 SAS 语句占用空间和摆放位置的规则为数不多。语句可以从任何一列开始,可以扩展到几行,且几个语句可以同时出现在同一行。几个 DATA 和/或 PROC 可以用于同一个 SAS 程序。

在执行一个 SAS 程序集时,一般会同时生成一个 LOG 文件和输出文件。LOG 文件由综合信息、被处理的程序的清单、数据集的信息和遇到的错误的信息组成。输出文件包含由各种 PROC 产生的结果。我们建议大家要仔细地查看 LOG(参见本专题前面的相关内容)。

### 本书遵循的规范

尽管并非必要,但是为了提高显示内容的可视性,我们缩排了属于同一步骤的语句。此外,为了便于编辑,我们将单独的语句放在了单独的一行。

## 典型的评论结构

在执行批处理方式时,SAS 一般都会产生一个 LOG 文件和一个输出文件。这些文件的文件名与输入文件相同,但文件类型扩展名(如在某些大型机上的 SASLOG,LSTING;在 PC 上的 .LOG,.LST)则有所不同。假定输入文件的名字是 T171,在使用 SAS 时,必须在 DOS 提示符下键入:

SAS  T171

SAS examples that we include generally consist of the following.

## TITLE

一个 TITLE 语句可以出现在 SAS 程序集中的任何地方。如果把它放在程序集的开端且又未被后面的其他TITLE语句所覆盖。这时这个TITLE语句将会贯穿程序集的整个运行过程。我们也可以区别PROC语句中的标题,只需每做一次请求的特定分析便对它们做一次剪裁即可。标题必须置于单引号内,例如:

TITLE 'DATA FROM TABLE 17.1. FIRST X=4 CHANGED TO 10';

## 数据步骤

就我们的目的而言,DATA步骤由一系列语句组成,它们通过确定要使用的变量及设定任何必须的转换和/或操控,建立和命名SAS数据集。这一步骤还可包括一些其他语句,它们的功能是确认已有的数据集、管理文件(如合并两个文件)和剪裁报告等。

## DATA 语句

DATA语句开始一个DATA步骤,令SAS建立一个数据集。[①]如果没有提供名字,那么SAS将名字DATA1分配给第一个数据集,DATA2分配给第二个数据集,以此类推。下面是一个命名数据集的例子:

DATA  T171;

DATA语句包含一些选项,目的是详细说明数据的特点。这些选项被置于紧随它们应用的数据集后的括弧内,其中,有一个特定选项涉及数据集的类型。SAS的默认则假定TYPE=DATA,其他的数据类型包括COY(协方差)、SSCP(平方和,交叉乘积)和CORR(相关)矩阵。这些矩阵可以用SAS程序生成,也可以由用户录入。例如,在第18章,使用下面的DATA语句来指明名为T181的数据集是一个相关矩阵:

DATA T181(TYPE=CORR);

## INPUT 语句

INPUT语句的目的是通过命名和指定格式来识别变量的。有几种不同的输入风格,它们可以混合在同一个INPUT语句中。这里我们给大家介绍其中的两种:

1. 列输入,适用于固定格式数据。在这种最简单的形式中,变量名之后跟随着它占据的列。默认假定变量是数字的,字符变量则在变量名之后立即用一个$符来确认。隐式小数点用一个句号跟随小数点的位数来表明(如2表示小数点后有两个数字)。显式小数点将覆盖任何隐式小数点。空白字段或那些包含一个句号的字段,都被默认为丢失数据。下面是一个INPUT语句的例子:

INPUT SUBJNAME $1-10 SEX 11 GPA 14-15.1 GREY 17-20;

2. 整单输入适合于自由格式数据。也就是说,数据值是用至少一个空格隔开的(丢失数

---

①我们也可选择调用已有的数据集。不仅如此,我们也可以创建或访问多个数据集。

据用单个句号表示）。在这样一种环境中，我们要做的全部事情是给出变量的名字，例如：

INPUT X Y；

## CARDS语句

SAS程序集中在将数据包括进来时，CARDS语句是数据步骤中的最后一个语句。其格式是：

CARDS；

数据行跟随CARDS语句之后。如果紧跟在数据后面的行包含了分号，那么就不需要再指明那些数据行的末尾。这只是一般的情况，因为通常这里都会有一个PROC语句。如果因为某些原因，分号没有出现在紧随数据的那一行，就像一个PROC语句继续的下一行一样，就必须要在紧随数据之后，包含一个虚无行（只含一个分号）。

## PROC（程序）步骤

各种各样的可资利用的PROC语句管控着各种分析与运算。某些语句为几个SAS程序所共有，但有些却只为给定的程序所独有。共享的语句例子有BY（参见第19章）、CLASS（参见第19章）和MODEL（参见第17—19章）。

我们一般都会包括一个PROC PRINT，以在输出文件中列出输入的数据。其他阐述介绍的程序包括PROC REG（第17章和第18章），PROC MEANS（第19章），PROC GLM（第19章）和PROC FACTOR（第22章）等。

### MINITAB

MINITAB是一个围绕由行和列组成的工作表组织的通用程序集。数据都成列储存在工作表中的C#列中（如C1，C5，C100）。内容则存储为K#（如K1，K2，K15）。矩阵存储为M#（如M1，M3，M4）。工作表的大小取决于MINITAB的版本和使用的计算机的存储能力。

MINITAB的命令始于一个关键词（如READ，REGRESS）。紧随这些可缩写为它们前四个字母的关键词之后的叫作命令行参数（arguments）的设定。这些参数指明到哪儿去读变量，哪个变量要绘图和变量名是什么。每个命令都必须开始新的一行，要续行则需要在行末放一个和号（&）以表明行还将继续。命令可以发生任意多次，且对次序的限制也很少，只要它们合乎逻辑。

虽然对命令和与之关联的命令行参数只要做最小设定就已经足够，但MINITAB却有一个出众之处，用户可以在设定之外插入额外的文字，使得命令更加可读和明了。额外的文字不会对程序集的执行产生影响。因此，假定我们想在工作表的开始的两列输入两个变量，那么就需要如下命令：

READ C1 C2

为了使命令更加可读，命令可以是：

READ the first variable into C1 and the second into C2（将第一个变量读入 C1，第二个变量读入 C2）

为了清晰起见，我们使用了大写和小写两种字母。使用其中一种，或同时使用两种类型都是可以的。

某些命令在子命令形式中有着特定的选项。为了使用子命令，在主命令结尾需要放一个分号。每个子命令都要开始新的一行，它自己则要以分号结尾。最后一个子命令要以句号结尾。

# 本书遵循的规范

和其他的程序集一样，我们也将子命令缩行，以区别于主命令。

# 典型命令结构

MINITAB 命令文件默认给定的后缀是 MTB（如 T174.MTB），[①]表示一个执行文件。文件执行时，先要键入 MINITAB，然后再在 MINITAB 提示符（即 MTB）下发布如下命令：

**EXEC 'filename'**

例如上面这条命令可以是：

**EXEC 'T174'**

不一定非要提供后缀，因为它与默认的文件类型一致。如果文件的后缀是用户给出的（如 T174.INP），那么我们就必须输入完整的文件名（EXEC 'T174.INP'）。[②]

与本书使用的其他的程序集不同，MINITAB 没有编制标题的功能。但它可以以 NOTE（注释）的形式插入一个 MINITAB 命令来实现，将标题作为输出文件的一部分。我们的 MIINITAB 例子一般都由下列内容组成。

## 输出文件设定

MINITAB 默认设置的输出是在屏幕上滚动显示，并不产生输出文件。因此，我们在命令文件的开头加上两个命令，二者一起令 MINITAB 生成一个输出文件。这二者也可用来控制页面的最大容量。

---

①这种格式适合 PC 版本。文件后缀命名的规范视大型机安装情况的不同有所不同。
②将 STOP 命令作为命令文件的最后一行，可在批处理文件执行完成时，自动退出 MINITAB。

*OH*关系输出的高度。在互动方式中，在MINITAB暂停和询问我们是否继续前，它控制着在任何时候送到屏幕的最大行数（默认=24）。在批处理方式中，OH也控制着送到输出文件的页面的最大量。设定OH=0将禁止所有的暂停和分页。

*OUTFILE*。OUTFILE将输出文件引向指定的文件。文件名要放在单引号内。并非一定要设定后缀，MINITAB会自动给出后缀.LIS。因此，下面的命令将生成一个叫作T174.LIS的输出文件：

**OUTFILE 'T174'**

在将输出送到文件的同时，它也将在屏幕上滚动显示，除非我们将一个NOTERM子命令作为OUTFILE命令的一部分包含在命令内。

## 输入数据

*READ*。当数据包含在命令程序中时，可发布一个READ命令来将它们输入工作表的列中。这个命令规定了接着要读的那些数据进入的列。[1]因此这个命令可写作：

**READ C2 C10**

这一命令将把第一个变量放到C2中，把第二个变量放到C10中。如果使用连续不断的列，那么列的设定可以先指明第一列，然后是一个短杠，之后则是最后一列，例如，READ C1-C5。数据行将会马上自动执行这一命令。而默认则假定它们是自由格式，有着显式小数点，小数点至少要有一个空格和/或一个逗号来与变量值隔开；数字数据的丢失数据的编码是一个星号(*)。如果数据包括字母变量，或者数据结构必须更为特殊地设定，就可以使用FORMAT子命令。

## 其他各种命令

可用于剪裁编辑整个或部分输出内容的命令有很多。下面列举的这些都是我们在后面各章要使用的。

*NAME*。数据一经定义，其名字就将被分配给列。名字必须包括在单引号内，最长不能超过8个字符，不能以空格开始或结尾，也不能有某些特别的字符。为了使C1和C2的名字分别为PRE和POST，我们应该用下列命令：

**NAME C1 'PRE' C2 'POST'**

列在被命名之后，它的名字或编号就可在命令文件中引用，二者可以混合使用，如：

**PRINT C1 'POST'**

*PRINT*。下面是一个用PRINT在输出中列出数据的例子：

---

[1]READ命令也可用来读ASCII外部文件。一个用SAVE命令保存的MINITAB格式文件，可以用RETRIEVE命令放入工作表。

PRINT C1–C4 M1 M2 K5

*BRIEF*。有几种程序（如REGRESS）可以用BRIEF子命令来控制输出的量。

### 分析命令

分析命令有很多，我们使用的有CORREL（第18章和第19章）、HISTOGRAM（第10章）、PLOT（第17章和第18章）、RANDOM（第10章）、REGRESS（第17—19章）和SAMPLE（第10章）等。

## 结　语

这一章旨在对计算机和统计软件包的作用做一个概括的介绍，与此同时也对本书使用的那些软件包做一些介绍。第三篇的其余章节将介绍第一篇（测量）和第二篇（设计）涉及的具体分析。此外，这些章节中的每一章（也见第5章和第10章）都载有附有广泛评议的计算机分析的例子。在学习随后的章节时，大家可能会发现，查阅一下本章对于本书使用的那些统计软件包所做的一般性评议，和/或报告输入和输出文件的做法是有用或必要的。

回归的概念在各种背景中都曾被提及,如效标效度(criterion-related validation)与差别预测(第3章)、问题和假设的表述(第9章),以及不同类型的研究设计。然而不同于数学意义上的回归,我们主要关注的是它的意义,在研究设计中的作用和结果的解释。这一章以及随后各章的内容都是分析方面的。正如我们建议的一样,希望大家在学习测量和设计问题时,阅读和浏览第三篇中的相关各章,我们也希望大家在学习第三篇各章时,再读一下第一和第二篇中的有关章节。

方差和协方差概念不仅是回归分析的核心,而且也是一般的科学探索的核心概念,因此我们在本章开始,要对这一概念做一个扼要的回顾。然后我们再来详细讨论简单回归分析。

## 方　差

变异性(如在人、物体、组织和国籍中)激起了科学家的好奇心,进而推动他们去探究其原因。作为个体差异研究的主要推动者,高尔顿(Galton,1889)表达了他对统计居然没有去研究这种变异性的惊讶:

> 很难理解统计学家为什么会把自己的思考局限于平均数,而不去进行更为全面深刻的思索。他们的头脑对迷人的变化麻木不仁,几乎与英格兰的农民一般无异,他们对瑞士的回忆无非是如果可以把它的群山扔进湖里,那么那些麻烦马上就没有了。(p.62)

只要有初级的统计学背景就可能会有中心趋势指数(如均值、中位值)和变异度(如幅度、方差)的基本概念,进而认识到这两种指数对有意义地描述一组数据的必要性。

对变异度最为有用的指数之一就是方差。基于单样本的 $X$ 的一组分数的方差的估计值是:

$$s_x^2 = \frac{\sum(X - \bar{X})^2}{N - 1} = \frac{\sum x^2}{N - 1} \tag{17.1}$$

式中,$s_x^2$ 为 $X$ 的样本方差;$\sum x^2$ 为 $X$ 距离 $X$ 的均值的偏差平方和;$N$ 为样本量。不言而喻,标准差

$s$ 就是方差的平方根。请大家记住,大写字母通常用于描述原始分数,而小写字母则用于描写偏差分数。注意式(17.1)的分子叫作平方偏差分和。此后,所谓"平方和"实际上就是"平方偏差分的和"。式(17.1)的分子的代数恒等式在用手算或计算器计算时特别有用:

$$\sum x^2 = \sum X^2 - \frac{(\sum X)^2}{N} \tag{17.2}$$

注意,式(17.2)中只用了原始分数。右边第一项是平方原始分数之和,第二项的分子是原始分数的和的平方。

## 数　例

计算 $Y$ 和 $X$ 所必需的信息已在表17.1的底部给出,如同中间计算的结果和答案一样。我们先从平方和的计算开始。利用表17.1的 $\sum Y$ 和 $\sum Y^2$,并应用式(17.2):

$$\sum y^2 = 903 - \frac{(129)^2}{20} = 70.95$$

现在再应用式(17.1),有

$$s_y^2 = \frac{70.95}{19} = 3.73$$

计算 $X$ 的方差,并用表17.1的底部给出的那值检查我们的答案。

**表17.1　$X$ 和 $Y$ 例解数据**

| Y | Y² | X | X² | XY |
|---|---|---|---|---|
| 5 | 25 | 1 | 1 | 5 |
| 5 | 25 | 1 | 1 | 5 |
| 4 | 16 | 1 | 1 | 4 |
| 4 | 16 | 1 | 1 | 4 |
| 3 | 9 | 1 | 1 | 3 |
| 8 | 64 | 2 | 4 | 16 |
| 7 | 49 | 2 | 4 | 14 |
| 6 | 36 | 2 | 4 | 12 |
| 6 | 36 | 2 | 4 | 12 |
| 5 | 25 | 2 | 4 | 10 |
| 10 | 100 | 3 | 9 | 30 |
| 8 | 64 | 3 | 9 | 24 |
| 8 | 64 | 3 | 9 | 24 |
| 6 | 36 | 3 | 9 | 18 |
| 5 | 25 | 3 | 9 | 15 |
| 10 | 100 | 4 | 16 | 40 |
| 8 | 64 | 4 | 16 | 32 |
| 8 | 64 | 4 | 16 | 32 |
| 7 | 49 | 4 | 16 | 28 |
| 6 | 36 | 4 | 16 | 24 |
| Σ:　129 | 903 | 50 | 150 | 352 |
| M:　6.45 | | 2.50 | | |
| ss: | 70.95 | | 25 | 29.50 |
| s²: | 3.73 | | 1.32 | 1.55 |
| s: | 1.93 | | 1.15 | |

注:$M$=均值,$ss$=偏差平方和/或积和(如 $\sum Y^2$,$\sum X^2$,$\sum XY$);$s^2$=方差或协方差(如 $s_y^2$,$s_x^2$,$s_{yx}$);$s$=标准差(如 $s_y$,$s_x$)。

测量、设计和分析：研究方法的综合之道

## 协　方

在研究者试图根据给定的变量解释或预测总体的（物体、机构等）状态时，除了其他事情之外，他们常会考虑它与其他变量的关系，以及它是如何与其他变量共变的。样本协方差被定义为：

$$s_{yx} = \frac{\sum(Y-\bar{Y})(X-\bar{X})}{N-1} = \frac{\sum yx}{N-1} \tag{17.3}$$

式中，$s_{yx}$ 为 $Y$ 和 $X$ 的协方差；$\sum yx$ 为成对 $Y$ 和 $X$ 的分数各自对自己的均值的偏差的交叉乘积和。与平方和一样，在我们说"积和"时，我们的意思是偏差的乘积和。注意，协方差是一个对称指数（即 $s_{yx}=s_{xy}$），而变量的方差则可以看作它和它自己的协方差。

用原始分数计算积和：

$$\sum yx = \sum YX - \frac{(\sum Y)(\sum X)}{N} \tag{17.4}$$

用表 17.1 的数据得到：

$$\sum yx = 352 - \frac{(129)(50)}{20} = 29.5$$

和

$$s_{yx} = \frac{29.5}{19} = 1.55$$

协方差是两个变量的测量单位的性质的函数，通常都无法作出实质性的解释。测量单位的变化将导致协方差大小的变化。为了阐述简便，表 17.1 的 $Y$ 是用英尺为单位的长度，而 $X$ 则是以磅为单位的重量。将长度转换为英寸，$X$ 和 $Y$ 之间的协方差为 18.63，这一数字在舍入误差内，是上面报告的协方差的 12 倍（即将英尺转换成英寸）。重要的问题在于，这个值和一大堆其他的值也可以做这样的转换，并用来表示正在研究的物体的长度和重量之间那个同样的协变性。协变性必须要考虑我们在第 2 章中讨论的转换的不变性这一概念（参见测量的尺度）——一个关乎标准化的专题，下面我们来讨论这一问题。

## 标准化

大家可能都熟悉标准化分数这一概念。回想一下：

$$z_y = \frac{Y-\bar{Y}}{s} = \frac{y}{s} \tag{17.5}$$

式中，$z$ 为标准分数；$Y$ 为原始分数；$\bar{Y}$ 为均值；$s$ 为标准差。

将一组原始分数转换为一组 $z$ 分数构成了能产生一种标准分数（即 $z$）的特殊转换。这种分数的均值为0,标准差为1,而不论原始分数的均值和标准差的数量是什么。因此,原来有可能在协方差的解释中出现的数量问题,便会因为标准化变量(即将它们转换为z分数)而化解。我们可以证明,用z表示的两个变量的协方差是皮尔逊相关系数:

$$r_{yx} = \frac{s_{yx}}{s_y s_x} \tag{17.6}$$

式中,r为Y和X之间的样本相关系数;$s_{yx}$为样本协方差;$s_y$,$s_x$分别是Y和X各自的样本标准差。

大家可能更熟悉r的其他表达式。我们之所以要使用上面给出的那个表达式,是因为它显示在计算r时,协方差[式(17.6)的分子]是用标准差的乘积(分母)除以它来标准化的。换言之,r是标准化的协方差。从另一个角度来看,这就是将z分数应用于式(17.6)。因为这样的分数的标准差是1,式(17.6)的分母便为1,这清楚地证明了r是z分数的协方差。

下面是r的另外几种表达式:

$$r_{yx} = \frac{\sum yx}{\sqrt{\sum y^2 \sum x^2}} \tag{17.7}$$

和

$$r_{yx} = \frac{N\sum YX - (\sum Y)(\sum X)}{\sqrt{N\sum Y^2 - (\sum Y)^2}\sqrt{N\sum X^2 - (\sum X)^2}} \tag{17.8}$$

注意,式(17.7)用了偏差分数,而式(17.8)则用了原始分数。还有其他一些r的代数恒等表达式。无论使用的公式是什么,无论其格式是否明显,在计算r的过程中,原始分数都是标准化的。

用表17.1底部的总计数据,我们用式(17.6)至式(17.8)来阐述r的计算。

用式(17.6)

$$r_{yx} = \frac{1.55}{(1.93)(1.15)} = 0.70$$

用式(17.7)

$$r_{yx} = \frac{29.50}{\sqrt{(70.95)(25)}} = 0.70$$

用式(17.8)

$$r_{yx} = \frac{(20)(352) - (129)(50)}{\sqrt{(20)(903) - (129)^2}\sqrt{(20)(150) - (50)^2}} = 0.70$$

作为一个习题,我们建议大家做一下Y和/或X的变换(如乘以一个常数,加上一个常数等),计算一下r,以确认尽管协方差在变化,但r却仍然是相同的这一点。

用于社会行为研究的大多数量度,其单位,可以毫不夸张地说都是难以解释的(参见第2—4章)。因为r独立于彼此相关的变量的量度单位,所以它对社会行为研究极为合适。它的解释简单到令人难以置信,更使r的使用变得极为普遍。原始分数标准化使r的极大值=1.00|;r=+1.00意味着完全正相关;r=-1.00意味着完全负相关;而r=0则意味着没有线性关系。r的这些性质使它有了简单的美誉,以致有人觉得根本不用去考虑那些使用什么和如

测量、设计和分析：研究方法的综合之道

何去测量的问题,因为它是"再清楚"不过的:$r$越接近1,研究的变量之间的关系就越强。

然而被许多人忽略的问题是那些使用的量度单位带来的问题并不会因为$r$的使用而得到化解,它们只是被暂时规避而已。应用和解释的困难已经联系不同的预测进行过讨论和阐述(参见第3章)。这一章的后面部分,我们将会明确指出一些有关$r$的错误概念和错误应用。


## 简单线性回归


广义地讲,回归是一种根据一个或多个自变量或预测因子的信息分析因变量或标准的变异性方法。我们已经在前面几章(参见第3章、第8章和第14章)中讨论过预测和解释研究之间的重要区别,并建议将术语预测和标准用于前者,而将术语自变量和因变量用于后者。尽管在两种研究背景中回归分析并无二致,但结果,尤其是特定成分(如回归系数)的解释却是以它们求得的研究环境为根据的。此外,回归分析的某些应用(如变量选择程序;见第18章)可能在一个背景中是有意义的或有用的,而在另一个背景中却没有。

与解释性的研究相比。预测研究中的回归分析的使用和解释比较简单。虽然我们偶尔也会对预测研究中的回归分析的使用做一些评议,但是这只不过是将它与解释研究做一些对比而已,我们所关注的主要几乎都是后者。[1]具体来讲,我们将在试图用自变量解释因变量的背景下讨论回归分析的应用和解释。

本章介绍简单线性回归,即只有一个自变量的回归分析。"线性"的意思是自变量一个单位的变化与因变量一个预期的恒变化(constantchange)关联(参见下文)。我们将在后面几章讨论多元回归分析。

我们也按照常规使用$Y$和$X$来表示自变量和因变量。尽管比较方便的是谈论个体的分数,但一般来讲,这种说法也常用于那些分析单位并非个体(如群体、机构),以及从严格的意义上讲变值并非分数(如在操作变量上的值、练习的时间、暴露的频数等)的场合。

现在,我们可以将自变量上的皮尔逊分数表示如下：

$$Y_i = \alpha + \beta X_i + \epsilon_i \qquad (17.9)$$

式中,$Y_i$是个体$i$在因变量$X$上的分数；$X_i$是自变量上的个体$i$的分数；$\alpha$和$\beta$是常数；$\epsilon_i$是个体$i$的随机误差。式(17.9)涉及总体,相应的样本方程为：

$$Y = a + bX + e \qquad (17.10)$$

式中,$a$,$b$和$e$是它们在式(17.9)中的相应的参数的估计值。此后,我们将略去下标——参见式(17.10)——只要不存在模糊不清的危险。

---

[1]有关预测研究的介绍详见第3章。

# 回归方程

回归分析的基本目的是求式(17.10)的 $b$ 的解,在将它用于自变量 $X$ 上的分数时,因变量 $Y$ 的解释或预测将是最大的。换言之,我们要找的解将最小化解释或预测的误差。更具体地讲,其目的是最小化平方误差和($\sum e^2$);因此,我们将"最小平方"这一名称给予这种解。最小平方或回归方程为:

$$Y' = a + bX \tag{17.11}$$

式中,$Y'$ 为因变量上的预测分数;$a$ 为 $Y$ 上的截距值,回归线在那里拦截了 $Y$;或在 $X$ 为零时 $Y$ 的值;$b$ 为回归系数或回归线的斜率(回归线的描述请参见图17.1)。像下面解释的一样,$b$ 表示随 $X$ 的一个单位的变化期望的 $Y$ 的变化。注意,$Y-Y'$(观察分数减去预测分数)叫作残差,它就是误差——式(17.10)的 $e$。它就是用回归方程没能解释或预测的那部分 $Y$ 的分数,而这就是 $\sum(Y-Y')^2$,也就是平方残差和(参见下文),它已被回归方程常数的解最小化。

在若干个计算 $b$ 的方程中,我们先使用式(17.12):

$$b = \frac{\sum yx}{\sum x^2} \tag{17.12}$$

求 $a$ 的公式:

$$a = \bar{Y} - b\bar{X} \tag{17.13}$$

## 数 例

我们用表17.1的数据来阐述回归方程的计算,和详析其在某些实例背景中的意义。我们先来讨论计算问题,并使用那些在表17.1底部列出的相关值

$$b = \frac{29.50}{25.00} = 1.18$$
$$a = 6.45 - (1.18) \times (2.5) = 3.50$$

表17.1的回归方程是:

$$Y'=3.50+1.18X$$

因此为了得到个体预测分数,要将他(或她)的 $X$ 分数乘以 $1.18(b)$,再加上 $3.50(a)$。上面我们已经知道 $b$ 表示关联的自变量 $X$ 一个单位的变化引起的因变量 $Y$ 的预期的变化。对正在考虑的数据,$X$ 的一个单位增量,$Y$ 的预期增量是1.18。

回归分析可用于各种不同的研究设计(如实验和非实验)。不论设计是什么,分析的机制都是相同的,但预测结果的解释效度却取决于它的特性。因此,第10—14章有关不同设计(如内部和外部效度、随机化、操控和操控检查)的那些讨论都与结果的解释有着直接的关系。为了澄清这些问题,我们将给大家介绍一些实际例子。

我们从某些实验设计的例子开始,这些例子都可以使用回归分析和表17.1的阐释性数

据。我们来考虑以下几点：(1)$X$也许是一张单词表暴露的次数(即1,2,3或4)，而$Y$则也许是记住的单词数；(2)$X$也许是某种药物(如兴奋剂)的剂量，而$Y$也许是被试的焦虑或兴奋程度的等级分；(3)$X$也许是某些项目(如提前教育、培训或治疗项目)的月份数，而$Y$也许是学业成绩、社会调节、精神健康等。在前面的例子中，常有的情况是自变量是被操控的，不严格地讲，连续是相对于分类而言的(即由不同的水平而非种类组成)①，被试是被随机地分配到各个不同的层级的。

现在我们来讨论回归方程，$b$(回归系数)被解释为自变量在因变量上的效应。就上面第一个例子而言，我们可以说，单词表每多暴露一次便可预期多记住1.18个单词。或者就第二个例子而言，每一个单位的药物的增加，便可期望兴奋程度增加1.18。

前文还说，$a$(截距)表示在$X$为零时的$Y$的期望值。至于$a$是否有实质意义则取决于在给定的环境下的零治疗水平(即没有治疗)是否有意义。再回到上面前两个例子，对于第一个例子，确定被试记住了多少不是在单词表暴露的单词是没有意义的，但相反，对于第二个例子而言，确定没有使用药物的被试的兴奋程度却是有意义的。在给定的环境中，研究者可能认为他们必须要确定无治疗条件下的绩效，把它作为一种控制方式，作为一条解释治疗效应的基线。因为在许多社会行为研究中，$a$并没有什么实质意义，所以我们更多关心的是回归系数。

上面的阐释性研究是进行的，大家还记得二者的差别不在于变量操控(即治疗的管理实施)，而在于是否将被试随机地分配给变量的不同水平(或类别)。②这两种设计的后果相去甚远，在设定误差上尤其如此。本章稍后部分我们将把这个问题与回归的假定联系起来，再次回到这一非常重要的专题。

现在我们来讨论几个非实验设计的例子：(1)$X$也许是年级而$Y$则也许是学术成就、道德发展和积极性等。那么表17.1的数据就意味着被试的样本是1—4年级的学生；(2)$X$也许是社会经济地位，而$Y$也许是政治参与，可说服度和控制点等；(3)$X$也许是每天看电视的时间，而$Y$也许是攻击性、没有生气或其他什么品行。

正如我们在第二篇(特别是在第14章)中已经讨论过的一样，非实验研究结果的解释一般都更加困难和不确定。有些研究者甚至在研究是非实验时拒绝用独立和不独立这样的术语，更不会说什么前者对后者的效应这样的话。因而这样的研究者不会将非实验研究得到的回归系数($b$)作为自变量在与其联系的因变量上效应的指数来解释的。③

就目前的目的而言，这已经足够提醒大家想起我们有关与代理变量、自变量自身相互之间、和/或与删除的变量之间存在的关系的误解的风险问题的讨论(例如，可参见第13章和第14章)。至于上面给出的例子，不需要太多的思考或努力就能提出令人信服的论点：年级水平

①见第2章量度尺度和第8章量度角度。
②关于随机化的讨论和它的作用，请参见第10章实验设计和准实验设计的详析，并对比参见第12章和第13章。
③我们将在第18章讨论多元回归分析时再次回到这个专题上。

可以是年龄的代理,或者看电视的时间可以是家庭环境的代理。同样,我们也因此而很容易想到根据上述变量的部分或全部的效应作出的解释,可能是由它们与方程中省略的变量的关系所致(即由于设定误差;见下文)。

## 标准分数回归方程

在自变量和因变量是标准化的时候,回归方程为

$$z'_y = \beta z_x \tag{17.14}$$

式中,$z'_y$为预测的标准分数;$\beta$为标准化回归系数;$z_x$为$X$上的标准分数。现在我们对符号做一些适当的说明。回归分析中使用的符号并无硬性的规定,但有些研究者总是习惯用希腊字母来表示参数,而用罗马字母来表示对应的统计量。在式(17.9)和式(17.10)中,我们也遵循这种不成文的规范。然而,此后我们也和其他一些研究者一样,我们将用$\beta$作为标准化系数的符号。遗憾的是,在部分统计场合符号的使用缺乏一致性。例如,大家可能记得,$\beta$也用作第二类误差的符号(参见第9—15章)。重要的问题在于避免再给文字环境中符号的使用造成混乱。有鉴于此,每当我们感到有可能出现混乱时,便会特别提醒大家。

未标准化的($b$)和标准化的($\beta$)系数像下面这样关联:

$$\beta = b\frac{s_x}{s_y} \tag{17.15}$$

或

$$b = \beta\frac{s_y}{s_x}$$

式中,$s_x$和$s_y$分别为$X$和$Y$的标准偏差。

注意,与原始分数的回归不同,标准分数回归是没有截距($a$)的。换言之,在使用$z$分数时,$a=0$。个中原因只要看式(17.13)和回想一下$z$分数的均值为零便可明了。

与未标准化的回归系数一样,标准化系数可被解释为回归系数,因为它表示与之关联的自变量的一个单位变化的因变量的期望变化。然而因为$z$的标准化标准差是1(见上文),所以这相当于是一种对自变量一个标准差变化的表述。

前面我们得到了$b=1.18$。我们从表17.1底部取标准差,并将它用于式(17.15)

$$\beta = 1.18 \times \frac{1.15}{1.93} = 0.70$$

回归方程:

$$z'_y = 0.70z_x$$

与此对应,自变量一个单位的变化(即一个标准差),在表示为$z$分数时,就是导致期望的因变量标准差的0.70个变化。

对简单回归,$\beta=r$(自变量和因变量之间的相关)。前面已经用表17.1得到$r=0.70$;它等于

$\beta$的权数。从前面的讨论我们已经了解到,简单回归中$\beta$的最大值=| 1.00 |。[1]简单回顾一下$r$的讨论(参见上文),我们就不会惊讶,用标准分数来描述我们的解释是多么地简单明了。研究者倾向于解释$\beta$,而不是$r$,尤其在自己不能清楚地解释自变量一个单位的变化的含义时,更应该如此。但是,正如我们在讨论$r$时所指出的一样,$\beta$的使用只是规避而非真正解决了问题。

## 偏差分数回归

为了更好地理解回归方程和为下一个专题做好准备,另一种格式——一种在被试自变量上的状态是以偏差分表示时应用的格式——在这里讨论。回想一下,原始分数的回归方程是

$$Y' = a + bX$$

我们用式(17.3)替代$a$,便有

$$
\begin{aligned}
Y' &= (\bar{Y} - b\bar{X}) + bX \\
&= \bar{Y} + b(X - \bar{X}) \\
Y' &= \bar{Y} + bx
\end{aligned}
\tag{17.16}
$$

从式(17.16)可知,预测分由两个部分组成:(1)因变量的均值,和(2)个体分数与自变量($x$)均值的偏差和与回归系数($b$)的乘积。为了更好地了解式(17.16)的含义,我们将在实验环境中对其进行讨论,尽管它也同样可以应用于其他类型的解释性研究的回归分析中。研究者先要确定自变量的水平,然后再将被试随机分配给它。在这样一种环境中,$x$是给定的自变量水平对总均值,即所有水平的总均值的偏差。不仅如此,所有分配给某一给定水平的被试在$X$上都有相同的偏差分数。大家应当清楚的是,治疗水平相同的个体都有同样的预测分数,它由因变量的总均值和因为被暴露于特定的自变量水平两部分组成。

在自变量对因变量没有影响时,回归系数($b$)将等于零。从另一种角度上讲,自变量和因变量是无关的,[2]或自变量上有关个体状态的信息与他们在因变量上的状态无关。

尽管不论使用什么公式得到的预测分数都是相同的,但是在$b$等于零时,用式(17.16)却使问题变得特别清楚,那时所有被试的预测分数都等于因变量的均值。因此,在有关自变量的信息无关紧要时,在最小平方的意义上,最好的预测值就是因变量的均值。这就是说,误差的平方和或残差将是最小的。这一点可以在我们介绍的情况中得到证实,

$$Y - Y' = Y - \bar{Y}$$

诚如大家所知,均值的平方偏差和($\sum y^2$)相比于其他任何常数的平方偏差和都是最小的。

在$b \neq 0$时,如果自变量对因变量没有影响,那么预测的误差平方和或残差将小于均值的

---

[1]与大家在其他一些材料中看到的情况也许有所不同,在自变量相关时,多元回归的情况就未必会如此(参见第18章)。
[2]由式(17.15)注意到,在$\beta$(即$r_{yx}$)= 0.00时,$b$为零。

平方偏差和($\sum y^2$)。许多回归分析都围绕将$\sum y^2$分解成两个组成部分——一个归结于回归的部分和一个被看作误差的部分——的思想展开。这正是我们下面要讨论的问题。

## 平方和的分解

看一下下面这个恒等式

$$Y = \bar{Y} + (Y' - \bar{Y}) + (Y - Y') \tag{17.17}$$

因变量上每个人的分数都用像下列这样的3个组成部分表示：

1.因变量的均值，当然，它对于所有的被试都是相同的。

2.预测分对因变量均值的偏差，它是回归造成的偏差。诚如前述，暴露于同样的自变量水平的被试都有同样的预测分数。因此，这些被试由回归造成的偏差也都是相同的。[①]

3.观察分数对预测分数的偏差，即误差或残差。

表明这3种成分和它们在回归分析中的作用是很有用的，为了方便阐述，我们使用表17.1的数据。这些数据的回归方程是

$$Y' = 3.50 + 1.18X$$

计算那些$X=1$，即暴露于$X$水平1的个体的$Y'$

$$3.50 + (1.18) \times (1) = 4.68$$

现在表17.1的第一个个体$Y$是5。将这一分数用式（17.17）指出的那些成分的组合来表示：

$$5 = 6.45 + (4.68 - 6.45) + (5 - 4.68)$$
$$5 = 6.45 + (-1.77) + (0.32)$$

所有被试的同样的计算已在表17.2中列出。从第3列中可以看到暴露于自变量同一水平的被试的预测分数都相同，第5列列出的由回归造成的偏差也同样如此。第7列列出了残差。第4列、第5列和第7列的值对应于式（17.17）的3个成分，它们加起来就是每个个体在$Y$上的分数。

我们建议大家要仔细研究表17.2，如有必要，可重新计算一下它的成分。该表的底部列出了列和，最小平方的某些结果将用它们来说明：（1）$\sum Y = \sum Y'$（因此，预测分数的均值等于观察分数的均值）和（2）由回归造成的偏差和等于零，与残差和一样。

### 回归与残差平方和

从式（17.17）的每一端减去$\bar{Y}$，因变量分数对均值的偏差分便可表示为

---

①如第19章所示，在自变量为分类时，也就是说，在被试被暴露于不同的治疗，而不是同一治疗的不同水平时，情况也同样如此。在这样的设计中，暴露于同一治疗的被试，其因回归造成的偏差相同。

$$(Y - \bar{Y}) = \left(Y' - \bar{Y}\right) + \left(Y - Y'\right) \tag{17.18}$$

可以证明：

$$\sum(Y - \bar{Y})^2 = \sum\left(Y' - \bar{Y}\right)^2 + \sum\left(Y - Y'\right)^2$$

或

$$\sum y^2 = ss_{reg} + ss_{res} \tag{17.19}$$

式中，$ss_{reg}$ 是回归平方和；$ss_{res}$ 是残差平方和。

在用一个或多个自变量上的信息来分析因变量的变异性时，使用它的平方和（$\sum y^2$）而不是它的方差会更加方便。[①]这正如式（17.19）所示：因变量的平方和被分解成了两个组成部分——一个归结于回归的部分，另一个归结于残差的部分。

回想一下，在自变量对因变量没有影响时，$b = 0$ 和 $ss_{res} = \sum y^2$。由式（17.19）可知，在这样的环境下，$ss_{reg} = 0$，因为因变量所有的变化都归结于自变量。当然，反之，在 $ss_{reg} = \sum y^2$ 时，情况也同样如此。在这样的环境中，$ss_{res} = 0$，因为因变量的所有变化都是自变量的效应。毋庸置疑，前述这两种极端情况都不会出现在经验研究中。许多研究在设计和实施时，都把精力和时间放在最大限度地扩大归结于回归的平方和部分。

表 17.2　$Y$ 分数的成分

| (1)<br>$X$ | (2)<br>$Y$ | (3)<br>$Y'$ | (4)<br>$\bar{Y}$ | (5)<br>$Y' - \bar{Y}$ | (6)<br>$(Y' - \bar{Y})^2$ | (7)<br>$Y - Y'$ | (8)<br>$(Y - Y')^2$ |
|---|---|---|---|---|---|---|---|
| 1 | 5 | 4.68 | 6.45 | −1.77 | 3.1329 | .32 | .1024 |
| 1 | 5 | 4.68 | 6.45 | −1.77 | 3.1329 | .32 | .1024 |
| 1 | 4 | 4.68 | 6.45 | −1.77 | 3.1329 | −.68 | .4624 |
| 1 | 4 | 4.68 | 6.45 | −1.77 | 3.1329 | −.68 | .4624 |
| 1 | 3 | 4.68 | 6.45 | −1.77 | 3.1329 | −1.68 | 2.8224 |
| 2 | 8 | 5.86 | 6.45 | −.59 | .3481 | 2.14 | 4.5796 |
| 2 | 7 | 5.86 | 6.45 | −.59 | .3481 | 1.14 | 1.2996 |
| 2 | 6 | 5.86 | 6.45 | −.59 | .3481 | .14 | .0196 |
| 2 | 6 | 5.86 | 6.45 | −.59 | .3481 | .14 | .0196 |
| 2 | 5 | 5.86 | 6.45 | −.59 | .3481 | −.86 | .7396 |
| 3 | 10 | 7.04 | 6.45 | .59 | .3481 | 2.96 | 8.7616 |
| 3 | 8 | 7.04 | 6.45 | .59 | .3481 | .96 | .9216 |
| 3 | 8 | 7.04 | 6.45 | .59 | .3481 | .96 | .9216 |
| 3 | 6 | 7.04 | 6.45 | .59 | .3481 | −1.04 | 1.0816 |
| 3 | 5 | 7.04 | 6.45 | .59 | .3481 | −2.04 | 4.1616 |
| 4 | 10 | 8.22 | 6.45 | 1.77 | 3.1329 | 1.78 | 3.1684 |
| 4 | 8 | 8.22 | 6.45 | 1.77 | 3.1329 | −.22 | .0484 |
| 4 | 8 | 8.22 | 6.45 | 1.77 | 3.1329 | −.22 | .0484 |
| 4 | 7 | 8.22 | 6.45 | 1.77 | 3.1329 | −1.22 | 1.4884 |
| 4 | 6 | 8.22 | 6.45 | 1.77 | 3.1329 | −2.22 | 4.9284 |
| Σ: 50 | 129 | 129.00 | 129.00 | 0.00 | 34.8100 | 0.00 | 36.1400 |

在表 17.2 的第 6 列，因回归而产生的偏差取平方后加在一起，得到 $ss_{reg} = 34.81$。同样，在第 8 列，残差也取平方并加总得到 $ss_{res} = 36.14$。注意，两个成分之和为 70.95，它就是在前面表 17.1 计算的 $Y$ 的平方和。在回归分析中，与方差分析一样，$Y$ 的平方和也常叫作总平方和。此后我们将使用这种叫法。

我们将给出表 17.2 中的各种平方和的详细计算方法，以加深大家的理解。但是大家应该

———————————

[①]正如本章前面已经证明的一样，方差可由平方和除以 $N - 1$ 求得。

明白,我们是可以用简单得多的算法来得到相同的结果的。下面是3种等价的回归平方和表达式,它们使用的都是表17.1的数据($b=1.18$是从上面的计算得到的)。其他的值都取自表17.1的底部。

$$ss_{reg} = \frac{(\sum xy)^2}{\sum x^2} \tag{17.20}$$

$$= \frac{(29.50)^2}{25} = 34.81$$

$$ss_{reg} = b \sum xy \tag{17.21}$$

$$= (1.18) \times (29.5) = 34.81$$

$$ss_{reg} = b^2 \sum x^2 \tag{17.22}$$

$$= (1.18)^2 \times (25) = 34.81$$

一个比较容易计算残差平方和的公式是

$$ss_{res} = \sum y^2 - ss_{reg} \tag{17.23}$$

用表17.1的数据,有

$$ss_{res} = 70.95 - 34.81 = 36.14$$

## 分解成比例

回归和残差成分可以表示为总平方和的比例:

$$\frac{\sum y^2}{\sum y^2} = \frac{ss_{reg}}{\sum y^2} + \frac{ss_{res}}{\sum y^2} \tag{17.24}$$

$$1 = \frac{ss_{reg}}{\sum y^2} + \frac{ss_{res}}{\sum y^2}$$

式中,右边第一项表示总平方和中归结于回归的比例;第二项表示归结于残差或误差的比例。

用手头的数据

$$\frac{34.81}{70.95} + \frac{36.14}{70.95} = 0.49 + 0.51 = 1$$

因此,0.49(或49%)的总平方和(或方差)归结于回归,而0.51(或51%)归结于残差或误差。

用另一种格式来表示前述指数可能更加说明问题。将式(17.20)——回归的平方和的表达式之一——除以总平方和

$$\frac{(\sum xy)^2}{\sum x^2} \div \sum y^2 = \frac{(\sum xy)^2}{\sum x^2 \sum y^2} = r_{xy}^2 \tag{17.25}$$

正如式(17.25)所述,归结于回归的平方和等于自变量和因变量之间的相关系数的平方。[①]在前面,我们计算$r = 0.70$,$(0.70)^2 = 0.49$,它正是上面得到的归结于回归的平方和的比例。

由式(17.24)和式(17.25)可得出归结于残差的平方和等于$1 - r_{xy}^2$。用表17.1的数据,$1 - 0.49 = 0.51$,它就是上面得到的归结于残差的总平方和的比例。

———————————————

①式(17.25)是式(17.7)的平方。

　　在计算了自变量和因变量之间相关的平方之后，回归和残差平方和可以很方便地就用下列方法求得

$$ss_{reg} = r^2 \sum y^2 \tag{17.26}$$

和

$$ss_{res} = (1 - r^2) \sum y^2 \tag{17.27}$$

　　鉴于回归和残差成分的平方和，方差或比例表达式是等价的，所以结果可以用其中的任何一种格式报告。许多研究者乐于报告和解释方差的比例或百分比，因为它们用于量度因变量的尺度具有独立性。下面是一些研究者在报告 $r^2$ 时使用的表达方式：它就是(1)归结于回归的；(2)用预测因子预测的；(3)为自变量所解释，或归结于自变量的；(4)被自变量解释了的方差比例。

　　不言而喻，在解释 $r^2$ 时，在前述各种表达方法中进行选择并非任意而为，相反，它是经过深思熟虑的。在研究环境中，要考虑的诸多因素中最主要的是设计和理论构思。将 $r^2$ 解释为可预测方差的比例和解释为已被解释的方差比例做一对比便足以使这一问题变得明了。可预测方差比较简单，适合用于预测研究，诚如我们在各种场合已经讲过的一样，一个变量，在与某种标准存在关系时，即使这种关系是伪造的，它也对预测目的有用处。另外，被解释的方差则隐含一个对它涉及的所有的事物的解释性观点。在这样一种研究环境中，人们可以对被解释方差提出种种质疑，如量度的效度、设计和理论的合理性等，于是问题就变得复杂起来。

　　接下来，我们要讨论的问题是 $r^2$ 的解释似乎并不像许多践行者认为的那么简单和明了。我们脑海中已形成了一种没有明言的观点，即倾向于把 $r^2$ 的数量解释为自变量在因变量上的效应的指数（即效应的大小，参见第9章和第15章）。流行的观点似乎是：一个变量解释的方差越大，就越好、越重要，这就是利伯森说的"幸福就是被解释的方差"（Lieberson，1985：91）。他对研究人员"痴迷"（p.91）于被解释的方差这一概念的现象进行了强烈的批评。

　　我们将在下一章有机会对有关方差被解释比例含义的错误概念进行详细的讨论，我们还将专门把它与广泛流行的错误做法——在几个自变量之间对它进行分解，并据此确定变量的重要性——联系起来进行讨论。而现在，我们只处理一个自变量，只是对 $r^2$ 解释中可能存在的错误概念做一个简单的评论。

　　$r^2$ 之所以会迷惑许多研究者，是因为它是个标准化了的指数，与使用的量度的性质无关。但是他们却忘记了我们已经指出的一个与 $r$ 关联的事实：量度标准化是解决不了量度单位的解释问题。

　　在研究的目的是自变量对因变量的效应时，标准化的回归系数才更具有解释力。假定对研究（如对设计、量度和分析）不存疑虑，那么 $b$ 便会给大多数研究者心中最重要的问题提供答案：随着 $X$ 的一个单位的变化，期望的 $Y$ 的变化是什么？

　　不要将上面的评议误认为是 $r^2$ 在回归分析中没有作用。如下面所述，它反映了围绕回归线的点的散布情况。散布越分散，$r^2$ 就越小。因为 $1-r^2$ 是归结于误差的方差的比例，所以它在统计显著性检验中有着重要的作用，这一点是没有什么可令人惊讶的（参见后面有关影响分析的讨论）。

## 图　形

　　数据的视觉展示对加深数据模式的理解,以及对模式、异常和只依靠计算难以发现的对假定的背离的探测都是非常重要的。例如,我们在进行与表17.1数据关联的计算和结果解释时,其根据是假定 $Y$ 在 $X$ 上的回归是线性的。一种检查是否严重背离线性假定的方法便是研究数据的图像。

　　我们已将表17.1中数据的图形绘制在图17.1中。该图也包括回归线和几条其他虚线,其含义将在下面予以阐明。通常,我们都将水平轴(横坐标)用于 $X$,而将垂直轴(纵坐标)用于 $Y$。这样的图形也叫作散点图或分布图(有关“散点图的多面性”的讨论,请参见 Cleveland & McGill,1984)。

　　我们先从回归线是回归方程的图形描述问题进行讲,图中的 $a$(截距)是回归线在 $Y$ 轴上的截点。回归系数 $b$ 表明回归线的斜度。不使用回归方程时,使用相应的回归线我们也可以得到预测分数。为了预测给定 $X$ 的 $Y$,从 $X$ 轴朝回归线引一条垂线,再从它与回归线的交点处,向 $Y$ 轴引一条与 $X$ 平行的直线与 $Y$ 轴相交,交点处 $Y$ 轴的值就是 $Y'$。这一路数被图17.1的 $X$ 轴上的值等于 $X$ 的均值的图例做了阐述。注意,从 $X$ 均值处引出的那条垂直的虚线与回归线的交点处引出的水平线,与 $Y$ 轴在6.45处相交。这一值与用回归方程得到的值相同。

　　我们是故意选 $X$ 的值等于它的均值的。请注意在 $X=\bar{X}$,$Y'=\bar{Y}$ 时的情况下。为方便起见,我们在这里重复式(17.16),因为从式(17.16)可以清楚地看到这一点。在 $X=\bar{X}$,$x=0$ 时,不论 $b$ 的量是什么,其结果必然是 $Y'=\bar{Y}$。因此,起自 $X$ 和 $Y$ 的均值,并与轴平行的直线,总是在回归线上相交。

$$Y'=\bar{Y} + bx$$

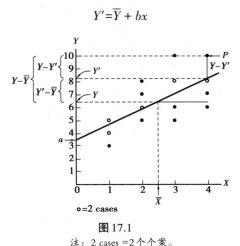

**图** 17.1

注:2 cases =2个个案。

　　现在再来重复式(17.13),有

$$a = \bar{Y} - b\bar{X}$$

我们可以看到,在 $b=0$ 时,截距($a$)等于 $Y$ 的均值。因此,在自变量对因变量没有影响(或没有关系)时,回归线是水平的且起自因变量的均值。为阐述方便,我们假定表17.1的数据 $b = 0$,回归线便会是图17.1中的虚线,它的延长线是实线。在这种情况下,从任何一个 $X$ 点开始,画一条垂线都将导出同样的预测值,即 $Y$ 的均值。可见这与我们前面的讨论是一致的:在 $X$ 和 $Y$ 没有关系时,在最小平方意义上,最好的预测值是 $Y$ 的均值。

## 回归线的画法

与任何直线一样,画回归线也必须有两个点。可以选择的路数有很多,但首选则应是这样的点:选择最简单的截距($a$)做第一个点。为了得到第二个点,从 $X$ 和 $Y$ 的均值开始,画两条与轴平行的直线,将这两条直线的交点作为第二个点。

## 回归和残差分段

从前面的式(17.18)可知,每个因变量的分数与因变量均值的偏差都可分解成两个部分:一个归结于回归的部分和一个归结于残差的部分(参见表17.2的第5和第7列)。为了将这些成分作为由 $Y$ 分数对 $Y$ 的均值的偏差组成的直线的片段来描述,我们将要使用来自我们例证数据的分数。尤其是要用到在自变量执行水平为4的那个组中的第一个人的分数。这个人的 $Y=10$,与图17.1中的字母 $P$ 相同。

现在,那些 $X$ 分数为4的人的预测分数 $Y'$ 都是8.22(见表17.2的第3列)。这个值正是图17.1中那条起自回归线的虚线和 $Y$ 轴的交点的值。因此,对于每一个在这个组中的被试而言,归结于回归的偏差都是1.77(即8.22-6.45),它就是图17.1上标出的 $Y'$ 和 $Y$ 的均值之间的距离。

各个 $P$ 的 $Y$ 分数对 $Y'$ 的偏差(即残差)都是1.78(即10-8.22)。这就是 $Y$ 的观察值到回归线的垂直距离,在17.1中,它就是那条从 $P$ 到回归线的直线。这个部分也在 $Y$ 轴上被标出。注意,两个直线片段(即归结于回归的偏差和归结于残差的偏差)组成的直线描述了各个 $P$ 的 $Y$ 分数对 $Y$ 的均值的偏离。总之,各个 $P$ 的 $Y$ 分数对 $Y$ 的均值所偏离的3.55[1]恰好等于两个相邻的直线段的长度(1.77+1.78)。

### 计算机绘图

用手工绘制一张小的数据集的图形并非难事,但绘制一张比较大的数据集的图形也许就不那么容易了。但是,有了计算机的帮助,无论是PC还是大型机,这个工作就会变得容易得多。

可资利用的计算机绘图程序集有许多,其复杂性和质量各不相同。有些这样的程序集只

---

[1]原书此处的"3.45"应改为"3.55"。——编者注

能绘制图形,而有些则是统计软件包的一部分。通用计算机软件包和那些我们在各章中使用的软件包,都已在第16章做了简要的讨论。所有我们在第16章已经提到过的那些程序集,都可以用来绘制图形,无论是作为某些通用分析程序的一部分,还是通过一个单独用于制图的软件。我们将用表17.1的数据给出一些计算机绘图的例示。

MINITAB

**Input**

```
OH=0
OUTFILE 'T171'
READ C1-C2
5   1        [data for first subject]
.   .
6   4        [data for last subject]
NAME C1 'Y' C2 'X'
PLOT 'Y' 'X';
  YSTART 0 12;        [subcommands specifying start and end values]
  XSTART 0 5.
```

评　议

我们将输入文件命名为T171.MTB。为了运行它,我们在MTB提示符下键入EXEC'T171'。注意,并不一定要包括后缀(参见第16章)。

**Output**

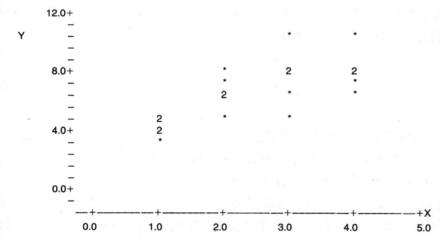

评　议

MINITAB也具有打印高分辨率图形的能力。但是使用上面给出的命令是无法把图形送入输出文件的,只能显示在屏幕上,除非不使用PLOT命令,而改用GPLOT命令。在图形生成后,可以敲击键盘上的字母P来打印(参见 *Minitabuser's guide:Microcomputer version*, p.15)。

## 用于个人计算机的程序集

用于PC的图形程序集有很多。我们曾经有机会对那些价格适中的图形程序集做过一番评估,发现 *Harvard Graphics*(1988)和 *Microsoft Chart*(1987)的性能最佳。顺便也告诉大家,这两种软件都可连接SPSS/PC。

## 显著性检验

统计显著性的逻辑和作用我们已经在第9章讨论过（也请参见第15章）。这些内容包括：(1)统计显著性和实质性意义之间的区别；(2)零假设；(3)效应的大小；(4)第一类误差($\alpha$)和第二类误差($\beta$)；以及(5)统计显著性检验的效力。如果需要，请复习前面提到的那些章节中的有关专题。

尽管在简单回归中，的确有专门用于显著性检验的公式，但是我们在这里要介绍的却是可以用于任意多个自变量的通用路数和公式。这些通用路数，也将在最后的各章中使用，不仅适用于连续自变量设计，也适用于分类自变量设计或二者混合的设计。

## 检验回归平方和

前面我们已经了解总平方和是如何被分解为下面两部分的：(1)归结于自变量效应的回归平方和；和(2)残差或误差平方和。正因为如此，我们才将统计显著性检验作为确定在预先选择的 $\alpha$ 水平下，归结于回归的平方和是否显著的方法。这个检验可按下列路数来完成：

$$F = \frac{\frac{ss_{reg}}{df_1}}{\frac{ss_{res}}{df_2}} = \frac{\frac{ss_{reg}}{k}}{\frac{ss_{res}}{N-k-1}} \tag{17.28}$$

式中，$df$ 为自由度；$k$ 为自变量的数目；$N$ 为样本量。每个平方和都要除以它的 $df$，以得到一个均方($MS$)。回归平方和的 $df(df_1)$ 等于自变量的数目($k$)，对简单回归，它等于1。残差平方和的 $df(df_2)$ 等于 $N-k-1$，简单回归则等于 $N-2$（即 $N-1-1$）。

将均方回归除以均方残差便可得到 $F$ 比率，它的分子的 $df$ 等于均方回归的 $df$，而分母的 $df$ 则等于均方残差的 $df$。我们要用这两个 $df$ 在 $F$ 分布表中找到对应的 $F$ 值。在 $F$ 值大于预先确定的 $\alpha$ 水平的临界值时，拒绝零假设。[1]在目前的情况中，这相当于拒绝回归平方和并未显著不同于零这一假设。

我们现在将表17.1中的数据用于式(17.28)。之前我们计算了 $ss_{reg} = 34.81$, $ss_{res} = 36.14$, $N = 20$。于是

$$F = \frac{\frac{34.81}{1}}{\frac{36.14}{18}} = 17.34$$

---

[1]如果 $F$ 比率等于或大于临界值的话，那么零假设被拒绝，为了方便起见，我们就会说 $F$ 比率大于或超过了临界值。

有1个和18个 $df$。为便于讲解,我们选择 $\alpha=0.01$。由 $F$ 分布表可知,1和18 $df$ 的 $F$ 值为8.28,于是零假设被拒绝。还有一种用于报告结果的格式: $F(1,18)=17.34$, $p<0.01$。括号里的值是 $df$,而 $p<0.01$ 则意味着概率小于0.01。

## 报告结果

主导报告分析概要的原则是:保证信息足以能对结果进行有意义的解释。因此,例如,在中心趋势指数未能伴以变异度指数时,就无法对结果做出有意义的解释(参见本章开头)。理想的做法是报告的信息足以对之再次进行重复的分析,或可以用另一种方法计算——如果一个对之感兴趣的读者乐意这样做的话(如因为对一个已经确定的误差心存疑虑,或认为还存在更合适的分析方法)。[1]

至少,描述统计量(如均值、标准差)、回归方程和显著性检验的摘要都是要报告的。至于其他还要报告什么,则要取决于研究的特性。例如,在有着多个自变量的非实验设计中,报告的基本内容还应包括自变量之间的相关情况。

## 总结表

报告、表格、数字以及其他要包括的内容应该使用什么格式,则要取决于编辑政策和杂志社、专业协会、大学和资助机构已经建立的标准。然而我们认为,在这里给出一个分析总结表的通用实例会对大家有所帮助,以后大家可以将它用于自己的特定需求和要求。关于表格构建和它们与文字的关系,以及具体例证的比较全面的讨论,请参见(Ehrenberg, 1977, 1981)。

为了便于阐述,我们将表17.1的分析结果在表17.3中做了报告。

标题应该简明,但必须抓住表格的要旨。因为我们的数据都是例证性的,所以特地给出了一个标题的样子。

**表17.3 阅读成绩分析摘要**

| Source | ss | df | MS | F |
|---|---|---|---|---|
| Regression | 34.81 | 1 | 34.810 | 17.34* |
| Residual | 36.14 | 18 | 2.008 | |
| Total | 70.95 | 19 | | |

注:Source=来源;Regression=回归;Residual=残差;
Total=合计;* $p<0.01$。

表中的 Source 列的行标题使用了通用术语 Regression 和 Residual。它比较适合将变量与归结于回归的平方和联系。以后我们可能不会再提回归,而是会提一些其他变量,例如,暴露的频数、参与项目的时间、成绩、社会经济地位和教学风格等。

表17.3中也可列出归结于回归和残差的方差的比例(见下文)而不是 $ss$,或者在 $ss$ 之外,

---

[1]正如第18章要证明的,在有了均值、标准差和所有变量之间的相关后,回归分析就可以重复。这时不仅可以试一下经典回归的变体,而且也可以试一下其他分析方法。

再增加归结于方差和残差的比例列。但是，诚如我们所言，表格的内容随报告而异，并非一成不变。例如，有关表格设计的其他要求，《美国心理学协会出版手册》（*Publication manual of the American Psychological Association*，1983）中写道："不要列出那些很容易能从其他列计算得到数据"（p.90）。按照这条建议，我们不应该在总结表中既列出 ss，又列出 MS，更不要同时列出 ss 和方差比例。有了 df 和 ss，MS 就可以很容易计算得到（MS=ss/df）；反之，有了 df 和 MS，ss 也可以很容易计算出来（ss=MS×df）。美国心理学会杂志要求报告只列出 df 和 MS。

## 估计方差和标准误差

式（17.28）是计算 F 比率的公式。现在我们来关注这个公式的分母，因为将在这一章和后面各章经常用到它或它的平方根。式（17.28）的分母实际上就是残差的方差，它与上面的均方残差（MSR）有关。另一个用到的术语 MSR 就是估计的方差，用符号表示为 $s_{y.x}^2$。下标的含义是正在分析的是 Y 对 X 的回归，以区别于 X 对 Y 的回归（参见下文）。用公式表示为

$$s_{y.x}^2 = \text{MSR} = \frac{ss_{res}}{N - k - 1} \tag{17.29}$$

估计表 17.1 的方差或 MSR 是 36.14/18 = 2.01。残差的标准差涉及标准误差的估计问题，它是 MSR 的平方根，用我们的阐释性数据，它等于 $\sqrt{2.01} = 1.42$。从下面的讨论中可以看出，某些分析将会用到估计的方差，而另一些分析则可能用估计的标准误差。

## 检验归结于回归的方差

前面已经证明，将回归和残差的成分表达为平方和或方差比例是等价的。我们还对研究者更乐于将归结于回归或误差的方差，以总方差（或平方和）的比例（或百分比）的方式报告和解释自己的结果的做法作了一番评议。使用显著性检验中的比例得到的结果与前面得到的那些相同。

最简单的证明这一点的方法是回想 $ss_{reg} = r^2 \sum y^2$——参见式（17.26）和 $ss_{res} = (1 - r^2) \sum y^2$——参见式（17.27）。用式（17.28）中的平方和替代这两个备择表达式，便得

$$F = \frac{\dfrac{r^2 \sum y^2}{k}}{\dfrac{(1 - r^2) \sum y^2}{N - k - 1}} \tag{17.30}$$

去掉分子和分母中的 $\sum y^2$，得

$$F = \frac{\dfrac{r^2}{k}}{\dfrac{1 - r^2}{N - k - 1}} \qquad (17.31)$$

很显然,检验使用平方和还是总平方和或方差的比例没有什么区别。我们交替使用这两种备择的路数。现将式(17.31)用于表17.1中的数据。前面我们已经计算过$r^2 = 0.49$,所以,

$$F = \frac{\dfrac{0.49}{1}}{\dfrac{1 - 0.49}{20 - 1 - 1}} = 17.29$$

有1个和18个$df$。两个$F$之间略有不同是$r^2$的四舍五入所致。

## 检验回归系数

前面我们已经指出的是,解释回归系数$b$比$r^2$更有意义。[1]对$b$的检验是通过将它除以标准误差进行的:

$$t = \frac{b}{s_b} \qquad (17.32)$$

式中,$t$为$t$的比率;$S_b$为$b$的标准误差,计算方法如下:

$$s_b = \sqrt{\frac{s_{y.x}^2}{\sum x^2}} = \frac{s_{y.x}}{\sqrt{\sum x^2}} \qquad (17.33)$$

式中,$s_{y.x}^2$和$s_{y.x}$分别为估计的方差和估计的标准误差——参见式(17.29);$\sum x^2$是自变量$X$的平方和。

在表17.1中,计算了$\sum x^2 = 25$;$s_{y.x} = 1.42$(参见上面的计算)。

$$s_b = \frac{1.42}{\sqrt{25}} = 0.28$$

在上述条件下,就目前的数据而言,$b=1.18$(参见前面的计算)。因此

$$t = \frac{1.18}{0.28} = 4.21$$

式中,$t$比率的$df$等于与之关联的MSR或估计的方差的$df$(对于正在分析的数据是18)。当$F$比率的分子有1个$df$时,$t = \sqrt{F}$,其$df$数等于$F$的分子的$df$数。前面我们计算了$F = 17.34$,这是已经做了四舍五入后的数字,它等于上面计算的$t$的平方。

---

[1]但是我们也注意到了解释$b$的困难——主要来自使用的量度单位。大家也许希望把有关$b$和$\beta$的讨论与这个阐述连在一起阅读。

## 置信区间

更为正式地讲，回归系数的$t$检验就是

$$t = \frac{b - \beta}{s_b} \tag{17.34}$$

式中，$\beta$是假设的回归系数。注意这里的$\beta$是一个参数，而非标准化的系数（参见有关标准分回归方程的记号的评议）。在检验的零假设为$\beta=0$时，式(17.34)可简化为式(17.32)。如果假设我们使用的是式(17.34)，那么其他的$\beta$量的假设也是可以检验的。

一个在预先设定的$\alpha$水平上的统计上显著的$t$将导致零假设的拒绝。正如许多作者，特别是那些对零假设检验持批评意见的作者所指出的那样，拒绝$\beta=0$的零假设一般都不具有什么启迪意义。我们必须要指出的是，尽管零假设几乎总是错误的，但它的拒绝在很大程度上取决于统计检验的效力（见第9章和第15章）。此外，拒绝零假设并没有提供关于估计的$b$值的精度的任何信息。

出于这样或那样的考虑，许多作者比较推崇用置信区间来取而代之。置信区间这一概念是在第15章和均值的置信区间一起引进的。回归系数的置信区间的计算方法如下所示：

$$b \pm t(\alpha/2, df)s_b$$

式中，$t$是与MSR关联的$\alpha/2$水平的表格列出的$t$比率，而$s_b$则是$b$的标准误差。为了便于阐述，我们将计算95%的置信区间。表列0.05/2（即0.025）水平有18个$df$的$t$是2.101。有时它也可以通过取有1个和18个$df$的$\sqrt{F}$（即4.41）求得。记住，对上面分析的数据，$b=1.18$和$s_b=0.28$，95%的置信区间是

$$1.18 \pm (2.101) \times (0.28) = 0.59 和 1.77$$

正如第15章解释的一样，我们不宜得出$\beta$在某一个范围内，而应得出如果我们构建了许多个类似这样的区间，那么其中将会有95%的区间包含了$\beta$这样的结论。所以我们希望构建的这个单独区间是这95%的区间中的一个。例如，在遇到目前考虑的情况时：

$$0.59 \leqslant \beta \leqslant 1.77$$

显然，范围越窄，估计就越精确。于是，在设定了一个置信区间时，零假设检验，譬如说，$\beta = 0$就变成了一个特例。因此，在目前的例子中，0就没有包含在这一范围内，因而$\beta = 0$便在$\alpha = 0.05$的水平时被拒绝了。但是，在置信区间范围内的其他假设也同样如此。

## 结　语

当应用于简单回归分析时，本部分讨论的显著性检验的多种方法是等价的，特别是在检验归结于回归的平方和时，$r^2$和$b$是等价的。在随后几章中我们将会证明，而在多元回归分析中情况则并非如此。

# 假 定

之所以将回归分析隐含的假定推迟到现在才进行讨论,是因为我们认为在了解了这种路数的一般理念后,大家将会更好地理解这些假定的作用。在这里,我们先概括介绍回归分析隐含的假定。我们要特别强调的是,有些假定一旦违反,就可能导致严重的偏倚和畸变;进而明确指出,这样的违反和畸变却可能把我们带向一个"雷区"(Bibby,1977:35)。下面几节,我们将要讨论一些诊断方法,旨在探测对假定的偏离。

# 模型设定

迄今为止,最为重要的假定是检验的模型已经被正确设定。这就是说,我们假定,回归方程是自变量对因变量效应的真实理论表述的反映。如果这个模型本身存在诸多疑点,或反映回归方程的方方面面存在诸多疑点的话,那么一切都将是徒劳的。

"设定误差"这一术语一般是指理论模型的设定误差(参见 Duncan,1975:第8章;Hanushek & Jackson,1977:79-86;Kmenta,1971:391- 405;Pedhazur,1982:35-36,225-230)"用一句直白的话,'用错了模型'来强调一下这个问题是很有用处的"(Duncan,1975:101)。因为设定误差可能使研究工作变得毫无意义,甚至造成误导或危害,所以我们认为必须对这个问题予以足够的关注,本书有几章(如第3章、第13章和第14章)都提及了这个问题。

下面我们来讨论几种有关回归方程误差项的假定——式(17.9)的 $\epsilon$。我们先来注意其中的一个假定,即假定这些误差都是与自变量不相关的。违反这一假定将可能导致回归系数估计的严重偏倚,进而导致有关这些变量和与之关联的变量的效应的错误结论。

现在我们再来谈另一个问题。因为有些对因变量有影响,但却没有包括在模型中的变量必定都被归入了误差项,随之而来的问题是,那些与因变量相关的变量的缺失可能会引起严重的偏倚。这可能就是设定误差最具危害性的地方,因为它将严重威胁对回归结果的有效解释。

当然,既没有人可以告诉我们所有与自变量相关的有关变量是否已经全部包括在模型中,也不会有人告诉我们模型的设定是否正确。然而我们却有理由认为,因为回归方程的目的是反映理论模型,所以防止与自变量相关的有关重要变量的无法容忍的缺失最为有力的措施是理论构建的正确性。令人遗憾的是,在许多研究报告中,那些重要的缺失变量,几乎都与自变量相关,这使读者不得不心生疑窦,怀疑报告的作者是否曾经真正为合理地设定模型作出过努力。

有可能造成有偏参数估计的第二个重要方面是研究设计。为了认识到这一点,我们只要回忆一下有关控制和随机化问题的讨论即可(参见第10章)。在已经做到了随机化的时候,那个有关的缺失变量和模型中的变量不相关的假定似乎是合理的。就内部效度问题而言，这正是实验大大优于准实验之处（参见第13章，尤其是其中的实验与准实验部分）。

即使在已知的许多对因变量有影响的重要变量中只有一个在实验研究中被用到，因为随机化，我们也有理由假定缺失的变量与其影响与正在被研究的变量无关。这样，研究变量的影响的估计值（即 $b$）就不会有偏倚。如果我们试图在准实验或非实验环境中研究单个变量的效应，那么情况就完全不同了，因为对于那个用于研究的变量而言，非常可能会有许多与其有关的变量没有包含在方程中。[1]

另一种形式的设定误差是模型中的单个变量或变量组合对因变量影响方式设定的错误。这样的设定误差例子有：(1)在曲线方程更适合用来反映调查的过程时，模型却是线性的；(2)在需要交互效应时，变量却只有主效应（参见第12章）。后面几章在讨论与这些问题有关的分析路数时，我们会再次回到这些专题。

最后一种形式的设定误差是将无关变量包括进模型，这种误差的危害比起相关变量的缺失要轻得多。包含无关的变量并不会导致方程中有关变量的回归系数估计的偏倚，但是它却可能会不利于这些变量的系数的显著性检验。确切地讲，我们不希望只是因为出于安全的考虑或"想看看将会发生什么"而将原本不在我们的理论思考内的变量包括进来。

## 测　量

假定自变量已被无误测量。自变量的随机测量误差会导致有偏的回归系数估计值。在简单回归中，它会导致回归系数的低估或衰减。在第5章（参见不可靠性的不利影响），我们已经对这一问题做过一番评议，并提出了一些正确的量度。我们将在第21章，谈及跨组回归系数比较问题时再次回到这一专题（参见与图21.3有关的讨论）。

多元回归分析中随机测量误差问题的后果要复杂得多（详析的讨论参见 Blalock, Wells, & Carter, 1970；Bohrnstedt & Carter, 1971；Cochran, 1968, 1970；Linn & Werts, 1982）。与简单回归分析不同，多元回归分析的随机测量误差既可能导致回归系数的高估，也可能导致它的低估。而且，测量的偏倚效应的影响不限于测量的变量回归系数的估计值，也包括其他与测量的变量有关的变量回归系数的估计。因此，有着高信度的测量的变量的回归系数的估计值有可能是有偏的，因为与之相关的那些变量的测量是低信度的。

一般来讲，使用的量度的信度越低和变量之间的相关越高，测量误差的不利效应就越大。在这种情况下，对回归系数的解释就越应该慎重。当试图将标准化回归系数的大小解释为表明与其相关的变量的相对重要性时，尤其要十分小心。在测量误差十分普遍时，避免这样做是比较明智的。

---

[1]参见回归分析在实验和非实验研究中应用的评议，将其与本章前面用表17.1的数据给出的大量例子联系起来。

迄今为止,我们还不曾处理因变量量度误差的效应。这样的误差虽然不会导致标准化的回归系数($b$)的估计偏倚,但是它们却会导致因变量和自变量相关的衰减,因此,也会导致标准化回归系数($\beta$)的衰减。[1]因为$1-r^2$(或多元回归分析中的$1-R^2$)是误差项的一部分,因而它可以被看作由因变量中的测量误差降低的统计分析的灵敏度。

在各种管控误差量并被视为模型参数估计的路数和补救方法中,可能最有前途的是那些已经编入结构方程建模($SEM$)的那些路数和补救办法。我们将在第23章和第24章专门讨论这些模型的分析路数,并告诉大家如何在估计模型参数时,将测量误差问题纳入我们考虑的范围。

尽管管控测量误差的路数是有用的,但是假设研究者能更多地考虑量度的效度和信度,且把我们的精力更多地放在如何优化量度上,而不是设法抵消因构想和构建拙劣的量度造成的不利效应上,我们的收获必定会更多。

## 固定和随机变量

最初,回归模型是用于固定的自变量这种情况的,也就是说,它是用于研究者将自变量的值固定,并将概括限制在这些值的范围内这样一种情况的。很显然,固定自变量的值意味着将它们置于研究者的控制之下——一种经常在实验研究中达到的目标。

与固定变量相反,随机变量是一种视情况不同可以取不同备择值的变量。更严格地讲,"随机变量有一种假定不同的值中的每一种都有一个小于或等于1的概率的性质。"(Pindyck & Rubinfeld, 1981: 19;也可参见 Edwards, 1964: 第 4 章;Fox, 1984: 396-399; Keppel, 1982: 519-520)。

随机变量在回归分析中最常遇到的情况是,研究人员不能或不愿意操纵自变量,而是从定义的总体中抽取样本研究自变量对因变量的影响。

撇开实验和非实验研究之间的对比问题(请特别看第12章和第14章)不谈,已经证明(例如 Kmenta,1971:297-304),在其他的回归假定,特别是我们关心的模型设定被合理地满足时,回归结果对随机自变量也同样成立。

## 残 差

有关残差的假定有以下几种:

1.它们与自变量不相关。鉴于这一假定对设定的意义重大,因此我们已在前面进行了

---

[1]这一章的前面部分已经指出,在简单回归中,$r = \beta$。

讨论。

2.期望的 $\varepsilon_i$ 值,也就是许多次重复的均值等于零。违反这一假定将导致截距的估计值,而不是回归系数的估计值的偏倚。因此,只有在我们试图对截距做出有意义的解释这样极为罕见的情况时,才需要对它予以关注。

3.对于所有的自变量水平而言,残差的方差是恒定的。这就是说,在所有 $X$ 水平上的残差的方差都是相同的。这种条件叫作同方差性,而背离了这一条件则叫作异方差性,异方差性并不会引起参数估计的偏倚。但是却会对误差项有负面效应,进而也会对统计显著性检验有负面效应。一般来讲,异方差性会引起参数估计值有较小的标准差,因此,可能会增加宣称估计值在统计上有显著性的可能,而在存在同方差性时,这些估计值却可能被称为是不显著的。

4.误差是彼此独立的。这就是说,一个观察的误差和与之关联的另外任何一个观察的误差是不相关的。违反这一假定常被叫作自相关。它会对显著性检验的效度有影响。在被试像在时间序列或纵向设计中那样被反复测量时,自相关就特别容易出现。

5.残差服从正态分布。

下一节我们将要讨论如何探测对假定的背离,同时我们也会提出一些解决这类背离的办法。而现在我们则要重申,最为重要的假定是那些关乎模型设定和测量的假定,我们必须对它们予以特别的关注。背离关于残差的假定 2~5 所造成的危害会相对小一些,特别是在样本比较大的时候,情况尤其如此。

## 诊　断

这一节我们来对某些可用于确定最小平方解的适当性的方法做一些评论。注意,我们介绍的那些诊断方法只有在多元回归分析的背景下使用才会有比较大的用处,而在简单回归中,存在的那些问题可能只要用一些初步的诊断路数便可探测到(如数据图形)。此外,有些诊断仅在使用多个自变量时才适用。然而,我们认为,最好在简单回归分析的背景下介绍一些基本的思想和方法,因为在这种背景下它们是最容易被介绍和遵循的。此外,在只用一个自变量时,我们可以使用一些用简单代数表示的指数,在有多个自变量时,则需要用矩阵代数来表示。

## 数据图

在本章的前面部分(参见图形),我们曾经对用数据图的方法来探测数据的模式,和/或对回归假定的背离做过一些评议。有关数据图形绘制的重要性,安斯科姆(Anscombe, 1973)在其极为出色的文章中构建了四组小数据,证明在将它们用于简单回归分析时产生的那些结果

(如$r^2$、回归方程、$df$以及回归和残差平方和)都是相同的。然后,根据这个分析,大家都认为最小平方解对4个数据集是同样好的和适合的。然而,根据数据图,我们却发现,线性回归对4组数据中的3组的确是不合适或有问题的(如回归是曲线的)。

我们强烈建议大家读一读安斯科姆的文章。他在文章中有意构建了4种相当极端的情况。为了便于阐述,我们将构建一个不那么极端的例子。为了达到这一目的,我们将对表17.1做一些变动。尤其是我们将被试的$Y$的$X$分数2与4进行了互换。

前面我们曾用MINITAB来绘制表17.1的数据图。为了便于比较,我们将用同一个程序集来绘制表17.4的数据图和计算$Y$在$X$上的回归。

表17.4　表17.1数据中$Y$的$X=2$与$X=4$进行了互换[a]

| Y | X |
|---|---|
| 5 | 1 |
| 5 | 1 |
| 4 | 1 |
| 4 | 1 |
| 3 | 1 |
| 10 | 2 |
| 8 | 2 |
| 8 | 2 |
| 7 | 2 |
| 6 | 2 |
| 10 | 3 |
| 8 | 3 |
| 8 | 3 |
| 6 | 3 |
| 5 | 3 |
| 8 | 4 |
| 7 | 4 |
| 6 | 4 |
| 6 | 4 |
| 5 | 4 |

注:[a]参见文字解释。

## MINITAB

**Input**

```
OH=0
OUTFILE 'T174'
NOTE DATA FROM TABLE 17.4
READ C1-C2
5    1        [data for first subject]
.    .
5    4        [data for last subject]
NAME C1 'Y' C2 'X'
PLOT 'Y' 'X';
  YSTART 0 12;        [subcommands specifying start and end values]
  XSTART 0 5.
REGRESS 'Y' 1 'X'    [regress Y on one variable, namely X]
```

## 评　议

我们将输入文件命名为T174.MTB。为了运行它,在MTB提示符下,键入:EXEC'T174'。

## Output

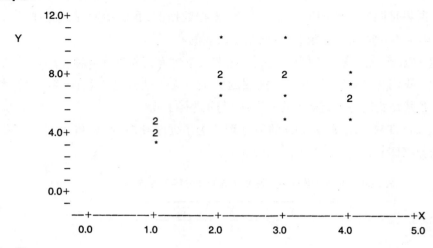

评 议

将此图与前面用表 17.1 的原数据得到的图作比较，早先的图似乎趋向线性，而目前这张图似乎是一条曲线。在第 18 章中讨论曲线回归时，我们将使用表 17.4 的数据，并证明二次方曲线与它们拟合得更好。就目前的目的而言，如果我们不试图确定线性假定是否成立，那么它将对我们考虑这些数据从线性回归分析得到的结果和可能由此而得出什么结论有一定的指导意义。[1]

## Output

The regression equation is
Y = 4.90 + 0.620 X

| Predictor | Coef | Stdev | t-ratio | p |
|---|---|---|---|---|
| Constant | 4.900 | 1.011 | 4.85 | 0.000 |
| X | 0.6200 | 0.3692 | 1.68 | 0.110 |

s = 1.846   R-sq = 13.5%   R-sq(adj) = 8.7%

Analysis of Variance

| SOURCE | DF | SS | MS | F | p |
|---|---|---|---|---|---|
| Regression | 1 | 9.610 | 9.610 | 2.82 | 0.110 |
| Error | 18 | 61.340 | 3.408 | | |
| Total | 19 | 70.950 | | | |

评 议

上述输出内容都是作为上面的输入文件中的最后一行给出的语句 REGRESSION 的结果得到的。正像大家看到的那样，在 coef（系数）那一列，第一个值（Constant）是截距 $a$，而第二个值则是回归系数 $b$。

Stdev 是标准误差。因此，第二项 0.369 2 就是 $b$ 的标准误差（参见 17.33）。

$t$-比率（$t$-ratio）是将系数除以它的标准误差得到的（参见 17.32）。因此 $b$ 的 $t$ 比率是 1.68，有 18 个 $df$（即与残差关联的 $df$ 为 $N-k-1$；参见方差分析表）。

---

[1]我们强烈建议大家用表 17.1 的数据，采用我们的分析路数，用手算或计算器重复这一分析。

　　$F$ 比率由 MS 的回归除以 MS 的误差求得：$9.610/3.408 = 2.82$，有 1 个和 18 个 $df$。回想一下，$\sqrt{F} = t$，因此，$\sqrt{2.820} = 1.68$。

　　$R$ 方（$R$-sq(uared)）=13.5%，在目前的情形中，就是皮尔逊相关的平方乘以 100。注意，$r^2 = ss_{reg}/ss_{tot} = 9.61/70.95 = 0.135$。

　　假定 $\alpha = 0.05$ 已经为我们所选，表列的 18 个 $df$ 的 $t = 2.101$。等价表列的有 1 个和 18 个 $df$ 的 $F = 4.41$。无论根据哪一个比率，得出的结论都是 $\beta=0$ 的零假设不能被拒绝。换句话说，$X$ 在 $Y$ 上的效应，或归结于回归的方差比例都没有显著不同于零。前面输出报告的 $p$ 值也同样证明了这一点。

　　如前所述，二次回归与数据的拟合更好。这是一个因为我们没有先去探测线性假定是否能站得住脚，就去应用和解释线性回归分析而得到了惩罚的例子。如果不是绝大多数，至少在许多情况中，应用回归分析的研究报告对线性假定是否站得住这一问题几乎都未置一词。我们猜想，相当比例的未能拒绝零假设的研究，在很大程度上都是因为在尚未证明数据模式是线性时，却盲目地使用了线性回归分析。

　　其他对假定的背离或数据中的一些特性必须予以足够的重视。我们在前面说过，数据图不仅对探测线性背离有用，而且对探测数据异常也有用。然而，残差分析——接下来要讨论的专题——对我们达到这样的目的则更为有效。

# 残差分析

　　残差分析专注于回归分析可能忽视的问题，如数据异常和背离假定，因此它是一种对回归分析不可或缺的补充。下面我们来介绍几种主要的残差分析路数。有关这一专题的更为详细的讨论，请参见安斯科姆等人的著作（Anscombe, 1960；Anscombe & Tukey, 1963；Belsley, Kuh, & Welsch, 1980；Cook & Weisberg, 1982b, Drape & Smith, 1981）。

# 计算机分析

　　残差分析的理念和方法将作为对计算机输出的评议的一部分来介绍。尽管绝大多数计算机回归分析程序集都会提供某些残差分析的手段，但是它们涵盖的范围和使用的难易程度却有很大的差异，一般来讲，大软件包（如 SAS 和 SPSS）都提供了性能最为优良的残差分析工具。为了便于阐述，我们采用了来自 SPSS 的输出。

## SPSS

我们像下面这样来输入表 17.1 的数据：

## Input

```
SET LISTING='T171.LIS'.
TITLE TABLE 17.1, REGRESSION OF Y ON X.
DATA LIST FREE/Y,X.
BEGIN DATA.
5  1             [data for first subject]
.  .
6  4             [data for last subject]
END DATA.
LIST.
REGRESSION VAR Y,X/DES/STAT ALL/DEP Y/ENTER/
   RESIDUALS=ID(X)/CASEWISE DEFAULTS ALL ZRESID SRESID/
   SCATTERPLOT=(*RESID,*PRE)(*RESID,X).
```

## 评　议

我们在第16章已经给大家概括介绍了几种计算机程序集，包括SPSS，并指出我们将在PC上运行这个程序集——因此命令的终止符是一个句号。

正如我们在DATALIST语句中阐明的一样，输入采用了自由格式。在数据末尾的LIST命令列表指示程序列出数据。

回归命令中的DES要求程序集给出详细的统计数字(如均值、标准差和变量之间的相关)。

最后，DEP Y设定因变量是$Y$。在ENTER的设定没有加任何变量名时，所有的自变量将被一步全部调入。我们也可以只调入那些选择的变量，或采用其他的变量选择法，如forward(正向)、stepwise(逐步)。当然前述的建议是用于多个自变量设计的。就我们的例子而言，只可以用ENTER(或ENTERX)。

尽管我们只是报告了与我们讨论的问题有关的输出摘要，但是我们还是建议大家重复一下这个运行，并将回归分析的输出结果与大家早前用手算或计算器得到的结果进行比较。

其余的子命令我们将在下面联系与它们相关的输出内容进行评议。

## Output

Casewise Plot of Standardized Residual

| Case # | X | 0:....:....:0 (−3.0  0.0  3.0) | Y | *PRED | *RESID | *ZRESID | *SRESID |
|---|---|---|---|---|---|---|---|
| 1 | 1.00 | | 5.00 | 4.6800 | .3200 | .2258 | .2435 |
| 2 | 1.00 | | 5.00 | 4.6800 | .3200 | .2258 | .2435 |
| 3 | 1.00 | | 4.00 | 4.6800 | −.6800 | −.4799 | −.5175 |
| 4 | 1.00 | | 4.00 | 4.6800 | −.6800 | −.4799 | −.5175 |
| 5 | 1.00 | | 3.00 | 4.6800 | −1.6800 | −1.1856 | −1.2785 |
| 6 | 2.00 | | 8.00 | 5.8600 | 2.1400 | 1.5103 | 1.5577 |
| 7 | 2.00 | | 7.00 | 5.8600 | 1.1400 | .8045 | .8298 |
| 8 | 2.00 | | 6.00 | 5.8600 | .1400 | .0988 | .1019 |
| 9 | 2.00 | | 6.00 | 5.8600 | .1400 | .0988 | .1019 |
| 10 | 2.00 | | 5.00 | 5.8600 | −.8600 | −.6069 | −.6260 |
| 11 | 3.00 | | 10.00 | 7.0400 | 2.9600 | 2.0890 | 2.1546 |
| 12 | 3.00 | | 8.00 | 7.0400 | .9600 | .6775 | .6988 |
| 13 | 3.00 | | 8.00 | 7.0400 | .9600 | .6775 | .6988 |
| 14 | 3.00 | | 6.00 | 7.0400 | −1.0400 | −.7340 | −.7570 |
| 15 | 3.00 | | 5.00 | 7.0400 | −2.0400 | −1.4397 | −1.4849 |
| 16 | 4.00 | | 10.00 | 8.2200 | 1.7800 | 1.2562 | 1.3546 |
| 17 | 4.00 | | 8.00 | 8.2200 | −.2200 | −.1553 | −.1674 |
| 18 | 4.00 | | 8.00 | 8.2200 | −.2200 | −.1553 | −.1674 |
| 19 | 4.00 | | 7.00 | 8.2200 | −1.2200 | −.8610 | −.9284 |
| 20 | 4.00 | | 6.00 | 8.2200 | −2.2200 | −1.5667 | −1.6895 |
| Case # | X | 0:....:....:0 (−3.0  0.0  3.0) | Y | *PRED | *RESID | *ZRESID | *SRESID |

注：Casewise Plot of Standardized Residual=个案标准化残差图。

## 评 议

在残差子命令中,我们用ID(X)设定个案标识(见图左列标为X的那一列)。在默认的设定(Y,*PRED,*RESID)之外,我们还需调用一些临时变量(以*标识)*ZRESID 和*SRESID。最后我们还令程序集列出所有的个案。[1]

*PRED 和*RESID 分别为预测分数和原始残差(与表 17.2 的第 3 列和第 7 列比较)。*ZRESID 是标准化残差。因为残差的均值为零,为了求标准残差我们需要做的全部事情是将每个原始残差除以自己的标准差。我们已经在前面告诉过大家残差的标准差是如何计算的——参见式(17.29);我们目前正在使用的数据的残差的标准差是1.42。将*RESID 列中的每个成分除以这个标准误差便可得到标准化残差(即*ZRESID 列)。

默认的设定将会在个案图中绘制*ZRESID,但不会绘制其他的变量。计算标准化残差和绘制标准化残差图的主要目的之一是探测异常值。

## 异常值

顾名思义,一个异常值就是一个不平常的、不典型的数据点——一个处于其他数据之外的数据点。异常值可能会导致结果严重畸变。不过,它们有时也会给我们带来意外之喜——探测到我们正在研究的现象的一个期望之外的过程。在一个有关奇迹和统计学的讨论中,克鲁斯卡尔(Kruskal,1988)指出:"奇迹是那些非科学生活中的极端事物",他接着说道"关于异常值,人们普遍认为调查异常值产生的机制,其重要性远胜于那个产生异常值的原研究"(p.929)。

不论其起因如何,重要的问题在于先要确认异常值,然后再采取"适当"的行动。我们之所以将适当放在引号中,是因为行动首先要取决于我们对给定的异常值的思索。此外,正如下面要讨论的一样,究竟如何处理异常值,这一点常常都不是很清楚。

在回归分析中,一个异常值被定义为一个有着较大残差的数据点。因为原残差的量受其使用的量度单位的影响,因此,在将它们标准化之后就比较容易确定究竟是什么构成了大残差。这些正是*ZRESID 所报告的,并已经体现在了上面的残差图中。

在将残差标准化之后,我们仍然还需要一个标准来确定残差何时才是一个异常值。按照约定俗成的法则,有的作者提议将大残差的标准定为残差大于2。就目前的数据而言,有一个个案(11),其残差略大于2。

在计算标准化残差时,我们假定残差是等方差的。因为一般来讲,情况并非如此,所以我们建议大家(如 Belsley et al.,1980;Cook & Weisberg,1982b;Stevens,1984;Weisberg,1980)计算学生化残差(studentized residuals),而非标准化残差。在上面给出的输出中,这些残差被标以*SRESID。

学生化残差是用残差除以它的标准差的估计值得到的,在简单回归中,其定义如下:

[1]因为数据集很小,所以在个案残差图中我们需要所有的个案。在用大数据集时,个案图主要用来探测异常值(参见下文)。在个案子命令 casewise 中不需要"all"时,默认的设定只标出那些标准残差≥|3|的个案。

$$s_{e_i} = s_{y.x} \sqrt{1 - \left[ \frac{1}{N} + \frac{\left(X_i - \overline{X}\right)^2}{\sum x^2} \right]} \tag{17.35}$$

注意，右边第一项（估计的标准误差）是上面在计算标准化残差时使用的。第二项随不同的 $X_i$ 变化。为了阐述的方便，我们将计算 $X=1$ 时的标准差。回想一下，$s_{y.x} = 1.42$；$N = 20$；$\overline{X} = 2.5$ 和 $\sum x^2 = 25$（见表 17.1），于是

$$s_{e_i} = 1.42 \times \sqrt{1 - \left[ \frac{1}{20} + \frac{(1 - 2.5)^2}{25} \right]} = 1.317$$

将残差除以它的标准误差求得的那个 $t$ 比率，它的 $df$ 等于那些与之关联的 MSR 的 $df$（$N - k - 1$）。为了阐述的方便，我们使用上面给出的第一个残差，即 0.32，于是

$$t = \frac{0.32}{1.317} = 0.243$$

这个四舍五入后的值已经列在了上面的 *SRESID 列。我们计算过的标准误差（即 1.317）被用作所有与 $X = 1$ 关联的残差的分母。作为一个练习，大家可能希望计算其他的 $X$ 值的学生化残差和用 SPSS 的输出给出的值检查自己的答案。

在有理由相信模型的假定已经得到满足时，学生化残差有一个有 $N-k-1$ 个 $df$ 的 $t$ 分布（对于目前的例子而言，$df = 18$）。这些值可以用于任何一个残差的统计显著性检验。

我们一直在讨论的学生化残差叫作"内部"学生化残差，它们与"外部"学生化残差是有区别的（有关这种区别的讨论请参见 Cook & Weisberg, 1982b；Hoaglin & Welsch, 1978；Velleman & Welsch, 1981）。外部学生化残差（未在这里报告）在 SPSS 中被标以 *SDRESID（Studentized Deleted Residuals）。因为不同的程序集可能使用不同的标签，所以重要的问题在于大家看一下自己使用的程序集的手册。例如，在 SAS（REG）中，外部学生化残差就被标作 RSTUDENT。

## 残差图

残差图对探测潜在的回归分析的假定的背离是不可或缺的（如线性、正态性和同方差性）。我们将介绍和评议两种最基本的情况：(1) 比照对预测分数（$Y'$）的残差；(2) 比照对自变量（$X$）的残差。虽然不是必需的，但是在这种图形中使用标准化的值是很有用处的。用回归程序中下面这两个子命令，SPSS 生成了两张图。

SCATTERPLOT=(*RESID,*PRE)(*RESID,X).[1]

---

[1] SPSS 使用的整个输入文件我们已在本章前些时候给出。

## Output

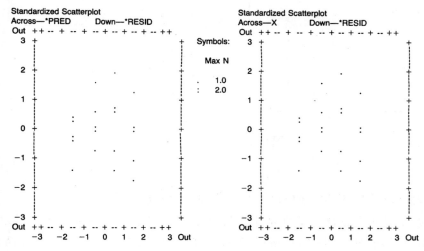

## 评 议

　　我们先来看一下图的标签,并注意(默认)使用的标准化值。此外,默认的这样的图的大小也是比较小的。在这两张图中,纵坐标代表残差(参见 Down—*RESID)。在左边的那张图中,横坐标表示预测值(参见 Across—*PRED),而右边的图代表自变量的值(参见 Across—X)。现在来看两张图之间的"symbols"并注意它们的解释:在目前的例子中,一个单个的点代表一个个案,而相邻的两个点则代表两个个案。

　　纵坐标上的0点代表残差的均值。为了便于考察残差图,从这个点画一条水平线是很有帮助的。另外,两条水平线可以从纵坐标上的点+2和−2(即均值上下2个标准差)开始画。如果回归的假定成立,那么大多数点就应该随机地散布在离均值的标准差的±2这个范围内。这些点中可辨别的趋势和/或极端值(即异常值,见上文)会显现对假定存在的疑点。在本例中,这些假定似乎是合理的。

　　虽然从这张数据图中可以清楚地看出表17.4的数据对线性的偏离(见数据图),但我们还是建议,为了达到比较的目的,大家应该用表17.1的数据作为指南来分析这些数据。此外,大家还应考量个案以及残差图,并将它们与早先给出的表17.1的类似数据图形进行比较。

## 同方差

　　像上面给出的这种方差图对检查同方差也很有用(即残差的常方差,见假定一节)在图17.2中,我们给出了两个编造的残差图中的同方差可能是什么样的例子。在图17.2(a)中,残差的方差随 X 的上升而上升,而在图17.2(b)中,则恰好相反。

　　建议用于异方差补救的方法有很多,其中使用较多的有各种数据变换和加权最小平方解(如 Fox,1984:180-184;Weisberg,1980:122-125)。我们建议的这些路数都是设计用来抵消异方差对回归估计造成的不利影响的。然而与异常值一样,异方差也许会给我们带来深入洞察正在研究的现象的重要机会(有关这个问题的讨论,见 Downs & Rocke,1979)。

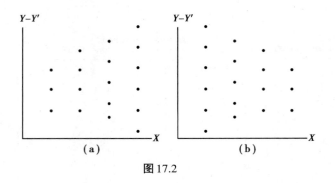

图 17.2

## 其他图形

在结束本节讨论时，我们要指出，还可以用其他各种图形来检查回归假定是否可信。在这些方法中，残差直方图和正态概率图都是用来检查正态性假定的。各种图形的讨论与 BNDP 和 SAS 的使用介绍，请参见（du Toit, Steyn, & Stumpf, 1986：第7章），至于使用 SAS 的输入、输出和评议的例子，可参见（Freund & Littell, 1986）。

## 影响分析

某些观察对回归结果的影响可能大于其他观察，尽管我们对这一问题的认识已经有了一段时间，但在近几年，它们才正式成为正规研究的关注点，那些旨在探测这些影响的路数才逐渐被开发出来。在用它们进行综合影响分析时，贝尔斯利等人（Belsley et al., 1980）对影响观察做了如下的定义：

> "影响观察是与大多数其他观察相比，无论单独还是与其他的观察一起使用，都会对计算的各种估计值（如系数、标准误差和 $t$ 值等）有更大影响的观察。"（p.11）

影响分析路数中"令人困惑的大数"（Chatterjee & Hadi, 1986：379）这种路数一直为人们所推崇。在选择一种方法时之所以会见仁见智，在一定程度上是因为在思考"对什么有影响"这个问题时，作者的心目中已经有了自己的答案。

下面我们通过数字例子来介绍两种指数：杠杆作用和库克的 $D$（距离）。我们之所以在简单回归环境中来介绍残差分析，一个主要原因是它使我们得以使用比较简单的代数来进行解释。这样，这些指数的含义便可以立即被我们抓住。

不仅如此，就残差分析来讲，只要仔细查看一下简单回归的散点图，一般就足以探测到影响观察。在多元回归中，情况要复杂得多，这时特别需要使用功能更强的影响分析工具。然而，我们在这里只是对诸如这样的一些设计做了概括介绍而已。

## 杠杆作用

顾名思义,杠杆作用类似于一种杠杆离支点的距离导致移动或举起一个物体的增力的动作。例如,在简单回归分析中,杠杆作用是像下面这样计算的:

$$h_i = \frac{1}{N} + \frac{(X - \bar{X})^2}{\sum x^2} \tag{17.36}$$

式中,$h_i$是第$i$个观察的杠杆作用;$N$是观察数;$\sum x^2$是自变量的平方和。

在使用矩阵代数时,杠杆作用是用被标为帽子矩阵(Hat Matrix)的对角元素求得的,因而叫"$h$"(见Hoaglin & Welsch,1978;Velleman & Welsch,1981)。

注意,杠杆作用第二项的分子,在$X$等于$X$的均值时,达到最小(即$1/N$)。所以$X$离均值越远,杠杆的作用就越大。

## 数 例

为了编制这个数例,我们变换了表17.1数据中的一个$X$值——我们特别将组中第一个观察的$X$值从4变为10。其他的值保持不变。现在,我们假定前面这个改变是错误录入所致。正在考虑的观察的$Y$值是10,而由于录入错误,也将其输入了$X$。

SAS

目前进行的分析,我们使用了SAS的REG(回归)程序。有关SAS的简要介绍可参见第16章。

### Input

```
TITLE 'DATA FROM TABLE 17.1. FIRST X = 4 CHANGED TO 10';
DATA T171;
  INPUT Y X;    [free format]
  CARDS;
  5  1  [data for first subject]
  . .
10 10  [data for first subject in level X = 4. See text.]
  . .
  6  4  [data for last subject]
PROC PRINT;   [calls for printing of the input]
PROC REG;     [calls for the REG procedure]
  MODEL Y=X/P R INFLUENCE;   [see commentary, below]
```

### Output

R-Square .4711 [for simple regression, $R^2 = r_{yx}^2$]

Parameter Estimates

| Variable | DF | Parameter Estimate | Standard Error | T for H0: Parameter=0 | Prob > |T| |
|---|---|---|---|---|---|
| INTERCEP | 1 | 4.607513 | 0.56207095 | 8.197 | 0.0001 |
| X | 1 | 0.658031 | 0.16432294 | 4.004 | 0.0008 |

## 评 议

在输出的PARAMETER ESTIMATE标题下报告了INTERCEP($t$)($a$=4.61)和回归系数($b$=0.66)。与之对应的原始数据的$a$和$b$的值分别是3.5和1.18。因此，改变一个$X$的值导致回归方程有了很大的变化。我们将在下面证明，那个改变的观察有很高的杠杆作用。但是，大家应该明白，我们使用的是一个小的数据集。在大数据集中，一个单独的观察的改变，一般来讲是不会有太强的效应的。假定现在研究者选择$\alpha$=0.01，这样便会得出$X$的$b$在统计上是显著的结论。这就是说，$X$的一个单位变化，可预期的$Y$的变化是0.66。与此等价的是，也可以说，占方差比例的(0.471 1)也是在统计上显著的(见本章前面的显著性检验)。

## Output

| Obs | Dep Var Y | Predict Value | Residual | Student Residual | Hat Diag H | Cook's D |
|---|---|---|---|---|---|---|
| 1 | 5.0000 | 5.2655 | −0.2655 | −0.193 | 0.0920 | 0.002 |
| 2 | 5.0000 | 5.2655 | −0.2655 | −0.193 | 0.0920 | 0.002 |
| 3 | 4.0000 | 5.2655 | −1.2655 | −0.920 | 0.0920 | 0.043 |
| 4 | 4.0000 | 5.2655 | −1.2655 | −0.920 | 0.0920 | 0.043 |
| 5 | 3.0000 | 5.2655 | −2.2655 | −1.647 | 0.0920 | 0.137 |
| 6 | 8.0000 | 5.9236 | 2.0764 | 1.482 | 0.0583 | 0.068 |
| 7 | 7.0000 | 5.9236 | 1.0764 | 0.768 | 0.0583 | 0.018 |
| 8 | 6.0000 | 5.9236 | 0.0764 | 0.055 | 0.0583 | 0.000 |
| 9 | 6.0000 | 5.9236 | 0.0764 | 0.055 | 0.0583 | 0.000 |
| 10 | 5.0000 | 5.9236 | −0.9236 | −0.659 | 0.0583 | 0.013 |
| 11 | 10.0000 | 6.5816 | 3.4184 | 2.430 | 0.0505 | 0.157 |
| 12 | 8.0000 | 6.5816 | 1.4184 | 1.008 | 0.0505 | 0.027 |
| 13 | 8.0000 | 6.5816 | 1.4184 | 1.008 | 0.0505 | 0.027 |
| 14 | 6.0000 | 6.5816 | −0.5816 | −0.413 | 0.0505 | 0.005 |
| 15 | 5.0000 | 6.5816 | −1.5816 | −1.124 | 0.0505 | 0.034 |
| 16 | 10.0000 | 11.1878 | −1.1878 | −1.559 | 0.7215 | 3.148 |
| 17 | 8.0000 | 7.2396 | 0.7604 | 0.546 | 0.0687 | 0.011 |
| 18 | 8.0000 | 7.2396 | 0.7604 | 0.546 | 0.0687 | 0.011 |
| 19 | 7.0000 | 7.2396 | −0.2396 | −0.172 | 0.0687 | 0.001 |
| 20 | 6.0000 | 7.2396 | −1.2396 | −0.890 | 0.0687 | 0.029 |

## 评 议

上面是在MODEL语句中设定选项$P$(预测)、$R$(残差分析)和INFLUENCE之后的部分输出结果(见上面有关输入节)。

学生残差是学生化的残差，前面叫作内部学生化残差，并在SPSS输出中被标以*SRESID。

标题Hat Diag H是杠杆作用。其含义是它们来自得到它们的帽子矩阵的对角元素(见上文)。而在其他各种程序集使用的标签是"lever"。

为了阐述的方便，我们主要进行第16个观察(我们已经做了改变的那个观察)和其余的观察之间的比较(为了凸显这一观察，我们在它的上下各插进了一条直线)。

我们先来看一下学生残差列，注意，根据学生化残差，我们可能便不会去怀疑第16个观察存在任何异乎寻常之处。换句话说，如果我们只依靠残差分析，像前一节介绍的那样，我们就会认为数据"性状良好"。

现在我们来看Hat Diag H，大家注意，第16个观察的杠杆作用远远大于其他任何观察。经验法则告诉我们(如Belsley et al.，1980：17；Hoaglin & Welsch，1978：18)$h_i > 2(k + 1)/N$说明

有高杠杆作用存在,因而应引起我们的注意。如前所述,$k$ 是自变量的数目,而 $N$ 则是观察数。就目前的数据而言,这个标准是 $2 \times (1 + 1)/20 = 0.20$。据此可知,除了第16个观察,其他观察的杠杆作用都是比较小的。对下面要介绍的库克的 $D$,情况也同样如此。

总而言之,由杠杆作用可知,第16个观察是一个影响观察。这一点我们在前面已经指出过。在简单回归中,这一点也经常可以在数据提供的图中显示出来。我们建议大家绘制一张数据图,并注意一下第16个观察是如何与其他数据明显分离的。下面我们来谈谈如何对待影响观察问题。在这一阶段,我们只是指出如果第16个观察的杠杆作用是因为录入错误引起的话,那么它在数据图中就可以被探测到。

在讨论库克的 $D$ 之前,表17.1数据中的第16个观察做了一个不同的改变。我们改变的不是 $X$ 而是 $Y$。具体来讲,就是将 $Y=10$ 改为 $Y=1$。$X$ 的值则恢复为原来的4。SAS REG 的输入文件与上面给出的相同。

## Output

DATA FROM TABLE 17.1. Y = 10 CHANGED TO 1 IN X = 4

R-Square .1219

Parameter Estimates

| Variable | DF | Parameter Estimate | Standard Error | T for H0: Parameter=0 | Prob > \|T\| |
|---|---|---|---|---|---|
| INTERCEP | 1 | 4.40000000 | 1.10875305 | 3.968 | 0.0009 |
| X | 1 | 0.64000000 | 0.40485937 | 1.581 | 0.1313 |

## 评 议

在这个特例中,回归方程原来是与前面改变之后得到的方程类似。请大家特别注意,在前面的分析中 $b$ 等于0.66,而在目前的分析中它却等于0.64。而与此同时大家也要注意,在目前的分析中,$b$ 的标准误差是前面分析的2.5倍。这样,尽管在前面的分析中,$b$ 是在统计上显著的,但是在目前的分析中,即使在常规的0.05水平上,也是在统计上不显著的。

回想一下,$r^2$ 反映的是数据对回归线的离散程度。在极端情况下,在所有的点都在回归线上时,不言而喻,$r^2$ 便是最大值 1.00。由前述可知,两个相同的回归方程可能与两个不同的 $r^2$ 关联,具体情况则取决于哪些点对两条回归线的离散程度。而两个不同的方程却有可能有两个相同的 $r^2$。现在 $r^2$ 是已解释的方差的比例;$1-r^2$ 是未被解释的方差的比例或误差。残差越大,$1-r^2$ 就越大。而进入标准误差计算的正是这一成分——例如,标准误差的估计值——参见式(17.29)——会影响 $b$ 的标准误差的大小。在目前的例子中,归结于误差的方差的比例(即 $1-r^2$)是0.878 1,它与前例的0.528 9形成了鲜明的对比。

如下所述,我们在第16个观察引进的变化使这一观察有了很大的残差,进而又成为 $r^2$ 变小的主要原因。我们在这里重申一下本章前面讲过的内容:尽管我们主要要解释的是 $b$,但是 $r^2$ 在显著性检验中的作用却也是不容忽视的。

## Output

| Obs | Dep Var Y | Predict Value | Residual | Student Residual | Hat Diag H | Cook's D |
|---|---|---|---|---|---|---|
| 1 | 5.0000 | 5.0400 | −0.0400 | −0.021 | 0.1400 | 0.000 |
| 2 | 5.0000 | 5.0400 | −0.0400 | −0.021 | 0.1400 | 0.000 |
| 3 | 4.0000 | 5.0400 | −1.0400 | −0.554 | 0.1400 | 0.025 |
| 4 | 4.0000 | 5.0400 | −1.0400 | −0.554 | 0.1400 | 0.025 |
| 5 | 3.0000 | 5.0400 | −2.0400 | −1.087 | 0.1400 | 0.096 |
| 6 | 8.0000 | 5.6800 | 2.3200 | 1.182 | 0.0600 | 0.045 |
| 7 | 7.0000 | 5.6800 | 1.3200 | 0.673 | 0.0600 | 0.014 |
| 8 | 6.0000 | 5.6800 | 0.3200 | 0.163 | 0.0600 | 0.001 |
| 9 | 6.0000 | 5.6800 | 0.3200 | 0.163 | 0.0600 | 0.001 |
| 10 | 5.0000 | 5.6800 | −0.6800 | −0.346 | 0.0600 | 0.004 |
| 11 | 10.0000 | 6.3200 | 3.6800 | 1.875 | 0.0600 | 0.112 |
| 12 | 8.0000 | 6.3200 | 1.6800 | 0.856 | 0.0600 | 0.023 |
| 13 | 8.0000 | 6.3200 | 1.6800 | 0.856 | 0.0600 | 0.023 |
| 14 | 6.0000 | 6.3200 | −0.3200 | −0.163 | 0.0600 | 0.001 |
| 15 | 5.0000 | 6.3200 | −1.3200 | −0.673 | 0.0600 | 0.014 |
| 16 | 1.0000 | 6.9600 | −5.9600 | −3.175 | 0.1400 | 0.820 |
| 17 | 8.0000 | 6.9600 | 1.0400 | 0.554 | 0.1400 | 0.025 |
| 18 | 8.0000 | 6.9600 | 1.0400 | 0.554 | 0.1400 | 0.025 |
| 19 | 7.0000 | 6.9600 | 0.0400 | 0.021 | 0.1400 | 0.000 |
| 20 | 6.0000 | 6.9600 | −0.9600 | −0.511 | 0.1400 | 0.021 |

## 评 议

我们再一次把目光转向第16个观察，注意到学生化残差>|3|。同时也注意到其他大多数残差都很小。其中，只有3个大于|1|。为了便于阐述，假定我们发现这是由第16个观察的录入错误造成的，因而决定将它删除，然后再重新分析一次数据；我们提议把它作为一个练习。大家在删除第16个观察之后再分析一次数据。如果大家这样做了，那么你们就会发现，除了其他的差别外，第16个观察的$r^2=0.4374$，与第16个观察未删除之前得到的0.1219形成了一个鲜明对比（参见上文）。然而，我们提醒大家回想一下有关样本量与单独一次观察对回归结果可能产生的影响有关系的评议。

现在我们把目光转向杠杆作用，注意到第16个观察的杠杆效应不仅小，而且与同组其余的个案并无二致。这是在意料之中的，因为它们都有相同的$X$——见式（17.36），杠杆作用计算法。在这里，我们用一个例子来告诉大家为什么它对残差分析和影响分析都会如此重要。

现在我们来考察第16个观察的库克的$D$，并注意到它虽然已不如前面的分析得到的那么大了（即在前面的分析中为3.148，而现在的分析只有0.820），但是它仍然明显大于其余的观察。这是因为我们下面要谈的库克的$D$同时受残差和/或杠杆作用的影响。

## 库克的$D$

库克（Cook, 1977, 1979）提出了用$D$（距离）作为探测影响观察的指数，其计算方法如下：

$$D_i = \left[\frac{r_i^2}{k+1}\right]\left[\frac{h_i}{1-h_i}\right] \tag{17.37}$$

式中，$D_i$ 是第 $i$ 个观察的库克的 $D$；$r_i$ 是第 $i$ 个观察的标准化残差；$h_i$ 是第 $i$ 个观察的杠杆作用。由式(17.37)可知，一个观察可能会因为有大的标准残差或大的杠杆；或二者同时都大，从而有比较大的库克的 $D$。

为了阐述的方便，我们将式(17.37)应用于第 16 个观察，

$$D_{16} = \left[\frac{-3.175^2}{1+1}\right]\left[\frac{0.14}{1-0.14}\right] = 0.820$$

适用于库克的 $D$ 的显著性检验见(Cook，1977，1979；Weisberg，1980：108-109)。就诊断而言，只要详细考察一下那个具有最大的库克的 $D$ 的值的观察就足够了。在目前这个人为的例子中，问题很清楚，我们只要把注意力放在第 16 个观察上即可。

在谈论补救方法之前，我们先要提醒大家注意，我们现在把影响分只限制在了两个方面。其实其他一些指数也是很有用的，特别是在多元回归分析中。有关其他这些指数的讨论，大家可参阅前面给出的参考书(也可参阅 Bollen & Jackman，1985；Cook & Weisberg，1982a；Stevens，1984)。就我们所知，SASREG 给我们提供了进行影响分析的强有力的工具。

## 补救办法

对于异常值和/或影响观察我们可以做些什么？这一问题取决于我们对问题或它们的起因的了解程度。宽泛地讲，它们可能是某些误差的结果(如打分、设备故障)或因为与它们关联的那些观测代表着与其他数据不同的东西。

异常值和可追溯的具体误差的影响观察的处理方法是很简单的。在误差是可纠正时(如打分)，修正的方法是显而易见的：在进行必要的修正后，再回过来进行分析。在误差是无法纠正时(如设备故障)，则可先删除有问题的观察，然后再回过来进行分析。而重要的问题在于，在研究报告中必须要提及做过的任何诸如此类的删除。

很显然，在研究者怀疑异常值或影响观察是因为某些实质性问题引起时，情况就会变得比较复杂。这时，我们可以做什么？这个问题要取决于我们对于效度的考虑。例如，在对一个异常值作一番深入的考量后，研究者可能认为它之所以出现，是因为它代表了一个有着某种特质组合的独特的个体。同样，一个影响观察也会导致研究者对理论构建的效度产生的疑问，或在自变量某些值之外的可用性。无论是前述环境中的哪一种，研究者也许都可以决定在删除有问题的观察之后再回过来做分析。但重要的问题在于要认识到，无论是有意的还是无意的，自己正在通过解释消除一个令人烦恼的异常值或影响观察，以证明其被拒的正当性。

由于删除有问题观察和重新进行分析时可能引起新的问题(如新的异常值)，问题就变得更加复杂。这时，研究者可能会决定采用一些其他的补救办法或返回原来的分析。大家应该

清楚,尝试各种修补方法和无奈地接受其中的一种,极有可能会给那种因果颠倒的理论构建打开方便之门——有关这个问题的讨论见于本书的多个章节(如第9章)。

计算机程序集的使用方便了异常值和影响观察的确定,但也使得对适当的补救办法的误解同样容易起来。在大多数情况下,我们都完全拒绝了这样的观察,对其固有的意义也完全弃之不顾。约翰逊(Johnson,1985)把这种探测异常值的技术称为"技术修复":

> 这样的程序的存在,使得有些调查者(可能还有一统计学家)认为统计程序将会把数据分为"好孩子"和"坏孩子",并进一步认为我们只要简单地将"坏孩子"抛弃和在"好孩子"身上进行整套概率分析即可,仿佛初始数据的性状本来就是完美无缺的。(p.958)

不言而喻,解释数据中的异常值和/或影响观察的意义,和决定采取什么解决的措施是研究者的责任。与研究的其他方面一样,这时最重要的指南也是理论。[1]无论拒绝观察的理由是什么,研究者都必须对删除异常值和影响观察使用的标准给出一个完整的报告。说明自己做了什么和为什么这样做。此外,一般来讲,对分析结果的主要方面也应报告一下有无异常值和/或影响观察这一问题。最后和最重要的,同时也是最有前瞻性的,要将导致有问题的观察删除的理论思考在新的研究设计中进行检验。


## 相关模型：评论


在本章开头介绍皮尔逊相关系数r时,我们指出,我们之所以要这样做是为了证明它和回归模型中的某些成分的一些关系。在介绍时,我们将 $r$ 与标准化的和未标准化的回归系数联系起来进行讨论。此外,我们也证明了 $r^2$ 就是归结于回归的方差的比例。

尽管我们现在就要对它进行详细的讨论,但我们还是有可能离不开回归分析问题,如果我们不了解回归模型和相关模型之间的区别的话。在双变量相关模型中,两个变量都是随机的,且假定服从双变量正态分布。不仅如此,与回归模型不同,相关模型无自变量和因变量之分;而我们感兴趣的是两个变量之间的关系。[2]

$r$ 的解释有一个最为严重的缺点:它是针对特定总体的。正如我们在第3章中指出的一样,相关系数的数量受样本抽取的总体变差的影响。大家可能还记得,在其他条件相等时,总体越同质,相关系数就越小。图基(Tukey,1954),这位承认自己是"压制相关系数的非正式团体的成员",他的指导原则是"大多数相关系数是绝不应该计算的(p.38)。他将 $r$ 看作概括的

---

[1]关于在某些实质性例子的框架内阐述影响分析的应用,请参见(Bollen & Jackman,1985),(Belsley et al.,1980:39-63),(Cook & Weisberg,1982b),(Williams,1982)。关于拒绝异常值的详析讨论参见(Anscombe,1960;Anscombe & Thkey,1963)。

[2]关于回归和相关模型之间区别的讨论见 Binder(1959),Ezekiel 和 Fox(1959:279-280),Fox(1968:167-190,211-223),Kendall(1951),Thorndike(1978:第2章),Warren(1971)。

敌人",排斥"彼地和彼时",只专注于"此地和此时"(Tukey,1969:89)。

把 $r$ 的不足之处放在一边,也可以不考虑那些避免使用相关系数的忠告,但大家都必须要认识到,除非相关系数在研究组中用于描述,否则相关系数的计算都必须以来自一个总体的概率样本为根据,这一点是十分重要的。在 $r$ 的计算样本基于一个偶得的人群组,或所谓的"方便样本"时,谈论它具有什么意义根本站不住脚。我们之所以在这里要不厌其烦地阐明这一点,是因为大多数相关研究(包括相关矩阵的因子分析)都不是以概率样本为根据的。

最后再提醒大家一句,回归分析的计算机程序也会例行报告相关的结果。所以大家必须要知道这些结果哪些与研究的问题有关,哪些是无关的,认识这一点十分重要。例如,在我们这一章的阐述中,自变量是固定的,因而无论怎样去解释它和因变量之间的相关,都是毫无意义的。实际上,通过自变量的值的选择,$r$ 的数量也许是可以随意确定的。千万不要为 $r^2$ 仍然是可以解释的这一观点所误导。正如我们在这一章已经证明的一样,$r^2$ 表示的是归结于回归的方差的比例或平方和。与此不同,$r$ 表明的则是两个随机变量之间的关系。

费希尔(Fisher,1958)简明而恰当地阐述,概括了这一个问题的实质,我们在这一节对之做了简要的回顾:"回归系数在许多种类的数据中,都有令人感兴趣和科学的重要性,但若代之以相关系数,那么就只成了没有任何实际用处的人造的概念。"(p.129)

## 结　语

本章的目的在介绍回归分析的基本要点。因为介绍限于简单回归(即一个自变量),所以计算和结果的解释都相当直白,然而除了实验研究之外,简单回归分析几乎都是很不精确的。只有那些新手才会在准实验或非实验设计中使用简单回归分析。对这样的设计,多元回归分析才是特别有用的。多元回归分析将在下一章进行介绍,而它在各种设计中的应用,则会在此后的四章进行详细的介绍。

# 第18章
## 多元回归分析

简单回归分析(即只有一个自变量的回归分析)是第17章讨论的。本章我们将要讨论多元回归分析(即有多个自变量的回归分析)。我们必须对介绍的内容有所限制,把重点放在介绍一些重要的概念,侧重于应用和解释。

为了便于阐述和理解,我们用比较容易的两个自变量特例来介绍多元回归分析的基本理念。值得庆幸的是,我们仍可使用简单的代数式,并且可以相对容易地手工进行计算。在推广到两个以上自变量时,概念也还是比较直白的,尽管公式已经变得比较复杂和有一定的难度,但基本上都是要使用矩阵代数。因为我们并不假定大家已经熟悉矩阵代数,所以在扩展到两个以上的自变量时,我们没有依靠它,而是依靠计算机来分析。

我们上面的阐述不应该被理解为矩阵代数是不重要和没有用处的。虽然不用矩阵代数只依靠计算机我们也可以进行多元回归分析,但是矩阵代数的基本概念对我们透彻理解多元回归分析和扩展到多变量分析是不可或缺的。正因为如此,我们强烈建议大家一定要设法掌握工作需要的矩阵代数知识,它的强有力的概念化能力,必将大有裨益;更不用说,对于大家理解我们介绍的、对矩阵代数多有依赖的那些内容也会有很大的帮助。有时间大家可以读一下多尔夫等人撰写的矩阵代数导论,如 Dorf(1969),Green(1976),Mason(1984,包含在本书的是用 BASIC 语言写的可在 PC 机上运行的程序集),Namboodiri(1984)和 Searle(1966)。而有关用矩阵记号的多元回归的介绍则可参阅 Pedhazur(1982:第4章)。

## 研究环境

我们在前面的一些章节(如第8章和第14章),对解释性研究和预测性研究做了区别。多元回归则可用于这两种类型的研究。然而,不仅对结果的解释取决于其应用的研究类型,而且多元回归分析的某些应用只在一种或另一种类型的研究中才有意义。一个值得我们注意的例子是变量选择的程序(如向前、逐步),它可能在预测研究中是有用的,但却不应该用于那些解释性研究,因为它们充其量也只是一种理论研究而已。我们在本章及以后的章节中所关注的问题都是解释。因此,我们将不会介绍那些只适用于预测的路数(对于这种应用,请参阅 Pedhazur, 1982:第6章)。

诚如第二篇所述,可以用于解释研究的研究设计类型有若干种(如实验、非实验)在这一章我们将重点介绍多元回归分析在非实验设计中的应用,因为解释结果的复杂性和难点大多出现在这种研究环境中。实验设计和准实验设计的应用将在以下几章中介绍。

# 两个自变量

上面已经指出,我们将用简单的代数来阐述有两个自变量的多元回归分析,且所有的计算都可手动进行。

# 多重相关系数平方：$R^2$

我们先来看多重相关系数平方的计算公式,它的符号是 $R^2$。当有两个自变量 $X_1$ 和 $X_2$ 时,计算公式为

$$R^2_{y.12} = \frac{r^2_{y1} + r^2_{y2} - 2r_{y1}r_{y2}r_{12}}{1 - r^2_{12}} \tag{18.1}$$

式中,$R^2_{y.12}$ 为有两个自变量 $X_1$ 和 $X_2$ 的因变量 $Y$ 的多重相关系数平方。注意因变量出现在下标的第一个位置,用一个点与自变量分开。为了方便起见,我们用数字来表示自变量。其他的下标,包括缩写的变量名也是可以使用的。在我们认为不会产生异议时,我们便会用 $Y$ 来表示因变量而用数字来表示自变量。

注意,为了使用式(18.1),我们需要有正在研究之中的三个变量的相关系数。这样的相关系数常被叫作零阶相关,以将它们与那些涉及两个以上变量的相关(如下面要讨论的半偏相关)区别开。

我们先来考察一下假定两个自变量之间的相关为零(即 $r_{12}=0$)时的式(18.1)。这时式(18.1)可简化为

$$R^2_{y.12} = r^2_{y1} + r^2_{y2}$$

这个式子是有意义的。因为两个自变量不相关意味着它们彼此不分享任何东西。因此不论每个变量给因变量提供了什么样的信息都是它们各自所独有的。很清楚,这时归结于两个自变量中的每个的方差比例都等于它和因变量的相关的平方。不仅如此,为自变量解释的方差比例则等于 $R^2$。

上述情况可推广到任何多个自变量。只要它们之间相关都等于零。这种情况也许并不罕见。实际上,这正是精心设计和实施的实验的特征,它使我们不仅能够清楚地确认被每一个自变量解释的方差的比例,而且也可以清楚地确认为它们的交互所解释的方差的比例(见第20章)。

在前面我们已经告诉大家,在这一章我们将集中讨论一些更为复杂的情况——一种自变

量彼此相关的情况。我们来看在这样的情况中会发生什么。假定三个零阶相关都有相同的正负号，如正号。这样式(18.1)的分子将小于因变量和每个自变量的平方零阶相关之和。究竟会小多少，则取决于涉及的相关数量。$R^2$ 的数量也受式(18.1)的分母的数量影响———一个分数，它是自变量之间的相关平方的函数。不用做更深入的考察，我们也会注意到，尽管 $R^2$ 小于因变量和自变量的平方零阶相关的和，但是至少与两个相关系数中那个较大的大小相当。

然而 $R^2$ 也可能大于因变量和每个自变量相关平方零阶相关的和。为了阐述方便，我们假定自变量之间的相关符号为负，而每个自变量和因变量的相关符号为正。这样式(18.1)的分子的第三项将加到前两项上，导致较大的自变量和因变量的零阶相关平方和。无论加的值是多少，$R^2$ 都会变得更大，因为分子将要除以一个分数。

举一个不那么直观的 $R^2$ 是如何受变量之间的相互关系的模式影响的例子，假定因变量 $Y$ 和一个自变量，比如说，$X_2$ 的相关是零，但是另两个相关却不等于零。如果只用零阶相关做判断，我们可能会倾向于拒绝 $X_2$，因为它没有用处。如果用式(18.1)，情况会怎样？那时分子简化为只有第一项(即 $r_{y1}^2$)。然而，分母还是一个分数(因为 $r_{12} \neq 0$)。因此，$R^2$ 将必然大于 $r_{y1}^2$。在这个例子中，$X_2$ 便是一个被称为抑制变量的实例[参见 Pedhazur(1982:104-105)和书中给出的参考书]。

我们请大家务必留意我们列举的例子的精妙之处，尤其是后一个例子。我们在这一阶段所做的一切都是让大家能对式(18.1)有所了解。我们的主要目的是让大家从一开始就明白，在自变量相关时的情况就会变得更加复杂，即使在简单的只有两个自变量时，情况也同样如此。大家不妨想象一下，在用两个以上互相相关的变量的设计时情况会变得有多么复杂。从这个例子得到的一个很大的教训是，在自变量相关时，只依靠和解释零阶相关的做法至少可以说是十分轻率的。

## 数 例

在讨论多元回归的其他方面之前，我们将式(18.1)用于某些数据。在表18.1的阐述性数据中有4个变量和30个被试。在这一节，我们将使用表18.1的部分数据来阐述两个自变量的多元回归分析的计算方法。在随后讨论两个以上自变量的多元回归时，我们便会使用表18.1的全部数据。

在第14章中讨论单级和多级模型时(特别要看与图14.1和图14.2有关的那些讨论)，我们曾说过，将在第18章介绍这些模型的分析问题。正因为这样，所以我们在这里使用了那些与第14章相同的变量和某些相同的模型。我们建议大家联系目前的讨论去阅读第14章的有关内容。我们使用的那些模型只是为了阐述而已，大家不可以从实际的角度来讨论它们的效度。不仅如此，尽管我们使用的量度的效度和信度问题是极为重要的，但是我们并不打算在这里讨论它们。[1]

---

[1]我们在本书的第一篇对效度和信度进行了详细的讨论。有关测量误差对回归统计量的影响问题的评议，请参见第17章有关假定问题的讨论。

表18.1 阐释性数据/4个自变量

| AA | MA | SES | MOT |
|----|----|-----|-----|
| 57 | 90 | 2 | 12 |
| 77 | 90 | 3 | 10 |
| 64 | 91 | 2 | 14 |
| 78 | 94 | 4 | 12 |
| 64 | 97 | 5 | 18 |
| 80 | 93 | 5 | 23 |
| 92 | 100 | 6 | 20 |
| 70 | 103 | 4 | 10 |
| 97 | 105 | 3 | 19 |
| 82 | 115 | 3 | 12 |
| 88 | 120 | 3 | 14 |
| 98 | 112 | 6 | 20 |
| 75 | 96 | 5 | 13 |
| 45 | 86 | 4 | 9 |
| 70 | 84 | 5 | 16 |
| 76 | 91 | 5 | 16 |
| 74 | 93 | 4 | 13 |
| 77 | 99 | 3 | 9 |
| 55 | 89 | 4 | 10 |
| 85 | 94 | 5 | 15 |
| 65 | 96 | 4 | 7 |
| 89 | 102 | 6 | 20 |
| 70 | 100 | 4 | 11 |
| 98 | 103 | 7 | 21 |
| 85 | 110 | 5 | 22 |
| 80 | 109 | 6 | 13 |
| 95 | 104 | 7 | 18 |
| 43 | 87 | 3 | 9 |
| 86 | 92 | 2 | 16 |
| 51 | 94 | 2 | 14 |

注:$AA$=学业,$MA$=智力,$SES$=社会经济地位,$MOT$=动机。

对于这一节要做的分析,我们假定社会经济地位($SES$)和智力($MA$)都是自变量,而动机($MOT$)则是因变量。为了便于阐述和与表18.1中的记号关联,$SES$将被标为变量1,$MA$为变量2,而$MOT$则为$Y$。下面是这三个变量之间的零阶相关:

$$r_{y1} = 0.536 \quad r_{y2} = 0.313 \quad r_{12} = 0.256$$

我们建议,作为一个练习,大家用表18.1给出的数据和第17章给出的一个公式或任何你们乐于使用的备择公式来计算这些相关。则用式(18.1):

$$R^2_{y.12} = \frac{(0.536)^2 + (0.313)^2 - 2 \times (0.536) \times (0.313) \times (0.256)}{1 - (0.256)^2} = 0.320$$

因此$MOT$中的方差大约32%($0.320 \times 100$)是被$SES$和$MA$这两个变量解释的。

## 回归方程

两个自变量的回归方程是:

测量、设计和分析：研究方法的综合之道

$$Y' = a + b_{y1.2}X_1 + b_{y2.1}X_2 \qquad (18.2)$$

式中，$Y'$是预测分数；$a$是截距；两个$b$是偏回归系数。不严格地说，这意味着，在一个回归系数是为一个给定的自变量计算时，要用正在研究的那个自变量与另一个自变量的相关做调整。换句话说，要把另一个自变量分解出去。对于每一个系数而言，那个被分解出来的变量是在下标中的那个点之后标出的那个变量。因此，$X_2$就是那个在计算$X_1$的$b$的时候被分解出去了的那个变量，而在计算$X_2$的$b$的时候，情况则正好相反（计算下面给出）。

在目前这个由两个自变量组成的例子中，在计算每一个$b$时，只有一个变量被分解出去。这样的$b$叫作一阶偏回归系数，阶数表明被分解出去的变量数。如果有两个以上的自变量，那么就要计算更高阶数的偏相关系数。一般来讲，在一个给定的方程中，$b$的阶数等于自变量的数目$k$减去1（即$k-1$）。譬如说，设计使用了五个自变量，那么每个$b$都是四阶的，因为在计算每个$b$时，都有四个自变量被分解出去。因此，在计算变量1的$b$时，变量2，3，4和5都被分解出去了。在计算变量2的$b$时，变量1，3，4和5都被分解出去了，以此类推。

总之，无论自变量数是多少，求解的目的都是得到一组不同的权数（即一组$b$），将这样的权数用于自变量分数求得的预测分数（$Y'$）和因变量之间的相关将是最大的。这一点是可以证明的（见Pedhazur，1982：55-56），因变量和一组自变量之间的平方复相关系数等于因变量和预测分数之间（即$Y$和$Y'$之间）的平方零阶相关。这将导致平方残差的最小化，而它正是所谓的最小平方路数之关键所在。

因为分析有时是分阶段的，所以自变量是依次进入的，于是便会因此而产生一个错误的观点，甚至在有的教科书里也认为，一组给定自变量的每个$b$的数量受变量进入分析的次序的影响。我们希望上面的话能使大家有所警醒，认识到这种观点是完全错误的。实际上，只有在自变量是相关时，每当一个额外变量进入，各个$b$的数量，甚至符号也会产生变化。然而，在所有的变量都已经在方程中时，不论它们以何种次序进入分析，各个$b$都将相同。

我们之所以强调各个$b$是不变的，不仅是因为围绕它存在的一些错误观念，更是因为这种观点与模型的设定和设定错误直接有关（见第17章）。模型错设的一个明确信号是，方程中一个（些）额外变量的进入，引起已经在方程中的变量的$b$的数量和/或符号的变化。毋庸置疑，这意味着误差与自变量无关的假定已经被违反了（见第17章）。

我们之所以要强调$b$是不变的这一观点的另一个原因是，我们将在这一章的后面部分讨论方差分解的理念，并证明与各个$b$相反，归结于每个自变量的方差比例的确定是以变量进入分析的次序为根据来预测的。

现在我们再返回到式（18.2），大家一定会注意到它使用的烦琐的下标记号可以大大简化，因为在任何给定的方程中，何为因变量这个问题都是很清楚的。同样，对于任何给定的方程，哪些自变量是为$b$的计算所排除的也是很清楚的。于是，我们可以用简化的记号来重新表述式（18.2）：

$$Y' = a + b_1X_1 + b_2X_2 \qquad (18.3)$$

这是我们即将使用的表示法，其中那些$b$都是偏回归系数，其阶数总是等于$k-1$（其中的$k$

就是自变量的数目)。

使用简化符号,两个一阶的 $b$ 的计算如下:

$$b_1 = \frac{r_{y1} - r_{y2}r_{12}}{1 - r_{12}^2} \cdot \frac{s_y}{s_1} \quad b_2 = \frac{r_{y2} - r_{y1}r_{12}}{1 - r_{12}^2} \cdot \frac{s_y}{s_2} \tag{18.4}$$

式中,$s$ 为标准差。

截距则按下式计算:

$$a = \bar{Y} - b_1\bar{X}_1 - b_2\bar{X}_2 \tag{18.5}$$

式中,$b$ 是偏回归系数,而其他项都是有关变量的均值。

我们现在来仔细地看一下式(18.4),先从自变量之间的相关为零这一假定开始(即 $r_{12} = 0$)。在这个假定下,每个 $b$ 的公式都被简化为因变量和正在研究的变量之间的相关乘以前者的标准差与后者的标准差之比。例如 $b_1 = r_{y1}(s_y/s_1)$,这是简单回归分析中 $b$ 的计算公式之一——与式(17.15)比较,式(17.15)使用的是 $\beta$,而不是 $r$。总之,在自变量不相关时,分解处理(partialing process)是没有用处的,因而不必多此一举。

我们在前面已经说过,在与式(18.1)关联时,设计精良的实验的自变量是不相关的。因此,我们可以十分确定地说,非实验研究的自变量或多或少总是存在一定相关的,因此,必须要计算偏回归系数。

现在我们来看式(18.4)第一项的分子,且注意到给定变量的符号并非必须与研究的变量和因变量的零阶相关符号相同。不仅如此,取决于三个变量之间相关的模式和数量,一个给定变量的 $b$ 可以等于零,尽管自变量和研究中的变量的零阶相关不等于零。反之亦然,尽管变量和自变量的零阶相关可能等于零,但是与之关联的 $b$ 却可能不等于零。

前面讲的那些只不过是一些有关分解或调整处理的结果的一些例子,强调一下在自变量相关时,解释零阶统计值存在的风险。

在着手讨论偏回归系数的解释之前,我们先来计算上面在计算 $R^2$ 时用过的三个变量问题的回归方程。回忆一下,我们使用了表18.1的数据,将 $MOT$ 作为因变量 $Y$,而将 $SES$ 和 $MA$ 分别作为自变量1和2。前面报告的这些数据的零阶相关是:

$$r_{y1} = 0.536 \text{;} \quad r_{y2} = 0.313 \text{;} \quad r_{12} = 0.256$$

为了使用式(18.4),还需要三个变量的标准差,它们分别是[1]

$$s_y(MOT) = 4.392 \quad s_1(SES) = 1.455 \quad s_2(MA) = 8.915$$

使用式(18.4),得

$$b_1 = \frac{0.536 - (0.313) \times (0.256)}{1 - (0.256)^2} \cdot \frac{4.392}{1.455} = 1.472$$

$$b_2 = \frac{0.313 - (0.536) \times (0.256)}{1 - (0.256)^2} \cdot \frac{4.392}{8.915} = 0.093$$

那些研究的变量的均值是:

---

[1]作为一个练习,我们建议大家用第17章给出的公式或自己喜欢的备择公式计算一下标准差。

$$MOT = 14.533 \qquad SES = 4.233 \qquad MA = 97.967$$

使用式(18.5)，得

$$a = 14.533 - (1.472) \times (4.233) - (0.093) \times (97.967) = -0.809$$

使用表18.1中给出的变量名，回归方程为

$$MOT' = -0.809 + 1.472(SES) + 0.093(MA)$$

而这就是用于根据个体在 $SES$ 和 $MA$ 上的状况预测他们在 $MOT$ 上的分数的方程。现在来解释每个 $b$。

每个 $b$ 都是用来解释与之关联的研究变量的单位变化相关联的因变量的预期变化。换言之，$b$ 表明了在其他变量被控制或保持不变时，与之关联的那个研究变量的一个单位的变化的期望的因变量变化。

就正在讨论的这个例子而言，在控制 $MA$ 后，与 $MOT$ 关联的 $SES$ 的一个单位变化，其期望的变化是1.472，而在 $SES$ 控制之后，与 $MOT$ 关联的 $MA$ 的一个单位变化，其期望变化是0.093。从纯粹的统计参考框架来看，诸如这样的解释似乎并不复杂，然而，从实际的参考框架来看，它们既没有意义，也不可行。考虑目前的这个方程。即使假设它所反映的模型没有严重的错误规定(一个明显站不住脚的假定)，那个关于在 $SES$ 保持不变时的 $MA$ 效应，或在 $MA$ 保持不变时的 $SES$ 效应的陈述"似乎是一种有关它们的无稽之谈"而已(Pedhazur，1982：225)。

困难并非分析方法所固有的(如回归方法)，而是存在于它应用的环境。主要问题与所使用的设计类型有关。在非实验设计中，必须要考虑的是，那个我们希望把它的 $b$ 解释为一种效应的那个变量是否易于操控。但是，即使有人得出这样的结论，在保持与之相关的甚至可能是原因的其他变量不变的情况下，操纵研究变量的概念也可能是不切实际的。即使绞尽脑汁，我们也无法知道在一个设计精良的实验中每一个被操控的变量究竟会有多少效应。正如博克斯(Box，1966)所言："为了发现在我们对一个系统进行干预的时候它会发生什么，那么我们就必须对它进行干预(而不是只被动地观察它)。"(p.629)

那么我们是否就应该像有些作者那样得出一个这样结论：非实验研究得到的 $b$ 不应该被作为效应的指数？我们认为这种观点未免过于极端。然而，我们的确认为在进行诸如这样的解释时，必须要倍加小心。正确的模型设定问题是关键所在。可悲的是，在把 $b$ 作为与变量关联的变量的效应解释时，经常会遇到有意无意地罔顾事实，使用显然被错设，甚至是被十分荒唐地错设的模型。我们反对对 $b$ 进行草率的错误解释，因此，我们提醒大家谨慎行事。下面我们转向一些不太复杂的 $b$ 的解释问题。

在第17章中我们已经区别了未标准化的($b$)和标准化的($\beta$)的回归系数。前者使用原始分数，而后者则使用标准分数(即 $z$ 分数)。我们已经计算了未标准化的回归系数。我们再一次来看式(18.4)并注意 $b$ 的数量在很大程度上取决于因变量的标准差与研究中的自变量的标准差之比。而标准差的数量则受使用的量度单位的影响。这一点对 $b$ 的实际解释和相互之间的比较意义重大。

一个很小(大)的 $b$ 是否会被视为十分重要(不重要)的，取决于使用的具体的量度单位和

效度。不仅如此,一个非常小的$b$有可能在统计上是显著的,而一个很大的$b$却可能在统计上不显著。从前面的介绍可知,一个给定的回归方程中各个$b$一般来讲都是不可比的。在我们目前讨论的这个例子中,$SES$的$b$远远大于$MA$。这是什么意思呢? 如果有什么意思的话,那么就是将一个单位的$SES$的变化与一个单位的$MA$的变化作比较? 鉴于大多数社会行为研究使用的尺度类型都是独特的,即使"同样"的变量的两种量度单位的比较(即$SES$的两种不同的量度)一般来讲也都是不合适的。[①]此外,还要注意的是,在本例中,$MA$可能使用的量度的标准差远远大于$SES$。[②]不言而喻,对这两个变量的其他量度,或作为本例使用的一个或两个量度的变换结果,情况也许恰好相反。

正是因为$b$与$b$之间缺乏可比性,所以在谈及变量的相对重要性时,研究者都转向了$\beta$。我们将在下一节,在给出标准化系数的计算方法之后,讨论这种路数。

## 标准化回归系数

标准分数的标准差是1.00。现在来看式(18.4),并注意到,在分数已被标准化时,右边的那些项(即两个标准差之比)归为1。因此,在有两个自变量时,标准化系数的计算如下所示:

$$\beta_1 = \frac{r_{y1} - r_{y2}r_{12}}{1 - r_{12}^2} \quad \beta_2 = \frac{r_{y2} - r_{y1}r_{12}}{1 - r_{12}^2} \tag{18.6}$$

假定自变量不相关(即$r_{12} = 0$)。于是每个$\beta$都等于因变量和研究的自变量的零阶相关。这个原理已在前面对标准化系数进行评议时讲过了,我们告诉大家,在自变量不相关时,分解处理是不必要的。因此,$\beta_1 = r_{y1}$和$\beta_2 = r_{y2}$。它可以概括推广到任何多个自变量,只要它们是不相关的。

在自变量相关时,它们就像在非实验研究中的几无例外的那样,$\beta$的数量和符号都受所有变量(即那些自变量和因变量)之间的相关的模式和数量的影响。$\beta$的符号都相同,因为$\beta$的符号都与对应的$b$的符号相同。因此,与后者给出的解释一样,$\beta$的符号和/或数量可以不同于因变量和研究的自变量的零阶相关。不仅如此,$\beta$也有可能超出1.00。但是在简单回归分析中,我们一定还记得,$\beta=r$(见第17章)。

一个涉及$\beta$和$r$的$R^2$的表达式是

$$R_{y.12}^2 = \beta_1 r_{y1} + \beta_2 r_{y2} \tag{18.7}$$

正如我们已经指出的,在自变量不相关时,$\beta$等于对应的$r$。这时,平方复相关系数等于$\beta$的平方和,它等价于每个自变量和因变量的平方零阶相关的和。值得注意的是,式(18.7)是可以推广到任何多个自变量的。

---

[①]关于这一问题在更为广泛的量度环境中的讨论请见第2章和第4章。
[②]记住,我们并没有使用任何测量。我们构建这一套数据完全是阐述的目的。

测量、设计和分析：研究方法的综合之道

将式(18.6)和式(18.7)应用于所考虑的数据，

$$\beta_1 = \frac{0.536 - (0.313) \times (0.256)}{1 - (0.256)^2} = 0.488$$

$$\beta_2 = \frac{0.313 - (0.536) \times (0.256)}{1 - (0.256)^2} = 0.188$$

$$R^2_{y.12} = (0.488) \times (0.536) + (0.188) \times (0.313) = 0.320$$

它与用式(18.1)得到的 $R^2$ 相同。

记住，当使用 $z$ 分数时，$a=0$。于是回归方程为

$$z'_{MOT} = 0.488z_{SES} + 0.188z_{MA}$$

在讨论这个方程前，我们需说明 $b$ 和 $\beta$ 是如何相关的，即

$$b_j = \beta_j \frac{s_y}{s_j} \tag{18.8}$$

和

$$\beta_j = b_j \frac{s_j}{s_y} \tag{18.9}$$

式中，$s$ 是标准差；$y$ 是因变量；$j$ 是第 $j$ 个自变量。式(18.8)和式(18.9)可用于任何数目的自变量设计。因此，在计算了各个 $b$ 之后，$\beta$ 是很容易求的，反之亦然。为了阐述的方便，我们用式(18.8)来计算 $SES$。这一变量的 $\beta$ 是 0.488。前面我们报告

$$s_y(MOT) = 4.392 \qquad s_1(SES) = 1.455$$

因此

$$b_{SES} = 0.488 \times \frac{4.392}{1.455} = 1.473$$

这是四舍五入之后的值，与前面得到的相同。

我们已经指出，因为各个 $b$ 之间是不可比的，所以研究者才倾向于 $\beta$ 的比较。研究者可用这种路数，根据目前例子中的 $\beta$ 值，$SES$ 对 $MOT$ 的效应大约是 $MA$ 的 2.5 倍。

解释似乎很简单而且几乎是自动给出的。然而，正如在第 17 章中已经指出的一样，在我们无法给出量度原来形式上的一个单位的变化的实际意义时，除了无须面对存在的问题这种虚假的快意之外，仍然一无所得。依靠 $\beta$ 的解释的最大不足是使我们陷入自吹境地的可能性陡增。我们也将更容易忽略我们缺乏对于正在研究的变量效应意义的理解，更不用说对不同效应的理解，而只是轻率地说一些类似关联自变量标准差的变化可期望引起因变量多少变化之类的空话。

此外，我们将会注意到，$\beta$ 都是视总体而定的。这个意思尽管已为自变量在因变量上的效应 $b$ 所反映，且可能是跨总体和设置稳定的，但是 $\beta$ 却可能会有很大的变化，因为它们跨总体的方差和协方差的波动是敏感的。这样，正如在第 21 章将要讨论和介绍的一样，跨组别和设置的比较应基于 $b$，而非 $\beta$。使用各个 $b$ 和 $\beta$ 之间的对照处理问题的详细讨论，请参见 Alwin (1988)，Blalock (1964，1968)，Hargens (1976)，Kim & Ferree (1981)，Kim & Mueller (1976)，Pedhazur (1982:247-251)，Richards (1982)，Schoenberg (1972) 和 Tukey (1954)。

# 方差分解

在本章的最后一部分,我们将要讨论研究者找到的那些用于克服回归方程的解释中存在的困难的各种路数(参见前面一节)。可能最为普遍的是那些旨在将已解释的方差(即 $R^2$)分解成归结于不同的自变量成分的路数。首先,在我们看来,归入方差分解这一总题目下的各种分解法其实没有太大的价值。不仅如此,可以说没有任何一种其他的取向,能导致比方差分解更大的混乱和对回归结果更大的误解。如果不是因为我们想让大家了解这个取向的误区,从而能更好地评估那些使用它们的研究的话,我们就根本不会去讨论它。

# 增量方差分解

我们的介绍只限于那种可以标为增量或分层的方法的概要。有关这种和其他方法(如共同性分析)的详细讨论,以及对它们在影响研究中应用的批评,请参见 Pedhazur(1982:第7章)。

就分析进行的机制而言,增量方差分解背后的理念很简单。顾名思义,$R^2$ 是增量分解的。这种分解是通过将自变量依次进入分析实现的,一次进一个变量,[1]注意每次变量进入都会引起 $R^2$ 的增加。

由这一章前面的讨论可知,只有在自变量不相关时,每个自变量解释的方差的比例才会保持不变,不论其进入的次序如何。在自变量相关时,归结于一个给定变量解释的方差是会发生变化的,变化的程度取决于其进入分析的时机,和它与已经进入分析的那些变量的关系。这与各个 $b$ 不同,一组给定的变量的 $b$ 的大小是不受它们进入分析的次序影响的(见上面的讨论)。

一组给定变量的总 $R^2$(即针对因变量和所有正在研究的自变量的 $R^2$)是不受变量进入次序影响的。受影响的是 $R^2$ 的饼图,或者说不同的自变量在饼图中的份额。显然,问题的关键在于我们是如何决定变量的进入次序的? 在求解这个关键问题前,我们先来介绍变量分解的计算方法,使用的数据是前面几节使用的三变量问题的数据。在介绍过程中,我们会引入半偏相关这一概念。

## 数　例

三变量问题的数据取自表18.1,曾被用来阐述 $R^2$ 和回归方程的计算方法。因变量是动机(MOT)。两个自变量则是社会经济地位(SES)(指定的变量编号为1)和智力(MA)(指定的变

---

[1]进入的是一块一块的变量,而不是一个一个的变量,而我们注意的是归结于每块的 $R^2$ 的增量(Pedhazur,1982:第7章)。

量编号为2）。我们在这里重复一下前面得到的某些结果：

$$r_{y1} = 0.536 \quad r_{y2} = 0.313 \quad r_{12} = 0.256$$
$$R_{y.12}^2 = 0.320$$

现在我们再来做增量的方差分解，先调入SES（即变量1），即使在处理零阶相关时，我们也将使用更为通用的多元回归分析记号。因此，我们用$R_{y.1}^2$代表$r_{y1}^2$——对其他零阶相关也同样如此。现在，在变量1先进入分析时，它解释因变量方差为0.287（$R_{y.1}^2 = r_{y1}^2$）。因为两个变量解释了0.320（即$R_{y.12}^2$），于是变量2解释的方差比例等于这两个$R^2$的差，

$$R_{y.12}^2 - R_{y.1}^2 = 0.320 - 0.287 = 0.033$$

对目前的例子，得出的结论是在SES先进入时，它解释MOT方差为0.287，然后MA再在解释的方差上加上0.033。或等价地说，SES解释大约29%，以及因为MA而增加的大约为3%。

现在让我们来看，在变量进入次序颠倒时会发生什么情况。MA先进入，它解释了0.098（$R_{y.2}^2$）或大约MOT方差的10%。因SES引起的增量是

$$R_{y.12}^2 - R_{y.2}^2 = 0.320 - 0.098 = 0.222$$

或22%。

我们刚才描述的这种已解释的方差比例的增量也称为"平方半偏相关（squared semipartial correlations）"。

## 半偏相关

就目前的讨论而言，它假定三个关联的变量为1，2和3。而变量1是因变量，变量2和变量3是相关的自变量。我们先来关注变量1和变量2的关系。当然，我们是可以计算$r_{12}$的。但是因为变量2和变量3是相关的，这样一个研究者可能会希望研究一下将后者取出或分解出之后变量1和变量2之间的关系，而无论它与变量3共有的东西是什么。这就是所谓的半偏相关的基本含义，我们描述的那个情形，可以用符号表示为$r_{1(2.3)}$。

请注意下标符号的模式。括号外的变量是因变量。点左边的变量与因变量的关系是在分解或者控制了点右边的变量后计算出来的。换言之，它是在将变量3从变量2中分解出去之后的变量1和变量2之间的相关。等价于将变量3从变量2中分解出去之后的变量1和变量2之间的半偏相关。半偏相关也称为部分相关。

半偏相关的计算公式是

$$r_{1(2.3)} = \frac{r_{12} - r_{13}r_{23}}{\sqrt{1 - r_{23}^2}} \tag{18.10}$$

关于式（18.10）大家要注意以下几点：第一，它由正在研究的变量的三个零阶相关组成。第二，分母的第一项是正在求解其半偏相关的那些变量的零阶相关。第三，在两个自变量的相关为零时（即在$r_{23}=0$时），将变量3从变量2中分解出去之后的变量1和变量2之间的半偏相关等于变量1和变量2之间的零阶相关。这就好比在两个变量并无共享的东西时，将一个变

量3从另一个变量2中分解出去一样。第四,半偏相关的数量和符号取决于三个零阶相关的模式和数量。其可能性是多种多样的,我们会对某些可能性给予一定的关注并进行一定的阐释讲解。例如,$r_{12}$和$r_{1(2.3)}$可能是不同号的也可能是同号的,但数量却不相同。其中,一个可能等于零,另一个却不等于零。

将式(18.10)用于上面用过的数例,再将MA从后者分解出去之后,计算*MOT和SES*之间的半偏相关。记住,*MOT*被定为*Y*,而*SES 和 MA*则分别为1和2,使用上面给出的3个零阶相关,则

$$r_{y(1.2)} = \frac{r_{y1} - r_{y2}r_{12}}{\sqrt{1 - r_{12}^2}} = \frac{0.536 - (0.313) \times (0.256)}{\sqrt{1 - (0.256)^2}} = 0.472$$

这个半偏相关的值0.22,与在变量2之后输入变量1时所增加的方差比例相同(见上文)。为了表述的完整性,我们也计算了将变量2从变量1中分解出来之后的,*Y*与变量2的偏相关:

$$r_{y(2.1)} = \frac{r_{y2} - r_{y1}r_{12}}{\sqrt{1 - r_{12}^2}} = \frac{0.313 - (.536) \times (0.256)}{\sqrt{1 - (0.256)^2}} = 0.182$$

同样,当在变量1之后输入变量2时,该半偏相关的平方为0.033,等于由变量2引起的方差比例的增量(见上文)。

总之,*Y*与变量1和变量2的平方多元回归系数可以用两种不同的方式分解,每一种都可以以两种等价的形式表示,即

$$R_{y.12}^2 = R_{y.1}^2 + \left(R_{y.12}^2 - R_{y.1}^2\right) = r_{y1}^2 + r_{y(2.1)}^2$$

$$R_{y.12}^2 = R_{y.2}^2 + \left(R_{y.12}^2 - R_{y.2}^2\right) = r_{y2}^2 + r_{y(1.2)}^2$$

显然,这两种路数都可用于计算。然而,由于为有两个以上自变量的设计所必需的高阶半偏相关的公式(见下文)是相当麻烦的,因此比较简单的做法是使用$R^2$之间的差来进行计算。

到目前为止,处理的半偏相关都是一阶半偏相关,因为只有一个变量被分解出来。在有两个以上自变量时,则必须用高阶半偏相关。此前我们曾经指出,任何给定的回归方程的偏回归系数都有相同的次序。但一组给定自变量的半偏相关次序则不尽相同。随着每个变量被加进分析,半偏相关的阶便会增加1。在第一个变量进入时,它和因变量之间的零阶相关被计算出来,因为那时还没有任何需要被控制的变量。当第二个变量进入时,则必须对它进行控制或将它分解出去,不管它与第一个变量共享的是什么。于是一个一阶半偏相关被计算出来了。在第三个变量进入时,必须要计算二阶半偏相关,将前两个变量从第三个变量中分解出去。在第四个变量进入时,便要计算三阶半偏相关,以此类推。

## 解　释

一如既往,计算总是比较容易的部分,尤其是在有计算机辅助时,而对计算结果进行解释则不是一件容易的事。在方程分解这种情形中,解释更困难,因为这种情形本身就是模糊不清的。

只是为了阐述的方便,我们假定正在研究的变量之间的相关都是正的。在这种情形中,

一个给定的变量进入得越晚,它将显示的方差增加的比例就越小。[1]实际数量将取决于该研究变量与所有已经进入方程的变量之间的相关程度。在非实验研究中,我们经常会遇到这样的情况,同一个变量,当它第一个进入方程时,显示的比例看来是比较合理的,但当它再晚一点,例如在第三步或第四步进入方程时,增加的比例就变得很小,甚至完全没有。

这样问题就变得很清楚了,在分析早期进入的变量上被给予了一个优势。于是我们面临的关键问题便变成了如何决定变量的进入顺序。在解释性研究中,有关变量进入顺序的决定,必须以我们的过程理论为依据,即以正在研究的变量的进入过程对因变量的影响为依据。我们通过非常简单的替代模型来详细阐述这一句话的含义。在这些模型中三个变量便是上面的数例中的三个变量,即 $MOT$,$SES$ 和 $MA$。图 18.1 描述了这三个模型,$MOT$ 在这三个模型中都是因变量。与其他例子一样,我们并不关心这三个模型的效度。它们纯粹都是用来阐述问题而已。

在讨论三个模型之前需要说明一下,我们在第14章曾经对外生和内生变量做过区别。我们在模型阐述的语境中也要做这种区别,即在图 18.1 中使用的变量将被作为外生或内生变量来处理(见图 14.1 和图 14.2,以及有关它们的讨论)。就目前的目的而言,我们只要说明当两个或更多个变量被作为外生变量处理时,它们之间的相关是作为给定的来处理的,因此,并非研究的对象这一点就足够了。在了解了这一点之后,我们先来看图 18.1 中的模型(a),图中连接 $SES$ 和 $MA$ 的是一条曲线,这意味着这些变量是相关的。从 $SES$ 和 $MA$ 引出的箭头表示二者对 $MOT$ 都有影响。在这个模型中,$SES$ 和 $MA$ 都作为外生变量处理。这意味着研究者不能或者不愿意阐述这些变量为什么是相关的。在这种情形中,我们没有什么有意义的方法来进行方差分解。我们只能说两个变量一起解释了多少方差的比例,即 $MOT$ 与 $SES$ 和 $MA$ 的复相关的平方。

另一方面在模型(b)中,$SES$ 作为外生变量处理,而 $MA$ 和 $MOT$ 则被作为内生变量处理。对于这样一种模型,我们可以做方差的增量分解,先从 $SES$ 开始,然后再输入 $MA$。如果改而提出了模型(c),那么方差的增量分解过程就变成先输入 $MA$,然后再输入 $SES$。在前一节我们已经用数值示例对这两种路数进行了阐述。

由上述可知,根本就不存在什么方法可以告诉我们,究竟以何种方式来分解方差,方差比例才是有意义的,除非研究者愿意提出一个因果模型来处理自变量进入过程对因变量的影响。记住了这一点之后,即使用三个变量,在图 18.1 显示的三种模型之外,也可能会有其他的模型。可以想象,如果变量多于三个变量,那么设计将会变得更加复杂。

若把因果模型的复杂性和有效性问题置于一边,那么对于方差分解而言,最重要的问题是由此而得到的组成成分代表了不同类型的效应。我们暂不对此做详细的讨论(详细的讨论和数例参见 Pedhazur,1982:第7章)只是指出作为方差分解得到的结果的各种成分代表不同顺序的半偏相关平方。因此,它对旨在确定与之关联的变量的相对重要性的比较时没有什么意义。在我们看来,具有讽刺意义的是大多数方差分解都是为这一目的所驱使。

---

[1]当相关的符号不同时,则有可能会出现一个后入的变量的增量大于早入的变量这种情况。

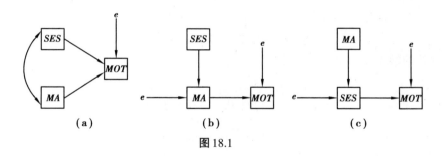

图18.1

## 显著性检验

可用于多元回归分析的显著性检验有若干种,每一种解决的问题不同。在这里,我们将讨论和阐述两种这样的检验:(a)$R^2$检验,(b)偏回归系数(各个$b$)检验。

### $R^2$检验

$R^2$检验按下式进行:

$$F = \frac{\dfrac{R^2}{k}}{\dfrac{1-R^2}{N-k-1}} \qquad (18.11)$$

式中,$R^2$是因变量和所有自变量的复相关平方,$k$是自变量数;$N$是样本量。注意,式(18.11)是第17章介绍的$r^2$检验的概括——见式(17.31)和有关它的讨论。分子由自变量解释的方差比例除以它的$df$组成。分母由$(1-R^2)$解释的方差比例,即误差项除以它的$df$组成。$F$有$k$和$N-k-1$个$df$,分别对应于分子和分母。

式(18.11)的应用构成了一个多类题检验(omnibus test),即所有同时取的那些自变量所占方差的比例是否统计显著的显著性检验。与之等价的检验是一个或多个回归系数是否显著不同于零的检验,其备择假设是所有回归系数都等于零。

现在我们将式(18.11)同于前面分析过的数例。对于这一例子,我们求得$R^2_{y.12}=0.32$;$N=30$。因此,

$$F = \frac{\dfrac{0.32}{2}}{\dfrac{1-0.32}{30-2-1}} = 6.35$$

有2个和27个$df$。研究者设定$\alpha=0.01$。附录表中2个和27个$df$的$F$值是5.49(见附录)。因此,我们得出结论,在0.01水平上,$R^2$在统计上是显著的。

正如我们在第17章解释的一样——见式(17.28)和有关它的讨论——我们可以检验回归平方和而不是$R^2$。在计算了$R^2$之后,马上就可以求得回归与残差和平方,反之亦然。对于正在分析的数据,总平方和(即$\sum y^2$)是559.47(作为一个练习大家也许想要计算一下这个值)。因此,平方回归和是$R^2\sum y^2 = (0.32) \times (559.47) = 179.03$。一种求残差平方和的方法是减法:

$\sum y^2 - SS_{reg}$。对于手头的数例

$$SS_{res} = 559.47 - 179.03 = 380.44$$

我们用新的数字来重复式（17.28）。

$$F = \frac{\dfrac{ss_{reg}}{df_1}}{\dfrac{ss_{res}}{df_2}} = \frac{\dfrac{ss_{reg}}{k}}{\dfrac{ss_{res}}{N-k-1}} \qquad (18.12)$$

式中，$df$ 是自由度；$k$ 是自变量数；$N$ 是样本量，每个平方和都要除以它的 $df$，以得到一个均方。回归平方和的 $df$（$df_1$）等于自变量数（$k$），对于目前的例子而言，它等于 2。残差平方和的 $df$（$df_2$）等于 $N-k-1$，对于目前的例子，它等于 27（即 30-2-1）。

将式（18.12）用于上面分析的数例，

$$F = \frac{\dfrac{179.03}{2}}{\dfrac{380.44}{27}} = 6.35$$

不出所料，这个 $F$ 比率与上面的 $R^2$ 检验所求得的值相同。也就是说，检验 $R^2$ 或回归平方和是一回事。

## 检验 $b$

根据 $R^2$ 显著（见前一节）得出一个或多个 $b$ 是显著的这样的结论，一般来讲，是不太令人信服的，因为这并没有说明究竟是哪一个或哪几个 $b$ 是显著的。要做到这一点就需要检验每一个 $b$。检验一个 $b$ 的概念已经在第 17 章简单回归分析背景下做过介绍和阐述。它告诉我们在用 $b$ 除以它的标准误差 $s$ 时，就可以得到一个其 $df$ 等于那些与均方残差（$MSR$）关联的 $b$ 的个数的 $t$ 比率——见式（17.32）和与之有关的讨论。除了在给定的自变量 $b$ 的标准误差时，考虑所讨论的变量与其余自变量相关性之外，在多元回归分析中常采用该方法。

我们先给出一个任意阶，即在方程中有任意多个自变量的 $b$ 的标准误差的计算公式。此后我们将给出一阶，即方程中有两个自变量的 $b$ 这样的标准误差所取的格式。然后用手头的数例计算各个一阶 $b$ 的标准误差，并对两个 $b$ 进行检验。

例如，方程中有 $k$ 个自变量的 $b_1$ 是

$$s_{b_{y1.2\cdots k}} = \sqrt{\frac{s_{y1.2\cdots k}^2}{\sum x_1^2 (1 - R_{1.2\cdots k}^2)}} \qquad (18.13)$$

式中，$s_{by1.2\cdots k}$ 是 $b_1$ 的标准误差；$s_{y1.2\cdots k}^2$ 是估计的方差或 $MSR$[1]；$R_{1.2\cdots k}^2$ 是自变量 1（那个计算了它的 $b$ 的标准误差的变量）作为因变量，和其余自变量的平方复相关——对于其他的 $b$ 也同样如此。

---

[1]估计方差的概念已在第 17 章中介绍，见式（17.29）和有关它的讨论。

注意,在自变量不相关时,在实验设计中的情况一般如此,式(18.13)的分母简化为正在研究的变量的 $\sum x^2$,它与简单回归分析的 $b$ 检验相同——见式(17.33)。研究变量和其余自变量的平方复相关表示前者与后者分享部分的大小。这个 $R^2$ 越大,$b$ 的标准误差就越大。很清楚,这种情况并非我们所愿。[1]

对于在本节中一直讨论的,两个自变量的这种特例,式(18.13)取下面这种形式:

$$s_{b_{y.12}} = \sqrt{\frac{s_{y.12}^2}{\sum x_1^2(1 - r_{12}^2)}} \quad s_{b_{y2.1}} = \sqrt{\frac{s_{y.12}^2}{\sum x_2^2(1 - r_{12}^2)}} \tag{18.14}$$

需再次提醒大家注意,两个自变量之间的相关越高,每一个 $b$ 的标准误差就越高。

所考虑的数例的残差平方和($ss_{res}$)为 380.44(见上面的计算)。与 $ss_{res}$ 关联的 $df$ 为 27($N-k-1$)。于是当前例子的估计方差或 $MSR$ 为 380.44/27 = 14.09。注意,这就是每一个 $b$ 的标准误差在式(18.14)中的分子。早先我们曾报告过 $r_{12}=0.256$。现在计算这两个标准误差所需要的全部数值就是两个自变量的平方和。它们是[2]

$$\sum x_{1(SES)}^2 = 61.39 \quad \sum x_{2(MA)}^2 = 2\,304.84$$

由式(18.14)知,各个 $b$ 的标准误差为

$$s_{b_1} = \sqrt{\frac{14.09}{(61.39) \times (1 - 0.256^2)}} = 0.496$$

$$s_{b_2} = \sqrt{\frac{14.09}{(2\,304.84) \times (1 - 0.256^2)}} = 0.081$$

本例中的 $b$ 为

$$b_{1(SES)} = 1.472 \quad b_{2(MA)} = 0.093$$

将每一个 $b$ 除以自己的标准误差得到以下数值:

$$t_{b_1} = \frac{1.472}{0.496} = 2.97 \quad t_{b_2} = \frac{0.093}{0.081} = 1.15$$

每一个 $t$ 比率的 $df$ 都是27(与 $MSR$ 关联的 $df$,即 $N-k-1$)。假定 $\alpha=0.01$ 是预定的,我们便要取 $t$ 表中的0.01水平的有27个 $df$ 的值。还可用另一种方法,即取 $df$ 为1和27的 $F$ 值的平方根来求 $t$ 值,它等于2.77(见附录)。于是我们得出结论,$SES$ 的回归系数(即 $b_1$)在统计上是显著的,而 $MA$ 的回归系数(即 $b_2$)在统计上则是不显著的。

## 模型修正

鉴于 $MA$ 的 $b$ 在统计上不显著这一事实,因此,要对原来的模型进行"修正"。我们在修正一词上加了一个引号,因为模型的修正并不像我们将要在这里做的一样,显得那么简单。在

---

[1] 在本章后面的部分,我们将对在自变量高度相关时出现的一些问题做一些评议—— 一种被称为"高度多重共线性"的条件。这时我们会提到变量的容忍度这一概念,它是式(18.13)分母中的 $1-R^2$ 这一项。
[2] 你们也许愿意计算一下这些平方和。这些数据已在表18.1中给出。

作进一步详细阐述之前,我们需要先强调一下,在这里忽略了统计显著性和实际重要性之间的区别——这一区别我们已在前几章(特别是在第9章和第15章)做过详细介绍。然而,我们编造的数据毕竟只是为了阐述而已。不仅如此,因为我们的"样本"量比较小(只有30),所以我们使用的统计检验的效力也很低。

现在再回到模型的修正问题上,首先要请大家注意这是事后做的——第一,一种有着严重不足的策略(见第9章)。第二,各个 $b$ 平方检验并非对模型的总体检验。我们将在第25章再回到这一专题。第三,与前一点有关,与本例不同,模型由两个以上的自变量构成,且有一个以上的 $b$ 在统计上是不显著的,删除一个 $b$ 在统计上不显著的变量,有可能会引起其他 $b$ 和与它们关联的显著性检验的剧烈变化。我们将在本章后面的部分以及随后几章回到这一专题上,并在那时进行更为详细的讨论。在此阶段要做的是预先提醒大家,模型修正通常并非像目前的例子显现的那样简单。

记住前面的那些评论,我们来介绍如何对目前例子的模型进行修正。在前几章(如第14章的图14.1有关它的讨论),大家已经注意到,在一个因变量对两个或更多个自变量回归,和将每一个 $b$ 解释为在控制了其余的自变量之后,对与之关联的变量效应的指标时,一元分析模型将所有的自变量自觉和不自觉地都作为外生变量处理。在目前的例子中,这个模型采取了图18.2中模型(a)的形式,式中两个自变量之间未曾探测到的关系用一条连接它们的曲线来描述。从自变量引向因变量的箭头表示假设二者对它都有影响。[1]

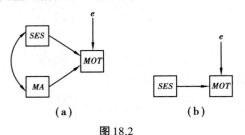

图18.2

现在,因为 $MA$ 的 $b$ 被证明在统计上是不显著的,所以 $MA$ 在模型中被删除了。这样那个不包括 $MA$ 的回归方程必须要进行计算。在目前的例子中,这就意味着计算一个简单回归方程,其中 $MOT$ 是因变量,而 $SES$ 则是自变量。计算结果将在不出示计算过程的情况下予以报告(我们建议将它们作为一个练习。如果需要,可参见第17章,在那一章我们曾经做过一个类似的分析)。用表18.1的数据,$MOT$ 对 $SES$ 的回归方程是

$$MOT' = 7.686 + 1.618SES$$

这个修正模型就是图18.2(b)所描绘的模型。

当然,被解释的方差比例必定等于 $MOT$ 和 $SES$ 之间的零阶相关平方,即 $(0.536)^2 = 0.287$(见这一章前面的计算)。如果你要检验这一方差比例的显著性(我们建议你做一下),那么你将会发现 $F(1, 28) = 11.27$。与此等价的是,如果你检验 $SES$ 的 $b$,那么你就会发现 $t(28) = 3.36$,它等于 $F$ 的平方根。

---

[1]你们也许愿意计算一下这些平方和。这些数据已在表18.1中给出。

## 关联的统计量的检验

一个多元回归方程中的 $b$ 检验等价于:(a)一个与之对应的标准系数($\beta$)检验;(b)那个被检验的 $b$ 的变量所解释的方差比例检验;(c)与之对应的偏相关系数检验。因为我们还没有讨论过偏相关系数,所以这里只能讨论前两种检验(关于偏相关系数和它与半偏相关系数的关系,参见 Pedhazur,1982:第5章)。

在这一章的前面部分,我们已经证明了 $b$ 与 $\beta$ 的关系,并计算了手头数例的 $\beta$:$\beta_1$=0.488,$\beta_2$=0.188。尽管 $\beta$ 的标准误差是可以计算的,但是当各个 $b$ 都已经被检验时,没有必要这样做。因为每个 $\beta$ 的检验等价于每个 $b$ 的检验。

现在我们来讨论上面提出的第二种检验。大家应该了解,为最后进入分析的那个变量所增加的方差比例,可能是一个给定的自变量集合的高阶平方半偏相关系数。在前面讨论的平方半偏相关系数这一概念时,我们已经证明,它的一种表达方式是把它作为 $R^2$ 的变化,或作为两个 $R^2$ 的差。两个这样的 $R^2$ 之间的差的检验便相当于平方半偏相关系数检验。

两个 $R^2$ 之间的差检验取下列这样的形式:

$$F = \frac{\dfrac{R^2_{y.12\cdots k_1} - R^2_{y.12\cdots k_2}}{k_1 - k_2}}{\dfrac{1 - R^2_{y.12\cdots k_1}}{N - k_1 - 1}} \tag{18.15}$$

式中,$R^2_{y.12\cdots k_1}$ 是 $Y$ 与 $k_1$ 个自变量的平方复相关(这个较大的 $R^2$ 是全模型的一种);$R^2_{y.12\cdots k_2}$ 是 $Y$ 和 $k_2$ 个自变量的平方复相关,式中的 $k_2$ 是 $k$ 的一个子集(这个较小的 $R^2$ 属限制模型)。$F$ 比率的分子有 $k_1 - k_2$ 个 $df$,而分母则有 $N - k_1 - 1$ 个 $df$。

在目前的情况中,我们关注的是式(18.15)的一个特例,在这个特例中,$k_1$ 是全部的自变量数,而 $k_2$ 则是这些变量数减1(即 $k_1 - 1$)——省略的变量是那个最后进入分析的变量。在这样一种环境下,$F$ 比率的分子的 $df$ 是1。用上面分析的数例,我们要计算 $F$ 比率,且证明它等于相应的 $b$ 的 $t$ 比率的平方。

我们先来检验 $Y$ 和2的半偏相关,将1从2中分解出去,就是上面计算的 $r^2_{y(2.1)}$=0.033。使用前面的结果

$$F = \frac{\dfrac{R^2_{y.12} - R^2_{y.1}}{k_1 - k_2}}{\dfrac{1 - R^2_{y.12}}{N - k_1 - 1}} = \frac{\dfrac{0.320 - 0.287}{2 - 1}}{\dfrac{1 - 0.320}{30 - 2 - 1}} = 1.31$$

四舍五入,它等于上面计算的 $b_2$ 的 $t$ 比率的平方(1.15)。注意,分子中两个 $R^2$ 之间的差就是要检验的平方半偏相关。

对 $r^2_{y(1.2)}$ 进行检验,

$$F = \frac{\dfrac{R^2_{y.12} - R^2_{y.2}}{k_1 - k_2}}{\dfrac{1 - R^2_{y.12}}{N - k_1 - 1}} = \frac{\dfrac{0.320 - 0.098}{2 - 1}}{\dfrac{1 - 0.320}{30 - 2 - 1}} = 8.81$$

四舍五入，它等于 $b_1$ 的 $t$ 比率的平方(2.97)。无独有偶，分子中两个 $R^2$ 之间的差也是被检验的平方半偏相关。

在一些方差分解，特别是在共性分析(见 Pedhazur，1982：199-211)中，由一个变量解释的方差比例的增量(即 $R^2$ 中的增量)，在最后进入分析时叫作变量的独特性。从式(18.15)和随后的阐述可知，一个给定方程的各个 $b$ 检验等价于与它们关联的那些变量的独特性检验。换言之，一个 $b$ 的检验，不论其位于回归方程的什么地方，都等价于与之关联的那个变量在其最后进入方差增量分解时增加的方差比例检验(见前面有关增量方差分解的讨论)。

我们之所以要强调这一点，并不是因为我们想要推荐大家使用独特性和它的许多解释，而是因为围绕多元回归分析那些可以确定的成分以及可能会用于它们的那些显著性检验的含义，存在太多的误解。

## 三个自变量

为了方便起见，我们在这里介绍一个有三个自变量的例子。我们在这个例子中提出的那些概念，可用于任意多个自变量。

**数　例**

本例使用的阐述性数据来自表18.1。学业成绩($AA$)将作为因变量，而其他三个变量——$MA$(智力)、$SES$(社会经济地位)和 $MOT$(动机)——将作为自变量。回想一下，在前面的章节中，$MOT$ 是作为因变量处理的，而 $SES$ 和 $MA$ 则是自变量。这一分析将被重复，以使我们能用它来解释输出的某些方面和说明不同的模型检验。

为了便于阐述，我们将使用来自两个计算机包——SPSS 和 SAS 的回归程序。在运行 SPSS 时，作为首先使用的软件，表18.1的原始数据将用作输入。对 SAS 的运行，我们将用汇总数据(如均值、标准差和相关)作为输入。

### SPSS

**Input**

```
SET LISTING='T181.LIS'.
TITLE TABLE 18.1.
DATA LIST/AA 1–2 MA 3–5 SES 7 MOT 9–10. [fixed format input]
BEGIN DATA.
57 90 2 12    [data for first subject]
 .  .  .  .
51 94 2 14    [data for last subject]
END DATA.
LIST.
REGRESSION VAR ALL/DES/STAT=ALL/DEP MOT/ENTER SES/ENTER MA/
   DEP AA/ENTER SES/ENTER MA/ENTER MOT.
```

**评　议**

SPSS 输入的基本格式我们已经在第17章联系它的使用时介绍过了(也可参见第16章)。在这里，我们只对我们正在运行的 REGRESSION 的特殊方面做一些评议。然而我们要提醒大家注意的是,方括号中的那些评语并非输入文件的一部分。

正如大家看到的一样,我们需要做两个分析或解两个方程。在第一个方程中,因变量是 *MOT*,而自变量则是 *SES* 和 *MA*。自变量分两步输入,先输入 *SES*。于是先要做一个 *MOT* 对 *SES* 的简单回归分析。接着要做一个多元回归分析,即 *MOT* 对 *SES* 和 *MA* 二者的回归。这些分析已在前一节用手算做过了。

在第二个方程中,*AA* 是因变量。三个自变量是 *SES*,*MA* 和 *MOT*,它们将分三步输入。于是第一步要做一个简单回归分析。接着要做一个有两个自变量的多元回归分析。最后一步,则要做有三个自变量的多元回归分析。

当然,我们不需要将自变量分开输入。我们之所以这样做,只是因为我们想在解释结果的过程中使用某些中间分析(参见下列对输出的评议)。

## Output

|      | Mean   | Std Dev |
|------|--------|---------|
| AA   | 75.533 | 15.163  |
| MA   | 97.967 | 8.915   |
| SES  | 4.233  | 1.455   |
| MOT  | 14.533 | 4.392   |

N of Cases = 30

Correlation:

|      | AA    | MA    | SES   | MOT   |
|------|-------|-------|-------|-------|
| AA   | 1.000 | .637  | .505  | .653  |
| MA   | .637  | 1.000 | .256  | .313  |
| SES  | .505  | .256  | 1.000 | .536  |
| MOT  | .653  | .313  | .536  | 1.000 |

### 评 议

这个输出不需要任何解释。我们之所以把它包括进来是为了能快速地引用零阶相关,和因为我们将要使用这些概括性数据作为SAS运行的输入(见下文)。

## Output

Equation Number 1    Dependent Variable..    MOT
Beginning Block Number    1. Method: Enter    SES

| Multiple R | .53574 | | | | Analysis of Variance | | | | |
|---|---|---|---|---|---|---|---|---|---|
| R Square | .28701 | R Square Change | .28701 | | | DF | Sum of Squares | Mean Square | |
| Adjusted R Square | .26155 | F Change | 11.27135 | | Regression | 1 | 160.57367 | 160.57367 | |
| Standard Error | 3.77441 | Signif F Change | .0023 | | Residual | 28 | 398.89299 | 14.24618 | |

F = 11.27135        Signif F = .0023

------ Variables in the Equation ------

| Variable | B | SE B | 95% Confdnce Intrvl B | | Beta | Part Cor | Tolerance | T | Sig T |
|---|---|---|---|---|---|---|---|---|---|
| SES | 1.61760 | .48182 | .63064 | 2.60456 | .53574 | .53574 | 1.00000 | 3.357 | .0023 |
| (Constant) | 7.68550 | 2.15296 | 3.27536 | 12.09563 | | | | | |

### 评 议

这段摘录是针对 *MOT* 对 *SES* 的简单回归的。如果需要,可联系前面章节中的有关部分进行研究,在那里,结果已用手算计算出来了,且也对它们进行了讨论。在这里,我们的评议仅限于那些输出中大家还不太熟悉的方面。

那些包含在输出中的和下面要讨论的各种项目(如 R 方的变化,置信区间,容忍度和汇总表)都已经作为我们选择的STAT=ALL选项求得(见上面的输入)。

与只用一个自变量一样,复$R=0.535\ 74$是$SES$和$MOT$之间的零阶相关(见上面的相关矩阵)。

$R^2$的变化叫作由这一步进入的变量引起的$R^2$中的增量。然而,因为这是分析的第一步,所以$R^2$的变化和它的检验与$R^2$和它的检验是一样的。

调整的$R^2$必须用$R^2$收缩——这个问题将在本章的后面部分讨论。

95%的置信区间=回归方程中每一个$b$的95%的置信区间。置信区间已经在第17章讨论过。

在本章前面部分介绍半偏相关时,我们指出它也叫作部分相关。SPSS的输出使用的就是这一标签(即Part Cor)。在这一步,我们还没有分解出去的自变量,因此,Part Cor等同于零阶相关。

容忍度等于$1-R_i^2$,式中的$i$是正在计算其容忍度的自变量。这就是说,一个给定的变量的容忍度等于1减去它和其余自变量的平方复相关。因此,容忍度是一个给定的自变量不与其他自变量共享的东西。因变量在容忍度计算中不起任何作用。

很清楚在变量与其他变量不相关时,$R_i^2$自动取零,于是容忍度等于1.00。变量$i$与其他自变量相关程度越高(一种非我们所愿的条件,将在下面多重共线性问题中讨论),容忍度就越接近0。

因为在这一步进入的自变量只有一个,所以容忍度必定是1.00。在下一步,我们将阐述容忍度的计算。

## Output

```
Beginning Block Number   2. Method: Enter      MA

Variable(s) Entered on Step Number   2..   MA
```

| | | | | Analysis of Variance | | | |
|---|---|---|---|---|---|---|---|
| Multiple R | .56583 | | | | | | |
| R Square | .32016 | R Square Change | .03315 | | DF | Sum of Squares | Mean Square |
| Adjusted R Square | .26980 | F Change | 1.31645 | Regression | 2 | 179.11848 | 89.55924 |
| Standard Error | 3.75326 | Signif F Change | .2613 | Residual | 27 | 380.34818 | 14.08697 |
| | | | | F = 6.35759 | | Signif F = .0055 | |

------------------------------ Variables in the Equation -------------------------------

| Variable | B | SE B | 95% Confdnce Intrvl B | | Beta | Part Cor | Tolerance | T | Sig T |
|---|---|---|---|---|---|---|---|---|---|
| SES | 1.47209 | .49562 | .45517 | 2.48902 | .48755 | .47131 | .93453 | 2.970 | .0062 |
| MA | .09279 | .08087 | −.07314 | .25871 | .18833 | .18206 | .93453 | 1.147 | .2613 |
| (Constant) | −.78847 | 7.68962 | −16.56627 | 14.98932 | | | | | |

## 评 议

这是分析的第二步(也是最后一步)。在这一步,$MOT$被作为因变量处理。在解释这个输出时大家应该没有什么困难,特别是大家如果已经联系前面章节给出的相同的结果对它进行过研究的话。

注意$b$的95%的置信区间包括了0,这表明在0.05的水平上,其统计上不显著。当然,这一点也从$t$比率(1.147)和与之关联的概率(0.261 3)得到证明。如果两个变量以单独一步进入,且已经决定将$MA$删除的话,那么它就必须只使用$SES$重新进行分析(在这一章的前面部分我们曾经手算过它)。然而在目前的运算中,所有必须要做的事就是使用只进入了$SES$的第一步得到的结果。

$R^2$的变化(0.033 15)是这一步和前一步两个$R^2$之间的差(即0.320 16-0.287 01)。这个考虑中的差或增量就是前面标作squared semipartial(偏平方)或part correlation(部分相关)的数值。现在来看一下Part Cor这一列标题下列出的数字,并注意到$r_{MOT(MA.SES)}=0.182\ 06$,它的平方当然就是$R^2$变化的值。

同样,如果SES是第二个,而不是第一个进入分析的话,SES的Part Cor平方(0.222)将是$R^2$的变化。换句话说,在SES最后进入时,这就是归结于它的$R^2$增量。参见偏相关那一节的讨论,以及用这些数据进行的计算。

F的变化是归结于当前进入的变量的$R^2$增量检验。因此,在正在研究中的那一步,F的变化=1.316 45,有1个和27个df,是对归结于MA,或在分解掉了SES之后的MOT和MA的半偏相关的方差比例增量(0.033 15)的一个检验。注意$\sqrt{1.316\ 45}=1.147$,它等于与MA关联的b的t比率(见相关统计量检验那一节,该节讨论和阐述了这些检验的等价性)。

最后,这里讨论的F的变化是前面讨论的两个$R^2$之间的差检验的一个特例——见式(18.15)和与它有关的讨论。现在转向容忍度问题,我们注意到,两个变量的容忍度相同(0.934 53)。联系上面有关容忍度的解释,它可看作一个只有两个自量的特例,容忍度是$1-r^2$(这里是两个自变量之间的相关)。SES和MA之间的相关是0.256(见上面的输出)。所以,这两个变量的每一个容忍度都是$1-(0.256)^2=0.934\ 5$。

## Output

Summary table

| Step | Variable | Rsq | F(Eqn) | SigF | RsqCh | FCh | SigCh |
|------|----------|------|--------|------|-------|--------|-------|
| 1 | In: SES | .2870 | 11.271 | .002 | .2870 | 11.271 | .002 |
| 2 | In: MA | .3202 | 6.358 | .005 | .0331 | 1.316 | .261 |

## 评 议

汇总表(summary table)是非常有用的,因为它使我们一看就能了解分析的主要方面。我们在这里包括的信息只是SPSS输出的诸如这样的表格的一部分。此外,我们还变化了一下标题Variable(变量)下的布局。

在Variable这一标题下,表明每一步(In)的变量。尽管在目前的例子中每一步只进入一个变量,但是在任何给定的步都可以进入一个以上的变量。

标题Rsq下是因变量和所有已经进入和包括在一个给定步骤的自变量的平方复相关。因此,对于第一步,它是MOT(因变量)和SES之间的平方相关,而在第二步,它则是MOT和SES以及MA之间的平方复相关。

标题F(Eqn)是给定步骤的方程的F比率,这就是说,它是针对所有已经进入和包括在一个给定步骤的方程的。它与一个给定步骤的Rsq检验等价。因此,在第一步,F(Eqn)是针对只有一个自变量SES(或$R^2=0.287\ 0$)的方程的,而在第二步的F(Eqn)则是针对由自变量SES和MA(或$R^2=0.320\ 2$)组成的方程的。简要地说,这些都是在每一步的输出中报告的F比率(不是F的变化)(见上文)。

标题 RsqCh 是 $R^2$ 归结于给定步骤进入的变量的变化或增量。在只有一个自变量进入时，RsqCh 是从中分解掉了全部前面各步进入的变量后的，因变量和进入的变量之间的平方半偏相关。标题 FCh 是一个给定步骤的 $R^2$ 变化的 $F$ 比率。将这些结果与前面每一步给出的那些结果做比较。

关于第一个方程的输出的展示和评议到此结束，在这个方程中，*MOT* 被视为一个因变量。现在来看第二个方程的输出，在这个方程中，*AA* 被当作因变量。

## Output

Equation Number 2   Dependent Variable..   AA

Variable(s) Entered on Step Number   1..   SES

| | | | | Analysis of Variance | | | |
|---|---|---|---|---|---|---|---|
| Multiple R | .50538 | | | | | | |
| R Square | .25540 | R Square Change | .25540 | | DF | Sum of Squares | Mean Square |
| Adjusted R Square | .22881 | F Change | 9.60431 | Regression | 1 | 1702.90067 | 1702.90067 |
| Standard Error | 13.31563 | Signif F Change | .0044 | Residual | 28 | 4964.56600 | 177.30593 |
| | | | | F =     9.60431 | | Signif F = .0044 | |

------------------------------------------------ Variables in the Equation ------------------------------------------------

| Variable | B | SE B | 95% Confdnce  Intrvl B | | Beta | Part Cor | Tolerance | T | Sig T |
|---|---|---|---|---|---|---|---|---|---|
| SES | 5.26779 | 1.69979 | 1.78593 | 8.74965 | .50538 | .50538 | 1.00000 | 3.099 | .0044 |
| (Constant) | 53.23303 | 7.59536 | 37.67464 | 68.79141 | | | | | |

Beginning Block Number 2. Method: Enter     MA

Variable(s) Entered on Step Number 2..     MA

| | | | | Analysis of Variance | | | |
|---|---|---|---|---|---|---|---|
| Multiple R | .72890 | | | | | | |
| R Square | .53130 | R Square Change | .27590 | | DF | Sum of Squares | Mean Square |
| Adjusted R Square | .49658 | F Change | 15.89350 | Regression | 2 | 3542.44114 | 1771.22057 |
| Standard Error | 10.75833 | Signif F Change | .0005 | Residual | 27 | 3125.02553 | 115.74169 |
| | | | | F =     15.30322 | | Signif F = .0000 | |

------------------------------------------------ Variables in the Equation ------------------------------------------------

| Variable | B | SE B | 95% Confdnce  Intrvl B | | Beta | Part Cor | Tolerance | T | Sig T |
|---|---|---|---|---|---|---|---|---|---|
| SES | 3.81862 | 1.42063 | .90372 | 6.73352 | .36635 | .35415 | .93453 | 2.688 | .0122 |
| MA | .92412 | .23180 | .44850 | 1.39973 | .54335 | .52526 | .93453 | 3.987 | .0005 |
| (Constant) | −31.16465 | 22.04148 | −76.39004 | 14.06074 | | | | | |

Beginning Block Number 3. Method: Enter     MOT

Variable(s) Entered on Step Number 3..     MOT

| | | | | Analysis of Variance | | | |
|---|---|---|---|---|---|---|---|
| Multiple R | .80736 | | | | | | |
| R Square | .65183 | R Square Change | .12052 | | DF | Sum of Squares | Mean Square |
| Adjusted R Square | .61165 | F Change | 9.00020 | Regression | 3 | 4346.03240 | 1448.67747 |
| Standard Error | 9.44912 | Signif F Change | .0059 | Residual | 26 | 2321.43427 | 89.28593 |
| | | | | F =     16.22515 | | Signif F = .0000 | |

------------------------------------------------ Variables in the Equation ------------------------------------------------

| Variable | B | SE B | 95% Confdnce  Intrvl B | | Beta | Part Cor | Tolerance | T | Sig T |
|---|---|---|---|---|---|---|---|---|---|
| SES | 1.67887 | 1.43722 | −1.27538 | 4.63312 | .16107 | .13518 | .70437 | 1.168 | .2534 |
| MA | .78925 | .20850 | .36067 | 1.21782 | .46405 | .43805 | .89108 | 3.785 | .0008 |
| MOT | 1.45354 | .48451 | .45762 | 2.44946 | .42105 | .34717 | .67984 | 3.000 | .0059 |
| (Constant) | −30.01857 | 19.36297 | −69.81973 | 9.78259 | | | | | |

### Summary table

| Step | Variable | Rsq | F(Eqn) | SigF | RsqCh | FCh | SigCh |
|---|---|---|---|---|---|---|---|
| 1 | In: SES | .2554 | 9.604 | .004 | .2554 | 9.604 | .004 |
| 2 | In: MA | .5313 | 15.303 | .000 | .2759 | 15.893 | .000 |
| 3 | In: MOT | .6518 | 16.225 | .000 | .1205 | 9.000 | .006 |

# 评    议

以上是第二个方程的三个步骤的摘录(参见输入)。诸如这样的输出成分的解释,请参阅第一个方程式的评议。在此,我们将就涉及的实质性问题的解释,特别是模型设定问题做一些评议。我们将专注于 SES 的作用,因此,我们将逐步概括一下这个变量的结果,假设 $\alpha=0.05$ 是先于显著性检验设定的。

在 SES 是首先和唯一地进入的变量时,与之关联的 $b$ 是 5.267 79,$t(28) = 3.099$,$p < 0.05$。不仅如此,SES 约占 AA 的方差的26%($R^2 = 0.255\ 4$)。假如分析终止于此,那么我们就会得出结论,SES 对 AA 的效应是5.27,或随着一个单位的 SES 的变化,期望的 AA 的变化是5.27。

现在我们来看第二步的结果,我们注意到 SES 的效应仍然是统计显著的——$t(27) = 2.688$,$p < 0.05$,它在 AA 上的效应(即它的 $b$)现在显示为 3.818 62。在详析 $b$ 的变化的原因之前,我们先来考察一下在第三个变量(MOT)进入时它发生什么?我们来看第三步的结果,注意到不仅 SES 的 $b$ 进一步变小(1.678 87),而且在统计上也不显著了——$t(26) = 1.168$,$p > 0.05$。

造成每一步 SES 的 $b$ 的数量变化的原因是,它与第二步和第三步输入的变量都相关。虽然在本例中,与 SES 相关的变量加入的效应只是导致 SES 的 $b$ 在数量上的减小,但效应也可以是与之相反的,造成 $b$ 在数量上加大。这就是说,依据考虑的变量之间的关系的模式和大小的不同,与已经进入方程的变量相关的变量的加入,既可能导致 $b$ 的数量的增加或减少,也可能导致它的符号的改变。

现在,我们来回想一下等价于那个与之关联的变量在最后进入分析时解释的方差比例检验的那个 $b$ 检验。我们来看它的第一步,且注意到 SES 占了 AA 的方差的26%。在 MA 加入时(第二步),AA 与 SES 的 Part Cor(部分相关),在后者从 MA 中分解出来之后(即一阶半偏相关)是 0.354 15。因此,如果 SES 在 MA 之后进入分析,那么它增加了大约 0.13(即 $0.354\ 15^2$)的被解释方差(即 $R^2$ 的增量)或方差的大约13%。不仅如此,如果 SES 在 MA 和 MOT 之后进入,那么它只增加了大约 0.018 的 $R^2$ 或增加了大约2%的已解释方差($0.135\ 18^2\times100$,见第三步的 Part Cor,它在第三步是二阶半偏相关)。

现在我们将要对这个分析做几点评议,先从最重要的模型设定问题开始。正如我们经常说的那样,我们想用回归方程来反映正在研究的模型。在讨论设定误差问题(例如,在第17章中讨论的)时,我们已经指出,这样一种误差的最大问题可能就是遗漏了那些与方程中的变量相关的变量。换句话说,这相当于我们估计和检验了一个错设的模型。从这一角度来看,我们必须要察看这里报告的那些分析结果。

不言而喻,上面三步反映的三个不同的模型不可能都是有效的。实际上,从第三个模型的结果来看,第一和第二个模型反应的效度必定是有问题的。但这只是问题的一部分。记住,分析之所以分步进行正是为了显示和评议某些中间结果,就像我们刚才联系 SES 做的一样。现在我们假定研究者已经按照他们本来应该做的那样做了,且事先根据理论,而非在事后考察了结果再构建模型。我们再进一步假定,研究者根据 SES,MA 和 MOT 对 AA 的影响,构建了一个单步模型。这个模型展示为图18.3(a)，图中三个变量被描绘成相关的外生变量（见上文），即如图所示以曲线相连。

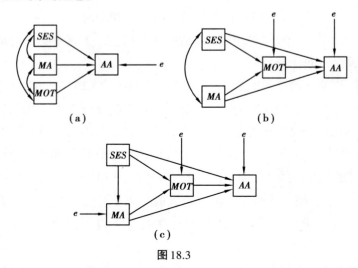

图18.3

根据分析（即第三步），我们得出结论，SES的效应在统计上是不显著的；当然使用AA对三个自变量的默认回归模型，研究者也会得出同样的结论。于是情况就可能会变成这样，研究者会得出结论，就学业成绩而言，SES并非一个有关的变量，进而就可能将其删除，以对模型进行修正[①]。因为SES与MA和MOT相关，它的删除将会影响仍保留的变量b的数量。于是，必须做一个新的分析——一个AA只对MA和MOT进行的回归。为了问题的完整性，我们在这里报告这样一个分析的某些结果。

"修正"模型的回归方程是

$$AA' = -29.615\,92 + 0.816\,02MA + 1.734\,41MOT$$

将这些b与那些在SES删除之前（即在上面第三步）得到的同一个变量的b作比较。这一分析的$R^2$是0.633 55，SES仍然还在的分析（即第三步）得到的$R^2$是0.651 83。它们之间的差（0.018 28）已在上面显示，正是在SES最后进入分析时归结于它的方差比例的增量。

因为修正模型只涉及两个自变量，所以大家可能发现，按照本章开头给出的例子，用手算来计算这些和其他的结果（如b检验）是很有用的。大家将会发现很多大家需要的概括性信息（如相关、均值和标准差）都已列在上面的输出的开头部分。

现在，假设从理论角度来看单步模型是站不住脚的。例如，假定研究者认为，虽然SES对AA没有直接的影响，但是却通过MOT对AA有非直接的影响。换句话说，研究者假设SES对AA的效应是由MOT作为中介的。注意。模型中MA的状态也是需要设定的。为了便于阐述，我们将出示两个备择模型。

在图18.3(b)中，SES和MA都作为相关的外生变量，对MOT有影响，且三个变量都对AA有影响。然而，我们已经证明SES对AA的直接影响在统计上是不显著的，此外，我们也已经在早

---

[①]正如前面已经指出的，我在这里忽略了实际的重要性和统计显著性的差别。

先的分析(即在第一个方程)中证明 MA 对 MOT 的直接效应在统计上也是不显著的。为了反映这些发现,模型可能在那时已经修正过了(但要参见早先有关模型修正和检验的评议)。

但是如果图18.3(c)模型是由研究人员构建的呢?根据该模型,只有 SES 被视为外生变量,其对 AA 的影响是以 MA 和 MOT 为中介的。在这个模型中,SES 对 AA 和 MA 的影响与前面的模型是相同的。因此,研究人员决定修改这个模型。

我们要敦促大家不要过多操心那些有关备择模型的细节,分析要使用的方法或模型的修正问题。在这一步我们想要做的全部事情是让大家明白,一切都取决于研究者自觉或不自觉使用的那个模型。一个提出模型(a)的研究者可能下这样的结论,根据这组阐述性数据,SES 并非一个有关的变量。然而一个提出模型(b)或(c)的研究者则可能认为,虽然 SES 对 AA 没有直接的影响,但是它仍不失为一个重要的变量,因为它在模型(b)中通过 MOT 和在模型(c)中通过 MA 间接地影响了 AA。在(b)和(c)中描述的这些情况的参数估计和模型检验将在第24章给大家介绍。

为了便于阐述,我们集中关注 SES 的状态。不言而喻,所有的这些变量的作用都是由一个给定的模型规定的,且它们的效应也都必须予以考察。

## SAS

上面已经说过,SAS 的运算不使用原始数据,而使用汇总数据。我们之所以这样做是为了证明,在掌握了必须的汇总数据之后,大多数回归结果便可以得到。在使用一个大数据集或重复其他研究者的回归分析时,这样的数据尤其有用。我们认为,大家将会从重复分析练习,以及备择模型的分析和已经发表(如杂志文章)的汇总数据的分析中获益。这不仅会加深大家对使用的分析方法的理解,而且还会使大家能更好地理解某一个作者的所作所为和对结果做的解释。

各种计算机软件包(如 SAS,SPSS)都有将汇总数据作为输入数据的选项。因为原始数据已用于 SPSS 的输入分析数据(见上文),所以我们觉得用其他软件包,即用 SAS 来阐述汇总数据的分析更好。汇总数据必须是均值、标准差、相矩阵和被试数。也可使用方差-协方差矩阵,而不是使用标准差和相关矩阵,因为二者是等价的。

在掌握了这些信息之后,分析将以与用原始数据作为输入相同的方式进行。结果也相同,无论使用的输入形式是什么。显然,在输入的形式是汇总数据时,那些需要处理个体被试分数或需要这样的分数(如预测分数、残差分析)的分析是不能使用的。

报告上面提到的那种汇总统计数字的目的主要是理解结果,而并非只是希望再次分析这些数据。因此,所谓机遇就是在我们想要再次分析已经出版的报告的数据时,我们会有哪些分析所需的汇总数据。遗憾的是,情况往往并非总是如此。例如,有些研究者报告了相关矩阵,但却没有报告标准差。在这样的情况中,只有带标准化系数的回归方程才可以计算。我们重申:无论是否考虑要进行再分析,那些没有报告标准差的报告都不是好报告。

因为我们的详细分析和对结果的评议都与 SPSS 的输出有关,所以我们将把阐述限制在 SAS 中那个将概括性数据用作输入的 AA 对 SES,MA 和 MOT 的回归分析这一范围内。我们用作输入的概括性数据是 SPSS 运行得到的(见前一节输出的开头部分)。

## Input

```
TITLE 'TABLE 18.1';
DATA T181 (TYPE=CORR);
  INPUT _TYPE_ $ 1–4 _NAME_ $ 5–8 AA MA SES MOT;
  CARDS;
MEAN        75.533 97.967 4.233 14.533
STD         15.163  8.915 1.455 4.392
N           30     30     30     30
CORR AA 1.000  .637   .505   .653
CORR MA  .637 1.000   .256   .313
CORR SES .505  .256  1.000   .536
CORR MOT .653  .313   .536  1.000
PROC PRINT;
PROC REG DATA=T181;
  MODEL AA=SES MA MOT/ALL;
```

评　议

TYPE=CORR  DATA 中的这一语句表示将有一个相关矩阵读入。

在 INPUT 语句中, TYPE 表明要占用输入行的前四列(即$1-4), 用于确定读入的特定信息。因此, 数据第一行的 TYPE 是 MEAN(即在 INPUT 语句上指定的变量的均值, 见上文)。数据的第二行, TYPE 是 STD(标准差); 第三行, TYPE 是 N(被试数); 第四行, TYPE 是 CORR(相关系数)。每一行都代表研究的四个变量的相关矩阵的一行。

NAME, 占据了 INPUT 语句中的接下来的四列(即$5-8), 用于变量名。注意这四列是为其他先于相关矩阵读入的 TYPE 保留的空位。

PROC PRINT 要求系统打印输入, PROC REG 是一个程序, 用于做回归分析。其他 SAS 程序也可用于回归分析——见《SAS/STAT、PC 用户指南、统计》(*SAS/STAT guide fo rpersonal computers, Statistics*)的第一章(SAS InstituteInc., 1987)或《SAS 用户指南》(*SAS user's guide*)(SAS InstituteInc., 1985c, for mainframe)。注意, 使用的数据集在 PROC 语句中指定。

在 MODEL 语句中, 等号左边的变量是因变量(即 *AA*), 右边的变量是自变量。ALL 令系统的打印可得到所有统计值。

可以使用多个模型语句。因此, 如果我们想得到早先用 SPSS 将数据分为三步输入得到的某些结果的话, 就需要有三个模型语句。一个 MODEL 语句设定只有 *SES* 一个变量是自变量; 另一个语句设定 *SES* 和 *MA* 为自变量; 而还有一个则设定 *SES*, *MA* 和 *MOT* 为自变量, 它就是这里使用的最后一个模型。

## Output

Dependent Variable: AA

Analysis of Variance

| Source | DF | Sum of Squares | Mean Square | F Value | Prob>F |
|--------|-----|----------------|-------------|---------|--------|
| Model | 3 | 4346.72825 | 1448.90942 | 16.232 | 0.0001 |
| Error | 26 | 2320.85225 | 89.26355 | | |
| C Total | 29 | 6667.58050 | | | |

| | | | | |
|--------|---|---------|---------|--------|
| Root MSE | | 9.44794 | R-square | 0.6519 |
| Dep Mean | | 75.53300 | Adj R-sq | 0.6118 |

Parameter Estimates

| Variable | DF | Parameter Estimate | Standard Error | T for H0: Parameter=0 | Prob > \|T\| | Type I SS | Standardized Estimate | Squared Semi-Partial Corr Type I | Tolerance |
|---|---|---|---|---|---|---|---|---|---|
| INTERCEP | 1 | −30.005521 | 19.36101598 | −1.550 | 0.1333 | 171157 | 0 | | |
| SES | 1 | 1.667771 | 1.43703071 | 1.161 | 0.2564 | 1700.399717 | 0.16003474 | 0.25502500 | 0.70407360 |
| MA | 1 | 0.789093 | 0.20847384 | 3.785 | 0.0008 | 1839.307051 | 0.46394283 | 0.27585824 | 0.89110797 |
| MOT | 1 | 1.456944 | 0.48454852 | 3.007 | 0.0058 | 807.021482 | 0.42200728 | 0.12103663 | 0.67963690 |

## 评 议

上面的输出表包括了总的分析结果和回归方程及关联的统计值。注意它使用的有些标签与SPSS有所不同。例如,在SAS中叫Model的,在SPSS中叫Regression;SAS标为Error的,SPSS标为Residual;SAS的Parameter Estimate是SAS的B。

然而大家应该不难识别遇到的大多数项目名称,特别是将两个软件的输出做比较时,识别就更不成问题了。在这里,我们顺带说一下,两个程序结果之间的细微差别主要是因为我们输入的汇总统计值只保留了小数点后三位。

不过还是会有一些名词会令大家感到迷惑不解,因为它们受指定的Type Ⅰ(类型Ⅰ)限制。因此尽管我们可以弄清楚SS表示平方和(Sum of Squares),但是不一定弄得清Type Ⅰ的SS是什么意思。再者,我们也有理由认为大家对于半偏相关的了解来自这一章的介绍,或其他类似来源的介绍,大家也必定会因此而对Squared Semi-Partial Corr Type Ⅰ(Ⅰ型平方半偏相关)的含义感到不解,因为我们从来没有提到过这样的相关还有不同的类型。在考察这些名词的含义之前,我们先要指出SAS之所以将它们定为Type Ⅰ,是为了将它们区别于SAS PROCREG中的TypeⅡ。后者并未包含在上面给出的输出中。

为了熟悉我们正在使用的程序要做什么,它是怎么做的和输出的东西是什么,精读计算机手册总是很重要的。然而,手册提供的信息常常不太充分。不仅如此,因为在这样的手册中的介绍常常都偏向技术,因此,它们对于相当一部分人似乎有点神秘。这里有一个比较恰当的例子,那就是 *SAS/STAT guide for personal computers*(SAS InstituteInc.,1987)中关于上述两个名词的解释:

SS1令系统打印序列平方和(Type Ⅰ SS)和模型中每一项的参数估计。更多有关不同类型的平方和的"估计函数的四种类型"的信息参见第9章。(p.789)

SSCOR1令系统打印使用Type Ⅰ的平方和的平方半偏相关系数。这个值像SS/SST这样计算,式中的SST是相关的总SS。如果使用了NOINT,那么分母则要使用不相关的总SS(p.788)。

我们认为在阅读上文时,许多用户会不得其解。我们有理由说,手册的作用并不是教会初学者,而是给资深的用户提供一些简明的信息。面对篇幅巨大和卷帙繁多的手册,甚至那些经验丰富的用户也会有被信息淹没的窒息感。例如,SAS公司出版了许多手册,其中,我们刚刚引用的那一套,篇幅有1 028页之巨。

尽管如此,我们还是要奉劝大家要尽可能地熟悉自己使用的程序。为了证明这有多么重要,我们提醒大家,虽然同一程序的大型机版本的输出与上面给出的相同,但是平方半偏相关被误标为"*SEMI-PARTIAL CORR.*"这个问题因为在手册上重复了错误:"SCORR1 prints the semi-partial［sic］correlation coefficients using Type Ⅰ sum of squares"（*SAS user's guide: Statistics, version* 5 *edition*, SAS Institute Inc., 1985c, p.660）而变得严重。顺便提一下，这就是大型机手册原文的全部。把它们与 PC 版的语句作比较（见上文），并注意一下给其额外的解释，可能会有助于新用户对这个名词的领悟。我们希望那些额外的解释能收入第 6 版的大型机手册。

大家也许还记得，我们曾经建议你们在试图学习一个给定的计算机软件时，运行一下自己已经非常熟悉的例子，我们还建议大家将此类软件的输出与其他一个或几个软件的输出作比较。大家最好试一下将 SAS 的输出与前面给出的 SPSS 的输出进行比较来领悟正在研究的术语的含义，因为我们将采用后一种路线来说明大家可能遇到的情况。

先从Ⅰ型平方半偏相关开始，我们假定大家不太了解它的含义，正在 SPSS 的输出中寻找与这里报告的相同结果。为了简便起见，我们还假定 SPSS 的分析是像上面报告的那样分三步进行。如果大家现在检查 SPSS 的输出，就会注意到 SAS 中在"Ⅰ型平方半偏相关"标题下列出的三项的每一项在 SPSS 中也以相同的次序分别报告，每一步的标题都是"R Square Change"因为汇总表也包含在内，因此，这可以在标题为 RsqCh（R Squared Change）那一列一眼就能看清楚。

不论看什么地方，我们相信，无论是在 SPSS 的输出，还是在其他程序的输出中遇到的那些值，肯定都还会有一些困惑的地方。因为 SAS 报告的这些值涉及不同阶的相关，因此，第一个值是平方零阶半偏相关；第二个值是平方一阶半偏相关；而第三个值则是平方二阶半偏相关。如果问题由三个以上的比例组成，那么第四项就是平方三阶半偏相关，如此这般，以此类推。

我们想强调的是，SAS 中在"Ⅰ型平方半偏相关"标题下报告的那些值并没有错。但是在我们看来它们可能会对没有经验的用户带来困惑。构成这个列的值是 $R^2$ 的增量的分解值。

在掌握了 SAS 中Ⅰ型半偏相关的含义之后，就很容易明白 Type Ⅰ SS 是对应于给定的方差比例的一个变量的增量的相关系数的平方和。换言之，它是一个平方和的增量的分解。前面已经证明回归和残差平方和是怎样从已解释的方差比例中分解求得的，以及如何反过来求解的。同样的原理也可用于方差和平方和的增量分解。尤其是在将一个给定的变量增加的方差比例乘以总平方和 $\sum y^2$，将产生由研究的变量增加的平方和。这就是 SAS 中的 Type Ⅰ SS。

对于目前的例子，$\sum y^2$=6 667.580 50（见上面的输出）。因此，将它乘以Ⅰ型平方半偏相关得到 1 700.399 72，它就是 Type Ⅰ SS 这一标题下报告的那些值——同样，对于其余哪些项也可以照此办理。正因为如此，SAS 用 Type Ⅰ作为序列平方和（见上面的引文）。

有关两个输出之间的比较，我们还想做最后一个评议。如果忽略了前面提到的两个输出结果之间的差别，大家可以在 SPSS 中考察三步中每一步的序列回归平方和。第一步的回归平方和是 *SES* 的增量。因为第二步的回归平方和是对 *SES* 和 *MA* 的，所以它是两个回归平方和之间的差，是由 *MA* 引起的增量——对随后进入的各个变量也同样如此。同样的路数也用于求每一个变量在它们进入分析时产生的方差比例的增量。

# 收 缩

大家知道,最小平方解的目的是得到一组权数($b$),在把这组权数用于自变量时,它们会最大化这些自变量与因变量之间的相关。现在,尽管有理由认为用于参数估计的样本数据包含了抽样误差,但在应用最小平方解时,这些误差都未曾被考虑在内。因此,举例来说,计算平方复相关时,变量之间的零阶相关取的是它们的面值,即使我们知道在不同样本中,它们或多或少都会有所变化。简言之,尽管这种相关性被我们作为没有误差来处理,然而事实绝不会如此。

前文告诉我们,在用样本数据估计总体平方复相关时,偶然会有一定程度的波动,波动往往会导致膨胀的或正向偏倚的估计值。于是,我们试着计算一下那个叫作收缩或调整的平方复相关,用它来估计偏倚的程度。各种公式被提出来用于估计平方复相关收缩的量(有关讨论参见 Carter,1979;Cotter & Raju,1982)。下面是最为常用的"收缩"公式:

$$\hat{R}^2 = 1 - (1 - R^2) \frac{N - 1}{N - k - 1} \tag{18.16}$$

式中,$\hat{R}^2$是收缩或调整的平方复相关系数;$R^2$是对给定样本计算的平方复相关系数;$N$是样本量;$k$是自变量或预测器数。式(18.16)被大多数计算机程序(如 SAS,SPSS)用于回归分析,而结果一般都被标以"Adjusted R Square"(调整的 R 方)。

用$R^2$=0.651 83来介绍式(18.16)的应用,它是由上面针对 AA 对 SES,MA 和 MOT 的回归得到的(参见 SPSS 第三步的输出或 SAS 的输出)。在这个例子中,$N$=30,$k$=3,因此,

$$\hat{R}^2 = 1 - (1 - 0.651\ 83) \frac{30 - 1}{30 - 3 - 1} = 0.611\ 65$$

请将这个结果与前面给出的输出作比较。

因此对于本例,估计的$R^2$的收缩约为0.04。考察式(18.16),我们将会发现估计的收缩受$R^2$的数量和自变量数与样本量的比率的影响。在其他条件相同的情况下,$R^2$越大,估计的收缩量越小。例如,假定$R^2$=0.30,但是$N$和$k$都与上面的相同。用式(18.16),我们发现得到的调整的$R^2$=0.219。现在,估计的收缩就成了0.081,显然大于上面得到的0.04。

自变量数对样本量的比率越大,估计的收缩就越大。再一次使用上面的数例,假定求得的$R^2$相同,但是自变量数是6而不是3。用式(18.16),我们发现调整的$R^2$=0.561。因此,对手头这一$R^2$一个1/5的自变量对应试人数的比率产生了0.09的收缩,明显大于前面比率为1/10得到的0.04。

为了理解自变量数对样本量的比率的重要性,我们告诉大家一种极端的情况,在自变量数等于被试数减1时,复相关将是完全的,无论在总体中使用的变量是什么和它们与自变量的关系是什么。这一点是很容易阐明的,只要想零阶相关即可。在只使用两个被试时,相关必然是完全的(1.0或−1.0),因为在代表两个被试的点之间可以画一条直线。无论变量是什么(如鞋子的尺码、社会保险号、电话号码和年龄)情况都是这样。只要两个被试在这些变量上

是不同的。同样的原理也适用于多个自变量。

尽管前面描述的极端情况可能是非常罕见的，但是许多研究却与之相去不远，因此，而产生了极不稳定和极不可信的结果。劳特(Lauter, 1984)在下面的这段话里，对诸如这样的事件保持敏感的重要性做了阐述：

> "戈茨教授举了一个最近的重大民事案件的例子，在这起案件中，陪审团根据一位作为专家证人的经济学家提出的统计模型裁定了一笔数十万美元的损害赔偿金。他说案件记录显示，经济学家的推断是根据只有6个观察的模型作出的。"(p.10)

根据戈茨的说法，该模型从未受到律师的质问，因为"那个可怜的孩子根本不知道该怎么提问"(p.10)。

收缩可以通过增加与自变量关联的样本量最小化。根据经验法则，我们建议使用1/30这一比率(即每个自变量30个被试)。对于我们的数例，这意味着要有90个被试，而不是我们用的30个。假定我们使用了90个应试者，且使用式(18.16)，这样我们将得到同样的$R^2$，调整的$R^2=0.639\,68$，估计收缩为0.012，与上面得到的0.04相比要小得多。

尽管上面给出的这种经验法则对防止明目张胆地夸大$R^2$是很有用的，但在第9章和15章的讨论中大家应该已经清楚，合理地确定样本量要考虑效应量，显著水平和统计检验效力$(1-\beta)$等问题。在上述几章中我们已经指出，最复杂的决定与效应量有关。在我们目前考虑的这种设计中，决策变得特别复杂，因为模型内的不同方面可能都要检验，但最主要的是大家一定要记住前面告诉大家的$R^2$检验和单个回归系数$(b)$检验之间的区别。显然，如果没有先决定上述检验中的哪些需要检验，有关效应量的决策是无法做出的。

我们将不会详细讨论有关做出这些决定的问题，也不会讨论在这些决定做出之后，如何得到需要的样本量使用的程序(有关讨论和表格参见 Cohen & Cohen, 1983: 116-119; Cohen, 1988: 第9章; 参见 Milton, 1986)。然而，我们还希望大家不要轻率地作出决定。例如，依据某种惯例选择某个$R^2$作为效应量，使用的自变量数，显著性水平和效力，或到表格中，例如，到科恩等人的著作(Cohen & Cohen, 1983)提供的那些表格中去寻找所需的样本量。然而，十分重要的问题是不要无视这一事实：不仅使用已解释的方差比例作为效应量的值是令人生疑的，而且$R^2$也是属于特定总体的。更为糟糕的是，实际上$R^2$并没有给我们提供那些我们最感兴趣的信息：那些具体的变量的效应。

最后，我们要再做两个评议：第一，我们的介绍仅限于基于公式的收缩的估计。一种被许多作者视为首选的备择路数是交叉验证(有关这种路数的介绍和参考书见 Pedhazur, 1982: 149-150)。第二，所有我们所说的全部收缩都是根据概率样本预测的。大家应该清楚，在使用"方便样本"时，我们就无法知道什么将可能会发生。但当使用的样本是非概率时，收缩问题与有关全部研究工作的效度这样严重的问题相比，其重要性似乎就要退而求其次了。

# 多重共线性

自变量之间的交互相关的不良影响问题通常都在多重共线性这一标题下讨论。关于这一名词的确切含义至今尚无定论。

有些人用它来指自变量之间存在的任何相关,而有些人则用这一术语来描述自变量之间的高度相关这样一种情况,尽管这是可以理解的,但对"高度"一词的含义却难以达成共识。还有一些人,对共线性的程度有不同的认识。(Pedhazur,1982:233)

下面我们将作一些探测共线性的路数,对它的某些不利影响和补救方法做一个简单的评论。[1]

# 探 测

多重共线性只与自变量之间的共线性有关。因此,在只有两个自变量的设计中,只要考察它们之间的零阶相关就足够了。在有两个以上自变量的设计中,情况就不再是这样的,例如,这时情况可能是自变量之间的零阶相关比较低,而自变量和其余的自变量之间的复相关却很高。正因为如此,一般我们都将多元回归分析作为首选的分析方法。各种探测多重共线的路数都以自变量之间的相关矩阵的性质分析为根据(如这种矩阵的行列式,见 Pedhazur,1982:233-235)。这些路数我们不在这里讨论(见 Belsley et al.,1980:第3章,详细的讨论也可参见 Mansfield & Helms,1982)。而前面提到的那个容忍度的概念则将会联系 SPSS 的输出做一番讨论。

容忍度背后的理念是确定给定的变量独有的方差比例。因此,考察一下每一个变量的容忍度,对找出那些多重共线性高的变量可能是很有用处的。各种计算机程序集都包含了将容忍度作为输出的一部分选项[2],这类输出的一些例子已经在前面 SPSS 和 SAS 中给出。[3]如果你们使用的程序未将容忍度作为输出的一部分,那么你们马上可以用下面的公式计算:

$$Tol_i = \frac{(1 - R^2)F_i}{(N - k - 1)\beta_i^2} \tag{18.17}$$

式中,$Tol_i$ 是第 $i$ 个变量的容忍度;$R^2$ 是因变量和所有自变量的平方复相关;$F_i$ 是第 $i$ 个变量的回归系数检验的 $F$ 比率;$\beta_i$ 是第 $i$ 个变量的标准化回归系数。注意,式(18.17)中的那些项几乎

---

[1]更详细的讨论,包括多重共线性一词使用的模糊性的根源、数例和有关的参考材料见(Pedhazur,1982:232-247)。

[2]有些计算机程序集还提供了一些其他有关信息,或提醒读者存在着高度多重共线性。MINITAB 使用的是后一种路数。

[3]计算机程序集还提供各种其他的探测多重共线性的选项。有关程序集的问题,我们已经在第6章做过评议,SAS 提供的选项最多。

在所有的多元回归分析程序中都有报告。

为了便于阐述，式(18.17)将被用于计算这一章早前分析的数例中的SES的容忍度。对于这一个例子，$N = 30$和$k = 3$。在前面SPSS的输出中$R^2 = 0.651\,83$；$\beta = 0.161\,07$；$T = 1.168$。回忆一下，$F = t^2$。因此，在式(18.17)的应用中前面的$t$取了平方。

$$\text{Tol}_{SES} = \frac{(1 - 0.651\,83) \times (1.168)^2}{(30 - 3 - 1) \times (0.161\,07)^2} = 0.704\,16$$

相同的值的四舍五入的值在这一章前面的SPSS和SAS的输出中已经报告。作为一个练习，你们可以计算一下其他两个自变量的容忍度，并将你们的结果和这些输出作比较。

## 不利影响

多重共线性不仅对回归分析产生不利影响，甚至可能导致结果无法解释。我们先来回忆一下，在计算每一个变量的回归系数时，其他变量被分解出去或控制。因此，我们就有理由认为$b$的数量受到高度共线性的影响。尽管一般来说，高度共线性将导致$b$的数量的减小，但是具体的影响的性质却是很复杂的，因为它取决于所有的变量，包括因变量之间多重共线性的模式和数量的大小（参见Pedhazur，1982：237-245，254-258）。

除了其他原因之外，造成多重共线性的一个重要原因是模型设定和量度设计太差。涉及后者的一个主要的例子是某些变量使用了多重指标（如多个智力量度、工作满意度）。在这种情况发生时，指标必定会被作为不同的变量对待。在计算偏回归系数的过程中，分解这样的"变量"相当于从它本身分解一个变量。无疑在研究者确定一个变量的效应时，这种情况并非它们所愿。然而，这种情况无论如何还是发生了。我们认为，没有必要详细说明因为使用了多重指标得出的奇怪结论。遗憾的是，在研究文献中这种做法比比皆是（例如，参见Pedhazur，1982：254-258）。

我们希望大家不要把前面的评论解释为反对使用多重指标的理由。大家也许还记得，我们曾多次（例如，在第4章）强调多重指标的重要作用。从上述评论中应该得出的正确结论是，在回归分析中不允许有多重指标，因为它们可能对结果造成严重破坏。

从广义上讲，可以把回归分析包含多重指标看作一种模型错设，因为不同变量和同一变量的指标是不能在同一层次中处理的；也就是说，对它们都要做有区别的处理。多重指标是结构分层建模（SEM）的一部分，在这种模型中，测量模型与结构模型是有区别的（见第23章和第24章）。

高度多重共线性对回归系数的稳定性也有不利的影响。只要细看一下这些系数的标准误差公式就可以清楚地看到这一点。来看一下式(18.13)并注意容忍度是分母的一部分。容忍度越低，$b$的标准误差越大。因为$b$的检验是由它除以它的标准误差构成的，并由此求得$t$比率（参见前面的讨论），因此，在其他条件相同的情况下，多重共线性越高，$b$检验的$t$比率越小,$b$的置信区间就越宽。

在遇有高度多重共线性时,我们可能会发现,大多数甚至所有的$b$在统计上都是不显著的,尽管$R^2$可能是比较高和统计显著的。虽然这可能显得令人费解,甚至自相矛盾,但事实并非如此。因为$R^2$表示的是在自变量同时进入分析时被解释的方差比例,而$b$检验表示的则是一个研究变量单独增加的方差比例。[1]

# 补 救

法勒和格劳德(Farrar & Glauber,1967)在对多重共线性中做了全面回顾之后指出:"如果能以胜利的口吻得出这个问题已经解决的结论固然令人愉快……但是这种感觉显然是一种误导。诊断虽然是必要的第一步,但它却不能确保治愈。"(p.107)困难源于那些正在研究的现象和研究设计问题的理论构想。正如佩达泽(Pedhazur,1982)所说:"高度多重共线性是信息不足或缺乏的症状,无论对数据做什么样的处理都无法对此作出纠正。"(p.247)

最容易想到的补救办法可能是最不合适的。例如,高度多重共线性会诱使我们删除一些似乎是问题所在的变量,然后再重新分析数据。然而,我们应该认识到,那些我们为解决多重共线性所采取的步骤,实际上可能实施在了一个原来正确设定的模型上。这样,删除变量将导致设定误差乘虚而入。

在贝尔斯利等人(Belsley et al.,1980:第4章;参见 Chatterjee & Price,1977:第7章)的著作中可能对各种处理或抵消多重共线性影响的路数进行了最详细的讨论。建议使用的补救办法之一是将区块中那些高度交互相关的变量分组,分组的根据可以是主成分或因子分析的结果。然而,为什么放置在一个给定的区块中的变量是高度相关的这一最重要的问题仍然是我们必须面对和回答的。例如,那些处理为区块的变量的高度相关是因为它们实际上是同一变量的多个指标(见上文),还是因为给定区块中的某些变量是同一区块中的其他变量的原因?如果后一答案是合理的,那么单阶段模型分析和检验就是不恰当的。简言之,最重要的问题,即模型设定问题,仍然是我们必须面对的问题。

# 曲线回归分析

前面我们曾经几次提醒大家,不做一下回归究竟是否的确是线性的验证,可能会引起严重的后果。线性和对线性背离问题已在第17章中有关回归分析潜在的假定问题的讨论时讨

---

[1]在下一节讨论曲线回归时,我们将会回到这里提出的那些有关多重共线性对$b$的大小和显著性检验,以及平方半偏相关的影响问题中的其中几个。对于在多元回归分析中看似矛盾的不同的显著性检验结果的出色讨论,请参见 Cramer,1972。

论过了。除了其他一些问题外，我们已经通过一个数例证明，在违反线性假定时使用线性回归将导致有关自变量对因变量效应的错误结论(参见表17.4和与之相关的分析)。

对于某些研究问题而言，其首要目的并非应用线性回归，而是研究变量间的非线性关系。因此，根据某些理论思考，我们可以预期自变量$X$对因变量$Y$的效应不像线性回归中那样是恒定的，而是因不同的值而异的。在很多研究领域，可这样预期的例子比比皆是，如成长、学习、态度形成和变化研究便是其中几例(假设的示例，见第3章图3.1和与之相关的讨论)。

非线性关系问题相当复杂。在这一节，我们只介绍一些多项式回归的基本思想，这也许是在普通的最小平方解范围内学习曲线关系的最简单的路数。更高级的评价，包括不适合普通的最小平方解模型的分析路数，请参见其他作者的著作(Draper & Smith, 1981；Kmenta，1971；Pindyck & Rubinfeld, 1981；Williams, 1959)。

## 多项式方程

对于最简单的一个自变量这种情形，多项式的表达是有限的，那时多项式是一个将自变量提升到某次幂的方程式。多项式的度是用自变量被提升的最高次幂表示的。因此，当自变量$X$被提升到二次方时，方程式就是二度多项式，也被称为二次方程，它是

$$Y' = a + b_1 X + b_2 X^2$$

一个三度多项式或三次方程是一个$X$被提升为三次幂的多项式或方程

$$Y' = a + b_1 X + b_2 X^2 + b_3 X^3$$

一个给定数据集的最高度的多项式可以等于自变量的不同值的数目减1。因此，当$X$只包含两个不同的值时，方程必然是线性的；当它由3个不同的值组成时，一个二次方程可能是合适的，以此类推。当然，最高度多项式方程未必一定适合一个给定的数据集。例如，在一组给定的数据中，虽然能将$X$提升到五次幂(即$X$由6个不同的值组成)，但理论思考却令我们假设回归是二次的(即$X$将被提升到二次幂)。在社会行为研究中，超过三次方的趋势研究(即将$X$提升到三次幂)是非常罕见的，无论$X$的不同值的数目是多少。

与线性回归分析不同，多项式回归是分层实施的，先从$X$开始，接着是$X^2$，然后是$X^3$，等等，以此类推。其目的是确定$X$的幂向量是否是以给定的步骤进入的，是否有意义以及显著地增加了对$Y$的解释。因此，用于线性回归分析的某些解释和显著性检验并不适合多项式回归分析。一个最为值得我们注意的例子是对$b$的解释和检验。

为了便于讨论，假定多项式方程由一个自变量组成，那么把$b$解释为在保持另一个"变量"不变时，表示的对与之关联的变量的影响就没有意义了。显然，$b$并非与不同的变量关联，而是与被提升到的不同次幂的同一个变量关联。从上面所说的关于多项式回归分析是分层进行的，以及从早些时候说的$b$检验的意义我们也应该清楚，只有与给定的方程的最高次幂

向量关联的那个 $b$ 才能被有意义的检验。在同一个方程中的其他 $b$ 的检验是没有意义的,因而不应该被执行。我们将通过一个数例来详细说明这些问题。

## 数 例

目前的例子使用的是第17章表17.4的数据,为了方便起见,我们把它拿来作为表18.2的前两列。我们记得在第17章中这些数据被用来作为一个不宜使用线性回归分析的例子。如通过绘制数据所完成的。此外,我们还指出忽略对线性的背离会导致 $X$ 对 $Y$ 的效应在统计上不显著的错误结论。现在同样的数据将用SPSS来做多项式回归分析。随后,我们将给出MINITAB和SAS的输入语句。

表18.2　曲线回归数据

| Y | X | $X^2$ | $X^3$ |
|---|---|---|---|
| 5 | 1 | 1 | 1 |
| 5 | 1 | 1 | 1 |
| 4 | 1 | 1 | 1 |
| 4 | 1 | 1 | 1 |
| 3 | 1 | 1 | 1 |
| 10 | 2 | 4 | 8 |
| 8 | 2 | 4 | 8 |
| 8 | 2 | 4 | 8 |
| 7 | 2 | 4 | 8 |
| 6 | 2 | 4 | 8 |
| 10 | 3 | 9 | 27 |
| 8 | 3 | 9 | 27 |
| 8 | 3 | 9 | 27 |
| 6 | 3 | 9 | 27 |
| 5 | 3 | 9 | 27 |
| 8 | 4 | 16 | 64 |
| 7 | 4 | 16 | 64 |
| 6 | 4 | 16 | 64 |
| 6 | 4 | 16 | 64 |
| 5 | 4 | 16 | 64 |

注:$Y$ 和 $X$ 的数据取自表17.4。

**SPSS**

### Input

```
SET LISTING='T182.LIS'.
TITLE TABLE 18.2.      POLYNOMIAL REGRESSION.
DATA LIST FREE/Y,X.    [free format input]
COMPUTE X2=X**2.       [raise X to second power]
COMPUTE X3=X**3.       [raise X to third power]
BEGIN DATA.
5  1                   [data for first subject]
.  .
5  4                   [data for last subject]
END DATA.
LIST.
REGRESSION DES/VAR Y,X,X2,X3/CRIT TOL(.00001)/STAT=ALL/
  DEP Y/ENTER X/ENTER X2/ENTER X3/
  DEP Y/ENTER X X2/SCATTERPLOT=(*PRE,X).
```

## 评 议

我们假定大家已经熟悉 SPSS 的格式。所以我们的评议将限于本次运行独有的那些方面。

CRIT 涉及几种可供选择的标准，以使我们能将诸如这样的特性像变量那样控制，并将它们包含进回归方程或从回归方程中去除。为了阐述的方便，我们选择了一个很低的 TOL（容忍度）标准，以使一个立方项能进入方程。如果我们使用了默认的标准（0.01）[①]，那么立方项就无法进入方程，尽管它已被设定要输入（见回归命令 REGRESSION 中的 ENTER X3）。

注意，在用 SPSS 的 REGRESSION 程序做多项式回归分析时，条目必须分步进入（目前的例子分三步）。实际上，需要分别做三个回归分析——第一步线性，第二步平方和，第三步立方。

相继两个步骤的结果之间的差，为我们提供了确定与数据拟合最好的多项度所需的信息。例如，第一步和第二步得到的各个 $R^2$ 之间的差表明了平方项增加的方差比例。同样这些步骤的回归平方和之间的差则表明了二次项增加的回归平方和。因此，在做多项式回归分析时，调用汇总表是很有用的，其中包含了许多需要的信息。因为我们设定 STAT=ALL，所以输出中一定会包含汇总表（在未曾设定 STAT=ALL 的汇总表选项请参见 SPSS 手册）。

我们调用了只进入 X 和 X2 的第二个方程，其唯一的目的是阐述那张参照 X 的预测分数图（参见下面的输出）。

### Output

WARNING 10555, Text: .00001
TOO LOW TOLERANCE ON REGRESSION CRITERIA SUBCOMMAND—When a
variable with very low tolerance is entered into a regression equation,
computational problems can arise and numerical results can be inaccurate.

Correlation:

|    | Y | X | X2 | X3 |
|----|------|------|------|------|
| Y  | 1.000 | .368 | .255 | .168 |
| X  | .368 | 1.000 | .984 | .951 |
| X2 | .255 | .984 | 1.000 | .991 |
| X3 | .168 | .951 | .991 | 1.000 |

## 评 议

一般来讲，研究相关矩阵是很有用处的。在目前的情况中，我们已经把它包含在内，以使大家注意这样一个事实，一个变量的幂次的连续提升必然导致彼此的高度相关。注意，将因变量排除在考虑之外，最低的零阶相关是 0.951（即 X 和 X3 之间）。在这里，它是高度多重共线性的一个特例（见上文），而这正是数据转化的结果。[②] 在多项式回归中，高度多重共线性的含义将在下面进行讨论。现在，请大家注意对很低的容忍度的警告和对结果可能产生的不利影响。

---

[①]记住，我们正在使用 PC 版。大型机第三版的默认值是 0.000 1。
[②]在多重共线性讨论中（见上文），我们曾经指出，出于探测目的的零阶相关的使用是不精确的。而在目前这样的情况中，即使是零阶相关，也足以能说明问题了。

## Ouput

```
------------------------------------ Variables in the Equation ------------------------------------
```

| Variable | B | SE B | Beta | Tolerance | T | Sig T |
|---|---|---|---|---|---|---|
| X | .62000 | .36920 | .36803 | 1.00000 | 1.679 | .1104 |
| (Const) | 4.90000 | 1.01111 | | | 4.846 | .0001 |

```
------------------------------------ Variables in the Equation ------------------------------------
```

| Variable | B | SE B | Beta | Tolerance | T | Sig T |
|---|---|---|---|---|---|---|
| X | 6.37000 | 1.62712 | 3.78123 | .03101 | 3.915 | .0011 |
| X2 | −1.15000 | .32034 | −3.46738 | .03101 | −3.590 | .0023 |
| (Const) | −.85000 | 1.78358 | | | −.477 | .6397 |

```
------------------------------------ Variables in Equation ------------------------------------
```

| Variable | B | SE B | Beta | Tolerance | T | Sig T |
|---|---|---|---|---|---|---|
| X | 15.83333 | 8.03465 | 9.39866 | 1.2392E-03 | 1.971 | .0663 |
| X2 | −5.40000 | 3.54965 | −16.28161 | 2.4609E-04 | −1.521 | .1477 |
| X3 | .56667 | .47140 | 7.35420 | 7.5314E-04 | 1.202 | .2468 |
| (Const) | −6.80000 | 5.25357 | | | −1.294 | .2139 |

## 评 议

前文摘自条目进入的第三步。先来看三个分开的方程的线性项(X)的 $b$，我们注意到它们的数量波动很大(0.62,6.37和15.833)，这是由于高度多重共线性的结果(这一章早先讨论的)。现在来看第三步中的标题为Tolerance的那一列，我们注意到第二和第三步都很低，这说明数据中存在很高的多重共线性。

因为每一个 $b$ 都是一个偏系数，所以一个给定的向量的某个 $b$ 的大小，在各个向量和被删除或加入方程的研究向量高度相关时，它将呈现很大的变化。我们之所以将注意力集中在 $X$ 的 $b$ 只是为了便于阐述。对于多项式方程的其他项的 $b$，情况也同样如此。

虽然正在讨论的例子是由上升成不同次幂的同一个变量组成的，但是，它可以用来阐述因为高度多重共线性导致的 $b$ 的剧烈波动这一普遍现象。因此，虽然具体结果随诸多因素而异，在各种因素中，比较重要的则是正在研究的自变量的标准差以及自变量和因变量之间的相关。[1]这里发生的有些情况与回归方程中同一变量用了多个指标时在 $b$ 上发生的情况颇为相似。在高度相关的变量被删除或加进方程时，也会产生类似的效应——这个问题我们曾在多个章节、在讨论设定误差时讨论过。

现在我们来看 $\beta$ (即标准化系数)。大家记得，我们曾经提请注意 $\beta$ 的上限是1.00这种错误认识。尽管目前的例子无疑是很极端的，但是因为有很高的多重共线性，为了帮助大家消除那些后面会提到的错误认识，我们还是将那些 $\beta$ 包含了进来。

现在我们请大家注意最后一步中的 $b$ 检验，所有的条目都已经输入。请注意，假定已经选定 $\alpha = 0.05$，那么则没有一个 $b$ 是统计显著的(查26个 $df$ 的 $t$ 表，或取 $\sqrt{F}$，$F$ 值为 $F$ 表中与1个和26个 $df$ 对应的值)。这是一个我们在前面说过的有关高度多重共线性和对 $b$ 和它的标准差有不利影响的例子。然而重要的问题是，大家要注意，这一个例子仅仅只是为了阐述而已，因为这里涉及检验的只有X3的 $b$ 检验。记住，$b$ 是将与给定变量关联的其他变量分解出去，控制之后的给定变量的偏回归系数。不仅如此，$b$ 检验还等价于在研究变量最后进入分析时由

---

[1]这一点已经在多重共线性不利影响一节中讨论过。

它产生的 $R^2$ 的增量检验。但是正如我们在上面已经指出一样,在目前的例子中,所有的 $b$ 都涉及被依次提升幂次的同一变量。因此,尽管这对检验 X3 的 $b$,进而确定三次方成分是否统计显著是有意义的,但除了线性和二次方成分以外,它对其他的 $b$ 检验都是没有意义的。例如,实际上对 X 的 $b$ 的检验要解决的问题是在将二次和三次成分列入考虑之列之后,线性成分是否是统计显著的问题。这并不是一个有意义的问题,[①]而这也正是前面所说的,在多项式回归中,分析是分层进行的。

总之,根据在第二步对 X2 的 $b$ 检验,我们得出了二次项是统计显著的结论;而根据在第三步对 X3 的 $b$ 检验,我们得出了三次项是统计不显著的结论。我们在下面再回到这些问题上。

## Output

```
                Summary table
                --------------------
Step  Variable    Rsq   RsqCh    FCh    SigCh
 1    In:  X      .1354  .1354   2.820   .110
 2    In:  X2     .5082  .3728  12.888   .002
 3    In:  X3     .5490  .0407   1.445   .247
```

## 评 议

上面我们已经指出,因为多项式回归是分层进行的,所以汇总表就特别有用。我们在这里给出的是汇总表摘要,从表中可以看到,归结于线性成分的因变量的方差是 0.135 4;0.372 8 是由二次项加到线性项上的(见第二步的 RsqCh);而 0.040 7 则是由三次项加到线性项和二次项上的(见第三步的 RsqCh)。三种成分的和就是 $R^2$(0.549 0;见第三步的 Rsq)。

FCh 是 RsqCh 检验的 $F$ 比率,它是应用式(18.15)执行的,正是我们现在建议大家要对之做进一步考察的。注意,因为每一步只进入单独一项,所以每一步的 $F$ 比率的分母的 $df$ 都等于1(即 $k_1 - k_2 = 1$)。式(18.15)的分子的 $df$ 等于 $N - k_1 - 1$,其中,$k$ 是与较大的 $R^2$ 关联的自变量数。在目前的例子中,$k_1$ 是较大的 $R^2$ 的项目数。因此,第一步的分子的 $df$ 是18(即 20-1-1),第二步是17(即 20-2-1),而第三步则是16(即 20-3-1)。

第一步线性成分检验的 $F$ 比率等于第一步给出的方程的 $b$ 的 $t$ 比率的平方(即在只有 X 进入时)。同一结果曾经在第17章中报告过(见表17.4的数据分析)。在第17章中,我们假定回归是线性的,因而无论线性未曾解释的东西是什么,都会被归结于误差项。相反,在目前的例子中,由二次项和三次项增加的方差比例得到了确认,从而降低了随后的误差项和与之关联的 $df$。

现在来看二次项的 $F$ 比率,我们注意到与它关联的增量是统计显著的。不仅如此,和这一增量关联的 $F$ 比率,等于第二步与 X2 关联的在 X 和 X2 都进入时的 $t$ 比率的平方,最后与因为立方项产生的增量关联的 $F$ 比率等于 X3 的 $b$ 检验的 $t$ 比率的平方。

综上所述,正如人们反复说的一样,多项式回归分析是分层次进行的。相继的已解释的

---

①同样,因为多重共线性(见上文),在大多数情形中,这个问题的答案必定是否定的。

方差比例或平方和都在调查检验之列,而什么时候停止检验,则要取决于选择的标准(即有意义的和/或统计显著性)。

大家可能已经猜到,根据早先介绍的回归平方和已经解释的方差比例之间的关系,将连续的已解释方差的比例转换成回归平方和要做的全部事情,是将前者乘以总平方和($\sum y^2$),对于目前的例子而言,这就是70.950。因此,由每一个多项度,在相继进入时产生的回归平方和是

线性:$(0.135\ 4) \times (70.950) = 9.61$
二次:$(0.372\ 8) \times (70.950) = 26.45$
三次:$(0.040\ 7) \times (70.950) = 2.89$

这些条目很容易从SPSS的输出得到(未在这里报告),其方法是计算两个相邻步骤的回归平方和的差。例如,归结于二次项的回归平方和可由归结于线性和二次项的回归平方和减去归结于线性项的回归平方和求得。

## 二次方程

上面已经证明,归结于三次项的方差比例的增量(0.04)在0.05的显著水平上是统计不显著的。为了阐述的方便,假定,就目前的目的而言,统计显著性是确定最佳数据拟合的多项度的唯一标准,那么我们将会因此而得出二度多项式方程正是我们所需的方程这一结论。

在继续往下讲解之前,我们想强调的是,大家不可把前面的阐述误认为我们在把统计显著性作为唯一的标准推荐给大家。我们希望根据前面几章的介绍,大家都会比较清楚,对于标准问题而言,更为重要的是必须有意义。但是,鉴于统计显著性和实质的意义之间的区别和确定什么才是实质上重要的效应问题的复杂性(见第9章,第15章),我们也应该清楚,如果不列举详细的有实质意义的例子和重复之前对这个复杂问题的评议,我们就无法解决问题。除非对什么是有意义的问题使用多少有些武断的指南——我们在前几章中一直对这种做法持有怀疑的态度——例如,我们就无法解决,由三次项增加的4%的方差是否重要或有意义这个问题,尽管它是统计不显著的。总之,由于社会行为研究中的惯例,我们很容易就会选择某一显著水平进行分析,写出结果,甚至公开出版。但困难之处在于决定这一切究竟意味着什么,也就是说,在某种程度上,困难在于确定我们需要的效应的大小是多少。

现在再回到分析上,并用统计显著性作为标准,于是我们决定丢弃三次项。这就必须重新分析数据,拟合一个二度多项式。二次方程在上面的分析的第二步已经给出

$$Y' = -0.85 + 6.37X - 1.15X2$$

## Output

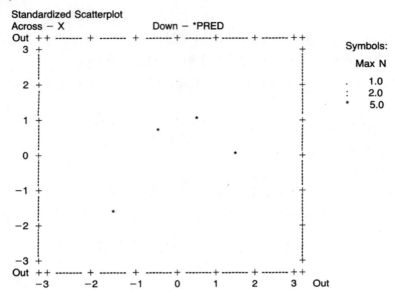

Standardized Scatterplot
Across — X          Down — *PRED

Symbols:

Max N

.    1.0
:    2.0
\*    5.0

## 评 议

对一个给定的多项式方程绘图并研究一下这条曲线总是能给我们很多启发。考虑我们手头的二次方程的数据只需做一个 Y 对 X 和 X2 的回归，这样我们就可以绘制这个散点图。注意，纵坐标是预测值，而横坐标则是 X。每个 "*" 都代表 5 个点（见图中右边 "Symbols" 下的说明）。

在 SPSS 中，这样的图是用标准化分数报告的。同一类型的图也可用原始数据生成。为了绘制曲线图，我们用回归方程求得不同的自变量值的预测值，然后将这样得到的点连接起来。因为在手头的数据中，X 有 4 个水平，所以得到了 4 个预测值。它们分别对应于 X=1 到 4，为 4.37，7.29，7.91 和 6.23。各种程序都可用来为这样的数据绘图（如 SPSS 中的 PLOT）。

## 其他计算机程序集和程序

从上面的阐述性分析可知，任何可做多元回归分析的计算机程序集都可用于进行多项式回归分析。有了它们，我们便可以进行多项式回归方程分析，但是输出的详细程度可能随程序集而异。有些统计程序包包含了多个可以用于多项式回归分析的程序集或程序。下面我们给出了 SAS 和 MINITAB 的输入语句。限于篇幅，我们既没有对此进行评议，也没有提供任何输出。前面我们已经多次说过，熟悉一个给定程序集的最好办法之一，就是将它的功能和输出与其他程序作比较。如果你们有机会使用这些程序集，那么我们建议你们运行它们，并将得到的输出与上面给出的作比较。我们相信有了上面给出的输出和评议的帮助，你们一定可以设法从其他程序集中得到输出。

## SAS

### Input

```
TITLE 'TABLE 18.2.   POLYNOMIAL REGRESSION';
DATA T182;
  INPUT Y X;      [free format input]
  XSQ=X**2;       [raise X to second power]
  XCUB=X**3;      [raise X to third power]
  CARDS;
5  1              [data for first subject]
.  .
5  4            [data for last subject]
PROC REG;
  MODEL Y=X XSQ XCUB/ALL
```

## MINITAB

### Input

```
OH=0
OUTFILE 'T182'
NOTE CURVILINEAR REGRESSION.   DATA FROM TABLE 18.2
READ C1–C2
  5  1               [data for first subject]
  .  .
  5  4               [data for last subject]
LET C3=C2**2         [raise C2 to the second power. Put in C3]
LET C4=C2**3         [raise C2 to the third power. Put in C4]

NAME C1 'Y' C2 'X' C3 'X2' C4 'X3'
CORRELATION C1–C4    [generate a correlation matrix]
BRIEF 3              [calling for "full" output]
REGRESS C1 3 C2–C4   [regress Y on X, X2, and X3]
```

## 结　语

在这一章和前面几章中使用的都是连续的自变量。一种用来分析分类自变量数据设计的回归路数将在下一章进行介绍。作为这种设计路数的扩展——有多个分类值的自变量设计,将在第20章中介绍;同时含有分类和连续自变量二者的设计,则在第21章中讨论。

在第17章和第18章中,我们介绍的回归分析都是为连续自变量设计的。在本章中,我们将要介绍用于分类自变量设计的回归分析。记住,一个分类变量是由两个或两个以上互斥和穷尽的分类构成的(如治疗、精神状态,见第2章和第8章)。用于一个以上分类自变量设计的回归分析方法将在第20章中介绍。在本章和第20章的结论部分,我们将要对这里介绍的那种路数和方差分析(ANOVA)之间的等价关系做一番评论。

## 给分类变量编码

广义地讲,将回归分析用于分类自变量设计类似于用于连续自变量设计,二者都试图用在自变量中得到的信息来确定自变量对因变量是否有影响和影响的程度,或帮助我们作出解释。当然,信息的性质不尽相同,因此必须要在连续和分类变量之间加以区分。

在自变量是分类时,关键的问题是分组或分类能否与在多大程度上对因变量作出区别。尽管我们在这里要介绍的分析路数的机制是相同的,不分类是如何形成的,也不论实际考虑的问题是什么,但在这类事情上,结果的解释几乎都是可以预见的。认识到这一点,我们就可以明白,分类自变量为什么可用于不同的设计(如实验、非实验)。

为了利用有关类别和小组成员的信息,我们必须赋予它分析可操作的格式。在回归中,这就需要做编码处理。下面我们将会介绍三种可资利用的编码方案——虚拟、效应和正交。已经证明,就整个分析而言,三种编码方案产生的结果是相同的,尽管它们各有特点或更适合用于某种特定的目的。

## 虚拟编码

虚拟编码由1和0这两个码构成,1表示类别的某一成分,而0则表示类别的非这一成分。这种编码方案也称为二分编码或标志变量。例如,一个由两个类别构成的分类变量(男人和女人,处理和控制,黑人和白人),1可以分配给某一类别成分(如处理),而0则可分配给那些非这一类别的成分(如控制)。显然编码也可以相反。后面我们还会回到这一问题上。

为了便于概括和易于参照,我们将用连续的大写字母表示变量的不同类别。因此,一个有三个类别的变量,字母$A$,$B$和$C$将用来表示三个类别,不论它们究竟代表的是什么(如三种不同的处理,两个处理组和一个控制组,三种族群,三种教派)。

假定现在我们要将虚拟编码用于一个有三个分类的分类变量,那么我们可以创建三个编码列或向量。在每一列或向量中,那些确定属于三个类别中的某一个类别的被试都被设为1,而那些属于其他类别的被试则都被设为0。因此,在列1,那些$A$中的被试都被设为了1,而那些不在$A$中的被试(如那些在$B$和$C$中的被试)则都被设为了0;在列2,1给了$B$中的被试,而0则给了那些不在$B$中的被试;在列3,1给了$C$中的被试,而0则给了那些不在$C$中的被试。按照这样的方案,编码结果如下:

| 类别 | 列1 | 列2 | 列3 |
|---|---|---|---|
| $A$ | 1 | 0 | 0 |
| $B$ | 0 | 1 | 0 |
| $C$ | 0 | 0 | 1 |

例如,如果在类别的每一类都有100个被试,那么每一列将都由100个1和200个0组成。关于这种编码方案有以下几点需要说明。

第一,在任何给定的列,类别中只有那些被设为了1的被试才是唯一可识别的;所有其他的被试,无论他们属于类别中的哪一类,由于被设为了0而被捆在了一起。

第二,任何给定类别中的被试只在一列中设为1,在其余列均为0。因此,比较方便的说法是,一个给定的类在被试为1的那个列被识别。在所考虑的示例中,类别$A$在列1中被识别,类别$B$在列2中被识别,而类别$C$则在列3中被识别。

第三,三列中的任意两列都是识别三个类别的充要条件。我们来看一下列1和列2,类别$A$在列1中识别,类别$B$则在列2中识别,类别$C$由于在这两列都为0因而也得到了识别。因此,一个在所有的列都是0的类别也是被唯一识别的。接着看列2和列3。类别$A$由于在这两列都是0而得到识别,类别$B$和类别$C$因为在列2和列3中是1而分别得到了识别。

因此,为了给一个分类变量编码,要生成的向量数等于类别数减1,在每个向量中将1分配给类别中的一类被试,而其他类别的被试都分配0。所以四个类别的变量需要有三个编码向量,五个类别的变量需要有四个编码向量,以此类推。诚如下述,所需编码向量的数目等于与类别之间的差异关联的$df$数。

这样会出现一个问题:在所有的向量中,我们究竟应该将哪个类别在所有的向量中都设为0呢?就整个分析而言,这个问题是无关紧要的。不过,正如下面要证明的一样,在将某一个组作为控制组的设计中,将所有向量中的0都分配给属于这一组的被试是比较有利的。

## 数 例

表19.1中的数据表示分类自变量的四个类别,即$A$,$B$,$C$和$D$,每一类都有6个被试。列标为$T$(处理)的那一列由四个类别的识别码组成。我们使用$T$作为列标只是为了方便而已,并不意味着这种路数只能用于那些类别代表处理的变量。当然,用任何列标均可,但首选的列

标则是承载着研究变量性质的列标（如宗教或 $R$）。标以 $Y$ 的列由因变量的分数组成。这些分数正是那些我们用来分析确定四个分类的均值之间在统计上有无显著不同的分数。

表 19.1　阐述用四分类数据

| Category | T | Y |
|:---:|:---:|:---:|
|  | 1 | 8 |
|  | 1 | 8 |
| A | 1 | 12 |
|  | 1 | 12 |
|  | 1 | 10 |
|  | 1 | 10 |
|  | 2 | 7 |
|  | 2 | 8 |
| B | 2 | 8 |
|  | 2 | 10 |
|  | 2 | 11 |
|  | 2 | 10 |
|  | 3 | 10 |
|  | 3 | 11 |
| C | 3 | 14 |
|  | 3 | 13 |
|  | 3 | 12 |
|  | 3 | 12 |
|  | 4 | 12 |
|  | 4 | 13 |
| D | 4 | 13 |
|  | 4 | 15 |
|  | 4 | 15 |
|  | 4 | 16 |

注：Category＝类别。

因为 $T$ 中的数字是用作类别的，所以 $Y$ 对 $T$ 的回归或这两个向量之间回归的计算是没有意义的。记住，分类变量的类别之间的差别是种类而非程度（见第2章）。因此，不仅数字的赋值可以任意改变，而且任意一个由四个唯一的数字组成的组都可以采用。

鉴于前述，大家可能会有些疑惑，为什么表19.1包括了两种识别方案（即字母和数字），但却没有将需要的编码向量包括进去。显然，对于识别这一目的而言，无论字母或数字都已经足够了。将两套方案包括进来各有不同的目的，将字母包括进来是为了在下面进行阐述时不同类别参照的方便。数字则可借助计算机进行各种分析。为了弄清后一种方案，我们在这里简单介绍一下如何构建一个可以用计算机分析的由组标识数字构建的向量。

正如第18章分析中指出和说明的一样，实际上所有的计算机程序集都有数据管理的功能。因此，我们可用计算机程序将那些由类别组成的列中的信息生成需要的编码向量。出于几种原因，这种路数比那种将编码向量作为实际输入的方法更可取。

第一，不管类别数是多少，只要有一单独的识别向量就足够了。相反，在编码向量被用作输入时，所需的向量数等于类别数减1。在类别数比较大时，这可能会变得特别费力。

第二，对于小的数据集，将编码向量作为输入和由计算机生成输入差别不大。但对于大的数据集情况就不是这样了。例如，假定每一类有不是我们例子中的6个被试，而是有600个被试，使用单个类别识别向量不仅能节省人力，而且也能大大降低输入误差。

第三,使用类别标识的列给我们提供了最大的灵活性,可以生成我们希望的任何编码方案。

第四,计算机程序集中的某些程序(如SPSS中的ANOVA,SAS中的GLM)虽然不需要编码向量,但是它们确实需要一个类别标识列。

总之,包括一个类别识别向量的做法的确可以给用各种不同的计算机程序集、编码方案或程序的数据分析提供最大的灵活性。

为了便于说明,我们将使用几个计算机程序集来分析表19.1的数据。与往常一样,我们将给出输入和输出的摘要,以及我们对此所做的评议。

**MINITAB**

## Input

```
OH=0
OUTFILE 'T191'
NOTE DUMMY CODING.   DATA FROM TABLE 19.1
READ C1-C2
1  8   [first subject in T 1]
.  .
1 10   [last subject in T 1]
2  7   [first subject in T 2]
.  .
2 10   [last subject in T 2]
3 10   [first subject in T 3]
.  .
3 12   [last subject in T 3]
4 12   [first subject in T 4]
.  .
4 16   [last subject in T 4]
INDICATOR C1 C3-C6
NAME C1 'T' C2 'Y' C3 'D1' C4 'D2' C5 'D3' C6 'D4'
PRINT C1-C6
REGRESS C2 3 C3-C5
```

## 评　议

有关用批处理模式运行MINITAB的概括介绍,和我们采用的命名输入和输出文件的做法的有关说明请参见第16章。

使用READ命令,表19.1的数据将被读入列1和列2。

INDICATOR用于生成一组与在指定列(目前的情形是C1)中指示的类别对应的虚拟编码向量。MINITAB要求类别用一组连续的整数来指示(见 Manual, p.169),如表19.1的 $T$ 列所示。MINITAB生成了一个等于类别数的编码向量数,这样将需要有四列(C3 ~ C6)来作为它们的存储(见下面的输出)。

上面我们已经告诉过大家,目前的分析需要三个虚拟向量。然而,如果所有四个虚拟向量都可以得到的话,那么它将为我们提供的不仅是选择任何三个被视为对给定的设计最有用的向量的灵活性,而且也使我们得以用这些向量来产生其他的编码方案(见"效应编码"节)。

NAME用于将列1命名为 $T$、列2命名为 $Y$ 以及列3到列6命名为D(虚拟)1——分类1(即 $A$)已经被识别的向量,D(虚拟)2——分类2(即 $B$)已经被识别的向量等。我们按照类似的做法来命名编码向量和后面介绍的其他编码方案。

PRINT要求打印列1到列6。

REGRESS 要求做一个回归分析(见 Manual,p.104)。注意,我们要求做 $Y$(C2)对 C3,C4 和 C5 的回归。三个虚拟向量的其他组合也是可以使用的。我们后面再来对这个问题进行评议。

## Output

| Row | T | Y | D1 | D2 | D3 | D4 | |
|---|---|---|---|---|---|---|---|
| 1 | 1 | 8 | 1 | 0 | 0 | 0 | |
| 2 | 1 | 8 | 1 | 0 | 0 | 0 | *[first two subjects in T 1]* |
| . | . | . | . | . | . | . | |
| 7 | 2 | 7 | 0 | 1 | 0 | 0 | |
| 8 | 2 | 8 | 0 | 1 | 0 | 0 | *[first two subjects in T 2]* |
| . | . | . | . | . | . | . | |
| 13 | 3 | 10 | 0 | 0 | 1 | 0 | |
| 14 | 3 | 11 | 0 | 0 | 1 | 0 | *[first two subjects in T 3]* |
| . | . | . | . | . | . | . | |
| 19 | 4 | 12 | 0 | 0 | 0 | 1 | |
| 20 | 4 | 13 | 0 | 0 | 0 | 1 | *[first two subjects in T 4]* |
| . | . | . | . | . | . | . | |

## 评 议

限于篇幅,我们只摘取了列表。大家可能会看到,列标为 $T$ 和 $Y$ 的列由表 19.1 的数据组成,它们是作为输入读入的。后面的四列都是虚拟向量,由 INDICATOR 命令生成(见 Input)。

## Output

s = 1.581      R-sq = 63.9%      R-sq(adj) = 58.5%

Analysis of Variance

| SOURCE | DF | SS | MS | F | p |
|---|---|---|---|---|---|
| Regression | 3 | 88.500 | 29.500 | 11.80 | 0.000 |
| Error | 20 | 50.000 | 2.500 | | |
| Total | 23 | 138.500 | | | |

## 评 议

不论使用何种编码方案或使用四个虚拟向量的哪三个,这些结果都是相同的。注意,$R^2 = 0.639$ 表明 64% 的 $Y$ 的方差是由四个自变量之间的差异造成的;s 是估计值的标准误差,或 MS 误差的平方根(即 $\sqrt{2.500}$)。

请大家注意,方差分析表的格式与第 17 章使用的表(表 17.3)十分相似,目的是阐述回归的结果可以以什么样的方式报告。Regression(回归)的 $df$(3)等于编码向量数,它就是分类或组数减 1。误差(残差)的 $df$ 与上面相同,为 $N-k-1$(24-3-1)。不过在有连续自变量的设计中,$k$ 是自变量的个数,而在分类自变量设计中,它则是分类变量的编码向量的个数。在目前这一例子中,虽然只有一个自变量,但 $k$ 却是 3,因为需要有三个编码向量来表示它。用编码向量表示给定的变量应该作为一个集合处理。在目前的例子中,生成的四个虚拟向量中的任何三个(参见上面的输出)都代表一个同样的变量。不仅如此,其他的编码方案也可用来达到同样的目的。

也许不少人认为我们未免小题大做,费了太多的精力在那么"简单"的问题上,其实不然,我们遇到过很多令人啼笑皆非的做法:不仅有人在研究中将编码向量视为每个代表一个单独的自变量,更有甚者,竟然把编码向量作为代表不同的自变量[1]用于逐步回归分析。毫不奇怪,诸如

---

①在第 20 章,我们将给大家介绍如何用编码向量表示更多个分类变量。

这样的分析势必会导致保留部分变量(有关讨论和实例请参见Pedhazur,1982:391-392)。

不言而喻,计算机程序是区别不了不同自变量构成的列和代表同一个自变量的编码向量的。研究者必须要对此加以区别,并对结果做出相应的解释。

再回到上面的输出,将平方和除以与之关联的$df$得到一个均方(MS),将回归的MS(29.5)除以误差的MS(2.5)得到$F(3,20)=11.8$。假定$\alpha=0.05$已被选定,那么我们将得出$R^2$是统计显著的结论。与此等价,这将导致我们拒绝四个分类的均值彼此相等的零假设。

## Output

The regression equation is
Y = 14.0 − 4.00 D1 − 5.00 D2 − 2.00 D3

| Predictor | Coef | Stdev | t-ratio |
|---|---|---|---|
| Constant | 14.0000 | 0.6455 | 21.69 |
| D1 | −4.0000 | 0.9129 | −4.38 |
| D2 | −5.0000 | 0.9129 | −5.48 |
| D3 | −2.0000 | 0.9129 | −2.19 |

## 评 议

在解释回归方程的过程中,必定会涉及分类的均值,它们是

$$A = 10 \quad B = 9 \quad C = 12 \quad D = 14$$

为了理解回归方程成分的含义,我们必须要记住,在它用于求因变量的预测值($Y'$)的时候,在编码向量中的编码都被用作分数。现在我们将回归方程用于分类$A$中的第一个个体。这种个体的"分数"在D1中是1,而在其余的向量中则均为0。因此

$$Y' = 14 − 4(1) − 5(0) − 2(0) = 10$$

有以下几点是必须注意的。

第一,预测分数等于个体隶属的组的组均值。无论编码方案是什么,情况都是如此,因为在最小平方的意义上,组均值是最优估计值。这就是说,残差平方和在预测值等于组均值时是最小的。

第二,在任何给定的组或分类中,个体在那些代表自变量的向量中都有相同的分数。因此,它们的预测分数也相同,都等于它们的组均值。

第三,对于在给定向量中识别的任何分类,都只与两个回归项相关:与分类被识别的向量关联的$b$和$a$(截距),与其他向量的那些$b$都不相干,因为它们的分数都是0。对于目前的例子,在三个虚拟向量中得到识别的分类的预测分数是

$$A: 14 − 4(1) = 10$$
$$B: 14 − 5(1) = 9$$
$$C: 14 − 2(1) = 12$$

由上面的讨论可知,这些都是三个分类的因变量的均值。顺便提一下,在前面的计算中,我们本可以省略那些1,因为在目前的方案中,相关向量的分数总是1。

第四,唯一在所有向量中都设定为0且与类别中个体预测分数有关的回归方程项(在目前的例子中是$D$)是$a$(截距)。注意$a=14$,它等于$D$的均值。

第五,从前面第三和第四点可知,每个$b$都等于它被识别的那个向量的组均值和与之关

联的在所有其他向量中都被设为 0 的那个向量的组均值的偏差（在目前的情形中是 $D$）。因此，分类 $A$ 的均值是 10，而它对 $D$ 的均值（14）的偏差是 $-4$（10-14），它就是 D1 的 $b$ 的值；$B$ 对 $D$ 的均值的偏差是 $-5$（9-14），它就是 D2 的 $b$ 的值；$C$ 的均值对 $D$ 的均值的偏差是 $-2$（12-14），它就是 D3 的 $b$ 的值。

总之，$b$ 反映了每个分类的均值与所有向量中指定为 0 的组均值之间的差别。因此，对 $b$ 的检验就相当于与 $b$ 关联的矢量中识别的组均值与始终指定为 0 的组均值之间的差的检验。

这种检验在我们打算将每一个分类与某个比较组作比较时非常有用。在实验研究中，一个有若干处理的组和一个有比较组构成的设计便是一个例证。至于目前的例子，$A,B$ 和 $C$ 可以被看作三种不同的处理，而 $D$ 则可被看作控制组。

在非实验研究中，也许我们同样会对每一组和某一个比较组的比较感兴趣。对于我们手头的例子而言，$A,B$ 和 $C$ 可看作三个少数民族的组，而 $D$ 则可以看作主体民族组。我们的兴趣可能是比较每个少数民族的因变量（如收入、态度）的均值和主体民族的因变量的均值。

根据邓尼特（Dunnett, 1955）的观点，这种比较要按总体 ANOVA（见下文）那样来做，要做每一种处理组的均值和控制组的均值之间的 $t$ 检验（例如，可参见 Edwards, 1985: 148-150；Pedhazur, 1982: 287-289；Winer, 1971: 201-204）。在对带虚拟编码的回归方程的 $b$ 进行检验时，我们也可以求得相同的 $t$ 比率。因此，上面给出的与 D1，D2 和 D3 关联的 $b$ 的 $t$ 比率等同于按照 ANOVA 计算得到的那些 $t$ 比率，即每个分类的均值和 $D$ 的均值之间的三个 $t$ 检验。很清楚，有若干处理和一个控制构成的设计，有利于在所有的向量中将 0 值赋予后者，从而使我们得以不需要用总体分析来计算 $t$ 比率。

与以往一样，与 $b$ 检验的 $t$ 比率关联的 $df$ 等于与平方残差和关联的那些自由度（即 $N-k-1$）。在 $t$ 比率用于每个处理和控制组之间，或每个处理组之间的比较时，邓尼特（Dunnett, 1955）给我们准备了必须查询的，检查它们是否在给定的 $\alpha$ 水平上统计显著的专用表格。这张表格也见于各种统计书籍（如 Edwards, 1985；Kirk, 1982；Winer, 1971）。

对于目前的例子，$D$ 和 $A,B,C$ 之间比较的 $t$ 比率分别为 $-4.38$，$-5.48$ 和 $-2.19$（见上面的输出）。邓尼特表中列出的三种处理和 20 个 $df$ 的值是：（a）单尾检验：2.19（0.05 水平），2.97（0.01 水平）。（b）双尾检验：2.54（0.05 水平），3.29（0.01 水平）。假定一个 0.01 水平的单尾检验已经被选定，那么我们就将得出 $A$ 和 $D$ 以及 $B$ 和 $D$ 之间的差异是统计显著，而 $C$ 和 $D$ 则是统计不显著的结论。[①]

上文表明，四个虚拟向量通过 INDICATOR 生成的任何三个的组合（见上面的输入和输出）都将得出相同的总结果。而回归方程反映的则是特定的向量。对于我们手头的例子而言，以下三个虚拟向量的其他三个组合都是可能的：（a）D1，D2，D4；（b）D1，D3，D4；（c）D2，D3，D4。我们建议作为一个练习，大家来运行一下虚拟向量的这三个组合。如果你会使用 MINITAB 的话，不妨在给出的输入语句中加上下面三个语句，做以下同样的运行：

---

①单尾和双尾显著性检验问题的争议颇多。有关讨论请参见：Burke（1953），Cohen（1965）和 Kaiser（1960a）。

```
REGRESS C2 3 C3 C4 C6
REGRESS C2 3 C3 C5 C6
REGRESS C2 3 C4 C5 C6
```

研究回归方程,并校验上面描述的它们具有的那些性质。

虚拟编码的使用不限于若干处理和一个控制组设计。它也可以用于任何自变量是分类变量的设计。在这种情况下,在所有编码向量中究竟把哪一个的赋值为0都没有什么不同,因为这都与 $b$ 的检验无关。这时我们要做的事情不是解释全分析的结果,而是做均值之间的多重比较,这个问题我们将在本章的后面部分进行讨论。

## 虚拟向量之间的相关问题

为了介绍的完整性,我们简单介绍一下虚拟编码变量之间的相关问题。

### Input

CORRELATION C2-C5

### 评　议

虽然前面我们未曾介绍过这一令系统在列2到列5之间进行相关分析的语句,但是它却是分析表19.1的数据的输入文件的一部分。

### Output

|    | Y      | D1     | D2     | D3     |
|----|--------|--------|--------|--------|
| D1 | −0.300 |        |        |        |
| D2 | −0.541 | −0.333 |        |        |
| D3 | 0.180  | −0.333 | −0.333 |        |
| D4 | 0.661  | −0.333 | −0.333 | −0.333 |

### 评　议

在对这些相关进行评议之前,我们想借此机会让大家熟悉一些术语。虽然前面我们提到的相关都叫皮尔逊相关,但是由于要做相关的变量的性质不同,它们有时会有不同的名称。特别是在做两个二分变量的相关时(在我们的例子中,任何两个虚拟向量的相关),有时我们将其称为 phi 相关系数。在一个二分变量和一个连续变量相关时(在我们的例子中,任何一个虚拟向量和因变量的相关),有时会叫作点二列(point-biserial)相关系数。这些系数都有一些特殊的性质。例如,点二列相关系数的最大值不等于1(有关这些相关系数和它们的性质的讨论,参见 Nunnally,1978:131-134,143-146)。

现在我们来讨论虚拟向量之间的相关问题,大家将会注意到这样的向量之间的相关总是负的。相关的大小可以很容易就用下面的公式计算得到(参见 Cohen,1968:429):

$$r_{ij} = -\sqrt{\frac{n_i n_j}{(n - n_i)(n - n_j)}} \tag{19.1}$$

式中, $n_i$ 是 $i$ 类或组内样本量; $n_j$ 是分类 $j$ 的样本量; $n$ 是 $g$ 个分类或分组中的总样本量。当不同分类中的样本量相等时,式(19.1)可简化为

$$r_{ij} = -\frac{1}{g - 1} \tag{19.2}$$

式中，$g$ 是自变量的分组或分类数。因为表19.1中数据的每一类都有相等的被试数，所以两个虚拟向量之间的相关是

$$r_{ij} = -\frac{1}{4-1} = -0.333$$

它与上面的报告相同。

## 不等样本量

我们分析过的样本每类都有相等的被试。我们推荐使用相等的 $n$，因为它们会导出更为灵敏的显著性检验，并且因为偏离这种分析的假定而造成的潜在畸变也因此被最小化（见Li，1964：147-148，197-198）。

虽然我们前面推荐使用等样本，但是研究者可能会出于其他的考虑决定使用不相等的 $n$。例如，在一个实验设计中，数目不等的被试根据每种处理的费用被随机地分配给了不同的处理。与此类似，在非实验研究中，可能有人决定从不同的总体得到不等数量的样本。只要按照适当的随机化原则和抽样程序，不相等的 $n$ 并不会对研究的效度形成威胁。

当不相等的 $n$ 是由被试的消耗或无回答造成时，情况就完全不一样了，因为随机化原则和/或抽样程序因此而被废除。在前面几章（第10章、第12章和第13章），我们曾对因为被试的消耗而形成的对效度的威胁做过一些评议。大家一定要记得这些之前的讨论，因为我们在这里所做的评议只限于很狭窄的有关用不相等的 $n$ 做分析的技术问题。不言而喻，我们要考虑的最为重要的问题是那些有关研究设计的效度问题。

从前面评论可知，从严格的分析角度来看，对单独一个自变量的虚拟编码使用不相等的 $n$，并不会形成什么困难。编码和分析处理的方式与相等的 $n$ 几乎毫无区别。回归方程项的性质，包括 $b$ 的显著性检验，其含义也和相等的 $n$ 设计相同。使用虚拟编码的不相等的 $n$ 的分析的例子请见（Pedhazur，1982：318-320）。

## 效应编码

效应编码与虚拟编码十分相似，实际上两者之间唯一的差别是，在虚拟编码分类中的一类在其他所有的编码向量中的赋值都是0，而在效应编码中则都是-1。因为给哪个分类赋值为-1并不会有什么差异，所以最方便的做法是将自变量的第一或最后一类赋值为-1。我们使用的便是最后一个分类。与虚拟编码一样，编码向量的数目必须等于自变量的分类数减1。在每一个向量中，那个被识别的分类赋值为1，其余分类的赋值都是-1。至于为什么把这种编码方案叫作效应编码这个问题的答案，我们将在后面解释回归方程时一并给出。

## 数 例

为了便于比较,我们将用前一节用虚拟编码分析过的数据(即表19.1的数据)。与使用虚拟数据一样,编码向量也不能作为输入进入,而要用我们将要使用的计算机程序集生成。我们先用MINITAB进行分析,然后再用SPSS进行分析。

### MINITAB

### Input

```
OH=0
OUTFILE 'T191'
NOTE EFFECT CODING.   DATA FROM TABLE 19.1
READ C1-C2
        [data of Table 19.1 are placed here. See Input to previous
        MINITAB run, earlier in this chapter]
INDICATOR C1 C3-C6
LET C7=C3-C6    [subtract C6 from C3.   Put in C7]
LET C8=C4-C6    [subtract C6 from C4.   Put in C8]
LET C9=C5-C6    [subtract C6 from C5.   Put in C9]
NAME C2 'Y' C7 'E1' C8 'E2' C9 'E3'
PRINT C1-C9
REGRESS C2 3 C7-C9
```

### 评 议

本章前面部分,我们通过MINITAB用虚拟编码分析这些数据时已经告诉过大家,我们用INDICATOR来生成虚拟向量,存放在列3到列6。在列3到列6中,通过将1分配给在每一列中被识别的那个分类,依次识别了自变量的分类A,B,C和D,与此同时将0分配给了每一列中所有其他的分类(如果有必要,可参考前面有关MINITAB的输入运行的评议)。

各种计算机程序集能用于生成效应编码的程序有很多,但我们主要介绍如何使用INDICATOR语句,通过运行虚拟编码向量来生成效应向量。现在我们来看三个LET语句,并注意依次从其他每一列将C(列)6依次减去。C6的前三个分类是0而最后一个则是1,因此,减的结果导致三个新向量,它们与C3 ~ C5的差异只在于那些用于最后一个分类的编码($D$)。尽管C3 ~ C5的$D$都是0,但这些新向量的$D$却都是−1(见下面的输出)。由LET语句可知,新向量被存放在列7到列9中,它们的名称是E1,E2和E3。

我们令系统做存放在C2的因变量$Y$对三个存放在C7 ~ C9的效应编码向量的回归。

### Output

| Row | C1 | Y | C3 | C4 | C5 | C6 | E1 | E2 | E3 | |
|-----|----|----|----|----|----|----|----|----|----|---|
| 1 | 1 | 8 | 1 | 0 | 0 | 0 | 1 | 0 | 0 | |
| 2 | 1 | 8 | 1 | 0 | 0 | 0 | 1 | 0 | 0 | [first two subjects in T 1] |
| . | . | . | . | . | . | . | . | . | . | |
| 7 | 2 | 7 | 0 | 1 | 0 | 0 | 0 | 1 | 0 | |
| 8 | 2 | 8 | 0 | 1 | 0 | 0 | 0 | 1 | 0 | [first two subjects in T 2] |
| . | . | . | . | . | . | . | . | . | . | |
| 13 | 3 | 10 | 0 | 0 | 1 | 0 | 0 | 0 | 1 | |
| 14 | 3 | 11 | 0 | 0 | 1 | 0 | 0 | 0 | 1 | [first two subjects in T 3] |
| . | . | . | . | . | . | . | . | . | . | |
| 19 | 4 | 12 | 0 | 0 | 0 | 1 | −1 | −1 | −1 | |
| 20 | 4 | 13 | 0 | 0 | 0 | 1 | −1 | −1 | −1 | [first two subjects in T 4] |

## 评 议

如果我们没有将效应编码向量存放在 C7 ~ C9,而是存放在了 C3 ~ C5,那么就会覆盖存放在这些列中的指示向量。之所以没有这样做,首先是因为我们想要像上面一样,打印所有的列,这样大家就可以了解 LET 语句执行之后将会发生什么。其次,只要再次回到原来的指示向量,我们就可以用它们来生成其他的编码方案的向量(如下面的正交编码)。最后,通过保留这两组向量,可以在一次运行中完成前面使用虚拟编码完成的分析和这里给出的分析。这就是我们在这里所做的,尽管我们展示的结果就好像它们是在两次独立的运行中得到的一样。

## Output

s = 1.581    R-sq = 63.9%    R-sq(adj) = 58.5%

Analysis of Variance

| SOURCE | DF | SS | MS | F | p |
|---|---|---|---|---|---|
| Regression | 3 | 88.500 | 29.500 | 11.80 | 0.000 |
| Error | 20 | 50.000 | 2.500 | | |
| Total | 23 | 138.500 | | | |

## 评 议

这些结果与虚拟编码(见前一节)得到的相同,证实了前面提到过的无论用什么样的编码方案其总的结果都是相同的这一说法。有关总结果的评议可见前面一节。不同的编码方案将导致不同的回归方程。虚拟编码的回归方程的性质已在上一节介绍过了,这里我们将介绍用效应编码得到的回归方程的性质。

# 回归方程

为了讲解用效应编码建立的回归方程各项的含义,我们必须要定义一下效应。一个给定的分类的效应(如处理组)被定义为它的均值对所有类别的平均数的偏差。在分类由相等的 $n$ 构成时,分类均值的平均数等于所有的因变量的分数的均值,也就是总均值。[1]因此,在计算总均值时,所有的被试都被作为属于如同来自同一总体的样本处理。对于其他的统计量(如总平方和,方差)情况也同样如此。

我们已在第 17 章 [见式(17.7)] 和有关讨论中介绍了如何将每个个体在自变量上的分数表示为一个因变量总均值的合成,一个归结于回归的成分和一个残差,这种表达法取如下形式

$$Y_{ij} = \bar{Y} + b_j + e_{ij} \tag{19.3}$$

式中,$Y_{ij}$ 是分类 $j$ 中第 $i$ 个个体在因变量上的分数;$\bar{Y}$ 是因变量的总均值;$b_j$ 是处理 $j$ 的效应;$e_{ij}$ 是与分类 $j$ 关联的第 $i$ 个个体的误差或残差。

对诸如这样的连续自变量的分解见表 17.2,该表中的成分被用于计算回归和残差平方和。我们可以为这里的设计构建一个类似的表。我们建议大家把它作为一个练习来做一下。

---

[1]不相等的 $n$ 问题在后面讨论。

模仿表17.2的样式,并把它和用上面的输入给出的回归和残差平方和作比较来检查计算结果。

对于现在的数据,四个分类的均值是

$$A = 10 \quad B = 9 \quad C = 12 \quad D = 14$$

因此,总均值是11.25,而四个分类的效应则是

$$A = 10 - 11.25 = -1.25$$
$$B = 9 - 11.25 = -2.25$$
$$C = 12 - 11.25 = 0.75$$
$$D = 14 - 11.25 = 2.75$$

因为效应被定义为偏差的分数,所以它们的总和为零。

## Output

The regression equation is
Y= 11.25 −1.25E1 −2.25E2 + 0.750E3

## 评 议

首先请注意,$a=11.25$,它等于因变量的总均值。然后再来看三个编码向量的$b$,同时需要注意的是,每一个都反映了在与之关联的向量中识别的处理的效应。因此,$A$在E1中识别,[1] 而它的效应已在上面列示,为−1.25;$B$在E2中识别,而它的效应是上面列示的−2.25;$C$在E3中识别,而它的效应则是上面列示的0.75——因此,这种方案称为效应编码。

因为没有单独的$D$的向量(与虚拟编码类似,$D$被识别为在所有的向量中减1的结果),所以没有与之对应的$b$。不过,因为所有的效应之和等于零(见上文),所以$D$的效应必定等于改变符号之后的其余处理效应之和。目前的例子的效应(即那些$b$)的和是

$$(-1.25) + (-2.25) + (0.75) = -2.75$$

改变这个和的符号便可得到$D$的效应,即2.75。将它与上面得到的结果作比较。

至于那些$b$的含义,和为什么要将所有向量中的分类赋值为−1的个案的符号反转的原因,我们将在介绍如何用回归方程来预测不同分类中个体的分数时给出。与虚拟编码的情形相同(见前一节),回归方程中只有两项与编码向量中那个被识别的分类有关。这两项是截距($a$)和回归系数($b$)。记住,若用效应编码,这两项分别为总均值和研究的分类的处理效应。

使用上面给出的回归方程的两个相关项,求得的分类$A$,$B$和$C$中的个体的预测分数为:

$$A: 11.25 - 1.25(1) = 10$$
$$B: 11.25 - 2.25(1) = 9$$
$$C: 11.25 + 0.75(1) = 12$$

当然,前述数值就是三个分类的均值。我们在使用虚拟编码方程的讨论中已经指出,那些1都是可以省略的,因为在有关向量中的分数总是1。所以,从实质上讲,回归方程的使用相当于把总均值和研究中的分类或处理的效应相加。

---

[1]在虚拟编码一节我们讲过,所谓识别无非就是在该向量中将1赋给这个组。

现在我们来看分类 $D$，我们注意到所有的回归方程项都与这类成员的分数预测有关，因为与其他那些除了在一个向量中以外，在所有向量中的分数都为0分的分类不同，$D$ 在所有的向量中都有分数（即都是-1）。

将回归方程用于分类 $D$ 的个体分数，得到 $Y'=11.25-1.25(-1)-2.25(-1)+0.75(-1)=14$，当然，它是这个分类的均值。注意，将 $b$ 乘以-1导致分数的符号相反，这实际上就是上面所做的，将效应加在一起并将符号反转，以求得这一类的效应。

我们没有将上面输出中的 $b$ 检验包括进来，因为它们所解决的问题是与 $b$ 关联的分类均值是否不同于总均值，所以在使用效应编码时，一般我们对它们不是很感兴趣，这与使用虚拟编码时的 $b$ 不同（见前一节）。这再一次证明，我们必须要清楚究竟是输出的哪一方面才与所做的具体分析有关。

总之，在使用效应编码时，在同时取所有有关的向量时，与我们真正有关的问题是 $R^2$ 和回归平方和检验。一个统计显著的 $R^2$ 会导致分类均值彼此相等的零假设的否定。然而，正如我们在介绍虚拟编码时指出的一样，这样一种整体性检验一般都会跟随着特定分类之间的均值的多重比较。在转向这一问题的讨论之前，我们先阐述一下 SPSS 是怎么进行与 MINITAB 相同的分析的。

## SPSS

### Input

```
SET LISTING='T191.LIS'.
TITLE TABLE 19.1.   A CATEGORICAL INDEPENDENT VARIABLE.
DATA LIST FREE/T Y.
IF  (T EQ 1) E1 =    1.  [1]   [numbers in brackets
IF  (T NE 1) E1 =    0.  [2]   are not part of input]
IF  (T EQ 2) E2 =    1.  [3]
IF  (T NE 2) E2 =    0.  [4]
IF  (T EQ 3) E3 =    1.  [5]
IF  (T NE 3) E3 =    0.  [6]
IF  (T EQ 4) E1 =  -1.  [7]
IF  (T EQ 4) E2 =  -1.  [8]
IF  (T EQ 4) E3 =  -1.  [9]
BEGIN DATA.
     [Data for T and Y from Table 19.1 go here]
END DATA.
LIST.
REGRESSION VAR Y TO E3/DES/STAT=ALL/DEP Y/ENTER.
```

### 评 议

与 MINITAB 一样，我们并不直接将编码向量读进来，而是通过运行分类识别向量 $T$ 来生成。可以达到这一目的的方法有多种，但我们将要给大家的是使用 IF 语句，在这个语句中，EQ 的意思是等于，而 NE 的意思则是不等于。[1]因此，例如，在执行[1]时，那些 T 分数为1的被试（即被识别为属于分类1，或表19.1的 $A$ 的被试），在新的标为 E1（效应编码分类1）的向量中被赋值为1。在执行[2]时，给 E1 中那些 T 分数不等于1的，即所有其他的被试都赋值为0。

---

①其他 IF 语句也可用于同样的目的，相关例子在下面讨论正交编码时再给大家介绍。更为普遍的讨论请参见 SPSS 手册。

在这个阶段,E1是一个虚拟向量,由 $A$ 中被试的1和所有其他被试的0构成。同样,[3]和[4]导致一个分类2(即表19.1的 $B$)被识别的虚拟向量。进而,[5]和[6]生成一个分类3(即表19.1的 $C$)被识别的虚拟向量。[①]接下来,我们可以不使用下一段评议的[7]到[9],而是使用两个IF语句来生成一个虚拟变量,分类4(即 $D$)将被识别。在生成了四个虚拟向量之后,我们便可以运行它们,使用COMPUTE语句(见SPSS手册)以与在MINITAB使用LET语句运行INDICATOR(指标)向量完全相同的方式生成效应向量。

我们用[7]到[9]在向量E1到E3,为分类4(即 $D$)的被试插入-1,从而结束三个效应编码向量。重要的是要记住,IF语句是连续执行的。因此,在[7]到[9]被执行时,无论E1到E3中的内容是什么,那些 $T$ 等于4的被试原有的值都会被覆盖(在目前的例子中,0将会因为前述的IF语句而被插入)。

## Output

| T | Y | E1 | E2 | E3 | |
|---|---|---|---|---|---|
| 1.00 | 8.00 | 1.00 | 0.0 | 0.0 | |
| 1.00 | 8.00 | 1.00 | 0.0 | 0.0 | *[first two subjects in T 1]* |
| . | . | . | . | . | |
| 2.00 | 7.00 | 0.0 | 1.00 | 0.0 | |
| 2.00 | 8.00 | 0.0 | 1.00 | 0.0 | *[first two subjects in T 2]* |
| . | . | . | . | . | |
| 3.00 | 10.00 | 0.0 | 0.0 | 1.00 | |
| 3.00 | 11.00 | 0.0 | 0.0 | 1.00 | *[first two subjects in T 3]* |
| . | . | . | . | . | |
| 4.00 | 12.00 | −1.00 | −1.00 | −1.00 | |
| 4.00 | 13.00 | −1.00 | −1.00 | −1.00 | *[first two subjects in T 4]* |

## 评 议

我们用LIST(见Input)列出数据,这样就可以看到IF已经生成了效应编码向量。每当进行某种转换时,列出数据这种做法不失为一种明智之举,这样我们便有机会检查生成的向量是否真正是我们所想要的。

## Output

| | Mean | Std Dev |
|---|---|---|
| Y | 11.250 | 2.454 |
| E1 | 0.0 | .722 |
| E2 | 0.0 | .722 |
| E3 | 0.0 | .722 |

N of Cases = 24

## 评 议

每个向量都被看作仿佛是一个不同的变量;[②]因此,这些统计值都是以 $N$=24 为根据的。这就是说,不论分类成分是什么,均值和标准差的计算是跨所有被试的。因此, $Y$ 的均值是上面讨论的总均值(见有关MINITAB输出的评议)。分类因变量均值必须分开进行计算。或者

---

①我们希望大家已经明白,我们的目的是做一个使用虚拟编码的分析,因此生成这三个向量已经足够了。这时我们最好能给列贴上相应的列标(即D1,D2和D3)。

②在看这个问题的评议时请联系这一章早先给出的MINITAB的输出。

也可以像上面介绍的一样，用方程求得。分类的Std Dev(标准差)也必须分开计算。

现在我们来看编码向量的均值，并注意到它们都等于0。在使用效应编码时，情况总是这样的，不论分类数是多少，只要所有分类的$n$都相等。这时，每个向量都由等数的1和−1组成，前者识别一个给定的分类，后者与那些在所有的向量中赋值为−1的分类关联(所有其他的分类赋值为0)。这样，这些分数之和就为零，因此，均值也等于零。只需看均值，我们便能马上知道是否有输入错误。均值不等于0就表示存在这种错误。

在$n$不相等时，编码向量的均值不等于零。用在一个给定的向量中识别的分类的个案数和那些赋值为−1的个案数，很容易就可以计算出它的均值，并清楚它是否等于上面报告的那个数值。

为了节省篇幅，我们没有报告相关矩阵。然而我们已经注意到，在$n$相等时，任何两个效应编码向量之间的相关系数都等于0.50，不论分类数是多少。这是又一种可以使用的输入错误快速检查法。

## Output

Equation Number 1　Dependent Variable..　Y

Beginning Block Number　1.　Method: Enter

Variable(s) Entered on Step Number　　　　1..　　E3
　　　　　　　　　　　　　　　　　　　　　　　　2..　　E2
　　　　　　　　　　　　　　　　　　　　　　　　3..　　E1

| | | | | Analysis of Variance | | | |
|---|---|---|---|---|---|---|---|
| Multiple R | .79937 | | | | | | |
| R Square | .63899 | R Square Change | .63899 | | DF | Sum of Squares | Mean Square |
| Adjusted R Square | .58484 | F Change | 11.80000 | Regression | 3 | 88.50000 | 29.50000 |
| Standard Error | 1.58114 | Signif F Change | .0001 | Residual | 20 | 50.00000 | 2.50000 |

| Variable | B |
|---|---|
| E3 | .75000 |
| E2 | −2.25000 |
| E1 | −1.25000 |
| (Constant) | 11.25000 |

## 评　议

我们在这里有选择地列出了一些输出的内容，以便大家将它们与前面用MINITAB得到的结果进行比较。因为我们已经对MINITAB的输出做过评议，所以我们将不再对这里给出的输出进行评议。若有疑问请参考MINITAB输出的评议。

## 均值多重比较

前面我们已经多次提到，对于分类自变量这种情况而言，$R^2$或回归平方和检验是针对全局的，解决分类均值是否彼此相等的问题。但我们更感兴趣的问题是各个特定分类，或分类的组合的均值是否有差异。这一问题的答案可通过多重比较来获取。

均值多重比较有各种路数，有关文献难以计数。我们的介绍仅限于某些基本的路数。更详细的讨论和其他的路数请参见(Edwards,1985;Games,1971;Keppel,1982;Kirk,1982;Winer,1971)。

比较或对比是一个线性组合$L$,其形式如下:

$$L = c_1\bar{Y}_1 + c_2\bar{Y}_2 + \cdots + c_j\bar{Y}_j \tag{19.4}$$

式中,$c$是用来乘给定均值$Y$的系数;$j$是要比较的均值数。对于任何给定的比较而言,都要求系数之和等于零。

用上面分析的数例的这四个分类,并用这些字母表示分类均值,下面是某些阐释性的比较。

|  | $A$ | $B$ | $C$ | $D$ |
|---|---|---|---|---|
| (1) | $1$ | $-1$ | $0$ | $0$ |
| (2) | $-\frac{1}{2}$ | $-\frac{1}{2}$ | $0$ | $1$ |
| (3) | $-\frac{1}{3}$ | $-\frac{1}{3}$ | $1$ | $-\frac{1}{3}$ |
| (4) | $-1$ | $-1$ | $0$ | $2$ |
| (5) | $-1$ | $-1$ | $3$ | $-1$ |

注意,因为要求五个比较的每一个系数之和为零。所以用上面分析的数例中的后一个来介绍这种比较的计算和检验。现在我们只是简单介绍每一个检验是如何完成的。

在(1)中,$A$的均值乘以$1$,$B$的均值乘以$-1$。于是将$B$的均值从$A$的均值减去。如果相反,我们希望将$A$的均值从$B$的均值中减去,那么我们可将系数$-1$和$1$分别用于$A$和$B$。$C$和$D$的$0$系数表明这些均值与比较无涉。

在(2)中,$A$和$B$的均值的平均数从$D$的均值中减去。

在(3)中,$A$,$B$和$D$的均值的平均数从$C$的均值中减去。

像在(2)和(3)中一样,用整数来操作会比分数更加方便一些。在系数要作为输入进入多元回归的计算机程序时,这种做法尤为方便。通过乘以一个常数,就很容易将分数转换成整数。因此,将比较(2)中的系数乘以$2$,便可得到比较(4),比较(2)和(4)是等价的,无论哪一个系数都可用于$A$和$B$的平均数和$D$的比较检验。同样,比较(3)和(5)也是等价的,因为后者是通过将前者的每一个系数乘以$3$得到的。下面我们将会用整数来做我们感兴趣的那些比较。

计划和事后的比较是有区别的。顾名思义,所谓计划的比较是那些在分析之前已经有了假设的比较,因此也称为先验比较。相反,事后或后验比较则是在看到了全部分析结果之后才作的比较。下面来介绍这两种比较路数,先从计划的比较开始介绍。

## 计划的比较

根据理论思考,研究者可以假设某种处理比另一些更加有效,或某些群体的表现优于其他群体。这时,我们对处理的均值是彼此相等这样的零假设的多类题项检验不是很感兴趣。

相反,我们想要检验的是假设的差异,即进行一些有计划的比较。计划的比较有两种类型:正交的和非正交的。

## 正交比较

正交的意思是直角(90°)。在两个向量或变量正交时,它们之间的相关是零。在两个比较各自的几何原本(element)的系数的积和为零时,这两个比较正交。我们再一次用上面分析的数例的四个分类,来考虑下面这些比较。

|     | A | B | C | D |
|-----|---|---|---|---|
| (1) | 1 | -1 | 0 | 0 |
| (2) | 1 | 1 | -2 | 0 |
| (3) | 0 | 0 | 1 | -1 |
| (4) | 1 | 1 | -1 | -1 |
| (5) | 1 | 1 | 1 | -3 |
| (6) | 1 | 0 | -1 | 0 |

我们先注意到,每个比较的系数的和为零这一要求在所有的比较中都已经满足。我们再来检查某些比较,判断一下它们是否正交。我们先从(1)和(2)开始。为了判断这些比较是否正交,先把它们各自的系数相乘,然后再相加:

| (1): | 1 | -1 | 0 | 0 |
|------|---|----|---|---|
| (2): | 1 | 1 | -2 | 0 |
| (1)(2): | 1 | -1 | 0 | 0 |

系数的积和是零,因此(1)和(2)正交。

比较(2)和(3)的情况如何。

| (2): | 1 | 1 | -2 | 0 |
|------|---|---|----|---|
| (3): | 0 | 0 | 1 | -1 |
| (2)(3): | 0 | 0 | -2 | 0 |

系数的积和不等于零,因此(2)和(3)不正交。

比较(2)和(5)的情况如何。

| (2): | 1 | 1 | -2 | 0 |
|------|---|---|----|---|
| (5): | 1 | 1 | 1 | -3 |
| (2)(5): | 1 | 1 | -2 | 0 |

系数的积和为零,因此(2)和(5)正交。

我们建议大家做一下类似的计算来检查其他的比较。大家将会发现,(1)和(4)是正交的,与(1)和(5)相同,而(4)和(5)是不正交的(它们的系数的积和是4)。

在一个给定组内所有的比较都正交时,就意味着它们彼此正交。因此,(1),(4),和(5)彼此是不正交的(见前面的段落)。今后,每当我们说一组比较正交时,就意味着彼此正交。一个给定的比较数的可能的正交比较数等于分类数减1。记住,这也是代表分类变量所需要的编码向量数,且它也对应于与类间差关联的 $df$(自由度)。

而对于上面给出的四个分类而言,三个正交比较是可能的。不过满足这个条件的组有三个。至于上面给出的比较,(1),(3)和(4)正交,与(1),(2)和(5)一样。前述只是一个四分类变量的各种可能的正交比较组中的两组。当然,究竟要使用哪一种则要取决于我们的理论。说到底,这是一个怎样做到先验比较的问题。例如,假定在上述比较中的自变量的四个分类是不同的处理方法或教学风格,但是 $A$ 和 $B$ 比较有"方向性",而 $C$ 和 $D$ 比较则无"方向性"。我们再假定研究是非实验的,实验中的 $A$ 和 $B$ 来自两个东部州的样本,而 $C$ 和 $D$ 则是来自两个西部州的样本。对于上述无论哪一种情况,研究者都可以通过比较(1),(3)和(4)反映的情况提出三个假设: $A$ 优于 $B$ ; $C$ 优于 $D$ ; $A$ , $B$ 的平均数优于 $C$ , $D$ 的平均数。

可以设想,我们不难用比较(1),(2)和(5)来反映其他的实际关注点,根据这些比较我们可以设想: $A$ 优于 $B$ ; $A$ , $B$ 的平均数优于 $C$ ; $A$ , $B$ , $C$ 的平均数优于 $D$ 。我们再次强调,特定的比较反映了有关处理或处理的组合之间的差别的理论。

假设的数目不必等于一个给定设计中可能的正交比较数。因此,就上面的比较而言,研究者可以只形成两个假设,如只用(1)和(2)来反映这些假设。这并不妨碍我们做其他均值或均值组合之间的事后(见下文)比较。

## 比较的检验

任何比较都可以像下面这样进行检验:

$$F = \frac{\left[ c_1 \bar{Y}_1 + c_2 \bar{Y}_2 + \cdots + c_j \bar{Y}_j \right]^2}{MSR \left[ \sum \frac{(c_j)^2}{n_j} \right]} \tag{19.5}$$

式中的分子是比较的平方,为式(19.4)所定义。 $MSR$ 是全分析残差均值平方; $n_j$ 是分类 $j$ 中的被试数。这个 $F$ 的分子的 $df$ 是1。所以有些作者把它叫作单体或个体 $df$ 的 $F$ 。分母的 $df$ 等于与 $MSR$ 关联的 $df$(即 $N-k-1$),其中, $N$ 是被试总数, $k$ 是编码向量数或类间差的 $df$ 。

关于这个 $F$ 比率,要注意两件事。一是,因为它的分子的 $df$ 是1,所以 $t$ 比率可通过求 $\sqrt{F}$ 得到。 $t$ 比率的 $df$ 等于 $F$ 的分母的 $df$(即 $MSR$ 的 $df$)。二是,如下所示,式(19.5)也可用于计划的非正交和事后比较,只是概率水平要做相应的调整。

## 数　例

比较(1),(3)和(4)的检验将用前面分析过的数例来阐述。在后面一节(参见正交编码),将给大家介绍如何从使用正交编码的多元回归分析的输出得到这些检验。我们将会再次重复前面得到且为后面的比较检验所必需的那些结果。

均值: $A=10$ 　　$B=9$ 　　$C=12$ 　　$D=14$

$$MSR=2.5, 有 20 个 df$$

$$每个分类中 n=6$$

我们将式（19.5）用于手头的比较。在 A 和 B 之间（1）：

$$F = \frac{[(1) \times (10) + (-1) \times (9)]^2}{2.5 \times \left[\frac{(1)^2}{6} + \frac{(-1)^2}{6}\right]} = \frac{1}{0.83} = 1.20$$

在 C 和 D 之间（2）：

$$F = \frac{[(1) \times (12) + (-1) \times (14)]^2}{2.5 \times \left[\frac{(1)^2}{6} + \frac{(-1)^2}{6}\right]} = \frac{4}{0.83} = 4.82$$

A 和 B 的平均数与 C 和 D 的平均数之间（3）：

$$F = \frac{[(1) \times (10) + (1) \times (9) + (-1) \times (12) + (-1) \times (14)]^2}{2.5 \times \left[\frac{(1)^2}{6} + \frac{(1)^2}{6} + \frac{(-1)^2}{6} + \frac{(-1)^2}{6}\right]} = \frac{49}{1.67} = 29.34$$

上面的 F 比率的每一个 df 都是 1 和 20，分别对应于它的分子和分母。假定 $\alpha=0.05$ 已经选定，则 $F(1,20)=4.35$，于是我们得出结论：比较（1）是统计不显著的，但（2）和（3）则是统计显著的。

当假设比较是正交比较时，那个零假设是分类均值彼此相等的多类题项检验便用不上了。但我们可以证明总 F 比率，也就是 $R^2$ 或回归平方和检验的 F 比率等于一组正交比较的 F 比率的平均数。对于这里分析的数例而言，我们可以发现总 $F(3,20) = 11.80$，这是经过四舍五入之后的数字，它等于上面的正交比较的三个 F 比率的平均数：

$$\frac{1.20 + 4.82 + 29.34}{3} = 11.79$$

由上述可知，总 F 比率可能是统计不显著的，但特定正交比较的 F 则是统计显著的。然而，正如我们上面所言，在建立正交比较的假设后，总 F 比率已经用不上了。这与只在总 F 比率统计显著时才实施的事后比较（见下文）形成对照。

## 非正交比较

正如上面所述，计划的比较可以是非正交的。这时，有一种叫作邦费罗尼法的 t 统计量（Bonferroni t statistics）（Miller, 1966）或邓恩过程（Dunn procedure）（Dunn, 1961）可资利用。在这种路数中，F 比率是以与正交中使用的计算方法完全相同的方法计算的，即用式（19.5）计算的，只是总 $\alpha$ 水平要根据所做的比较数做一些调整。

对一个给定的 $\alpha$ 和非正交比较数 i 而言，只有在一个比较的 F 或 t 比率超过 $\alpha/i$ 时，我们才可宣称是统计显著的。假定 $\alpha=0.05$ 和有两个非正交比较被检验，对于一个要被宣称统计显著的比较，它的 F 或 t 比率必须要超过临界值 0.05/2=0.025。如果我们建立了五个这样的假设，

并假定总 $\alpha = 0.05$,那么我们要使用的临界值就应该是 $0.05/5 = 0.01$。

邦费罗尼法检验或邓恩多重比较检验表在各种统计著作中都可以找到(如 Edwards,1985;Kirk,1982;Myers,1979)。这样一些表包含了比较数 $i$ 和误差或 $MSR$ 的 $df$(即 $N-k-1$)。例如,假定有 6 个非正交比较的假设已经建立,$MSR$ 的 $df$ 是 60,且总 $\alpha = 0.05$。在邦费罗尼表中,我们可以发现误差的 $df$ 为 60 的 $t$ 统计量的临界值是 2.73,因此,一个比较的 $t$ 比率必须超过 2.73(或与此等价,$F$ 比率超过 7.45),才能宣称是统计显著的。[①]

我们要再次谈一下上面给定的比较,它假定研究者建立了两个由比较(2)和(6)反映的假设。这些比较是非正交的,因为它们的系数的积和不是零(请验证它是 3)。用前面得到的结果,我们将式(19.5)用于这些比较。$A$ 和 $B$ 的平均数和 $C(2)$ 的均值之间的比较:

$$F = \frac{[(1) \times (10) + (1) \times (9) + (-2) \times (12)]^2}{2.5 \times \left[ \frac{(1)^2}{6} + \frac{(1)^2}{6} + \frac{(-2)^2}{6} \right]} = \frac{25}{2.5} = 10.0$$

在 $A$ 和 $C$ 之间(6):

$$F = \frac{[(1) \times (10) + (-1) \times (12)]^2}{2.5 \times \left[ \frac{(1)^2}{6} + \frac{(-1)^2}{6} \right]} = \frac{4}{0.83} = 4.82$$

由 $F$ 表可知,$\alpha = 0.025$(例如,可参见 Edwards,1985),1 和 20 个 $df$ 的临界值是 5.87。因此得出结论,第一个比较是统计显著的,但第二个是不显著的。或者,我们也可以求 $t$ 比率,它等于 $\sqrt{10.00} = 3.16$;$\sqrt{4.82} = 2.20$。由邦费罗尼 $t$ 分布表可知 $\alpha = 0.05$,两个比较的 20 个 $df$ 的临界值是 2.42。无疑,我们将要得出的结论与上面相同。

记住,用效应编码的回归方程中的 $b$ 反映的是分类的效应。因此,在这里我们也可以用 $b$ 而不是分类均值来求解和检验多重比较。有关这两种路数的等价性的详细讨论和阐述,请参见(Pedhazur,1982:299-304)。

## 不等样本量

与虚拟编码一样,我们只对用不等样本量做分析的技术做一些评议。然而我们要提醒大家的是,在虚拟编码一节,我们曾经对在不相等的 $n$ 是因为被试减少或无回答造成的时候,它对研究效度带来的威胁做过一般性的评论。

就分析涉及的技术而言,用不相等的 $n$ 的效应编码的分析方式与相等的 $n$ 的完全一样;除了不相等的 $n$ 的截距($a$)等于未加权的分类均值的平均数这一点外,两种情况中的回归方程的解释也一样。这就是说,分类均值平均数的计算未将其依据的被试数目考虑在内。至于相等的 $n$,每个 $b$ 都表示那个与之关联的在向量中识别的分类的效应,但这样的效应并非分类均值对未加权分类均值的平均数的偏差。

基于相等和不相等的 $n$ 的均值之间的多重比较分析是以相同的方式进行的,诸如这样的

---

[①]邦费罗尼 $t$ 统计量的不同应用和某些修正,请参见 Keppel(1982:147-149)。

比较的检验使用的都是式(19.5)。但是在做不相等的 $n$ 的均值组合之间的比较时,使用的是未加权的组合。我们可以从式(19.5)的分子中看到这一点,那里的线性组合是在未将每个均值依据的被试数考虑在内的情况下得出的。但是样本量已经被考虑在误差项的计算之内了,即式(19.5)的分母中已经将它考虑在内了。有关不相等的 $n$ 效应编码的使用,包括均值之间的多重比较的数例的更为详细的介绍请参见(Pedhazur, 1982: 320-323)。

## 正交编码

在假设比较是正交的之后,它们的系数便可以用于在多元回归分析中代表自变量的编码向量了。在这样做了之后,虽然总的分析结果与任何其他的编码方案都相同,但某些中间结果却有一些有趣的性质。我们将联系 SPSS 对表 19.1 进行的再次分析的输出,对此做一些评议。

**SPSS**

### Input

```
SET LISTING='T191ORT.LIS'.
TITLE TABLE 19.1.    ANALYSIS WITH ORTHOGONAL CODING.
DATA LIST FREE/T Y.
IF (T EQ 1) O1 = 1.    [EQ = equal]
IF (T EQ 2) O1 = −1.
IF (T GT 2) O1 = 0.    [GT = greater than]
IF (T  LT 3) O2 = 0.    [LT = less than]
IF (T EQ 3) O2 = 1.
IF (T EQ 4) O2 = −1.
IF (T  LT 3) O3 = 1.
IF (T GT 2) O3 = −1.
BEGIN DATA.
       [data of Table 19.1 go here]
END DATA.
LIST.
REGRESSION VAR Y TO O3/DES/STAT=ALL/DEP Y/ENTER.
```

### 评　议

与前面的分析一样,我们不会把编码向量作为输入录入,而是用分类识别向量和 IF 语句来生成必需的向量。按照虚拟和效应编码向量采用的做法,我们将编码向量命名为 O(正交)1, O2 等。与其他的编码方案不同,这些向量与被识别的分类无关,但却与给定的比较或对比有关。因此 O1 涉及了第一个比较,它是 $A$ 和 $B$ 之间的比较——对其他的向量也同样如此(见下列数据和评议)。

因为我们已经在前面的分析中对 REGRESSION 语句做过评议,所以在这里将不再对它做评议,但我们要指出,用三种编码方案(即虚拟,效应和正交)的分析可以在单独一次运行中完成。为了达到这一目的,REGRESSION 程序需要包括三个子命令。每一个子命令使用同样的因变量和一组进入分析的对应于三种编码方案的不同的编码向量。

## Output

| T | Y | O1 | O2 | O3 | |
|---|---|---|---|---|---|
| 1.00 | 8.00 | 1.00 | 0.0 | 1.00 | |
| 1.00 | 8.00 | 1.00 | 0.0 | 1.00 | *[first two subjects in T 1]* |
| . | . | . | . | . | |
| 2.00 | 7.00 | −1.00 | 0.0 | 1.00 | |
| 2.00 | 8.00 | −1.00 | 0.0 | 1.00 | *[first two subjects in T 2]* |
| . | . | . | . | . | |
| 3.00 | 10.00 | 0.0 | 1.00 | −1.00 | |
| 3.00 | 11.00 | 0.0 | 1.00 | −1.00 | *[first two subjects in T 3]* |
| . | . | . | . | . | |
| 4.00 | 12.00 | 0.0 | −1.00 | −1.00 | |
| 4.00 | 13.00 | 0.0 | −1.00 | −1.00 | *[first two subjects in T 4]* |
| . | . | . | . | . | |

## 评 议

这些摘要包括的内容使我们能看到用 IF 语句生成的正交编码。注意,每一个向量中的编码都对应于感兴趣的比较的系数。回头看一下早先列出的有关正交比较的意义的解释的那六个比较,并需注意,O1 用 A 和 B 对比的比较(1)的系数作为编码;O2 用 C 和 D 对比的比较(3)的系数作为编码;而 O3 则用 A 和 B 的平均数与 C 和 D 的平均数的对比的比较(4)的系数作为编码。简而言之,不论一组给定的比较的系数是什么,它们都要被用来作为正交编码的编码。

## Output

| | Mean | Std Dev |
|---|---|---|
| Y | 11.250 | 2.454 |
| O1 | 0.0 | .722 |
| O2 | 0.0 | .722 |
| O3 | 0.0 | 1.022 |

N of Cases　= 24

Correlation:

| | Y | O1 | O2 | O3 |
|---|---|---|---|---|
| Y | 1.000 | .147 | −.294 | −.728 |
| O1 | .147 | 1.000 | .000 | .000 |
| O2 | −.294 | .000 | 1.000 | .000 |
| O3 | −.728 | .000 | .000 | 1.000 |

## 评 议

与使用效应编码一样,正交编码向量的均值都是零。但与效应和虚拟编码不同,在使用正交编码时,编码向量是不相关的。当然,这是与早先给出的正交的定义是一致的。

编码向量之间不相关对于分析和结果的解释有着很重要的意义。尽管对目前的情况而言,我们处理的不是三个自变量,而是一个为三个编码向量代表的分类自变量,本分析也将在更为广泛的意义上用于阐述在那种每个向量代表不同的自变量,且向量之间是不相关的设计中将会发生什么。这种情况在非实验研究中可能永远也不会发生。然而,在一个设计精良和实施得当的有多个自变量的实验中却有可能发生。

首先,与其他编码方案不同,在正交编码中,我们可以在涉及的那些特定比较之间,清楚地将那些已经解释的方差比例(即 $R^2$)进行分解,随后也因此而能将回归平方和予以清楚地分解。对于那些彼此不相关的多自变量设计,情况也同样如此。

$R^2$这个概念是在第18章的开始部分引进的,它指出,在自变量不相关时,$R^2$等于因变量和每个自变量的零阶相关的平方和。这一点现在我们用因变量和编码向量之间的零阶相关来说明(见上面的输出中的标签为$Y$的列或行):

$$R_{y.123}^2 = (0.147)^2 + (-0.294)^2 + (-0.728)^2$$
$$0.638 = 0.022 + 0.086 + 0.530$$

注意,同样经四舍五入后的$R^2$也可在用虚拟编码的这些数据的分析中求得(参见前面有关章节)。然而,在虚拟或效应编码的分析中,已经解释的方差是分解不了的,但在正交编码中,我们却可以进行方差分解。例如,在目前这个例子中,我们可以说大约因变量方差的2%为第一个对比所解释,9%为第二个对比所解释,53%为第三个对比所解释。在向量代表不相关的不同自变量时,我们也可以用同样的语句。

## Output

| Variable | B | SE B | Beta | Correl | Tolerance | T | Sig T |
|---|---|---|---|---|---|---|---|
| O3 | −1.75000 | .32275 | −.72848 | −.72848 | 1.00000 | −5.422 | .0000 |
| O2 | −1.00000 | .45644 | −.29435 | −.29435 | 1.00000 | −2.191 | .0405 |
| O1 | .50000 | .45644 | .14718 | .14718 | 1.00000 | 1.095 | .2863 |
| (Constant) | 11.25000 | .32275 | | | | | |

## 评 议

总分析结果与用虚拟编码和效应编码得到的结果相同,所以我们没有在这里列出。

这份输出摘要有几个颇令人感兴趣的地方,我们将会对此做一些评议。来看Beta列和Correl(相关)列,我们注意到,如我们所料,它们是相同的。在第18章中我们已经证明,在自变量不相关时,每个变量的$\beta$(标准回归系数)等于因变量和研究的自变量的零阶相关——参见有关式(18.6)的评议。对于正交编码向量,情况也同样如此。

在第18章中我们已经证明,在自变量不相关时容忍度是1.0。对于正交编码向量,情况也同样如此。

现在我们来看非标准化系数的回归方程——B列。大家可能注意到,$a$(常数)等于因变量的总均值(11.25)。

实际上,一个给定的$b$的检验是在与之关联的向量中反映的比较的检验。因为SPSS的REGRESSION采用的是编程方式,所以比较列示的顺序可以不同于标记的顺序,如本分析所列示的一样。然而这与$b$的检验和解释无关,即使在自变量(或编码向量)是相关的时候(参见第18章,有关$b$的含义和检验的讨论)。

三个$b$的$t$比率列在了标记为T的那一列。假定$\alpha=0.05$已经选定,并使用与$t$关联的概率水平,我们便会得出$A$和$B$与$C$和$D$的平均数之间的比较(即O3)是统计显著的,与$C$和$D$(O2)一样。$A$和$B$之间的比较(O1)是统计不显著的。

记住,$t^2=F$,分子和分母的$df$都为1($F$的分母的$df$与$t$关联的那些相同)。输出中给出了这三个$t$的平方,即三个$F$比率:29.398,4.800和1.199。正如所料,这些数字四舍五入后与前面用式(19.5)得到的用于三个研究的正交比较检验的那些值相同。

由此可见,问题很清楚,在做出正交比较假设后,在正交编码中使用它们的系数是有用的,我们可因此而得到一些比较的检验,其形式与那些反映这些比较的向量关联的 $b$ 检验相同。但是如前所述,无论采用何种编码方法,我们都可以通过应用式(19.5)来进行正交比较。

$b$ 的大小受用于比较的具体系数影响(如分数或整数,见上文)。这一点同样也可以从 $\beta$ 与 $b$(即标准和非标准系数)之间的关系看出来。在第18章——见式(18.8)——我们已经证明 $b$ 等于与它对应的 $\beta$ 乘以因变量的标准差与研究的自变量的标准差的比率。很清楚,受正交比较的不同编码选择的影响的项只是那些编码向量的标准差。所以 $\beta$ 并不会受比较中使用的特定系数的选择的影响,但是 $b$ 却会受影响。重要的问题在于,不论选择的编码是什么,只要比较是正交的,$b$ 的检验和今后那些反映这些 $b$ 的比较的检验也都是相同的。不仅如此,用回归方程预测的值也将是相同的(即分类均值)。这些问题的更为详细的讨论,请参见(Pedhazur,1982:309-311)。

## 不等样本量

在 $n$ 不相等时,也可以在均值之间或用它们在正交编码中的系数进行正交比较。有关这个问题的详析和例示请参见(Pedhazur,1982:325-328)。

# 事后比较

事后比较只是在总 $F$ 统计显著时才可进行,顾名思义,这样的检验的目的并非检验建立在理论思考上的假设,而是试图看到数据中正在发生什么。

不言而喻,所有我们对事后理论提出的警告(请对第9章予以特别的关注)都适用于目前的情况,即所谓的数据探索这样一种情况。因此,尽管跟随直觉进行的事后比较可能很有用处,但是请不要忘记,这充其量不过是一种钓鱼式的探索(fishing expedition)而已。

用于事后比较的路数有很多种,如基于相等的 $n$ 的成对均值比较,以及基于相等或不相等的 $n$ 的均值组合比较。这些路数在统计可行性(statistical permissiveness)上也有很大差异。这就是说,有些路数基于更为宽松的标准,可行性更大,而另一些则基于比较严格的标准,所以可行性就比较小,或比较保守。因而,一个给定的比较,可能被一种路数宣称为统计显著,但却被另一种路数称为统计不显著。这样一种现象的详细讨论和具体的例子见本节开头给出的参考书。我们的介绍仅限于由谢弗(Scheffe,1959)开发的路数,因为它最为通用和保守。换言之,谢弗或S法不仅可用于任何均值组合以及相等和不相等的 $n$ 的比较,而且较之其他的路数,有着更小的宣称,一个给定的比较是统计显著的可能。

尽管有关谢弗法的专门的公式和符号都已经开发出来了,但是我们并不准备在这里介绍它们(示例请参见 Pedhazur,1982:297-298)。我们将在这里用另一个程序替代它,该程序体现在式(19.5)的应用中,就像早先我们对计划的比较所做的一样。但是,在用于谢弗多重比较时,用式(19.5)求得的 $F$ 比率必须要超过 $kF_\alpha; k, N-k-1$,式中的 $k$ 代表自变量的编码向量的数目,或分类数减1,$F_\alpha; k, N-k-1$ 是表中列出的在预先设定的 $\alpha$ 水平上的有 $k$ 和 $N-k-1$ 个 $df$ 的 $F$ 比率的值。

我们希望这个程序能在将它用于表19.1的数例中的某些均值之间比较的讲解时变得清楚起来。现在我们则需要以下这些早先已经得到的结果。

$$均值: A=10 \qquad B=9 \qquad C=12 \qquad D=14$$

$$MSR=2.5,有20个\ df$$

$$每一个分类中\ n=6$$

为了便于讲解,假定研究者只建立了一个假设:分类之间的均值是有差别的。当然对于目前的情形,这可能是一个粗糙的假设。不言而喻,最好要像我们在处理计划比较那一节所做的一样,建立一个比较精细的假设。一个研究者如果把自己限制在了这样的大而无当的假设,说明其对于自己正在研究的现象和正在做的事情知之甚少。假定研究者用分类代表那些处理,那么他正在做些什么呢? 即便如此,大家也会记得,对于我们手中的数据而言,那个分类均值彼此相等的零假设被拒绝了:$F(3, 20) = 11.80, p < 0.01$。于是,研究者接下来要做的事,就是事后多重比较了。假定因为那些未予深究的原因,研究者决定将谢弗程序用于下面的比较:

|  | A | B | C | D |
|---|---|---|---|---|
| (1) | 0 | −1 | 1 | 0 |
| (2) | 0 | −2 | 1 | 1 |

将式(19.5)用于这几个比较的每一个比较。

$B$ 和 $C$ 之间(1):

$$F = \frac{[(-1) \times (9) + (1) \times (12)]^2}{2.5 \times \left[\frac{(-1)^2}{6} + \frac{(1)^2}{6}\right]} = \frac{9}{0.83} = 10.84$$

$B$ 与 $C$ 和 $D$ 的平均数(2):

$$F = \frac{[(-2) \times (9) + (1) \times (12) + (1) \times (14)]^2}{2.5 \times \left[\frac{(-2)^2}{6} + \frac{(1)^2}{6} + \frac{(1)^2}{6}\right]} = \frac{64}{2.5} = 25.60$$

到目前为止,这些计算结果都与早先计划的比较相一致。实际上,如果前述比较都是计划的比较,那么这两个 $F$ 比率,每个都有1个和20个 $df$,与那些已经进行过的比较检验相同。因为比较是非正交的(它们的系数的积和是3),所以必须要使用邦费罗尼检验(见上面的非正交比较)。查一下表中两个比较0.01水平,误差20个 $df$ 的邦费罗尼统计值,我们发现 $t=3.16$。因此对应的 $F$ 是9.99($3.16^2$)。于是我们得出的结论是两个比较都是统计显著的。

然而如上面所说,在比较事后和使用谢弗法的时候,检验的 $F$ 比率必须要超过表列的 $F$ 值乘以 $k$(编码向量数或分类之间差异的自由度),方能宣称比较是统计显著的。对于 $\alpha=0.01$,表列的 $F(3,20)= 4.94$。因此,使用谢弗法,要宣称比较是统计显著的,其 $F$ 比率必须要超过(3)×(4.94)=14.82。因此,对于上面的比较,比较(1)是统计不显著的,但(2)则是统计显著的。

## 多元回归和方差分析：结构和术语

如果你熟悉方差分析的话（ANOVA），那么你可能已经认识到本章的分析都可以用ANOVA来做。你可能会感到奇怪，是不是有必要花那么多的时间和精力，在用我们已经熟悉的路数可以得到相同的结果时，去学习新的路数和新的术语？即使你的统计学背景不怎么强，你也必定会在阅读统计教科书或研究文献时遇到过MR（多元回归）和ANOVA这两个名词。也许你甚至考虑过这两种路数究竟有何不同之处？

这一节我们就来回答这个问题。讨论的重点是分析的结构和使用的术语。而更为重要的问题，即这两种路数孰优孰劣，则不在这一节讨论之列（我们将在下一章，在讨论了因子设计之后再来讨论它）。

本节的另一个目的是让你了解ANOVA的一般格式和术语，以及用于这样一些分析的计算机程序集，这样大家就可以更好地懂得文献中用ANOVA产生的报告并在需要时运行ANOVA程序集。

我们先简要介绍数据的显示和术语，然后介绍如何将SPSS的ONEWAY用于分析表19.1的数据，最后介绍如何将SAS的GLM程序用于同一个数据。

## 数据显示和术语

很多人都错误地认为MR和ANOVA是两种不同的分析路数，而它们在使用同一个数据时，各自的显示格式不同，用来表述那些基本相同的结果的术语也不同则进一步加深了这种错误印象，为了阐述的方便，我们将表19.1的数据以在ANOVA中普遍使用的格式呈现在表19.2中。

表19.2　将表19.1的数据显示为ANOVA格式

| A | B | C | D |
|---|---|---|---|
| 8 | 7 | 10 | 12 |
| 8 | 8 | 11 | 13 |
| 12 | 8 | 14 | 13 |
| 12 | 10 | 13 | 15 |
| 10 | 11 | 12 | 15 |
| 10 | 10 | 12 | 16 |

对于目前要阐述的问题，我们假定用于分析的表19.1的数据的编码向量（如虚拟编码）并不是像前面那样由计算机生成的，而是用作输入的，因为它们出现在给定的数据列表中，就像前面每一个分析的输出的一部分。面对这两种截然不同的格式，那些对统计学不甚了了的人很容易就会因此而形成MR和ANOVA是两种不同的分析系统的印象。

如果你仔细阅读过专门介绍 ANOVA 的教科书，那么你就会看到如表 19.2 一样展示的数据。为了用 MR 分析这样的数据，你们可能必须先在一个单独的向量中将所有的分数赋予因变量，然后再用某种编码方案来表示自变量。如同我们将在下一章要证明的一样，这种路数可推广到多个自变量和它们之间的交互项。

在 ANOVA 中，数据一般都在单独的组或处理的标题下列出。因此，分析被设想为把总平方和分解成组或处理之间平方和。另一方面，MR 展示的数据却不显现组别。因变量被包含在一个单独的向量中，它将对自变量回归。因此，这种分析被设想为将总平方和分解为回归和残差成分。然而正如本章要证明的一样，MR 中有关组或处理成分的信息都已经包含在了编码向量中。尽管两种路数使用的术语不同，但是在用于同一个数据和设计时，它们产生的结果却并无二致，这一点我们会在下面加以证明。

在记住上面的评论之后，我们现在就来阐述如何用表 19.2 的数据，通过 SPSS 的 ONEWAY 命令进行分析。我们的评议也把注意力主要放在这里得到的结果和前面用 MR 得到的结果的相似性，以及两种分析路数使用的不同术语上。

## SPSS

### Input

```
SET LISTING='T192.LIS'.
TITLE TABLE 19.2. ONE-WAY ANOVA.
DATA LIST FREE/T Y.
BEGIN DATA.
        [data as displayed in Table 19.1 go here]
END DATA.
LIST.
ONEWAY Y BY T(1,4)/STAT=ALL/
  CONTRAST = 1 −1 0 0/
  CONTRAST = 0 0 1 −1/
  CONTRAST = 1 1 −1 −1/
  CONTRAST = 0 −1 1 0/
  CONTRAST = 0 −2 1 1.
```

### 评 议

在 ANOVA 语境中，有一个分类自变量的设计叫作单因或简单 ANOVA。在这里，这种程序名称将它与有多个分类自变量的，一般叫作因子设计的设计作比较（见第 20 章）。SPSS 则有另一种程序，也叫 ANOVA，既可用于单因分析也可用于因子设计。我们将使用 ONEWAY 这个程序，因为在 ANOVA 程序中没有我们想要阐述的对比检验（见下文）。但在随后的讨论中，我们将会用 ANOVA 指方差分析，而不是指在 SPSS 中这样命名的程序。

注意，读进来的数据见表 19.1（即分类识别的向量 $T$ 和因变量 $Y$）。这和我们用 MR 程序分析这些数据做的事情一样。然而，$T$ 在两种程序中的使用却不同。在将 MR 用于这些数据时，$T$ 用于产生分析所需的编码向量（如虚拟，效应），而不是将它们作为输入读进来。因此 $T$ 只在数据转换阶段使用（如在 MINITAB 中用 INDICATOR；在 SPSS 中用 IF 语句）。在分析阶段就不再提及 $T$。

另一方面，在 ANOVA 程序中，如同在 $T$ 中一样，也需要进行分类识别。在 SPSS 的 ONEWAY 中，先要约定因变量 $Y$，随后是关键词 BY，识别向量和它的最低值和最高值，在我们目前的例子中是(1,4)。如我们在下一章要证明的一样，这同一路数可推广到多个分类自变量。

顺便提一句，ANOVA的其他程序集也许可以用其他不同的格式，但是总的路数仍然相同。例如，在SAS的ANOVA或GLM程序（见下文）中，分类识别向量等同于一个CLASS（分类）变量，它既可以像在目前这个例子中的$T$那样用数字格式，也可以用字母格式（A，B，C；Treat1，Treat2，Control）。

在前面我们曾说过，使用分类识别向量作为输入给我们提供了做不同类型分析，或用不同程序做同一类型分析的最大灵活性时，我们就已经考虑将它用它来生成用于MR（已在前一节证明）和ANOVA（已在这一节证明）的不同编码方案。顺便提一下，这两个分析（即MR和ONEWAY）也可在单独一次运行中完成。

在用于总分析的命令之外，对比（contrast）子命令也可被包括进来检验特定的比较。我们将在后面联系与之有关的输出来介绍它们。

## Output

| OBS | T | Y | |
|---|---|---|---|
| 1 | 1 | 8 | |
| 2 | 1 | 8 | *[first two subjects in T 1]* |
| . | . | . | |
| 7 | 2 | 7 | |
| 8 | 2 | 8 | *[first two subjects in T 2]* |
| . | . | . | |
| 13 | 3 | 10 | |
| 14 | 3 | 11 | *[first two subjects in T 3]* |
| . | . | . | |
| 19 | 4 | 12 | |
| 20 | 4 | 13 | *[first two subjects in T 4]* |
| . | . | . | |

-------------------------------------- O N E  W A Y --------------------------------------

Variable Y
By Variable T

Analysis of Variance

| Source | DF | Sum of Squares | Mean Squares | F Ratio | F Prob. |
|---|---|---|---|---|---|
| Between Groups | 3 | 88.5000 | 29.5000 | 11.8000 | .0001 |
| Within Groups | 20 | 50.0000 | 2.5000 | | |
| Total | 23 | 138.5000 | | | |

| Group | Count | Mean | Standard Deviation | Minimum | Maximum |
|---|---|---|---|---|---|
| Grp 1 | 6 | 10.0000 | 1.7889 | 8.0000 | 12.0000 |
| Grp 2 | 6 | 9.0000 | 1.5492 | 7.0000 | 11.0000 |
| Grp 3 | 6 | 12.0000 | 1.4142 | 10.0000 | 14.0000 |
| Grp 4 | 6 | 14.0000 | 1.5492 | 12.0000 | 16.0000 |
| Total | 24 | 11.2500 | 2.4539 | 7.0000 | 16.0000 |

## 评 议

从数据表摘要中我们可以看到程序运行的格式。

我们先来看方差分析，注意到除了标签不同之外，其结果与那些前面用MR分析得到的都一样。这里标签为Between Groups（组间）和Within Groups（组内）的统计值，在MR分析中叫作Regression（回归）和Residual（残差）。

现在我们来谈一下两种分析路数在中间结果上的差异。先来看ANOVA,它的组统计值(如均值,标准差)一般都作为输出的一部分。另外,在MR中,这些统计值都是对向量求得的(如不区别组成员的全部被试的因变量均值和标准差)。组统计值必须分开计算。在前一节,我们已经介绍了如何用回归方程来求分类均值。

在MR中,已经解释的方差比例都以$R^2$的方式求得。有些ANOVA程序也会报告$R^2$(如SAS的ANOVA)。在使用一个不报告这种信息的程序时,例如,像目前使用的程序时,我们可以计算得到这个信息,在ANOVA中可计算统计量$\eta^2$(eta方,见Hays,1988:369;Kerlinger,1986:216-217):

$$\eta^2 = \frac{ss_b}{ss_t} \tag{19.6}$$

式中,$ss_b$是组间平方和;$ss_t$是总平方和。对于目前的分析

$$\eta^2 = \frac{88.5}{138.5} = 0.638\ 99$$

上面我们已经注意到,组间平方和与回归平方和是等同的,因此,将它们任何一个除以总平方和也是等同的。所以对于同一个数据而言,$\eta^2=R^2$。这是用不同的词汇表示同一对象的又一例证。

## Output

**Contrast Coefficient Matrix**

| | Grp 1 | Grp 2 | Grp 3 | Grp 4 |
|---|---|---|---|---|
| Contrast 1 | 1.0 | −1.0 | .0 | .0 |
| Contrast 2 | .0 | .0 | 1.0 | −1.0 |
| Contrast 3 | 1.0 | 1.0 | −1.0 | −1.0 |
| Contrast 4 | .0 | −1.0 | 1.0 | .0 |
| Contrast 5 | .0 | −2.0 | 1.0 | 1.0 |

| | Value | S. Error | T Value | D.F. | T Prob. |
|---|---|---|---|---|---|
| Contrast 1 | 1.0000 | .9129 | 1.095 | 20.0 | .286 |
| Contrast 2 | −2.0000 | .9129 | −2.191 | 20.0 | .040 |
| Contrast 3 | −7.0000 | 1.2910 | −5.422 | 20.0 | .000 |
| Contrast 4 | 3.0000 | .9129 | 3.286 | 20.0 | .004 |
| Contrast 5 | 8.0000 | 1.5811 | 5.060 | 20.0 | .000 |

## 评  议

如前节所示,某种特定编码方案之所以可取,也许是因为它能得到我们感兴趣的中间结果。例如,已经证明,在将虚拟编码用于有几种处理和一个控制组构成的设计时,每种处理的均值和控制组均值之间的差异的检验取回归系数检验的形式。在有些计算机程序集的ANOVA中,这样的检验可以用设定想做的对比来做,如在ONEWAY中,否则就必须在得到总结果之后再来计算它们。

前面摘取的输出,是CONTRAST子命令得到的(见输入)。你们可以看到,要求的那些对比都已经列出,随后则是每一个对比的检验。为了达到比较的目的,我们详析一下在前面的MR分析语境中进行的对比检验。前面前三个对比的检验,分析使用的数据是正交编码的,而前面使用的对比4和5,则是为了介绍谢弗法在后多重比较中的应用。

注意,在上面报告的结果中使用了 $t$ 检验。在前面用式(19.5)进行的同样的比较检验时,使用了分子有1个 $df$ 的 $F$ 检验。如果取这里给出的值的平方,或与之等价,取前面检验的同样对比的 $F$ 的平方根,那么我们就会看到,结果是完全相同的。

由上述可知,我们想要的结果可通过各种途径得到,各种方法的难易程度取决于计算机程序集的性能和如何使用。现在我们来介绍以下几种用来分析表19.2的数据的SAS程序。我们之所以这样做,不仅仅是为了和前面的分析进行比较,更主要的是希望大家能对GLM程序有所了解。

## SAS

### Input

```
TITLE 'TABLE 19.1. A CATEGORICAL INDEPENDENT VARIABLE';
DATA T191;
  INPUT T Y;
  CARDS;
        [data as displayed in Table 19.1 go here]
PROC PRINT;
PROC MEANS;
  BY T;
PROC GLM;
  CLASS T;
  MODEL Y = T/SOLUTION;
  CONTRAST 'T1 VS T2' T 1 −1 0 0;
  CONTRAST 'T3 VS T4' T 0 0 1 −1;
  CONTRAST 'T1+T2 VS T3+T4' T 1 1 −1 −1;
  CONTRAST 'T2 VS T3' T 0 −1 1 0;
  CONTRAST 'T2 VS T3+T4' T 0 −2 1 1;
```

### 评 议

有关SAS的输入和输出文件的一般性介绍请参见第16章。PROCPRINT命令要求打印数据。我们并没有报告有这一命令产生的输出,因为它看起来与前面通过ONEWAY给出的数据表十分相似(见前一节)。

PROCMEANS要求进行描述性统计分析(如均值和标准差)。而 $T$ 则要求报告自变量每一类的这些统计值。我们并没有复制PROC程序的全部结果,因为它们与ONEWAY给出的十分相似(见上文)。

SAS有几个可用于分析表19.2数据的程序。可能最为易用的选择是PROCANOVA。此外,在这一程序中,编码向量既可作为输入进入,也可用分类识别向量 $T$ 生成,然后以一种与前面在MINITAB中用过的或SPSS的REGRESSION方式十分相似的方式用于PROCREG(用连续自变量的PROCREG的例子已在第17章和第18章中给出)。

我们决定使用GLM,因为对于广义线性模型分析而言,它的性能十分全面和强大。因此,它也可用作他途,尤其适用于分类自变量(如在ANOVA程序中的一样)、连续自变量,以及二者兼有的自变量(如回归分析程序中的一样)的分析。我们将在对其余的输入语句评议之后,再来详析这个问题。

PROC GLM会调用这种程序。CLASS确认将分类识别向量 $T$ 当作分类或分组的变量(如各种处理或分组)。MODEL语句确定 $Y$ 为因变量和 $T$ 为自变量。SOLUTION要求参数估计以回归方程的方式进行(见输出)。

这种一般设置与SPSS的ONEWAY十分相似,在那里,命令中的关键词BY被用来完成与这里同样的目的(见前一节)。正如前言所述,SAS既接受数字,也接受名字的分类识别,但SPSS则要求分类必须是数字的。

要求的对比(CONTRASTS)与上面ONEWAY使用的那些对比相同。注意对比的标签要插在单引号中。

在列出输出和对之进行评议之前,我们先来讲一下如何用GLM,以本章前面几节用MR程序做的方式来分析这些数据。与上面的设置不同,我们既可以将以任何我们希望使用的编码方案的编码向量读进来(如虚拟、效应),也可以运行$T$向量(如用IF语句;见SAS手册)来生成这样的向量。为了便于讲解,我们假定已有三个效应向量生成,标签分别为E1,E2和E3。这时,我们将要使用如下的语句:

PROC GLM;

MODEL Y=E1 E2 E3;

这将产生一个MR分析的结果,在这个分析中,$Y$是对三个编码向量回归。注意,无论是CLASS还是CONTRAST语句都不能和这种模型(model)语句连用。大家可能希望以这种方式运行表19.1中的数据,并将结果与这里得到的以及用MINITAB得到的结果和用SPSS的REGRESSION对同一数据分析得到的结果进行比较。

而这只是GLM具有的强大功能的一例而已。前面已经说过,模型语句既可包含分类变量也可包含连续变量,或者同时包含这两种变量。

## Output

General Linear Models Procedure
Class Level Information

| Class | Levels | Values |
|---|---|---|
| T | 4 | 1 2 3 4 |

Number of observations in data set = 24

Dependent Variable: Y

| Source | DF | Sum of Squares | Mean Square | F Value | Pr> F |
|---|---|---|---|---|---|
| Model | 3 | 88.50000000 | 29.50000000 | 11.80 | 0.0001 |
| Error | 20 | 50.00000000 | 2.50000000 | | |
| Corrected Total | 23 | 138.50000000 | | | |

| R-Square | Root MSE | Y Mean |
|---|---|---|
| 0.638989 | 1.581139 | 11.2500000 |

| Parameter | | Estimate | T for H0: Parameter=0 | Pr > \|T\| | Std Error of Estimate |
|---|---|---|---|---|---|
| INTERCEPT | | 14.00000000 | 21.69 | 0.0001 | 0.64549722 |
| T | 1 | −4.00000000 | −4.38 | 0.0003 | 0.91287093 |
| | 2 | −5.00000000 | −5.48 | 0.0001 | 0.91287093 |
| | 3 | −2.00000000 | −2.19 | 0.0405 | 0.91287093 |

## 评 议

注意,首先,总分析得到的结果与前面几次得到的都相同。其次,$R^2$是作为输出的一部分报告的(见前一节有关$\eta^2$的计算)。

与目前的例子一样,在使用CLASS语句时,一个像上面这样(正在估计)的方程,可以将SOLUTION设定为MODEL语句的一个选项求得(见输入)。在没有使用CLASS时,这就是说,MODEL中设定的向量(无论它们是变量还是代表编码向量的分类变量)像在MR程序中那样使用时(见上面带E1,E2和E3的MODEL语句),这种类型的输出便是常规生成的。

现在我们来看一下参数估计值和它们的检验,并注意到它们都与前面因变量对虚拟向量的回归和将最后一类的 $T$ 向量作为控制组(即将该类在所有的编码向量中的值都置为0)得到的值一样。我们对用虚拟向量的回归方程的性质所做的评议(见本章前面部分)也同样适用于这里报告的结果,因此此处不再赘述。

## Output

| Contrast | DF | Contrast SS | Mean Square | F Value | Pr > F |
|---|---|---|---|---|---|
| T1 VS T2 | 1 | 3.00000000 | 3.00000000 | 1.20 | 0.2863 |
| T3 VS T4 | 1 | 12.00000000 | 12.00000000 | 4.80 | 0.0405 |
| T1+T2 VS T3+T4 | 1 | 73.50000000 | 73.50000000 | 29.40 | 0.0001 |
| T2 VS T3 | 1 | 27.00000000 | 27.00000000 | 10.80 | 0.0037 |
| T2 VS T3+T4 | 1 | 64.00000000 | 64.00000000 | 25.60 | 0.0001 |

## 评　议

因为得到的结果相同,且前面已经做过了几次评议(如上面的ONEWAY),所以大家应该对这些结果的解释不会有什么困难。我们只需要说明一下,ONEWAY报告的是 $t$ 比率,而这里报告的则是 $F$ 比率。不过要注意,每个均方的对比有1个 $df$(所以 $t^2=F$)。将每一个均方除以 $MSR=2.5$(见上面的输出),便可得到 $F$ 值。

# 结　语

在介绍一个分类自变量设计的分析过程中,实际上已经涉及了相当多的内容。由于大家的知识背景不同,对前面章节的内容的掌握程度也不同,因此,有些人可能会感到一时难以理解,被那些蜂拥而来的信息搞得不知所措。回顾一下我们介绍过的内容,可能有助于大家理解我们讨论的要点,以及我们给大家提供的使用这里介绍的那些资料的一般性建议。

我们的主要目的是告诉大家如何才能对分类变量的信息编码,从而使它能在回归分析中作为自变量使用。为了达到这一目的,我们对单个分类自变量的设计做了详细介绍,把它作为将这一路数推广到多个分类自变量设计(见第20章),以及既含有分类也含有连续自变量设计(见第21章)的基础。

我们之所以介绍了各种不同的编码方案不外乎两个原因:第一,告诉大家某种编码方案比其他编码方案对某种设计更有用(如用于几个处理和一个控制组的虚拟编码);第二,为了证明总的结果是相同的,不论使用的编码方案是什么。我们建议大家不要急于去记住每种编码方案的特点。因为在大家计划要使用它们时,总会有机会检查一下它们的性能。随着不断地使用它们,大家也会逐渐了解它们的性质。

我们介绍的编码方案完全适用于不同的计算机程序集或程序,适用于我们讨论的各种各样的输入。不言而喻,这些都不必死记硬背。我们有两个目的:第一,想让大家了解各种计算机软件包和这些软件包中的程序,从而防止形成错误的印象,即除非你能够访问我们或其他人可能使用过的特定程序集,否则,就无法执行所提供的分析。

第二,与第一点有关,我们认为,通过对各种不同程序集的讨论,大家将会学会明智而审慎地使用计算机程序集。此外,我们觉得使大家懂得输出的某些方面可能与给定的分析无关(例如,在使用效应编码时的 $b$ 检验)这一点也很重要。

在本节开始,我们解释了比较 MR 和 ANOVA(包括应用 ANOVA 程序的例子)的目的。因为多元回归路数更为强有力(见第 20 章中有关 MR 和 ANOVA 的相同与不同之处的阐述),所以我们推荐应该更为普遍地使用它。正因为如此,我们强调 MR 程序集的使用,和诸如 SAS 的 GLM 程序的使用,希望通过对这些程序集的输入和输出的详细解释,帮助大家提高使用它们和解释它们的输出技巧。

然而,我们认为 MR 程序集的使用并没有什么神秘之处,认识到这一点也是很重要的。正因为如此,我们要告诉大家,对于正在讨论的设计,ANOVA 程序可以作为一种备用程序使用。并不是一定要用某种计算机程序集才能进行有效的分析。任何程序集都有可能被好好使用,但也有可能被滥用。对于某些目的而言,ANOVA 类的程序可能优于 MR 程序(例如,见第 20 章中的简单主效应)。这些东西似乎是老生常谈。但是诚如我们在第 16 章所言,不恰当的分析应用和对结果的误解,在很大程度上都是迷信计算机和计算机程序集的魔力的恶果。

我们对使用的计算机程序集的介绍远不够详尽。我们甚至还没有提到他们某些可资利用的选项。关于这一点举一个例子就够了。像 SPSS 中的 ONEWAY 和 SAS 中的 ANOVA 和 GLM 有各种可用于多重比较的选项。但我们觉得集中讨论一下最为普遍的那些路数,也就是对比语句的用法可能更有用处。我们推荐大家试一下某些选项,运行我们讨论过的那些分析的某些变换。

总之,我们在这里给大家提供的那些材料,并不要求大家通过一次学习就能全部领会和消化。相反,我们希望大家能把它们作为一种渐进的学习过程中的指南,逐渐学会将 MR 用于不同的设计,并更好地使用可以得到的计算机程序集。本章介绍的路数可以推广到下一章要讨论的多个分类自变量。

# 第20章
## 多个分类自变量：因子设计

在实地实验领域，没有一句格言比"我们必须问造物主（Nature）很少的问题，或者在理想情况下，一次只问一个问题"这句格言被重复更多次。然而费希尔却认为这种观点是完全错误的。在他看来，人类的本性自然会对合乎逻辑和经过深思熟虑的问卷做出最好的回应；实际上，如果我们单独问一个问题，那么在其他一些论题被讨论之前，常常会被拒绝回答。（Fisher，1926：511）

费希尔所言振聋发聩，体现了他的革命性理念的精神；他对实验设计和分析的贡献厥功至伟。费希尔不仅消除了那种认为理想的实验就是在控制所有其他变量的同时操控单个变量的天真想法，而且还开发用于有多个自变量实验的设计，实施和分析的概念和方法学工具。

尽管费希尔的理论和方法，甚至术语［如绘图（plots），区块（blocks）］都发端于农业研究，但却为社会行为科学家所广泛采用。他的ANOVA法变成了主要（即便不是唯一）的在人类和动物研究中使用的分析路数。顺便提一下，$F$检验和$F$分布表都是以他的姓氏（Fisher）命名的。

费希尔社会行为科学研究的取向和方法学对社会科学的巨大贡献是毋庸置疑的。[1]然而，即使在不适合的环境下，特别是在非实验研究中无节制地使用它们，也导致了严重的错误和误解。诸如这样的问题中的某一些将在本章后面有关部分进行讨论。

多自变量实验最大的优点是使我们得以确定自变量是否对因变量有影响，如有影响，它们是如何与因变量交互的。我们在不同的语境中引用交互这一概念（如控制和外部效度，第10章；设计和分析，第12章和第14章），目的在于表明存在着两个或更多的自变量的联合效应。交互可以取不同的形式。例如，变量可能相互增强效应，致使联合效应大于它们分开的效应之和；相反，变量的运作也可能相左，致使彼此的效应有所抵消，从而使联合效应小于它们分开的效应之和。

交互的例子比比皆是，甚至在日常表达中也会体现出条件组合的有利或有害影响，致命的酗酒和吸毒组合，吸烟和大量饮用酒精或咖啡的有害影响便是明显的例证。药物与某类饮食或身体状况（如过敏）的有害，甚至致命的交互效应是众所周知的。实际上，为了避免有害的交互，一些药剂师已经开始使用电脑交叉检查顾客的个人档案和他们服用的药品（Belkin，

---

[1]费希尔对研究设计的另一个贡献是在前几章讨论过的随机化（如第10章和第12章）。

1984）。医学研究也致力于检测有益的交互。例如，根据对30项研究数据的审查和再分析，拉斯卡等人（Laska et al., 1984; Beaver, 1984）认为咖啡因能提高阿司匹林等止痛药的疗效。社会行为研究中的交互的例子已在上面提到的几章中给出（另见下文的数例）。

在ANOVA分析中，自变量通常被称为因素，因此它被称为因子设计。[①]每个因素可能包括两个或两个以上的水平或类别。因子设计通常是参照每个因素的类别数来描述的。例如，一个2×2（2乘以2）设计是指由两个因素组成的因子设计，每一个因素都有两个层次或类别。在第12章介绍了这种设计，并对其进行了评论（见图12.2和图12.3以及与之有关的讨论）。3×5设计也是一个双因设计，不同之处只在于其中一个因素由3个分类组成，而另一个则由5个分类组成。

因子设计可以由两个以上的因素组成，每个因素可由任意数量的类别组成。例如，2×3×6是一个三因素设计：一个因素有两个分类，一个因素有三个分类，而另一个因素则有六个分类。在下面的讨论中，我们把大部分篇幅用来集中讨论双因素设计。根据对这种设计的讨论和阐述性分析，我们也对由两个以上因素组成的设计进行了一些评议。

## 数　例

表20.1中给出了一个2×3设计的数例。两个因素的交叉产生六个组合，称为格。每个格由表示变量的字母和适当的下标表示。因此，$A_1B_1$指一个被试受两个自变量的第一类组合管制的格。$A_2B_3$指的是$A$的第二类和$B$的第三类的组合——其他组合也同样如此。这种表示法可推广至有两个以上因素的设计。注意，每格都有四个被试。此外，因变量的分数与第19章（表19.1的数据）中的单向方差分析中使用的相同，只是我们将它们分开了，使它们仿佛是从一个2×3的设计中得到的。表中列出的那些统计值将在下面进行讨论。

### 表20.1　2×3设计的阐释性数据

| | | $B_1$ | $B_2$ | $B_3$ | | | |
|---|---|---|---|---|---|---|---|
| | | | | | | | *Eff* |
| | | 10 | 10 | 8 | | | |
| | | 11 | 10 | 10 | | | |
| | | 14 | 7 | 11 | | | |
| $A_1$ | | 13 | 8 | 10 | | | |
| | *M*: | 12.00 | 8.75 | 9.75 | $\bar{A}_1 = 10.17$ | −1.08 | |
| | *Int*: | 2.08 | −.67 | −1.41 | | | |
| | | 8 | 12 | 13 | | | |
| | | 8 | 12 | 15 | | | |
| | | 12 | 12 | 15 | | | |
| $A_2$ | | 12 | 13 | 16 | | | |
| | *M*: | 10.00 | 12.25 | 14.75 | $\bar{A}_2 = 12.33$ | 1.08 | |
| | *Int*: | −2.08 | .67 | 1.41 | | | |
| | | $\bar{B}_1 = 11.00$ | $\bar{B}_2 = 10.50$ | $\bar{B}_3 = 12.25$ | $\bar{Y} = 11.25$ | | |
| | *Eff*: | −.25 | −.75 | 1.00 | | | |

注：*M*=均值；*Eff*=效应；*Int*=交互。见文字解释。

①由于术语的相似性，析因方差分析有时被错误地称为方差因子分析。因子分析将在第22章中讨论。

我们将假定表20.1的数据是在一个实验中得到的。我们只是在本章的后面部分才会对析因 ANOVA 在非实验设计中的应用问题做一些评议。作为一个实验，必须至少要有一个变量被操控，且被试必须是随机分配的（见第12章）。

考虑中的设计可以是一种两个自变量都被操控的设计，或者也可以是一种由一个被操控的变量和一个分类或分组的变量组成的设计。我们会对每一种设计各给出几个例子。

我们先来看两个变量都被操控的例子，$B$ 可能是某种犯罪类型（如谋杀、入室盗窃、纵火），$A$ 可能是犯罪者的种族（如黑人、白人）。因变量则可以是犯罪的严重程度。虽然我们不可能详细地讨论变量的具体操控方式、背景、实施、被试的类型、样本大小和因变量的量度，但还是可以列举一些研究人员在做这样的研究时必须要考虑的问题。出于阐述的目的，我们假定被试被随机地分配观看一盘录像带或阅读一段描述。录像带或描述记录了黑人或白人犯下的三种罪行中的一种，在观看或阅读之后，要求被试标出罪行的严重程度。如下所示，识别的三种效应可能是：犯罪类型、犯罪人的种族以及这两个变量之间的交互。

而根据我们无法在这里深入讨论的基本理论，研究人员可以假设存在一个或两个主效应，但不存在交互效应。犯罪主效应意味着不同类型的犯罪感知的严重程度不同，而不论犯罪人的种族是什么。犯罪人种族主效应则意味着感知的犯罪严重程度受犯罪人的种族的影响，而不论所犯的具体罪行是什么。

或者，研究人员可以假设这两个变量之间存在交互。例如，研究人员可能会认为，黑人犯谋杀罪比白人更严重。与此相反，研究人员可能认为，白人犯入室盗窃罪为比黑人更严重。

这里我们要再次重申一下：我们不能深入讨论那些与我们的阐述内容关联的理论根据。此外，虽然设计中有很多方面也是我们无法解决的，但是我们至少要提到其中的一些方面。研究人员可能对犯罪的严重程度有不同的预期，这取决于被试（即感知者）是男性或女性，黑人或白人，城市居民或郊区居民等。在这种情况下，被试类型可以保持不变（例如，只使用白人男性）或作为设计中的一个因素嵌入。[①]

假定研究者希望引入被试的性别作为一个因素，那么正在考虑中的设计将变成一个 $2 \times 2 \times 3$ 的设计（被试的性别、犯罪者的种族和犯罪类型）。这样问题就会变得略微复杂一些，研究人员有可能根据犯罪者是男性还是女性而对犯罪严重程度有不同的期望。于是设计就变成了一种 $2 \times 2 \times 2 \times 3$（被试的性别、犯罪人的性别、犯罪人的种族和犯罪类型）的设计。如上文所述，后面我们才会对有两个以上自变量的设计进行评议。在这里，我们只想提醒大家注意的是那些我们必须要作出但还没处理的重要决定。

以下是与我们正在考虑的 $2 \times 3$ 设计有关的其他一些实例。$B$ 可能是教学方法，$A$ 是教师的性别（种族），而 $Y$ 则是学业成绩；$B$ 可能是工作环境，$A$ 是管理风格，$Y$ 是工作满意度；$B$ 可能是不同种类的药物，$A$ 是不同的饮食，而 $Y$ 则是血压。无疑，大家都可以从自己感兴趣的领域举出许多其他的例子。

现在我们来看一个 $2 \times 3$ 设计的例子，其中一个变量被操控而另一个则是分类的。$A$ 可能

①参见第10章有关控制形式和第12章有关因子设计的讨论。

测量、设计和分析：研究方法的综合之道

是两种交流类型或两种处理类型；B可能是不同的诊断组，或婚姻状况，宗教信仰；Y可能是态度或调整，等等。在这里，研究人员可能只假设了主效应（例如，不分诊断组的不同处理的效应；不分处理类型的诊断组之间的差异）；或者可能假设有一种交互，根据这一假设，某种类型的诊断组有望比某种类型的处理获益更多。无论具体情况如何，在使用分类变量的设计中，都必须进行随机化分层。也就是说，每一层的被试（例如，躁狂抑郁症患者）都被随机地分配给了不同的处理（如不同的治疗方法）。

## 模　　型

在第19章中，我们介绍了一种一个自变量的模型——见式（19.3）和与此相关的讨论。两个分类自变量表示为参数估计形式的模型，即

$$Y_{ijk} = \bar{Y} + a_i + b_j + (ab)_{ij} + e_{ijk} \tag{20.1}$$

式中，$Y_{ijk}$是被试$k$在格$ij$，或$a_i$和$b_j$的组合的分数；$\bar{Y}$是因变量的总均值；$a_i$是处理$i$的效应；$b_j$是处理$j$的效应；$(ab)_{ij}$是处理组合$ij$的效应或交互项；$e_{ijk}$是在格$ij$中的个体$k$的误差或残差。我们将用表20.1来详析前述各项的含义。

## 主效应

查表20.1便会注意到，我们已经计算了每一格的均值，以及每一列和每一行的均值。后者之所以叫作边际均值，是因为它是为每一个因素计算的，好像它是设计中唯一的均值。因此，计算列均值时就好像没有行一样，同样，行均值的计算就好像没有列一样。例如，边际平均$A_1$，10.17就是12名接受$A_1$处理的被试的均值，忽略了他们属于不同类别的$B$这一事实。在各个格的$n$相等时，这个均值与行$A_1$的格均值的平均数相同。[①]同样，$B_1$的边际均值11.00等于接受这种处理的8名被试的均值，或$B_1$下两个格均值的平均数。

与单因设计（见第19章）相同，效应被定义为类别均值与总均值的偏差。在处理多个自变量时，每个自变量的效应，称为主效应，是用边际均值计算的。也就是说，计算每个自变量的主要影响时，就好像没有其他自变量一样。表20.1中列出的主效应就是这样计算的（见列和行的 $Eff$）。例如，$A_1$的效应，–1.08等于$A_1$的均值与总均值的偏差（10.17–11.25）——其他效应也同样如此。记住，由于效应是以偏离总均值的形式计算的，所以对于任何因素而言，它们的总和都等于零。

---

[①]我们的讨论和说明仅限于格频数相等这种情况。在本章的后面，我们将对不等的格频数这种情况进行评议。

# 交互效应

任何给定的格的交互项都被定义如下：

$$(AB)_{ij} = \left(\bar{Y}_{ij} - \bar{Y}\right) - \left(\bar{Y}_{A_i} - \bar{Y}\right) - \left(\bar{Y}_{B_j} - \bar{Y}\right) \tag{20.2}$$

先来看等号右边的三项，我们注意到第一项等于格 $ij$ 的均值与总均值的偏差；第二项是因素 $A$ 的 $i$ 类的效应（见上文）；第三项是因素 $B$ 的 $j$ 类的效应（见上文）。从式（20.2）可以看出，在一个给定的格的格均值对总均值的偏差等于对应的正在考虑的格的分类效应之和时，其交互项为零。综上所述，我们不难明白，为了预测正在考虑的格均值，我们只要求总均值和主效应即可。另一方面，如果格均值与总均值的偏差不等于与它对应的分类均值之和，那么就必须要求助于变量之间的交互概念。

用式（20.2）计算了表20.1中的格的交互项（参见格中的 $Int$）。注意，每一行和每一列的交互项之和为零。因此，对目前的设计，只有那些两格（任何的两格）项才必须用式（20.2）来计算。而其余格的那些格的项都可以在满足列和行的和为零的限定下求得。任何设计中必须使用式（20.2）计算的交互项的数目等于交互项的 $df$ 数。如下所示，本例交互项的 $df=2$。

前述是每一格的交互项，而两个变量之间的交互则同时涉及在所有格中的项。也就是说，只有在所有格中的交互项都为零时，我们才能说两个变量之间是不存在交互的。由于抽样的波动，可能会发生对零的小偏离。当然，这就意味着将会得出交互在统计上是不显著的（显著性检验将在下面介绍）结论。

现在我们用另一种方式来看表20.1，以使我们能从另一个角度来了解交互的含义。看一下每一列的格均值对（即不同的 $B$ 处理）。注意，在每种情况下，它们都与同样的 $A$ 处理关联；也就是说，其中一格与处理 $A_1$ 关联，另一格与 $A_2$ 关联。现在，如果 $A$ 的效应独立于 $B$ 的效应，即如果没有交互效应，那么每对格均值之间的差应彼此相等。不仅如此，这个差也应等于 $A_1$ 和 $A_2$ 效应之间的差，可表示为：

$$A_1B_1 - A_2B_1 = A_1B_2 - A_2B_2 = A_1B_3 - A_2B_3 = A_1 - A_2$$

式中的前六项叫作格均值，而最后两项则叫行效应。

表20.1的数据显然不属于这种情况。$B_1$ 的格均值差为2.00，$B_2$ 的格均值差为-3.50，而 $B_3$ 的格均值差为-5.00。然而，行效应之间的差为-2.16。所有这一切都说明 $A$ 和 $B$ 之间的确存在交互效应：$A$ 处理的效应随着与它组合的 $B$ 的水平的变化而变化。为了阐述方便，我们假定分数越高越"好"（例如调整越好，学业成绩越高，态度更加积极）。问题很清楚，在 $B_1$ 中，$A_1$ 优于 $A_2$，但在 $B_2$ 和 $B_3$ 中，情况却刚好相反。不仅如此，虽然在 $B_2$ 和 $B_3$ 中，$A_2$ 优于 $A_1$，但是两种 $A$ 处理之间的差，后者显然更大。

在前面的讨论中，我们没有提到显著性检验问题。下面，我们将要介绍如何进行交互效应检验。在本章的后面，我们将证明，在交互效应是统计显著时就可以进行简单的主效应检验。根据这样一种检验的结果，我们能够证明差异是否是统计显著的，例如，证明 $B_1$ 中的 $A_1$ 和 $A_2$ 的差可能是统计不显著的，但是在 $B_2$ 和 $B_3$ 中，这些差异却可能是统计显著的。

撇开统计意义不谈,我们无法对研究者根据阐释性结果(因为这些结果是必须依据的)可能作出的具体决策,如对不同$A$处理之间的差别的意义,它们的使用涉及的费用以及与之组合的处理(即那些$B$)的管理实施等进行评议。

关于跨列的格之间的均值差我们说的那几点,同样适用于跨行的格之间的均值差。也就是说,在没有交互的情况下,我们可以预期任何两列的格之间的均值是彼此相等的,且和正在考虑的列的效应之间的差也是相等的。没有必要去考察列和行的格均值之间的差,因为交互的存在就是指二者代表的因子的联合效应。作为练习,大家可能希望做有关列的格均值比较,并注意这里显示有交互效应(对这里所描述的这种格均值比较的更详细解释,请参见Pedhazur,1982:349-353)。

## 绘制均值图

均值图对于确定是否存在交互效应是非常有用的。为了绘制均值图,我们要将其中一个因素分配给横坐标,并跨另一个因素的水平标出格均值。用直线连接任何给定水平标出的均值。在给表20.1的数据绘制均值图之前,我们先要用图20.1中给出的三个图来解释我们在这样的图中要寻找的是什么。

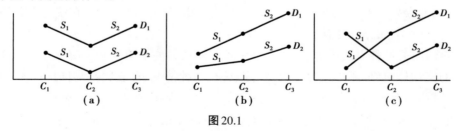

图20.1

为了方便起见,我们使用了一个与我们一直在分析的同样类型,但使用了不同的因素名称$C$和$D$的设计,这样就可以清楚地表明这些图描绘的并非表20.1中的那些均值。注意,因素$C$配给了横坐标。每一个$D$水平中$C$的不同分类的均值是用点来表示的,并用标有带有适当的便于参照的下标的字母$S$的线来连接。

在图20.1所示的图形中,我们要寻找的是所有对应的线段组是否都是平行的。所谓一个对应的线段组,是指连接某一个因素水平中的各个格均值的那些线。在图20.1中,有两个这样的组,它们由不同的下标来区分。因此,例如,$S_1$是指连接在$D$的不同水平中,$C_1$和$C_2$的均值的线的组。在没有交互效应时,所有对应的线段都是平行的。如果至少有一个线段组是不平行的,那么就说明存在交互效应。

现在看图20.1的(a),注意,这两个线段的组是平行的。可以看出,对于$C$的所有分类,在$D$的两个水平上的各个格均值都是等距的,也就是说,对于所有的$C$分类,$D_1$的均值都大于$D_2$的均值一个等数。因此,这表明$D$的效应并不随$C$的水平变化,因而也就不会有交互项的均值。

现在再来看图20.1的(b)，注意，这两个线段组是不平行的，这表明 $C$ 和 $D$ 有交互效应。我们假定，和以前一样，均值越大表示性能越好，很明显，$D_1$ 在 $C$ 的所有水平上都优于 $D_2$，但数量不尽相同。如同本例一样，处理效应的级序保持不变时（即 $D_1$ 总是优于 $D_2$，虽然数量不尽相同），这种交互叫作有序交互（ordinal interaction）。

为了便于阐述，我们假定 $D_1$ 是一种比 $D_2$ 昂贵得多的处理方法，研究人员可能会根据(b)中所描述的结果得出结论，只有在 $D_1$ 与处理 $C_3$ 结合时，对它的投入才有保证。可以想象，即使根据简单的主效应，在我们得出了 $D_1$ 和 $D_2$ 在每个 $C$ 水平上的差异都是统计显著时，我们也可以作出这样的决定。当然，这必须要对前面几章（例如，第9章和第15章）讨论过的统计显著性和实际重要性加以区别。

图20.1的(c)描述了另一种类型的交互。有两点我们应该注意：第一，其中一个线段组 $S_2$ 是平行的。这一点阐明了上面讲的，只有在所有的组（在目前的情况中是两个）都是平行的时候，我们才可以得出不存在交互的结论。第二，$C_1$ 的 $D_2$ 优于 $D_1$，但是在其余的 $C$ 水平中，情况恰好相反。这是一个无序交互的例子，即处理效应的级序是变化的。[1]表20.1中的格均值在图20.2中被一一标绘出来，据此可以清楚地看出 $A$ 和 $B$ 是交互的。因为这种交互已经在前面讨论过，所以我们现不再对它进行评议。相反，我们要借此机会提醒大家不要将把图20.1和图20.2中这些图像在回归或相关分析背景中使用的诸如这样的项目时那样解释为趋势。图20.2将被用来解释我们的想法。根据这一张图，我们可能会不由自主地得出在 $A_2$ 中，因变量 $Y$ 对 $B$ 的回归似乎是线性和正向的，而在 $A_1$ 中是曲线的结论。但是这个结论却是错误的。其原因是 $B$ 是一个分类变量，因此它的分类在横坐标上的位置是随意的。只要指出一点便足以说明问题：如果我们将 $B$ 的分类的次序反置，也就是从 $B_3$ 开始在 $B_1$ 结束，那么这时就可能得出这样一个错误的结论：在 $A_2$ 中回归是负的。而用那些 $B$ 的分类的另一种排序则可能会得出另一种有关推测趋势的错误结论。总之，均值图只有在用于上面讨论的线段的比较，而不是趋势研究时才有用。

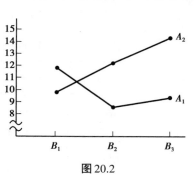

图20.2

## 作为模型组成部分的分数

在完成表20.1设计的模型的各个组成部分的计算之后，我们便可以得到每个被试在这些组成项上的分数。即表达式(20.1)。这些分数已在表20.2中列出，相应的列标为 2～5 和 7。列 1～6 的值取自表20.1。例如，在列 3 中，插入了在表20.1报告的 $A$ 的效应。

---

[1]有序和无序交互的概念在第3章已经讨论过（见图3.5与之有关的讨论，也可参见第21章）。

注意，列 3 ~ 5 的值与对应于个体的任何给定格内的值完全相同，因为它们反映了主效应和相应的交互项。把每个个体的这些值和列 2 的值（即总均值）加在一起便得到列 6 的值，它就是格均值（格均值在列 6 插入，尽管因为四舍五入的缘故两个格的和与均值略有差异）。正如下面将要讨论的一样，列 6 的值也是预测的分数（$Y'$），它将作为用从 $Y$ 对代表主和交互效应的编码向量的回归得到的回归方程的结果求得。这就是说，这些都是在最小平方意义上的最佳估计值。

由上述可知，列 7 也可被标识为残差（即 $Y-Y'$）。例如，第一个被试的残差是 10−12=−2.00，因为每个格的残差都是对格均值的偏差，所以它们的和等于零，在 ANOVA 的术语中，这些残差都叫作格内偏差；它们把所有被试的平方和叫作格内或误差平方和。

现在来看表 20.2 的最后一行，行标为 $ss$。这一行报告的值是通过将这一行列示的成分平方并加总后求得的。在对各个 $ss$ 进行评议之前，它们将被加在一起：

$$27.99 + 13.00 + 54.11 + 43.00 = 138.10$$

正如我们已经证明的一样，这就是总平方和，大家可能想把它作为一个练习计算一下。计算产生的表 20.2 的 $ss$，实际上是一种将总平方和分解成由正在考虑的模型的各个成分，即 $A,B,A \times B$（交互）和残差（误差）的平方和的方法。还有一种可以得到这些结果的更为简单的方法。下面我们就来给大家介绍，如何通过编码和多元回归分析来得到这些结果。表 20.2 采用的列示法的优点是它清楚地显示了每个分数和每个平方和的结构。我们强烈建议大家来研究表 20.2，并将它与后面用计算机分析这些数据得到的结果作比较。

表 20.2　表示为模型组成成分的表 20.1 的数据

| Cell | (1) $Y$ | (2) $\bar{Y}$ | (3) $a_i$ | (4) $b_j$ | (5) $ab_{ij}$ | (6) $Y_{ij}$ | (7) $e_{ijk}$ |
|---|---|---|---|---|---|---|---|
| $A_1B_1$ | 10 | 11.25 | −1.08 | −.25 | 2.08 | 12.00 | −2.00 |
| | 11 | 11.25 | −1.08 | −.25 | 2.08 | 12.00 | −1.00 |
| | 14 | 11.25 | −1.08 | −.25 | 2.08 | 12.00 | 2.00 |
| | 13 | 11.25 | −1.08 | −.25 | 2.08 | 12.00 | 1.00 |
| $A_1B_2$ | 10 | 11.25 | −1.08 | −.75 | −.67 | 8.75 | 1.25 |
| | 10 | 11.25 | −1.08 | −.75 | −.67 | 8.75 | 1.25 |
| | 7 | 11.25 | −1.08 | −.75 | −.67 | 8.75 | −1.75 |
| | 8 | 11.25 | −1.08 | −.75 | −.67 | 8.75 | −.75 |
| $A_1B_3$ | 8 | 11.25 | −1.08 | 1.00 | −1.41 | 9.75 | −1.75 |
| | 10 | 11.25 | −1.08 | 1.00 | −1.41 | 9.75 | .25 |
| | 11 | 11.25 | −1.08 | 1.00 | −1.41 | 9.75 | 1.25 |
| | 10 | 11.25 | −1.08 | 1.00 | −1.41 | 9.75 | .25 |
| $A_2B_1$ | 8 | 11.25 | 1.08 | −.25 | −2.08 | 10.00 | −2.00 |
| | 8 | 11.25 | 1.08 | −.25 | −2.08 | 10.00 | −2.00 |
| | 12 | 11.25 | 1.08 | −.25 | −2.08 | 10.00 | 2.00 |
| | 12 | 11.25 | 1.08 | −.25 | −2.08 | 10.00 | 2.00 |
| $A_2B_2$ | 12 | 11.25 | 1.08 | −.75 | .67 | 12.25 | −.25 |
| | 12 | 11.25 | 1.08 | −.75 | .67 | 12.25 | −.25 |
| | 12 | 11.25 | 1.08 | −.75 | .67 | 12.25 | −.25 |
| | 13 | 11.25 | 1.08 | −.75 | .67 | 12.25 | .75 |
| $A_2B_3$ | 13 | 11.25 | 1.08 | 1.00 | 1.41 | 14.75 | −1.75 |
| | 15 | 11.25 | 1.08 | 1.00 | 1.41 | 14.75 | .25 |
| | 15 | 11.25 | 1.08 | 1.00 | 1.41 | 14.75 | .25 |
| | 16 | 11.25 | 1.08 | 1.00 | 1.41 | 14.75 | 1.25 |
| $ss$: | | | 27.99 | 13.00 | 54.11 | | 43.00 |

注：$ss$=给定列的值的平方和。参见表中的解释文字。

## 显著性检验

为了检验上面分析的双因素模型的各个项，我们必须确定每一项和误差项的 $df$。与每个因素或主效应关联的 $df$ 数等于它的分类数减 1。因此，$A$ 的 $df = i - 1$；$B$ 的 $df = j - 1$，式中的 $i$ 和 $j$ 分别是 $A$ 和 $B$ 的分类数。

交互项 $A \times B$ 的 $df$ 等于主效应的 $df$ 的乘积，即 $(i - 1) \times (j - 1)$。

残差或误差的 $df$ 等于

$$N - (i-1) - (j-1) - (i-1) \times (j-1) - 1$$

式中，$N$ 是被试的数目和其他项，其定义与上面相同。也就是说，残差的 $df$ 等于被试数减去模型项的 $df$ 减 1。对于表 20.1 的数字示例而言，$A$ 的 $df$ 是 1(2-1)；$B$ 的 $df$ 是 2(3-1)；$A \times B$ 等于 2 (1×2)；而残差是 18(24-1-2-2-1)。我们现在就可以检验这种设计的各个项了。

将每个 $ss$ 除以它的 $df$ 得到均方（$MS$）。通过将它的均方除以均方的残差（$MSR$）求出模型每一项的 $F$ 比率。每个 $F$ 比率分子的 $df$ 都是与被检验的项关联的那些 $df$。所有 $F$ 比率分母的 $df$ 等于那些关联的残差的 $df$。这些检验已在表 20.3 做了概括。

表 20.3　表 20.1 数据的因子设计分析概要

| Source | ss | df | MS | F |
|--------|------|----|-------|--------|
| A | 27.99 | 1 | 27.99 | 11.71* |
| B | 13.00 | 2 | 6.50 | 2.72 |
| A × B | 54.11 | 2 | 27.06 | 11.32* |
| Residual | 43.00 | 18 | 2.39 | |
| Total | 138.10 | 23 | | |

注：Source=来源；Residual=残差；Total=合计；
*$p < 0.05$。

假定已经选定 $\alpha = 0.05$，我们可以从表 20.3 看到 $A$ 和 $A \times B$ 的效应是统计显著的。与目前的分析结果不同，在交互项统计是不显著时，主效应的解释是有意义的。这时讨论一个因素不同水平对另一个因素的各个水平的效应是有意义的。因此，倘若假定在目前的分析中，我们发现是 $A$ 和 $B$，而不是交互项是统计显著的，那么忽略 $B$ 谈论 $A$ 和忽略 $A$ 谈论 $B$ 的效应都是有意义的。不仅如此，因为 $B$ 是由 3 个分类组成的，所以在它的水平之间进行多重比较也是有意义的和恰当的。至于采用哪一类比较（即计划的比较、正交比较、事后比较）则当然要由已经建立的假设来决定。

主效应水平之间的多重比较的实施方式与第 19 章讨论的单因设计的均值之间的比较类似。与目前的例子一样，在交互是统计显著时，主效应检验结果的解释一般都不会有什么意义，尽管这也没有什么错。毕竟我们研究交互问题的目的都是确定一个给定因素的效应是否依赖于与之组合的其他因素的水平，在得知情况的确如此（即交互是统计显著的）之后，装作这种情况不存在，再做一些没有太多意义的事（如解释主效应），就是多此一举了。相反，我们应该去研究各种处理组合的不同效应。下面我们将要证明，这将通过哪些简单主效应检验来实现。

在转向上面分析的数据的回归分析之前,我们先要计算每一项解释的方差比例。我们现在来计算,以便能将它们和下面用回归分析得到的结果进行比较。我们已经在第19章证明,在单因ANOVA中,为处理或组间解释的方差比例是用计算$\eta^2$求得的。详见式(19.6)和与之相关的讨论。这一路数中可以推广到因子设计。特别是,为了求模型每一项解释的方差比例,我们要将与之关联的$ss$除以总$ss$。用表20.3报告的结果,为该设计的各项解释的方差比例是

A:
$$\frac{27.99}{138.10} = 0.20$$

B:
$$\frac{13.00}{138.10} = 0.09$$

$A \times B$:
$$\frac{54.11}{138.10} = 0.39$$

在证明了这些结果与用编码向量回归分析得到的结果相同之后,我们将对它们进行一些评议。

## 因子设计的回归分析

因子设计可以通过做用因变量对一组代表主效应和交互效应的编码向量回归的回归分析。虽然第19章介绍的任何一种编码方案都是可以使用的,但是首选的方案则是效应编码,因为这时得到的回归方程反映了早先已经定义的因素和它们的交互效应。因此,我们应该使用效应编码。

注意,在因子设计中,虚拟编码有一种十分容易被初学者误解的性质。因此,我们认为在这样的设计中最好不要使用它。有关虚拟编码的使用及其结果的解释可能引起的问题的讨论,请参见O'Grady和Medoff(1988)。在因子设计中虚拟和正交编码的应用的讨论和数字示例请参见Pedhazur(1982:365-370)。

在因子设计中,每个因素或自变量都像第19章中那个有一个自变量的设计一样被编了码。在给一个因素编码时,所有其他因素都被置于一边。将一个因素的每一个编码向量依次乘以另一个因素的每一个编码向量便可得到交互项。记住,为了代表一个因素,编码向量的数目等于它的分类数减1或与之关联的$df$数。因此,对于表20.1的数字示例而言,它必须为$A$生成一个和为$B$生成两个编码向量。将$A$的向量乘以$B$的每个向量将产生两个交互向量,对应于与之关联的$df$(见表20.3)。

因为我们打算用计算机程序来生成编码向量,所以我们将示意性地展示我们究竟想要做什么。我们希望这样做能进一步阐明前面提及的因子设计中的编码问题。为表20.1做的编码方案在表20.4列出。表中的列编号只是为了便于参考而已。注意,列1用于编码$A$。我们来看这一列和它的格的识别,注意,不论$B$怎样,$A_1$中的格的赋值都是1,而在$A_2$中则都为-1。这与我们将在一个给定的向量中赋值为1的分类作为已经识别的分类的做法是一致的,列1被标识为$A_1$。现在我们再来看列2,注意到$B_1$中赋值为1的格,在$B_2$中为0,而在$B_3$中则为-1。因此,列2被标识为$B_1$。不仅如此,正如大家所看到的一样,$B_2$是在列3被识别的。我们在此

重复一下：在 $A$ 被编码时，$B$ 则被置于一边，反之亦然。前三列代表主效应。正如表中所示，交互向量由代表 $A(1)$ 的主效应的向量依次乘以代表 $B$（2 和 3）的主效应的每个向量求得。

**表 20.4　2×3 设计的效应编码**

| Cell | (1) $A_1$ | (2) $B_1$ | (3) $B_2$ | (4) $1 \times 2$ $A_1B_1$ | (5) $1 \times 3$ $A_1B_2$ |
|------|-----------|-----------|-----------|---------------------------|---------------------------|
| $A_1B_1$ | 1 | 1 | 0 | 1 | 0 |
| $A_1B_2$ | 1 | 0 | 1 | 0 | 1 |
| $A_1B_3$ | 1 | -1 | -1 | -1 | -1 |
| $A_2B_1$ | -1 | 1 | 0 | -1 | 0 |
| $A_2B_2$ | -1 | 0 | 1 | 0 | -1 |
| $A_2B_3$ | -1 | -1 | -1 | 1 | 1 |

注：Cell=格。

无论编码是作为输入读入还是由计算机生成（像下面这样）的，每个被试都被赋予了 5 个编码，它们确定了他或她隶属的唯一的格。因此，所有隶属于 $A_1$ 和 $B_1$ 的被试被赋的 5 个码都在表 20.4 的第一行列出（1　1　0　1　0）；赋予隶属于 $A_2$ 和 $B_3$ 的被试的 5 个码都在表 20.4 的最后一行列出（-1　-1　-1　1　1）——其他分类或格的组合也同样如此。多元回归是以因变量对编码向量回归这样一种方式进行的。

由上面关于编码问题的讨论可知，它可以推广到每个因素有任意多个分类的设计，例如，3×5 设计，编码向量 2 和 4 分别代表第一和第二个因素的主效应，其生成方式则如上面所示。然后第一组（2）的每个向量将与第二组（4）的向量相乘，得到 8 个向量，代表交互效应。正如后面要讨论的，这里讨论的那种路数也可推广到两个以上因素的设计。现在，我们转向用 SPSS 对表 20.1 的数据进行分析。

## SPSS

### Input

```
SET LISTING='T201REG.LIS'.
TITLE FACTORIAL DESIGN.   DATA FROM TABLE 20.1.
DATA LIST/A 1 B 2 Y 4–5.      [fixed format input]
IF (A EQ 1) A1 = 1.
IF (A EQ 2) A1 = –1.
IF (B EQ 1) B1 = 1.
IF (B EQ 2) B1 = 0.
IF (B EQ 3) B1 = –1.
IF (B EQ 1) B2 = 0.
IF (B EQ 2) B2 = 1.
IF (B EQ 3) B2 = –1.
COMPUTE A1B1 = A1*B1.
COMPUTE A1B2 = A1*B2.
BEGIN DATA.
11 10
11 11
11 14
11 13
12 10
12 10
12  7
12  8
13  8
13 10
13 11
13 10
```

```
21  8
21  8
21 12
21 12
22 12
22 12
22 12
22 13
23 13
23 15
23 15
23 16
END DATA.
LIST.
REGRESSION VAR Y TO A1B2/DES/STAT ALL/DEP=Y/
   ENTER A1/ ENTER B1 B2/ENTER A1B1 A1B2/DEP=Y/
   TEST (A1)(B1 B2)(A1B1 A1B2).
```

## 评 议

第一个向量(列1)识别 A 的分类,第二个向量(列2)识别 B 的分类,Y 从列4和列5读入。联系表20.1和/或表20.2研究这个输入。

与第19章一样,IF 语句被用于生成代表 A 和 B 的主效应的编码向量。然后用两个 COMPUTE 语句将向量 A 乘以 B 的每一个向量,由此而生成交互向量。

REGRESSION 命令的一般格式已在第18章和第19章作过评议。注意,代表模型的各个项的向量要分三步进入。我们在对输出进行评议时再来解释为什么要这样做。

TEST——METHOD 子命令中的一个关键词——使我们得以设定要检验的变量的子集(在括号中),我们用这个设置来检验几个与不同的设计项关联的编码向量子集。这可以扩展到有两个以上设计的路数,我们将在评议输出摘要时给大家作解释。

## Output

| Correlation: | Y | A1 | B1 | B2 | A1B1 | A1B1 |
|---|---|---|---|---|---|---|
| Y | 1.000 | −.451 | −.212 | −.297 | .595 | .127 |
| A1 | −.451 | 1.000 | −.000 | .000 | .000 | .000 |
| B1 | −.212 | −.000 | 1.000 | .500 | −.000 | −.000 |
| B2 | −.297 | .000 | .500 | 1.000 | −.000 | −.000 |
| A1B1 | .595 | .000 | −.000 | −.000 | 1.000 | .500 |
| A1B2 | .127 | .000 | −.000 | −.000 | .500 | 1.000 |

## 评 议

为了节省篇幅,我们既不打算再次列出(由 LIST 调用的)数据,也不打算列出均值和标准差。我们只是像在第19章解释的一样再次告诉大家,那些相等的 $n$ 的效应编码向量的均值都等于零。

现在我们来看编码向量之间的相关,注意,代表一个给定项的向量(如因素 B)是相关的,但是那些代表不同项的向量却是不相关的。不论因素和分类的数目是什么,情况总是如此,只要设计是由相等的格频数构成的。

换言之,在等格频数设计中,代表不同项的编码向量是相互正交的。在这样一种涉及正交设计的设计中,回归平方和或已解释方差的比例,可以在不同的项之间进行确切的分解。①

　　由前述可知,代表不同项的编码向量进入分析的次序是无关紧要的。不仅如此,得到的结果也完全相同,如果所有向量都是同时进入的话。为了方便起见,我们令代表每个项的编码向量以连续的步骤进入。我们就是这样做的,因为我们想解释输出的某几项。

## Output

Equation Number 1　Dependent Variable..　Y

Beginning Block Number　1.　Method: Enter　A1

| | | | | Analysis of Variance | | | |
|---|---|---|---|---|---|---|---|
| Multiple R | .45097 | | | | | | |
| R Square | .20337 | R Square Change | .20337 | | DF | Sum of Squares | Mean Square |
| Adjusted R Square | .16716 | F Change | 5.61631 | Regression | 1 | 28.16667 | 28.16667 |
| Standard Error | 2.23945 | Signif F Change | .0270 | Residual | 22 | 110.33333 | 5.01515 |

F = 5.61631　　　　Signif F = .0270

## 评　议

　　这里的 Multiple R（复相关 R）等于因变量和用编码向量代表的因素 $A$ 的零阶相关（见上面的相关矩阵）。这样,相关的平方（0.203 37）表示为 $A$ 所解释的方差比例。进而,将复相关 R 的平方乘以总平方和（138.50）就可得到回归平方和（28.166 67）。四舍五入后,这两个值都与前面求得的相同（见表20.3和上面与它有关的文字）。

　　将这里给出的 $F$ 比率与表20.3中用作 $A$ 检验的那个（11.71）作比较。不仅两个 $F$ 比率不同,而且分母的 $df$ 也不同（这里是22,而前面的分析是18）。这些不同与两个分析的残差或误差的差异有关。在目前的分析的这一步,设计被处理为仿佛只有一个因素,即 $A$ 构成的。因此,所有那些不归结于 $A$ 的东西都被作为误差处理了,所以回归平方和中那些归结于 $B$（13.00）和 $A×B$（54.11）的部分都被作为误差项的一部分了,其 $df$ 也与这两项关联。

　　将这些平方和从上面得到的残差平方和中减去：

$$110.33 - 13.00 - 54.11 = 43.22$$

　　四舍五入后它与表20.3中得到的残差相同——$df$ 也同样如此。将 $B$ 和 $A×B$ 的 $df$ 从上面报告的残差的 $df$ 中减去得到22-2-2=18,这就是表20.3中与残差关联的 $df$。

　　前述所有内容都说明,就因子设计问题而言,上面输出中报告的信息只有一部分与之相关。确切地讲,只有 R Square（$R^2$）是相关的,相当于回归平方和它的 $df$,因此,它也是一种均方回归。相反,那些与残差有关的信息都是不相关的,因此,$F$ 比率也是无关的。

　　接着我们给大家解释为什么要用连续步骤进行分析。诚如前述,这只是为了方便而已。在目前这一步,我们直接求得了回归平方和,和归结于 $A$ 的方差比例。如果所有的向量都在单独一步进入,那么我们就需要有另外的一步来求得这个信息。②在随后的那些步骤中,我们将会略有不同地使用上面报告的那种类型的输出。

　　我们分步骤输入向量集的另一个原因是想利用这个机会做我们刚才做的事情,即解释输出的哪一部分与这种分析有关。

①在这一章的后面,我们会对非正交设计进行评议。
②但是要看下面由关键词 TEST 生成的输出。

## Output

Variables in the Equation

| Variable | B |
|---|---|
| A1 | −1.08333 |
| (Constant) | 11.25000 |

### 评 议

截距（常数）等于因变量 $Y$ 的均值。在将效应编码用于任何多个有任何分类数的因素的正交设计（即有等格频数的设计）时，情况总是如此。

A1 的回归系数（B）等于处理或分类 $A_1$ 的效应（与表 20.1 比较）。由第 19 章有关效应编码的解释可知，$A_2$ 的效应（1.083 3）可通过反转 $A_1$ 的效应的符号求得。

因为代表其他项的向量与代表 $A$ 的向量不相关，所以 $A_1$ 的 $b$ 将不会随任何或所有进入分析的其他项变化（见下面接着两步的输出）。然而 $b$ 的检验将会变化，因为它的标准误差受残差的影响，它随步骤的变化而变化（见上面的解释）。总之，不管怎么说，在用效应编码时，我们对 $b$ 的检验并不感兴趣（见第 19 章），所以我们并没有在这里报告这些检验。

## Output

Beginning Block Number  2. Method: Enter     B1     B2     .

Variable(s) Entered on Step Number  2..  B2
                                    3..  B1

| | | | | Analysis of Variance | | | |
|---|---|---|---|---|---|---|---|
| Multiple R | .54519 | | | | DF | Sum of Squares | Mean Square |
| R Square | .29723 | R Square Change | .09386 | Regression | 3 | 21.16667 | 13.72222 |
| Adjusted R Square | .19182 | F Change | 1.33562 | Residual | 20 | 97.33333 | 4.86667 |
| Standard Error | 2.20605 | Signif F Change | .2855 | | | | |
| | | | | F = 2.81963 | | Signif F = .0651 | |

### 评 议

记住，SPSS 的每一步输出都涉及一直到该步和包括正在考虑的那一步的所有"变量"（在目前的例子中是编码向量）。因此，上面的输出涉及 $Y$ 对前面几步已经进入的变量 $A$ 和这一步进入的那些变量 $B$ 的回归。正因为如此，回归的 $df=3$（1 是前面进入的变量 $A$ 的，加上这一步进入的变量 $B$ 的 2）。因此，$R^2$（0.297 23）涉及为变量 $A$ 和变量 $B$ 二者所解释的方差比例。为了确定为变量 $B$ 所解释的方差比例，只要将前一步的 $R^2$ 从这一步的 $R^2$ 减去即可。

$$0.297\ 23 - 0.203\ 37 = 0.093\ 86$$

类似地，回归平方和也可这样处理：

$$41.166\ 67 - 28.166\ 67 = 13.000\ 00$$

有 2（3−1）个 $df$。将这些结果和前面在 20.2 和 20.3 得到的结果作比较。

我们将要做两点说明：第一，在有了上面这样的输出结果后，我们没有必要再在 $R^2$ 之间做减法，因为这个信息已由 $R^2$ 提供（见上文）。我们给大家解释一下这个信息是如何得到的，以便在一个程序未曾报告 $R^2$ 的变化，或无法一步一步地令变量进入时，可以计算得到它。[1]

第二，当然，$R^2$ 的变化就是为了这一步进入的变量解释的方差比例。我们已在第 18 章详

---

[1] 这一节的后面部分，我们将对用这样一些程序进行正在考虑的分析做评议。

细讨论过这样一种增量（见方差分解）。在自变量不相关时，归结于给定的变量的$R^2$的变化必定等于它和因变量的相关的平方。[1]在用编码向量代表因子设计的变量时情况也同样如此，除非在将它用于几组代表不同的设计项的向量时。因此，一个由因素$A$和$B$构成的因子设计，归结于每一设计项的已解释的方差比例或增量是

$$A: R_{Y.A}^2$$
$$B: R_{Y.B}^2$$
$$A \times B: R_{Y.AB}^2$$

上式中，不论其需要几个编码向量代表，下标指设计的各项。换言之，它适用于任何由两个因素构成的设计，不论每个因素有多少个分类。对于上面的输出，就是

$$R_{Y.A,B}^2 - R_{Y.A}^2 = 0.093\ 86 = R_{Y.B}^2 = R_{Y.B_1,B_2}^2$$

式中，前两项是$R^2$的变化，显然，如果代表$A$的向量和代表$B$的向量相关，那么$R^2$的变化就不会等于$R_{Y.B_1,B_2}^2$。

这时需要用残差或误差项来说明尚未为所有的设计项解释的方差比例（或平方和）。这就是

$$1 - R_{Y.A,B,AB}^2 = 1 - \left( R_{Y.A}^2 + R_{Y.B}^2 + R_{Y.AB}^2 \right)$$

然后，为了求相关残差的信息（即$ss, df$和与关联的$MSR$），必须再进行一个包括了所有的编码向量在内的分析（见下面有关SPSS分析中最后一步的评议）。

## Output

Variables in the Equation

| Variable | B |
| --- | --- |
| A1 | −1.08333 |
| B2 | −.75000 |
| B1 | −.25000 |
| (Constant) | 11.25000 |

### 评　议

不出预料，A1的常数（Constant）和$b$与前一步相同。B1和B2的那些$b$就是这两个分类的效应（与表20.1作比较）。与前面已经解释过的一样，为了得到分类B3的效应，先要将B1和B2的效应相加，再取与其相反的符号，因为

$$(-0.75)+(-0.25)=-1.00$$

所以，B3的效应是1.00（与表20.1作比较）。

## Output

Beginning Block Number　3.　Method: Enter　　A1B1　　A1B2

Variable(s) Entered on Step Number 4..　A1B2
　　　　　　　　　　　　　　　　5..　A1B1

| | | | Analysis of Variance | | | |
| --- | --- | --- | --- | --- | --- | --- |
| Multiple R | .83038 | | | DF | Sum of Squares | Mean Square |
| R Square | .68953 | R Square Change | .39230 | | | |
| Adjusted R Square | .60329 | F Change | 11.37209 | Regression | 5 | 95.50000 | 19.10000 |
| Standard Error | 1.54560 | Signif F Change | .0006 | Residual | 18 | 43.00000 | 2.38889 |

F = 7.99535　　　Signif F = .0004

---

[1]大家可能会发现，重温一下第18章开始部分的材料，特别是重温一些与式（18.1）关联的讨论是很有帮助的。

## 评　议

归结于交互的方差比例是 0.392 30（即 $R^2$ 的变化）。交互的回归平方和是

$$95.500\ 00-41.166\ 67=54.333\ 33$$

有 2 个 $df$。因为这是分析的最后一步，所以包括了模型所有的项，这个残差信息是有意义的，因为它代表未为模型解释的那一部分的方差比例。

所以用像上面这样的输出，模型各项的最简单的检验方法是先用减法在每一步得到归结于给定项的回归平方和。然后将求得的每一项的值除以它的 $df$ 得到一个 $MS$。接着再把每个 $MS$ 除以最后一步的 $MSR$（均方残差）便可得到 $F$ 比率。对于目前的数据，它是 2.388 89，有 18 个 $df$。这些计算方法与表 20.3 相同。我们建议大家自己动手做，并将得到的结果与表 20.3 作比较。

## Output

Variables in the Equation

| Variable | B |
| --- | --- |
| A1 | −1.08333 |
| B2 | −.75000 |
| B1 | −.25000 |
| A1B2 | −.66667 |
| A1B1 | 2.08333 |
| (Constant) | 11.25000 |

## 评　议

因为 A 和 B 的那些 $b$ 和前一步的相同，这里不再赘述，我们只对交互向量的那些 $b$ 作评议。任何一个乘积向量的 $b$ 都表示那个对应于用于生成它的在编码向量中识别的分类的格交互项。只要看这两个正在研究的乘积向量，大家就可以十分清楚地理解这一点。我们来回看表 20.4（如果大家要运行这个例子，那么也请看一下用 LIST 得到的数据清单），注意，分类 $A_1$ 是在向量 A1 中识别的，而分类 $B_1$ 则是在向量 B1 中识别的。因此，A1B1 的 $b$（2.083 33）是格 $A_1B_1$ 的交互（与表 20.1 比较）。同样，A1B2 的 $b$（−0.666 67）是格 $A_1B_2$ 的交互项（与表 20.1 比较）。鉴于行和列的交互项之和为零这一约束，所以其余的格的交互项是很容易就可以得到的（参见与表 20.1 有关的解释）。

上面这些内容构成了最后的回归方程，它可以用于求因变量的预测值。记住，对这一目的而言，编码被作为自变量上的分数处理。为了便于阐述，我们将预测目前这一例子中的第一个个体的因变量的分数，使用这些自变量上的分数（即那些编码向量），见表 20.4 第一行列出的。

$$Y' = 11.25 - 1.08 \times (1) - 0.25 \times (1) - 0.75 \times (0) + 2.08 \times (1) - 0.67 \times (0) = 12.00$$

不出所料，这就是这个个体所属的格的均值。因为所有在这个格中的个体的自变量的分数都相同，所以它们的预测值也相同。我们建议大家用回归方程和相关的自变量分数，预测其他各格的个体的因变量分数，并将得到的结果与表 20.1 报告的格均值作比较。

## Output

Equation Number　2　　Dependent Variable..　Y

Beginning Block Number　1.　Method: Test　A1　B1　B2　A1B1　A1B2

Hypothesis Tests

| DF | Sum of Squares | Rsq Chg | F | Sig F | Source | |
|---|---|---|---|---|---|---|
| 1 | 28.16667 | .20337 | 11.79070 | .0030 | A1 | |
| 2 | 13.00000 | .09386 | 2.72093 | .0928 | B1 | B2 |
| 2 | 54.33333 | .39230 | 11.37209 | .0006 | A1B1 | A1B2 |
| 5 | 95.50000 | | 7.99535 | .0004 | Regression | |
| 18 | 43.00000 | | | | Residual | |
| 23 | 138.50000 | | | | Total | |

## 评　议

这个输出是关键词 TEST 生成的(见输入的最后一行)。大家可以看出,这给我们提供了一个设计的每一项的贡献以及显著性检验的简明摘要,与表20.3十分相似,我们建议大家将这个输出与它作比较。因此,在用SPSSREGRESSION作这个分析时,TEST的使用使我们得以避免像上面所做的一样,一步一步地进行分析和计算。将DEP=Y置于关键词TEST之前将会在上面的输出之外,再生成一个回归方程。

在通过连续的步骤来阐述分析时,有两件事情必须记住:第一,我们想借此机会来说明一下分析的各个方面;我们的评议做到了这一点。第二,我们想要告诉大家我们究竟需要什么信息,以便任何用于多元回归分析的程序集生成它们。假定我们手头的程序集不能令变量一步一步地进入,那么从刚才的介绍大家应清楚,我们可以用三个分开的回归分析,即 $Y$ 对(a) $A$,(b)对 $A$ 和 $B$ 以及(c)对 $A$,$B$ 和 $A×B$ 的回归分析来仿效三个连续的步骤。而实际上这也正是我们在上面三个步骤中所做的。

在目前的分析中,我们发现,交互不仅是统计显著的,而且还解释了最大的方差比例(0.39)。因此,正如前述,这样主效应的解释就没有太大的意义了。相反,我们接下来应该要进行简单主效应的计算,检验和解释,现在我们就转向这一专题。

## 简单主效应

为了理解简单主效应的计算,检验和解释背后的理念,把上面分析的因子设计看作并列的两组单因设计可能会对大家有所帮助。为了清楚地阐释这种想法,我们构建了表20.5,该表将表20.1的数据展示了两次。

我们先来看表20.5的第一部分,注意到表20.1已被按行分割,从而把它描述为仿佛是由两个单因设计构成的。每一个单因设计使用了相同的三个水平的 $B$,但却有着不同的 $A$。为了便于阐述,我们假定 $A$ 是性别。这样就相当于分别做了两个 $B$ 的三水平的效应研究。不过在一个研究中被试都是男性,而在另一个研究中则都是女性。换句话说,这样做使我们得以把设计切割,性别不再作为一个变量,因为每一个单因设计都由男性或女性构成。这就是说,性别被同等用于将 $A$ 作为一个操控变量的设计,因为每一个单因设计都由一种 $A$ 处理构成。

我们现在来看表20.5的第二部分,注意到这次它被列所切割,所列数据仿佛来自一个三因设计的描述统计值。这时,$B$ 已经不再是一个变量。它仿佛是为了研究相同的 $A$ 处理而分别进行的三个研究。例如，$A$ 可能是两种增强类型，$B$ 则可能是三种教学方法。如第二部分所列，同样的两种增强类型之间的差异，在每一种教学方法中分别加以研究。因此，$B$ 在每一个研究中都是恒定的。

在这样一种表 20.5 所列的设计中，大家可以对 $B$ 的简单主效应（即 $B$ 在 $A_1$ 和 $A_2$ 上的效应），$A$ 的简单主效应（即 $A$ 在 $B_1$，$B_2$ 和 $B_3$ 上的效应），或同时对二者加以研究。

表 20.5　用表 20.1 的数据计算简单主效应列示

| I. | | $B_1$ | $B_2$ | $B_3$ | $\bar{Y}$ |
|---|---|---|---|---|---|
| $A_1$ | $\bar{Y}$: | 12.00 | 8.75 | 9.75 | 10.17 |
| | Int: | 2.08 | −.67 | −1.41 | |
| | | | | | |
| | Eff: | −.25 | −.75 | 1.00 | |
| | | | | | |
| $A_2$ | $\bar{Y}$: | 10.00 | 12.25 | 14.75 | 12.33 |
| | Int: | −2.08 | .67 | 1.41 | |
| | | | | | |
| | Eff: | −.25 | −.75 | 1.00 | |

| II. | | $B_1$ | $B_2$ | $B_3$ | Eff |
|---|---|---|---|---|---|
| $A_1$ | $\bar{Y}$: | 12.00 | 8.75 | 9.75 | −1.08 |
| | Int: | 2.08 | −.67 | −1.41 | |
| $A_2$ | $\bar{Y}$: | 10.00 | 12.25 | 14.75 | 1.08 |
| | Int: | −2.08 | .67 | 1.41 | |
| | $\bar{Y}$: | 11.00 | 10.50 | 12.25 | |

注：每个格中的 $n=4$。$Int=$ 交互；$Eff=$ 主效应。均值、主效应和交互项取自表 20.1。

简单主效应的回归平方和与单自变量设计一样计算（即同单因设计一样）。至于表 20.1 这个设计，为了计算 $B$ 的简单主效应的回归平方和，需要进行两个分析：（a）用在 $A_1$ 中的 12 个被试，和（b）使用在 $A_2$ 中的 12 个被试。为了计算 $A$ 的简单主效应的回归平方和，需要进行三个分析：（a）使用在 $B_1$ 中的 8 个被试，（b）使用在 $B_2$ 中的 8 个被试，和（c）使用在 $B_3$ 中的 8 个被试。我们现在可以开始以这种方式来计算表 20.1 的数据的简单主效应的回归平方和，但是我们现在不做（因为大家可能希望把它作为一个练习来做）。而我们要给大家介绍的是如何用前面得到的主效应和交互效应来做同样的事情。此后，我们将要给大家介绍如何用计算机分析，轻而易举地进行简单主效应的检验。

## 简单主效应平方和

计算表 20.1 数据的简单主效应所需的信息已在表 20.5 给出。正如表 20.5 的注释说明的一样，所有的信息都来自表 20.1。然而，正如前一节所示，这个信息也可用效应编码的回归方程求得。

现在我们将要给大家介绍如何用表 20.5 的信息来求简单主效应的平方和。在前一节，我们已经给大家介绍了如何将表20.1中的个体分数表示为模型的组成成分，以及如何用这些成分来计算设计的不同的项的平方和（见表20.2和与之有关的讨论）。我们将用同样的理念来计算简单主效应，先从$B$的那些简单主效应开始。

我们来看表20.5第一部分，$A_1$中的三列$B$。很清楚在这一水平的所有被试（我们的数例是12）都用了同样的$A$处理。注意，$A_1$的边缘均值（即三个格均值的平均数）是10.17。与处理需要的定义一致（见第19章），在$A_1$中每一类$B$的效应等于它的均值对10.17的偏差。因此，$B_1$的效应是

$$12.00 - 10.17 = 1.83$$

然而需注意的是，这也是主效应和与这个格关联的交互项的和：

$$(-0.25) + (2.08) = 1.83$$

这也同样适用于其他两个$B$效应。

对于$B_2$：$8.75 - 10.17 = -1.42$

对于$B_2$的效应和：$(-0.67) + (-0.75) = -1.42$

对于$B_3$：$9.75 - 10.17 = -0.42$

对于$B_3$的效应和：$(-1.41) + (1.00) = -0.41$

最后两项的差异是因为四舍五入的缘故。综前所述，$A_1$的每一个个体的分数可表示为三个组成部分：（a）三个$B$的均值（10.17）；（b）实施处理的个体的处理效应，等于个体所属的格的效应之和；（c）残差。

与表20.2的回归平方和的计算类似，$B$在$A_1$的回归，或处理之间的平方和可以通过取每个个体的效应的平方和加总求得。当然，处理效应对于实施这种处理的所有个体是相同的。因此不是要将每个体的效应取平方后再加总，而是将它乘以处理的人数，然后再相加。然而，因为在目前的分析中，每种处理的实施人数都是4，所以回归平方和也可以像下面这样求得：

在$A_1$中的$B$的$SS_{reg}$：

$$4 \times [(1.83)^2 + (-1.42)^2 + (-0.41)^2] = 22.13$$

用相关的对应项，在$A_2$的$B$的效应是

对于$B_1$：$(-2.08) + (-0.25) = -2.33$

对于$B_2$：$(0.67) + (-0.75) = -0.08$

对于$B_3$：$(1.41) + (1.00) = 2.41$

因此，在$A_2$中的$B$的$SS_{reg}$：

$$4 \times [(-2.33)^2 + (-0.08)^2 + (2.41)^2] = 44.97$$

两个$A$水平的回归平方和之和是

$$22.13 + 44.97 = 67.10$$

由计算这些平方和使用的方法可知，它们的和等于$B$的回归平方和加上交互的回归平方和。根据表20.3，$ss_B = 13.00$和$ss_{AB} = 54.11$，经四舍五入，它们的和等于$B$的简单主效应的回归平方和。如下所示，对于$A$的简单主效应的回归平方和也同样如此。因此，它可以作为一种对这个计算的检查。

用与上面相同的方法，也可以计算$A$的简单主效应的回归平方和。这时，计算像表20.5

测量、设计和分析：研究方法的综合之道

的第二部分一样,相当于单因分析。注意,在表的这一部分,对于每一次分析,$B$ 都是常数,而 $A_1$ 和 $A_2$ 的效应分别为 $-1.08$ 和 $1.08$。

因此,在 $B_1$ 中的效应是

对于 $A_1$：$(-1.08) + (2.08) = 1.00$

对于 $A_2$：$(1.08) + (-2.08) = -1.00$

正如所料,这两个效应之间的差($2.00$)等于 $B_1$ 中两个均值的差(即 $12.00-10.00$;见表20.5)。

记住,每一个格的 $n=4$。$B_1$ 中的 $A$ 的简单主效应回归平方和是

$$4 \times [(1.00)^2 + (-1.00)^2] = 8.00$$

在 $B_2$ 中的效应是

对 $A_1$：$(-1.08) + (-0.67) = -1.75$

对 $A_2$：$(1.08) + (0.67) = 1.75$

两个效应之间的差($-3.50$)等于两个各自的均值的差(即 $8.75-12.25$,见表20.5)。$B_2$ 中 $A$ 的简单主效应回归平方和是

$$4 \times [(-1.75)^2 + (1.75)^2] = 24.5$$

在 $B_3$ 中的效应是

对于 $A_1$：$(-1.08) + (-1.41) = -2.49$

对于 $A_2$：$(1.08) + (1.41) = 2.49$

这些效应之间的差($-4.98$),四舍五入后等于两个各自的均值的差(即 $9.75-14.75$,见表20.5)。$B_3$ 中 $A$ 的简单主效应的回归平方和是

$$4 \times [(-2.49)^2 + (2.49)^2] = 49.60$$

作为计算的检查,将 $A$ 的简单主效应的平方和相加：

$$8.00 + 24.50 + 49.60 = 82.10$$

这个和数等于 $ss_A$($27.99$)和 $ss_{AB}$($54.11$)的和(这些值从表20.3中可得)。

## 简单主效应检验

为了检验简单主效应的回归平方和,我们将它除以它的 $df$,求得 $MS$(均方),然后再除以 $MSR$(均方残差),得到 $F$ 比率。对于简单主效应检验而言,使用的那个 $MSR$ 是从因子设计分析得到的。

使用上面计算的简单主效应的回归平方和与来自表20.3的 $MSR$($2.39$,有18个 $df$)便可进行显著性检验。表20.6是显著性检验的摘要。

表20.6 表20.1数据简单主效应检验摘要

| Source | ss | df | MS | F |
|---|---|---|---|---|
| $B$ at $A_1$ | 22.13 | 2 | 11.06 | 4.63 |
| $B$ at $A_2$ | 44.97 | 2 | 22.48 | 9.41 |
| $A$ at $B_1$ | 8.00 | 1 | 8.00 | 3.35 |
| $A$ at $B_2$ | 24.50 | 1 | 24.50 | 10.25 |
| $A$ at $B_3$ | 49.60 | 1 | 49.60 | 20.75 |
| Residual | 43.00 | 18 | 2.39 | |
| Total | 138.10 | 23 | | |

注：残差值用表20.3求得。

注意，对于 $B$ 的简单主效应检验而言，$F$ 比率的分子和分母的 $df$ 分别是2和18。对于 $A$ 的简单主效应检验而言，$F$ 比率的分子和分母的 $df$ 分别是1和18。我们向大家推荐，将简单主效应检验预定的 $\alpha$ 除以一个给定因素的要检验的简单主效应的数目。例如，假定研究者选定 $\alpha = 0.05$。因为 $B$ 做了两个简单主效应的检验，所以求得的 $F$ 必须超过4.56，它是 $F$ 的 $\alpha/2 = 0.05/2 = 0.025$ 的临界值，有2个和18个 $df$（例如，见 Table IX in Edwards，1985：530）。于是我们得出结论，简单主效应的两个检验都是统计显著的。因为这几个检验的每一个都涉及三个均值之间的比较，所以这种多重比较可以用第19章介绍的方式进行。具体的比较类型（即计划抑或事后）将要取决于研究者预先作出的假设。

因为对于 $A$ 的简单主效应检验而言，要做的检验有三个，所以得到的 $F$ 必须超过 $F$ 的 $\alpha/3 = 0.05/3 = 0.017$，有1个和18个 $df$。一般统计书籍的 $F$ 分布表都不会提供这个概率水平的值。就我们目前的目的而言，只要指出表列的有1个和18个 $df$ 的0.05和0.01的 $F$，分别为4.41和8.28就足够了。因此很清楚，$A_1$ 和 $A_2$ 之间的差在 $B_1$ 是统计不显著的，但在 $B_2$ 和 $B_3$ 则是统计显著的。在用计算机程序做这种分析时，一般都会报告所求的各个 $F$ 的概率水平（见下文）。所以就不必再多此一举借助我们在这里使用的那种比较粗糙的近似值。

为了行文的完整性，我们既做了 $A$ 的，也做了 $B$ 的简单主效应检验。取决于考虑的实际问题，研究者也许只对一个因素的简单主效应检验，甚至只对一个因素的某些简单主效应检验感兴趣。总之，究竟要检验什么完全取决于研究者所做的假设。下面我们将对因子设计的假设形成做一些一般性评议。

## 计算机分析

可用于因子设计的计算机程序集有很多，我们在这里使用的是SPSS的MANOVA（多变量方差分析），因为它有一个使它能很容易设定主效应检验的子命令。下面我们来对MANOVA程序做一些评议。

# SPSS

## Input

```
SET LISTING='T201MAN.LIS'.
TITLE TABLE 20.1, 2 BY 3.   TESTS OF SIMPLE MAIN EFFECTS.
DATA LIST/A 1 B 2 Y 4–5.
BEGIN DATA.
     [data to be read are identical to those given
      earlier, under REGRESSION analysis]
END DATA.
LIST.
MANOVA Y BY A(1,2) B(1,3)/PRINT=CELLINFO(MEANS)/
   DESIGN=A,B,A BY B/DESIGN=A B WITHIN A(1), B WITHIN A(2)/
   DESIGN=B A WITHIN B(1), A WITHIN B(2), A WITHIN B(3).
```

## 评 议

MANOVA（多变量方差分析）是一种在任何常见的统计软件包中最为常见的功能强大的程序。多变量的意思是设计包含了一个以上的因变量（有关多变量分析的导论及参考书目见Pedhazur, 1982：第17章，第18章）。MANOVA也可以用于单变量，即一个因变量的分析，这也正是我们在这里要做的分析。

就整个析因方差分析而言，我们可能会使用SPSS的ANOVA。正如前述，我们之所以要使用MANOVA，是因为它的DESIGN子命令使我们很容易就可以设定简单主效应检验。

在第19章我们已经做过解释（见SPSS的ONEWAY的应用）。跟随每个因素后面的括弧中的那些数字表明了它的最低和最高水平。它包括了三种设计子命令，其含义将在对它们的输出进行评议时解释。

## Output

Cell Means and Standard Deviations
  Variable.. Y

| FACTOR | CODE | Mean | Std. Dev. | N |
|---|---|---|---|---|
| A | 1 | | | |
| B | 1 | 12.000 | 1.826 | 4 |
| B | 2 | 8.750 | 1.500 | 4 |
| B | 3 | 9.750 | 1.258 | 4 |
| A | 2 | | | |
| B | 1 | 10.000 | 2.309 | 4 |
| B | 2 | 12.250 | .500 | 4 |
| B | 3 | 14.750 | 1.258 | 4 |
| For entire sample | | 11.250 | 2.454 | 24 |

## 评 议

输出的这一部分是由PRINT子命令生成的。在这个子命令中还可设定其他各种选项。

## Output

***** ANALYSIS OF VARIANCE—DESIGN 1 *****

| Source of Variation | SS | DF | MS | F | Sig of F |
|---|---|---|---|---|---|
| WITHIN CELLS | 43.00 | 18 | 2.39 | | |
| A | 28.17 | 1 | 28.17 | 11.79 | .003 |
| B | 13.00 | 2 | 6.50 | 2.72 | .093 |
| A BY B | 54.33 | 2 | 27.17 | 11.37 | .001 |

## 评 议

正如输出的标题(ANALYSIS OF VARIANCE-DESIGN1)所言,这些结果是第一个DESIGN子命令生成的。来看输入中这一子命令,我们注意到,它调用了$A$,$B$和$A×B$。我们这样做的目的是能用同样的数据和早前所做的分析进行比较。将这些结果和表20.3给出的那些结果或REGRESSION的输出进行比较,我们注意到,它们都是相同的。这些结果在前面的分析中标为RESIDUAL(残差),而在这里则被标为WITHINCELLS(格内)。我们对早前的结果已经进行过评议,所以这里将不再对现在给出的结果进行评议。如果需要的话,大家可以参阅前面的有关评议。

## Output

```
* * * * * ANALYSIS OF VARIANCE—DESIGN  2 * * * * *
```

| Source of Variation | SS | DF | MS | F | Sig of F |
|---|---|---|---|---|---|
| WITHIN CELLS | 43.00 | 18 | 2.39 | | |
| A | 28.17 | 1 | 28.17 | 11.79 | .003 |
| B WITHIN A(1) | 22.17 | 2 | 11.08 | 4.64 | .024 |
| B WITHIN A(2) | 45.17 | 2 | 22.58 | 9.45 | .002 |

## 评 议

在第二个DESIGN子命令中,我们在$A_1$和$A_2$中调用$A$和$B$。四舍五入后,我们得到了与表20.6报告相同的结果。我们也注意到,$A_1$内$B$的$F$的概率是0.024。与早先的分析一样,我们假定研究者事先选定$\alpha=0.05$。这里报告的概率$<0.025$(即$0.05/2$;见上面简单主效应检验)。因此我们得出结论,这个简单主效应是统计显著的。由$A_2$内的$B$检验的$F$的概率可知,这个简单主效应也是统计显著的。

## Output

```
* * * * * ANALYSIS OF VARIANCE—DESIGN  3 * * * * *
```

| Source of Variation | SS | DF | MS | F | Sig of F |
|---|---|---|---|---|---|
| WITHIN CELLS | 43.00 | 18 | 2.39 | | |
| B | 13.00 | 2 | 6.50 | 2.72 | .093 |
| A WITHIN B(1) | 8.00 | 1 | 8.00 | 3.35 | .084 |
| A WITHIN B(2) | 24.50 | 1 | 24.50 | 10.26 | .005 |
| A WITHIN B(3) | 50.00 | 1 | 50.00 | 20.93 | .000 |

## 评 议

在这个DESIGN子命令中,我们分析那些$B$中的$A$。将这些结果与表20.6报告的结果进行比较。记住,对于$\alpha=0.05$。这些简单主效应检验的每一个概率都是$0.05/3$。因此,正如前面分析所言,在$B_1$中的$A_1$和$A_2$之间的差是统计不显著的,而在其他两个$B$水平上的这两种处理之间的差则是统计显著的。

最后我们还要做两点评议:一是,无论是做REGRESSION(回归)分析,还是做MANOVA(多变量方差分析),只要做其中一个即可。我们之所以对二者都进行了讲解,无非是想要说明它们的相同与不同之处,各有什么独特的长处而已。二是,两种分析是可以在单独一次运行中完成的。实际上,我们也是那样做的,尽管报告的结果方式仿佛它们是分别在两次运行中得到的一样。

## 假设的形成

我们已经在第9章对假设、假设的格式以及它对数据分析的含义等问题进行过一般性讨论。在这一节，我们将简要讨论与因子设计相关的假设形成问题。

与先前讲过的在交互存在时，主效应解释通常是没有意义的这一观点相一致，我们先来评议有关主效应的假设，然后联系交互问题再对假设进行进一步的评议。我们无法在这一问题上占用太多的篇幅，因此，我们不可能在理论层面上对特定的假设做深入的探讨。我们的评议仅限于有关A和B以及它们的交互项对因变量Y的效应的假设，不论变量是什么样的，也不论每个自变量的分类数是多少。简而言之，我们的评议适用于任何由两个因素组成的实验设计。[①]

我们要提醒大家，在实验设计中，既可能两个自变量都被操控；也可能只有一个被操控，而另一个是分类或分组的变量。不仅如此，我们的评议仅限于两个因素构成的设计，因为我们只处理过这样的设计。从一般意义上说，它也适用于有两个以上因素的设计，除非情况比较复杂，即在诸如这样的设计中可能会发生高阶交互（见下文）。如果能用各位自己感兴趣的问题来取代变量A和B，大家可能会发现这将会是很有用处的。

当基于理论考虑，预期不存在交互时，关于一个或两个因素的主效应的假设是有意义的。这时，我们就可以建立有关一个因素的效应与另一个因素无关的假设，所谓与另一个因素无关也就是没有交互效应的意思。

于是有关每一个因素的假设就形成了，好像它就是一个单因设计。我们用因素A来阐述那种我们可能会提出来的假设。注意，我们将不在这里讨论那些假设措辞的细节，这在一定程度上取决于使用的变量的特点，我们要在这里讨论的是假设的要旨。我们先假设那些暴露于不同水平的A的人在Y上的表现会有所不同。注意，这只不过是一种有关主效应的最为粗糙的假设。一般来说，它对正在研究的现象和所使用的操纵的性质承载的知识量是很少的。尽管如此，在我们发现A是统计显著时，就可以在A的各个水平之间进行事后的多重比较。[②]

有关主效应的更为集中的假设将会涉及特定的水平，或水平的组合的效应之间的差别。例如，假设暴露于$A_1$的人将比暴露于$A_2$的人在Y上有更好的表现，暴露于$A_3$的人比暴露于$A_4$的人更好，而暴露于$A_1$和$A_2$的人将比暴露于$A_3$和$A_4$的人更好。你们可能已经清楚，前述三个假设对应于A水平之间的三个正交比较。有时假设也可能涉及A水平之间的计划的非正交比较。这里所说的有关A的主效应的假设也同样适用于有关B的主效应的假设。我们现在转向有关交互的假设。

在对A和B之间的交互有所预期时，研究者肯定会对其所取的具体形式有一定想法。因此我们建议，在有关交互的一般性陈述之后，阐述一下对简单主效应的具体预期。这个假设大致是这样的：在A和B对Y的效应上，它们彼此之间存在交互。特别是在条件$B_1$（或实施了

---

[①]后面我们会对非实验设计进行评议。

[②]有关均值之间的计划和事后的比较问题，请参阅第19章。

$B_1$ 的个体），那些暴露给 $A_1$ 的人将会在 $Y$ 上比那些暴露给 $A_2$ 的人有更好的表现。在 $B_2$，情况则恰好相反，即暴露给 $A_2$ 的人将比暴露给 $A_1$ 的人表现更好。其他有关简单主效应假设的表述情况也大致如此。

在前述假设中，我们预期交互是无序的。不言而喻，我们也可预期交互是有序的（见前一节有关有序和无序的交互的讨论）。这时，假设的一种可能表达的方式是先做一个有关 $A$ 和 $B$ 之间存在着对 $Y$ 的有序交互效应的陈述，随后是一个大致这样的陈述：尽管 $A_1$ 在 B 的所有水平上都优于 $A_2$，但是 $A_1$ 和 $A_2$ 之间的差异在 $B_2$ 下最大，在 $B_3$ 下最小。不管有关交互形式的假设是什么，我们都要用简单主效应检验来检验它们。

在结束这一节讨论时，我们想再一次重申，我们在这里列举的那些例子，并不是要阐述假设如何措辞，而是要说明那些可以形成主效应或交互效应的假设的要旨。

# 高阶设计

我们的介绍只限于由两个因素构成的设计。那些由两个以上因素构成的设计涉及高阶设计问题。我们不打算在这里对它们进行详细讨论，只是对它们的要素和如何分析做一些一般性的评议。对这些问题感兴趣的读者可以参阅其他有关著作，如 Box, Hunter, & Hunter (1978)，Edwards(1985)，Keppel(1982)，Kirk(1982)，Myers(1979)，以及 Winer(1971)等。我们建议大家用来自这些著作或其他来源的例子，用这些书中给出的 ANOVA 路数和/或这一节末尾给出的回归路数尝试分析它们。

与双因素设计一样，在高阶设计中，也要求每一个因素的主效应。此外，还要求两个因素、三个因素或更多因素组合的交互项。两个因素或变量之间的交互，不论每个因素的分类数是多少，都叫作一阶交互。我们前些节处理的正是这样一种类型的交互。三个因素之间的交互叫作二阶交互，四个因素的交互叫作三阶交互，以此类推。

我们将用几个例子来阐述前面那些陈述的含义。先来看一个由三个因素 $A, B$ 和 $C$ 构成的设计。在这样一种设计中，要求三个因素的每一个主效应。因为两个因素可以有三个组合，所以要求三个一阶交互：$A \times B, A \times C$ 和 $B \times C$。最后还要求一个二阶交互：$A \times B \times C$。

在一个由四个因素 $A, B, C$ 和 $D$ 构成的设计中，要求以下几项。

四个主效应：

$$A, B, C, D$$

六个一阶交互：

$$A \times B$$
$$A \times C$$
$$A \times D$$
$$B \times C$$
$$B \times D$$
$$C \times D$$

四个二阶交互：

$$A \times B \times C$$
$$A \times B \times D$$
$$A \times C \times D$$
$$B \times C \times D$$

一个三阶交互：

$$A \times B \times C \times D$$

大家想必已经看到,我们必须要与由因素的增加而造成的元素数目的猛增斗争。我们十分慎重地使用斗争一词是因为高阶的交互常常是无法解释的。虽然计算机程序的普及使多因素设计变得容易,但是对它们的结果的解释,特别是对存在高阶交互时的结果的解释却并没有因此而变得简单。

在给大家提供几个示例之前,我们先大致介绍分析的路数。我们按阶的降序来察看因子设计要求的项,先来查看最高阶的交互。在这里我们是在广义上使用察看一词的,它包括对实际意义和统计意义二者的察看。然而在下面,为了方便起见,我们只用它来涉指统计显著性,特别是在我们做一些抽象的评议时,情况尤其如此,但是我们要大家牢记,对于分析而言,要考虑的最重要的问题是实质意义。[1]

一个给定的步骤所采取的动作取决于前面几步得到的结果。因此,在一个双因设计中,我们首先要查看一下交互的情况。如果它是统计不显著的,那么我们接着就要去查看主效应。如果情况不是如此,交互是统计显著的,那么我们接着就要进行简单主效应检验,就像前一节所做的一样。

为了使大家能理解高阶设计的复杂性,我们对一个三阶设计的查看过程做一个简要的介绍。与前面一样,我们使用字母 $A,B$ 和 $C$ 来代表三个因素。首先察看的第一项是二阶交互：$A \times B \times C$。接着我们要考虑的问题是,在这个交互是统计显著时,或统计不显著时应采取的动作,我们先从后者开始。

在三个二阶交互是统计不显著和采取了相应的动作时,就要查看三个一阶交互并采取相应的动作。这个设计基本上就被作为由三个双因素设计组成的设计对待。这就是说,对于三个一阶交互的每一个交互,两个因素和它们的交互效应要跨第三个因素研究。例如,$A \times B$ 就要跨 $C$ 的不同水平研究。在一阶交互是统计显著时,就要对简单主效应用前面介绍的方式加以察看。在它们二者在统计上都是不显著时,我们就要查看主效应。

在二阶交互是统计显著时,我们要察看所谓的简单主效应。这就是在第三个因素的每一个水平中的两个因素之间的交互。为了便于阐述,我们假定正在考虑的设计可能是一种最为简单的设计,即一个 $2 \times 2 \times 2$ 设计,也叫 $2^3$ 设计,如图20.3所示。

譬如说,为了得到 $B$ 和 $C$ 之间的简单交互,我们将要分别计算 $A_1$ 和 $A_2$ 中的 $B$ 和 $C$ 之间的交互。我们来看图20.3,注意到这就好像将一个三因素设计分割成了两个双因素设计一样,一个在 $A_1$ 而另一个则在 $A_2$——对其他因素之间的交互也同样如此。

---

[1]统计显著性和实质意义的区别在前几章,特别是在第9章和第15章曾经讨论过的。

在一个简单交互是统计显著时，我们就要查看那些所谓的简单-简单主效应。我们假定 $A_1$ 中的 $B$ 和 $C$ 之间的简单交互是统计显著的。于是那些简单-简单主效应的例子就是分别在 $A_1B_1$ 和在 $A_1B_2$ 中的 $C_1$ 和 $C_2$ 之间的差，这就是说，分析要沿着 $A_1$ 的两列往下进行。此外，我们也可以研究 $A_1C_1$ 和 $A_1C_2$ 中的 $B_1$ 和 $B_2$ 的差，这时分析要在 $A_1$ 下跨行进行。

图 20.3

正如大家所看到的，即使有三个因素，每一个因素只有两个水平，不是从分析的角度，而是从解释的角度来看，问题就会变得相当复杂。大家完全可以想象，当这些因素包含两个以上水平时，问题将会变得多么复杂。由三个以上因素组成的设计的结果的解释可能是极为困难的。故而许多研究人员都祈祷自己的高阶交互是统计不显著的。

## 研究实例

我们认为扼要介绍一个研究会对大家的学习是很有帮助的。图顿和莱克（Dutton & Lake, 1973）二人曾经做过一个研究，

> 试图对"逆向歧视（reverse discrimination）"这一概念进行检验。所谓逆向歧视是指白人对少民族群体，而不是其他白人更有利的行为，它可能起因于白人察觉到"自己的行为中存在危险的偏见的苗头"。(p.94)

我们不准备对这个研究进行详细讨论，只是想对那些有助于大家理解上的讨论，以及有关因子设计某些理念的一些内容进行讲解。

图顿和莱克将男性和女性白人随机地分配给了两种条件：高威胁（high threat）和低威胁（low threat）。在高威胁的情况下，给了被试一种引导他们相信自己对少数民族群体成员有偏见的线索。低威胁的被试则没有提供这样的线索。这些威胁实施之后，被试被告知研究已结束，并被带到了另一个大楼领取预先约定的参与研究的报酬。

这些被试领取的报酬都是同等数量的零钱。在这些被试离开大楼时，每个人都会遇到一个由一个随机计划安排的乞讨饭钱的黑人或白人乞丐。因变量是以美分计的给予（乞讨者）的钱数。

图顿和莱克的研究与上面描述的设计是同一个类型的，已在图 20.3 列示。在对他们的研究进行评论之前，我们先用图顿和莱克的字母来表示这些因素。因此，参照图 20.3 与图顿和

莱克的研究，$A$=乞丐的种族，$B$=威胁的条件，$C$=被试的性别。

下面是结果的某些方面的描述。二阶交互是统计不显著的。如上所述，我们对三个一阶交互做了考察。这三个一阶交互只有乞丐的种族($A$)×威胁条件($B$)是统计显著的。所以图顿和莱克进一步考察了简单主效应，并发现与假设一样，高威胁组的被试给黑人乞丐的赠与大于低威胁组（记住那些在高威胁组的被试被诱导认为自己对少数民族成员抱有偏见）。相比之下，也与假设一样，两种威胁条件的被试给白人乞丐的赠与是相同的。

前面我们已经几次指出，在存在交互时，解释主效应一般都是徒劳无功的。图顿和莱克的结果便是又一个明证。只有威胁条件($B$)的主效应才被发现是统计显著的。从表面来解释这个结果（图顿和莱克并没有这样做），我们便会认为高威胁组的赠与大于低威胁组，不论乞丐的种族($A$)是什么。然而，只要看一下$A$和$B$之间的交互，和前一段描述的简单主效应，我们就会清楚，这个结论是不恰当的，是一种误导。

## 连续自变量

虽然我们对因子设计的讨论都限于分类自变量，但这样的设计也可以有连续自变量，或同时由两种自变量构成。举个例子，在一个双因素的设计中，一个因素是分类的（如得奖和未得奖，男性和女性）；而另一个因素则是连续的（如学习的小时，药物的剂量）。在这样的设计中，我们以一种类似于第18章介绍的方式，用多项式回归来研究因变量对连续变量的回归趋势（见曲线回归）。此外，我们也可以研究分类变量的效应和连续变量与分类变量之间的交互效应。

带连续自变量的因子设计的例子可在这些地方找到：Kirk，1982：379-387；Myers，1979：445-456；Winer，1971：388-391，478-484。在这些著作中的数例的介绍和分析都是ANOVA这一路数的。我们相信如果大家能用REGRESSION路数分析这些和另一些著作中的例子，并把得到的结果与ANOVA路数作一番比较，一定会受益匪浅。

## 计算机分析

在结束本节的讨论之前，我们对高阶因子设计分析的计算机程序的使用问题做了一些一般性评论。与双因子设计一样，高阶设计分析既可以采用ANOVA路数的程序集，也可以采用REGRESSION路数的程序集。在那些使用ANOVA的程序集中，MANOVA尤其有用，因为它的DESIGN子命令使得它能自行设定简单交互，简单-简单主效应检验和简单主效应等检验，与我们早先介绍的这种用于简单主效应分析的程序集十分相似。

当然，任何多元回归程序都可用于按照REGRESSION路数进行的分析，每个因素都仿佛是设计中唯一的因素一样编码。编码向量既可作为输入，也可由计算机生成后进入分析（例如，沿本章前面采用的双因子设计分析的思路，用分类识别的向量和IF语句）。交叉乘积向量被生成用来代表相关的交互项。然后因变量Y将对编码向量做回归。

正如我们前面建议的一样，大家不妨挑一些已经介绍过并按照ANOVA路数分析过的数例（某些参考书中的例子我们已在前面给过），将它们转换成REGRESSION格式，并用多元回归程序重新分析，将会加强大家对因子设计两种分析路数的理解。

## 非正交设计

在第19章，我们对不相等的n设计做过评议，并指出这可能是有意而为或被试的损耗造成的。对于因子设计来讲，情况也同样如此。对于不相等的n的因子设计的分析和解释——有时也叫作非正交、不平衡或不等格频数设计——统计学家和研究者一直存在很多争议，仁者见仁，智者见智，莫衷一是。阿佩保穆和克莱默（Appelbaum & Cramer, 1974）当年对这一领域的知识状况所说的那些话也许今天仍然适用："除了因子分析外，非正交多因素方差分析可能是行为科学家最容易误解的分析技术。"（p.335）

我们并不打算在这里介绍在因子设计的不等格频数中出现的问题的解决之道，我们只是想从分析和研究的角度，对这种问题做一些简要的评议。

从分析的角度来看，不等格频数的因子设计之所以会产生模糊不清是因为主效应和交互效应多多少少都有一点相关（因此，这样的设计才被叫作非正交设计）。因此，我们无法将非正交设计中的已解释的方差或回归平方和比例完全清楚地分解成归结于设计的每一项的成分。各种建议的解决方案，大多数使用的都是多元回归分析的一些变体，都与如何处理这个分析问题有关（见 Pedhazur, 1982:371-382，有关如何解决这样的问题的方法的介绍，以及介绍中使用的数例和有关的参考材料）。

从设计的角度来看，不等格频数问题要复杂得多。除了成比例的格频数之外（见 Pedhazur, 1982:372-373），设计是几乎不可能使用不等格频数的。如果说不是在所有情况中，那么至少在大多数情况中，之所以会出现不等格频数大多是因为被试的损耗、死亡和数据丢失造成的。在遇到这种情况时，最重要的问题—— 一个直插研究的内部效度核心的问题——究竟是什么导致了被试的损耗。在被试的损耗以一种与处理或处理的组合有关的系统方式出现时，就会使那些最初随机建立的组，可能会因此而不再具有可比性。于是，观察到的处理或处理组合之间的差异可能部分或全部都是由不相等的组之间的差异造成的。

不言而喻，在大多数情况中，被试损耗的原因实际上是不可能确定的。这是因为我们没有能力思考和解释无数我们本来借助随机化来化解的，影响一个给定的现象的变量。[1]很显然，系统的被试损耗可能会背离随机化过程，因此给比较效度带来了疑问。最有问题的可能

---

[1]见第10章有关随机化和它在研究设计中的重要作用的讨论。

是我们永远也无法确定随机化过程是否已为被试的损耗所瓦解，也就是说，我们可能永远也无法确定结果究竟会是什么样的。然而，我们要再一次强调，正是因为无法做到这一点，我们才需要借助随机化。

尽管细节可能有所不同，但是可以肯定，几乎所有解决不等格频数的方法都是基于被试的损耗是随机的这一假定，认识这一点是极为重要的。考虑社会行为科学的研究领域是如此广泛，涉及的变量类型众多，因此，我们认为在大多数情况中，被试损耗这种情况什么都有可能是，但是就是不可能是随机的。因为没有随机损耗这一假定，就没有解决这一问题的办法，"倘若不伪称观察的丢失是随机的，就不可能有补救之道"(Appelbaum & Cramer, 1974:336)。

诚然，这的确不是一种令人愉快的状态。但是，我们认为那些可用的各种"处理"不等格频数的分析路数会使我们转移对更为重要的被试为什么会损耗及其对研究的效度隐含的意义的注意力。我们不应求助于那些看上去很容易的解决方法，尤其是那些借助计算机程序的解决方法，相反，研究人员应花更大的精力去揭示和理解被试损耗的原因，因为这些原因与研究的现象、设定、处理和被试等有关。正是这种取向才使我们能更好地理解研究的现象和人。

## 非实验研究的分类自变量

迄今为止，我们只介绍了实验研究中的因子设计。现在我们来讨论非实验研究中多个分类自变量的设计问题。注意，我们故意不把它们叫作因子设计。这样就有可能使某些人，主要是那些受ANOVA传统训练的人感到不解而对这种做法加以指责。不过正如我们试图要在这一节所证明的一样，围绕这种设计的分析和解释的许多混乱都是没有将它们和实验设计中的因子设计加以清楚地区别所致。

也许这个问题的讨论最好从注意费舍对实验设计和分析的重要贡献开始（见这一章的开头），他的概念、术语和分析路数被不加区别，甚至是不假思索地移植和应用到了有分类自变量的非实验设计。因为它们在表面上与实验研究中的因子设计颇为相似，致使它们被误用，被相当严重的误用，好像它们就是实验一样。

举一个从佩达泽(Pedhazur, 1982:383)那里借用的相当简单的例子便足以说明这一问题，因为那些比较复杂的例子并不是那么简单明了、一目了然。假定，在一个学校教职人员的教育态度的研究中，使用了下面两个自变量：(a)职位（管理或教学）和(b)性别。那些受过ANOVA训练的研究者几乎都会不假思索地认为这是一个2×2的因子设计，于是试图去估计职位、性别和它们之间的交互效应。我们之所以说试图，是因为这样的设计总是会因为不等格频数问题而产生许多节外生枝的问题——我们将在后面来讨论这一专题。

与回归分析一样，ANOVA的使用也隐含了一个过程理论模型。正是借助这一模型，自变量才对因变量发生影响。遗憾的是，许多使用ANOVA的人似乎并不理会这个问题。正如德雷伯和斯密斯(Draper & Smith,1981)指出的一样："'您在考虑什么模型'这个问题,常常会遇到'我没有在考虑——我在用方差分析'"(p.423)这样的回答。

因此,将上面给出的例子用因子设计来处理,并估计和检验诸如主效应和交互效应这样一些项的含义是什么? 大致来讲,它们的意思是职位(status)和性别(sex)是彼此独立的,每个都对教育态度有影响,此外,它们还可能对教育态度有联合效应(即交互),和那些与之有关的遗漏的变量(即那些对教育态度有影响但却未曾包括在模型中的变量)都与职位和性别不相关。

大家可能还记得,只有在实验研究中,在至少一个变量被操控和借助于随机化的时候才有可能达到我们刚才描述的那种状态。可能对有效的分析和结果解释造成最大威胁的是将一个带分类自变量的非实验设计用析因的 ANOVA 方式来分析,并因此而想当然地认为研究已经通过这个途径转变成一种满足实验研究要求的研究时。在非实验研究中使用ANOVA确实"经常会给调查研究者和受众带来一种自己已经对自变量进行实验控制的错觉。没有什么比这个更糟糕的了。"(Humphreys & Fleishman,1974:468)。

佩达泽(Pedhazur,1982)对上面的例子指出了以下几点:

> 大家都知道这些变量[职位和性别]是相关的,大多数学校的管理者都是男性,而大多数的教员是女性。那么在管理者和教师之间观察到的教育态度的差异究竟是因为职位呢,还是因为性别? 反之,男性和女性之间的差别究竟反映的是性别差异,还是职位差异? 如果存在交互影响,那么职位和性别之间的交互的含义又是什么?(p.383)

使问题进一步复杂化的还有其他一些极为重要的问题,如缺失与这些自变量相关的有关变量,以及一或两个自变量可能是代理变量等。[①]

对迄今为止的那些讨论的最好总结方法是,要注意到在概念层次上描述的研究与前面讨论过的(请特别参阅第14章和第18章)非实验设计中的连续自变量研究是没有差别的。有关非实验研究中由连续自变量构成的设计的模型设定(如单阶或多阶模型,自变量之间的相关,设定误差等)的那些内容,也适用于由分类自变量构成的设计,总之,无论自变量是连续的还是分类的,在概念层次上,其目的并无二致,都是为了识别相关的自变量对因变量的效应。

然而,在分析的开展方式和得到的指数类型上却是存在着差别的,这取决于设计是由连续的还是分类的自变量组成的。在前面第19章,我们曾经警告大家,不要将每一组表示分类变量的编码向量视为一个单独变量。我们还警告大家必须清楚,在分类变量由多个编码向量表示时,分析是不会产生和每个连续自变量关联的回归系数类似的,每个变量的效应的单独指数。因为我们不可能在这里对这种分析问题进行详细的讨论,所以那些对这方面有需要的读者,请自行参阅有关著作(Pedhazur,1982:371-392),仔细阅读有关文字、数例和书中提到的参考资料。

---

①有关代理变量的讨论,请参见第13章。

## 分类连续自变量

试图将 ANOVA 的概念和方法用于非实验研究这种做法的最明显不过的影响是将连续变量分类。为了使数据适合 ANOVA 的要求，研究者将使用连续变量分类。例如，为此而根据心智能力、动力、焦虑，控制轨迹分数来构建诸如高和低，高、中和低，内部和外部，内向者和外向者或其他的分类，竭尽想象之能事，以使自己的数据能变成 ANOVA 格式。

大家应该注意，虽然我们有关将连续变量分类的评议是在非实验研究背景下做的，但是它们也同样适用于实验研究。因此将一个操控的连续变量（如研究的小时，钢筋数，药物剂量）作为分类变量处理的做法同样也是不足取的。我们之所以要集中讨论非实验设计，是因为在这样的设计中，将连续变量转换成分类变量，并把它们当作仿佛就是分类变量一样来处理的可能性更大。我们认为在实验设计中，那些受过 ANOVA 传统训练的研究者不太可能将操控的连续变量分类，因为用于研究趋势的方法（如使用正交多项式）是这种训练和教授 ANOVA 的教科书不可或缺的组成部分。

但是我们还是要再次强调，在实验研究中将一个连续的自变量分类的后果同样也是有害的。例如，一个带连续自变量的实验设计同时用两种方法分析（即既按连续变量，又按分类变量），将会导致不同的结论（Pedhazur, 1982：397-399）。

许多作者（如 Cohen, 1983）指出将连续变量分类会导致信息的严重丢失。不仅如此，比这个更为严重的是（有关这个问题的数例的讨论见 Pedhazur, 1982：450-454），将连续变量分类还会导致很严重的后果。

第一，变量的性质改变了，因为它一般被视为仿佛就是一个分类变量。而不是被分了类的连续变量。我们不准备深入讨论这种变化的含义，因为连续变量和分类变量之间的比较我们已在第 3 章和第 8 章讨论过了。在目前的情况下，只要指出变量性质的变化导致的后果——将数据原有的趋势概念（如线性的、二次的）摒弃了这一点就可以了。

第二，将非实验研究中的连续变量分类，并使之适合 ANOVA 的格式，会使人们误以为非实验设计已经转换成了实验设计，或至少已经转换成了与实验设计类似的设计。换句话说，在我们看来，将设计变为 ANOVA 格式，会使研究者更倾向于仿佛数据就是从实验研究得到的一样来分析自己的数据和解释结果。

公允地讲，因为所受训练和流行的研究氛围，在一段时间内，大多数研究者几乎都会不假思索地就诉诸分类法。那时正是 ANOVA 如日中天，而大多数，如果不是全部的话，设计和分析的训练也只限于这种路数时。作为本书的第一作者，在我个人就读研究生期间，在设计方面得到的训练也只有 ANOVA 而已。在撰写学位论文时，很"自然"将问题变成了因子设计格式，进而未加选择地便将使用的连续变量进行分类。坦率地讲，自己根本就不知道还有什么更好的设计。我之所以给大家说这一些，无非是要再一次告诉大家，那些我们已经在前面各个章节（如第 9 章）告诉过大家的东西：训练和专业知识会影响研究者对问题的概念化、研究的设计和实施、数据分析和结果解释的方式。

近年来，研究者和学生不仅已经逐渐了解ANOVA和带编码向量的MR等价，而更重要的是，他们已经普遍接触到了更广泛的线性模型的概念，这个概念包容了这两种分析路数。这个概念的一个好处是使研究者认识到不必为了适合析因ANOVA的需要，而将连续变量分类，从而不再会有因为把非实验设计当作实验设计造成的有害结果。这并不是说ANOVA传统已普遍为人们所丢弃。目前这一传统的研究仍然很多，不胜枚举。将连续变量分类以适合析因方差分析的格式的做法仍然十分普遍就是一个明证。对这种做法的批评的最常见的回答是人人都是这样做的。例如，达斯和科比（Das & Kirby, 1978）对汉弗莱斯（Humphreys, 1978）对他们将量度从中间对劈（即中位分割）的做法提出的批评做了下列这样的回应：

并不是达斯和科比（Das & Kirby, 1977）将中位分割法引进心理学的研究文献的。实际上，心理学家一直都在按惯例使用单中值分割法。我们根据年龄、智力和语言能力高低将人们分开。诸如，我们在1997年的文章中使用的双中值分割法，在个性研究的文章中是很容易找到的。(p.878)

遗憾的是，在某些研究领域，对连续变量对分类持续存在，似乎没有提出反对这一策略的论点。若罔闻。例如，在使用罗特（Rotter, 1966）的控制点量度（Locus of Control）时，研究者一直在将中位分割用于确定所谓的"外控者"和"内控者"——尽管罗特（1975）已经声明"从类型学的角度来看，这种做法是绝对不合适的"(p.62)。[1]

性别角色研究就是一个过度使用分类的领域。大家可能遇到过许多研究，在这些研究中，某种男性气质和女性气质量度的分数被用来建立诸如男性气质类、女性气质类和双性气质类这样的分类。然后这些分类被用来以因子设计的方式进行估计和检验，例如，男性气质、女性气质和二者之间的交互主效应的估计和检验。在这个领域里，已经发展出了一个真正的处理互动的次要产业，提出了各种各样奇怪的建议和方法。我们遗憾地说，这些建议和方法不仅是毫无意义的，有些甚至还是有害的（有关例子和争论，请参见Lubinski, 1983；Lubinski, Tellegen, & Butcher, 1981, 1983；Spence, 1983；Stokes, 1983；Stokes, Childs, & Fuehrer, 1981；Tellegen & Lubinski, 1983）。

## 方差分析和回归：相似之处和不同之处

在第19章我们从分析结构和术语的角度讨论了ANOVA（方差分析）和REGRESSION（回归）这两种路数。在即将结束这一章时，我们将从设计和分析的角度来评论这两种路数之间的相似之处和不同之处。

从前一章介绍的内容可知，我们希望无论是ANOVA还是有编码向量的REGRESSION，都

---

[1]在第21章中，我们将联系一个用它构建的ATI数例，对控制点问题做一个简单的评议。参见表21.1和与之有关的讨论。

可以用于分析来自有一个分类自变量的实验以及非实验研究的数据。而从本章介绍的内容则可知，这两种路数都可以用于正交因子设计。对带有操控连续变量的设计，情况也同样如此，在 ANOVA 中，它可以用正交多项式来处理（例子请参见 Edwards，1985；Keppel，1982；Kirk，1982；Myers，1979；Winer，1971）。故而对于诸如这样的一些设计，两种路数之间的取舍可能取决于训练，特定的计算机程序集的可得性或偏好甚至个人的品位。

尽管对于非正交因子设计的分析争论不休，见仁见智，莫衷一是，但是大多数建议用来调整设计项之间的相关的路数都是基于多元回归的应用。即使用于 ANOVA 的计算机程序集（如 SPSS）也为非正交设计编进了一些诸如这样的路数的选项。我们认为，使用非正交因子设计的 REGRESSION 路数应是我们的首选，因为对于调整作出的决定必须要清晰。选择用程序集中像 SPSS 的 ANOVA 这样的选项，在我们看来有可能会导致不恰当的选择和/或结果的误解。

当然上面讲的并非两个路数之间唯一的不同之处。REGRESSION 路数更为吸引人的地方是，从概念、设计和分析的角度来看，其性能都远远优于 ANOVA 路数。从概念上讲，所有的变量，无论分类还是连续，在用于为解释或预测因变量提供信息的意义上，回归路数对它们都一样看待。

从设计和分析的角度来看，REGRESSION 之所以优于 ANOVA 是因为它与后者不同，在自变量是连续和/或分类时，它同样都可以用于实验设计和非实验设计。二者之间的不同之处也许在连续变量的非实验设计这一情况中看得最为清楚。大家记得，这时，如果要使用 ANOVA，研究者就必须借助对连续变量进行主观武断的分组的方法，来使它们适合 ANOVA 格式。

我们在前面就已经指出，这种做法是不明智的，这不仅是因为它会导致信息的丢失，更重要的是它会使变量和设计的性质的概念发生变化。研究者一般很容易就会将连续变量作为分类变量处理，好像它们本来就是分类变量一样。不仅如此，在使用 ANOVA 时，他们也会对设计做错误的处理，好像它们本来就是实验设计一样，习以为常地尝试按惯例进行检验和解释主效应和交互效应，便是这种错误做法的明证。

上面所述并不意味着研究者在使用 REGRESSION 路数时就没有风险了。相反，我们认为研究者在有连续变量的非实验设计中使用多元回归分析时对自变量之间的相关可能会更敏感，因为它们本来就是分析路数不可或缺的部分。不仅如此，按惯例创建代表交互的乘积向量的可能也小得多了。即使在创建了一些这样的项时，研究者也必须面对围绕它们的使用和解释的各种批评意见（见 Pedhazur，1982：385-387，供讨论和相关的参考）。相反在做 ANOVA 时，这一切都是自然而然的，尽管是错误的。

我们希望 REGRESSION 路数的普遍性和灵巧性将会在第 21 章变得更加清楚。在第 21 章我们将简要介绍它在带连续和分类变量设计中的应用。正如我们在第 21 章要介绍的一样，研究者在做一些分析，例如，协方差分析（ANCOVA）时，都会用到 REGRESSION 路数，尽管他们自己可能并没有意识到这一点。

# 第21章
## 属性-处理-交互：协方差分数析

正如许多研究领域已经充分证明的一样,个体之间的差异解释了我们研究的现象的方差的大部分。归结于个体的差异的方差究竟应该作为误差,还是研究的关注点处理,则取决于研究者的理论取向和训练。克隆巴赫(Cronbach, 1957)在其一篇经典的有关科学心理学两个取向(实验主义和相关主义)的论文中对这个问题进行了讨论,其深入和详细的程度也许至今无人能出其右。因为克隆巴赫解决了两种研究路数广泛存在的差异,所以我们认为,如果能读他的论述,即使你的专业并非心理学也必定会受益匪浅。简单地讲,克隆巴赫对实验主义者和相关主义者(correlationists)二者做出了区分。

> 对于实验主义者而言,个体差异始终都是一种烦恼而不是挑战。实验主义者的目的是控制行为,而处理间那些变差的存在证明,他们所言大谬不然。个体变差被投到了外部黑暗,即所谓的"误差方差"。相关主义心理学家对那些实验主义者忘在家里的那些变量却情有独钟,他们把个体和群体变差视为生物和社会原因的重要效应。

> 所有的生物都能够适应环境,只是适应的好坏程度不同而已。克隆巴赫认为,关键的问题是:生物身上的什么性质决定了生物的适应模式和程度?(p.674)

正如克隆巴赫所言:

> 一个学科只是借鉴其他的学科是不够的。相关主义的心理学家只研究生物体之间的方差;实验主义的心理学家只研究处理之间的方差。而一个统一的学科不仅要研究这二者,而且还要研究生物体变量和处理变量之间那些会被我们忽视的交互。(p.681)

上述陈述的主要目的是强调本书讨论的一个主题,即测量、设计和分析在整个研究过程中是相互关联和互为补充的。众所周知,受过实验研究训练的人,他们所受的教育使他们通常都会采用方差分析,而那些被克隆巴赫称为相关主义的心理学家受过的教育,则使他们通常都采用相关和回归分析。

于是每个阵营中的研究者面临的本质问题都是,他们都被自己熟悉的方法所形塑和约束。来自两个阵营的许多研究者似乎根本就意识不到那些用于在研究群体差异的同时,将个体差异也考虑在内的研究分析路数的存在和约定。与从这两个阵营的研究者那里得到的印象相反,研究人员并没有面临非此即彼的困境。可用于在考虑个体差异的同时,将群体、环境、处理等方面的差异也考虑在内的程序并不难找到。事实上,如果不考虑研究对象的属性和处理之间的交互问题,可能常常会导致研究者得出的研究中什么都"没有发生"这种结论。

## 属性–处理–交互(ATI)分析述要

ATI设计的基本理念和术语已在第12章做过介绍(见设计7)。在这里我们先从ATI设计的分析的概要开始,然后举一个数例。在此之后,我们将给大家证明这同样的分析路数也适用于协方差(ANCOVA)设计的分析。为了简便起见,我们只介绍最基本的合适的设计。至于如何推广到更为复杂的设计这个问题将在后面再作评议。

假定一个研究者对研究处理(如教学方法,药物和沟通)对因变量(如学习成绩,攻击性,顺从)的效应感兴趣。再进一步假定研究者期望依据被试身上某种属性(如心智能力、焦虑、可说服度)处理的效应会有所不同。换言之,研究者期望在处理和被试属性之间有一种交互。这样,被试将在处理实施之前被随机地分配给处理和将被测量的感兴趣的属性。我们将会得到下列处理管理和因变量量度。

为了使阐述更具普遍性,我们将使用$X$表示属性,用$Y$表示因变量,而用$A$和$B$表示两种处理。一个ATI分析将涉及在$A$和$B$下分别进行的$Y$对$X$回归得到的两个回归方程之间的比较。因为每个回归方程都由截距($a$)和回归系数($b$)组成,回归方程的两个参数估计值的差异可以是其中一个有差异,两个都有差异或两个都没有差异。[1]所以分析是在一系列检验中进行的,每个检验的结果决定了接下来要进行的检验。第一个检验用来解决两个$b$之间的差异是否统计显著这个问题。两个$b$之间的差异是统计不显著的将使我们得出在两种处理下$X$对$Y$的效应相同的结论。在图形上,两条回归线是平行的,如图21.1中的(a)和(b)所示。

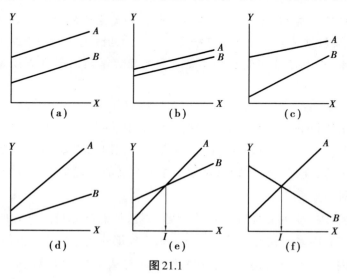

图21.1

---

[1] 如果需要,请复习第17章有关简单回归分析的介绍。

假定高分者将会有比较好的表现,显然,在(a)和(b)中,接受处理A的被试的表现都优于处理B,不论其属性X的分数高低如何。不仅如此,在(a)和(b)中,在处理A和处理B之间存在一个恒定的差异,等于两个截距之间的差。注意上述论述和因子设计中有关主效应的论述之间的相似之处(见第20章)。在两种情形中,一个有关变量的效应的论述都不必顾及另一个变量的水平高低如何。简而言之,两个b之间的差异是统计不显著的结论相当于一个处理和属性之间没有交互的论述。

在得出两个b之间是统计不显著的结论时,下一步便要检验两个a之间的差异。两个a之间的差异是统计显著的表明两个处理(或处理和控制)之间在沿属性的连续统上彼此存在着一个恒定的差异(两个a之间的差)。例如,由图21.1可知,那些a之间的差在(a)中是统计显著的,但在(b)中却是不显著的。

那些a之间差是统计不显著的结论(在得出处理和属性之间是不交互的结论后)相当于一个单独的方程就足以拟合两个群体的数据的陈述。另一方面,如果两个a之间的差是统计显著的,这就意味着两个方程由相同的b(下文叫作共同的b)和两个不同的a构成,需要拟合两个群体的数据。参照图21.1中的(a)和(b),似乎前者需要有共同的b和不同的a的回归方程,而后者则只需要一个单独的回归方程就足够了。

## 有序和无序交互

如上所述,两个b之间的差异统计显著意味着在处理和属性之间存在交互。交互可采取各种形式,其中四种如图21.1中的(c),(d),(e)和(f)所示。有序和无序交互之间的区别已在第3章做过介绍(见图3.5和与之有关的讨论),并在其他各章(如第12章和第20章)也曾提及。在目前的讨论中,有序交互意味着沿属性的连续统的处理效应的级序是不变的。级序交互的例子在图21.1的(c)和(d)中给出,在图中,沿X的连续统的A都优于B,尽管大小有所不同。注意,A对B的差异效应因交互的具体性质和X的具体水平而异。因此,在(c)中,较低X水平的A和B之间的差就比较大,而随着X数量的增加这个差就随之变小。反之,在(d)中,情况则刚好相反。

无序交互意味着在属性感兴趣的范围内处理的效应的级序是变化的。换言之,属性感兴趣的范围内的回归线是交叉的。注意,无序交互的两种特性都包含了一个涉及属性的感兴趣范围的限定陈述(qualifying statement)。要了解这一点,只要将(c)和(d)与(e)和(f)比较一下足以。很清楚,如果将(c)和(d)中的回归线延长,它们也会相交。然而它们的交叉将发生在属性的连续统上那些不在给定的研究感兴趣的范围内的点上,或者在甚至不存在的属性值上。[1]

先来看(d),并假定X的量度尺度的原点是零。回归线的延长线将在X的某个负值上相交,该值显然不在属性变量的感兴趣的范围内。现在我们来考虑在(c)中描述的那种情形。

---

[1]回归线延长形成了一种外推法———一种我们早先多次警告过的做法(见第13章)。

假定 X 是心智能力，且研究者感兴趣的是那些心智能力的分数在 90 到 120 的人的 A 和 B 对 Y 的效应。延长的回归线可能显示它们在这个范围之外的一个分数上相交，譬如说，160。于是，就该研究者关心的问题而言，交互是有序的。

我们马上就可以举出另外一些例子，但是前面这个例子就足以和那些回归线相交于感兴趣的范围内的情形，如（e）和（f）作比较。现在我们就来看这些情形，我们注意到在这两种情形中，那些 X 在 I（交点）之上的被试的 A 都优于 B。相反，那些 X 在 I（交点）之下的被试的 B 都优于 A。

但是注意，（e）和（f）中的无序交互彼此差别很大。在（e）中，Y 对 X 的回归在两种处理下都是正的，而在（f）中，在 A 下是正的，但在 B 下却是负的。为了弄清这一点，我们对每种情况各举一个例子。先考虑将（e）中的 X 视为心智能力，将 Y 视为学习成绩，而两种处理则为两种教学方法。不严格地讲，假定 A 是一种强调解决问题的方法，而 B 则是一种强调训练的方法。因此，在心智能力得分相对较低的学生中，B 优于 A，而在心智能力得分相对较高的学生中，情况恰好相反。下面我们来看（f），将 X 作为某种个性变量，如控制倾向，A 和 B 作为两种领导风格，而将 Y 作为生产力。由（f）可知，生产力对控制倾向的回归在领导风格 A 下都是正的，而在领导风格 B 下则都是负的。那些控制倾向分数低于 I 的雇员在领导风格 B 下的生产力更高，而对那些分数在 I 之上的雇员则情形恰好相反。

## 显著区域

在前面那一节我们已经指出，处理和属性之间的交互意味着沿属性连续统的处理之间的差异不尽相同。有可能在属性的连续统上的某些点，差异是如此之小，以致根本没有什么实际意义。例如，假定 A 是一种比 B 昂贵的处理，某个研究者得到了一个如图 21.1 的（d）描述的一样的结果，他可能会得出这样的结论，虽然在沿属性的连续统上，A 似乎是优于 B 的，但是只有将它用于那些属性分数高于某些点的被试时才是值得的，只有在那里，处理之间的差异似乎才可以被视为有意义。

我们先来看（e）和（f），并注意到那些在 X 上的分数在交叉点（I）上的被试，Y 的预测分数都相同，不论实施的处理是什么。虽然那些接近 I 的被试预测分数也是有差异的，但有些差异可能太小，似乎并没有什么实际意义。

前面的评论涉及一个有关效应量的决策问题——一个前面某些章节（如第 9 章和第 15 章）曾经谈及的复杂的问题。一个虽然并非首选，但却比较简单的路数是只依靠显著性检验做决策。鉴于我们在这里讨论的所有例子，无论在统计上还是在实际意义上都是假设的，因此，我们无法解决真正的效应量问题，因而只能求助于显著性的统计检验。

在一个 ATI 设计中存在交互时，可以用约翰逊-内曼法（Johnson-Neyman technique）来建立显著和不显著区域（具体做法将在下面联系数例给大家介绍）。例如，在图 21.1 的（e）和（f）

中，一组接近 $I$ 的分数可以被确定为不显著区域，意思是对于在这一区域内的 $X$ 分数，两种处理在 $Y$ 上的效应在统计上无显著差异。而显著则以一个低于和一个高于不显著区域的区域来定义——在那里，处理在 $Y$ 上的效应是统计上显著的。

注意设立显著区域类似于在因子设计中存在交互时的简单主效应检验（见第21章）。记住，我们已经告诉过大家，在存在交互时，进行和解释主效应检验一般都是徒劳无功的。在 ATI 设计中，情况也同样如此。举一个在存在交互时截距之间差异检验意义含混不清的例子，对比一下图21.1中的(c)和(d)，我们可能会发现(c)中的两个 $a$ 之间的差异是统计显著的，然而在(d)中却是不显著的。而无论在哪种情形中，我们感兴趣的都是交互的性质以及显著的区域。在交互是无序时，两个 $a$ 之间的差异的检验——例如，在图21.1的(e)和(f)中——则更成问题。

我们希望这个有关属性–处理–交互的简短的讨论，能使大家了解将个体差异也列在考虑范围之内的 ATI 设计所具有的无可比拟的优越性。为了使大家能明白这一点，我们将用一个公认的在个体差异被忽视时究竟会发生什么的极端例子来结束这个讨论。我们来看图21.1的(f)，并注意因为其描述的交互的性质，所以两种处理之间的 $Y$ 的均值的差异是很小的。实际上，依据数据点围绕回归线的散布情况，$Y$ 的均值甚至可能是相同的。这时，不考虑有关的属性 $X$ 将会得出 $A$ 和 $B$ 的效应之间没有差别的结论。如果包括了 $X$ 则会得出完全不同的结论。

## 数　例

我们的数例使用了表21.1给出的例证数据。表中列出的是描述性统计值和每个处理的 $Y$ 对 $X$ 的回归方程。在接下来的计算机分析过程中，我们将参考这些统计值。作为一种复习，大家可能会发现，用第17章介绍的内容为指导，重复我们的计算是很有用的。

为了使我们的例子有一些实际的意义，我们假定 $Y$ 是学习成绩，$X$ 是内外控制（LOC）。无须做太深的探究，我们就会注意到罗特（Rotter, 1966）建议构建一个 LOC 量度来刻画行为背后的强化控制信念。简单地说，内部控制是指人们认为自己的行动及其后果主要是自己的品性和行为所致这样一种看法。另一方面，外部控制则指人们的行动及其后果主要是外力所致这样一种看法（如运气、机遇、命运）。

假定将那些已经测量了 LOC 的学生随机地分配给两种教学风格（指令式的和非指令式的）中的一种。研究者期望在 LOC（属性）和教学风格（处理）对学习成绩的效应上，它们之间存在一种无序的交互。特别是期望那些具有外部控制倾向的学生在暴露给指令式教学风格时，比暴露给非指令式有更好的学习成绩，而那些内部控制倾向的期望则与此相反。

我们再次提醒大家，我们不可能过多地讨论理论构建和定义问题（如指令式的和非指令式的）和量度问题（如 LOC）。我们希望从前面有关章节的讨论中大家已经清楚，这些都是研究人员在规划和执行研究时必须要解决的一些重要问题。然而，在它们关系到我们列举的例子时，对测量和分析问题做一些简单的评议则会有助于对问题的理解。有许多研究都把研究方向放在了 LOC 和它与其他变量的关系上面。假如不是大多数，但至少许多这种研究都使用罗特的 $I$-$E$ 量表。

表21.1　ATI分析的例证数据

| | Teaching style | | | |
| --- | --- | --- | --- | --- |
| | Directive | | Nondirective | |
| | Y | X | Y | X |
| | 3 | 1 | 13 | 1 |
| | 3 | 2 | 17 | 2 |
| | 5 | 2 | 16 | 2 |
| | 6 | 2 | 9 | 2 |
| | 6 | 4 | 15 | 2 |
| | 7 | 4 | 14 | 4 |
| | 8 | 4 | 13 | 4 |
| | 9 | 5 | 7 | 4 |
| | 10 | 3 | 11 | 5 |
| | 11 | 6 | 6 | 6 |
| | 12 | 3 | 6 | 6 |
| | 13 | 7 | 5 | 6 |
| | 14 | 3 | 11 | 7 |
| | 16 | 4 | 6 | 7 |
| | 16 | 7 | 5 | 7 |
| | 17 | 8 | 8 | 8 |
| | 19 | 6 | 6 | 9 |
| | 19 | 8 | 4 | 9 |
| | 22 | 6 | 3 | 11 |
| | 22 | 9 | 4 | 11 |
| M: | 11.90 | 4.60 | 8.95 | 5.65 |
| ss: | 697.80 | 108.80 | 372.95 | 174.55 |
| sp: | | 222.20 | | −206.35 |
| s: | 6.06 | 2.39 | 4.43 | 3.03 |
| r: | | .806 | | −.809 |
| | $Y' = 2.51 + 2.04X$ | | $Y' = 15.63 - 1.18X$ | |

注：M=均值；ss=平方和；sp=积和；s=标准差；r=相关；Y=学习成绩；
X=内外控制倾向的外部方向分数。

Teaching style：教学风格；Directive：指令式；Nondirective：非指令式。

在第20章，我们已经指出罗特（Rotter, 1975）对使用某个割点（例如，中位数分割）将人划分为内部和外部的普遍做法提出了批评。

由早先的讨论可知（如第20章的讨论），那些被认为以不适当的方式使用罗特量表的研究者之所以被称为不适当，是因为他们试图将它与ANOVA模型拟合。使用一种ATI设计和一种这里介绍的分析就会排除那种有问题的，将连续变量分类的做法（在我们的例子中是LOC）。

因为知识背景和实际兴趣不同，有人可能更喜欢在联系我们的数例时，考虑一些其他的变量。例如，大家可能希望考虑属性是内向—外向性，而非LOC；更愿意分别考虑调整和处理的类型，而不是学术成就和教学风格。有时属性也可以是雇员的权威主义，两种处理风格；而因变量则是生产力，工作满意度或其他什么感兴趣的变量。大家很快就会想起一些其他的例子。

## SPSS

我们将用SPSS来进行分析。我们需要一个代表两个处理中的成员的编码向量，以及属性X与编码向量的乘积来代表属性–处理–交互。与早先做过的分析一样（如第19章的分析），我们将读入一个T（处理）向量，其中那组暴露于指令式教学风格的被试的赋值都为1，而另一组暴露于非指令式教学风格的被试的赋值均为2。然后将由IF语句生成处理的效应编码，而乘积向量则由COMPUTE语句生成。

### Input

```
SET LISTING='T211SPS.LIS'.
TITLE TABLE 21.1. ATI DESIGN.
DATA LIST/ Y,X,T 1-6.   [fixed format; 2 columns for each variable]
VALUE LABELS T 1 'DIRECTIVE' 2 'NONDIRECTIVE'.   [assian labels]
```

```
IF (T EQ 1) E=1.      [generate an effect coded vector to
IF (T EQ 2) E=-1.      represent the treatments]
COMPUTE XE=X*E.  [product vector representing interaction term]
BEGIN DATA.
 3 1 1
 3 2 1    [data for the first two subjects in T 1]
 .  .  .
13 1 2
17 2 2    [data for the first two subjects in T 2]
 .  .  .
END DATA.
LIST.
PLOT HSIZE = 40/VSIZE = 20/
  VERTICAL=MIN(0)/HORIZONTAL=MIN(0)/
  PLOT=Y WITH X BY T.
PROCESS IF (T EQ 1).      [analyze data of T 1 only]
REGRESSION VAR Y, X/DES/STAT ALL/DEP Y/ENTER.
PROCESS IF (T EQ 2).      [analyze data of T 2 only]
REGRESSION VAR Y, X/DES/STAT ALL/DEP Y/ENTER.
REGRESSION VAR=Y TO XE/DES/STAT=ALL/
  DEP=Y/ENTER X/ENTER E/ENTER XE/
  DEP=Y/ENTER E.
```

## 评 议

关于SPSS更为一般的描述和介绍输入、输出和评议时的做法，请参见第16章。

因为我们在前面已经对REGRESSION程序做过一般的介绍，所以我们在这里所做的评议只与这一个运行有关。

PLOT程序用于绘制不同T（处理）的Y和X。因为上面指定的标签，所以被试将以他们所在的组的标签的第一个字母识别（即D或N）。HSIZE和VSIZE分别是控制横轴和纵轴大小的子命令。在这里我们设了40列和20行。VERTICAL和HORIZONTAL则是用来标识两个轴和/或控制它们的尺度的子命令。我们用它们来将MIN（最小）值设为0。

"PROCESS IF是一个临时变换，它将在下一个程序读取数据时执行"（*SPSS/PC+V2.0: Basemanual*, Norusis & SPSS Inc., 1988c:C122）。我们用它来做两个分开的Y对X的回归分析：一个针对赋值为T向量中1的组（即指令式），另一个针对赋值为2的那一组（即非指令式）。PROCESS IF只有在PC版中才可以使用。在大型机中，同样的分析可用SPLIT FILE命令来执行，但它无法在PC版中使用。

除了在分开的组中做回归分析之外（见上文），REGRESSION程序也用于同步分析两个组的数据。两个分析都已经设定。在第一个分析中——是正在考虑的专题的关键——Y对以列出的次序进入的X,E和XE进行回归。在第二个分析中，Y对编码向量E进行回归。我们将在对它的输出进行评议时解释为什么要做第二个分析。

### Output

```
Y  X  T    E      XE

3  1  1   1.00    1.00
3  2  1   1.00    2.00    [data for first two subjects in T 1]
.  .  .
13  1  2  -1.00  -1.00
17  2  2  -1.00  -2.00    [data for first two subjects in T 2]
.  .  .
```

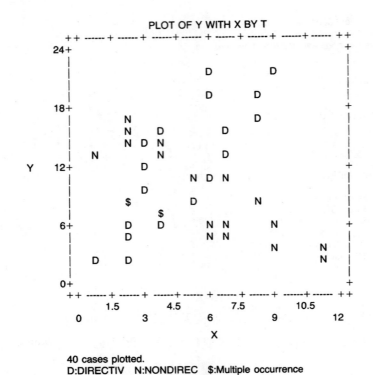

注：40 cases plotted=绘制的40个个案；D=指令式；N=非指令式；$=多发生。

## 评 议

与输入一样，我们列出了每一个组的前两个被试的数据。来看列标为 E 列（由 IF 语句生成）和 XE 列（由 COMPUTE 语句生成）。

因为分析由回归方程的比较构成，所以最重要的是要校验一下有没有偏离线性。因此，绘制一张数据图也是很有用的。查看数据图，我们注意到每一个组的 Y 对 X 的回归似乎都是线性的（在回归不是线性时的有关评议见这一章后面的扩展和推广）。然而很清楚，"指令式"的 Y 对 X 的回归是正的，而"非指令式"的则是负的。大家可能希望用 Y 和 X 的均值和研究中的组的回归方程的 a 画两条回归线（已在表 21.1 和下面的输出中报告）。有关的解释，请参见第 17 章中的绘制回归线。

## Output

[Directive]

|   | Mean | Std Dev |
|---|---|---|
| Y | 11.900 | 6.060 |
| X | 4.600 | 2.393 |

N of Cases = 20

Correlation:

|   | Y | X |
|---|---|---|
| Y | 1.000 | .806 |
| X | .806 | 1.000 |

Equation Number 1　　　Dependent Variable..　　　Y

Variable(s) Entered on Step Number 1..　　　X

---------------------------------- Variables in the Equation ----------------------------------

| Variable | B | SE B | Beta | T | Sig T |
|---|---|---|---|---|---|
| X | 2.04228 | .35298 | .80643 | 5.786 | .0000 |
| (Constant) | 2.50551 | 1.82050 | | 1.376 | .1856 |

[Nondirective]

| | Mean | Std Dev |
|---|---|---|
| Y | 8.950 | 4.430 |
| X | 5.650 | 3.031 |

N of Cases =　　　20

Correlation:

| | Y | X |
|---|---|---|
| Y | 1.000 | −.809 |
| X | −.809 | 1.000 |

Equation Number 1　　　Dependent Variable..　　　Y

Variable(s) Entered on Step Number 1..　　　X

---------------------------------- Variables in the Equation ----------------------------------

| Variable | B | SE B | Beta | T | Sig T |
|---|---|---|---|---|---|
| X | −1.18218 | .20263 | −.80876 | −5.834 | .0000 |
| (Constant) | 15.62933 | 1.29193 | | 12.098 | .0000 |

## 评　议

先来看两个处理中的 $X$ 和 $Y$ 之间的相关，请注意，它们的大小几乎相同，但符号却相反（0.806 和 −0.809，分别对应于指令式和非指令式）。记住，我们只有一个自变量，标准化的回归系数（$\beta$）等于零阶相关（见第17章）。现在再来看方程中变量下的 $\beta$，并注意到它们等于各自的零阶相关。因此，用这些 $\beta$ 作为效应的指数，我们将会得出 $X$ 在 $Y$ 上的效应量在两个处理中几乎相同，除了其中一个符号是正的，另一个符号是负的结论。

为了比较方便起见，我们将通过上面的分析求得的回归方程报告如下（参见方程输出中的变量）：

$$Y'_D = 2.505\,51 + 2.042\,28X$$
$$Y'_N = 15.629\,33 - 1.182\,18X$$

式中，$D$ 是指令式；$N$ 是非指令式（和表21.1报告的结果作比较）。

当然，这些 $b$ 都有与 $\beta$ 相同的符号。然而要注意的是，如果将这些 $b$ 用作 $X$ 在 $Y$ 上的效应的指数，那么我们就会得出它们的数量和符号都有差异的结论。正如我们在前面各个地方已经讨论过的一样（如在第3章的区分效度），在处理多个处理或小组时，我们感兴趣的问题正是这些 $b$ 的比较。

至于我们的实际例子，我们将假定 LOC 是在外向性方向上打分的。也就是说，高分表示外向性，而低分则表示内向性。很清楚，那些分数接近连续统上外向性那一端的学生，似乎在指令式教学风格中更好，那些分数接近连续统上内向性那一端的学生，则在非指令式教学风格中更好。

测量、设计和分析：研究方法的综合之道

假定选定的 $\alpha=0.05$，我们就会注意到，两个 $b$ 都是统计显著的（见方程中，变量的输出中的 T）。我们再一次联系实际例子，于是就会得出这样的结论：在指令式教学中，随着 LOC 的一个单位的变化，预期学习成绩在指令式教学风格中将会有 2.04 个单位的变化，而在非指令式教学风格中则为–1.18 个单位的变化。

## Output

[both groups]

Equation Number 1      Dependent Variable..     Y

Variable(s) Entered on Step Number 1..     X

------------------------------ Variables in the Equation ------------------------------

| Variable | B | SE B | Beta | T | Sig T |
|---|---|---|---|---|---|
| X | −.05138 | .32161 | −.02591 | −.160 | .8739 |
| (Constant) | 10.68832 | 1.86490 | | 5.731 | .0000 |

## 评 议

在一个设计是由一个以上的组构成时，统计值可以根据所有被试的组合（即忽略组的成员关系）或在每个组内分开计算。"总计统计值"这个词被用于指称根据所有的被试计算的估计值。"组内统计值"这个词则被用来指称根据每个组内的被试计算的估计值。因此，组内统计值在较早的输出片段中给出，而总计统计值则在这一片段中给出。限于篇幅，我们不打算列示这些描述统计值（如均值、相关）。就我们目前的目的而言，只要指出 X 和 Y 之间的总相关是–0.026 即可（这一点在上面报告的 $\beta$ 也得到了证明）。将这个值和前面得到的两个组内相关值（指令式的 0.806 和非指令式的–0.809）作比较。将这里报告的回归方程和早先得到的两个组内回归方程作比较。

正如大家看到的一样，总计和组内统计值可以在数量和/或符号上有所不同。不仅如此，正如这里证实的，组内统计值在数量和/或符号上当然也可以彼此有所不同。

这里介绍的这些区别，其含义远远超过目前讨论的这个专题。在这里只要指出它们在分析单位问题中举足轻重就足够了（见 Pedhazur，1982：526-547，该文也讨论了组间统计值的问题）。我们不打算对这个问题做深入的讨论，只是要指出这一点，如果一个研究者使用目前这个明显存在着分析单位问题的数据（遗憾的是许多研究者都忽略了这个问题），且只使用了总计统计值的话（就如同目前这一步），那么他就会得出 X 和 Y 之间没有实际关系，或 X 对 Y 没有效应的结论。但是从前面给出的组内分析的结果来看，这个结论是完全错误的。

下面我们只对不同类型的统计数据进行评论，因而需要说明什么才是适合于给定分析的特定类型。就 ATI 设计而言，只有在确定组内回归方程之间没有显著性差异之后，才适宜使用总回归方程。我们在图 21.1 的（b）中给出了一个诸如这样的结果的例子。

根据这一步得到的信息，我们不可能确定这里报告的总回归是否合适。我们之所以这样说，是因为它忽略了来自组内分析的事实——两个回归方程彼此是根本不同的。

## Output

Beginning Block Number    2. Method:   Enter    E

Variable(s) Entered on Step Number 2..    E

| | | | | | |
|---|---|---|---|---|---|
| Multiple R | .27556 | | | Analysis of Variance | |
| R Square | .07593 | R Square Change | .07526 | | DF Sum of Squares Mean Square |
| Adjusted R Square | .02598 | F Change | 3.01345 | Regression | 2    87.91162    43.95581 |
| Standard Error | 5.37729 | Signif F Change | .0909 | Residual | 37    1069.86338    28.91523 |

F =    1.52016    Signif F = .2320

------------------------------ Variables in the Equation ------------------------------

| Variable | B | SE B | T | Sig T |
|---|---|---|---|---|
| X | .05594 | .31945 | .175 | .8620 |
| E | 1.50437 | .86661 | 1.736 | .0909 |
| (Constant) | 10.13832 | 1.84478 | 5.496 | .0000 |

## 评 议

这一步代表两种处理的效应编码向量进入了分析。顺便说明一下，$R^2$中归结于 E 增加的增量（0.075 26），在 0.05 水平是统计不显著的（见上面输出中的"$F$ Change"）。而在这里我们关心的问题是在这一步求得的回归方程的含义。为了达到这一目的，我们必须先介绍一下另一种类型的回归系数即共同回归系数（common regression coefficient）$b_c$。

## 共同回归系数

共同回归系数是根据 $k$ 个组的数据如下面这样计算的：

$$b_c = \frac{\sum xy_1 + \sum xy_2 + \cdots + \sum xy_k}{\sum x_1^2 + \sum x_2^2 + \cdots + \sum x_k^2} \tag{21.1}$$

式中，$\sum xy_1$ 是组 1 的乘积和；$\sum x_1^2$ 是组 1 的平方和——其他各组也同样如此。注意，共同的 $b$ 是通过合并乘积和与组内平方和计算的。正因为这样，它也称为合并组内回归系数。

从表 21.1 中求得那些有关的值：

$$b_c = \frac{222.20 + (-206.35)}{108.80 + 174.55} = 0.055\ 94$$

它与上面输出中的报告的值相同。

从式（21.1）和数例可知，为什么前面联系图 21.1 我们会说只有在分开的回归方程的 $b$ 之间没有显著不同，也就是说，回归线之间就像图 21.1 中的（a）一样是平行的时候，共同的 $b$ 的使用才是恰当的这句话。

虽然我们目前还没有检验过这个数据的各个 $b$ 之间的差（我们将在下一步来做这件事），但是前面给出的图和分开的回归方程报告的两个 $b$ 已经明确告诉我们，共同的 $b$ 对现在的数据是不合适的。这样，对于现在的数据而言，这一步的报告的输出内容便是无关紧要的。正如下面讨论的一样，在我们得出了各个 $b$ 之间的差异是统计不显著这一结论时，这一步才是紧要的。

测量、设计和分析：研究方法的综合之道

这再一次证明了哪些部分的计算机输出对一个给定的设计和分析是紧要或无关紧要的这个问题的重要性。不仅如此,它还证明在没有代表交互的乘积项的情况下进行分析时(在我们的例子中的 **XE** 向量,见下一步),意味着我们有意或无意地在使用一个尚未确定其正当性的共同的 $b$。

没有确定使用共同的 $b$ 的正当性可能带来的危害清楚地显现在了我们的数例中。根据组内的各个 $b$(参见上面分开的分析),我们将会得出 $X$ 对 $Y$ 有影响,但是各种处理的影响不尽相同的结论。相反,根据总计的 $b$(在组合分析的第一步)或共同的 $b$(目前这一步),我们将得出 $X$ 对 $Y$ 是没有影响的结论。

## Output

Beginning Block Number    3. Method:   Enter    XE

Variable(s) Entered on Step Number 3..    XE

| | | | | Analysis of Variance | | | |
|---|---|---|---|---|---|---|---|
| Multiple R | .82330 | | | | DF | Sum of Squares | Mean Square |
| R Square | .67782 | R Square Change | .60189 | Regression | 3 | 784.76290 | 261.58763 |
| Adjusted R Square | .65097 | F Change | 67.25424 | Residual | 36 | 373.01210 | 10.36145 |
| Standard Error | 3.21892 | Signif F Change | .0000 | | | | |

F =    25.24624    Signif F = .0000

## 评 议

首先注意的是,$R^2$ 中因为加入乘积向量 **XE** 产生了明显的增量(0.601 89),清楚地表明 $X$ 和处理在对 $Y$ 的效应上,彼此之间存在很强的交互。为了检验增量是否统计显著,我们使用在第18章给出的用于 $R^2$ 增量检验的通用公式——见式(18.15)和与之有关的讨论例证。正如第18章所示,只是在这里给出的输出和分析类型的报告中叫作"$F$ Change"($F$ 的变化)。故而,归结于 **XE** 的增量,$F(1,36)=67.25,p<0.05$。

如下所示,在ATI设计只由两个组构成时(如两种处理),可用与乘积向量(**XE**)的 $b$ 相同的检验进行检验。另一方面,在设计由两个以上的组构成时,归结于交互向量的 $R^2$ 或回归平方和的增量则必须像上面这样进行检验。

那个交互统计不显著或等价的各个 $b$ 彼此相同的结论是以无法拒绝零假设为根据的。因此,一个不存在交互的结论等同于在接受零假设的同时,也接受了其伴随的所有逻辑和统计问题(见第9章和第15章)。为了尽可能地缩小第二类错误(即没有拒绝本来应该拒绝的零假设;见第9章和第15章),我们建议大家采用比较大的 $\alpha$(如0.10,甚至0.25)来进行交互作用的检验。

在这一章的开头(见 ATI 分析:述要)我们告诉大家,首先要确定属性和处理之间是否有交互。与之对应,在分析的最后一步(即目前这一步),这就是我们首先要审视的那个问题。我们从相反的方向着手,因为我们不仅想让大家了解每一步得到的指数的性质,也想让大家了解如果只是执行了某几步(例如,根本没有用乘积向量)将会导致什么样的错误结论。[1]

---

①为了便于讨论,我们忽略了一个事实:在现在的例子中,无论是总计还是共同的 $b$ 都是统计不显著的,大家会注意到它们数量相同(非常接近),但符号却是相反的(分别为-0 .051 38和0.055 94)。两种类型的 $b$ 可以在数量和/或符号上有所不同。关于不同类型的相关和回归系数之间的关系的讨论见(Pedhazur ,1982:536-540,以及其中给出的参考书)。

在遇有像目前这样的得出存在统计显著的交互的结论时,我们接着便要建立两个分开的回归方程,并设立显著区域。在讨论这些问题时,我们先从前一个问题开始。在结束本节讨论时,我们将对这些步骤做一个总结,并对那些得出在属性和处理没有交互的结论时采取的步骤做一些评议。

## 来自总分析的单独方程

使用表21.1的数据,除了其他要做的事情之外,我们先来做每种处理(指令式和非指令式)的 $Y$ 对 $X$ 的回归,以得到两个单独的回归方程。在这一节,我们要告诉大家如何通过组合组(combined groups)的分析得到这些单独的回归方程。今后我们将用总分析(overall analysis)这个词来指称一个基于组合组的分析。

一个总分析可以包括一个给定的设计的某些或全部的项。在表21.1的计算机分析中,我们做了三个总分析:(a)只包括 $X$,(b)包括 $X$ 和 $E$,(c)包括 $X$,$E$ 和 $XE$。我们看到同一项的性质在三个分析中会有所不同。例如,在总分析只包括 $X$ 时,$b$ 就是总回归系数。在进入了 $X$ 和 $E$ 时,$X$ 的 $b$ 就是共同回归系数。

除非另有说明,我们都用总回归方程一词来指称从总分析得到的已经包括了所有设计项的方程,也就是说,包括了所有的属性,代表处理(组)的编码向量和代表交互的乘积向量。

涉及上一节作为构成表21.1数据分析的最后一步(即第三步)的输出是那个来自包括了所有设计项的总分析的那一步的输出。来自这一分析的总回归方程是:

**Output**

```
----------------------------- Variables in the Equation -----------------------------
Variable          B          SE B          T          Sig T
X              .43005       .19659       2.188        .0353
E            -6.56191      1.11201      -5.901        .0000
XE            1.61223       .19659       8.201        .0000
(Constant)    9.06742      1.11201       8.154        .0000
```

评 议

为了方便起见,我们重复前面得到的两个单独的方程;

$$Y'_D = 2.505\ 51 + 2.042\ 28X$$
$$Y'_N = 15.629\ 33 - 1.182\ 18X$$

记住,效应编码用于向量 $E$。与之对应的是,总回归方程的性质与那些有分类变量的设计中的带效应编码的方程的性质类似(见第19章和第20章)[1],除用于得到单独方程的截距($a$)和回归系数的那些项是不同的之外。尤其是与 $a$ 和那些与编码向量 $E$ 关联的 $b$ 都被用来

[1]其他的编码方案(如虚拟编码)也可以使用。带虚拟编码的总回归方程的性质与分类变量类似。作为一个练习,我们建议大家用虚拟编码重新分析一下数例。如果需要,可用(Pedhazur,1982:464-468)作为指导。

求单独方程的那些$a$。$X$的$b$和乘积向量$XE$被用来求单独方程的那些$b$。

先来看总回归方程的$a$，它等于各个单独方程的$a$的平均数。目前的例子是

$$9.067\,42 = \frac{2.505\,51 + 15.629\,33}{2}$$

总回归方程中$E$的$b$等于在$E$中归结于已经识别的处理（即赋值为1的组）的$a$对各个单独方程的$a$的平均数（即总$a$）的偏差。我们的例子是

$$b_E = -6.561\,91 = 2.505\,51 - 9.067\,42$$

因此，为了求得编码向量中已经识别的组的$a$，要把总$a$和编码向量的$b$相加

$$9.067\,42 + (-6.561\,91) = 2.505\,51$$

与带分类变量设计中的效应编码类似，为了求赋值为−1的处理的$a$，需要先翻转这一向量的$b$的符号，再把它与总$a$相加，我们的例子是

$$9.067\,42 + 6.561\,91 = 15.629\,33$$

$X$和乘积向量$XE$的各个$b$有着与前面几段中讨论的与那些$a$有联系的$b$相似的特质，除那些$b$都涉及连续变量（在ATI设计中是属性）之外。尤其是在总回归方程中的$X$的$b$等于各个单独方程的$b$的平均数。对于目前这一例子，它等于

$$0.430\,05 = \frac{2.042\,28 + (-1.182\,18)}{2}$$

请大家要特别注意各个$b$的平均数不是前面讨论的共同的$b$这一点。前面已经证明，共同的$b$可以用式（21.1）得到，或通过做一个未包括属性和编码向量（目前的例子是$XE$）的乘积的总回归分析求得（见上面的第二步）。对于正在分析的数例，共同的$b$是0.055\,94（见第二步），而各个$b$的平均数是0.430\,05。在$X$的各个组内平方和彼此相等时（对于这样的情况的数例，见本章后面部分ANCOVA中表21.2的数据分析）组内$b$的平均数等于共同的$b$。

再回到来自总方程的求各个$b$的程序，大家将会注意到，$XE$的$b$等于$E$中识别的组（即赋值为1的组）的回归方程的$b$对各个$b$的平均数的偏差。对于目前的例子

$$b_{XE} = 1.612\,23 = 2.042\,28 - 0.430\,05$$

因此，为了求在$E$中识别的组（指令式和非指令式）的$b$，要把$X$的各个$b$与总回归方程中的$XE$的$b$相加

$$b_D = 0.430\,05 + 1.612\,23 = 2.042\,28$$

为了求在$E$中赋值为−1的组（在我们的例子中指非指令式）的$b$，我们先翻转$XE$的$b$的符号，再把它与$X$的$b$相加。我们目前的例子是

$$b_N = 0.430\,05 + (-1.612\,23) = -1.182\,18$$

将这些值和上面报告的单独方程的值作比较。我们先来仔细看一下乘积向量$XE$的$b$。由上述可知，对于两个组的效应编码这种情况而言，$b_{XE}$等于两个单独的$b$之间的差的一半。很清楚，两个单独的$b$彼此越接近，$b_{XE}$就越小。在极端的情况下，两个单独的$b$彼此相等，那时$b_{XE}$就必定等于零。由前述可知，一个$b_{XE}$检验相当于两个$b$之间的差检验。不仅如此，因为我们可能还会记得那些单独的$b$之间的差检验相当于一个属性和处理之间的交互检验。

现在来看上面给出的输出中总回归方程那一部分，我们注意到$b_{XE}$检验的$t$比率是8.201，

有36个 $df$（即与总分析的 $MSR$ 关联的 $df$；见上面第三步）。$t$ 的平方是67.26，四舍五入后与前面交互检验得到的 $F$ 的变化值相同。因为只要还记得（见第18章的例子）一个 $b$ 检验等价于在一个与 $b$ 关联的变量最后进入分析时方差比例的增量检验这一事实，那么两个检验是等价的这一点就是不足为奇了。尽管在目前的情况中，我们还涉及了一个乘积向量（不是一个变量），但它的 $b$ 检验仍然相同。总之，在由两个组构成的ATI设计中，首要的问题是要确定属性-处理的交互是否是统计显著的，而要做到这一点则需仔细查看总回归方程中的 $b_{XE}$ 的 $t$ 比率。

## 分析步骤概述

尽管前面已经对ATI设计的分析步骤做过一些概括，但是我们认为在这里再对它进行一次简要的概括将会对大家有所帮助，因为它们都与计算机分析有关。尽管并非必需，但若能将各个项（$X,E$ 和 $XE$）像上面那样分开在不同的步骤进入分析是很有用处的，因为这样，输出中的无论哪一部分，都可视为与一个给定的分析有关。相反，当所有的项都在单独一步进入时，如果得出了属性-处理的交互不存在的结论，那么就可能需要再做一些额外的运行分析。

与上面给出的输出一样，我们将用编号来指称步骤：第一步由 $X$ 构成；第二步由 $X$ 和 $E$ 构成；第三步由 $X,E$ 和 $XE$ 构成。我们先来看第三步的输出，以确定属性和处理之间是否存在交互。在只有两个组这个特例中，与属性和编码向量的乘积（在我们的例子中的 $XE$）关联的 $b$ 的 $t$ 比率构成了一个交互检验。

在本章的后面部分我们将对有两个以上处理的设计进行评议。

下一步做什么取决于我们对是否有交互这一问题的结论。在与我们的数例一样，给出的结论交互是统计显著时，便会从总回归方程派生出两个单独的回归方程，它们都在第三步给出。当然，也可通过两个单独的分析得到这些单独的回归方程，就像我们已经做过的一样。（见由PROCESS IF命令产生的输出）。不论我们怎么计算这些单独的方程，紧随其后的总是显著区域的计算——我们将在下一节讨论这个问题。

另外，在我们认为不存在属性和处理的交互时，我们便要做分组的单独处理方程分析。为这一目的设计开发的那些方程，有着一个共同的 $b$，但却有着不同的 $a$。与之相伴的是作一个只包括 $X$ 和 $E$ 的分析，如同上面第二步。然后再检验这两个 $a$ 之间的差是否统计显著。在只有两个组这样的特例中，一个在这一步求得的方程中的 $b_E$ 等同于两个 $a$ 之间的差的检验，因为这等价于除归结于属性 $X$ 之外的归结于向量 $E$ 的方差比例的增量的检验。

假定我们认为这些 $a$ 之间的差是统计显著的，那么我们随后就要检验共同的 $b$（即在我们的例子中的属性 $X$ 的 $b$）。如果我们的结论是 $b$ 在统计上显著，那么我们接着就要报告两个虽然有着不同的 $a$，但却有着共同的 $X$ 的 $b$ 的方程，并对之作出解释。本章的后面部分，在

ANCOVA这一节将给大家介绍如何做到这一点。在共同的 $b$ 统计不显著时，设计就变成了只由一个分类变量（即处理）构成的设计，于是随后的处理也要与之相适应（见下文）。

在确认不存在交互，并进而得出这些单独的方程的 $a$ 之间的差是统计不显著的结论时，表明有一个可同时用于两个组的单独的回归方程。这样的方程通过在总分析中只输入 $X$ 求得（即第一步）。这样得到的回归方程如同由单独一个组所派生的一般。这就是说，我们要检验 $X$ 的 $b$（前面标示为"total $b$"，即总计 $b$），进而再对这些结果作解释。

为了使大家不至于对我们一再重复在ATI设计中的分析步骤的顺序的做法产生误会，我们再次明确，我们之所以这样做，完全是因为这种类型的分析是很有可能出错的，有研究文献为证。

现在我们来看由目前的运行产生的输出的最后一部分，即由 DEP=Y/ENTER E 产生的输出（见上面的输入）。

## Output

Equation Number 2    Dependent Variable..    Y

Variable(s) Entered on Step Number 1..    E

| | | | | Analysis of Variance | | | |
|---|---|---|---|---|---|---|---|
| Multiple R | .27416 | | | | DF | Sum of Squares | Mean Square |
| R Square | .07517 | R Square Change | .07517 | Regression | 1 | 87.02500 | 87.02500 |
| Adjusted R Square | .05083 | F Change | 3.08844 | Residual | 38 | 1070.75000 | 28.17763 |
| Standard Error | 5.30826 | Signif F Change | .0869 | | | | |

F =    3.08844    Signif F = .0869

------------------------------------ Variables in the Equation ------------------------------------

| Variable | B | SE·B | 95% Confdnce | Intrvl B | T | Sig T |
|---|---|---|---|---|---|---|
| E | 1.47500 | .83931 | −.22409 | 3.17409 | 1.757 | .0869 |
| (Constant) | 10.42500 | .83931 | 8.72591 | 12.12409 | 12.421 | .0000 |

## 评 议

我们希望大家要认识到，在回归中 $Y$ 只对编码向量 $E$ 回归，我们正在做一种在第19章介绍的分析。分析涉及和这些数据关联的我们一直在使用的实际例子，我们要检验的是那些暴露于指令式或非指令式教学风格的学生的学习成绩的均值之间的差。这样做的目的是，揭示在被试的有关属性（在本例中是内向或外向倾向控制）未予考虑时，有可能会发生什么。

下面的分析路数曾在第19章中做过介绍，我们使用回归方程来计算两个处理组的均值

$$\bar{Y}_D = 10.425 + 1.475 = 11.90$$
$$\bar{Y}_N = 10.425 + (-1.475) = 8.95$$

式中，$D$ 是指令式而 $N$ 是非指令式。将它们和表21.1报告的那些均值作比较。现在来看 $R^2$ 检验，并注意到 $F(1, 38) = 3.088\,44, p > 0.05$。当然，这也是上面两个均值之间的差检验。假定已选定 $\alpha = 0.05$，于是我们得出了暴露于不同的教学风格的组均值之间的差是统计不显著的。但是，我们从前面的分析已经知道，如果将内外控制倾向也考虑在内的话，情况就完全不同了。尽管我们的数据是人为的，目的在于说明在未将被试的有关属性考虑进去时，许多研究的处理效应有可能发生什么。

## 显著区域

我们在前面已经指出，在发现存在属性–处理–交互时，接着便要计算显著区域。与这样区域有关的是回归线的交点。记住在交点位于研究感兴趣的区域之外时，交互被视为是有序的，而在交点位于感兴趣的区域之内时，它便被视为是无序的。

交点 $X_{int.}$ 的计算方法如下：

$$X_{int.} = \frac{a_1 - a_2}{b_2 - b_1} \tag{21.2}$$

式中，$a$ 和 $b$ 分别代表单独的回归方程的截距和回归系数。上面分析的表21.1的单独的回归方程报告如下：

$$Y'_D = 2.505\,51 + 2.042\,28X$$
$$Y'_N = 15.629\,33 - 1.182\,18X$$

应用式（21.2）

$$X_{int.} = \frac{(2.505\,51) - (15.629\,33)}{(-1.182\,18) - (2.042\,28)} = 4.07$$

在两条回归线相交于 $X$ 值的4.07处。两条回归线如图21.2所示。注意，那条从这个交点画的垂线，在 $X$ 分数约为4.07处与横轴相遇。

如图21.2所示，$X$ 的值越接近交点，被试的预测分数的差别就越小，这与从单独方程求得的一样。而在交点处，预测分数都是相同的。

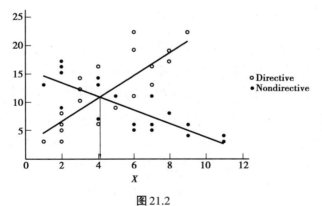

**图 21.2**

注：Directive=指令式；Nondirective=非指令式。

$$Y'_D = 2.505\,51 + (2.042\,28) \times (4.07) = 10.82$$
$$Y'_N = 15.629\,33 - (1.182\,18) \times (4.07) = 10.82$$

由上述可知，令我们感兴趣的问题是确定属性的哪些值的两个处理之间的差是统计显著的，和哪些值的两个处理之间的差是统计不显著的。约翰逊-内曼法（Johnson-Neyman technique）和它的扩展可以帮助我们完成这一任务。

## 约翰逊–内曼法

这种由约翰逊和内曼（Johnson & Neyman, 1936）开发的方法，是用来确定属性的一个给定值上两种处理的效应差别的显著区域的。曾经论证过只有在检验属性的单个值上的差别的时候，这样一些异时区域（nonsimultaneous regions）才是恰当的。珀特霍夫（Potthoff, 1964）将约翰逊-内曼法推广应用于确定沿属性连续统上的显著性的同时区域。有关异时和同时显著区域问题的详细讨论，请参见（Rogosa, 1980a: 1981）。

下面将给出计算同时显著区域的计算公式，并将它们应用于表21.1的数据。随后，我们将对异时显著区域的计算作评议。

显著区域通过求下面的公式的两个$X$的值得到：

$$X = \frac{-B \pm \sqrt{B^2 - AC}}{A} \tag{21.3}$$

式（21.3）中的各项定义如下：

$$A = \frac{-2F_\alpha}{N-4}\left(ss_{res}\right)\left[\frac{1}{\sum x_1^2} + \frac{1}{\sum x_2^2}\right] + \left(b_1 - b_2\right)^2 \tag{21.4}$$

$$B = \frac{2F_\alpha}{N-4}\left(ss_{res}\right)\left[\frac{\bar{X}_1}{\sum x_1^2} + \frac{\bar{X}_2}{\sum x_2^2}\right] + \left(a_1 - a_2\right)\left(b_1 - b_2\right) \tag{21.5}$$

$$C = \frac{-2F_\alpha}{N-4}\left(ss_{res}\right)\left[\frac{N}{n_1 n_2} + \frac{\bar{X}_1^2}{\sum x_1^2} + \frac{\bar{X}_2^2}{\sum x_2^2}\right] + \left(a_1 - a_2\right)^2 \tag{21.6}$$

式中，$F_\alpha$是在预选的$\alpha$水平上的有2个和$N-4$个$df$的$F$表值；$N$是被试总数；$n_1, n_2$是组1和组2的被试数目；$ss_{res}$是在将所有的设计项等效包括在内时的总分析残差平方和，它是单独组中$Y$对$X$的回归的残差平方和之和；$\sum x_1^2, \sum x_2^2$是组1和组2的属性$X$的平方和；$\bar{X}_1, \bar{X}_2$是组1和组2的属性均值；$b_1, b_2$是组1和组2的回归系数；$a_1, a_2$是组1和组2的截距。

现在来计算表21.1数据的同时显著区域。以下信息为计算所必需的：

$$\sum x_1^2 = 108.80 \quad \sum x_2^2 = 174.55$$
$$\bar{X}_1 = 4.60 \quad \bar{X}_2 = 5.65$$
$$a_1 = 2.51 \quad a_2 = 15.63$$
$$b_1 = 2.04 \quad b_2 = -1.18$$
$$ss_{res} = 373.01$$

除$ss_{res}$外，其余所有的值都取自表21.1的底部。$ss_{res}$则取自包括所有的设计项的总分析的输出（见前一节输出的第三步）。如上所述，通过将单独分析得到的残差平方和加总可求得同样的值（见单独分析的输出，那里组1和组2的残差平方和分别为244.01和129.01）。

使用$\alpha=0.05$，记住$N=40$，有2个和36个$df$的$F$表值是3.26。现在我们马上就可以用式

(21.3)到式(21.6)了。

$$A = \frac{-2 \times (3.26)}{36} \times (373.01) \times \left[ \frac{1}{108.80} + \frac{1}{174.55} \right] + [(2.04) - (-1.18)]^2 = 9.36$$

$$B = \frac{2 \times (3.26)}{36} \times (373.01) \times \left[ \frac{4.60}{108.80} + \frac{5.65}{174.55} \right] + (2.51 - 15.63) \times (2.04 + 1.18) = -37.20$$

$$C = \frac{-2 \times (3.26)}{36} \times (373.01) \times \left[ \frac{40}{400} + \frac{4.60^2}{108.80} + \frac{5.65^2}{174.55} \right] + (2.51 - 15.63)^2 = 139.89$$

$$X = \frac{37.20 \pm \sqrt{(-37.20)^2 - (9.36) \times (139.89)}}{9.36}$$

$$X_1 = 3.05 \quad X_2 = 4.90$$

这两个 $X$ 值被用来建立不显著区域。那些 $X$ 分数在3.05和4.90这一范围内的被试,其 $Y$ 分数的差别是统计不显著的。存在两个显著区域,一个在 $X$ 分数4.90之上,另一个在 $X$ 分数3.05之下。

联系我们一直在使用的实际例子,我们得出了下列这样的结论:那些内外控制倾向分数在3和5之间的学生,无论暴露于指令式还是非指令式教学风格,其学习成绩的差别都是不显著的。那些内外控制倾向分数在5之上、暴露于指令式教学风格的学生,其学习成绩在统计上显著高于那些暴露于非指令式教学风格的学生;相反,那些内外控制倾向分数在3之下、暴露于非指令式教学风格的学生,其学习成绩在统计上显著高于暴露于指令式教学风格的学生。我们不厌其烦地再一次提醒大家,尽管我们把我们的评议限制在统计显著性,但是更为重要的问题仍然是差别的实际含义。

我们上面介绍的显著区域计算方法适用于无序交互这种情况。在交互式有序时,采用的路数相同,但有一个显著区域无法使用,因为它位于研究感兴趣的范围之外。联系图21.1,例如它也许可以证明,对于一个像在图21.1(c)中描述的一样的有序交互,存在着一个比较低的 $X$ 分数的区域,反之亦然,就如图21.1(d)中所示。

确定异时显著区域的路数与同时显著区域相同,除了式(21.4)到式(21.6)分子中使用的表列 $F$ 值有1和 $N-4$ 个 $df$,且 $F$ 不用乘2(见 Pedhazur,1982:470)。异时显著区域计算的例子见有关著作(Johnson & Jackson,1959:432-438;Walker & Lev,1953:398-404)。同时和异时的显著区域计算的例子可参见另一些作者的著作(Huitema,1980:第13章;Rogosa,1980a)。

我们的介绍仅限于两组和一个属性这样的情况。扩展到多组和/或多属性这样的情况,请参考前面给出的参考书目和另一些作者的著作(Johnson & Fay,1950;Potthoff,1964 & Rogosa,1981)。

最后,某些研究者开发了用于ATI分析的计算机程序(Borich,et al.,1976),它将异时显著区域作为输出的一部分。有时,一个统计软件包可以用来生成显著区域(如用SPSS和SAS,见Karpman,1986。不过我们要提醒大家,在使用之前务必仔细检查程序的语句,因为它们可能含有一些印刷错误)。

## 协方差分析

我们在第12章和第13章就已经介绍了协方差分析的（ANCOVA）基本思路，指出它用于两个完全不同的目的：(a)控制个体的差异，(b)修正不等效组之间的差异。我们将依次讨论这两种目的。

## 用于控制的 ANCOVA

我们在前面几章（如第10章和第12章）已经指出，识别归结于个体差异的相依方差（dependent variance）能够降低误差项，进而提高分析的敏感性。要达到这个目的的设计由处理和共存变量构成。而共存变量都是要加以控制的被试的属性（见第12章设计4）。因为共存变量常常都被叫作协变量，所以用于这样的设计的分析方法叫作协方差分析（ANCOVA）。

从分析和设计的角度来看，ATI和ANCOVA是类似的，二者都由被操控的分类变量（如不同的处理）和一个非操控的连续变量（通常为一种属性）组成。[1]正如我们在第12章所说（见设计7），它们之间的区别在于属性被包含的原因。在ATI设计中，属性之所以被包含一般都是因为期望它与处理相互作用。相反，在它被视为一个共存变量时，属性之所以被包含是为了加强控制。

由前述可知，在两种设计中，分析都始于对单独回归方程的 $b$ 之间的差异的考察，但二者考察的目的不同。在ATI设计中，期望 $b$ 是异质的，因为这构成属性-处理的交互（见本章前几节）。另一方面，在带共存变量的设计中，则期望 $b$ 是同质的。在有关ANCOVA的介绍中（如Cochran，1957；Elashoff，1969），把它叫作回归系数的同质性——有效应用ANCOVA的一个重要条件（见下文）。

显然，研究结果可能会与期望背道而驰。在一个ATI设计中，虽然分析已经证明不存在属性-处理交互（即 $b$ 都是同质的），但却仍然对主效应进行解释。实际上，这个设计是被作为带共存变量的设计对待了。无独有偶，在分析证明 $b$ 是异质时，研究的关注点则从主效应转向了共存变量和处理之间的交互。换言之，设计被视为一个ATI设计。

### 数 例

为了方便阐述，我们假定被试被随机地分配给了处理组或控制组和一个在实施处理之前测量的相关的属性 $X$，而因变量 $Y$ 的测量则在研究结束时进行。其目的是研究处理和控制组之间，在控制了属性之后的差别。用于这样一种研究的阐述性数据，在表21.2中给出。

---

[1]为了方便起见，我们只谈了最简单的这样的设计，但是我们所谈的那些内容也同样可用于带多个分类自变量的设计（如因子设计）和/或多个属性的设计，在ANCOVA的术语中叫作多协变量（multiple covariates）。

表 21.2 用于控制目的 ANCOVA 的阐释性数据

| | Control | | Experimental | |
|---|---|---|---|---|
| | Y | X | Y | X |
| | 4 | 1 | 4 | 1 |
| | 3 | 1 | 5 | 1 |
| | 4 | 2 | 7 | 2 |
| | 6 | 2 | 8 | 2 |
| | 6 | 2 | 8 | 2 |
| | 5 | 3 | 6 | 3 |
| | 7 | 3 | 7 | 3 |
| | 5 | 4 | 9 | 4 |
| | 7 | 4 | 9 | 4 |
| | 9 | 5 | 9 | 5 |
| M: | 5.60 | 2.70 | 7.10 | 2.70 |
| ss: | 28.40 | 16.10 | 24.90 | 16.10 |
| sp: | 16.80 | | 15.30 | |
| s: | 1.78 | 1.34 | 1.66 | 1.34 |
| r: | .786 | | .764 | |
| | $Y' = 2.78 + 1.04X$ | | $Y' = 4.53 + .95X$ | |

注：$M$=均值；$ss$=平方和；$sp$=乘积和；$s$=标准差；$r$=相关；
$Y$=因变量；$X$=协变量。

尽管大多数统计分析软件包都包含一个或几个用于 ANCOVA 的程序，但我们将不会用其中任何一个，因为它们很容易被误用和误解。其原因是在这样的程序中，一般都对分析应该如何进行以及输出中的某些项代表了什么说得不是很清楚。瑟尔和哈德逊（Searle & Hudson, 1982）在评阅了那些使用很普遍的统计软件包（如 BMDP, SAS, SPSS）的程序的 ANCOVA 输出后说道："这10个计算包中没有两个是完全一致的"（pp.740-741）。评阅得出了这样的结论："用于协方差分析的计算机输出并不是通过标记就可以全部识别的。那些看似相同的标签，它们的值可能会有很大的不同，因为它们实际上代表了不同的计算"（p.744）。顺便说一下，根据他们论文的内容和论文发表的期刊可知，瑟尔和哈德逊显然是在与那些已经有使用 ANCOVA 程序经验的读者讨论问题。毫无疑问，那些使用这类程序的新手可能对自己将会得到什么结果这个问题一无所知。

ANCOVA 的开发者费希尔（Fisher, 1958）说道："它将两种使用非常广泛的叫作回归和方差分析的程序的优点合在了一起，并协调了二者的要求"（p.281）。不必惊讶，ANCOVA 曾被叫作"回归控制"（Fleiss, 1986:186）。正如下面所要说明的一样，通过多元回归来做 ANCOVA，不仅可以使我们得以看清发生了什么，而且也使我们能控制分析的顺序，使分析能按要求的顺序进行。为了便于和前面介绍的 ATI 分析进行比较，我们将使用 SPSS 的 REGRESSION。

## SPSS

**Input**

```
SET LISTING='T212SPS.LIS'.
TITLE TABLE 21.2.  ANCOVA FOR CONTROL.
DATA LIST/ Y,X,T 1-6.
IF (T EQ 1) E=1.
IF (T EQ 2) E=-1.
COMPUTE XE=X*E.
BEGIN DATA.
  4 1 1
  3 1 1    [data for the first two subjects in T 1]
  . . .
```

```
    4 1 2
    5 1 2   [data for the first two subjects in T 2]
    . . .
END DATA.
LIST.
REGRESSION VAR=Y TO XE/DES/STAT=ALL/
  DEP=Y/ENTER X/ENTER E/ENTER XE/
  DEP=Y/ENTER E.
```

## 评 议

如上所述,上面的分析路数与那个用于 ATI 设计的相同(即表 21.1)。因此目前的分析,输出和评议不如前面 ATI 设计给出的那么详细。

与 ATI 设计一样,我们要做两个回归分析:(a)$Y$ 对 $X$,$E$ 和 $XE$ 的回归,和(b)$Y$ 对 $E$ 的回归。与我们前面的建议一致,第一个方程的各项也分三步进入,以免根据考察的结果得出的结论决定接下来要做的其他运行。

## Output

Summary table
------------------------------

| Step | Variable | | Rsq | RsqCh | Fch | SigCh |
|------|----------|------|------|-------|--------|-------|
| 1 | In: | X | .4957 | .4957 | 17.696 | .001 |
| 2 | In: | E | .6700 | .1743 | 8.979 | .008 |
| 3 | In: | XE | .6711 | .0011 | .053 | .821 |

## 评 议

在 ATI 设计的分析中(见本章前面几节)。我们列出了每一步的输出,因为我们想要解释每一步得到的各个项的意义。而通常更为有效的做法是从一览表开始,一览表的节选已在上面给出。我们先从最后一步——乘积向量进入的那一步开始。从列标为 RsqCh($R^2$ 变化)那一列可知,由 $XE$ 引起的方差变化是微小的(0.001 1)。于是我们认为协变量之间不存在交互。大家一定还记得,这一结论等价于各个 $b$ 是同质的,因而使用共同的 $b$ 是有效的。从第三步的输出(未在这里报告)可知,总回归方程是

$$Y' = 3.658\,39 + 0.996\,89X - 0.875\,78E + 0.046\,58XE$$

用这个方程计算单独的回归方程,便要按照下列描述的那种与 ATI 设计的分析关联的程序进行。请大家把回归方程得到的结果与表 21.2 报告的结果作比较。注意,这两个 $b$ 彼此十分接近,这与我们上面在不存在交互时的预期一样。

现在来看一览表的第二步,我们注意到归结于向量 $E$ 的方差比例的增量是 0.174 3。这在大多数研究环境中都肯定会被视为一个重要的增量。然而诚如前述,我们只是以统计的显著性检验为根据。这样我们会注意到 $F(1,17)=8.979$。假定 $\alpha=0.01$ 已预选,很清楚(见 SigCh),增量是统计显著的。因此,分析的这一步报告的结果应予以保留,并应对之作出解释。

在报告第二步的输出之前,我们想说一下,如果发现归结于向量 $E$ 的增量既无实质意义,而且在统计上也不显著,那么我们就应该去考察第一步得到的结果,然后再根据考察的结果决定随后应该采取的行动。[1]这就是我们在上面所说的在分开的步骤中输入设计的各项,以避免不必要的运作意义之所在。

---

[1]有关发生这样一种情况的数例,参见下一节用于调整的 ANCOVA 的讨论。

## Output

| Variable | B | SE B | T | Sig T |
|---|---|---|---|---|
| X | .99689 | .19726 | 5.054 | .0001 |
| E | −.75000 | .25029 | 2.996 | .0081 |
| (Constant) | 3.65839 | .58848 | 6.217 | .0000 |

## 评 议

首先,我们将注意到,协变量 $X$ 的 B 是一个共同的 $b$——参见式(21.1)和与它相关的讨论。在目前的例子中共同的 $b$ 等于那些组内 $b$ 的平均数。换言之,在总回归方程中的 $X$ 的 $b$(见上文)等于共同的 $b$。诚如前述(见来自总分析的单独方程),在 $X$ 的组内平方和彼此相等时,就会发生这种情况,对于这里分析的数据,情况就是这样——见表21.2,表中每一个组的 $X$ 的平方和都彼此相等。

在根据第三步得出这些 $b$ 是同质的结论之后,共同的 $b$ 的使用就可能是有效的。这个 $b$ 检验的 $t(17)=5.054$,$p<0.01$,让我们得出协方差的贡献或它在 $Y$ 上的效应是统计显著的这个结论。如果共同的 $b$ 是统计不显著的,那么结论就变成了控制属性 $X$ 并不会给分析增色,或协变量是无关紧要的。

与 $E$ 关联的 $b$ 检验是把共同的 $b$ 用作协变量的实验组和控制组方程的截距 $a$ 之间的差检验。记住,$b$ 检验等价于与之关联的变量在最后进入分析时增加的方差比例检验(见第18章)。这样,在目前这种情形中,这两个截距之间的差的检验 $t$ 比率等于一览表第二步的 $\sqrt{\text{FChg}}$(见上文)。

由前述可知,我们的结论将是两个有一个共同的 $b$ 的单独的方程与数据拟合。用前面的输出,控制和实验组回归方程的截距可按下面这样计算：

$$a_c = 3.658\ 39 + (-0.75) = 2.908\ 39$$
$$a_E = 3.658\ 39 + (0.75) = 4.408\ 39$$

这两个组的回归方程是：

$$Y'_C = 2.908\ 39 + 0.996\ 89X$$
$$Y'_E = 4.408\ 39 + 0.996\ 89X$$

总之,我们的结论是在控制了协变量之后,实验组和控制组之间的差是统计显著的。在实验组中的被试沿协变量连续统,有望优于控制组的被试1.5个单位(截距之间的差)。

## Output

Equation Number 2    Dependent Variable..    Y

Beginning Block Number    1. Method: Enter    E

| | | | | Analysis of Variance | | | |
|---|---|---|---|---|---|---|---|
| Multiple R | .41747 | | | | DF | Sum of Squares | Mean Square |
| R Square | .17428 | R Square Change | .17428 | Regression | 1 | 11.25000 | 11.25000 |
| Adjusted R Square | .12841 | F Change | 3.79925 | Residual | 18 | 53.30000 | 2.96111 |
| Standard Error | 1.72079 | Signif F Change | .0670 | | | | |

F = 3.79925    Signif F = .0670

----------------------------------- Variables in the Equation -----------------------------------

| Variable | B | SE B | T | Sig T |
|---|---|---|---|---|
| E | −.75000 | .38478 | −1.949 | .0670 |
| (Constant) | 6.35000 | .38478 | 16.503 | .0000 |

## 评　议

我们已经告诉过大家，这个输出来自第二个方程，式中的 $Y$ 是对 $E$ 的回归——编码向量的效应。向量中的控制组赋值为 1，实验组的赋值为 -1（见输入中的 IF 语句，和该例分析的开始部分）。

这里报告的分析只用了一个分类自变量（实验对控制）。按照第 19 章介绍的那些程序中的这种设计类型的程序，我们使用上面报告的计算两个组的均值的回归方程。

$$\bar{Y}_C = 6.35 + (-0.75) = 5.60$$
$$\bar{Y}_E = 6.35 + (0.75) = 7.10$$

将这两个均值和表 21.2 的报告做比较。

在目前这种情况中，两个均值之间的差为 1.5，等于上面得到的两个截距之间的差。这种情况并不多见。在下一节介绍调整均值时，我们将会解释这种情况是怎么发生的。而现在，我们只想指出关联的 $F$ 比率或 $b_E$ 的 $t$ 的概率 >0.05。因此，如果预定 $\alpha=0.05$，那么我们便会得出实验和控制组的均值之间的差不是统计显著的结论。

然而，在控制了相关的协变量之后，我们却发现完全相同的差值是统计显著的（见第一个方程的第二步）。问题很清楚，这两种分析之间的差异源于因为包括了相关的协变量而导致的误差项的消减。注意，虽然两个方程中要检验的 $b$ 都有相同的数量（-0.75），但是它的标准差却不同，包括了协变量的那个方程的标准差要小于现在这个（分别为 0.250 29 和 0.384 78）。记住误差项消减正是我们之所以要使用 ANCOVA 的理由。

大家应该明白，有鉴于随机分配这一要求，在 ANCOVA 用于控制目的时，一般都期望协变量上的均值差比较小。因为我们想用可能的、最强有力的术语来说明这一点，所以我们构建了两个组的协变量分数相同的数据——因此就有了等均值（即 2.70，见表 21.2）。我们希望根据我们的分析，大家会认识到，在 ANCOVA 中所做的事情是在比较的组中进行因变量对协变量的回归，而不是发现各个组是否在协变量上有差别。

上文应该有助于澄清有关 ANCOVA 使用中的一种错误观点，即那种我们经常会遇到的认为在组的协变量上没有差别时，协变量的使用是徒劳无益的。有些研究者甚至告诉读者，自己本来打算使用 ANCOVA，但是在发现组之间的协变量并不存在显著差别时打消了这个念头。这种错误的想法可能源自广泛地将 ANCOVA 用于调整协变量上的组差异这种用法（完全是滥用）。下面我们将 ANCOVA 用于调整的问题。

## 调整均值

当一些组在相关的协变量上存在差异时，我们就有理由认为它们在因变量上也会或多或少存在差异。因此，这时在使用 ANCOVA 时，因变量均值会因为无论什么样的协变量组间差异而进行调整。调整均值的计算公式为

$$\bar{Y}_{j(adj)} = \bar{Y}_j - b\left(\bar{X}_j - \bar{X}\right) \tag{21.7}$$

式中，$\bar{Y}_{j(adj)}$是组 $j$ 的调整均值；$\bar{Y}_j$是组 $j$ 的调整之前的均值；$b$ 是共同回归系数；$\bar{X}_j$是组 $j$ 协变量均值；$\bar{X}$是总协变量均值。我们针对式(21.7)说以下几点：

第一，由括号内的值可知，在组协变量均值偏离总均值时需进行调整。在其他情况等同的情况下，组均值对总均值的偏离越大，调整就越大。我们在前面已讨论过，在将 ANCOVA 用于控制时(其目的正是这一节要讨论的)，被试被随机地分配到组，而我们的期望(在概率意义上)则是组协变量均值彼此没有差别，因此等于总协变量均值。这样，括号内的项有望等于零，使得调整均值等于未调整均值。在上面分析的例子中，(即表 21.2 的数据)，这两个组有相同的协变量均值。因此，调整均值等于未调整均值。尽管一般来讲，协变量均值都是不同的，但因为随机化，它们之间的差别都比较小。因此，均值的调整将被忽略。

第二，当式(21.7)中的 $b$ 为零时，不论最初的组协变量差别大小如何，都不用进行调整。注意，在调整均值的计算中使用的是共同的 $b$。因为协变量是无关紧要的，所以共同的 $b$ 可能等于零。在每一个组内的协变量和因变量都不相关时，这样的情况就可能发生。但是，在每个组内的协变量和因变量都相关时，共同的 $b$ 也可能等于或接近零。在各个单独方程中的 $b$ 是异质时，特别是在它们有相反的符号时，这样的情况就可能会发生。[①]当然，在这样的场合，我们不应该使用共同的 $b$。这就证明了为什么回归系数同质是有效使用 ANCOVA 的关键之所在。遗憾的是，在没有弄清楚各个 $b$ 是否同质就贸然使用 ANCOVA 的情况随处可见。

第三，可以证明(见 Pedhazur, 1982:507-513)，有共同的 $b$ 的单独方程之间的截距的差等于调整均值之间的差。所以检验单独方程之间的差，就像上面做的一样，等同于检验调整均值之间的差。

第四，这就是上面指出的，对于我们所说的数例，调整均值等于因变量均值。而这正是在我们的例子中，截距之间的差等于因变量均值之间的差的原因之所在。

## 差分数：点评

在许多研究领域(学习成绩、态度和生产率)，因变量的量度是在处理实施之前得到的。大家都知道，这样的设计叫作前后测量设计(pretest-posttest designs)(例如，第 12 章中的设计 3)。有关差分数的讨论则已在第 13 章给出。我们在这里要讨论的问题只限于如何将差分数作为 ANCOVA 的一种备择方法使用，也就是说，分析的分数通过将前测分数减去与之对应的后测分数得到。

---

[①]这方面的一个极端的例子曾在前面的 ATI 设计的分析中给过，在那个分析中，共同的 $b$ 接近零，因为两组中的那些 $b$ 有相反的符号。

不用进行深入的讨论,大家就会了解在我们分析差分数时,将使用默认的共同的 $b$, 1.0。差分数分析是 ANCOVA 的一个特例,只不过共同的 $b$ 不是估计的。不仅如此,这样做也没有确定组内的各个 $b$ 是否同质。根据上述,我们应当清楚为什么 ANCOVA 也是前后测量设计的首选路数。

## ANCOVA 用于调整

在准实验研究中出现的、复杂的逻辑和设计问题已在第 13 章中讨论过了。大家一定还记得,它们源于这样一个事实,即确定处理效果或处理之间的差异的尝试是基于非等价组之间的比较。在这种设计中最为关键,但尚无定论的问题是对组间差别所做的调整的有效性。ANCOVA 是用于这一目的的最为常用的路数。实际上,围绕不等效组间比较的争论涉及的问题无非就是将 ANCOVA 用于组间差别调整的效度问题。

我们不打算在这里重复第 13 章讨论过的 ANCOVA 用于平衡不等效组可能的偏倚问题。我们在这里用一个数例所要阐明的全部问题只涉及这一目的的 ANCOVA 的应用。建议大家在学习这一章的内容时,参阅第 13 章的有关讨论。

在介绍完数例之后,我们将会和大家讨论协变量量度误差的偏倚效应问题。

### 数 例

与前一节的数例一样,我们用一个实验组和一个控制组,协变量在处理实施前求得。使用的阐述数据在表 21.3 中给出。

表 21.3 用于调整的 ANCOVA 阐述性数据

| | Control | | Experimental | |
|---|---|---|---|---|
| | Y | X | Y | X |
| | 4 | 1 | 9 | 6 |
| | 3 | 1 | 10 | 6 |
| | 4 | 2 | 12 | 7 |
| | 6 | 2 | 13 | 7 |
| | 6 | 2 | 13 | 7 |
| | 5 | 3 | 11 | 8 |
| | 7 | 3 | 12 | 8 |
| | 5 | 4 | 14 | 9 |
| | 7 | 4 | 13 | 9 |
| | 9 | 5 | 14 | 10 |
| M: | 5.60 | 2.70 | 12.10 | 7.70 |
| ss: | 28.40 | 16.10 | 24.90 | 16.10 |
| sp: | 16.80 | | 15.30 | |
| s: | 1.78 | 1.34 | 1.66 | 1.34 |
| r: | .786 | | .764 | |
| | $Y' = 2.78 + 1.04X$ | | $Y' = 4.78 + .95X$ | |

注 : Control=控制组 ; Experimental=实验组 ; $M$=均值 ; $ss$=平方和 ; $sp$=乘积和 ; $s$=标准差 ; $r$=相关 ; $Y$=因变量 ; $X$=协变量。

大家将会注意到,控制组的数据与前一节的 ANCOVA 数例中的控制组的数据相同(即表21.1)。实验组的数据则通过将一个常数5加到表21.1的实验组的 $Y$ 和 $X$ 的分数上生成。

不等效组的实际例子已在第13章给出。就目前的目的而言,我们提供几个例子,希望它们能有助于大家对分析的思考。假定我们想要研究提高学习成绩项目的效应。因为被选来参与项目的学生,或那些自己选择参与项目的学生(见第13章选择偏倚),在相关变量(如以前的学习成绩、能力、动机等)上的分数都偏高于那些作为控制组的学生,它决定了以前学习成绩的共变(能力、动机或其他个体可能具有的品性)。概括地讲,我们用一个有关的协变量的 ANCOVA 来调整实验组和控制组之间的初始差别。

在前例中,协变量分数较低的组作为控制组使用。在有些研究例子中实验组的协变量分数低于控制组,在一些补习项目(如补充阅读)或补偿性教育项目(如提前教育)中,我们常常会遇到这样的用法。

尽管我们正在使用一个有处理和控制组的设计,但其目的是比较实施于不等效组的处理效应时,使用的也是同样的分析路数。

SPSS

**Input**

```
SET LISTING='T213SPS.LIS'.
TITLE TABLE 21.3. ANCOVA FOR ADJUSTMENT.
DATA LIST/ Y,X,T 1–6.
VALUE LABELS T 1 'CONTROL' 2 'EXPERIM'.
IF (T EQ 1) E=1.
IF (T EQ 2) E=-1.
COMPUTE XE=X*E.
BEGIN DATA.
 4 1 1
 3 1 1    [data for first two subjects in T 1]
 . . .
 9 6 2
10 6 2    [data for first two subjects in T 2]
 . . .
END DATA.
LIST.
PLOT HSIZE = 40/VSIZE = 20/
  VERTICAL=MIN(0)/HORIZONTAL=MIN(0)/
  PLOT=Y WITH X BY T.
REGRESSION VAR=Y TO XE/DES/STAT=ALL/DEP=Y/ENTER E/
  DEP=Y/ENTER X/ENTER E/ENTER XE.
```

**评　议**

因为我们评议的输入与本章前面的相同,所以我们将不再对目前的这个进行评议,除了指出我们正在进行两个回归分析这一点之外。在第一个回归中,$Y$ 只对编码向量 $E$ 回归(实验对控制)。记住,这等价于一个 ANOVA(见第19章)。在第二个分析中,进行的则是 ANCOVA 分析。

## Output

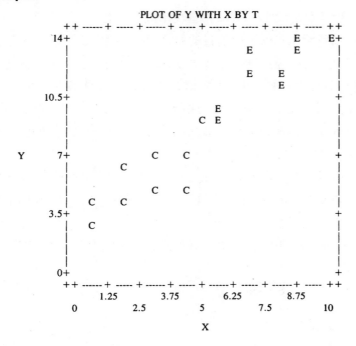

PLOT OF Y WITH X BY T

20 cases plotted.
C:CONTROL    E:EXPERIM    $:Multiple occurrence

注：PLOT OF Y WITH X BY T=不同 $T$ 的 $Y$ 和 $X$ 分布图；20 cases plotted=图中有20个个案；
C=控制；E=实验；$=多发生。

## 评 议

研究这张分布图，我们就会注意到，单独一条回归线与两个组的数据的拟合，几乎和两个单独方程的回归线一样好。不过请大家注意，这样的结论是基于外推的，它的风险已在第13章讨论过（见图13.2、图13.4、图13.5，以及与之相关的讨论）。

## Output

Equation Number 1      Dependent Variable..      Y

Beginning Block Number      1. Method:  Enter      E

| | | | | Analysis of Variance | | | |
|---|---|---|---|---|---|---|---|
| Multiple R | .89360 | | | | | | |
| R Square | .79853 | R Square Change | .79853 | | DF | Sum of Squares | Mean Square |
| Adjusted R Square | .78733 | F Change | 71.34146 | Regression | 1 | 211.25000 | 211.25000 |
| Standard Error | 1.72079 | Signif F Change | .0000 | Residual | 18 | 53.30000 | 2.96111 |

F =      71.34146    Signif F = .0000

------------------------------ Variables in the Equation ------------------------------

| Variable | B | SE B | T | Sig T |
|---|---|---|---|---|
| E | −3.25000 | .38478 | −8.446 | .0000 |
| (Constant) | 8.85000 | .38478 | 23.000 | .0000 |

## 评 议

用这个回归方程，并记住编码向量 $E$ 的实验组和控制组的赋值分别为1和−1，两个组的均值为
控制：8.85+（−3.25）=5.60

实验：8.85+(3.25)=12.10

将它们与表21.3报告的均值做比较。

鉴于两个组之间的初始差别没有做过调整这一事实,两个均值之间的差(6.50)是统计显著的,$F(1,18)=71.34,p<0.01$就不足为奇了。

现在我们来看第二个分析的输出,以了解在对组间初始差别做调整后将会发生什么事情,也就是说,将这些数据置于ANCOVA中。

**Output**

|  | Summary table | | | | |
|---|---|---|---|---|---|
| Step | Variable | Rsq | RsqCh | FCh | SigCh |
| 1 | In: X | .9106 | .9106 | 183.332 | .000 |
| 2 | In: E | .9195 | .0089 | 1.877 | .188 |
| 3 | In: XE | .9198 | .0003 | .053 | .821 |

**评 议**

在前一节我们已经讲过,最有效率的开始考察的地方是一览表中的最后一步。显然,协变量和自变量之间不存在交互。换言之,那些$b$都是同质的。因此,下面我们来看第二步。

从一览表的第二步我们看到,因为对两个组使用单独的方程而增加的方差比例(0.0089),在0.05水平是统计不显著的。顺便来说,即使在这一步增加的方差比例是统计显著的,在大多数研究领域,它是否可被视为有实质上重要性这一点仍然存在疑问。因此,根据第二步的结果,我们得出的结论是在对初始(即第一步)差别进行调整之后,实验组和控制组之间不存在统计上显著的差别(调整均值在下面计算)。

**Output**

| ---------- | Variables in the Equation | | ---------- | |
|---|---|---|---|---|
| Variable | B | SE B | T | Sig T |
| X | .99689 | .19726 | 5.054 | .0001 |
| E | −.75776 | .55303 | 1.370 | .1884 |
| (Constant) | 3.66615 | 1.05584 | 3.472 | .0029 |

**评 议**

我们报告这个方程的原因有两个:一是这样我们就有了用于调整均值计算的共同的$b$(0.99689)(见下文);二是为了证明前面的论述,即调整均值之间的差等于将共同的$b$用于协变量的单独方程的截距之间的差。用上面给出的来自方程的有关项,实验组和控制组的方程分别为

$$a_c = 3.66615 + (-0.75776) = 2.90839$$
$$a_e = 3.66615 + (0.75776) = 4.42391$$

两个回归方程是

$$Y'_C = 2.90839 + 0.99689X$$
$$Y'_E = 4.42391 + 0.99689X$$

现在来看第一步,显然,由协变量解释的方差比例(0.9106)既有实际意义又是统计显著的。因此,它是一个只用了被保留和解释的协变量$X$的方程。

## Output

```
Equation Number 2    Dependent Variable..    Y

Beginning Block Number    1. Method: Enter    X
```

| | | | Analysis of Variance | | | |
|---|---|---|---|---|---|---|
| Multiple R | .95425 | | | | | |
| R Square | .91060 | R Square Change | .91060 | DF | Sum of Squares | Mean Square |
| Adjusted R Square | .90563 | F Change | 183.33151 | Regression    1 | 240.89796 | 240.89796 |
| Standard Error | 1.14630 | Signif F Change | .0000 | Residual    18 | 23.65204 | 1.31400 |

```
                                    F =    183.33151    Signif F = .0000
```

------------------------------ Variables in the Equation ------------------------------

| Variable | B | SE B | T | Sig T |
|---|---|---|---|---|
| X | 1.23791 | .09143 | 13.540 | .0000 |
| (Constant) | 2.41285 | .54011 | 4.467 | .0003 |

## 评　议

这一部分给出的输出，在前面我们把它标为总计统计值（total statistics）。也就是说，所有的被试被视为仿佛都属于单独的一组。先把涉及 ANCOVA 调整的效度问题搁在一边（见第13章和下文的测量误差），计算总计统计值，因为它令我们得出无论是单独方程的那些 $b$ 还是 $a$ 彼此都不存在显著的差别的结论。

不过大家注意，因为它们所固有的那些性质（见 Pedhazur, 1982: 530-540），总计和组内统计值却可能彼此有很大的差异。例如，控制组和实验组 $X$ 和 $Y$ 的组内相关分别为 0.786 和 0.764（表21.3），与之相比，上面给出的总计相关却高达 0.954。

## 调整均值

以下是计算调整均值所必须具备的信息。这些均值取自表21.3。共同的 $b(b_c)$ 则取自上面给出的输出的第二步。

|  | Control | Experimental |
|---|---|---|
| $\bar{Y}$: | 5.60 | 12.10 |
| $\bar{X}$: | 2.70 | 7.70 |
| | $b_c = 0.99689$ | |

注：Control=控制；Experimental=实验。

协变量的总均值是 5.20。使用式（21.7），控制组和实验组协变量的调整均值等于

$$\bar{Y}_{C(adj)} = 5.60 - 0.99689(2.70 - 5.20) = 8.09223$$

$$\bar{Y}_{E(adj)} = 12.10 - 0.99689(7.70 - 5.20) = 9.60778$$

注意，对那个协变量均值比较低的组（目前例子中的控制组）自变量均值要向上调整（从5.60到8.09），而对那个协变量均值比较高的组（目前例子中的实验组）自变量均值要向下调整（从12.10到9.61）。这样未调整均值之间的差6.50就降到了调整均值之间的差1.52。后一个差等于两个有共同的 $b$（上面已经给出）的单独方程的截距之间的差。我们再次重申：在将

共同的$b$用于协变量的单独方程的截距之间的差的检验,等同于调整均值之间的差的检验。佩特哈扎已经证明(Pedhazur, 1982: 507-520),在多组和/或多协变量的设计中,前一种路数是一种更为有效率的路数。

回想一下,未调整均值之间的差是统计显著的,但调整均值之间的差却不是。因此,如同竞技体育一样,实际上,在使用ANCOVA时,具有初始优势的组实际上是有缺陷的。在对这个组的优势进行调整之后,我们得出的结论是:在目前的情况中,两个组之间并不存在统计显著的差别。换言之,自变量上的组间差别归结于它们的初始差别,而非因为一个是处理组另一个是控制组的缘故。至于上面给出的实际例子,我们得出的结论是,在对相关协变量上的差别做调整后,提高学习成绩项目的效应并不是统计显著的。

尽管在目前的例子中,调整均值之间的差是统计不显著的,但我们应该清楚,取决于数据的特定模式和样本大小,调整均值之间的差也可能是统计显著的。

为了避免上面的论证把大家引入歧途,误以为ANCOVA有着把初始差别摆平的魔力,我们提醒大家最好重温前面的讨论,特别是第13章中有关用于调整的ANCOVA的各种困难和可能的偏倚的讨论(以及下面有关测量误差的讨论)。"情况甚至可能是,在调整之后剩余的偏误的绝对值会大于未做调整的初始偏倚。"(Weisberg, 1979: 1149)。

实质上,所有这一切都可以归结于对一个根本无法回答的问题的答案的效度:如果这些组彼此没有差别,那么会发生什么呢? 或者如安德森(Anderson, 1963)所言:"人们可能很想知道,如果数据并非现在这个样子,那么它究竟是什么样子这个问题的确切含义是什么。"(p.170)。

## 测量误差

我们已在第5章和第17章对测量误差对回归和相关系数的不利影响做过一般性讨论。在协变量的量度信度并非完美时(可能这种情况从来都没有过),随机测量误差会使回归系数估计值衰减。[1]也就是说,$b$的估计值将比如果协变量的量度不是不可靠时的估计值要小。[2]特别是在

$$b = \beta r_{xx} \tag{21.8}[3]$$

式中,$b$是估计的回归系数;$\beta$是真回归系数(非标准化系数);$r_{xx}$是协变量量度的信度。因为$r_{xx}$是一个分数,除非信度是完美的,否则$b < \beta$。在ANCOVA用于组间初始差别的调整时,这种类型误差可能会导致严重的畸变。

例如,考虑下面两个组$A$和组$B$的概括性数据,其中协变量$X$和因变量$Y$的均值是

---

[1]记住,协变量是可以预先测试的。不仅如此,我们介绍的那些情况也适用于其他场合。例如,在将一个不可靠的预测器用于差别的预测或选择偏倚的研究时(见第3章,以及Cronbach, 1980; Hulin, Drasgow & Parsons, 1983:第5章; Linn, 1984; Linn & Werts, 1971)。

[2]见第5章关于各种误差和测量信度的计算公式的讨论。

[3]将原书式(21.10)改为式(21.8)。——编者注

$$
\begin{array}{ccc}
& \bar{X} & \bar{Y} \\
A: & 5.0 & 10.0 \\
B: & 10.0 & 16.0
\end{array}
$$

假定已知在 $X$ 的测量无误差时，一个单独的方程拟合两个组的数据，而这个方程是

$$Y' = 4.0 + 1.2X$$

假设现在我们在组 $A$ 和组 $B$ 将一个信度为 0.7 的量度用于 $X$。应用式(21.10)，$b$ 的估计值是：

$$(1.2) \times (0.7) = 0.84$$

用这一个 $b$ 来估计两个截距

$$a_A = 10.0 - (0.84) \times (5.0) = 5.8$$
$$a_B = 16.0 - (0.84) \times (10.0) = 7.6$$

根据这个结果，我们可得出结论：$A$ 和 $B$ 之间的差，在对协变量调整之后等于 $-1.8$。因此，使用一个不可靠的协变量会导致在协变量上两个组之间的初始差调整不到位，从而得出两个方程有着不同的截距的错误结论。图 21.3 便描述了这种情况，图中的实线是两个组共同的回归线，基于可信的协变量，而虚线则是单独方程的回归线，基于不可靠的协变量。回归线上的点代表每个组的 $X$ 和 $Y$ 的均值的交点。

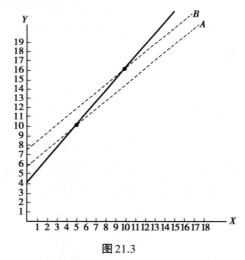

图 21.3

在上面分析的数例背景中，错误的解释相当于说在将处理和控制组的协变量的差别等化之后，它们之间存在着差别。调整不到位的具体后果要视将两个组中的哪一组作为处理组和哪一组作为不等效的控制组而定。如果将协变量分数高的组(即组 $B$)作为处理组，就会得出在调整协变量初始差别之后处理有效的错误结论。反之，如果将协变量分数低的组(即组 $A$)作为处理组，那么就会得出处理无效的错误结论，因为那个没有接受处理的组(即组 $B$)在做了两组的等化之后，表现更好。后一种情况，是设计专门用来帮助那些最需要的人的社会项目的(如补偿性教育项目)。有些持不同观点的学者(如 Campbell & Boruch，1975；Campbell & Erlebacher，1970)则认为，不可靠的协变量的使用将会导致调整不到位，从而得出这样的项目

都是无效的,甚至有害的结论。[1]

与本章前几节的论述一致,大家应该清楚的是,我们关于在一个不可靠协变量使用时使用截距之间的差所说的,也同样适用于调整均值差。但为了阐述的完整性,现在我们将用上面使用的阐述性例子来证明这一点。根据在使用不可靠协变量时估计的 $b$(0.84)计算的调整均值为

$$\bar{Y}_{A(adj)} = 10.0 - (0.84) \times (5.0 - 7.5) = 12.1$$
$$\bar{Y}_{B(adj)} = 16.0 - (0.84) \times (10.0 - 7.5) = 13.9$$

不出所料,两个调整均值之间的差是-1.8,与上面求得的两个截距之间的差相同。再次使用式(21.7),这一次使用上面说的真 $\beta$(1.2)。

$$\bar{Y}_{A(adj)} = 10.0 - (1.2) \times (5.0 - 7.5) = 13.0$$
$$\bar{Y}_{B(adj)} = 16.0 - (1.2) \times (10.0 - 7.5) = 13.0$$

在使用了那个可能基于一个完全可信的协变量的回归系数之后,证明调整均值是完全相同的。

在开始介绍建议的补救办法之前,我们想再强调的是,在将 ANCOVA 用于控制时(见这一章前面那些谈及这一专题的文字),不可靠协变量虽然不会导致调整均值的估计偏倚,但却对统计分析的效力会有不利的影响。

## 建议用于ANCOVA的补救和备择方法

尽管学界对不可靠协变量会导致调整均值的估计值产生偏倚这一问题已经有了共识,但是对如何解决这一问题却还没有形成共识。已经提出的各种各样的路数,基本目的都是纠正量度误差(如 DeGracie & Fuller, 1972; Lord, 1960; Porter, 1967; Stroud, 1972)。惠特曼(Huitema, 1980:第13章)曾对某些路数做过概括性的介绍,并对一种由波特(Porter, 1967)开发的路数的应用做了例证。这种路数先根据被试的协变量观察分数来估计他们的真分数,然后再将得到的估计值用于 ANCOVA(真分数的估计问题在第5章讨论过)。

对那种用于旨在估计受试者真实分数的可靠性估计缺乏共识,便是对如何纠正协变量量度的不可靠问题缺乏共识的明证(见 Huitema, 1980:312,有关备择方法的建议,以及有关参考资料)。

一些作者发现 ANCOVA 存在严重缺陷,尤其不适合处理动态的变化和增长模型。在 ANCOVA 的批评者中比较值得注意的是布莱克和韦斯伯格(Bryk & Weisberg, 1976, 1977; Bryk, Strenio, & Weisberg, 1980; Weisberg, 1979),他们断言"选择它是为了数学上的方便,而不是为了认真地考虑为真实情况建模"(1976:152)。作为另一种选择,他们提供了一种叫作加

---

[1]重要的问题是要认识到 ANCOVA 不只是会导致调整不到位。我们一直在谈论的那种情况是以模型中最简单的那种模型(有人可能会认为它是不真实的模型)和最严格的假定为根据的。有关 ANCOVA 导致过度调整或无调整偏倚的条件的讨论请参见其他研究者的著作(Bryk & Weisberg, 1977; Cronbach, Rogosa, Floden & Price, 1977)。

值的路数。布莱克和韦斯伯格（Bryk & Weisberg，1976）给出了两种路数用于启蒙项目数据的对比。索博慕（Sorbom，1978，1982）提出了ANCOVA的另一种路数，取自结构方程建模的参考框架（见第24章）。

## 回归的不连续性：点评

回归的不连续性设计（Regression Discontinuity Design，RDD）已在第13章中介绍过。这里简单地重复一下，在这种设计中，被试根据他们在预测量度（协变量）上的分数被分配给了不同的处理（或处理和控制）组。特别是那些高于或低于预测量度切点分数的被试将被分派到不同的组（图13.4）。

我们既不打算在这里重复这种设计的优点，也不打算提醒大家在它的应用和结果解释中应该注意的事项。我们之所以在这里提及这种设计，只想重申一下在第13章中提到过的两点。

第一点，这一章介绍的分析路数也适用于RDD。截距之间的差检验（在确定 $b$ 都是同质的之后）等价于在切点 $P$ 的两个组之间的差检验（见图13.4中标为 $e$ 的部分）。实际上，在我们生成为阐述用于调整的ANCOVA的表21.3的数据时，也打算用它们来阐述RDD。我们回过头来看表21.3，便会看到那些在 $X$ 上的分数≤5的被试都在控制组中，而那些在 $X$ 上的分数>5的被试则都在实验组中。然后我们可以将这种情况作为一种根据预测量度上的分数来分配被试的例子。出于解释力的缘故，有些作者（如Judd & Kenny，1981：第5章；Trochim，1984：第5章）推荐将每一个原分数减去预测量度上的切点分数，然后将由此得到的分数用于分析，而非采用原分数。

第二点，在第13章我们就已经指出，因为在RDD中的分配是以预测量度上的分数为根据的，所以不需要对预测量度的量度误差进行纠正（例如，Overall & Woodward，1977a，1977b；Rubin，1974，1977）。

## 非实验设计中的ANCOVA

我们的讨论和阐述解决了ANCOVA在实验（目的在控制）和准实验（目的在调整）设计中的应用问题。当我们想要在非实验设计中进行跨组的回归方程比较时也可以使用同样的分析路数。例如，我们可能想要确定工资对教育背景（或成就对成就动机，自我概念对焦虑）的回归是否存在性别（或黑人和白人）差异。实际上，在第3章我们已经联系不同的预测法和选择偏倚问题讨论过诸如这样的应用了。

显然，非实验设计固有的解释问题并不会因为只是将ANCOVA用于数据而消失。我们在第14章中讨论这个专题时谈到的那些问题（如模型设定、内部效度）当然也适用于这里考虑的那些情况。我们之所以这样讲，是因为这一点在非实验的ANCOVA应用中常常为大家所忽视。关于ANCOVA在精神分裂者家庭沟通和工资的性别差异研究中的滥用的若干评议可分别参阅有关作者的著述（Woodward & Goldstein，1977；Wolins，1978）。

最后，与我们推荐的交互一词只用于至少有一个变量被操控的设计中的用法一致（见第20章，非实验研究），我们建议在将ANCOVA用于非实验设计时，不要使用这个词。因此，我们建议在这样的设计中，要参考回归方程的异同，而不是参考交互效应和主效应的异同来解释和讨论结果。例如，我们不要把那些$b$之间的差解释为特定连续变量和我们正在研究的分类变量之间的交互。我们知道，有些人可能会认为我们有关术语使用的建议是吹毛求疵。然而我们仍然坚信，有区别地使用术语将有助于防止在将ANCOVA用于非实验研究时某些不可容忍的误解。

# 扩展和推广

我们对ATI设计和ANCOVA的分析仅限于最简单情况：由一个属性和一个只有两个类别的分类变量构成的线性回归。然而，相同的路数也可以扩展和推广到更多的变量和更复杂的设计。在本节中，我们概述了一些扩展和推广的方法，以及相关的参考文献。

在此之前，我们想强调的是，无论因变量对属性的回归是否是线性的，都不应该被降为假定的状态。不仅如此，根据理论构想，研究者实际上可能假设一或两个组的回归是曲线的（见第18章）。关于ATI设计中的曲线回归分析问题，以及一个组的回归是线性的而另一个组是二次方的数例（请参阅Pedhazur，1982：477-487）。

*两组，多属性*。[1]扩展到两组多属性的设计比较简单明了。如前所述，一个编码向量（如效应编码）被用来代表分类变量。然后编码向量和每一种属性的乘积被生成用来代表交互项。因为有多个乘积向量，所以交互项将用在它们进入分析时，其增加的方差比例来检验——例如，应用式（18.15）检验归结于乘积向量的$R$ Square Change（$R$方的变化）。使用像SPSS的REGRESSION这样的程序，并像最后一步这样，令乘积向量进入分析，那么$F$的变化就构成了一个交互检验。

*多组单属性*。依照第19章介绍的程序，编码向量被生成用来代表分类变量（编码向量数等于组数减1）。然后将每一个编码向量乘以属性，以代表交互。无独有偶，还是因为交互是由多个向量代表的，所以它要用归结于它们的$R$方的变化来检验。

对于截距之间的检验也同样如此。记住，在我们得出不存在交互结论时，乘积向量便被丢弃了，下面接着就要进行截距之间的差检验。在两个组的情形中，这可以通过检验一个不包括乘积向量的方程中编码向量的$b$，或检验归结于编码向量的$R$方的变化来进行（见前几节

---

[1]大家应该清楚，我们说的那些方法也同样适用于ATI设计和用属性做协变量的设计（即在使用ANCOVA时）。

的数例）。

在多组场合,因为有一个以上的编码向量,所以截距之间的差检验是通过检验除属性之外,由那些编码向量增加的方差比例来进行的(即$R$方的变化)。与均值之间的多重比较相似(见第19章),截距之间的事先或事后比较也都是可以进行的。有关四组单属性的数例分析的数例参见Pedhazur(1982:498-513)。

*多组多属性。*大家可能已猜到,这种设计的路数与前一节介绍的相同,除用编码向量乘以每一种属性来代表交互这一点之外。四组双属性的数例分析可参见Pedhazur(1982:513-519)。

*因子设计。*迄今为止,我们介绍的例子都由一个分类变量组成。同样的分析路数也可推广到多个有一种或多种属性的分类变量(即因子设计)。按照第20章介绍的程序,我们给设计项编码,好像它们只是由分类变量构成的。也就是说,用编码向量来代表每个因素的主效应。生成的主效应向量的乘积则代表交互。

然后将(主效应和交互效应)编码向量乘以属性。归结于所有编码向量和属性的乘积的$R$方变化的检验构成了设计格中的回归系数的同质性检验。与单分类变量设计一样,下一步要做什么取决于这一步得出的结论,系数究竟是同质的还是异质的。如果是同质的,那么就要使用共同的$b$,接下来的分析类似于因子设计,但分析的项目会有所增加,即增加了一些属性调整之后的检验项(即交互、主效应)。如果结论是异质的,接下来就要去研究那些单独的格内因变量对属性回归的回归方程。

虽然我们不了解析因的ATI设计的教科书例子,但是有关析因的ANCOVA的讨论和例子在各种教科书中都是可以找到的(如Johnson & Jackson,1959;Namboodiri, Carter, & Blalock,1975;Wildt & Ahtola,1978;Winer,1971)。在大多数涉及这些问题的文字中,用于计算的都是那些常规的路数。我们建议大家重复这样的分析,使用多元回归路数重温前面的内容。我们认为,这样做将有助于大家掌握和理解这种类型的设计。

# 结　语

在这本章中,我们总结了在第二篇中介绍的主要研究设计的分析路数的讨论。接下来的两章我们将讨论因子分析的问题。从本书的角度来看,它与结构验证的问题尤其有关。最后一章将讨论结构方程建模问题。

# 第22章
## 探索性因子分析

因子分析(factor analysis, FA)的文献不仅数量繁多,而且非常复杂。为了理解 FA 是什么,它是如何应用的,以及结果是如何解释的,即使是细读这些文献的一小部分,也一定会让大多数读者感到困惑和沮丧。这是由于几乎在 FA 的每个方面都存在各种对立和矛盾的观点,严重的误解,而且使用的术语和符号也缺乏一致性。

虽然我们对古尔德把 FA 称为"婊子(bitch)"(Gould, 1981:238)并不感到惊讶,但是我们认为更恰当的描述是一片森林,因为那些身处其中的人很快就会迷失其中。确切地讲,本章只是 FA 的一个导论,这并非因为篇幅所限,使我们无法给大家介绍更多的内容,而是因为不借助复杂的统计理论和矩阵代数,我们根本无法对它进行更为深入透彻的讨论。实际上,即使是我们这样的初步介绍,也必须要对矩阵及它们的基本性质做评议。

我们相信,如果你愿意并且能够容忍某些不可避免的含混不清之处,那么即使你没有矩阵代数背景,也会对本章介绍的内容有一个大致了解。尽管如此,我们还是奉劝大家最好还是学一点矩阵代数,这样就可以更好更深入地了解我们在这里介绍的 FA 分析法和其他多变量分析法。大家将会发现在很多地方,特别是那些多变量分析或 FA 的书中看到矩阵代数导论(有关参考资料请见下文和第18章的开头部分)。

在有些书(Bentler, 1976, Comrey, 1973, Cureton & D'Agostino, 1983, Gorsuch, 1983, Kim & Mueller, 1978a, 1978b, Long, 1983a, McDonald, 1985; Mulaik, 1982)中大家可以找到有关 FA 的一般性和不太复杂的介绍。在一些介绍多变量分析的书(Cliff, 1987, Cooley & Lohnes, 1971, Green, 1978, Overall & Klett, 1972; Stevens, 1986)中包括了 FA 的介绍。还有一些书(Guilford, 1954, Magnusson, 1967; Nunnally, 1978)则从测量的角度来介绍 FA。

我们的介绍不太正式,只是用几个简单的数例,从测量的角度作了一些非技术性的初步介绍,其重点是几个基本的因子分析概念的含义和 FA 结果的解释。

## 计算机程序集

大多数大型机和 PC 机的统计软件包都包含了一些探索性 FA 的程序。麦克凯伦(MacCallum, 1983)在比较了 BMDP、SAS 和 SPSS 的因子分析程序之后发现了三个软件包都存在"两个十分严重的问题"(p.230)。第一个问题是用户可以留给计算机程序做的决定"太多，不适合大多数因子分析者"(p.230)；第二个问题是"在一些重要问题上可供选择的选项十分有限"(p.230)。

对于我们有限的目的而言，上述任何一种软件包都同样可以做得很好。我们之所以在这一章使用SPSS，除了我们的偏好外，还因为在我们的印象中它是使用最为广泛的软件包。在第一个例子SPSS运行的结尾部分，我们会给出同一数据的运行SAS或其他计算机程序集的输入语句。如果你们使用SAS或其他计算机程序集，我们建议你们重做分析，并将你们的输出和我们报告的SPSS的输出做比较。不言而喻，你们也应该来研究你们使用的程序集的手册。

## 因子分析和理论

在第4章中我们就已经告诉大家有必要讨论FA在建构验证中的关键作用。实际上正是出于对建构验证的关注，才促使我们在这里和大家讨论FA的基本理论。与此同时，我们也认为大家会在开始当前的讨论前，从再次阅读第4章中的有关内容受益。我们特别建议大家阅读有关探索性因子分析和确证性因子分析之间的区别的那部分文字。

探索性FA不是，或不应该是一个盲目的过程，即把它当作一个将各种各样的变量或题项投入一个"魔盒"中，希望出现一些有意义的过程。将FA用来看究竟会发生或出现什么最能令人体会GIGO(垃圾进，垃圾出)这一警句的含义。

不仅如此，与普遍流行的错误认识相反。FA并非一种揭示真实维度或者潜藏在一组指标下的现实的方法。正如我们将要揭示的一样，如果我们足够努力，而且尝试的次数也足够多(例如，抽取不同数目的因子，使用不同的旋转方法)，那么几乎任何事物都可能被"发现"。

从建构验证的角度来看，大家应当清楚，没有理论地使用FA是不可想象的。瑟斯通(Thurstone，1948)指出："只有在将那些析因法与心理学思想紧密相连的时候，它们才能在推动心理学的发展中结出累累硕果"(p.408)。总之，在大家一头扎进数字前，我们还想提醒大家一条必须遵循的规则：当你还没有任何在理论上做一个FA的理由时，请不要做！

### 数 例

我们将通过两个数例逐渐给大家介绍各种概念。首先，在本节介绍和分析一个比较简单的不相关因子的例子。在随后的几节中介绍和分析相关因子的例子。

# 不相关因子

在第2章和第4章中,我们已经介绍和讨论过潜变量和它们的指标的概念。正是为了评估那些建构指标(潜变量)的效度,我们才去应用FA。下面,我们将讲解一个在第4章中引入的例子,即一个有关自我概念测量的例子。为了便于讲解,我们假定研究者已形成有关自我概念的两个方面,学术自我概念和社会自我概念的某些理论,并在每一个方面都使用三个指标。注意,除其他问题之外,前面的文字还含有对自我概念的两个维度之间关系的设定这一层意义。我们将假定研究者假设两个维度是中度相关的。

接着引入一些矩阵的基本概念。这些概念都将在我们的讲解过程中有所涉及。

# 矩阵入门

一个矩阵是一张数字或符号的双维度表。一个矩阵的维度由它的行和列的数目表示。假定我们正在研究的自我概念的六个指标被施于一个200个被试的样本,而每个被试在六个指标上的分数则被记录在单独的行中。于是我们便有了一个200(行,被试)乘6(列,指标)的数据矩阵。

我们很容易就可将所有指标(即数据矩阵的列)对的相关,置于一个叫相关矩阵的矩阵中。表22.1给出了六个指标之间的阐述性相关矩阵。我们将其用于我们的第一个数例中。[①]为了便于对矩阵的介绍,我们在介绍矩阵的正文之前,先插几句话,介绍一下相关矩阵的一些性质。

1.一个由等数目的行和列构成的相关矩阵称为方阵。

2.无论研究使用的被试有多少,相关矩阵的维度都等于指标数(变量)——在我们的例子中是6——因为它计算的是指标之间(跨被试)的相关。

3.矩阵用黑体的大写字母表示。相关矩阵用黑体的大写 **R** 表示(即 **R**),因此常被称为 **R** 矩阵。

4.矩阵中的从左上角到右下角的对角线称为主要对角线或主对角线。注意,相关矩阵的对角线全部由1构成,表示每个指标与自身相关。

5.相关矩阵是对称的,主对角线上下的元素数相等,除非它们已被转移。例如,看表22.1的第一列(列标$Y_1$),便注意到上面列出的数值与第一行($Y_1$)报告的相同。这是因为相关是一个对称指数。所以,$Y_2$和$Y_1$之间的相关(在第二行和第一列的交叉处列出)是0.502,与$Y_1$和$Y_2$

---

①正如我们在第24章中将会解释的一样,分析指标之间的协方差,而不是相关有一个明确的优点。而我们之所以使用相关是因为我们的介绍会因此而变得比较简单。顺便来说,在大多数因子分析的应用中都会使用相关。

测量、设计和分析：研究方法的综合之道

的相关(在第一行和第二列的交叉处列出)相同。

6.因为相关矩阵是对称的,所以它常常以三角矩阵的形式报告。当主对角线上方的值被去掉时,称为下三角矩阵;反之,则称为上三角矩阵。许多计算机程序都采用下三角形式的矩阵。

**表22.1　自我概念的六个指标的阐释性相关矩阵N=200**

| | Y1 | Y2 | Y3 | X1 | X2 | X3 |
|---|---|---|---|---|---|---|
| | | I | | | II | |
| Y1 | 1.000 | .502 | .622 | .008 | .027 | -.029 |
| Y2 | .502 | 1.000 | .551 | .072 | .030 | -.059 |
| Y3 | .622 | .551 | 1.000 | .028 | -.049 | .018 |
| X1 | .008 | .072 | .028 | 1.000 | .442 | .537 |
| X2 | .027 | .030 | -.049 | .442 | 1.000 | .413 |
| X3 | -.029 | -.059 | .018 | .537 | .413 | 1.000 |
| | | III | | | IV | |

注:带下标的Y都是学术自我概念的指标;带下标的X都是社会自我概念的指标。

因为我们要介绍各种不同的专题,所以有必要对矩阵其他方面的一些问题做解释。我们先来看表22.1中的相关矩阵。为了便于讲解,我们把矩阵重新组织了一下,把自我概念的每一个维度的指标都组成组。不仅如此,为了突出指标之间的相关模式,我们在矩阵创建的本体中插入几条直线,实际上建立了四个3乘3的子矩阵,用I到IV四个罗马数字来标识。注意,I由学术自我概念的指标(所有的Y)之间的相关组成,而IV则由社会自我概念的指标(所有的X)之间的相关组成。另外,两个子矩阵(II和III)则由自我概念不同维度的指标之间的相关组成。

研究I和IV,我们注意到在自我概念的每一个维度之间存在中度正相关(例如,学术自我概念指标之间的相关在0.502到0.622之间)。简言之,子矩阵I和IV中的指标似乎在一定程度上测量的都是同一件事。

现在来看不同维度的指标之间的相关子矩阵(无论II还是III),我们注意到的相关程度都比较低,大多数都接近于零。因此,这似乎在告诉我们,无论Y的指标反映的是什么,都与X的指标反映的是什么无关。

前面几段评论相当于一个"直观的FA",即相当于一个由两个维度或因子构成的相关矩阵。不仅如此,与研究者的期望相反,这些维度彼此几乎没有什么关系。如果所有的相关矩阵都这么小,且相关模式也这么清楚的话,那么我们就没有必要诉诸FA了。我们之所以从这种类型的相关矩阵开始讲解,是为了直观地演示在将一个相关矩阵诉诸FA之后,它将会是什么样子的。

表22.1的数据将被用来用SPSS的FACTOR程序进行分析。注意,可以不输入相关矩阵,而输入原始数据。当然,在尚未生成相关矩阵时则别无选择,只能输入原始数据。在使用原始数据时,将相关矩阵储存起来是很有用的(见SPSS手册),这样在我们决定要做一些其他的因子分析时便可以使用它。这样做是有好处的,它不仅能在样本量和指标数比较大时给我们提供方便,而且还可以节省大量的计算机操作时间。

# SPSS

## Input

```
SET LISTING='T221SPS.LIS'.
TITLE TABLE 22.1. RUN ON PC VERSION.
DATA LIST MATRIX FREE/Y1 Y2 Y3 X1 X2 X3.
N 200.
BEGIN DATA.
1.0
.502 1.0
.622 .551 1.0
.008 .072 .028 1.0
.027 .030 −.049 .442 1.0
−.029 −.059 .018 .537 .413 1.0
END DATA.
FACTOR VARIABLES=Y1 TO X3/
  READ CORRELATION TRIANGLE/
  PRINT ALL/CRITERIA=FACTORS(2)/
  EXTRACTION=PAF/ROTATION=VARIMAX/
  PLOT=EIGEN ROTATION(1,2).
```

```
TITLE TABLE 22.1.  RUN ON MAINFRAME
MATRIX DATA VARIABLES=Y1 Y2 Y3 X1 X2 X3/
  FORMAT=NODIAGONAL/N=200
BEGIN DATA
.502
.622 .551
.008 .072 .028
.027 .030 −.049 .442
−.029 −.059 .018 .537 .413
END DATA
FACTOR MATRIX IN(COR=*)/
  PRINT ALL/CRI=FAC(2)/EXT=PAF/
  ROT=VAR/PLOT=EIG ROT(1,2)/
```

## 评 议

我们同时收录了PC和大型机两种版本的输入设置,因为它们彼此有所不同。正如大家看到的一样,两种版本的差异在于将相关矩阵作为输入的读取方式(见大型机和PC版的手册例行规则中的矩阵输入部分)。两种版本读进来的都是下三角矩阵。然而要注意,对大型机版,我们做这个分析时是不用对角线这个选项的(见NODIAGONAL,这个选项在PC版中是没有的)。不仅如此,因为两个版本的矩阵的输入存在差异,所以两个版本的FACTOR程序的变量和矩阵的设定也不同。两个版本的其余子命令和关键词则都相同。为了阐述的方便,我们使用大型机版的删节格式。两个版本的输出则是相同的。

至于那些要做出或留给程序默认的决定,我们将在下面讲述因子抽取的方法和因子抽取的数目时进行评议。

在SPSS中,默认的抽取方法是主成分分析法(PCA)。在我们对输出的第二个摘要进行评议时,我们将把PCA与FA做对比。而现在,我们只想阐明一点:如果你想用FA,那么你就不要把抽取方法的选择留给默认。如输入语句所示,我们调用了主轴因子法(PAF),这是一种使用最为广泛的因子抽取法。

确定要抽取多少数目的因子绝不是一件容易的事,而确定的标准是因子分析文献中一直在争论不休的热门话题。可能使用最为广泛的统计学的标准是保留那些特征值至少为1的因子(见下文)。这个标准叫作最小特征值1或特征值大于单位1,这就是SPSS默认的值。正如许多作者所指出的,尽管这样的标准可能是站得住脚的,尽管不是很有用,但在PCA的背景下,它不适用于FA。

总之,尽管因子抽取数目的统计标准是很容易建立和编入计算机程序的,但重要的是我们应该注意到,这样的标准不是很有用的。相反,可能还会带来一定的危害,因为它们似乎会使研究者忘记自己的责任,将那些在许多场合本来应该根据对问题的实际思考才能做出的复杂决定,交付给了这样的标准。与有关自我概念的两个维度的"理论表述"一致(见上文),我们要抽取两个因子(见输入中的子命令CRITERIA)。

## Output

Determinant of Correlation Matrix = .2078342
Bartlett Test of Sphericity = 308.18068, Significance = .00000

### 评 议

我们摘取了输出中那些与我们的阐述中报告的内容有关的部分。建议大家运行我们的例子,这样不仅能了解那些我们删节的部分,而且还能了解我们是如何重新编排输出的某些方面。

## 矩阵的行列式

矩阵的行列式在各种统计分析中都起着重要的作用(详细介绍请参见第18章的矩阵代数的参考书)。行列式用两条垂线包围它来表示。例如,一个相关矩阵的行列式被表示为 $|R|$。

行列式是与方阵关联的唯一的数字(只有方阵才有行列式)。对于相关矩阵而言,行列式可以在0和1之间变化。在它为0时,矩阵中至少存在一个线性相关。这就是说,数据矩阵中的一列或更多的列可以通过转化其他的列(如用一个常数乘以一列),或形成一个列的线性组合(如加或减)得到。包含线性相关的数据矩阵的一个例子是一个由两个或更多个子测试分数,以及将子测试分数加在一起得到的总分数构成的数据矩阵。显然,总分数提供的信息是完全多余的,因为它提供的那些信息子测试分数都已经提供了。在数据含有线性相关时,SPSS将报告如下信息:"Determinant of Correlation Matrix=.0000000.")。

含线性相关的数据矩阵不应该用于FA。将这样的数据用于因子分析要么无功而返,要么产生虚假的结果,究竟怎样则要视使用的计算机程序而定。这两种计算机软件包(SPSS和SAS),无论我们使用哪一种都会终止分析,显示一条数据不适合FA这样的信息。屏幕显示的错误信息是:"CORRELATION MATRIX IS ILL-CONDITIONED FOR FACTOR PROCESSING"(SPSS);"ERROR:Communality greater than 1.0"(SAS)。有些程序虽然可以将一个或几个向量从分析中排除,从而得到一个解,但得到的结果很可能是不真实的。

在相关矩阵的行列式为1时,矩阵中的所有相关都等于0。这样的矩阵叫作单位矩阵,其主对角线上的值均为1,主对角线之上和之下的值均为0。

众所周知,我们可以对一个相关系数进行检验,以确定它是否在设定的水平上统计显著。研究者通常会报告在因子分析中使用的矩阵的系数带有的星号数,用它来表明哪个相关是在什么水平上显著的(例如,一个星号表示0.05水平,两个星号表示0.10[①]水平等)。必须要指出的是,因为在FA中使用的相关矩阵上要做的检验一般都很多,因此,即使总体中所有的相关都为零,偶然也会碰到几个统计显著的相关也是不足为奇的。

---

① 原书计算错误,现将"0.01"改为"0.10"。——编者注

## 巴特莱特球状检验

当考虑相关矩阵的FA时,首先要确定的是那些同时检验的所有的相关在统计上与0没有差别的零假设是否可以否定。换句话说,虚无假设是矩阵的一个单位矩阵(见上文)。这种检验称为巴特莱特球状检验(Bartlett,1950;参见 Cooley & Lohnes,1971:103;Gorsuch,1983:149;Maxwell,1977:49),检验结果已在上面SPSS的输出中报告。

我们将告诉大家如何计算这种检验,因为有些计算机程序集并不报告它。正因为如此,下面我们也将告诉大家(见下面那部分输出摘要的评议)如何用那些用于FA的计算机程序集,实际上都要报告的那些输出内容来计算行列式:

$$\chi^2 = -\left\{[\dot{N}-1]-\left[\frac{2k+5}{6}\right]\right\}\log_e|R| \tag{22.1}$$

式中,$\chi^2$是卡方;N是样本量;k是项(指标,变量)数;$\log_e$是自然对数;$|R|$是相关矩阵的行列式;与$\chi^2$关联的df为$[k(k-1)]/2$(即相关矩阵主对角线上或线下的相关数)。对于表22.1的数据:N=200,k=6;上面的SPSS输出给出的:$|R|$=0.207 834 2,$\log_e$0.207 834 2=−1.571 01。用式(22.1),有

$$\chi^2 = -\left\{[200-1]-\left[\frac{2\times(6)+5}{6}\right]\right\}[-1.571 01]=308.180$$

四舍五入后它与上面报告的值相同。我们要输入一个$\chi^2$(见附录),其df=15,$[6\times(6-1)]/2$,并在选定的α水平上确定虚无假设是否可以否定。例如,假定已选定0.01,那么表值便是30.578。很清楚,相关矩阵是一个单位矩阵的虚无假设就可以被否定。顺便说一下,SPSS报告的是显著水平而不是df(见上文)。麦克唐纳(McDonald,1985)举过一个很好的例子,说明在一个研究者没有首先确定相关矩阵是否不同于单位矩阵时(许多研究者都没有做)究竟会发生什么。"用一个来自相关全部为零的总体的随机数"(p.24),麦克唐纳生成了一个10乘10的相关矩阵。然后他证明了那个矩阵为一个单位矩阵的虚无假设是不能够被否定的。

把一个矩阵诉诸一个PCA,并用特征值大于单位1这个标准作为保留主成分数的标准(见上文),那么将会有五个主成分被保留。他指出这个结果是"不仅站不住脚,而且还是很傻的"(p.24),麦克唐纳十分贴切地把它们称为"怎么用因子分析撒谎"(p.78)。[1]

由式(22.1)可知,巴特莱特球状检验受样本大小的影响。在N很大时,例如,像在因子分析研究中一样(我们将在后面讨论样本量时进行评议),虚无假设总是能够被否定的。这正是巴特莱特检验"应该用于矩阵质量的下限"(Dziuban & Shirkey,1974:360)的原因所在。这就是说,在相关矩阵是一个单位矩阵的虚无假设不能被否定时,矩阵便不应该进行因子分析。然而,虚

---

[1]我们建议大家用麦克唐纳的矩阵(p.25),并将它诉诸FA。如果你用的是SPSS,那么请按照我们的输入例子,但不要设定保留的因子数。用默认值,SPSS将会抽取五个因子。这些结果同样也是"站不住脚的",也只是在"冒傻气"而已。

无假设的否定不能被解释为相关矩阵适合于 FA。总之，巴特莱特球状检验应该用来"作为在大量数据中寻找关系时，防止愚不可及的盲目乐观的通用的预防措施"（McDonald，1985：24）。

还有其他可供选择的确定矩阵是否适合因子分析的路数（例如，见 Dziuban & Shirkey，1974；Stewart，1981）并都在各种计算机程序集，包括 SPSS 的输出中给出。现在我们来评议另一个 SPSS 输出摘要。

## Output

Initial Statistics:

| Variable | Communality | * | Factor | Eigenvalue | Pct of Var | Cum Pct |
|----------|-------------|---|--------|------------|------------|---------|
| Y1 | .42842 | * | 1 | 2.12243 | 35.4 | 35.4 |
| Y2 | .36190 | * | 2 | 1.92911 | 32.2 | 67.5 |
| Y3 | .47586 | * | 3 | .63290 | 10.5 | 78.1 |
| X1 | .35620 | * | 4 | .54282 | 9.0 | 87.1 |
| X2 | .25300 | * | 5 | .42551 | 7.1 | 94.2 |
| X3 | .34436 | * | 6 | .34724 | 5.8 | 100.0 |

### 评 议

这个输出的前两列涉及的变量，而其余的列都涉及主成分（见下文）。有些版本的 SPSS（如 PC 版、IBM 大型机版）包括了一个像上面一样的星号列，表示输出由两组不同的成分组成。但是这也不足以避免用户中的模糊认识。如果 SPSS 能以另一种方式来组织输出的内容可能会更好些。下面我们来解释每个集合的含义。

不论用户调用的抽取方法是什么，列标题都是"Factor（因子）"，然而我们在本节给出的输出都来自 PCA 而不是 FA。因此，我们有必要简单讨论一下 PCA 和 FA 之间的区别。

## PCA 对 FA

也许最好先指出，与其他各个方面一样，PCA 与 FA 孰优孰劣也是众说纷纭，莫衷一是。克里夫（Cliff，1987）把分歧归结于"一定的思想体系"（p.349），因此他这样来描述这一事态：

一些权威人士坚持认为，成分分析是唯一合适的路数，而公因子法只不过是把许多无关紧要的东西叠加在一起，处理那些根本无法测量的东西，公共因子。如果说二者有什么不同的话，那就是另一边的感情更强烈。激进的公共因子者坚持认为，成分分析充其量是一种增加了一些误差的公共因子分析而已，而往坏里说，得到的都是一堆无法辨认的、什么也确定不了的大杂烩。有些人甚至坚持认为，在进行成分分析时，一定不可以使用"因子分析"这个词（p.349）。

还有一些人认为这场争论是无事生非，他们坚持认为这两种方法产生的结果往往非常相似。但博格塔、克尔彻和斯图尔（Borgatta，Kercher & Stull，1986）却警告说，这样的假设"可能导致严重的错误"，他们提供了一个基于假设数据的例子来"证明结果可能是在本质上有所不同的"（p.160）。哈伯德和艾伦（Hubbard & Allen，1987）对博格塔等人的观点提供了进一步的支持，重新分析了这"七个著名的数据集"（p.301）。

我们认为,把注意力集中到 FA 和 PCA 的结果在何种情况下可能或不可能不同这个问题上,会转移人们对主要问题,即它们构成了具有不同目标的不同模型这个问题的注意(如 Bentler, 1976; Cattell, 1965; Harman, 1976; Jöreskog, 1979a; Kim & Mueller, 1978a; Maxwell, 1977; Wolins, 1982)。

简单地说,PCA 是一种简化数据的方法,其目的是用比较少的数目的成分提取一组较大指标(变量、项)组的最大方差。这是通过指标的线性变换来实现的,它有两个条件:一是成分按降序提取方差。也就是说,第一个设计用于提取最大的可能方差的成分,第二个设计用于从在第一个成分提取之后剩余的成分中提取那个最大可能方差的成分,第三个设计用于从前两个成分提取后剩余的成分中提取那个最大可能方差成分,以此类推。二是各组成部分之间互不相关。

与多元回归分析类似,一个 PCA 中的成分可以被设想为因变量,它们的值是通过对指标进行差异加权得到的。这些指标被视为自变量或形成的指标(见第 4 章)。与之不同的是,在 FA 中,指标被视为未观察到的变量(即因子)的反映。换句话说,指标被视为因变量,而因子则被视为自变量。

对于这两个模型,矩阵的非对角线元素都是指标之间的相关。矩阵都随主对角线中的元素变化。在 PCA 中,主对角线是由单位元素,也就是指标的方差(记住,一个标准化变量的方差为 1.0)构成。[①]相反,在 FA 中,分析的矩阵的主对角线则由公因子方差的估计值,即由公共因子解释的方差的估计值(见下文)构成。这样的矩阵称为约化相关矩阵。

因此,FA 旨在解释公共方差(即由指标、项、变量共享的方差;见下文),而 PCA 则旨在提取总方差。也就是说,除了公共方差之外,主成分提取两种方差,指标独有的和属于误差的方差。这促使沃林斯(Wolins, 1982)声明:"将[PCA]错误地作为 FA 程序,使用意味着分析的变量是无误差的和没有变量是具有特定的方差的"(p.67)。卡特尔(Cattell, 1965)更是干脆说:"把它们放在对角线上的技巧,虽然可以舒服地对变量的方差作出充分的解释,但是却纯粹是一个骗局,因为实际上它把所有特定的方差和误差的方差都拉了进来……夸大了似是而非的,错误的公共因子"(p.201)。

前述内容需要注意下面两点:第一,除非前几个成分提取出了总方差中相当大的百分比,否则用 PCA 的所得甚少。作为一条经验法则,人们都希望前面的两三个成分能提取 50% 以上的方差。第二,不仅旋转成分是没有意义的,将实质性意义赋予它们也是没有意义的(因子的旋转和解释将在后面讨论)。

现在我们来看上面给出的输出的第一列,列标为"Communality"(公共因子方差),注意,它指的是变量(指标),由分数组成。如果这是一个 PCA(在 SPSS 中是默认的),那么 Communality 列将由那些 1 组成。我们将在后面再次回到公共因子方差这个概念。

不诉诸矩阵理论,我们就无法对由 λ 表示的特征值(也称为特征根、潜根)的意义作出透彻的解释。但就我们的建议而言,只需指出特征值等于成分(项、变量)或与之关联的因子的

---

①诚如前述,我们在本章中关注的问题仅限于相关矩阵的分析。

指标的负荷的平方和就足够了。与这个含义和我们并对成分提取一致，上面输出中给出的 $\lambda$ 是按数量递减的。

因为每一个指标的方差都等于 1.0，所以总方差等于 $k$（指标的个数）。因此，它在我们的数例中等于 6.0。将 $\lambda$ 除以 $k$ 表示与这个 $\lambda$ 关联的那个成分解释的总方差的百分比。这就是在输出中列标为"Pct of Var"的列报告的数值。例如，对第一个 $\lambda$：2.122 43/6＝0.353 74 或 35.4%。

为成分提取的累计方差百分比在列标为"Cum Pct"那一列报告。例如，第一个成分提取了 35.4%，第二个成分为 32.2%。因此，在四舍五入后"Cum Pct"为 67.5。注意，在抽取的成分数等于变量数（在我们的例子中是 6）时，"Cum Pct"等于 100.0。不过也要注意，在提取了前两个成分之后，为剩余的成分提取的方差百分比会逐渐变小。

在相关矩阵的行列式不等于 0 时（见前面有关这个问题的讨论），非零 $\lambda$ 的个数将等于指标的个数。与上面谈及的 PCA 的目的一致，我们希望，譬如说，从第三个或第四个 $\lambda$ 开始，此后的 $\lambda$ 都比较小。

## $|R|$ 的计算

我们在前面曾经说过，我们可以用任何计算机程序集的实际输出的数据来计算均值的行列式，这里所谓的数据就是指有关一个 PCA 的一组 $\lambda$。为了得到一个相关矩阵的行列式，我们先要计算所有的 $\lambda$ 的乘积，这就是

$$\lambda_1 \lambda_2 \cdots \lambda_k$$

对于我们的数例，

$$(2.122\ 43)(1.929\ 11)\cdots(0.347\ 24) = 0.207\ 84$$

将这一结果与前面给出的输出结果进行比较。

## 共同性和它们的估计值

共同性是一个用作因变量的指标（项、变量）和作为自变量处理的提取的因子的平方复相关。换句话说，这是指标中归结于提取的因子的方差的比例。前面我们曾经说过，诉诸 FA 的简约相关矩阵的对角线由共同性组成。我们希望大家能了解，在这个地方，因子分析者处于一种两难的境地。共同性必须先于因子分析之前插入对角线。然而根据共同性的定义，它们只有在对矩阵做过因子分析并决定要保留的因子数之后才能得到。

解决这个问题的出路是使用共同性的估计值。有关因子分析的文献充斥着"最佳"共同性估计值的介绍和讨论。随着计算机程序集的发展，所谓最佳共同性问题已变得不那么重要，因为大多数程序集都已经使用设计来改进初始估计值的迭代法。使用最广泛的初始共同

性估计值是将其余指标作为自变量和将该指标作为因变量的复相关平方（SMC）。SPSS使用一些SMC作为默认的共同性估计值，并在前一节给出的 Initial Statistics（初始统计值）那一部分报告它们。所以，例如 $Y_1$ 的共同性 0.428 42 是 $Y_1$ 和其余五个作为自变量处理的指标的 SMC。如下文所示，这些初始估计值都随迭代的结果变化。

## Output

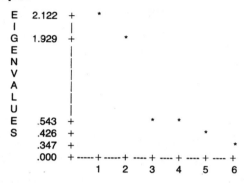

## 评　议

这张数量递减的 $\lambda$ 图称为碎石图（scree plot）（见下文），是通过设定 PLOT=EIGEN（见输入）得到的。卡特尔（Cattell，1966b）提出用它来帮助我们确定要保留的因子数。它建议通过观察 $\lambda$ 图来确定一个清楚的间断，类似人体的肘部，在那些大的和小的 $\lambda$ 之间——后者似乎位于一条水平线上。考虑到把那些 $\lambda$ 小的因子看作不重要的或"垃圾"，卡特尔把这种保留因子数目的标准称为碎石检验（scree test）。碎石一词源自地质术语，指陡坡脚下的碎石。请大家注意，上面的碎石图使用的是 PCA 的那些 $\lambda$。

在上图中，在前两个 $\lambda$ 之后有一个明显的间断。用碎石（检验）标准，我们将得出要保留前两个因子的结论。顺便说一下，对于目前这一例子，用特征值大于单位 1 这个标准，也会得出同样的结论（见上文）。在本章的后面部分，我们将会再次回到保留的因子数这个问题上。

## Output

PAF Extracted　2 factors.　11 Iterations required.

Factor Matrix:　　　　　　　　　　　　　　　　　　Rotated Factor Matrix:

| | FACTOR 1 | FACTOR 2 | | | FACTOR 1 | FACTOR 2 |
|---|---|---|---|---|---|---|
| Y1 | .75124 | −.04834 | | Y1 | .75278 | −.00526 |
| Y2 | .67114 | −.02246 | | Y2 | .67133 | .01599 |
| Y3 | .82022 | −.04990 | | Y3 | .82173 | −.00287 |
| X1 | .08708 | .75555 | | X1 | .04370 | .75929 |
| X2 | .03195 | .58223 | | X2 | −.00142 | .58310 |
| X3 | .01118 | .70855 | | X3 | −.02939 | .70803 |

Final Statistics:

| Variable | Communality | * | Factor | Eigenvalue | Pct of Var | Cum Pct |
|---|---|---|---|---|---|---|
| Y1 | .56670 | * | 1 | 1.69629 | 28.3 | 28.3 |
| Y2 | .45094 | * | 2 | 1.41722 | 23.6 | 51.9 |
| Y3 | .67526 | * | | | | |
| X1 | .57844 | * | | | | |
| X2 | .34001 | * | | | | |
| X3 | .50217 | * | | | | |

## 评 议

输出摘要的第一行表明用PAF法提取了两个因子,需要11次迭代。我们在前面已经指出,SPSS默认使用SMC作为共同性的初始估计值。然后程序通过一系列的重估,在达到默认的迭代数(25)或收敛于默认的标准(0.001)时重估便会终止。两个默认值都可以用CRITERIA的子命令更改。在标题 Final Statistics(最终统计值)下报告的那些共同性都是经过11次迭代之后的估计值(它们将在下文讨论)。请将它们与前面报告的初始值做比较。

## 因子矩阵

垂线左边那些列由未旋转的因子矩阵构成。旋转的因子矩阵(垂线右边)已经在输出中报告。出于比较的目的我们把它移到这儿(见下文)。不仅如此,我们还插入了几个盒子来突出那些“高的”负荷(见下文)。对于这个输出而言,我们将先把注意力集中在未旋转的因子矩阵上,然后再对旋转因子做一些简单的评议。

理解未旋转矩阵中的系数的最佳途径可能是把它的每一行看作一个多元回归方程。在那个方程中以标准分数表达的指标是因变量,而因子(在我们的例子中是两个)是自变量。例如,预测 $Y_1$ 的方程是

$$z'_{Y_1} = 0.751\,24F_1 - 0.048\,34F_2$$

注意,和有标准化回归系数($\beta$)的回归方程的类比,我们已在第18章做过介绍。正如第18章介绍的一样——见式(18.6)和与之有关的讨论——在自变量彼此不相关时,每一个$\beta$都等于与之关联的自变量和因变量之间的零阶相关。这时,将一个$\beta$平方就是将一个零阶相关平方,因而就会得到归结于正在研究的自变量的因变量的方差比例。[1]

在PAF中提取未旋转因子的方法与上述主成分的提取方法一样,只不过它是在简约矩阵(即对角线上都是共同性的估计值的矩阵)上进行的。因而未旋转因子是不相关的,且与它们关联的系数都可以与前面有关段落中的$\beta$同样的方式进行解释。特别是,因子矩阵中的系数平方表明了归结于正在研究的因子的一个给定指标的方差比例。再一次以 $Y_1$ 为例,我们可以看到大约0.56($0.751\,24^2$)或56%的方差为因子1解释,而大约0.002($-0.048\,34^2$)或0.2%的方差由因子2解释。

我们一直在讨论的那个矩阵是一个因子模式矩阵,它由因子上每个指标的回归系数(权数)组成。一个由指标和因子之间的相关组成的矩阵称为因子结构矩阵。由前面有关在因子不相关时因子模式的性质的论述可知,这时因子模式和因子结构矩阵是相同的。换言之,上面的 Factor Matrix(因子矩阵)既是因子模式矩阵,也是因子结构矩阵。

绝大多数的FA应用都局限于不相关因子这一事实,可能就是造成上述矩阵性质之间缺

---

[1]如有必要,请参阅第17章和第18章中关于标准化回归系数($\beta$)的含义和解释的相关内容。

乏明确的区分,以及用于表示每种矩阵的元素的术语缺乏一致性的原因。一些作者使用负荷(loadings)(即权数,weights)一词来表示因子模式矩阵的元素,而用相关一词来表示因子结构矩阵中的元素。其他一些作者却使用负荷这个词来表示因子结构矩阵的元素(即相关)。

在不相关因子的这种情形中,负荷和相关相同;因此,这种做法似乎没有什么坏处。然而,如遇下文所示的因素相关这种情况时,模式和结构矩阵的元素就不尽相同。正因为这样,我们采用负荷一词来表示因子模式矩阵的元素,而用相关一词来表示因子结构矩阵的元素。

如本例所述,当因子不相关时,各个指标的方差比例就不会有任何含糊不清之处。在我们编造的例子中,很容易看出,对于前三个指标(各个Y),大部已解释方差都归结于因子1,而对于各个X,情况则刚好相反。换句话说,那些Y只在因子1上有高负荷,而那些X的高负荷则都在因素2上。

一般来讲,FA的结果并不像本例那么简洁。在对实际数据的大多数分析中,所有项目都倾向于在第一个未旋转因子上有较高的负荷(参见下一个数例的分析)。此外,许多项则在其他的未旋转因子上有较高的负荷。为了使结果更具解释性,可以对因子进行旋转。因子的旋转问题将在下一个数例中进行讨论。为了阐述的完整性,我们也将上面的旋转因子矩阵包括在内。我们要做的事情就是指出本例中的旋转矩阵与未旋转矩阵其实是非常相似的这一点。

在前几段中我们提到了高负荷。显然,所谓高负荷的标准是任意的。因此,许多研究人员更喜欢说有意义的,而不是高负荷的。此外,由于在大多数情况下,研究人员报告和解释的都是不相关因子的负荷,他们倾向于使用0.3(占方差的9%)或0.4(占方差的16%)作为他们认为有意义的负荷的截断值。[1]无论具体采用的标准是什么,是高的还是有意义的,在解释和命名因子中起关键作用的都是负荷。这些问题将在稍后讨论。

# 特征值

前面已经说过,$\lambda$(特征值)等于与之关联的因子指标的负荷之和。涉及上面给出的因子1的负荷是,

$$\lambda_1 = (0.751\,24)^2 + (0.671\,14)^2 + \cdots + (0.011\,18)^2 = 1.696\,28$$

将这个值和标题Final Statistics中报告的值进行比较。我们建议大家计算一下因子2的负荷平方和,然后再将它与第二个$\lambda$进行比较。

注意,这里报告的两个$\lambda$不同于在Initial Statistics中报告的前两个$\lambda$。前面的$\lambda$来自PCA,而这里报告的$\lambda$则来自FA。

"Pct of Var"指归结于一个给定的因子的总方差的百分数,其计算方法如前面所示(即$\lambda/k$)。

---

①如上所述,在因子不相关时,负荷也等于指标和因子的相关。

## 共同性和唯一性

结合第18章中所说的当自变量不相关时,平方复相关等于自变量和因变量的平方零阶相关。这样$Y_1$和两个因子的平方复相关是:0.566 70,即$(0.751\ 24)^2 + (-0.048\ 34)^2$,用$h^2$表示。诚如前述,这就是一个指标的共同性的定义。现在再来看communality列,注意到对于$Y_1$,报告的值是相同的。

记住,标准化的变量方差是1.0,这样,一个指标的方差比例对于它来讲就是唯一的,可以表达为:

$$u^2 = 1.0 - h^2 \tag{22.2}$$

式中,$u^2$是唯一性。

例如,$Y_1$的$u^2$是

$$1.0 - 0.566\ 70 = 0.433\ 30$$

一个指标的唯一性由两个成分组成:(a)专属它的方差$(s^2)$;(b)归结于误差的方差$(e^2)$。那就是,

$$u^2 = s^2 + e^2 \tag{22.3}$$

这样,一个指标的方差可以表达为:

$$1.0 = h^2 + s^2 + e^2 \tag{22.4}$$

FA的结果并不会帮助我们将$u^2$分解成它的组成成分。然而式(22.4)却给我们提供了一个FA和信度理论之间的重要连接。在第5章,信度$(r_u)$被定义为1.0减去归结于随机误差的方差比例。因此由式(22.4)得:

$$r_u = 1.0 - e^2 = h^2 + s^2 \tag{22.5}$$

用语言表达就是,一个指标的信度等于它的共同性(为公共因子解释的指标的方差比例)加它的特殊性(为因子专属的方差所解释的方差比例)。因此,如果有一个好的$r_u$的估计值,那么指标的特殊性就可以按下面这样估计:

$$s^2 = r_u - h^2 \tag{22.6}$$

我们将在第23章中讨论确证性因子分析时再回到这些专题。

### Output

Reproduced Correlation Matrix:

|     | Y1      | Y2       | Y3       | X1       | X2       | X3       |
|-----|---------|----------|----------|----------|----------|----------|
| Y1  | .56670* | −.00328  | .00340   | −.02090  | .03114   | −.00315  |
| Y2  | .50528  | .45094*  | −.00061  | .03053   | .02163   | −.05059  |
| Y3  | .61860  | .55161   | .67526*  | −.00573  | −.04616  | .04419   |
| X1  | .02890  | .04147   | .03373   | .57844*  | −.00068  | .00068   |
| X2  | −.00414 | .00837   | −.00284  | .44268   | .34001*  | .00011   |
| X3  | −.02585 | −.00841  | −.02619  | .53632   | .41289   | .50217*  |

The lower left triangle contains the reproduced correlation matrix; The diagonal, communalities; and the upper right triangle, residuals between the observed correlations and the reproduced correlations.

注:下三角是再生矩阵;对角线是共同性;上三角是观察相关和再生相关之间的残差。对角线以上有1个大于0.05的残差(6.0%)。

# 评　议

前面我们说过 FA 的目的是解释指标之间的关系(即相关)。因此,一个因子分析的解可以用一个原相关矩阵在多大程度上被再生这一方法来评估。诚如上面我们在解释 SPSS 的输出时指出的一样,计算机程序集以矩阵的方式报告了三种不同的信息:(a)共同性组成的对角线(与上面的输出做比较);(b)对角线以下的再生矩阵;(c)对角线之上的残差或原相关对再生相关的离差。

图 22.1 用于演示那些再生的相关是如何求得的。那些插入在箭头中的系数保留了小数点后三位,取自上面给出的因子矩阵。它们是两个公共因子(潜变量)在指标(观察变量)上的效应。此外,由图 22.1 可知,每个指标还受一个由指标的特异性($s$)和/或测量误差($e$)构成的唯一项($u$)的影响。

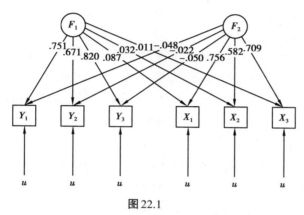

图 22.1

注意,我们可以证明,那些 $u$ 不仅彼此不相关,而且与因子也不相关(没有连接它们的箭头)。在图 21.1 描述的模型中我们可以看出,任何两个指标之间的相关都被视为由它们共有的影响因素(即因子)所致。被试图用于再生指标之间相关的正是这个概念。$Y_1$ 和 $Y_2$ 之间的相关:

$$\hat{r}_{y_1y_2} = (0.751\,24) \times (0.671\,14) + (-0.048\,34) \times (-0.022\,46)$$
$$= (0.504\,19) + (0.001\,09)$$
$$= 0.505\,28$$

式中,$\hat{r}$ 称为再生相关。与上面给出的输出比较(见行 $Y_2$ 和列 $Y_1$ 的交点)。

为了再生两个指标之间的相关,要将它们在各个因子上的系数相乘求乘积之和。在探索性 FA 中,指标在所有因子上都有系数。然而,诚如上例所示,因子对两个给定指标之间的相关的再生的贡献却各不相同。因此,尽管 $Y_1$ 和 $Y_2$ 在两个因子上都有系数,但在 $F_1$ 上的系数相对较高。换言之,$Y_1$ 和 $Y_2$ 是相关的,因为它们反映了相同的因子(或未观察变量)。对于所有 $Y$ 之间两两相关的情况也同样如此。无独有偶,那些 $X$ 之间的相关主要也是它们在 $F_2$ 上相对较高的系数所致。

任何一个 $X$ 和任何一个 $Y$ 之间的相关大小如何呢?诚如所料,都是很低的,因为可以证明,它们主要都是由(或反映的)不同的因子所致。这就是说,它们在同一因子上不会都有比较大的系数。因此,$Y_1$ 和 $X_3$ 之间的相关

$$\hat{r}_{y_1x_3} = (0.751\,24) \times (0.011\,18) + (-0.048\,34) \times (0.708\,55)$$
$$= (0.008\,40) + (-0.034\,25)$$
$$= -0.025\,85$$

为了评估模型拟合的好坏,从各个观察的相关中减去再生相关求得残差相关,它与从观察分数中减去预测分数求得的残差分数十分相似。例如,$Y_1$ 和 $Y_2$ 之间的再生相关是 0.505 28。这两个变量之间的观察相关是 0.502(表 21.1)。因此残差是

$$0.502 - 0.505\ 28 = -0.003\ 28$$

这个数值在上面的输出中的行 $Y_1$ 和列 $Y_2$ 的交叉点中报告。

而在所有的残差都很小,譬如说小于 0.05 时,表明模型的拟合是很好的。SPSS 则默认使用这一标准,并报告超出它的残差数目和百分数。上面的输出中表明只有一个残差 >0.05。根据这一结果,我们倾向于得出模型和数据拟合得不错的结论。遗憾的是,模型拟合评估并非总是那么简单和一目了然。我们将在讨论确证性因子分析时,再回到这一专题上。

我们也可以旋转因子矩阵,而非因子矩阵,得到同样的再生相关。这并不是因为在目前这一例子中两个矩阵非常相似,正如我们在解释第二个数例时所示,即使在两个矩阵之间存在着很大的差别时,情况也同样如此。

诚如前述,我们也将用 SAS 来给出同一个数例分析的输入语句。限于篇幅,我们将不再对输入进行评议。SAS 的一般性评议可参见第 18 章。正如我们在前面所建议的一样,如果大家使用的软件也是 SAS,那么可查阅它的手册。大家可将输出的与前面报告的作比较。

## SAS

### Input

```
TITLE 'TABLE 22.1  PRINCIPAL AXES, ORTHOGONAL';
DATA CORREL (TYPE=CORR);
  INPUT _TYPE_ $ 1–4 _NAME_ $ 5–7 Y1 Y2 Y3 X1 X2 X3;
  CARDS;
N        200     200     200     200     200     200
CORR Y1  1.000   .502    .622    .008    .027   –.029
CORR Y2  .502    1.000   .551    .072    .030   –.059
CORR Y3  .622    .551    1.000   .028   –.049    .018
CORR X1  .008    .072    .028    1.000   .442    .537
CORR X2  .027    .030   –.049    .442    1.000   .413
CORR X3 –.029   –.059    .018    .537    .413    1.000
PROC FACTOR METHOD=PRINIT PRIORS=SMC N=2 ALL SCREE PLOT ROTATE=V;
```

## 结　语

对于本节分析的例子而言,很明显,假定反映自我概念(即学术的和社会的)的某个给定维度的那些指标在同一个因子上都有较高的负荷,而在其他因子上则有较低的负荷,从而对它们的构建效度提供了一定程度的支持。然而,同样也很明显的是,如果这些结果是以真的数据为根据的话,那么研究者就不得不得出这样的结论:与假设相反(参见数例的引语),两个维度是彼此相对独立的。

在有关将 FA 用于建构验证的讨论中(第 4 章),我们简要地介绍了一些在结果与我们预期相反时可以采取的备择方法。此外,我们还指出,FA 可用于内部结构分析,而当构建效度是一种外部结构分析时,它同样也是不可或缺的。

现在开始讨论第二个数例。

## 相关因子

前一节介绍了FA的基本思想和概念。由于我们构建了一个简单的数例,其中自我概念的两个方面(学术和社会)的指标之间的相关性接近于零,因此,潜在于相关矩阵下的因子结构也是一目了然的。大家一定记得,未旋转的因子矩阵是可以清楚解释的。

在这个数例中,我们再次假定使用了六个假设刻画自我概念(学术和社会)两个方面的指标。通过对表22.1的矩阵进行修改,得到待分析的相关矩阵——表22.2。因此,假设现在那些刻画自我概念不同方面的指标之间的相关是中等程度的;刻画自我概念相同方面的指标之间的相关则没有改变。因此,两个表中的子矩阵Ⅰ和子矩阵Ⅳ是相同的,而子矩阵Ⅱ和子矩阵Ⅲ是不同的。只要看表22.2的相关矩阵我们就足以认识到这里遇到的情况不像前一节那样清楚。

**SPSS**

### Input

```
SET LISTING='T222SPS.LIS'.
TITLE TABLE 22.2.   ORTHOGONAL AND OBLIQUE ROTATIONS.
DATA LIST MATRIX FREE/Y1 Y2 Y3 X1 X2 X3.
N 200.
BEGIN DATA.
1.0
.502 1.0
.622 .551 1.0
.228 .272 .188 1.0
.307 .230 .249 .442 1.0
.198 .259 .223 .537 .413 1.0
END DATA.
FACTOR VARIABLES=Y1 TO X3/
  READ CORRELATION TRIANGLE/
  PRINT ALL/CRITERIA=FACTORS(2)/EXTRACTION=PAF/
  ROTATION=NOROTATE/PLOT=EIGEN ROTATION(1,2)/
  ROTATION=VARIMAX/ROTATION=OBLIMIN.
```

表 22.2　自我概念的六个指标的阐释性相关矩阵,$N=200$

| | Y1 | Y2 | Y3 | X1 | X2 | X3 |
|---|---|---|---|---|---|---|
| | | I | | | II | |
| Y1 | 1.000 | .502 | .622 | .228 | .307 | .198 |
| Y2 | .502 | 1.000 | .551 | .272 | .230 | .259 |
| Y3 | .622 | .551 | 1.000 | .188 | .249 | .223 |
| X1 | .228 | .272 | .188 | 1.000 | .442 | .537 |
| X2 | .307 | .230 | .249 | .442 | 1.000 | .413 |
| X3 | .198 | .259 | .223 | .537 | .413 | 1.000 |
| | | III | | | IV | |

注:Y是学术自我概念的指标;X是社会自我概念的指标。

### 评 议

这里给出的输入是用于PC版的。要在大型机上运行这个例子,请参见前面的分析。我们在这里做的评议大体上只限于前面尚未讨论过的那些方面。在对输入和/或输出的某个方面有疑义时,请参见前面数例的分析评议。

为了显示未旋转的因子矩阵图，我们先调用ROTATION=NOROTATE，接着进行两种类型的旋转，之后对旋转和未旋转的因子矩阵进行比较。

## Output

```
Determinant of Correlation Matrix = .1838493
Bartlett Test of Sphericity = 332.23555, Significance = .00000
```

### 评　议

根据巴特莱特球形检验，输入的相关矩阵与单位矩阵并无显著不同的假设被拒绝了。

## Output

Initial Statistics:

| Variable | Communality | * | Factor | Eigenvalue | Pct of Var | Cum Pct |
|----------|-------------|---|--------|-----------|-----------|---------|
| Y1 | .44353 | * | 1 | 2.74665 | 45.8 | 45.8 |
| Y2 | .36927 | * | 2 | 1.31073 | 21.8 | 67.6 |
| Y3 | .46762 | * | 3 | .64121 | 10.7 | 78.3 |
| X1 | .36014 | * | 4 | .48246 | 8.0 | 86.4 |
| X2 | .27724 | * | 5 | .46042 | 7.7 | 94.0 |
| X3 | .33908 | * | 6 | .35854 | 6.0 | 100.0 |

```
E  2.747 +    *
I        |
G        |
E        |
N        |
V        |
A        |
L  1.311 +         *
U        |
E        |
S   .460 +              *    *    *
    .359 +                             *
         |
    .000 + ---- + ---- + ---- + ---- + ---- + ---- +
              1    2    3    4    5    6
```

### 评　议

碎石图确证了我们有两个因子潜藏在表22.2的相关矩阵下的预期。与前面的例子不同的是，那里从第一个λ（特征值）到第二个λ有一个急坠；前一个是后一个的两倍。我们提醒大家，这些λ都来自主成分分析，根据这些结果，我们得出第一个"因子"比第二个更重要的结论。我们将在下面对这个问题进行评议。

## Output

PAF Extracted   2 factors.   13 Iterations required.

Factor Matrix:

| | FACTOR 1 | FACTOR 2 |
|----|----------|----------|
| Y1 | .68041 | −.33688 |
| Y2 | .62902 | −.22569 |
| Y3 | .70963 | −.42783 |
| X1 | .58283 | .49822 |
| X2 | .52569 | .27218 |
| X3 | .55192 | .43724 |

Final Statistics:

| Variable | Communality | * | Factor | Eigenvalue | Pct of Var | Cum Pct |
|----------|-------------|---|--------|-----------|-----------|---------|
| Y1 | .57644 | * | 1 | 2.28285 | 38.0 | 38.0 |
| Y2 | .44660 | * | 2 | .86095 | 14.3 | 52.4 |

| Y3 | .68662 | * |
|----|--------|---|
| X1 | .58791 | * |
| X2 | .35043 | * |
| X3 | .49580 | * |

## 评 议

大家还记得,在一个给定的因子上的负荷平方和等于与它关联的 $\lambda$。注意:(a)前两个因子的 $\lambda$ 之间的差甚至大于与前两个成分关联的 $\lambda$ 之间的差;(b)所有指标都在第一个因子上有较高的负荷;(c)在第二个因子上,学术自我概念的那些指标(那些 $Y$)都有负的负荷,社会自我概念(那些 $X$)则都有正的负荷。

在解释这些结果时,研究者倾向于得出以下的结论:第一,第一个因子是一个"强"的普遍性因子(即一个为所有的指标反映的因子)。第二,社会是一个"比较弱的"双极性因子,即指标在这种因子上的负荷位于一个连续统的相反两端。就我们的实质性例子而言,我们可能会得出这样的结论:与预期相反,的确存在一个有普遍性的自我概念因子,但在第二个因子上,学术自我概念和社会自我概念的指标却位于相反的两端。

然而在接受这些结论之前,我们还必须认识到因子矩阵在很大程度上取决于因子提取的方法,这一点是很重要的(即第一个因子提取可能的最大方差;第二个因子提取剩余的最大方差,以此类推——见前一节)。实际上,在这里得到的这种结果是十分典型的未旋转因子矩阵。为了阐明它们是如何产生的,我们报告并评论了非旋转因子矩阵图。

## Output

Horizontal Factor 1    Vertical Factor 2

| Symbol | Variable | Coordinates | |
|--------|----------|------|------|
| 1 | Y1 | .680 | −.337 |
| 2 | Y2 | .629 | −.226 |
| 3 | Y3 | .710 | −.428 |
| 4 | X1 | .583 | .498 |
| 5 | X2 | .526 | .272 |
| 6 | X3 | .552 | .437 |

## 评　议

先来看水平轴,因子1,我们注意到它处于同时最大化它上面的指标的负荷的最佳位置。改变这个轴的位置,可能会导致某些指标的负荷的上升,但与此同时却可能造成其他指标的负荷下降。例如,将第一根轴放到更靠近指标1,2和3(那些$Y$)的地方,就可能造成它们的负荷的增加及指标4,5和6(那些$X$)的负荷的下降。

大家还记得一个因子提取的约束条件是它们是彼此不相关的。为了满足这一约束条件,代表不同的因子的那些轴必须放在彼此成直角的地方。我们再来看垂直轴,因子2。因为那些代表指标的数字的构型,导致它们在轴上必定是两极化的:一半指标有正负荷,而另一半则有负荷。诸如这样的结果,要归结于因子的提取方法,它告诉我们,哪些因子需要旋转。

## 因子旋转

在考察了再生相关矩阵之后(这里未报告),我们得知所有的残差都很小,表明两个因子已经提供了对数据的很好拟合。然而一个好的拟合解并不一定可做出有意义的解释。为了增加结果的可解释性,我们不妨尝试因子旋转。

将因子旋转问题与上面给出的未旋转因子图联系起来考虑,可能有助于我们对这个问题的理解。两根轴用作映射指标的网格。想象一下这个网格围绕原点的一个旋转。很清楚,代表指标的那些点的构型仍然相同,不论旋转的性质如何。然而指标在旋转的网格上的映射(即负荷)却会变化。这就是因子旋转背后潜在的理念。尽管这种做法更适合叫作转换而非旋转,后一种术语之所以沿用至今,是因为图形旋转的做法先于现在流行的分析路数的流行。因为可用于因子转换或旋转的方法有无限多种,这样问题出现了:是否某些旋转优于其他的旋转呢?决定哪种旋转更好的标准并非总是清楚或约定的。原因在于做什么样的旋转,要取决于改进因子分析结果的可解释性这一目的,而可解释性是根本离不开理论的。一种解释,从某一个理论角度看可能是有意义的旋转,但从另一种理论角度看,却可能是没有意义的,甚至是完全不恰当的。

为了说明这一点,只需勾勒出不同的智力概念是如何导致对因子转换的适当性的不同看法即可。大家还记得,即使不是大多数,至少在许多场合,未旋转因子矩阵中的第一个因子都是有普遍性的因子。因此,那些认为智力是一种普遍的能力的研究者拒绝接受因子旋转的概念时,我们大可不必感到惊讶。同样不足为奇的是,那些认为智力是一组不同的能力的研究者,为了使因子更有解释力而坚持对因子进行旋转。然而,即使是后者,在究竟什么样的旋转才是合适的(如正交和斜交旋转,见下文)这一问题上也存在分歧,在各种理由中,最主要的是他们如何考虑智力各个方面之间的关系。[1]下面我们还会再次回到这个专题上,而现在我们要告诉大家的是,FA的应用是集科学和艺术于一体的。

除对因子旋转类型的取向不同之外,旋转解的评估还需要一些其他标准。瑟斯通(Thurstone,1947)的简单结构概念对旨在提高解释性的旋转路数的发展有过很大的影响。出现了许多有关简单结构的文章(见本章开头给出的参考书目)。我们不详细介绍各种标准,而是告诉大家在我们的数例中理想的简单结构究竟是什么样子的。记住,我们的例子涉及六个指标的使用。其中,三个假定是测量学术自我概念的,另外三个则假定是测量社会自我概念的,一个FA产生的理想的简单结构是像下面这样的:

|  | $F_1$ | $F_2$ |
|---|---|---|
| Indicator |  |  |
| $Y_1$ | * | 0 |
| $Y_2$ | * | 0 |
| $Y_3$ | * | 0 |
| $X_1$ | 0 | * |
| $X_2$ | 0 | * |
| $X_3$ | 0 | * |

注:Indicator=指标。

上面的 $F_1$ 和 $F_2$ 涉及两个因子:$Y$ 是学术自我概念的指标,$X$ 是社会自我概念的指标。星号表示该指标在因子上有负荷,而0则表示指标在因子上没有负荷。

作为一种理想的结构类型,它是我们向往的,而非在实际应用中实现的类型。广义而言。因子旋转是为了获得一个具有以下特征的结构:(a)每个指标在因子上只有一个较高或有意义的负荷,(b)每个因子只对某个指标才有较高或有意义的负荷。[2]因子旋转有正交旋转和斜交旋转两大类。我们先来讨论正交旋转。

## 正交旋转

正交旋转的基本思想已在第19章介绍过(参见正交比较),在那里我们已经指出,正交意味着成直角,因而变量或向量是不相关的。对因子做正交旋转的意思是对它们进行旋转,但彼此仍然保持直角。参考前面给出的那张未旋转的因子图,这意味着那些轴围绕它们的原点进行的是一种刚性旋转。

在各种正交旋转中,我们将主要介绍最大方差法的应用,这是迄今为止使用最为广泛的正交旋转法。最大方差法旨在最大化因子的方差(见Gorsuch,1983,该书有关正交旋转和各

---

[1]我们选择的例证并不是随意的。正如我们在第4章中告诉大家的一样,FA发展的动力来自对智力的结构进行研究的图谋。因子提取和旋转方法的发展和争论都源自那些不同的智力概念的发明者,如Spearman,Thurstone,Cattell & Guilford。
[2]参见前面有关较高和有意义的负荷的评论。

种旋转路数比较的精彩讨论）。方差最大化是通过一种导致某些指标在任何给定的因子上有较高负荷而在其他所有因子上都只有较低负荷的转换实现的。然而必须注意，"最大化"最大方差函数意味着"任何一种对解中某个普遍化因子的最小化倾向。如果理论预期告诉我们，普遍因子是有可能发生的话，那么最大方差法就是不合适的"（Gorsuch，1983：185）。顺便说一下，这时四等分极限轴转法（quartimax）——另一种旋转路数——"在预期存在着一个普遍因子时，可能才是我们应该选择的正交旋转程序"（Stewart，1981：59）。

而我们在这里列举的是一个理论和旋转类型之间的关系的例子。它再次强调了我们前面提出的警告：不要过分依赖计算机程序默认的方法（在许多计算机程序集，包括 SPSS 默认的旋转法都是最大方差旋转法），旋转法的选择应和理论构想保持一致。

### Output

**Rotated Factor Matrix:**

|      | FACTOR 1 | FACTOR 2 | Communality |
|------|----------|----------|-------------|
| Y1   | .73794   | .17857   | .57644      |
| Y2   | .62715   | .23083   | .44660      |
| Y3   | .81874   | .12761   | .68662      |
| X1   | .12696   | .75617   | .58791      |
| X2   | .22828   | .54619   | .35044      |
| X3   | .14241   | .68958   | .49580      |
| $\lambda$: | 1.69672 | 1.44709 | 3.14381     |

### 评 议

只有旋转因子矩阵（没有方框）才是输出的一部分。我们增加了其他一些用来说明从旋转中得到的结果的项。与未旋转因子矩阵（见上文）相比，似乎普遍性因子没有了。相反，只有那些 $Y$ 才在因子 1 上有较高的负荷，而那些 $X$ 只在因子 2 上才有较高的负荷。此外，与未旋转因子解不同，第二个因子不是双极（即正和负的负荷）的。因此，旋转导致了一个更简单的，比非旋转因子矩阵的结构更好的结构。

现在我们来看最后一行。回想一下，$\lambda$ 是在一个因子上的负荷的平方和。现在两个 $\lambda$ 的和是 3.143 81，而这正是在四舍五入范围内，即旋转前得到的 $\lambda$ 之和（即 2.282 85+0.860 95）。旋转所得到的结果无非是那些 $\lambda$ 的分布更加均匀而已。换句话说，无非使归结于每一个因子的"Pct of Var"（方差百分比）因为旋转而变得更加均匀而已。

这一点也可以从共同性中看出。一个指标的共同性（$h^2$）是它在因子上负荷的平方和（如 $Y_1$ 的共同性：$0.737\,94^2+0.178\,57^2=0.576\,44$）。这里计算的共同性与前面报告的相同。因此，尽管负荷随因子旋转的结果变化，但是在每个指标中为因子解释的方差百分比（即 $h^2$）却是不变的。我们要再次重申；旋转只是使同样的方差在两个因子之间的分布更为均匀而已。

就实例而言，旋转因子矩阵与有自我概念的两个方面的设想相一致。不论研究者对两个方面的设想如何（记住，在我们的例子中，我们假定研究者预期它们是相关的），正交旋转将迫使它们不相关。

**Output**

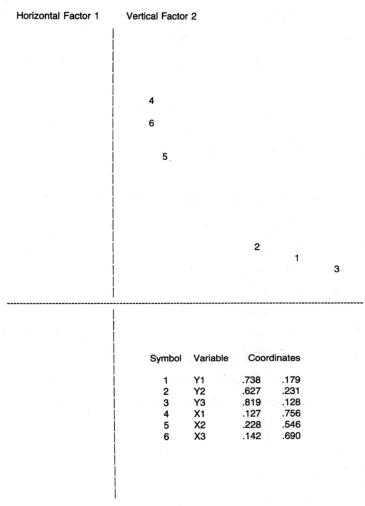

注：Horizontal Factor 1＝水平因子1；Vertical Factor 2＝垂直因子2。

**评 议**

　　将此图与先前给出的未旋转因子矩阵的图做对比,可以帮助大家了解通过轴的旋转所能完成的任务。此外,再查看目前这张图中指标的构型,进而试试通过将一个轴放置在1,2和3所表示的指标的中心,并将另一个轴置于4,5和6代表的指标中心便可构建一个更为简单的结构。不过这样做会导致轴间的角度是斜角,而不是正交旋转所要求的直角。

**斜交旋转**

　　在大多数的FA使用中,因子正交旋转的使用几乎都是自动的。卡特尔(Cattell,1978)坚

测量、设计和分析：研究方法的综合之道

持认为尽管有些时候这样做是因为"便宜和方便……，但在一半这样的情况中，显然是因为对问题的无知，而非深思熟虑"(p.128)。瑟斯通(Thurstone,1947)则把这种普遍存在的对不相关因子的偏爱归结于"统计和数学上的方便"，以及对"隐藏在心理特征结构之下的性质的无知"(p.139)。它接着说道："使用不相关的参照特征的原因虽然是可以理解的，但可能却是不正当的"(p.139)。

不可否认，正交旋转解具有简单性的优点。然而，与上述作者和其他人一样，我们认为，在大多数情况下，这样的解决方案只不过是社会行为现象的一幅幼稚和不切实际的图画。我们必须承认，那些被认为是天真或不现实的东西，在很大程度上都是建立在我们对正在研究的现象的理论构想之上的。

关于旋转因子的"适当"方法的不同观点是不能诉诸某种客观的"正确性"标准来解决的，因为它们反映了看待现象的不同的参照框架。一个值得注意的比较恰当的例子是，历史上"大多数英国因子分析者，但只有很少的美国因子分析者坚持正交旋转"(Spearritt,1985：1814)。鉴于两种文化对智力结构，遗传和环境在心理功能中的作用，阶级结构等这样一些重大问题上的概念是如此不同，这样一种几乎完全以国界为界的划分就完全不足为奇了。

从构造验证的角度来看，究竟使用正交旋转还是斜交旋转要取决于反映我们研究的结构的概念。它可归结为这样一个问题：在能使用正交旋转时，假设的多维结构的各个方面是否相关？这个问题使我们有理由质疑，将自己局限于正交旋转的做法是否明智，即使理论构想使我们可以预期因子是不相关的。在我们看来，比较好的做法是同时进行正交和斜交旋转。在根据后一种旋转得出了这些因子之间的相关是可以忽略不计的结论时，更简单的正交解的解释就是站得住脚的了。

我们的建议绝不像听起来那么简单。因为各个因子之间的相关程度受使用的斜交旋转法和一个给定的方法中使用的准则的影响。

## Output

Oblimin Rotation

Pattern Matrix:

|  | FACTOR 1 | FACTOR 2 |
|---|---|---|
| Y1 | .75699 | .00500 |
| Y2 | .62309 | .09025 |
| Y3 | .85794 | −.07115 |
| X1 | −.05561 | .78997 |
| X2 | .10840 | .53557 |
| X3 | −.02174 | .71357 |

Structure Matrix:

|  | FACTOR 1 | FACTOR 2 |
|---|---|---|
| Y1 | .75922 | .34297 |
| Y2 | .66338 | .36844 |
| Y3 | .82617 | .31189 |
| X1 | .29709 | .76514 |
| X2 | .34752 | .58397 |
| X3 | .29685 | .70386 |

Factor Correlation Matrix:

|  | FACTOR 1 | FACTOR 2 |
|---|---|---|
| FACTOR 1 | 1.00000 |  |
| FACTOR 2 | .44647 | 1.00000 |

## 评 议

在各种斜交旋转法中，SPSS给我们提供了直接斜交旋转法(Direct Oblimin)，这种方法的目的在于在允许因子之间相关的同时，简化因子模式矩阵(Factor Pattern Matrix)。因子之间

的相关程度受参数 $\delta$ 选择的影响,其默认值是0。$\delta$ 的正值倾向于因子之间相关的上升,而负值则倾向于它们的下降。我们将在后面再次回到这个问题上。对现在的分析,我们使用的是默认值(参见在前面的输入部分给出的ROTATION=OBLIMIN)。

为了便于比较,我们将模式和结构矩阵并排放置。它们的性质在前文中已经解释过了。需要重申的是:模式矩阵由类似于多元回归分析中的偏标准化回归系数($\beta$)组成(见第18章),而结构矩阵则由各个指标与各个因素之间的零阶相关组成。当因子不相关时(即进行正交旋转时),两个矩阵是相同的。当在斜交旋转而使因子相关时,这两个矩阵则是不同的。

记住,在目前的背景下,每个指标都被视为一个自变量,而因子则都被当作因变量。与 $\beta$ 的解释相同,模式矩阵中的每一个系数都表示在其他的因子被分解出去或被控制之后,一个给定的因子在一个给定的指标上的效应。例如,0.756 99表示在控制了因子2之后,因子1在 $Y_1$ 上的效应。只要看模式矩阵就不难发现指标 $Y$ 和 $X$ 的区别,前者主要受因子1的影响,而后者则主要受因子2的影响。两个因子之间的相关是0.45。

总之,这些结果似乎支持六个指标刻画了一个建构的两个相关方面(即学术和社会自我概念)的设想。

显然,这些结果也和其他的理论设想(如指标反映了自我概念的其他方面,其他建构的两个方面和两个相关的建构等)相一致。在备择假设中进行选择这个问题,属于理论思考的范畴,而非用数据寻找理论的结果。我们将在后面讨论因子的解释和命名问题时,再次回到这个问题上。

现在来看结构矩阵。这个矩阵中的元素是每个指标和每个因子之间的零阶相关,因此,在因子相关时它们的解释是模糊不清的。由于因子之间的相关程度,模式和结构矩阵彼此之间可能有很大的不同。如果大家还记得自变量相关的多元回归的性质(参见第18章),便会注意到以下几点:(a)虽然在结构矩阵中,元素不能超过1.0,但对模式矩阵,情况却并非如此;(b)在两个矩阵中,涉及同一个指标的系数,符号有可能相反。

## 共同性

前面我们将指标的共同性定义为它和因子的平方复相关。记住模式矩阵的元素与那些 $\beta$ 类似,而结构矩阵的元素则与那些 $r$ 类似,这将有助于我们讲解如何用涉及这些项的公式来计算共同性。为了方便起见,我们将再次使用式(18.7):

$$R_{y.12}^2 = \beta_1 r_{y1} + \beta_2 r_{y2} \tag{22.7}$$

为了便于讲解,我们将式(22.7)用于 $Y_1$ 的共同性的计算,使用上面模式和结构矩阵报告的系数:

$$h_{y1}^2 = (0.756\ 99) \times (0.759\ 22) + (0.005\ 00) \times (0.342\ 97) = 0.576\ 44$$

与先前报告的这一指标的共同性进行比较(例如,Final Statistics 中的数字)。不论这些因子是否旋转,也不论旋转类型是什么,其共同性都是一样的。试图将共同性的某些部分归结于不同的因子,就像多元回归中的方差分解(参见第18章)。简单地说,在这些因子不相关时,归结于每个因子的方差比例的分配并没有什么不明确之处,尽管特定的元素会因为使用特定的正交旋转法可能会有所不同。与此相反，在因子相关时，分解就不再是那么一目了然了。因子之间的相关程度越高，试图对共同性进行分解不仅问题更多，而且也更加模糊不清。

## 复制相关矩阵

就拟合而言，我们将证明，无论所使用的是什么旋转，一个双因子解都会产生同样的拟合。作为特定旋转的结果，改变的是解释为什么给定的指标是相关的性质。

与前面的做法一样（图 22.1），我们用一张图来帮助我们进行解释。图 22.2 描述了正交（$a$）和斜交（$b$）解的结果，使用的数据来自表 22.2。箭头上的系数四舍五入到小数点后三位，取自正交和斜交解的模式矩阵。（$b$）中的双箭头是因子之间的相关。例如，$Y_1$ 和 $Y_2$ 之间的相关复制如下：

来自正交解（$a$）

$$(0.738) \times (0.627) + (0.179) \times (0.231) = 0.504$$

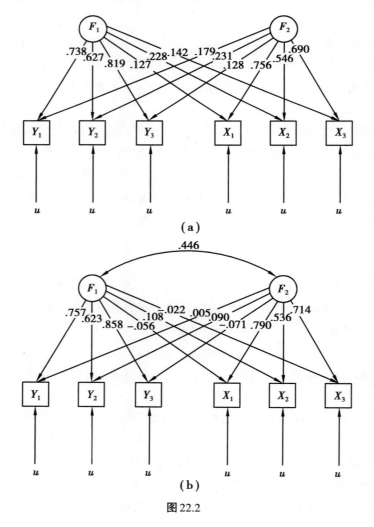

图22.2

来自斜交解($b$)

$(0.757)×(0.623)+(0.005)×(0.090)+(0.757)×(0.446)×(0.090)+(0.005)×(0.446)×(0.623)=0.504$

## Output

```
Horizontal Factor 1      Vertical Factor 2

                  |
                  |    Symbol    Variable        Coordinates
                  |
                  |       1        Y1          .757      .005
                  |       2        Y2          .623      .090
             4    |       3        Y3          .858     −.071
                  |       4    .   X1         −.056      .790
             6    |       5        X2          .108      .536
                  |       6        X3         −.022      .714
                  |
                  |
                  |
                  |    5
                  |
                  |
                  |
                  |
                  |
                  |
                  |
                  |
                  |          2
                  |
                  |
  ----------------|------------------------------------------------
                  |               1
                  |
                  |               3
                  |
                  |
                  |
                  |
                  |
                  |
                  |
```

注：Horizontal Factor 1=水平因子1；Vertical Factor 2=垂直因子2。

## 评 议

与正交旋转的那张图做比较，不难看出现在这张图描述的结构似乎更加简单。

## 不同的$\delta$

上面说过正的$\delta$值倾向于因子之间相关的上升，而负的$\delta$值则倾向于因子之间相关的下降。为了方便讲解，我们对其他两个斜交旋转的结果也做评论，两个旋转的$\delta$分别为0.5和0.8。我们建议大家重复这些分析，即将两个相关的$\delta$包括在子命令中，因此，对于$\delta=0.5$：CRITERIA=FACTORS(2)DELTA(.5)。

对于$\delta=0.8$，则只需将0.8放到括弧中即可。除了CRITERIA这个子命令外，input(输入)的语句都与那些给予前面分析的语句相同。大家如果运行前面的命令，便会发现两个因子之间的相关分别为0.72($\delta=0.5$)和0.88($\delta=0.8$)。记住$\delta=0$，两个因子之间的相关便等于0.45。

  围绕斜交旋转一个有争论的问题与因子之间的相关程度有关（Gorsuch，1983：200）。尽管大多数人似乎都同意应该拒绝那些因子之间相关比较高或低的解，但是对于这些术语的意义却看法各异。在这个问题上，情况也同样如此，因此最好的指南莫过于我们自己的理论构想。诚如泰勒（Taylor，1977）所言"统计分析是无法推论轴的'正确'位置的"（p.101）。概括地讲"如果斜交……产生了无法确定其合理性的因子之间的相关，那么调查研究者就应当准备修正这个解"（Comrey，1978：655）。

  不必对此感到惊奇的是FA的批评者认为，很多研究人员在选择因子分析解作为不受约束的主观性的处方时，有很大的自由度。例如，雷蒙特、布拉克斯和坎贝尔（Reyment，Blackith，& Campbell，1984）就曾对FA的有用性提出质疑，并指出它之（所以能）"在如此长的时间保持它的地位，在相当大的程度上是因为它允许实验者将自己的先入之见强加于原始数据"（p.102）。

  这种态度是关于事实和数据在研究过程中所起作用的更具普遍取向的一个例子。我们斗胆猜想一下，雷蒙特等人一定会支持这一口号："让数据为自己说话！"不过正如前面几章（见第7章和第9章）讨论的一样，我们认为这只是一句空话，反映了一种对知觉过程的，特别是对科学探究过程的过分简单化的观点。

  应将FA用作评估现象模型合理性的辅助手段。当然，这意味着研究者对研究的现象的性质和结构已成竹在胸。诸如这样的思想明确或含蓄地产生于一个更广泛地认为研究的结构是嵌入的理论概念。有鉴于此，所以FA在建构的验证过程中起着重要作用（见第4章）。

  回想一下，我们假设研究人员使用六个指标来衡量自我概念的两个相关方面（学术和社会）。即使看这四种解（一种正交的，三种有不同δ的斜交）就应该足以使我们明白那个δ=0的解与这个概念最为一致。

  在用FA评估模型时，不应局限于各个因子之间的相关。对因子模式矩阵也应仔细研究。因此，我们建议大家研究一下从三种斜交解中得到的因子模式，而那个δ=0的因子模式显然与自我概念的两个相关方面的概念是一致的，但对于其他两种解，情况并非如此。限于篇幅，其他两种解的因子模式没有再复制。不过我们要指出，根据δ=0.8旋转的因子模式，我们必定会得出这样的结论：这六项指标反映了两个高度相关的双极因子——这一概念与用表22.2数据提出的理论构想相左。

  在对斜交旋转的复杂性的进一步说明时，我们将指出因子之间的相关矩阵是可以进行因子分析的，并由此而得到更为高阶的因子（例如，见Cattell，1978；Gorso，1983；Hom & Cattell，1966）。

  最后请大家回想一下，我们曾经建议大家同时采用正交和斜交旋转，在各个因子之间的相关程度较低时，保留和解释来自正交旋转的结果。作为一个练习，我们建议大家用默认的δ将表22.1用于使用斜交的FA。也就是说，使用与我们在用斜旋转对表22.2数据做第一个分析时使用的输入语句相同的输入语句，运行表22.1的数据。如果大家这样做了，那么就会发现这些因子之间的相关是0.009。研究与比较斜交解的模式与结构矩阵，注意，不仅它们彼此非常相似，而且也与正交解的结构矩阵非常相似。基于这些结果，我们有理由保留并解释正交解。更为重要的是，这一决定是根据这两种解的检验，而不是因素正交性假设作出的。

## 精选专题

本节将对一些精选的有关FA的应用专题进行评论。关于这些专题及与之相关问题的一般性讨论请见本章开头的参考资料。

## 解释和命名因子

有关调查的实际领域的知识是有意义地解释因子分析结果的先决条件。然而,即使是在有知识的情况下,这个工作通常也不是一件容易的事,这使麦克尼马尔(McNemar,1951)评论说:"在解释因子时,所有的因子都在斗争,斗争,再斗争"(p.357)。这是由于在其他各种原因之外,关于需要保留的因子的数目,因子旋转的方法和什么是高负荷的标准,见仁见智各不相同。为了引起人们对FA滥用问题的关注,并警告人们不要盲目应用,一些作者(例如,McNemar,1951;Shulman,1973)甚至将问题诉诸讽刺。因此,舒尔曼(Shulman,1973)提出了这样一个论点:"因子的命名不是一种理性行为",而是"弗洛伊德所谓的原始过程思维(Primary Process Thinking)的一个出色范例,不受现实原则的影响"(p.90)。在因子分析者遭受的那些痛苦中,舒尔曼(Shulman,1973)列出了这样几种:"提取创伤""向量嫉妒"和"旋转焦虑",造成这些创伤的主要原因是"害怕失去主成分!!!"(pp.91-92)。

困惑和迷思几乎是因为人们放弃了思考和决策的责任,把必要的决策交给了分析技术,如FA或者任何其他什么方法的不可避免的副产品。正如我们始终强调的一样,在没有任何关于所研究现象结构的概念的情况下使用FA可能得不偿失。这既不是说这些概念总是清晰地表达出来的,也不是说对那些与自己期望相悖的结果或它们可能激发的直觉视而不见。然而,这确实意味着:(a)变量之所以被选择是因为我们认为它们的确与研究的现象的理论构建有关,而不是因为它们刚好可以得到;(b)这只是把根据FA得到的直觉处理为这样,而不是那些假设的确已为它们收集到的结果所确证。

我们之所以决定在建构验证的背景下来讨论探索性FA,无非是为了强调理论在指导其应用,标准的确定和结果解释中的作用。尽管,研究者在作出各种关键决策(例如,因子提取和旋转的方法,保留的因子数目,何为高负荷)时是有很大的自由度的,这一点的确是无可否认的,但这些决定毕竟都是在理论背景下作出的,而不是在理论追求的数据释放过程中作出的。

从建构验证的角度来探讨因子的解释和命名,我们就需检查因子的负荷,确定它们是否与自己的理论定义相一致——特别是假定那些反映建构相同的维度的指标是否在同一因子上有较高的负荷,以及那些假定反映不同的维度的指标在不同的因子上有较高的负荷。由此可见,为了与多维建构的概念相一致,指标应该假定在那些与它们无涉的因子上有比较低的负荷。

虽然仔细检查由不同数目的因子和(或)不同的旋转组成的若干个解是合理的,但我们应该认识到这种程序的目的是探索。因此，它们有可能作为要在新设计的研究中检验的假设的根据，这时最好使用验证性FA(见第23章)。我们用四种不同的因子旋转方法对表22.2进行的分析，便是诸如这样的探索性路数的例证。大家也许还记得其中一个解显然与所述自我概念结构的理论建构一致。在第23章，我们将给大家介绍如何通过验证性FA来研究同样的问题。

从一般理论角度来看，特别是从建构验证的角度来看，任何其他名称的因子都不具有相同的含义。因子命名不应以一种漫不经心的方式进行。一个简练的因子名称捕捉和传达了其含义的意味，由其嵌入的法则网络(nomological network)派生而来(见第4章)。无疑，在将FA用于建构验证的过程中，因子的命名或多或少是导致建构的定义，包括维度和它们之间的关系的理论思考的自然结果。即使在FA的结果不便于解释和因子命名时，分析是由理论建构驱动的这一事实也会减少使用不合适，误导或空洞的因子名称的可能性。

最后，FA之所以重要，是因为它可以给我们指明建构验证的一个方面，即内部结构分析。其他的方面，特别是外部结构分析，也应在研究之列(见第4章)。


## 抽样和样本大小


抽样在一般研究设计、参数估计和特定假设的检验中的作用已在前面各章(请重点参阅第9章和第15章)介绍过，就目前的讨论而言，我们只是对有关FA的抽样(即"代表性")和样本大小问题做评论。

这将会使大家想起诸如代表和代表性这样一些用作通过概率抽样得到的样本的简称的术语。严格地讲，在将FA的结果推广到数据获取的群体之外时，总是需要使用概率样本。但是麦克尼马尔(McNemar, 1951)却指责："因子分析者对抽样问题产生了免疫力"(p.358)。他的这一指责在四十年后的今天仍然适用，在很大程度上是因为在大多数社会行为研究领域都难以保证能得到的样本是概率样本。

拒绝那些无法得到概率样本的因子分析研究是不现实和轻率的。我们之所以不厌其烦地说了这么多，无非是要强调，这并不意味着怎么做都是可以的。我们认为存在一个有差异的世界，那些在人们心中构建起来似乎代表总体的情形和实际情形之间往往相去甚远。

因为FA大多数都会用于皮尔逊相关系数矩阵，这就是说，我们在第3章和第17章介绍的有关这种类型的相关的内容也适用于目前的情形。我们要特别提醒大家注意以下几点：(a)变量之间的关系假定是线性的；(b)相关变量的变异性的变化对相关系数的大小会有影响。

在我们看来，由于变量变异性的任意变化而造成的相关的不能容忍的扭曲是容易察觉的。我们已经了解，研究的变量的方差常常会被有意或无意地任意增加或减少。这种情况大多数发生在单独一次分析中包括了来自差别很大的群体的受试者，和/或某些类型的被试被排除在了分析之外时。

在历史上，社会行为研究早就提出了反对在社会研究中，通过合并异质的组来诱导变量间虚假关联的警告。例如,斯皮尔曼(Spearman,1904)对那些"故意把各种不同类型和年龄的研究对象组合在一起,和故意将那些不合理元素引入自己的工作"(p.223)提出了批评。在处理那些"不进行因子分析"的场合,吉尔福德(Guilford,1952)对那些"把不同的群体聚集在一起,而不问这可能对相关有什么影响"的研究提出了批评(p.32)[1]。

与目前讨论的问题尤其有关的是分析单位问题,及由此产生的总计、组内和组间统计值之间的区别(已在第21章介绍),对于这些问题,在这里我们不再做详细的介绍(见 Pedhazur,1982:526-547,以及与之有关的参考资料),只是指出在有一个以上的组时(例如,男性和女性;儿童、青少年和成人;接受不同治疗的群体),我们可以计算组内、组间和总计统计值。

究竟选择研究的是组内,还是组间,或者这两种统计值,取决于研究的具体问题。然而对总计统计值感兴趣的人的确寥寥无几,因为它们是组内和组间统计值的杂交(见 Cronbach,1976b)。作为一个例子,大家考虑一下我们对表21.1的数据进行的分析。使用两个组,分析结果显示,虽然 $X$ 和 $Y$ 之间的总计相关是-0.026,但是两个组内相关却是0.806和-0.809。[2]

前面的例子只不过是诸多总计相关和组内关联可能彼此不同的例子中的一个而已。即使在组内相关彼此相似的情况下,总计相关也可能与它们在数量和/或符号上有所不同。例如,当相关的变量(指标)的组均值存在差异时,就会发生这种情况。在第24章中,我们将对来自不同总体的样本的跨样本的因子结构比较问题做评论。

在各种实际领域,不同组的(用性别、种族、种族等分类)因子结构几乎都是显然不同的。然而,许多研究者似乎对由于将异质的组合并而产生的问题视而不见。最近在性别角色研究和学生对教师的评价方面进行了大量的因素分析研究,我们可以从中发现有关这方面值得注意的例子。

关于上面提到的第二种情况,即某些类型的被试的选择,我们应该清楚的是,指标之间的相关可能受到选择的特定类型被试的很大影响。例如,当被试选择会导致范围受到严重限制时,指标之间的相关可能会很低,甚至接近零。[3]显然,这样的相关的FA可能导致其得到的结果,与基于从中选择被试子集的那些总体中的变量的连续统得到的结果完全不同。

## 样本大小

尽管大家一般都同意大样本对于因子分析结果的稳定性是不可或缺的,但是对于究竟什么才是大样本这一点却是众说纷纭,莫衷一是。例如,卡特尔(Cattell,1978)把被试低于200个的样本叫作"有点小"的样本(p.492)。尽管康姆里(Comrey,1978)推荐的一个样本"至少要有299个被试",但他还说"我发现在因子结构稳定之前,因子分析结果的瞬间扰动一直在消

---

①吉尔福德(Guilford,1952)的文章值得我们仔细研究,因为它成功地处理了各种在今天的FA应用中仍在使用的错误做法。
②我们建议大家对表21.1的数据再次进行分析,重温一下这个题目的讨论。
③关于范围限制对相关系数的影响,见第3章。

减，直到个案达到 2 000 个为止"(p.649)。

各种作者都联系指标(变量)数目提出了各种确定样本大小的经验法则。例如，农纳利(Nunnally, 1978)提出了"一条至少要有 10 倍于变量的被试的好法则"(p.421)。可克里夫(Cliff, 1987)则提出了一个比较宽松的指南："在有 40 个左右的变量时，最低限度要有 150 个人，尽管假如能有 500 个人则更好"(p.339)。

沃林斯(Wolins, 1982)正确地把这样的经验法则斥之为对样本大小问题的"不正确"(p.64)答案，因为它取决于分析的具体目的和数据的性质。诚如沃林斯所言，除了其他的条件之外，需要的样本大小随提取的因子数变化；不论它是否"为得到单个因子负荷的好估计值所必需"，也不论变量是否"性状良好"(p.64)和变量之间相关的强弱。

但上面讨论的一个例子指出，一般来讲，由单题项量表组成的数据，需要的样本比由多题项量表组成的数据更大。例如，桑代克(Thorndike, 1982)声称，对于由题项组成的数据，"有 500 或 1 000 个个案的样本似乎不算大"(p.91)。

情况是复杂的，因而无法用一些简单的答案来解决，更不用说什么经验法则了。我们只能提醒大家，即使像第 9 章和第 15 章一样的简单的设计，样本大小的确定也是相当复杂的。大家也许还记得，我们一直强调区别统计显著性和实际显著性的重要性。因此，我们认为，即使我们的目的比较简单，如试图检验两个均值的差异，不仅必须要确定第一类误差和第二类误差，而且也需要确定困难得多的效应大小问题。因此，我们可以肯定，在处理比较复杂的设计问题(如 FA)时，希望能得到样本大小问题的简单答案是根本不可能的。有鉴于在这里我们只对 FA 做一些初步介绍的这个事实，我们在这里所能做的全部事情，就是再次重申，请大家使用比较大的样本这个一般性建议。[1]

## 综合分数

一旦达到我们认为比较满意的因子分析解之后，将那些据说反映某一给定因子的指标的分数合并在一起，得到每个个体在那个因子上的综合分数是很有用处的。宽泛地讲，我们可以采用的路数有以下两种：(a)计算因子分数；(b)建造基于因子的量表。

## 因子分数

因子分数问题相当复杂，其原因主要是无法得到唯一的解。这种困境叫作不确定性，它

---

[1]我们将在第 23 章中讨论模型的显著性检验与模型和数据拟合好坏的评估之间的区别时，再次回到样本大小问题的讨论。

的意思是"对于一个给定的因子模式,可以构建的满足所有必要特性的合理的因子得分不止一个"(Gorsuch,1983:258;关于不确定性的精彩讨论,请见 McDonald & Mulaik,1979)。因此建议采用的估计程序也各不相同,以达到某些为我们所愿的特性(如最大化组成的稳定性,最小化成分之间的相关),既不存在大家公认的因子分数估计的好方法,也不存在大家公认的用于因子分数和基于因子的量表(见下文)选择的好方法。

有关因子分数的讨论,实际上可以在本章开头的任何参考文献中找到。专门讨论这一问题的论文有 Alwin(1973);Glass & Maguire(1966);Saris,dePijper & Mulder(1978);Smith(1974a,1974b);Susmilch & Johnson(1975)。

## 基于因子的量表

和许多作者一样,我们认为因子分析的用处有限。FA 更有潜力的用处是构建基于因子的量表。对于旨在测量一维结构,或多维结构的特定维度的同质性量表的构建,FA 是非常有用的。FA 的很多(如果不是大多数)应用和错误应用都与这一目的有关。对于这样一种目的的应用,FA 主要用于指标(题项)的确认和选择。最为普遍的做法是考虑将那些在某个因子上的负荷超过临界点(如0.4)的指标,作为包括进某个给定量表的候选指标。

基于因子量表的分数常通过将组成量表的题项分数加总求得。因为因子负荷的大小不在考虑之列,所以那些包含在一个给定量表中的题项的权数都是1,而那些未包括在量表中的题项的权数则都是0。这种做法似乎是正当的,因为有关的文献回顾告诉我们,差别加权,特别是在处理题项(指标)时,完全是多此一举的(例如,参见 Nunnally,1978:296-297;Stanley & Wang,1970;Wang & Stanley,1970)。

当然,包括在一个给定量表中的题项数要取决于各种考虑,最重要的是要考虑足够的"覆盖面"或定义域"抽样"和信度问题。无独有偶,在这个问题上也有人提出了一些经验法则,如有人建议为了能比较确切地解释一个因子,在该因子上有意义的负荷的指标数最少要有3~5个(例如,参见 Bentler,1976;Kim & Mueller,1978a)。

不幸的是,滥用或盲目应用 FA 不是个别的现象(例如,Comrey,1978;Korth,1975;Nunnally,1978;Stewart,1981)。不仅如此,研究人员还是会经常不注意自己报告的结果。例如,虽然我们常看到研究者会提供一些有关构建或使用的量表多维度的证据,但有关题项的选择和打分的信息却付诸阙如。在有些人看来,报告 FA 的结果好像是一件例行的公事,而不是一个要精心筹划的行动。

不论因子的结构和模式如何,所有被保留并打分的题项就好像都测量的是一个单一的建构。一般来说,这种做法可归结为一些相互矛盾的概念。一方面它宣称,或至少由在不同的因子上有高负荷的题项表明,不同的方面已经被测量;另一方面在把所有的题项都加在一起时,这些题项又被视为好像只在一个因子上才有高负荷似的。

## 报告FA的结果

尽管适当的研究报告总是必需的，但对于FA来讲，情况尤其如此，因为结果会受到研究过程中所做出的有关如何得到它们的决策（例如，因子提取的方法、保留多少因子和因子旋转的方法等）的影响。因此，FA结果的报告总是存在这样那样的问题。在许多情况下，报告仅限于对那些已经"出现"的因子数目，或对那些超过某个临界点的因子负荷做一些简单的说明，这种现象令我们惊讶不已。

很多作者（例如 Comrey，1973，1978；McDonald，1985；Nunnally，1978；Skinner，1980；Weiss，1971）都对那些很差的因子分析研究的报告做过评论，并对报告必须包括的基本信息做了推荐。因为具体内容在很大程度上取决于选择的具体方法和在它的应用过程中作出的决策，所以FA报告内容的指导原则应是提供的信息必须切题和足够，不要只是简单地报告一下研究者做了什么，也要使读者能用同样的方法但或许不同的决策法则，或是其他的方法重新进行分析。这意味着除了其他信息之外，以下信息应该包括在报告中：

1. 有关应用特定的FA的理论原因。
2. 详细描述被调查者（样本）和题项（指标、变量），包括均值和标准差。
3. 用于分析的方法，包括共同性估计、因子提取和旋转。
4. 使用的标准，如因子保留数目、有意义负荷的临界点。
5. 相关矩阵。
6. 正交旋转解的结构矩阵。斜交旋转解的结构和模式矩阵，因子之间的相关。

然而限于篇幅和刊物编辑的要求，报告不可能将所有有关的信息都包含在内。在一些指标比较大，或探讨过的解在一个以上时尤其如此。在这样的情况下，作者应通知读者，还有什么其他信息可应他们的要求提供。

## 结　语

我们要提醒大家，这一章的目的是以建构验证为参考框架介绍和阐释探索性FA的某些基本理念。可以证明，以理论和某些明智的应用为指导，探索性FA对已有量度或将要构建的量度的探讨是很有用处的。然而，诚如我们已经讲过的一样，这种分析路数也很容易被滥用和错解。在本章介绍的探索性路数中存在的某些问题和固有困难，将在验证性FA，即下一章介绍的专题中消失和/或缓解。

# 第23章

## 验证性因子分析

探索性因子分析(Exploratory Factor Analysis, EFA)和验证性因子分析(Confirmatory Factor Analysis, CFA)之间的区别和涉及它们在建构验证中的应用的基本概念的区别已在第4章做过介绍。虽然在EFA和CFA之间并不存在一条清楚的界线(如Cliff, 1987; Marradi, 1981; Nunnally, 1978),但是这两种路数在一些重要方面的确有所不同。

显然,对旨在检验一个模型和评估它是否与数据拟合的CFA的应用,其先决条件是建立一个模型。虽然这既不能保证建立一个有意义的模型,也不能保证明智地将CFA应用于它,但是它的确降低了盲目地应用FA的可能。

最重要的是在应用CFA时,模型在那儿是所有人都可以看到的——尤其是那个测试它的人。

即使都在理论指导下(本来就应该如此),EFA也总是比CFA对研究者的约束更大。以下是这两种路数之间的一些对比。[1]

1. 在EFA中,所有指标在所有的因子上都有负荷(不一定有意义),而CFA的一个主要特性却是研究者可以指定哪些指标对哪些因子有负荷。此外,在CFA中,除其他设定外,还可设定两个或更多个指标的负荷为彼此相等。

2. 在EFA中,因子是否相关,是一个全有或全无的决定,换句话说,我们不可能设定只有某些因子是相互相关的。相反,在CFA中,不仅可以指定哪些因子是相互相关的,而且还可以设定相关的大小和某些因子之间的相关是否相等。

3. EFA假定指标的误差是不相关的,而CFA则可以把相关的误差作为检验模型的一部分。[2]

## SEM 和 CFA

CFA可以被看作更具普遍性的结构方程建模(Structural Equation Modeling, SEM)路数的一个子模型(见第24章)。确切地讲,它是因子(潜变量)指标(显变量)的关系和因子之间的

---

①若有必要,请参见第22章有关EFA的介绍。
②有关EFA和CFA更为详尽的比较请参见Long, 1983a。

关系量度模型。因此，它特别适合在建构验证过程中进行结构内和跨结构的分析（见第4章）。

以下并非CFA的正规介绍，因为这需要使用矩阵代数和复杂的统计理论。与EFA（第22章）的介绍一样，在本章和第24章，我们将会对研究问题的概念化及与之有关的分析方法的最新进展作一些非正式的介绍。注意，这样做的目的有两个：(a)使大家能够读懂那些使用了这些路数的报告，(b)帮助大家开始学习和应用这些路数。

期刊的编辑们也认识到自己迫切需要掌握一些SEM的基本知识来帮助他们的读者和自己。例如，在《儿童发展》(*Child Development*)有关SEM的特刊前言中(Bronson, 1987(58): 1-175)坦率地指出，编辑"和大多数《儿童发展》的读者都没有能力（我们料想）对SEM作出明智的评价"(p.1)。

SEM导论可以在以下著作中找到：Bohrnstedt, 1983; Bollen, 1989; Cuttance & Ecob, 1987; Hayduk, 1987; Judd, Jessor & Donovan, 1986; Long, 1983a, 1983b, 1988。

## 估计程序和计算机程序集

估计程序有很多，但在SEM中最常用的是最大似然（ML）解。ML所依据的统计学理论是很复杂的，我们并不准备在这里详细讨论它，而只是简要地讨论它的基本目标和主要特点：如果具体的分布假定已经给定，那么ML解便是以搜索到的最有可能产生观察数据的参数估计值为根据的。穆莱克(Mulaik, 1972)对ML估计做了如下这样的解释：

> "最大似然估计的思想是这样的：我们假定我们知道从中抽取样本的那个总体分布的一般形式。例如，我们可以假定总体分布是一个多元正态分布。但是我们不了解那些从所有可能的多元正态分布中给出这种特定分布形式的总体参数……而在缺乏这种知识的情况下，我们可以取任意值，把它们当作总体参数来对待，然后问自己，在从这样的总体中抽出的单独一个观察上观察变量的某些值……的似然(likelihood)是多少。如果我们有一个以上的观察，那么我们就可以问，得到这样一个观察向量的样本的联合似然是多少？……最后，我们可以问：什么样的总体参数值能使样本观察具有最大的联合似然？在我们回答了这个问题时，我们将会取这样一些值来作为总体参数的最大似然估计量。"(p.162)

有关ML的比较正式的介绍和SEM的专门参考材料，参见Bollen, 1989; Everitt, 1984; Gorsuch, 1983; Long, 1983a, 1983b; Mulaik, 1972, 1975。SEM的ML的计算极为复杂和繁琐，没有计算机的帮助是根本不可能的。实际上，SEM的ML解的推广得益于专家们在各种计算机程序集中的开创性工作，其中最为流行的是LISREL(Linear Structural RELations，线性结构关系;Jöreskog & Sörbom,1989)。[①]

　　LISREL 要求对矩阵要有基本的理解,它检验的模型必须是已经设定的。尽管我们并没有假定大家掌握矩阵知识的程度,但是我们认为还是有必要介绍用于 LISREL 的矩阵,以帮助大家理解和掌握这种程序集的输入和输出。[②]此外,因为 LISREL 使用的是希腊字母的符号,所以大家必须慢慢熟悉一下某些希腊字母。

　　我们也将使用另一种计算机程序集——EQS(Bentler,1985)。[③]这种程序集既不依靠矩阵术语,也不依靠希腊字母来设定模型。尽管两种程序集的估计程序可选择的解都有若干种,但是我们的介绍只限于 ML 解。还有其他一些可利用的用于 SEM 的程序集(例如,见 McDonald,1985)。

　　正如我们指出的一样,CFA 是 SEM 的子模型。因此,本章只介绍了第24章完整模型的一个方面。我们之所以选择从 CFA 开始讲,不仅是因为它自身就很重要,而且也因为可以利用它来理解第24章要介绍的更为复杂的模型。在本章中,我们只介绍那些与 CFA 有关的矩阵知识。其他与 SEM 有关的矩阵知识将在第24章介绍。

　　不仅如此,本章介绍的有关模型检验和拟合的基本理论,将在第24章继续介绍,并有所扩充。我们希望这样一种渐进式的介绍有利于大家学习 SEM。总之,第23章和第24章应该看作同一专题的两个部分。

　　我们介绍 CFA 和 SEM(第24章)的路数仅仅是分析一些数例。在对每种计算机程序集做过简单的介绍之后,我们将对给定的程序集的输入和输出进行评议,以对其基本思想和结果作出解释和阐述。

　　为了帮助大家用心学习 LISREL 和 EQS,我们将比较详细地讨论它的输入和输出。不过我们的讨论远不够全面和详尽,更没有打算用它来替代这些程序集的手册。我们的讨论只不过是给大家打好学习正在使用的程序集手册的基础,提供一个进一步学习的指南。这些手册也包含了各种设计分析的实例,并附有一些很有价值的解释。

## LISREL：使用指南

　　本章和第24章的所有分析使用的都是 PC-LISREL 7.16 版本。虽然在本书编撰时,LISREL 7 的大型机版尚未面世,但是现在肯定已经出版发行了。所以那时我们无法知道这两

---

[①]LISREL 是 Scientific Software,Inc(科学软件公司)的注册商标。有关 LISREL 的信息和程序集的问题请与 Scientific Software,Inc.,P.O.Box 397,Fairplay,CO 80440联系。

[②]我们提醒大家注意,我们曾经在第22章介绍过一些矩阵的基本思想。我们还建议大家学习一些矩阵代数,并提供了一些入门参考材料。也请参见第18章的开头部分。

[③]EQS 是 BMDP Statistical Software,Inc(BMDP 统计软件公司)的注册商标。有关 EQS 的信息,请与 BMDP,1440 Sepulveda Boulevard,Suite 316,Los Angeles,CA 90025联系。

种版本是否相同。但考虑一本手册适用于两种版本，这可能是不言而喻的。尽管同一本手册适用于PC和大型版LISREL Ⅳ，但是它们并非在所有方面都相同。

无论如何，众所周知，计算机程序集经常会纠错、升级和修正。因此大家必须要查一下自己使用的具体版本的特点和选项。为了方便起见，我们把程序集叫作LISREL，而把它的指南（Jöreskog & Sörbom, 1989）叫作LISREL手册或就叫手册。现在我们开始来讨论这个程序集。

为了使大家能够了解正在研究的子模型使用的矩阵，我们将使用一个有六个显变量（指标）和三个潜变量（因子）设计的例子。潜外生变量用$\xi$(xi)表示，在LISREL中则是KSI。[1]KSI的指标（显变量）用带下标的$X$表示。系数显示KSI在各个$X$上的效应，用$\lambda$(lambda)表示。$X$中的误差用$\delta$(delta)表示。

这些$\lambda$都被合并到了矩阵$\Lambda_x$(LAMBDAX)中，[2]在输入中被设定为LX。LX中的行数等于指标数，在输入中被设定为NX。LX中的列数等于KSI数，在输入中被设定为NK——表明对指标有影响。这样对于例子而言，矩阵LX(LAMBDAX)如下所示

$$
\begin{array}{c}
\begin{array}{ccc} \xi_1 & \xi_2 & \xi_3 \\ (\text{KSI 1}) & (\text{KSI 2}) & (\text{KSI 3}) \end{array} \\
\begin{array}{c} X_1 \\ X_2 \\ X_3 \\ X_4 \\ X_5 \\ X_6 \end{array}
\left[
\begin{array}{ccc}
\lambda_{11} & \lambda_{12} & \lambda_{13} \\
\lambda_{21} & \lambda_{22} & \lambda_{23} \\
\lambda_{31} & \lambda_{32} & \lambda_{33} \\
\lambda_{41} & \lambda_{42} & \lambda_{43} \\
\lambda_{51} & \lambda_{52} & \lambda_{53} \\
\lambda_{61} & \lambda_{62} & \lambda_{63}
\end{array}
\right]
\end{array}
$$

关于用于LISREL的这个和其他矩阵有几点需要说明。

1. 矩阵由包含在括弧中的元素组成。为了便于说明，我们将行标和列标都包括进去。

2. 矩阵的元素由它们的坐标识别，这就是说，由它们的行号和列号识别。因此，与那些$\lambda$关联的下标并非必须。我们之所以使用它们只是为了说明单个元素究竟与什么有关。例如，$\lambda_{41}$是用来指涉因子1($\xi_1$)在$X_4$上的效应。

3. 在LISREL中，输入必定会涉及矩阵的元素，以设定它们的状态（如它们是自由的还是固定的，见下文）。有几种备择格式都可用于这个目的。用$\lambda_{41}$作为一个例子，下面是三种用于LISREL输入的等价格式：

$$\text{LX}(4,1) \quad \text{LX}(4\ 1) \quad \text{LX}\ 4\ 1$$

注意这个模式：两个字母识别的正在研究的矩阵，跟随其后的是研究的元素的坐标。这样的格式可用于确定任何LISREL矩阵中的元素。

另一种格式包含两个识别研究矩阵的字母，跟随其后的是一个识别矩阵中那个给定的元素位置的数字。用这种格式，从第一行的第一个元素开始，按行连续分配数字。

因此，对于上面给出的矩阵而言，$\lambda_{11}$被指定为数字1，$\lambda_{12}$被指定为数字2，以此类推，直至把18给了$\lambda_{63}$。因此，不是像上面那样用它的坐标来指涉$\lambda_{41}$，而是可以用现在的格式。并将它

---

[1] 外生和内生变量的概念已在第14章做过介绍。

[2] 正如我们在第22章中指出的一样，矩阵和向量都用黑体字母描述。

指称为 LX 10(即第10个元素)。作为另一个例子,下面是其他一些格式表示的 $\lambda_{52}$:

$$LX(5\ 2)\quad LX\ 5\ 2\quad LX\ 5,2\quad LX\ 14$$

前三个使用了坐标,而最后一个则用了元素编号(第14个)。

有关识别 LISREL 矩阵中的元素的其他格式请查阅手册。现在我们开始讨论其他两个组成研究子模型的矩阵。

$\Phi$(PHI)是一个潜外生变量($\xi$)的方差-协方差矩阵,在输入中被设为 PH。即这个由那些 KSI 构成的矩阵的主对角线,而对角线之外的元素则构成了 KSI 之间的协方差。因为方差是协方差的特例(即变量和它自己的协方差;参见第17章),因此把方差-协方差矩阵简称为协方差矩阵会更方便一些。

PHI 是一个对称的协方差方阵,它的维度等于 KSI 的数目。对于上面的例子而言,PHI 是一个3乘3矩阵(3个 KSI 的 PHI)。因为 PHI 是对称的,所以它一般被表示为一个下三角矩阵。[①]这就是它在 LISREL 中呈现的格式。

正如下面解释的一样(参见有关输入的评议),在本章使用的数例中,那些 PHI 都是相关矩阵。大家回想一下,相关矩阵是协方差矩阵的特例,即在使用标准差时。因此这样一种矩阵的主对角线都由1(标准分数的方差)组成,而对角线之外的元素则都是相关系数(标准分数的协方差)。[②]下面是上面介绍的那个例子的 PHI(即3个 KSI 的 PHI):

$$
\begin{array}{cccc}
 & \text{KSI 1} & \text{KSI 2} & \text{KSI 3} \\
\text{KSI 1} & \begin{bmatrix}\phi_{11} & & \\ \end{array}
$$

$$
\begin{array}{l}
\text{KSI 1} \\
\text{KSI 2} \\
\text{KSI 3}
\end{array}
\begin{bmatrix}
\phi_{11} & & \\
\phi_{21} & \phi_{22} & \\
\phi_{31} & \phi_{32} & \phi_{33}
\end{bmatrix}
$$

用 $\phi_{32}$ 做例子,下面是一些可以用于它的备择格式:

$$PH\ 3\ 2\quad PH(3\ 2)\quad PH\ 5$$

在这里,坐标用于前两种格式;元素编号(第5)用于最后一种格式。正如上面解释的一样,元素按行编号,从第一行开始。在将下三角格式用于对称矩阵时,主对角线以上的元素未计在内。

LISREL 子模型中最后一个矩阵在输入中被设为 TD,在本章中则是 $\Theta_{\delta}$(THETA DELTA)。上面我们已经讲过,$\delta$ 表示指标(显变量)中的误差。THETA DELTA 是那些 $\delta$ 的协方差矩阵。这就是说,THETA DELTA 的主对角线元素都是指标的误差的方差,而对角线之外的元素则都是指标的误差之间的相关的协方差(或相关)。

与在 PHI 这种情形中一样,THETA DELTA 是正方对称的,并以下三角矩阵这种格式呈现。因为上例使用了六个指标(6个 $X$)。所以 THETA DELTA 是一个6乘6的矩阵,具体如下所示:

---

①有关这里使用的矩阵的术语解释,请参见第22章中关于矩阵的某些观察。

②如果有必要,请复习第17章和第22章中的专题。

$$\begin{bmatrix} \theta_{11} \\ \theta_{21} & \theta_{22} \\ \theta_{31} & \theta_{32} & \theta_{33} \\ \theta_{41} & \theta_{42} & \theta_{43} & \theta_{44} \\ \theta_{51} & \theta_{52} & \theta_{53} & \theta_{54} & \theta_{55} \\ \theta_{61} & \theta_{62} & \theta_{63} & \theta_{64} & \theta_{65} & \theta_{66} \end{bmatrix}$$

用上面解释的格式,指标$X_5$和$X_6$误差的协方差便可以是：

TD(6 5)　TD 6 5　TD 20

上面的 TD 都关系 THETA DELTA。前两个用了坐标,而最后一个则用了元素的编号（第20）。

作为最后一个例子,我们给出几个$X_4$的误差方差的备择格式：

TD(4 4)　TD 4 4　TD 10

# 估　计

LISREL矩阵中的元素可以有三种：

1.值已经指定的*固定参数*。

2.未知但是等于1或几个其他的参数的*有约束参数*。

3.未知且未被约束等于任何其他参数的*自由参数*。（手册第5页）

用观察（显）变量之间的协方差（相关）矩阵,在 LISREL 中表示为 $S$。先用 ML（或用户设定的其他程序）估计设定为自由或有约束的元素；然后将估计值用于复制观察变量之间的协方差（或相关）矩阵。该矩阵在 LISREL 中用 $\Sigma$ 表示。

诚如前述,我们会使用和解释用 ML 估计得到的结果,尽管我们没有对这种估计方法本身进行讨论（这方面的好的导论,请参见 Bollen,1989；Long,1983a,1983b）。在这里我们只是指出,在进行模型检验和评估它的拟合时,$S$ 和 $\Sigma$ 之间存在的差异。显然,两个矩阵之间对应的元素彼此越接近,模型对数据的拟合就越好。在下面讨论数例时,我们将再次回到这个专题上。

## 设定模型

我们将要用上面的六个指标的例子来阐述 LISREL 是如何设定模型的。首先我们来描述图 23.1 中的模型。

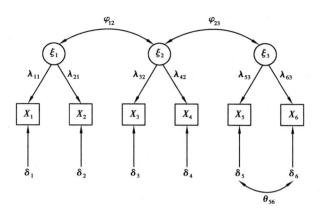

图 23.1

像这样的图在各章中都会使用,它们对于打开我们的思路是非常有用的,它们会告诉我们研究者对将要检验的模型的期望和假定。正因为这样,它们使研究者和读者能更好地理解模型,并评估它的假定和含义的效度。

诚如前面各章所述,潜变量用圆圈描述,而显变量则用方块描述。不仅如此,单向的箭头说明一个给定的变量对其他变量的效应,而弯曲的双向箭头则说明变量之间的协方差(或相关)。

根据在图 23.1 描述的模型,每个潜变量显现为两个指标。因此,$X_1$ 和 $X_2$ 都是 $\xi_1$ 的指标,其他潜变量可以此类推。建立的假设是 $\xi_1$ 和 $\xi_2$ 相关及 $\xi_2$ 和 $\xi_3$ 相关。但 $\xi_1$ 和 $\xi_3$ 不相关(不存在连接它们的曲线)。最后,除了假设的 $X_5$ 和 $X_6$ 误差之间的相关(由曲线表明),所有其他的误差都假设是不相关的。大家还要注意,指标和潜变量之间的误差是没有连线的,这说明那些 $\delta$ 和 $\xi$ 之间是不相关的。这也是 SEM 的假定之一(见手册第 4 页,以及 Long,1983a,1983b)。

下面是表示量度模型的一般方程:

$$x = \Lambda_x \xi + \delta \tag{23.1}$$

式中,$x$ 是一个 $q$ 乘 1(我们的例子是 6 乘 1)潜外生变量的指标的向量;$\Lambda_x$(LAMBDA $X$)是一个 $q$ 乘 $n$(我们的例子是 6 乘 3)的 $x$ 在潜变量($\xi$)上的负荷矩阵;$\delta$ 是一个 $x$ 的 $q$ 乘 1(我们的例子是 6 乘 1)的量度误差向量。

将矩阵写出:

$$
\begin{bmatrix} x_1 \\ x_2 \\ x_3 \\ x_4 \\ x_5 \\ x_6 \end{bmatrix} =
\begin{bmatrix} \lambda_{11} & 0 & 0 \\ \lambda_{21} & 0 & 0 \\ 0 & \lambda_{32} & 0 \\ 0 & \lambda_{42} & 0 \\ 0 & 0 & \lambda_{53} \\ 0 & 0 & \lambda_{63} \end{bmatrix}
\begin{bmatrix} \xi_1 \\ \xi_1 \\ \xi_3 \end{bmatrix} +
\begin{bmatrix} \delta_1 \\ \delta_2 \\ \delta_3 \\ \delta_4 \\ \delta_5 \\ \delta_6 \end{bmatrix}
$$

$$\quad x \qquad\qquad \Lambda \qquad\qquad \xi \qquad \delta$$

那些$\xi$的协方差矩阵是：

$$
\begin{array}{cccc}
 & \text{KSI 1} & \text{KSI 2} & \text{KSI 3} \\
\begin{array}{c} \text{KSI 1} \\ \text{KSI 2} \\ \text{KSI 3} \end{array} &
\left[\begin{array}{ccc}
\phi_{11} & & \\
\phi_{21} & \phi_{22} & \\
0 & \phi_{32} & \phi_{33}
\end{array}\right]
\end{array}
$$

$$\phi$$

对角线上的元素是那些$\xi$的方差，而对角线之外的元素则是那些$\xi$之间的协方差（或相关）。注意，0说明$\xi_1$和$\xi_3$之间不相关。

那些$\delta$的协方差矩阵是：

$$
\left[\begin{array}{cccccc}
\theta_{11} & & & & & \\
0 & \theta_{22} & & & & \\
0 & 0 & \theta_{33} & & & \\
0 & 0 & 0 & \theta_{44} & & \\
0 & 0 & 0 & 0 & \theta_{55} & \\
0 & 0 & 0 & 0 & \theta_{65} & \theta_{66}
\end{array}\right]
$$

$$\Theta_{\delta}$$

对角线由那些误差的方差组成。除$\delta_5$和$\delta_6$之间的协方差外，其余那些$\delta$之间的协方差都是0。

在介绍图23.1描述的模型在LISREL中如何设定之前，我们先来介绍一些模型设定的一般步骤。用一个简单的模型来阐述设定过程的基本方面。根据我们的模型，任何给定的指标都只受一个潜变量影响。也就是说，我们可以根据指标受多个因子影响这一设想来建立和检验模型（见第24章有关多质多法矩阵的介绍）。而在这一阶段我们则一直在避免使用约束（如KSI在$X_1$和$X_2$上的效应相等）。诸如这样的约束我们将在本章后面讨论量度模型的时候讨论。最后，尽管模型识别问题是极为重要的，但是在这一章我们暂不对这一问题进行评议。我们将在第24章中讨论那些极为复杂的问题时对它们进行讲解。

现在我们开始讨论模型的设定问题，必须予以说明的是，LISREL是用MO语句来进行模型设定的。我们将联系数例来阐述MO语句并对之进行评议。现在我们只是说一下，必须要设定的有哪些$X$（根据图23.1，NX=6），KSI（根据图23.1，NK=3）的数目和LX（LAMBDA X），PH（PHI）和TD（THETA DELTA）矩阵的形式和模式。形式涉及矩阵的形状（如对称、完整和单位）。模式涉及矩阵是FR（自由）的还是FI（固定）的（见上文）。

## LISREL 的默认

LISREL的每种矩阵都有默认的形式和模式。与默认形式不同的矩阵形式必须在MO语句中设定。重要的问题是大家必须要先检查自己将要检验的那些模型使用的默认形式，并在MO语句中设定与默认形式不同的矩阵（有关用于LISREL的默认的矩阵形式和模式请见手册第12页表1.3）。

为了说明上述情况,我们将使用三个涉及 CFA 的矩阵,参照图 23.1 描述的模型。我们先从确定矩阵的形式开始,然后再来确定它们的模式。

## 矩阵的形式

PH(PHI)的默认形式是 SY(对称)矩阵,就像上面描述的一样。PH 还可以设定其他几种形式,例如,我们可以把它设定为 DI(对角线)。这种设定的意思是,根据模型,那些 KSI(潜变量)之间的协方差等于 0。根据图 23.1 的模型,只有 $\xi_1$ 和 $\xi_3$ 之间的协方差等于 0,PH 是 SY(默认形式,因而是不必设定的),尽管并非它的所有元素都是 FR(自由)的(见下面有关矩阵模式的讨论)。

LX(LAMBDA X)的默认形式是 FU11(完全),如图 23.1 所示的模型所描述的。而 LX 也可以设定为其他的形式,如单位矩阵。这就是说,主对角线由那些 1 组成,而对角线之外的所有元素则都等于 0(见第 22 章)。无独有偶,对研究的模型,LX 也是默认的(FU11,因此不必在 MO 模型语句中设定),但是这并不意味着它的所有元素都是自由的。在正在研究的模型中,它们并不是自由的(见上面 LAMBDA X 矩阵中的那些 0)。

TD(THETA DELTA)的默认形式是 DI。它的意思是,根据模型,指标误差之间的协方差都等于 0。注意,这种形式不能用于正在研究的模型,因为 $\delta_5$ 和 $\delta_6$ 之间的协方差不等于 0。因此,它必须在 MO 语句中用命令 TD=SY(对称)设定。

## 矩阵的模式

PH 的默认模式是 FR。也就是说,它的所有元素都是要估计的。但是根据图 23.1 的描述,在 KSI 1 和 KSI 3 之间的协方差等于 0。因此,必须将这个值设为固定的(即设为 0)。我们用一个跟随对研究的矩阵和元素识别的 FI 语句来达到这个目的。前面我们已经介绍和解释过在给定矩阵中识别元素的两种格式,下面便是一些使用这些格式的,用来固定对应于 KSI 1 和 KSI 3 之间方差的 PH 元素的备择语句:

FI PH(3 1)　PH 3 1　PH 4

参见上面的 PH 矩阵,并注意关注的那个在它的第三行和第四列中的元素。

在介绍下一个矩阵之前,我们先要指出,FI 语句可以包含多个元素。不仅如此,来自不同矩阵的元素也可以包括在同一个 FI 语句中。对 FR 语句也同样如此(见下文)。

LX 的默认模式是 FI。也就是说,所有的元素都被设为了零。因此,那些要被估计的元素都必须要设为 FR。我们将用图 23.1 描述的模型来说明如何才能达到这个目的:

FR LX(1 1) LX(2 1) LX(3 2) LX(4 2) LX(5 3) LX(6 3)

也可以用在 LX 中相关元素的编号,将前面的那些语句改写为下面这样的语句:

FR LX 1 LX 4 LX 8 LX 11 LX 15 LX 18

为了说明后一种格式,下面是一个对应于上面给出的 LX 的矩阵,矩阵中的元素都是连续编号的,而那些设为 FR 的元素则都用圆圈标出。

$$
\begin{bmatrix}
① & 2 & 3 \\
④ & 5 & 6 \\
7 & ⑧ & 9 \\
10 & ⑪ & 12 \\
13 & 14 & ⑮ \\
16 & 17 & ⑱
\end{bmatrix}
$$

如果没有使用默认的 LX 模式,那么就可以使用 MO 语句中的模式,如可以设定 LX=FR。在这样做时,我们必须执行与前述那种操作反向的操作。这就是说,必须先将那些不要估计的元素固定。在这两种路数之间的选择实际上是哪一种路数更方便的问题。

诚如前言,TD 的默认形式是对角线。它的默认模式是自由。而设 TD=SY 则意味着对角线元素仍然自由,但对角线外的元素则都是固定的。Jöreskog 和 Sörbom 决定使用这种混合模式,因为在矩阵不是对角线时"通常只有少数对角线之外的元素是自由的,因此它们可以用一个 FR 行来设为自由"(手册第 14 页)。在例子中,只有一个对角线外的元素是自由的。因此,在 MO 中设 TD=SY 需要在 FR 行中设定 FR(6 5)。在 TD 的对角线外的元素有比较多的自由时,可先在 MO 语句中设定 TD=SY,FR,然后再用 FI 行来固定那些不自由的元素。

如果这是大家第一次碰到 LISREL 的矩阵和语句编撰,那么几乎可以肯定大家都会感到有些茫然。因此,我们想强调的是,我们在这里介绍的内容只想让大家对这个系统有一个大概的了解而已,大可不必过于担心,我们将会通过数例的讲解和评议再次回到这里讲解的那些问题上。我们要再次强调的是,为了能正确和有效地使用 LISREL,大家都必须要悉心学习它的手册。

## 数 例

我们将通过分析几个数例来阐述 CFA 使用的几个不同的方面。为了便于比较,我们先来分析那个在第 22 章用来阐述 EFA 的数例,除了讨论这两种前面讨论过的路数之间的差别,我们还要给大家指出那些在 EFA 中存在和出现的困难与争论(如共同性的估计,因子旋转)在 CFA 中是不存在的。

为了便于阐述,我们将对第 22 章的两个模型中的每一个都进行检验和拟合:(a)不相关因子,(b)相关因子。这将使我们得以阐述和解释不同模型的检验和拟合。为了便于比较,用同一数据集估计的模型的输入和输出将会并列给出。

在用 LISREL 分析了第 22 章的数例之后,我们将对 EQS 做简要介绍。然后,我们将用 EQS 对一个曾经用 LISREL 分析过的数例进行分析。

然后我们转向如何将 CFA 用于多质多法矩阵分析的讨论。之后我们将阐述如何将 CFA 用于某些测量模型。

学习使用 LISREL 和/或 EQS 并熟悉输出的最佳方法之一是复制以下那些已经发表的分析,并试着对所述模型做变化。我们强烈推荐大家从复制分析开始,也许大家还可以要求得到比这里报告的输出更为详尽的输出。在运行自己选择的程序集开发了一些分析工具之后，便可以尝试提出一些不同于这里提出的模型，对它们进行分析，并对结果进行研究。这种做法不失为一种明智之举。然后大家可以再分析那些文献中出现的更加复杂的模型。大多数使用SEM的报告都会给读者提供一些再分析所必需的信息。我们再次建议大家不仅要重复报告的分析，而且也要尝试这里所述模型的各种变化。

## 不相关因子

本节分析的相关矩阵取自第22章的表22.1。请大家回忆一下，为了便于阐述，我们假定用了自我概念的两个维度：学术和社会。在将CFA用于这些数据时，我们也将使用相同的实例。

下面是两个LISREL解的输入语句，它们被并排放在了一起以便于比较。[1]在对输入进行评议时，我们也会对两个模型进行评论。提醒大家要注意的是，那种在某些语句旁的括弧中插入简短的评语的做法。这些评语并非输入文件的一部分（对我们的做法，报告的输入语句格式和展示的输出的解释，以及对输入和/或输出的评议请参见第16章）。

### LISREL

**Input**

```
TABLE 22.1, TWO UNCORRELATED FACTORS          TABLE 22.1, TWO CORRELATED FACTORS
DA NI=6 NO= 200                                DA NI=6 NO=200
LA                    [LAbels for indicators]  LA
X1 X2 X3 X4 X5 X6                              X1 X2 X3 X4 X5 X6
KM                    [Correlation matrix]     KM
1.0 .502 1.0 .622 .551 1.0 .008 .072 .028 1.0 .027   1.0 .502 1.0 .622 .551 1.0 .008 .072 .028 1.0 .027
.030 −.049 .442 1.0 −.029 −.059 .018 .537 .413   .030 −.049 .442 1.0 −.029 −.059 .018 .537 .413
1.0                                            1.0
MO NX=6 NK=2 PH=FI   [Model statement]         MO NX=6 NK=2 PH=ST
FR LX 1 LX 3 LX 5 LX 8 LX 10 LX 12             FR LX 1 LX 3 LX 5 LX 8 LX 10 LX 12
ST 1 PH 1 1 PH 2 2                             LK
LK                   [LAbels for KSI's]        ACADEMIC SOCIAL
ACADEMIC SOCIAL                                OU RS
OU RS
```

### 评　议

在评议具体的输入语句之前，我们先对LISREL的输入做综合观察。

在LISREL中，"ine（行）这个词是在从一个终端或打孔的卡片输入记录的意义上使用的。在终端上，记录的结尾是用一个RETURN（回车）符设定的"（手册第51页）。我们将用这个词来控制语句或语句和行的互换。尽管几个语句可以用分号隔开而置于同一物理行，但是为了清晰起见，我们不提倡这种做法。

行的名称由两个字母（如MO,OU等）和可能包含一个或几个带有关键词的参数组成。

下面那些语句（行）是任何运行都需要的：(a)DA（数据），(b)MO（模型），(c)OU输出。其他行可能为数据和/或模型的定义所需。下面我们开始解释上面给出的输入。

---

[1]它们可能被堆叠在一起运行，而不是分别运行每个问题（参见手册第74页）。

　　尽管并非必须，但是我们还是强烈推荐大家使用标题行。只有标题行才可以先于DA行。请务必确认标题行不能以字母DA开头，因为这会导致系统将它误认为一个DA行，导致运行的终结和令你迷惑不解的错误信息出现。尽管我们用了简明的标题来说明数据的来源，检验模型的类型，但是我们还是要大家回想一下我们曾经给过的建议（第16章）：最好把清楚而全面的输出文件也包括进来。正如大家可以从标题看到的一样，左边的输入是不相关因子，而右边的则是相关因子。我们先评议在两个输入中相同的那些语句，再评议那些在两个输入中不同的语句。

　　DA=DA（数据参数）；NI=输入的变量数；NO=观察数；其他参数也可以包括在DA语句中。例如，MA是可以设定要分析的矩阵的类型。默认分析的是协方差矩阵（CM）。注意，MA指的是分析的矩阵类型，而不是读入的矩阵类型。因此，我们可以读入原始数据，或一个相关矩阵（KM）和标准差（SD）。然而，没有在DA中设定MA时，即使用默认，分析的就是协方差矩阵（有关例子，请见本章后面有关量度模型的讨论）。

　　在我们只读入相关矩阵时，它将用默认的方法分析。如果读入的是一个相关矩阵和标准差，我们就可以有如下的选择：（a）使用默认（即不设定MA），因此将要分析的是协方差矩阵；或（b）设定MA=KM，这时要分析的就是相关矩阵。

　　LA（标签）是一个可选项。我们建议大家给指标和潜变量贴上标签（参见下文的LK）这样可以使大家能更好地读懂输出。在表22.1中，我们为前三个指标使用那些Y，而为后三个指标使用那些X。当然我们也可以在这里使用相同的标签。与之相反，我们选择给所有的指标都贴上那些X，以和LISREL使用的术语保持一致，根据这一选择，那些KSI的指标都被标为了X（见MO语句中的NX和FR语句中的LX）。

　　KM=correlation matrix（相关矩阵）。设定KM只表示随后的那个相关矩阵是自由格式的。注意，读入的下三角相关矩阵的各个元素用一个空格隔开。还有其他可使用的自由和固定格式类型。手册中推荐的做法是不要将数据包括在输入文件中（参见手册第277页），而要用一个外部文件，因为这将有助于检测某些类型的输入错误。但在这里我们并没有这样做，因为我们的数据集很小。

　　MO涉及一个MO（模型）语句。我们用它将指标数设为6（NX=6），而将KSI（潜变量）数设为2（NK=2）。注意，因为TD（THETA DELTA）是未设定的，所以将会使用程序集的默认设置（Diagonal，FRee）。

　　到目前为止，这两种运行的语句都是一样的。然而要注意的是，不相关因子输入的PH=FI，但相关因子却是PH=ST。我们将在后面对这种差别进行评议。

　　诚如前述，LX（LAMBDA X）已为默认所固定。因此，必须将那些要估计的元素设为自由。前面已经介绍过如何用FR语句来做到一点。在目前这个例子中，LX由6行（6个X）和2列（2个KSI）组成。我们建议大家写出这个矩阵，以上面显示的方式给它的每一个元素编号。这样做可以使大家明白元素1,3和5涉及KSI 1的系数。而8,10和12则涉及KSI 2的系数（这个矩阵也会在下面作为LISREAL输出的一部分显示）。

　　总之，像这样使用FR语句，就会将前三个X设为反映KSI 1的指标，而将最后三个X设为反映 KSI 2 的指标。由此不难看出,它与每个指标在所有的因子上都有负荷的 EFA 形成鲜明的对比。

LK 用于给潜 KSI 变量贴标签,它们的标签是 ACADEMIC(学术)和 SOCIAL(社会)。

在前面我们已经告诉过大家,有些问题,如模型识别问题必须在数据分析之前确定。我们将在第 24 章来评论这个问题,而现在我们只要告诉大家下面这几点就足够了:

"在测度或量表建立之前因子分析模型是识别不了的。如果一个因子的量表建立不了,那么在公共因子的方差和观察变量的负荷之间便会存在不确定性……就不可能估计公共因子上的负荷和方差"(Long,1983a:49-50)。

用于解决上面提到的那种不确定性的最为普遍的路数有两种。在第一种路数中,这些指标中的一个指标的测度(测量单位)被用来作为一个给定的 KSI 的测度。这种测度将在第 24 章解释和使用。第二种路数就是本章始终在用的,将那些 KSI 的方差固定为 1.0,并因此而将潜变量标准化。这必须要注意区别标准化的观察变量和标准化的潜变量。再如我们的例子一样分析相关矩阵时,观察变量(指标)都是标准化的(见第 17 章)。如果分析的不是相关矩阵,而是协方差矩阵,那么观察变量当然就不会是标准化的。但是潜变量却仍然是标准化的(参见本章有关量度模型的讨论)。

记住前面这些评语,我们现在开始评议两个输入中在 MO 语句中的 PH 设定,先从不相关因子开始。我们在前面已经讲过,PH 是那些 KSI 的协方差矩阵。注意,PH=FI(固定)是在输入中有关不相关因子的 MO 语句中设定的。因此,所有元素,包括那些 KSI 的方差都被设为 0。为了改变这一情况,我们用了 ST(起始值)语句,其目的之一就是"为哪些固定的参数定义非零值"(参见手册第 67 页)。

注意,我们已经为 PH 1 1 和 PH 2 2 设定起始值 1(ST 1)。这些都是 PH 对角线上的元素。因此,两个 KSI 的方差都被固定为 1.0。因为我们没有提到其他的元素,PH 2 1 被固定在 0 处(因为在 MO 语句中,PH=FI)。正因为这样,它假设 KSI 1 和 KSI 2 之间的协方差(即目前情况中的相关)是零,这正是我们对这个模型的要求。各种其他的路数也可被用来达到这个目的。例如,PH 可被设为 DI(对角线)和 FI(固定)的。而我们之所以选择上面的路数,是为了能清楚地显示两种分析之间存在的差别。

现在我们来评议相关因子的 MO 语句,大家要注意 PH=ST。在这一设定中,ST 虽然没有涉及那些起始值(上面讨论的),但涉及"在对角线上有固定的值的对称矩阵(一个相关矩阵)"(手册第 12 页)。ST——PH 可以使用的格式之一(参见手册第 12 页)——在假设潜变量相关时便于我们设定 PH。诚如大家所见,用 PH=ST 使我们得以不再需要用 ST 1 来固定那些 KSI 的方差——这个路数可用于不相关因子。

为了加深大家对系统的理解,我们将告诉大家如何用不同的路数来得到相同的结果。我们可以使用与不相关因子同样的语句(即同样的 PH 和 ST/起始值为 1)。此外,这就必须要用 FR(自由)PH 2 1。该选项可包括在 LX 都是自由的语句中。

目前的例子只由两个 KSI 组成,因此采用两种方法中的任何一种均可。然而对于数目较大的 KSI 而言,用 PH=ST 则更加方便,如果假设所有的因子都彼此相关的话。在假设只有一些因子彼此相关时,则不要用PH=ST(参见手册第14页)。这时,必须要使用相关的FI和/或FR语句。

OU(输出)对于每一个LISREL问题必须都是最后一个输入的行。如果只是设定了OU,那么ML便是那个假定的估计法,因而打印的也是默认的输出。如果设定的是RS,那么残差统计量将会被包括在输出中(有关估计程序的各种选项和在OU行设定其他的输出,请参见手册第71-73页)。

有关输入的评议到此为止。下面我们开始介绍输出的摘要以及我们的评议。与输入一样,两种解的输出是并列显示的。

## Output

DOS—L I S R E L 7.16
BY
KARL G JORESKOG AND DAG SORBOM

TABLE 22.1
COVARIANCE MATRIX TO BE ANALYZED

|    | X1 | X2 | X3 | X4 | X5 | X6 |
|----|----|----|----|----|----|----|
| X1 | 1.000 | | | | | |
| X2 | .502 | 1.000 | | | | |
| X3 | .622 | .551 | 1.000 | | | |
| X4 | .008 | .072 | .028 | 1.000 | | |
| X5 | .027 | .030 | −.049 | .442 | 1.000 | |
| X6 | −.029 | −.059 | .018 | .537 | .413 | 1.000 |

## 评 议

LISREL的输出始于一张输入清单,用户能够用它来检查可能存在的错误。这张清单几乎与前面给出的一模一样,因此我们并未在这里复制它们。

在清单之后是用户设定的变量数目和类型目录,我们也没有在这里复制它们。

接着是那个要分析的协方差矩阵,我们把它复制到这里以便大家参考。目前这一例子也是一个相关矩阵,它是用键盘读入的。然而诚如前述,分析矩阵的类型则由在DA语句中的MA设定来确定。

## Output

TABLE 22.1, UNCORRELATED FACTORS
PARAMETER SPECIFICATIONS
LAMBDA X

|    | ACADEMIC | SOCIAL |
|----|----------|--------|
| X1 | 1 | 0 |
| X2 | 2 | 0 |
| X3 | 3 | 0 |
| X4 | 0 | 4 |
| X5 | 0 | 5 |
| X6 | 0 | 6 |

PHI

|          | ACADEMIC | SOCIAL |
|----------|----------|--------|
| ACADEMIC | 0 | |
| SOCIAL | 0 | 0 |

THETA DELTA

| X1 | X2 | X3 | X4 | X5 | X6 |
|----|----|----|----|----|----|
| 7 | 8 | 9 | 10 | 11 | 12 |

TABLE 22.1, CORRELATED FACTORS
PARAMETER SPECIFICATIONS
LAMBDA X

|    | ACADEMIC | SOCIAL |
|----|----------|--------|
| X1 | 1 | 0 |
| X2 | 2 | 0 |
| X3 | 3 | 0 |
| X4 | 0 | 4 |
| X5 | 0 | 5 |
| X6 | 0 | 6 |

PHI

|          | ACADEMIC | SOCIAL |
|----------|----------|--------|
| ACADEMIC | 0 | |
| SOCIAL | 7 | 0 |

THETA DELTA

| X1 | X2 | X3 | X4 | X5 | X6 |
|----|----|----|----|----|----|
| 8 | 9 | 10 | 11 | 12 | 13 |

## 评 议

正如这一段输出的子标题指出的一样,模型的参数设定显示在了这些矩阵中。0说明研究的参数是固定的。例如,在不相关因子解中,PHI的所有元素都是固定的;在相关因子解中,只有那些PHI的对角线元素才是固定的(见上面与MO语句关联的有关PH的讨论)。

我们可以给固定(即在这些矩阵中被定为0)的参数指定一个起始值。现在我们再次谈到PHI矩阵,大家还记得,它的对角线元素(这里表示为固定)被ST 1语句(见输入和评议)固定为1。

大家可能已经了解,要估计的参数是跨矩阵顺序编号的。这种编号有下列两种,它不同于前面介绍的那种为识别矩阵中的元素而使用的方法。

1.根据前面使用的办法,矩阵中的所有元素都要编号。而在这里只有那些要估计的元素才被编号。换句话说,固定的元素是不编号的。这样同一个元素可能会因为编号办法不同而有不同的编号。例如,KSI 1(ACADEMIC)的指标在这里的编号是1,2和3,而使用前面介绍的办法,同一些元素在FR卡上的编号是1,3和5(见上面的输入)。

2.根据上面使用的办法,每个矩阵中的元素都是独立于其他矩阵编号的。根据这里使用的办法,元素则是跨矩阵编号的。

大家可以看出,两种编号方法的目的是不同的。这里介绍的那种方法显示不相关模型中有12个参数要估计,而在相关模型中却有13个。后一个模型中要估计的参数多了一个,它是在PHI矩阵中由数字7表示的两个潜变量之间的相关。实际上,这是两个模型之间的唯一差别。

## Output

### TABLE 22.1, UNCORRELATED FACTORS LISREL ESTIMATES (MAXIMUM LIKELIHOOD)

LAMBDA X

|  | ACADEMIC | SOCIAL |
|---|---|---|
| X1 | .753 | .000 |
| X2 | .667 | .000 |
| X3 | .826 | .000 |
| X4 | .000 | .758 |
| X5 | .000 | .583 |
| X6 | .000 | .708 |

PHI

|  | ACADEMIC | SOCIAL |
|---|---|---|
| ACADEMIC | 1.000 | |
| SOCIAL | .000 | 1.000 |

THETA DELTA

| X1 | X2 | X3 | X4 | X5 | X6 |
|---|---|---|---|---|---|
| .433 | .555 | .317 | .425 | .660 | .498 |

SQUARED MULTIPLE CORRELATIONS FOR X — VARIABLES

| X1 | X2 | X3 | X4 | X5 | X6 |
|---|---|---|---|---|---|
| .567 | .445 | .683 | .575 | .340 | .502 |

### TABLE 22.1, CORRELATED FACTORS LISREL ESTIMATES (MAXIMUM LIKELIHOOD)

LAMBDA X

|  | ACADEMIC | SOCIAL |
|---|---|---|
| X1 | .753 | .000 |
| X2 | .667 | .000 |
| X3 | .826 | .000 |
| X4 | .000 | .759 |
| X5 | .000 | .583 |
| X6 | .000 | .708 |

PHI

|  | ACADEMIC | SOCIAL |
|---|---|---|
| ACADEMIC | 1.000 | |
| SOCIAL | .013 | 1.000 |

THETA DELTA

| X1 | X2 | X3 | X4 | X5 | X6 |
|---|---|---|---|---|---|
| .433 | .555 | .317 | .424 | .660 | .499 |

SQUARED MULTIPLE CORRELATIONS FOR X — VARIABLES

| X1 | X2 | X3 | X4 | X5 | X6 |
|---|---|---|---|---|---|
| .567 | .445 | .683 | .576 | .340 | .501 |

## 评 议

为了更好地了解这段输出,我们要告诉大家,每一个指标都可以用影响它们的一个或几

个潜变量($\xi$)和一个误差项来描述。用$X_1$做例子,将取如下的形式:

$$x_1 = \lambda_{11}\xi_1 + \lambda_{12}\xi_2 + \delta_1 \qquad (23.2)$$

式中,那些$\lambda$都是研究的潜变量在$X_1$上的效应的系数。注意式(23.2)与讨论回归分析问题的第17章和第18章介绍的那些方程的异同之处。如果不考虑使用的符号存在差异,那么这里提出的方程与第17章和第18章中的那些方程的不同之处在于它没有截距。这是因为在CFA的大多数应用中,分析的都是相关或协方差。无论分析的是相关还是协方差,均值都等于零,因此,截距也等于零。正因为如此,在式(23.2)中要使用小写字母$x$。

根据要检验的模型,$\xi_2$并没有影响$X_1$。换言之,$\lambda_{12}=0$。实际上这个系数被固定为0(见输入、输出的PARAMETER SPECIFICATIONS部分和评议)。因此式(23.2)可以重述为:

$$x_1 = \lambda_{11}\xi_1 + \delta_1 \qquad (23.3)$$

对于这里要检验的模型而言,据说每个指标都只受一个$\xi$影响,因此,式(23.3)的格式可以用于其余五个指标的每一个的表达。

上述表达式还可用矩阵符号表达得更为简明(见Long,1983a:27;Pedhazur,1982:641)。无论如何,那些$\lambda$都已经包含在上面给出的LAMBDA X矩阵中。因此,例如估计的KSI 2(SOCIAL)在$X_5$上的效应是0.583——其他指标也与此类似。

回想误差与潜变量不相关这一假设,可以证明(如Long,1983a:48):

$$\sigma_{11} = \lambda_{11}^2\phi_{11} + \theta_{11} \qquad (23.4)$$

式中,$\sigma_{11}$是$X_1$的方差;$\lambda_{11}$是$\xi_1$在$X_1$上的效应;$\phi_{11}$是$\xi_1$的方差,它是$\Phi$(PHI;这样的例子已在上面与图23.1有关的讨论中给出)的对角线上的第一个元素;$\theta_{11}$是$\delta_1$的方差,它是$\Theta_\delta$(THETA DELTA,这样的矩阵的例子,已在前面有关图23.1的讨论中给出)对角线上的第一个元素。而在目前的分析中THETA DELTA是对角线未设定的(DIagonal FRee)。这就是说,误差之间的协方差被固定为0,因此只有误差的方差才要估计(见有关输入的评议)。正因为如此,在上面给出的输入中,THETA DELTA是作为行向量,而不是作为矩阵报告的。这个行的第一个元素(0.433)是第一个指标($X_1$)的估计误差,第二个元素是第二个指标($X_2$)的估计误差,以此类推。

对于正在进行的分析,那些$\xi$的方差都被固定为1.0(见输入的ST 1和评议)。因此,任何指标的误差都可被表示为研究的潜变量的效应平方加误差的方差。例如,对$X_1$,它可以取如下的形式:

$$\sigma_{11} = \lambda_{11}^2 + \theta_{11} \qquad (23.5)$$

对其他指标的方差也同样如此。很清楚,在潜变量的方差等于1时,式(23.5)便成了一个特例。

我们再来阐述式(23.5)的使用,使用上面输出报告的估计值。记住,我们正在分析一个相关矩阵。因此,每个指标的方差都等于1.0。像第一个例子一样,取$X_1$的方差时,我们将会注意到$\lambda_{11}=0.753$(见上面的LAMBDA X),$\theta_{11}=0.433$(见上面的THETA DELTA)。因此,

$$(0.753)^2+0.433=0.567+0.433=1.000$$

因此,大约 $X_1$ 的方差的57%为 KSI 1所解释,而43%则要归结于误差。[①]

至于那个在阐述性数据中使用的实例,学术自我概念大约解释了57%的 $X_1$ 的变差,它的变差大约43%要归结于误差或为它所特有。

再举另一个例子,我们来看 $X_6$,它的系数($\lambda_{62}$)是0.708(见上面的 LAMBDA X),误差的方差($\theta_{66}$)是0.498(见上面的 THETA DELTA),于是

$$(0.708)^2+0.498=0.501+0.498=0.999$$

因此,社会自我概念($\xi_2$)解释了50%左右 $X_6$ 的方差,而它的大约50%的方差则要归结于误差或为它所特有的。

在讲下面的内容之前,我们想要强调的是,对 SEM 具体结果的解释的效度取决于模型的正确性和它与数据拟合的好坏(模型的拟合问题将在下面讨论)。即使我们有理由相信研究的模型是站得住脚的,那也不能就此而排除以实质性理由对它提出质疑的可能性。只举两个例子:我们既可以认为这两个潜变量构成了一个不同建构的两个维度(如两个被正在研究的指标所刻画的自我力量的两个维度),也可以认为,两个潜变量涉及了两个不同的建构(如一个自我概念和另一个自我力量)。

我们希望大家认识到我们在这里提出的问题,与那些在 EFA 的应用(第22章)中有关因子命名问题的讨论中提出的问题不同。EFA 或 CFA 的应用只不过是正在进行的复杂的建构效度过程的一个方面,这个问题我们曾在第4章讨论过。总之,我们希望大家不要被那些花哨的分析所迷惑,大家必须要认识到,理论思考才是研究问题的出发点,而批判性的思考才是我们的主要工具。

再回到正在讨论的输出摘要,看一下标题为 SQUARED MULTIPLE CORRELATIONS FOR X-VARIABLES 的部分。这些平方复相关(SMC)的定义是

$$1 - \frac{\hat{\theta}_{ii}}{\hat{\sigma}_{ii}} \tag{23.6}$$

式中,$\hat{\theta}_{ii}$ 是估计的误差的方差;$\hat{\sigma}_{ii}$ 是第 $i$ 个变量的拟合方差(参见手册第42页)。

在遇到像正在研究的模型一样的模型时,指标只反映了一个潜变量,SMC 就是为正在研究的潜变量解释的指标方差的百分比。因此,SMC 可以作为与之关联的指标的估计的信度。不过大家不要忘记,$\theta$ 是由随机误差和指标特有的误差组成的。因此,在存在后一种误差时,SMC 便会低估信度(有关指标为多个潜变量所反映时,建议的 SMC 解释,参见 Bollen,1989:220-221,288)。

至于上面给出的结果,且假定模型与数据拟合(见下文),作为学术自我概念的指标 $X_1$,$X_2$ 和 $X_3$ 估计的信度分别是0.567,0.445和0.683;而作为社会自我概念指标的 $X_4$,$X_5$ 和 $X_6$ 的估计信度则分别为0.575,0.340和0.502。

最后,请大家注意用相关因子报告的结果。注意,两个潜变量之间估计的相关几乎为0

---

[①]应该注意的是,误差的方差是由两个成分组成的:(a)随机误差,(b)研究的指标特有的误差。我们将在本章后面的部分再来谈这个问题(见"测量模型")。

（0.013；见 PHI 矩阵）。我们将在下一节联系模型的检验问题来讨论这个相关。

**Output**

| MEASURES OF GOODNESS OF FIT FOR THE WHOLE MODEL : CHI-SQUARE WITH 9 DEGREES OF FREEDOM = 9.11 (P = .427) | MEASURES OF GOODNESS OF FIT FOR THE WHOLE MODEL : CHI-SQUARE WITH 8 DEGREES OF FREEDOM = 9.09 (P = .335) |
|---|---|

**评　议**

输出的左面是不相关因子的解，右面是相关因子的解。

大家可能对观察和期望频数之间差异的拟合优度 $\chi^2$ 检验比较熟悉。这里使用的 $\chi^2$ 依据的基本思想与之相同，尽管操作方式看起来要复杂得多。我们将不对这些理论做正式讨论，而只是解释这些检验背后的理念和如何解释这些结果。之后，我们将对其隐含的假定做一些简单的讨论，并对它的使用给出一些一般性的建议。

前面我们已经告诉过大家，模型估计的参数可以用于复制协方差或相关矩阵。它是观察的协方差矩阵和复制矩阵之间的差异的函数（见下面的 FITIED RESIDUALS/拟合残差），涉及上面报告的 $\chi^2$ 检验。

与 $\chi^2$ 关联的自由度（$df$）等于观察的方差数和协方差数减去估计的参数数。方差和协方差数等于 $k(k+1)/2$，式中的 $k$ 是指标（显变量）数。在本例中，$k=6$。因此，观察的方差和协方差数等于 21。对于不相关因子的解而言，有 12 个参数是估计的（见上面有关参数设定的讨论和评议），因此 $df=9$。因为相关因子（即因子之间的相关）的解要估计的参数多一个，所以它的 $df=8$。

检验的零假设是模型为观察数据提供了令人满意的拟合。这就是说，由某个模型估计的参数估计值复制的相关矩阵或协方差矩阵的元素，在统计上与观察的相关或协方差矩阵无显著不同。与这些不相关和相关模型关联的 $\chi^2$ 的概率分别为 0.427 和 0.335。为了便于阐述，假定正在进行的分析选择 $\alpha=0.05$，那么我们将得出如下结论：两个模型都提供了与数据令人满意的拟合。在讨论如何在这两个模型之间做出选择的这个问题之前，我们先对检验策略的逻辑和 $\chi^2$ 检验隐含的假定这两个问题做一番评议。

## 检验策略的逻辑

如第 9 章和第 15 章所述，以上介绍的显著性检验的策略不同于此类检验的习惯用法。在这里，我们虽然不再重复讨论前面介绍的检验，但为了便于阐述目前介绍的检验，有必要简单复习其中那些与目前的讨论有关的内容。

我们习惯的应用是研究者希望拒绝零假设（如彼此没有差异，观察频数与期望频数没有差异），这样我们就有理由确定备择的实质性假设应该得到支持。从上面的解释可知，我们现在使用的是一种相反的路数。零假设构成了研究者普遍感兴趣的想要支持的实质性假设。

因而在习惯的 $\chi^2$ 应用中,研究者都希望得到可以导致否定零假设的大值,而在这里讨论的这种应用中,$\chi^2$ 似乎越小越好,因为这将导致否定不了的零假设。

伴随支持零假设而来的逻辑问题和困难曾在第9章讨论过,那时我们说过没有否定零假设不可当作支持它的证据。此外,该问题还涉及第9章和第15章讨论的第一类和第二类误差,统计检验效力和样本大小。对于目前的讨论而言,大家只要记住统计检验效力越低,不否定零假设的概率略大于这一点即可。因此在目前的情况中,低效力的检验似乎更可取。

下面我们来评论样本大小和模型拟合指数。不过大家要记住,在其他条件相同的情况下,样本越大,检验效力就越大,反之亦然。因此,在使用小样本时,支持我们的假设的概率——即使模型拟合得很差,也是比较高的。相反,在使用大样本时,支持我们的假设的概率——即使模型拟合得很好,也是比较低的。

# 假 定

1.多元正态。它假定观察变量服从多元正态分布。大家可能已经知道,二元正态分布是将正态分布(所谓钟形曲线)的概念推广到两个变量的联合分布(见 Hays,1988:587-588,879-881)。多元正态分布是将联合分布这一概念推广到两个以上变量的联合分布。多元正态分布问题的讨论见于有关多元分析的书籍(如 Srivastava & Carter,1983:第2章;Stevens,1986:205-212)中。

尽管已经开发出了一些用于评估多元正态性的程序,但是它们并非很容易使用(有关使用建议和介绍请参见 Stevens,1986:207-212)。不过检查多元正态所必需的条件却是比较容易的。例如,如果分布的确是多元正态的话,那么每个变量必定都是正态的,或所有的双变量分布必定都是正态的,尽管这个条件还不充分。这样的假定马上就可以用我们能够得到的计算机程序集检查(见 Stevens,1986:212-215;也可参见 Bentler,1985:53-54)。

"$\chi^2$ 量度……观察变量对多元正态性的偏离是很敏感的"(参见手册第43页)。在多元正态假定没有得到满足时,"方法的统计偏倚便会丢失,因而标准误差和卡方检验就没有意义了"(Bentler,1982a:421)。可能是因为这在实践中通常都是满足不了的,所以本特勒(Bentler,1984)把多元正态这个假定称为一种"约束物"(straightjacket)(p.105),进而提倡使用那些不以它为根据的估计程序(Bentler,1985)。Jöreskog 和 Sörbom(参见手册第43页)也表达了同样的观点,因而他们把各种其他的估计方法编进了 LISREL。此外,他们还开发了PRELIS—— 一种设计用于数据筛选、转换、非正态分布变量和定序变量之间的关联量度计算,以及其他用途的计算机软件。[1](有关 PRELIS 的详细介绍见 LISREL 手册第19-20页)。

---

[1]PRELIS 是科学软件公司的注册商标(Scientific Software,Inc.,P.O.Box 397,Fairplay,CO 80440)。我们向科学软件公司致以诚挚的谢意,感谢他们允许我们使用程序集的评论版。

2.分析矩阵。它假定分析的是协方差矩阵,因此 $\chi^2$ 检验和标准误(将在本章稍后讨论)都不适用于分析相关矩阵的场合。然而在 CFA 应用中的很多场合分析的都是相关矩阵(在本章分析的那些例子中,除了一个例子,其余的分析情况也都是如此)。研究者之所以经常选择分析相关矩阵,而不是协方差矩阵,是因为他们无法给自己使用的量度赋予实质意义。这与回归分析颇为相似,研究者在回归分析中选择解释标准化的回归系数(那些 $\beta$)而不是那些未标准化的系数(那些 $b$,见第17章和第18章)。诚如前述,依靠标准化的系数并没有解决使用的量度带有的问题和模糊不清之处,只不过是把它们规避开了而已。对于目前遇到的情况也同样如此,它再一次告诉我们,开发有意义的量度的重要性。

3.样本和样本大小。这个问题在第22章介绍 EFA 时做过比较详细的讨论。因为那些内容也普遍适用于 CFA,所以在这里我们不再重复。不过我们会把问题集中在样本大小上,因为它们关系 CFA 的显著性检验。

为了使 $\chi^2$ 检验有效,它进一步假定"样本量足够大"(参见手册第42页)。不过关于"足够大"的含义,却是见仁见智并无定论。采用蒙特卡洛研究,各位作者(如 Anderson & Gerbing,1984;Boomsma,1987)研究过样本大小对显著性检验、收敛等问题的影响。有些人还提出了一些有关样本大小的经验法则。例如,布姆斯玛(Boomsma,1987)推荐用于因子分析研究的样本最小不能低于200。

有关确定 SEM 样本大小的最新评论,请参见塔纳卡(Tanaka,1987)的著作。他提出了一些新的看法,其中有一个观点与多元回归分析依据被试数目与变量数目的比率确定样本大小的经验法则不同,SEM 使用的是被试数目与要估计的参数数目的比率。[1]有趣的是,塔纳卡说:"近来,潜变量模型的发展使有关数据分布的假定变少,并使我们得以使用非正态性数据,但因此而需要比那些标准方法(如 ML 和 GLS)更多的被试"(p.143)。

我们希望大家能够正视在必须对样本大小问题作出决定时,研究者所面对的两难困境。诚如前述,样本越小,"支持"零假设的概率越大,而这个假设正是研究者感兴趣的假设。但是 $\chi^2$ 检验的有效解释却是根据足够大的样本做出的。然而使用大样本又会增加拒绝模型的概率。

有鉴于上面对伴随 $\chi^2$ 统计量使用而来的那些困难的探讨,Jöreskog 和 Sörbom 建议不要把它用于假设检验,而把它用作一个"好或坏的拟合量度,也就是说,大的 $\chi^2$ 值对应于坏拟合,而小的 $\chi^2$ 对应的则是好拟合"。把自由度作为一种判断 $\chi^2$ 究竟是大还是小的标准"(参见手册第43页)。

在 LISREL 较为早期的应用中,有些人(Wheaton,Muthen,Alwin & Summers,1977)提出过一个多少有些随意的建议,将 $\chi^2/df$ 等于或小于5作为它们的模型合理拟合的大致指标。对于惠顿等人(Wheaton et al.,1987)的标准,有人(Carmines & Mciver,1981)则根据自己的经验建议使用 $\chi^2/df$ 等于2或3作为拟合的标准。正如我们在使用经验法则时通常会看到的一样,$\chi^2/df$ 已经变得极为普遍,以致负载了太多的含义。惠顿对 $\chi^2/df$ 的滥用颇有悔意,他反对将它作为一个拟合指数使用,此外,他认为它受样本大小的影响——这是一个亟待克服的问题(也请

[1]EFA 中的相同之处,见第22章。

参见 Hoelter, 1983a）。

研究者还提出了其他各种拟合指数。我们将在下面对输出的下一部分摘要和稍后对 EQS 的输出做评议时给大家做介绍。现在我们开始讲嵌套模型的 $\chi^2$ 检验。

## 嵌套模型

在模型的一个或多个自由参数受到约束时（如将它们约束为 0），这样得到的模型称为嵌套模型——嵌套在那个导出它的那个模型中。嵌套模型也因此而成了一个全面模型的"特例"（Long, 1983a: 65）或"专门化"（Bentler & Bonett, 1980: 592）。就目前的数例而言，不相关因子模型就是嵌套在相关因子模型中的，因为它是通过将两个因子之间的相关约束为零得到的。

显然，给定模型与数据的拟合比那个嵌套其中的模型更好。由此而自然产生的一个问题是："用更为全面的模型提供的拟合的改进是否可以保证使它比那个嵌套其中的简约模型更好？"当了解到这个问题的答案可能来自有意义的统计检验或实质性的观点时，你可能不会感到惊讶。我们在这里的讨论仅限于前者。

拟合改进的显著性检验，可被视为将模型的一个或多个参数释放所导致的改善的检验，从而获得嵌套在其中的更为全面的模型。

与自由度的差别相比，$\chi^2$ 大大下降表明，模型的变化体现出一种真正的改进。另一方面，$\chi^2$ 下降到接近自由度数目的差表明拟合的改进是通过"利用机会（capitalizing on chance）"得到的，而增加的参数则可能没有什么真正的重要性和意义（参见手册第 44 页）。

现在我们将用上面分析过的数例来讲解这样一种检验的应用。由上面给出的输出可知，(a) 对于不相关因子，$\chi^2 = 9.11$，有 9 个 df；和 (b) 对于相关因子，$\chi^2 = 9.09$，有 8 个 df。因此，对于两个模型之间的差检验 $\chi^2 = 0.02$，有 1 个 df。很显然，拟合并无实质性改进。

因为正在研究的两个模型之间的差只涉及一个参数（即因子是否相关），因此，在目前这样的情形中，两个模型之间的差检验相当于一个释放的更受限制模型的参数检验。[1]记住，估计的两个因子之间的相关是 0.013（见上面的输出），表示了拟合改进的检验结果。目前这个例子也被用来说明另一个问题，即使两个卡方之间的差是统计显著的，从实质理由看，过于认真地对待这种相关也是不明智的。

总之，根据这个分析，我们有理由相信，应该保留那个更受限制的模型。回想一下，为了便于阐述，我们假定上面分析的六个变量是自我概念的两个维度的指标。假定假设研究的两个维度是相关的，那么这两个模型之间的检验结果将导致我们拒绝这个假设。

最后，为了另一个例证的缘故，我们假设上面使用的那些指标反映了两种建构（如动机和焦虑），而不是一个单独的建构的两个维度。假设我们进一步假设研究的两个建构是相关的。

---

[1]模型中特定系数的讨论将在第 24 章进行。

根据上面的结果，该假设将被拒绝。[1]

## Output

| TABLE 22.1, TWO UNCORRELATED FACTORS |
| --- |
| GOODNESS OF FIT INDEX = .985 |
| ADJUSTED GOODNESS OF FIT INDEX = .965 |
| ROOT MEAN SQUARE RESIDUAL = .026 |

FITTED RESIDUALS

|  | X1 | X2 | X3 | X4 | X5 | X6 |
|---|---|---|---|---|---|---|
| X1 | .000 | | | | | |
| X2 | .000 | .000 | | | | |
| X3 | .000 | .000 | .000 | | | |
| X4 | .008 | .072 | .028 | .000 | | |
| X5 | .027 | .030 | −.049 | .000 | .000 | |
| X6 | −.029 | −.059 | .018 | .000 | .000 | .000 |

| TABLE 22.1, TWO CORRELATED FACTORS |
| --- |
| GOODNESS OF FIT INDEX = .985 |
| ADJUSTED GOODNESS OF FIT INDEX = .961 |
| ROOT MEAN SQUARE RESIDUAL = .026 |

FITTED RESIDUALS

|  | X1 | X2 | X3 | X4 | X5 | X6 |
|---|---|---|---|---|---|---|
| X1 | .000 | | | | | |
| X2 | .000 | .000 | | | | |
| X3 | .000 | .000 | .000 | | | |
| X4 | .000 | .065 | .020 | .000 | | |
| X5 | .021 | .025 | −.055 | −.000 | .000 | |
| X6 | −.036 | −.065 | .010 | .000 | .000 | .000 |

# 拟合指数

## 评 议

输出摘要开头报告的是三个拟合指数，它们与紧随其后的那些矩阵有关。因此，我们先来对这些矩阵做评议。

FITTED RESIDUALS（拟合残差）是通过各个观察相关（协方差）减去它们的复制相关（协方差）得到的。为了说明这一点，我们先来说一下指标之间的相关是如何用正在研究的模型的参数估计值复制的。为了达到这个目的，我们在图23.2中给出了两个正在研究的模型和它的参数估计值。在箭头上报告的值来自因子或潜变量（ACAD/学术自我概念和SOC/社会自我概念），都是它们在指标上的效应的估计值（这些值都取自前面报告的LAMBDA X）。那些在箭头底部报告的值，涉及的误差项都是方差（都是从前面报告的THETA DELTA得到的）。

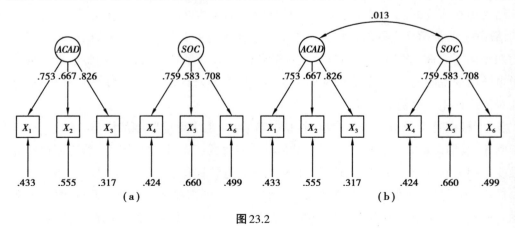

图23.2

---

现在先来看不相关因子解图23.2(a),我们先给大家介绍同一因子的指标之间是如何相关的。为了便于讲解,我们用$X_1$和$X_2$之间的相关进行阐释。观察指向这两个指标的箭头。根据这个模型,两个指标都反映或受同一个潜变量(或因子),即ACAD(学术自我概念)的影响。此外,每个指标的误差都是不相关的。很显然,这两个指标之间的相关被描述为只是因为它们反映的那个潜变量。因此,它们在ACAD上的系数是复相关系数:

$$(0.753) \times (0.667) = 0.502$$

顺便提一下,复制的相关(协方差)在LISREL输出中的FITTED COVARIANCE MATRIX(拟合协方差矩阵)部分报告(上面未曾给出)。因为这两个指标之间的观察的相关是0.502(见输出的开头或表22.1),所以拟合的残差是

$$0.502 - 0.502 = 0.000$$

它就是在FITTED RESIDUALS(拟合残差)矩阵中报告的值。如果大家用相关的系数复制同一潜变量指标之间的相关,那么你就会发现它们都与各自的观察变量相同。因此,同一潜变量的那些指标的FITTEDRE SIDUALS矩阵中的值也是0.000。

现在来看不同变量的指标,很显然,根据模型(a),它们是没有任何共同之处的。因此,可以料想,这些指标之间的相关都是零。因此,这样的指标的FITTED RESIDUALS(拟合残差)都与它们的观察相关相等(即从每个观察相关减去零)。将这些值和这个输出的开头给出的输入相关矩阵或表22.1作比较。

现在来看相关因子模型(b),大家应该清楚,复制的同一潜变量的因子的指标的相关是以与已经介绍过的模型(a)相同的方式得到的。因此,在这里只是给大家说一下不同的潜变量的指标之间的相关是如何复制的。为了便于阐述,我们用$X_1$和$X_6$之间的相关来进行阐述。考察图23.2(b),并注意到根据这个模型,$X_1$和$X_6$的预期是相关的,因为它们反映了相关的潜变量。

复制相关的大小受每个指标的系数和两个因子之间的相关的影响。因为后者接近零(即0.013),所以$X_1$和$X_6$之间的复制相关可以预期是很小的。从图23.2(b)可知,ACAD在$X_1$上的效应是0.753;SOC在$X_6$上的效应是0.708;ACAD和SOC之间的相关是0.013。用这些值得到两个指标之间的复制相关是

$$(0.753) \times (0.013) \times (0.708) = 0.007$$

而$X_1$和$X_6$之间的观察相关是-0.029(见输出的开头),因此残差是

$$(-0.029) - (0.007) = -0.036$$

它与FITTED RESIDUALS矩阵报告相同。由前述可知,模型越好,拟合残差越小。在完全拟合这种极端的情况下,所有拟合残差都等于零。

比较大的残差可以作为一种被拟合的模型存在设定误差的线索。什么是大的残差呢?这个问题的答案肯定是有些模糊的。不过,像在目前的例子中,分析的是相关矩阵时却不难决定,例如,将0.05定为一个合理的截点,因为在这样的情况下,拟合残差在0到|1.0|之间。有鉴于上面例子的残差的大多数都小于|0.05|这一事实,我们可以得出模型与数据拟合得不错的结论。

在分析协方差矩阵时(见第24章)，如何确定才是大残差这个问题要复杂得多，因为在这种情况下，协方差和残差的大小受用于测量正在研究的指标的尺度的影响。[1]正因为这样，LISREL提供了另一种矩阵——标准残差矩阵(详见手册第31-32页的大小)。"原则上，每一个标准化的残差都可以被解释为标准化的正态离差；如果它的绝对值超过2.58，那么就可以认为它是大的"(参见手册第32页)。有鉴于我们的数例中都是小残差这一事实(见上文)，所以所有标准化的残差(这里未作报告)都很小也就不足为奇了。对于相关因子的解而言，只有一个值比1稍大一点；对于不相关因子的解而言，则有两个值比| 1.0 |稍大一点。

尽管拟合或标准化的残差都很有用，但不言而喻，我们最感兴趣的还是那种反映整个模型与数据拟合情况的单个指数。有鉴于使用$\chi^2$拟合优度检验所固有的问题和困难(见上文)，对于这样一种指数的需求尤为迫切。特别是，那些拟合指数都是为了克服受样本大小的影响而对显著性检验造成的问题。在更广阔的背景中，这个问题与显著性检验和效应量检验之间的区别有关，我们曾在多个地方讨论过它(如在第9章和第15章)。

不同的作者(如Bentler & Bonett, 1980; Hoelter, 1983a; Jöreskog & Sörbom, 1989)提出了各种拟合指数(详细讨论请参见Wheaton, 1987。关于样本大小对各种拟合指数的影响，请参见Marsh, Balla, & McDonald, 1988)。在本章和下一章的几个地方，我们将给大家介绍和评议他们提出来的某些拟合指数。现在我们只讨论拟合总指数的问题，它是LISREL输出的一部分。后面在讨论EQS输出时，我们再来介绍和评议本特勒和伯尼特(Bentler & Bonett)提出的指数。

LISREL报告的三种拟合指数都列在了正在研究的输出摘要的开头。最简单的描述是均方根残差(ROOT MEAN SQUARE RESIDUAL, RMR)，它是一种拟合残差的平均数。确切地讲，它是拟合残差平方的平均数的均方根。因此，在分析相关矩阵时，确定RMR的大小所遵循的原则与前面推荐给拟合残差的那些相同。对于目前的分析而言，RMR(0.026)可以被认为是比较小的。

拟合优度指数(GOODNESS OF FIT INDEX, GFI)是以观察和复制的相关(协方差)矩阵的性质为依据的(它以矩阵符号表示的定义在手册第44页给出)。调整拟合优度指数(ADJUSTED GOODNESS OF FIT INDEX, AGFI)，一种涉及模型中的自由度调整的GFI(参见手册第44页)。"两种指数都应该在0到1之间，尽管在理论上它们有可能是一个负数"(参见手册第44页)。

Jöreskog和Sörbom不愿给所谓的好拟合提供标准。不仅如此，他们似乎也忽略了自己讲解过的那些例子。一个明显的例子是他们曾做过的那个异化稳定性分析模型(参见手册第169-177页)。[2]在分析了一个给定模型(模型B)之后，Jöreskog和Sörbom报告$\chi^2$为71.47，有6个$df$，并得出结论："这不可被认为是一个可以接受的拟合"(参见手册第175页)。因此，他们拟合了一个修正模型(模型C)，该模型的$\chi^2$是6.33，有5个$df$。根据$\chi^2$的急剧下降，和与之关联的那个单自由度(见上面的嵌套模型)，他们对这个修正模型得出了"拟合得相当好"这一结

---

[1]有关协方差和相关的性质的介绍，请见第17章的开头。
[2]尽管他们检验的是一个结构模型(见第24章)而非CFA，但是许多拟合的评定问题都可用于这两种情况。

论(参见手册第175页)。

在这里我们并不关心这个模型非常重要的实质性问题,它构成了惠顿等人(Wheaton et al.,1977)进行的一个大型研究的一部分,而Jöreskog和Sörbom正是从这个研究中借来了这些数据。我们唯一关心的是模型拟合的评估。

值得注意的是,Jöreskog和Sörbom在这里甚至连拟合指数都没有报告。如果大家打算再次分析这个数据(我们强烈推荐大家把这个作为一个练习),[1]那么你就会发现,对于Jöreskog和Sörbom拒绝的模型B,GFI=0.975,AGFI=0.913。记住,这些指数的最大值是1.0,人们不禁会想,它们究竟认为指数要达到什么样的程度才能说明拟合是令人满意的呢?

如果大家打算采用某些作者建议的标准,那么就必须有理由认为这些指数的确表示了好的拟合。例如,科尔(Cole,1987)说过,通常GFI和AGFI的值分别大于0.9和0.8"表示拟合得不错"(p.586)。

其他作者根据Jöreskog和Sörbom提出的模型对相同的数据进行了拟合,却得出了不同的结论,这表明很难确定究竟是什么构成了良好的拟合。因此,根据模型B(那个被Jöreskog和Sörbom拒绝的模型)的残差分析,埃弗里特(Everitt,1984)得出"模型与数据拟合得很好的结论;这也许表明过分依赖将卡方统计量作为一个拟合量度的确是有问题的……"(p.60)。

重要的是要注意埃弗里特的结论是以从LISREL的老版本得到的残差为根据的。根据Jöreskog和Sörbom的观点,LISREL 7以前的版本报告的残差存在低估的问题(参见手册第31-32页)。

他们在手册LISREL 7与LISREL 6这一节中关于目前讨论的问题说道:"标准残差(在LISREL 6中叫正态化残差)"在LISREL 6和LISREL 7之间可能存在相当大的不同。在LISREL 6中使用的渐近残差的方差公式过于简单(参见手册第v页)。

如果大家按照我们推荐的方法复制这个例子的分析,那么我们建议大家比较埃弗里特(Everitt,1984:61)报告的残差和LISREL 7输出报告的残差。大家就可能会发现二者的某些数字的确存在相当大的不同。可能比较安全的说法是假定埃弗里特如果看到了LISREL 7报告的残差的话,那么他就会对模型的拟合得出不同的结论。这种情况居然发生在一位饱学的作者身上,正是给我们的一个警示:在使用结果无法检查的计算机程序集时必须要慎之又慎。[2]

根据LISREL手册,"在LISREL 7中,使用了正确的公式[用于拟合残差的标准误差]"(p.32)。然而大家应该注意的是,即使很有知识的读者也无法检查公式的正确性,正如手册所述,它"是S的元素的一个非常复杂的函数。这将在第二卷中推出。"(参见手册第31页)。但第二卷至今仍未出版。

本特勒和伯尼特(Bentler & Bonett,1980;也可参见Bentler,1982b,1985)对重新分析这个例子也特别感兴趣。我们将在后面讨论本特勒和伯尼特的拟合指数(见EQS的输出)。现在,我们只对他们报告的模型B的拟合指数0.967和所述"拟合的其余增量可能只有0.033(即1.0-

---

①在随PC-LISREL软件提供的磁盘上,这个文件的名称是EX64。
②关于这个问题更为详细的讨论请参见第16章。

0.967）"（p.602）这句话感兴趣。本特勒和伯尼特注意到了，大样本量（$N$=932）在得到统计显著的卡方中所起的作用（即一个导致模型否定的卡方，见前面有关这一问题的讨论）。

我们认识到可能已经把大家都搞糊涂了，尽管这并非我们的本意。我们的真正目的是想提醒大家，拟合指数的解释绝不是一件容易的事情。不仅如此，诚如目前这个例子所示，使用的 LISREL 版本不同，得到的结果可能也会有所不同。但是正如斯泰格尔（Steiger，1988）所言，不同版本的 LISREL "可能会产生不同的结果……但对有些作者的情况却并非如此"（p.285）。

除了同一程序集的不同版本，或类似不同的程序集导致的差异问题之外，还应该注意，对于同一个结果的解释，可能会因为使用的指数和标准，即解释者的不同而会有很大的不同。值得我们注意的是，在这里引用的那些作者都是 SEM 这个领域的翘楚。他们对同一分析结果的解释意见不一这一事实，凸显我们在试图解释用 SEM 得到的结果时可能面临的复杂性。

那我们该怎么办呢？虽然本章和下一章会多次谈到指数问题，但我们还是要强调完全依赖一种指数的做法是不明智的。我们认为，结论应该基于对所有结果的仔细审查（有关这个问题某些观察请参见手册第45页）。

此外，还必须注意在 SEM 中使用的检验效力。萨里斯、邓罗登和萨拓拉（Saris，DenRonden，& Satorra，1987）认为研究者在使用 SEM 时对这个问题注意不够："在我们看来那些用于检验结构方程的程序还不是十分严谨"（p.216）。萨里斯和他的合作者（Saris et al.，1987；Saris & Stronkhorst，1984；Satorra & Saris，1985）提出了一种评估似然比的检验力的路数，阐述了它在评估各种使用 SEM 的研究中的应用（请特别关注 Saris et al.，1987）。有关用 LISREL 或一种特别的程序集（LISPOWER）——PC-LISREL 附带的磁盘提供的实用工具的一部分的效力计算问题，请参见手册第217-221页。

最后，不言而喻，计算的精确性是必须要检查的。相信计算机的输出似乎已成一种趋势，即使在它显然存在某些错误时也同样如此。而在用像 LISREL 和 EQS 这样的程序集进行复杂的分析时，情况尤为严重。

我们认为值得花一点时间，用一个教科书中列举的在隐然接受输出时有可能发生什么的例子来说明这个问题。狄龙和戈尔茨坦（Dillon & Goldstein，1984）用 LISRELV 对巴戈兹（Bagozzi，1980b）研究的数据进行了重新分析。对于目前的目的而言，我们只要指出他们说过下面这样的话就足够了："模型检验的 $\chi^2$ 有概率水平0.423，表明拟合得很好，此外，残差……比较小，也说明拟合得很好"（p.473）。[1]

然而，在拟合优度指数陈述中回到这个例子时，狄龙和戈尔茨坦却说："我们发现 GFI=0.225 和 AGFI=-0.86，这表示拟合是非常差的。注意，这和基于 $\chi^2$=15.40，有15个 $df$ 的结论显然不同。诚如所述，不同的标准肯定会导致不同的评价"（p.485）。

鉴于上面的讨论，大家应该清楚，问题不在于不同的指数和标准可能会导致对结果作出不同的结论这句话，而在于狄龙和戈尔茨坦报告的指数恰好是错误的。显然，LISREL V 含有一个导致错算 GFI 的编程错误。在 LISREL V 中用 FITTED MOMENTS 报告的矩阵（在目前的

---

[1]顺便说一下，巴戈兹的样本是比较小的（122）。此外，对结构模型（不是 CFA）也做了检验。

情形中这些都是前面讨论的复制的相关矩阵)和观察相关矩阵,[①]并用 LISRELV 用户指南(p. I .40)给出的 GFI 计算公式,得到 GFI 为 0.969!

我们建议大家用巴戈兹的相关矩阵与狄龙和戈尔茨坦分析模型,使用 LISREL 7,这样你就会发现所有的结果都与狄龙和戈尔茨坦的一样,除了 GFJ 和 AGFI,它们分别为 0.969 和 0.926。我们推荐大家重新分析巴戈兹的数据的另一个原因是,它将提供一个由本特勒(Bentler,1985:100-104)与 Jöreskog 和 Sörbom(Jöreskog & Sörbom,1982,1989:151-156)对同一数据进行分析得到的结果进行比较的机会。

## 相关因子

在本节,我们将 CFA 用于表 22.2 的数据。因为输入语句与上面给出的相同,所以这里不再赘述。对于输入和输出的评议将保持在最低限度。在需要的时候,可参见前面的解释。与前面一样,我们将两种分析——不相关因子和相关因子的分析并列报告。

**Output**

TABLE 22.2
COVARIANCE MATRIX TO BE ANALYZED

|     | X1 | X2 | X3 | X4 | X5 | X6 |
|-----|------|------|------|------|------|------|
| X1 | 1.000 | | | | | |
| X2 | .502 | 1.000 | | | | |
| X3 | .622 | .551 | 1.000 | | | |
| X4 | .228 | .272 | .188 | 1.000 | | |
| X5 | .307 | .230 | .249 | .442 | 1.000 | |
| X6 | .198 | .259 | .223 | .537 | .413 | 1.000 |

TABLE 22.2, UNCORRELATED FACTORS
LISREL ESTIMATES (MAXIMUM LIKELIHOOD)
LAMBDA X

|     | ACADEMIC | SOCIAL |
|-----|------|------|
| X1 | .753 | .000 |
| X2 | .667 | .000 |
| X3 | .826 | .000 |
| X4 | .000 | .758 |
| X5 | .000 | .583 |
| X6 | .000 | .708 |

PHI

|     | ACADEMIC | SOCIAL |
|-----|------|------|
| ACADEMIC | 1.000 | |
| SOCIAL | .000 | 1.000 |

THETA DELTA

| X1 | X2 | X3 | X4 | X5 | X6 |
|-----|------|------|------|------|------|
| .433 | .555 | .317 | .425 | .660 | .498 |

MEASURES OF GOODNESS OF FIT FOR THE WHOLE MODEL : CHI-SQUARE WITH 9 DEGREES OF FREEDOM = 33.51 (P = .000)

TABLE 22.2, CORRELATED FACTORS
LISREL ESTIMATES (MAXIMUM LIKELIHOOD)
LAMBDA X

|     | ACADEMIC | SOCIAL |
|-----|------|------|
| X1 | .761 | .000 |
| X2 | .681 | .000 |
| X3 | .807 | .000 |
| X4 | .000 | .739 |
| X5 | .000 | .607 |
| X6 | .000 | .708 |

PHI

|     | ACADEMIC | SOCIAL |
|-----|------|------|
| ACADEMIC | 1.000 | |
| SOCIAL | .438 | 1.000 |

THETA DELTA

| X1 | X2 | X3 | X4 | X5 | X6 |
|-----|------|------|------|------|------|
| .421 | .536 | .350 | .454 | .632 | .499 |

MEASURES OF GOODNESS OF FIT FOR THE WHOLE MODEL : CHI-SQUARE WITH 8 DEGREES OF FREEDOM = 10.06 (P = .261)

## 评 议

大家知道,对于不相关因子模型而言,$\chi^2$ 在常规 $\alpha$ 水平是统计显著的,而对于相关因子模

---

[①]尽管巴戈兹也报告了标准差,但是狄龙和戈尔茨坦( Dillon & Goldstein,1984)分析的却是相关矩阵。为了重复他们的分析,我们也用相关矩阵。

型却不是。不仅如此，两个 $\chi^2$ 之间的差达到了 $23.45(33.51-10.06)$，有 1 个 $df$，表明因为解除了两个因子之间的相关而使拟合有了很大的改进（见前一节的嵌套模型检验）。假定已对此建立了假设：六个指标反映了自我概念的两个维度（学术和社会维度），那么根据这些分析结果我们就会得出假设得到了支持的结论。

这里介绍的那种量度模型的一个重要方面是，在潜变量之间的相关是估计时，指标中的量度误差也在考虑之列。例如，我们正在讨论的那个例子，在将学术和社会自我概念之间的相关估计为 0.438（见相关因子解中的 PHI）时，它们的指标的量度误差就已经被考虑在内了。

## Output

| TABLE 22.2, UNCORRELATED FACTORS | | | | | |
|---|---|---|---|---|---|
| GOODNESS OF FIT INDEX = .950 | | | | | |
| ADJUSTED GOODNESS OF FIT INDEX = .883 | | | | | |
| ROOT MEAN SQUARE RESIDUAL = .158 | | | | | |

FITTED RESIDUALS

| | X1 | X2 | X3 | X4 | X5 | X6 |
|---|---|---|---|---|---|---|
| X1 | .000 | | | | | |
| X2 | .000 | .000 | | | | |
| X3 | .000 | .000 | .000 | | | |
| X4 | .228 | .272 | .188 | .000 | | |
| X5 | .307 | .230 | .249 | .000 | .000 | |
| X6 | .198 | .259 | .223 | .000 | .000 | .000 |

| TABLE 22.2, CORRELATED FACTORS | | | | | |
|---|---|---|---|---|---|
| GOODNESS OF FIT INDEX = .983 | | | | | |
| ADJUSTED GOODNESS OF FIT INDEX = .956 | | | | | |
| ROOT MEAN SQUARE RESIDUAL = .037 | | | | | |

FITTED RESIDUALS

| | X1 | X2 | X3 | X4 | X5 | X6 |
|---|---|---|---|---|---|---|
| X1 | .000 | | | | | |
| X2 | −.017 | .000 | | | | |
| X3 | .008 | .001 | .000 | | | |
| X4 | −.018 | .052 | −.073 | .000 | | |
| X5 | .105 | .049 | .035 | −.006 | .000 | |
| X6 | −.038 | .048 | −.027 | .014 | −.016 | .000 |

## 评 议

我们先来看 GFI 和 AGFI，并注意二者的指数都比较高，甚至对于不相关模型也同样如此。根据针对 GFI 和 AGFI 的标准，某些作者认为（见前一节）这似乎与上面严格根据显著性检验得出的结论相反，不相关模型同样也与数据拟合得很好。

现在来看两个模型的那些 RMR（不太严格地讲，它就是残差的平均数，见前一节），注意到它们彼此显然不同（不相关和相关分别为 0.158 和 0.037）。因此，根据 RMR，我们可以得出不相关因子模型与数据拟合得不是很好的结论。

两个模型拟合的差异，在看了 FITTED RESIDUALS（拟合残差）的矩阵之后变得特别清楚。我们先来看不相关因子的矩阵。如前一节所述，FITTED RESIDUALS 都是观察和复制相关之间的差。在不相关模型中，指标反映了不同因子之间（如 $X_1$ 和 $X_4$）没有什么东西是共同的，因此这样的指标之间复制的相关都等于零。这样，对应于这些元素的 FITTED RESIDUALS 都等于研究的指标之间的观察相关（与这个输出开头报告的相关做比较）。

现在来看，相关因子的 FITTED RESIDUALS，注意到大多数残差都比较小。这是因为用这些模型估计的参数复制的相关接近观察相关。我们已在前一节，借助图 23.2 给大家介绍了相关因子指标的相关是如何复制的。因此，对于目前的数据而言，我们也只给出一个例子来说明这是怎么做的。特别是，我们将要给大家讲解 $X_1$ 和 $X_6$ 之间的相关是如何复制的。从前面给出的输出可知（见 LISREL 估计值），$X_1$ 的系数 $=0.761$，$X_6$ 的系数 $=0.708$；两个因子之间的相关是 0.438。因此，复制的相关是

$$(0.761) \times (0.438) \times (0.708) = 0.236$$

$X_1$ 和 $X_6$ 之间观察的相关是 0.198（见输出的开头）。因此，拟合的残差是

$$0.198 - 0.236 = -0.038$$

它与FITTED RESIDUALS矩阵报告的相同。我们建议大家把它作为一个练习,计算一下其余的值,并把计算结果与上面输出中列出的值做比较。大家可能会发现,这样做有助于将这个分析的结果描述为类似于用于前面分析结果的那种图形(即图23.2)。

总的来讲,上面报告的结果说明,两个相关因子构成了六个正在研究的指标之间的关系。我们希望现在的分析能有助于大家了解前一节提到的那些拟合总指数解释中存在的困难,并严肃提醒大家不要只是依靠任何一种类型拟合优度指数。

## EQS述要

本特勒(Bentler, 1987)认为SEM无法广为使用,因为它依靠的是"不必要的复杂的"(p.65)矩阵语言。为了使SEM更易于被研究者所接受,本特勒(Bentler, 1987)开发了EQS(读作"X")——一个使用比较简单的方程语言的计算机程序集。此外,它也不使用希腊字母做记号。本章和第24章所做的分析使用的都是2.1版。

与LISREL一样,我们的介绍和对输入、输出的评议都是导论性的,只涉及一些EQS的基本概念和性质。不言而喻,对于计算机程序集的使用,都必须要认真学习它的手册和有关的参考资料。EQS可以使用的变量有四种类型。下面是它们的编码名称和含义,都与手册介绍的一样(Bentler, 1985:65)。此后,将其称为EQS手册或手册。

| 编码 | 名称 | 含义 |
|------|------|------|
| V | 变量 | 测量变量 |
| F | 因子 | 潜变量 |
| E | 误差 | 测量变量残差 |
| D | 干扰 | 潜变量残差 |

模型由一组类似回归的方程设定。每个方程都由一个因变量(位于方程左边的变量)和一个或几个自变量(位于方程右边的变量)组成。

因变量也可能作为模型中其他变量的预测器,但这并非意味着它就是EQS使用的自变量。如果一个变量在模型中对任何其他变量都有结构上的回归,也就是说,如果它至少在方程的左边出现过一次,那么无论它与系统中其他变量的关系如何,它都是一个因变量(参见手册第65页)。

EQS中因变量和自变量之间的区别可以在路径图中看到。由一个或几个单向箭头指着的是因变量,而那些没有单向箭头指着的就是自变量。

用前面给出的图23.2作为一个例子,六个指标(从$X_1$到$X_6$)可看作因变量,而因子(ACAD和SOC)和残差可看作自变量。如果在图23.2的模型(b)中,建立的假设是:ACAD对SOC有影响,也就是说,如果双箭头连接的这两个潜变量为来自ACAD的指向SOC的单向箭头所取代,那么前者就是自变量,而后者则是因变量。

在任何一个给定的模型中,都不需要使用全部四种类型的变量。这一章分析的那些模型就是一个明证,因为它们都没有使用D型变量。

与LISREL一样,参数可以是固定的,也可以是自由或有约束的。在EQS中,一个自由参数用附于其上的星号(*)表示,没有星号的参数都是固定的。

EQS对输入的变量顺序编号:V1,V2,V3,以此类推。在一个模型只需要一个输入变量的子集时,EQS将根据模型的方程选择相关的变量。[①]

EQS的其他方面将在下面联系数例进行讨论。我们现在就转向数例的讲解。

## 数  例

为了便于比较,EQS仅被用于在表22.2给出的相关矩阵上做CFA。大家还记得,这个矩阵已在前一节用LISREL分析过。与前面的分析一样,我们也将在这里分析两个模型:(a)两个不相关的因子,(b)两个相关的因子。此外,与前面一样,输入和输出都会将两种分析并排列。我们建议大家将这里得到的结果和那些用LISREL得到的结果做比较。

### EQS

**Input**

```
/TITLE                              /TIT
  TABLE 22.2, UNCORRELATED FACTORS.    TABLE 22.2, CORRELATED FACTORS.
/SPECIFICATIONS                     /SPE
 CAS=200; VAR=6;                     CAS=200; VAR=6;
/LABELS                             /LAB
 V1 = X1; V2 = X2; V3 = X3;          V1 = X1; V2 = X2; V3 = X3;
 V4 = X4; V5 = X5; V6 = X6;          V4 = X4; V5 = X5; V6 = X6;
 F1 = ACADEMIC; F2 = SOCIAL;         F1 = ACADEMIC; F2 = SOCIAL;
/EQUATIONS                          /EQU
 V1 = .7*F1       + E1;              V1 = *F1        + E1;
 V2 = .7*F1       + E2;              V2 = *F1        + E2;
 V3 = .7*F1       + E3;              V3 = *F1        + E3;
 V4 =       .7*F2 + E4;              V4 =       *F2  + E4;
 V5=        .7*F2 + E5;              V5=        *F2  + E5;
 V6 =       .7*F2 + E6;              V6 =       *F2  + E6;
/VARIANCES                          /VAR
 F1 TO F2 = 1;                       F1 TO F2 = 1;
 E1 TO E6 = *;                       E1 TO E6 = *;
/MATRIX                             /COV
 1.000                               F1,F2 = *;
  .502  1.000                       /MAT
  .622   .551  1.000                 1.000
  .228   .272   .188  1.000           .502  1.000
  .307   .230   .249   .442  1.000    .622   .551  1.000
  .198   .259   .223   .537   .413  1.000   .228   .272   .188  1.000
/END                                 .307   .230   .249   .442  1.000
                                      .198   .259   .223   .537   .413  1.000
                                    /END
```

**评  议**

我们先对输入设置做一般性评论。EQS的控制语言被组织成小节或段落,每段都包含一或几个语句。每个段落都由一个关键词设定,关键词都有一个斜线(如/TITLE)。一个关键词单独占一行,而且可以缩写成它的前三个字母。为了便于讲解,我们在右边使用输入的缩写格式。

---

[①]与LISREL不同,在要分析输入变量的子集时,它必须使用选择语句。在LISREL中,在需要重新排列变量的顺序时,情况也同样如此(见第24章)。

段落中的句子用分号隔开,可以按任何顺序排列。也可以加入空白,以提高可读性和检查输入流。大家可考虑仿效特勒的做法,"开发一个标准的实践流程,如关键词从第1列起始,将起始语句缩进几个字符,置于关键词之下"(参见手册第57页)。

现在我们开始一个一个地给大家讲解段落。在大多数情况下,两个模型的输入都是相同的。除两个模型的差异处,我们将对其进行评议。

/TITLE。标题命令可以由一行或几行组成。所有的行都只能出现一次。标题行的第一行在所有的输出页上都被打印成页眉。尽管标题命令是可选的,但是建议大家使用它,并在其中包含与运行相关的信息(见第16章)。

/SPECIFICATION。除我们已经设定的信息之外(即CASES编号和输入变量的编号之外),其他各种设定,如分析方法,输入的类型都可以包括在内。默认的估计方法是最大似然法(ML),而默认的数据输入格式则是协方差(相关)矩阵。我们使用的都是默认的方法,因此,我们的例子没有给出任何其他的设定。

/LABELS。只有F型或V型变量可以贴含8个字符的标签(见上面有关EQS使用的四种变量类型的讨论)。

/EQUATIONS。在这一段,模型以一组方程的形式设定。"每一个因变量需要一个,且只需要有一个方程。自变量既可以是观察的,也可以是潜在的,而方程的参数则既可以设为固定的,也可以设为自由的。"(参见手册第65页)

我们按照本特勒的建议,但加进了一些空格,以便我们马上就可以看到表中哪个变量受到哪个因子的影响。

诚如前述,我们用星号来表示参数是自由的。因此,在我们的输入中,V1到V3在F1上的负荷和V4到V6在F2上的负荷都是自由的。附在这些参数上的那些值(即0.7)——被称为起始值或初始估计值——都是用户猜想的参数的符号和数值。程序集用这些值来开始迭代过程。起始值取决于特定的模型和使用的量度尺度,因此,

"我们难以给出方程中系数相对大小的规则。实际上,我们只需要对少数几个关键的起始值有一个合理的猜测即可,因为其后其他的相对大小对于迭代的计算是无关紧要的。因此,几个关键因子的负荷总是比较大的。当然,究竟什么才是"大",则要取决于变量的量度尺度,没有量度的变量如何认定和真实的模型。"(参见手册第67页)

起始值猜得越好,迭代计算收敛得越快。有时选得很差的起始值可以导致迭代无法收敛(这种例子将在第24章给出)。一旦发生这种情况,就要用来自前面的运行得比较好的起始值,再做一次或几次额外的运行,最后终将导致收敛。

在没有设定起始值时,系统使用默认值1.0。像我们的例子一样,分析的是一个相关矩阵或使用的量度尺度比较小的时候,默认的起始值通常都会运行得很好。为了便于讲解,我们没有使用右边模型中的起始值。[1]

最后大家注意,误差的系数都是固定的(没有星号)。它们都已被内定设为1.0。因此,

---

[1]LISREL的起始值也可以用。对于某些设计而言,起始值是必须的,甚至是必不可少的(见本章后面的MTMM的输入)。

V1=0.7*F1+E1（上面的输入中的第一个方程）等价于 V1=0.7*F1+1.0E1。

/VARIANCES。自变量必定有方差。注意，我们将 F1 和 F2 的方差固定为 1.0（没有星号）。我们用 LISREL 进行分析时也同样这样做，那时我们曾经说过这个路数被普遍用于解决因子的方差和观察变量在因子上的负荷之间的不确定性（参见前面有关这个问题的讨论）。虽然我们已经设定误差的方差（E1 到 E6）都是自由的，但是我们并没有使用起始值（只有星号）。

/COV（协方差）。自变量可以有协方差。我们只是在右边的模型中使用了 COV（即有相关因子的模型）。在 COV 没有设定时，与左边的模型一样。我们假定它被固定为零。"如果一个变量涉及协方差，那么它的方差就必须再在/VAR中设定……因变量不能有协方差"（参见手册第 71-72 页）。

/MATRIX。这个命令意味着协方差或相关矩阵是输入文件的一部分。相关矩阵之后可以跟随标准差，它们是程序集用来计算要进行分析的协方差矩阵的。

有各种各样的输入格式（见手册第 79-81 页），我们使用的是自由格式，按照这个格式，按行读入下三角矩阵，第一行一个元素，第二行两个元素，以此类推。不要用分号（；）表示矩阵输入的结尾。对于标准差的输入情况也同样如此。现在我们转向输出摘要。

### Output

```
EQS, A STRUCTURAL EQUATIONS PROGRAM
  BY P.M. BENTLER

BMDP STATISTICAL SOFTWARE, INC.
  VERSION 2.1   COPYRIGHT (C) 1985,1986
      [data from Table 22.2]

  MATRIX TO BE ANALYZED:  6 VARIABLES
  (SELECTED FROM   6 VARIABLES), BASED ON   200 CASES.
            X1      X2      X3      X4      X5      X6
                  V 1     V 2     V 3     V 4     V 5     V 6

X1    V 1   1.000
X2    V 2   0.502   1.000
X3    V 3   0.622   0.551   1.000
X4    V 4   0.228   0.272   0.188   1.000
X5    V 5   0.307   0.230   0.249   0.442   1.000
X6    V 6   0.198   0.259   0.223   0.537   0.413   1.000

BENTLER-WEEKS STRUCTURAL REPRESENTATION:

  NUMBER OF DEPENDENT VARIABLES = 6
    DEPENDENT V'S :     1  2  3  4  5  6

  NUMBER OF INDEPENDENT VARIABLES = 8
    INDEPENDENT F'S :    1  2
    INDEPENDENT E'S :    1  2  3  4  5  6
```

### 评 议

EQS 的输出从输入的打印开始，它与前面给出的相同。上面的摘要与两个分析（即相关和不相关因子）完全相同。矩阵则与读入的相同。如果读入了一个相关矩阵和标准差，且在/SPE 段落中使用默认，那么协方差矩阵将作为分析的矩阵报告。

诚如前述，EQS 对变量按顺序编号。然后它会提供与方程设定一样的自变量和因变量数的摘要。在当前这个例子中，只有因变量是 V 型，而自变量则都是 F 型和 E 型（见上面有关EQS 使用的四种变量类型的讨论）。

## Output

TITLE: TABLE 22.2, UNCORRELATED FACTORS.

MAXIMUM LIKELIHOOD SOLUTION (NORMAL DISTRIBUTION THEORY)

PARAMETER ESTIMATES APPEAR IN ORDER.
NO SPECIAL PROBLEMS WERE ENCOUNTERED DURING OPTIMIZATION.

RESIDUAL COVARIANCE MATRIX (S-SIGMA):

|  |  | X1<br>V 1 | X2<br>V 2 | X3<br>V 3 | X4<br>V 4 | X5<br>V 5 | X6<br>V 6 |
|---|---|---|---|---|---|---|---|
| X1 | V 1 | 0.000 |  |  |  |  |  |
| X2 | V 2 | 0.000 | 0.000 |  |  |  |  |
| X3 | V 3 | 0.000 | 0.000 | 0.000 |  |  |  |
| X4 | V 4 | 0.228 | 0.272 | 0.188 | 0.000 |  |  |
| X5 | V 5 | 0.307 | 0.230 | 0.249 | 0.000 | 0.000 |  |
| X6 | V 6 | 0.198 | 0.259 | 0.223 | 0.000 | 0.000 | 0.000 |

AVERAGE ABSOLUTE COVARIANCE RESIDUALS = 0.1026
AVERAGE OFF-DIAGONAL ABSOLUTE COVARIANCE RESIDUALS = 0.1436

TITLE: TABLE 22.2, CORRELATED FACTORS.

MAXIMUM LIKELIHOOD SOLUTION (NORMAL DISTRIBUTION THEORY)

PARAMETER ESTIMATES APPEAR IN ORDER.
NO SPECIAL PROBLEMS WERE ENCOUNTERED DURING OPTIMIZATION.

RESIDUAL COVARIANCE MATRIX (S-SIGMA):

|  |  | X1<br>V 1 | X2<br>V 2 | X3<br>V 3 | X4<br>V 4 | X5<br>V 5 | X6<br>V 6 |
|---|---|---|---|---|---|---|---|
| X1 | V 1 | 0.000 |  |  |  |  |  |
| X2 | V 2 | −0.017 | 0.000 |  |  |  |  |
| X3 | V 3 | 0.008 | 0.001 | 0.000 |  |  |  |
| X4 | V 4 | −0.018 | 0.052 | −0.073 | 0.000 |  |  |
| X5 | V 5 | 0.105 | 0.049 | 0.035 | −0.006 | 0.000 |  |
| X6 | V 6 | −0.038 | 0.048 | −0.027 | 0.014 | −0.016 | 0.000 |

AVERAGE ABSOLUTE COVARIANCE RESIDUALS = 0.0241
AVERAGE OFF-DIAGONAL ABSOLUTE COVARIANCE RESIDUALS = 0.0338

## 评　议

对于这些分析,程序集报告说在优化时没有遇到什么特殊的问题。"这是一种理想的情况,而这种信息应该在评估任何结果的意义之前搜索"(手册第89页;有关其他类型的信息和它们的意义请参见手册第89-91页)。

RESIDUAL COVARIANCE MATRICES(残差协方差矩阵)与 LISREL 的 FITTED RESIDUALS(拟合残差)相同,因此将不再进行评议。两个绝对残差的平均数(即符号忽略不计)也做了报告:第一个以所有的元素为根据;第二个则以对角线之外的元素为根据。"通常,对角线外的那些元素对拟合优度统计量更重要"(参见手册第92页)。虽然 LISREL 报告了一种稍微有些不同的指数(见 RMR),但是我们对它所做的评议在这里也基本适用。

## Output

MAXIMUM LIKELIHOOD SOLUTION
　(NORMAL DISTRIBUTION THEORY)

GOODNESS OF FIT SUMMARY

INDEPENDENCE MODEL CHI-SQUARE = 337.034,
　BASED ON　　15 DEGREES OF FREEDOM.

CHI-SQUARE = 33.512, BASED ON 9 DEGREES OF FREEDOM.
PROBABILILITY VALUE FOR THE CHI-SQUARE STATISTIC IS LESS THAN 0.001

BENTLER-BONETT NORMED　　FIT INDEX= 　0.901
BENTLER-BONETT NONNORMED FIT INDEX= 　0.873

MAXIMUM LIKELIHOOD SOLUTION
　(NORMAL DISTRIBUTION THEORY)

GOODNESS OF FIT SUMMARY

INDEPENDENCE MODEL CHI-SQUARE = 337.034,
　BASED ON　　15 DEGREES OF FREEDOM.

CHI-SQUARE = 10.058, BASED ON 8 DEGREES OF FREEDOM.
PROBABILILITY VALUE FOR THE CHI-SQUARE STATISTIC IS 0.26099

BENTLER-BONETT NORMED　　FIT INDEX= 　0.970
BENTLER-BONETT NONNORMED FIT INDEX= 　0.988

## 评　议

至于两个卡方统计值,第二个与 LISREL 报告的相同。因此,我们在前面通过 LISREL 分析对两个模型的卡方所说的那些话,也同样适用于这里所报告的那些卡方。第一个卡方[即 INDEPENDENCE MODEL(独立模型)]将在下面进行解释。

用卡方检验遇到的困难,我们已在前一节联系 LISREL 讲过了,那时,我们介绍了一些已经有人提出的各种总拟合指数。两个这样的指数(即 GFI 和 AGFI)在 LISREL 中已经列出并做了解释。本特勒和伯尼特(Bentler & Bonett,1980)提出的两种指数已在上面报告过,这两种指数都以由给定的模型对比较的基线模型改进的拟合这个概念为根据。

　　*赋范拟合指数*（NFI）。该指数可以像下面这样计算：

$$\text{NFI} = \frac{\chi_n^2 - \chi_s^2}{\chi_n^2} \tag{23.7}$$

式中，$n$ 是虚无模型；$s$ 是真实模型。在目前的例子中，虚无模型是"最受约束的，理论上站得住脚的模型"（Bentler & Bonett, 1980:600），根据这个模型，所有观察变量的相关（或协方差）都等于零，上面报告的第一个卡方与虚无模型关联。①真实模型是根据理论思考建立的。两个模型都在上面的分析中拟合：（a）不相关因子和（b）相关因子。用上面报告的那些 $\chi^2$，不相关和相关因子的 NFI 分别为

$$\frac{337.034 - 33.512}{337.034} = 0.901$$

$$\frac{337.034 - 10.058}{337.034} = 0.970$$

　　与上面报告的数值做比较。NFI 的值域为 0 到 1。在对"好"拟合的标准进行评议之前，我们先来介绍第二个指数。

　　*不赋范拟合指数*（NNFI）。这个指数与 NFI 类似，除它对 $df$（自由度）做了调整之外。它可以像下面这样计算：

$$\text{NNFI} = \frac{\dfrac{\chi_n^2}{df_n} - \dfrac{\chi_s^2}{df_s}}{\dfrac{\chi_n^2}{df_n} - 1} \tag{23.8}$$

式中的变量解释同式（23.7）。

　　使用上面报告的 $\chi^2$，不相关和相关同因子的 NNFI 分别为

$$\frac{\dfrac{337.034}{15} - \dfrac{33.512}{9}}{\dfrac{337.034}{15} - 1} = 0.873$$

$$\frac{\dfrac{337.034}{15} - \dfrac{10.058}{8}}{\dfrac{337.034}{15} - 1} = 0.988$$

　　与上面报告的结果做比较。与 NFI 不同，NNFI 可能也会有负号。关于这些指数的解释问题，本特勒和伯尼特（Bentler & Bonett, 1980）说道：

　　　　"因为拟合指数的尺度未必都是很容易解释的（例如未取平方的复相关），所以制定那些对与结果意义的各种程度关联的值是需要经验的。而我们的经验是，那些

---

① 为了用 LISREL 求虚无模型的 $\chi^2$，要将前面给出的输入中的 MO（模型）语句换成：MO NX = 6 NK = 6 LX = ID PH = DI TO = ZE。注意这个一般模式：KSI 变量的数目被设定为那些 X 的数目，**LX** 被设定为单位矩阵，PH 被设定为 DI（对角线），而 TD 则被设定为 ZE（零）。

总拟合指数小于0.9的模型可能都需要做实质性的改进。"(p.600)

这个观点显然已经为许多作者所接受。本特勒和伯尼特"建议将0.9作为一个阈值"（Wheaton,1987:133；也可参见 Schmitt & Stults,1986:14）。贾德等人（Judd, Jessor, & Donovan,1986)甚至把它叫作"'神奇的'0.90水平"(p.166)。

即使如此,假定在目前的分析中我们把0.9作为一个截止点,那么根据NFI,我们便会得出即使是不相关模型也与数据拟合得很好的结论。但是只要看一眼这个模型的残差,我们就会认识到,这样一个结论是十分可疑的。我们要提醒大家,联系LISREL中的总拟合指数,我们也提出了同样的观点。

有关本特勒和伯尼特的拟合指数我们还要谈最后两点:第一,在模型的一个或几个参数是自由的时候,我们也可以以一种相同的路数来确定拟合的增量(具体例子可参见 Bentler & Bonett,1980)。第二,用平常使用的"最虚的"虚无模型(即所有观察变量之间的相关或协方差都等于零)来评估拟合的增量是很容易导致滥用的。请大家务必要提防这种滥用,费耐尔(Fornell,1983a)指出:

> "没有对虚无模型很强的理论判断,本特勒和伯尼特检验会使任何给定的模型更加容易通过检验:只是简单地将"最坏可能模型"作为虚无假设,然后再对它进行检验予以否定,那么你所钟爱的模型将必然是经得起检验的。"(p.447)

索贝尔和博恩斯泰特(Sobel & Bohrnstedt,1985)认为,本特勒和伯尼特用的基线模型"都是不恰当的,除了在纯粹的探索场合"(p.153)。他们建议不要在验证性研究中使用它们,而要使用根据对于现象的研究得到的知识以及理论思考导出的基线模型。我们曾经在前面说过,很多作者,包括本特勒和伯尼特都曾重新分析过威顿等人(Wheaton et al.,1977)的模型。用了他们认为在研究环境和有关理论的探讨中"更抗辩的"不同的基线模型。索贝尔和博恩斯泰特报告的结果导致他们的"结论与本特勒和伯尼特的完全相反"(Sobel & Bohrnstedt,1985:175)。

务必不要过度依赖和不加区别地使用拟合指数,尤其是在把它们作为模型修正的工具时,马斯犹大和比贝(Matsueda & Bielby,1986)正确地观察到了这相当于"将一种强有力的建模和检验方法转化为数据挖掘,一种本来要替代的探索性路数"(p.155)。针对各种拟合指数及其在模型评估中的局限性的批判,有人提出了一种新的指数。有关这一问题的讨论请参见 Mulaik et al.,1989。

## Output

| ITERATIVE SUMMARY | | ITERATIVE SUMMARY | |
|---|---|---|---|
| ITERATION | PARAMETER ABS CHANGE | ITERATION | PARAMETER ABS CHANGE |
| 1 | 0.290643 | 1 | 0.367141 |
| 2 | 0.008449 | 2 | 0.036481 |
| 3 | 0.000055 | 3 | 0.008963 |
| | | 4 | 0.001188 |
| | | 5 | 0.000294 |

## 评　议

在评价结果的意义之前，应先来看迭代的概要。在完全迭代估计中，如果参数变化向量元素的绝对值的平均数大于0.001（或其他选择的收敛标准），那么迭代过程就失败了。注意，程序集使用的是默认的最大迭代次数为30次，因此，迭代次数达到了这个数字，程序仍可能还没有收敛。这时系统便会打印一条信息警告用户：如果没有达到收敛，请不要相信输出结果（参见手册第95页）。

在收敛没有发生时，可使用没有达到收敛的输出中报告的估计值作为起始值（见上文），重新做一次分析，就有可能达到收敛（详细的讨论，请参见手册第94-96页）。

大家可以看出，收敛可以在第三次（不相关因子模型）和第五次（相关因子模型）迭代达到。记住，对于后一个解，我们并没有使用起始值。

## Output

```
MEASUREMENT EQUATIONS          MEASUREMENT EQUATIONS
   [uncorrelated factors]          [correlated factors]
X1 =V1= 0.753*F1+ 1.000 E1      X1 =V1= 0.761*F1+ 1.000 E1
X2 =V2= 0.667*F1+ 1.000 E2      X2 =V2= 0.681*F1+ 1.000 E2
X3 =V3= 0.826*F1+ 1.000 E3      X3 =V3= 0.807*F1+ 1.000 E3
X4 =V4= 0.758*F2+ 1.000 E4      X4 =V4= 0.739*F2+ 1.000 E4
X5 =V5= 0.583*F2+ 1.000 E5      X5 =V5= 0.607*F2+ 1.000 E5
X6 =V6= 0.708*F2+ 1.000 E6      X6 =V6= 0.708*F2+ 1.000 E6
```

## 评　议

本章估计的模型只由测量方程组成。在一个模型也含有结构方程时（见第24章），输出将包括一个与构建的方程有关的小节。

这里报告的估计参数（即星号指明的那些值）都与LISREL报告的相同（见LISREL的估计值）。

## Output

```
VARIANCES OF        VARIANCES OF        COVARIANCES AMONG
INDEPENDENT         INDEPENDENT         INDEPENDENT
VARIABLES           VARIABLES           VARIABLES
[uncorrelated       [correlated         [correlated
 factors]            factors]            factors]
-----------         -----------         -----------------
    E                   E
E1 −X1 .433*        E1 −X1 .421*        F1 −ACADEMIC .438*
E2 −X2 .555*        E2 −X2 .536*        F2 −SOCIAL
E3 −X3 .317*        E3 −X3 .350*
E4 −X4 .425*        E4 −X4 .454*
E5 −X5 .660*        E5 −X5 .632*
E6 −X6 .498*        E6 −X6 .499*
```

## 评　议

本节由自变量的方差和协方差组成（只是相关因子的）。LISREL也报告了与之相同的估计值（标题THETA DELTA下报告的是那些E的方差，而PHI下报告的则是那些F之间的协方差）。

我们对LISREL和EQS的介绍就到这儿。接下来我们将用它们来分析其他类型的模型。

在这些分析中,我们将在有需要的时候,对这两种模型再做评议。

## 多质多法矩阵

关于多质多法的理念(MTMM)已经在第4章做过介绍,那时我们告诉大家,这样一种矩阵的分析在建构确认的过程中特别有价值。我们建议大家复习第4章中的有关内容,特别要注意:(a)收敛效度和判别效度以及(b)特性因子和方法因子之间的区别。

建议用于分析 MTMM 的路数有多个(有关的评论可参见 Schmitt & Stults,1986)。我们只是介绍了 CFA 这个路数,因为它是最为全面和有用的。有关它的最新介绍及应用请参见 Schmitt & Stults,1986;Widaman,1985。

### 数 例

我们将在分析表23.1中的阐释性数据的过程中来介绍如何将 MTMM 用于 CFA。该数据由三种特性(1,2和3)组成。$A,B$ 和 $C$ 可能是三种态度(如对黑人、西班牙后裔和操墨西哥语的美国人的态度)。有时,$A,B$ 和 $C$ 也可以是三种个性(如自信、焦虑和进攻性)。方法一可以是一个总和量表,方法二可以是访谈,而方法三则可以是投射技术。就上面给出的第一个例子而言,$A_1,A_2$ 和 $A_3$ 都是对黑人的态度,分别用方法一、方法二和方法三测量——另外两种态度也同样如此。三种方法测量的三种特性的分数都是彼此相关的,产生了一个观察(显)变量之间的一个9乘9的相关矩阵,如表23.1报告的一样。

使用 CFA 的目的是分析表23.1报告的相关矩阵,以便对假设模型的拟合进行检验,并在认为模型的拟合是可以接受时,对参数估计值作出解释。不言而喻,模型必定反映了我们对于那个导致正在研究的变量之间的关系模式的过程(或若干个过程)的理论思考。例如,我们可能令人信服地假设一个单独的潜变量是构成表23.1报告的九个显变量之间关系的基础。就上面给出的第一个例子而言,我们可以假设对于黑人($A$)、西班牙后裔($B$)和操墨西哥语的美国人($C$)的态度都是对少数民族的一般态度的表现。与此相反,表23.1的相关矩阵由三个相关的潜变量构成,每个潜变量都涉及对一个给定的少数民族的态度。

到目前为止,我们处理的那些潜变量都是在目前的背景中可以被贴标签的特性因子。由于使用了三种测量方法,所以我们希望对有关方法因子的假设进行检验。例如,我们可以假设表23.1报告的显变量之间的相关是由单个不相关的方法因子所致。[1]当然,我们也可以建立一些由特性和方法两种因子组成的模型。

---

[1]有关上面那些构成不同的模型和方法之间的相关的概念,请参见第4章。

表23.1 多质多法矩阵($N = 300$)

| | | Method 1 | | | Method 2 | | | Method 3 | | |
| --- | --- | --- | --- | --- | --- | --- | --- | --- | --- | --- |
| | | $A_1$ | $B_1$ | $C_1$ | $A_2$ | $B_2$ | $C_2$ | $A_3$ | $B_3$ | $C_3$ |
| Method 1 | $A_1$ | .400 | | | | | | | | |
| | $B_1$ | .350 | .300 | | | | | | | |
| | $C_1$ | | | | | | | | | |
| Method 2 | $A_2$ | .550 | .220 | .150 | | | | | | |
| | $B_2$ | .200 | .520 | .170 | .600 | | | | | |
| | $C_2$ | .140 | .150 | .550 | .480 | .500 | | | | |
| Method 3 | $A_3$ | .500 | .200 | .160 | .640 | .360 | .280 | | | |
| | $B_3$ | .210 | .500 | .200 | .370 | .640 | .270 | .460 | | |
| | $C_3$ | .150 | .120 | .540 | .310 | .300 | .600 | .450 | .400 | |

注：Method=方法。

上述评论足以表明可以建立的模型不仅数量较多，而且可能颇为令人费解。诚如曾经提出过将CFA用于MTMM最系统的策略的威达曼（Widaman，1985）所言："以前许多关于分析多质多法数据的方法的文章已经指出了一个明显事实：要在这样的数据中呈现一种趋势是一个相当复杂的任务"（p.24）。用CFA分析同一个MTMM，不同作者可能得出不同的结论，这便是这种任务复杂性的明证（有关的例子请见Widaman，1985）。

我们的介绍远远不够详尽。不仅如此，因为我们的数据都是阐释性的，且指定的特性和方法也是泛型的，所以我们的分析无法为必须的理论思考所指引，只能讲解由威达曼（1985）提出的策略的某些方面的应用。那些可供进一步阅读的参考资料和实际应用的例子将在学习建议中给出。

我们将要分析的，有关各种有可能建立的涉及表23.1中的显变量之间关系的模型是以下三个：

模型1：三个相关的特性因子。

模型2：三个相关的方法因子。

模型3：三个相关的特性因子和三个相关的方法因子。根据这个模型，特性因子和方法因子是不相关的。

在这里，我们要重申一下：上述模型只不过是可以建立的模型中的其中一些而已。例如，我们可以论证，更合理的模型3是一个我们可以据此确定彼此相关的是特性因子，而非方法因子的模型。

为了对三个模型作出正确的判断，我们来看结果的各个方面（如卡方检验、拟合指数）。为了拟合像下面这样的改进，我们也需研究嵌套模型。[1]

1a. 模型1对虚无模型（参见前几节有关虚无模型的使用）。

1b. 模型3（含有特性和方法因子）对模型2（只有方法因子）。注意，在这两种情况中，要解决的问题都是否会导致对虚无模型（1a）和对只含方法因子的模型（1b）有实质性的改进。

---

[1]有关嵌套模型的注意事项和它们的检验在本章之前已做过介绍。

2a. 模型2对虚无模型。

2b. 模型3(特性和方法因子)对模型1(只含特性因子)。这时要解决的问题是方法因子是否导致对虚无模型(2a)和只含特性因子模型(2b)的改进。

本节要进行的分析将用LISREL来做。因为LISREL的输入和输出的解释已经在前面给出,所以在这里我们只是在必要的时候再做解释,评议也是简明扼要的,除非那些议题对正在讨论的例子十分贴切。

## 模型1

根据这个模型,假设三个彼此相关的特性因子构成了表23.1的相关矩阵。明确假设$A_1$,$A_2$和$A_3$都是某个潜变量(如对黑人的态度)的指标;$B_1$,$B_2$和$B_3$都是另一个潜变量(如对西班牙裔的态度)的指标;$C_1$,$C_2$和$C_3$则都是又一个潜变量(如对墨西哥裔美国人的态度)的指标。注意,给定的指标是否在某种程度上相关并非这个模型要解决的问题,因为它们都是用同一种方法测量的。换言之,这个模型并没有考虑使用了三种不同的测量方法这一事实。我们将在评议输出时再回到这个问题上。下面是LISREL的输入。

**LISREL**

### Input

```
TABLE 23.1 MTMM.   THREE CORRELATED TRAITS (MODEL 1)
DA NI=9 NO=300
LA
A1 B1 C1 A2 B2 C2 A3 B3 C3
KM
1.0 .4 1.0 .35 .3 1.0 .55 .22 .15 1.0
.2 .52 .17 .6 1.0 .14 .15 .55 .48 .5 1.0
.5 .2 .16 .64 .36 .28 1.0 .21 .5 .2 .37 .64
.27 .46 1.0 .15 .12 .54 .31 .3 .6 .45 .4 1.0
MO NX=9 NK=3 PH=ST TD=SY
LK
'TRAIT A' 'TRAIT B' 'TRAIT C'
FR LX 1 1 LX 2 2 LX 3 3 LX 4 1 LX 5 2 LX 6 3 LX 7 1 LX 8 2 LX 9 3
OU RS MI
```

### 评 议

诚如前述,评议只限于分析的特定方面,和/或前面的分析未曾用过的那些元素。

在MO语句中,九个显变量(NX=9)反映了三个潜变量(NK=3)。它将显变量设为反映潜变量的指标,而潜变量则通过FR(自由)语句得到(例如,LX1 1意味着第一个指标反映KSI 1;在讨论的例子中的TRAIT A)。

PH=ST的意思是PHI是一个对称矩阵,它的对角线元素都被固定在1.0,而在它之外的元素则都是自由的。换言之,PH是那些KSI的一个3乘3的矩阵。

设定TD=SY的意思是THETA DELTA是"有自由的对角线元素和固定的对角线外元素的对称矩阵"(参见手册第14页)。实际上,TD是对角线自由的,因此我们可以用默认的设定(即

TD=DI, FR）。为了得到TD的对角线之外的元素的修正指数（modification indices），除目前的格式语句是必须的外，其余语句都与前面的分析相同。

修正指数将在评议输出时解释。现在我们只是说一下，它们是用在OU（输出语句中）中设定的MI来调用的。

## Output

```
MEASURES OF GOODNESS OF FIT FOR THE WHOLE MODEL :
CHI-SQUARE WITH 24 DEGREES OF FREEDOM = 431.07 (P = .000)
                     GOODNESS OF FIT INDEX = .749
         ADJUSTED GOODNESS OF FIT INDEX = .529
              ROOT MEAN SQUARE RESIDUAL = .087
```

## 评 议

那个模型并未提供与数据的好拟合，其证据不仅来自统计上显著的卡方，而且来自比较小的拟合指数（见前面讨论的这些指数）。根据这些结果，我们很容易就得出模型设定错误的结论。然而，要确定错设的形式是极为困难的。将模拟研究排除在外而正确判断模型错设的断言，显然是自相矛盾的，因为这意味着正确的模型是已知的。

模型设定在测量、设计和分析中的重要作用的讨论见诸各章（特别是第3章、第14章、第17章和第18章）。除别的问题外，错设的各种形式包括明显遗漏有关变量、错设变量之间的关系性质等（如曲线而非线性）。可以证明，这样的错设将导致参数估计值的畸变或偏倚。

一个模型构成了我们正在研究的现象的一种理论。因此，在试图发现错设的源头时，不应盲目行事，而应以理论考虑为指导。我们之所以要提醒大家这一点，是因为忽视严重的模型错设，甚至不考虑模型的可靠性的危险，正随着所谓的设定搜索（specification searches；Leamer, 1978；有关SEM使用中的设定搜索的讨论参见MacCallum, 1986）和模型重新设定（如Costner & Schoenberg, 1973；Herting & Costner, 1985）的发展而与日俱增。SEM这种分析路数的复杂性，加之它各种各样的诊断指数（如下面讨论的修正指数），更使考虑欠周的模型重设发生的可能性大增。

在一次及时而出色的讨论中，克里夫（Cliff, 1983）告诫我们不要滥用SEM这种分析方法：

> "起初，这些方法似乎对社会科学研究大有裨益，但也有可能变成一场灾难，一场因为它们似乎在鼓励人们暂停正常的批判能力的灾难。使用这些计算机程序中的一种，会莫名其妙地给那些本应受到最严格审查的结论增添一种不容置疑的神圣气氛。"(p.116)

面对一系列令人眼花缭乱的指向和来自众多变量和指标，并伴随着各种"深奥"的统计术语和符号的箭头，那些苦于不得其门而入的研究人员似乎只能在精神麻木中寻找避难所，不仅如此，同样的情况也困扰着审稿人和期刊编辑，他们不熟悉正在审读的分析路数，因此似乎连那些十分明显的误用也发现不了。

从许多已发表的报告来看，研究人员在应用SEM时似乎更倾向于进行事后理论推导。为了提高因果模型对数据的拟合，修改因果模型似乎已是理所当然的了。而可供使用的诊断指数的出现则更加加强了这种趋势，其中最主要的例子是我们下面将要介绍的修正指数。

## Output

MAXIMUM MODIFICATION INDEX IS 90.52 FOR ELEMENT ( 5, 4) OF THETA
DELTA

## 评  议

在 MI 已在 OU(输出)语句中设定时(见输入),LISREL 便会报告固定和约束参数的修正指数。限于篇幅,我们在这里只是重新报告最大的修正指数。

对每一个固定参数和约束参数,如果把单独一个约束放宽并重新估计模型,那么修正指数就是一个预测 $\chi^2$ 减小量度……这些指数……也许可以用自由度为 1 的卡方分布来判断。与那个最大的这样的指数对应的固定参数是那个将其约束放宽时能使拟合得到最大改进的参数。拟合的改进则用那个预期接近修正指数的 $\chi^2$ 的减少来量度。这个程序在实践中表现不错,但是我们推荐大家最好只在一个参数真正有意义和这个参数能够解释时才使用它。(参见手册第 45 页)

MI 在帮助检测模型设定错误的源头中的价值,即使不能全部否定,至少也是可疑的。鉴于它常常被滥用,我们有必要说明一个明显的事实,即指望一个计算机程序集来重建那个基于实际意义的模型的做法是十分荒谬的。它所能做的全部事情无非就是指出在模型拟合范围变化时,可能会发生什么事情而已。显然,它无法告诉用户别的什么事情,譬如说,在模型中还应包括其他的潜在变量(例如在我们的例子中的方法因子)。

对于 MI 而言,LISREL 都被设计用来表明因释放一个给定参数而产生的预期的 $\chi^2$ 的减少。正因为如此,Jöreskog 和 Sörbom 建议释放参数的决定应该以实际意义为根据(见上文)。尽管如此,大家必须要注意,LISREL 7 已具备"自动的模型修改"的功能。

"这个选项使程序集能够通过每一步释放一个参数自动按顺序对模型进行修正,……那个对应于最大修正指数,并只要指数是统计显著的,系统就会连续这样做。"(参见手册第70页)

大家应该注意的是,模型自动修正与旨在确定什么变量应该被包括在方程中的多元回归的变量选择程序(如向前逐步)不同。诚如,第 18 章所述(也可参见 Pedhazur,1982:第 6 章),诸如这样的路数在预测而非解释研究中很有用。

尽管可以设定那些不应该被释放的参数(NF,参见手册第 70 页);尽管 Jöreskog 和 Sörbom 也力诫,使用自动的模型的最大修正要"慎之又慎"(参见手册第 70 页),但我们仍然对将它全部包括进来的做法是否明智心存疑虑。不过我们斗胆猜测,在不久的将来,自动修改的模型将会更有规律地发布,Jöreskog 和 Sörbom 因提供了如此"美妙"的功能而获得"应有的荣誉"。[1]

在我们的印象中,在"改进"模型的过程中,MI 经常被不加区别,甚至不假思索地使用。对于一个较大的 MI,有一种几乎是条件反射的做法是假设研究指标(或潜变量的相关残差)

---

[1]EQS 有一个选项——拉格朗日乘子检验(Lagrange Multiplier Test)——(Bentler,1986)。它产生的结果与 MI 类似,某些结果在 LISREL 并没有提供。我们对 MI 使用的保留意见和警告大体上也适用于这个检验。

的测量误差相关。这种看似安全而又简单的做法，在大多数情况下都解决不了模型的错设问题，反而会适得其反掩盖了问题。对那些归结于测量误差或残差相关的原因的解释常常付诸阙如，仿佛根本不需要对它们做进一步的解释。简而言之，假设研究指标量度误差相关的这种做法制造了一种解释的错觉（见 Bagozzi，1983；Gerbing & Anderson，1984）。MI 无非就是一个研究指标（或潜变量的相关残差）的相关量度误差的假设而已。

作为一个佐证，我们来考虑这里我们正在分析的那个例子。在上面的输出中，LISREL 给出的信息是 THETA DELTA 的元素（5，4）的最大修正指数（MAXIMUM MODIFICATION INDEX）为 90.52。我们很容易就据此假设正在研究的这些指标的误差是相关的，且要修改模型，并重新估计它的参数。这样的修改意味着特性 A 和特性 B，在用方法 2 测量时，是相关的。记住，$\chi^2=431.07$（见上面的输出），这样我们有把握假定研究者采取这样一个行动将会重复这一过程（或一开始就使用自动修正选项，见上文），直至拟合被视为满意为止。布朗（Browne，1982）把这种做法叫作试图"使分析合法化"，并把这些只是为了拟合而释放的标有印记的参数称为"废纸篓参数（waste basket parameters）"（p.101）。

我们希望大家明白，在分析结果导致某个最初建立的理论遭到否定时，我们既不反对重建自己的理论，也不反对设计和实施一个新的研究。我们希望在讨论科学和理论（例如，第 7 章和第 9 章）时已经说清楚，这是整个科学研究的一个组成部分。我们反对的是那种破坏理论制订和实验过程的路数。我们认为，在模型的修改完全以 MI 为根据时就会发生这种情况。

回到我们正在分析的例子中，大家知道，我们使用了三种测量方法。因此，在遇到拟合较差的情况时，将其归因于方法因子的缺失，而不是相关的测量误差更为合理。事实上，我们进行这一分析的目的之一，就是要大家了解自动得出的误差是相关的结论有多么荒谬。在我们讲解的下一个分析中，假设只有方法因子时，情况也同样如此（参见模型 2 的输出）。

最后，当模型在观测结果的基础上进行修正，并用同样的数据对修正后的模型进行检验时，原本可能是以验证性开始的过程已经转变为探索性的过程。"这是令人遗憾的，这对于行为科学的科学过程而言，并非一个好兆头，说明这一基本原则经常被各种各样的著名调查研究者忽视"（Cliff，1987：370）。几乎任何因果模型都可以根据观测结果，通过不断地对它进行修正来使它和数据拟合。把这种做法叫作"按摩"模型可能更合适。所有这一切都如科斯（Coase）的名言："如果你折磨这些数据足够长的时间，它自然就会招供"（引自 Wallace，1977：431）。

我们希望大家能重复我们的分析。如果大家要这样做的话，建议大家看拟合残差（FITTED RESIDUALS）（这里没有报告）并注意，它们中有许多残差都比较大。

这一点看标准化残差就更容易理解了（这里没有报告）。与 MI 一样，大家一定不要将残差作为模型修正的唯一指南。相反，残差固然应该联系其他的指数来看，但更主要的是应该联系理论思考和设计思想来看（详细地讨论和讲解，请参见 Costner & Schoenberg，1973；Herting & Costner，1985；Sörbom，1975）。

## 模型2

根据这个模型,假设三种相互相关的方法因子构成了表23.1的相关矩阵。特别是我们假设在用同样的测量方法(如同样的投射技术)时,特性$A$,$B$和$C$(如自信、焦虑和进攻性)相关。总之,我们假设$A_1$,$B_1$和$C_1$反映了模型1(如累加评分量表);$A_2$,$B_2$和$C_2$反映了方法2(如访谈);$A_3$,$B_3$和$C_3$反映了方法3(如投射技术)。

**Input**

*除了潜变量的名称和LAMBDA X的参数设定外,这个模型的输入都与模型1相同(见上文)。因此我们在这里只给出了那些有变化的语句。*

```
LK
'METHOD 1' 'METHOD 2' 'METHOD 3'
FR LX 1 1 LX 2 1 LX 3 1 LX 4 2 LX 5 2 LX 6 2 LX 7 3 LX 8 3 LX 9 3
```

**Output**

```
TABLE 23.1  MTMM.  THREE METHODS.
     MEASURES OF GOODNESS OF FIT FOR THE WHOLE MODEL :
     CHI-SQUARE WITH 24 DEGREES OF FREEDOM = 678.88 (P = .000)
                 GOODNESS OF FIT INDEX = .666
          ADJUSTED GOODNESS OF FIT INDEX = .374
               ROOT MEAN SQUARE RESIDUAL = .127
```

**评 议**

由摘要可知,这个模型的拟合甚至比模型1更差(与前面给出的输出做比较),这一点也可以从比较大的标准化残差(STANDARDIZED RESIDUALS)数(这里没有给出)过多得到证明。

**Output**

```
TABLE 23.1  MTMM.  THREE METHODS.
MAXIMUM MODIFICATION INDEX IS 100.12 FOR ELEMENT ( 6, 3) OF THETA
DELTA
```

**评 议**

我们对模型修改的修正指数(MI)的使用持很大的保留意见,这一点,已经在对模型1的评议中表达过了。因此,我们在这里要说的只是根据这个输出,研究者使用模型修改的MI将倾向于释放那个对应于C1和C2,也就是用于测量同一特性(C)的不同方法的测量误差之间的相关的参数。下面我们来介绍模型3。

## 模型3

根据该模型,假设三个相关的特性因子和三个相关的方法因子构成了表23.1的显变量之间的关系。注意,假设在特性和方法因子之间是不相关的。因为在第4章我们已经讨论过方法之间的相关是否有意义这个问题,因此,这里不再赘述。

# LISREL

## Input

```
TABLE 23.1  MTMM.  THREE TRAITS AND THREE METHODS (MODEL 3)
DA NI=9 NO=300
LA
A1 B1 C1 A2 B2 C2 A3 B3 C3
KM
1.0 .4 1.0 .35 .3 1.0 .55 .22 .15 1.0
.2 .52 .17 .6 1.0 .14 .15 .55 .48 .5 1.0
.5 .2 .16 .64 .36 .28 1.0 .21 .5 .2 .37 .64
.27 .46 1.0 .15 .12 .54 .31 .3 .6 .45 .4 1.0
MO NX=9 NK=6 PH=FI
LK
'TRAIT A' 'TRAIT B' 'TRAIT C' 'METHOD 1' 'METHOD 2' 'METHOD 3'
PA LX
1 0 0 1 0 0
0 1 0 1 0 0
0 0 1 1 0 0
1 0 0 0 1 0
0 1 0 0 1 0

0 0 1 0 1 0
1 0 0 0 0 1
0 1 0 0 0 1
0 0 1 0 0 1
MA LX
.7 0 0 .4 0 0
0 .8 0 .4 0 0
0 0 .7 .4 0 0
.6 0 0 0 .7 0
0 .6 0 0 .7 0
0 0 .6 0 .7 0
.6 0 0 0 0 .7
0 .6 0 0 0 .7
0 0 .5 0 0 .7
ST 1 PH 1 1 PH 2 2 PH 3 3 PH 4 4 PH 5 5 PH 6 6
FR PH 2 1 PH 3 1 PH 3 2 PH 5 4 PH 6 4 PH 6 5
OU SE TV RS
```

## 评 议

在 MO 语句中,NK=6 的意思是六个潜变量(三个特性和三个方法)。与 NK=3 的模型 1 和模型 2 比较。

目前这样的情况只希望释放 PH 对角线外的某些元素,所以不应使用 PH=ST(见手册第 14 页)。我们应该设 PH=FI,它的意思是 PHI(那些 KSI 之间的协方差矩阵)是对称 FI(固定的)的(由零组成)。ST 1 语句则用来将 PHI 的对角线固定为 1,借此将潜变量的方差标准化(更详细的解释请参见本章前面的输入中的有关表 22.1 的数据分析的评议)。FR 语句用来释放对应于特性因子之间(如 PH 2 1)和方法因子(如 PH 5 4)之间的相关的 PHI 元素。其他路数也可用来达到这个目的。

在前面的分析中,FR 语句被用于设定那些要估计的 LAMBDA X 的参数。我们认为,讲一下如何用模式矩阵(PA)来达到这个目的是很有用处的。PA LX 的意思是 LAMBDA X 的模式矩阵紧随其后(见手册第 65-66 页)。大家可能了解,模式矩阵由一组 1 和 0 构成,前者表示自由参数,而后者则表示固定参数。在矩阵含有"许多个固定和自由元素"时,模式矩阵是很方便的(参见手册第65页)。

MA LX 的意思随后是 LAMBDA X 的起始值矩阵。起始值我们已在本章的前面部分介绍过(见对 EQS 输入的评议),那时我们告诉大家这些都是猜测的,是程序集用来开始进行迭代的参数的符号和数值。在没有给出起始值时,LISREL 使用自动的起始值。"好的"起始值会导致比较快地收敛,从而运行的时间也比较短,这在问题很大的时候,尤其有用。没有起始值或选了一个很差的起始值可能会导致在较大的问题中的收敛失败或减缓,和/或像目前这个例子一样,显变量可能在不止一个潜变量上有负荷。

我们在大型机上(用 LISREL Ⅵ)运行这个例子时是没有起始值的,所以需要很多次迭代才能达到收敛。使用 PC-LISREL 7,没有起始值运行便会失败,并给出如下的信息:

W.A.R.N.I.N.G : PHI is not positive definite
F.A.T.A.L E.R.R.O.R : Admissibility test failed.

在我们没有起始值,但却有一个较大的可容性检验(admissibility test, AD)(见手册第278页)值,再次运行这个例子时,在进行了非常多次的迭代后,便会得到一个解。在使用上面给出的输入(即包括起始值)时,只要比较少的迭代,就可以得到同样的解。

大家可以从 OU 语句看到,AD 并没有被设定(用的是默认设定)。不仅如此,这一次我们也没有调用 MI(修正指数),不过却调用了 SE(标准误差)和 TV(t 值),下面我们将会对它们进行评议。

## Output

TABLE 23.1  MTMM.  THREE TRAITS AND THREE METHODS
LISREL ESTIMATES (MAXIMUM LIKELIHOOD)

LAMBDA X

|  | TRAIT A | TRAIT B | TRAIT C | METHOD 1 | METHOD 2 | METHOD 3 |
|---|---|---|---|---|---|---|
| A1 | .804 | .000 | .000 | .472 | .000 | .000 |
| B1 | .000 | .752 | .000 | .302 | .000 | .000 |
| C1 | .000 | .000 | .833 | .287 | .000 | .000 |
| A2 | .748 | .000 | .000 | .000 | .586 | .000 |
| B2 | .000 | .732 | .000 | .000 | .608 | .000 |
| C2 | .000 | .000 | .702 | .000 | .549 | .000 |
| A3 | .660 | .000 | .000 | .000 | .000 | .538 |
| B3 | .000 | .703 | .000 | .000 | .000 | .456 |
| C3 | .000 | .000 | .667 | .000 | .000 | .551 |

PHI

|  | TRAIT A | TRAIT B | TRAIT C | METHOD 1 | METHOD 2 | METHOD 3 |
|---|---|---|---|---|---|---|
| TRAIT A | 1.000 |  |  |  |  |  |
| TRAIT B | .441 | 1.000 |  |  |  |  |
| TRAIT C | .318 | .335 | 1.000 |  |  |  |
| METHOD 1 | .000 | .000 | .000 | 1.000 |  |  |
| METHOD 2 | .000 | .000 | .000 | −.178 | 1.000 |  |
| METHOD 3 | .000 | .000 | .000 | −.142 | .452 | 1.000 |

THETA DELTA

| A1 | B1 | C1 | A2 | B2 | C2 | A3 | B3 | C3 |
|---|---|---|---|---|---|---|---|---|
| .135 | .347 | .220 | .098 | .091 | .216 | .265 | .302 | .249 |

MEASURES OF GOODNESS OF FIT FOR THE WHOLE MODEL :
CHI-SQUARE WITH 12 DEGREES OF FREEDOM = 3.57 (P = .990)
GOODNESS OF FIT INDEX =  .997
ADJUSTED GOODNESS OF FIT INDEX =  .990
ROOT MEAN SQUARE RESIDUAL =  .009

## 评　议

　　由拟合指数可知,模型拟合得很好——也许太好——但是记住,数据是人造的。现在来看 LAMBDA X 矩阵中的系数,并且注意,三个特性的系数都比较大,而三个方法都比较小,最小的是与方法1关联的那个。稍后我们再回到这个矩阵。

　　现在我们来看 PHI 矩阵,便会注意到这些特性之间的相关是中等的。至于方法之间的相关,方法2和方法3之间的相关是中等的,而另外两个(即方法1与方法2之间,方法1与方法3之间的)相关则比较低。如下所示,后两者之间的相关在统计上是不显著的。更重要的问题是,这两个低相关的实质性意义必须在特定的理论框架和设计特点背景下解读。然而,考虑在目前情况下,它们涉及的问题是方法之间的相关,因此,我们便会比较有把握地假定,许多研究者都会认为它们是没有意义的,不论它们是否统计显著。

## Output

T-VALUES

| PHI | TRAIT A | TRAIT B | TRAIT C | METHOD 1 | METHOD 2 | METHOD 3 |
|---|---|---|---|---|---|---|
| TRAIT A | .000 | | | | | |
| TRAIT B | 4.167 | .000 | | | | |
| TRAIT C | 2.591 | 2.996 | .000 | | | |
| METHOD 1 | .000 | .000 | .000 | .000 | | |
| METHOD 2 | .000 | .000 | .000 | −.342 | .000 | |
| METHOD 3 | .000 | .000 | .000 | −.266 | 2.885 | .000 |

## 评　议

　　LISREL 会报告估计的参数的标准误(STANDARD ERRORS)(此处未转载)。将参数除以它的标准误得到一个临界比率(LISREL标为 $t$ 值),在大样本中近似 $z$ 分布。因此,一个 ±2.0 左右的值可以被解释为表示与其关联的参数在 0.05 水平上是统计显著的[①]。然而要记住,本例分析的是一个相关矩阵。正如前面指出的一样(见在假定下分析的矩阵),都以标准误差为根据,因此只有在分析的矩阵是协方差矩阵时,基于标准误差的 $t$ 值才是有效的。

　　我们之所以要在这里评议这些统计量,是为了让大家对输出中这方面的内容有所了解,并介绍参数检验的概念。我们复制了 PHI 矩阵中的 $t$ 值,只有这样才能引起大家对与方法1和方法2,以及方法1和方法3之间的相关关联的那些小的值的注意。就现在的目的而言,不妨忽略实际意义的问题,关注诸如上面这样检验结果可能为我们提供的模型修改的线索。然而我们的心中应该记住两点:一是,在另一个或几个元素被固定(即设为零)时,保留在模型中的那些元素可能发生剧烈变化。因此,固定统计不显著的元素,一次只能做一个,以便确定那些保留在模型中的元素的效应。二是,这种模型修改过程是探索性的,为我们提供将要用新数据进行检验的重建模型的线索。

　　因为我们的例子是阐述性的,所以我们将不会对模型进行修正。大家可能希望把它作为一个练习来做。下面是一些可以用来对照检查的结果:(a)固定 PHI 5 4, $\chi^2(13)=3.75$;(b)固定 PHI 6 4, $\chi^2(13)=3.66$;(c)固定两个元素 $\chi^2(14)=3.81$。大家回想一下,原来的模型 $\chi^2(12)=$

---

[①]在 EQS 的输出中也包括了相同的检验,以及参数估计值。

3.57，我们得到 $\chi^2(2)=0.24$（即 3.81–3.57），做一个原模型和两个元素都固定模型之间的差的检验。大家不必惊奇，释放在模型1和模型2以及模型1和模型3之间相关上的约束，并没有使拟合的统计显著性有所改善。不仅如此，GFI 和 AGFI 实际上也没有什么变化。总之，固定两个方法因子之间在统计上不显著的相关对模型的拟合并无明显的效应。我们提醒大家，在接受修改的模型之前，最低限度要证明它能给我们提供与新数据拟合得更好的证据。

限于篇幅，我们并没有在这里给出残差分析的结果。与大家可能已经从 RMR 为 0.009（前面报告过）猜到的一样，那些残差都很小。我们只要指出最大的标准化残差只有 –0.838 就足够了。

## 子模型检验概括表

表23.2列出了正在考虑的模型的检验，以及模型的比较和拟合的改进。表格的格式采用了本特勒和伯尼特（Bentler & Bonett, 1980）使用的格式，整个表格为两个部分。左边是上面分析的三个模型的检验。此外，还给出了用于计算本特勒和伯尼特（Bentler & Bonett, 1980）拟合指数的虚无模型（$M_n$）的结果——见式（23.7）和式（23.8）。正如前面所指出的，为了获得虚无模型的卡方，需要再一次运行 LISREL。

表23.2的右边是模型的比较。注意，在前三行，三个模型中每一个都与虚无模型比较。EQS 例行报告这种比较大 $\rho$ 和 $\Delta$（分别为 Bentler-Bonett 不赋范和赋范拟合指数）。而在使用 LISREL 时，这些拟合指数要应用式（23.7）和式（23.8），使用来自这个表格左边的有关数值计算求得。[1]

在介绍这个模型分析时，我们给出了一个用作比较的模型的概要。在表23.2中列出了前面概述的模型比较。因此，表23.2第一行列出的那些结果涉及比较（1a）——模型1（只是特性）对虚无模型。由该表可知，与虚无模型相比，模型1提供了明显且是统计显著的拟合的改进——$\chi^2(12)=1\,005.05$。比较（2a）也同样如此，——与虚无模型相比，模型2（只是方法）的拟合也有了明显的改进（第2行）。

第4和第5行分别涉及比较（2b）和（1b）。在（2b）中，第4行解决的问题是一个包含特性和方法因子的模型（模型3）是否比只有特性的模型（模型1）提供了更好的拟合。换句话说，是否在特性因子之外还要再包括方法因子？答案是肯定的，以统计显著性检验——$\chi^2(12)=427.50$ 和拟合增加的数量（如 $\Delta=0.298$）为证。（1b）的第5行要解决的问题是在方法因子之外是否需要再增加特性因子。无独有偶，答案同样也是肯定的，因为 $\chi^2(12)=675.31$ 和拟合增量（如 $\Delta=0.470$）。

---

[1]第4行5中拟合增量的计算，分母与第1~3行中的相同。分子则由要比较的模型的有关的值组成。前面我们提醒大家注意索贝尔和博恩斯泰特（Sobel & Bohrnstedt, 1985）有关计算拟合指数的用户选择的基线模型的讨论。

表 23.2　子模型检验

| Model Test* | | | Model Comparison* | | | | |
|---|---|---|---|---|---|---|---|
| Model | $\chi^2$ | df | Comparison | $\chi^2$ | df | ρ | Δ |
| 1) $M_n$ | 1436.12 | 36 | $M_n - M_1$ | 1005.05 | 12 | .564 | .700 |
| 2) $M_1$ | 431.07 | 24 | $M_n - M_2$ | 757.24 | 12 | .298 | .527 |
| 3) $M_2$ | 678.88 | 24 | $M_n - M_3$ | 1432.55 | 24 | 1.018 | .998 |
| 4) $M_3$ | 3.57 | 12 | $M_1 - M_3$ | 427.50 | 12 | .454 | .298 |
| 5) | | | $M_2 - M_3$ | 675.31 | 12 | .720 | .470 |

注：Model Test=模型检验；Model=模型；Model Comparison=模型比较；Comparison=比较。

*Except for $M_3$, $p<0.001$ for all chi-square statistics：*除了 $M_3$，所有的卡方统计量 $p<0.001$。

注意：$M_n$=Null model（注：$M_n$=虚无模型）；$M_1$=three correlatedtraits（$M_1$=三个相关的特性）；$M_2$=three correlated methods（$M_2$=三个相关的方法）；$M_3$=three correlated traitsand three correlated methods（$M_3$=三个相关的特性和三个相关的方法）。

　　模型 3 的结果已在图 23.3 中绘出。单向箭头上的值，取自 LAMBDA X（参见前面给出的模型 3 的输出）。在目前的例子中，它们是特性和方法因子在各自的指标上的效应的系数。在双向箭头上的那些值取自 PHI。在目前这个例子中它们是因子之间的相关。虚线连接 $M_1$ 和 $M_2$ 以及 $M_1$ 和 $M_3$，表明它们之间不存在统计显著相关。箭头下报告的涉及误差项的那些值取自 THETA DELTA（记住，这些值都是方差）。

　　看图 23.3 并注意，三个特性（$A$，$B$ 和 $C$）的指标都在各自的特性因子上有比较大的系数。这构成了在用不同的方法测量同一个特性倾向收敛这个意义上的收敛有效性的证据。[1]然而请注意，在每一种特性内效应的变化却不尽相同。例如，特性 $B$ 的效应（0.752，0.732 和 0.703）就比特性 $A$ 的效应（0.804，0.748 和 0.660）更为整齐。我们有可能对给定因子的效应被约束为彼此相等的模型进行拟合和检验。[2]对于那些特性因子而言，诸如这样的约束构成了一个不同的方法在测量一个给定的因子时是否同样有效的检验。例如，将特性 $B$（TRAIT B）（KSI 2）的效应约束为彼此相等，便可使我们得以检验将方法 1、方法 2 和方法 3 用作特性 $B$ 的量度是否等效。相等约束也可用于检验方法因子，以确定一个给定的方法是否能等效地用于模型中所有特性的测量。

　　特征因子之间的相关不"太高"表明的确存在判别效度。[3]有人建议（见 Widaman，1985），判别效度的存在与否要通过检验特性之间的相关是否与单位元素（unity）不同来决定。这可以通过比较两个模型来实现：（a）特性之间的相关是自由的模型，如模型 3；和（b）特性之间的相关固定为 1.0 的模型。这两个模型的 $\chi^2$ 之间的差异，以及它们关联的自由度之间的差是对特性之间的相关等于单位元素这一假设的检验。当 $\chi^2$ 差检验是统计不显著时，我们便可得出特性缺乏判别效度的结论。与此相反，统计显著的 $\chi^2$ 差检验，则被认为是有判别效度的证据。

---

[1]有关收敛和判别效度更为详细的讨论，请参见第 4 章。

[2]相等约束的例子将在后面讨论测量模型时给出。

[3]有关的讨论和例子请参见第 4 章。

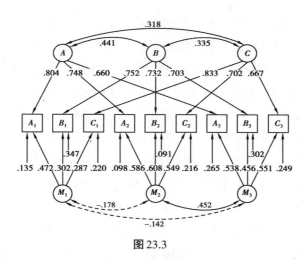

图23.3

　　然而,重要的是不能忽视统计意义和实质性意义之间非常重要的区别。因为CFA需要较大的样本,所以χ²的似然很高——即使在特性之间的相关很高,甚至接近1.0时,差检验也是统计显著的。因此,有时有关判别效度的结论可能是相互矛盾的,这取决于使用的是显著性检验还是考虑相关的大小。

　　鉴于前述,我们推荐将特性之间相关的大小,而不是差是否在统计上不同于单位元素检验作为判别效度是否存在的主要证据。我们认为,使用χ²——差检验来确定特性之间的相关是否与零显著不同更为合适,在构建验证的过程中将MTMM用于外部结构时,情况尤其如此。

　　当然,我们的建议是一个判断的问题。例如,威达曼(Widaman,1985)的推理与此相反,他断言"使用多质多法的研究人员通常都对验证特性的建构的相关是否显著偏离零这个问题不感兴趣。"(p.8)。我们希望,无论是否遵循他们的建议,大家都不要忘记特性之间相关的评估,都必须以实质性的理由为根据。

　　最后,在介绍MTMM分析时,我们曾指出过,我们的模型比较绝不是详尽无遗的。我们也可能会对其他的模型感兴趣。我们曾经在第4章讨论了外部结构分析在建构验证过程中的作用。例如,在讨论特性之间相关时,我们说过,这就好像在处理二分问题:特性要么是相关的,要么是不相关的。显然,我们对特定特性的相关性的期望可能有所不同。例如,实际上我们可能期望某些特性是相关的,而另一些是不相关的。当然,这种有重点的期望可以用上文所述的方法加以检验。因此,人们可以建立和检验一个模型,根据这个模型,一些特性之间的相关是自由的,而另一些特性之间的相关则是固定的。

## 分解方差

　　一种很有用的解释MTMM的CFA结果的路数是将指标的方差分解成三个部分:特性、方法和随机误差。我们的例子由标准化变量构成(即我们使用了相关矩阵),且潜变量也标准化了（见前几节的输入和评议）；因此这种分解是简单明了的。显变量中为特性或方法因子解释的方差比例等于与一个特性或方法因子关联的给定变量的系数的平方。

我们将讲解指标$A_1$的方差分解。取图23.3给出或模型3的输出中LAMBDA X中的系数的平方，我们可以看到$A_1$的方差的0.65为特性$A$的因子所解释（即$0.804^2$），而它的大约0.22的方差为方法1的因子所解释（即$0.472^2$）。顺便提一下，这两个成分的和等于复相关的平方（SMC），它表示在一个给定的指标中的系统方差的比例（见手册第42页）。归结于随机误差的方差比例0.13在THETA DELTA或$A_1$中涉及误差的箭头的下面给出。回想一下，本例中使用的是标准化变量，因此在舍入误差范围内，这三个成分之和为1.00。

用上面介绍的路数，把九个指标一一分解，并将概括的结果列入表23.3。由表23.3可知，我们便会明白方法1在三种特性的测量中是最有效的，而方法3则是最无效的。不仅如此，归结于方法2和方法3的方差多于方法1。最后，大家注意误差的方差的变变，其范围从最低的$B_2$的0.09（特性$B$，用方法2测量）到最高的$B_1$（特性$B$，用方法1测量）的0.35。

表23.3　模型3归结于特性、方法和
误差的方差构成，数据来自表23.1

| | Trait | Method | Error |
|---|---|---|---|
| **Method 1** | | | |
| $A_1$ | .65 | .22 | .13 |
| $B_1$ | .57 | .09 | .35 |
| $C_1$ | .69 | .08 | .22 |
| **Method 2** | | | |
| $A_2$ | .56 | .34 | .10 |
| $B_2$ | .54 | .37 | .09 |
| $C_2$ | .49 | .30 | .22 |
| **Method 3** | | | |
| $A_3$ | .44 | .29 | .27 |
| $B_3$ | .49 | .21 | .30 |
| $C_3$ | .44 | .30 | .25 |

注：Trait=特性；Method=方法；Error=误差；其余解释请参见有关文字。

用路径分析这种路数（见第24章），我们就可以用MTMM的一个CFA的结果分解复制的显变量之间的相关。这样就能估计两个指标之间的相关有多少应归结于方法，有多少应归结于特性的效应。有关这种分析的例子请参见Schmitt和Stults（1986），以及Schwarzer（1986）。

## 测量模型

经典的检验理论已在第5章做过介绍。那时，我们介绍了三种测量模型：（a）对比（parallel），（b）tau等价（Tau-equivalent），（c）同类（congeneric）。简而言之，在各种测量的真分数和它们的误差彼此相等时,我们就说它们是对比的;于是,我们可以期望对比测量的方差和协方差都是彼此相等的。在只有真分数相等时,测量是tau等价的;因此,对于诸如这样的测量而言,只有协方差才被期望是彼此相等的。在真分数完全相关时,它们的测量就都是同类的;因此,对于这样的测量,无论是它们的方差还是协方差都不能期望是彼此相等的。

　　前面我们曾经介绍过嵌套模型的概念。从前述的三种模型可知,它可以被看作tau等价模型嵌套在同类模型中和对比模型嵌套在tau等价模型中。因此,这些模型可以通过验证性因子分析(CFA)进行比较。我们有理由认为模型依据的假定约束越少,模型的拟合就越好。因此对于考虑中的三种模型而言,一般来讲,对比测量模型提供的拟合最令人不满意,而同类测量模型则提供了最为令人满意的拟合。

　　在本节中,我们只是简单介绍了如何将CFA用于测量模型之间的比较(更为详细的处理方法请参见 Alwin & Jackson,1979;Jöreskog,1971a,1974,1978),表23.4给出的是某个建构(如工作满意度、共情)的四个指标的相关矩阵和标准差。使用CFA,上面给出的三个模型将会分层进行比较。为了弄清这些比较的顺序,这些模型将参照图23.4用假设的形式陈述。与前面的做法一样,$\xi$(KSI)表示一个建构(潜变量);$X_1$到$X_4$代表指标;$\lambda_1$到$\lambda_4$代表系数,而$\delta_1$到$\delta_4$则代表那些$X$的误差的方差。

*Parallel*　　$H_1$:　$\lambda_1 = \lambda_2 = \lambda_3 = \lambda_4$;　$\delta_1 = \delta_2 = \delta_3 = \delta_4$
　　　　　　　　　　(constrained)　　　　　　(constrained)

*Tau-Equivalent*　$H_2$:　$\lambda_1 = \lambda_2 = \lambda_3 = \lambda_4$;　$\delta_1, \delta_2, \delta_3, \delta_4$
　　　　　　　　　　(constrained)　　　　　　(unconstrained)

*Congeneric*　　$H_3$:　$\lambda_1, \lambda_2, \lambda_3, \lambda_4$;　$\delta_1, \delta_2, \delta_3, \delta_4$
　　　　　　　　　　(unconstrained)　　　　　(unconstrained)

注：Parallel=对比；Tau-Equivalent=Tau 等价；Congeneric=同类；constrained=约束；unconstrained=无约束。

表23.4　四指标相关矩阵和标准差($N=300$)

|  | $X_1$ | $X_2$ | $X_3$ | $X_4$ |
|---|---|---|---|---|
| $X_1$ | 1.00 | .42 | .45 | .51 |
| $X_2$ | .42 | 1.00 | .46 | .48 |
| $X_3$ | .45 | .46 | 1.00 | .55 |
| $X_4$ | .51 | .48 | .55 | 1.00 |
| s: | 1.04 | 1.19 | 1.32 | 1.25 |

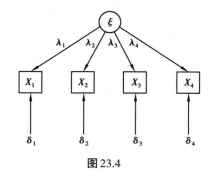

图23.4

　　每个模型的括弧中的文字说明给定的参数是否有约束。由此可见,对比测量的那些$\lambda$和$\delta$都被约束为彼此相等。而tau等价测量则只有那些$\lambda$被约束为彼此相等。这样,这个模型是

通过释放那些有关 $\delta$ 的约束得到的,而同类模型则是通过释放有关那些 $\lambda$ 和 $\delta$ 的相等性得到的。

$H_1$ 和 $H_2$ 之间的比较显示,与对比测量模型相比,由 tau 等价测量模型提供的拟合改进。$H_2$ 和 $H_3$ 之间的比较则显示,与 tau 等价测量模型相比,由同类测量模型提供的拟合改进。由约束较少的模型提供的拟合改进看来似乎没有什么真正的实质意义,和/或在统计上也不显著,这将会使我们保留那个约束更多的模型。

相等性约束将通过 LISREL 来讲解。为了便于比较,我们将这三种模型的输入和运行的输出平排列出。然后,我们只给出 EQS 的输入语句,与此同时也对这个程序集的约束设定做评议。

## LISREL

### Input

```
PARALLEL.  TABLE 23.4       TAU-EQUIVALENT.  TABLE 23.4    CONGENERIC.  TABLE 23.4
DA NI=4 NO=300              DA NI=4 NO=300                 DA NI=4 NO=300
LA                         LA                             LA
X1 X2 X3 X4                X1 X2 X3 X4                    X1 X2 X3 X4
KM                         KM                             KM
1.0 .42 1.0 .45 .46 1.0    1.0 .42 1.0 .45 .46 1.0        1.0 .42 .45 .46 1.0
.51 .48 .55 1.0            .51 .48 .55 1.0                .51 .48 .55 1.0
SD                         SD                             SD
1.04 1.19 1.32 1.25        1.04 1.19 1.32 1.25            1.04 1.19 1.32 1.25
MO NX=4 NK=1 PH=ST         MO NX=4 NK=1 PH=ST             MO NX=4 NK=1 PH=ST LX=FR
FR LX 1                    FR LX 1                        OU RS
EQ LX 1 LX 2 LX 3 LX 4     EQ LX 1 LX 2 LX 3 LX 4
EQ TD 1 TD 2 TD 3 TD 4     OU RS
OU RS
```

### 评 议

到目前为止,我们的 LISREL 输入都限于相关矩阵。在这个例子中我们将同时读入一个相关矩阵(KM)和标准差(SD)。使用这种信息,程序集将先产生协方差矩阵,再用默认的方法来分析它。[①]

到 MO(模型)语句之前的输入都与三种测量的模型相同。除为同类模型增加的 LX=FR(自由)之外,MO 语句都与三个模型相同。在 MO 语句中,我们设定有四个 X(显变量),一个 KSI(潜变量)和 PH=ST。与前面解释的一样,PH=ST 意味着一个潜变量之间的相关矩阵。因为目前的例子只有一个潜变量,所以这个语句等价于将 KSI 的方差固定为 1.0。[②]

诚如前述(也请参见手册第 12 页),LAMBDA 已经被默认固定,而 THETA DELTA 则是对角线自由的。对同类模型用 LX=FR,令系统对四个指标在 KSI 上的负荷进行估计。与之不同的是,其他两个模型都只有第一个参数才是自由的(见 FR LX 1)。

一个 EQ(相等性)约束语句被用于设定哪些参数的估计值应该彼此相等(见手册第 67 页)。因此,在对比和 tau 等价模型中,四个 $\lambda$(LX)被设为彼此相等。此外,在对比模型中,四个 $\delta$(TD)被设为彼此相等。将这些模型设定与前面给出的三个假设进行比较。

---

[①]见本章前面讨论的与不相关因子分析有关的 DA 语句的评议。

[②]见本章前面讨论的与不相关因子分析有关的语句的评议。我们在评议中指出这是建立潜变量量度标准的方法之一。

## Output

```
COVARIANCE MATRIX TO BE ANALYZED
          X1        X2        X3        X4
        ------    ------    ------    ------
X1      1.082
X2       .520    1.416
X3       .618     .723    1.742
X4       .663     .714     .908    1.563
```

```
PARALLEL                    TAU-EQUIVALENT              CONGENERIC
PARAMETER SPECIFICATIONS    PARAMETER SPECIFICATIONS    PARAMETER SPECIFICATIONS
     LAMBDA X                    LAMBDA X                    LAMBDA X
          KSI 1                       KSI 1                       KSI 1
        --------                    --------                    --------
X1          1               X1          1           VAR 1          1
X2          1               X2          1           VAR 2          2
X3          1               X3          1           VAR 3          3
X4          1               X4          1           VAR 4          4
     PHI                         PHI                         PHI
          KSI 1                       KSI 1                       KSI 1
        --------                    --------                    --------
KSI 1       0               KSI 1       0           KSI 1          0
   THETA DELTA                 THETA DELTA                 THETA DELTA
  X1    X2    X3    X4        X1    X2    X3    X4        X1    X2    X3    X4
 ----  ----  ----  ----     ----  ----  ----  ----     ----  ----  ----  ----
   2     2     2     2         2     3     4     5         5     6     7     8
```

## 评 议

将给出的相关和标准差用作输入,程序集便会产生要分析的协方差矩阵。例如,$X_1$ 和 $X_2$ 之间的相关是 0.42,标准差是 1.04 和 1.19(见表 23.4 或输入),因此 $X_1$ 和 $X_2$ 之间的协方差就是

$$(0.42) \times (1.04) \times (1.19) = 0.520$$

其他的项也同样如此。[1]

当然,在协方差矩阵已经存在时,那么直接把它用作输入就更简单。然而,在我们有相关矩阵和标准差时,就像目前这种情况,那么用它们作为输入,而让程序集来产生协方差矩阵的做法则更加方便。因为三个矩阵的协方差矩阵都是一样的,所以我们在这里只报告了一个。

在用参数设定矩阵时,那些被设定彼此相等的参数都分配了相同的编号。因此,在对比和 tau 等价模型中,LX 的所有元素的编号都是 1,而在同类模型中,它们的编号为 1 到 4(见假设和输入语句)。也请大家注意,因为只有对比模型的误差被约束为彼此相等,所以这个模型中 TD 的元素都有相同的编号(2),而在另外两个模型中它们则被连续编号。

0 表明 PHI 矩阵中单个值(如潜变量的方差)都是固定的。因为我们设定 PH=ST(见输入中的 MO)所以这个值设为了 1.0(见有关 MO 语句的评议)。[2]

## Output

```
PARALLEL.  DATA FROM TABLE 23.4        TAU-EQUIVALENT  DATA FROM TABLE 23.4    CONGENERIC   DATA FROM TABLE 23.4
LISREL ESTIMATES (MAXIMUM LIKELIHOOD)  LISREL ESTIMATES (MAXIMUM LIKELIHOOD)   LISREL ESTIMATES (MAXIMUM LIKELIHOOD)
     LAMBDA X                               LAMBDA X                                LAMBDA X
          KSI 1                                  KSI 1                                   KSI 1
        --------                               --------                                --------
X1        .831               X1               .816            VAR 1              .678
X2        .831               X2               .816            VAR 2              .756
X3        .831               X3               .816            VAR 3              .937
X4        .831               X4               .816            VAR 4              .965
     PHI                          PHI                              PHI
          KSI 1                        KSI 1                             KSI 1
        --------                     --------                          --------
KSI 1    1.000              KSI 1            1.000           KSI 1             1.000
```

[1] 有关协方差和与之关联的系数的讨论,请参见第 17 章的开头部分。

[2] 通过固定 MO 语句中的 PH,然后再用语句 ST 1 PH 1 也可达到同样的目的。见这一章前面的不相关因子分析中的例子。

## 评 议

前面给出了三个模型的参数估计值。正如大家可以看到的一样，那些已经被约束为彼此相等的参数（即对比和tau等价模型的LAMBDA X；见输入和评议）都显示有相同的估计值。

## Output

MEASURES OF GOODNESS OF FIT FOR THE WHOLE MODEL :

| CHI-SQUARE WITH 8 DEGREES OF FREEDOM = 28.61 (P = .000) | CHI-SQUARE WITH 5 DEGREES OF FREEDOM = 16.33 (P = .006) | CHI-SQUARE WITH 2 DEGREES OF FREEDOM = .49 (P = .783) |
|---|---|---|
| GOODNESS OF FIT INDEX = .956 | GOODNESS OF FIT INDEX = .973 | GOODNESS OF FIT INDEX = .999 |
| ADJUSTED GOODNESS OF FIT INDEX = .945 | ADJUSTED GOODNESS OF FIT INDEX = .945 | ADJUSTED GOODNESS OF FIT INDEX = .996 |
| ROOT MEAN SQUARE RESIDUAL = .179 | ROOT MEAN SQUARE RESIDUAL = .122 | ROOT MEAN SQUARE RESIDUAL = .009 |

STANDARDIZED RESIDUALS

| | X1 | X2 | X3 | X4 |
|---|---|---|---|---|
| X1 | −3.933 | | | |
| X2 | −2.948 | −.368 | | |
| X3 | −1.259 | .548 | 3.109 | |
| X4 | −.479 | .400 | 3.736 | 1.192 |

STANDARDIZED RESIDUALS

| | X1 | X2 | X3 | X4 |
|---|---|---|---|---|
| X1 | −2.098 | | | |
| X2 | −2.858 | −.676 | | |
| X3 | −.850 | .846 | 1.234 | |
| X4 | −.052 | .812 | 3.727 | 1.702 |

STANDARDIZED RESIDUALS

| | X1 | X2 | X3 | X4 |
|---|---|---|---|---|
| X1 | .000 | | | |
| X2 | .228 | .000 | | |
| X3 | −.684 | .465 | .000 | |
| X4 | .465 | −.684 | .228 | .000 |

## 评 议

我们先分开来考虑每一个模型。假定我们选了 $\alpha=0.01$，根据统计显著性检验，我们将得出必须要否定对比和tau等价这两个模型的结论。

其他拟合指数的情况如何呢？前面已经讲过，不存在完全以GFI和AGFI为根据的一致公认的好拟合的标准。不过，各种各样的作者都建议把值对于0.90视为拟合是令人满意的。采用这样一个单独的标准，我们将倾向于得出甚至是对比模型也给我们提供了令人满意的拟合的结论。然而只要观察对比模型的标准化残差，就会看到十个残差中有四个超过了建议的标准绝对值2.58（参见手册第32页）。因此，我们有理由怀疑模型的拟合可能存在问题，而tau等价模型则有两个大的标准残差。

现在我们用卡方和与之关联的在上面的输出中报告的df来进行前面提到的模型比较。

1.对比模型（$H_1$）对tau等价模型（$H_2$）：

$$28.61 - 16.33 = 12.28$$

因为第一个和第二个卡方统计量的df分别为8和5，而两个模型之间的差检验的df=3。所以查卡方分布表（见附录），我们得出这个差是统计显著的（即$p<0.01$）结论。

2.tau等价模型（$H_2$）对同类模型（$H_3$）：

$$16.33 - 0.49 = 15.84$$

有三个df（即与两个要比较模型关联的5−2），$p<0.01$。

因此，tau等价模型比对比模型对拟合的改进是统计显著的，就如同类模型比tau等价模型对拟合的改进一样。

正如以前我们多次提到和讲解过的一样，一般来讲，没有一个单独的指数可以给我们提供绝对肯定的回答模型拟合问题的答案。就目前的目的而言，我们倾向于保留同类模型。

## Output

```
THETA DELTA
  X1    X2    X3    X4
 .621  .845  .865  .632

SQUARED MULTIPLE CORRELATIONS
           FOR X – VARIABLES
  X1    X2    X3    X4
 .426  .404  .503  .596
```

## 评 议

我们在前面已经讲过,在一个指标受单独一个潜变量影响时,与它关联的SMC就是它的信度的一个估计量——见式(23.6)。这样,同类模型指标的信度,从 $X_1$ 到 $X_4$,分别为0.426,0.404,0.503和0.596。

与在第5章讨论的一样——也请参见第22章,特别是式(22.3)至式(22.6)——我们在非系统方差(即随机测量误差)和一个给定的指标独有的系统方差之间做了一个区别。此外,信度的定义与经典模型相同,指一个指标与其他指标共享的方差以及该指标特有的系统方差。在这里分析的这类模型中,并未区分随机误差和研究的指标特有的系统方差(即THETA同时包含二者)。

指标在某种程度上包括了特有的系统方差,SMC或其他备择指数(见手册第79页)将会使我们低估信度(见手册第79页)。阿尔芬等人(Alwin et al.,1979)提出并阐述了一种将非系统方差与指标特有的系统方差分离的策略。

下面我们用EQS分析同一个数据。

## EQS

### Input

```
/TITLE
 PARALLEL.  TABLE 23.4
/SPECIFICATIONS
 CASES=300; VARIABLES=4;
/EQUATIONS
 V1=*F1 + E1;
 V2=*F1 + E2;
 V3=*F1 + E3;
 V4=*F1 + E4;
/VARIANCES
 E1=*;
 F1=1;
/CONSTRAINTS
 (E1,E1)=(E2,E2)=(E3,E3)=(E4,E4);
 (V1,F1)=(V2,F1)=(V3,F1)=(V4,F1);
/MATRIX
 1.0
 .42 1.0
 .45 .46 1.0
 .51 .48 .55 1.0
/STANDARD DEVIATIONS
 1.04 1.19 1.32 1.25
/END
```

```
/TITLE
 TAU-EQUIVALENT  TABLE 23.4
/SPECIFICATIONS
 CASES=300; VARIABLES=4;
/EQUATIONS
 V1=*F1 + E1;
 V2=*F1 + E2;
 V3=*F1 + E3;
 V4=*F1 + E4;
/VARIANCES
 E1 TO E4=*;
 F1=1;
/CONSTRAINTS
 (V1,F1)=(V2,F1)=(V3,F1)=(V4,F1);
/MATRIX
 1.0
 .42 1.0
 .45 .46 1.0
 .51 .48 .55 1.0
/STANDARD DEVIATIONS
 1.04 1.19 1.32 1.25
/END
```

```
/TITLE
 CONGENERIC.  TABLE 23.4
/SPECIFICATIONS
 CASES=300; VARIABLES=4;
/EQUATIONS
 V1=*F1 + E1;
 V2=*F1 + E2;
 V3=*F1 + E3;
 V4=*F1 + E4;
/VARIANCES
 E1 TO E4=*;
 F1=1;
/MATRIX
 1.0
 .42 1.0
 .45 .46 1.0
 .51 .48 .55 1.0
/STANDARD DEVIATIONS
 1.04 1.19 1.32 1.25
/END
```

## 评 议

我们在本章的前面部分已经对EQS做过概括介绍(也请参见有关前面EQS的输入和运行的输出的评议)。在这里,我们把评议限制在前面未曾涉及的输入方面。

与LISREL一样，我们先注意输入包含的相关矩阵和标准差向量。与LISREL中的一样，这个信息是程序集用来建立要分析的协方差矩阵的（见对LISREL中这些数据分析的输出的评议）。

相等性约束在CONSTRAINTS段落中设定。涉及的被约束的元素用"双标约定"（参见EQS指南第74-75页）。例如(E1, E1)指E1的方差，而(V1, F1)指V1在F1上的负荷。注意，为了与正在研究的测量模型的假定保持一致，对比模型设定了两个约束，对等价模型设定了一个，而对同类模型则没有设定任何约束。将这些约束和上面在LISREL中运行的约束做比较，也与前面阐述的涉及图23.4的三个假设做比较。

诚如前述，我们并没有给出运行的输出。如果大家正在使用EQS的话，那么请将自己的输出和上面给出的那个输出进行比较。相信大家将会轻而易举地对得到的那些结果作出解释。

# 结　语

本章介绍的模型对测量模型的分析和评价是非常有用的，特别是在建构确立（constructval indation）的背景下。正如我们在LISREL导论中已经解释过的一样，诸如这样的模型构成了结构方程建模的一个子模型。这一点将在第24章变得很明了，在那里我们将给大家介绍全模型。

在介绍本章内容之前,有必要先来谈一下术语问题。对于本章将要介绍的这些类型的模型,所用的术语尚无定论。主要是因为历史的原因,路径分析一词一直被用来指在模型中的变量都是单指标时的因果模型分析(见 Pedhazur, 1982: 第15章,该论著给出的参考资料)。因为 LISREL 计算机程序集(Jöreskog & Sörbom, 1989)已经被普遍用于因果模型的分析,所以有些研究者和作者将它们称为 LISREL 或 LISREL 型模型(这个程序集的用户则一直把它叫作 LISRELites/LISREL 法)。还有其他一些使用的词,如因果建模(causal modeling)、协方差结构分析(analysis of covariance structures)、潜变量模型(latent variable models)、结构建模(structural modeling)和结构方程建模(structurale quation modeling, SEM)。在诸多的名词中,我们则更喜欢最后这个——结构方程建模。

我们的介绍始于对因果这个概念的一般性观察,因为它是 SEM 的核心。随后,我们将对 LISREL 中的结构模型做一个概括介绍。然后是对识别问题的评议。之后我们将介绍用 LISREL 对一些简单模型的分析。其中两个例子也使用了 EQS。与前几章一样,涉及 SEM 应用和解释的各种问题和思想,将都在对分析的例子的输入和/或输出进行评议时介绍和讨论。本章最后概述了那些未在这里介绍的专题。

## 因果关系

因果关系是哲学和科学中最有争议的论题之一。众说纷纭,不一而足,有人把它叫作"臭名昭著的哲学陷阱"(Davis, 1985: 8);有人则把它称为"逻辑迷宫"(Hanson, 1969: 275)。在解决什么是可行的因果关系概念时,一位著名的统计学家(Kempthorne, 1978)宣称:"提出这个问题未免有些狂妄自大,毕竟这个论题已经延续了几个世纪,甚至几千年"(p.6)。

无论是在一般场合还是在特定场合(例如,科学、犯罪学、历史)都可以在哲学家、科学家、逻辑学家、统计学家、研究人员和实际工作者中,找到几乎任何可以想象得到的关于因果关系的立场观点的支持者。[①]

为了让大家感受在这个问题上立场观点的多样性，我们给大家引用一些几乎是随机选择的各种观点：

"因果关系的概念一般认为是对科学发展最为重要的概念。"(Hutten，1962：87)

"令人感兴趣的事实仍然是目前已经达到令人满意的精确状态的所有科学分支都支持将因果关系作为它们的方法论原则。"(Margenau，1950：412)

"如果更多的研究人员放弃思考和使用诸如原因和结果这样的术语，那将是非常有益的。"(Muthen，1987：180)

物理学之所以停止寻找原因是实际上根本不存在这样的东西。因果律，我相信，……它是过去时代的遗迹，它之所以能像君主政体一样得以幸存，只不过是因为人们错误地认为它不会造成伤害。(Russell，1929：180)

原因是应用科学方法论中最有价值的概念。(Scriven，1968：79)

让我们丢弃"原因"这个词，把教育研究带出中世纪。(Travers，1981：32)

因果关系的概念在我们的思想和观念中是如此根深蒂固，以至于不借助它而试图理解种种现象或进行交流实际上是不可想象的。设想如果可以的话，尝试一下在没有明确或隐含地涉及因果关系的情况下理解变化或与人们交流，或者在不涉及因果关系的含义的情况下，考虑尝试一下，譬如说，犯罪行为和法律、疾病的诊断和治疗、死亡、火灾的源头、交通事故、人格和人类行为、道德、责任甚至经济趋势问题的理解和交流。

内格尔(Nagel，1965)提请人们注意科学话语中隐含或明确，直接或间接提到因果关系这一现象的普遍性，他宣称："尽管这个词可能不存在，但它所代表的思想却继续广泛流传……简而言之，在现代科学中，原因是这个概念并不像有时所说的那样已经过时了。"(p.12)

这是在我们的意料之中的，因为对科学研究的设计、分析和解释的核心思想和原理而言，明确或隐含的因果关系的概念是不可缺少的。

例如，大家不妨考虑一下，如果不借助因果关系概念却要定义控制，虚假相关，内部效度，变化这一系列概念将会是什么样的？大家或可再考虑一下，委婉间接地使用的"因果关系"一词几乎随处可见，例如，自变量和因变量，风险因子，效应，影响力，影响，已被解释的方差比例，抑制，诱发或促发因子等不一而足。戴维斯(Davis，1971)谴责那些不愿在研究文本中使用"原因"一词的作者，他说："像这样一种对科学哲学的膜拜是虚伪的，因为我们之所以历经苦难参与研究的唯一明智的理由，不正是希望发现事物的原因吗？"(p.6)

---

[①]以下是一些例证因果关系问题的各种不同观点的参考资料：Bagozzi (1980a)，Blalock (1964，1985a，1985b)，Bollen (1989)，Braithwaite (1960)，Brodbeck (1968)，Bunge (1979)，Cook & Campbell (1979)，Hanson (1958，1969，1971)，Harre & Madden (1975)，Holland (1986)，Hume (1960)，Hutten (1962)，Lerner (1965)，Mackie (1965，1974)，Margenau (1950)，Mulaik (1987)，Scriven (1971，1975)，Simon (1957，1968，1979)，Wallace (1972，1974)；Wold (1956)。因果关系专题讨论会一直定期出现在各种刊物上，以下是一些具体例子：*Issues in Criminology*，1968(3)：129-194.*Journal of Educational Statistics*，1987(12)：101-223.*The Journal of Philosophy*，1967(64)：691-725.*Synthese*，1986(67)：157-379；1986，68，\-\80. 也请参见 Glymour，Scheines，& Sprites (1988)，Holland (1988)，Marini & Singer (1988)和参见前几章讨论的(Leamer，1988)。

综上所述,无论科学家对因果关系持何种哲学立场,作为科学家的科学家,在试图解释现象时,似乎总是在寻找一种因果框架。当然,这并不是说对因果关系的主张是很容易获得支持的,也不意味着低估它制造虚假因果关系的危险性。在与这一努力相关的各方面中,我们将对以下三个方面进行评议:(a)因果关系的定义;(b)研究设计的类型;(c)理论的作用。

## 因果关系的定义

鉴于对"因果关系"一词的使用存在很大的争议,且使用的情况也各不相同,致使其定义至今还没有达成共识。马吉诺(Margenau,1950)指出"原因和结果是我们语言中使用最为松散的词之一"(p.389),他断言科学和科学家对澄清它们的意义不会有多大帮助,因为它们"基本上不是科学术语"(p.389)。一些作者(例如,Nagel,1961)认为"对与'原因'这个词有关的各种意义进行哪怕是部分的研究,都是一项得不偿失和毫无意义的工作"(p.73)。布莱洛克(Blalock,1964)在介绍他的非实验的研究中因果推论问题的讨论时说道,他不会尝试给因果关系下一个正式的定义,他认为"将因果关系的概念视为原始的或未定义的做法也许是明智的"(p.9)。有关这个问题更为广泛的观点,以及各种试图给因果关系下定义的尝试请参见脚注1给出的参考资料。

## 研究设计的类型

正如在第二篇中详细讨论的一样,设计类型对研究结论、推论和概括的有效性有着重要的意义。许多作者断言,只有通过变量操作,人们才有希望研究因果关系。因此,霍兰德(Holland,1986)报告说:"鲁宾(Rubin)和我将'没有操控,就没有因果关系'这句话作为座右铭,以强调这一限制的重要性"(p.959)。肯普索恩(Kempthorne,1978)对这个问题的感受是如此强烈,以至于把罗素(Russell)描绘成一个"非常愚蠢"的人,因为他在有关因果关系问题的讨论中,"对实验思想没有丝毫认识"(p.8)。不仅如此,他还说,

> 对我来说,这整件事令人难以置信的一面是,世界上最顶尖的学者们详尽地论述了因果关系,而他们所写的材料充其量也只是废话而已。通过实验改变力和观察结果的概念是一切良好科学的基础,但这似乎是根本行不通的。(p.8)

毫不奇怪,肯普索恩(Kempthorne,1978)会宣称:"行为科学和社会生物学这两个领域必须从观察转向干预,否则就应该弃而不用。说什么这样做是很难的,根本就不是问题的答案"(p.20)。

一些作者（例如，Holland，1986；Kempthorne，1978）拒绝将因果关系归咎于任何不可操控的变量，至少在原则上如此。因此，肯普索恩（Kempthorne，1978）认为，"谈论一个人的特性造成或决定另一个人的特性是认识论的无稽之谈"（p.15）。变量操控对因果关系的研究是最有希望的这一点是无可辩驳的。然而，有两件事应该牢记：一是，即使在实验设计中，内部效度问题也是十分突出的。因为我们已在第11章中讨论过一般研究中的人为现象和出现意料之外事情的问题，并在第12章中讨论过实验设计的具体问题，所以我们不会在这里重复讨论它们。二是，虽然操控也是准实验设计的一个方面（参见第13章），但是这样的设计由于缺乏随机性，所以很难进行有效推论。

由于无法或不愿操控变量①使得许多人从非实验研究进行因果推论。这又会导致将原因的地位赋予那些原则上（如种族、性别）或在实践中（如宗教归属、婚姻状况）无法操纵的变量。然而也正如我们在第14章中所指出的一样，实验设计是从假定的原因到假定的结果，但在非实验设计中，情况却正好相反。

## 理论的作用

对因果关系问题很有见地的汉森（Hanson，1969）说道："因果关系的语言不是中性的，它充满了理论，我们的理论"（p.292-293）。不仅如此，

> 原因必定与结果相关，但这是因为我们的理论把它们联系起来了，而不是因为世界是被宇宙的黏合剂粘在了一起。虽然世界可能会被不可估量的事物粘在一起，但这与理解因果解释无关。（Hanson，1958：64）

然而问题很清楚，SEM的出发点是一个理论模型，因为它是一个特定的与我们的数据拟合的正在评估的模型。虽然任何设计的目的主要都是研究因果关系，但是在非实验设计中，理论起着至关重要的作用。写过大量关于非实验设计文章的科克伦（Cochran，1965）说道：

> 大约20年前，在一次会议上，有人问罗纳德·费舍尔爵士（Sir Ronald Fisher）在观察性研究中如何阐明从关联到因果关系这一步，他的回答是："使你的理论更加详尽"。起初，他的回答令我大惑不解，因为奥卡姆的剃刀原理（Occam'srazor）给我们的建议通常都是使理论尽可能简单，尽量与已知数据保持一致。正如后来的讨论所表明的，罗纳德爵士的意思是，在构建因果假设时，我们应尽可能多地设想其真实性的不同后果，并计划进行观察性研究，以发现这些后果是否都站得住脚。（p.252）

---

① 见第二篇，特别是第12—14章，有关实验在社会行为科学中的价值的争论。

从SEM的大量误用来看,许多研究者显然对理论模型这一要求漠不关心。有些人甚至根据这种对SEM的误解来使用它,把它作为在数据中发现因果模式的方法。这可能是由于SEM的强大分析技术是如此有诱惑力,以致使它的复杂性常会"淹没那些最关键的判断问题"。(Freedman,1987a:102;也可参见 Cliff,1983;Fornell,1983a)

使用高深的先进方法的诱惑似乎是不可抗拒的。所以在遇到一位作者解释自己为什么没有应用SEM时,不免会给人耳目一新的感觉。只有博学而有眼光的研究人员才能识别出某一方法何时不适用,从而避免使用它。舒斯勒(Schuessler,1982)就是一个很好的例证。他写了一本关于分析社会数据的教科书,并编辑了三卷社会学方法年鉴。他在《测量社会生活的感受》(*Measuring Social Life Feelings*)一书的序言中写道,有人一直建议他使用SEM。而他却说:"尽管这个建议是及时的,但它预设了目前所缺失的东西(至少在社会学中是这样的),即一种关于社会生活感受和社会背景之间关系的理论"(p.xii)。不言而喻,舒斯勒认为,"的确可以编写任意的模型并对其进行量化,但这种做法与其说是一个严肃的社会学建议,还不如说是一个统计练习"(pp.xii-xiii)。

导致对健全因果模型的需求漠不关心的另一个因素是一种错误的观念,即认为评定因果关系所必需的一切无非满足一组规则而已。这方面常被引用的一些主要观点是,假设的原因和假设的结果,前者先于后者,且两者之间的共变并非虚假(有关基于这些概念的研究的批判,参见 Baumrind,1983)。密尔(Mill,1852)在他的经典著作《因果关系的发现与证明》(*The Discovery and Reason of Causation*)中提出了以下方法:(a)一致性;(b)差异性;(c)残余;(d)相从变动。例如,根据一致性方法:

> 如果正在调查的现象的两个或两个以上的事例只有一个有共同情况,那么只有那个其中所有事例都共有的情况才是给定的现象的原因(或结果)。(p.224)

密尔的一致性方法的批评者最喜欢用的一个例子是:一个人被自己习惯性的醉酒状态所困扰,下决心确定其原因。这个人连续五个晚上,分别喝苏格兰威士忌加苏打、波旁威士忌加苏打、白兰地加苏打、朗姆酒加苏打和杜松子酒加苏打,确定苏打水才是所有情况下唯一的共同元素,他发誓再也不碰苏打水了!

遗憾的是,在社会行为科学中提出的许多因果模型与前面的例子是相同的。毫不奇怪,戈特曼(Guttman,1981)嘲笑道:"社会学中'因果'发现的开花速度在科学史上是闻所未闻的"(p.42)。穆特本(Mutben,1987)对社会行为科学中因果模型的状态提出了保留意见,他断言:

> 我发现,一个人如果没有经过自己或他人多年的探索性分析,就认真地建立了一个路径模型或任何其他复杂现象的模型都是荒谬的。我经常发现,模型具有的方程数与模型设定的质量和完整性成反比。(p.180)

总之,因果模型的建立是一个艰巨而漫长的过程,需要大量的批判性思考、创造性、洞察力和广博的学识。

## LISREL：结构模型述要

LISREL 由测量模型和结构方程模型两部分组成。我们曾在第23章中对测量模型做过介绍和应用。本章将专门讨论结构模型。我们先简要介绍在 LISREL 中用于估计和检验的矩阵和符号系统。第23章有关 LISREL 控制语句和矩阵的一般问题[例如，MO（模型）语句，矩阵元素的识别，矩阵的形式和模式]的解释也适用于这里将要介绍的模型和矩阵。因此，我们将不再对它们进行解释。大家如果有问题可参阅第23章的有关内容。此外，正如我们在第23章中特别强调的一样，学习 LISREL 的指南（Jöreskog & Sörbom，1989）并经常参考它是非常重要的。

### 假设模型

为了帮助大家理解，我们将参考图 24.1 描述的模型来解释在 LISREL 中使用的矩阵和符号。首先，大家对图左边使用的符号应该是熟悉的，因为这些都已在第23章中解释和使用过。我们简单给大家介绍一下其余的符号：$\xi$ 表示潜外生变量；$X$ 是这些变量的指标；$\lambda$ 则是指标在潜变量上的效应的系数；$\delta$ 表示指标中的误差。此外，$\varphi_{12}$ 表示两个潜变量之间的协方差，而 $\theta_{13}$ 则是指标 $X_1$ 和 $X_3$ 的误差之间的协方差。

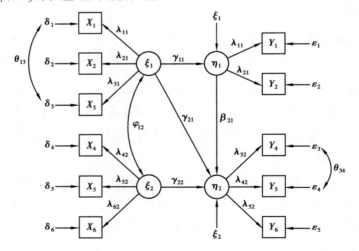

图 24.1

潜内生变量用 $\eta$（eta）表示，在 LISREL 中则是 ETA。[1]在 MO（模型）语句中，NE 用来设定 ETA 的个数。ETA 的指标用 $Y$ 表示。ETA 在 $Y$ 上的效应则用 $\lambda$ 表示，并被编入矩阵 $\Lambda_y$（LAMBDA Y）中，在输入中被设为 LY。与 LAMBDA X（见第23章）类似，LY 的行数等于指标

---

①外生变量和内生变量的概念已在第14章做过介绍。

数——$Y$的个数(本例为5),LY的列数等于影响指标的ETA的个数(本例为2)。

那些ETA的指标中的误差用$\varepsilon$(epsilon)表示。类似于KSI的指标,$\Theta_\varepsilon$(THETA EPSIWN)是那些$\varepsilon$的协方差矩阵,在输入中设为TE。THETA EPSIWN的主对角线由指标中的误差的协方差组成,而对角线之外的元素则是指标的误差之间的协方差。根据图24.1的模型,指标$Y_3$和$Y_4$的误差之间有协方差。

潜内生变量(ETA)在潜内生变量上的效应称为结构系数,用$\beta$表示。这些$\beta$被编进方阵B——在输入中被设为BE——它的维度等于潜内生变量的个数(在我们的例子中为2)。注意,根据图24.1的模型,$\eta_1$对$\eta_2$有影响。

方程中残差或误差用$\zeta$(zeta)表示,残差的方差或协方差被编入矩阵$\Psi$(psi)——在输入中用PS设定——它的维度等于潜内生变量的个数(在我们的例子中是两个)。$\Psi$的对角线由残差的方差组成,而它的对角线外的元素则是残差的协方差。根据图24.1的模型,两个$\zeta$无关联,因此PSI是对角线矩阵。

最后,潜外生变量在潜内生变量上的效应,或结构系数用$\gamma$(gamma)表示,编进矩阵$\Gamma$(大写的gamma),而在输入中则设定为GA。$\Gamma$的行数等于潜内生变量的个数(我们的例子是两个),而列数则等于潜外生变量的个数(我们的例子是两个)。注意,根据图24.1的模型,$\xi_1$同时影响两个$\eta$,而$\eta_2$则只影响$\eta_2$。

## 测量模型

以下两个方程表示测量模型:

$$y = \Lambda_y \eta + \epsilon \tag{24.1}$$

式中,$y$是一个$p$乘1(我们的例子是5乘1)的潜内生变量的指标的向量;$\Lambda_y$(LAMBDA Y)是一个$p$乘$m$(我们的例子是5乘2)的$y$在潜变量($\eta$)上的系数(负荷)矩阵;$\epsilon$(EPSILON)是一个$p$乘1(我们的例子是5乘1)的$y$的测量误差向量。这种误差的方差-协方差矩阵用$\Theta_\epsilon$表示为

$$x = \Lambda_x \xi + \delta \tag{24.2}$$

式中,$x$是一个$q$乘1(我们的例子是6乘1)的潜外生变量的指标的向量;$\Lambda_x$(LAMBDA X)是一个$q$乘$n$(我们的例子是6乘2)的$x$在潜外生变量($\varepsilon$)上的系数(负荷)矩阵;$\delta$(DELTA)是一个$q$乘1(我们的例子是6乘1)的$x$的测量误差向量。这种误差的方差-协方差矩阵用$\Theta_\delta$表示。

涉及测量模型的矩阵已在第23章中讨论和讲解过。因此,图24.1的测量模型矩阵将不再在这里展示。

## 结构模型

结构方程是

$$\eta = B\eta + \Gamma\xi + \zeta \tag{24.3}$$

式中,所有的项和与它们关联的矩阵都已经在上面定义。图24.1结构方程的矩阵和它们的元素是

$$\begin{bmatrix} \eta_1 \\ \eta_2 \end{bmatrix} = \begin{bmatrix} 0 & 0 \\ \beta_{21} & 0 \end{bmatrix} \begin{bmatrix} \eta_1 \\ \eta_2 \end{bmatrix} + \begin{bmatrix} \gamma_{11} & 0 \\ \gamma_{21} & \gamma_{22} \end{bmatrix} \begin{bmatrix} \xi_1 \\ \xi_2 \end{bmatrix} + \begin{bmatrix} \zeta_1 \\ \zeta_2 \end{bmatrix}$$
$$\quad \eta \qquad\quad \beta \qquad\quad \eta \qquad\quad \Gamma \qquad\quad \xi \qquad \zeta$$

虽然我们不只一次地说过,我们没有假定大家都对矩阵已经有所了解,但我们一直建议大家最好要熟悉它的基本概念和运算(有关他的初步介绍和参考资料请参见第22章)。为了达到这个目的,我们展示了上述矩阵运算的结果。

$$\eta_1 = \gamma_{11}\xi_1 + \zeta_1$$
$$\eta_2 = \beta_{21}\eta_1 + \gamma_{21}\xi_1 + \gamma_{22}\xi_2 + \zeta_2$$

如果你不熟悉矩阵代数的话,那么你可能会对它的价值不甚了了。因为这些可以替代矩阵方程的方程似乎十分简单。但是当人们逐渐认识到矩阵代数可以容纳有任意多个外生和内生变量和各种复杂程度的模型时,矩阵代数的优雅和强大就变得显而易见了。请记住,我们的模型是只包含两个外生变量和两个内生变量的非常简单的模型,因此,这两个方程也都比较简单。

无论大家是否熟悉矩阵代数,我们都建议大家结合图24.1来研究前述两个方程,并注意它们指的是描述结构模型的图形的内部。

以下是与结构模型关联的协方差矩阵。

$$\Phi = \begin{bmatrix} \phi_{11} & \\ \phi_{21} & \phi_{22} \end{bmatrix} \qquad\qquad \Psi = \begin{bmatrix} \psi_{11} & \\ 0 & \psi_{22} \end{bmatrix}$$

如上所述和第23章所示,$\Phi$是潜外生变量的协方差矩阵,其对角线由方差组成,它的非对角线元素都是协方差。

此外,如上所述,$\Psi$是残差($\zeta$)的协方差矩阵。注意,非对角线元素为0,表明残差之间没有关系。

这些矩阵都是对称的,因此都用下三角形格式列示。我们将结合图24.1来研究这些矩阵。

## 假　定

SEM模型基于的假定是

1.$\zeta$与$\xi$不相关。

2.$\varepsilon$与$\eta$不相关。

3.$\delta$与$\xi$不相关。

4.$\zeta$,$\varepsilon$和$\delta$互不相关。

5.I-B是非奇异的。(参见手册第4页)[1]

---

[1]我们提醒大家,我们的做法是把LISREL的指南称为手册。

I是单位矩阵,其他所有项都已在前面定义。

我们对结构模型的介绍到此结束。有关更详细的处理,请参阅第23章开头给出的一般参考资料。在下面的数例中,我们对SEM作进一步评议。除其他内容外,我们将证明给大家,诸如回归和路径分析这样的方法,都可看作SEM的特例。

# 识　别

在尝试估计和检验单个模型参数,以及检验整个模型之前,必须先确定它们是否已被识别。模型识别这一非常复杂的论题,在计量经济学和SEM文献中被广泛讨论(如Fox,1968:第11章;Frank,1971:第12章;Heise,1975:第5章;Koompmans,1949;Wiley,1973)。关于"识别问题"的介绍可在许多作者的文章中找到(如Blalock,1969:第4章;Bollen,1989:88-104;Duncan,1975:第5—7章;Fox,1984:239-251,289-293;Hayduk,1987:139-150;Long,1983a:34-55,1983b:36-42;Saris & Stronkhorst,1984:第8章)。

"识别问题与这个问题有关:是否有一组与此数据一致的唯一参数值?"(参见手册第16页)下面所述是对这一阐述的直观解释。从本质上讲,识别与参数估计信息的充分性有关。也许理解它的意思的最简单的方法是,想一想如何使用方程式来估计参数这个问题。当一个方程可用于参数的估计时,得到的估计值只有一个。这时我们就可以说估计的参数被精确(正确)识别了。当有多个方程可用于一个参数的估计时,可以得到的估计值有多个。当这些估计值一致时,我们就说参数被高估了。最后,在单独一个方程可用来估计若干个参数时,得到的解并非唯一的。换言之,我们可以证明参数的不同估计值产生了相同的数据(如协方差矩阵)。因此,我们说参数是低识别或未识别的。

在任何给定的模型中,都有可能某些参数是可以识别的,但其他参数却是无法识别的。当一个模型的所有参数都被识别时,整个模型就被识别了。在精确识别的(正确识别或饱和的)模型和被过度识别的模型之间要做一个重要的区别。正确识别的模型是含有其需要估计的所有参数所需的精确信息的模型,就像为了求解那些未知数需要精确数量的方程一样。另一方面,一个被过度识别的模型,其包含的信息则多于估计其参数所需的信息。

重要的是要认识到,无论其效度如何,一个正确识别的模型总是与数据完美拟合的。因此,这样的模型是不可检验的($df = 0$)。只有过度识别模型才是可识别的($df > 0$),因为只有对于这样的模型而言,谈论和评估观测数据与由模型参数复制的数据(如观察和复制的协方差矩阵,参见第22章有关拟合残差的解释)之间的差异才是有意义的。

很清楚,低估模型都是不可检验的。因而大可不必对有人(Namboodiri,Carter & Blalock,1975)把这样的模型叫作"无可救药的"(p.503)感到惊奇。未识别的模型可以通过对其某些元素施加约束来识别。如将系数固定为0,1或某个其他的值,将两个或多个系数约束为彼此相等。在第23章中,我们曾在有关为潜变量设定量度标准问题的讨论时,间接地提到了低估问题。大家还记得，我们用将潜变量的方差标准化来处理这个问题。在本章中，我们却是用参考指标（即将一个指标的系数固定为1.0，见下文）来处理这个问题。

重要的是要记住：“低识别是一个理论问题，而不是一个统计问题”（Heise，1975：152）。因此，那种企图使模型成为可识别的策略是行不通的。因果模型反映的是正在调查研究的现象中的因果过程的理论构想。唯一符合逻辑的可资利用的路数是通过理论来构建过度识别的模型。

除非常简单的模型外，确定模型是否识别绝不是一项简单的任务。事实上，“证明一个模型是识别的这个问题，是验证性因子模型使用存在的最大实际困难之一”（Long，1983a：36）。我们经常会遇到这样的情况：模型的作者声称模型已经识别，但其他人却证明其尚未被识别。关于验证性因子分析中有关识别的错误想法的讨论和例子，请参见相关作者的著作（Bollen & Jöreskog，1985）。

为了在某种程度上缓解我们的讨论可能带来的挫折感，我们想要指出的是，计算机程序对SEM进行了分析。提供诊断信息，为被检验模型的可识别性提供有用的线索。例如，LISREL不仅会给出一个关于给定参数未被标识的概率的警告，而且还会检查某些可识别性条件是否满足（关于LISREL诊断的说明和检查可识别性的建议，见手册第16-18页。也请参阅前面提到的关于模型识别问题的线索的讨论。例如，负方差或超过1.00的相关性。）

## 数　例

我们将分析几个数例，目的是给大家解释结构模型拟合和检验的基本思想。与前几章一样，我们的例子是说明性的。因而我们忽视了它们最重要的效度问题。实际上，我们甚至使用相同的数据来拟合和检验复杂程度与设想的潜变量和/或显变量数目不同的模型，无非是为了引起大家对给定模型中特定变化产生的后果和影响的注意。

## 回归模型

我们从线性回归模型开始，因为它使我们能够做以下工作：(a)证明这是结构建模的一个特例；(b)解释与一种分析路数有关的LISREL输入和输出的一些方面，我们希望大家能习惯这种做法（为此，我们对同一个例子分析了两次：第一次用多元回归程序集，第二次用LISREL）；(c)证明回归分析是不区分潜变量和它们推测的指标的。

我们将用于这个目的和随后的几个分析的阐释性数据在表24.1给出。注意这张表由六个指标、三个 $Y$ 和三个 $X$ 的相关矩阵和标准差组成。均值没有包括在内。因为本章的分析中心的问题是协方差矩阵，所以未将均值包括在内。因此，回归分析的截距($a$)等于零（见下面输出中有关CONSTANT的NOTE）。

表24.1　六个指标的相关矩阵和标准差($N=200$)

| | $Y_1$ | $Y_2$ | $Y_3$ | $X_1$ | $X_2$ | $X_3$ |
|---|---|---|---|---|---|---|
| $Y_1$ | 1.00 | .52 | .45 | .38 | .42 | .37 |
| $Y_2$ | .52 | 1.00 | .58 | .35 | .44 | .39 |
| $Y_3$ | .45 | .58 | 1.00 | .46 | .48 | .43 |
| $X_1$ | .38 | .35 | .46 | 1.00 | .69 | .77 |
| $X_2$ | .42 | .44 | .48 | .69 | 1.00 | .73 |
| $X_3$ | .37 | .39 | .43 | .77 | .73 | 1.00 |
| $s$: | 4.67 | 5.81 | 5.12 | 10.12 | 11.09 | 12.31 |

对目前的分析,我们假设$Y_1$是因变量,而三个$X$则是自变量。在随后的分析中使用的$Y_2$和$Y_3$,本例未做处理。以下是SPSS的输入语句。

## SPSS

### Input

```
SET LISTING='T241SPS.LIS'.
TITLE TABLE 24.1, USING Y1 AS THE DEPENDENT VARIABLE.
DATA LIST MATRIX FREE/Y1 Y2 Y3 X1 X2 X3.
BEGIN DATA
4.67 5.81 5.12 10.12 11.09 12.31
1.00  .52  .45  .38  .42  .37
 .52 1.00  .58  .35  .44  .39
 .45  .58 1.00  .46  .48  .43
 .38  .35  .46 1.00  .69  .77
 .42  .44  .48  .69 1.00  .73
 .37  .39  .43  .77  .73 1.00
200
END DATA
REGRESSION READ=STDDEV COR N/DES/VAR Y1 TO X3/STAT=ALL/
  DEP=Y1/ENTER X1 TO X3.
```

### 评　议

对SPSS输入的详细解释已在前几章给出(关于一般回归输入的评议,见第18章;关于矩阵输入的评议,见第22章)。

因此,这里只做了两点评议。

1.在第22章中,我们已经讲过,矩阵的输入,SPSS的大型机版和PC版有所不同,并给出了二者的例子。这里列出的是PC版的输入。

2.由输入的最后一行可知,$Y$表示因变量,而三个$X$则表示自变量。

### Output

```
NOTE     10597
VECTOR OF MEANS MISSING WITH MATRIX INPUT IN REGRESSION—If means
are not supplied,SPSS/PC+ uses the default of 0.0. The constant term is also 0.0. If
standard deviations are not supplied, SPSS/PC+ uses the default of 1.0.
```

Dependent Variable..　Y1

R Square　　　　.19286

------------------------------- Variables in the Equation -------------------------------

| Variable | B | SE B | Beta | T | Sig T |
|---|---|---|---|---|---|
| X3 | .02007 | .04227 | .05291 | .475 | .6354 |
| X2 | .11839 | .04136 | .28114 | 2.862 | .0047 |
| X1 | .06704 | .04855 | .14528 | 1.381 | .1689 |
| (Constant) | .00000 | | | | |

## 评 议

在第18章中已详细介绍了多元回归分析,并对这个分析的输出进行了评议。在这里,我们只讨论与本主题有关的问题和结果。

为了便于阐释,我们假定因变量是学习成绩($AA$),为年级平均成绩($GPA$),用 $Y_1$ 表示。此外,三个 $X$ 是心智能力的指标($MA$;例如比奈智力测验量表),误将它们作为三个自变量。

我们来看 $X$ 之间的相关(见输入或表24.1),注意到它们都比较高(从0.69到0.77),正如我们对心智能力指标所预期的一样。自变量之间的高相关的不利影响已在第18章多重共线性问题中讨论过,那时我们也处理过多重指标这个特例。我们在那个讨论中指出,多元回归不宜用于多重指标这种情况,因为这时每个指标都必须作为不同的自变量处理。对于我们现在的目的而言,大家必须记住,高度的多重共线性将对回归系数(那些 $b$)的大小和稳定性产生不良的影响。

上面报告的结果证明了这几点。注意,因变量与这三个指标之间的相关非常接近,在0.37到0.42之间。然而,由于多重共线性较高,量表倾向于那个与因变量相关最高的指标($X_2$)。为了清楚地看到发生了什么,我们先要检查 Beta(标准化系数),并观察到那个与 $X_2$ 关联的系数要比其他两个大得多——根据指标与因变量之间的零阶相关得到的结果并不是我们预期的。

再来看非标准化系数,并注意到由于这三个指标的标准差相当接近,所以这些 B 之间的差异模式与 Betas 之间的差异模式相似。最后,由于那些 B 的标准误差都相似,证明只有 $X_2$ 的 B 才在常规的 $\alpha$ 水平(例如,0.05)上是统计显著的。因此,在回归分析中使用三个同构的指标得出的结论是只有一个指标的效应不同于零。

根据指标之间的关系模式以及它们与因变量之间的不同关系,可能会得出各种令人费解的结果。例如,那些 $b$ 的符号可能不同,或者所有的 $b$ 都是统计不显著的。尽管已经有了具体的结果,但我们的目的却不在于此,而在于证明它在回归分析中使用多个指标带来的困难,作为在阐释如何在 SEM 中适当使用这些指标的开篇。在介绍如何实现这一点之前,我们先用 LISREL 来分析回归模型。

**LISREL**

## Input

```
TABLE 24.1, RUNNING AS MULTIPLE REGRESSION WITH Y1 AS DEPENDENT
DA NI=6 NO=200
LA
Y1 Y2 Y3 X1 X2 X3
KM
1.00
 .52 1.00
 .45  .58 1.00
 .38  .35  .46 1.00

 .42  .44  .48  .69 1.00
 .37  .39  .43  .77  .73 1.00
SD
4.67 5.81 5.12 10.12 11.09 12.31
SE
1  4  5  6/
MO NX=3 NY=1
OU SE TV SS
```

## 评 议

关于LISREL输入的一般性介绍请参见第23章。在这里,我们主要集中讲在第23章未曾涉及的那些问题,即那些与我们正在研究的专题有关的论题。诚如第23章所述(见有关测量模型的讨论),用相关矩阵(KM)和标准差(SD),LISREL先构建了一个协方差矩阵,然后再用默认的方法对它进行分析。

SE(选择)可以用于选择变量的一个分析的子集,和/或对变量重新排序。在LISREL中,预期内生变量或其指标先于外生变量。当输入以不同的方式组织时,可以使用SE对变量重新排序。变量"应该按照我们希望它们在模型中的顺序,以数字或标签的形式列出"(参见手册第62页)。对于我们的例子而言,必须对那些指标重新排序。SE被用来选择变量$1(Y_1)$,4,5和6(那些$X$)。在选择一个子集时,变量清单需要用斜线(/)结尾。在SE用于重新排列所有的变量时,这是一个可选项。

大家可以看到,MO(模型)语句是非常简单的,只由那些$Y$和$X$的编号构成。在这里,不用区分潜变量和显变量。因此,$Y_1$被作为$\eta_1$处理;$X_1$,$X_2$和$X_3$分别被作为$\xi_1$,$\xi_2$和$\xi_3$处理。程序集做了如下这样的设定:

$$\Lambda_y = I, \quad \Theta_\epsilon = 0, \quad \Lambda_x = I, \quad \Theta_\sigma = 0, \quad \Phi = S_{xx}$$

式中,$I$是单位矩阵;$\Theta_\epsilon$和$\Theta_\sigma$分别指那些$Y$和$X$的测量误差,而$\Phi$则是外生变量的协方差矩阵。注意,在这样的模型中,测量误差被设置成零,而那些$X$的协方差矩阵($S_{xx}$)则被作为外生变量的协方差矩阵处理。在这样一些模型中,只有$B$的参数(内生变量在内生变量上的效应),$\Gamma$(外生变量在内生变量上的效应)和$\Psi$(方程中的残差或误差)可能是需要估计的。[1]因为在目前这个例子中只有一个内生变量,所以$B=0$(默认)。对于那些由多个内生变量构成的模型而言,$B$的性质则必须予以设定。在随后的分析中,我们将会告诉大家怎么做。

我们考虑的那个模型如图24.2所示。图中所示的数值来自下面给出的LISREL的输出。现在,我们要告诉大家的是:那些$\gamma$的值(那些$\xi$在$\eta$上的效应)等于在回归分析中得到的它们各自的$b$(见上文)。

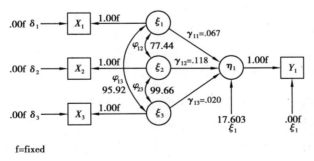

图24.2

注:fixed=固定。

诚如大家所知,回归分析是结构模型的一个特例。在这种情况下,不区分潜变量和显变

---

[1]有关前述矩阵的解释,请见上文和第23章。

测量、设计和分析：研究方法的综合之道

量,并假定后者是无误差测量的。不言而喻,这是极为不现实的。诚然,在讨论回归模型所依据的假设时,我们也曾指出过自变量被假定为无误差测量。然而,问题在于在使用回归分析时,这一假设是隐藏的。这就是为什么即使是知识渊博的研究人员也往往会把回归分析的结果解释为仿佛自变量的测量真是无误差一样。

相反,测量误差的设定(即矩阵 $\Theta_\varepsilon$ 和 $\Theta_\delta$ 参数的设定)是 SEM 不可或缺的一部分。在使用单一指标时,这样的矩阵必须被固定(通常都固定为零,就像上面一样),否则模型就识别不了。在 SEM 中,不现实的无误差测量假定已经被我们注意到了,而在回归分析中(在大多数情况下)则可能被我们所忽略。

最后,在 OU(输出)语句中,我们调用 SE,令系统打印标准误差;TV,令系统打印 $t$ 值;而 SS 则令系统打印标准化解(参见手册第 72 页)。

## Output

TABLE 24.1, RUNNING AS MULTIPLE REGRESSION WITH Y1 AS DEPENDENT
COVARIANCE MATRIX TO BE ANALYZED

|     | Y1     | X1      | X2      | X3      |
| --- | ------ | ------- | ------- | ------- |
| Y1  | 21.809 |         |         |         |
| X1  | 17.959 | 102.414 |         |         |
| X2  | 21.752 | 77.439  | 122.988 |         |
| X3  | 21.270 | 95.924  | 99.658  | 151.536 |

## 评 议

诚如前述,LISREL 用相关矩阵和标准差来构建要分析的协方差矩阵。当然,方差无非就是标准差的平方。例如,$4.67^2=21.809$——$Y_1$ 的方差。协方差则由正在研究的变量之间的相关乘以各自的标准差得到[1]。例如,$Y_1$ 和 $X_1$ 之间的协方差是

$$(0.38) \times (4.67) \times (10.12) = 17.959$$

## Output

PARAMETER SPECIFICATIONS
GAMMA

|     | X1  | X2  | X3  |
| --- | --- | --- | --- |
| Y1  | 1   | 2   | 3   |

PSI

|     | Y1  |
| --- | --- |
| Y1  | 4   |

## 评 议

默认的 GAMMA 是 Full Free(完全自由)的;PSI 是 SYFR(对称自由)的(见手册第 12 页)。在本例中,PSI 是一个纯量方阵(scalar,关于矩阵的格式和模式的解释请参见第 23 章)。正如输出摘要所述,被估计的参数有四个,其中三个 GAMMA 是单个 KSI 在 ETA 上的效应,而 PSI 则是残差的方差。

---

①有关协方差的讨论,请参见第 17 章。

## Output

```
LISREL ESTIMATES (MAXIMUM LIKELIHOOD)
     GAMMA
                    X1              X2              X3
              --------------  --------------  --------------
Y1                 .067            .118            .020
     PSI
                    Y1
              --------------
Y1               17.603

SQUARED MULTIPLE CORRELATIONS FOR STRUCTURAL EQUATIONS
                    Y1
              --------------
                   .193
     MEASURES OF GOODNESS OF FIT FOR THE WHOLE MODEL :
     CHI-SQUARE WITH 0 DEGREES OF FREEDOM = .00 (P = 1.000)
                    GOODNESS OF FIT INDEX = 1.000
                    ROOT MEAN SQUARE RESIDUAL =   .000
STANDARD ERRORS
     GAMMA
                    X1              X2              X3
              ----------      ----------      ----------
Y1                 .049            .041            .042
T-VALUES
     GAMMA
                    X1              X2              X3
              ----------      ----------      ----------
Y1               1.381           2.862            .475
```

**评 议**

将这个输出和与上面 SPSS 给出的做比较,并注意,撇开术语上的差异不谈,两个分析的结果是相同的。因此,这些 GAMMA 和它们的检验统计值(即标准误差和 $t$ 值)都等于各自的 $b$ 和它们的检验统计值。平方复相关(0.193)在两个分析中也是相同的。

现在来看拟合优度量度,并注意模型与数据的拟合是完美的。只要模型被准确识别,这便是在预期之中的。正如本章前面所讨论的,一个精确识别的模型,无论它从一个理论框架看有多么站不住脚,但却总是能与数据完美地拟合。有人指出,这种模式是不可检验的。请注意,与这个卡方关联的自由度为零。

## Output

```
STANDARDIZED SOLUTION
     GAMMA
                    X1              X2              X3
              --------------  --------------  --------------
Y1                 .145            .281            .053
     PSI
                    Y1
              --------------
Y1                 .807
```

**评 议**

标准化解可以通过在 OU 语句中设定的 SS 求得(见上面输入的最后一行)。正如第 17 章和第 18 章所述,在遇有难以解释的系数时,研究者常常诉诸标准化解。但是,也正如我们已经说过的一样,标准化也解决不了有关给定的量度的单位的解释这个难题。

当在 OU(输出)语句设定了 SS 时,被标准化的只是潜变量。只有在该语句中设定 SC(完全标准化），观察变量才被标准化（见手册第38-40页）。不论怎么说，在目前的分析中设定SC，得到的结果与上面得到的相同，因为潜变量和观察变量是相等的［见有关MO（模型）的评议］。

GAMMA构成外生变量在内生变量上的标准化效应。注意，报告的值等于SPSS分析这些数据报告的标准化回归系数（Betas，见上文）。大家也要注意，PSI等于$1-R^2$（即$1-0.193$）。

再次重申一下，我们要用回归完成的几件事：

1. 我们想证明这样的模型是结构方程的一个特例——一个在建构和它们的指标之间不做区分的特例。此外，测量误差不在考虑之列。大家应该注意，用LISREL分析这种某些或全部变量都用单独一个指标测量的模型的长处是，在有可资利用的单个指标的信度估计值时，它们都可以被编入测量模型，从而降低或消除参数估计中因测量误差而造成的偏倚。大家若对怎么做感兴趣，可参阅某些资料（例如，Manual，第136，151-156页；Acock & Scott，1980；Hayduk，1987）。

2. 我们想要证实将一个建构的多个指标当作几个不同的变量来处理——在使用多元回归分析时程序集默认的策略，所产生的不良影响。正如以下几节所示，在测量模型中使用多指标是用于SEM分析的程序集不可或缺的组成部分（如LISREL，EQS）。

3. 我们用LISREL分析回归模型。把它作为一个介绍这个程序的基本要素和证明其结果类似于回归分析程序得到的结果的工具。此外，尽管这可能是显而易见的，但我们还是想强调一下，模型的效度并不会因为仅仅用了诸如LISREL这样的高级程序分析，而不是用普通的多元回归程序分析而提高。有鉴于LISREL手册给出的某几个例子，我们感到特别需要这样做。只要用其中一个例子就足以说明怎么可以用LISREL来做逐步回归分析（见手册第110-112页）。前面我们曾经几次（如第3章和第18章）指出，它在预测性研究中可能是很有用处的，但是在探索性研究中，它不但会被误用，而且还可能有害。而从理论构建和检验的角度来看"逐步回归程序被塞进了最为粗糙的路数，它基本上就是一种自动的不动脑子的经验主义"（Berk，1988：164）。难怪里摩尔（Leamer，1985：312）将其称之为"不明智的回归"。

手册中包括了一个逐步回归分析的例子，尤其是它出现在"模型建立的过程中"（见手册第110页），这样的场合是令人遗憾的。尽管手册已经提醒用户"个人的判断是必不可少的"（见手册第111页）。但是我们仍然担心那些本来需要提醒的人却很少会注意它，或甚至根本就没有注意它。将其纳入侧重于模型检验，尤其是因果建模的手册这种做法在不经意间给逐步回归分析加上了体面的光环。我们斗胆猜测，在不远的将来，那些在探索性研究中应用，而不是错误的应用逐步回归分析的研究人员，将会考虑使用LISREL或LISREL型分析程序，而不是某些低端的回归程序。

至于变量选择程序，逐步回归分析只是其中一例而已——那些常规的回归分析程序比LISREL更为灵活和方便。

## 多指标外生变量，单指标内生变量

对于这个例子,我们使用回归模型(上一节)中使用的四个指标。其中三个 $X$ 将作为潜外生变量的指标,而作为潜内生变量的指标则只有一个 $Y$,这样我们就可以将具有多个指标的变量(在我们的例子中是外生的)的设定与那些单指标的变量(在我们的例子中是内生的)的设定进行对比。在接下来的例子中,我们将同时对两个变量使用多指标。为了便于阐述,我们将再次假定外生变量为心智能力($MA$),内生变量为学习成绩($AA$)。因此,可将表24.1中的三个 $X$ 视为 $MA$(如比奈智力测验量表)的指标,将 $Y$ 视为 $AA$(如 $GPA$)的指标。模型如图24.3所示,图中所示的值取自 LISREL 的输出报告和下面的评议。

**LISREL**

**Output**

TABLE 24.1 DATA. EXOGENOUS VARIABLE WITH MULTIPLE INDICATORS.
ENDOGENOUS VARIABLE WITH A SINGLE INDICATOR.

*[input up to MO is identical with that of the preceding run]*

```
MO NX=3 NK=1 NY=1 NE=1 TE=ZE
FR LX 2 LX 3
ST 1  LX 1 LY 1
LK
MA
LE
AA
OU RS SS
```

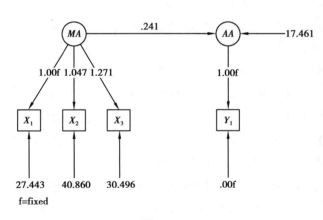

图24.3

注：f=fixed(f=固定)。

## 评　议

诚如上述,除标题之外,MO(模型)语句之前的输入都与前一节回归分析使用的输入一样。因此,我们的评议将从MO语句开始。

我们设定:(a)外生变量的三个指标(NX=3,NK=1);(b)内生变量的一个指标(NY=1,NE=1)。大家回想一下,外生变量和内生变量指标中的误差的协方差分别为 $\Theta_\delta$(THETA DELTA,

或 TD)和 $\Theta_ε$(THETA EPSILON，或 TE)。这些矩阵的默认是 DI(对角)、FR(自由)的(见手册第12页)。因为我们使用默认的 TD，所以外生变量指标误差的方差，而不是它们之间的协方差需要估计的。因为用于内生变量的指标只有一个，所以出于识别的缘故 TE 必须固定。一般都是通过将它设为 0 来实现的(即 TE=ZE(零))。[①]

GAMMA(外生变量在内生变量上的效应)的默认是 FU(完整)和 FR(自由)。在本例中，GAMMA 是一个数量(即一个单独的值)，表明 *MA* 在 *AA* 上的效应。将这种做法与将三个指标作为三个不同的外生变量处理的(前一节的)回归模型做比较。

我们在第23章说过，出于识别的目的，必须要为潜变量确定测量的单位，而这可以将潜变量的方差标准化，或为它的每一个指标设立测量标准来实现。前一个路数已用于整个第23章；用于这一章的后一种路数是由将其中一个指标的系数固定为1.00构成的。因此被这样使用的那些指标都称为参考指标(Schoenberg，1972：15-16)。

就涉及的技术问题而言，任何指标都可以作为参考指标。然而，使用参考指标究竟是否有意义，是以它们的测量单位的意义来断定的。很明显，当指标缺乏有意义的单位时——这在社会行为科学中是相当常见的现象——用它们来为潜变量设定度量标准，其实就是自欺欺人，只是假装量度问题已经得到了适当的解决而已。

在遇有单位无法解释的指标时，一些研究人员喜欢给潜变量使用标准化系数(见下文)。考虑有关标准化回归系数存在的缺点的讨论(参见第17章和第18章)，我们希望大家认识到，在将潜变量标准化时，也会出现类似的困难。尽管诸如这样的评论不免会令人感到沮丧，但是它们必须要加以说明的是，LISREL 毕竟不是一根魔杖！

已经查明，使用参考指标，特别是在进行跨组结构模型比较时，还会出现一些其他困难(例如 Blalock，1982；Wilson1981)。

有关这一专题最近的一些交流可参见 Bielby，1986a，1986b；Henry，1986；Sobel & Arminger，1986；Williams & Thomson，1986a，1986b。

现在来谈 $\Lambda_x$(LX)和 $\Lambda_y$(LY)，大家注意，使用默认的设定，它们都是 FU(完整)和 FI(固定)的。在目前的例子中，LX 的维度是 3 乘 1：一个三元素的列向量。来看输入中的 FR(自由)语句，并注意到 LX 的第二个和第三个元素是自由的，剩下的第一个元素被固定为 0。给 LX 1 使用 ST(起始值)1(见输入)，第一个元素便被固定为1.00，因此表明把它作为外生变量(*MA*)的参考指标。注意，只有 LY 的元素，LY 1 也被固定为1.00。记住，TE 已经被设为零(见上文)，这两个设定相当于将潜内生变量(*AA*)等同于正在考虑的单一指标($Y_1$)。

将有实际意义的标签用于潜变量的做法不失为一种明智之举。这一目的可以用对变量 KSI 使用 LK，和对变量 ETA 使用 LE 来实现。正如大家看到的一样，我们给前者贴上了标签 *MA*，而给后者则贴上了标签 *AA*。

最后，在 OU 语句中，我们要求系统计算残差(RS)和标准解(SS)。

---

[①]TE，可以被固定为测量误差的一个估计值。具体例子见手册第136页和第151-156页。

## Output

TABLE 24.1 DATA.  EXOGENOUS VARIABLE WITH MULTIPLE INDICATORS.

PARAMETER SPECIFICATIONS

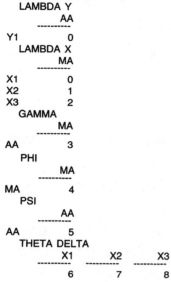

```
          LAMBDA Y
                AA
               ----------
Y1             0
          LAMBDA X
                MA
               ----------
X1             0
X2             1
X3             2
          GAMMA
                MA
               ----------
AA             3
          PHI
                MA
               ----------
MA             4
          PSI
                AA
               ----------
AA             5
          THETA DELTA
                X1          X2          X3
               ----------  ----------  ----------
                6           7           8
```

## 评 议

因为要分析的协方差矩阵和前面给出的相同(回归模型),所以为了节省篇幅在此不再赘述。

我们相信,到目前为止大家对输出的理解不会感到困难。在 LX 和 LY 中的那些 0 表示固定指标。如果把它们设为 1.00(见输入重点 ST 1),它们便被指定为参考指标。因为参考指标用于 KSI,所以它的方差是自由的(见 PHI 中的 4)。如果我们固定 PHI—— 一种在第 23 章中采用的做法——我们也要将 LX 的第一个元素设为自由。因为 THETA EPSILON 被设为零(见输入中的 TE=ZE),所以它不会出现在参数设定中。

## Output

```
LISREL ESTIMATES (MAXIMUM LIKELIHOOD)
          LAMBDA Y
                AA
               ----------
Y1             1.000
          LAMBDA X
                MA
               ----------
X1             1.000
X2             1.047
X3             1.271
          GAMMA
                MA
               ----------
AA             .241
          PSI
                AA
               ----------
AA             17.461
```

```
              THETA DELTA
          X1         X2         X3
       ---------- ---------- ----------
        27.443     40.860     30.496
   SQUARED MULTIPLE CORRELATIONS FOR X - VARIABLES
          X1         X2         X3
       ---------- ---------- ----------
         .732       .668       .799
   MEASURES OF GOODNESS OF FIT FOR THE WHOLE MODEL :
   CHI-SQUARE WITH 2 DEGREES OF FREEDOM = 3.63 (P = .163)
              GOODNESS OF FIT INDEX =   .991
         ADJUSTED GOODNESS OF FIT INDEX =   .955
           ROOT MEAN SQUARE RESIDUAL = 1.116
```

## 评　议

先来看报告整个模型的拟合优度量度部分。我们在第 23 章已对这些指数的解释做过详细讨论，因此，在这里我们只对此做简短的评论。

假定我们选择了 $\alpha=0.05$，那么就可以得出这样的结论：模型与数据拟合的零假设不能被拒绝（卡方的 $p>0.05$）。GFI 和 AGFI 也同样倾向于这一断言。

正如第 23 章所述，在像本例一样分析协方差矩阵时，RMR 并不是立即就能解释的，因为 RMR 的大小受指标的度量单位的影响。在这种情况下，考察标准化残差可能是有帮助的。限于篇幅，我们没有在这里报告残差，而只是指出哪些标准化残差都比较小，最大也仅为 1.776。

现在来看参数估计，记住 LY 1 和 LX 1 都已经被设为 1.00（见输入和评议）。以下是对一些估计值的简短评论。

在正在研究的模型中，我们的主要兴趣是 MA 在 AA 上的效应的估计值，0.241（见 GAMMA）。这使我们难以对效应作出实质性的解释。大家还记得，MA 和 AA 的度量已经被分别设为与 $X_1$ 和 $Y_1$ 的度量相等。这样我们就很容易地断言，0.241 是 AA 中与单位变化关联的期望的变化。然而如上面的讨论所述，这一断言的意义取决于正在研究的指标的量度单位是否有意义。

我们没有复制我们要求的标准化解（见 OU 语句），而是指出 MA 在 AA 上的标准化效应（在 GAMMA 中的元素）是 0.447。因此，我们可以断言，与 MA 单位变化关联的 AA 的期望变化约为标准差的一半。然而我们提醒大家要回想我们有关标准化系数解释的评议（见关于输入的评论）。

测量模型的解释不是太复杂。THETA DELTA 表示每个指标的误差的方差。正如第 23 章所述，SQUARED MULTIPLE CORRELATIONS（SMC）都是指标的信度的估计值——也请参见式（23.6）和与之相关的讨论。因此 $X_1$，$X_2$ 和 $X_3$ 的信度的估计值分别为 0.732，0.668 和 0.799。

总之，我们希望大家能懂得目前这种路数的长处。在这种路数中，指标与它们可能反映的潜外生变量是有区别的。相反，回归分析是不做这样的区别的（见前一节）。因为潜内生变量只使用了一个指标，所以它无须固定它的误差（即 TE=ZE），因此而做了一个不切实际的假定——$Y_1$ 的信度是完美的。下面来介绍将多指标同时用于 KSI 和 ETA 的例子。

## 多指标外生变量和内生变量

我们在这里分析的模型与前一节分析的相同。但是,前一节多指标只用于KSI,而在这里也用于ETA。与前一节一样,表24.1的三个X也用作KSI(在我们的例子中的MA)的指标。鉴于前一节将Y(我们的例子中的AA)用作ETA的指标,在这里,表24.1的三个Y仍然用作这个变量的指标。模型如图24.4所示,图中的估计值来自LISREL报告的输出和下面的评述。

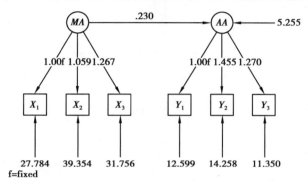

图24.4

注:f=fixed(f=固定)。

**LISREL**

### Input

TABLE 24.1. TWO LATENT VARIABLES WITH THREE INDICATORS FOR EACH

*[except for the omission of SElect statement (see commentary),*
*input up to MO is identical with that of earlier runs]*

```
MO NX=3 NK=1 NY=3 NE=1
FR LX 2 LX 3 LY 2 LY 3
ST 1 LX 1 LY 1
LK
MA
LE
AA
OU AL
```

在前面的运行中,必须要有一个SE(选择)语句,以能挑选用于分析的指标。因为在目前的运行中,所有的指标都用上了,而且它们也不需要重新排序(根据要求,内生变量的指标应先于外生变量),所以并不需要有SE(选择)语句。

再来考察MO(模型)语句,并与在前一节使用的做比较。注意,在前一节中,NY=1,而在这里,NY=3。不仅如此,因为在本例中,多指标是同时用于两个潜变量的,所以TD和TE可能同时使用默认的设定[即DI(对角),FR(自由)]。记住,前一个例子中,我们必须将TE设为固定。

现在看FR语句,注意到每个LAMBDA矩阵都有两个元素被释放。再看ST语句,并注意LX 1被用作MA的参考指标,而LY 1则被用作AA的参考指标。

最后,在OU语句中,我们给大家展示如何可以调用所有的输出。这样做对于分析小问题不会有什么大问题,因为全部输出本身就不大。然而,对于大问题,全部输出的量将会非常大,因此,此选项的选用必须慎之又慎。

## Output

TABLE 24.1.　TWO LATENT VARIABLES WITH THREE INDICATORS FOR EACH

LISREL ESTIMATES (MAXIMUM LIKELIHOOD)

LAMBDA Y

|  | AA |
| --- | --- |
| Y1 | 1.000 |
| Y2 | 1.455 |
| Y3 | 1.270 |

LAMBDA X

|  | MA |
| --- | --- |
| X1 | 1.000 |
| X2 | 1.059 |
| X3 | 1.267 |

GAMMA

|  | MA |
| --- | --- |
| AA | .230 |

PSI

|  | AA |
| --- | --- |
| AA | 5.255 |

THETA EPS

| Y1 | Y2 | Y3 |
| --- | --- | --- |
| 12.599 | 14.258 | 11.350 |

THETA DELTA

| X1 | X2 | X3 |
| --- | --- | --- |
| 27.784 | 39.354 | 31.756 |

SQUARED MULTIPLE CORRELATIONS FOR Y – VARIABLES

| Y1 | Y2 | Y3 |
| --- | --- | --- |
| .422 | .578 | .567 |

SQUARED MULTIPLE CORRELATIONS FOR X – VARIABLES

| X1 | X2 | X3 |
| --- | --- | --- |
| .729 | .680 | .790 |

MEASURES OF GOODNESS OF FIT FOR THE WHOLE MODEL :
CHI-SQUARE WITH 8 DEGREES OF FREEDOM = 14.22(P = .076)
GOODNESS OF FIT INDEX =　.977
ADJUSTED GOODNESS OF FIT INDEX =　.941
ROOT MEAN SQUARE RESIDUAL =　　1.933

## 评 议

根据拟合优度量度,我们将得出这样的结论:模型与数据拟合得很好。然而输出却告诉我们有四个标准化残差(这里未报告)>|2|。我们将在下面联系EQS给出的标准残差(见下文)对这一点进行评议。

记住,SQUARED MULTIPLE CORRELATIONS(平方复相关)是估计的那些指标的可靠性,不难看出,几个 $Y$ 的这个值都比 $X$ 的值低很多。

特别要注意的是, $Y$ 的低信度估计值(0.422)再一次证明,像前一章一样,它是完美的假定是多么不切实际的。下面我们将用EQS来分析这个例子。

## EQS

### Input

```
/TITLE
 TABLE 24.1.  TWO LATENT VARIABLES WITH THREE INDICATORS FOR
 EACH
/SPECIFICATIONS
 CASES=200; VARIABLES=6;
/LAB
 V1=Y1; V2=Y2; V3=Y3; V4=X1; V5=X2; V6=X3;
 F1=AA; F2=MA;
/EQUATIONS
 V1=F1 + E1;
 V2=*F1 + E2;
 V3=*F1 + E3;
 V4=       F2 + E4;
 V5=       *F2 + E5;
 V6=       *F2 + E6;
 F1=*F2 + D1;
/VAR
 E1 TO E6=*;
 F2=*;
 D1=*;
/MATRIX
1.00
 .52 1.00
 .45  .58 1.00
 .38  .35  .46 1.00
 .42  .44  .48  .69 1.00
 .37  .39  .43  .77  .73 1.00
/STANDARD DEVIATIONS
4.67 5.81 5.12 10.12 11.09 12.31
/END
```

### 评 议

在第23章中,我们已对EQS做过一般介绍。请大家回想以下几点:(a)EQS区别四种类型的变量:V=已测量变量,F=潜变量,E=已测量变量的残差,D=潜变量的残差;(b)模型通过一组回归型方程设定——每个因变量一个方程;(c)用*号表示那些要估计的正在研究的参数。

目前的例子有六个指标,因而,有六个V和六个E。与同一个例子的LISREL的分析类似。每一个组中第一个指标用作它可能反映的潜变量的参考指标。于是V1的方程中的F1(AA)不含星号,V4的方程中的F2(MA)也同样不含星号。

至于两个潜变量,F1被当作因变量,而F2则被当作自变量。注意,E和D同样也被作为自变量(有关EQS中使用的自变量和因变量项如何解释的问题,请参见第23章)。

看VAR这一段,并注意,要估计的那些方差与LISREL类似。特别是E1到E6(指标的残差)都与THETA EPSILON和THETA DELTA类似,D1(F1的残差)与PSI类似;而F2(潜自变量)则与PHI类似。

### Output

TABLE 24.1 TWO LATENT VARIABLES WITH THREE INDICATORS FOR EACH

 BENTLER-WEEKS STRUCTURAL REPRESENTATION:

  NUMBER OF DEPENDENT VARIABLES = 7
   DEPENDENT V'S :  1  2  3  4  5  6
   DEPENDENT F'S :  1

```
NUMBER OF INDEPENDENT VARIABLES = 8
    INDEPENDENT F'S :  2
    INDEPENDENT E'S :  1  2  3  4  5  6
    INDEPENDENT D'S :  1
PARAMETER ESTIMATES APPEAR IN ORDER.
    NO SPECIAL PROBLEMS WERE ENCOUNTERED DURING OPTIMIZATION.
              AVERAGE ABSOLUTE STANDARDIZED RESIDUALS = 0.0225
    AVERAGE OFF-DIAGONAL ABSOLUTE STANDARDIZED RESIDUALS = 0.0315

GOODNESS OF FIT SUMMARY

INDEPENDENCE MODEL CHI-SQUARE = 584.124,
BASED ON 15 DEGREES OF FREEDOM.

CHI-SQUARE = 14.217 ,BASED ON 8 DEGREES OF FREEDOM.
PROBABILITY VALUE FOR THE CHI-SQUARE STATISTIC IS 0.07629

BENTLER-BONETT NORMED      FIT INDEX=  0.976
BENTLER-BONETT NONNORMED FIT INDEX=  0.980
```

**评　议**

我们再一次要求大家重温第23章给出的EQS输出的一般性解释。限于篇幅，我们在这里只给出了那些与LISREL有所不同的摘要。如果你运行了EQS并把它的输出中（这里未曾给出）的内容与LISREL做比较，大家便会发现，撇开格式和标签的差异不谈，二者的结果基本相同。因此，我们将我们的评议限于那些两个输出之间存在差异之处。

LISREL和EQS的标准化残差项的使用有所不同。后者，"能用输入变量之间的相关的度量标准来理解"（见EQS手册第92页）。因此，比较大的标准化残差可看作拟合不好的标志。

假定使用的截点为1.051，那么四个残差都超过了它（此处没有给出），其中两个与LISREL中那些>|2|的相同。

大家应该注意，拟合残差在两个程序集中是完全相同的。这两个程序集在何为"大"残差的看法上有所不同，其原因在于它们对标准化残差的定义有所不同。在任何情况下，在提出更明确的解释准则之前，我们都必须先对LISREL 7的标准化残差的解释的性质有更多的了解（参见第23章有关评论）。

现在来看那些CHI-SQUARE（卡方）。第一个与虚无假设或独立性模型有关。在第23章，我们已经告诉过大家这个CHI-SQUARE如何在本特勒拟合指数中使用（Bentler-Bonett fit indices）。第二个CHI-SQUARE与LISREL报告的相同。

最后，我们来回忆一下两个程序集给出的不同的拟合指数（有关解释，见第23章）。


## 一个外生变量和两个内生变量：单指标


现在我们讨论由一个外生变量和两个内生变量组成的模型。尽管我们将要使用的模型非常简单，但是它仍然给我们提供了一个阐述模型中一个变量对其他变量有直接或通过其他变量的中介有间接影响的那种模型分析的机会。我们将使用同样的模型两次：第一次带单指标，而第二次则带多指标。单指标模型使我们得以再次证明，那些一般叫作路径分析的模型是

SEM 的一些特例。此外,就其涉及的测量问题而言,它们都是以那些不切实际的假定为根据的。与前面的做法一样,我们将对单指标模型先用多元回归分析,然后再用 LISREL 进行分析。

表 24.2 列出了这两节使用的数据。我们来看这张表,并注意三个 $Y$ 和三个 $X$ 的数据与表 24.1 报告的数据相同,并已被用于前一节的分析。而我们后来所做的事情是加入三个 $Z$ 的数据。

表 24.2　九个指标的相关矩阵和标准差($N=200$)

| | $Y_1$ | $Y_2$ | $Y_3$ | $Z_1$ | $Z_2$ | $Z_3$ | $X_1$ | $X_2$ | $X_3$ |
|---|---|---|---|---|---|---|---|---|---|
| $Y_1$ | 1.00 | .52 | .45 | .29 | .31 | .27 | .38 | .42 | .37 |
| $Y_2$ | .52 | 1.00 | .58 | .34 | .30 | .36 | .35 | .44 | .39 |
| $Y_3$ | .45 | .58 | 1.00 | .23 | .28 | .35 | .46 | .48 | .43 |
| $Z_1$ | .29 | .34 | .23 | 1.00 | .53 | .48 | .41 | .39 | .38 |
| $Z_2$ | .31 | .30 | .28 | .53 | 1.00 | .45 | .38 | .31 | .36 |
| $Z_3$ | .27 | .36 | .35 | .48 | .45 | 1.00 | .42 | .41 | .40 |
| $X_1$ | .38 | .35 | .46 | .41 | .38 | .42 | 1.00 | .69 | .77 |
| $X_2$ | .42 | .44 | .48 | .39 | .31 | .41 | .69 | 1.00 | .73 |
| $X_3$ | .37 | .39 | .43 | .38 | .36 | .40 | .77 | .73 | 1.00 |
| s: | 4.67 | 5.81 | 5.12 | 2.76 | 3.12 | 2.93 | 10.12 | 11.09 | 12.31 |

与前一节一样,我们假定 $Y$ 是学业成绩($AA$)的指标,$X$ 是心智能力($MA$)的指标。此外,我们还假定 $Z$ 是自我概念($SC$)的指标。为了说明问题,我们假设 $MA$ 同时影响 $AA$ 和 $SC$,而 $AA$ 只影响 $SC$。图 24.5 描述了该模型,每组三个指标中的第一个指标。图中所示的结构系数(即潜变量对潜变量的效应系数)是来自程序集输出和下面的评议。其他的系数都是固定的(见下文)。

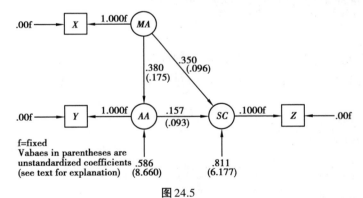

图 24.5

注:f=fixed(f=固定);Values in parentheses are unstandardizedcoefficients(see text for explanation)=<br>括号中的值都是未标准化系数(见有关解释文字)。

变量的直接和间接效应的概念已在第 14 章做过介绍。在这里我们重申一下:一个变量对另一个变量的直接效应是它的效应中那部分未经其他变量传递的效应;一个变量的间接效应则是经一个或多个变量中介或传递的那部分效应。总效应是直接效应和间接效应之和。[1] 因此,根据如图 24.5 所示的模型,$MA$ 直接影响 $AA$ 和 $SC$(由其指向后两个变量的箭头表示)。$MA$ 对 $SC$ 的总效应是它的直接效应和通过 $AA$ 的间接效应的总和。请注意,后者只对 $SC$ 有直

---

[1]关于这些问题和与之关联的概念的详细讨论,可参见(如 Pedhazur,1982:Chapter 15;Bollen,1987,1989;Sobel,1987)。

接效应。我们提醒大家，我们使用的模型纯粹是说明性的。我们并没有从理论的角度谈及它们的效度问题。

　　由于使用的是单一指标，为了识别，我们必须固定潜变量对其指标的效应系数，以及指标的误差。由图24.5可知，前者被固定为1.00，后者则被固定为0.00。因此，每个潜变量都已与它的指标等同。正如前面几节所指出的，因为这些不切实际的假定是隐藏在路径分析的应用中的，所以大多数的研究者都对其并不知情。正因为如此，我们决定先来介绍和分析这种模型。

　　考虑上述情况，我们先用SPSS和LISREL的回归程序来估计模型的参数。

## SPSS

### Input

```
SET LISTING='T242SPS.LIS'.
TITLE TABLE 24.2   Y1, X1, AND Z1 INDICATORS OF THREE VARS.
DATA LIST MATRIX FREE/Y1 Y2 Y3 Z1 Z2 Z3 X1 X2 X3.
BEGIN DATA
4.67 5.81 5.12 2.76 3.12 2.93 10.12 11.09 12.31
1.00  .52  .45  .29  .31  .27  .38  .42  .37
 .52 1.00  .58  .34  .30  .36  .35  .44  .39
 .45  .58 1.00  .23  .28  .35  .46  .48  .43
 .29  .34  .23 1.00  .53  .48  .41  .39  .38
 .31  .30  .28  .53 1.00  .45  .38  .31  .36
 .27  .36  .35  .48  .45 1.00  .42  .41  .40
 .38  .35  .46  .41  .38  .42 1.00  .69  .77
 .42  .44  .48  .39  .31  .41  .69 1.00  .73
 .37  .39  .43  .38  .36  .40  .77  .73 1.00
200
END DATA
REGRESSION READ=STDDEV COR N/DES/VAR Y1 TO X3/
  DEP=Y1/ENTER X1/DEP=Z1/ENTER Y1 X1.
```

### 评　议

　　就本例而言，我们只想告诉大家，在将回归分析用于分析路径模型时，每个因变量依次对影响它的自变量回归。于是他要求进行两次回归分析：(a)$Y_1$对$X_1$；(b)$Z_1$对$Y_1$和$X_1$。

### Output

```
Equation Number 1   Dependent Variable..   Y1
Variable(s) Entered on Step Number 1..  X1

R Square                    .14440
```

------------------------------------ Variables in the Equation ------------------------------------

| Variable | B | SE B | Beta | T | Sig T |
|---|---|---|---|---|---|
| X1 | .17536 | .03033 | .38000 | 5.781 | .0000 |
| (Constant) | .00000 | | | | |

```
Equation Number 2   Dependent Variable..   Z1
Variable(s) Entered on Step Number 1..  X1
                                     2..  Y1
R Square                    .18915
```

------------------------------------ Variables in the Equation ------------------------------------

| Variable | B | SE B | Beta | T | Sig T |
|---|---|---|---|---|---|
| X1 | .09556 | .01892 | .35040 | 5.052 | .0000 |
| Y1 | .09270 | .04099 | .15685 | 2.261 | .0248 |
| (Constant) | .00000 | | | | |

## 评 议

通常我们可以选择标准化系数($\beta$)或非标准化系数($b$)来表示变量的效应。在路径分析应用中,前者,通常叫作路径系数,是最为常用的。正如前几节所指出的一样,$\beta$之所以比较流行,是因为它似乎很容易解释。为了保证阐述的完整性,我们在图24.5中报告了$\beta$和$b$(括号中)二者。结合上面的输出来看这张图,并注意,表示MA和AA对SC的直接效应的路径系数(即$\beta$)分别为0.35和0.157。撇开标准系数的使用问题不谈,使用这些系数的研究人员会将这些结果解释为MA对SC的直接影响是AA的两倍多。

现在来看用路径回归系数(即那些$b$)表示的两个相同的直接效应,并注意到,尽管它们彼此非常相似,但它们却是不可比较的。这是因为它们是以不同的测量单位为根据的。当然,对$b$的有意义的解释取决于所用测量单位的意义(见第17章和第18章,以及本章前面的部分)。

现在,MA对SC的间接效应是通过将MA对AA的效应乘以AA对SC的效应得到的(详见Pedhazur,1982:第15章)。

用路径系数,MA对SC的间接影响是

$$(0.38) \times (0.157) = 0.060$$

因此,MA对SC的总体影响是

$$0.35 + 0.060 = 0.41$$

而用回归系数MA对SC的间接效应是

$$(0.175) \times (0.093) = 0.016$$

这样总效应就是

$$(0.096) + (0.016) = 0.112$$

下面我们用LISREL对同一模型进行分析。

## LISREL

**Input**

```
TABLE 24.2.  ONE EXOGENOUS AND TWO ENDOGENOUS.   SINGLE INDICATORS
DA NI=9 NO=200
LA
Y1 Y2 Y3 Z1 Z2 Z3 X1 X2 X3
KM
1.00
 .52 1.00
 .45  .58 1.00
 .29  .34  .23 1.00
 .31  .30  .28  .53 1.00
 .27  .36  .35  .48  .45 1.00
 .38  .35  .46  .41  .38  .42 1.00
 .42  .44  .48  .39  .31  .41  .69 1.00
 .37  .39  .43  .38  .36  .40  .77  .73 1.00
SD
4.67 5.81 5.12 2.76 3.12 2.93 10.12 11.09 12.31
SE
1 4 7/
MO NY=2 NX=1 BE=SD PS=DI
LK
MA
LE
AA SC
OU AL
```

## 评  议

如前所述,SE 可用于指标的选择和/或重新排序。在本例中,SE 用于选择指标 $1(Y_1)$,4 $(Z_1)$ 和 $7(X_1)$。回想一下,在 LISREL 中,内生变量的指标应先于外生变量的指标。因此,像我们的例子一样,就不需要对指标重新排序。若像本例一样,需要选择指标子集时,就需要使用斜杠(/)。

现在来看 MO 语句,并注意到语句并未提及 KSI 和 ETA,故而它们等于各自的指标。因此,NK=1,NE=2,而下面就是程序集做的设置(有关解释,请参见前几节的例子):

$$\Lambda_y = I, \Theta_\varepsilon = 0, \Lambda_x = I, \Theta_\delta = 0, \Phi = S_{xx}$$

PSI(残差或方程中的误差)是为默认设定的 SY(对称)、FR(自由)(参见手册第 12 页)。我们用了 DI(对角),因此设定了两个 ZETA 之间不存在协方差(见本章前几节)。

使用默认设置,GAMMA(外生变量对内生变量的效应)是 FU(完整)、FR(自由)的(见手册第 12 页)。我们之所以使用默认设置,因为我们想求 MA 对 AA 和 SC 的效应的估计值。而在目前的情形中,GAMMA 是一个 2 乘 1 的自由参数向量。

我们在前面已经指出,B 是一个由潜变量(ETA's)对其他潜变量的效应构成的矩阵,而它的默认设置是 FU(完整)、FI(固定)的。由于到目前为止,分析的模型都是由一个 ETA 组成的,所以使用默认的 B 是合适的。但是现在这个模型却有两个 ETA,并假设 ETA 1 影响 ETA 2。因此,我必须对 B 进行设定,并释放相关的参数。

正如在 LISREL 中使用的其他矩阵的情况一样,B 的参数设定可以通过几种方式实现。在我们认为每个 ETA 影响它后面所有的 ETA 时,最简单的方法是设定 BE=SD,其中,SD 是"一个完整的方阵,对角线和对角线上面的元素被固定为零,对角下面的所有元素都是自由的(只涉及 B)"(参见手册第 12 页)。不过这要假定输入的变量的顺序是正确的,就像我们的例子一样。前面在图 24.1 中给出了两个 ETA 的 B 的例子。我们来看这个矩阵并注意,除对角线以下的元素 $\beta_{21}$ 表示 ETA 1 对 ETA 2 的影响外,其余元素都为 0。因此,假定变量的顺序是正确的,只需设定 SD 即可。

在变量的顺序不正确时,我们可以用 SE(选择)语句将它们重新排序(见上文)。在需要重新排序而我们却选择不对变量进行重新排序时,为了设定 B 的自由元素(即要估计的元素),我们必须使用一些备择的路数。在我们的例子中,假定 $Z_1$(SC 的指标)先于 $Y_1$(AA 的指标),我们既可用 SE 来对指标重新排序,也可和下面的 FR(自由)语句一起使用默认的 BE(即 FU,FI):

FR BE 12

这将令程序集释放 B 的前两行,并在这样做的同时估计 ETA 2 对 ETA 1 的效应。注意,现在 ETA 2 是 AA,ETA 1 则是 SC,而这就是我们希望得到的这个效应的估计值。

我们将不再对其余的输入语句进行评议,因为前面的例子已经使用过类似的语句,我们已对它们都做过评议。

## Output

TABLE 24.2.　ONE EXOGENOUS AND TWO ENDOGENOUS.　SINGLE INDICATORS

LISREL ESTIMATES (MAXIMUM LIKELIHOOD)

BETA

|  | AA | SC |
|---|---|---|
| AA | .000 | .000 |
| SC | .093 | .000 |

GAMMA

|  | MA |
|---|---|
| AA | .175 |
| SC | .096 |

SQUARED MULTIPLE CORRELATIONS FOR STRUCTURAL EQUATIONS

| AA | SC |
|---|---|
| .144 | .189 |

## 评　议

将这些结果和前面用的SPSS REGRESSION(回归)分析同一个例子给出的结果做比较。这里分析的是协方差矩阵,因此上面报告的效应称为路径回归系数,后者则称为路径系数[见STANDARDIZED SOLUTION(标准化解)]。结构方程复相关平方(SQUARED MULTIPLE CORRELATIONS)等于这些数据的回归分析中报告的相应$R^2$(见上文)。最后,我们要提醒大家注意的是,目前模型中的估计参数是基于一个非常不现实的假设,即指标的测量没有误差(见前面有关这个重要问题的讨论)。

## Output

MEASURES OF GOODNESS OF FIT FOR THE WHOLE MODEL :
CHI-SQUARE WITH 0 DEGREES OF FREEDOM = .00 (P = 1.000)
GOODNESS OF FIT INDEX = 1.000
ROOT MEAN SQUARE RESIDUAL = .000

## 评　议

因为这个模型的识别是完美的,所以它与数据的拟合是相当好的。作为一个练习,大家可能想把图24.5中箭头的方向翻转一下(即$SC$影响$AA$和$MA$,$AA$影响$MA$),并分析相应的数据。大家将会发现,这个模型同样也与数据拟合得非常好。我们再次强调:一个完全识别的模型,无论其问题有多么大,都会被认为是与数据完美拟合的。

## Output

TOTAL AND INDIRECT EFFECTS

TOTAL EFFECTS OF X ON Y

|  | MA |
|---|---|
| AA | .175 |
| SC | .112 |

INDIRECT EFFECTS OF X ON Y

|  | MA |
|---|---|
| AA | .000 |
| SC | .016 |

TOTAL EFFECTS OF Y ON Y

|  | AA | SC |
|---|---|---|
| AA | .000 | .000 |
| SC | .093 | .000 |

INDIRECT EFFECTS OF Y ON Y

|  | AA | SC |
|---|---|---|
| AA | .000 | .000 |
| SC | .000 | .000 |

## 评　议

前面已经告诉过大家，一个变量的总效应等于它的直接效应加间接效应。在不存在中介变量时，变量的效应，它的总效应等于它的直接效应。在目前的例子中，MA 对 AA 的效应（0.175）和 AA 对 SC 的效应（0.093）；MA 对 SC 的总效应（0.112）等于它的直接效应加它通过 AA 的间接效应。在这个模型用回归分析时，也会得到相同的值。

### Output

```
STANDARDIZED SOLUTION
     BETA
                 AA          SC
              ----------  ----------
    AA          .000        .000
    SC          .157        .000
     GAMMA
                 MA
              ----------
    AA          .380
    SC          .350
     PSI
                 AA          SC
              ----------  ----------
                .856        .811
```

## 评　议

我们曾经在前面讲过，当在 OU 语句中指定 SS（标准化解决方案）时，只对潜变量进行标准化。在题标 BETA 和 GAMMA 下报告的值等于在同样的数据的回归分析中得到的它们各自的 $\beta$（也见图 24.5）。在题标 PSI 下报告的值等于 1 减它们各自的 $R^2$。例如，AA 的 $R^2$ 是上面报告的 0.144，因此，PSI 是 1−0.144=0.856。

# 一个外生变量和两个内生变量：多指标

这一节要分析的模型如图 24.6 所示，图中显示的数值来自下面的输出。大家可以看到，

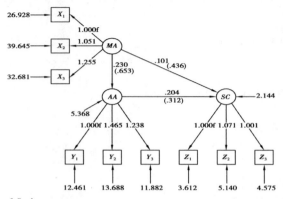

f=fixed
Vabaes in parentheses are standardized coefficients

图 24.6

注：f=fixed（f=固定）；Values in parentheses are standardized
coefficient=括号中的值是标准化系数。

结构模型与前一节介绍的模型相同。二者的差别在于前一节的模型使用单指标,而本节则使用多指标。

这里使用的阐释性数据已经在表24.2给出。需要特别提醒的是三个 *X* 都被当作 *MA* 的指标(心智能力),三个 *Y* 被当作 *AA* 的指标(学业成绩),三个 *Z* 被当作 *SC* 的指标(自我概念)。大家应该还记得,前一节的这个模型的分析使用了每一个组的第一个指标。

## LISREL

### Input

TABLE 24.2. ONE EXOGENOUS AND TWO ENDOGENOUS VARIABLES:
   MULTIPLE INDICATORS

*[except for the omission of SElect statement (see commentary),*
*input up to MO is identical with the run in preceding section]*

```
MO NY=6 NE=2 NX=3 NK=1 BE=SD PS=DI
FR LX 2 LX 3 LY 3 LY 5 LY 10 LY 12
ST 1 LX 1 LY 1 LY 8
LK
MA
LE
AA SC
OU AL
```

### 评  议

前面的运行需要一个 SE(选择),以选择分析使用的指标子集。这样的语句在目前的分析中并不需要,因为所有的指标都要使用,且也不需要对变量进行重新排序。

MO 语句在某些方面与单指标分析使用的类似(前一节),但在另一些方面却有所不同。先谈谈二者的相同之处,不难看出,因为二者的结构模型是相同的,所以它们的 BE 和 PS 也相同。如果大家感到有需要的话,可复习前一节的有关解释。

与前面的分析不同,目前的分析必须设定 ETA 和 KSI 的个数,因为我们要使用多指标,不仅如此,在前面的分析中,指标中的误差(TE 和 TO)都被固定为零,而在目前的分析中,对这些矩阵都使用了默认的设定(DI,FR)。

记住,LY(LAMBDA Y)和 LX(LAMBDA X)默认为 FU(完整)和 FI(固定)。因此,我们必须设定这些矩阵要被估计的元素。

我们用 FR(自由)语句来达到这一目的,用这一语句来释放每一个潜变量的两个指标的系数。此外,ST 1 指定正在研究的变量的每一组指标的第一个指标为参考指标。我们建议大家把它作为一个练习,展示一下 LY 和 LX,每个矩阵的元素数,[1]并对照 FR 和 ST 语句与下面给出的 PARAMETER SPECIFICATIONS(参数设定)(提示:LX 是一个 3 乘 1 的列向量;LY 是一个 6 乘 2 的矩阵)进行检查。

其余的语句都与前一节使用的相同。

---

[1]连续的数字是 LISREL 用于标识矩阵中的元素的方法之一,有关解释请参见第23章。

## Output

```
PARAMETER SPECIFICATIONS
    LAMBDA Y
              AA        SC
           ----------  ----------
    Y1        0          0
    Y2        1          0
    Y3        2          0
    Z1        0          0
    Z2        0          3
    Z3        0          4
    LAMBDA X
              MA
           ----------
    X1        0
    X2        5
    X3        6
    BETA
              AA        SC
           ----------  ----------
    AA        0          0
    SC        7          0
    GAMMA
              MA
           ----------
    AA        8
    SC        9
    PHI
              MA
           ----------
    MA       10
    PSI
              AA        SC
           ----------  ----------
             11        12
    THETA EPS
          Y1        Y2        Y3        Z1        Z2        Z3
       ----------  ----------  ----------  ----------  ----------  ----------
         13        14        15        16        17        18
    THETA DELTA
          X1        X2        X3
       ----------  ----------  ----------
         19        20        21
```

## 评  议

我们相信大家在解释这个输出时不会有什么困难。如有需要的话，请参阅第23章和本章前面的解释。

## Output

```
LISREL ESTIMATES (MAXIMUM LIKELIHOOD)
    LAMBDA Y
              AA        SC
           ----------  ----------
    Y1       1.000      .000
    Y2       1.465      .000
    Y3       1.238      .000
    Z1        .000     1.000
    Z2        .000     1.071
    Z3        .000     1.001
    LAMBDA X
              MA
           ----------
    X1       1.000
    X2       1.051
    X3       1.255
```

```
        BETA
                AA          SC
              ----------  ----------
AA              .000        .000
SC              .204        .000
        GAMMA
                MA
              ----------
AA              .230
SC              .101
        PSI
                AA          SC
              ----------  ----------
               5.368       2.144
        THETA EPS
         Y1          Y2          Y3          Z1          Z2          Z3
       ----------  ----------  ----------  ----------  ----------  ----------
       12.461      13.688      11.882       3.612       5.140       4.575
        THETA DELTA
          X1          X2          X3
        ----------  ----------  ----------
        26.928      39.645      32.681
        SQUARED MULTIPLE CORRELATIONS FOR Y – VARIABLES
         Y1          Y2          Y3          Z1          Z2          Z3
       ----------  ----------  ----------  ----------  ----------  ----------
        .429        .595        .547        .526        .472        .467
        SQUARED MULTIPLE CORRELATIONS FOR X – VARIABLES
          X1          X2          X3
        ----------  ----------  ----------
         .737        .678        .784
```

## 评 议

当然,我们不可能对结果做出实质性的解释,因为该示例是虚构的。我们所能做的就是注意一下包含在 GAMMA 和 BETA 矩阵中的结构效应。例如,*MA* 对 *AA* 的效应是 0.230;而 *AA* 对 *SC* 的效应则是 0.204。

在前面的分析中,潜变量等同于旨在反映这两种效应的单个指标,故而导致估计的效应基于不真实的无误差假定。与之不同的是,本节介绍的方法则在估计潜变量的效应时就已经把误差考虑在里面了。

我们考察 SQUARED MULTIPLE CORRELATIONS(平方复相关),就会注意到,那些 *X* 指标的估计可靠性要比 *Y* 和 *Z* 指标的大得多(有关这一问题的解释请参见第 23 章和本章前几节)。

## Output

```
MEASURES OF GOODNESS OF FIT FOR THE WHOLE MODEL :
CHI-SQUARE WITH 24 DEGREES OF FREEDOM = 29.82 (P = .191)
              GOODNESS OF FIT INDEX = .969
     ADJUSTED GOODNESS OF FIT INDEX = .942
          ROOT MEAN SQUARE RESIDUAL = 1.509
```

## 评 议

根据拟合指数,我们可能得出这样的结论:模型与数据拟合得相当好。大家回想一下,在分析协方差矩阵时,RMR 和 FITTED RESIDUALS(拟合残差)(没有在这里报告)并不是立即可以解释的。大家要注意的是,大部分标准残差(没有在这里报告)都比较小,倾向于支持模型拟合这个论断。

```
TOTAL AND INDIRECT EFFECTS
        TOTAL EFFECTS OF KSI ON ETA
                MA
                ----------
AA          .230
SC          .147
        INDIRECT EFFECTS OF KSI ON ETA
                MA
                ----------
AA          .000
SC          .047
        TOTAL EFFECTS OF ETA ON ETA
                AA          SC
                ----------  ----------
AA          .000        .000
SC          .204        .000
```

评 议

在前一节我们告诉过大家，一个变量的总效应等于它的直接效应加间接效应——而对于正在研究的模型，只有 $MA$ 才有间接效应（通过 $AA$ 对 $SC$）；其他总效应都只是由直接效应构成的。

## Output

```
STANDARDIZED SOLUTION
    BETA
                AA          SC
                ----------  ----------
AA          .000        .000
SC          .312        .000
    GAMMA
                MA
                ----------
AA          .653
SC          .436
```

评 议

因为那些涉及选择和标准解的解释问题的议题已在前面各节讨论过，所以这里不再赘述。

LISREL分析的介绍到此为止。下面我们来介绍分析的相同模型（即如图24.6所示的模型）的EQS输入语句。我们不会给大家提供任何输出，因为我们相信，大家在运行EQS和解释结果时，不会遇到任何困难，特别是大家能将自己的输出与上面给出的LISREL的输出进行比较。

**EQS**

## Input

```
/TITLE
 TABLE 24.2.   ONE EXOGENOUS AND TWO ENDOGENOUS VARIABLES:
 MULTIPLE INDICATORS
/SPECIFICATIONS
 CASES=200; VARIABLES=9;
/LAB
 V1=Y1; V2=Y2; V3=Y3; V4=Z1; V5=Z2; V6=Z3; V7=X1; V8=X2; V9=X3;
 F1=AA; F2=SC; F3=MA;
/EQUATIONS
 V1=F1 + E1;
 V2=*F1 + E2;
 V3=*F1 + E3;
```

```
V4=          F2 + E4;
V5=          *F2 + E5;
V6=          *F2 + E6;
V7=                F3 + E7;
V8=                *F3 + E8;
V9=                *F3 + E9;
F1=*F3 + D1;
F2=*F1 + *F3 + D2;
/VAR
 E1 TO E9=*10;
 F3=*70;
 D1 TO D2=*4;
/MATRIX
1.00
 .52 1.00
 .45  .58 1.00
 .29  .34  .23 1.00
 .31  .30  .28  .53 1.00
 .27  .36  .35  .48  .45 1.00
 .38  .35  .46  .41  .38  .42 1.00
 .42  .44  .48  .39  .31  .41  .69 1.00
 .37  .39  .43  .38  .36  .40  .77  .73 1.00
/STANDARD DEVIATIONS
4.67 5.81 5.12 2.76 3.12 2.93 10.12 11.09 12.31
/END
```

## 评  议

我们已在第23章对 EQS 做过简要的介绍,并给出了它的输入语句的基本规则。因此,在这里我们只对它们做一些简单的评论,把主要精力放在正在研究的那个模型上。

先看 EQUATIONS(方程)这一段,并注意到它与 LISREL 的分析类似,每一个变量的第一个指标都被指定为参考指标(即没有星号贴在方程中的 V1,V4 和 V7 的那些 F 上)。

与 EQS 路数保持一致,结构模型由两个方程构成。在第一个方程中,F1[AA;见 LAB(标签段)]被指定为因变量;在第二个方程中,F2(SC)被指定为自变量。

最后,值得大家注意的是,我们对各种效应的估计使用了默认的起始值(即没有任何数值贴在星号上)。然而我们的确为方差提供了起始值。如第23章所述,一个很差的起始值(默认起始值对目前的例子而言就是一个很差的起始值)可能会使我们难以得到方程的解,尤其难以收敛。实际上,在我们使用方程的默认起始值在 PC 版的 EQS 运行这个例子时,就发生了这种情况。而在大型机版上,在用默认的方差的起始值进行分析时却没有遇到什么困难。

## 论题精选

很清楚,前面讨论的探索性和验证性因子分析(分别在第22章和第23章讨论)和结构方程的建模(本章讨论)都是介绍性的。因此,讨论甚至没有提及各种重要的论题和问题。在即将结束本章讨论时,我们打算给大家简单介绍一些以前没有涉及的主题,并给大家提供一些参考资料。大家可以在这些资料中找到与之相关的更进一步的介绍。和/或它们的实际应用。

这里给出的论题清单绝不是详尽无遗的。我们提醒大家，在前几章（特别是第9章）中，我们曾经提醒过大家，个人熟悉的分析方法会对研究的问题、构建的问题和假设的类型以及所要收集的数据的种类有一定的影响。假如你们试图扩展和加深自己对这些重要的分析方法的知识，那么我们在这里谈及的那些论题都将是大家特别感兴趣的。

正如我们预料的一样，我们谈及的研究并没有完全按照我们使用的分类来分类。因此，一个作为我们的分类的一类（例如，高阶因子）的例子的研究，也可以作为我们使用的一个或多个其他类别（例如，因子不变性、结构均值模型）的例子。

需要提醒大家，虽然我们选择了这些说明性应用，但是这并不意味着我们对它们毫无保留。我们甚至不能开始去关心最重要的问题，即构成我们提到的那些研究中的理论基础。此外，为了使研究的某些方面的评论易于理解，需要对复杂的问题进行详细的讨论，而这远远超出了本书的目的范围。

先把前面那些问题置于一边，我们需要面对一个，其他社会行为研究领域同样要面对的令人遗憾的事实，大多数使用 SEM 的研究者似乎都无法得到概率样本。而由于使用方便样本所产生的困难（已于第15章讨论过），在将这种样本用于因子结构和结构模型的各个方面的比较时会变得更加明显。

最后，在一些研究中，还存在着样本量比较小的问题。

总之，虽然我们试图选择不包含明显缺陷的研究，但我们不希望造成这样的印象，即它们是没有任何缺陷或弱点的。SEM 的大多数应用（包括前面提到的那些）中存在的最大问题是模型设定。我们奉劝大家阅读那些阐述自己感兴趣的论题的研究，并对之进行批判性的评价。此外，我们也认为大家将一定会从重新分析一些研究中获益，甚至可能提出一些比原作者提出的原模型更好的修正模型。

# 高阶因子

高阶因子背后的思想是相当简单明了的，无非就是将因子分析用于提取的因子之间的相关或协方差。在探索性因子分析中，因子之间的协方差或相关矩阵（叫作一阶或主因子）是通过因子的斜交旋转得到的（见第22章）。在验证性因子分析中，这是通过释放因子协方差矩阵的对角线元素来实现的（在 LISREL 中的 PHI，见第23章）。然后，对一阶因子之间的协方差或相关矩阵进行因子分析得到二阶因子。接下来，我们也可对那个二阶因子的协方差矩阵进行因子分析，从而得到三阶因子，以此类推。然而，大多数应用都止步于二阶因子。在 SEM 中，高阶因子被证明是一个对其他潜在变量有影响的潜在变量的层次结构。

我们马上就可能想到高阶因子在许多分析中的应用，特别是在概念的构建和验证中的应用。以下是一些例子，以及精选的参考资料：(a)被设想为能转而反映一个或多个高阶因子的一组基本能力的心智能力（例如，一般智力；Gustafsson，1984；Hom，1988；Undheim & Gustafsson，1987；Weeks，1980）；(b)社会态度的一阶因子可归纳为两个二阶因子：自由主义和保守主义（Kerlinger，1984）；(c)自我概念的层级结构（Bynner，1981；Marsh，1987；Marsh & Shavelson，1985）；(d)人格的层级结构（Smith，1988）。

关于高阶因子和阐述性应用请参见 Cattell，Gorsuch，1983：第 11 章；Mulaik，1988；Rindskopf 和 Rose，1988。

## 多样本分析

我们对因子分析和SEM的介绍仅限于单一样本的数据分析。但是人们的兴趣一般都集中在旨在比较不同样本之间差异的多样本分析。以下是一些对多样本分析特别感兴趣的情况。

## 因子不变性

在研究构想概念的因子结构时，人们感兴趣的常常在于，确定跨不同总体（例如，种族、人种和性别等）的结构是否不变。为了达到这一目的，在两个或更多个样本中同步进行因子分析。通过循序检验嵌套模型，我们就有可能确定样本是否以及在哪些方面（如因子负荷、误差）存在差异。

有关同步进行因子分析的一般性讨论和说明性应用请参见 Alwin 和 Jackson（1981）；Jöreskog（1971a）；LISREL 7 手册（Jöreskog & Sörbom，1989：第9章）。下面是一些同步分析的例子：(a)跨性别青少年的自我概念（Byrne & Shavelson，1987）；(b)跨种族和性别的自我概念（Hoelter，1983b）；(c)跨性别主观心理健康（Bryant & Veroff，1984）；(d)跨性别的抑郁症的症状（Newman，1984）；(e)跨性别的性别角色（Marsh，1985）。

第23章曾对单样本多质多法矩阵的分析做介绍。科尔和麦克斯韦（Cole & Maxwell，1985）将这一路数推广到了跨总体比较。

## 测量的心理计量性质

我们在第23章用SEM介绍和说明了测量模型的评估问题。在许多情况下，我们的兴趣往往在于确定给定的测量模型在两个或多个样本，或甚至在两个或多个场合中是否相似。第

13章中提到了几个对这类问题比较感兴趣的、涉及回归调整和差分在不等效控制组中应用的例子。然而总的来讲，我们对性别、种族、族裔和社会经济群体进行比较。埃尔文等人（Alwin et al.，1979）对这个专题和它的阐释性应用做了很出色的介绍。下面是一些有关这样的比较的参考文献：（a）白人和黑人的客观和主观阶级地位（Kluegel，Singleton，& Starnes，1977）；（b）跨若干年级的孩子报告的父母社会经济地位（Mare & Mason，1980）；（c）男性和女性对社会赞许量度的答案（O'Grady，1988）；（d）法学院黑人和白人学生的成绩（Rock，Werts，& Flaugher，1978）；（e）白人和黑人的社会经济地位量度（Woltle & Robertshaw，1983）。

## 结构模型

毫不奇怪，研究人员经常对确定不同群体、不同条件或不同场合下的结构模型是否相似感兴趣。这一点为人们往往对比较从接受不同处理方法的不同的组得到回归方程，以及诸如此类的比较感兴趣所证明的（如第3章和第21章）。已经有多位作者讨论和阐释过（例如，Schoenberg，1972；Specht & Warren，1975）单指标的模型比较（路径模型）。以下是几个用LISREL进行多指标结构模型比较的例子：（a）男学生和女学生数学成绩（Ethington & Wolfle，1986）；（b）家庭偏见、学校教育和职业地位（Hauser，1984）；（c）黑人和白人的压力易损性（Neff，1985）；（d）黑人和白人的客观和主观阶级地位（Jöreskog & Sörbom，1989：242-244）；（e）黑人和白人的中学后教育获得（Wolfle，1985）。

## 结构均值因果模型

在大多数情况下，SEM都用于协方差矩阵。这样做忽略了指标的均值，从而丢掉了估计潜变量均值的可能性。换言之，均值被设为了零。为了让大家能理解这一点，我们请大家考虑一下将它与其元素是从相关和标准差得到的协方差矩阵的回归分析做类比。在这种情况下，截距将为零。

忽略均值，特别是在使用的测量单位不是立即就可以解释时，在某些情况中，它可能是一种比其他解决方法好一些的方法。但是，当我们的兴趣在于在控制了其他的变量之后确定处理的效应或假定的原因时，忽略均值将会造成麻烦。

索本木（Sörbom，1974，1978，1982）提出了一种路数——结构均值分析，它既可以估计潜变量的组均值，也可以做组间均值的比较。除了其他用法外，索本木建议将他的这种方法作为协方差分析的备择方法。下面是结构均值分析的讨论和/或应用的参考资料：Cole & Maxwell（1985）；Hayduk（1987，pp.286-322）；Jöreskog & Sörbom（1989，Chapter10）；Newcomb &

Bentler(1987)和Schoenberg(1982)。

## 非递归模型

在因果建模时,要区别递归和非递归模型。非递归模型的因果流是单向的。这就是说,无论是直接或通过一个回路、变量之间都不是互为因果的。我们在这里的介绍仅限于非递归模型。

非递归模型是一种内生变量之间或直接或通过一个回路互为因果的模型。有关非递归模型的介绍参见Berry,1984;Duncan,1975:第7章。下面给大家一些非递归模型分析的例子:(a)健康观念与预防性牙科护理(Chen & Land,1986);(b)态度的相似点(Glass,Bengtson,& Dunham,1986);(c)工作特征感知与工作满意度(James & Jones,1980);(d)同龄人影响和志向(Jöreskog & Sörbom,1989:145-151);(e)工作、个性和社会分层(Kohn & Schooler,1983);(f)分层、工作和价值观(Slomczynski,Miller,& Kohn,1981)。

## 形成式指标

在第4章我们曾讨论过潜变量的反射式指标和形成式指标之间的区别。到目前为止,我们分析过的模型全部都由反射式指标组成。下面我们给大家介绍一些带形成式指标的模型的分析例子:(a)家庭背景和业绩地位(Alwin,1988);(b)家庭渊源和求学过程(Alwin & Thornton,1984);(c)教育获得(Hauser,1972);(d)超前效应(Sörbom,1982);(e)客观和主观阶级结构(Sörbom & Jöreskog,1981)。

## 纵向研究

我们已在第14章讨论过纵向研究的一般性长处。大家可能会感到惊讶,纵向研究之所以在因果建模中如此有用,主要是因为它能在时间系列研究中给我们提供更为可靠的因果模式的根据。有关SEM做纵向研究的介绍参见以下著作:Dwyer,1983:Chapter 11;Gollob & Reichardt,1987;Jöreskog,1979b;Jöreskog & Sörbom,1977;Rogosa,1979。

下面给出的只是SEM在纵向研究中的应用的一小部分:(a)智力因子结构的年龄变化(Cunningham,1980);(b)数学能力——用结构均值处理比较(Hanna & Lei,1985);(c)品质状态区分(trait-statedistinction)(Hertzog & Nesselroade,1987);(d)人格和智力因子变化

（Lachman,1983）；（e）用 WISC 数据绘制潜生长曲线（McArdle & Epstein,1987）；（f）自我概念的坚持与变化（Mortimer,Finch,& Kumba,1982）；（g）职业经验与自我概念（Mortimer & Lorence,1979）；（h）自尊的变化与稳定（O'Mally & Bachman,1983）；（i）心理障碍的社会成因（Wheaton,1978）；（j）评估群组追踪模型（panelmodels）的可靠性和稳定性（Wheaton,Muthen,Alwin,& Summers,1977）。

# 参考文献

Aaker, D. A., & Day, G. S. (1983). *Marketing research*. New York：Wiley.

Achen, C. H. (1986). *The statistical analysis of quasi-experiments*. Berkeley, CA：University of California Press.

Ackoff, R. L. (1953). *The design of social research*. Chicago：University of Chicago Press.

Acock, A. C., & Scott, W. J. (1980). A model for predicting behavior：The effect of attitude and social class on high and low visibility political participation. *Social Psychology Quarterly, 43*, 59-72.

Adair, J. G. (1973). *The human subject：The social psychology of the psychological experiment*. Boston：Little, Brown.

Adair, J. G., & Fenton, D. P. (1971). Subject's attitudes toward psychology as a determinant of experimental results. *Canadian Journal of Behavioral Sciences, 3*, 268-275.

Adams, R. McC., Smelser, N. J., & Treiman, D. J. (Eds.). (1982a). *Behavioral and social science research：A national resource. Part I*. Washington, DC：National Academy Press.

Adams, R. McC., Smelser, N. J., & Treiman, D. J. (Eds.). (1982b). *Behavioral and social science research：A national resource. Part II*. Washington, DC：National Academy Press.

Adler, F. (1947). Operational definitions in sociology. *American Journal of Sociology, 52*, 438-444.

Adorno, T. W., Frenkel-Brunswik, E., Levinson, D. J., & Sanford, R. N. (1950). *The authoritarian personality*. New York：Harper & Row.

Aldenderfer, M. S., & Blashfield, R. K. (1978). Computer programs for performing hierarchical cluster analysis. *Applied Psychological Measurement, 2*, 403-411.

Aldenderfer, M. S., & Blashfield, R. K. (1984). *Cluster analysis*. Newbury Park, CA：Sage.

Aldrich, J. H., & Nelson, F. D. (1984). *Linear probability, logit, and probit models*. Newbury Park, CA：Sage.

Aldrich, J. H., Niemi, R. G., Rabinowitz, G., & Rohde, D. W. (1982). The measurement of public opinion about public policy：A report on some new issue question formats. *American Journal of Political Science, 26*, 391-414.

Alexander, K. L., & Pallas, A. M. (1983). Private schools and public policy：New evidence on cognitive achievement in public and private schools. *Sociology of Education, 56*, 170-182.

Alexander, K. L., & Pallas, A. M. (1986). Reply to Hauser and Sewell. *Social Forces, 65*, 250-257.

Algina, J., & Olejnik, S. F. (1982). Multiple time-series design：An analysis of data. *Evaluation Review, 6*, 203-232.

Allen, M. J., & Yen, W. M. (1979). *Introduction to measurement theory*. Monterey, CA：Brooks/Cole.

Allport, F. H. (1955). *Theories of perception and the concept of structure. A review and critical analysis with an introduction to a dynamicstructural theory of behavior*. New York：Wiley.

Allport, G. W. (1940). The psychologist's frame of reference. *Psychological Bulletin, 37*, 1-28.

Allport, G. W. (1961). *Pattern and growth in personality*. New York：Holt, Rinehart & Winston.

Allport, G. W. (1985). The historical background of social psychology. In G. Lindzey & E. Aronson (Eds.), *Handbook of social psychology* (Vol. 1, 3rd ed., pp. 1-46). New York：Random House.

Almond, G. A., & Genco, S. J. (1977). Clouds, clocks, and the study of politics. *World Politics, 29*, 489-522.

Althauser, R. P. (1974). Inferring validity from the multitrait-multimethod matrix：Another assessment. In H. L. Costner (Ed.), *Sociological methodology 1973-1974* (pp. 106-127). San Francisco：Jossey-Bass.

Althauser, R. P., & Heberlein, T. A. (1970). Validity and the multitrait-multimethod matrix. In E. F.

更多参考文献，可扫码查阅。

# 练习题及参考答案

## 第17章

1. 在一个看电视对侵犯行为的效应研究中，每天看电视的平均小时数和侵犯行为的等级来自一个20个儿童的组。下面是具体数据（虚构），其中，$Y$ = 侵犯行为（分数越高，感知的侵犯越多）；$X$ = 看电视的小时数。第二、第三和第四对的列是第一对的列的延续。

| $Y$ | $X$ | $Y$ | $X$ | $Y$ | $X$ | $Y$ | $X$ |
|-----|-----|-----|-----|-----|-----|-----|-----|
| 3   | 1   | 4   | 4   | 8   | 4   | 9   | 5   |
| 5   | 2   | 6   | 4   | 8   | 5   | 10  | 6   |
| 6   | 3   | 8   | 4   | 7   | 5   | 9   | 6   |
| 4   | 3   | 5   | 4   | 9   | 5   | 8   | 6   |
| 5   | 3   | 7   | 4   | 8   | 5   | 7   | 6   |

求解：

(a)均值、平方和、$Y$和$X$的方差和标准差、交叉乘积和$Y$与$X$的协方差？

(b)$Y$对$X$的原始分数回归？

(c)$Y$对$X$的标准分数回归？

(d)回归平方和？

(e)残差平方和？

(f)回归平方和对总平方和的比率？这个比率代表什么？

(g)回归平方和显著性检验的$F$比率？

(h)回归平方和显著性检验的$t$比率？这个$t$比率的平方等于多少？

绘制并解释数据图。

2. 下面都是加总的数据：

$$N = 300；\overline{X} = 45.00；\overline{Y} = 70.00；s_x = 4.32；s_y = 6.63；r_{xy} = 0.60$$

试求：

(a)标准化回归系数$(\beta)$？

(b)原始分数的$Y$对$X$的回归方程？

(c)偏差分数的$Y$对$X$的回归方程？

(d)求一个$X$分数为42的人的$Y$的预测分数？

(e)假定一个人的预测分数根据(d)算得，其观察分数为62（即$Y = 62$）。将这个人的$Y$分数表示为以下3个组成部分：总均值、归结于回归部分和残差部分。

(f)在什么条件下未标准化的回归系数(b)等于标准化的回归系数$(\beta)$？

3. 如果$N = 100$；$\sum y^2 = 456.38$；$r_{xy} = 0.68$，试求：

（a）回归平方和？

（b）残差平方和？

（c）$Y$ 对 $X$ 回归的显著性检验的 $F$ 比率？

4. 使用将第一个被试者的数据由3改为8后的数据，用一个计算机程序和/或掌上计算器计算 $Y$ 对 $X$ 的回归，试求

（a）$r_2$？

（b）回归方程？

（c）回归平方和？

（d）残差平方和？

（e）$Y$ 对 $X$ 的回归的显著性检验的 $F$ 比率？

（f）残差、标准化和学生化残差、杠杆作用、Cook's $D$？

绘制：（1）数据图；（2）$X$ 的残差图；（3）$Y$ 的残差图。

在对回归方程、异常值和影响观察予以特别关注的前提下，比较和研究用上述数据得到的结果。

## 答案

1.（a）$\overline{Y} = 6.80$；$\overline{X} = 4.25$；$\sum y^2 = 73.20$；$\sum x^2 = 35.75$；$s_y^2 = 3.85$；$s_x^2 = 1.88$；$s_y = 1.96$；$s_x = 1.37$；$\sum xy = 41.00$；$s_{xy} = 2.16$

（b）$Y = 1.93 + 1.15X$——见式（17.2）和式（17.3）

（c）$z'_y = 0.80 z_x$

（d）$ss_{reg} = 47.020\,98$——见式（17.22）

（e）$ss_{res} = 26.179\,02$——见式（17.27）

（f）64；$r^2$ 或 $X$ 占 $Y$ 方差的比例

（g）$F=32.33$ 有1个和18个 $df$——见式（17.28）

（h）$t = 5.686$ 有18个 $df$——见式（17.32）；$t^2 = F$（例如，$5.686^2 = 32.33$）

2.（a）$0.60(\beta = r)$

（b）$Y' = 28.60 + .92X$

（c）$Y' = 70.00 + .92x$——见式（17.16）

（d）67.24

（e）$62 = 70.00 + (67.24 - 70.00) + (62 - 67.24)$——见式（17.17）

（f）$s_y = s_y$——见式（17.15）

3.（a）211.03

（b）245.35

（c）$F = 84.29$ 有1个和98个 $dy$

4.（a）0.29

（b）$Y' = 4.107\,69 + 0.692\,31X$

$(c) ss_{reg} = 17.134\ 62$

$(d) ss_{ses} = 41.815\ 38$

$(e) F = 7.38$ 有 1 个和 18 个 $df$

(f)

| | RESIDUAL | STANDRDIZED RESIDUAL | STUDENTIZED RESIDUAL | LEVERAGE | COOK'S D |
|---|---|---|---|---|---|
| First Subject | 3.200 0 | 2.099 5 | 2.595 1 | 0.345 5 | 1.777 1 |
| Last Subject | −1.261 5 | −0.827 7 | −0.890 3 | 0.135 7 | 0.062 2 |

注：see：参见；and：和；e.g.：例如；when：当；with：有；RESIDUAL：残差；STANDARDIZED RESIDUAL：标准化残差；STUDENTIZED LEVERAGE：标准化杠杆；COOK'S D：库克的 D；First Subject：第一个被试者；Last Subject：最后一个被试者。

## 第18章

1. 如果 $r_{y1} = 0.45$，$r_{y2} = 0.50$，$r_{12} = 0.00$

那么 $R^2_{y12}$ 等于多少？

2. 下面是 20 个被试者在 3 个变量上的数据。$Y$ 和 $X$ 的数据取自第 17 章的建议 1，它建议你们把前者看作一种心理上的攻击性，而把后者看作看电视的小时数。如果你们有意继续使用这种同样的实质性的例子，那么你们可把 $E$ 看作父母的受教育程度。

| $Y$ | $X$ | $E$ | $Y$ | $X$ | $E$ | $Y$ | $X$ | $E$ | $Y$ | $X$ | $E$ |
|---|---|---|---|---|---|---|---|---|---|---|---|
| 3 | 1 | 5 | 4 | 4 | 4 | 8 | 4 | 4 | 9 | 5 | 3 |
| 5 | 2 | 6 | 6 | 4 | 5 | 8 | 5 | 3 | 10 | 6 | 3 |
| 6 | 3 | 5 | 8 | 4 | 3 | 7 | 5 | 4 | 9 | 6 | 4 |
| 4 | 3 | 4 | 5 | 4 | 2 | 9 | 5 | 4 | 8 | 6 | 3 |
| 5 | 3 | 3 | 7 | 4 | 4 | 8 | 5 | 3 | 7 | 6 | 2 |

我们建议大家用手算或计算器进行所有必需的计算。如果大家有机会用计算机并得到了适合的软件，那么就可用计算机做同样的分析，并将输出和用手算的结果进行比较。请求解下列各题：

(a) 所有变量对应的皮尔逊相关？

(b) $R^2_{y.x.e}$？

(c) $R^2_{y.x.e}$ 的显著性检验的 $F$ 比率？

(d) 回归平方和？

(e) 残差平方和？

(f) 标准分数 $Y$ 对 $X$ 和 $E$ 的回归方程？

(g) 原始分数 $Y$ 对 $X$ 和 $E$ 的回归方程？

(h) 各个 $b$ 的 $t$ 检验的 $t$ 比率？假定选定 $\alpha = 0.05$，那么根据你得到的结果，你会做什么结论？

(i) 在已经考虑了 $X$ 之后，由 $E$ 解释的 $Y$ 的方差比例是多少？这一增量检验的 $t$ 比率？

3. 如果

$$r_{y1} = 0.50, \quad r_{y2} = 0.00, \quad r_{12} = 0.30,$$

那么 $r_{y(2.1)}$ 等于多少?

4. 如果

$$N = 150, R^2_{y1234} = 0.63, R^2_{y13} = 0.29,$$

那么

(a)在变量1和变量3已经考虑过了之后,由变量2和变量4产生的 $Y$ 的方差比例的增量是多少?

(b)这个增量检验的 $F$ 比率?

(c)收缩(调整)的 $R^2_{y.1234}$ 的估计值?

5. 将 $R^2_{y(2.134)}$ 表示为两个平方复相关的差。

6. 下面是基于185个被试者测量的自变量 $Y$ 的:(a)相关矩阵;(b)均值($M$)和(c)标准差($s$),以及4个自变量 $X_1, X_2, X_3$ 和 $X_4$。

|       | $Y$   | $X_1$ | $X_2$ | $X_3$ | $X_4$ |
|-------|-------|-------|-------|-------|-------|
| $Y$   | 1.00  | 0.35  | 0.42  | 0.29  | 0.38  |
| $X_1$ | 0.35  | 1.00  | 0.23  | 0.31  | 0.12  |
| $X_2$ | 0.42  | 0.23  | 1.00  | 0.27  | 0.30  |
| $X_3$ | 0.29  | 0.31  | 0.27  | 1.00  | 0.43  |
| $X_4$ | 0.38  | 0.12  | 0.30  | 0.43  | 1.00  |
| $M$   | 64.52 | 36.78 | 41.22 | 9.65  | 53.12 |
| $s$   | 12.62 | 6.06  | 7.17  | 1.89  | 10.17 |

假定你有计算机和带汇总数据处理选项的软件(如SAS, SPSS),做以下 $Y$ 对4个自变量的回归。求以下这些值:

(a)$R^2_{y.1234}$ 和与它关联的 $F$ 比率?

(b)回归和残差平方和?

(c)回归方程?

(d)$b$ 检验的 $t$ 比率。假定你选定 $\alpha = 0.05$,那么根据你得到的结果,你会做什么结论?

(e)在 $X_3$ 最后进入分析时,由它产生的方差比例的增量是多少? 这一增量检验的 $t$ 比率?

7. 研究表明外国学生对自己祖国的态度和在该国的时间回归形成一条V字形的曲线(见 Jacobson, Kurnata, & Gullabom, 1960:215-216 和那里的参考书)。为了阐述方便,我们使用下面编造的35个学生对自己祖国的态度($Y$ 的分数越高,态度越正向)和在该国的月数($X$)的数据做分析,检验 $Y$ 对 $X$ 的回归是二次假设。

| $Y$ | $X$ | $Y$ | $X$ | $Y$ | $X$ | $Y$ | $X$ | $Y$ | $X$ | $Y$ | $X$ | $Y$ | $X$ |
|-----|-----|-----|-----|-----|-----|-----|-----|-----|-----|-----|-----|-----|-----|
| 7   | 2   | 5   | 6   | 3   | 12  | 2   | 18  | 3   | 24  | 5   | 30  | 7   | 36  |
| 7   | 2   | 5   | 6   | 3   | 12  | 2   | 18  | 3   | 24  | 5   | 30  | 7   | 36  |
| 6   | 2   | 4   | 6   | 3   | 12  | 1   | 18  | 3   | 24  | 4   | 30  | 6   | 36  |
| 5   | 2   | 4   | 6   | 2   | 12  | 1   | 18  | 2   | 24  | 4   | 30  | 6   | 36  |
| 5   | 2   | 4   | 6   | 2   | 12  | 1   | 18  | 2   | 24  | 3   | 30  | 6   | 36  |

求下面的值:

(a)线性成分解释的方差比例和与之关联的 $F$ 比率?

(b)归结于二次成分的方差比例和与之关联的 $F$ 比率？

(c)归结于三次成分的方差比例和与之关联的 $F$ 比率？

(d)二次回归方程？

绘制数据图，并按上面标明的哪些线解释结果（记住，这些数据都是编造的）。

# 答案

1.0.452 5——见式(18.1)

2. (a)$r_{yx} = 0.801$；$r_{ye} = -0.369$；$r_{xe} = -0.614$

(b)$R^2_{y.xe} = 0.666\,58$——见式(18.1)

(c)$F = 16.99$ 有2个和17个 $df$——见式(18.11)

(d)$ss_{reg} = 48.793\,58$

(e)$ss_{res} = 24.406\,42$

(f)$z'_y = 0.922\,53z_x + 0.197\,15z_e$——见式(18.6)

(g)$Y' = -0.198\,93 + 1.320\,07X + 0.375\,31E$——见式(18.4)和式(18.5)

(h)$t$:　　　　　　　　5.20　　　　1.11　　——见式(18.14)

　$df$:　　　　　　　　17　　　　　17

　sig. $t$:　　　　0.000 1　　0.282 0

父母的教育($E$)的效应是统计不显著的，我们应当把它从方程中去掉。只用 $X$ 的方程的结果在第17章的学习建议1中给出（不过要记住，我们使用了一个小 $N$。不仅如此，我们也忽略了实质意义）。

(i)0.024 22；$t = 1.11$ 有17个 $df$（等价于对应的 $b$ 检验）

3. -0.16——见式(18.10)

4. (a)0.34

(b)$F = 66.62$，有2个和145个 $df$——见式(18.15)

(c)0.62——见式(18.16)

5.$R^2_{y.1234} - R^2_{y.134}$

6. (a)$R^2_{y.1234} = 0.308\,49$；$F = 20.08$ 有4个和180个 $df$

(b)$ss_{reg} = 9\,040.246\,68$；$ss_{res} = 20\,264.402\,92$

(c)$y' = 6.771\,80 + 0.512\,90X_1 + 0.491\,56X_2 + 0.193\,17X_3 + 0.315\,47X_4$

(d)$t$:　　　　　3.72　　　　4.18　　　　0.40　　　　3.61

　$df$:　　　　180　　　　180　　　　180　　　　180

　sig. $t$:　　0.000 3　　0.000 0　　0.688 9　　0.000 4

结论：去除 $X_3$。

(e)0.000 62；$t = 0.40$ 有180个 $df$（等价于对应的 $b$ 检验）或 $F = 0.16$ 有1个和180个 $df$

7. (a)0.003 65；$F = 0.12$ 有1个和33个 $df$

(b)0.866 98；$F = 214.44$ 有1个和32个 $df$

$(c)0.002\ 71 ; F = 0.66$有1个和31个$df$

$(d)Y' = 7.104\ 79 - 0.564\ 49X + 0.015\ 28X^2$

## 第19章

1. 100名被试者被随机地以相等的数目分配给了5种治疗$(A_1, A_2, A_3, A_4$和$A_5)$。使用虚拟编码,治疗$A_1$在$D_1$中识别,$A_2$在$D_2$,$A_3$在$D_3$,$A_4$在$D_4$中识别,而$A_5$在所有的向量中赋值均为0。因变量的总平方和$(\sum y_2)$是135.63。做因变量在编码向量上的回归。求得的$R_2$是0.32。回归方程是

$$Y' = 25.60 + 13.24D_1 + 9.10D_2 - 11.00D_3 + 6.31D_4$$

求:

(a)任何两个编码向量之间的相关?

(b)$R_2$检验的$F$比率?

(c)回归和残差的平方和?

(d)5个组的均值?

2. 假定对学习建议给出的问题使用效应编码。这就是说$A_1$在$E_1$中识别、$A_2$在$E_2$、$A_3$在$E_3$、$A_5$在$E_5$识别,而$A_5$在所有的向量中赋值均为-1。

求:

(a)使用你根据学习建议1给出的信息计算得到的哪些均值,并说明效应编码的回归方程是怎样的。

(b)你是否预期这些答案会与学习建议1中(a)到(c)的答案,会因为不同的编码方案而有所不同? 如果有所不同,请指出不同之处是什么。

3. 为什么在用编码向量表示一个分类变量的时候,"做回归平方和或方差比例的增量分解是没有意义的"?

4. 在一个有4种治疗$(A_1, A_2, A_3$和$A_4)$构成的设计中,使用了效应编码,$A_1$在$E_1$中识别,$A_2$在$E_2$中,$A_3$在$E_3$中识别,而$A_4$在所有的向量中赋值都是-1。求得的回归方程如下:

$$Y' = 35.68 + 6.78E_1 - 3.45E_2 + 1.27E_3$$

请问:4种治疗的效应是什么?

5. 15个被试者被等数随机地分配给了两个治疗$(A$和$B)$组和一个控制组$(C)$。下面是它们在因变量的一个量度上的分数:

| A | B | C |
|---|---|---|
| 5 | 8 | 3 |
| 6 | 6 | 4 |
| 5 | 7 | 4 |
| 7 | 8 | 5 |
| 7 | 9 | 5 |

请用虚拟编码分析这些数据。我们推荐大家用手算,或在计算器的帮助下来做这些计算。大家也许会发现,此后再用计算机分析这些数据时,并将手算的结果与计算机的输出做

比较是很有用处的。

求：

(a)3组的均值和标准差？

(b)为自变量所解释的因变量的方差的比例？

(c)这一比例检验的 $F$ 比率？

(d)回归和残差平方和？

(e)回归方程和每个 $b$ 检验的 $t$ 比率？

6. 用将所有向量的 $C$ 的值都赋为 $-1$ 的效应编码分析学习建议5给出的数据。

(a)回归方程是什么？

假定我们假设治疗 $B$ 比 $A$ 更有效，$A$ 比 $C$ 更有效，且 $A$ 和 $B$ 的平均数大于 $C$。

(b)检验这些比较。它们是哪一种比较？

现在假定我们假设 $B$ 比 $A$ 更有效，且 $A$ 和 $B$ 的平均数大于 $C$。

(c)检验这些比较。它们是哪一种比较？

7. 用学习建议5给出的数据，假定以下的正交比较：

$$A > C; B > (A + C)/2$$

(a)说明你将用什么编码方案用多元回归来分析这些数据。

做以下因变量对用(a)提出的编码方案的回归。

(b)每一个 $b$ 检验的 $t$ 比率？ 这些检验表示什么意义？

(c)为 $A$ 和 $C$ 之间的比较解释的因变量的方差比例是多少？

(d)为 $(A + C)/2$ 和 $B$ 比较解释的方差比例是多少？

(e)用(c)和(d)求得的两个比例之和等于多少？

## 答案

1. (a)$-0.25$——见式(19.2)

(b)$F = 11.18$ 有 4 个和 95 个 $df$

(c)$ss_{reg} = 43.4016; ss_{res} = 92.2284$

(d)均值：$A_1 = 38.84; A_2 = 34.70; A_3 = 14.60; A_4 = 31.91; A_5 = 25.60$

2. (a)用在学习建议1的(d)得到的均值，效应编码的回归方程是：

$$Y' = 29.13 + 9.71E_1 + 5.57E_2 - 14.53E_3 + 2.78E_4$$

(b)只有编码向量之间的相关是不同的，不是 $-0.25$，而是 $0.50$。

3. 编码向量表示一个单独的变量。因此它们必须被视为一组(参见有关的详析解释文字)

4. $A_1 = 6.78; A_2 = -3.45; A_3 = 1.27; A_4 = -4.60$

5. (a)

| | $A$ | $B$ | $C$ |
|---|---|---|---|
| $M$: | 6.00 | 7.60 | 4.20 |
| $s$: | 1.00 | 1.14 | 0.84 |

(b)$R^2 = 0.7068$

(c)$F = 14.47$ 有 2 个和 12 个 $df$

(d)$ss_{reg} = 28.933\ 3$；$ss_{res} = 12.000\ 0$

(e)$Y' = 4.2 + 1.8D_1 + 3.4D_2$

| | | |
|---|---|---|
| $t$: | 2.846 | 5.376 |
| $df$: | 12 | 12 |

其中，$A$ 在 $D_1$ 中识别，而 $B$ 则在 $D_2$ 中。每一个 $t$ 都构成一个正在研究的在向量中识别的治疗的均值和控制组的均值之间的差的检验。这些 $t$ 比率必须对照邓尼特表中的 12 个 $df$ 的值和预设的 $\alpha$ 水平进行检查(见解释文字)。

6.(a)$Y' = 5.93 + .07E_1 + 1.67E_2$

(b)$B > A$；$F = 6.40$ 有 1 个和 12 个 $df$——见式(19.5)

$A > C$；$F = 8.10$ 有 1 个和 12 个 $df$。

这些比较是计划正交的。

(c)$B > A$：见式(b)。

$(A + B)/2 > C$：$F = 22.53$ 有 1 个和 12 个 $df$。

这些比较是计划正交的。

7.(a)O1：$A$ 为 1，$B$ 为 0 和 $C$ 为−1；

O2：$A$ 和 $C$ 为− 1 以及 $B$ 为 2。

(b)对于 $b_{01}$：$t = 2.846$ 有 12 个 $df$；

对于 $b_{02}$：$t = 4.564$ 有 12 个 $df$。

每个 $t$ 都是与研究的 $b$ 关联的在向量中反映的比较检验。

(c)0.198

(d)0.508

(e)$R^2$

# 第20章

1.思考下面的假设研究。被试者被随机地分配给了阅读一种宣传医疗改革项目的陈述。假定该陈述按下面这样操控：(1) 职业($A$)：$A_1 =$ 医生，$A_2 =$ 社会工作者；(2)性别($B$)：$B_1 =$ 男性，$B_2 =$ 女性。被试者被要求对这个陈述在一个七级量表上打分，等级分从 1 = 不同意到 7 =强烈同意。下面是这组阐述性数据：

| | Male $B_1$ | Female $B_2$ |
|---|---|---|
| | 4 | 2 |
| | 4 | 2 |
| $A_1$:Physician | 3 | 3 |
| | 4 | 3 |
| | 3 | 6 |
| $A_2$:Social Worker | 4 | 6 |

|   |   |
|---|---|
| 4 | 7 |
| 6 | 7 |

注：Physician：医生；Social Worker：社会工作者；Male：男性；Female：女性。

用效应编码做因变量对代表主效应和交互效应的编码向量的回归。我们建议大家用手算和计算机计算，用多个程序集（如 SPSS REGRESSION 和 ANOVA；SAS REG 和 GLM）做所有必需的计算。比较各种分析结果。它们分别等于什么？

(a)格均值和标准差？

(b)回归分析，回归方程的每一项是做什么的？

将这一方程用于编码向量上的个体分数时，预测值等于什么？

(c)归结于 $A$ 的平方和，和与之关联的 $F$ 比率？

(d)归结于 $B$ 的平方和，和与之关联的 $F$ 比率？

(e)归结于 $A$ 乘 $B$ 的平方和，和与之关联的 $F$ 比率？

(f)均方的残差？

(g)为每个因素和它们之间的交互解释的方差比例？

(h)$B$ 中的 $A$ 的简单主效应的平方和，和与之关联的 $F$ 比率？

这些平方和的和等于什么？

(i)$A$ 中的 $B$ 的简单主效应的平方和，和与之关联的 $F$ 比率？

这些平方和的和等于什么？

(j)将每一个人的分数表示为由下面的成分组成的形式：总均值、$A$、$B$、$A×B$ 的效应和残差。

绘制格均值图，并对结果予以解释。

2. 思考以下有10个被随机分配给每种治疗组合（如每个格）的被试者的设计。每个格的均值如下所列：

|   | $B_1$ | $B_2$ | $B_3$ |
|---|---|---|---|
| $A_1$ | 10 | 8 | 6 |
| $A_2$ | 8 | 12 | 10 |

假定使用了效应编码，且各个分类的识别如下：$A_1$ 在向量1；$B_1$ 在向量2；$B_2$ 在向量3。向量4是作为向量1乘以向量2的结果得到的；向量5是作为向量1乘以向量3的结果得到的。求解以下问题：

(a)向量1和向量3之间的相关系数？

(b)与交互（即 $A×B$）关联的 $F$ 比率的 $df$？

(c)从 $Y$ 对所有编码向量回归得到的回归方程？

(d)治疗 $B_1$ 和 $B_2$ 的效应？

(e)每一格的交互项？

(f)归结于 $A$ 的平方和？

(g)归结于 $B$ 的平方和？

(h)归结于 $A×B$ 的平方和？

(i)$A_1$ 中的 $B$ 的简单主效应的平方和？

假定残差平方和是 162，那么

(j)$B$ 的主效应的 $F$ 比率是多少？

3. 在一个 $A \times B \times C$ 设计中，$A$ 由 3 个分类组成，$B$ 也由 3 个分类组成，而 $C$ 则由 4 个分类组成。4 个被试者被随机地分配给了每个格。假定我们打算在一个多元回归中用效应编码来分析这组数据，那么下面的问题的解是：

(a)自变量数？

(b)我们将为每一个主效应和交互项生成的编码向量数？

(c)与每个主效应和交互项关联的 $df$？

(d)与总误差项（即 $MSR$）关联的 $df$？

(e)代表设计的任何一项的向量（即主效应或交互）和代表任何其他项的向量之间的相关系数？

答案

1.(a)

|  |  | $B_1$ | $B_2$ |
|---|---|---|---|
| $A_1$ | $M$: | 3.75 | 2.50 |
|  | $s$: | 0.50 | 0.58 |
| $A_2$ | $M$: | 4.25 | 6.50 |
|  | $s$: | 1.26 | 0.58 |

(b)$Y' = 4.250 - 1.125A_1 - 0.250B_1 + 0.875A_1B_1$

式中 $A_1$ 在向量 $A_1$ 中识别，$B_1$ 在向量 $B_1$ 中识别。

$a = 4.25 = \overline{Y}$ （即自变量的总均值）；

$b_{A1} = -1.125 = $ 治疗 $A_1$ 的效应 （即 $\overline{Y}_{A1} - \overline{Y}$）；

$b_{B1} = -0.250 = $ 治疗 $B_1$ 的效应 （即 $\overline{Y}_{B1} - \overline{Y}$）；

$b_{A1B1} = 0.875 = $ 格 $A_1B_1$ 的交互项。

预测值将等于研究个体所属的格均值。

(c)归结于 $A$ 的 $ss_{reg}$：20.25；$F = 32.40$ 有 1 个和 12 个 $df$。

(d)归结于 $B$ 的 $ss_{reg}$：1.00；$F = 1.60$ 有 1 个和 12 个 $df$。

(e)归结于 $A \times B$ 的 $ss_{reg}$：12.25；$F = 19.60$ 有 1 个和 12 个 $df$。

(f)$MSR = 0.625$。

(g)已被解释的方差比例：$A = 0.493\ 90$；$B = 0.024\ 39$；$A \times B = 0.298\ 78$。

(h)$B_1$ 中的 $A$ 的 $ss = 0.50$：$F = 0.80$ 有 1 个和 12 个 $df$；

$B_2$ 中的 $A$ 的 $ss = 32.00$：$F = 51.20$ 有 1 个和 12 个 $df$；

$0.50 + 32.00 = 32.50 = ss_A + ss_{AB} = 20.25 + 12.25$。

(i)$A_1$ 内 $B$ 的 $ss = 3.12$；$F = 5.00$，有 1 个和 12 个 $df$；

$A_2$ 内 $B$ 的 $ss = 10.13$；$F = 16.20$

$$3.12 + 10.13 = 13.25 = ss_B + ss_{AB} = 1.00 + 12.25$$

(j)第一个人在$A_1B_1$：

$$4 = 4.25 - 1.125 - 0.25 + 0.875 + 0.25$$

最后一个人在$A_2B_2$：

$$7 = 4.25 + 1.125 + 0.25 + 0.875 + 0.50$$

（见表20.2和解释文字）

2.（a）0.90

（b）2和54

（c）$Y' = 9 - 1V_1 + 0V_2 + 1V_3 + 2V_4 - 1V_5$

（d）$B_1 = 0; B_2 = 1$

|       | $B_1$ | $B_2$ | $B_3$ |
|-------|-------|-------|-------|
| （e）$A_1$ | 2 | −1 | −1 |
| $A_2$ | −2 | 1 | 1 |

（f）60

（g）40

（h）120

（i）80

（j）$F = 6.67$，有2个和54个 $df$

3.（a）3

（b）对$A, 2$；对$B, 2$；对$C, 3$；对$A \times B, 4$；对$A \times C, 6$；对$B \times C, 6$；对$A \times B \times C, 12$

（c）每项$df$等于给定项的编码向量数（即$A = 2; A \times C = 6$）

（d）324

（e）0.00

## 第21章

1.下面是两个组的概括性数据：

|  | A | B |
|---|---|---|
| $\overline{X}$: | 47.20 | 46.32 |
| $\overline{Y}$: | 60.17 | 68.11 |
| $\sum x^2$: | 18.16 | 10.12 |
| $\sum y^2$: | 31.09 | 26.13 |
| $\sum xy$: | 17.11 | 13.40 |

计算每一组的

（a）$Y$对$X$的回归方程。

（b）回归平方和。

（c）残差平方和。

（d）$X$解释的$Y$的方差比例。

（e）标准化回归系数（$\beta$）。

2.用从学习建议1得到的数据,计算共同回归系数($b_c$)。

3. 在一个由3个组($A$,$B$和$C$)构成的研究中,因变量$Y$和属性$X$的分数已经求得,效应编码被用来像下面这样为组成分编码:$A$在$E_1$中识别,$B$在$E_2$中识别,而$C$则在两个向量中都被赋值为–1。乘积向量$X_{E_1}$和$X_{E_2}$则是生成的。总回归方程是

$$Y' = 3.00 + 2.08X + 0.80E_1 - 0.30E_2 + 0.42X_{E1} - 0.08X_{E2}$$

请写出3个组的单独回归方程。

4. 60个学生被随机等数目分配给了两种教学方法组:$P$(如解决问题的取向)和$D$(训练)。研究者假设在它们对因变量$Y$(如学习成绩)的效应中存在教学方式和属性$X$(如理解能力)之间的交互。下面是阐述性数据

| P | | D | |
|---|---|---|---|
| 5 | 5 | 15 | 5 |
| 15 | 5 | 19 | 5 |
| 7 | 6 | 13 | 5 |
| 17 | 6 | 15 | 6 |
| 14 | 5 | 17 | 6 |
| 14 | 7 | 22 | 7 |
| 12 | 8 | 17 | 7 |
| 19 | 8 | 20 | 8 |
| 15 | 10 | 24 | 10 |
| 20 | 10 | 19 | 10 |
| 24 | 10 | 22 | 9 |
| 14 | 11 | 18 | 10 |
| 23 | 11 | 23 | 11 |
| 16 | 13 | 23 | 12 |
| 26 | 13 | 22 | 13 |
| 17 | 14 | 19 | 12 |
| 27 | 14 | 20 | 14 |
| 33 | 15 | 25 | 14 |
| 22 | 16 | 27 | 15 |
| 23 | 15 | 22 | 15 |
| 27 | 17 | 25 | 16 |
| 25 | 18 | 25 | 18 |
| 27 | 20 | 19 | 18 |
| 34 | 20 | 25 | 19 |
| 28 | 23 | 22 | 19 |
| 36 | 23 | 29 | 21 |
| 38 | 27 | 24 | 21 |
| 30 | 29 | 30 | 25 |
| 39 | 29 | 32 | 29 |
| 50 | 31 | 29 | 31 |

求:

(a)均值、标准差和每一个组中$X$和$Y$的相关。

(b)归结于治疗和属性之间的交互的方差比例和与之关联的 $F$ 比率。

(c)总回归方程（即 $Y$ 对 $X$ 的回归，代表治疗的向量和交互的向量）。

(d)两个组单独的回归方程。

(e)两条回归线的交点。

(f)$\alpha = 0.05$ 的约翰逊-雷曼显著区域。

绘制数据图并解释结果。

5. 30个被试者被随机等数目地分配给了3种治疗（$A$，$B$ 和 $C$）。在治疗实施前已得到治疗的前测分数 。下面是阐释性数据，式中的 $Y$ = 因变量；$X$ = 前测。

|   | $A$ |   | $B$ |   | $C$ |
|---|---|---|---|---|---|
| 1 | 1 | 1 | 1 | 4 | 1 |
| 3 | 1 | 2 | 1 | 3 | 1 |
| 2 | 3 | 2 | 2 | 4 | 2 |
| 3 | 3 | 3 | 2 | 3 | 2 |
| 4 | 3 | 3 | 4 | 5 | 2 |
| 3 | 4 | 3 | 4 | 3 | 4 |
| 5 | 4 | 3 | 5 | 5 | 4 |
| 4 | 5 | 5 | 5 | 4 | 6 |
| 4 | 6 | 4 | 6 | 7 | 6 |
| 6 | 6 | 5 | 6 | 8 | 7 |

用效应编码（在 $E_1$ 中识别 $A$，在 $E_2$ 中识别 $B$ 和将两个向量中的 $C$ 赋值$-1$）进行将 $X$ 作为协变量的协方差分析。

求：

(a)均值、标准差、$r_{xy}$ 和每个组的 $r_{xy}$。

(b)总 $r_{xy}$（即跨3种治疗）。

(c)总回归方程。

(d)每个组的单独的回归方程。

(e)归结于治疗和协变量之间的交互的方差比例和与之关联的 $F$ 比率。

(f)共同回归系数（$b_c$）和与之关联的 $t$ 比率。

(g)归结于控制协变量之后的治疗的方差比例和与之关联的 $F$ 比率。

(h)3个组的回归方程，用一个共同的 $b$ 和不同的 $a$。

(i)3个组的调整均值。

绘制数据图并解释结果。

6. 只用练习5中 $Y$ 的分数进行一个确定在3个均值之间是否存在统计显著的差别（$\alpha=0.05$）的分析。

将这些结果与练习5中得到的结果作比较。

# 答案

1.

| | $A$ | $B$ |
|---|---|---|
| (a)$Y'$: | $15.80 + 0.94X$ | $6.97 + 1.32X$ |
| (b)$ss_{reg}$: | 16.08 | 17.69 |
| (c)$ss_{res}$: | 15.01 | 8.44 |
| (d)$r^2$: | 0.52 | 0.68 |
| (e)$\beta$: | 0.72 | 0.82 |

(如果需要的话,参见第17章)

2. $b_c = 1.08$——见式(21.1)

3. $Y'_A = 3.80 + 2.50X$
$Y'_B = 2.70 + 2.00X$
$Y'_C = 2.50 + 1.74X$

4.(a)

| | $P$ | | $D$ | |
|---|---|---|---|---|
| $M$: | 22.733 | 14.633 | 22.067 | 13.700 |
| $s$: | 9.036 | 7.703 | 4.631 | 6.983 |
| $\sum x^2$: | 1 720.967 | | 1 414.300 | |
| $r$: | 0.864 | | 0.833 | |
| $N$: | 30 | | 30 | |

(b)0.055 01;$F = 11.679\ 37$ 有 1 个和 56 个 $df$。

(c)$Y' = 11.199\ 53 + 0.783\ 03X - 3.295\ 9E + 0.230\ 39XE$

(d)$Y'_p = 7.903\ 58 + 1.013\ 42X$
$Y'_D = 14.495\ 49 + 0.552\ 64X$

(e)14.31——见式(21.2)

(f)$A = 0.970\ 6$;$B = -1.409\ 91$;$C = 14.481\ 12$

参见式(21.4)—式(21.6)

左区域:6.66以下

右区域:22.3以上

5.(a)

| | $A$ | | $B$ | | $C$ | |
|---|---|---|---|---|---|---|
| | $Y$ | $X$ | $Y$ | $X$ | $Y$ | $X$ |
| $M$: | 3.50 | 3.60 | 3.10 | 3.60 | 4.60 | 3.50 |
| $s$: | 1.43 | 1.78 | 1.29 | 1.96 | 1.71 | 2.22 |
| $r$: | 0.74 | | 0.86 | | 0.70 | |

(b)0.68

(c)$Y' = 1.709\ 07 + 0.567\ 29X - 0.364\ 00EI - 0.639\ 30E2 + 0.031\ 30XE1 - 0.003\ 34XE2$

(d)$Y'_A = 1.345\ 07 + 0.598\ 59X$
$Y'_B = 1.069\ 77 + 0.563\ 95X$
$Y'_C = 2.712\ 36 + 0.539\ 33X$

(e)0.000 85;$F = 0.03$ 有 2 个和 24 个 $df$

$(f)b_c = 0.562\,91$；$t = 5.853$ 有 26 个 $df$

$(g)0.181\,67$；$F = 6.58$ 有 2 个和 26 个 $df$

$(h)Y'_A = 1.473\,53 + 0.562\,91X$

$Y'_B = 1.073\,53 + 0.562\,91X$

$Y'_C = 2.629\,83 + 0.562\,91X$

$(i)M_{(adj.)}$：$A = 3.481\,24$；$B = 3.081\,24$；$C = 4.637\,53$

（注意任何两个截距之间的差都等于两个调整均值之间的差，例如 $1.473\,53 - 1.073\,53 = 3.481\,24 - 3.081\,24 = 0.40$。关于调整均值之间的检验参见佩特哈扎的著作（见 Pedhazur，1982，pp. 505–512。）

6. $(a)0.167\,90$；$F = 2.72$ 有 2 个和 27 个 $df$。

（b）不显著。

# 第 22 章

1. 下面是一个 8 个题项（指标）的阐释性相关矩阵，$N = 300$。做一个主轴因子分析。提取两个因子，同时进行正交（最大方差）和斜交（$\delta=0$）旋转。

|       | $X_1$ | $X_2$ | $X_3$ | $X_4$ | $X_5$ | $X_6$ | $X_7$ | $X_8$ |
|-------|-------|-------|-------|-------|-------|-------|-------|-------|
| $X_1$ | 1.00  |       |       |       |       |       |       |       |
| $X_2$ | 0.33  | 1.00  |       |       |       |       |       |       |
| $X_3$ | 0.44  | 0.35  | 1.00  |       |       |       |       |       |
| $X_4$ | 0.09  | 0.14  | 0.06  | 1.00  |       |       |       |       |
| $X_5$ | 0.12  | 0.08  | 0.05  | 0.06  | 1.00  |       |       |       |
| $X_6$ | 0.18  | 0.15  | 0.18  | 0.12  | 0.08  | 1.00  |       |       |
| $X_7$ | 0.15  | 0.13  | 0.17  | 0.10  | 0.11  | 0.42  | 1.00  |       |
| $X_8$ | 0.17  | 0.14  | 0.18  | 0.13  | 0.15  | 0.38  | 0.37  | 1.00  |

下面是输出的摘要：

PAF Extractet 2 factors

| Factor Matrix: | | | Rotated Factor Matrix: | |
|------|----------|----------|----------|----------|
|      | FACTOR 1 | FACTOR 2 | FACTOR 1 | FACTOR 2 |
| X1   | .53742   | .37203   | .15292   | .63549   |
| X2   | .44136   | .28348   | .14028   | .50545   |
| X3   | .54333   | .37599   | .15468   | .64238   |
| X4   | .20391   | −.02862  | .17113   | .11451   |
| X5   | .19065   | −.03682  | .16671   | .09956   |
| X6   | .55287   | −.32610  | .62956   | .12516   |
| X7   | .52999   | −.34751  | .62676   | .09394   |
| X8   | .52418   | .29001   | .58411   | .13296   |

复制相关矩阵：

|     | X1 | X2 | X3 | X4 | X5 | X6 | X7 | X8 |
|-----|------|------|------|------|------|------|------|------|
| X1 | .42723* | −.01266 | .00812 | −.00894 | .03124 | .00419 | −.00554 | −.00381 |
| X2 | .34266 | .276516* | .00361 | .05812 | .00629 | −.00158 | −.00540 | −.00914 |
| X3 | .43188 | .34639 | .43657* | −.04003 | −.03974 | .00222 | .01271 | .00424 |
| X4 | .09894 | .08188 | .10003 | .04240* | .02007 | −.00207 | −.01802 | .01481 |
| X5 | .08876 | .07371 | .08974 | .03993 | .03770* | −.03741 | −.00384 | .03939 |
| X6 | .17581 | .15158 | .17778 | .12207 | .11741 | .41201* | .01366 | −.00437 |
| X7 | .15554 | .13540 | .15729 | .11802 | .11384 | .40634 | .40165* | −.00859 |
| X8 | .17381 | .14914 | .17576 | .11519 | .11061 | .38437 | .37859 | .35886* |

左下三角包含了复制的相关矩阵;对角线是共同性,而右上三角则是观察相关和复制相关之间的残差。

斜交旋转:

|     | Pattern Matrix: | | Structure Matrix: | |
|-----|------|------|------|------|
|     | FACTOR 1 | FACTOR 2 | FACTOR 1 | FACTOR 2 |
| X1 | −.00421 | .65563 | .30879 | .65362 |
| X2 | .01726 | .51610 | .26365 | .52434 |
| X3 | −.00414 | .66271 | .31223 | .66073 |
| X4 | .15789 | .076782 | .19454 | .15215 |
| X5 | .15707 | .06159 | .18648 | .13658 |
| X6 | .66153 | −.04355 | .64074 | .27227 |
| X7 | .66694 | −.07711 | .63013 | .24129 |
| X8 | .60918 | −.02187 | .59874 | .26896 |

因子相关矩阵:

|     | FACTOR 1 | FACTOR 2 |
|-----|------|------|
| FACTOR 1 | 1.00000 | |
| FACTOR 2 | 0.47740 | 1.00000 |

(a)用来自未旋转和正交旋转因子的有关值计算题项的共同性。

(b)用来自未旋转和正交旋转因子的有关值计算所有题项对之间的复制相关。

(c)计算残差(即观察相关减预测残差)。

(d)考察一下斜交接的结果。两个因子之间的相关程度如何?

(e)用来自斜交旋转的相关值计算题项的共同性。

(f)用来自斜交旋转的相关值计算题项之间的复制相关。

(g)假定你想要接受斜交解,那么你会对题项 $X_4$ 和 $X_5$ 作何结论?

2.谢弗(Shaffer,1983)用主成分分析对国会外交政策的维度进行了研究。我们建议大家将谢弗的相关矩阵诉诸主轴因子分析,比照他使用的方法来提取和旋转因子。批判性地评论谢弗有关对主成分分析的一些赞赏言论,并批判以下目的在用于态度维度研究的因子旋转。下面是几个值得特别予以关注的他所做的断言实例:

(a)态度的单维性有问题,因为"【题项之间】的彼此相关远非完美"(p.433)。

(b)"我对未旋转因子的负荷非常注意,因为旋转的因子负荷可能反映了最大化某些变量在一个成分上的负荷的主观武断的决策,并因此而大大减少了其他变量的负荷"(p.435)。

3. 在很多书籍和文章、整个这一章以及各种期刊中，大家都会发现很多因子分析应用的例子。在大多数情况下它们都会报告相关矩阵。我们建议大家重新分析以下例子，特别是哪些大家觉得有实质意义的例子。除重复作者的分析外，可以尝试做变化（如其他的输出、提取不同数量的因子、使用不同的旋转）。请大家根据自己的再分析来评估结果和以下结论。

## 答案

1. (a)对 $X_1$：

$$0.537\,42^2 + 0.372\,03^2 = 0.152\,92^2 + 0.635\,49^2 = 0.427\,23$$

——对其他题项也同样如此。将你的结果与复制相关矩阵对角线上报告的数字做比较。

(b)在 $X_2$ 和 $X_3$ 之间：

未旋转：$(0.441\,36)(0.543\,33) + (0.283\,48)(0.375\,99) = 0.346\,39$

旋转：$(0.140\,28)(0.154\,68) + (0.505\,45)(0.642\,38) = 0.346\,39$

——对题项之间的相关也一样。把结果和复制相关矩阵的下三角报告的数字进行比较。

(c) $X_1$ 和 $X_2$ 之间的相关：

$$0.33 - 0.342\,66 = -0.012\,66$$

——对其他残差也一样。把结果和复制相关矩阵的上三角报告的数字进行比较。

(d)0.477\,40。

(e)对 $X_1$：

$$(-0.004\,21)(0.308\,79) + (0.655\,63)(0.653\,62) = 0.427\,23$$——见式(22.7)。

对其他题项也一样。把结果和复制相关矩阵的对角线报告的数字进行比较。

(f)在 $X_2$ 和 $X_3$ 之间：

$$(0.017\,26)(-0.004\,14) + (0.516\,10)(0.662\,71) + (0.017\,26)(0.662\,71)(0.477\,40) +$$
$$(-0.004\,14)(0.516\,10)(0.477\,40) = 0.346\,39$$

——其他题项之间的相关也一样。把结果和复制相关矩阵的下三角报告的数字进行比较。

(g)与 $X_4$ 和 $X_5$ 关联的那些统计值（如共同性、负荷）都比较小。假定有人要用这个结果构建两个因子，无论这两个因子要刻画的是什么，我们都奉劝大家最好将这两个题项排除在外，一个量度由题项 $X_1$—$X_3$ 构成，另一个由 $X_6$—$X_8$ 构成。

2.(a)单维度并不意味着题项之间完全相关，而是意味着单独一个因子就足以解释题项之间的相关了。在这个概括和结论中，谢弗(Shaffer, 1983)说道："主成分分析除一般的'外交政策的自由主义因子'外，没有揭示其他任何东西"(p. 443)。这可以从未旋转因子解看到。参见特征值和碎石图。再看前两个未旋转因子，并注意所有的题项都在第一个因子上有相当高的负荷。除了题项4,所有的题项在第二个因子上的负荷都很低。

(b)参见这一章有关旋转的作用的讨论和我们有关旋转主成分是不可取的评议。

## 第23章

注意：为了进行以下分析。大家都需要有LISREL,EQS或类似的计算机程序集。

1. 假定在一个有5个指标的设计中,前三个指标反映一个因子,其余两个指标反映另一个因子。

(a)使用LISREL的术语,这个模型的LAMBDA X 和PHI的维度是什么?

(b)在LISREL中,对角线的元素表示什么?

(c)假定潜变量的方差被固定为1.00,你将如何设定与之关联的要在LISREL和EQS中估计的哪些参数?

2. 以下是8个题项(指标)的阐释性相关矩阵,$N = 300$,曾用于第22章的《学习建议》(*Study Suggestion*)进行探索性因子分析。对这些数据做两个验证性因子分析:(a)所有题项都反映一个单独因子,(b)前三个题项反映因子1,其余5个题项反映因子2;这两个因子彼此相关。

|       | $X_1$ | $X_2$ | $X_3$ | $X_4$ | $X_5$ | $X_6$ | $X_7$ | $X_8$ |
|-------|-------|-------|-------|-------|-------|-------|-------|-------|
| $X_1$ | 1.00  |       |       |       |       |       |       |       |
| $X_2$ | 0.33  | 1.00  |       |       |       |       |       |       |
| $X_3$ | 0.44  | 0.35  | 1.00  |       |       |       |       |       |
| $X_4$ | 0.09  | 0.14  | 0.06  | 1.00  |       |       |       |       |
| $X_5$ | 0.12  | 0.08  | 0.05  | 0.06  | 1.00  |       |       |       |
| $X_6$ | 0.18  | 0.15  | 0.18  | 0.12  | 0.08  | 1.00  |       |       |
| $X_7$ | 0.15  | 0.13  | 0.17  | 0.10  | 0.11  | 0.42  | 1.00  |       |
| $X_8$ | 0.17  | 0.14  | 0.18  | 0.13  | 0.15  | 0.38  | 0.37  | 1.00  |

下面是LISREL两个解的输出的摘要:

*[one factor]*

MEASURES OF GOODNESS OF FIT FOR THE WHOLE MODEL :
CHI-SQUARE WITH 20 DEGREES OF FREEDOM = 81.25 (P = .000)
GOODNESS OF FIT INDEX = .924
ADJUSTED GOODNESS OF FIT INDEX = .863
ROOT MEAN SQUARE RESIDUAL = .073

*[fifteen of the standardized residuals are > |2|]*

*[two correlated factors]*

LISREL ESTIMATES (MAXIMUM LIKELIHOOD)
LAMBDA X

|     | KSI 1 | KSI 2 |
|-----|-------|-------|
| X1  | .646  | .000  |
| X2  | .517  | .000  |
| X3  | .677  | .000  |
| X4  | .000  | .198  |
| X5  | .000  | .189  |
| X6  | .000  | .646  |
| X7  | .000  | .625  |
| X8  | .000  | .599  |

PHI

|       | KSI 1 | KSI 2 |
|-------|-------|-------|
| KSI 1 | 1.000 |       |
| KSI 2 | .431  | 1.000 |

THETA DELTA

| X1   | X2   | X3   | X4   | X5   | X6   | X7   | X8   |
|------|------|------|------|------|------|------|------|
| .582 | .732 | .542 | .961 | .964 | .583 | .610 | .641 |

SQUARED MULTIPLE CORRELATIONS FOR X – VARIABLES

| X1 | X2 | X3 | X4 | X5 | X6 | X7 | X8 |
|------|------|------|------|------|------|------|------|
| .418 | .268 | .458 | .039 | .036 | .417 | .390 | .359 |

MEASURES OF GOODNESS OF FIT FOR THE WHOLE MODEL :
CHI-SQUARE WITH 19 DEGREES OF FREEDOM = 8.19 (P = .985)

GOODNESS OF FIT INDEX = .993
ADJUSTED GOODNESS OF FIT INDEX = .987
ROOT MEAN SQUARE RESIDUAL = .025
*[only four standardized residuals are > |1|]*

（a）根据你对拟合优度指数和标准化残差的考察，你对这两个解会做出什么样的结论？

（b）两个因子之间的相关情况如何？

（c）每个指标的方差为它所反映的因子所解释的方差比例是多少？

（d）根据在（c）中得到的结果，你将倾向于如何给题项4和题项5下结论？

3. 假定根据在《学习建议》2得到的结果，我们决定探测以下题项4和题项5。再假定，我们可以得到原来8个题项的标准差：

1.15 1.21 1.09 1.65 1.11 .98 1.12 1.17

用这些标准差和《学习建议》2给出的相关矩阵，在 $\alpha = 0.05$ 的水平上检验下面的假设：

（a）双因子对比模型与数据的拟合（即KSI 1的题项1、题项2和题项3对比；KSI 2的题项6、题项7和题项8对比）。

（b）两个相关因子tau-等价模型比对比模型使拟合在统计上有更为显著的改进。

（c）两个相关因子的同类模型比tau-等价模型使拟合有更为显著的改进。

如果你曾经用LISREL分析过《学习建议》2，那么你可以增加一个标准差向量，并用一个SE1（选择）语句选择为目前的分析只选择6个感兴趣的题项。

如果你曾经用EQS分析过《学习建议》2，那么你可以增加一个标准差向量。你可以在/EQUATIONS段落中设定感兴趣的变量，只有这些变量才被选来进行分析。下面是LISREL的输出摘要：

STUDY SUGGESTION 23.3  PARALLEL
LISREL ESTIMATES (MAXIMUM LIKELIHOOD)
LAMBDA X

|    | KSI 1 | KSI 2 |
|----|-------|-------|
| X1 | .701  | .000  |
| X2 | .701  | .000  |
| X3 | .701  | .000  |
| X6 | .000  | .679  |
| X7 | .000  | .679  |
| X8 | .000  | .679  |

PHI

|       | KSI 1 | KSI 2 |
|-------|-------|-------|
| KSI 1 | 1.000 |       |
| KSI 2 | .422  | 1.000 |

THETA DELTA

| X1   | X2   | X3   | X6   | X7   | X8   |
|------|------|------|------|------|------|
| .834 | .834 | .834 | .734 | .734 | .734 |

MEASURES OF GOODNESS OF FIT
FOR THE WHOLE MODEL :
CHI-SQUARE WITH 16 DEGREES OF
FREEDOM = 23.63 (P = .098)
GOODNESS OF FIT INDEX = .976
ADJUSTED GOODNESS OF FIT INDEX = .968
ROOT MEAN SQUARE RESIDUAL = .081

STUDY SUGGESTION 23.3  TAU EQUIVALENT
LISREL ESTIMATES (MAXIMUM LIKELIHOOD)
LAMBDA X

|    | KSI 1 | KSI 2 |
|----|-------|-------|
| X1 | .707  | .000  |
| X2 | .707  | .000  |
| X3 | .707  | .000  |
| X6 | .000  | .675  |
| X7 | .000  | .675  |
| X8 | .000  | .675  |

PHI

|       | KSI 1 | KSI 2 |
|-------|-------|-------|
| KSI 1 | 1.000 |       |
| KSI 2 | .419  | 1.000 |

THETA DELTA

| X1   | X2    | X3   | X6   | X7   | X8   |
|------|-------|------|------|------|------|
| .799 | 1.024 | .668 | .519 | .781 | .908 |

MEASURES OF GOODNESS OF FIT
FOR THE WHOLE MODEL :
CHI-SQUARE WITH 12 DEGREES OF
FREEDOM = 2.34 (P = .999)
GOODNESS OF FIT INDEX = .997
ADJUSTED GOODNESS OF FIT INDEX = .995
ROOT MEAN SQUARE RESIDUAL = .027

STUDY SUGGESTION 23.3  CONGENERIC
LISREL ESTIMATES (MAXIMUM LIKELIHOOD)
LAMBDA X

|    | KSI 1 | KSI 2 |
|----|-------|-------|
| X1 | .740  | .000  |
| X2 | .623  | .000  |
| X3 | .743  | .000  |
| X6 | .000  | .645  |
| X7 | .000  | .706  |
| X8 | .000  | .686  |

PHI

|       | KSI 1 | KSI 2 |
|-------|-------|-------|
| KSI 1 | 1.000 |       |
| KSI 2 | .417  | 1.000 |

THETA DELTA

| X1   | X2    | X3   | X6   | X7   | X8   |
|------|-------|------|------|------|------|
| .775 | 1.076 | .636 | .544 | .755 | .898 |

MEASURES OF GOODNESS OF FIT
FOR THE WHOLE MODEL :
CHI-SQUARE WITH 8 DEGREES OF
FREEDOM = .48 (P = 1.00)
GOODNESS OF FIT INDEX = .999
ADJUSTED GOODNESS OF FIT INDEX = .999
ROOT MEAN SQUARE RESIDUAL = .010

4. 威廉姆斯等人（Williams, Cote, & Buckley, 1989）将验证性因子分析用于11个多质多

法矩阵。这些矩阵都引自已经出版的研究。我们推荐大家重复一下某些这样的分析,使用
LISREL 和/或 EQS。 大家可用威廉姆斯等人提供的哪些结果检查自己做的后再分析。

5. 诚如第 1 章建议的,我们相信你会从阅读甚至重新分析哪些引起批评的论文中的数据
获益。以下是一些关于验证性因子分析的具体应用的交流参考书。

## 答案

1. (a)LAMBDA X 是 5 乘 2。PHI 是 2 乘 2。

(b)潜外生变量的方差。

(c)在 LISREL 中: FR LX 1 1　LX 2 1　LX 3 1　LX 4 2　LX 5 2

　　　　 或者:FR LX 1　LX 3　LX 5　LX 8　LX 10

在 EQS 中: /EQU

　　　　 V1 = *F1 + E1;

　　　　 V2 = *F1+ E2;

　　　　 V3 = *F1 + E3;

　　　　 V4 = *F2 + E4;

　　　　 V5 = *F2 + E5;

　　　　 /VAR

　　　　 E1 到 E5 = *;

2. (a)单因子模型被否定了,因为除其他一些原因外,RMR 比较大,且标准化残差比>|2|。
双因子模型与数据拟合得不错。我们建议大家再多做一个与上面给出的双因子模型相同的
分析,除了因子之间的相关被固定在 1.00 外(联系 PHI,做一些适当的变化来做这种分析)。
大家将会发现,得到的结果与单因子解给出的相同。两个模型的卡方值之间的差 (有 1 个 $df$)
构成了来自释放两个因子之间的相关导致的拟合改进检验。也就是假设两个相关因子,而非
单因子构成的指标之间的关系。

(b)0.431。

(c)和正在考虑中的分析一样,当潜变量的方差标准化时,由它所反映的因子解释的指
标的方差比例等于其系数的平方(即 $\lambda$)。见式(23.4)和式(23.5)以及它们有关的讨论。例
如,KSI 1 解释的 $X_1$ 方差比例为 $0.646^2=0.417$。在标题 SQUARED MULTIPLE CORRELATIONS
FOR X- VARIABLES 下报告的结果与之相同(见本章关于输出的评议中有关讨论)。

(d)指标 4 和指标 5 中被解释的方差很小。假定分析是在双维度建构确证的背景中进行
的,那么探测这些题项是明智的,请参见《学习建议》3。

3. (a)由上面的输出可知,$\chi^2$ 的概率>0 .05,支持比较模型与数据拟合的假设 。

(b)两个模型之间的差检验的 $\chi^2$ 是 21.29 (即 23.63 – 2.34)有 4 个 $df$, $p$ <0 .5,支持 $\tau$-等价
模型提供了比对比模型更好的拟合的假设。然而,在考虑其他的指数(如拟合指数、标准残
差)时,保留对比模型的决定似乎更为可取。

(c)两个模型之间的差检验的卡方是 1.86,有 4 个 $df$,$p$ >0 .05,否定同类模型比 tau-等价模

型提供了更好的拟合的假设。

# 第24章

注意：为了进行下面建议的分析大家需要有 LISREL，EQS 或相当的计算机程序集。

1.使用潜变量多指标而不是单指标的优点是什么？

2. 下面是4变量8指标的说明性相关矩阵和标准差（$N = 250$）。 SES 是社会经济地位的一个指标；MA1 和 MA2 都是心智能力的指标；ASP1 和 ASP2 都是志向的指标；AA1，AA2 和 AA3 都是学业成绩的指标。

|      | SES  | MA1  | MA2  | ASP1 | ASP2 | AA1  | AA2  | AA3  |
|------|------|------|------|------|------|------|------|------|
| SES  | 1.00 |      |      |      |      |      |      |      |
| MA1  | .32  | 1.00 |      |      |      |      |      |      |
| MA2  | .30  | .68  | 1.00 |      |      |      |      |      |
| ASP1 | .32  | .17  | .12  | 1.00 |      |      |      |      |
| ASP2 | .34  | .20  | .15  | .47  | 1.00 |      |      |      |
| AA1  | .29  | .38  | .30  | .38  | .32  | 1.00 |      |      |
| AA2  | .33  | .42  | .35  | .35  | .21  | .70  | 1.00 |      |
| AA3  | .33  | .34  | .32  | .34  | .20  | .60  | .58  | 1.00 |

STANDARD DEVIATIONS:
1.09 60.12 58.63 5.62 10.36 7.84 6.59 7.18

假定 SES 和 MA 都是外生变量；ASP 和 AA 都是内生变量。此外，还有以下几个假设：（a）SES 影响 ASP；（b）MA 和 ASP 影响 AA。使用 LISREL 和/或 EQS 做两个分析来检验这个模型的拟合。在第一个分析中只使用单指标。特别要使用 SES 作为 SES 的指标，MA1 作为 MA 的指标，ASP1 作为 ASP 的指标，AA1 作为 AA 的指标。在第二个分析中，使用所有的指标。在准备这些运行时，请记住以下几点：

对多指标分析使用参考指标。

在 LISREL 中使用 SE1（选择）语句选择和/或重新排列变量（见 LISREL 手册1 第 62页）。

如果你使用的是 EQS，请使用合理的起始值，否则程序集可能会得不到解。

下面是 LISREL 两次运行输出的摘要：

STUDY SUGGESTION 24.2.　SINGLE INDICATORS.

LISREL ESTIMATES (MAXIMUM LIKELIHOOD)

BETA

|      | ASP1  | AA1  |
|------|-------|------|
| ASP1 | .000  | .000 |
| AA1  | .453  | .000 |

GAMMA

|      | SES   | MA1  |
|------|-------|------|
| ASP1 | 1.650 | .000 |
| AA1  | .000  | .042 |

MEASURES OF GOODNESS OF FIT FOR THE WHOLE MODEL :
CHI-SQUARE WITH 2 DEGREES OF FREEDOM = 4.13 (P = .127)
GOODNESS OF FIT INDEX =　.992
ADJUSTED GOODNESS OF FIT INDEX =　.959
ROOT MEAN SQUARE RESIDUAL = 7.943

STUDY SUGGESTION 24.2.　MULTIPLE INDICATORS

```
LISREL ESTIMATES (MAXIMUM LIKELIHOOD)
          LAMBDA Y
              ASP          AA
          ------------  ------------
ASP1       1.000         .000
ASP2       1.513         .000
AA1         .000        1.000
AA2         .000         .823
AA3         .000         .774
          LAMBDA X
              SES          MA
          ------------  ------------
SES        1.000         .000
MA1         .000        1.000
MA2         .000         .864
          BETA
              ASP          AA
          ------------  ------------
ASP         .000         .000
AA          .714         .000
          GAMMA
              SES          MA
          ------------  ------------
ASP        1.822         .000
AA          .000         .054
          COVARIANCE MATRIX OF ETA AND KSI
              ASP          AA          SES          MA
          ------------  ------------  ------------  ------------
ASP       17.977
AA        14.930       42.829
SES        2.164        2.699        1.188
MA        39.065      177.110       21.444      2771.859
          SQUARED MULTIPLE CORRELATIONS FOR Y – VARIABLES
              ASP1        ASP2         AA1          AA2          AA3
          ------------  ------------  ------------  ------------  ------------
              .569         .384         .710         .681         .507
          SQUARED MULTIPLE CORRELATIONS FOR X – VARIABLES
              SES          MA1          MA2
          ------------  ------------  ------------
             1.000         .767         .602

    MEASURES OF GOODNESS OF FIT FOR THE WHOLE MODEL :
CHI-SQUARE WITH 17 DEGREES OF FREEDOM = 22.87 (P = .153)
              GOODNESS OF FIT INDEX =      .980
      ADJUSTED GOODNESS OF FIT INDEX =      .957
          ROOT MEAN SQUARE RESIDUAL = 14.346
```

以下问题涉及多指标解。

(a)下列各项的直接、间接和总效应

（1）SES对ASP?

（2）SES对AA?

（3）MA对AA?

（4）ASP对AA?

(b)利用输出中的有关信息,说明这8项指标的估计值的信度。

(c)为什么SES报告的信度是1.00?

(d)SES和MA之间的相关是多少?

3.以下是有关结构方程建模的具体应用的一些交流参考资料。我们相信,你不仅会从阅读它们中受益,而且还会从按照参与者的思路重新分析其中包含的那些数据获益。你可能还会发现,尝试用一下其他的分析路数的确会大有用处。

（1）Alexander and Pallas（1983，1986）；Hauser and Sewell（1986）.

（2）Harry and Minor（1986）；Menard and Morse（1984，1986）.

（3）Hays，Widaman，DiMatteo，and Stacy（1987）；Huba and Bentler（1982b）；Huba，Wingard，and Bentler（1981）；Martin（1982）.

（4）Jagodzinski and Kuhnel（1987）；Jagodzinski，Kuhnel，and Schmidt（1987，1988）；Saris and Putte（1988）.

（5）Marsh（1988）；Newman（1984）.

## 答案

1.多指标给我们提供了测量模型和结构模型的区别，从而使我们得以在研究潜变量之间的关系时，研究哪些测量的性质，并将它们列入考虑的问题之列。

2.(a)(1)SES对ASP没有间接效应。因此它对ASP的直接效应和总效应是1.822。

（2）SES对AA没有直接效应。因此它对AA的间接效应，也就是总效应是1.30（即1.822 ×0.714）。

（3）MA对AA没有间接效应。因此它的直接效应，也就是总效应是0.054。

（4）ASP对没有间接效应。它对AA的直接效应，也就是总效应是0.714。总效应和间接效应可以通过在OU语句中设定EF作为LISREL输出的一部分求得（见LISREL手册第72页）。

（b）估计的变量 $Y$ 和 $X$ 的信度在标题SQUARED MULTIPLE CORRELATIONS（复相关平方）下列示——见式(23.6)与之有关的讨论。因此，例如ASP1的估计信度是0.569而ASP2的则是0.384。

（c）因为对SES使用了单指标，因此，我必须将误差项固定为0。所以这个信度被定为1.00。诚如前述，在那些单指标信度估计值是可以得到的时候，我们就有可能将它们编进测量模型，而不是不切实际地将误差项固定为0。

（d）SES和MA之间的协方差是21.444；SES和MA的方差分别为1.188和2 771.859。所以SES和MA之间的相关是 $21.444/\sqrt{(1.188) \times (2\,771.859)} = 0.374$ 。这个数值可以通过调用标准化解求得。